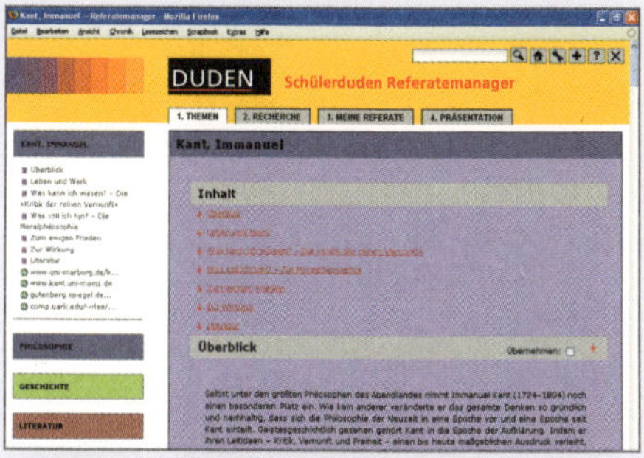

1 Thema finden

Such dir dein Thema aus. Durch Klicken auf das Inhaltsverzeichnis springst du an die entsprechende Stelle im Text. Der Text kann direkt zur weiteren Bearbeitung übernommen werden.

2 Material recherchieren

Zusätzliches Material und hilfreiche Links findest du mit der Profisuche von www.schuelerlexikon.de oder mit den wichtigsten Suchmaschinen. Deine Funde kannst du im Referatemanager abspeichern und in dein Referat einbauen.

3 Referat oder Facharbeit erstellen

Deine Rechercheergebnisse kannst du in einem einzigen Dokument zusammenführen und strukturieren. Deine eigenen Ideen und Texte schreibst du ebenfalls in dieses Dokument und erstellst so schnell und effektiv dein Referat oder deine Facharbeit.

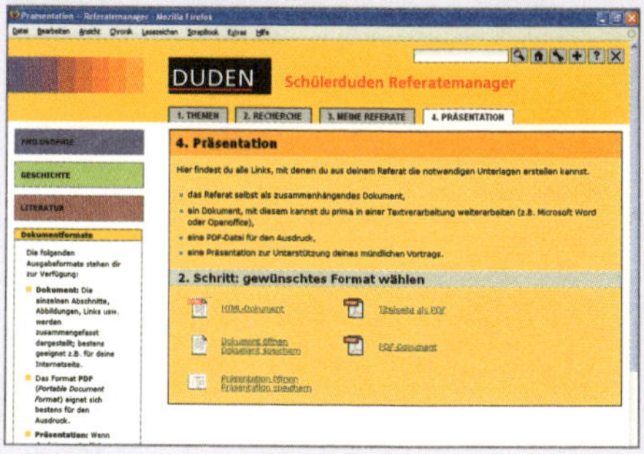

4 Präsentation vorbereiten

Dein fertiges Referat, ein Handout oder Kurzreferat kannst du dir ausdrucken oder in den gängigen Office-Anwendungen (Open-Office, Word, PowerPoint) weiter verarbeiten.

Schülerduden Philosophie

Alle Schülerduden im Überblick:

Rechtschreibung
Grammatik
Fremdwörterbuch
Lateinisch-Deutsch
Literatur
Kunst
Musik
Religion und Ethik
Philosophie
Psychologie
Mathematik I
Mathematik II
Informatik
Physik
Chemie
Biologie
Geografie
Länder-Städte-Kontinente
Wirtschaft
Politik und Gesellschaft
Geschichte

Schülerduden

Philosophie

Das Fachlexikon von A–Z

3., völlig neu bearbeitete Auflage
Herausgegeben und bearbeitet
von der Redaktion Schule und Lernen

Dudenverlag
Mannheim · Leipzig · Wien · Zürich

Bibliografische Information der Deutschen Nationalbibliothek
Die Deutsche Nationalbibliothek verzeichnet diese Publikation in der Deutschen Nationalbibliografie; detaillierte bibliografische Daten sind im Internet über http://dnb.ddb.de abrufbar.

Redaktionelle Leitung Simone Senk M. A.
Textredaktion Michael Venhoff M. A.
Bildredaktion Manfred Brocks, Birgit Bödeker
Text Dr. Kai Lückemeier

Herstellung Annette Scheerer
Layout Horst Bachmann
Umschlaggestaltung Hemm-communication.design, Filderstadt
Umschlagabbildungen Jakob Langvad/Riser/Getty Images, München: Schüler mit Buch; Marco Simoni/The Image Bank/Getty Images, München: Statue des Sokrates
Satz A–Z Satztechnik GmbH, Mannheim
(PageOne, alfa Media Partner GmbH)
Druck und Bindung Offizin Andersen Nexö Leipzig GmbH
Printed in Germany

ISBN 978-3-411-71263-2

Inhaltsverzeichnis

Benutzungshinweise

Lexikon A-Z

■ Die alphabetische Sortierung der blauen Hauptstichwörter ordnet Umlaute wie die einfachen Selbstlaute ein, also ä wie a, ö wie o usw. Das ß wird wie ss eingeordnet.

■ Mehrteilige Hauptstichwörter werden ohne Rücksicht auf die Wortgrenzen durchalphabetisiert, z. B. **Pragmatismus, praktische Vernunft, Prämisse.**

■ Begriffe, die denselben Sachverhalt wie das Hauptstichwort beschreiben (Synonyme), werden, gegebenenfalls mit Sprachangabe, in runden Klammern angegeben, z. B. **Erfahrung** (**Empirie**).

■ Die Betonung eines Stichworts wird durch einen untergesetzten Strich (betonter langer Vokal), z. B. **Entelechie,** oder einen untergesetzten Punkt (betonter kurzer Vokal), z. B. **Instinkt,** gekennzeichnet.

■ Weitere Aussprachehilfen werden in der gebräuchlichen internationalen Lautschrift angegeben, Hinweise zur Herkunft folgen dem Hauptstichwort in eckigen Klammern.

■ Begriffe oder Bezeichnungen, die mit dem Hauptstichwort in enger inhaltlicher Beziehung stehen, werden als Unterstichwörter hervorgehoben, z. B. **Verhaltensrepertoire** unter **Verhalten.**

■ Der Verweispfeil (↑) besagt, dass ein Begriff unter einem anderen Stichwort behandelt wird oder dort ergänzende Informationen zu finden sind.

Topthemen

■ Auf farbigen Sonderseiten informieren ausgewählte Topthemen zu zentralen, besonders interessanten und aktuellen Begriffen. Sie bieten vertieftes Wissen, dienen als Einstieg für Referate oder laden ein zum Lesen und Mitdenken.

■ Jedes Topthema schließt mit Tipps, Internethinweisen und Literaturempfehlungen für diejenigen ab, die sich noch eingehender mit dem Thema beschäftigen möchten.

■ Eine Mind-Map am Artikelende vernetzt das Topthema mit anderen Stichwörtern des Schülerdudens. Bei diesen Stichwörtern finden sich wichtige Zusatzinformationen oder Erläuterungen zu verwandten Themen.

Anhang

■ Die Literatur- und Internethinweise führen zu weiter gehenden Informationen rund um das Thema Philosophie.

■ Das Personenregister führt alle im Werk genannten Persönlichkeiten mit ihren Lebensdaten in alphabetischer Reihenfolge auf.

■ Das Abkürzungsverzeichnis stellt die im Text verwendeten Abkürzungen zusammen.

Referatemanager Philosophie

■ Der Referatemanager ist eine Software, die auf einfache Weise Recherche, Materialverwaltung, Erstellung und Präsentation eines Referats oder einer Facharbeit unterstützt.

■ Der Referatemanager enthält außerdem das Einstiegsmaterial zu 30 typischen Referatsthemen aus der Philosophie.

■ Mithilfe des Passworts lässt sich der Referatemanager kostenlos aus dem Internet downloaden. Wie das geht, ist im vorderen Buchdeckel beschrieben.

A

Abälard, Peter, **(Petrus Abaelardus),** frühscholastischer Philosoph, * Le Pallet (bei Nantes) 1079, † Kloster St. Marcel (bei Chalon-sur-Saône) 21. 4. 1142: Nach der unglücklichen Liebe zu HÉLOISE, der Nichte des Kanonikus FULBERT, der ihn entmannen ließ, wurde ABÄLARD erst Mönch in Saint-Denis und später Lehrer an verschiedenen Orten. Seine kritischen Überlegungen wurden von der Kirche mehrfach verurteilt. Seine tragische Liebesgeschichte ist vielfach besungen, beschrieben und auch verfilmt worden.

Als Schüler von ROSCELIN VON COMPIÈGNE, dem Begründer des Nominalismus, und WILHELM VON CHAMPEAUX, einem Vertreter des Realismus, nahm ABÄLARD im ↑Universalienstreit eine vermittelnde Haltung ein. Nach seiner Lehre haben Allgemeinbegriffe keine selbstständige Existenz, sie sind aber geistige Vorstellungen, die von der Vernunft adäquat nach der »Natur der Dinge« abstrahiert worden sind.

ab alio/a se [lat. »von anderem«/»von sich«]: eine grundlegende Möglichkeit die aristotelische, v. a. aber die scholastische Ontologie und Metaphysik zu unterscheiden: Entweder ist ein Seiendes von sich selbst, **a se,** her oder von anderem her, **ab alio,** verursacht. Da jedes endliche und bewegte Seiende auch nicht sein könnte, bedarf es zur hinreichenden Begründung seiner Existenz einer Wirkursache und/oder Finalursache außerhalb seiner selbst. Da eine unendliche Kette endlicher und beweglicher Ursachen ihrerseits keinen hinreichenden Grund ihrer Existenz hätte, muss ein Seiendes existieren, das als Unendliches und Unbewegtes von sich selbst her existiert und als solches der letzte »unbewegte Beweger« für jedes endliche, bewegte Seiende ist (↑unbewegter Beweger).

Abbildtheorie: eine Grundposition der Erkenntnistheorie, die darauf abzielt, eine rein empirische Theorie von Wahrnehmung und Erkenntnis bereitzustellen (im Gegensatz etwa zum Platonismus). Hierzu wird Erkenntnis als Abbildung aufgefasst, da sie ein Verhältnis von erkennendem Subjekt zu erkanntem Objekt beinhaltet, also selbst nichts Gegenständliches ist, vielmehr stets einen Geltungsanspruch erhebt, indem sie implizit behauptet, wahr zu sein. Die Abbildtheorie deutet diesen Anspruch als mehr oder weniger gut realisierte Übereinstimmung von zu erkennendem Objekt und seinem Abbild im erkennenden Subjekt: Ein detailgetreues Abbild steht für eine wahre Erkenntnis, ein ungenaues für eine falsche Erkenntnis (↑Wahrnehmung).

Hinsichtlich des Mediums, in dem die Abbilder der zu erkennenden Objekte zustande kommen, lassen sich drei Auffassungen unterscheiden:

1. Das Medium ist ein physikalisches: Die Abbilder sind physikalische Gegenstände (DEMOKRIT).
2. Das Medium ist ein psychisches: Die Abbilder sind Vorstellungen oder Gedanken (JOHN LOCKE).
3. Das Medium ist ein sprachliches: Die Abbilder sind Sätze oder Teile von diesen (LUDWIG WITTGENSTEIN).

Dabei wird die Abbildungsfunktion entweder als eine vollständige und in allen Teilen genaue betrachtet (Widerspiegelungstheorie) oder sie wird wie im logischen Empirismus nur als Übereinstimmung in den wesentlichen Teilen verstanden (Isomorphietheorie). Wahrheit wird in den verschiedenen Spielarten der Abbildtheorie mit Ausdrücken beschrieben wie ↑Adaequatio intellectus et rei, Korrespondenz von sprachlich ausgedrücktem Sachverhalt und Wirklichkeit oder Übereinstimmung von Meinung und Tatsache.

Die erste Abbildtheorie der Philosophiegeschichte findet sich bei den antiken Atomisten (↑Atomismus), v.a. bei DEMOKRIT, der meinte, die Dinge sendeten kleine, stoffliche Bildchen ihrer selbst aus, die vom wahrnehmenden Subjekt aufgenommen würden. Ähnliche Gedanken zeigen sich in PLATONS Dialog »Theaitet«, wo die Wahrnehmung mit der Anfertigung eines Wachsabdrucks verglichen wird. Im Anschluss an LOCKE wird später genauer zwischen primären und sekundären ↑Sinnesqualitäten unterschieden. Die ↑Widerspiegelungstheorie ist Kernstück der marxistischen Erkenntnistheorie.

Abgrund: in der deutschen Mystik, v.a. bei ECKHART, Begriff für die unendliche »Tiefe Gottes«, die nicht mit der Vernunft erdenkbar, sondern nur im eigenen »Seelengrund« erfahrbar ist; beim späteren MARTIN HEIDEGGER Grundwort für das Geschehen von Sein und Nichts als ↑Ereignis entgegen einem metaphysisch gedachten Grund. Ihm zufolge geschieht Sein zeithaft als Abgrund des »Zuwurfes« für den ↑Entwurf.

abhängig/unabhängig: Eine Aussage A heißt abhängig von einer Menge von Aussagen $A_1, \ldots, A_n$, wenn es eine ↑Ableitung von A oder non-A aus $A_1, \ldots, A_n$ gibt; sonst heißt A unabhängig von $A_1, \ldots, A_n$. Besonders wichtig sind Abhängigkeitsbetrachtungen in ↑axiomatischen Systemen.

Ableitung: in der formalen Logik die Gewinnung einer Formel aus anderen Formeln mithilfe der zugelassenen Regeln, in der inhaltlichen Logik eine Kette von logischen ↑Schlüssen, die die vorausgesetzten Aussagen (Hypothesen) mit der Endaussage (These) verbinden. – auch ↑Deduktion.

Abschattung: in der Phänomenologie EDMUND HUSSERLS ein zentraler Begriff hinsichtlich der Frage nach der Art und Weise von Dingrepräsentation und -konstitution im Bewusstsein. So schattet der Sehprozess z.B. die Farbe eines Gegenstandes je nach den Beleuchtungsverhältnissen verschieden ab. Obwohl sich dabei das Ding ständig perspektivisch, d.h. in stets wechselnder Weise, darstellt, hält es sich gleichzeitig doch als ein »selbiges« im Wahrnehmungsakt.

Absicht: In alltäglicher und juristischer Rede bezeichnet Absicht das bewusste Erstreben der vom Handelnden vorausgesehenen Wirkung seiner Handlung (X tut Y »mit Absicht«). Die gegenwärtige philosophische Theorie des Handelns (↑Handlung) gebraucht »Intention« weitgehend bedeutungsgleich mit diesem Begriff von Absicht. In der deutschsprachigen Aufklärungsphilosophie bedeutete Absicht dagegen nur die Vorstellung von dem, was durch eine Handlung bewirkt werden soll. KANT übte Kritik daran, dass dem Naturgeschehen und dem Geschichtsverlauf oft die Absicht einer metaphysischen Instanz (↑Teleologie) unterstellt werde.

Absolute, das: ↑absolut/relativ.

absoluter/objektiver/subjektiver Geist: grundlegende Begriffe der Philosophie HEGELS. HEGEL entwickelt dialektisch die Selbstverwirklichung des »Absoluten« (oder der »Idee«) als notwendige Abfolge von Stufen, die sich in drei Hauptstufen gliedern lassen:

1. »unmittelbares, einfaches Insichsein« des Absoluten als »logische Idee«;
2. »Außersichsein der Idee« als Natur;
3. Rückkehr des Absoluten aus seinem »Anderssein« (Natur) als »sich selbst wissende wirkliche Idee«, d.h. als »Geist«.

Der Geist bildet die »konkreteste, entwickeltste Form«, »zu welcher die Idee in der Verwirklichung ihrer selbst gelangt«; deshalb gilt er als »höchste Definition des Absoluten«. »Wesen des Geistes« ist die »Freiheit«, d.h. »das Nicht-abhängigsein von einem anderen, das Sich-auf-sich-selbst-Beziehen«, das darauf beruht, dass der Geist »in allem, was im Himmel und auf Erden ist, sich selbst erkennt«.

In seiner »Philosophie des Geistes« stellt Hegel die Entfaltung des Geistes wiederum als Dreischritt dar:

1. **subjektiver Geist:** Die subjektiven »Vermögen« des Menschen (Seelenvermögen, z. B. Empfindung; Bewusstseinsvermögen, z. B. Wahrnehmung, Verstand, Selbstbewusstsein, Vernunft; geistige Vermögen, z. B. Vorstellen, Denken, Wollen) gipfeln im freien Willen; als solcher will der Geist sich eine ihm gemäße Welt schaffen, sich objektivieren.
2. **objektiver Geist:** Zu den Gestalten des objektiven Geistes (den Daseinsformen des freien Willens) gehören das Recht, die Moralität, die Sittlichkeit (als Familie, bürgerliche Gesellschaft und Staat) und die Weltgeschichte, als deren Endzweck Hegel das »Bewusstsein des Geistes von seiner Freiheit und eben damit erst die Wirklichkeit seiner Freiheit« angibt.
3. **absoluter Geist:** Er stellt die höchste Entwicklungsstufe des Geistes dar, auf der er sich selbst als Geist weiß und erfasst. Der absolute Geist ist die »an und für sich seiende« (↑an sich) »Einheit der Wirklichkeit und des Begriffs oder der Möglichkeit des Geistes«. Auf drei Weisen wird der Geist sich selbst gegenständlich, gelangt er zum »vollkommenen Bewusstsein seines Begriffs«: a) als Anschauung seiner selbst in der Kunst, b) als Vorstellung seiner selbst in der Religion, c) als Begreifen seiner selbst in der Philosophie, die die höchste Form der Selbstvergegenwärtigung des Absoluten in allen seinen Entwicklungsstufen (als logische Idee, Natur und Geist) ist.

absolute Wahrheit: eine Wahrheit, die in ihrer Geltung absolut (↑absolut/relativ), d. h. an keinerlei Bedingungen geknüpft ist. Vor allem kann eine absolute Wahrheit nicht aus einer anderen Wahrheit gefolgert werden. Absolute Wahrheiten gelten zu allen Zeiten, an allen Orten und unter allen Umständen in immer gleicher Weise. Deshalb können empirische Wahrheiten keine absoluten sein; sie beziehen sich nämlich immer auf einen bestimmten Zustand der Welt und gelten nur aufgrund dieses Zustands, sind also geschichtlich. Oft werden die Gesetze der (klassischen) Logik als absolute Wahrheiten angesehen.

absolut/relativ [zu lat. absolutus »losgelöst« und relativus »sich beziehend«, »bezogen auf«]: Menschen erfahren sich selbst, Gegenstände, Wertungen, Willensakte und Erkenntnisse als **relativ,** d. h. erst durch die Beziehungen auf anderes bestimmt oder gültig, das seinerseits wieder erst durch Beziehungen auf anderes bestimmt oder gültig ist. Die Philosophie fragt immer wieder nach den **absoluten,** d. h. von der Bestimmung durch anderes losgelösten, nicht mehr hinterfragbaren Ursprüngen für diese Ketten von Relativem. Absolut bezeichnet also die einzigartige Eigenschaft, nicht begründungsbedürftiger und nicht begründungsfähiger Ursprung für Ursachen-, Wertungs-, Motiv-, Begründungsketten zu sein. Hierfür wurden in der Geschichte der Philosophie unterschiedliche absolute Ursprünge behauptet: für die Existenz von endlichem Seiendem z. B. der ↑unbewegte Beweger oder die ↑Materie, für das Wesen der endlichen Dinge z. B. die ↑Ideen, für die Wertungen z. B. die ↑Idee des Guten, für die Willensakte z. B. die Glückseligkeit (↑Eudaimonia) oder die ↑Freiheit, für die Erkenntnisprozesse z. B. ↑angeborene Ideen. Dabei wurde immer wieder – v. a. im Platonismus – versucht, diese absoluten Ursprünge auf genau einen Ursprung zurückzuführen und diesen als **das Absolute** auszuzeichnen. Unter dem Einfluss der christlichen Lehre von dem personalen Schöpfergott wurde das Absolute oft mit Gott identifiziert.

abstrakt [zu lat. abstrahere »abziehen«]: alltagssprachlich so viel wie »rein begrifflich«, »von den wirklichen Dingen abgelöst«

bis hin zu »wissenschaftlich« oder »schwer verständlich«, oft auch abwertend »wirklichkeitsfremd, ohne Berücksichtigung der realen Verhältnisse«. An diese Verwendungsweise anknüpfend, versteht HEGEL unter abstraktem Denken ein Denken, das sich ausschließlich in Allgemeinbegriffen bewegt, ohne die Realität genauer zu berücksichtigen.

Aus der Sicht moderner Abstraktionstheorien beruht die Möglichkeit abstrakter Begriffe darauf, dass wir über wohl unterschiedene Gegenstände in Absehung von ihren jeweiligen Unterschieden unter einem bestimmten Aspekt reden können. Man kann z. B. unter Absehung ihrer Verschiedenheit Hund, Katze und Pferd als Säugetiere oder als Haustiere bezeichnen. Die abstrakten Begriffe Säugetier und Haustier bezeichnen somit jeweils eine Klasse von Tieren. Abstraktheit kommt somit immer nur dem Denken oder der Sprache zu, nicht aber der Wirklichkeit. Abstrakte Begriffe erlauben aber, die Wirklichkeit zu strukturieren (z. B. durch Einordnen eines Objekts in eine Klasse). Eine wesentliche Aufgabe jeder Wissenschaft ist es daher, einen für ihre Zwecke geeigneten Vorrat an abstrakten Begriffen zu entwickeln. Im ↑Universalienstreit wurde über den Status der abstrakten Begriffe heftig gestritten.

Abstraktion: sowohl das Verfahren zur Gewinnung abstrakter Begriffe (das »Abstrahieren«) als auch das Ergebnis dieses Vorgangs (der »abstrakte Begriff«).

Hauptaufgabe einer Theorie der Abstraktion ist es, zu erklären, wie man z. B. von singulären Tatsachen (↑singulär) wie »grüner Apfel«, »grüne Birke« usw. zu dem abstrakten Farbbegriff »grün« gelangen kann. Die auf GOTTLOB FREGE zurückgehende, von PAUL LORENZEN ausgebaute moderne **Abstraktionstheorie** beschreitet hierzu folgenden Weg: Die genannten Gegenstände sind gleichfarbig, d. h. hinsichtlich ihrer Farbe äquivalent. Alle Aussagen, die über den Apfel gemacht werden können und die sich nur auf dessen Farbe beziehen, bleiben wahr, wenn man den Apfel durch einen anderen Gegenstand gleicher Farbe ersetzt (»Die Farbe dieses Apfels wirkt beruhigend« wird zu »Die Farbe dieser Birke wirkt beruhigend«. Ist die erste Aussage wahr, so ist es auch die zweite). Zur Einführung eines abstrakten Begriffs braucht man i. d. R. eine größere Menge von Gegenständen, die hinsichtlich eines exemplifizierbaren Merkmals äquivalent in einem genau bestimmten Sinne sind.

In der Geschichte der Philosophie finden wir zwei wichtige Zugänge zum Problem der abstrakten Begriffe. Sie unterscheiden sich in der Frage, ob die abstrakten Begriffe als ↑Namen für nicht empirische Objekte betrachtet werden sollen (Begriffsrealismus; ↑Realismus) oder nicht (↑Nominalismus). Die Abstraktion gleicht aus begriffsrealistischer Sicht der Entdeckung eines bereits zuvor existenten Gegenstands, der nun durch den abstrakten Begriff benannt wird (wie z. B. CHRISTOPH KOLUMBUS einen neuen Kontinent entdeckte und ihn »Amerika« benannte). Ein Modell für eine solche Entdeckung hat PLATON mit seiner Lehre von der ↑Anamnesis geliefert. Die nominalistische Auffassung geht auf ARISTOTELES zurück, der versuchte, die Entstehung abstrakter

Abstraktionsstufen

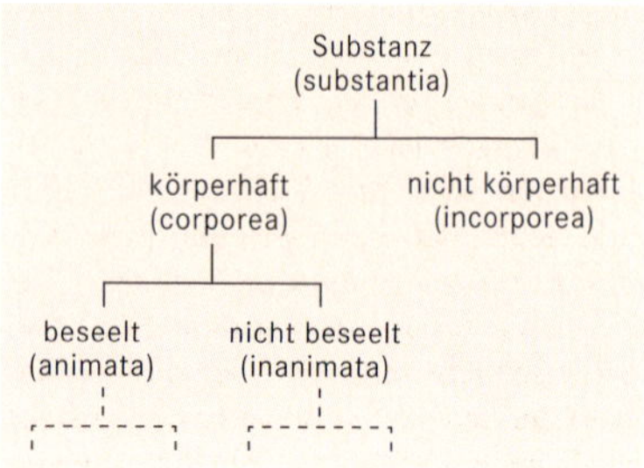

absurd: Im »absurden Theater« fand die Philosophie des französischen Existenzialismus ihren literarischen Niederschlag (Szene aus Samuel Becketts »Glückliche Tage«, 2002).

Begriffe aus dem Umgang mit konkreten Gegenständen zu erklären. So wird z.B. der abstrakte mathematische Begriff »Dreieck« im Umgang mit konkreten Dreiecken erlernt. Diese empirischen Dreiecke können immer nur Annäherungen des »Dreiecks« sein. Im Verlauf dieses Aneignungsprozesses erwirbt man die Fähigkeit, unwichtige Eigenschaften der empirischen Dreiecke (z.B. Größe und Material) von wichtigen (z.B. Gestalt) zu unterscheiden. Nur die Letzteren kommen dem abstrakten »Dreieck« zu. Man nennt diesen Vorgang nach ARISTOTELES **Aphairesis** (griech. »Wegnahme«). Zugleich findet ein Übergang vom Speziellen (dem konkreten, empirischen Dreieck) zum Allgemeinen (dem abstrakten »Dreieck«) statt. Man bezeichnet diesen Übergang als **Epagoge** (griech. »Heranführung«). Die nominalistische Haltung wird v.a. motiviert durch die Einsicht, dass abstrakte Begriffe keine sinnlich wahrnehmbaren Dinge bedeuten.

Abstraktionsstufen: Wendet man das Verfahren des Abstrahierens mehrfach so an, dass immer wieder aus den Ergebnissen des vorhergehenden Abstraktionsschrittes abstrahiert wird, so erhält man eine Pyramide aufeinander aufbauender Abstraktionsstufen. Das bekannteste Schema dieser Art ist die **Arbor porphyriana** (lat. etwa »Strukturbaum nach PORPHYRIOS VON TYROS«) der Scholastik. An ihrer Spitze steht der allgemeinste Begriff ↑Substanz, der eingeteilt wird in körperhafte und nicht körperhafte Substanz (↑Dichotomie). Erstere zerfällt weiter in beseelte und nicht beseelte körperhafte Substanz usw.

Auf der untersten Ebene dieser Pyramide findet man den konkreten Einzelmenschen (als ↑Individualbegriff). An der Spitze steht der abstrakteste Begriff. Er hat den größten Umfang (es fallen die meisten Gegenstände unter ihn), aber den geringsten Inhalt (er besitzt nur eine kleine Anzahl von charakteristischen Eigenschaften).

absurd [zu lat. absurdus »misstönend«]: sinnlos, der menschlichen Vernunft widersprechend; auch für widerspruchsvolle Begriffe (z.B. »rundes Viereck«) oder für offensichtlich falsche Aussagen verwendet. Eine Behauptung **ad absurdum** führen heißt aus ihr nach richtigen Schlussregeln etwas Falsches folgern. Die ↑Reductio ad absurdum spielt als Methode des indirekten Beweises in der Beweislehre eine besondere Rolle. Daneben dient der Ausdruck »absurd« bei den Kirchenvätern (z.B. AUGUSTINUS) zur Charakterisierung derjenigen theologischen Aussagen, die sich nicht beweisen, sondern nur glauben lassen. »Credo, quia absurdum« meint dementsprechend »ich glaube es, weil es das Fassungsvermögen meiner Vernunft übersteigt«.

Als Markstein für Vernunftgrenzen wurde »das Absurde« zum zentralen Begriff der ↑Existenzphilosophie. So rückte JEAN-PAUL SARTRE das Bewusstsein der Absurdität ins

Zentrum menschlichen Erlebens: Es gibt kein transzendentes Wesen (keinen Gott) mehr, das einen Sinn vorgeben könnte. Der Mensch erfährt sein eigenes Leben und die ihn umgebende Welt als sinnlos. Deshalb ist der Mensch aufgefordert, sich selbst zu »entwerfen«, d. h., er muss allein entscheiden, was er will: Der Mensch ist zur Freiheit geradezu verurteilt.
Auch ALBERT CAMUS geht vom Erlebnis der Sinnlosigkeit des Wirklichen und der menschlichen Existenz aus. Der Motor, der nach CAMUS alles in Bewegung hält, besteht in der Erfahrung des Zwiespaltes zwischen dem Anspruch auf Sinn (der tief im Menschen verwurzelt ist) und dessen fehlender Erfüllung. CAMUS nun fordert »seinen« Menschen auf, Widerstand zu leisten, zu revoltieren gegen das Absurde, obwohl oder gerade weil man weiß, dass auch diese Revolte (objektiv gesehen) sinnlos bleibt. Der absurde Mensch sagt ja zur Sinnlosigkeit. Seine Mühsal hat zwar kein Ende, aber gerade im Bewusstsein und in der Bejahung dieser Mühsal sieht CAMUS das einzig tragende Fundament individuellen Glücks. Ein Glück, das absichtslos ist, nicht Bedeutung noch Sinn sucht: »Es gilt zu leben, einfach um des Lebens willen.« Nicht nur individuelle Glücksmöglichkeit entspringt nach CAMUS aus seinem »existenziellen Fixpunkt«, der Revolte gegen das Absurde. Sie gilt ihm auch als Fundament sozialer Gemeinsamkeit und Moral. Denn in der Revolte erfährt der Mensch, dass seine Einsamkeit von allen geteilt wird; die Revolte macht solidarisch. Das Maß in der Revolte, der Weg zwischen unterwürfiger Knechtschaft und anmaßender Herrschaft, macht die Würde und Größe des »absurden Menschen« aus.

Abtrennungsregel: ↑Modus ponens.

Achtung: Als philosophischer Terminus wurde »Achtung« von KANT in die praktische Philosophie eingeführt. Danach darf man Entscheidungen und Handlungen eines Menschen nur dann als moralisch einstufen, wenn der Mensch eigenverantwortlich und frei handelt (↑Autonomie/Heteronomie). Beim autonomen oder moralischen Handeln bejaht der freie Wille das aus Vernunft eingesehene Moralgesetz. Achtung bedeutet aber für KANT »das Bewusstsein der freien Unterwerfung des Willens unter das [Vernunft-]Gesetz«. Da es sich bei der »Achtung vor dem Gesetz« um etwas rein Subjektives handelt, bezeichnet KANT sie als »Gefühl«. Dies bringt ihn allerdings in die Verlegenheit, sie gegen Lust- und Unlustgefühle abgrenzen zu müssen. Denn wer in Erwartung einer Belohnung (Lustgewinn) oder aus Furcht vor Strafe (Vermeidung von Unlustgefühlen) handelt, gibt seine Autonomie gerade preis; er handelt nicht moralisch, sondern nach dem Diktat von Freude und Schmerz, d. h. fremdbestimmt. Im Sinne der Wahrung der Autonomie und der Moralität darf daher das Gefühl der Achtung niemals Beweggrund einer Handlung sein. Genau dann wäre eine Handlung nicht mehr moralisch, wenn man sie nur vollzöge, um in sich das Gefühl »Achtung« zu erzeugen. Denn »Achtung vor dem Gesetz« (↑kategorischer Imperativ) schließt die Achtung vor dem Träger dieses Gesetzes, vor der sittlichen Persönlichkeit, ein. Deshalb heißt Achtung auch Anerkenntnis der Autonomie des anderen, Respektierung dessen eigener personalen ↑Würde.

Ạctio/Pạssio [lat. »Tätigkeit«, »Handlung«/»(Er)leiden«]: scholastische Termini für die aristotelischen Kategorien Wirken (poieĩn) bzw. Leiden (páschein). **Actio** bezeichnet das Wirken eines Seienden, nicht nur eines Lebewesens, **Passio** bezeichnet das, was an einem Seienden durch ein anderes bewirkt wird (z. B. Bewegtwerden eines Körpers, Affiziertwerden durch Reize).

Ạctus pu̲rus: ↑Akt/Potenz.

Adaequa̲tio intellẹctus et re̲i [lat.]: Formel des THOMAS VON AQUIN zur Bestimmung des Begriffs Wahrheit, in ihrem vollen Wortlaut: »Veritas est adaequatio intellectus et rei« (»Wahrheit ist die Angleichung von Denken und Sache«). Damit erscheint THOMAS vordergründig als ein Vertreter der ↑Korrespondenztheorie der Wahrheit, die aufgrund seiner Formulierung auch oft als **Adäquationstheorie** bezeichnet wird. Ausgehend von der Tatsache, dass THOMAS von adaequatio (Angleichen als Prozess) und nicht von aequitas (Gleichheit als feststehender Tatsache) spricht, gelangt man zu einer prozesshaften Auffassung: Die Wahrheit entsteht durch die wechselseitige Angleichung von Denken und Sache. Damit wird die Vorstellung von Wahrheit als einem fertigen Faktum (↑absolute Wahrheit) aufgegeben zugunsten eines Verständnisses von Wahrheit als Endziel eines Vorgangs. Dieses Ziel selbst wird möglicherweise nie vollständig erreicht; es liegt aber allen unseren Bemühungen um Erkenntnis zugrunde, denn nur wenn es Wahrheit gibt, ist das Ringen um Wissen sinnvoll. KANT nannte ein derartiges Ziel eine ↑regulative Idee.

adäquat [zu lat. adaequare »gleichmachen«]: angemessen, übereinstimmend, gleichkommend. Ein Begriff, eine Vorstellung oder ein Abbild heißen adäquat, wenn sie den Sachverhalt, auf den sie sich beziehen, in allen wesentlichen Aspekten zutreffend darstellen.

Adäquationstheorie: ↑Korrespondenztheorie, ↑Adaequatio intellectus et rei.

ad hominem [lat. »auf den Menschen hin«]: Bezeichnung für die Art von Argumentationen, die sich nicht auf die Sache, die infrage steht, beziehen und von ihr her bestimmt sind, sondern auf den Menschen abzielen, für oder gegen dessen Meinung argumentiert wird: Dessen Person, Bedürfnisse, Geschichte, bisherige Vorstellungen bestimmen ganz oder teilweise den Inhalt und die Strategie der Argumentation. Ad hominem zu argumentieren, trägt nicht zur Wahrheitsfindung bei, ist also im rationalen Diskurs untersagt.

ad infinitum [lat.]: ↑Regress.

Adjunktion [lat. »Anreihung«]: Begriff der Aussagenlogik, die Verknüpfung zweier Aussagen zu einer neuen Aussage durch den zweistelligen ↑Junktor »oder« (Symbol: $\vee$). »Oder« ist nicht ausschließend zu verstehen (im Gegensatz zur ↑Disjunktion). Wer eine durch »oder« zusammengesetzte Aussage verteidigen will, muss die Wahrheit mindestens einer der beiden Alternativen nachweisen können.

Adorno, Theodor W., eigtl. **Theodor Wiesengrund,** deutscher Philosoph und Soziologe, Musiktheoretiker und Komponist, * Frankfurt am Main 11. 9. 1903, † Visp (Kanton Wallis) 6. 8. 1969: Nachdem ADORNO sein Studium der Philosophie, Psychologie, Soziologie und Musikwissenschaft in Frank-

Adorno: Theodor W. Adorno 1958 in seinem Arbeitszimmer in Frankfurt; zu der Zeit leitete er zusammen mit Max Horkheimer das Institut für Sozialforschung.

Adorno

Adorno und die Studentenbewegung

Die Theoretiker der Frankfurter Schule waren die wichtigsten Vordenker der Studentenbewegung von 1968. Als sie die studentische These vom Vorrang der Praxis jedoch kritisierten, wurden sie selbst, unter dem Vorwurf, sie hätten resigniert, zum Ziel studentischer Proteste. Adorno erörterte in dem Essay »Resignation« seine Vorbehalte gegen den studentischen Aktionismus:

»Denken, als bloßes Instrument von Aktionen, stumpft ab wie die instrumentelle Vernunft insgesamt. Keine höhere Gestalt der Gesellschaft ist, zu dieser Stunde, konkret sichtbar: darum hat, was sich gebärdet, als wäre es zum Greifen nah, etwas Regressives. (...) Demgegenüber ist der kompromisslos kritisch Denkende, der weder sein Bewusstsein überschreibt noch zum Handeln sich terrorisieren lässt, in Wahrheit der, der nicht ablässt. (...) Sein Unstillbares, der Widerwille dagegen, sich abspeisen zu lassen, verweigert sich der törichten Weisheit von Resignation. (...) Ein solcher emphatischer Begriff von Denken ist allerdings nicht gedeckt, weder von bestehenden Verhältnissen noch von zu erreichenden Zwecken, noch von irgendwelchen Bataillonen. Was einmal gedacht ward, kann unterdrückt, vergessen werden, verwehen. Aber es lässt sich nicht ausreden, dass etwas davon überlebt.«

furt am Main 1924 mit einer philosophischen Dissertation abgeschlossen hatte, beabsichtigte er zunächst, Musiker zu werden. In Wien nahm er 1925/26 Kompositions- und Klavierunterricht bei ALBAN BERG, einem Anhänger von ARNOLD SCHÖNBERGS Zwölftontechnik. 1931 habilitierte er sich in Frankfurt am Main mit einer Arbeit über SØREN KIERKEGAARD. Nach dem Entzug der Lehrerlaubnis durch die Nationalsozialisten versuchte er ab 1934 in Großbritannien seine akademische Laufbahn fortzusetzen. ADORNO übersiedelte 1938 in die USA, wo er u.a. an dem von Frankfurt nach New York verlegten Institut für Sozialforschung arbeitete und sich neben MAX HORKHEIMER zu einem Hauptvertreter der ↑kritischen Theorie entwickelte. Er beteiligte sich an Forschungen zum Antisemitismus und war Mitverfasser der soziologischen Studie »The authoritarian Personality« (1950) über den Zusammenhang von Autoritätsgläubigkeit und Faschismusneigung. 1949 kehrte ADORNO nach Frankfurt zurück. Er lehrte Philosophie und Soziologie an der Universität und leitete mit HORKHEIMER das 1950 neu gegründete Institut für Sozialforschung.

Ein ADORNOS gesamtes Werk durchziehender Grundgedanke findet sich bereits in der mit HORKHEIMER im Exil verfassten »Dialektik der Aufklärung« (1947; ↑Dialektik der Aufklärung), einer ideologiekritischen Betrachtung zur Krise der europäischen Zivilisation: Freiheit ist einerseits unabdingbar an Aufklärung und Vernunft gebunden, andererseits führt eine nur der Selbsterhaltung des Subjekts dienende Vernunft im Zuge der Aufklärung zu ihrer Beschränkung auf Zweckrationalität (↑instrumentelle Vernunft), zur Beherrschung des Anderen, ihr Fremden, des Objekts oder der Natur, zu dessen Unterdrückung und damit letztlich zur Unfreiheit oder gar zur Selbstzerstörung.

In seinem philosophischen Hauptwerk »Negative Dialektik« (1967) kritisiert ADORNO die Entwicklung der Rationalität zur Totalität im Bereich der Philosophie: den Hang zur Systembildung und das zumal im Idealismus, aber auch noch im Positivismus vorherrschende »identifizierende Denken«, das das »Nichtidentische«, das Besondere, dem eigenen Begriffssystem, dem Allgemeinen, unterwirft und damit verneint. ADORNOS Denken setzt zwar die Utopie einer Versöhnung der Widersprüche wie denen zwischen Vernunft und Natur, Subjekt und Objekt, Individuum und Gesellschaft voraus, aber es hebt gerade ihre Unversöhntheit hervor, statt wie die idealistische Dialektik den Schein der Versöhnung zu erzeugen; insofern kennzeichnet der Titel »Negative Dialektik« genau das Programm seiner Philosophie. Auch ADORNOS unvollendet gebliebenes Spätwerk »Ästhetische Theorie« (1970) folgt noch diesem Programm: Zwar kann in der Kunst das »Nichtidentische« erfahren werden, aber sie enthält die Gegensätze der Gesellschaft; so ist das Kunstwerk unter den Bedingungen der Industriegesellschaft durch seinen Warencharakter bestimmt. Mit seinen kulturkritischen Gesellschaftsanalysen beeinflusste ADORNO besonders die Studentenbewegung der 1960er- und frühen 1970er-Jahre, wenngleich ihre politisch-praktische Unbrauchbarkeit bemängelt wurde.

Affekt [lat. »Empfindungszustand«, »Empfindung«]: heute umgangssprachliche Bezeichnung für (heftige) zeitlich begrenzte Gemütsbewegungen, in der antiken und mittelalterlichen Philosophie noch für den ganzen Bereich der Gefühls- und Gemütssphäre.

ARISTOTELES versteht unter Affekten (páthē) alle seelischen Phänomene, die von Lust oder Schmerz begleitet werden, wie Begierde, Zorn, Angst, Freude, Freundschaft usw. Die Affekte sind als vernunftvorgegebene, natürliche Befindlichkeiten des Menschen an sich weder gut noch schlecht. Anzustreben ist nicht ihre Unterdrückung, sondern die Beherrschung des rechten Maßes. Dagegen betrachten die Philosophen der Stoa in ihrer Orientierung am Ideal der ↑Apathie die Affekte als »unvernünftige und widernatürliche Regungen der Seele«, von denen der Mensch sich befreien müsse, um zur Seelenruhe (↑Ataraxie) zu gelangen. Den vier Hauptaffekten (Schmerz, Furcht, Begierde, Lust), von denen nur der Weise gänzlich geheilt ist, stellt die Stoa drei »gute Affekte« gegenüber, die sich im Einklang mit der Vernunft befinden: Freude, vernünftiges Wollen und Vorsicht.

Die Scholastik schließt sich in ihrer Beurteilung der Affekte an ARISTOTELES an: An sich moralisch indifferent, gehören sie, soweit sie der Vernunft unterstellt sind, zu den Tugenden, anderenfalls zur Sünde. Auch KANT bleibt mit seiner Lehre von der Vernunftwidrigkeit der Affekte in der stoischen Tradition. Seine grundsätzliche Unterscheidung zwischen Affekten und Leidenschaften war für die Psychologie und Anthropologie des 19. Jh. von nachhaltiger Wirkung. Die Behandlung der Affekte fällt heute vorwiegend in das Gebiet der Psychologie.

Affirmation [lat.]: Bejahung, Zustimmung (Gegensatz ↑Negation). Ein wichtiges Prinzip der klassischen Logik lautet: »Duplex negatio affirmat« (»die doppelte Verneinung bejaht«).

affizieren [zu lat. afficere »hinzutun«, »anregen«]: einwirken, reizen. Das Affiziertwerden des Subjekts durch das Objekt ist v. a. bei KANT Schlüsselbegriff für das Zustandekommen von Erfahrungswissen: Alle Erkenntnis von Gegenständen beruht letztlich auf der Anschauung. Damit diese überhaupt stattfinden kann, ist es erforderlich, dass der Gegenstand »das Gemüt auf gewisse Weise affiziere«. In dieser Angewiesenheit auf die **Affektion** zeigt sich für KANT die Begrenztheit aller menschlichen Erkenntnis.

Agnostizismus [zu griech. agnoeĩn »nicht wissen«]: unklare Sammelbezeichnung für philosophische Positionen, denen eins gemeinsam ist: Sie bestreiten die Erkennbarkeit von Wirklichkeiten, die jenseits dessen liegen, was in der Erfahrung gegeben ist, leugnen aber nicht, wie z. B. der Atheismus, deren (mögliche) Existenz.

Ähnlichkeit: Zwei Gegenstände heißen ähnlich, wenn es eine Abbildung des einen auf den anderen gibt, die wesentliche Eigenschaften erhält. Während im Fall der ↑Analogie die Übereinstimmung gewisser Merkmale im Vordergrund steht, ist für die Ähnlichkeit die abbildende Beziehung wichtig.

Akt/Potẹnz [zu lat. actus »Tätigkeit«, »Wirklichkeit« und potentia »Vermögen«, »Kraft«]: die grundlegenden Termini der scholastischen Ontologie und Metaphysik. Sie sind die Übersetzung der aristotelischen Termini **Energeia** (griech. »Tätigsein«, »Wirken«, »Wirklichkeit«) und **Dynamis** (griech. »Vermögen«, »Fähigkeit«). ARISTOTELES führte die Begriffe ein, um Bewegung und Veränderung widerspruchsfrei zu erklären, ein Problem, das in der Vorsokratik zu den entgegengesetzten Positionen des ↑Parmenides (↑eleatische Philosophie) und des ↑Heraklit geführt hatte. ARISTOTELES entwickelte das Begriffspaar u. a. an dem Paradigma der Veränderung des Steinblocks zum Standbild. Sie setzt zweierlei voraus: einerseits die »Fähigkeit« des Bildhauers; Dynamis in diesem Sinne ist das »Prinzip der Bewegung oder Veränderung in einem anderen«; andererseits das »Vermögen« des Steinblocks, etwas anderes zu werden; Dynamis in diesem Sinne ist »das Prinzip der Veränderung durch ein anderes«. Das Wirklichwerden des Standbildes ist dementsprechend das »Am-Werk-Sein« (Energeia) der Fähigkeit des Bildhauers in eins mit dem Vermögen des Steinblocks in Hinsicht auf ein bestimmtes Werk: Energeia ist »die wirkliche Tätigkeit des Möglichen«.

Die Lehre von Energeia und Dynamis hat für ARISTOTELES bedeutsame Konsequenzen:

- Jedwede Veränderung, d. h. Verwirklichung eines Vermögens, setzt ein anderes wirkliches Seiendes voraus, das diese Verwirklichung anregt. So setzt der sich entwickelnde Same eine andere Samen tragende Pflanze, das werdende Standbild den wirklich tätigen Bildhauer voraus (↑ab alio/a se).
- Jedes von Natur aus Seiende hat ein Ziel, auf das sein wirkliches Tätigsein, seine Wirklichkeit, von Natur aus gerichtet ist. Für den Menschen ist dieses Ziel seiner Wirklichkeit die Glückseligkeit (↑Eudaimonia), die er nur dadurch erreicht, dass er die seinem Wesen eigenen Vermögen verwirklicht.
- Die Bewegung der Natur als Ganzes ist auf ein Ziel hin gerichtet, wird also teleologisch gedeutet (↑unbewegter Beweger, ↑Teleologie).

THOMAS VON AQUIN und die ihm folgenden Scholastiker erweiterten diese Energeia-Dynamis-Lehre um einen bedeutsamen Aspekt, wodurch ihre Akt-Potenz-Lehre zur Deutung des Seienden überhaupt, d. h. zur Ontologie, wird: Das Wesen (essentia) eines endlichen Seienden wird gemäß dieser Interpretation als Potenz verstanden, also als auf das ihm gemäße Sein (esse) hin angelegte Möglichkeit. Das Sein eines Seienden wird als Akt interpretiert, also Verwirklichung des Wesens. Daraus ergeben sich für THOMAS wichtige Folgerungen:

- Da die Verwirklichung einer Möglichkeit stets eines anderen bedarf, das bereits in wirklicher Tätigkeit ist, bedarf das Gesamt des endlichen Seienden einer Wirklichkeit außer ihm, die keinerlei Möglichkeit (Potenz) mehr enthält; denn sonst bedürfte diese wieder einer Ursache ihrer Verwirklichung. Diese Wirklichkeit ist also eine von Möglichkeiten reine Wirklichkeit, **Actus purus,** deshalb ewiger, unendlicher Geist. Mit diesem Gedanken hat THOMAS eine philosophische Deutung des religiösen Schöpfungsdogmas gegeben.

- Da das Sein eines Seienden Verwirklichung seines Wesens ist, kommt den verschiedenen Arten des Seienden das Sein nicht in demselben Maße und in derselben Weise zu, sondern nach Maßgabe der Wesensart. »Sein« kann also von einem Stein und von einem Menschen nicht in derselben Bedeutung, univok, ausgesagt werden, sondern nur analog (↑Analogia entis). In diesem Gedanken gründet die typisch thomistische Lehre von der hierarchischen Ordnung des Seienden (↑Ordo).
- Das Sein jedes Seienden ist nicht statische Realität, sondern Actus, also Wirken, das sich in einer mehr oder weniger vollkommenen Verwirklichung der in seinem Wesen angelegten Vermögen darstellt. Daher kann sich die Seinsvollkommenheit von Menschen unterscheiden, und zwar in dem Maße, in dem sie die im Wesen des Menschen angelegten Vermögen in wirkliche Tätigkeit überführen.
- Das Geschehen im Gesamt des endlichen Seienden ist auf ein letztes Ziel, Gott als die reine Wirklichkeit, hin orientiert, ist also sinnvoll.

Aktualisierung [zu mittellat. actualis »wirklich«]: in der modernen Handlungstheorie Bezeichnung für die konkrete Handlungsausführung im Unterschied zum abstrakten Handlungsschema (↑Schema). So ist z. B. jeder einzelne morgendliche Gang zur Schule, jeder Spaziergang usw. eine Aktualisierung des Handlungsschemas Gehen. Mit dem Begriffspaar »Schema – Aktualisierung« wird eine handlungstheoretische Rekonstruktion des klassischen Begriffspaares Allgemeines/Besonderes (↑Allgemeine, das) versucht.

Akzidens [lat. »das Zufallende«]: auf ARISTOTELES zurückgehender Begriff der Ontologie. ARISTOTELES definiert Akzidens als das, »was einem Gegenstand zwar zukommt […], aber weder notwendig noch in den meisten Fällen [so zukommt]«. Er nennt neun Klassen von Akzidenzien: Qualität, Quantität, Relation, Ort, Zeit, Lage, Zustand, Tun, Leiden. Dabei gewinnt er den Begriff Akzidens, indem er Aussagen (z. B. »Dieser Mensch träumt«) daraufhin untersucht, welche Teile einer Aussage über etwas anderes ausgesagt werden (z. B. »träumt« über »dieser Mensch«) und welche nicht über etwas anderes ausgesagt werden (»dieser Mensch«). Letztere beziehen sich auf die ↑Substanz eines Gegenstands, erstere auf seine Akzidenzien.
Die Unterscheidung von Substanz und Akzidens braucht ARISTOTELES auch, um die Veränderungen an Seiendem zu verstehen, ohne sie für trügerischen Schein auszugeben (↑eleatische Philosophie) oder das Seiende in bloße Veränderung aufzulösen (↑Heraklitismus): Substanz ist das allen Veränderungen an einem Seienden »Zugrundeliegende«; die Akzidenzien sind das, was sich an einem Seienden verändert.
Für KANT dagegen sind Substanz und Akzidens nicht Strukturen des Seienden »an sich«, sondern »reine Verstandesbegriffe«, durch die das gegebene Mannigfaltige der Erfahrung überhaupt erst zu Gegenständen menschlicher Erkenntnis synthetisiert wird. – auch ↑ Kategorie.

Albertus Magnus **(Albert der Große),** deutscher Naturforscher, Philosoph und Theologe, *Lauingen (Donau) um 1200, †Köln 15. 11. 1280: ALBERTUS studierte in Padua und schloss sich 1223 (oder 1229) dem Dominikanerorden an. In Paris erwarb er den Doktorgrad, 1246 wurde er Magister der Theologie. Ab 1248 leitete er die neue Ordenshochschule in Köln, wo er u. a. THOMAS VON AQUIN unterrichtete. 1254–57 war er Provinzial der deutschen Ordensprovinz, 1260–62 Bischof von Regensburg. Nach weiteren Kirchenämtern in Würzburg und Straßburg kehrte er 1270 nach Köln zurück.

Unter allen Gelehrten des 13. Jh. zeichnete sich ALBERTUS MAGNUS durch enorme Vielseitigkeit aus, weshalb ihm schon die Zeitgenossen der Ehrentitel »doctor universalis« verliehen. Er verhalf dem ↑Aristotelismus zum Durchbruch durch umfängliche Texterklärungen und Paraphrasen aristotelischer Schriften, wobei er v.a. die Vereinbarkeit von aristotelischem Denken und christlichem Glauben zu beweisen suchte. Im ↑Universalienstreit bezog er eine vermittelnde Position. Darüber hinaus wirkte er besonders auf den Gebieten der Botanik und Zoologie als einer der größten Naturforscher seiner Zeit.

Aletheia [griech. »Wahrheit«, »Wirklichkeit«, ursprünglich »Unverborgenheit«]: Die griechische Sprache verwendet »Aletheia« in zweifacher Bedeutung:

1. Wahrheit kann/soll – als logische ↑Wahrheit – Aussagen zukommen; dann bedeutet Wahrheit nach einer auf PARMENIDES und PLATON zurückgehenden Definition des ARISTOTELES »zu sagen, dass Seiendes sei und dass Nichtseiendes nicht sei«.
2. Wahrheit kommt jedem Seienden zu; dann bedeutet Wahrheit die Durchschaubarkeit, die Erkennbarkeit des Seienden.

Die beiden Bedeutungen gehören für das griechische Weltverständnis zusammen: Aussagen können nur wahr sein, insofern das Seiende, von dem die Rede ist, durchschaubar, erkennbar ist. Nun ist aber das mehr durchschaubar, was seine Fähigkeiten, sein Vermögen (↑Akt/Potenz) verwirklicht hat (z. B. die reife Früchte tragende Pflanze), als das, was nur der Möglichkeit nach ist (z. B. der Same). Deswegen gilt nach ARISTOTELES: »Jedes Seiende verhält sich zur Wahrheit genau so, wie es sich zum Sein verhält.« Zwar kommt jedem Seienden Wahrheit, d. h. Erkennbarkeit, zu, aber in dem Maße, wie es wirklich ist. »Den höchsten Grad von Wahrheit hat also dasjenige, was für das Spätere Ursache von Wahrheit ist. Darum müssen die Ursprünge des Ewigseienden immer die höchste Wahrheit haben.«

Dem folgt auch ein Kerngedanke der platonischen Lehre von den ↑Ideen: Die ewigen, vollkommen, ganz und gar wirklichen Urbilder des endlichen, unvollkommen Seienden sind das, was eigentlich wahr, d. h. erkennbar ist; ihnen muss sich daher zuwenden, wer wahre Aussagen machen will (↑Höhlengleichnis). Er wird in der Scholastik durch ALBERTUS MAGNUS und THOMAS VON AQUIN erneuert. Der scholastische Grundsatz »omne ens est verum« (lat. »alles Seiende ist wahr«; ↑Transzendentalien) ist eine entscheidende Voraussetzung für die scholastische Definition von Wahrheit als einer ↑Adaequatio intellectus et rei.

Allaussage (Universalaussage): Aussagen wie »für alle x aus der Grundmenge G gilt $P(x)$« heißen Allaussagen. Umgangssprachlich finden sich auch andere Ausdrucksweisen wie z. B. »jedem x aus G kommt P zu«. Allaussagen sind dadurch charakterisiert, dass sie mindestens einen nicht eliminierbaren Allquantor enthalten; Beispiele: »Alle Menschen sind sterblich«. »Jede natürliche Zahl ist Produkt von Primzahlen.«

Eine Allaussage ist genau dann wahr, wenn sie über dem festgelegten Grundbereich (z. B. Mensch, Zahl) ↑allgemeingültig ist. Allaussagen lassen sich i. d. R. nicht verifizieren, wohl aber falsifizieren: Gelingt es, in einem konkreten Fall nachzuweisen, dass P wenigstens einem x_0 nicht zukommt, so ist die Allaussage als falsch erwiesen. KARL POPPER machte diese Einsicht zum Ausgangspunkt der Wissenschaftstheorie des ↑kritischen Rationalismus.

alles fließt: ↑panta rhei.

Allgemeinbegriff: ein Begriff, der auf eine ganze Klasse von Gegenständen zutrifft (z. B. Baum, Röte, Primzahl). Alle Artnamen (↑Art) und alle Gattungsnamen (↑Gattung) sind Allgemeinbegriffe (Gegensatz ↑Individualbegriff).

Allgemeine, das: dasjenige, was mehreren Gegenständen gemeinsam zukommt, im Unterschied zum **Besonderen,** das nur auf ein Einzelnes zutrifft. Das Erfassen von Allgemeinem wurde vielfach als besonderes Kennzeichen des menschlichen Erkenntnisvermögens herausgestellt. Die Frage, in welchem Sinne das Allgemeine existiere, durchzieht die Philosophie seit PLATON. Einen Höhepunkt der Auseinandersetzungen um diese Frage bildete der mittelalterliche ↑Universalienstreit.

allgemeingültig: Eine Aussage heißt allgemeingültig, wenn sie unabhängig von den Umständen, unter denen sie geäußert wird, wahr ist. In diesem Sinne beanspruchen wissenschaftliche Sätze Allgemeingültigkeit.

Alternative [zu lat. alternus »abwechselnd«]: im logischen Sinn Bezeichnung für ein disjunktives Urteil (↑Disjunktion). Im praktischen Sinn Bezeichnung für zwei (oder mehr) einander ausschließende Handlungsmöglichkeiten. Alternativen entwerfen und auf ihre Durchführbarkeit sowie Folgen hin untersuchen zu können, ist eine den Menschen auszeichnende Fähigkeit. Sie ist eine Bedingung für die Möglichkeit, überhaupt sittlich, verantwortungsbewusst handeln zu können (↑Verantwortungsethik).

Althusser [alty'sɛr], Louis, französischer Philosoph, * Birmandreis (bei Algier) 16. 10. 1918, † Paris 22. 10. 1990: ALTHUSSER war als unorthodoxer Marxist seit Ende der 1940er-Jahre einflussreiches Mitglied der Kommunistischen Partei Frankreichs, die er allerdings ab Mitte der 1970er-Jahre wegen ihrer stalinistischen und demokratiefeindlichen Strukturen öffentlich kritisierte. Besonders in Frankreich, wo bedeutende Intellektuelle wie RÉGIS DEBRAY oder MICHEL FOUCAULT zu seinen Schülern zählten, war er einer der angesehensten Theoretiker nicht nur in den Kreisen, die sich im Zuge der Studentenbewegung der Kritik der politischen Ökonomie von KARL MARX verschrieben hatten.

ALTHUSSERS Zugang zu MARX unterscheidet strikt den »jungen« vom »reifen« MARX, da aus seiner Sicht allein dessen Spätwerk streng wissenschaftlichen Kriterien genügt. Damit stellte er sich in die Tradition des französischen ↑Strukturalismus, dessen Wissenschaftstheorie und Philosophie er in den marxschen Spätschriften wiederzufinden glaubte bzw. über den er den historischen Materialismus an die neueren Wissenschaftsentwicklungen anpassen wollte. Dazu reformulierte er die marxsche Kritik der politischen Ökonomie mit dem Ziel, anders als MARX ohne geschichtsphilosophische Momente auszukommen (»Für Marx«, »Das Kapital lesen«, beide 1965).

Seit Mitte der 1970er-Jahre revidierte ALTHUSSER seine Thesen teilweise, indem er u. a. den Klassenstandpunkt hervorhob, um von hier aus den westlichen Humanismus und Historismus nicht mehr als philosophisch bzw. wissenschaftlich überholte Weltanschauungen zu kritisieren, sondern als der bürgerlichen Klasse entsprechender Ausdruck des philosophischen Klassenkampfes zwischen (proletarischem) Materialismus und Idealismus anzusehen.

Besonders in der von ihm entwickelten Auffassung des Begriffs »Ideologie«, die als subjektivierende Anpassung der Individuen an die ideologischen Staatsapparate (v. a. die Medien und die Universitäten) verstanden wird, spiegelt sich die Wende zahlreicher französischer Intellektueller dieser Zeit zum ↑Poststrukturalismus wider, der sich dennoch auch gegen ALTHUSSERS Marxismus wendete.

Zwei Jahre nach seinem Tod erschienen zwei autobiografische Texte (»Die Zukunft hat Zeit«, »Die Tatsachen«), in denen ALTHUSSER – schonungslos gegenüber sich selbst – nicht nur die subjektiven Umstände schildert, unter denen er seine Frau 1980 tötete, sondern auch seine intellektuelle Entwicklung als Philosoph kritisch analysiert.

Altruismus [zu lat. alter »der andere«]: Bezeichnung für eine dem ↑Egoismus entgegengesetzte moralische Einstellung, die sich in der individuellen Lebenspraxis eines uneigennützigen, aufopferungsvollen, selbstlosen Einsatzes für hilfsbedürftige andere äußert.

Ambiguität [lat. »Zweideutigkeit«]: Die Tatsache, dass ein Wort zwei oder mehrere verschiedene Bedeutungen besitzen kann (z. B. »Mutter«, »Bank«, »Kater«), ist allen natürlichen Sprachen eigen. Die Bedeutung eines Wortes ergibt sich oft erst aus dem Kontext, in dem es gebraucht wird (z. B. »Der Räuber betrat die Schalterhalle der Bank. Er stellte die Beute auf einer Bank ab.«). Vor allem in formalen Sprachen müssen solche Zweideutigkeiten vermieden werden. So wird z. B. bei der Definition einer Programmiersprache ausdrücklich vereinbart, ob »oder« ausschließend gebraucht wird (↑Disjunktion) oder nicht (↑Adjunktion).

Ambivalenz [zu lat. ambo »beide zusammen« und valentia »Stärke«]: Charakterisierung von Handlungen oder Gefühlen, die mit gegensätzlichen, scheinbar einander ausschließenden Bewertungen (wie Liebe und Hass, Abscheu und Faszination) erlebt werden.

Amoralismus [zu lat. amoralis »unsittlich«]: unklare Sammelbezeichnung für unterschiedliche ethische Positionen, die allgemein verbindliche sittliche Normen ablehnen zugunsten außermoralischer Kriterien für das Handeln, z. B. des Machtgewinns oder bei FRIEDRICH NIETZSCHE (↑Herrenmoral/Sklavenmoral).

Analogia Entis [lat. »Verhältnismäßigkeit«, »Ähnlichkeit des Seienden«]: ein grundlegender Terminus der Erkenntnislehre und Ontologie bei THOMAS VON AQUIN. Die Analogia Entis ergibt sich aus der Lehre von Akt und Potenz (↑Akt/Potenz) und ist die Antwort auf folgendes Problem: Können die ↑Transzendentalien (»seiend«, »eines«, »gut«, »wahr«), von allem, was ist, in genau demselben Sinn, also univok, ausgesagt werden, oder müssen sie von jedem, was ist, in gänzlich verschiedenem Sinn, also äquivok, ausgesagt werden? Im ersten Fall würde sich – unter der Voraussetzung, dass »seiend« Verwirklichung von Wesen bedeutet – ein Pantheismus und eine Leugnung der Verschiedenheit der Dinge ergeben. Im zweiten Fall würde sich die Unerkennbarkeit Gottes und die Unvergleichbarkeit der Dinge ergeben.

THOMAS meint dieser erkenntnistheoretischen Aporie nur dadurch entgehen zu können, dass er die Transzendentalien weder univok noch äquivok verwendet, sondern analog. Analogie ist für ihn ein Mittleres zwischen Univozität und Äquivozität, nämlich proportionale Ähnlichkeit: Jedem, was ist, kommt das Seiend-, Eines-, Gut-, Wahrsein nach Maßgabe seines Wesens (essentia) zu. Zwar hat alles, was ist, Anteil (↑Teilhabe) am Seiend-, Eines-, Gut-, Wahrsein, aber in unterschiedlichem Maße. Die Analogie des Seinsbegriffs beruht also auf einer unterschiedlichen Teilhabe jedes endlichen Seienden an dem Sein, dem Einen, dem Guten, dem Wahren, d. h. für THOMAS an Gott (↑absolut/relativ).

Daraus ergibt sich für THOMAS:

- Jedes endliche Seiende ist Gott ähnlich, aber in unvollkommener und unterschiedlicher Weise.
- Dem Menschen sind dementsprechend mit natürlichen Erkenntnismitteln und gestützt auf die Erkenntnis des endlichen Seienden Erkenntnisse über Gott möglich, wenn auch unvollkommene.
- Obwohl jedes endliche Seiende Sein hat, eines, gut und wahr ist, gibt es dennoch eine von menschlicher Wertung unabhängige Hierarchie, in die jedes Seiende nach dem Maß seiner Seinswirklichkeit, Selbstidentität, der Werthaftigkeit und

der Erkennbarkeit eingeordnet ist (↑Ordo).

Analogie [zu griech. análogos »dem Logos entsprechend«, »verhältnismäßig«, »übereinstimmend«]: eine Form der Ähnlichkeit, die die Übereinstimmung zweier oder mehrerer Gegenstände (Systeme u.a.) hinsichtlich gewisser Merkmale bezeichnet. Damit steht die Analogie zwischen der Äquivalenz (als Übereinstimmung in einer Hinsicht) und der Gleichheit (als Übereinstimmung in allen Hinsichten).

Die **strukturelle Analogie** ist die teilweise oder völlige Übereinstimmung der ↑Struktur zweier Gegenstände (Systeme). Vorbild hierfür ist die Ähnlichkeitsrelation der Geometrie (z.B. sind zwei Dreiecke ähnlich, wenn ihre Winkel übereinstimmen; ihre Größe kann verschieden sein). Ist die strukturelle Analogie reichhaltig genug, so kann man den einen Gegenstand als Abbild (Modell) des anderen auffassen. Analoge Merkmale werden oft in Klassifikationen benutzt (z.B. bei der Einteilung von Tier- und Pflanzenreich).

Von **funktionaler Analogie** spricht man, wenn zwei Gegenstände (Systeme) dasselbe leisten bzw. die gleiche Funktion erfüllen (so sind eine Leiter und ein auf einen Tisch gestellter Stuhl funktional analog, wenn es darum geht, die Zimmerdecke zu erreichen). Dieser Begriff ist v.a. für die Informatik wichtig geworden (Analogrechner). Zwei Rechenprogramme sind funktional analog, wenn sie dasselbe Ergebnis berechnen. Ist man ausschließlich am gewünschten Resultat interessiert (und nicht noch z.B. an der Rechenzeit), so sind funktional analoge Systeme gleichwertig und können durch einander ersetzt werden: »Was dem Vogel der Flügel ist, ist für den Fisch die Flosse« (ARISTOTELES).

Analogieschluss (Analogismus): ein Verfahren, wonach aus der Analogie zweier Systeme S_1 und S_2 hinsichtlich gewisser Merkmale M_1, M_2, ..., M_n auf die Übereinstimmung in anderen Merkmalen M_{n+1}, ..., M_{n+m} geschlossen wird. Analogieschlüsse können leicht zu Fehlerquellen werden. So sind z.B. die Bahnen der Elektronen im bohrschen Atommodell strukturell analog den Planetenbahnen. Dennoch darf man nicht schließen, dass es auf einem der Elektronen intelligentes Leben gebe.

Analyse [griech. »Auflösung«]: Verfahren, bei dem Erkenntnisse durch Zergliederung eines Ganzen in elementarere Bestandteile gewonnen werden (Gegensatz ↑Synthese). Die Analyse spielt in vielen Wissenschaften eine wichtige Rolle (z.B. in der Chemie als Suche nach den elementaren Bestandteilen eines Stoffes, in der Physik als Suche nach den wirkenden Ursachen). Für die Philosophie wurden das Verfahren der Begriffsanalyse (↑analytisch) sowie das der logischen Analyse der Sprache (↑analytische Philosophie) wichtig.

analytisch [griech.]: Sätze (Aussagen, Urteile) heißen analytisch (auch: analytisch wahr), wenn ihre Wahrheit nur aufgrund von definitorischen und logischen Vereinbarungen feststeht (z.B. Schimmel sind weiß; jede gerade Zahl ist durch 2 teilbar). Alle anderen wahren Sätze nennt man ↑synthetisch. KANT, auf den diese Terminologie zurückgeht, hat die analytischen Urteile als Urteile charakterisiert, die im Prädikat nur sagen, was im Begriff des Subjekts schon wirklich gedacht war, wobei im einfachsten Fall dem Subjekt das Prädikat schon durch Definition zukommt. Bei Begriffen der Umgangssprache stößt man dabei auf Schwierigkeiten, da hier i.A. keine ausdrücklichen Wortgebrauchsvereinbarungen vorliegen. Nach KANT genügt für die Erkenntnis durch analytische Urteile der ↑Satz vom (verbotenen) Widerspruch: Kommt *S P* zu, so bedeutet es einen Widerspruch zu behaupten, *S* komme *P* nicht zu. KANT war der Meinung, dass analytische Urteile unsere Erkenntnis nicht erweitern; sie machen nur deutlich, was wir schon wissen.

GOTTLOB FREGE nannte eine Aussage analytisch wahr, wenn sie aus ↑Axiomen mithilfe von Definitionen und logischen Schlüssen lückenlos deduzierbar ist. Musterbeispiel hierfür waren ihm die Sätze der Arithmetik. Da Axiome für FREGE noch wahre Sätze waren und logisches Schließen stets von wahren Sätzen wieder zu solchen führt, konnte er zu Recht die analytischen Sätze wahr nennen. Deren Wahrheit findet aber – im Unterschied zu KANT – nicht mehr ihre Rechtfertigung im betreffenden Satz selbst, sondern im Zusammenhang eines ↑axiomatischen Systems.

analytische Philosophie (sprachanalytische Philosophie): Sammelbezeichnung für die Bemühungen vieler zeitgenössischer Philosophen v. a. der angelsächsischen Länder und Skandinaviens. Kennzeichnend für alle Formen der analytischen Philosophie ist die Auffassung, dass philosophische Probleme durch ↑Analyse ihrer sprachlichen Darstellungen geklärt werden können. Ihr zufolge gibt es überhaupt nur zwei Wege zur Beantwortung von Fragen: die Methoden der empirischen Wissenschaften und die Sprachanalyse. Die Sätze, die auf die erste Art gewonnen werden, sind synthetisch und empirisch, die anderen a priori und analytisch. Das synthetische Apriori KANTS gibt es nicht. Philosophische Probleme (wie das Leib-Seele-Problem, die Frage nach dem Wesen des Guten, der Skeptizismus) sollen durch die logische Analyse der Sprache (in Abhebung zur linguistischen Analyse der Sprache, mit der es viele Berührungspunkte gibt) gelöst werden. Es zeigt sich, dass viele dieser Fragen durch den unkritischen Gebrauch von Sprache erzeugt werden. Sie sind darum »Scheinprobleme«, die zum »Verschwinden gebracht« werden können. Das Unternehmen »Vernunftkritik« des Kantianismus wird also in der analytischen Philosophie ersetzt durch die »Sprachkritik«.

Die beiden wichtigsten Schulen der analytischen Philosophie sind: die **Ordinary Language Philosophy** (Philosophie der Gebrauchs- und Umgangssprache; nach ihrem Ursprung auch **Oxford Philosophy** genannt) sowie die **Ideal Language Philosophy** (Philosophie der idealen Sprache). Die Philosophen der ersten Richtung meinen, dass die Gebrauchssprache selbst alles enthält, was zur Klärung philosophischer Probleme erforderlich ist. Erst wenn der Bereich unproblematischen Redens (↑Common Sense) verlassen wird (z. B. bei der Verwendung von Fachtermini), können typisch philosophische Fragen wie »Warum gibt es etwas und nicht vielmehr nichts?« entstehen. Durch Bewusstmachung dessen, was wir immer schon über die Sprache wissen, kann man dagegen zeigen, auf welche Weise die Probleme entstanden sind, und sie dadurch auflösen. Die Philosophen der anderen Richtung wollen dagegen die Gebrauchssprache durch eine ideale Sprache ersetzen. Sie gehen davon aus, dass die Gebrauchssprache die logische Struktur der Sätze oft verschleiert oder gar entstellt, da grammatische Form (Subjekt-Prädikat-Satz) und logische Form (Existenzaussage) unter Umständen verschieden sind. Orientiert man sich nur an der Gebrauchssprache, so verfällt man in Irrtum. Zum Zwecke der Beseitigung aller Fehlerquellen muss die Gebrauchssprache ersetzt werden durch eine ideale Sprache, die nur der logischen Syntax gehorcht. Vorbilder für solche Sprachen sind die ↑Kalküle der Logik. Gegen diese Auffassung werden zwei Argumente vorgebracht:

1. Um eine ideale Sprache konstruieren zu können, bedarf es der Analyse der Gebrauchssprache. Deshalb bleibt die ideale Sprache stets an diese gebunden, weil sie einige ihrer Termini in der Gebrauchssprache erklären muss.

2. Es konnte noch kein aussichtsreicher Kandidat für eine ideale Sprache gefunden werden.

Umgekehrt wird gegen die Philosophen der Oxforder Schule eingewandt:

1. Es gibt, wie unsere Sprachpraxis beweist, keinen unproblematischen Bereich der Gebrauchssprache.
2. Die Analysen der Philosophen der Gebrauchssprache sind in Wahrheit Rekonstruktionen: Die Bedeutungsnuancen, die sie vorzufinden meinen, sind tatsächlich nachträglich konstruiert. Außerdem ist, was zur Gebrauchssprache gehören soll, gar nicht klar.

Die Anfänge der analytischen Philosophie liegen um 1900. Die britischen Philosophen BERTRAND RUSSELL und GEORGE EDWARD MOORE begannen damals, erste Ansätze einer analytischen Behandlung von Erkenntnistheorie und Ethik zu entwickeln. RUSSELL bemühte sich um die Ausarbeitung eines Systems der Logik, das den Bedürfnissen der Mathematik gerecht werden und doch frei von ↑Antinomien sein sollte. Er gilt damit als Begründer der Philosophie der idealen Sprache. MOORE versuchte dagegen, durch die Analyse der Gebrauchssprache zu ethischen und erkenntnistheoretischen Aussagen zu gelangen, die von allen Sprachbenutzern als unproblematisch empfunden werden.

Bahnbrechend wirkte der »Tractatus logico-philosophicus« von LUDWIG WITTGENSTEIN (1921), der die russellsche Position radikalisierte, indem er alle philosophischen Probleme durch eine Reformulierung der Sprache »zum Verschwinden bringen« wollte. Das Programm der idealen Sprache erfuhr in den 1930er-Jahren seinen Höhepunkt, als RUDOLF CARNAP den Versuch unternahm, unser gesamtes Wissen mithilfe der Logik aus der Erfahrung zu gewinnen (↑logischer Empirismus). Zur Unterscheidung zwischen sinnvollen und sinnlosen Sätzen sollte nach ihm das empiristische ↑Sinnkriterium dienen.

Das Programm der Gebrauchssprache wurde nach dem Zweiten Weltkrieg entwickelt. Meilensteine hierzu waren die Werke »The concept of mind« (Der Begriff des Geistes, 1950) von GILBERT RYLE und die »Philosophischen Untersuchungen« (1953) von WITTGENSTEIN. Fruchtbare Anregungen gab auch die Theorie der ↑Sprechakte (JOHN AUSTIN, JOHN SEARLE). Seit Mitte der 1950er-Jahre wandten sich die analytischen Philosophen verstärkt traditionellen Fragestellungen zu. So legte PETER STRAWSON mit seinem Buch »Individuals« (»Einzeldinge«, 1957) den Versuch einer »deskriptiven Metaphysik« vor. Von besonderer Bedeutung waren die Beiträge der analytischen Philosophie v. a. zur Wissenschaftstheorie und Ethik (↑Metaethik).

Anamnesis [griech. »Wiedererinnerung«]: Mit der Anamnesislehre versucht PLATON folgendes erkenntnistheoretische Problem zu lösen: Wie ist es möglich, z. B. etwas als »eines«, zwei Gegenstände als »gleich« oder »verschieden« anzusprechen? Nach PLATON können solche Begriffe nicht aus der sinnlichen Erfahrung gewonnen sein. Denn im Bereich des sinnlich Wahrnehmbaren gibt es keine Gegenstände, die den Begriffen »eines«, »gleich«, »verschieden« entsprächen; vielmehr ist die Wahrnehmung von Gegenständen als Gegenstände – nicht nur als Sinnesreize – erst möglich, wenn der Wahrnehmende über solche Begriffe bereits verfügt. Der Mensch hat also Kenntnisse vor aller Erfahrung. Diese beziehen sich auf die ↑Ideen, die die Seele vorgeburtlich »geschaut« hat. An diese Ideen »erinnert« sich die Seele, wenn ihr in der sinnlichen Wahrnehmung Gegenstände begegnen, da diese ihrerseits an den Ideen teilhaben (↑Methexis). Das Erkennen von Gegenständen der sinnlichen Wahrnehmung ist also ein »Wiedererinnern«. Die Anamnesislehre wurde v. a. in der

Lehre von den ↑angeborenen Ideen aufgegriffen.

Anarchie [griech. »Herrschaftslosigkeit«]: zentraler Terminus der politischen Philosophie des **Anarchismus.** Der v. a. von MICHAIL BAKUNIN und PJOTR KROPOTKIN als »libertärer« (freiheitlicher) ↑Sozialismus in der zweiten Hälfte des 19. Jh. entwickelte Anarchismus setzt die Anarchie als Ideal einer herrschaftsfreien Organisation der Gesellschaft den Vorstellungen des marxschen »autoritären« Sozialismus entgegen, der unter der Revolution eine Verstaatlichung der Produktionsmittel und die Errichtung einer Diktatur des Proletariats versteht und für die Zeit des Übergangs zur kommunistischen Gesellschaft mit einem allmählichen Absterben des Staates rechnet.

Der entworfene Zustand der Anarchie ist hinsichtlich der politischen Organisation der Gesellschaft gekennzeichnet durch das Fehlen aller staatlichen Organe und Institutionen (z. B. Gesetzgebung, Recht und Rechtsprechung, Regierung und Verwaltung, Polizei und Militär), an deren Stelle Selbstverwaltung der Gemeinden (»Rätedemokratie«), freie Assoziation (Verbindung) von unabhängigen (autonomen) und sich im Wesentlichen selbst versorgenden (autarken) Gemeinden, gegenseitige Hilfe und Kooperation treten. Im Bereich der wirtschaftlichen Organisation gelten die Prinzipien der Gütergemeinschaft (»Alles gehört allen«) als Voraussetzung für die Abschaffung der Ausbeutung, die Abkehr von Geldwirtschaft und Lohnarbeit (»Jeder nach seinen Fähigkeiten, jedem nach seinen Bedürfnissen«) und die Aufhebung der Trennung von Hand- und Kopfarbeit. Die gelungene Anarchie wäre also ein Zustand, in dem es keinerlei hierarchisch organisierte Herrschaft von Menschen über Menschen mehr gäbe. Hinsichtlich der Realisierbarkeit dieser ↑Utopie vertrauen die Anarchisten auf den guten Willen und die Lernfähigkeit der Menschen.

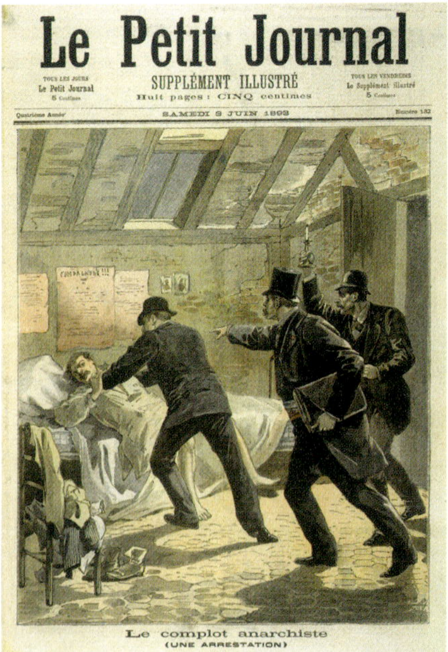

Anarchie: Die anarchische Bewegung strebte nach der herrschaftsfreien Gesellschaft. Ihre Angehörigen waren oft staatlichen Repressionen ausgesetzt. Auf der Titelseite der Pariser Illustrierten »Le Petit Journal« vom 3. Juni 1893 wird eine politische Verhaftung dargestellt.

Andere, der: der Mitmensch als Gegenüber. Ausgehend von HEGELS Dialektik des Selbstbewusstseins wird in der ↑Existenzphilosophie das Individuum, das sein Dasein erst in der Anerkennung durch den Anderen gewinnt, als Ausgangs- und Endpunkt der Philosophie gesetzt und nicht, wie noch bei KANT, ein allen Menschen gemeinsames Subjekt. So entsteht das Problem, wie die Vermittlung zum »Du« zu fassen ist. Während bei MARTIN HEIDEGGER sich die Anderen im »Man« verallgemeinern, radikalisiert der französische Existenzialismus

(JEAN-PAUL SARTRE, EMMANUEL LEVINAS) das »Du« dahin gehend, dass jedes Individuum als ↑Totalität für sich gefasst wird, das im Anderen eine ihm unzugängliche, prinzipiell von ihm verschiedene, nicht verallgemeinerbare Totalität vorfindet.

Anders, Günther, eigtl. **Günther Stern**, Philosoph und Schriftsteller, *Breslau 12. 7. 1902, †Wien 17. 12. 1992: ANDERS studierte Philosophie bei ERNST CASSIRER, MARTIN HEIDEGGER und EDMUND HUSSERL, bei dem er sich 1923 promovierte. 1929 heiratete er die Philosophin HANNAH ARENDT. Beide emigrierten 1933 nach Paris, wo sich ihre Wege trennten. In Paris verarbeitete ANDERS den Aufstieg der Nationalsozialisten in dem erst 1992 erschienen Roman »Die molussische Katakombe«, 1936 floh er in die USA. Dort übernahm er einen Lehrauftrag für Ästhetik an der »New School for Social Research« in New York, arbeitete aber auch als Fabrikarbeiter in Los Angeles.

Die Eindrücke aus der modernen Arbeitswelt und der Abwurf von Atombomben über Hiroshima und Nagasaki wurden zum Ausgangspunkt seines bedeutendsten Werks, »Die Antiquiertheit des Menschen«, dessen erster Band 1956 erschien. In dieser Analyse der Conditio humana im Zeitalter der Massenproduktion und der Massenvernichtungswaffen weist ANDERS nach, dass der Mensch durch die »Hypertrophie« der technischen Mittel heute in der Lage ist, Dinge zu bewirken, deren Tragweite er nicht vorhersehen und deren Konsequenzen er nicht verantworten kann. Der technische Fortschrittsbegriff hat die Menschen blind gemacht für die Fragen nach Zweck und Folgen. Die große Gefahr für die Zukunft unseres Planeten ist ihre »Apokalypse-Blindheit«, die sie glauben lässt, alles, was sie tun können, auch tun zu dürfen.

Eine späte Berufung auf einen Lehrstuhl in Berlin schlug der inzwischen wieder in Wien lebende ANDERS 1957 aus. Er veröffentlichte kultur- und technikkritische Essays und Bücher, darunter den zweiten Band der »Antiquiertheit des Menschen« (1980) und engagierte sich in der Antiatombewegung.

Anfang: Nach dem Anfang von etwas zu fragen ist für den Menschen charakteristisch. Wie ihre Freundschaft oder Feindschaft, ihr Gespräch, ihr Glück oder Unglück, ihr Leben, die politische Krise, die Gesellschaft, die Welt angefangen haben, fragen Menschen in der Erwartung, vom Anfang her ihre gegenwärtigen Beziehungen, ihre Gesprächs- und Handlungssituation, sich selbst, die Gesellschaft, die Welt zu verstehen. Sie unterstellen, dass sie mit dem Anfang den alle folgenden Ereignisse beherrschenden Ursprung fassen. Bei dieser Unterstellung gehen sie von der Erfahrung aus, dass eine Ereigniskette gut oder schlecht verlaufen wird, je nachdem ob man weiß oder nicht weiß, »wie man anfangen soll«, »was man mit einer Sache anfangen soll« und ob man »am Anfang keinen oder einen Fehler« macht. Dass »Anfang« nicht den Zeitpunkt null, sondern den alles beherrschenden Ursprung bedeutet, belegt das entsprechende griechische bzw. lateinische Wort: »archē« heißt Herrschaft, Anfang, »principium« stammt von »princeps«, der Erste, der Urheber, der Führer.

Die Mythen der Völker, die den Anfang der Welt und der Menschheit erzählen (z. B. die biblische Schöpfungs- und Paradieserzählung), sind daher nicht Berichte über ein Geschehen, sondern Deutungen der Welt und des Menschen. Auch die nicht mythischen Religionen geben Antworten auf die Frage nach dem Anfang, der das Verstehen der Welt, der Menschen und ihrer Geschichte ermöglichen soll (z. B. Johannes 1). Die abendländische Philosophie begann mit der Frage nach dem Anfang, der ↑Arche. Zunächst galt die Frage dem Urstoff, aus dem die Welt als Ganze entsteht und in dem jedes Seiende wieder vergeht. Schon zur Zeit der

Vorsokratiker löste sich das philosophische Denken von der Frage nach dem Woraus des Entstehens und dem Wohinein des Vergehens, wird zum Fragen nach den Ursachen des endlichen Seienden und nach den letzten ↑Prinzipien des Erkennens. So bekam Arche bei ARISTOTELES v.a. den Sinn von Erkenntnisprinzip: Die Erkenntnisprinzipien sind der alles beherrschende Anfang für das Wissen über jede andere Art von Anfängen. In der mit DESCARTES beginnenden neuzeitlichen Philosophie rückte das ↑Subjekt ins Zentrum der Reflexion auf die Prinzipien alles Wissens. Daneben führten Spekulationen über den Anfang der menschlichen Gesellschaft zur Annahme eines ursprünglichen ↑Naturzustands der Menschen.

angeborene Ideen (eingeborene Ideen): Begriffe, Vorstellungen oder Wahrheiten, von denen angenommen wird, sie könnten durch sinnliche Erfahrungen nicht erworben worden sein, weil sie nicht – wie sinnlich erfahrbare Gegenstände – greifbar oder sichtbar sind (z.B. mathematische Begriffe oder ethische Werte). Daher müssten solche Ideen zu einer Art ursprünglicher Ausstattung des menschlichen Geistes gehören. Der Streit um die Existenz derartiger Begriffe beherrschte die erkenntnistheoretische Diskussion des 17. und 18. Jh. zwischen ↑Rationalismus und ↑Empirismus.

Für DESCARTES genügt ein Rückgriff auf Erfahrung, d.h. auf Leistungen der Sinne und auf Vorstellungen, die aufgrund sinnlicher Eindrücke gebildet wurden, keineswegs, um die Entstehung bestimmter Ideen zufriedenstellend zu erklären. Niemals ist z.B. dem Menschen als beschränktem, endlichem Wesen die sinnliche Erfahrung einer Unendlichkeit möglich. Trotz aller angenommenen Unbegrenztheit des Weltraums sieht jeder Mensch nur eine endliche Strecke weit, trotz aller angenommenen Unendlichkeit der Zeit lebt jeder Mensch nur eine sehr begrenzte Zeitspanne usw. Deshalb müssen, nach DESCARTES, Ideen wie die Unendlichkeit, Vollkommenheit oder Gott von Anfang an im menschlichen Geist angelegt sein. Sie müssen in irgendeiner Weise »angeboren« sein. Dagegen argumentierte JOHN LOCKE: Wären die fraglichen Ideen tatsächlich »angeboren«, so müssten bereits die kleinsten Kinder ihrer gewiss sein – eine absurde Vorstellung. Also kann es angeborene Ideen, die Möglichkeit von erfahrungsunabhängigen Wahrheiten, nicht geben.

Einen vermittelnden Standpunkt nahm dann LEIBNIZ ein: Man habe die »angeborenen« Ideen aufzufassen im Sinne einer prinzipiellen Fähigkeit des Verstandes zur Ausbildung der fraglichen Ideen. Ein derartiges Vermögen sei zwar als Disposition, als Möglichkeit, vorhanden, müsse aber immer erst aktiviert werden. KANT ersetzte später den problematischen Begriff »angeboren« durch »a priori« (↑a priori/a posteriori). Damit verlagerte sich der Schwerpunkt der erkenntnistheoretischen Diskussion von der eher genetischen, physiologisch-psychologischen Frage, wie der Verstand zu Ideen kommt, auf das Problem, welche Rolle diese bei der systematischen Rekonstruktion von Erfahrung spielen.

Angst: unangenehmer Gefühlszustand, der mit Beklemmung und Erregung einhergeht. Die unbestimmte Angst wird v.a. in der Psychoanalyse sowie der Fundamentalontologie MARTIN HEIDEGGERS und der Existenzphilosophie von der objektbezogenen Furcht vor einer konkreten Bedrohung unterschieden.

Die Psychoanalyse sieht den Ursprung der allgemein menschlichen Angstzustände in den vorbewussten Trennungserfahrungen, die jeder Mensch bei seiner Geburt und als Säugling macht. Dagegen ist pathologische Angst Ausdruck tief reichender Konflikte zwischen Grundantrieben eines Individuums (z.B. Autonomiestreben, Sexualbedürfnis) und seiner psychosozialen Realität (z.B.

verinnerlichte moralische Normen, die Autonomie oder Sexualität verbieten).

In der Fundamentalontologie HEIDEGGERS bedeutet die Angst eine besondere Art der ↑Befindlichkeit, wenn sie nicht Angst vor einer bestimmten Bedrohung bzw. Furcht ist, sondern Angst vor dem Nichts. In dieser tieferen Angst ängstigt sich der Mensch um sein ↑In-der-Welt-Sein überhaupt, wenn ihm alle Bezüge entgleiten und die ganze Welt nichtig erscheint. Dadurch eröffnet sich ihm aber erst Welt als Welt. Die immer schon gegebene »Erschlossenheit« von Welt im Sinne des Seinsverständnisses von »innerweltlichen Dingen« erschließt sich in der Angst vor dem Nichts dieser Welt. Dieser Angst kann der Mensch entfliehen, indem er sich in die Konvention des ↑Man flüchtet. Oder er kann durch das Nichts in der Angst seine Freiheit erfahren. Diese besteht darin, dass er sich und seine ihm gegebenen Möglichkeiten frei selbst ergreifen kann, da er im Nichts sein »Freisein« erfährt. Insofern eröffnet die Angst für HEIDEGGER die Möglichkeit der ↑Eigentlichkeit des Menschen. Die Angst bedeutet deshalb nichts Negatives, sondern ist positiv die Möglichkeit zum »eigentlichen Sein«. In der Existenzphilosophie wird dies bei SØREN KIERKEGAARD als »Sprung« in den Glauben, bei JEAN-PAUL SARTRE als »engagement« bezeichnet.

Animal rationale [zu lat. animal »Tier« und ratio »Vernunft«]: von SENECA aus ARISTOTELES' ↑»Zoon logon echon« übernommene Bestimmung des Menschen als »vernunftbegabtes Tier«. Der Begriff dient v.a. MARTIN HEIDEGGER wieder vielfach zur Grundbestimmung des Wesens des Menschen.

Annahme: Als Annahme (weitgehend gleichbedeutend mit ↑Hypothese) bezeichnet man einen Satz, den man gebraucht, ohne mit ihm einen Geltungsanspruch zu erheben. In einer Annahme wird also ein Sachverhalt zum Ausdruck gebracht, ohne über dessen Tatsächlichkeit zu urteilen.

Anschauung: einer der wichtigsten und zugleich vieldeutigsten Begriffe der Philosophie. Anschauung stellt ihren Gegenstand als unvermitteltes, gegenwärtiges Ganzes dar (im Gegensatz zum ↑Begriff) und bildet damit eine wichtige Quelle der Erkenntnis. Anschauung wird sowohl für die Fähigkeit gebraucht, Anschauungen zu haben (*die* Anschauung), als auch für ein einzelnes Resultat dieses Vermögens (*eine* Anschauung). Wichtig ist die Abgrenzung gegenüber verwandten Begriffen wie ↑Intuition und ↑Wahrnehmung.

Einen deutlichen Einschnitt in der Begriffsgeschichte von »Anschauung« markiert KANTS Erkenntnistheorie. Vor KANT wurde Anschauung weitgehend gleichbedeutend mit Intuition (im Sinne von geistiger Schau) gebraucht. KANT betonte in Abkehr von dieser Tradition die Bindung der Anschauung an die Sinnlichkeit (nach dem Vorbild des Sehens etwa). Anschauung setzt einen Gegenstand voraus, der mit den Sinnen angeschaut wird. Dieser kann sich außerhalb des Bewusstseins (des »Gemüts«) befinden **(äußere Anschauung)** oder er ist (beim »inneren Sinn«) ein Bewusstseinsinhalt **(innere Anschauung)**. Aufgrund ihrer Abhängigkeit vom Gegenstand wird die Anschauung als rezeptiv (aufnehmend) bezeichnet. Weiterhin ist sie ↑singulär, d.h., sie stellt den angeschauten Gegenstand als Ganzes einzeln für sich vor, sodass er niemals in eine Menge von Aussagen über ihn aufgelöst werden kann. Der Anschauung verwandt ist die ↑Einbildungskraft, die Abbilder und bloße Fantasien hervorbringt.

KANT maß der Anschauung große Bedeutung bei der Begründung der Mathematik zu. Allerdings spielt hier nicht die **empirische Anschauung** (»die Anschauung, die sich auf ihren Gegenstand durch Empfindung bezieht«) eine Rolle, sondern die **reine An-**

schauung (↑Anschauungsformen). Während rein begriffliche Erkenntnis unser Wissen nicht vergrößert, da sie stets ↑analytisch und damit erläuternd ist, kann dies jedoch die auf Anschauung gegründete Erkenntnis. Sie liefert synthetische Urteile (↑synthetisch). Nicht triviale Erkenntnis kommt nach KANT nur durch das Zusammenspiel von Anschauungen und Begriffen zustande: »Anschauungen ohne Begriffe sind blind. Begriffe ohne Anschauungen sind leer.« Damit nimmt KANT eine zwischen ↑Empirismus und ↑Rationalismus vermittelnde Position ein.

Anschauungsformen: Raum und Zeit bilden nach KANT die grundlegenden Formen der Anschauung – der Raum die Form der äußeren, auf Gegenstände in der Welt gerichteten, die Zeit die der inneren, auf das Bewusstsein selbst abzielenden Anschauung. Alle Inhalte von Anschauungen ordnen sich demgemäß in räumliches Nebeneinander bzw. zeitliches Nacheinander. Da alle äußeren Anschauungen dem »inneren Zustand« angehören, sind auch sie zeitlich geordnet. Die Anschauungsformen ermöglichen erst Erfahrung; sie sind deshalb a priori: Ohne zeitliche und räumliche Ordnung wäre keine Erfahrung möglich. Die Anschauung ist insoweit *rein*, als sie ausschließlich auf den Anschauungsformen beruht. Auf Konstruktionen in der *reinen Anschauung* gründen sich die synthetischen Sätze a priori von Geometrie (bezogen auf den Raum) und Arithmetik (bezogen auf die Zeit). Ihren Sätzen kommt darum apodiktische Gewissheit zu. Die Entdeckung, dass man auch andere Geometrien als die gewöhnliche, euklidische Geometrie konsistent aufbauen kann, hat diese Lehre KANTS schwer erschüttert. Die Anschauungsformen wurden deshalb von seinen Kritikern als Produkt bloßer Gewöhnung bezeichnet.

an sich: Ausdruck, der alltagssprachlich »ursprünglich«, »eigentlich«, »das Wesen eines Gegenstands betreffend« bedeutet. Philosophiegeschichtlich sind drei spezifische Bedeutungen zu unterscheiden:

1. In der Ontologie bzw. Erkenntnistheorie bezeichnet »an sich« die strukturierte Ordnung der Dinge bzw. das Erkenntnisobjekt, wie diese bzw. dieses unabhängig von den Unterscheidungen und Bestimmungen des Erkenntnissubjekts besteht. In seiner Ideenlehre kennzeichnet PLATON die Ideen als das »an sich selbst« Seiende im Gegensatz zu den vergänglichen sinnlich wahrnehmbaren Dingen, die bloß Abbilder der Ideen sind. Innerhalb des erkenntnistheoretischen ↑Subjekt-Objekt-Problems der Neuzeit gewinnt der Terminus v.a. in KANTS Unterscheidung zwischen dem ↑Ding an sich und der durch das Subjekt konstituierten ↑Erscheinung Bedeutung.
2. In einer ontologisch-sprachphilosophischen Orientierung unterscheidet ARISTOTELES zwischen der ↑Substanz (dem Ansich oder Wesen) und den Akzidenzien (den unwesentlichen, zufälligen Eigenschaften; ↑Akzidens) eines Dings.
3. In HEGELS dialektischer Entwicklungstheorie, die die Stufen der Selbstverwirklichung des Absoluten (↑absoluter/objektiver/subjektiver Geist) im Bereich der Logik, der Natur und der Geschichte bzw. des Geistes als »Kreis von Kreisen« in einem System darstellt, kennzeichnen das Ansich, das Fürsich und das An- und Fürsich die drei Stadien, die die Entwicklung notwendig in jedem Kreis durchläuft.

Das **Ansichsein** bezeichnet das Stadium der Identität, des Anfangs, des Unmittelbaren, Unentfalteten, bloß Möglichen (z.B. im Bereich der Logik das Sein, im Bereich der Natur der Keim einer Pflanze, im Bereich des Geistes das Bewusstsein); das **Fürsichsein** bezeichnet das Stadium der Nichtidentität oder Differenz, der Entzweiung des Gegensatzes, des Sich-auf-sich-selbst-Beziehens oder der Negativität der Wirklichkeit (z.B.

im Bereich der Logik das Wesen, im Bereich der Natur der entfaltete Organismus der Pflanze, im Bereich des Geistes das Selbstbewusstsein); das **An- und Fürsichsein** bezeichnet das Stadium der Vermittlung von Ansichsein und Fürsichsein, d. h. von Wirklichkeit und Möglichkeit, der »Identität der Identität und Nichtidentität«, der konkretesten und höchsten Verwirklichung des Absoluten auf der jeweiligen Stufe (z. B. im Bereich der Logik der Begriff, im Bereich der Natur die Frucht, im Bereich des Geistes die Vernunft).

Antagonismus [zu griech. antí »gegen« und agṓnisma »Kampf«, »Auseinandersetzung«]: v. a. in sozialphilosophischen Zusammenhängen zur Bezeichnung von Gegensatz, Widerstreit, Unvereinbarkeit gebraucht. Terminologisch verwendet zuerst KANT Antagonismus als Bezeichnung für die »ungesellige Geselligkeit der Menschen«. Nach marxistischer Gesellschaftstheorie ist jede in ↑Klassen gespaltene Gesellschaft notwendig antagonistisch, d. h. durch einen unversöhnlichen Interessengegensatz gekennzeichnet, der nach KARL MARX endgültig erst überwunden wird in einer klassenlosen Gesellschaft (↑Kommunismus).

Antezedens [lat. »das Vorhergehende«]: Bedingung, Grund, Ursache. In einem ↑Urteil der Form »wenn *B*, dann *E*« nennt man *B* das Antezedens im Unterschied zur ↑Konsequenz *E*.

Anthropologie [zu griech. ánthrōpos »Mensch« und lógos »Lehre«]: seit dem Beginn des 16. Jh. gebräuchlicher Begriff für die Lehre von der Natur des Menschen, der heute in viele Wissenschaften (als biologische, medizinische, pädagogische, psychologische, soziologische Anthropologie) in den unterschiedlichsten Begründungszusammenhängen Eingang gefunden hat. Im Unterschied zu diesen fachspezifischen Interessen, die jeweils bestimmte Aspekte des Menschseins zum Gegenstand ihrer Untersuchung machen, ist die genannte Begriffsbestimmung hinsichtlich einer Anthropologie aus philosophischem Blickwinkel heraus nur dann sinnvoll, wenn es Eigenschaften und Verhaltensweisen des Menschen gibt, die ihm unabhängig von allen individuellen, kulturellen, ökonomischen und historischen Unterschieden zukommen **(anthropologische Konstanten).** Vor diesem Hintergrund ist die moderne philosophische Anthropologie – seit den 1920er-Jahren – in erster Linie eine »reaktive Disziplin« (JÜRGEN HABERMAS), indem sie einerseits die Forschungsergebnisse der Wissenschaften vom Menschen (v. a. der Biologie) aufgreift, sie andererseits aber im Blick auf eine einheitstiftende, das Ganze des menschlichen Seins interpretierende Weise zu verarbeiten sucht.

Im Spannungsfeld zwischen empirischen Wissenschaften und philosophischer Anthropologie ist die Frage nach der Natur bzw. dem »Wesen« des Menschen insofern problematisch, weil es nicht beschrieben werden kann wie z. B. das Nervensystem oder der Zellaufbau; d. h., dass auch die vollständige Kenntnis der biologischen Ausstattung des Menschen allein noch nicht ausreichen würde, die Frage nach dem Wesen bzw. der Natur des Menschen zu beantworten: Was der Mensch sei, kommt erst in der Sinndeutung aller seiner empirisch erschließbaren Sachverhalte zum Vorschein. Nicht dass der Mensch ausgeprägte Artikulationsorgane sowie freigelegte Hände, eine spezifisch ausgebildete Großhirnrinde und ein relativ großes Hirnvolumen usw. hat, macht ihn zum Menschen; erst wenn wir wissen, wozu ihn das befähigt, was er tatsächlich daraus macht und welchen je nach historischer und gesellschaftlicher Situation durchaus unterschiedlichen Sinn dies für ihn hat, wissen wir etwas über sein Wesen. Entscheidend für den Menschen ist, dass und wie er seine natürlichen Fähigkeiten erfährt, erkennt und entfaltet.

Ein weiteres Problem besteht darin, dass der Mensch zugleich Subjekt und Objekt der Frage nach sich selbst ist, zugleich Fragender und Erfragter, und dies nicht neutral und unparteiisch. Selbst wenn er wollte, könnte er die Frage nach der Natur des Menschen nicht angehen, ohne sein eigenes Selbstverständnis, seine individuelle Lebensgeschichte und die Begrenztheit seines historischen und sozialen Ortes in die Untersuchung einfließen zu lassen und damit bereits von vornherein den Rahmen möglicher Antworten abzustecken. Dies umso mehr, als auch der Anthropologe in einer Welt lebt, die angefüllt ist mit veröffentlichten Antworten auf die Frage, was der Mensch braucht, um sein Menschsein entfalten zu können, Antworten, die als Angebot oder als Norm die Selbstdeutung des Menschen von vornherein in bestimmte Bahnen lenken. Beispiele finden sich fast überall: von der Konsumwerbung zum Gesundheits- und Bildungswesen, in der Rechtsprechung, der Verkehrs-, Städte- und Landschaftsplanung, in Einrichtungen wie der Kirche, der Bundeswehr oder im gesamten Kulturbereich. Wo immer der Mensch sein eigenes Wesen zu deuten beginnt, tut er dies als ein bereits Gedeuteter, als einer, dem die Resultate seiner Selbstdeutung buchstäblich in Form der von ihm geschaffenen Welt gegenüberstehen – als Aufgabe und Inhalt neuer Deutungsbemühungen.

Die moderne Anthropologie verdankt sich im Wesentlichen den Untersuchungen und Anregungen dreier Philosophen: MAX SCHELER (»Die Stellung des Menschen im Kosmos«, 1927), HELMUTH PLESSNER (»Die Stufen des Organischen und der Mensch«, 1928) und ARNOLD GEHLEN (»Der Mensch. Seine Natur und seine Stellung in der Welt«, 1940). Charakteristisch für die Gegenwartsanthropologie i. A. ist ihre »Wende zur Natur« (ODO MARQUARD), d.h., es sind v.a. die Forschungsresultate der Biologie und der Ethnologie (Verhaltensforschung), die im Blick auf eine philosophische Lehre vom Menschen rezipiert und interpretiert werden. Dabei zeichnen sich bisher v. a. zwei »Denkwege« ab. Der erste »Denkweg« versucht – ausgehend vom Tier-Mensch-Vergleich – das spezifisch menschliche Verhältnis zur Umwelt zu bestimmen. Am Schluss dieses Weges steht die These: Der Mensch lebt in einer ihm eigentümlichen »Verschränkung von Weltoffenheit und Umweltgebundenheit« (HABERMAS). Jedes Tier scheint durch sein Instinktrepertoire in eine bestimmte Umwelt eingepasst zu sein. Nur für diesen Umwelttyp sind sein spezialisierter Organbau, seine angeborenen Bewegungsmuster, seine auf das Reizangebot dieser Umwelt abgestimmte selektive Wahrnehmung sinnvoll, nur hier ermöglichen sie das Überleben der Art. Tier und Umwelt bilden eine artspezifische Einheit. Anders als der Mensch verfügt das Tier nicht über eine »Substanzkategorie«, die es ihm ermöglichen würde, sich seine Umwelt zu »vergegenständlichen« und die Identität von Gegenständen auch über einen längeren Zeitraum hinweg begrifflich sicher zu erfassen.

Während das Tier sich und seine Umwelt allein aus seiner Leiblichkeit heraus erlebt, ist der Mensch das einzige Wesen, das zugleich Leib ist und einen Körper hat, das sich zugleich als Zustand und als Gegenstand erfährt. Die »exzentrische Position« (PLESSNER) des Menschen, dieser ihm eigentümliche Bruch zwischen Leibsein und Körperhaben, der ihm einen ständigen Ausgleich abverlangt, bestimmt von daher alle Bereiche seines psychischen und physischen Lebens und Erlebens. Im Gegensatz zum Tier kann sich der Mensch umweltfrei verhalten. Er kann die Umwelt zur »Welt« erweitern und sich zu ihr in ein bewusstes und kontrolliertes Verhältnis setzen. Er kann seine Umwelt sogar transzendieren in den Bereich der Vorstellungen, Ideen und Visionen hinein und kann diesen wiederum Gestalt geben, sie seiner Umwelt einverleiben und diese so erweitern. Er ist nicht wie das Tier seinen Trieben und Instinkten unterworfen, er ist ein »Neinsagenkönner« (SCHELER), er kann entscheiden zwischen Triebhemmung und Triebbejahung. Nach SCHELER ist dieses Prinzip das allein dem Menschen zukommende Prinzip des Geistes: »Menschwerdung ist Erhebung zur Weltoffenheit kraft des Geistes [...]«. Trotzdem bleibt auch der Mensch in gewisser Weise in seine konkrete Lebenswelt eingebunden. Auch deren Erweiterung, das Hinausschieben ihrer Grenzen, das wir alle zwischen dem Kindes- und Erwachsenenalter erfahren, ändert nichts an der Tatsache der prinzipiellen Begrenztheit. Im Übrigen bietet jede noch so »kleine Welt« unendlich viel mehr Möglichkeiten, Wahrnehmungen zu machen und Feststellungen zu treffen, als dies, bedingt durch die Begrenztheit unseres Wahrnehmungsvermögens, durch unsere Weltbilder und unseren gesellschaftlichen Standort, tatsächlich geschieht.

Der zweite »Denkweg« der modernen Anthropologie, dessen Ergebnisse durch GEHLEN in einen systematischen Zusammenhang gebracht wurden, ist gekennzeichnet durch seine Abwehrhaltung gegen die Einführung des metaphysischen Prinzips des Geistes in die Anthropologie. Ein Eckpfeiler der neuen Theorie ist der Begriff des ↑Mängelwesens. In jeder natürlichen Umwelt wäre der Mensch aufgrund seiner mangelhaften, unspezialisierten Organe, seiner Instinktarmut, der langen Hilflosigkeit und Angewiesenheit im Kleinkindalter zum Aussterben verurteilt, wenn er nicht durch seine Befähigung zum intelligenten Handeln die vorgefundenen Umstände derart verändern könnte, dass sie sein Überleben ermöglichen. Der Mensch ist also schon »von Natur ein Kulturwesen«; die »Kulturwelt« ist die natürliche Umwelt des Menschen. Die biologische Mittellosigkeit des Menschen bedingt auch seine »Weltoffenheit«: In jeder Umwelt ist der Mensch genötigt, eine überaus große Menge an natürlichen Umweltreizen zu rezipieren, um diejenigen herauszufiltern, die dem Aufbau, der Sicherung und Aufrechterhaltung seines Lebensraums dienlich sein könnten. Kehrseite der Weltoffenheit ist allerdings eine ständige Reizüberlastung, die der Mensch notwendig bewältigen muss, um nicht seine Handlungsmächtigkeit zu verlieren. Aus diesem vitalen Dilemma – der Angewiesenheit auf die Weltoffenheit einerseits und der sein Handeln lähmenden Reizüberflutung andererseits – muss sich der Mensch selbstständig befreien, er muss »sich entlasten, d.h. die Mängelbedingungen seiner Existenz eigentätig in Chancen seiner Lebensfristung umarbeiten« (GEHLEN). Dieser Entlastungsprozess kann nur so vor sich gehen, dass der Mensch aus dem »Bannkreis des Unmittelbaren, in dem das Tier immer gefangen bleibt«, hinausgelangt.

In diesem Sinn entlastet zuallererst die Sprache den Menschen vom Handlungszwang, d.h. von der Notwendigkeit einer motorischen Sofortreaktion auf einen Reiz, indem sie ein Lautsymbol an die Stelle einer körperlichen Antwortreaktion setzt und damit den Reizappell »erledigt«, so z.B., wenn man auf der Straße angerempelt wird und mit »Können Sie nicht besser aufpassen?« reagiert, anstatt sofort körperlich aggressiv zu werden. Da der Mensch als einziges Wesen zwischen Reiz und Reaktion eine »Besinnungspause« einschalten und damit sein Gesamtverhalten aus dem Automatismus der Instinktkette herauslösen kann, gelingt es ihm, mit der Sprache eine »Zwischenwelt« zwischen seinem Verhalten und der Wirklichkeit aufzubauen und sich so vom Druck des »Hier und Jetzt« zu distanzieren.

Anthropomorphismus [zu griech. anthrōpómorphos »menschengestaltig«]: die Übertragung menschlicher Eigenschaften und Verhaltensweisen auf nicht menschliche Gegenstände und Wesen. Besonders ausgeprägt tritt der Anthropomorphismus in der griechischen Antike, in der Götterwelt HOMERS und HESIODS, auf: Nicht nur die äußere Erscheinung, auch das Denken, Fühlen und Handeln sowie die Beziehungen der Götter untereinander werden in Analogie zur Menschenwelt dargestellt. Auch der Gott des Alten und Neuen Testaments hat anthropomorphe Züge. Seit der Antike (XENOPHANES) hat die Philosophie immer wieder Kritik an anthropomorphen Gottesvorstellungen geübt. Diese Kritik galt einerseits der Herabwürdigung Gottes (bzw. der Götter) durch seine (ihre) Vermenschlichung, andererseits der im Anthropomorphismus befangenen religiösen Sprache. Ausdrücke wie »Gott liebt…, redet…, handelt…« sind offenbar nicht in gleicher Weise zu verstehen, wie dies im Zusammenhang mit Personen möglich ist, sondern erfordern ein symbolisches Verständnis.

Anthropomorphismus: Die griechische Mythologie stattete ihre Götter mit sehr menschlichen Eigenschaften aus. So existieren zahlreiche Erzählungen über die Eifersucht, mit der Hera die Liebschaften ihres Gatten Zeus beobachtete (»Zeus entschleiert Hera«, Relief aus Selinunt, um 460 bis 450 v. Chr.; Palermo, Museo Archeologico Regionale).

Anthroposophie [zu griech. ánthrōpos »Mensch« und sophía »Weisheit«]: Zuerst von IGNAZ TROXLER (1828) für menschliche Erkenntnis gebraucht, steht der Begriff heute für die von RUDOLF STEINER begründete anthroposophische Lehre vom Menschen. In seiner »Philosophie der Freiheit« (1894) stellt STEINER die Erkenntnistätigkeit des Menschen als dessen geistiges Wirken in der Welt dar, da der »Mensch in Freiheit« durch seine Ichtätigkeit der Wahrnehmung den Begriff und somit die Welt der Ideen hinzufügt, wodurch er die Weltwirklichkeit als Ganzes erschafft. In dieser Ichtätigkeit sieht STEINER den Anschluss des Menschen an die »geistige Welt«. Seine Seelenlehre versteht den Menschen als Leib, Seele und Geist in einer differenzierten siebengliedrigen Struktur. Jeder Mensch ist »eine Gattung für sich« und sein Ich, das über Geburt und Tod hinausreicht, verkörpert sich in wiederholten Erdenleben. Eine zentrale Aufgabe des Menschen sieht er von daher in dessen stufenhafter Entwicklung von Inkarnation zu Inkarnation, wobei der Mensch aus eigener Schau geistiger bzw. übersinnlicher Welten weitere Seelenglieder entfalten und dadurch zum Sinn der gesamten Weltentwicklung werden soll.

STEINER sah in der Anthroposophie eine moderne Antwort auf das Zeitalter der Naturwissenschaften und des reinen Materialismus. Zentraler Inhalt der Anthroposophie ist dabei eine erneuerte Christologie. STEINER führt aus, dass in Jesus die Christuswesenheit ganz Mensch geworden ist, um die Erdentwicklung aus ihrer niedergehenden Bewegung wieder herauszuführen. Durch dieses Ereignis, das er als Mittelpunkt der Weltgeschichte versteht, ist dem Menschen eröffnet, in seinem »Ich« Anschluss an den CHRISTUS zu finden, womit die »Ichlehre« zur Christuslehre wird. Der CHRISTUS als das »Weltenich« wird durch Jesus' Leben für den Menschen in seinem Ich erfahrbar. Die Weltentwicklung strebt zur Angleichung des »Menschenich« an den CHRISTUS.

Durch die weltweit verbreitete anthroposophische Bewegung haben STEINERS umfassende Anregungen heute konkrete Auswirkungen erfahren u.a. in der Pädagogik der Waldorfschulen, in der Landwirtschaft, Medizin, Heilkunde und der Kunst.

anthropozentrisch [zu griech. ánthrōpos »Mensch« und kéntron »Mittelpunkt«]: Ein Weltbild, das den Menschen in den Mittelpunkt stellt, wird als anthropozentrisch bezeichnet. Der Mensch gilt dann meist als Zweck oder Ziel des Weltgeschehens, als »Krone der Schöpfung«. Kritisch gewendet wird der Begriff Anthropozentrismus von der modernen Ökologiebewegung, indem sie das anthropozentrische Denken für den Raubbau an der Natur und die Umweltzerstörung verantwortlich macht.

antike Philosophie: Sammelbegriff für das Denken der Philosophen griechischer und lateinischer Sprache vom 6. Jh. v. Chr. bis zum 4. Jh. n. Chr., soweit sie nicht Christen waren.

Dass die antiken Philosophen nicht der Priesterschaft angehörten, ist ein Grund dafür, dass es eine antike Philosophie im Sinne einer einheitlichen Lehre nicht gibt. Vielmehr findet sich eine außerordentliche Vielfalt an Denkrichtungen und Ansichten unter den einzelnen Philosophen. In der Antike war die individuelle Selbstständigkeit philosophischen Denkens so groß, dass sich die Methoden und Positionen zweier Philosophen auch dann deutlich unterscheiden, wenn sich der eine als Schüler des anderen bekennt, wie z.B. PLATON gegenüber SOKRATES oder ARISTOTELES gegenüber PLATON.

Trotzdem weisen die Philosophen, die zeitlich zwischen der uneingeschränkten Geltung des Mythos und der Entstehung der christlichen Staatskirche lebten, grundlegende Gemeinsamkeiten auf. Sie üben Kritik an den Meinungen des Volkes über die Natur, an den jeweiligen politischen Verhältnissen, v.a. an den mythischen Vorstellungen des Volkes, dem tradierten Götterglauben und den tradierten moralischen und juridischen Handlungsnormen: Antike Philosophie ist ↑Aufklärung. Gemeinsam ist antiken Philosophen auch das Vertrauen in den menschlichen ↑Logos: Sie sind i.A. sicher, durch vernünftiges Denken und Reden erfassen zu können, was das Wesen des Menschen und jedes anderen Seienden, ja die Welt im Ganzen ist, und wie Menschen leben und handeln sollen. Zwar erliegt der menschliche Logos nach antiker Überzeugung immer wieder dem Irrtum, aber dieser kann weitgehend vermieden werden. Dazu dient v.a. die Erforschung der ↑Prinzipien und der Entwicklung der ↑Logik. Dazu gehört ferner das philosophische Gespräch mit denen, die anderer Meinung sind: Dass der menschliche Logos nicht im Monolog, sondern im ↑Dialog Wahrheit findet, zeigen z.B. der tatsächliche Dialog des SOKRATES mit attischen Bürgern, der literarische Dialog des PLATON mit philosophischen Gegnern, die Auseinandersetzung des ARISTOTELES mit den Lehren verstorbener Philosophen.

Der menschliche Logos ist nach der antiken philosophischen Überzeugung auf das

antike Philosophie

Philosophen der Antike

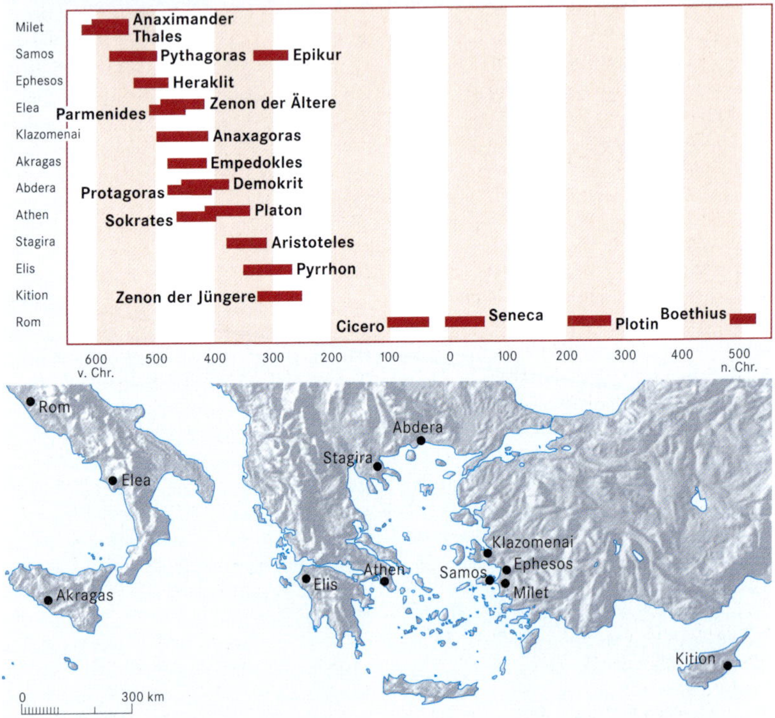

»Vernehmen« verwiesen. Die griechische Bezeichnung für das Denkvermögen (noûs) ist aus einem Verb abgeleitet, das zunächst »wahrnehmen« bedeutet, dann erst »denken«. Für antikes Weltverständnis sind jedes Seiende, die Natur insgesamt, ja die Ursprünge alles Seienden »unverborgen«, für das menschliche Erkennen »offen« (↑Aletheia). Der Mensch muss das, was »offenbar« ist, allerdings in geeigneter Weise »wahrnehmen«.

Für antike Philosophen wird, was etwas ist, durch seine Gestalt offenbar. Die Begriffe »Eidos« (griech. »Anblick«, »Gestalt«, »Wesen«) und »Idéa« (griech. »Anblick«, »Form«, »Urbild«) haben nicht nur in der platonischen Philosophie zentrale Bedeutung (↑Idee). Für antike Philosophen ist gerade das abstrakte Erkennen, das die Prinzipien alles Seienden und des Denkens erfasst, ein Schauen, eine »Theoria« (griech. »das Anschauen«; ↑Theorie). Dabei ist das Ganze, was durch Philosophieren zur geistigen Anschauung gelangen soll und auch kann, weil es offenbar ist, für antike Philosophen die ↑Natur. Sie ist das letzte Kriterium für die Wahrheit von Aussagen und für das Gutsein von Handlungen. Ob der einzelne Philosoph mit »Natur« das Ganze meint, was nicht von Menschen hergestellt ist, oder nur die belebte Natur, ob er die Natur als wohlgeordneten ↑Kosmos oder als ein Gebilde aus sich bewegenden ↑Atomen versteht, immer gilt für antike Philosophen, was SENECA im 1. Jh. n. Chr. formuliert: »Die Natur muss man als Führerin nehmen. Der Vernünftige beobachtet und befragt sie. Glückselig leben und der Natur gemäß leben ist dasselbe.«

Insgesamt geht es antiken Philosophen weniger um die reine Theorie als vielmehr um das richtige, d. h. »glückselige« Leben (↑Eudaimonia). Glückselig leben bedeutet für sie nicht, sich den Lüsten hinzugeben, auch nicht für EPIKUR, sondern unter der Leitung des Logos, d. h. tugendhaft, zu leben. Was im Einzelnen auch für unterschiedliche Tugenden gepriesen werden, Tugend bedeutet stets Tauglichkeit zum glückseligen Leben (↑Arete).

Antinomie [zu griech. antí »gegen« und nómos »Gesetz«]: ein zunächst in der Rechtslehre gebräuchlicher Terminus für die Widersprüchlichkeit zweier Gesetze, von denen jedes gleichrangig Gültigkeit beanspruchen kann.

In die Philosophie führte KANT den Begriff der Antinomie als Terminus ein. KANT vergleicht in seiner »Antinomienlehre« Aussagen des Empirismus und des Rationalismus (der beiden wichtigsten philosophischen Strömungen seiner Zeit) zu vier zentralen kosmologischen Problemen:

1. Ist das Weltall räumlich-zeitlich endlich oder unendlich?
2. Ist es sinnvoll, einen Aufbau der Materie aus kleinsten, nicht weiter zerlegbaren Bestandteilen anzunehmen?
3. Gilt das Kausalprinzip universal?
4. Gibt es eine [aller]erste Ursache, genannt Gott?

KANT stellte fest: Beide Richtungen treffen zu diesen Problemen einander völlig widersprechende Aussagen. So stehen sich z. B. in der 4. Antinomie einander gegenüber die rationalistische These: Zur Welt gehört eine erste Ursache, ein schlechthin notwendiges Wesen, genannt Gott, und die empiristische Gegenbehauptung: Eine erste Ursache gibt es nicht, sondern jede Ursachenkette lässt sich ins Unendliche zurückverfolgen. KANT ging davon aus, dass jede Seite für ihre Ansicht stichhaltige Gründe anzugeben wusste, sodass der daraus resultierende Widerstreit ein »natürlicher« und »unvermeidlicher« der Vernunft mit sich selbst sei, d. h., jedes vernünftige Wesen sei in der Lage, sowohl den einen als auch den entgegengesetzten Standpunkt einzunehmen. KANTS Lösung lautet: Widersprüche der erläuterten Art kommen dann zustande, wenn die Vernunft sich keine Rechenschaft darüber ablegt, dass sie sich auch auf Gegenstände beziehen kann, die jenseits des Bereichs der sinnlichen Erfahrung liegen. Das Weltganze z. B. oder die Totalität (Gesamtheit) aller Ursachen und damit das Unbedingte, nicht mehr von anderem Verursachte, sind Gegenstände, die durch keine empirische Forschung erfasst bzw. geformt werden können, weil sie dem Menschen sinnlich-anschaulich niemals gegeben sein werden; sie gehören zu den ↑regulativen Ideen der Vernunft.

Nach KANT darf man nicht einfach so tun, als ob kein Unterschied bestünde zwischen Objekten des reinen Denkens, den ↑Ideen, und Gegenständen der (sinnlichen) Erfahrung. Gerade diese Differenz ist ein Kernstück kantischer Philosophie (↑Kritizismus). KANT bemerkte, dass die genannten vier antinomischen Thesen der traditionellen Philosophie ihm den Blick geschärft hätten für seine eigene Lösung des Erkenntnisproblems (↑Ding an sich). Daher wird die Entdeckung der »Antinomienlehre« oft als

Geburtsstunde der kantischen Philosophie bezeichnet.
Als gegen Ende des 19. Jh. die Möglichkeit antinomischer Aussagen **(logische Antinomien)** in der Mathematik entdeckt wurde, wurde dies z. T. als Schock empfunden. Besonders bekannt wurde – durch BERTRAND RUSSELL – folgende äußerst widersprüchliche mathematische Begriffsbildung: Es bezeichne (wie »unvernünftige« Menge) »die Menge aller Mengen, die sich nicht selbst enthalten«. Ist $\mathcal{U}$ in $\mathcal{U}$ als Element enthalten, so heißt das: $\mathcal{U}$ teilt mit allen anderen Elementen derselben Menge die definierende Eigenschaft, nämlich sich selbst nicht zu enthalten; d. h. aber, $\mathcal{U}$ liegt nicht in $\mathcal{U}$; woraus wiederum folgt: $\mathcal{U}$ liegt doch in $\mathcal{U}$ usw. Man kann also zirkulär schließen: Aus $\mathcal{U}$ in $\mathcal{U}$ folgt: $\mathcal{U}$ nicht in $\mathcal{U}$ folgt: $\mathcal{U}$ in $\mathcal{U}$ usw. (Zirkelschluss). D. h., beide Aussagen (sowohl » $\mathcal{U}$ in $\mathcal{U}$« als auch » $\mathcal{U}$ nicht in $\mathcal{U}$«) sind beweisbar. Sind aber in einem logischen System sowohl eine Aussage A als auch ihre ↑Negation ableitbar, so ist in diesem System alles beweisbar – und darum auch wiederum nichts; das gesamte System bricht zusammen (↑Satz vom (verbotenen) Widerspruch). Zur Lösung des Problems suchte man weitere Begriffsbildungen antinomischer Strukturen, um auf die Ursachen dieser »Katastrophe« zu stoßen. So wurde z. B. im seit der Antike bekannten sog. Lügnerparadox untersucht, ob der Kreter EPIMENIDES, der die Behauptung aufstellt, »Alle Kreter lügen«, selbst auch lügt oder vielleicht doch die Wahrheit spricht. Über die tieferen Ursachen bzw. eine inhaltlich begründete Lösung der logischen Antinomien ist bis heute keine Einigkeit erzielt worden.

Antithese [griech. »Gegenbehauptung«, »Gegensatz«]: die einer als ↑These vorgetragenen Behauptung widerstreitende Gegenbehauptung. Eine wichtige Rolle spielt die Antithese als Teil des dialektischen Dreischritts These – Antithese – Synthese (↑Dialektik) in der Philosophie HEGELS und bei KARL MARX.

Antizipation [lat. »Vorwegnahme«, »Vorgriff«]: Mit anticipatio übersetzt CICERO den griechischen Begriff prólēpsis der stoischen und der epikureischen Erkenntnistheorie. Prolepsis meint hier die angeborene oder in früher Kindheit erworbene Fähigkeit, aus sinnlicher Wahrnehmung unmittelbar »natürliche« Begriffe zu bilden, d. h. Empfindungen der Sinnlichkeit nach allgemeinen Merkmalen zu ordnen und zu strukturieren. So ist z. B. nach antiker Auffassung die Klassifizierung »Dieser hier, SOKRATES, ist ein Mensch« völlig unproblematisch, weil wir es schon immer wussten oder bereits als Kinder gelernt haben, welche Gegenstände wir in die »vorweggenommene Vorstellung« (CICERO) »Mensch« einordnen.
Seit der neuzeitlichen Erkenntnistheorie verbindet man mit dem Begriff der Antizipation eher die Analyse derjenigen Bedingungen, die Erfahrungswissen überhaupt erst ermöglichen. Antizipation der Wahrnehmung nennt z. B. KANT alle die Elemente einer Empfindung, die für »jede Empfindung, als Empfindung überhaupt« charakteristisch sind und die somit bereits vor aller Erfahrung (↑a priori/a posteriori) für jede konkrete Empfindung »vorwegnehmend« behauptet werden können.
In der zeitgenössischen Philosophie (z. B. bei KARL-OTTO APEL, JÜRGEN HABERMAS) bedeutet »Antizipation« die detaillierte und reflektierte Vorstellung z. B. von Kommunikationskontexten und -prozessen (↑Diskurs) oder auch anderen gesellschaftlichen Strukturen und Verhältnissen. Gedanklich wird eine Idealsituation »vorweggenommen«, um an ihr faktische, konkrete Situationen zu messen und zu beurteilen. Stimmen Antizipation und Realität nicht überein, so wirkt die Antizipation »gegen das Bestehende« (↑kontrafaktisch): Sie liefert einen Maßstab für Kritik und einen Zielpunkt für Veränderung.

Apathie [griech. »Unempfindlichkeit«, »Leidenschaftslosigkeit«]: in der Philosophie Bezeichnung nicht für eine krankhafte Teilnahmslosigkeit, sondern für das sittliche Bildungsideal der Ausschaltung bestimmter Affekte, das im ↑Epikureismus und v. a. in der ↑Stoa vertreten wurde. Demnach erhofft sich der Weise dauerhafte Glückseligkeit (↑Eudaimonia) und humane Beziehungen zu den Menschen durch ein Leben gemäß der Vernunft. Gemütszustände wie Freude, Vorsicht, Wohlwollen fördern das vernunftbestimmte Leben; sie werden gebilligt. Andere verhindern das glückselige und humane Leben: der seelische Schmerz, die Furcht (vor Göttern, Tod, Schicksal, Mitmenschen) und v. a. die Begierden. Da diese Gemütszustände nach antiker Überzeugung Folgen von Unwissenheit sind, können sie durch immer erneute philosophische Selbstaufklärung der Vernunft ausgemerzt werden.

Apeiron [griech. »das Unbegrenzte«, »Undurchdringliche«]: Einige Vorsokratiker bezeichnen im Anschluss an ANAXIMANDER mit »Apeiron« den Urstoff, aus dem heraus Seiendes entsteht und in dem jedes Seiende wieder vergeht. Das Apeiron ist raumzeitlich unbegrenzt und ermöglicht daher das anfanglose und endlose Werden der Welt; es ist, weil unbegrenzt, ohne Gestalt, daher unerkennbar, enthält aber potenziell alle Wesensformen des endlich Seienden. Apeiron ist damit die erste begriffliche Fassung dessen, was später als ↑Materie bezeichnet wird.

Aphairesis [griech.]: ↑Abstraktion.

apodiktisch [zu griech. apodeiktikós »dem Beweis dienend«]: unwiderlegbar, unbedingt richtig. Urteile werden apodiktisch genannt, wenn sie logisch notwendig (↑Notwendigkeit) oder evident (↑Evidenz) sind. Apodiktische Urteile sind somit Ausdruck höchster Gewissheit.

Apokalyptik [zu griech. apokálypsis »Enthüllung«, »Offenbarung«]: eine eschatologische Glaubens- und Geisteshaltung im Sinne heilsgeschichtlicher Endzeiterwartungen (↑Eschatologie), die ihren literarischen Ausdruck in den spätantiken, v. a. jüdischen und frühchristlichen Apokalypsen fand. Die bildliche Darstellung der Apokalypse und ihre eindrücklichen Symbole (z. B. die vier apokalyptischen Reiter) haben auch in späteren Zeiten immer wieder Rückgriffe auf frühe Überlieferungen (v. a. die Apokalypse des JOHANNES) veranlasst.

Aporie [griech. »Weglosigkeit«]: Situation, in der keine Handlungs- oder Argumentationsalternative vor anderen ausgezeichnet ist. SOKRATES führte seine Gesprächspartner in die Aporie, um sie von ihren Vorurteilen zu befreien und sie für philosophische Fragen zu öffnen.

a posteriori [lat.]: ↑a priori/a posteriori.

Apperzeption [zu neulat. adpercipere »hinzuwahrnehmen«]: eine Art der Wahrnehmung sinnlicher Gegenstände, die über ↑Perzeption (bloße Aufnahme von Sinneseindrücken) hinausgeht, indem sie dieser das Element verstandesmäßiger Reflexion und damit der Klarheit und Bewusstheit hinzufügt.

In die Erkenntnistheorie wurde die Apperzeption von LEIBNIZ eingeführt. Für ihn liegt der Schwerpunkt des Unterschiedes von Apperzeption und Perzeption im Gegensatz von bewusst und unbewusst. So wird als Leistung des Verstandes eingestuft, wenn aus einer Masse unbewusster, verschwommener Sinneseindrücke bestimmte Inhalte ausgesondert und bevorzugt aufgenommen werden. Dadurch treten sie klar und deutlich hervor; sie stehen im Zentrum des Bewusstseins und können in den Gesamtzusammenhang der Erfahrung eingeordnet werden.

KANT grenzte in seiner Erkenntnistheorie diese psychologische oder empirische gegen die **reine** oder **transzendentale Apperzeption** ab. Reine Apperzeption steht bei KANT für das Vermögen, die Einheit, d. h. die Stimmigkeit, Vergleichbarkeit und Verknüpfbarkeit, aller Verstandes- und Vernunfterkenntnisse zu erzeugen. Sie geht logisch-systematisch, nicht zeitlich, aller empirischen Apperzeption voraus. Die Wahrnehmung richtet sich auf das Subjekt des Erkennens selbst, und die Reflexion dieses Wahrnehmungsinhaltes macht das Ich als Subjekt des Denkens und Erkennens bewusst, d.h., transzendentale Apperzeption ist »reines Selbstbewusstsein«.

a priori/a posteriori [lat. »vom Früheren her«/»vom Späteren her«]: grundlegendes Begriffspaar der Erkenntnistheorie. Eine frühe Form apriorischen Denkens **(Apriorismus)** findet sich bei PLATON in seiner Wiedererinnerungslehre (↑Anamnesis): Die in früheren Leben geschauten Ideen bilden ein Apriori jeglicher Erkenntnis. Im Anschluss an ARISTOTELES verstand man im Mittelalter unter einem Beweis a priori einen Schluss von den Ursachen auf die Wirkungen, unter einem aposteriorischen Beweis hingegen das umgekehrte Verfahren. Dem entspricht der Unterschied zwischen dem der »Natur nach Früheren« (die Ursachen) und dem »für uns Früheren« (meist die Wirkungen). Auch DESCARTES nahm ein erkenntnistheoretisches Apriori an in Form der ↑angeborenen Ideen (z.B. Gott). Für die heutige Diskussion ist die auf KANT zurückgehende Bedeutung von a priori/a posteriori besonders wichtig. KANT betrachtete beide Begriffe als kontradiktorische Gegensätze (↑kontradiktorisch), d.h., a posteriori bedeutet so viel wie nicht a priori.

Eine Erkenntnis a priori ist nach KANT dadurch ausgezeichnet, dass sie von aller ↑Erfahrung unabhängig ist. In diesem Sinne ist eine Erkenntnis, die sich auf ein induktiv gewonnenes Naturgesetz stützt, nicht a priori. Zwar bedarf es, ist erst einmal das Gesetz bekannt, keiner Erfahrung, um aus ihm Voraussagen abzuleiten (etwa: Der Stein fällt mit dieser Geschwindigkeit zu Boden), aber die Erfahrung steckt hier im Gesetz. A priori bezieht sich auf die Art und Weise, wie eine Erkenntnis gerechtfertigt werden kann, und nicht auf den Weg, auf dem sie zustande kommt. Eine Gattung von Sätzen, die sicher a priori sind, stellen die analytischen Urteile (↑analytisch) dar: In ihrem Fall bedarf es nur der Kenntnis von Definitionen und dergleichen. Damit ist für KANT dieser Bereich jedoch noch nicht erschöpft. Hinzu kommt das, was sich auf diejenigen Anteile unseres Erkenntnisvermögens bezieht, die Erfahrung erst möglich machen, und was mit KANTS Worten »Bedingungen der Möglichkeit« von Erfahrung heißt. Es sind dies die ↑Anschauungsformen Raum und Zeit, die ↑Kategorien und die Vernunftbegriffe. Da sie die Erfahrung ermöglichen (könnten wir Dinge z.B. nicht räumlich und zeitlich ordnen, so könnten wir keine Erfahrungen machen), können sie ihrerseits nicht von dieser abhängen. Das Apriori erhält so bei KANT seine transzendentale Wendung: Es wird in das Erkenntnissubjekt verlegt (↑kopernikanische Wende). Musterbeispiele apriorischer Sätze liefert nach KANT die Mathematik. Denn ihren Aussagen kommt strenge Allgemeingültigkeit und unbedingte Notwendigkeit zu, beides Eigenschaften, die nur ein apriorisches Urteil besitzen kann. Ein Satz der Erfahrung kann zwar behaupten, dass etwas so sei, wie es ist, aber er kann nicht beweisen, dass es so sein muss (wenn das Fallgesetz gilt, muss der Stein fallen, dass aber das Fallgesetz gilt, ist nicht notwendig). Andererseits sind diese Sätze nicht analytisch, denn sie erweitern in echter Weise unser Wissen. Damit haben wir »synthetische Sätze a priori« vor uns. Die Frage, ob es solche Sätze gibt, beherrscht die erkenntnistheoretische Diskussion bis heute. Im 20. Jh. wurden verschiedene Versuche unternommen, das Apriori neu zu interpretieren oder es auf andere Gebiete zu übertragen. In der Wissenschaftstheorie verschob sich das Interesse von KANTS epistemischem Apriori auf das **methodische Apriori** (HUGO DINGLER, PAUL LORENZEN). Darunter werden diejenigen Teile der empirischen Wissenschaften verstanden, die die empirische Forschung erst ermöglichen, wie z. B. die einfachen Verfahren der Längen- und Zeitmessung, die eine Art lebensweltliches (vorwissenschaftliches) Apriori darstellen. Unter dem Einfluss der Evolutionstheorie (↑Evolution) steht die ↑evolutionäre Erkenntnistheorie, deren These lautet: Das Apriori, das jedem Erkenntnissubjekt zukommt, ist stammesgeschichtlich erworben, also a posteriori. Der Erkenntnisapparat ist als das Produkt einer zunehmend gelungeneren Anpassung an die Realität zu betrachten. Zum Zwecke einer Begründung der Ethik wird von KARL-OTTO APEL und JÜRGEN HABERMAS das **Apriori der Kommunikationsgemeinschaft** herangezogen. Damit sind diejenigen (normativen) Bedingungen des ↑Diskurses gemeint, die eine Gemeinschaft erfüllen muss, um Verständigung zuallererst zu ermöglichen (z. B. die Bereitschaft, dem anderen zuzuhören, sich den besseren Argumenten zu beugen und Gewaltverzicht).

Von phänomenologischer Seite wird daneben der Leib im **Leibapriori** (MAURICE MERLEAU-PONTY) als Bedingung der Möglichkeit von Erfahrung thematisiert und zum Schnittpunkt von theoretischer Welterkenntnis, praktischer Handlungsfähigkeit und Sprachvermögen erklärt. Sprachphilosophisch hat in jüngster Zeit SAUL AARON KRIPKE die Annahme eines Apriori überhaupt von der Voraussetzung eines »in allen nur möglichen Welten« gültigen Aprioris abhängig gemacht.

A posteriori nennt KANT die von den Dingen (Gegenständen) durch die Sinne rezipierten Empfindungen und Erkenntnisse, die keine Notwendigkeit und Allgemeingültigkeit beanspruchen können und der Formung durch die Denkformen bedürfen.

äquivalẹnt [zu lat. aequus »gleich« und valents »stark«]: gleichwertig. Zwei Gegenstände *x* und *y* heißen äquivalent bezüglich einer Eigenschaft *E*, wenn sich *x* und *y* hinsichtlich *E* nicht unterscheiden lassen. In diesem Sinn ist Äquivalenz eine Abschwächung von Gleichheit (z. B. Eisen und Beton sind äquivalent bezüglich ihrer Ausdehnung bei Erwärmung).

äquivọk [lat. »doppelsinnig«, »mehrdeutig«] **(homonym):** Bezeichnung für Wörter, die zwei oder mehr Bedeutungen haben (z. B. »Lust«: »Lust haben auf etwas« und »Lust empfinden bei«). Wird ein äquivokes Wort bei einer Argumentation in mehreren Bedeutungen verwandt, so spricht man von **Äquivokation.** Diese kann zu einem logischen Fehlschluss führen. In der Geschichte der Philosophie hat z. B. die äquivoke Verwendung von »ist« als ↑Kopula, als Ausdruck für eine Gleichheitsbeziehung und als Ausdruck für Vorhandensein zu vielen Fehlschlüssen geführt.

Als **univok** wird dagegen ein Wort bezeichnet, das nur genau eine Bedeutung trägt (z. B. »univok«).

Arbeit: im philosophischen Kontext jedes planmäßige menschliche Tun, gleichgültig, ob dabei vorwiegend körperliche oder geistige Kräfte in Anspruch genommen werden, wenn es dazu dient, als zweckmäßig angesehene Gegenstände (z. B. Produktions-, Gebrauchs-, Verbrauchsgüter) oder Zustände (z. B. Wissen, Sicherheit, Ordnung) zu schaffen.

Nur Menschen arbeiten, da nur sie als Wesen, die zum Sprachhandeln fähig sind (↑Zoon logon echon), planmäßig und gesellschaftlich auf selbst gesetzte Zwecke hin handeln können. Allein durch Arbeit ist es den Menschen möglich, ihr Dasein als bedürftige ↑Mängelwesen zu bewältigen, Natur zur Lebenswelt für Menschen zu gestalten und wenigstens teilweise ↑Selbstverwirklichung zu erreichen. In diesen Notwendigkeiten gründet das Recht auf Arbeit. Die

individuelle Arbeit ist stets auch gesellschaftlich bestimmt, insofern die konkrete Befähigung und die Mittel zur individuellen Arbeit gesellschaftlich erzeugt sind, jeder Arbeitsvollzug auf die Arbeit anderer Gesellschaftsmitglieder angewiesen ist und die Arbeitsprodukte sich gesellschaftlich auswirken. Arbeitszwecke, Arbeitsbedingungen, Arbeitsvollzug und Arbeitsprodukte unterliegen daher der ethischen Kritik.
In der antiken Philosophie gibt es kein Wort, das diesen neuzeitlichen Begriff von Arbeit zusammenfasst. Vielmehr wird unterschieden zwischen dem Tätigsein, in dem der Mensch sich selbst entfaltet (Praxis, z. B. wissenschaftliches, politisches Tun), und dem, das dem Verfertigen von Sachen dient (Poiesis, z. B. handwerkliches Tun). Nach ARISTOTELES trägt Ersteres seinen Zweck in sich selbst, ist frei und wesentlicher Teil eines glücklichen Lebens (↑Eudaimonia), während Letzteres seinen Zweck außerhalb seiner selbst hat, Zwängen unterworfen und daher menschenunwürdig und weitgehend Sklaven zuzuweisen ist.
Die englische Aufklärungsphilosophie seit JOHN LOCKE sieht demgegenüber gerade das zweckrationale Tun, das der Aneignung und Beherrschung der Natur sowie der Güterherstellung dient, als das eigentlich produktive Tätigsein des Menschen, durch das die Menschheit fortschreitet. Für KARL MARX ist Arbeit das einzige die Menschen als Menschen auszeichnende Tätigsein, in dem sie durch freie und bewusste gesellschaftliche Erzeugung einer gegenständlichen – wissenschaftlichen, künstlerischen, technischen – Welt sich zugleich als humane Menschen erzeugen. Diese humane Arbeit werde allerdings durch die Herrschaft des Privateigentums so pervertiert (↑Entfremdung), dass die Menschen bis zur positiven Aufhebung des Privateigentums im ↑Kommunismus ihre Arbeit als »tierisch« und nur ihre Freizeittätigkeiten als »menschlich« erfahren.

Arbor porphyriana [lat.]: ↑Abstraktionsstufen.

Arche [griech. »Anfang«, »Herrschaft«, »Ursprung«, »Prinzip«]: zentraler Begriff griechischer Kosmologie, Metaphysik und Erkenntnislehre. Bei den Vorsokratikern bezeichnet Arche meist das, woraus her Seiendes entsteht und wohinein es vergeht. So war Arche für THALES das Wasser, für ANAXIMANDER das ↑Apeiron, für ANAXIMENES die Luft, für EMPEDOKLES die vier ↑Elemente, für DEMOKRIT die ↑Atome. Daneben kann Arche auch das Gesetz bezeichnen, nach dem alles wird und vergeht. So war Arche für ANAXAGORAS die Weltvernunft (noûs), für HERAKLIT der Gegensatz (Krieg), für EMPEDOKLES die Liebe und der Streit. Für PLATON war Arche die ↑Idee des Guten, höchstes Prinzip sowohl des Seins als auch des menschlichen Erkennens. ARISTOTELES gab die klassische Definition für Arche: »Das Erste, von dem aus etwas wird« bzw. »das, ohne das das Folgende nicht sein kann«.

Arendt: Hannah Arendt (kolorierte Fotografie von 1927)

Arendt, Hannah, amerikanische Philosophin und Politikwissenschaftlerin deutscher Herkunft, *Linden bei Hannover 14. 10. 1906, †New York 4. 12. 1975: ARENDT studierte Philosophie, Theologie und Klassische Philologie in Marburg, Heidelberg und Freiburg im Breisgau, u. a. bei MARTIN HEI-

DEGGER, EDMUND HUSSERL und KARL JASPERS; 1928 promovierte sie in Heidelberg. Wegen ihrer jüdischen Herkunft emigrierte sie 1933 zunächst nach Paris, 1941 nach New York. In den USA übte sie neben ihrer Tätigkeit als freie Schriftstellerin zeitweise eine Lehrtätigkeit an verschiedenen Universitäten aus (1963–67 Chicago, ab 1967 New York). Sie trat v.a. mit ihren Forschungen zum Totalitarismus, aber auch mit Veröffentlichungen zu politisch-philosophischen Grundsatzfragen hervor.

In ihrem politikwissenschaftlichem Hauptwerk »The Origins of Totalitarianism« (1951; »Elemente und Ursprünge totaler Herrschaft«, 1955) untersucht ARENDT die historischen Wurzeln totaler Herrschaft im Nationalstaat des 18. und 19. Jh. im Zusammenhang mit der Entstehung des Antisemitismus und der Entwicklung des Imperialismus in Westeuropa. Auch stellt sie allgemeine Strukturelemente des Totalitarismus heraus. Als ihr philosophisches Hauptwerk gilt die historisch orientierte handlungstheoretische Schrift »Vita activa oder Vom tätigen Leben« (1960). Darin unterscheidet sie drei Grundformen menschlicher Aktivität: die »Arbeit« als die unmittelbare lebenserhaltende Tätigkeit, in der sich der Mensch mit der Natur auseinandersetzt, das »Herstellen« als die vergegenständlichende Tätigkeit, in der sich der Mensch mit seinen eigenen Hervorbringungen umgibt, und das »Handeln« als die echte und höchste Tätigkeit, in der die Menschen in ihrer Verschiedenartigkeit miteinander in Wechselwirkung treten (Interaktion, v.a. politische Praxis). Nach ARENDT wurde das Handeln im Lauf der Geschichte zurückgedrängt: Während in der antiken Polis das Handeln als Ermöglichung der Freiheit galt, setzte sich im Mittelalter die Tätigkeitsform des Herstellens durch, die in der Neuzeit schließlich durch die Arbeit abgelöst wurde. Die Vorrangstellung der Arbeit geht mit einem Verlust der Freiheit einher.

Arete [griech. »Vollkommenheit«, »Tauglichkeit«, »Tugend«]: fundamentaler Begriff der griechischen Ethik. Arete kann allem zugesprochen werden, was ist, wenn es das verwirklicht, was in seinem Wesen liegt: z. B. einem Messer, wenn es gut schneidet, einer Pflanze, wenn sie viele gute Früchte trägt, einem Pferd, wenn es ausdauernd schnell läuft.

Der Mensch hat Arete, wenn er alle Vermögen, die ihm als Menschen eigen sind, vollkommen und harmonisch ausgebildet hat und betätigt. Dazu gehört auch das Vermögen, in Gemeinschaft (z.B. für EPIKUR der Freundeskreis, für SOKRATES, PLATON, ARISTOTELES die Polis) zu leben und der Gemeinschaft Gutes zu tun. Arete zu haben, ist die Bedingung der Möglichkeit, dauerhaft glückselig zu leben (↑Eudaimonia). Die menschliche Arete steht für den Griechen unter dem Primat des ↑Logos. ARISTOTELES hält die Einsicht in das Wesen des Menschen für eine Bedingung der Arete und teilt die Arete in dianoetische oder Verstandestugenden (z.B. Klugheit, Weisheit) und ethische oder Charaktertugenden (z.B. Tapferkeit, Besonnenheit) ein; für Letztere ist das rechte Maß (↑Mesotes) das entscheidende Kennzeichen. – auch ↑Tugend.

Argument [lat. »Darstellung«, »Beweis«]: einerseits der Beweisgrund für eine Behauptung, andererseits auch der Beweis für diese Behauptung selbst.

Argumentation: eine Rede, die darauf abzielt, die Gesprächspartner zur Zustimmung oder Ablehnung einer Behauptung zu bewegen. Dabei wird versucht, durch einen möglichst lückenlosen Rückgang auf eine allseits anerkannte Aussage oder Norm die Argumentationsgegner (Opponenten) zu überzeugen.

Die traditionelle Logik, die anknüpfend an ARISTOTELES von der Scholastik ausgebildet wurde, kannte verschiedene Argumentationsweisen: das »argumentum a fortiori« (Nachweis, dass die fragliche Behauptung stärker gilt als eine, die der Opponent bereits akzeptiert hat), das »argumentum a priori« (rein logischer Beweis) und das »argumentum a posteriori« (Nachweis, der sich auf Erfahrung beruft). Dabei versuchte die scholastische Lehre nach der Art der benutzten Argumente zu unterscheiden, während sich die moderne Forschung bemüht, die Struktur von Argumentationen (ohne Berücksichtigung des Inhalts) aufzuklären. Dies macht den Unterschied von inhaltlicher (intensionaler) und formaler Betrachtungsweise aus, der die Wandlung der Logik von der Scholastik zur Gegenwart kennzeichnet.

Nach STEPHEN TOULMIN lassen sich in jeder Argumentation vier Bestandteile unterscheiden: die Konklusion, die die Behauptung darstellt, für oder gegen die argumentiert wird (z. B. »Wir sollten unsere Automobile mit Katalysatoren ausrüsten«); die Daten, die die Beschreibung einer bestimmten Situation beinhalten (»Unsere Wälder sterben an der vorwiegend von Automobilen verursachten Luftverschmutzung. Diese lässt sich durch Katalysatoren verhindern«); der Grund, der ein allgemein anerkanntes Prinzip ist (»Das Überleben der Menschheit muss gesichert werden«); die Übergangsregel, die einen Zusammenhang zwischen dem Grund und der konkreten Situation herstellt (»Gesunde Wälder sind für das Überleben der Menschheit unerlässlich«). Eine der genannten Konklusion entsprechende Argumentation könnte dann etwa so lauten: »Weil einerseits die Erhaltung der Wälder für das Überleben der Menschheit unerlässlich ist und andererseits die Wälder aufgrund der Luftverschmutzung sterben, die Schadstoffe in der Luft aber überwiegend von Automobilen ausgestoßen werden und dies durch den Einbau von Katalysatoren unterbunden wird, sollten wir unsere Automobile mit solchen ausrüsten.« In dieser alltäglichen Fassung sind die verschiedenen Ebenen, auf denen sich die Argumentation bewegt, weitgehend unkenntlich. Die Angabe eines Grundes beispielsweise kommt nicht explizit vor, weil man davon ausgeht, dass jedermann ihn anerkennt.

Aristoteles: siehe Topthema Seite 43.

Aristotelismus: Sammelbezeichnung für philosophische Traditionen im europäisch-christlichen und arabisch-islamischen Raum, die sich an ↑Aristoteles anschließen. Für sie ist grob gesagt nicht wie für den ↑Platonismus das ewige, unveränderliche vollkommene Sein, das Reich der ↑Ideen, der eigentliche Gegenstand der Philosophie, sondern die erfahrbare Natur und hervorgebrachte Kultur mit ihrem Werden und Vergehen sowie ihrer Unvollkommenheit.

Im lateinischen Abendland hatte von der Antike bis ins Mittelalter nur die aristotelische Logik eine ungebrochene Tradition, während in Konstantinopel und im arabisch-islamischen Raum die ganze aristotelische Lehre überliefert und weiterentwickelt wurde. Von dort wurde um die Mitte des 13. Jh. die aristotelische Philosophie als Ganze wieder in die abendländische Philosophiegeschichte eingeführt. Insbesondere ALBERTUS MAGNUS und THOMAS VON AQUIN entwarfen mit ihrer Hilfe ein einheitliches System der philosophischen Weltdeutung, das für Jahrhunderte Geltung behielt. Die Vorherrschaft aristotelistischen Philosophierens wurde erst durch das Entstehen der neuzeitlichen Naturwissenschaften und ihrer Methodologie, schließlich durch KANTS Kritik gebrochen.

Art (Spezies): in der traditionellen Logik Bezeichnung für einen durch eine kennzeichnende Eigenschaft (↑Differentia specifica) festgelegten Teilbereich der nächsthöheren ↑Gattung (↑Genus proximum). Auf der Einteilung in Art und Gattung beruht z. B. die Klassifikation von Tier- und

▶ *Fortsetzung auf Seite 47*

Aristoteles

Aus den zunächst schlicht anmutenden Fragen, was »das Seiende als Seiendes« und was seine Wahrheit sei, entwickelte ARISTOTELES vor etwa 2400 Jahren ein Denken, das die gesamte anschließende abendländische Kultur bestimmte und bis heute noch bestimmt.

Dabei wurden nicht nur alle Fragen, die die nachfolgenden Philosophen bewegten, zum ersten Mal systematisch aufgeworfen und derart stringent erörtert, dass z. B. KANT einmal schrieb, die Logik hätte seit ARISTOTELES keinen Schritt vorwärts mehr tun können. ARISTOTELES ist auch als Urvater unserer heutigen Wissenschaften zu sehen, da er als Erster eine eigenständige Wissenschaftssprache prägte. Noch heute denken die Wissenschaften großteils in denjenigen Bahnen, die ARISTOTELES festlegte, als er das Verstandesdenken begründete. Unser gesamtes Denken des Unterscheidens von Verschiedenem, des Urteilens nach Schlüssen und des Einordnens der Welt in Arten und Gattungen nach allgemeinen Prinzipien entstammt der mit der aristotelischen Philosophie gewachsenen Kultur des verstandesmäßigen Urteilens. ARISTOTELES ist nicht nur der Begründer der philosophischen Disziplinen Metaphysik, Logik, Naturphilosophie und Ethik, sondern auch mehrerer Einzelwissenschaften, indem er, auch zur Politik, Poetik, Rhetorik und einzelnen Bereichen der Naturwissenschaften grundlegende Schriften verfasst hat (s. Übersicht auf S. 45).

Platons Schüler auf eigenen Wegen

Der 384 v. Chr. in Stagira auf der damals makedonischen Halbinsel Chalkidike geborene ARISTOTELES trat 367 mit 17 Jahren in die platonische Akademie in Athen ein und war dort PLATONS Schüler bis zu dessen Tod um 348. Obwohl als PLATONS begabtester Schüler anerkannt, übernahm anschließend nicht er

Aristoteles mit seinen Schülern (Holzschnitt, um 1480; spätere Kolorierung)

die Akademie, sondern SPEUSIPPOS, ein Neffe PLATONS, mit dem er gedanklich im Widerstreit lag. Anschließend verließ ARISTOTELES, wohl auch wegen der antimakedonischen Atmosphäre, Athen und lebte in einem kleinen philosophischen Kreis drei Jahre bei HERMIAS, dem Herrscher von Atarneus in Assos. Differenzen zu PLATON und seinen Schülern zeigten sich nicht nur inhaltlich, sondern auch in der Lebensart. So war ARISTOTELES entgegen der asketischen Tugend der Platoniker dem Leben zugewandt, heiratete HERMIAS' Adoptivtochter Pythias und führte nach deren Tod eine andauernde leidenschaftliche Liebesbeziehung zu HERPYLLIS VON STAGIRA, der sein Sohn NIKOMACHOS entstammte. 342 wurde ARISTOTELES an den makedonischen Hof PHILIPPS II. berufen, wo er politischen Einfluss zugunsten Athens nahm. Beauftragt war er mit der Erziehung des Königssohns, der später als ALEXANDER DER GROSSE Ägypten und das Perserreich bis nach Indien eroberte, was zur weiten Ausbreitung des sog. Hellenismus führte. Hierbei hatte ARISTOTELES insofern indirekten Einfluss, da er bemüht war, ALEXANDER zum Griechen, d. h. zu einem starken Selbstbewusstsein bezüglich der griechischen Kultur, zu erziehen.

335 v. Chr. kehrte ARISTOTELES nach Athen zurück und gründete dort seine eigene Schule, das »Lykeion«, auch Peripatetische Schule genannt. In Athen verbrachte ARISTOTELES seine fruchtbarste Zeit, in die wohl die Abfassung der meisten seiner überlieferten Schriften fällt, die im »Lykeion« gesammelt wurden. Nach dem Tod ALEXANDERS DES GROSSEN 323 v. Chr. jedoch stellte sich Athen gegen Makedonien, und der vermeintliche Makedonier ARISTOTELES verließ erneut, der Gottlosigkeit angeklagt, seine Hauptwirkungsstätte und verstarb wenige Monate darauf auf Euböa.

Grundlegung der Wissenschaften

ARISTOTELES begründete das wissenschaftliche Denken, indem er die Grundsätze des logischen Aussagens der Wissenschaft ausbildete. Er verstand hierbei als Erster den ↑Satz vom (verbotenen) Widerspruch als obersten Grundsatz allen wahren Aussagens. Um eine wahre Aussage über einen Gegenstand zu treffen, ist es unzulässig auszusagen, dass z. B. eine Blume blüht und dass sie nicht blüht. Hieraus folgt, dass man in keiner dritten Aussage behaupten darf, zwei Aussagen seien wahr, wenn sie kontradiktorisch bzw. widersprüchlich sind (↑Satz vom ausgeschlossenen Dritten). Außerdem begründet sich hierin der ↑Satz von der Identität, der besagt, dass nur dasselbe mit sich selbst identisch ist. Diese einfachsten Grundsätze betreffen alle Wissenschaften, deren weitere Schlüsse ARISTOTELES mit der ↑Syllogistik erfasst, die die Formen der Ableitungen von wissenschaftlichen Erkenntnissen von Prämissen zu Konklusionen nach logischen Gesetzen festlegt.

Die Seinsfrage als Erste Philosophie

Zur eigentlichen Philosophie gelangt ARISTOTELES, indem er die Wissenschaften als einzelne Philosophien von der ↑Ersten Philosophie abgrenzt. Während die einzelnen Wissenschaften verschiedene Bereiche der Dinge bzw. des Seienden untersuchen und diese in Arten und Gattungen unterteilen, fragt die Erste Philosophie nach dem »Seienden als Seienden«. Dieses Seiende als solches, d. h. das Sein oder Wesen bzw. die »ousía« einer Sache, versteht ARISTOTE-

Die Gliederung der aristotelischen Schriften beruht auf der ersten Gesamtausgabe durch Andronikus von Rhodos im 1. Jh. v. Chr.

Logische Schriften	Naturwissenschaftliche Schriften und Metaphysik	Ethisch-politische Schriften
Zusammengefasst unter dem Titel »Organon« (= Werkzeug): »Kategorien«, »Über die Aussage«, »Erste Analytik«, »Zweite Analytik«, »Topik«, »Sophistische Widerlegungen«	»Physik«, »Über die Seele«, »Kleine naturphilosophische Schriften«, »Über den Himmel«, »Meteorologie«, »Über die Entstehung der Lebewesen«; den Abschluss bildet die »Metaphysik« (»nach der Physik«); die Lehre von den Prinzipien alles Seienden.	»Nikomachische Ethik«, »Eudemische Ethik«, »Politik«, »Rhetorik«, »Über die Dichtkunst«

LES als den Wesensanblick, »eĩdos«. Ihn muss man vorgängig erblickt haben, wie z. B. den allgemeinen Begriff des Baumes, um den einzelnen Baum als einen Baum bestimmen zu können. Fragt die Biologie nun, was den Wesensbegriff der Gattung Baum ausmacht, so kommt sie dazu, festzustellen, dass ein Baum eine Wurzel, einen Stamm, eine Krone usw. haben muss, um zur Gattung Baum zu gehören bzw. damit sie einen einzelnen Baum als solchen zu erkennen vermag, bevor sie ihn weiter untersuchen kann. Die Philosophie hingegen fragt danach, wie dieser Wesensbegriff bzw. Anblick allgemein an ihm selbst verfasst sein muss, damit man in der Lage ist, den allgemeinen Begriff eines Baumes zu denken.

Dafür geht ARISTOTELES von der Bewegung und dem Wechsel aus, dem alles sinnlich Wahrnehmbare ausgesetzt ist. Der Wesensanblick einer Sache darf demgegenüber nicht wechseln, weil man sonst keinen allgemeinen Begriff eines Baumes bilden könnte, sondern jedes Mal einen neuen Begriff nehmen würde. Deshalb muss der Wesensanblick ein ständiger Anblick gegenüber dem Wechsel und dem Zerfall des Sinnlichen sein. Zugleich muss er beständig anwesend sein und darf nicht einmal an- und einmal abwesend sein. Er muss außerdem eine bestimmbare Gestalt vorgeben und in dieser Gestalt abgegrenzt sein. Der Wesensanblick von etwas ist demnach beständig anwesend als allgemeingültige, unveränderliche, bestimmbar abgegrenzte Gestalt. Damit erklärt ARISTOTELES das Sein einer jeglichen Sache, wie es an sich selbst verfasst sein muss, um Wesensanblick für das einzelne veränderliche Seiende zu sein. Er schließt sich hiermit an PLATONS Ideenlehre an, auch wenn er die Abgetrenntheit der Ideen von den Dingen nicht übernimmt, sondern herausstellt, dass das Sein bzw. die Idee jedes Seienden als Grund dieses Seienden immer bei diesem ist.

Von der Seinsfrage zur Gottesfrage

Der ontologische Wesensbegriff, der das Sein jeglichen einzelnen Seienden erfasst, ist jedoch noch unzureichend für die Allgemeingültigkeit des Seins, die für ARISTOTELES notwendig ist, damit dem Sein Wahrheit zukommt. Das Sein kann erst dann ganz allgemeingültig sein, wenn es als Sein für das Seiende im Ganzen erläutert werden kann. Denn wenn die Seinsbestimmungen nur für das Sein eines einzelnen Bereichs des Seienden gelten, sind sie nicht im Ganzen allgemeingültig. Aus der ontologischen Frage nach dem Sein des Seienden ergibt sich für ARISTOTELES demnach die »theologische« Frage nach dem Sein für das Seiende im Ganzen, d. h. aber nach dem Gott. Da alles Seiende bewegt ist, muss es ein erstes Bewegendes geben, das alles Seiende bewegt. Dieses erste Bewegende muss aber selbst unbewegt sein, ist also das unbewegt Bewegende, weil es sonst einen Anfang außer sich selbst haben könnte. Damit setzt sich ARISTOTELES vom platonischen Gottesbegriff des sich selbst bewegenden Bewegers ab.

Auf diesem Weg wandelt sich die ↑Ontologie bei ARISTOTELES zur »Theologie«, die als Metaphysik für die folgende Philosophie bis zu KANT maßgeblich bleiben wird. Noch HEGEL knüpfte an den aristotelischen Gottesbegriff an, indem ARISTOTELES die Tätigkeit Gottes als Denken des Denkens kennzeichnet, das die göttliche Vernunft bzw. der »noũs« vollzieht: Dieses Denken als Sichdenken bei ARISTOTELES inspirierte HEGEL zu dem Begriff des Absoluten als des zu sich selbst kommenden Geistes im Sichdenken.

TIPP

Wie redet man heute vom Wesen einer Sache? Kann man darin noch die Grundzüge der aristotelischen Bestimmung des Wesensbegriffs wie z. B. die Unveränderlichkeit finden?

WWW

www.aristoteles-von-stageira.de Kurze Übersicht über Leben und Werk, auch zahlreiche Schriften (in engl. Sprache)

www.philolex.de/aristote.htm Abriss über Leben und Werk mit zahlreichen Querverweisen

gutenberg.spiegel.de »Die Nikomachische Ethik«

LITERATUR

HÖFFE, OTFRIED: Aristoteles. München (Beck) ³2006.

ZEMB, JEAN-MARIE: Aristoteles. Reinbek (Rowohlt) 2002.

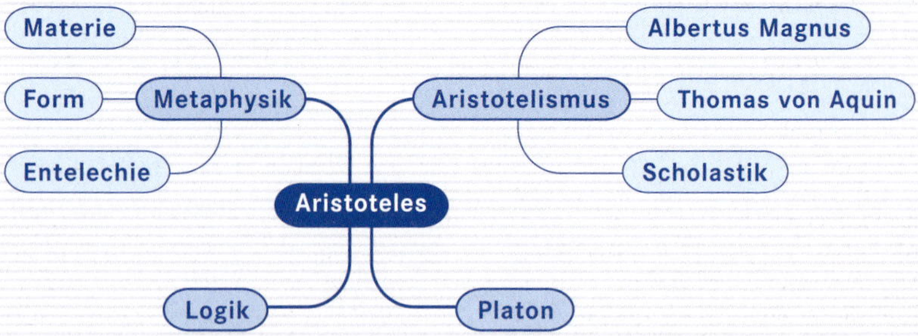

◀ *Fortsetzung von Seite 42* Pflanzenreich nach CARL VON LINNÉ. In dieser gehört der Mensch der Gegenwart zur Gattung »Homo sapiens«. Von der ihm am nächsten stehenden Menschenform, dem Neandertaler, wird er durch die kennzeichnende Eigenschaft »sapiens« unterschieden: Er ist »Homo sapiens sapiens« im Unterschied zu »Homo sapiens neandertalis«.

Art

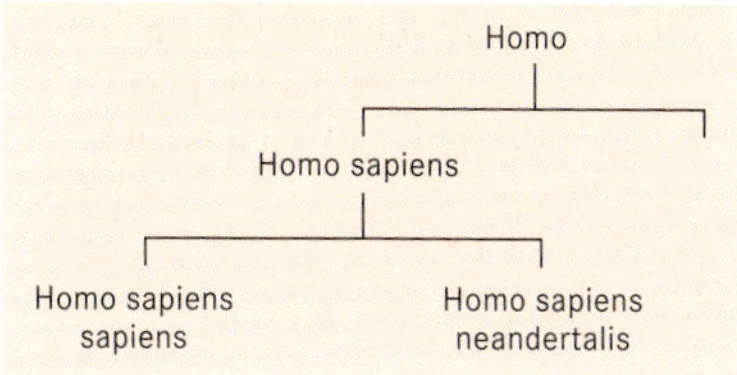

Wie diese Skizze andeutet, ist die Unterscheidung von Art und Gattung stets relativ: In einem größeren Zusammenhang wird eine Gattung selbst wieder zu einer Art (↑Abstraktionsstufen).

Artes liberales [lat.]: ↑Wissenschaft.

a se: ↑ab alio/a se.

assertorisch [zu lat. asserere »zusprechen«, »behaupten«]: Kennzeichnung einer Art von Urteilen oder Aussagen (neben ↑problematisch und ↑apodiktisch). In einem assertorischen Urteil »$S \varepsilon P$« wird zum Ausdruck gebracht, dass das Prädikat P dem Subjekt S wirklich (in Wirklichkeit, tatsächlich) zukommt.

Ästhetik [zu griech. aístēsis »sinnliche Wahrnehmung«]: eine der fünf klassischen Disziplinen der Philosophie (neben Erkenntnistheorie, Logik, Ethik und Metaphysik). Im weiteren Sinne gilt Ästhetik als Theorie des Schönen (↑Schönheit) in seinen beiden Erscheinungsformen als Naturschönes und als Kunstschönes; im engeren Sinne als Theorie der ↑Kunst.

Als **Subjektästhetik** untersucht sie die Bedingungen der Entstehung und Geltung (Verbindlichkeit, Allgemeingültigkeit) von ästhetischen Wert- oder Geschmacksurteilen (Formalästhetik), die Wirkung des Schönen auf den Betrachter (Wirkungsästhetik), den künstlerischen Schaffensprozess (Produktionsästhetik) sowie Bedingungen und Formen der Rezeption (Aufnahme) von Kunst durch den Einzelnen wie durch die Gesellschaft (Rezeptionsästhetik).

Als **Objektästhetik** behandelt die Ästhetik Fragestellungen, die den ästhetischen Gegenstand betreffen: Bestimmung der konstitutiven Merkmale und der Funktion des Schönen; das Verhältnis zwischen Natur- und Kunstschönem; Strukturanalyse des Kunstwerks; Bestimmung des Kunst[werk]begriffs und der Funktion von Kunst (Werkästhetik); die Wechselbeziehung zwischen Form und Inhalt, künstlerischer Technik und Material im Kunstwerk (Form- bzw. Inhaltsästhetik); das Verhältnis der Kunstgattungen (bildende Kunst [Architektur, Plastik, Malerei usw.], darstellende Künste [Film, Theater, Ballett usw.], Literatur, Musik) zueinander; das Verhältnis der Kunst zu Wirklichkeit, Geschichte und Gesellschaft; das Verhältnis von Schönheit und Kunst zur Wahrheit bzw. Bestimmung des Geltungsanspruchs, den Kunstwerke erheben (Gehalt). Im Gegensatz zu den Einzelwissenschaften der verschiedenen Gattungen der Kunst (Kunstgeschichte, Literaturwissenschaften, Musikwissenschaft u.a.) ist das einzelne Kunstwerk – über seinen Beispielcharakter hinaus – nicht Gegenstand der philosophischen Ästhetik.

Ästhetische Überlegungen zeichnen sich i.d.R. dadurch aus, dass sie sich nicht eindeutig dem Typus der deskriptiven (beschreibenden), evaluativen (wertenden) oder normativen (verbindliche Maßstäbe setzenden) Ästhetik zuordnen lassen. Obwohl Ästhetik als philosophische Disziplin erst im 18. Jh. konstituiert wird, beginnt das Nachdenken über ästhetische Fragestellungen schon in der Antike, wobei Probleme der Schönheit und der Kunst i. A. noch weitgehend getrennt behandelt werden.

Ästhetik: In der Antike wurde der Begriff des Schönen nicht auf Kunstwerke angewendet. Schön war vor allem das ethisch Richtige (»Venus von Milo«, um 100 v. Chr.; Paris, Louvre).

PLATONS ästhetische Äußerungen stehen in engem Zusammenhang mit seiner metaphysischen Zweiweltentheorie. Das Schöne, vorrangig als Naturschönes aufgefasst, gehört der Sinnenwelt mit ihren vergänglichen Dingen an. Es beruht auf einem Durchscheinen der Idee durch das stoffliche Substrat. Kunstwerke entstehen durch Nachahmung (Mimesis) der Naturdinge. Da diese selbst nur Abbilder der urbildlichen Ideen sind, gilt die Kunst als »das Dritte von der Wahrheit ab«. PLATONS Geringschätzung der Kunst (soweit sie nicht Zwecken des Gottesdienstes oder der Heldenverehrung dient) als unernstes »Spiel« und seine Hochwertung des Naturschönen prägen wesentlich noch die ästhetischen Auffassungen der christlich-theologischen Philosophie des Mittelalters.
ARISTOTELES begründet dagegen eine Tradition ästhetischen Denkens, die dem Kunstschönen den Vorrang vor dem Naturschönen einräumt, weil sie den mimetischen Charakter der Kunstwerke als Chance begreift. ARISTOTELES versteht nämlich unter Mimesis einen kreativen Schaffensprozess, bei dem der Künstler nicht die Realität verdoppelt, sondern Wirklichkeit entwirft, indem er zeigt, »was möglich wäre nach Angemessenheit oder Notwendigkeit«. Hier sollte v. a. die Ästhetik des deutschen Idealismus mit ihrer Bestimmung des Kunstschönen als Ideal wieder ansetzen, indem sie die Auffassung vom Künstler als Genie, gottähnlich in Originalität und Schöpferkraft, begründet, die ab der Renaissance die Auffassung vom Künstler als Handwerker verdrängte. Auf ARISTOTELES geht der Autonomieanspruch der Kunst zurück, die sich – im Zusammenhang mit dem Übergang von der feudalen zur bürgerlichen Gesellschaftsordnung – immer erfolgreicher aus der Dienstbarmachung zu Zwecken des Kultes (Antike, Christentum) oder der Repräsentation, Dekoration, Unterhaltung (höfische Gesellschaft) zu befreien versuchte.
Die metaphysisch-ontologische Einheit des Wahren, Guten und Schönen, wie sie Antike und christliches Mittelalter mit der Vorstellung einer Ideenwelt bzw. Gottes verbinden, zerfällt unter der Kritik der rationalistischen und empiristischen Philosophie der Aufklärung. Die bewusstseinsphilosophische Wende rettet die zerfallene Einheit, indem sie diese ins Subjekt mit seinen drei »Seelenvermögen« (KANT) verlegt: Wahrheit liegt im Erkenntnisvermögen der theoretischen Vernunft begründet; das Gute oder die Gerechtigkeit im Begehrungsvermögen der praktischen Vernunft; Schönheit im Lust-Unlust-Gefühlsvermögen der Urteilskraft.
Die Autonomisierung der Kunst und die Wende zum Subjekt tragen dazu bei, dass ALEXANDER BAUMGARTEN in seinem Werk »Aesthetica« (1750–58) die philosophische Disziplin der Ästhetik begründet, unter der er eine »Wissenschaft der sinnlichen Erkenntnis« versteht. KANT greift in seinem äs-

thetischen Hauptwerk, der »Kritik der Urteilskraft« (1790), die Grundidee der Wirkungsästhetik BAUMGARTENS auf, wonach schön ist, was Lustgefühl im Sinne eines Wohlgefallens weckt, und führt sie in der Formanalyse des Geschmacksurteils aus. Das Geschmacksurteil »schön« beruht demnach auf einem Wohlgefallen, das wie folgt bestimmt ist:

- Es muss interesselos sein (d. h., es darf sich nicht an der Vorstellung von der Existenz des betreffenden Gegenstands entzünden).
- Es handelt sich um ein begriffsloses Wohlgefallen; das Geschmacksurteil ist also kein Erkenntnisurteil.
- Das Wohlgefallen beansprucht (wenn auch nur subjektive) Notwendigkeit und Allgemeingültigkeit, die unter der Voraussetzung eines ästhetischen »Gemeinsinns«, über den die urteilenden Subjekte verfügen, als objektiv vorgestellt werden.
- Ästhetisches Wohlgefallen wird durch die Erscheinung der Zweckmäßigkeit eines Gegenstands geweckt (denn Zweckmäßigkeit ist das apriorische Prinzip der Urteilskraft), »sofern sie ohne Vorstellung eines Zwecks an ihm wahrgenommen wird«. Dem Autonomieanspruch der Kunst tragen die Bestimmungen der Interesselosigkeit und der »Zweckmäßigkeit ohne Zweck« Rechnung.

Obwohl nach KANTS Auffassung das Schöne »Symbol des Sittlichguten« ist und die »schöne Kunst« »den Geist zu Ideen stimmt«, bleibt für ihn Schönheit – wie schon für BAUMGARTEN – allein ein Gegenstand des Gefühls, nicht der Erkenntnis. Sie ist nicht als ein Geistiges bestimmt, wie sie überhaupt »kein Begriff vom Objekt« ist.

Dies beurteilt die Ästhetik nach KANT, die sich immer entschiedener als Philosophie der Kunst versteht, als Mangel. FRIEDRICH SCHILLER versucht, einen »Vernunftbegriff« der Schönheit »objektiv aufzustellen«, indem er sie bestimmt als »einzig möglichen Ausdruck der Freiheit in der Erscheinung«, d. h. als das »aus dem Bunde des Möglichen mit dem Notwendigen« erzeugte »Ideal«. Das gelungene Kunstwerk, in dem »der Stoff durch die Form vertilgt« ist, vermag eine »ästhetische Erziehung des Menschen« zu bewirken, eine Versöhnung und Harmonie zwischen Begierden und Vernunft, Sittlichkeit und Sinnlichkeit, den Extremen der menschlichen Doppelnatur, zu stiften. Eine solche »Veredlung des Charakters« der Menschen wäre Voraussetzung für die Errichtung eines »Staats der Freiheit«, dessen Verwirklichung in der Französischen Revolution misslang.

HEGEL vollendet die idealistische Gehaltsästhetik, indem er der Ästhetik ihren Ort innerhalb eines dialektisch-spekulativen Systems anweist, dessen höchste Stufe Kunst, Religion und Philosophie ausmachen. In Anschauung (Kunst), Vorstellung (Religion) und Denken (Philosophie) verkörpern diese den absoluten Geist (↑absoluter/objektiver/subjektiver Geist), d. h. die herausentwickelte Identität von Subjekt und Objekt, durch die HEGEL die Entzweiung der Wirklichkeit, die das Ergebnis der kantischen Wende zum Subjekt war, überwunden zu haben beansprucht. Das Schöne bestimmt er als das »sinnliche Scheinen der Idee«, wobei er unter »Idee« die Einheit von Begriff und Realität des Begriffs versteht (die Idee des Staates z. B. wäre also der verwirklichte »wahre« Staat). »Denn in der Kunst haben wir es mit keinem bloß angenehmen oder nützlichen Spielwerk, sondern [...] mit einer Entfaltung der Wahrheit zu tun.« Zugleich aber stellt HEGEL fest, dass die Kunst nach dieser »Seite ihrer höchsten Bestimmung für uns ein Vergangenes« ist, da der »Gedanke und die Reflexion« die »schöne Kunst überflügelt« haben. Im Unterschied zu SCHILLER ist für HEGEL die Philosophie – und nicht die Kunst – die höchste Gestalt des Geistes.

Nach Vollendung der idealistischen Ästhetik kommen die stärksten weiterführenden Impulse von einer materialistisch, d. h. gesellschaftskritisch orientierten Ästhetik. Kunstwerke werden nicht mehr als Ausdruck einer metaphysischen Entwicklungsdynamik des Geistes begriffen, sondern als Phänomene des »Überbaus«, die in einem jeweils bestimmbaren Verhältnis zur gesellschaftlichen »Basis« (↑Basis und Überbau) stehen. Phänomene des »Überbaus« (z. B. Recht, Kunst, Religion, Philosophie) haben nach KARL MARX i. A. ideologischen Charakter, d. h., sie drücken das Eigeninteresse der jeweils herrschenden Klasse als vorgebliches Allgemeininteresse aus. Obgleich Künstler meist ökonomisch von der herrschenden Klasse abhängig sind, müssen Kunstwerke als Produkte freier, nicht entfremdeter menschlicher Arbeit allerdings nicht in jedem Falle ideologisch sein. Für MARX gibt es »Blütezeiten« der Kunstproduktion, die »keineswegs im Verhältnis zur allgemeinen Entwicklung der Gesellschaft« stehen. So können etwa gelungene Werke der antiken Sklavenhaltergesellschaft »in gewisser Beziehung als Norm und unerreichbare Muster gelten«.

ERNST BLOCH spricht in diesem Zusammenhang in seiner materialistischen Inhaltsästhetik vom »Unabgegoltenen« der Kunstwerke als dem »utopischen Überschuss über Ideologie«. THEODOR W. ADORNO bestimmt in seiner ebenfalls materialistisch ausgerichteten »Ästhetischen Theorie« (1970) die Kunst dialektisch als »gesellschaftliche Antithesis zur Gesellschaft« und siedelt den gesellschaftskritischen Wahrheitsgehalt der Kunstwerke v. a. in ihren Formqualitäten an: »Form, der ästhetische Zusammenhang alles Einzelnen, vertritt im Kunstwerk das soziale Verhältnis; darum ist die befreite Form dem Bestehenden anstößig.«

Im Zuge ihrer radikalen Metaphysikkritik wendet sich die positivistische Philosophie ebenso wie die sprachanalytische Philosophie des 20. Jh. gegen jede Ästhetik, die in irgendeiner Weise am empirisch nicht unmittelbar überprüfbaren Wahrheitsanspruch der Kunstwerke festhält. Diesen Paradigmawechsel von der Bewusstseins- oder Subjektphilosophie hin zur Sprachphilosophie mitvollziehend, begründet JÜRGEN HABERMAS in seiner »Theorie des kommunikativen Handelns« (1981) den transsubjektiven (d. h. auf mehr als ein Individuum – z. B. auf alle Individuen, die eine gemeinsame Lebenswelt teilen – bezogenen) Geltungsanspruch von Kunstwerken sprachpragmatisch. So wie Ist-Aussagen, die sich auf die sinnlich wahrnehmbare Welt beziehen, einen Wahrheitsanspruch und Soll-Aussagen oder Handlungen, die sich auf die soziale Welt beziehen, einen Legitimitätsanspruch erheben, erheben Kunstwerke, die subjektive, im Lichte bestimmter Bedürfnisinterpretationen gemachte exemplarische Erfahrungen gestalten und sich somit auf die Innenwelt des Individuums beziehen, einen Authentizitätsanspruch, d. h. den Anspruch des Gelungenseins und »Es-getroffen-Habens«.

Künstlerische Authentizität als Ausdruck der individuellen Erfahrung des Künstlers tritt an die Stelle von Schönheit, da Schönheit in der Kunst der Moderne z. T. irrelevant geworden ist. Tendenzen eines »anything goes« in der Gegenwartskunst scheinen die Kunstwerke gegenüber ästhetischen Werturteilen von vornherein zu verschließen.

Ataraxie [griech. »Unverwirrbarkeit«, »Gelassenheit«]: Bei EPIKUR und der ↑Stoa ist es ein Ziel der philosophischen Lebensweise, nach ungestörter Seelenruhe zu streben, um ein freudevolles bzw. vernunftgemäßes Leben zu führen. Wer durch ausdauerndes Philosophieren gelassen gegenüber unabänderlichen Naturvorgängen und Schicksalsschlägen frei von Furcht und selbstbeherrscht geworden ist, lebt nach EPIKUR »wie ein Gott unter Menschen«.

Atheismus [zu griech. átheos »ohne Gott«, »gottlos«]: in der Neuzeit (16./17. Jh.) aufgekommene Bezeichnung für Meinungen, die auf die Behauptung der Existenz Gottes – eines Absoluten, sei es bestimmter offizieller Götter oder eines persönlichen, v. a. des christlichen Gottes – verzichten oder dessen Existenz bestreiten.

In der griechischen und römischen Antike waren die »átheoi« bzw. die »atheistae« diejenigen, die die offiziellen Götter nicht anerkannten und an deren öffentlichem Kult nicht teilnahmen. Im römischen Kaiserreich zählten zu ihnen folgerichtig auch zeitweise die Christen. Im christlichen Mittelalter verstand man unter »atheistae« meist summarisch die Nichtchristen. In der Neuzeit ist Atheismus meist Bezeichnung für die Weigerung, ein transzendentes Wesen, d. h. ein von der der menschlichen Erfahrung zugänglichen Welt verschiedenes Wesen (meist ist der Gott des Christentums gemeint), anzuerkennen.

Während der **praktische Atheismus** die »Brauchbarkeit« Gottes zur Wirklichkeitserklärung und Normenbegründung bestreitet, ohne dabei gegen die Existenz Gottes selbst zu argumentieren, begründet der **theoretische Atheismus** (im Unterschied zum ↑Agnostizismus) ausdrücklich die Ablehnung der Existenzbehauptung Gottes.

In der abendländischen Geistesgeschichte zeugen schon Fragmente mancher Vorsokratiker von einem theoretischen Atheismus. Im christlichen Mittelalter gab es zwar keinen ausformulierten Atheismus, seit dem 13. Jh. aber, besonders durch die Lektüre der arabischen Philosophen angeregt, eine Skepsis gegenüber Kirche und Offenbarung. In der Neuzeit verlangte der Aufbau der Naturwissenschaften, v. a. der Physik, die strenge Einhaltung der mathematisch-experimentellen Methode. Gott kam daher an keiner Stelle des wissenschaftlichen Systems mehr vor: Er wurde als »Hypothese« überflüssig (PIERRE SIMON MARQUIS DE LAPLACE).

Vor allem in der Aufklärung führte dieser durch die Naturwissenschaften demonstrierte methodische Atheismus zunächst zu einer bibel- und autoritätskritischen Bewegung, die dann im Toleranzgedanken einen wesentlichen Ausdruck fand und im England des späten 17. und beginnenden 18. Jh. als ↑Deismus bekannt geworden ist. Deutlich atheistisch aber wurden erst die französischen Materialisten (JULIEN OFFRAY DE LA METTRIE, PAUL HENRY THIRY D'HOLBACH) in dem Versuch, die Menschheit durch wissenschaftlich begründete Erkenntnis, insbesondere der gesellschaftlichen Verhältnisse, von aller Religion zu befreien.

Diese Verbindung des neuzeitlichen Atheismus mit einer allgemeinen Religionskritik vollzog in der deutschen Philosophie v. a. LUDWIG FEUERBACH, für den Gott nur die ↑Projektion der unerfüllten Wünsche der Menschen ist und der Atheismus die Bedingung dafür, dass sie ihr Glück selbst bewirken. Daran anknüpfend forderte KARL MARX die Kritik und Veränderung der »Verhältnisse«, die die Religion als »Opium des Volkes« notwendig machten.

In JEAN-PAUL SARTRES atheistischem Existenzialismus wird Gott (als »nicht einklagbare Instanz«) schlicht negiert, damit der Mensch sich selbst als Freier entwerfen kann.

Atom [zu griech. átomos »unteilbar«]: Bezeichnung für die kleinsten Teilchen, aus denen nach der Auffassung des ↑Atomismus die Materie besteht. Bereits in der Antike wurden atomistische Theorien vertreten (LEUKIPP, DEMOKRIT). PLATON versuchte im »Timaios« die unterschiedlichen Eigenschaften der Stoffe durch deren Aufbau aus verschieden geformten Atomen (Würfel, Tetraeder u. a.) zu erklären.

In der modernen Naturwissenschaft werden Atome als Träger der chemischen Eigenschaften eines Stoffes angesehen. Ein chemisch reiner Stoff enthält nur Atome bestimmter Arten in einem bestimmten Verhältnis. Jeder Atomsorte entspricht ein chemisches Element (mit seinen Isotopen, die chemisch nicht von ihm zu unterscheiden sind). Die Erkenntnis, dass Atome physikalisch spaltbar sind, hat die Frage nach dem kleinsten »Unteilbaren« auf die Suche nach Elementarteilchen verlagert.

Atomismus: in der Naturphilosophie die Lehre, die den Aufbau der Materie aus unzerlegbaren ↑Atomen behauptet. Die Eigenschaften der Materie sollen sich vollständig auf Qualitäten der Atome sowie auf deren Bewegungen und Wechselwirkungen zurückführen lassen.

In der Erkenntnistheorie wird die Lehre, dass die Welt als Menge aller Tatsachen zu betrachten sei, **logischer Atomismus** genannt. Ihre Urheber waren BERTRAND RUSSELL und LUDWIG WITTGENSTEIN. Die Atome, die jetzt nicht als einfachste, unteilbare Naturgegenstände, sondern als nicht weiter analysierbare Sachverhalte zu verstehen sind, konstituieren durch logische Konstruktionen die Gegenstände der Welt. Allerdings ist es RUSSELL und WITTGENSTEIN nicht gelungen, überzeugende Beispiele für logische Atome anzuführen.

attische Philosophie: bedeutendste Vertreter dieser Epoche, in der die griechische Philosophie zu ihrer klassischen Blüte gelangte, waren SOKRATES, sein Schüler PLATON und dessen Schüler ARISTOTELES. Während SOKRATES die praktische Philosophie begründete, schufen PLATON und ARISTOTELES die ersten großen Systementwürfe des abendländischen Denkens. Mit seiner Lehre, dass sich die Idee zum einzelnen Ding wie ein Urbild zum Abbild verhalte, begründete PLATON den Idealismus und die theoretische Philosophie. Seiner Ideenlehre stellte ARISTOTELES das Modell einer strengen, durch Beweisverfahren abgesicherten Wissenschaft entgegen. Er beschäftigte sich u. a. mit Erkenntnistheorie, Naturphilosophie, Metaphysik, Ethik und Rhetorik und wirkte bahnbrechend durch seine Ausarbeitung der formalen Logik.

Attribut [zu lat. attribuere »zuteilen«]: in der Ontologie ein auf ARISTOTELES zurückgehender Begriff zur Bezeichnung einer ↑Eigenschaft, die ein Gegenstand gemäß seinem Wesen haben muss (z. B. die Fähigkeit zum Sprachhandeln als ein Attribut des Menschen).

aufheben: Terminus der Philosophie HEGELS, als »Grundbestimmung« der ↑Dialektik nach ihm »einer der wichtigsten Begriffe der Philosophie« überhaupt. Entscheidend für HEGEL ist dabei die Mehrdeutigkeit des Ausdrucks, wie sie bereits in der Alltagssprache zum Ausdruck kommt:

1. »emporheben« (ein zu Boden gefallenes Ding aufheben);
2. »für ungültig erklären« (ein Verbot aufheben);
3. »aufbewahren« (ein Erinnerungsstück aufheben).

Im philosophischen Begriff des Aufhebens fallen die drei Bedeutungen zusammen. So stellt HEGEL z. B. die dialektische Bewegung der Begriffe »Sein« und »Nichts« dar, deren Resultat die Aufhebung (in dreifacher Bedeutung) von Sein und Nichts im »Werden« ist, dessen »Momente« (Bedeutungsmerkmale) sie nun ausmachen. »Etwas ist nur insofern aufgehoben, als es in die Einheit mit seinem Entgegengesetzten getreten ist.«

Aufklärung: Seit Mitte des 18. Jh. zunehmend gebräuchlich, hat der Begriff Aufklärung in KANTS Schrift »Was ist Aufklärung?« (1784) seine bekannteste Deutung erfahren. Ihr zufolge ist Aufklärung »der Ausgang des Menschen aus seiner selbst verschuldeten Unmündigkeit. Unmündigkeit ist das Unvermögen, sich seines Verstandes ohne Leitung eines anderen zu bedienen. Selbst verschuldet ist diese Unmündigkeit, wenn die

Ursache derselben nicht am Mangel des Verstandes, sondern der Entschließung und des Mutes liegt, sich seiner ohne Leitung eines anderen zu bedienen.« Jede Aufklärung verwirklicht sich demnach als Kritik an den durch Autoritäten vermittelten Vorstellungen von Natur, Mensch, Gesellschaft, Staat, Gott/Götter und an den je geltenden moralischen und juridischen Normen; denn fremdverfügte Vorstellungen und Normen sind die »Fußschellen einer immer währenden Unmündigkeit«. Wer diese Fußschellen abwirft, wird im Prozess der kritischen Auseinandersetzung mit dem Überlieferten zu richtigeren Erkenntnissen, sinnvolleren Zwecken und besseren Normen gelangen. Insofern ist Aufklärung geprägt vom Glauben an den evolutionären Fortschritt der Gesellschaften und der Menschheit und vertraut auf die grundsätzlich jedem Menschen in gleicher Weise eigene Vernunft. Wenn Aufklärer die »Autonomie der Vernunft« propagieren, meinen sie, dass die menschliche Vernunft sich selbst als einzige Instanz anerkennen soll, die über wahr, gut und schön entscheidet, meinen aber v.a., dass die menschliche Vernunft zu allgemeingültigen Einsichten in die Gesetze ihrer selbst, des humanen Handelns und der Natur gelangen kann. Aufklärung bezeichnet weniger den Konsens über die Inhalte einer systematischen Lehre als vielmehr den Versuch, (methodologisch) den richtigen Gebrauch der Vernunft zu erforschen und anderen die Fähigkeit und den Mut zu vermitteln, sich ihres Verstandes in richtiger Weise zu bedienen, also das Interesse an Pädagogik.

Als Aufklärung im engeren Sinn wird die Bewegung bezeichnet, durch die die europäischen Gesellschaften zwischen dem Ende des 17. und dem Ende des 18. Jh. sich von den Autoritätsansprüchen der Kirchen, der absoluten Souveräne und der Scholastik zu emanzipieren suchten. Indem sich die Epoche selbst »Zeitalter der Aufklärung« nannte, grenzte sie sich bewusst gegen das Mittelalter ab, das sie für »finster« hielt, weil es gemeint habe, menschliche Vernunft bedürfe der Erleuchtung durch die »göttlichen Autoritäten« Kirche und Bibel.

Vorbereitet wurde die Aufklärung des 18. Jh. durch die Renaissance der antiken Philosophie und Literatur im 15. Jh., durch das Ideal des Humanismus vom selbstbewussten, universal gebildeten Menschen, durch den Zerfall der kirchlichen Universalautorität infolge der Kirchenspaltungen und Glaubenskriege des 16. und 17. Jh., v.a. durch die gelungenen Auseinandersetzungen Galileo Galileis und Isaac Newtons mit der von den Autoritäten Kirche und Aristoteles abgesicherten geozentrischen Kosmologie und teleologischen Ontologie.

Das Bildungsideal der Aufklärung des 18. Jh. für jedermann war der »Philosoph«, dem es gelingen soll, sich durch einen kritischen Geist hin zum philosophischen Geist zu entwickeln. Philosophische Neuansätze der Aufklärung des 18. Jh. waren v.a.:

- Theorien und Methodologien menschlichen Erkennens, nämlich der vorwiegend englische ↑Empirismus und der vorwie-

Aufklärung

Aufklärung und Revolution

Als zentrale Voraussetzung der Französischen Revolution von 1789 gilt die Ideenbewegung der Aufklärung, die um die Mitte des 18. Jh. in Frankreich ihre größte Blüte erreichte. 1748 erschien mit Montesquieus »Vom Geist der Gesetze« eines ihrer wichtigsten Werke, das später wesentlich auf die französische Revolutionsverfassung von 1791 – wie zuvor schon auf die Verfassung der Vereinigten Staaten 1787 – wirkte und das demokratische Prinzip der Gewaltenteilung vorwegnahm.

Aufklärung

Philosophen der Aufklärung

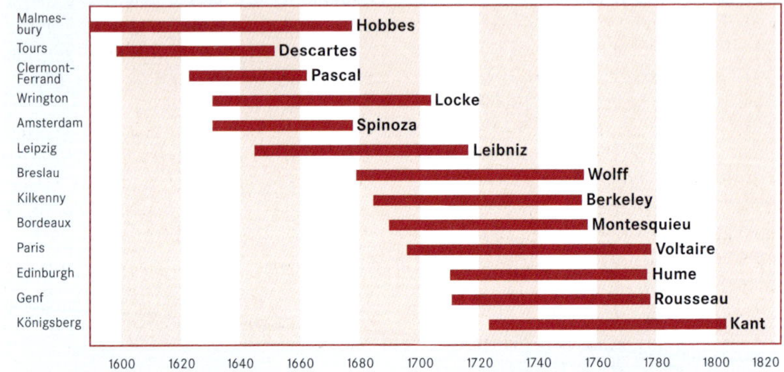

gend französische und deutsche ↑Rationalismus, deren jeweilige Einseitigkeiten KANT auf den notwendigen Zusammenhang zwischen Erfahrung und Vernunft hin vermittelte;

- die Ausarbeitung eines im Wesentlichen naturwissenschaftlich begründeten ↑Atheismus oder zumindest die Begründung einer natürlichen ↑Vernunftreligion, die so weit konzipiert wurde, dass sie deistische (↑Deismus) und theistische (↑Theismus) Deutungen zuließ und die Forderung nach ↑Toleranz der Religionsgemeinschaften einschloss;

- der Entwurf eines mechanisch-materialistischen Weltbildes und Menschenbildes (↑Mechanismus);
- die Entwicklung von Staats- und Rechtsphilosophien, die sich v. a. auf die Theorie vom ↑Gesellschaftsvertrag der im ↑Naturzustand freien Individuen und eine säkularisierte Lehre vom ↑Naturrecht gründeten und schließlich in die ↑bürgerliche Gesellschaft einmündeten.

Genauso kennzeichnend wie die Themen und Inhalte ihrer Philosophie war die Art, wie viele Aufklärer des 18. Jh. ihre Gedanken publizierten. Von der Hoffnung auf Fortschritt aller Menschen und von der Einsicht in die Notwendigkeit der Pädagogik bestimmt, schrieben die meisten Aufklärer für ein breites Publikum. Ihre Medien waren u. a. die in großer Zahl nun entstehenden, populär abgefassten Zeitschriften, das Theater (z. B. für DENIS DIDEROT, VOLTAIRE, GOTTHOLD EPHRAIM LESSING) und Wörterbücher, v. a. die »Encyclopédie ou Dictionnaire raisonné des sciences, des arts et des métiers«, die in 35 Bänden zwischen 1751 und 1780 erschien. An diesem Werk wird aber auch die Gefahr sichtbar, die der Aufklärung des 18. Jh. drohte: unbeabsichtigt eine neue Form der Unmündigkeit heraufzuführen, nämlich den übertriebenen Glauben an die unanfechtbare Autorität der Wissenschaften, durch den Menschen verleitet werden, vernünftige Autonomie gleichzusetzen mit Fülle an funktionalem Sachwissen. Erst am Ende der Epoche gelang KANT »die methodisch gemachte Aufklärung« (HEGEL), insofern er sich konsequent der konstruktiven »Kritik der reinen Vernunft« und der konstruktiven »Kritik der praktischen Vernunft« zuwandte.

Augustinus, Aurelius, christlicher Theologe und Philosoph, *Tagaste (Numidien) 13. 11. 354, †Hippo Regius 28. 8. 430: AUGUSTINUS, der Sohn eines heidnischen Beamten und einer engagierten Christin, studierte in Karthago klassische Literatur und Rhetorik. Während eine Schrift CICEROS ihn zur Philosophie führte, fand er zum Christentum zunächst keinen Zugang. Ab 384 war AUGUSTINUS als Rhetor in Mailand tätig und wandte sich, angeregt durch die Predigten des Kirchenlehrers AMBROSIUS, bald dem ↑Neuplatonismus und zuletzt, ausgelöst durch ein Bekehrungserlebnis 386, dem Christentum zu. 387 ließ er sich taufen und brach seine weltliche berufliche Laufbahn ab, um mit Gleichgesinnten ein dem christlich-asketischen Ideal verpflichtetes Leben zu führen, u. a. in Rom und Tagaste. 391 wurde er in Hippo Regius gegen seinen Willen zum Priester ernannt, ab 396 wirkte er dort als Bischof. Neben den Auseinandersetzungen mit Häretikern (v. a. Donatisten, Pelagianern) verfasste AUGUSTINUS seine theologischen und exegetischen Hauptschriften.

In seiner autobiografischen Schrift »Confessiones« (»Bekenntnisse«, 397/98) beschreibt AUGUSTINUS neben seinen Sünden und Irrtümern seinen Lebens- und Denkweg als ruhelose Wahrheitssuche, die von der ↑Selbsterkenntnis zur Gotterkenntnis führen sollte. Vor seiner Bekehrung hing AUGUSTINUS zunächst dem Manichäismus mit seinem Dualismus der antagonistischen Prinzipien Gut und Böse an, dann vorübergehend dem ↑Skeptizismus der mittleren Akademie mit seiner sokratischen Position des wissenden Nichtwissens. Den Skeptizismus widerlegte er mit einer Reihe von Argumenten, wobei er aus der unbezweifelbaren Selbstgewissheit des eigenen Denkens und Seins überdies einen ↑Gottesbeweis führte. Vom ↑Neuplatonismus (PLOTIN) beeinflusst, entwickelte AUGUSTINUS eine Wissen und Glauben dialektisch vermittelnde Erkenntnislehre, für die er die Formel prägte: »Glaube, um zu erkennen; erkenne, um zu glauben.« Die Seele des Menschen sei durch göttliche Erleuchtung (Illumination) zur Erkenntnis der ewigen Wahrheiten befähigt und von ihr abhängig wie das Auge vom Licht. Gegen den Manichäismus vertrat AUGUSTINUS die Ansicht, dass das ↑Böse selbst keine selbstständige Macht, sondern nur der Mangel (Privation) des Guten sei.

Augustinus: Darstellung des Augustinus (Niccolo Polana, um 1459)

Die Freiheit des Willens gestand AUGUSTINUS nur den Menschen im Paradies zu. Nach der Ursünde könne der Mensch aber nur durch göttliche Gnade von seiner natürlichen Sündhaftigkeit, der Erbsünde, befreit werden, wobei die Erwählung zur Gnade ganz in Gottes Allmacht liege (Prädestination). Seine einflussreiche Geschichtsphilosophie legte AUGUSTINUS in seinem Hauptwerk »De civitate Dei« (»Vom Gottesstaat«, 413–26) dar. Ihr zufolge ist die Weltgeschichte gekennzeichnet durch den Widerstreit der »Gottesbürgerschaft«, der von Gott Erwählten, und der »irdischen Bürgerschaft«, der in Selbstliebe Befangenen; der Kampf endet erst mit dem göttlichen Weltgericht.

Der Einfluss von AUGUSTINUS' Philosophie und Theologie reicht weit über die Scholastik (u. a. ANSELM VON CANTERBURY) und Mystik (u. a. ECKHART) hinaus: von Humanismus und Reformation bis hin zur Phänomenologie EDMUND HUSSERLS und Fundamentalontologie MARTIN HEIDEGGERS.

Ausdruck: in Logik und Semantik eine Zeichenfolge, die aus einem vorgegebenen Zeichenvorrat nach den syntaktischen Regeln (↑Syntax) korrekt aufgebaut ist. Nur Ausdrücke in diesem Sinn sind sinnvoll, d. h. einer semantischen ↑Interpretation fähig.

Aussage: im weitesten Sinn jeder Satz, den man sinnvollerweise behaupten kann, über den man (im Gegensatz etwa zu Fragesätzen und Befehlen) argumentieren kann. Aussagen sind durch den mit ihnen erhobenen Geltungsanspruch gekennzeichnet – sie wollen wahr sein – und müssen nicht unbedingt die grammatikalische Form eines Aussagesatzes haben. Außerdem dürfen sie nicht mit dem sie ausdrückenden Satz verwechselt werden, da ein und dieselbe Aussage durch ganz verschiedene Sätze formuliert werden kann (z. B. »Paris ist die Hauptstadt von Frankreich« und »Paris est la capitale de la France«). Um solchen Missverständnissen zu begegnen, bezeichnet man die Aussage bzw. Bedeutung eines Aussagesatzes als ↑»Proposition« oder »propositionalen Gehalt«.

In der klassischen Logik geht man davon aus, dass jede Aussage entweder wahr oder falsch sein muss (Bivalenzprinzip), gleichgültig ob man dies wirklich feststellen kann. Die **Aussagenlogik** untersucht die Zusammensetzung zweier oder mehrerer Aussagen mithilfe von ↑Junktoren. Dabei wird vorausgesetzt, dass die ↑Wahrheit oder Falschheit (↑falsch) von komplexen Aussagen nur von der Wahrheit oder Falschheit der in sie eingehenden Einzelaussagen (Primaussagen) sowie von den verwendeten Junktoren abhängt. Durch die Wahrheitswertverteilung der Primaussagen wird der ↑Wahrheitswert der komplexen Aussage eindeutig festgelegt: Die Aussagenlogik ist wahrheitsdefinit.

Aussagenlogik wurde schon in der Antike betrieben. Die aristotelische Logik mit ihrem Kernstück, der ↑Syllogistik, benutzt Teile der Aussagenlogik. Die moderne Aussagenlogik wurde durch die Arbeiten von GOTTLOB FREGE (»Begriffsschrift«, 1879), BERTRAND RUSSELL/ALFRED NORTH WHITEHEAD (»Principia mathematica«, 1910–13) und LUDWIG WITTGENSTEIN (»Tractatus logico-philosophicus«, 1921) begründet.

Aussageform: in der Aussagen- und Prädikatenlogik ein Ausdruck, in dem eine freie Variable vorkommt (z. B. »*x* ist ein Mensch«).

Autarkie [griech. »Selbstgenügsamkeit«, »Selbstständigkeit«]: einer der Grundsätze griechischer Lebensgestaltung, der zusammen mit dem Begriff Glückseligkeit entwickelt wurde: Ein zufriedenstellendes, gelingendes Leben wird beeinträchtigt oder unmöglich, wenn man sich nach Konventionen richten muss, denen man nicht zustimmen kann, etwa gezwungen ist, mit Leid erzeugenden Dingen oder Personen zusammenzuleben. Daher ist eine Bedingung für die Möglichkeit von Glückseligkeit die Autarkie, d. h. die äußere und innere Unabhängigkeit von allem, was Leid erzeugen könnte.

Das Ideal der Autarkie findet sich ausgeprägt bei den ↑Kynikern als Ablehnung aller Konventionen und als Bedürfnislosigkeit, bei EPIKUR als Abgeschiedenheit vom öffentlichen Leben und vernünftige Kontrolle der Bedürfnisse, in der ↑Stoa als Ausschaltung der schädlichen Affekte.

In der politischen Philosophie seit PLATON bedeutet Autarkie die vollständige politische und wirtschaftliche Unabhängigkeit eines Staates. In der Neuzeit wurde Autarkie von denjenigen angestrebt, die die ↑Utopie einer tugendhaften, glücklichen politischen Gemeinschaft entworfen haben (z. B. THOMAS MORE, TOMMASO CAMPANELLA).

Autonomie/Heteronomie [zu griech. autonomía »Unabhängigkeit«, »Selbstgesetzgebung« und héteros nómos »anderes, fremdes Gesetz«]: In der Politik bezeichnet Autonomie das Recht eines Gemeinwesens, das einem Staatsverband angehört, seine inneren Rechtsverhältnisse in eigener Verantwortung zu gestalten (im Unterschied zur außenpolitischen Souveränität).

In die Ethik führte KANT das Begriffspaar Autonomie/Heteronomie ein. Autonomie bedeutet hier die Verpflichtung des Individuums, sich nach Vernunftgrundsätzen die sittlichen Gesetze seines Handelns selbst zu geben; Heteronomie bedeutet den Verzicht oder das Versagen, sittlich selbstständig und eigenverantwortlich zu handeln. Heteronom verhält sich nach KANT, wer sein Wollen von sinnlichen Interessen bestimmen lässt, aus Furcht vor Strafe oder um einer Belohnung willen handelt. Auch derjenige, der geltende Moralvorstellungen, z. B. einer Religion, ungeprüft zum Prinzip seines Handelns macht, verhält sich heteronom, weil er sich die Gesetze seines Handelns von anderen (Eltern, Staat, Gott) diktieren lässt. Autonomie dagegen »lässt keine Verbindlichkeit zu, die der eigenen Einsicht entzogen ist« (OSWALD SCHWEMMER). Es ist ein charakteristisches Merkmal kantischer Ethik, dass mit der Aufforderung zur sittlichen Selbstgesetzgebung kein ethischer Subjektivismus verbunden ist. Der sittliche Mensch darf allein das als für ihn verbindliches, sittliches Gesetz anerkennen, dessen Geltungsanspruch er aus Vernunftgründen für allgemeingültig hält, d. h., jedes andere Vernunftwesen muss in jeder vergleichbaren Situation nach vernünftiger Überlegung zum selben Resultat gelangen (↑kategorischer Imperativ). Gleichheit und Freiheit sind Grundvoraussetzungen dieser Art von Ethik. Autonomie ist nicht eine statische Wesenseigenschaft des Menschen, sondern eine Möglichkeit oder Fähigkeit, um deren

Verwirklichung der Mensch immer wieder neu ringen muss.

Autopoiesis [aus griech. autós »selbst« und poíēsis »Machen«, »Schaffen«]: aus der modernen Biologie stammender, von NIKLAS LUHMANN an zentraler Stelle in seine Systemtheorie aufgenommener Begriff zur Bezeichnung der sich aus sich selbst erzeugenden Reproduktion eines Systems, z. B. des Lebens insgesamt bzw. moderner Institutionen. Autopoiesis stellt im Unterschied zu älteren Systemtheorien, in denen allein System-Umwelt-Beziehungen für die systeminterne Informationsverarbeitung eine Rolle spielen, die »Nahtstelle« dar, an der das System sich selbst noch einmal als Umwelt wahrnehmen kann, um so aus sich selbst heraus, von Umwelteinflüssen weitgehend frei, Veränderungen im Systemaufbau erzeugen zu können. Solche autopoietischen »Nahtstellen« sind z. B. im politischen System der Staat, im psychischen das Ich, im ökonomischen das Geld.

Autorität [zu lat. auctoritas »Ansehen«, »Gewähr«, »Glaubwürdigkeit«]: Bezeichnung für eine soziale Beziehung, in der ein Einzelner oder eine Institution für einen Einzelnen oder eine Gruppe Meinungen, Normen, Handlungsentscheidungen festlegt, ohne sich auf eine andere Machtgrundlage zu stützen als die Glaubwürdigkeit, die ihm oder ihr zuerkannt wird. Die Gewähr für die Glaubwürdigkeit kann in unterschiedlichen Eigenschaften gesehen werden, z. B. im Alter (Eltern), in der Bildung (Akademiker), im Amt (König), im Fachwissen (Experte), in der Leistung (Trainer).

Zu unterscheiden ist die **formale Autorität** von der **funktionalen Autorität.** Jene beruht allein auf einem Amt; sie ist legitim, wenn sie sich direkt oder indirekt aus der formellen Autorisierung durch die Mehrheit, z. B. aus Wahlen, ergibt (↑Demokratie), sich gegen Überprüfung nicht immunisiert, z. B. durch Behauptung eines »Gottesgnadentums«, und sich am Gemeinwohl orientiert. Die funktionale Autorität, z. B. eines Arztes, beruht auf einer je bestimmten Sachkompetenz; sie muss ihren Legitimitätsbeweis stets neu antreten, andernfalls tritt Autoritätsverlust ein. Oft überlagern sich formale und funktionale Autorität (z. B. Lehrer).

Je komplexer und größer Gesellschaften sind, umso leichter können sich die formalen Autoritäten von formeller Autorisierung und von Überprüfung loslösen. Je mehr sich Arbeits- und Lebensprozesse spezialisieren, umso mehr ist der Einzelne auf funktionale Autoritäten (Spezialisten) angewiesen. Innerhalb einer Wissenschaft darf es keine Autoritätsverhältnisse geben, da die kritische Überprüfung von Hypothesen konstituierendes Element jeder Wissenschaft ist. Die Anerkennung von Autoritäten läuft v. a. auch dem Selbstverständnis von Philosophie zuwider. Gegen bedingungslose Autoritätsansprüche richtet sich die Aufforderung der ↑Aufklärung: »Habe den Mut, dich deines eigenen Verstandes zu bedienen« (KANT).

Axiologie [zu griech. áxios »wert«, »würdig« und lógos »Rede«, »Lehre«]: Lehre von den Werten als Teildisziplin der Ethik. Die Werte bilden aus der Sicht der Wertphilosophie ein vom Sein unabhängiges Reich, das auf spezifische Weise dem Menschen zugänglich ist. Die Axiologie beschäftigt sich mit Fragen der Erkennbarkeit und Begründbarkeit von Werten sowie mit dem Versuch, diese in eine hierarchische Ordnung zu bringen, die die Handlungsorientierung ermöglichen soll. Im Konfliktfall ist stets dem höheren Wert der Vorrang einzuräumen. Wichtigster Vertreter der Wertphilosophie war MAX SCHELER.

Axiom [zu griech. axióein »für wert halten«, »verlangen«]: heute in vier Bedeutungen gebräuchlicher Terminus:

1. umgangssprachlich eine nicht weiter hinterfragte Überzeugung (↑Maxime);

2. in den Erfahrungswissenschaften ein Satz allgemeinen Inhalts, der durch die Erfahrung in sehr hohem Maß bestätigt worden ist (z. B. die newtonschen Axiome der Mechanik);
3. in Fortsetzung der aristotelischen Tradition ein Satz, der wegen seiner hohen Evidenz als wahrer Satz ohne Beweis dieser Eigenschaft akzeptiert wird, v. a. prinzipielle und umfassende Aussagen, die keines Beweises fähig sind, da es keine grundlegenderen Sätze mehr gibt; sie werden deshalb auch »erste Sätze« genannt (z. B. EUKLIDS Axiome der Geometrie);
4. in der Logik und Mathematik des 20. Jh. ein Satz, den man an die Spitze eines ↑axiomatischen Systems stellt.

Das erste System von (fünf) Axiomen, das zugleich Vorbild für alle späteren wurde, stammt von EUKLID. Es diente ihm zum Aufbau der Geometrie. EUKLID übernahm von ARISTOTELES die Vorstellung, dass Axiome allgemeine Prinzipien sein müssen, die auf alle Wissenschaften gleichermaßen anwendbar sein sollen. Beispiele für diese Auffassung sind u. a. folgende Axiome:

1. Axiom: Zwei Dinge, die einem Dritten gleich sind, sind auch untereinander gleich.
2. Axiom: Fügt man Gleiches zu Gleichem hinzu, so sind die Ganzen einander gleich.
5. Axiom: Das Ganze ist größer als seine Teile.

Neben diesen Axiomen gibt es bei EUKLID noch Definitionen (der geometrischen Grundgebilde wie Punkt und Gerade) und Postulate, deren Inhalt die Existenz geometrischer Gegenstände bildet. Seit der Neuzeit werden diese Postulate auch als Axiome bezeichnet, während EUKLIDS Axiome zu den Prinzipien von Logik und Mengenlehre gerechnet werden.

Das fünfte Postulat EUKLIDS (das Parallelenaxiom) erlangte für die weitere Entwicklung der Axiomatik entscheidende Bedeutung. Es lautet vereinfacht: »Es ist immer möglich, zu einer Geraden eine Parallele zu ziehen, die durch einen vorgegebenen Punkt geht, der nicht auf dieser Geraden liegt.« Der Inhalt dieser Behauptung wurde allgemein nicht als evident akzeptiert. Man bemühte sich deshalb seit der Antike, dieses Axiom aus den anderen Axiomen zu beweisen. Erst Mitte des 19. Jh. gelang der Nachweis, dass dies nicht möglich ist. Da aber alle anderen Sätze aus den Axiomen durch logisches Schließen gewonnen werden und da die Axiome selbst gewiss wahre Sätze sein sollen, stellt ein axiomatisches System absolut sicheres Wissen dar. Wird ein solcher Anspruch erhoben, so spricht man in der modernen Wissenschaftstheorie von einem »euklidischen System«.

Auch die neuzeitliche Naturwissenschaft, v. a. die Physik, formuliert Axiome als »erste Sätze«. Besondere Bedeutung erlangten die Axiome der Mechanik (1687) ISAAC NEWTONS: Trägheitsgesetz, dynamische Grundgleichung und Wechselwirkungsgesetz. Das Vorbild der euklidischen Geometrie hat die Philosophen aller Epochen fasziniert, am deutlichsten wohl BARUCH DE SPINOZA, der den Versuch unternahm, die Ethik nach geometrischer Methode (»more geometrico«) zu begründen.

Mitte des 19. Jh. begann sich der Sinn von »Axiom« entscheidend zu ändern. Ursache hierfür war die Entdeckung, dass sich eine alternative Geometrie aufbauen lässt, die sich von der euklidischen nur dadurch unterscheidet, dass sie die Negation des Parallelenaxioms voraussetzt (»nicht euklidische Geometrie«). Logisch sind diese Geometrien gleichwertig: Ist die erste widerspruchsfrei, so auch die zweite und umgekehrt. Damit ist keines der beiden axiomatischen Systeme bevorzugt. Als Folge dieser Einsicht verschwindet Evidenz als Merkmal von Axiomen rasch. Axiome können deshalb nun unter Zweckmäßigkeitsgesichts-

punkten (↑Konventionalismus) gewählt werden: Man sucht eine möglichst kleine Menge von Aussagen, aus denen sich alle Sätze der zu axiomatisierenden Theorie ableiten lassen. Das einzige Kriterium, das diese noch erfüllen müssen, ist die Widerspruchsfreiheit. Einen Anspruch auf Wahrheit erheben solche Axiome nicht mehr.
Diese neue Auffassung wurde von DAVID HILBERT in »Axiomatisches Denken« (1918) mit Nachdruck vertreten. Axiome haben aus seiner Sicht nur noch die Aufgabe, ein System in übersichtlicher Weise zu ordnen. Sie sind nicht mehr Fundament des Gebäudes, sondern dessen »Fachwerk«. Dagegen versucht man im ↑Konstruktivismus wieder, Axiome durch Angabe eines konkreten Sinns (↑Modell) zu rechtfertigen.

axiomatisches System [griech.]: eine Menge von endlich vielen ↑Axiomen einschließlich aller logischen Folgerungen aus ihnen. Bekannt wurde u. a. das axiomatische System GIUSEPPE PEANOS der natürlichen Zahlen:

1. 1 ist eine natürliche Zahl.
2. Jede natürliche Zahl besitzt einen Nachfolger.
3. 1 ist nicht Nachfolger einer natürlichen Zahl.
4. Zwei natürliche Zahlen, deren Nachfolger gleich sind, sind gleich.
5. Eine Eigenschaft, die 1 besitzt und die mit jeder natürlichen Zahl auch deren Nachfolger zukommt, kommt jeder natürlichen Zahl zu (mithilfe dieses »Induktionsaxioms« lassen sich die übliche Addition und Multiplikation erklären).

Die Axiome eines solchen Systems werden nicht weiter gerechtfertigt; sie beanspruchen nicht, evident zu sein. Es kommt nur darauf an, dass man Sätze des jeweiligen Gegenstandsbereichs aus ihnen folgern kann. Die wichtigste Eigenschaft eines axiomatischen Systems ist seine Widerspruchsfreiheit (Konsistenz): Die Axiome sowie alle Folgerungen aus ihnen dürfen zu keinen Widersprüchen führen. Im Falle der Arithmetik weiß man seit KURT GÖDEL, dass ein derartiger Beweis nicht mit den gewöhnlichen (»finiten«) Mitteln der Logik geführt werden kann. Eine weitere wichtige Frage ist, ob ein axiomatisches System vollständig ist. Darunter versteht man, dass sich jeder wahre Satz aus den Axiomen deduzieren lässt. In diesem Sinn ist die Arithmetik nicht vollständig, wie ebenfalls GÖDEL beweisen konnte.

B

Bacon ['beêkən], Francis, englischer Philosoph und Staatsmann, *London 22. 1. 1561, †London 9. 4. 1626: Nach einem Jurastudium zog BACON mit 23 Jahren ins Unterhaus ein, wo er nach anfänglichem Einsatz für kirchliche, politische und rechtliche Reformen sich bald den Wünschen ELISABETHS I. anpassen musste, deren Berater er 1598 wurde. Ihr ergeben, war er maßgeblich an dem Todesurteil seines Gönners und Freundes, des EARL OF ESSEX, beteiligt. Sein Ehrgeiz, hohe Ämter innezuhaben, wurde erst 1613 belohnt, als er für vier Jahre die Fäden der höchsten Gerichtsbarkeit in Händen hielt. 1618 wurde er Lordkanzler. Wegen einer Korruptionsaffäre – er hatte Bestechungsgelder angenommen – verlor er alle öffentlichen Ämter und durfte erst 1622 wieder die Hand des Königs küssen.
In seinem philosophischen Hauptwerk »Novum organum scientiarum« (1620) tritt BACON für die systematische Erforschung der Natur ein. Seiner Botschaft »Wissen ist Macht« gemäß bereiteten ihm v. a. die experimentellen Wissenschaften höchstes Vergnügen, »ohne die zu leben sich nicht lohnt«. Dabei erhoffte sich BACON von seinen umfangreichen Messungen, »allge-

meine Aussagen« im Experiment unverfälscht offensichtlich machen zu können, und regte damit entscheidend die von DAVID HUME für den Empirismus und die modernen Naturwissenschaften wieder aufgegriffene zentrale Frage nach der Möglichkeit induktiver Erkenntnis (↑Induktion) an.

Wie in der Politik, so geht es BACON auch in der Wissenschaft um Herrschen und Gehorchen. »Die Natur bändigt man nur durch Gehorsam.« Vernünftige menschliche Tätigkeit ist »wie die Arbeit der Bienen«, die »sammeln und ordnen«. Diese Einstellung spiegelt auch sein utopischer Roman »Nova Atlantis« (1627) wider, in dem er das Modell eines technisch perfekt funktionierenden Zukunftsstaates entwirft. Aus heutiger Sicht muss zum »Sammeln und Ordnen« allerdings kreative Hypothesenbildung hinzukommen, um Naturerkenntnis zu ermöglichen. Wäre BACON dies schon bekannt gewesen, hätte es vielleicht seinen Erkältungstod infolge eines Experiments über die Kälte verhindert, als er bei klirrendem Frost Hühnern nachgejagt war, um sie zur Konservierung mit Schnee auszustopfen. Zur Vermeidung solcher und anderer Irrtümer hatte BACON bereits Ansätze einer Ideologiekritik entwickelt, die vier Typen von Vorurteilen (Idole) unterscheidet:

1. die Vorurteile der Gattung (Idola tribus),
2. die individuellen Vorurteile (Idola specus),
3. die Vorurteile des Marktes (Idola fori),
4. die Vorurteile der überlieferten Systeme (Idola theatri).

Basis und Überbau: Begriffspaar des historischen ↑Materialismus zur Kennzeichnung der Wechselwirkung zwischen den materiellen und ideologischen Verhältnissen einer Gesellschaft. Die Gesamtheit der materiellen ökonomischen Verhältnisse, d.h. die dem jeweiligen Stand der Produktivkräfte entsprechenden ↑Produktionsverhältnisse, bildet zusammen mit den Klassenverhältnissen die »reale Basis«, auf der sich der Überbau erhebt, das System der politischen, juristischen, kulturellen, moralischen und religiösen Anschauungen samt den entsprechenden Institutionen (Staat, politische Parteien, kulturelle Einrichtungen, Kirchen usw.). Das Verhältnis zwischen Basis und Überbau ist dialektisch (↑Dialektik) zu sehen: Die ökonomische Basis bringt zwar den Überbau hervor und bestimmt ihn; dieser aber wirkt seinerseits auf die Basis zurück und verändert sie.

Bedeutung: ein Grundbegriff der Sprachphilosophie, bezeichnet dasjenige, was ein sprachliches Gebilde oder allgemeiner ein ↑Zeichen ausdrücken soll. Mit der Bedeutung sprachlicher Ausdrücke befasst sich die ↑Semantik. Von ihr wird z.T. der ↑Sinn unterschieden.

Lange Zeit galten Wörter lediglich als Namen für die unabhängig von der Sprache existierenden Gegenstände. Bahnbrechend wirkten hier die Untersuchungen von GOTTLOB FREGE. Er zeigte, auf welche Weise Identitätsaussagen wie »der Abendstern ist der Morgenstern« verstanden werden müssen. Nach der älteren Ansicht hat ein derartiger Satz keinen Informationsgehalt, da er nur die Tatsache »die Venus ist die Venus« ausdrückt. Nach FREGE muss aber zwischen der Bedeutung und dem Sinn eines sprachlichen Gebildes unterschieden werden. Zwar ist die Venus sowohl Bedeutung von »der Abendstern« als auch von »der Morgenstern«. Aber der Sinn dieser Wörter ist verschieden, d.h., die Art und Weise, wie der jeweilige Gegenstand im Zusammenhang mit seiner Gegebenheitsweise benannt ist: Der Abendstern ist derjenige Stern, der abends als erster aufgeht, während der Morgenstern derjenige ist, der morgens als letzter untergeht. Zwar bleibt FREGES Bedeutungstheorie noch gegenstandsbezogen, d.h., Wörter werden auch bei ihm als Namen für unabhängige Gegenstände behandelt. Aber erst die Bedeutung eines ganzen Satzes ist nach FREGE dessen Wahrheitswert, während der ausgedrückte Sachverhalt (»Gedanke«) seinen Sinn ausmacht. Mit dieser Auffassung brach LUDWIG WITTGENSTEIN, indem er die »Gebrauchstheorie« der Bedeutung formulierte: »Die Bedeutung eines Wortes ist sein Gebrauch in der Sprache.« Die Bedeutung eines Wortes kennen heißt seine Verwendung in einer bestimmten Sprache kennen. Wörter erhalten also ihre Bedeutung erst in einem sprachlichen Ganzen (↑Sprachspiel). Die sprachlichen Unterscheidungen legen fest, was ein Gegenstand ist. Deshalb kann es keinen sprachunabhängigen Zugang zu den Gegenständen geben. Da Sprache prinzipiell sozial bestimmt ist (es gibt keine »Privatsprache«), ist Bedeutung von vornherein intersubjektiv.

Bedingung (lat. **conditio**): allgemein Voraussetzung, ohne die etwas anderes nicht ist oder nicht gedacht werden kann. Lässt sich ein Satz auf die Form »wenn *A*, dann *B*« (oder »weil *A*, deshalb *B*«) bringen, so nennt man *A* eine Bedingung von *B*.

Im Zusammenhang mit Gesetzmäßigkeiten wie etwa der ↑Kausalität ist die Suche nach Bedingungen in den Erfahrungswissenschaften von größter Bedeutung. Eine Situation wird unter einem bestimmten Gesichtspunkt betrachtet, und bestimmte ihrer Teile oder Eigenschaften werden variiert. Lässt sich auf diese Weise der gewünschte Effekt herstellen, so nennt man die entsprechende Eigenschaft oder den entsprechenden Teil eine Bedingung für das Eintreten des fraglichen Ereignisses. Andere Aspekte der Situation, von denen man annimmt, dass sie den gewünschten Effekt nicht beeinflussen, bezeichnet man auch als **Randbedingungen.** So besteht ein ↑Experiment in der Variation einer oder mehrerer Bedingungen bei konstanten Randbedingungen.

In der an KANT orientierten ↑Transzendentalphilosophie spielt die Suche nach den »Bedingungen der Möglichkeit von« eine zentrale Rolle. So fragt KANT in der »Kritik der reinen Vernunft« nach den (transzendentalen) Bedingungen der Möglichkeit von Erfahrung, d.h. nach den im erkennenden Subjekt liegenden Elementen, die die Gegenstände der Erfahrung konstituieren.

Die besonderen Bedingungen des Menschseins, also diejenigen Eigenschaften, Fähigkeiten usw., die den Menschen von anderen Lebewesen unterscheiden und so das spezifisch Menschliche ausmachen, werden als »Conditio humana« bezeichnet. ANDRÉ MALRAUX' Roman »La condition humaine« (1934; deutsch »So lebt der Mensch«) hat diesen Terminus innerhalb des Existenzialismus (↑Existenzphilosophie) populär gemacht.

Die Philosophie des Marxismus widmet den gesellschaftlichen Bedingungen des menschlichen Daseins große Aufmerksamkeit. Eine besondere Bedeutung kommt aus dieser Sicht den Bedingungen des materiellen Lebens der Gesellschaft zu. Damit sind jene Verhältnisse gemeint, die das soziale Zusammenleben der Menschen ermöglichen und prägen: die Existenz des Menschen, die Natur, die Entwicklung der Bevölkerung und die Produktion materieller Güter. – auch ↑Conditio sine qua non.

Bedürfnis: in der Wirtschaftstheorie ein Zustand von subjektiven Mangelempfindungen, verbunden mit dem Streben, ihn zu beseitigen. Das Bedürfnis wird zum **Bedarf,** sobald es mit Kaufkraft ausgestattet ist und am Markt als Nachfrage auftritt. In der Psychologie bezeichnet der Begriff ein infolge von Bedarfs- und Mangelzuständen auftretendes psychisches Spannungsgefälle, das die Aktivität des Individuums anregt, auf die Beseitigung des zugrunde liegenden Mangels hinzuwirken (Bedürfnisbefriedigung). Solche Bedürfnisse resultieren entweder aus biophysischen Mangelzuständen wie Hunger, Durst, Schutz vor Gefahr (primäre, d.h.

angeborene Bedürfnisse) oder aus sozialen Vermittlungsprozessen wie geistig-kulturelle und zivilisatorische Interessenbestrebungen (sekundäre, d.h. erworbene Bedürfnisse).

In der (praktischen) Philosophie bedient man sich des Bedürfnisbegriffs als Beurteilungskriterium, um in bestimmten sozialen Problemsituationen begründetes Wollen oder Begehren als solches ausweisen zu können. In einer Konfliktsituation sollen mit der Bildung des Bedürfnisbegriffs solche Ziele ausgezeichnet werden, die für jeden annehmbar sind, um damit eine gemeinsame Basis für die Argumentation über allgemein verbindliche Ziele bzw. Normen zu gewinnen. Charakteristisch für diesen Argumentationsweg ist, dass die strittige Allgemeinheit des Sollens über eine für jeden einzelnen als unstrittig vorausgesetzte Gleichheit des Wollens erwiesen werden soll. Dieser »gemeinsame Boden« besteht in den unser Wollen bestimmenden vitalen Bedürfnissen, den vorkulturell feststellbaren materiellen Bedingungen unserer Existenz. Die Kritik an dieser Verwendung des Bedürfnisbegriffs richtet sich v.a. auf die Problematik des Schlusses von Wollen auf Sollen.

Befindlichkeit: Terminus in der ↑Fundamentalontologie MARTIN HEIDEGGERS, der die stimmungsartigen Einstellungen bezeichnet, in denen sich der Mensch als Mensch immer schon in der Welt und zur Welt befindet, z.B. die ↑Sorge und die ↑Angst. In solchen Einstellungen hat der Mensch immer schon erfahren, was es mit seinem ↑In-der-Welt-Sein auf sich hat; es ist ihm also vorrational immer schon erschlossen, auch wenn er diese Wahrheit vor sich selbst verbirgt durch sein Leben in der Alltäglichkeit des ↑Man.

begreifen: Im engeren philosophischen Sprachgebrauch bedeutet Begreifen eine bestimmte Weise des Erkennens (↑Erkenntnis) im Sinne von Erfassen des Wesens eines Gegenstandes, Sachverhaltes oder Vorganges aus ihm selbst heraus. Begreifen unterscheidet sich damit z.B. von der ↑Erklärung (dem Erforschen von Zusammenhängen zwischen Ursache und Wirkung, also dem Herausarbeiten kausaler Gesetzmäßigkeiten v.a. in den modernen Naturwissenschaften), aber auch vom ↑Verstehen als dem Erfassen von Sinnzusammenhängen, wie es v.a. in den Geisteswissenschaften angestrebt wird (↑Hermeneutik).

Für KANT stellt das Begreifen den höchstmöglichen Grad der Erkenntnis dar, deren entscheidende Voraussetzung eine innere Verwandtschaft zwischen erkennendem Subjekt und zu erkennendem Objekt sei; denn was dem Subjekt innerlich fern und fremd ist, kann es sich zwar vorstellen, sogar erklären, trotzdem bleibt es im tiefsten Grunde unverstanden. Die Notwendigkeit einer Wesensverwandtschaft zwischen Erkenntnissubjekt und -objekt führt nach KANT zu einer Einschränkung des möglichen Umfangs sicherer, »begreifender« Erkenntnis. Wahres Begreifen – also vollgültige Erkenntnis – ist mit unzweifelhafter Gewissheit nur möglich hinsichtlich derjenigen Erkenntnisobjekte, die vom Erkennenden selbst hervorgebracht sind, weil nur hier die erforderliche Verwandtschaft vollständig ist. Die »Ideen« der Vernunft (etwa Freiheit) sind, so KANT, für uns z.B. voll »begreiflich«, nicht dagegen sämtliche Gegenstände der Erfahrung, d.h. Erkenntnisobjekte, die wir mittels unserer Sinne wahrnehmen, weil bei ihnen die Existenz uns wesensfremder Eigenschaften nicht mit Sicherheit ausgeschlossen werden kann. Erfahrungsgegenstände können wir also immer nur partiell, und zwar relativ zu einem bestimmten interessierenden Aspekt begreifen.

HEGEL gliedert sein »System der Philosophie« nach dem Maß, in dem Erkenntnisobjekte dem Begreifen zugänglich sind. Wie bei KANT besteht ein wesentlicher Unterschied zwischen Gegenständen des Denkens (z. B. Begriffen der Logik, aber auch der Ethik) und Gegenständen der Erfahrung (Natur). Nach HEGEL entwickelt das Erkenntnissubjekt von der zu begreifenden Sache zunächst eine Vorstellung, z. B. einen Begriff. Dann beginnt ein Prozess, in dessen Verlauf versucht wird, die Sache selbst mit dem Denkinhalt, dem Begriff, in Übereinstimmung zu bringen. Es ist ein wesentliches Kennzeichen des ↑Idealismus, dass im Verlauf dieses Prozesses nicht die Vorstellung durch die Sache korrigiert, sondern umgekehrt die Sache an der Vorstellung gemessen wird: Der Denkinhalt wirkt als Maßstab, als Norm, und bewertet wird das Maß der Übereinstimmung der Sache mit ihm. Beim Begreifen haben also die Inhalte des Denkens normative, wertende Funktion (↑deskriptiv/präskriptiv/normativ).

Begriff: allgemeine Vorstellung; im engeren Sinne stellt ein Begriff als Ergebnis einer Abstraktion das abstrakte Allgemeine im konkreten Einzelnen dar (z. B. »das Gute« in »deine gute Tat«). Begriffe sind die Grundlage des Wissens. Deshalb haben sich alle Epochen und Schulen der Philosophiegeschichte um ein Verständnis von Begriffen bemüht.

Nach der antiken und scholastischen Lehre enthält ein Begriff das, was vielen Einzelnen gemeinsam ist. Der Begriff kommt zustande durch das Zusammenwirken von Vernunft (griech. noũs, lat. intellectus), die das Einzelne unter dem Aspekt des Gemeinsamen betrachtet und das Wesentliche vom Unwesentlichen trennt (aktiver Teil der Begriffsbildung), und Sinnlichkeit (griech. aísthēsis, lat. sensatio), die die einzelnen Gegenstände passiv empfängt, um sie der Vernunft vorzustellen. Das Zusammenspiel von Vernunft und Sinnlichkeit konstituiert den Verstand (griech. diánoia, lat. ratio). Offen bleibt hierbei, wie die Seinsweise der Begriffe zu denken sei. So existieren nach PLATON die Begriffe unabhängig vom werdenden und vergehenden Seienden, während sie für ARISTOTELES erst durch einen Denkakt (griech. aphaíresis; ↑Abstraktion) hervorgebracht werden müssen. Dieses Problem war noch Ausgangspunkt für den mittelalterlichen ↑Universalienstreit. Die Position des ↑Nominalismus stellte die überkommene Begriffslehre infrage, indem sie behauptete, Begriffe seien lediglich abkürzende Bezeichnungen für Klassen gleichgearteter Gegenstände.

Für die neuzeitliche Diskussion zwischen ↑Rationalismus und ↑Empirismus ist die Unterscheidung von **reinen Begriffen** (apriorischen, Stamm- oder Urbegriffen) und **empirischen Begriffen** (Erfahrungsbegriffen) zentral. Die Erkenntnis der reinen Begriffe geschieht gemäß rationalistischer Auffassung mithilfe einer besonderen geistigen Fähigkeit (↑Intuition). Demgegenüber behauptet der Empirismus die Abstammung aller Begriffe von der Erfahrung. Hier nimmt KANTS Lehre vom Begriff eine vermittelnde Position ein. Nur das Zusammenwirken von Denken und Anschauung kann Begriffe und damit Wissen hervorbringen. KANT unterscheidet zwischen empirischen Begriffen (die auf Erfahrung beruhen), reinen Verstandesbegriffen (↑Kategorien), die nicht aus der Erfahrung hervorgehen, sondern diese erst möglich machen, und reinen Vernunftbegriffen (↑Ideen), die nur mittelbar Bezug zu Anschauung und Erfahrung besitzen. Grundsätzlich gilt nach KANT: »Anschauungen ohne Begriffe sind blind, Begriffe ohne Anschauungen sind leer.«

Mit dem deutschen Idealismus erhält der Terminus »Begriff« eine neue Wendung. War bisher Begriff Verkörperung der Allgemeinheit, so taucht nun der ↑Individualbegriff auf als Ausdruck des »Wesens« einer Person, eines Kunstwerks oder einer Geschichtsepoche. Der Begriff wird, z. B. bei HEGEL, zum Inbegriff des Wissens: »Das absolute Wissen ist der Begriff, der sich selbst zum Gegenstand und Inhalt hat.« Begreifen – verstanden als das Innewerden eines Begriffs – wird zum unmittelbaren Zugriff auf das Wesen einer Sache (etwa wenn eine Sache »auf den Begriff gebracht wird«). Die Bewegung des Begriffs, die letztlich auf das Sich-selbst-Innewerden zielt, entsteht aus dem dialektischen Zusammenspiel von Begriff und Gegenstand.

Mit den von GOTTLOB FREGE eingeführten Unterscheidungen von Sinn und ↑Bedeutung beginnt für die Begriffslehre ein neuer Abschnitt. Die Gesichtspunkte der Logik treten von nun an in den Vordergrund: Die den Begriffen zugrunde liegende Abstraktion wird jetzt als eine mengentheoretisch-logische und nicht mehr als eine mentale Operation aufgefasst. Begriffe werden verstanden als Namen für Klassen von Gegenständen, die mindestens ein invariantes gemeinsames Merkmal besitzen. Dieses Merkmal ist die ↑Intension des Begriffs. Die – nach wie vor umstrittene – Extensionalitätsthese besagt, dass Begriffe bereits vollständig durch ihre ↑Extensionen charakterisiert seien. Die Betrachtung von Intensionen wäre demnach überflüssig. Da Abstraktionen aus der Rede über invariante Merkmale von Gegenständen hervorgehen, sind Begriffe sprachlicher Natur. Dies ist die moderne Variante des Nominalismus: Begriffe existieren weder real (als Dinge der objektiven Welt) noch mental (als abstrakte Vorstellungen), sondern sprachlich (als Prädikatoren). Seit den 1970er-Jahren werden zunehmend wieder realistische Positionen vertreten (z. B. von SAUL AARON KRIPKE).

Begründung: Eine Aussage oder eine Handlungsnorm heißt begründet, wenn im Rahmen einer rationalen Argumentation Übereinstimmung bezüglich ihrer Geltung erzielt wird. Eine Begründung ist somit eine Art Argumentationsstrategie. Eine Begründung von Aussagen, die sich ausschließlich des logischen Schließens bedient, heißt auch ↑Beweis; eine Begründung für Handlungsnormen oder -ziele wird auch Rechtfertigung genannt.

Beim Begründen werden neben den Regeln des logischen Schließens oft auch allgemeinere Regeln der Argumentation angewandt. Dabei müssen an einen Dialog, der zu einer Begründung führen soll, bestimmte Anforderungen gestellt werden. Nicht jeder zufällig erzielte Konsens (etwa durch Überreden) kann schon als Begründung gelten (↑Diskurs). Eine Begründung, die in einem Diskurs anerkannt werden kann, muss lückenlos, in kleinste Schritte zerlegt und frei von Zirkelbeweisen (↑Circulus vitiosus) sein. Damit wird ihre Richtigkeit und Nachprüfbarkeit gesichert.

Vor allem im positivistischen Lager wird immer wieder versucht, den Begründungsbegriff auf einen deduktiven Beweisbegriff zu reduzieren. Dagegen stellt der ↑Konstruktivismus heraus, dass wissenschaftliches Handeln selbst begründungsbedürftigen Normen unterworfen ist. Ein Begründungsverfahren, das ausschließlich am deduktiven Beweis orientiert ist, endet nach HANS ALBERT in folgendem Trilemma (»Münchhausen-Trilemma«): Entweder führt es in einen unendlichen ↑Regress oder in einen Zirkel (↑Circulus vitiosus) oder es muss seine obersten Sätze (↑Axiome) willkürlich festlegen. Die Frage, ob es ↑Letztbegründungen gibt, die als nicht mehr hinterfragbar angesehen werden, wird immer wieder intensiv diskutiert.

Behauptung: eine Aussage, die Anspruch auf Wahrheit erhebt. Wer eine Behauptung aufstellt, übernimmt damit die Pflicht, diese bei Nachfrage argumentativ zu verteidigen. Er muss also nachweisen können, dass sie wahr ist. Das Aufstellen einer Behauptung (z. B. »Steinpilze sind wohlschmeckend«) ist gleichwertig mit der metasprachlichen Aussage »*B* ist wahr« (»Es ist wahr, dass Steinpilze wohlschmeckend sind«).

Benjamin, Walter, deutscher Schriftsteller, Literaturkritiker und Philosoph, *Berlin 15. 7. 1892, † Port Bou (Provinz Gerona, Katalonien) 27. 9. 1940: BENJAMIN studierte Philosophie in Freiburg im Breisgau, Berlin, München und Bern und promovierte 1919. In den folgenden Jahren lebte er zumeist in Berlin und schrieb Essays und Literaturkritiken. Er pflegte Freundschaften u. a. mit THEODOR W. ADORNO, ERNST BLOCH und BERTOLT BRECHT. Angeregt durch die Beschäftigung mit GYÖRGY LUKÁCS' Hauptwerk »Geschichte und Klassenbewusstsein« (1923) und die Begegnung mit der russischen Revolutionärin ASJA LAZIS wandte er sich dem Marxismus zu. Seine 1925 als Habilitationsschrift vorgelegte Untersuchung »Ursprung des deutschen Trauerspiels« wurde von der Universität Frankfurt am Main nicht anerkannt und 1928 veröffentlicht. Nach der nationalsozialistischen Machtergreifung emigrierte BENJAMIN nach Paris. Neben Gelegenheitsarbeiten verfasste er Beiträge für die »Zeitschrift für Sozialforschung«, dem Organ des Instituts für Sozialforschung (↑kritische Theorie). Das groß angelegte Projekt »Pariser Passagen« blieb unvollendet und erschien 1982 postum unter dem Titel »Das Passagen-Werk«. 1940 entschloss er sich, in die USA zu übersiedeln. Nachdem sein Versuch, die spanische Grenze zu überschreiten, gescheitert war, nahm er sich in dem spanischen Grenzort Port Bou aus Furcht vor der Auslieferung an die Gestapo das Leben.

BENJAMINS philosophisches Denken ist v. a. in seinen literaturkritischen Schriften enthalten. Es geht aus vom oft unscheinbaren Einzelnen, um größere historische Phänomene darzustellen. Geprägt ist es einerseits von einem dialektisch-materialistischen Geschichtsbegriff, demzufolge die geschichtliche Entwicklung durch materielle Verhältnisse und dialektische Gesetze bestimmt ist, andererseits von einem eschatologisch-messianischen Geschichtsbegriff, der auf eine Erlösung der Welt am Ende der Geschichte zielt. Diese Erlösung lässt sich gemäß BENJAMINS undogmatischem Marxismus nicht etwa durch politische oder technische Prozesse herbeiführen, sondern nur durch eine anarchische Revolution vorbereiten.

Das philosophische Bemühen um Darstellung der Wahrheit bedarf nach BENJAMIN der Werke der Kunst, da in ihnen der wahre Zusammenhang der Dinge seine Gestalt findet; Philosophie ist daher als Kunstkritik zu be-

Benjamin

Benjamins Einbahnstraße

Walter Benjamin hegte eine Vorliebe für kurze, stark verdichtete Essays und Traktate. In dem 1928 erschienenen Band »Einbahnstraße« findet sich auch ein kurzes Prosastück zum Thema Todesstrafe:

»›Coiffeur für penible Damen‹
Dreitausend Damen und Herren vom Kurfürstendamm sind eines Morgens wortlos aus den Betten zu verhaften und vierundzwanzig Stunden festzusetzen. Um Mitternacht verteilt man in den Zellen einen Fragebogen über die Todesstrafe, ersucht auch dessen Unterzeichner, anzugeben, welche Hinrichtungsart sie persönlich im gegebenen Fall zu wählen dächten. Dieses Schriftstück hätten in Klausur ›nach bestem Wissen‹ die auszufüllen, die bisher nur ungefragt sich ›nach bestem Gewissen‹ zu äußern pflegten. Noch vor der ersten Frühe, die von alters her heilig, hierzulande aber dem Henker gewidmet ist, wäre die Frage der Todesstrafe geklärt.«

Benjamin: Walter Benjamin

treiben. Seine philosophische Kunstkritik leugnet allerdings die Idee der Autonomie des Kunstwerks, betrachtet deren Verlust mit dem Ende der klassischen Kunstperiode als historische Notwendigkeit und berücksichtigt die Entstehungsbedingungen der Kunstwerke. So zeigt BENJAMIN in seiner Schrift »Das Kunstwerk im Zeitalter seiner technischen Reproduzierbarkeit« (1963 deutsch erschienen), dass die im 19. Jh. einsetzende technische Reproduktion der Kunstwerke unter kapitalistischen Produktionsbedingungen zur Zerstörung ihrer Aura, ihrer besonderen Ausstrahlung, führt, indem sich ihre Einzigartigkeit durch die Vervielfältigung in Gleichartigkeit verkehrt.

Beobachtung: aufmerksame Betrachtung eines Gegenstandes, Sachverhaltes oder Vorganges unter bestimmten, den Bereich der Wahrnehmung eingrenzenden Interessen mit dem Ziel, hinsichtlich der interessierenden Momente möglichst genau wahrzunehmen, auch unter Verwendung technischer Hilfsmittel (wie z. B. Fernrohr, Mikroskop). Man unterscheidet eine – eher zufällige – Gelegenheits- oder Alltagsbeobachtung von der nach methodischen Gesichtspunkten planmäßig durchgeführten systematischen Beobachtung. Diese spielt in den modernen Erfahrungswissenschaften wie Physik, Chemie, Medizin eine entscheidende Rolle und wird allgemein als erster, grundlegender Ausgangspunkt einer auf Erfahrung beruhenden ↑Erkenntnis angesehen (↑Empirismus).

In der Wissenschaftstheorie des ARISTOTELES wird der Beobachtung methodisch noch keine eigene Aufmerksamkeit geschenkt. Eine Systematisierung der Gewinnung empirischer Daten zum Zwecke und Nutzen von naturwissenschaftlicher Forschung setzt erst mit Beginn der Neuzeit (etwa seit FRANCIS BACON) ein. Bewusst wird jetzt zunächst die regelmäßige, dann die quantitative Beobachtung (Messung) angestrebt. Grundsätzliche Wiederholbarkeit und (möglichst) vollständige Kontrolle der Randbedingungen sind wesentliche Merkmale der Beobachtung unter künstlichen Bedingungen (↑Experiment), die seit GALILEO GALILEI richtungweisend die Arbeitsmethoden moderner Naturwissenschaften bestimmt. Während im klassischen Naturexperiment dem Beobachter selbst keine Bedeutung zukommt, sieht man sich in der zeitgenössischen Physik im Zusammenhang mit den Relativitätstheorien und der Quantentheorie veranlasst, die Rolle des beobachtenden Subjektes zumindest partiell kritisch zu reflektieren. In der Quantenphysik z. B. hat der Beobachter eine die Beobachtbarkeit konstituierende Funktion, indem er das beobachtete System durch die Art seines experimentellen Eingriffs wie des Zeitpunkts seiner Beobachtung überhaupt erst herstellt.

Bergson, Henri, französischer Philosoph und Hauptvertreter der Lebensphilosophie, *Paris 18. 10. 1859, †ebenda 4. 1. 1941: BERGSON war ab 1900 Professor am Collège de France in Paris, ab 1914 Mitglied der Académie française, und erhielt 1928 den Nobelpreis für Literatur.

In der Tradition des französischen ↑Voluntarismus und Spiritualismus stehend, attackiert BERGSON die materialistisch-mechanistische Weltauffassung. Er kritisiert auch die evolutionären Theorien von CHARLES

DARWIN und HERBERT SPENCER und deutet die Wirklichkeit aus der metaphysischen Einheit des Lebens und seiner schöpferischen Grundkraft (»élan vital«). Deren schöpferische Entwicklung (»évolution créatrice«) ist für BERGSON die Gegenkraft zu der dem Leben selbst innewohnenden Tendenz zur Erstarrung, deren Endpunkt die Materie ist. Die Wirklichkeit erschließt sich einzig der philosophischen Intuition, während der analytische Verstand lediglich ein Instrument zur technischen Beherrschung der Natur ist. Auf der Grundlage dieses Systems entwarf BERGSON eine neue intuitive Erkenntnistheorie, Psychologie, Naturphilosophie, Ethik und Religionsphilosophie, die sowohl die europäische Lebens- und Existenzphilosophie als auch die Literatur stark beeinflusste.

Beschreibung: systematische, geordnete Darstellung von Sachverhalten mithilfe sprachlicher Mittel. Beschreibungen bilden den Ausgangspunkt für alle Erfahrungswissenschaften, indem sie das Erfahrungsmaterial sprachlich aufbereiten und damit allgemein verfügbar machen. Um wissenschaftlich brauchbar, d. h. nachvollziehbar und nachprüfbar, zu sein, müssen Beschreibungen bestimmten Anforderungen genügen: Sie sollen ausreichend präzis (z. B. numerisch) sein und sie müssen alle wesentlichen Bedingungen darstellen und unwesentliche auslassen.

Der logische Empirismus betonte die Rolle der Beschreibungen in seiner Theorie der ↑Protokollaussagen. Hieraus entstand das Problem der theoriefreien Basis: Kann es Beschreibungen geben, die keinerlei theoretische Vorannahmen über die beschriebene Situation enthalten? Deren Unmöglichkeit ist ein zentraler Kritikpunkt, auf den KARL POPPER hingewiesen hat.

Besondere, das: ↑Allgemeine, das.

Besonnenheit: Bezeichnung einer Geisteshaltung, die ein Handeln und Verhalten ermöglicht, das sich durch Selbstbeherrschung und vernunftgeleitetes Abwägen aller handlungsbestimmenden Faktoren auszeichnet.

In der antiken Philosophie wird die Besonnenheit im Rahmen einer differenzierten Lehre von der ↑Tugend erörtert. In der Tradition von SOKRATES und PLATON ist damit jener Seelenzustand gemeint, in dem die Begierden der Herrschaft der Vernunft unterworfen sind; PLATON rechnet die Besonnenheit neben ↑Tapferkeit, ↑Weisheit und ↑Gerechtigkeit zu den vier ↑Kardinaltugenden und sieht in der Verbindung von Besonnenheit und Gerechtigkeit die Haupttugenden des auf die politische Gemeinschaft bezogenen Handelns. Für ARISTOTELES bezeichnet der Begriff das rechte Maß des Handelns. Hieran anknüpfend fordert die christlich-mittelalterliche Philosophie bis hin zur Aufklärung den Menschen zur »temperantia« (lat. »Mäßigung«) auf.

Bestätigung: wissenschaftstheoretischer Grundbegriff. Eine Hypothese mit Gesetzescharakter (z. B. »Alles Kupfer leitet den elektrischen Strom«) lässt sich nicht durch endlich viele Beobachtungen und/oder Experimente endgültig verifizieren (bestätigen). Die ↑Induktion von den endlich vielen singulären Tatsachen zur allgemeinen Hypothese bleibt notwendig unvollständig. Man weiß nie, ob nicht gerade die nächste Beobachtung, die man anstellen wird, die Hypothese widerlegt. Andererseits ist man geneigt anzunehmen, dass wiederholte Beobachtung, die in Übereinstimmung mit den Voraussagen der Hypothese steht (↑Test), die Wahrscheinlichkeit für das Zutreffen der Hypothese erhöht.

In der modernen Wissenschaftstheorie sind verschiedene Versuche unternommen worden, dieses Vorverständnis zu präzisieren. Dabei ist zwischen induktiven und deduktiven Bestätigungstheorien (↑Bewährung) zu unterscheiden. Während Letztere die Wib

derlegbarkeit von Hypothesen z.B. durch ↑Falsifikation in den Vordergrund stellen, versuchen Erstere mithilfe der Wahrscheinlichkeitsvermutung einen Gradmesser für das Wahrsein der Hypothese anzugeben. Dieses Programm wurde v.a. von RUDOLF CARNAP vertreten. Der deduktive Ansatz gibt die Idee der Wahrheit der Hypothese zugunsten ihrer Bewährung auf, wohingegen induktive Bestätigungstheorien an ihr gleichsam als nicht erreichbarem Ziel festhalten.

Bewährung: Grundbegriff deduktiver Bestätigungstheorien, der von KARL POPPER in die Wissenschaftstheorie eingeführt wurde. Da Hypothesen und Theorien i.A. nicht durch endlich viele Beobachtungen verifiziert werden können (↑Falsifikation) – es gibt keine endgültige ↑Bestätigung –, stellt sich die Frage nach deren Überprüfbarkeit an der Erfahrung (↑Test). Nach POPPER kommt es darauf an, ob eine Beobachtung *B* (oder ein Experiment) die aufgestellte Hypothese *H* widerlegt oder nicht. Dabei heißt *H* von *B* widerlegt, wenn die Konjunktion $H \wedge B$ einen Widerspruch darstellt (z.B. *H:* »Alle Raben sind schwarz« und *B:* »Der beobachtete Rabe war grau« ergeben nach Konjunktion einen Widerspruch). Die Hypothese *H* heißt bewährt, wenn sie vielen Widerlegungsversuchen erfolgreich widerstanden hat. Nimmt man die ↑Tautologie und den ↑Widerspruch als Extreme, die im ersten Fall mit allen Beobachtungen, im zweiten mit keiner Beobachtung vereinbar sind, und ordnet man diesen die Werte 1 und 0 zu, so kann man den **Bewährungsgrad** einer Hypothese als eine Zahl zwischen 0 und 1 auffassen. Je größer der Bewährungsgrad, desto besser hat die Hypothese den Widerlegungsversuchen standgehalten.

Inzwischen wurden POPPERS Analysen aufgrund des Studiums der Wissenschaftsgeschichte revidiert. Nicht mehr das größere Widerlegungsrisiko wird als Gütemaßstab einer Theorie oder einer Hypothese angesehen, sondern deren Fähigkeit, widersprechende Ergebnisse (unter Umständen nach Einführung von Hilfshypothesen) in die Theorie einzubeziehen (IMRE LAKATOS). Überdies zeigte THOMAS KUHN, dass bestimmte Grundübereinstimmungen (↑Paradigmen) der Wissenschaftler von entscheidender Bedeutung sind für die Frage, welche Hypothesen und Theorien überhaupt angenommen werden. Damit verlor die Bewährung die zentrale Stellung, die POPPER ihr eingeräumt hatte.

Beweger, unbewegter: ↑unbewegter Beweger.

Bewegung: Die Diskussion um den naturphilosophischen Bewegungsbegriff reicht zurück bis in die Anfänge europäischer Philosophie (↑Vorsokratiker). Zwei gegensätzliche Positionen sind in ihren Ursprüngen mit den Namen des PARMENIDES und HERAKLITS verknüpft. PARMENIDES argumentierte konsequent gegen Bewegung; er vertrat eine »statische« Seinsauffassung und hielt Bewegung und Veränderung für nichts als täuschenden Schein. Sein Gegenspieler HERAKLIT andererseits sah gerade in der Veränderung eines der wesentlichen Merkmale allen Seins.

Weiter ausdifferenziert wurden die beiden Standpunkte von PLATON sowie seinem Schüler ARISTOTELES. Dabei betrachtete PLATON – in der Tradition des PARMENIDES stehend – Bewegung als Eigenschaft der ↑Erscheinungen, d.h. derjenigen Gegenstände, die die Menschen mittels ihrer Sinne wahrnehmen. Der vollständigen Erkennbarkeit all dieser Gegenstände steht ihre ständige Veränderung als unüberwindliches Hindernis entgegen. Deshalb ist der Bereich der Veränderung nicht im vollen Sinne wissenschaftsfähig. Ihm steht das Reich der unveränderlichen, im eigentlichen Sinne wirklichen und daher wahrhaft erkennbaren ↑Ideen gegenüber. Dagegen begriff ARISTO-

TELES – in der Nachfolge HERAKLITS – Bewegung als prinzipielle Bedingung der Möglichkeit einer jeden Wirklichkeitssteigerung; er sah Bewegung als Verwirklichung eines seiner Möglichkeit nach auf eine Wirklichkeit hin Angelegten (↑Akt/Potenz, ↑Teleologie). Da nach ARISTOTELES jede Bewegung eines verursachenden Anstoßes bedarf, d.h. alles, was sich bewegt, von einem anderen bewegt werden muss, und weil unmöglich etwas in gleicher Hinsicht und in derselben Weise Bewegendes und Bewegtes sein kann, entstand das Problem, ob man die Reihe der Ursachen einer Bewegung ins Unendliche zurückverfolgen kann, ohne jemals an einen ersten Anfang zu stoßen. ARISTOTELES nahm von daher eine erste, alle Bewegung erzeugende Ursache an, die selbst unbewegt und damit reine Wirklichkeit sein muss (↑unbewegter Beweger).

Zur Zeit GALILEO GALILEIS (17. Jh.) trat ein wesentlicher Aspektwandel bei der Behandlung des Bewegungsbegriffes ein, als sich die Physik aus dem Rahmen der Naturphilosophie löste und als selbstständige Wissenschaft etablierte. Mit GALILEIS Konzept einer mathematischen Physik wird der Bewegungsbegriff thematisch reduziert auf quantitative, metrische, d.h. messbare, Aspekte. Im physikalischen, naturwissenschaftlichen Sinne bedeutet Bewegung also nur noch die in der Zeit verlaufende Ortsveränderung eines Körpers in Bezug auf einen anderen, als ruhend betrachteten Körper oder auf ein durch andere Körper festgelegtes Bezugssystem; eine Absolutbewegung gibt es nicht. Thema des naturwissenschaftlichen Forschungsinteresses ist damit nicht mehr das kategoriale Wesen der Bewegung, sondern das »Wie« ihres Ablaufs, die mathematische Beschreibung möglicher Bewegungsformen (z.B. geradlinig, kreisförmig, gleichförmig) in der Kinematik (reine Bewegungslehre) und die Kenntnis ihrer unmittelbaren Ursachen in der Dynamik.

Beweis (Demonstration): Begründung einer Behauptung, also die Einlösung eines Wahrheitsanspruchs. Ein Beweis stellt eine Strategie für einen Dialog um die aufgestellte Behauptung dar, die gegen jeden möglichen Einwand erfolgreich ist. Eine These ist demnach bewiesen, wenn ihr Verteidiger über eine Gewinnstrategie für die Argumentation um sie verfügt. Was als Beweis akzeptiert wird, hängt von der jeweiligen Situation ab. Es ist ein zentrales Anliegen von Wissenschaftstheorie und Methodenlehre, eine Übersicht der verschiedenen Beweisarten und ihrer Anwendungen zu geben (»Lehre vom Beweis«). Im alltäglichen Leben genügt als Beweis der Behauptung »Dieser Computer spielt ausgezeichnet Schach« die praktische Nachprüfung. In der Rechtsprechung bedient man sich ähnlicher Verfahren, wenn etwa Fingerabdrücke als Beweis einer Täterschaft angesehen werden. Die Tradition spricht in solchen Fällen von einer »demonstratio ad oculos« (lat. »Beweis durch Augenschein«).

Dieses vorwissenschaftliche Verständnis von Beweis wurde mehr und mehr zurückgedrängt vom wissenschaftlichen, das sich v.a. an Mathematik und Logik orientiert. Hier wird unter Beweis die Ableitung einer Behauptung B aus vorausgesetzten Axiomen A und bereits bewiesenen Sätzen (auch Theoreme genannt) T mithilfe von logischen Schlüssen verstanden. Ein Beweis in diesem Sinne – ein **deduktiver Beweis** – hat also folgende Form: $A \wedge T \prec B$. Eine Argumentation, die als deduktiver Beweis gelten soll, muss vollständig sein: Jeder Schritt soll so einfach sein, dass er nicht weiter zerlegbar ist. Dieser Forderung kann in der Praxis i.A. nicht genügt werden, man nimmt jedoch an, dass sie prinzipiell erfüllbar ist. Ferner darf ein Beweis keine Annahmen verwenden, die nicht explizit kenntlich gemacht wurden; insbesondere dürfen nur bewiesene Sätze bzw. Axiome herangezogen werden: Ein Beweis muss lückenlos sein. Ein korrekter deduktiver Beweis bietet Gewissheit, wenn die bewiesene Behauptung so sicher wahr ist wie die benützten Sätze und Axiome. Dann ist er überdies endgültig, denn keine Veränderung der Welt kann ihn in seiner Geltung beeinträchtigen. Deshalb gilt der deduktive Beweis oft als höchste Form des Wissens. Das klassische Beispiel einer mithilfe von deduktiven Beweisen aufgebauten Theorie sind die »Elemente« des EUKLID (↑Axiom).

Eine weitere wichtige Beweisart ist der **indirekte Beweis** (auch ↑Reductio ad absurdum): Man nimmt das Gegenteil $\neg B$ (Negation) der zu beweisenden Behauptung B an und zeigt durch logisches Schließen, dass aus $\neg B$ ein Widerspruch, also etwas nachweislich Falsches folgt. Dann muss $\neg B$ selbst schon falsch gewesen sein (ein richtiger Schluss kann nur aus Falschem etwas Falsches ableiten), und B muss deshalb wahr sein. Dabei wird das in der klassischen Logik gültige Stabilitätsprinzip $\neg\neg B \uparrow B$ benutzt. Durch indirekten Beweis zeigt man z. B., dass $\sqrt{2}$ keine rationale Zahl ist.

Die in den Erfahrungswissenschaften übliche ↑Induktion stellt dagegen nach moderner Auffassung kein Beweisverfahren dar. Eine Hypothese, die sich auf Induktion stützt, kann mehr oder minder gut bestätigt worden sein durch die Erfahrung. Ihre Wahrheit kann aber nie endgültig gesichert werden, da die zukünftigen Erfahrungen nicht sicher vorhersehbar sind (↑Bewährung).

Einige häufig auftretende Beweisfehler wurden in der Tradition mit eigenen Bezeichnungen versehen: Bleibt ein Beweis lückenhaft, indem in seinem Verlauf ein unbewiesener Satz herangezogen wird, der auch kein Axiom ist, so spricht man von Erschleichung (↑Petitio Principii). Wird die zu beweisende Behauptung selbst zu ihrem Beweis gebraucht, so liegt ein Zirkelbeweis (↑Circulus vitiosus) vor. Weitere typische Beweisfehler sind: die »unzulässige Übertragung« (metábasis eis állo génos, griech. »Übergang in eine andere Art«), die »Umkehrung« (hýsteron-próteron, griech. »das Spätere als Früheres«) und der »falsche Anfang« (prõton pseũdos, griech. »das Erste als Lüge«: Der Beginn einer Schlusskette ist bereits ein falscher Satz).

Bewusstsein: durch CHRISTIAN WOLFF Anfang des 18. Jh. in die philosophische Terminologie eingeführte Lehnübersetzung des lateinischen conscientia (»Bewusstsein« im engeren Sinne und »Gewissen«). In seiner Grundbedeutung wird Bewusstsein verstanden als »Vorstellen von Gegenständen«. Je nachdem, wie diese Begriffsbestimmung akzentuiert wird, lassen sich weitere Bedeutungen unterscheiden. Legt man das Hauptaugenmerk auf das Vorstellungsvermögen, so lässt sich Bewusstsein verstehen als die dem Menschen eigene Form psychischer Präsenz, das Bewusstsein, das man hat, das klar oder getrübt sein kann und das sich auch verlieren lässt. Betont man den Gegenstandsbezug, so erscheint das Bewusstein unter dem Aspekt der Intentionalität (↑Intention) als »Bewusstsein von etwas«, gleichbedeutend mit »Wissen« – oder auf der Metastufe, unter dem Aspekt der ↑Reflexion, als ↑Selbstbewusstsein oder »Wissen des Wissens« (bzw. Vorstellens, Meinens, Wollens, Begehrens usw.).

Der neuzeitliche Bewusstseinsbegriff wurde in erster Linie durch DESCARTES geprägt, der ihn vom Gewissensbegriff löste und im Bewusstsein das den Menschen charakterisierende Wesensmerkmal erblickte, das einzige auch, das seinem radikalen Zweifel an allen Gegenständen des vermeintlichen Wissens standhielt und dessen Existenz er für unbezweifelbar hielt (↑Cogito, ergo sum). Damit wurde Bewusstsein Titel einer umfassenden Noologie (Lehre vom Geist) bzw. Psychologie und somit Oberbegriff v. a. zu Verstehen, Einbilden, Wollen, Fühlen oder Zweifeln.

LEIBNIZ nahm weitere begriffliche Festlegungen vor, indem er die ↑Perzeption als den »inneren Zustand der Monade, die die äußeren Dinge repräsentiert« (↑Monade), von der ↑Apperzeption unterschied, dem »Bewusstsein oder der reflexiven Kenntnis dieses inneren Zustandes«. JOHN LOCKE und DAVID HUME verstanden unter Bewusstsein das Wissen um unsere inneren Erlebnisse, das nach HUME niemals täuschen kann. Im Unterschied zu DESCARTES und LEIBNIZ verwarfen sie allerdings die Annahme, dass hinter dem Bewusstsein eine Seelensubstanz steht (substantia cogitans, lat. »denkende Substanz«): Das Ich ist nur ein »Bündel verschiedener Bewusstseinsinhalte, die sich mit unbegreiflicher Schnelligkeit folgen und beständig im Fluss und in Bewegung sind« (HUME).

KANT unterschied ein **empirisches Bewusstsein,** das der leibnizschen »Apperzeption« entspricht, von einem **transzendentalen Bewusstsein** (auch »ursprünglich-synthetische Apperzeption«, »Bewusstsein überhaupt«, »Selbstbewusstsein«). Damit das in der Anschauung gegebene Mannigfaltige in der Erkenntnis zur synthetischen Einheit verbunden werden kann, muss über die bewusste Begleitung aller Einzelvorstellungen (empirisches Bewusstsein) »die Identität des Bewusstseins in diesen Vorstellungen selbst« vorgestellt werden (transzendentales Bewusstsein). Daran anknüpfend wurde das transzendentale Bewusstsein, das aller Erfahrung vorhergeht, v. a. in der ↑Phänomenologie des 20. Jh. (EDMUND HUSSERL) zum obersten einheitsstiftenden Bezugspunkt sowohl für die Selbstkonstitution des Subjekts, die Konstitution von Objekten wie jeder möglichen Wirklichkeit überhaupt.

Bezeichnung: zum Zweck der Klassifikation konkreter Gegenstände meist synonym mit ↑Terminus gebrauchter Begriff, z. B. »Rechtecke mit vier gleich langen Seiten werden als Quadrate bezeichnet«. Im Gegensatz zu Benennungen (z. B. Eigennamen) haben Bezeichnungen keine Vertretungsfunktion für die entsprechenden Gegenstände.

Beziehung: ↑Relation.

Bild: Die platonische Ontologie und Metaphysik kennzeichnen die vergänglichen Dinge der Sinnenwelt als Abbilder, die an den ewigen Urbildern der Ideenwelt bloß teilhaben (↑Methexis), z. B. Sonne als Bild (↑Symbol) der höchsten Idee, der Idee des Guten.

Diesen Gedanken überhöhend, spielt in der christlichen Theologie der Bildbegriff im Zusammenhang mit der Lehre von der Gottebenbildlichkeit des Menschen als eines vernunftbegabten Wesens eine Rolle. AUGUSTINUS bestimmt das Bild durch zwei Merkmale:

- Ähnlichkeit zweier Dinge hinsichtlich ihrer Art oder eines untrüglichen Zeichens ihrer Art;
- Abhängigkeitsbeziehung zwischen zwei Dingen derart, dass das eine, das Bild, auf Nachahmung des anderen zurückgeht. Ein Ausnahmefall völliger Wesensgleichheit zwischen Bild und Abgebildetem liegt bei dem Heiligen Geist vor, der als Bild der ersten Person der Dreieinigkeit aufgefasst wird.

In erkenntnistheoretischen Bildtheorien bezeichnet »Bild« einen Wahrnehmungs- oder Vorstellungsinhalt auf der Grundlage der Subjekt-Objekt-Unterscheidung (↑Subjekt-Objekt-Problem). Wo die Subjekt-Objekt-Beziehung nicht als dialektisch (↑Dialektik) vermittelte gedacht wird, gilt entweder das Objekt als Urbild und die subjektive Wahrnehmung oder Vorstellung als dessen realistisches Abbild (↑Abbildtheorie). Oder das subjektive Bild der »produktiven Einbildungskraft« wird, wie im transzendentalen Idealismus KANTS, als nicht hintergehbare Erscheinung eines ↑Dings an sich verstan-

den, über das nicht mehr zu sagen ist, als dass es unsere Sinne affiziert.
In der Ästhetik verwendet man den Ausdruck »Bild« als Sammelbezeichnung für verschiedene Formen uneigentlicher Ausdrucksweise (sog. »Sprachbilder«, v. a. Vergleich, Metapher) und für die sinnliche Vergegenwärtigung von Allgemeinem (sog. »Sinnbilder«, v. a. Allegorie, Symbol).

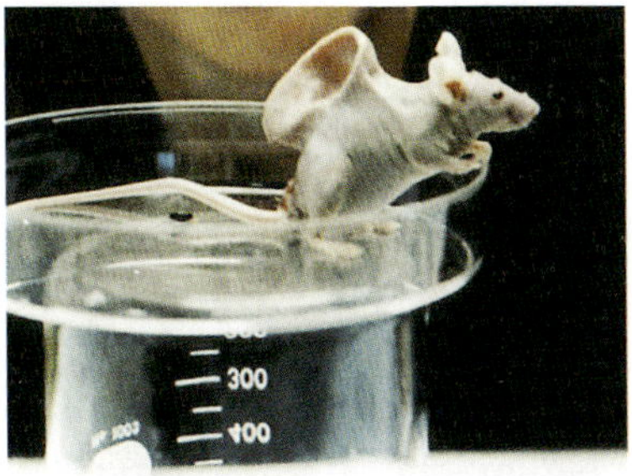

Bioethik: Besonders die Transplantationsmedizin und die Gentechnik beschäftigen die Bioethik. Diese Maus wurde als »Spendertier« gentechnisch so verändert, dass sich auf ihrem Rücken ein menschliches Ohr nachbildete.

Bioethik: Teilgebiet der angewandten Ethik, das sich mit Fragen zu Geburt, Leben und Tod v. a. im Hinblick auf neue Entwicklungen und Möglichkeiten der biologisch-medizinischen Forschung und Therapie befasst. Forschungsgebiete und Diskussionsthemen der Bioethik sind u. a. Gentechnologie (Klonieren), Sterbehilfe, Verteilungsgerechtigkeit angesichts knapper Ressourcen und damit zusammenhängende Umweltfragen.
Aufgrund der in breiten Kreisen der Öffentlichkeit geführten Diskussionen über biomedizinische Ethik-Konventionen (nationaler Ethikrat) hat sich die Bioethik zu einem interdisziplinären Fachgebiet entwickelt, das die verschiedenen philosophischen Strömungen aufeinander bezieht und dabei wirtschaftliche, gesellschaftliche, politische und kulturelle Voraussetzungen menschlicher Naturbeziehung berücksichtigt.

Biologismus: philosophische Haltung seit Ende des 19. Jh., deren Sicht der Wirklichkeit und des Menschen von einem auf organische Prozesse eingeschränkten Begriff des Lebens ausgeht. Die Spannweite reicht dabei von der Behauptung, alle Erkenntnis sei von erbbedingten Dispositionen abhängig, über FRIEDRICH NIETZSCHES »Lebensbejahung« bis hin zur Rassenideologie des Nationalsozialismus. Abzugrenzen ist der Biologismus von der ↑Lebensphilosophie, die keinen biologischen, sondern einen gesellschaftlichen und geschichtlichen Begriff von Leben hat.

Bivalenzprinzip [lat.]: Prinzip der Aussagenlogik, das besagt, dass jede ↑Aussage entweder wahr oder falsch sein muss.

Bloch, Ernst, Philosoph, *Ludwigshafen am Rhein 8. 7. 1885, †Tübingen 4. 8. 1977: Nach dem Studium der Philosophie, Musik und Physik in München und Würzburg promovierte sich BLOCH 1908 mit einer Arbeit zur Erkenntnistheorie. Er schloss Kontakte zu GEORG SIMMEL, dem Heidelberger Kreis um MAX WEBER und befreundete sich mit GEORG LUKÁCS; 1918 erschien sein Frühwerk »Geist der Utopie«. In den 1920er-Jahren, BLOCH lebte als freier Autor in Berlin, pflegte er Kontakt u. a. zu ADORNO, BENJAMIN und BERTOLT BRECHT. 1933 ging er erst ins europäische Exil (u. a. Wien, Paris, Prag), dann 1938 in die USA. 1949 nach Europa zurückgekehrt, wurde BLOCH Professor für Philosophie in Leipzig. Mit seinem Konzept eines undoktrinären, freiheitlichen Sozialismus geriet er zunehmend in die Kritik, 1957 wurde er zwangsemeritiert. 1961 kehrten BLOCH und seine Frau Karola nach einem BRD-Aufenthalt nicht mehr nach Leipzig zurück. BLOCH übernahm eine Gastprofessur in Tübingen,

1967 erhielt er den Friedenspreis des Deutschen Buchhandels.
Auf dem Boden des dialektischen Materialismus entwickelte BLOCH, anknüpfend an ARISTOTELES, HEGEL und die jüdisch-christliche Eschatologie, eine Philosophie der Hoffnung. Konkrete Utopien und menschliche Hoffnungen, wie sie sich in Tagträumen, Fantasien, aber auch in den Produktionen von Kunst, Philosophie und Religion äußern, beziehen sich nach BLOCH als Reflexion des je »Noch-nicht-Bewussten« auf das »Noch-nicht-Seiende«, die in der Welt verborgen und angedeutet (als »Vor-Schein«) liegenden Möglichkeiten zu einem besseren, humaneren Leben. Sie weisen damit auf die Möglichkeit des Menschen, bewusst planend und aktiv verändernd auf die Entwicklung von Natur, Mensch und Gesellschaft einzuwirken. Die Vollendung von Mensch und kosmischer Natur, die in einem dialektisch vorantreibenden Prozess erfolge, sieht BLOCH als Fernziel in der Beseitigung menschlicher Knechtung und Erniedrigung und der Aufhebung von Entfremdung, sowohl in der Gesellschaft als auch zwischen Mensch und Natur. In seine Philosophie hat BLOCH reiches Material aus der Kultur-, Religions- und Ideengeschichte eingearbeitet. Sein Hauptwerk »Das Prinzip Hoffnung« (geschrieben 1938-47) erschien zwischen 1954 und 1959 in drei Bänden.

Böse (das Böse): 1. der dem Guten entgegengesetzte Seinsbereich (das metaphysisch Böse); 2. ein ethischen Normen zuwiderlaufendes Denken und Handeln (das ethische bzw. moralische Böse).
Religionen versuchen auf vielfältige Art, den Gegensatz »gut – böse« zu erklären, meist durch die Annahme eines unversöhnlichen Gegensatzes (↑Dualismus) zwischen zwei gleich ursprünglichen Prinzipien des Guten und des Bösen. Judentum und Christentum lehren, dass das Böse durch Abfall des Urmenschen (sowie außermenschlicher personaler Geistwesen) von Gott in die Welt kam. Die Neuplatoniker erkennen den Ursprung des Bösen in der Welt in der Vergänglichkeit und der Unvollkommenheit des Irdischen als eines Gegenbildes zum unvergänglichen göttlichen Sein. ORIGENES, AUGUSTINUS u.a. verbinden diese Vorstellung mit der christlichen Lehre von der Schöpfung.
Für LEIBNIZ ist das Böse die notwendige Nichtgöttlichkeit der Welt (↑Theodizee). KANT rechnet mit dem »radikalen Bösen« im Menschen. Für HEGEL liegt das Böse in der Entzweiung und ist insofern notwendiges Durchgangsstadium des Weltprozesses. Nach FRIEDRICH NIETZSCHE dient die Kategorie des moralisch Bösen wie des Guten (entworfen von den Ohnmächtigen und Schlechtweggekommenen) der Beherrschung anderer Menschen. Die Verhaltensforschung (KONRAD LORENZ) erklärt das Böse als (reparable) Entartungserscheinung im Gefolge des Aggressionstriebs.

Brahmanismus [Sanskrit]: Bezeichnung für die Vorform des Hinduismus (etwa 600 v. Chr. bis 400 n. Chr.), charakterisiert durch eine zunehmend starre, ausschließlich am Opferwesen orientierte Ritualistik, ferner durch Kastensystem und Wiedergeburtslehre. Zur Erlösung aus dem Kreis der Wiedergeburten (samsāra) führt die Erkenntnis der Identität von Atman (das unvergänglich Geistige in jedem Menschen) und Brahman (der Welt-Atman, das allem Seienden zugrunde liegende Prinzip).

Buch der Natur: von AUGUSTINUS geprägte Metapher zur Bezeichnung der physikalischen Welt als einer »zweiten Schrift«, durch die sich Gott neben der Heiligen Schrift dem Menschen mitteilt. Berühmt wurde GALILEO GALILEIS Ausspruch, das »Buch der Natur« sei in mathematischen Zeichen geschrieben.

Buddhismus: eine Weltreligion, benannt nach dem Ehrentitel »Buddha« (Sanskrit »der Erwachte«, »der Erleuchtete«) ihres

Stifters und Ordensgründers SIDDHARTHA GAUTAMA (6. Jh. v. Chr.). Die Lehre BUDDHAS entstand in der Auseinandersetzung mit dem ↑Brahmanismus und den zeitgenössischen philosophischen Vorstellungen. Sie brach mit der Autorität der Weden, der heiligen Schriften Altindiens, übernahm jedoch die Wiedergeburtslehre und die qualitative Bestimmung jeder neuen Existenz durch Karma: Je nach gutem oder bösem Karma, das durch gute oder böse Taten angesammelt wird, kommt der Mensch nach seinem Tode in eine neue gute oder schlechte Existenz.

Die buddhistischen Lehrmeinungen teilen sich in zwei Hauptrichtungen: den Buddhismus des Hinajana (Sanskrit, Pali »kleines Fahrzeug«), der der ursprünglichen Lehre am nächsten steht, und des Mahajana (»großes Fahrzeug«), eine etwa zu Beginn unserer Zeitrechnung entstandene Weiterführung des Hinajana. Kernstücke des Buddhismus, die von allen Richtungen und Sekten anerkannt werden, sind die Lehre von den drei Merkmalen des Daseins und die »vier edlen Wahrheiten«. Die Lehre von den Merkmalen des Daseins enthält die Aussagen:

- Alles ist unbeständig (anicca);
- alles ist leiderfüllt (duhkha);
- alles, Einzelmensch wie Universum, entbehrt des Selbst (anattā).

Die dritte Aussage, die sog. Anattalehre, steht am deutlichsten im Widerspruch zu westlichem Denken. Angewandt auf den Menschen bedeutet sie, dass es sich bei den abendländischen Vorstellungen von Individuum und Persönlichkeit um fundamentale Täuschungen handelt und dass das Haften am »Ich« Ursache allen Leids ist.

Nach buddhistischer Auffassung setzt sich der Mensch aus fünf Gruppen von Daseinsfaktoren (skandhas) zusammen: Körperlichkeit, Empfindung, Wahrnehmung, Willenskräfte und Bewusstsein. Diese Faktoren sind leidbehaftet und dem Prozess von Werden und Vergehen unterworfen, also auch in ihrer Gesamtheit nicht imstande, eine Ich-Wesenheit zu konstituieren. Dem Ich kommt keine eigene Existenz zu; es ist nur ein Begriff, der die Vereinigung der Daseinsfaktoren bezeichnet.

Aus diesen drei Grundaussagen werden von den Buddhisten die »vier edlen Wahrheiten« abgeleitet:

1. Leid besteht (sinngemäß: Es gibt in der Welt keine dauerhafte Befriedigung).
2. Die Ursache des Leidens ist das Begehren des Menschen (BUDDHA betrachtete den Menschen als Verkörperung der Ichsucht und Lebensgier).
3. Es gibt eine Möglichkeit, dem Leiden ein Ende zu bereiten.
4. Der Weg zur Aufhebung des Leidens ist der edle achtfache Pfad: richtig erkennen, richtig gesinnt sein, richtig reden, richtig handeln, richtig Brot erwerben, sich richtig bemühen, richtig achtsam sein, sich richtig konzentrieren.

Diese acht Glieder werden üblicherweise in drei Gruppen eingeteilt: die Gruppe der Erkenntnis (Glieder 1 und 2), die Gruppe der Zucht (Glieder 3 bis 5) und die Gruppe der Meditation (Glieder 6 bis 8). Die Gruppe der Zucht ist in der buddhistischen Ethik noch weiter ausgeführt worden. Im Vordergrund stehen die Gebote der Gewaltlosigkeit (ahimsa), der mitleidigen Liebe (maitrī) und der Enthaltsamkeit, die weniger um des Nächsten willen als vielmehr um der eigenen Erlösung willen befolgt werden sollen. Wer die »vier edlen Wahrheiten« erkannt und den achtfachen Pfad beschritten hat, wird ein Heiliger (arhat) und kann bereits im Leben ↑Nirwana erreichen, die vollständige Gemütsruhe, die dem Erlöschen der Gier und der Befreiung vom Ich-Wahn folgt. Nach seinem Tod erreicht er Paranirwana, das endgültige Nirwana, und wird damit aus dem Kreislauf der Wiedergeburten (samsāra) erlöst.

Für den Buddhismus des Mahajana bildet nicht der sich selbst erlösende Heilige, sondern der Bodhisattwa das große Vorbild: ein Mensch, der aus Mitleid mit den anderen Lebewesen darauf verzichtet, selbst in das Nirwana einzugehen, und seine ganze Kraft daran setzt, anderen den Weg zur Erlösung zu weisen, ihre Leiden auf sich zu nehmen und aus dem Schatz seiner eigenen guten Werke ihr Karma günstiger zu gestalten. Die Gestalt des historischen SIDDHARTA GAUTAMA wird im Mahajana zu einem verehrungswürdigen göttlichen Wesen verklärt und in den Himmel entrückt, von wo er sich neben anderen Buddhas und Bodhisattwas den Irdischen helfend zuwenden kann.

In der deutschen Philosophie hat besonders ARTHUR SCHOPENHAUER die innere Verwandtschaft seiner Philosophie mit der buddhistischen Lehre hervorgehoben: Die endgültige Überwindung des Leidens erfordert, den Willen zum Leben durch Abtötung der Bedürfnisse in der Askese zur Ruhe zu bringen, wodurch der Eingang in das Nirwana, das bewusstseinslose Nichts, gelingt.

bürgerliche Gesellschaft: ein Grundbegriff der politischen Philosophie und Gesellschaftstheorie. ARISTOTELES bezeichnet als koinōnía politikḗ (griech. »bürgerliche Gesellschaft«) die Gesamtheit der Vollbürger (zu denen nicht Frauen, Kinder, Sklaven und vorübergehend Ansässige gehören), d. h. der Hausherren, die als Freie und Gleiche die Form der politischen Herrschaft in der Polis (griech. »Stadtstaat«) festlegen und darüber wachen, dass diese Herrschaft gemäß den geltenden Rechtsprinzipien ausgeübt wird. Polis und bürgerliche Gesellschaft bilden eine zweckbestimmte Einheit, ausgerichtet auf die Verwirklichung der Voraussetzungen eines guten, glücklichen Lebens.

Unter dem Einfluss der ↑Stoa und des Christentums setzte sich allmählich die Vorstellung von der Gleichheit aller Menschen vor Gott durch, in der die Naturrechtslehre der neuzeitlichen Theorien vom ↑Gesellschaftsvertrag gründet. Als Ergebnis eines Konsenses der im ↑Naturzustand freien und gleichberechtigten Individuen konstituiert er die politisch verfasste bürgerliche Gesellschaft. Während THOMAS HOBBES den Gesellschaftsvertrag als Unterwerfung konzipiert, damit er den im Naturzustand herrschenden »Krieg aller gegen alle« beende, kennzeichnet JOHN LOCKE die bürgerliche Gesellschaft durch das demokratische Prinzip der Volkssouveränität und die Freiheit der Bürger.

Erst in der Französischen Revolution fiel mit der Abschaffung der Standesunterschiede und -privilegien die Schranke, die der Verwirklichung der Menschenrechte als Staatsbürgerrechte faktisch entgegenstand. Zugleich zeigte sich, dass die begriffliche Einheit von Staat und bürgerlicher Gesellschaft nicht länger aufrechtzuerhalten war, da sich Staat, Wirtschaft, Öffentlichkeit und Privatsphäre als relativ selbstständige gesellschaftliche Teilbereiche ausdifferenzierten. HEGEL stellt deshalb der politischen Sphäre des Staates die ökonomisch und privatrechtlich bestimmte Sphäre der bürgerlichen Gesellschaft (Privateigentümer von Produktionsmitteln, Waren, Arbeitskraft usw. mit ihren jeweiligen Privatinteressen) gegenüber. (Dieser Unterscheidung entspricht im Französischen diejenige zwischen citoyen [»Staatsbürger«] und bourgeois [»Besitzbürger«].) HEGEL hatte schon die inneren Widersprüche dieser über das Eigentumsprinzip konstituierten bürgerlichen Gesellschaft angedeutet, wie sie sich in der Entstehung des »Pöbels« durch das »Herabsinken einer großen Masse unter das Maß einer gewissen Subsistenzweise« äußert.

Vor dem Hintergrund der sozialen Konflikte des 19. Jh. wird der Ausdruck »bürgerliche Gesellschaft« bei KARL MARX und marxistischen Theoretikern dann zum Synonym für »Klassengesellschaft« und als eine historische Entwicklungsstufe aufgefasst, die durch Revolution in der klassenlosen Gesellschaft aufgehoben werden muss bzw. wird. Die moderne Dienstleistungsgesellschaft betont gegenüber dem überkommenen Autonomieanspruch des Bürgers wieder stärker einen verwaltungspolitisch leitenden Aspekt.

C

Camus [ka'my], Albert, französischer Schriftsteller und Philosoph, *Mondovi (heute Deraan, Algerien) 7. 11. 1913, † Villeblevin (Dép. Yonne) 4. 1. 1960: Nach dem Philosophiestudium in Algier arbeitete CAMUS als Journalist und Theaterautor. 1940 ging er nach Paris und wurde Mitbegründer der Zeitung »Combat«, die nach der Besetzung durch die Deutschen als Organ der Résistance erschien. In Auseinandersetzung mit dem Werk JEAN-PAUL SARTRES, den er 1944 kennengelernt hatte, entwickelte CAMUS innerhalb weniger Jahre seine spezifische Ausprägung des französischen Existenzialismus. 1957 erhielt er den Nobelpreis für Literatur. 1960 starb CAMUS bei einem Autounfall.
Da CAMUS' Denken sich v. a. in Bildern entfaltet, ergibt sich eine enge Verflechtung von literarischem und philosophischem Werk. Als CAMUS 1942 erstmals seinen Entwurf des Absurden (↑absurd) präsentiert, liefert der Essay »Le mythe de Sisyphe« (»Der Mythos von Sisyphos«) den Begriff und der Roman »L'étranger« (»Der Fremde«) das entsprechende Gefühl. CAMUS' philosophische Kritik gründet in der Erfahrung einer absurden, sinnentleerten Welt, in der weder der Selbstmord noch das Ausweichen in ideologische oder metaphysische Bindungen (z. B. den Glauben an Gott) eine Überwindung der existenziellen Situation des Menschen bedeutet. Der hohe moralische Anspruch von CAMUS' zeigt sich v. a. in dem 1951 erschienenen philosophischen Hauptwerk »L'homme révolté« (»Der Mensch in der Revolte«). Aus der Spannung zwischen der Absurdität des Daseins und dem Verlangen nach Sinnerfüllung entwickelt sich bei CAMUS die Revolte. Die Revolte gegen die Absurdität des Lebens und das Annehmen dieser Absurdität bedeuten zugleich die Überwindung des Absurden. Sie macht die Selbsterkenntnis und Selbstverwirklichung des Menschen erst möglich. Diese Sicht der Revolte führte den Bruch mit SARTRE herbei, der in seiner existenzialistischen Weltanschauung die Revolte als Revolution im Sinne des Marxismus auffasste.

Camus: Der Philosoph und Schriftsteller Albert Camus führte lange Zeit ein unstetes Leben zwischen Frankreich und Algerien.

Causa [lat. »Grund«, »Ursache«]: scholastische Übersetzung für das griechische Wort ↑Arche. Dabei wird »Causa« zumeist im Sinn von Seinsursache, nicht von Erkenntnisursache gebraucht. Jedes endliche Seiende, sei es von Natur aus oder sei es von Menschen hergestellt, hat gemäß scholastischer Lehre fünf Ursachen seines Seins:

1. die Causa materialis (Materialursache), z. B. das Holz, aus dem ein konkreter Tisch besteht;
2. die Causa formalis (Formalursache, ↑Form/Materie), z. B. dass der Tisch so

geformt ist, dass er eine Platte und vier Beine hat;

3. die Causa efficiens (Wirkursache), z. B. der Schreiner, der den Tisch hergestellt hat;
4. die Causa finalis (Zweckursache, ↑Finalität, ↑Zweck), z. B. dass eine Familie daran sitzen soll, um zu essen;
5. die Causa exemplaris (Urbild, ↑Idee), z. B. der Entwurf, nach dem der Schreiner gearbeitet hat.

Chaos: Der amerikanische Mathematiker Benoit Mandelbrot zählt zu den Wegbereitern der Chaostheorie. Seine als »Apfelmännchen« bezeichneten Fraktale geben das Prinzip der Selbstähnlichkeit komplexer Strukturen wieder. So zeigt die Vergrößerung eines Ausschnitts immer wieder die gleichen, wiederkehrenden Strukturmerkmale.

Weitreichende Konsequenzen für die Ontologie und Metaphysik ergaben sich daraus, dass die Scholastik zwar die ersten beiden Ursachen als **Causae internae** (»innere«), im konkreten Seienden selbst liegende Ursachen ansah, die übrigen aber als **Causae externae** (»äußere«), d. h. als solche Ursachen, die stets – auch bei jedem von Natur aus Seienden – außerhalb des je konkreten Seienden liegen. Dadurch war für das Seiende insgesamt eine erste, absolute (↑absolut/relativ) Wirkursache und eine letzte, absolute Zweckursache zu denken (↑ab alio/a se, ↑Gottesbeweise). Auch bestand die Denknotwendigkeit, für jedes von Natur aus Seiende eine nächste Zweckursache anzunehmen, seine Existenz und seine Geschichte einem unmittelbaren Zweck zuzuordnen. Daraus folgte für die aristotelisch beeinflusste Scholastik eine strikt teleologische Naturerklärung (↑Teleologie), deren Vorherrschaft erst durch das Entstehen der neuzeitlichen naturwissenschaftlichen Methode seit GALILEO GALILEI gebrochen wurde.

Certismus [lat.]: ↑Fundamentalismus.

Chaos [griech. »klaffende, gähnende Leere«]: in der Alltagsrede ein Zustand der Unordnung, eines regellosen Durcheinanders. In mythischen ↑Kosmogonien wird ein unterschiedsloser Urzustand der Welt Chaos genannt, aus dem sich allmählich oder plötzlich, spontan oder durch die Tat eines Schöpfers der geordnete ↑Kosmos bildet. Bei HESIOD heißt Chaos der gähnende Abgrund, der sich am Anfang des Weltwerdens zwischen Himmel und Erde auftut. In Anknüpfung an PLATON und ARISTOTELES bestreiten die christlichen Denker des Mittelalters (z. B. ALBERTUS MAGNUS, THOMAS VON AQUIN) die reale Existenz einer formlosen Materie vor der Schöpfung. Sie verstehen unter Chaos den leeren Raum, in dem die Schöpfung aus dem Nichts (↑Creatio ex nihilo) stattfand.

In der politischen Philosophie kennzeichnet THOMAS HOBBES den ↑Naturzustand des »Krieges aller gegen alle« als gesellschaftliches Chaos. In politischen Zusammenhängen wird – v. a. seit dem 17. Jh. – »Chaos« häufig durch ↑»Anarchie« ersetzt. Dies gibt, nachdem der Anarchismus im 19. Jh. sein

»Ideal der Anarchie« als einer herrschafts- und staatsfreien Gesellschaftsordnung entwickelte, immer wieder Anlass zur Begriffsverwirrung.

In der Physik wird als Chaos (auch »Wärme-« oder »Kältetod«) der Zustand höchster Entropie oder Unordnung bezeichnet, in den ein geschlossenes System eintritt, wenn die darin ablaufenden Prozesse alle verfügbare Energie unumkehrbar in Wärme verwandelt haben (zweiter Hauptsatz der Thermodynamik). Die moderne **Chaosforschung** untersucht auf breiter interdisziplinärer Ebene, wie aus minimalen Veränderungen der Anfangsbedingungen große Prozessverläufe entstehen können (»Schmetterlingseffekt«).

chinesische Philosophie: Hauptthema der chinesischen Philosophie ist der Mensch, seine Lebensweise, die Ausbildung seiner Persönlichkeit, sein Verhältnis zum Staat, zu seinen Mitmenschen und zur kosmischen Ordnung. Ansätze zur Sprach- und Erkenntnistheorie bleiben fragmentarisch; auch metaphysische Fragen werden nur selten und dann meist nur am Rande behandelt. Kennzeichnend für den Stil der chinesischen Philosophie ist ihre Vorliebe für den Aphorismus und die Anekdote anstelle längerer systematischer Abhandlungen.

Dem chinesischen Denken liegt ein begriffliches Fundament zugrunde, das in allen Volksschichten bekannt war und als Raster diente, in den alles Geschehene, Erlebte und Gedachte eingeordnet werden musste, um fassbar zu werden: Das Dao (auch Tao) – der »rechte Weg«, von manchen Schulen auch als Urgrund allen Seins aufgefasst – bildet die Einheit des menschlichen und natürlichen Universums. Es manifestiert sich durch das De (Te) – die Eigengesetzlichkeit, die ordnende sittliche Kraft, die Tugend – in allen Menschen und Dingen. Das Dao bringt aus sich das Yin – das Weibliche, Dunkle, Passive – und das Yang – das Männliche, Aktive, Helle – hervor, die sich in allen Dingen befinden, sich gegenseitig ergänzen und zugleich einander bekämpfen (↑Yin und Yang).

Jeder Bewegung und allem Leben liegt eine zwar materiell gedachte, aber unsichtbare Kraft zugrunde, das Tschi (Chi). Mittels der »Fünf Elemente« (Wasser, Feuer, Holz, Metall, Erde) lässt das Tschi durch Zusammenballung (als Yin-Tschi) bzw. Auflösung (als Yang-Tschi) alle Dinge, Menschen, Dynastien und Staaten entstehen und vergehen. Der Weise (auch der weise Herrscher), als Brückenglied zwischen Himmel, Erde und Menschheit, beeinflusst mithilfe seines De Mensch und Natur im Sinne des Dau, des rechten Weges.

Die Geschichte der chinesischen Philosophie lässt sich in vier Epochen untergliedern:

1. Das Altertum (etwa 600–200 v. Chr.) ist durch die Auseinandersetzungen der »Hundert Schulen«, u. a. des ↑Taoismus und des ↑Konfuzianismus, gekennzeichnet, die fast alle vornehmlich mit anthropologischen und ethnischen Fragen befasst sind.
2. In der folgenden Epoche (200 v. Chr. bis 960 n. Chr.) gelingt es dem Konfuzianismus, sich gegen alle anderen Schulen durchzusetzen, insbesondere gegen den Taoismus und den im 1. Jh. n. Chr. auch in China sich verbreitenden ↑Buddhismus.
3. In der 3. Periode (960–1911) greift er auf die Kerngedanken der alten konfuzianischen Schule zurück, ergänzt sie durch neutaoistisch-buddhistische und bildet so das System des Neukonfuzianismus.
4. Seit 1912 setzt sich China in steigendem Maße dem Einfluss des Abendlandes aus. Der Neukonfuzianismus geriet nach 1949 (Gründung der Volksrepublik China) und zumal während der Kulturrevolution (1965–69) in Konflikt mit der marxis-

tisch-leninistisch-maoistischen Lehre. Seit 1976 (Tod MAO ZEDONGS) ist eine neue philosophisch-religiöse Toleranz zu erkennen, wenn auch nach wie vor bestimmt von staatlicher Kontrolle und Zensur.

Chorismos [griech. »Trennung«]: auf ARISTOTELES zurückgehender Begriff, der das Verhältnis zwischen ↑Ideen und Realität in PLATONS Philosophie zuspitzt, wonach die Ideen als das eigentliche, vollkommene, wirkliche Seiende völlig abgetrennt und nur jenseits der sinnlich wahrnehmbaren Einzeldinge existieren sollen.

christliche Philosophie: in weiterer Bedeutung die Philosophie, deren Gehalt durch die christliche Offenbarung und die Auseinandersetzung mit ihr geprägt ist. Im frühen Christentum, z.B. bei AUGUSTINUS, ist sie noch gleichbedeutend mit christlicher Religion. Erst seit THOMAS VON AQUIN (13. Jh.) lässt sich von einer christlichen Philosophie im eigentlichen Sinne sprechen, indem der aristotelische Gedanke von Gott als höchstem Sein umgedeutet wird zum christlichen Schöpfergott und zur Heilsgeschichte. Das Ziel (↑Entelechie) des Menschen ist nun die Rückkehr zu Gott, die durch JESUS CHRISTUS ermöglicht wird. Auch die mittelalterliche christliche Mystik (ECKHART) wird ihr zugerechnet.

Im deutschen Idealismus wird v. a. das Evangelium des Johannes zur Quelle philosophischen Denkens. So macht es JOHANN GOTTLIEB FICHTE zur Grundlage seiner Religionslehre in den »Anweisungen zum seligen Leben« (1806). FRIEDRICH VON SCHELLING sieht in seiner »Freiheitsschrift« (1809) in JESUS CHRISTUS die wiederhergestellte Einheit von Einzelwille (Mensch) und Universalwille (Gott); dadurch beginnt eine neue Geschichte, an deren Ende der Mensch wieder mit Gott identisch wird und das Christusgeschehen sich in der Geschichte des absoluten Geistes »offenbart«.

Für FRIEDRICH NIETZSCHE ist das christliche Denken ein Hauptgegner, da es den Menschen zu einer »Herdenmoral« erzieht. MARTIN HEIDEGGER sieht im christlichen Denken des Schöpfergottes die Verfestigung der Metaphysik, da der Gott als das Sicherste gedacht ist, wodurch er seiner »Göttlichkeit« beraubt wird. Er interpretiert unsere Epoche als Zeit des »Fehls Gottes«.

Circulus vitiosus [lat. »fehlerhafter Kreis«] **(Zirkelbeweis):** ein Beweisfehler, bei dem die zu beweisende Behauptung (eventuell in versteckter Form) zu ihrem eigenen Beweis herangezogen wird, z. B.: Man beweist die Aussage »*ABC* ist ein gleichseitiges Dreieck«, indem man an irgendeiner Stelle die Aussage »*ABC* ist gleichseitig« benutzt. Von einer **Zirkeldefinition** spricht man, wenn bei einer ↑Definition gleichzeitig das zu Definierende in Anspruch genommen wird, z. B. »Mathematik ist die Wissenschaft von den mathematischen Relationen«.

Cogito, ergo sum [lat. »ich denke, also bin ich«]: als Fundament aller Erkenntnis wichtigster Satz der (theoretischen) Philosophie DESCARTES'.

Radikaler Zweifel an allem war der Ausgangspunkt dieser Philosophie, die im Wesentlichen zwei Ziele anstrebte: die systematische Neugestaltung des gesamten menschlichen Wissens ohne Rückgriff auf Tradition sowie die Prüfung der Erkenntnisfähigkeit des menschlichen Intellekts. Zwei Erfahrungen leiteten dabei DESCARTES:

- die Enttäuschung darüber, dass fast alles Wissen unter Berufung auf Autoritäten (Philosophen, Kirchenväter oder Gottes offenbartes Wort in der Bibel) abgesichert, begründet wurde. Man lernte also im Wesentlichen zu glauben, nicht zu wissen. Wer sich aber damit nicht begnügen wollte oder konnte, musste zweifeln, und zwar an allem, was auf diese Weise tradiert wurde. Dieser Zweifel führte DESCARTES

Cogito, ergo sum

In seiner »Abhandlung über die Methode« schreibt René Descartes:

»Da ich wünschte, mich allein der Erforschung der Wahrheit zu widmen, so hielt ich es für notwendig, (...) als unbedingt falsch all das zurückzuweisen, woran ich nur im mindesten zweifeln konnte. (...) Weil nun unsere Sinne uns bisweilen täuschen, so wollte ich annehmen, dass es kein Ding gibt, das so ist, wie wir es auf Grund ihrer uns vorstellen. Da es ferner Menschen gibt, die sich beim Schließen täuschen (...) wies ich (...) all die Gründe als falsch zurück, die ich früher als beweisend angesehen hatte. Erwog ich schließlich, dass dieselben Gedanken, die wir wachend haben, uns auch während des Schlafes kommen können (...), fasste ich demgemäß den Entschluss, zu fingieren, dass alle Dinge, die je in meinen Geist gelangt waren, nicht wahrer sein könnten als die Trugbilder meiner Träume.
Sogleich darauf bemerkte ich jedoch, dass, während ich so denken wollte, dass alles falsch sei, es notwendig erforderlich war, dass ich, der es dachte, etwas sei. Da ich mir nun darüber klar wurde, dass diese Wahrheit »ich denke, also bin ich« so fest und so sicher war, dass selbst die überspanntesten Annahmen der Skeptiker nicht imstande waren, sie zu erschüttern, so urteilte ich, dass ich sie unbedenklich als erstes Prinzip der von mit gesuchten Philosophie annehmen könnte.«

zu der Frage, ob es überhaupt etwas gebe, das ich aus mir selbst heraus wissen kann, ohne Rückgriff auf Autoritäten;

- die (alltägliche) Erfahrung, dass auf die Leistungen der Sinne durchaus nicht immer Verlass ist (Menschen täuschen sich beim Sehen, sie verhören sich).

DESCARTES zog daraus die radikale, aber beunruhigende Konsequenz: Nichts, was mir in irgendeiner Weise durch meine Sinne vermittelt ist, ist hinlänglich gewiss, d.h., ich muss nicht nur an Autoritäten, sondern zutiefst auch an mir selbst, an meiner eigenen Erkenntnisfähigkeit, zweifeln.

DESCARTES' methodische Prüfung aller ihm bekannten Wissensinhalte ergab, dass nichts seiner Forderung nach ↑Gewissheit genügen konnte, und führte ihn letztlich zu der Einsicht: Der einzige Inhalt, den ich nicht weiter bezweifeln kann, ist die Tatsache, dass ich zweifle, dass ich denke; denn Zweifeln ist eine Form des Denkens. Im Denken und solange ich denke, erfahre ich die Gewissheit meiner eigenen Existenz; an meinem Dasein als Denkender kann ich nicht weiter zweifeln, also: Cogito, ergo sum. Dabei sollte man »Cogito, ergo sum« nicht als logischen Schluss interpretieren, sondern vielmehr die beiden zentralen Elemente »cogito« und »sum« als gleichberechtigte Wahrheiten einstufen (»es gibt etwas, und dieses etwas denkt gerade«), deren Identität in einem Akt unmittelbarer ↑Intuition »klar und deutlich« erlebt, geschaut wird, aber begrifflich nicht mehr fassbar ist. Alles, was ebenso ↑klar und deutlich erkannt werden kann wie die bewusste Identität von Denken und Dasein, von *Bewusstsein* und bewusst *sein,* wird von DESCARTES dann bei seiner Rekonstruktion des (zunächst mit radikalem Zweifel belegten) Wissens als »wahr« akzeptiert. Die Möglichkeit inhaltlicher Ableitungen aus der obersten Gewissheit des »cogito« stellt ein zentrales, viel diskutiertes Problem der kartesischen Philosophie dar.

Coincidentia Oppositorum [lat. »das Ineinanderfallen der Entgegensetzungen«]: Grundbegriff der Philosophie des NIKOLAUS VON KUES. Ihr zufolge ist menschliches Erkennen außerordentlich begrenzt. Es geschieht in fortlaufendem Vergleichen und Messen und gelangt so zu immer weiteren Entgegensetzungen, z. B. »das Größte und das Kleinste«, »der Kreis und die Gerade«. Es gelangt aber nicht zur Erkenntnis der absoluten Wahrheit, weil diese das »Ineinanderfallen der Entgegensetzungen« sein muss. Denn wenn man »das Größte« absolut denkt, fällt es mit »dem Kleinsten«, seiner »Entgegensetzung«, ineinander, da das absolut Größte nichts außerhalb seiner haben kann. Etwa wenn man den Kreis mit einem unendlichen Durchmesser denkt, so fällt er mit der Gerade, seiner »Entgegensetzung«, ineinander. Da solches »Ineinanderfallen der Entgegensetzungen« für die menschliche Vernunft unbegreiflich ist, kann sie nur zur ↑Docta ignorantia als ihrer äußersten Leistung gelangen, die die absolute Wahrheit als das von ihr ganz und gar unterschiedene Unbegreifbare ahnt.

Die Lehre von der Coincidentia Oppositorum des NIKOLAUS VON KUES regte den Vorreformator GIORDANO BRUNO zu seinem – bei NIKOLAUS VON KUES nicht vorhandenen – Pantheismus und FRIEDRICH VON SCHELLING zu seiner Identitätsphilosophie an.

Common Sense ['kɔmən sɛns; engl. »allgemeiner Sinn«, »Gemeinsinn«] **(gesunder Menschenverstand):** Grundbegriff der realistischen Erkenntnistheorie. Der Common Sense (lat. sensus communis) wurde bereits im mittelalterlichen Universalienstreit v. a. von englischen Autoren zur Unterstützung der realistischen Position herangezogen. Zur Klärung erkenntnistheoretischer Fragen soll ausgegangen werden von der vorwissenschaftlichen, unverfälschten Erfahrung des »Mannes auf der Straße«, dem, was einem der gesunde Menschenverstand sagt. Was dieser als unproblematisch akzeptiert, sollte auch von den Philosophen anerkannt werden, z. B. Sätze wie: »Es gibt Dinge und andere Menschen außerhalb meines Bewusstseins.« Der Appell an den Common Sense ist im angelsächsischen Raum, sprachphilosophisch gewendet als »Ordinary Language Philosophy« (↑analytische Philosophie), nach wie vor einflussreich.

Comte [kɔ̃t], Auguste, französischer Philosoph und Soziologe, *Montpellier 19. 1. 1798, †Paris 5. 9. 1857: COMTE studierte 1814–16 an der Pariser École Polytechnique, von der er wegen Anführung eines Studentenaufruhrs verwiesen wurde. 1817–24 war er Schüler und Sekretär des französischen Sozialphilosophen und Frühsozialisten CLAUDE HENRI DE SAINT-SIMON, der ihn maßgeblich beeinflusste, wenngleich es wegen unterschiedlicher wissenschaftstheoretischer Positionen zum Bruch kam. COMTE wurde mit seinem umfangreichen Hauptwerk »Cours de philosophie positive« (1830–42) zum Hauptbegründer des ↑Positivismus und der Soziologie, und prägte das moderne Verständnis der Natur- und Sozialwissenschaften mit.

COMTE lehnte mit der Metaphysik alle Ideen eines Absoluten ab und grenzte die menschliche Erkenntnismöglichkeit auf das Erfahrbare bzw. Beobachtbare ein (↑Empirismus). Seiner Wissenschaftstheorie zufolge haben die Wissenschaften Tatsachen und ihre Beziehungen zu beschreiben. Hypothesen erklären nicht die Ursachen von Erscheinungen, sondern behaupten nur die Regelmäßigkeit ihres Auftretens oder Zusammenhangs. Experimente dienen dazu, die Hypothesen empirisch zu überprüfen. Die Wissenschaften zielen darauf, rationale Voraussagen und letzten Endes ein wohlgeordnetes soziales Leben zu ermöglichen.

COMTES Erkenntnisinteresse galt der Struktur und Funktion des Wissens in der Gesellschaft. Eine zentrale Rolle spielt dabei das Dreistadiengesetz. Ihm zufolge durchläuft das menschliche Wissen in seiner Entwicklungsgeschichte notwendig drei theoretische Stadien: das theologische oder fiktive Stadium, in dem alle Erscheinungen durch übernatürliche Mächte erklärt werden, das metaphysische oder abstrakte Stadium, in dem diese durch natürliche Kräfte oder logische Prinzipien ersetzt werden, und das wissenschaftliche oder positive Stadium, in dem die Erscheinungen nach den durch die »positive Philosophie« begründeten Gesetzen beschrieben werden.

Auf der positivistischen Soziologie gründete COMTE eine der neuen industriellen Gesellschaft entsprechende positive Religion mit sozialem Charakter, deren Verbreitung dazu beitragen sollte, die Kluft zwischen den Klassen und deren Ideologien zu überwinden.

Conclusio [lat.]: ↑Folgerung.

Conditio sine qua non [lat. »Bedingung, ohne die nicht«]: traditionelle Bezeichnung für notwendige ↑Bedingung. Vor allem in der Mathemathik ist es gebräuchlich, die Aussage B in $A \rightarrow B$ als notwendige Bedingung zu bezeichnen, z.B. in den äquivalenten Formulierungen: »Wenn eine Zahl durch 4 teilbar ist, dann ist sie auch durch 2 teilbar« und »Wenn eine Zahl nicht durch 2 teilbar ist, dann ist sie sicher auch nicht durch 4 teilbar«. Eine Bedingung heißt demnach notwendig und hinreichend, wenn sowohl $A \rightarrow B$ als auch $B \rightarrow A$ und somit $A \leftrightarrow B$ gilt.

Consequens [lat. »folgend«]: Bezeichnung der traditionellen Logik für den Schlusssatz eines Syllogismus (im Gegensatz zu den beiden Obersätzen, den Prämissen). Lauten die Prämissen z.B.: »Alle Menschen sind sterblich.« und »Sokrates ist ein Mensch.«, so ergibt sich die Consequens: »Sokrates ist sterblich.«

Contradictio [lat.]: allgemein ↑Widerspruch. Als **Contradictio in adjecto** (lat. »Widerspruch in der Beifügung«) bezeichnet man die Zusammenfügung zweier ↑konträrer Termini, z.B. »eckiger Kreis« oder »schwarzer Schimmel«.

Creatio ex nihilo [lat. »Schöpfung aus dem Nichts«]: ein in der frühchristlichen Theologie entstandener Begriff, der besagt, dass die ↑Schöpfung der Welt als Werk des (aus der jüdischen Theologie übernommenen) Schöpfergottes absolut voraussetzungslos ist. Er hängt somit eng zusammen mit den Attributen der absoluten Freiheit und Allmacht, die den christlichen Begriff von ↑Gott konstituieren. Die Rede von Creatio ex nihilo artikuliert eine Position gegen bestimmte Strömungen der griechischen ↑Naturphilosophie: gegen die PLATONS, die zwar auch den Begriff der Schöpfung kennt, aber so, dass diese einen Übergang aus ungewordenem, ewigem und ungeordnetem Stoff (↑Chaos) in den geordneten Kosmos darstellt; v.a. auch gegen MELISSOS' Aussage, dass Seiendes nur aus Seiendem entstehen könne. Auch die beiden alttestamentlichen Schöpfungsberichte (1. Mose 1,1–2,4 und 2,4 ff.) setzen einen vorweltlichen ungeordneten Stoff voraus. Dies entspricht einer Grundstruktur weltweit auffindbarer mythischer ↑Kosmogonie, gegenüber der die neutestamentliche Creatio ex nihilo sich als einmalige Ausnahme präsentiert.

In Philosophien, die den Begriff der Ewigkeit als Zeitlosigkeit gegen den der »unendlich sich erstreckenden Zeit« unterscheiden (AUGUSTINUS, PLOTIN, ECKHART, FRIEDRICH VON SCHELLING, HEGEL), besteht zwischen dem Begriff der Ewigkeit eines weltkonstituierenden Akts (und damit der Welt insgesamt) einerseits und der Einmaligkeit, Nichtbedingtheit und Voraussetzungslosigkeit eines solchen Akts (was in dem Ausdruck »aus dem Nichts« impliziert ist) andererseits kein Widerspruch.

Credo, ut intelligam [lat. »ich glaube, damit ich einsehen kann«]: Formel für das Verhältnis von Glauben und argumentativem

C

Erkennen, die ANSELM VON CANTERBURY im Anschluss an AUGUSTINUS geprägt hat und die für das Verhältnis von Glaubenstheologie und Philosophie kennzeichnend ist, soweit diese im Mittelalter augustinisch und platonisch beeinflusst sind.
Nach ANSELM gibt es drei Ebenen von Wahrheit: die ewige Wahrheit der Ideen in Gott; die Wahrheit der Dinge, insofern diese aus den göttlichen Ideen hervorgegangen sind; die Wahrheit menschlichen Erkennens, insofern diese begrifflich das erfasst, was wirklich ist. Nun hat sich aber die ewige Wahrheit Gottes in der Heiligen Schrift offenbart. Seitdem kann sich sinnvollerweise menschliches Erkennen fundamental nur als Aufnehmen eben dieser geoffenbarten göttlichen Wahrheit vollziehen, also als Glauben. Trotzdem prägt ANSELM die Formel »fides quaerens intellectum« (lat. »Glaube, der Vernunft sucht«). Der Vernunft kommt dabei die Aufgabe zu, sich selbst die bereits geglaubten Glaubensinhalte durch rationale Argumentationen einsichtig zu machen. Bei ANSELM gibt es für diese dem Glauben folgende argumentative Vernunfterkenntnis keine Grenze: Auch den Glaubensinhalt »Dreifaltigkeit Gottes« vertritt ANSELM noch argumentativ im Unterschied zu THOMAS VON AQUIN, der ihn allein dem Glauben zuweist.
Allerdings kommt es der Vernunft nicht zu, Inhalte der christlichen Lehre überhaupt erst zu begründen oder gar kritisch zu untersuchen. Erkennen ist also gemäß ANSELM fundamental ein Widerfahrnis für das Subjekt, aufgrund dessen dann allerdings grenzenlose argumentative Handlungen des Subjekts sinnvoll werden. Ein Beispiel für die Auswirkungen des Grundsatzes »Credo, ut intelligam« ist der sog. ontologische ↑Gottesbeweis des ANSELM. Er ist die Argumentation, in der die Vernunft aufgrund ihrer Glaubenserfahrung sich selbst ihren Glauben an Gott einsichtig macht.

D

Dasein: seit der deutschsprachigen Aufklärung Übersetzung für lateinisch existentia (↑Existenz). Heute steht der Begriff v. a. in der Philosophie MARTIN HEIDEGGERS für die Seinsweise des Menschen.
Dasein war für die rationalistisch orientierten Philosophen des 18. Jh. (↑Rationalismus) kein Gegenstand des Nachdenkens. Denn Philosophie ist gemäß einer Definition von CHRISTIAN WOLFF »die Wissenschaft von dem Möglichen, insofern es sein kann«: Man denkt über das – als ↑klar und deutlich zu erkennende – Wesen der Dinge (z. B. des Menschen) nach, aber nicht über ihr Dasein. Denn das Dasein eines Dinges (wie auch des Menschen) ist nur das Verwirklichtsein seiner Wesenheit (↑Akt/Potenz), das zufällig eingetreten ist, weil äußere Ursachen (↑Causa) es bewirkt haben (z. B. Zeugungsakt der Eltern). In rationalistischer Deutung ist das Dasein eines Dinges der nicht vorhersehbare und unvollständige Sonderfall seines allgemeinbegrifflichen, ewigen Wesens und seiner Möglichkeiten. »Die entsetzliche Kluft« (MOSES MENDELSSOHN) zwischen dem gedachten Wesen und seinem Dasein wird also als eine Befremdlichkeit gedeutet, die nicht gegen das begrifflich verfügende Denken, sondern gegen das Dasein spricht. Dementsprechend befasst sich rationalistisches Philosophieren nur mit dem »Möglichen, insoweit es sein kann«.
Dieses rationalistische »Vergessen« des Daseins kritisierte ab dem ausgehenden 19. Jh. zunehmend die ↑Existenzphilosophie. Vor diesem Hintergrund benennt HEIDEGGER dann entgegen der neuzeitlichen (rationalistischen) Sicht des Menschen als Subjekt mit dem Begriff Dasein die nach ihm grundlegende »Seinsweise« des Menschen. Dasein bedeutet hier nicht Existenz im Sinne von Wirklichkeit, sondern die zugrunde lie-

Dasein: Die Existenzphilosophie thematisiert Dasein als menschliches »Dasein in der Welt«.

gende Weise, wie der Mensch »sein Sein vollzieht«, durch die eine für HEIDEGGER sekundäre und verfehlte Interpretation des Wesens des Menschen in der traditionellen Unterscheidung von Existenz und Essenz (d.h. Wesen) erst ermöglicht ist.

Das »Da-« des Daseins nennt die grundsätzliche Offenheit bzw. »Erschlossenheit« von Sein, in die der Mensch in seinem ↑In-der-Welt-Sein immer schon geworfen ist. Aus dieser ↑Geworfenheit vollzieht der Mensch als Dasein seinen ↑Entwurf, d.h. in einem umfassenden Sinne jeglichen Bezug zu sich und seiner Umwelt. Dasein versteht HEIDEGGER demnach als radikale Neufassung des Wesens des Menschen, das Subjekt hingegen als sekundäres Phänomen, das aus dem Dasein ableitbar ist, als Ausgangspunkt genommen jedoch gerade die Dimension des Daseins verschließt.

Deduktion [zu lat. deducere »herabführen«]: Gewinnung einer neuen Aussage aus anderen Aussagen mittels logischen Schließens (↑Schluss); symbolisch $A_1, \ldots, A_n \Rightarrow A$. Sind $A_1, \ldots, A_n$ alle wahr, so ist auch A wahr. Dann spricht man von einem deduktiven ↑Beweis. Deduziert werden kann aber auch aus Aussagen, über deren Wahrheit nichts bekannt ist. Dies ist für die Erfahrungswissenschaften besonders wichtig, in denen aus ↑Hypothesen zum Zweck ihrer Prüfung Aussagen (Prognosen) deduziert werden.

Einen wichtigen Bestandteil von KANTS »Kritik der reinen Vernunft« bildet die »transzendentale Deduktion«. Deduktion bedeutet bei KANT – im Anschluss an den juristischen Sprachgebrauch seiner Zeit – Beantwortung der Frage, wie etwas möglich sei (»Quid iuris?« – »Was ist Recht?«; im Gegensatz zur Frage »Quid facti?« – »Was sind die Fakten?«). KANT will an der genannten Stelle das folgende Problem lösen: Wie ist es möglich, dass die reinen Verstandesbegriffe (↑Kategorie) auf Erfahrung anwendbar sind, obwohl sie nicht aus der Erfahrung entspringen.

Definition [lat. »Umgrenzung«]: im weitesten Sinne jede Art von Festsetzung des Gebrauchs von Zeichen, Wörtern oder Begriffen. Eine Definition hat meist die Form: definiendum ⇌ definiens (»⇌« wird gelesen als: »ist definitionsgemäß gleich«). Dabei bedeutet **Definiendum** das in seinem Gebrauch festzulegende Zeichen und **Definiens** das festlegende Zeichen (z.B.: Quadrat ⇌ Rechteck mit vier gleich langen Seiten; Schimmel ⇌ weißes Pferd; $a^2 \rightleftharpoons a \times a$). Eine Definition ist naturgemäß asymmetrisch, d. h., man darf linke und rechte Seite nicht vertauschen. Damit eine Definition sinnvoll ist, muss die rechte Seite, das Definiens, vollständig bekannt sein.

Die traditionelle Definitionslehre unterscheidet zwischen Real- und Nominaldefinitionen. Während die Ersteren das Wesen einer (existierenden) Sache festlegen, dienen die Zweiten lediglich zur Regelung des Sprachgebrauchs. Darin drückt sich die charakteristische Trennung von Sprach- und Sachebene aus, die die Philosophie z. T. bis heute beherrscht.

deiktisch [zu griech. deiknýnai »zeigen«]: Wörter, die hinweisende Gesten ausdrücken, werden deiktisch genannt, z. B. »dies«, »hier«, »dort«. Sie sind für die Einführung erster prädikativer Unterscheidungen, die auf dieser Stufe noch situationsgebunden bleiben, unentbehrlich (z. B. »Dies hier ist ein Fagott.«).

Deismus [zu lat. deus »Gott«]: Religionsauffassung, nach der zum Beweis aller Aussagen bzw. zur Rechtfertigung der Normen, die die Theologie verkündet, nur Vernunftgründe zugelassen sind; einer übernatürlichen Offenbarung wird keine Autorität zuerkannt. So kennzeichnen den Deismus v. a. neben seinem Eintreten für eine »natürliche Religion« die Ablehnung des christlichen Ausschließlichkeitsanspruches, das Bestreiten der These, dass Gott – etwa durch Wunder – in die Geschichte der Menschheit eingreift, und sein Verständnis von Religion als einer bloß mythisch formulierten Ethik.

Der Deismus wurde zu Beginn des 17. Jh. durch HERBERT VON CHERBURY begründet, gewann rasch Anhänger und gehörte bald zum Bildungsgut aufgeklärter Kreise. In Frankreich bildete der Deismus die Grundlage für die aufklärerische Religionskritik. In Deutschland gab er Anstöße zu einer kritischen wissenschaftlichen Auseinandersetzung mit den überlieferten biblischen Texten (»Bibelkritik«) in Hinblick auf ihre Zeit-, Umwelt- und Situationsbedingtheit. Außerdem fand er Eingang in KANTS Konzeption einer transzendentalen Theologie. In der zweiten Hälfte des 18. Jh. verschwand der Deismus, nachdem seine Ziele als Toleranzbewegung weitgehend eingelöst waren.

Dekonstruktion: seit den 1980er-Jahren verbreitete Methode der Interpretation schriftlich fixierter Quellen aus Belletristik, Wissenschaft und Philosophie. Ausgangslage ist die klassische Auffassung, dass Texte die in ihnen verwendeten Begriffe fixieren, indem sie ihre Gegensätze ausschließen: Ein Text, der auf Wahrheit aus ist, schließt auch den Irrtum als nicht zur Wahrheit gehörig aus.

Die von JACQUES DERRIDA entwickelte Lesart der Dekonstruktion zielt darauf ab, das als »Différance« bezeichnete Ausgeschlossene (↑Differenz) mit dem Ausgangsbegriff zusammenzubringen. Dabei kann es nicht darum gehen, diesen Gegensatz begrifflich zu fixieren, um etwa den Irrtum in Abgrenzung zur Wahrheit zu definieren. Vielmehr muss die Bedeutung des Ausgangsbegriffes um das von ihm Ausgeschlossene erweitert werden, d. h. der Irrtum als der Wahrheit immanent gedacht werden. Auf diese Weise soll die Begrifflichkeit auf das in ihr (immer schon) Ungesagte hin verschoben werden und so Schritt für Schritt eine neue Begrifflichkeit entstehen. Bezeichnend für die Dekonstruktion ist dabei ihre Weigerung, zwischen Zeichen (Schrift) und Bedeutung zu trennen. Jeder Text wird als singuläres Ereignis, als Universum betrachtet, das nicht auf ein hinter oder in ihm verborgenes Übergeordnetes verweist, sondern alle Bedeutungen und Gegensätze unmittelbar, wenn nicht ausspricht, so doch anspricht.

Anders als die klassischen Interpretationsverfahren (z. B. die ↑Hermeneutik) will Dekonstruktion nicht das in den Texten Ausgesprochene verdeutlichen, d.h. Impliziertes explizieren oder Aussagen des Textes als falsch oder unzureichend kritisieren.

Demiurg [griech. »Handwerker«, »Künstler«, »Schöpfer«]: Während der Begriff bei HOMER noch für verschiedene Berufe wie Baumeister oder Arzt steht, wird der Demiurg bei PLATON zum »Weltbaumeister«, der aus dem vorhandenen Chaos nach vorgegebenen Ideen die wahrnehmbare Welt einschließlich der in ihr wohnenden Seelen zu einem wohlgeordneten, vernunftbegabten Ganzen formt. Die Einzeldinge werden in seinem Auftrag von Göttern hergestellt.

Demokratie [griech. »Volksherrschaft«]: nach ABRAHAM LINCOLNS Bestimmung »Regierung des Volkes durch das Volk und für das Volk«. Seit HERODOT unterscheidet man drei grundlegende Herrschaftsformen: Monarchie (Herrschaft eines Einzelnen), Aristokratie (Herrschaft weniger) und Demokratie (Herrschaft des Volkes).

Als in den antiken griechischen Stadtstaaten zeitweise gebräuchliche Herrschaftsform basierte die Demokratie auf der Berechtigung aller Vollbürger (nicht der Frauen, Kinder, Sklaven und vorübergehend Ansässigen), an der Regierung der Polis (griech. »Stadtstaat«) mitzuwirken. In Flächenstaaten konnte sich die Demokratie dagegen bis ins 19. Jh. nicht durchsetzen, u.a. bedingt durch die Auffassung der politischen Philosophie und der Staatslehre, dass die Demokratie in großen Staatsgebilden zu Pöbelherrschaft und Tyrannei entarten müsse. Erst mit der Französischen Revolution wurde in Europa die Forderung nach demokratischen Verfassungen laut. Mit der Einführung des allgemeinen und gleichen Wahlrechts wurden nach und nach die konstitutionellen Monarchien Westeuropas durch moderne Demokratien abgelöst. Der Demokratiebegriff, der ihnen zugrunde liegt, enthält über die Prinzipien der Volkssouveränität (z.B. Grundgesetz der Bundesrepublik Deutschland: »Alle Staatsgewalt geht vom Volke aus«) und der Beschlussfassung durch Mehrheitsentscheidung hinaus Merkmale, die in der Antike nicht mit ihm verbunden waren: Gewaltenteilung (gesetzgebende, vollziehende und rechtsprechende Gewalt), Repräsentativsystem (für eine bestimmte Periode in Parlamente gewählte Volksvertreter entscheiden stellvertretend für alle Bürger), garantierte Grundrechte (z.B. Gleichheit aller vor dem Gesetz, Freiheit, keine Zensur), Rechts- und Wohlfahrtsstaatlichkeit, allgemeines und gleiches Wahlrecht, Minderheitenschutz, konkurrierende Parteien (Pluralismus).

PLATON knüpft an HERODOTS Unterscheidung der drei Herrschaftsformen an und verweist v.a. auf deren durch die Gesetzlosigkeit gekennzeichnete Entartungsformen Tyrannis, Oligarchie und Ochlokratie (die griech. erst später so bezeichnete »Pöbelherrschaft«). Gerechtigkeit als obersten Zweck politischer Herrschaft gewährleistet seiner Auffassung nach nur die vernunftgeleitete Alleinherrschaft eines »Philosophenkönigs«. PLATONS demokratiefeindliche Einstellung wirkt noch in der Philosophie des deutschen Idealismus nach. KANT lehnt die Idee der Volkssouveränität ab und erklärt die Demokratie zu einem »Despotism«. HEGEL hält sie nur im »unentwickelten Zustande« eines Volkes für möglich.

Strategien philosophischer Legitimation der Demokratie finden sich v.a. bei JOHN LOCKE und JEAN-JACQUES ROUSSEAU. LOCKE begründet in seiner Konzeption des ↑Gesellschaftsvertrags das demokratische Prinzip der Volkssouveränität, hält allerdings jede der drei Herrschaftsformen für vereinbar mit diesem Prinzip. ROUSSEAU unterscheidet zwischen dem normativ verstandenen »allgemeinen Willen« und dem empirisch feststellbaren »Willen aller« (bzw. der Mehrheit). Der allgemeine Wille (Gerechtigkeit oder das »allgemeine Beste«) drückt das

»gemeinsame Interesse« aller von einer bestimmten Entscheidung Betroffenen aus. Inhaltlich bestimmt ROUSSEAU den allgemeinen Willen als eine Art Durchschnitt der vom Eigeninteresse geprägten faktischen Willensäußerungen aller Betroffenen.
Moderne Demokratietheorien bewegen sich zwischen den Extremen der Bestimmung des allgemeinen Wohls durch legale Verfahren der Mehrheitsfindung im Wettstreit der Gruppeninteressen (Pluralismustheorien) einerseits und der Legitimation des allgemeinen Wohls durch diskursive (↑Diskurs) Willensbildungsprozesse, d. h. durch den in freier und gleichberechtigter Diskussion aller Betroffenen erzielten Konsens bezüglich des verallgemeinerungsfähigen Interesses aller andererseits.

Denken: In der Philosophie werden v. a. Fragen nach den systematischen Grundprinzipien, den logischen Strukturen und der Leistungsfähigkeit (den Grenzen) einer voll ausgebildeten Denkfähigkeit thematisiert. Deshalb werden in philosophischen Texten statt des eher allgemeinen Begriffs Denken bevorzugt solche Termini verwendet, die eng umgrenzte Aspekte der Denkfähigkeit oder -tätigkeit ansprechen, z. B. ↑Bewusstsein, ↑Geist, ↑Intellekt, ↑Logos, ↑Noema, ↑Nous, ↑Selbstbewusstsein, ↑Vernunft, ↑Verstand.
Seit der frühen Neuzeit werden die Fähigkeiten und Leistungen des Denkens in der Philosophie v. a. als subjektive Tätigkeit gefasst im Gegensatz oder als Gegenstück zum objektiven Sein und Geschehen. Je nach erkenntnistheoretischem Ausgangspunkt spiegelt oder formt sich im Denken die (objektiv) gegebene Wirklichkeit. Als konkurrierende oder kooperative Fähigkeit tritt die ↑Sinnlichkeit auf. In empiristischen Systemen schränkt sie die Selbstständigkeit des Denkens durch den erkenntnistheoretischen Primat der sinnlichen Erfahrung ein: Alles Material des Denkens wird erst durch sinnliche Wahrnehmung gegeben, und das Denken hat lediglich die Aufgabe, diesen Stoff zu ordnen. In rationalistischen Systemen dagegen gilt die Sinnlichkeit ihrerseits als unselbstständig und hinderlich, weil dem reinen Bewusstsein oder Denken der oberste Rang zugesprochen wird. In der »Kritik der reinen Vernunft« hat KANT versucht, ein gleichberechtigtes Verhältnis von Denken (Verstand) und Sinnlichkeit zu rechtfertigen: »Ohne Sinnlichkeit würde uns kein Gegenstand gegeben, ohne Verstand keiner gedacht werden. Anschauungen ohne Begriffe sind blind, Begriffe ohne Anschauungen sind leer!«
Seit KANT ist Denken verstärkt an methodische Schrittfolgen (Begriffsbildung, Urteilen, Schließen) gebunden. Daher wird Denken als vermittelte Wahrheitsfindung verstanden, bei der z. B. durch begriffliche Analyse unmittelbare Gewissheit und Anschauung aufgelöst werden; dem diskursiven Denken ist die interitive Erkenntnis (↑Intuition) entgegengesetzt. Denken in diesem Sinne ist identifizierbar mit den verschiedenen Erscheinungsformen von Rationalität (↑rational). Da der Qualitätsanspruch der Rationalität auch von den Wissenschaften eingelöst wird, versuchte HEGEL – im Anschluss an ARISTOTELES –, eine spezifisch philosophische Dimension des Denkens herauszuarbeiten. Für HEGEL gibt es über dem rationalen noch das absolute Denken (bei ARISTOTELES: das Denken des Denkens; griech. theōría), in dem die Gegensätze und Einseitigkeiten des bloßen Verstandes aufgehoben und überwunden werden können.
Als methodischen Zugang zu diesen Aspekten haben Philosophen von der Antike bis in die Gegenwart (LUDWIG WITTGENSTEIN) den Weg über die ↑Sprache gewählt, da Sprache nicht allein das ausgezeichnete Medium ist, durch das Denken sich »nach außen hin« Ausdruck zu verleihen vermag und dadurch überhaupt erst analysierbar wird, sondern

auch als das tragende Element der kognitiven Tätigkeiten gilt, die schweigend vollzogen werden (schon PLATON verstand diese Form des Denkens als »ein Gespräch der Seele mit sich selbst«).

deontische Logik [zu griech. tò déon »das Erforderliche«, »die Pflicht«]: eine Disziplin der philosophischen Logik. Sie stellt eine Erweiterung der Aussagenlogik dar mit dem Ziel, die logischen Beziehungen zwischen normativen Urteilen zu untersuchen. In der Aussagenlogik werden Aussagen in Hinblick auf ihre Tatsächlichkeit betrachtet. Dagegen geht es in der deontischen Logik um das »Sein-Sollen« (»*A* soll sein« oder auch »Tue *A*!«).

deontologische Ethik [zu griech. tò déon »das Erforderliche«, »die Pflicht«]: Rechtfertigungstyp für sittliche Regeln und Prinzipien der ↑Ethik. Nach Auffassung der deontologischen Ethik gibt es einen bindenden Maßstab für gutes oder schlechtes Handeln. Er lässt sich durch Regeln oder Gebote ausdrücken, die als Verpflichtung erfahren werden. Dabei ist entscheidend, dass moralischer Maßstab und sittliches Gebot Selbstzweck sind, d. h. unbedingt und ohne Verweis auf etwas anderes nach Einhaltung verlangen, im Unterschied etwa zu teleologischen Begründungsmustern (↑Teleologie) also nicht den außermoralischen Wert einer Handlung (ihre Nützlichkeit oder Annehmlichkeit) zur Begründung heranziehen.

Schon in der altgriechischen Epoche besteht die Vorstellung von sittlichen Naturgesetzen, die allen Wesen, göttlichen wie menschlichen, Regeln des richtigen Verhaltens vorgeben und ohne Rücksicht auf irgendeinen bestimmten Nutzeffekt gelten. Dieser Gedanke eines Naturrechts erfährt im christlichen Denkkreis seine Absicherung, indem Gott als Gewährsmann der sittlichen Naturordnung angerufen wird.

In der Neuzeit entstehen demgegenüber Versuche, die Konzeption einer aus sich heraus verpflichtenden Moral ohne Rückgriff auf die Vorstellung eines göttlichen Garanten zu entwerfen. Dabei berufen sich die Autoren häufig auf die Vernünftigkeit des Menschen. Einen der bedeutendsten Versuche dieser Art leistete KANT mit dem ↑kategorischen Imperativ.

Innerhalb des deontologischen Begründungsmusters wird zwischen einer handlungs- und einer regeldeontologischen Variante unterschieden. Die Vertreter der **handlungsdeontologischen Theorie** betonen die Einzigartigkeit und Einmaligkeit einer jeden ethisch verpflichtenden Situation wie der entsprechenden sittlichen Handlung. So kann es in einer bestimmten Situation einzelne Handlungen geben, zu denen man sich moralisch verpflichtet fühlt. Diese handlungsdeontologische Position ist v. a. für die Ethik der ↑Existenzphilosophie bedeutend. Die Vertreter der **regeldeontologischen Theorie** artikulieren demgegenüber die Ansicht, dass moralische Entscheidungen nicht nur für einen bestimmten Einzelfall getroffen werden, sondern dass sie auf Prinzipien beruhen, die für alle ähnlich gelagerten Fälle gelten.

Derrida, Jacques, französischer Sprach- und Kulturphilosoph, *El-Biar (bei Algier) 15. 7. 1930: Nach dem Studium war DERRIDA 1960–64 als Lehrer für Philosophie an der Pariser Sorbonne und seit 1966 an der École Normale Supérieure tätig.

Beeinflusst v. a. von MARTIN HEIDEGGER entwickelte DERRIDA das Verfahren der ↑Dekonstruktion, indem er klassische philosophische Texte, aber auch Belletristik neu interpretierte, um darin auf das nicht (oder im Verborgenen eventuell doch) erfasste Heterogene, Differente (frz. »différance«; ↑Differenz), das nicht einem System Zuzuordnende, das »Unsagbare« (frz. »indécidable«) zu verweisen, ohne es zu präsentieren.

DERRIDAS Haupteinwand gegen den Strukturalismus und alle anderen Interpretationsmethoden, etwa die Hermeneutik, besteht darin, dass es diesen nicht gelungen sei, die (stillschweigend vorausgesetzte) Trennung des Signifikats, also des vom Zeichen (dem Signifikanten) Bezeichneten, von den Zeichen selbst, hier insbesondere der Schrift, zu überwinden – was gleichbedeutend damit sei, die Metaphysik nicht überwunden zu haben. Dem stellt er u.a. in »L'écriture et la différence« (1967; »Die Schrift und die Differenz«) seine Textinterpretationen gegenüber, in denen er immer wieder auf in unendlichen Reihen verkettete Spuren verweist, die das »Sein des Seienden« (HEIDEGGER) darstellbar machen sollen, ohne auf eine hinter, in oder unter den Zeichen liegende metaphysische Ebene oder ein Wesen (verstanden als von den Zeichen unabhängig existierende Bedeutung) zurückgreifen zu müssen.

Derrida: 2001 erhält Jacques Derrida den Theodor-W.-Adorno-Preis der Stadt Frankfurt am Main.

Unter Dekonstruktion versteht DERRIDA allerdings keine Methode, die bestimmte Ergebnisse verbürge. Ihre Ergebnisse seien, da sich Dekonstruktion stets und allein auf die Eigenarten der zu dekonstruierenden Texte einzulassen habe, jederzeit offen.

Descartes, René: siehe Topthema Seite 91.

deskriptiv/präskriptiv/normativ [zu lat. describere »beschreiben«, praescribere »vorschreiben«, »befehlen« und norma, ursprünglich »das Winkelmaß«, dann »die Richtschnur«]: elementare Unterscheidungen zur Klassifizierung sprachlicher Äußerungen. Als **deskriptiv** bezeichnet man sprachliche Äußerungen, die auf Beschreibung, Bericht, Voraussage zielen; von **präskriptiver** Absicht spricht man bei auffordernden (empfehlenden, verlangenden, geoder verbietenden) Äußerungen; **normativ** im engeren Sinn nennt man solche Äußerungen, bei denen der Aufforderungscharakter mit einer moralisch-wertenden Komponente verknüpft ist.

Es kommt dabei weniger auf die »äußere« Form als auf ein »inneres« Element der sprachlichen Äußerungen an, nämlich die Absicht (Intention), die der Sprechende oder Schreibende mit seinen Worten verbindet: Soll etwas möglichst objektiv (d.h. ohne Wertungen) beschrieben werden, so spricht man von deskriptiver, beschreibender Intention. Soll durch eine Aussage (Frage) ein Rat, eine Vorschrift o.Ä. geäußert werden, dann ist die Intention präskriptiv, auffordernd. Kommen zum auffordernden Charakter die Komponenten Verallgemeinerungsfähigkeit der Überlegung, Universalität des Geltungsanspruchs und moralische Bewertung hinzu, dann spricht man (im engeren Sinne) von normativer Intention.

In der Frage z.B., ob man Versprechen brechen dürfe, sind diese drei Komponenten enthalten: In »man« sind offensichtlich alle Menschen angesprochen (Verallgemeinerungsfähigkeit); niemand kann ernsthaft wollen, dass es »Ausnahmeregelungen« geben solle, weil sonst Versprechen sinnlos würden (Universalität des Geltungsanspruchs); wer in dieser Hinsicht handelt, dessen Handlungen werden moralisch (als gut oder schlecht/böse) bewertet. Die Frage hat also normativen Charakter. Daraus ist ersichtlich, dass die Intentionsstruktur unabhängig ist von der sprachlich-grammatikalischen Form.

▶ *Fortsetzung auf Seite 95*

Descartes

Mit seiner Rückwendung auf das eigene Ich zur Grundlegung aller Erkenntnis wurde RENÉ DESCARTES zum Begründer der neuzeitlichen Philosophie. Sein scheinbar subjektivistischer Ansatz zielt allerdings v. a. auf den Nachweis der objektiven Gültigkeit der Naturwissenschaften und auf die Rechtfertigung rationaler Erkenntnis als einzig sicherer Erkenntnis der Wirklichkeit.

DESCARTES' Philosophie beeinflusste nicht nur die Vertreter des Kartesianismus, sondern Philosophen verschiedener Richtungen wie JOHN LOCKE, LEIBNIZ, BARUCH DE SPINOZA, KANT und EDMUND HUSSERL. Der metaphysische Dualismus der Zweisubstanzenlehre verschärfte das ↑Subjekt-Objekt-Problem und wurde zur Grundlage der Unterscheidung von Subjekt und Objekt im Idealismus, sein ↑Rationalismus rief als Gegenbewegung den ↑Empirismus hervor.

Leben und Werke

Aus altem Adelsgeschlecht stammend, wurde RENÉ DESCARTES (latinisiert Renatus Cartesius) am 31. 3. 1596 in La Haye in der Touraine geboren. Nach dem Besuch des Jesuitenkollegs in La Flèche 1604–12, wo er neben Latein, Geschichte, Rhetorik und Poesie auch Philosophie, Physik und Mathematik erlernte, studierte er 1612–16 Rechtswissenschaft in Poitiers. Unzufrieden mit dem unsicheren, ungeordneten und unfruchtbaren Schulwissen, versuchte er nun Lebenserfahrung zu sammeln. So diente er ab 1618, Anfang des Dreißigjährigen Krieges, als Freiwilliger im Heer MORITZ' von Nassau in den Niederlanden und im Heer MAXIMILIANS I. von Bayern in Süddeutschland. Gegen Ende 1619 glaubte er unweit von Ulm in drei Träumen seine Berufung zum Wissenschaftler erfahren zu haben. Nach seinem Militärdienst widmete er sich der Mathematik und Physik und reiste durch Europa. Ab 1625 in Paris bemühte er sich um eine philosophische Grundlegung der Wissenschaft.

1629 übersiedelte DESCARTES in die Niederlande. Meistens in ländlicher Zurückgezogenheit lebend, verfasste er den Großteil seiner mathematischen,

Ab 1629 lebte Descartes über ein Jahrzehnt an verschiedenen Orten in den Niederlanden. Der Holzstich (um 1880) zeigt ihn in Amsterdam.

physikalischen, medizinischen und metaphysischen Schriften. Den Entwurf seiner Naturphilosophie »Le monde« (»Die Welt«) hielt er zurück, weil er darin die kopernikanische Kosmologie vertrat, derentwegen GALILEO GALILEI 1633 verurteilt worden war. Gedrängt von Freunden veröffentlichte DESCARTES erst 1637 ausgewählte Forschungsergebnisse, denen er die autobiografisch geprägte Einleitung »Abhandlung über die Methode des richtigen Vernunftgebrauchs und der wissenschaftlichen Forschung« voranstellte. Die ausführliche Erörterung seiner metaphysischen Grundgedanken folgte 1641 in den »Meditationen über die Erste Philosophie« samt den Einwendungen von bedeutenden Gelehrten (u. a. MARIN MERSENNE, THOMAS HOBBES, ANTOINE ARNAULD, PIERRE GASSENDI) und seinen Erwiderungen. Seine Naturphilosophie, Kosmologie und Physik stellte DESCARTES 1647 in seinem systematischen Hauptwerk »Prinzipien der Philosophie« dar. In seinem letzten, 1649 veröffentlichten Werk »Die Leidenschaften der Seele« behandelte er die Psychologie. Im Herbst 1649 folgte DESCARTES einer Einladung der Königin CHRISTINE nach Stockholm, erkrankte aber bald an einer Lungenentzündung, der er am 11. 2. 1650 erlag.

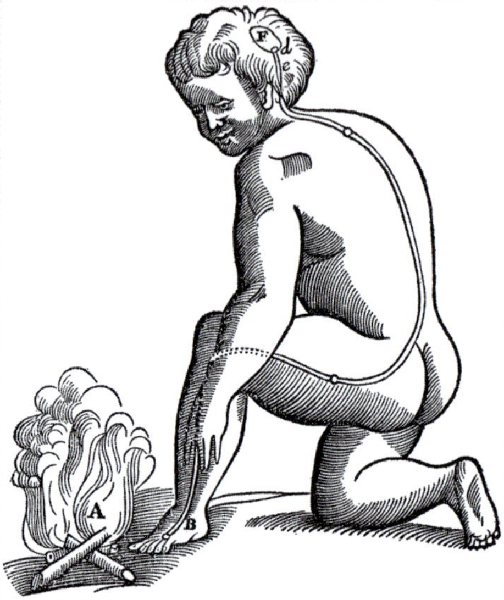

Descartes' Unterscheidung von »Res extensa« und »Res cogitans«, modern gesprochen von Außen- und Innenwelt, warf die Frage auf, wie und wo im menschlichen Körper Leib und Seele zusammenwirken. Als physiologischen Ort dieser Verbindung machte er die Zirbeldrüse (»F«) aus.

Vom Zweifel zur Erkenntnis

»Ich entschloss mich«, schrieb DESCARTES, »kein anderes Wissen mehr zu suchen als dasjenige, das sich in mir selbst oder in dem großen Buche der Welt würde finden können.« Während das »große Buch der Welt« die Gesetze der mathematischen Naturwissenschaften beinhaltet, bedeutet das in ihm selbst gesuchte Wissen zunächst, alles bisher für wahr Gehaltene zu bezweifeln, um eine sichere Grundlage aller Erkenntnis zu entdecken. Sein radikaler, methodischer ↑Zweifel betrifft nicht nur alle erworbenen Meinungen und unmittelbaren Sinneswahrnehmungen, sondern sogar die reinen Vernunfturteile wie mathematische Sätze. Denn, so DESCARTES' Gedanke, er könnte ja von einem allmächtigen und böswilligen Geist geschaffen sein, der bewirke, dass er immer irre, wenn er etwas sicher zu wissen glaube. Nur in einem Punkt könnte selbst dieser Betrügergeist keine Selbsttäuschung bewirken: darin, dass er ist, wenn er zweifelt. In der schlechterdings unbezweifelbaren ↑Gewissheit der eigenen Existenz ist damit die sichere Grundlage der Erkenntnis gefunden. Der Satz »Ich denke, also bin ich« (↑Cogito, ergo sum) kann daher als erstes Prinzip der Philosophie gelten.

Um von dieser gewissen Selbsterkenntnis aus wieder zur sicheren Welterkenntnis zu gelangen, muss zuerst die Annahme jenes Betrügergeistes entkräftet werden. Dies erfolgt durch den Beweis der Existenz Gottes als des allmächtigen und allgütigen Schöpfers. Sicherheitshalber unternimmt DESCARTES zwei ↑Gottesbeweise: zunächst aus unserer ↑angeborenen Idee eines absolut vollkommenen Wesens, der ebendieses Wesen als Ursache zugrunde liegen müsse, später aus der bloßen Definition eines absolut vollkommenen Wesens, dem die Existenz als eine Vollkommenheit zukommen müsse. Dieser wahrhaftige Gott gewährleistet überdies, dass wir unseren evidenten Erkenntnissen ohne Furcht vor Irrtum zustimmen können. Damit garantiert er die Gültigkeit der ersten und wichtigsten descartschen Methodenregel zur sicheren Erkenntnis: Wir dürfen nur das als wahr behaupten, was wir so ↑klar und deutlich erkennen, dass wir nicht daran zweifeln können. Insofern hängt die Gewissheit und Wahrheit jeder Wissenschaft von der Erkenntnis Gottes ab.

Geist und Körper

DESCARTES' Zweifelsbetrachtung hatte im Hinblick auf das zweifelnde Ich und die bezweifelten Körper ergeben: Das zweifelnde Ich sei ein denkendes Wesen, d. h. Geist, Seele, Verstand, Vernunft bzw. ein Wesen, das zweifelt, erkennt, bejaht, verneint, will, nicht will, sich etwas vorstellt und empfindet. Die Körper seien nicht durch die Sinne oder die Einbildungskraft, sondern allein durch den Verstand zu erkennen. Und zwar seien an ihnen nur die primären ↑Sinnesqualitäten wie Größe, Gestalt, Lage und Bewegung klar und deutlich vorzustellen, die sekundären Sinnesqualitäten wie Farben, Töne, Gerüche, Geschmack und Härte dagegen nur dunkel und verworren. Allerdings muss nun noch das bezweifelbare Vorhandensein von Gegenständen außerhalb der Vorstellungen bewiesen werden.

Dies geschieht aus der Tatsache, dass es ↑Empfindungen gibt, die das denkende Wesen offenbar nicht selbst hervorbringt, sondern erleidet (z. B. Schmerzen). Indessen muss auch hierbei der wahrhaftige Schöpfergott gewährleisten, dass wir keinen Irrtum begehen, wenn wir die Ursache unserer Empfindungen den Körpern zuschreiben.

Mit seiner strengen Trennung von Geist und Körper als den beiden ↑Substanzen vertrat DESCARTES den ↑Dualismus von ↑Res cogitans/Res extensa: Das Wesen des unteilbaren Geistes ist Denken, das Wesen der teilbaren Körper ist Ausdehnung. Da diese beiden Substanzen keinerlei gemeinsame Eigenschaften haben, stellte sich für ihn das ↑Leib-Seele-Problem, das er mithilfe der Zirbeldrüse und der »Lebensgeister« zu lösen versuchte. Seinem ↑Mechanismus und Rationalismus gemäß betrachtete DESCARTES auch den menschlichen Körper als eine Maschine. Die Sinneswahrnehmungen sind dem Menschen nur gegeben, damit sie dem Geist anzeigen, was für den Leib nützlich oder schädlich ist; sie bilden aber nicht etwa die Dinge ab, wie sie wirklich sind. Umgekehrt gilt es, die Entstehung der Affekte aus Körpervorgängen zu erkennen, damit der Geist ihnen entgegenwirken kann.

Früchte der Erkenntnis

Francis Bacon folgend diente für Descartes die theoretische Erkenntnis der Welt in den Naturwissenschaften zur Erreichung praktischer Ziele, v. a. zur Naturbeherrschung und Lebensverbesserung. Daher beschrieb er das System der Wissenschaften bildlich als Baum mit der Metaphysik als Wurzel, der theoretischen Physik als Stamm und Mechanik, Physiologie und Anatomie sowie Psychologie als Zweigen. Die Früchte werden dann in Technik, Medizin und Moralphilosophie verarbeitet.

Da wir die völlige Gewissheit in den Wissenschaften noch nicht erreicht haben, aber im Leben vernünftige Entscheidungen treffen müssen, benötigen wir nach Descartes eine provisorische Moral. Auch dafür hat er einige kurze und knappe Regeln zu bieten: Man möge sich an den rechtlichen, moralischen und religiösen Gesetzen und Bräuchen seiner Umgebung sowie an den maßvollsten Überzeugungen ausrichten, einmal getroffene Entscheidungen und sogar zweifelhafte Meinungen nicht ohne zwingende Gründe abändern, seine Wünsche den Gegebenheiten anpassen und sich mit dem Gedanken anfreunden, dass einzig unsere Gedanken völlig in unserer Macht stehen.

TIPP

Leuchtet dir der Satz »Ich denke, also bin ich« ein? Suche nach Einwänden und diskutiere sie!

WWW

www.textlog.de/descartes.html
René Descartes »Abhandlung über die Methode des richtigen Vernunftgebrauchs«

www.descartes-cogito-ergo-sum.de
Essay zu dem Satz »Cogito, ergo sum« von Simon Hollendung

www.philolex.de/descarte.htm:
Abriss über Leben und Werk mit zahlreichen Querverweisen

LITERATUR

Perler, Dominik: René Descartes. München (Beck) 2006.

Poser, Hans: René Descartes. Eine Einführung. Ditzingen (Reclam) 2003.

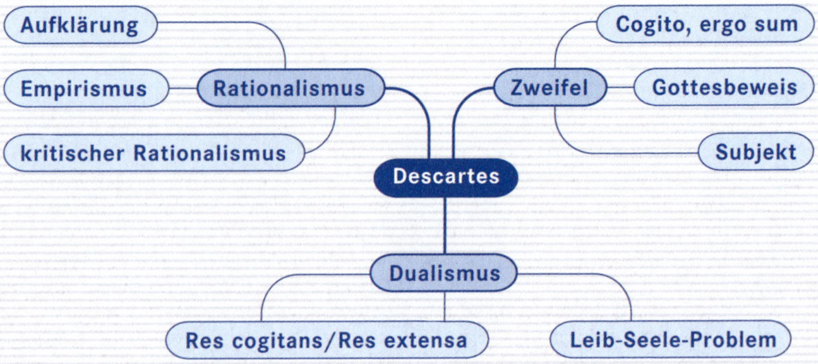

Determinismus/Indeterminismus [zu lat. determinare »abgrenzen«, »bestimmen«]: kontradiktorisch entgegengesetzte philosophische Positionen bezüglich der Frage, ob menschliches Wollen und Handeln einem gültigen Kausalprinzip (↑Kausalität) unterliegen, d.h. ob psychische Ereignisse prinzipiell durch psychologische Gesetze erfassbar und aufgrund dieser Gesetze vorhersagbar sind wie z.B. Naturereignisse aufgrund der Naturgesetze. Demgemäß behauptet der Determinismus bzw. bestreitet der Indeterminismus, dass psychische wie physische Ereignisse dem Kausalitätsprinzip insofern unterliegen, als auf einen gegebenen Zustand eines Systems ein und nur ein anderer Zustand desselben Systems folgen kann, sodass jeder künftige Zustand dieses Systems erklärbar und voraussagbar ist. Erschwert wird die Entscheidung dieses Problems nicht zuletzt dadurch, dass selbst die durchgehende Determiniertheit der Naturereignisse (v.a. im Bereich der Elementarteilchenphysik) bis heute umstritten ist. Außerdem ist für unser Erkennen der äußeren und inneren Realität das Kausalprinzip so wenig hintergehbar wie etwa die Prinzipien des verbotenen Widerspruchs, der Substanzialität oder der Raum-Zeit-Anschauung (wie v.a. KANTS Transzendentalphilosophie sowie JEAN PIAGETS Entwicklungspsychologie zu zeigen versuchten).

Die Diskussion um die Determiniertheit oder Indeterminiertheit von Wollen und Handeln wird v.a. von dem Interesse geleitet zu klären, ob Menschen für ihr Handeln verantwortlich (↑Verantwortung) und demzufolge auch schuldfähig (↑Schuld) sein können und ob z.B. die herrschende strafrechtliche Praxis als legitim gelten kann.

Grob lassen sich folgende Positionen unterscheiden:

- Nach dem **»harten« Determinismus** sind menschliche Handlungen durch physische Faktoren (z.B. Naturgesetze), soziale Einflüsse (z.B. Rechtsnormen, Rollenerwartungen der Mitmenschen) und psychisch-endogene Faktoren (z.B. Charakter, Wünsche, Motive, Wissen, Erfahrungen) determiniert. Verantwortlichkeit für Handlungen setzt Freiheit im Sinne der Indeterminiertheit voraus. Also sind Menschen für ihre Handlungen nicht verantwortlich (so z.B. FRIEDRICH NIETZSCHE).
- Für den **ontologischen Indeterminismus** gibt es – als notwendiges Postulat – im personalen Selbst eine Entität (z.B. Wille, intellegibles Ich), die außerhalb kausaler Zusammenhänge Handlungen spontan erzeugen kann, sodass eine Person unter denselben inneren und äußeren Bedingungen prinzipiell auch ganz anders hätte handeln können, als sie tatsächlich gehandelt hat (so z.B. KANT). Diese Position behauptet die Verantwortlichkeit der Menschen für ihr Handeln.
- Dagegen behauptet der **»weiche« Determinismus** die Vereinbarkeit von Determiniertheit und Freiheit menschlichen Handelns. Da kausale Gesetze (im Gegensatz zu den Gesetzen des positiven Rechts) induktiv gewonnen werden, haben sie allein eine deskriptive, Allgemeingültigkeit beanspruchende Bedeutung; sie setzen keine Normen, zwingen nicht und sind nicht notwendig.

Deshalb lautet der kontradiktorische Gegensatz nicht Determiniertheit – Freiheit, sondern Determiniertheit – Indeterminiertheit (verstanden als absolute Zufälligkeit oder Spontaneität) bzw. Freiheit – Zwang. Frei handelt also, wer nicht durch innere (z.B. Zwangsneurose, Geisteskrankheit) oder äußere (z.B. Gewalt) Umstände gezwungen, d.h. gegen seinen Willen handelt; und wer frei handelt, ist zugleich verantwortlich für sein Handeln. Der Wille aber kann nicht nur, sondern muss – nach der

These MORITZ SCHLICKS – als determiniert durch die »Gesetzmäßigkeit des eigenen Charakters in gegebener Situation« gedacht werden, wenn Verantwortlichkeit einen Sinn haben soll: Wenn nämlich Willensentschlüsse »ursachlos« und unbedingt, d.h. absolut zufällig und spontan wären, so hätte es keinerlei Sinn, einen Menschen für ungerechtfertigtes Handeln zur Verantwortung zu ziehen und ihm eine Strafe aufzuerlegen, denn es wäre unmöglich, in irgendeiner Weise auf ihn einzuwirken, um einen Einsicht weckenden Lernprozess in Gang zu setzen.

Deutung: Konstruktion oder Rekonstruktion des ↑Sinns von Handlungen und Handlungsresultaten (z.B. auch Texten); in den Geisteswissenschaften meist synonym mit ↑Interpretation. So besteht in den verstehenden Sozialwissenschaften u.a. die Deutung darin, unser Handeln als Mittel zu einem Zweck, als Befolgung einer Interaktions- oder Kommunikationsregel oder als Realisierung einer Intention darzustellen. Jede Deutung hängt ab von der Individualität, den spezifischen Interessen und dem historischen Kontext des Deutenden sowie von seinem Vorwissen und Vorverständnis des zu deutenden Objekts.

Dezisionismus [zu lat. decisio »(durch Abkommen herbeigeführte) Entscheidung«]: philosophische Lehre, die die Begründbarkeit (Legitimierbarkeit) von Handlungsnormen und -zwecken bestreitet. Nach CARL SCHMITT geht jede Normsetzung (z.B. Gesetzgebung) auf eine letztlich willkürliche, d.h. »absolute Entscheidung« zurück. Denn diese »Entscheidung ist, normativ betrachtet, aus dem Nichts geboren«. Die Geltung einer Norm beruht nicht auf ihrer Anerkennungswürdigkeit (Legitimität), sondern ausschließlich auf der Fähigkeit der Herrschenden, die Beachtung der Norm – gleich mit welchen Mitteln – durchzusetzen. Dies entspricht auch THOMAS HOBBES' Auffassung: »Auctoritas, non veritas facit legem« (lat. »Autorität, nicht Wahrheit macht das Gesetz [gültig]«).

Dialektik: siehe Topthema Seite 97.

Dialektik der Aufklärung: Angesichts der Verbrechen des deutschen Faschismus im Zentrum des aufgeklärten Europa sahen sich MAX HORKHEIMER und THEODOR W. ADORNO im amerikanischen Exil gezwungen, die bis dahin weitgehend unbefragte Gleichung »Aufklärung gleich Fortschritt« zu revidieren. Die zentrale These ihres Gemeinschaftswerkes »Dialektik der Aufklärung« (1947), einem Standardwerk der ↑kritischen Theorie, besagt, dass der Prozess der Aufklärung mit ihrer fortschreitenden technisch-rationalen Naturbeherrschung zur Selbstaufhebung der Aufklärung führt: zum Rückfall in den »Mythos« und in die »Barbarei«. Gefordert ist eine radikale »Selbstaufklärung« der Aufklärung.

Dialog [griech. »Gespräch«]: die Entwicklung eines (philosophischen) Gedankens in Rede und Gegenrede, an der sich zwei oder mehr Personen beteiligen. Die Bereitschaft zu gemeinsamem Nachdenken wird immer dann gegeben sein, wenn Selbstverständlichkeit zerbricht und das Normale, Gewohnte, fragwürdig geworden ist. An den Dialog ist dann die Erwartung gerichtet, die Ursachen des Orientierungsverlusts herauszufinden, vielleicht sogar Möglichkeiten einer begründeten Wiederherstellung der Sicherheit aufzuzeigen. Endet der Dialog ohne ein solches Problemlösungsangebot, so endet er in einer ↑Aporie.

Seit den schriftlich niedergelegten sokratischen Dialogen PLATONS ist der Dialog über die Philosophie hinaus auch in der Dichtung als Stilmittel gebräuchlich. Die Bedeutung, die dem Dialog in spezifisch philosophischer Hinsicht beigemessen wird, variiert ziemlich stark. Sollen Gesprächspartner unter Leitung dessen, der bereits erkannt hat, lediglich schrittweise zum

▶ *Fortsetzung auf Seite 101*

Dialektik

Der Begriff der Dialektik hat im Verlauf der Philosophiegeschichte sehr unterschiedliche Bestimmungen erfahren. In der Antike galt Dialektik als philosophische Methode der Beweisführung, im Idealismus avancierte sie erst zur Entwicklungstheorie und schließlich zum metaphysischen Seinsprinzip, heute bezeichnet sie im Allgemeinen die Theorie des Zusammenhangs von Natur und Gesellschaft sowie eine Methode des begrifflichen Denkens.

Vom Widerspruch zur Wahrheit

In der antiken Philosophie hatte »Dialektik« noch die ursprüngliche Bedeutung einer Gesprächs- oder Erörterungskunst (abgeleitet von dialegesthai »sich unterhalten«, »etwas auseinandersetzen«). Von ihr scharf unterschieden wurde die rein rhetorische Dialektik der ↑Sophisten, die PLATON und ARISTOTELES als Eristik (Streitkunst) bezeichneten. Als Schüler des SOKRATES verstand PLATON unter Dialektik zunächst die Kunst, Meinungen im Gespräch auf ihre Gründe hin zu prüfen. Dabei deckt der Philosoph durch gezielte Fragen Implikationen oder Widersprüche auf, die sich aus der anfänglichen Definition oder folgenden Behauptungen ergeben.

ARISTOTELES entwickelte die Dialektik in der Auseinandersetzung mit der sophistischen Eristik zur Theorie der Argumentation. Neben der Widerlegung von Trugschlüssen durch Aufdeckung von Argumentationsfehlern (z. B. ↑äquivoke Verwendung eines Ausdrucks) hat die Dialektik v. a. die Aufgabe, allgemein anerkannte Meinungen (endoxa) über ein bestimmtes Problem auf ihre Stringenz zu überprüfen. Die Dialektik betrifft demnach Probleme, die nicht aus den Prinzipien der Wissenschaften apodiktisch bewiesen werden können und deshalb der dialektischen Prüfung bedürfen.

Dialektik gleich Logik

In der ↑mittelalterlichen Philosophie wurde die Dialektik weitgehend mit der Logik gleichgesetzt, gemäß CICEROS Definition der Dialektik als Wissenschaft, das Wahre und Falsche zu beurteilen sowie Folgeverhältnisse und Gegensätze zu erkennen. In dieser Bedeutung gehörte sie neben Grammatik und Rhetorik als Bestandteil des Triviums zum Bildungskanon der sieben freien Künste (Artes liberales). In der ↑Scholastik des 11. und 12. Jh. spielte die Dialektik die zeitweise heftig umkämpfte Rolle als Argumentationsweise der (natürlichen) Vernunft gegenüber der Berufung auf (göttliche) Offenbarung (u. a. bei PETER ABÄLARD). Gegen dieses Verständnis der Dialektik wandte ANSELM VON CANTERBURY seine Vermittlungsformel ↑»Credo, ut intelligam«. Die Gleichsetzung von Dialektik und Logik endete im 16. Jh. mit der Unterteilung der Logik in Analytik als Lehre von den notwendigen Schlüssen und Dialektik als Lehre von den (bloß) wahrscheinlichen Schlüssen.

Vom Schein der Erkenntnis zur Entwicklung des Wissens

Zu Beginn der neuzeitlichen Philosophie inspirierten die unfruchtbaren Spitzfindigkeiten der scholastischen Disputationslehre eine Kritik der Dialektik (v. a. durch FRANCIS BACON und DESCARTES). KANT nahm die Unterscheidung von Analytik und Dialektik als Teile der Logik auf, deutete sie aber im Rahmen seiner ↑Transzendentalphilosophie wirkungsgeschichtlich entscheidend um. In seiner »Kritik der reinen Vernunft« (1781) bezeichnete er die Dialektik allgemein als »Logik des Scheins«, verwendete den Ausdruck aber in zwei verschiedenen Bedeutungen. Seine transzendentale Dialektik behandelt:

- die »natürliche Dialektik« der ↑Vernunft, d. h. die unvermeidlichen Widersprüche (↑Antinomie), in die sich die reine Vernunft verwickelt, wenn sie den Bereich möglicher Erfahrung übersteigt und etwas über die Gegenstände der traditionellen speziellen Metaphysik, nämlich Seele, Welt und Gott, aussagt;
- die »Kritik des dialektischen Scheins«, d. h. die Aufdeckung dieser Widersprüche, die sich jedoch als aus der Natur der Vernunft entspringende Widersprüche nicht auflösen, sondern nur aufklären lassen.

Damit blieb die Dialektik nicht länger eine Argumentationstheorie, sondern beschrieb das Subjekt-Objekt-Verhältnis im Erkenntnisprozess. Den Schritt zur Entwicklungstheorie, in der die Dialektik als Struktur dieses Erkenntnisprozesses oder gar objektiver Entwicklungsprozesse in der Realität betrachtet wird, vollzogen die nachfolgenden Vertreter des deutschen ↑Idealismus. JOHANN GOTTLIEB FICHTE verwendete die Dialektik als Verbindung von »antithetischem« und »synthetischem Verfahren« bereits in seiner »Grundlage der gesamten Wissenschaftslehre« (1794), um aus der »Grundsynthesis« von »Ich« und »Nicht-Ich«, d. h. aus dem Selbstbewusstsein, die Grundbegriffe des menschlichen Wissens zu entwickeln. FRIEDRICH VON

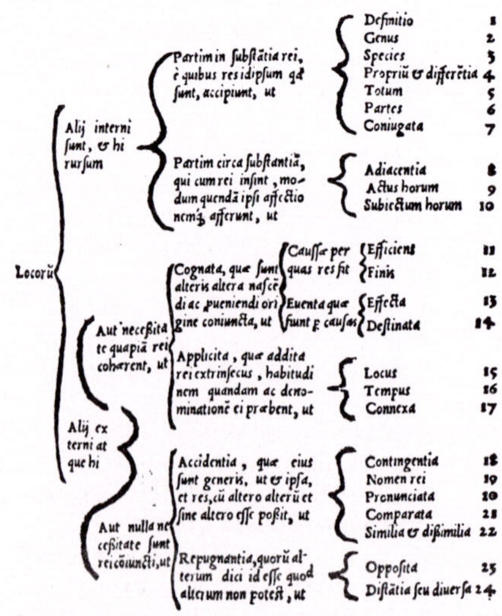

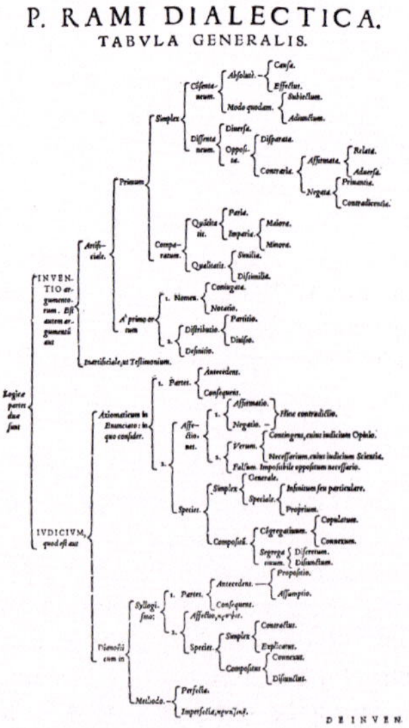

Die Schemata der Logik zu Rudolf Agricolas »De inventione dialectica« (links) von 1539 sowie aus den »Dialecticae institutiones« (rechts) des Petrus Ramus von 1576.

SCHELLING verband als Erster den Ausdruck »Dialektik« mit dem dialektischen Dreischritt von These – Antithese – Synthese und sah die Methode der Dialektik in der Beschränktheit des menschlichen Denkens begründet, weil es das Absolute nur in seiner Spaltung in Polaritäten zu erfassen vermag.

Dialektik des Absoluten

In HEGELS Philosophie vollendete sich die Entwicklung der idealistischen Dialektik. Er erklärte die spekulative Dialektik (↑spekulative Philosophie) zur »absoluten Methode des Erkennens«; sie ist für ihn zugleich die »immanente Entwicklung des Begriffs« und der notwendige »Gang der Sache selbst«. Das Absolute (der ↑Geist) als metaphysisches Vernunftprinzip, das die Einheit von Subjekt und Objekt garantiert, bestimmte HEGEL als »Identität der Identität und Nichtidentität«, d. h. als Widerspruch, der in Logik, Natur und Geschichte als Bewegung erscheint.

In seiner sog. »Wissenschaft der Logik« (1812–16) rekonstruierte HEGEL die ontologischen und logischen Grundkategorien (u. a. Sein, Wesen, Begriff, Urteil, Schluss, Objekt, Idee) in ihrem inneren Zusammenhang, der sich durch die »Notwendigkeit des Fortgangs« von einem Begriff zum nächsten ergibt. Die spekulativ-dialektische Darstellung verläuft jeweils dreischrittig:

1. Der Verstand setzt einen abstrakten begrifflichen Gegensatz, dessen Bestimmungen (z. B. Endliches – Unendliches) er als voneinander unabhängig begreift.

2. Die dialektische Vernunft entwickelt »das eigene Sichaufheben solcher endlicher Bestimmungen und ihr Übergehen in ihre entgegengesetzte«, d. h. den Widerspruch, der sich in dem Begriff selbst notwendig auftut, wenn man ihn als These seiner Antithese abstrakt gegenüberstellt (denn jeder der beiden Begriffe setzt den jeweils anderen zu seiner eigenen Bestimmung voraus).

3. Die spekulative Vernunft hebt die Gegensatzbestimmungen als selbstständige auf, indem sie beide in einer Synthese miteinander vermittelt und zu Momenten einer höheren Einheit herabsetzt (↑Negation der Negation). Eine solche ist z. B. das wahrhaft Unendliche, »welches sich selbst und die Endlichkeit in sich begreift«.

Widersprüche in Natur und Gesellschaft

KARL MARX übernahm die hegelsche Dialektik ohne ihre »mystifizierte Form«. Er kritisierte an Hegel, das der Geist bei ihm als »Demiurg des Wirklichen« erscheine, während das Ideelle in Wahrheit »nichts anderes als das im Menschenkopf übersetzte Materielle« sei. Demgegenüber stellte FRIEDRICH ENGELS der »subjektiven Dialektik« des Begreifens eine »objektive Dialektik« der Dinge selbst entgegen, die nicht nur die Bewegung der Gesellschaft, sondern auch der Natur regelt. Er formulierte drei Hauptgesetze der Dialektik:

1. das »Umschlagen von Quantität in Qualität und umgekehrt«,

2. »gegenseitiges Durchdringen der polaren Gegensätze und Ineinander-Umschlagen, wenn auf die Spitze getrieben«,

3. »Entwicklung durch den Widerspruch oder Negation der Negation«.

Obwohl WLADIMIR ILJITSCH LENIN einer solchen »Dialektik der Natur« zurückhaltend gegenüberstand, wurde ENGELS' Theorie der Dialektik im Stalinismus zum Universalprinzip der Erklärung aller Entwicklungen in Natur und Gesellschaft (dialektischer ↑Materialismus).

In Italien, Frankreich und Deutschland versuchten Philosophen verschiedener Richtungen die marxsche Konzeption der Dialektik vom hegelschen, z. T. auch vom antiken Verständnis der Dialektik oder der kantischen Vernunftkritik her zu rekonstruieren, ohne sie als Realdialektik zu dogmatisieren (u. a. Benedetto Croce, Jean-Paul Sartre, Maurice Merleau-Ponty). Vertreter der ↑kritischen Theorie der Frankfurter Schule (v. a. Max Horkheimer, Theodor W. Adorno) bestimmten Dialektik ausdrücklich als Dialektik des Nichtidentischen. Dieser Ausdruck ist gegen alle geschlossenen, auf einer behaupteten Identität von Denken und Sein beruhenden Systeme (v. a. das Hegels) gerichtet, die auf den Vorrang des Subjekts hinauslaufen und mit ihrem Anspruch auf Totalität das im Begriff bzw. Allgemeinen nicht aufgehende Besondere ausschließen. Nachdem Horkheimer und Adorno in ihrem Gemeinschaftswerk ↑»Dialektik der Aufklärung« (1947) v. a. die Dialektik der Rationalität dargestellt hatten, hob Adorno in seinem Hauptwerk »Negative Dialektik« (1966) die unauflösliche Nichtidentität des Besonderen hervor. Ihm zufolge fordert negative Dialektik die Negation der objektiven und begrifflichen Totalität einer nach dem Identitätsprinzip organisierten, auf Herrschaftszwängen beruhenden Gesellschaft.

TIPP

Inwiefern ändert sich der Begriff des Widerspruchs von Aristoteles' Argumentationstheorie über Hegels Absolutheitsphilosophie bis zu Engels' Natur- und Gesellschaftstheorie?

WWW

www.philolex.de/aufsatz6.htm Einführung in den Begriff der Dialektik mit zahlreichen Querverweisen

LITERATUR

Seiffert, Helmut: Einführung in die Wissenschaftstheorie, Band 2: Geisteswissenschaftliche Methoden. Phänomenologie – Hermeneutik und historische Methode – Dialektik. München (Beck) [11]2006.

Adorno, Theodor W.: Ontologie und Dialektik. Frankfurt am Main (Suhrkamp) 2008.

◀ *Fortsetzung von Seite 96* notwendigen (vorprogrammierten) Denkergebnis geführt werden, erfüllt der Dialog nur belehrende Funktion.

Eine philosophisch-inhaltliche, anthropologische Bedeutung über die literarische Kunstform oder pädagogische Belehrungsfunktion hinaus bekommt der Dialog in der **dialogischen Philosophie.** In ihr gilt das Miteinander-Sprechen als wichtigster Ausdruck einer ursprünglichen und fundamentalen, nicht weiter ableitbaren menschlichen Daseinsweise, der Ich-Du-Beziehung gleichberechtigter Partner im Reden. Das Miteinander-Handeln im Reden ist ihr zufolge gekennzeichnet durch die Anerkennung des anderen als Person, den Verzicht auf Instrumentalisierung und das Ernstnehmen der Freiheit des Du.

In der modernen Logik und Wissenschaftstheorie ist der Dialog als mögliche Grundlage einer Argumentationstheorie neu entdeckt worden. So versteht man in der um etwa 1960 von PAUL LORENZEN und KUNO LORENZ entwickelten **dialogischen Logik** unter einem Dialog eine »Partie«, ein (formales) Spiel nach genau festgelegten Argumentationsregeln um eine Anfangsaussage, die These. Nach endlich vielen Schritten endet die Auseinandersetzung mit Gewinn oder Verlust für je einen der Spieler. Genau die Aussagen (Thesen), die sich gegen jedermann vertreten lassen, für die also eine (formale) Gewinnstrategie existiert, gelten als (formal) wahr.

dianoẹtisch [zu griech. diánoia »Vernunft«]: denkend, den Verstand betreffend. Nach PLATON nehmen die Gegenstände der Geometrie (Dreiecke, Kreis usw.) eine Zwischenstellung zwischen den Dingen der vergänglichen Welt und den unveränderlichen ↑Ideen ein, weshalb er sie als dianoetisch bezeichnet. Mit den Ideen haben sie die Unveränderbarkeit gemeinsam, mit den Dingen der Körperwelt die Vielzahl.

Dichotomie [griech. »Zweiteilung«]: Methode zur Klassifikation von Gegenstandsbereichen, wobei diese in zwei ↑disjunkte Teile zerlegt werden, die zusammen den gesamten Bereich ausmachen. Demnach muss nun – setzt man das ↑Tertium non datur voraus – jedes Objekt entweder zu dem einen oder zu dem anderen Teil gehören (vollständige ↑Disjunktion). So lassen sich die Menschen in Lehrer und Nichtlehrer einteilen. Die zweite Alternative bleibt dabei inhaltlich unbestimmt. Anders ist es etwa bei der Einteilung in männlich und weiblich. Hier haben beide Alternativen ihre eigenständige, nicht von der anderen abgeleitete Bedeutung.

Dichotomien sind zum Zweck der Klassifikation nach wie vor gebräuchlich. Das bekannteste Beispiel aus der Philosophiegeschichte für die Verwendung von Dichotomien stellt die platonische **Dihairesis** (griech. »Zerlegung«) dar. In ihr werden Dichotomien verwandt, um sich dem zu untersuchenden Begriff schrittweise zu nähern.

Dichterphilosophen: philosophisch orientierte Autoren, die nicht in genuin philosophisch-systematischer Sprache schreiben, sondern ihre philosophischen Gedanken in verschiedenen literarischen Formen und z. T. in fragmentarischer Weise äußern. Als Dichterphilosoph kann schon PARMENIDES mit seinem Lehrgedicht über das Sein gelten. Im eigentlichen Sinne tritt das Phänomen aber erst ab der Romantik auf, z. B. die Ich-Philosophie in NOVALIS' »Fragmenten« (1798), FRIEDRICH HÖLDERLINS die Sprache selbst reflektierende Sprachgedichte oder der ausgeprägt aphoristische Zug in FRIEDRICH NIETZSCHES Werk (u. a. »Menschliches, Allzumenschliches«). Auch die Dramen, Romane und Erzählungen JEAN-PAUL SARTRES und ALBERT CAMUS' sind zum großen Teil Spiegel ihres philosophischen Denkens.

Differẹntia specịfica [lat. »kennzeichnender Unterschied«]: neben dem ↑Genus proximum der zweite Grundbegriff der traditionellen Definitionslehre. Um aus einem fest vorgegebenen Bereich, der ↑Gattung, einen Teil, die ↑Art, auszusondern, bedarf es der Angabe einer Differentia specifica. Die Art wird gemäß der traditionellen Auffassung intensional (↑Intension) verstanden, im Gegensatz zum modernen Mengenbegriff. Zum Beispiel ergibt sich die Art »Quadrat« aus der Gattung »Rechteck« durch den kennzeichnenden Unterschied »mit vier gleich langen Seiten«.

Differenz [zu lat. differentia »Unterschied«]: bei Aristoteles der Unterschied hinsichtlich der Arten derselben Gattung (↑Differentia specifica). Bei Thomas von Aquin wird dieser Differenzbegriff erweitert zur Bestimmung für die unterschiedlichen Zustände (Merkmale) der Individuen einer Art.

Unter **ontologischer Differenz** versteht Martin Heidegger in seiner ↑Fundamentalontologie die Differenz zwischen Sein und Seiendem. Den Begriff führte er ein, um Sein nicht mehr, wie traditionell, von der Wirklichkeit der Dinge her zu denken. Im späteren Ereignisdenken entfaltet Heidegger den Unterschied von Zuwurf und ↑Entwurf im Geschehen des Seins als »Ursprung« der die Seinsfrage nur vorbereitenden ontologischen Differenz.

Jacques Derrida verwendet innerhalb seines Konzeptes der ↑Dekonstruktion von Texten den Begriff der **Différance** für den uneinholbaren »Aufschub« der (im Text lauernden) »Spur«, die nach ihm eröffnend dem Denken und der ontologischen Differenz vorangeht.

Dihairesis [griech.]: ↑Dichotomie.

Diktatur [zu lat. dictare »befehlen«, »bestimmen«]: Form politischer Herrschaft, die alle Staatsgewalt, d. h. die gesetzgebende, vollziehende und rechtsprechende Gewalt in einer Person (oder einer Gruppe von Personen) vereinigt, während sie z. B. in der ↑Demokratie geteilt sind.

Diktatur

Diktatur und totale Herrschaft

Unter dem Eindruck von Nationalsozialismus und Holocaust verfasste Hannah Arendt im amerikanischen Exil mit den »Elementen und Ursprüngen totaler Herrschaft« ein Standardwerk über die Geschichte und Theorie des Totalitarismus. In einer detaillierten Analyse hebt sie darin hervor, dass sich die klassische Diktatur oder Tyrannis von modernen totalitären Herrschaftsformen wie Nationalsozialismus und Stalinismus grundsätzlich unterscheidet.

Ein fundamentaler Unterschied sei der, dass sich totalitäre Herrscher, anders als die alten Diktatoren, »einer echten und keineswegs von Propaganda erzeugten Popularität erfreuen. Totale Herrschaft ist ohne Massenbewegung und ohne Unterstützung durch die von ihr terrorisierten Massen nicht möglich«. Ein zweiter Unterschied sei die Aufhebung aller gesellschaftlichen Unterschiede in der Massenbewegung. Zwar hätten auch Tyrannen und Despoten immer gewusst, dass die Ausschaltung der Klassen eine Voraussetzung ihrer Herrschaft war, in der totalitären Massenbewegung werde diese jedoch bis zur »völligen Atomisierung« der Individuen vorangetrieben: Denn »totale Treue kann nur von absolut isolierten Individuen geleistet werden«, die ihre persönliche Bindungen an Familie, Freunde und Bekannte vollständig dem Bekenntnis zum »Führer« geopfert hätten.

Zwei Typen der Diktatur entwickelten sich z. T. bereits im republikanischen Rom:

- Diktatur als verfassungsmäßig befristete Einrichtung zur Überwindung einer besonderen Krisenlage (z. B. im Krieg). Auch die meisten modernen Verfassungsstaaten sehen für Notstandssituationen die Möglichkeit vor, die Regierung mit diktatorischen Vollmachten zur Bewältigung von Krisen auszustatten (»Ausnahmezustand«).

- Diktatur als unbefristete Herrschaft. Ihre moderne Entwicklung setzte mit der Jakobinerherrschaft (Diktatur des Wohlfahrtsausschusses unter MAXIMILIEN ROBESPIERRE) während der Französischen Revolution ein. Sie unterscheidet sich von der absoluten Monarchie durch den Verzicht auf religiöse Legitimation und durch ihren totalitären Charakter (Reglementierung aller gesellschaftlichen, kulturellen und persönlichen Lebensbereiche), von der bloßen Gewaltherrschaft durch einen Legitimitätsanspruch (↑Legalität/Legitimität), der sich entweder auf eine für verbindlich erklärte Weltanschauung oder ↑Ideologie (z. B. die nationalsozialistische Rassentheorie), die Behauptung einer historischen Mission (z. B. ADOLF HITLERS Eroberung von Lebensraum im Osten) oder scheindemokratische Beglaubigung (z. B. manipulierte Wahlen) stützt.

Philosophisch hat THOMAS HOBBES mit seiner Lehre vom ↑Gesellschaftsvertrag Absolutismus und totalitäre Herrschaft überhaupt zu legitimieren versucht. Allerdings erklärte schon PLATON die Diktatur zur legitimen politischen Herrschaftsform – im Sinne einer an der Idee des Guten und der Gerechtigkeit orientierten Erziehungsdiktatur, ausgeübt durch einen »Philosophenkönig«. KARL MARX versteht unter Diktatur jede Herrschaft, in der eine ↑Klasse ihre partikularen, d. h. nicht verallgemeinerungsfähigen Interessen gegenüber einer anderen Klasse durchzusetzen vermag, auch wenn diese Herrschaft demokratisch legitimiert sein sollte. Einer solchen Klassendiktatur soll nach der Revolution (d. h. nach der Abschaffung des Privateigentums an den Produktionsmitteln) während der Übergangsphase zur kommunistischen klassenlosen Gesellschaft, in der nach MARX' Überzeugung der Staat allmählich absterben wird, eine »Diktatur des Proletariats« folgen, d. h. eine Herrschaft, in der nur das Proletariat »das Sagen« hat. »Eine spezifische Form« dieser Diktatur des Proletariats ist nach FRIEDRICH ENGELS die »demokratische Republik«. WLADIMIR IIJITSCH LENIN deutet die Diktatur des Proletariats in die von ihm angestrebte Diktatur der kommunistischen Partei um, verwendet »Diktatur« also wieder in der Bedeutung von »totalitärer Herrschaft«: »Diktatur ist eine sich unmittelbar auf Gewalt stützende Macht, die an keine Gesetze gebunden ist.«

Dilemma [griech. »Doppelsatz«]: Dilemma nennt man eine Zwangslage (»Zwickmühle«), in der sich die Auswahl lediglich auf zwei unerwünschten Alternativen beschränkt. Berühmt wurde das folgende Dilemma: EUATHLOS hat mit seinem Rhetoriklehrer PROTAGORAS vereinbart, den erhaltenen Unterricht nach Gewinn seines ersten Prozesses zu bezahlen. Er beginnt aber nie einen Prozess. Daraufhin klagt PROTAGORAS seine Forderungen ein. Das Dilemma (im antiken Sinne) besteht nun in den beiden Argumentationsmöglichkeiten: EUATHLOS: »Gewinnt PROTAGORAS, so habe ich verloren und muss gemäß unserer Abmachung nicht zahlen. Gewinne ich aber, so brauche ich laut Gerichtsbeschluss nicht zu zahlen. Also muss ich in keinem Fall zahlen.« PROTAGORAS: »Verliere ich, so gewinnt EUATHLOS und er muss nach unserer Übereinkunft zahlen. Gewinne ich aber, so muss er laut Urteil bezahlen. Also erhalte ich in jedem Fall mein Geld.« Bei mehr als zwei Disjunktionsgliedern spricht man auch von Tri-, Tetra-, Penta- oder Polylemma. – auch ↑Gefangenendilemma.

Dilthey, Wilhelm, deutscher Philosoph, * Biebrich (heute zu Wiesbaden) 19. 11. 1833, † Seis (bei Bozen) 1. 10 1911: Nach dem Studium der Theologie und Philosophie u. a. in Heidelberg und Berlin hatte DILTHEY Professuren in Basel, Kiel und Breslau und ab 1882 einen Lehrstuhl in Berlin inne.

DILTHEY gilt als Begründer der Erkenntnistheorie der Geisteswissenschaften und war einer der Hauptvertreter der modernen wissenschaftlichen ↑Hermeneutik, wobei er den Aspekt der Geschichtlichkeit in den Vordergrund stellte. Nur die exakte Kenntnis seiner Geschichte versetze den Menschen in die Lage, sein Wesen zu verstehen. Vor allem Begriffe wie »Geistesgeschichte« und »Geisteswissenschaft« wurden von ihm wesentlich mit geprägt.

In bewusster Abgrenzung zu den das 19. Jh. beherrschenden empirischen Naturwissenschaften, deren Methodik DILTHEY als ein »erklärendes« Vorgehen bezeichnet, operieren nach ihm die Geisteswissenschaften, die die subjektive Disposition des interpretierenden Denkers mit zu beachten hätten, auf der Ebene des »Verstehens«. Das Sinnverstehen als hermeneutischer Akt bedeutet für ihn ein Rekonstruieren bzw. »Nacherleben« von (etwa in Institutionen oder Kunstwerken dargelegten, früheren) Erlebniswelten anderer, die so zum Verständnis der Gegenwart genutzt werden könnten.

Im Rückgriff auf die Auslegungslehren der Frühromantik (FRIEDRICH SCHLEIERMACHER, FRIEDRICH SCHLEGEL) plädiert DILTHEYS Hermeneutik auf der Verstehensebene für das Hineinversetzen in die formalen und inhaltlichen Gegebenheiten, die andere auf individuelle Weise (etwa in der Kunst) zum Ausdruck gebracht haben.

DILTHEY war ein maßgeblicher Vertreter der ↑Lebensphilosophie, die gegen die vernunftbetonte theoretische Beschäftigung mit dem Leben das Leben als schöpferische Potenz bzw. das Erlebte zur Grundlage des Bewusstseins erhob. Eines seiner Hauptwerke (»Das Erlebnis und die Dichtung«, 1906) widmet sich dem Erlebnisbegriff, indem es das persönlich Erlebte des Autors als einen Akt des Verstehens von Welt interpretiert.

Ding (Res): Gegenstand, Objekt. In der Alltagssprache gelten als Dinge üblicherweise nur solche Gegenstände, die als zählbare Individuen auftreten; Goldstücke z. B. oder Wassertropfen kann man als Dinge ansprechen, Gold oder Wasser dagegen aber nicht mehr. Ein Ding ist also etwas, das in irgendeinem Sinn selbstständig, unabhängig von anderem bestehen kann.

Schon bei ARISTOTELES ist ein Ding charakterisiert durch die Komponenten der Unabhängigkeit, Selbstständigkeit, numerischen Identität. Als konkretes Individuum ist das Ding Träger von Qualitäten, von Eigenschaften. Dabei wird das Individuelle als das Wesentliche, Zugrundeliegende (↑Substanz) eingestuft, dem jede ↑Form, jede Eigenschaft, alles Allgemeine nur mehr oder minder zufällig (akzidentiell) anhaftet (↑Akzidens).

Einen Höhepunkt im »dingschaffenden« Umgang mit Welt stellt die Philosophie DESCARTES' dar. Für DESCARTES gab es genau zwei – grundsätzlich verschiedene – Arten von Individuen, die zu selbstständiger Existenz fähig waren: geistig-denkende und körperlich-ausgedehnte Dinge (↑Res cogitans/ Res extensa).

Ding an sich: Grundbegriff der Erkenntnistheorie KANTS, der das vom Einfluss des erkennenden Subjekts unberührte Ding bezeichnet. Die Konstitution der Sinnesorgane und die Strukturen des Verstandes »verformen« das Ding an sich für Menschen zur ↑Erscheinung. Da diese Rahmenbedingungen des Erkenntnisprozesses in keiner Weise hintergangen werden können, bleibt das Ding an sich für Menschen prinzipiell unerkennbar. Nichts kann in positiver Formulierung von ihm ausgesagt werden; man kann es lediglich denken.

Genau dies macht den Begriff des Dinges an sich zum schwierigen methodischen Problem, zum sog. »Grenzbegriff«, weil – auch bei KANT – unklar bleibt und bleiben muss, welcher Art die Aussagen sein sollen, die sich auf einen so definierten Gegenstand (»denkbar, aber in keiner Weise erkennbar«) beziehen könnten. Trotz dieser Schwierigkeiten hält KANT wohl aus zwei Gründen am Ding an sich fest: Erstens kann er mit seiner Hilfe eine Grenze menschlicher Erkenntnisfähigkeit deutlich markieren; zweitens soll das Ding an sich als unbeeinflussbarer Ausgangspunkt aller Erkenntnis den Objektivitätsanspruch von Aussagen über Gegenstände als Erscheinungen garantieren (↑Phänomen).

disjụnkt [zu lat. disiungere »trennen«]: zwei Gegenstandsbereiche (Klassen, Mengen) heißen disjunkt oder »unvereinbar«, wenn es keinen Gegenstand (kein Element) gibt, das sowohl zu dem einen als auch zu dem anderen Bereich gehört.

Disjunktion [lat. »Trennung«]: die Verknüpfung zweier sich ausschließender Aussagen zu einer neuen Aussage durch den zweistelligen ↑Junktor »entweder … oder« (Symbol: >–<). Wer zeigen will, dass eine durch »entweder … oder« gebildete Aussage wahr ist, muss nachweisen, dass eine und nur eine der Alternativen wahr ist.

Einen Sonderfall der Disjunktion stellt die **vollständige Disjunktion** dar, bei der von vornherein feststeht, dass eine der beiden Alternativen wahr sein muss (↑Tertium non datur); z. B.: »Entweder 9 ist eine gerade Zahl oder 9 ist eine ungerade Zahl«. Auch Hamlets Frage »Sein oder Nichtsein« kann als vollständige Disjunktion verstanden werden.

Diskontinuität: ↑Kontinuität/Diskontinuität.

Diskurs: [latein. »das Umherlaufen«, »das Sichergehen (über etwas)«]: den philosophischen Begriff des Diskurses als einer durch Argumentation gekennzeichneten Form der Kommunikation haben vor allem JÜRGEN HABERMAS und KARL-OTTO APEL mit ihrer Diskurstheorie geprägt. Unter Diskurs verstehen sie das Verfahren einer dialogisch-argumentativen Prüfung strittiger Geltungsansprüche von Behauptungen (Ist-Aussagen) oder Aufforderungen (Soll-Aussagen) mit dem Ziel, einen universalen, für alle vernünftig Argumentierenden einsichtigen Konsens herbeizuführen.

Nach der Diskurstheorie ist nicht nur jeder Sprechakt, sondern jede intentionale Äußerung (Handlung) eines zurechnungsfähigen Menschen mit Geltungsansprüchen verknüpft, die allerdings nicht alle diskursiv auf ihre universale Gültigkeit überprüfbar sind. Letzteres gilt nur für die Wahrheit von Ist-Aussagen (z. B. wissenschaftliche Sätze), die Zweckmäßigkeit oder Wirksamkeit instrumenteller Handlungsanweisungen oder Handlungen (z. B. politische Maßnahmen) und die Berechtigung von Soll-Aussagen und Handlungsnormen (z. B. das Tötungsverbot) bzw. entsprechende Handlungen (z. B. politische Herrschaftsakte). Denn argumentativ geprüft und ggf. bestätigt werden können nur solche Geltungsansprüche, die sich auf Sachverhalte in der für alle Menschen gleichermaßen erfahrbaren objektiven Welt oder auf Normen in der sozialen Welt beziehen, die jeder im Hinblick auf seine eigenen Interessen zu beurteilen vermag. Damit der Diskurs gelingen kann, müssen die Teilnehmer bestimmte Regeln befolgen.

Eine »ideale Sprechsituation« (HABERMAS) bzw. eine »ideale Kommunikationsgemeinschaft« (APEL) zeichnet sich durch eine Reihe universal- bzw. transzendentalpragmatischer Diskursregeln aus:

1. Teilnahmeberechtigt an einem Diskurs ist jeder Sprachfähige in völliger Gleichberechtigung mit allen anderen Diskursteilnehmern.

Diskurs: Das persönliche, zum Nachdenken anregende Gespräch gilt seit Sokrates als angemessene Form des Philosophierens. Philosophie in heutigen Lehrveranstaltungen ist oft ein Monologisieren.

2. Weder von außen noch von innen darf auf den Verständigungsprozess irgendein Zwang ausgeübt werden; kennzeichnend für den »herrschaftsfreien Diskurs« ist vielmehr der »zwanglose Zwang des besseren Arguments« (APEL).
3. Die Diskursteilnehmer dürfen sich daher allein von dem Motiv der kooperativen und argumentativen Konsensfindung leiten lassen; vorausgesetzt werden also ihre Gutwilligkeit und Wahrhaftigkeit.
4. Die Diskursbeiträge unterliegen der Forderung nach sprachlicher Verständlichkeit und logisch-pragmatischer Richtigkeit, sie müssen also mit den traditionellen Regeln der Logik und den kontextuellen Regeln kommunikativen Verhaltens in Übereinstimmung stehen.

Mit diesen Diskursregeln als universalen bzw. transzendentalen Kommunikationsbedingungen ist die Konsenstheorie der ↑Wahrheit verknüpft, die HABERMAS und APEL im Anschluss an den ↑Pragmatismus von CHARLES SANDERS PEIRCE entwickelt haben: Als wahr gelten demnach nur Aussagen, deren Geltungsansprüche unter idealen Kommunikationsbedingungen von allen Diskursteilnehmern anerkannt werden.

Docta ignorantia [lat. »die (über sich selbst) belehrte Unwissenheit«]: im vorwiegend platonistisch beeinflussten Teil der Scholastik Bezeichnung für die Gotteserkenntnis, die empfängt, wer den Anspruch aufgegeben hat, Gott rational erkennen zu können. Sie lehnt sich an die sokratische Aussage »ich weiß, dass ich nichts weiß« an und dient dann im ersten Hauptwerk des NIKOLAUS VON KUES »De docta ignorantia« (1440) zur Bestimmung der höchsten Stufe der Vernunfterkenntnis.

Nach THOMAS VON AQUIN und der von ihm beeinflussten Scholastik kann der menschliche Verstand positive, wenn auch unvollkommene Aussagen über Gott machen, da zwischen endlichem und unendlichem Seienden das Verhältnis der Analogie (↑Analogia entis) besteht und Erkenntnisprinzipien, v.a. der ↑Satz vom (verbotenen) Widerspruch, universale Geltung haben. Nach NIKOLAUS VON KUES vollzieht sich Verstandeserkennen als »Vergleichen« und »Messen«. Es führt im Bereich des endlichen Seienden zwar zu Erkenntnissen, je weiter es fortschreitet aber zu immer deutlicheren Unterscheidungen, die von NIKOLAUS VON KUES »Entgegensetzungen« genannt werden (z.B. Kreis – Gerade); und diese erlauben mangels Ähnlichkeit kaum mehr »Vergleiche«, d.h. Erkenntnisfortschritte.

Da das eigentliche Erkenntnisziel Gott ist, müsste der Verstand einen Übergang vom Endlichen zum Unendlichen vollziehen können. Wird er wissend vollzogen, so entdeckt die Vernunft, dass die »Entgegensetzungen«

des Verstandes im Bereich des Unendlichen nicht gelten, sondern »ineinanderfallen« (↑Coincidentia Oppositorum; wird z. B. der Durchmesser eines Kreises unendlich, so wird die Kreislinie eine Gerade). Da also im Bereich des Unendlichen die Prinzipien der Verstandeserkenntnis, v. a. der ↑Satz vom (verbotenen) Widerspruch, nicht gelten, versagt der Verstand. Somit ist die Vernunft zu ihrer höchsten Leistung fortgeschritten, zum wohl begründeten Wissen von ihrer eigenen Unwissenheit: Über Gott sind keine positiven, sondern nur negative Aussagen möglich (z. B. »unendlich«, »unbegreifbar«) oder Aussagen, die, wie das »Ineinanderfallen der Entgegensetzungen«, unbegreifbar bleiben.

Dogmatismus [zu griech. dógma »Meinung«, »Lehrsatz«, »Glaubenssatz«]: Einstellung, die für grundlegende, aber nicht rational (d. h. intersubjektiv überprüfbar) begründete Behauptungen Allgemeingültigkeit beansprucht, weil sie die Notwendigkeit rational-argumentativer Bewährung universaler Geltungsansprüche (↑Diskurs) missachtet bzw. bestreitet. Beispiele für diese Einstellung sind kirchliche Dogmen (Lehrsätze), die als von Gott in der Heiligen Schrift geoffenbarte Wahrheiten die unbedingte Anerkennung ihrer Geltung durch alle rechtgläubigen Christen fordern; die Bekämpfung des heliozentrischen Weltbilds der neuzeitlichen Astronomie (NIKOLAUS KOPERNIKUS, JOHANNES KEPLER, GALILEO GALILEI) durch die katholische Kirche unter Berufung auf die Meinung der »Autoritäten« (ARISTOTELES, Heilige Schrift, Kirchenväter); politische Weltanschauungslehren (z. B. die Rassenideologie des Nationalsozialismus).

KANT unterscheidet den Dogmatismus der traditionellen Metaphysik, die, unbesorgt um die Grenzen menschlicher Erkenntnis, aus unüberprüften Prinzipien ihre Systeme aufbaut, von dem in seinem ↑Kritizismus geübten »dogmatischen Verfahren der Vernunft«, d. h. der Erkenntniskritik, die »aus sicheren Prinzipien a priori strenge beweisend« vorgeht.

doppelte Moral: Bezeichnung für eine Einstellung, die ein bestimmtes Verhalten mit zwei verschiedenen Maßstäben misst. So beanspruchen neben den generell gültigen ethischen Normen einzelne oder verschiedene Gruppen für ihr Handeln großzügigere Bewertungskriterien bzw. machen für bestimmte Handlungsbereiche geltend, dass sie den herkömmlichen sittlichen Maßstäben nicht unterliegen sollten. Der Wechsel des Maßstabs soll mit dem Hinweis auf eine gewisse Eigengesetzlichkeit, die angeblich in der Natur bestimmter Personen, Gruppen oder Lebensbereiche begründet liegt, gerechtfertigt werden.

Als das eigentliche Motiv für eine doppelte Moral ist jedoch eine mangelnde Bereitschaft anzusehen, sich den herrschenden ethischen Normen und Anschauungen unterzuordnen. Offensichtlich soll der Spielraum an Handlungsmöglichkeiten erweitert werden, um auch eine Durchsetzung von außermoralischen Sonderinteressen als gerechtfertigt erscheinen zu lassen. So wird es z. B. in NICCOLÓ MACHIAVELLIS Konzeption einer politischen Philosophie, in der Macht und Stärke des Staates als Ideale dominieren, als notwendig erachtet, den Handlungsspielraum des Staatsmannes von den Fesseln privater bürgerlicher Moral zu befreien. Das Resultat ist dann ein skrupelloses Erfolgsdenken der Machtträger: Während im Bereich privater Moral das Verbot der Lüge oder des Tötens gilt, kann auf der Ebene des politischen Handelns etwa ein Vertragsbruch oder gar ein Mord aus Gründen der Staatsräson geradezu geboten erscheinen.

doppelte Wahrheit: eine v. a. in Mittelalter und beginnender Neuzeit diskutierte Lehre, wonach zwei gegensätzliche Aussagen über ein und denselben Sachverhalt beide zugleich wahr sein können. Sie beleuchtet v. a. das Verhältnis von Wissen und Glauben: Hinter der Lehre steht die These, dass Glaubenserkenntnis und Beweiswissen bzw. Theologie und Philosophie zwei eigenständige Wissenschaftsbereiche mit eigenen Erkenntnismöglichkeiten, -quellen und -methoden sind, die jedoch entsprechend ihren jeweiligen Aussagen innerhalb bestimmter Lebensbereiche beide Geltung beanspruchen können. Schon früh vom christlichen Aristotelismus kritisiert, wurde diese Lehre 1513 auf dem 5. Laterankonzil von der Kirche verurteilt.

Doxa [griech. »Meinung«, »Ansicht«, »Schein«]: Schon PARMENIDES unterscheidet Doxa als unzulängliches Wissen vom eigentlichen Denken (noeîn) bzw. von der Wahrheit (↑Aletheia). Bei PLATON sind Wissen (epistéme) und Meinen (Doxa) zwei verschiedene Weisen, am Sein des Logos teilzuhaben. Die Meinung ist zwar unklarer als das Wissen, aber klarer als das Nichtwissen. Indem sie sich zwischen Sein und Nichtsein hin- und herwendet, kommt ihr im Erkenntnisprozess eine wichtige Mittlerrolle zu (↑Höhlengleichnis).

Dualismus [zu lat. dualis »zweifach«, »zwei enthaltend«]: Bezeichnung für religiöse oder philosophische Lehren, in denen davon ausgegangen wird, dass die Welt in ihrem Aufbau bzw. das Weltgeschehen in seinem Ablauf bestimmt sind durch genau zwei nicht auseinander ableitbare, d. h. voneinander unabhängige Prinzipien, Mächte oder Substanzen (z. B. Sein und Werden, Gut und Böse, Geist und Materie) – im Gegensatz zu monistischen (↑Monismus) oder pluralistischen (↑Pluralismus) Erklärungsmodellen. Solche Urprinzipien können in ihrer wechselseitigen Beziehung entweder als ergänzend-komplementär (z. B. ↑Yin und Yang) oder als feindlich-antagonistisch charakterisiert werden, wie etwa in der Lehre ZARATHUSTRAS, in der sich ein Reich des Lichtes, des Guten, und eines der Finsternis, des Bösen, unversöhnlich gegenüberstehen.

Von philosophischer Tragweite waren die dualistischen Elemente der Philosophie PLATONS, der von einem metaphysisch-ontologischen Dualismus ausging: Es gibt zwei voneinander geschiedene Seinsbereiche, ein Reich unveränderlichen, wahrhaften und vollkommenen Seins, die ↑Ideen, an denen – sozusagen auf der anderen Seite des Seins – die sinnlich wahrnehmbaren und veränderlichen Dinge (nur) schemenhaft, abbildhaft Anteil haben. PLATONS metaphysisch-erkenntnistheoretischer Dualismus steht in engem Zusammenhang mit seinem Menschenbild (anthropologischer Dualismus): Der Geist oder die Vernunft sind dasjenige im Menschen, das ihn mit dem Reich der Vollkommenheit, den Ideen, verbindet. Durch seinen Leib aber gehört der Mensch auf der anderen Seite dem Reich der Veränderung, der Welt des Werdens und Vergehens, also des Scheins, an. Der Körper behindert den geistigen Teil bei seinem Streben nach Schau der Ideen; er ist für die Seele Gefängnis, Kerker, aus dem sie erst durch den Tod wieder »befreit«, »erlöst« wird – der Schnitt geht (zerstörerisch) mitten durch den Menschen.

Die Philosophie DESCARTES' brachte eine noch konsequentere Variante eines derartigen dualistischen »Systems der Selbstzerreißung und Verzweiflung« (FRIEDRICH VON SCHELLING zu DESCARTES). DESCARTES schied denkendes Bewusst-Sein (Res cogitans) und ausgedehntes, körperhaft-materielles Sein (Res extensa) so streng voneinander, dass er letztlich nicht mehr in der Lage war, die Möglichkeit ihrer Koexistenz und Wechselwirkung in ein und demselben Wesen, dem Menschen, rational zu erklären (↑Okkasionalismus, ↑Subjekt-Objekt-Problem). Der kartesische Dualismus hat –

bis in unsere Tage – weitreichende methodische Konsequenzen. So differenziert man z. B. an Schulen und Universitäten u. a. in ↑Naturwissenschaften und ↑Geisteswissenschaften.

Im Anschluss an den kartesischen Dualismus wurden etliche Versuche (u. a. von THOMAS HOBBES und BARUCH DE SPINOZA) unternommen, Mensch und Welt monistisch, d. h. wieder aus einem einzigen Prinzip erklärbar zu deuten. Determinismus (↑Determinismus/Indeterminismus) und Pantheismus hießen die Alternativen, die hier angeboten wurden. Ob KANT die Überwindung des Dualismus wenigstens erkenntnistheoretisch gelang, bleibt bis heute strittig, da er zwar auf die Erkennbarkeit einer an sich bestehenden Wirklichkeit verzichtet, trotz allem aber am ↑Ding an sich als nicht weiter bestimmbarer Basis alles Erkennbaren festhält. Ethisch wirkten sich diese Reste eines Dualismus zwischen Ding an sich und ↑Erscheinung jedenfalls massiv aus. Das Ding an sich als Träger der personalen Würde des handelnden Subjekts bejaht die Pflicht, die bedingungslose Erfüllung des ↑kategorischen Imperativs; die erscheinungshaften Anteile des Subjekts dagegen (Körper, Triebe) sorgen immer wieder für »Versuchungen«, denen der Mensch nicht gewachsen ist. So stellte FRIEDRICH SCHILLER resignativ fest: »Zwischen Pflicht und Neigung bleibt dem Menschen nur die bange Wahl!«

Angesichts dieser neuerlichen »Zerreißprobe« bestimmte HEGEL nun die dialektische Überwindung des Dualismus in allen Bereichen des Lebens als *die* Aufgabe der Philosophie. Eine Verarbeitung hegelscher Gedanken und Methodik erfolgte im neuzeitlichen Materialismus.

Im 20. Jh. hat die ↑Phänomenologie mit ihrem korrelativen, Bewusstsein und Seinsgegebenheit verbindenden Ansatz den Dualismus zu überwinden versucht. Auch populistische Strömungen wie das ↑New Age sind betont antidualistisch ausgerichtet.

Duns Scotus, Johannes, scholastischer Philosoph und Theologe, *Duns (bei Berwick-upon-Tweed) um 1266, †Köln 8. 11. 1308: Außer dem Datum seiner Priesterweihe 1291 ist über das Leben des DUNS SCOTUS wenig bekannt. Der Beiname »Scotus« weist darauf hin, dass er aus Schottland stammte. 1303 wurde er aus Frankreich ausgewiesen, weil er sich im berühmten Souveränitätsstreit zwischen PHILIPP IV., DEM SCHÖNEN, und PAPST BONIFATIUS VIII. nicht für die Sache des Königs bekannte. Aber sicherlich hat DUNS an fast allen bedeutenden Zentren der Hochscholastik gelehrt, neben Paris u. a. in Oxford und Köln, wo er kurz vor seinem Tod noch die Leitung des Franziskanerkonvents übernahm.

So dunkel wie sein Lebensweg, so problematisch ist auch die Überlieferung seiner Lehre, da sie sich nicht selten auf seinen mündlichen Vortrag stützt. Neben z. T. autorisierten Mitschriften gibt es von ihm nur unvollendete Handschriften, die zudem oft noch mit Zusätzen bzw. Änderungen späterer Anhänger des Scotismus versehen sind. Auch sein Hauptwerk, der als »Ordinatio« bezeichnete Kommentar zu den »Sentenzen« des PETRUS LOMBARDUS, ist nur im Stadium der redaktionellen Überarbeitung erhalten. Wegen seines scharfsinnigen logischen Argumentierens schon zu Lebzeiten als »doctor subtilis« gerühmt, galt er den späteren Jahrhunderten, v. a. im Humanismus und der Aufklärung, gern als Beispiel für die logischen Spitzfindigkeiten der Scholastik.

DUNS SCOTUS' herausragende Bedeutung wurde erst im 20. Jh. erkannt. Sie gründet sich im Rahmen des ↑Universalienstreits v. a. auf dem im Begriff der »Haecceitas«, der »Diesheit«, gefassten neuen Sichtweise der ↑Individuation. Während die Tradition (v. a. THOMAS VON AQUIN) das individuelle

Einzelding als Zusammenstellung zufälliger Eigenschaften betrachtete, denen metaphysisch keinerlei Gewicht zukam, sah DUNS SCOTUS, nicht zuletzt unter Rückgriff auf (evidente) Erfahrung, gerade im Einzelding eine positive Entität. Das Einzelding ist nicht aus der formalen Universalienhierarchie der Gattungen und Arten abzuleiten, sondern als einmaliges, unverwechselbar Existierendes ist es bereits von sich aus bestimmt als letzte Realität der Formen. Damit wird das Individuelle zugleich zu so etwas wie dem »letzten Ziel« der Natur. In anderem Kontext betonte DUNS SCOTUS den Vorrang des Willens des Einzelnen gegenüber der allgemeinen Vernunft und wandte sich damit indirekt gegen das herrschende ständestaatliche Denken. Hiermit wurde er zum Wegbereiter moderner, auf Autonomie gründender Subjektivitätstheorien.

Dy̱namis [griech.]: ↑Akt/Potenz.

Dynamismus [zu griech. dýnamis »Kraft«, »Vermögen«]: Sammelbezeichnung für philosophische Positionen, die Seiendes als Erscheinung einer oder mehrerer Kräfte deuten. Der metaphysische Dynanismus lässt sich bis HERAKLIT zurückverfolgen und erfährt in der Neuzeit v. a. in ARTHUR SCHOPENHAUERS Deutung der »Welt als Wille und Vorstellung« eine starke Ausprägung.

Von naturphilosophischer Seite wendet sich der Dynamismus von RUGGIERO GIUSEPPE BOSCOVICH gegen atomistische (↑Atomismus) und mechanistische (↑Mechanismus) Deutungen der Natur. Gemäß der Forderung ISAAC NEWTONS, dass für alle Erscheinungen die sie verursachenden Kräfte gesucht und aus deren Gesetzen wiederum alle Erscheinungen abgeleitet werden müssten, stellt BOSCOVICH die Theorie auf, dass alle materiellen Phänomene Wirkungen punktartiger, nicht an Materie gebundener Kraftzentren sind, womit er in die Nähe moderner physikalischer Theorien rückt.

E

Eckhart, Meister Eckhart, deutscher Philosoph und Theologe, *Hochheim (bei Gotha) um 1260, †Avignon (?) vor April 1328: ECKHART trat 1277 den Dominikanern bei. Er studierte in Köln und Paris, wo er 1302 Magister wurde. Von 1303 bis 1311 war er Provinzial der Ordensprovinz Saxonia und lehrte anschließend bis 1313 erneut in Paris. Danach war er in Straßburg als Seelsorger tätig, wo er durch wortgewaltige Predigten Berühmtheit erlangte. Nach 1322 an der Kölner Ordenshochschule, brachten ihm seine sehr gewagten Predigten 1326 ein Inquisitionsverfahren durch den Erzbischof von Köln ein. ECKHART dagegen erhob bei Papst JOHANNES XXII. Einspruch und reiste zur Verteidigung seiner Lehre zum Papst nach Avignon. Die Bulle vom 27. 3. 1329 verurteilte 28 Thesen des verstorbenen ECKHART als Häresie bzw. häresieverdächtig.

ECKHART entwickelte sein an ALBERTUS MAGNUS und THOMAS VON AQUIN anknüpfendes Denken in kleineren Schriften, wie in dem »Buch der göttlichen Tröstung«, und hauptsächlich in seinen Predigten. Zentral ist bei ihm der Gedanke der »Gelassenheit«. Der Mensch soll ganz von sich, aber auch von allen Vorstellungen von Gott lassen, um in die Einheit mit Gott zu gelangen. Wenn er »zu nichts geworden« ist, erfährt er im Nichts, dass er und Gott eines sind. ECKHART radikalisiert diese Erfahrung der mystischen Vereinigung, indem er vom ewigen Ich des Menschen spricht, das JESUS CHRISTUS gleich ist. Er unterscheidet zwischen dem unveränderlichen, unsterblichen und dem veränderlichen, sterblichen Ich. Das ewige Ich hat das sterbliche Ich ins Dasein gebracht, es ist selbst ein unbewegt Bewegendes. Damit wandelt ECKHART die metaphysischen Begriffe des ARISTOTELES für Sein und Gott zum Ichbegriff um. Das ewige Ich ist unentstanden, es gehört nicht zur Schöpfung Gottes, die wie das sterbliche Ich entstanden ist und vergeht. Hiermit distanziert sich ECKHART vom thomistischen Begriff des christlichen Schöpfergottes. Besonders die revolutionäre Christusgleichheit des Menschen in seinem Ich brachte ihm die kirchliche Verfolgung ein. Seine gedanklichen Nachfolger, die Mystiker JOHANNES TAULER und HEINRICH SEUSE, nahmen diese Radikalität zurück, um in der Kirche bestehen zu können. Begeistert wurde das Ichdenken vom deutschen Idealismus, v.a. von HEGEL und FRIEDRICH SCHLEGEL, rezipiert.

Eckhart, Meister Eckart: Das Siegel Eckarts zeigt den auferstehenden Christus mit schlafenden Grabwächtern (1319; Wolfenbüttel, Niedersächsisches Staatsarchiv).

Egoismus [zu lat. ego »ich«]: dem ↑Altruismus entgegengesetzte moralische Einstellung, die sich in selbstsüchtigem Handeln äußert und – als philosophische Position – die Verfolgung eigennütziger Zwecke als einzigen Beurteilungsmaßstab für Handlungen anerkennt. In diesem Sinne ist etwa der ↑Hedonismus oder der ↑Nihilismus (z.B. FRIEDRICH NIETZSCHE: »Nichts ist wahr, alles ist erlaubt«) vom Egoismus geprägt.

Eidetik [zu griech. eĩdos]: wichtiges Verfahren in der ↑Phänomenologie EDMUND HUSSERLS. Mithilfe eidetischer, d.h. in Gedanken durchgespielter Variationen eines Bewusstseinsphänomens lässt sich durch die Veränderungen hindurch bestimmen, was sich an ihm an Gleichbleibendem erhält. Damit soll die Wesensgesetzlichkeit des jeweiligen Phänomens bestimmt werden.

Eidos [griech. ursprünglich »das Schauen«; »Gestalt«, »Wesen«, »Idee«]: im griechischen Philosophieren Bezeichnung für das Wesen einer Sache unter dem Gesichtspunkt, dass es durch deren sinnlich wahrnehmbare Erscheinung hindurch erkennbar ist. Eidos ist neben Idea (↑Idee) ein Kernbegriff der platonischen, neben Morphe (griech. »Form«; ↑Form/Materie) der aristotelischen Philosophie. Zwar ist die sinnliche Erscheinung der Veränderung unterworfen, von Zufällen abhängig und – am Wesen gemessen – stets unvollkommen, aber sie ist dennoch mehr oder weniger vom Wesen geprägt. Das Wesen einer Sache gibt sich also als die innere Gestalt durch die äußere Erscheinung hindurch zu erkennen, ist damit grundsätzlich unverborgen für denjenigen, der von der oberflächlichen sinnlichen Wahrnehmung zu der geistigen Schau (↑Höhlengleichnis) übergeht. Daher kann der Begriff (↑Logos), den Menschen sich von einer Sache bilden, grundsätzlich deren Wesen entsprechen.

Eigenschaft: Bestimmung eines Gegenstandes, die diesen als zu einer Klasse von Gegenständen zugehörig ausweist; z.B. der blaue Himmel wird durch seine »Bläue« zugehörig zur Klasse der blauen Gegenstände. In der Tradition wurde Eigenschaft aufgefasst als etwas, das ein bestimmter Gegenstand hat. Die obige Aussage wäre demnach genauer so zu lesen: Der Himmel hat die Eigenschaft, blau zu sein. Wichtig wurde die Einteilung der Eigenschaften eines Gegenstandes in solche, die für diesen wesentlich sind, weil er ohne sie aufhören würde, das zu sein, was er ist (↑Attribut), und für ihn unwesentliche (↑Akzidens).

Eigentlichkeit/Uneigentlichkeit: in der ↑Fundamentalontologie von MARTIN HEIDEGGER entfaltetes Begriffspaar für die Weisen, wie der Mensch sein ↑Dasein vollzieht. Wie der Mensch existiert, hängt davon ab, ob er aus der ↑Geworfenheit sein eigenes Sein bzw. Sein überhaupt versteht oder, wie zumeist, diese Herkunft vergisst und der Uneigentlichkeit verfällt. Die Eigentlichkeit eröffnet sich durch das »Vorlaufen in den Tod«, da der Tod den Einzelnen auf sich selbst verweist.

Eigentum: diejenige Sache, über die jemand nach geltender Rechtsnorm verfügen darf und die zugleich dem Zugriff aller anderen entzogen ist. Je nachdem, ob eine einzelne Person, eine Gruppe oder die gesamte Gesellschaft die Verfügungsgewalt über eine Sache besitzen, unterscheidet man zwischen Individual-, Gruppen- und Gesellschaftseigentum (wobei Individual- und Gruppeneigentum üblicherweise auch als Privateigentum bezeichnet werden).

In der Neuzeit wurde die philosophische, allen juristischen Regelungen vorgeordnete Diskussion um Entstehung, Verteilung und Begründung von Eigentum besonders intensiv im 17. Jh. aufgenommen, als das feudalistisch-absolutistische Gesellschafts- und Staatsgefüge von Theorien des bürgerlichen Verfassungsstaates infrage gestellt wurde. Als Grundlage für diese Kritik diente die Lehre von einem allgemein verbindlichen Naturrecht, die zunächst von der empirischen Feststellung ausgeht, dass der Mensch aufgrund seiner Bedürftigkeit darauf angewiesen ist, zum Zwecke seiner Selbsterhaltung bestimmte Sachen und Güter verbrauchen bzw. gebrauchen zu dürfen. In diesem Argumentationsrahmen wurden verschiedene Erklärungsmodelle vorgetragen, wie Eigentumsrechte konkret entstehen und wodurch sie gerechtfertigt werden können. Nach der Okkupationstheorie (z. B. HUGO GROTIUS) ist es das faktische Inbesitznehmen, nach der Arbeitstheorie (etwa bei JOHN LOCKE) das Bearbeiten einer Sache, was Eigentumsrechte schafft; die Vertragstheorie hingegen geht von einer bindenden Vereinbarung zwischen Individuen als Begründung für Eigentumsrechte aus.

Die Unzulänglichkeit dieser drei Modelle wird offenbar, wenn man bedenkt, dass sie die zu spät Gekommenen bzw. nachgeborenen Generationen benachteiligen und dass die lebensnotwendigen Ressourcen – im Gegensatz zum Besitzstreben des Menschen – begrenzt sind. So drohen auf Dauer zwangsläufig Konflikte zwischen den Individuen, die nur durch staatliche Eigentumsregelung vermieden werden können.

Die Legaltheorie sieht von daher als einzige Rechtsquelle den Staat und seine Gesetzgebung an. Hieran anknüpfend sucht KANT die Ergänzung des reinen Naturrechts durch das Staatsrecht: Er beruft sich dabei auf eine bürgerliche Verfassung, in der man die Verkörperung eines gemeinsamen Willens aller, die in einem Staat zusammenleben, sehen muss. Für HEGEL stellt – im Umkreis seiner Persönlichkeitstheorie – Privateigentum eine Bedingung dafür dar, dass individuelle Freiheit möglich wird. Der Mensch wird dadurch zum Subjekt der Natur, dass er sie zu seinem Objekt macht und somit als Eigentum beansprucht oder gestaltet. Dagegen ist nach KARL MARX das Privateigentum (v. a. an Produktionsmitteln) die Wurzel von Negativerscheinungen der kapitalistischen Gesellschaft wie Ausbeutung und Entfremdung (↑Arbeit). Konsequent plädiert er daher für die Abschaffung des Privateigentums an Produktionsmitteln und seine Überführung in Gesellschaftseigentum.

Entgegen der nach MARX und FRIEDRICH ENGELS zu erwartenden gesellschaftlichen Entwicklung wurde lange behauptet, dass das

System des Kapitalismus sozialen Ausgleichsbestrebungen gegenüber so flexibel sein kann, dass Ausbeutung, Entfremdung und die bloße Privatheit von Eigentum nicht mehr als vordringliche gesellschaftspolitische Kritikpunkte anzusehen sind. Durch zunehmende Globalisierung und internationale Fusionierungstendenzen werden Probleme dieser Art wieder häufiger thematisiert.

Ins Zentrum der philosophischen Eigentumsanalyse rücken Fragen wie Chancengleichheit, Verteilungsgerechtigkeit und Sozialbindung von Eigentum sowie das Problem der durch das Eigentum entstehenden Macht. Unterschiede in der Eigentumsverteilung werden dort als unsozial empfunden, wo der Gebrauch der Sache nur einseitig und rücksichtslos den Interessen der jeweiligen Eigentümer dient oder zur Beeinträchtigung der Lebensmöglichkeiten anderer führt. Als ungerecht werden diese Unterschiede überall dort empfunden, wo sie nicht von den Betroffenen selbst verursacht sind, sondern auf einer bloß vom Zufall bestimmten Zuteilung bzw. Vorenthaltung von Lebenschancen beruhen. Ferner schafft das Verfügungsrecht über Sachen Herrschafts- und Abhängigkeitsverhältnisse zwischen Individuen. Dass die Konzentration von Eigentum in einem umfassenderen Sinn soziales Prestige und Einflussmöglichkeiten in nahezu allen Bereichen des Staates entstehen lässt (Lobbyismus), gehört zu den bekannten gesellschaftlichen Problemen der westlichen Welt, da hier demokratisch nicht legitimierte politische Kräfte Einfluss gewinnen. Die Rechtsordnung der Gesellschaft sollte darauf abzielen, die für jeden Einzelnen lebensnotwendige Versorgung ausreichend, chancengleich und sozial ausgewogen zu gewährleisten und Willkürakten vorzubeugen. Letztlich muss jede Gesellschaft für ihre konkrete historische Situation eine akzeptable Lösung finden.

Einbildungskraft (Imagination, Fantasie): seit LEIBNIZ, CHRISTIAN WOLFF und KANT übliche Bezeichnung für die Fähigkeit, die vielfältigen Daten sinnlicher Wahrnehmung so zu gruppieren und zu transformieren, dass voneinander unterscheidbare Einheiten, Gegenstände, entstehen, die dann auch unabhängig von ihrer realen Anwesenheit als Vorstellungen in Gedanken (im Verstand) anschaulich-bildhaft repräsentiert werden können. Die Einbildungskraft steht erkenntnistheoretisch verbindend zwischen Wahrnehmung und Denken (ARISTOTELES) bzw. Sinnlichkeit und Verstand (KANT).

Mit Beginn der philosophischen Untersuchung der Kategorien des Schönen gewinnt die Einbildungskraft Bedeutung in einer Theorie der Ästhetik. Dabei rückt ihr produktiver Aspekt in den Mittelpunkt: Einbildungskraft oder Fantasie meint hier die Fähigkeit, spontan (d. h. kreativ im Gegensatz zu rezeptiv-passiv) aus Erinnerungen und Vorstellungen, aus Erlebnissen und Gedanken, Neues zu gestalten.

Eine, das: Terminus der Ontologie und Metaphysik, insbesondere der eleatisch, platonisch beeinflussten. Über das Eine nachzudenken, wurde durch mehrere Probleme angeregt:

1. Alles, was ist, scheint relativ, d. h. nur erklärbar aus anderem. Was ist das eine Absolute, aus dem alles Relative erklärt werden kann (↑absolut/relativ)?
2. Die Vielheit des Seienden insgesamt scheint eine Einheit zu sein, die des Kosmos. Was stiftet die Einheit des ↑Kosmos?
3. Jedes einzelne Seiende scheint trotz der Vielheit seiner Teile eine Einheit zu sein. Was stiftet die Einheit der inneren Vielheit jedes Seienden?

Die Problematik formulierte HERAKLIT als Erster: »Aus allem eines und aus einem alles.« PARMENIDES löst das Problem so: Das Sein sei nur genau ein »Ganzes, Eines, Zusammenhängendes«; das Geteilte, Viele, Getrennte sei nur »Täuschung«. Für PLATON ist das »Nichtzusammengesetztsein«, das Eines-Sein, wesentliches Kennzeichen jeder Idee, das innere »Zusammengesetztsein«, das äußere Vielheit-Sein, dagegen wesentliche Eigenschaft des sinnlich Wahrnehmbaren. Der Neuplatoniker PLOTIN übersteigt die Ideenlehre PLATONS durch den Gedanken, dass alles aus dem »göttlichen Einen« herausfließe (↑Emanation). Über das »göttliche Eine« sei keine Aussage möglich, da jede Aussage eine Zweiheit beinhalte. Diese Lehre von dem Einen führte zum ↑Pantheismus. Die von THOMAS VON AQUIN abhängige Metaphysik hält das Unum (lat. »das Eine«) für eine Eigenschaft von Seiend-Sein überhaupt: Alles, was ist, ist kraft dessen, dass es ist, ein Eines (↑Transzendentalien). Damit sind »seiend« und »eines« austauschbare Begriffe geworden: »Ens et unum convertuntur«.

Einfachheit: in der griechischen Philosophie ontologische Auszeichnung des wahren Seins. In der Wissenschaftstheorie spielt das **Prinzip der Einfachheit** eine wichtige Rolle: Lässt ein Sachverhalt mehrere Erklärungen zu, so soll die einfachste unter diesen gewählt werden (↑Konventionalismus). Dieses Prinzip ist ein methodologisches und kein erkenntnistheoretisches. Es beinhaltet nicht, dass die einfachere Lösung unbedingt die richtige ist.

Bewährt hat sich Einfachheit als heuristisches Prinzip (↑Heuristik). So ist von JOHANNES KEPLER überliefert, dass er seine Gesetze der Planetenbewegung nicht zuletzt deshalb fand, weil er an die Existenz einer einfachen Lösung glaubte und darum auch nach ihr suchte.

Einfühlung: der Versuch, fremdes Erleben nachzuvollziehen, um eine andere Person zu verstehen. Das Sichhineinversetzen in eine andere Person wird auch oft als **Empathie** bezeichnet.

Einheitswissenschaft: ↑logischer Empirismus.

Einsicht: eine Art des Erfassens von Sachverhalten; bei PLATON identisch mit der Erkenntnis (die höchste Einsicht ist die Erkenntnis der Idee des Guten), heute eingeschränkt auf den praxisbezogenen Bereich der Ethik, während sich Erkenntnis auf theoretische Wissenssätze bezieht. Einsicht ist Anerkennung der Geltung sittlicher Normen. Wer z. B. die Wahrheit des Satzes einsieht, dass alle Menschen gleichberechtigt sind, versteht diesen Satz gleichzeitig als Aufforderung, jeden Menschen als gleichberechtigt anzusehen und ihn so zu behandeln. Praktische Einsicht hat im Unterschied zu theoretischer Erkenntnis unmittelbare Auswirkungen auf das Handeln und Verhalten eines Menschen.

einstellig/mehrstellig: ein Prädikator, der immer nur einem Gegenstand zugesprochen oder abgesprochen werden kann, heißt **einstellig,** z. B.: *N* ist grün ($N \varepsilon G$, wobei *N* einen Nominator bedeutet). Einstellige Prädikatoren sind Prädikate im Sinne der Tradition. Ein Prädikator, der mehreren Gegenständen zugleich zugesprochen werden kann, heißt **mehrstellig,** z. B.: *N* liegt links von *M* ($N, M \varepsilon L$ oder auch $L [N, M]$, wobei *N* und *M* Nominatoren sein sollen). Unter den mehrstelligen Prädikatoren sind die zweistelligen besonders wichtig, da sie ↑Relationen ausdrücken.

Einstellung: zentraler Terminus in der Phänomenologie EDMUND HUSSERLS, der besagt, dass man sich einem Gegenstandsbereich nur zuwenden kann, wenn man sich in das ihm entsprechende Korrelatverhältnis versetzt, d. h. gleichsam die Spielregeln akzeptiert, die der Gegenstand in seiner jeweiligen Gegebenheit vorgibt. Als Grundeinstellungen unterscheidet HUSSERL u. a. die »natürliche Einstellung«, in der wir alle uns vor jeder Reflexion in der Welt vorfinden, von der »lebensweltlichen Einstellung« unserer je konkreten Umwelt oder der »transzendentalen Einstellung« des Philosophen. Die jeweilige Einstellung erreicht man durch Vollzug einzelner Reduktionsstufen (↑Epoche).

Einzelne, der: seit FRIEDRICH NIETZSCHE v. a. in der Existenzphilosophie der Begriff, in dem das Individuum in Abgrenzung zur Masse eine Aufwertung erfährt. Diese war allerdings schon im mittelalterlichen Universalienstreit angelegt, z. B. bei DUNS SCOTUS, der gegen die Abwertung des individuell Besonderen zugunsten des umfassenden Allgemeinen Einspruch erhob.

Ekel: Begriff aus der Existenzphilosophie JEAN-PAUL SARTRES. Während die Dinge als Realität »an sich« betrachtet werden, existiert der Mensch existenziell im Entwurf seiner Möglichkeiten, »verurteilt zur Freiheit«. Der »Ekel« befällt den Protagonisten im gleichnamigen Roman SARTRES (1938) immer dann, wenn der Mensch im Gegensatz zu seiner Existenz *als* Freiheit reduziert wird auf die Faktizität seines je Gewordenseins. Denn der Mensch »ist« nach SARTRE mehr, als er je schon geworden ist.

Eklektizismus [zu griech. eklégein »auswählen«]: in der Philosophie (seit HEGEL) vorwiegend abwertende Bezeichnung für eine Position, die wesentlich gekennzeichnet ist durch die Übernahme fremder Lehrstücke bzw. bestrebt ist, aus Versatzstücken ein eigenes neues System zusammenzustellen. In der Antike galten als Eklektiker u. a. ANTIOCHOS VON ASKALON und CICERO, in der Neuzeit einige Vertreter der Aufklärung.

Eksistenz: ↑Existenz.

eleatische Philosophie: eine auf PARMENIDES VON ELEA (Unteritalien) zurückgehende philosophische Deutung von Welt. PARMENIDES trifft zwei fundamentale Voraussetzungen:

1. »Notwendig ist zu sagen und zu denken«, dass das »Sein ist und Nichtsein nicht ist«;
2. »dasselbe ist Denken und Sein«.

Aus diesen Prämissen ergibt sich für PARMENIDES: Was dem Satz vom (verbotenen) Widerspruch widerspricht, könne nicht sein, auch dann nicht, wenn jeder Mensch aufgrund sinnlicher Erfahrung davon überzeugt ist.

Die eleatische Philosophie wirkte weitreichend auf das abendländische Philosophieren: Zusammen mit dem ↑Heraklitismus erzwang sie, Bewegung und Vielheit immer wieder zum Problem zu machen, und regte für eine – vorwiegend vom ↑Platonismus vertretene – Denkrichtung die Geringschätzung des wahrnehmbaren Bewegten und eine Hochschätzung des unbewegten ewig Seienden an. Damit formulierte sie durch die »Merkzeichen des Seins« exemplarisch den Gottesbegriff der abendländischen Metaphysik.

Element [lat. »Grundstoff«, »Urstoff«, »Buchstabe (der Rede)«]: in Naturphilosophie und -wissenschaft Grundstoff der Materie, in der Erkenntnistheorie letzter, nicht begründbarer Satz (z. B. die »Elemente« des EUKLID; ↑Axiom). In Logik und Mengenlehre kann eine Menge, die aus Elementen besteht, selbst wieder Element eines höherstufigen Gebildes (z. B. ihrer Potenzmenge) sein.

In der antiken Naturphilosophie galten Feuer, Erde, Luft und Wasser (später auch Äther) als Elemente, wobei meist eines derselben als das letztlich grundlegende betrachtet wurde (↑Arche). Mit dem antiken Atomismus ging der Versuch einher, die Eigenschaften der Elemente (etwa die Beweglichkeit des Feuers) durch solche der Atome (z. B. deren Form) zu erklären. Der moderne Elementbegriff (Stoff, der chemisch nicht weiter zerlegt werden kann) kam im 17. Jh. auf.

Elementaraussage: in der formalen Logik diejenigen Aussagen, die eine einfache ↑Prädikation ausdrücken, z. B. »Hans ist Schüler«. Die logische Analyse der Sprache

Element: In der antiken Naturphilosophie war Feuer eines der Elemente, aus deren Wechselspiel die natürliche Welt hervorgeht.

untersucht u. a. den Aufbau von komplexen Aussagen aus Elementaraussagen.

Emanation [zu lat. emanare »herausfließen«]: in der Metaphysik des spätantiken Platonismus die Art, wie die Welt aus ihrem göttlichen Ursprung hervorgeht. Bei PLOTIN erfolgt die Emanation stufenweise: Aus dem göttlichen Hen (»das Eine«) geht der ↑Nous, aus diesem die Seele, aus dieser die Körperwelt hervor. Die Emanationslehre führt meist zu einem ↑Pantheismus; sie steht im Gegensatz zur Lehre von der ↑Creatio ex nihilo und wirkt bis in die Neuzeit (so nennt JOHANN WOLFGANG VON GOETHE Gott den »Urquell«).

In der antiken Erkenntnistheorie (v. a. von DEMOKRIT, EPIKUR) bezeichnet Emanation den Vorgang, durch den Körperdinge kleine stoffliche »Bildchen« absondern, die, von den menschlichen Sinnesorganen aufgenommen, die Wahrnehmungsinhalte sind.

Emanzipation [zu lat. emancipare, aus ex manu capere »aus der Hand nehmen« bzw. mancipium »Eigentumserwerb durch Handauflegen«]: Bis weit ins 18. Jh. hinein folgte fast überall in Europa die Bestimmung des Begriffs noch der römischen Rechtstradition, wonach im Rechtsakt der emancipatio der erwachsene Sohn, aber auch ein Sklave in die Selbstständigkeit entlassen wird. Einen entscheidenden Bedeutungswandel vom passiven »Emanzipiertwerden« zum tätigen »Sich-(selbst-)Emanzipieren«, wie er bis heute verstanden wird, erfuhr der Begriff dann durch die nordamerikanische Verfassung (1776) und die Erklärung der Menschenrechte in der Französischen Revolution (1789).

Anknüpfend an KANTS Wahlspruch der Aufklärung als »Ausgang des Menschen aus seiner selbst verschuldeten Unmündigkeit« wurde er dann im 19. Jh. übertragen auf die Befreiung sozialer Klassen, Gruppen und Völker (Emanzipation der Proletarier und Bauern, der Juden, der Frauen, der Sklaven oder kolonisierter Völker). Dabei wurde immer wieder die umfassende Bildung des Menschen hin zu Autonomie und Mündigkeit des Individuums als zentrale Vorbedingung seiner Emanzipation betont. In diesem Sinne spricht man heute in einem erweiterten Verständnis von Emanzipation auch als dem individuellen Vermögen zu kritischer Urteilsbildung und eigenverantwortlicher Lebensgestaltung (z. B. von Jugendlichen).

Emergenz [zu lat. emergere »auftauchen«]: in der Biologie das plötzliche »Auftauchen« neuer Stufen innerhalb der Evolution der Natur. Hiervon abgeleitet entwickelte die **Emergenzphilosophie** des 20. Jh. (PAUL OPPENHEIM, HILARY PUTNAM) einen metaphysischen Evolutionismus, der im Gegensatz zum Mechanismus die Umordnung bzw. Neukombination von Kosmos und Leben nicht als letztlich quantitativ bestimmbar ansieht, sondern sie durch das abrupte »Auftauchen« gänzlich neuer Qualitäten zu erklären sucht.

Emotion [lat.]: ↑Gefühl.

Emotivismus [zu lat. emovere »herausbewegen«, »erschüttern«]: Richtung der skandinavischen und angelsächsischen Metaethik, der zufolge moralische Urteile die individuellen Gefühle, Einstellungen oder Intentionen des Sprechers zum Ausdruck bringen. Im Gegensatz zum ↑Kognitivismus versteht der Emotivismus wertende Äußerungen nicht als begründbare Behauptungen oder Feststellungen mit einem Wahrheitswert; vielmehr dienen sie einzig dem Zweck, den Hörer zur Übernahme der eigenen Einstellung und zu bestimmten Verhaltensweisen zu bewegen.

Empfindung: umgangssprachlich oft wie ↑Gefühl oder ↑Affekt gebraucht; in der Psychologie der als Folge einer Reizeinwirkung auf ein Sinnesorgan bewusst werdende Eindruck. Die ältere Psychologie sah in den Empfindungen die grundlegenden Bausteine des Seelenlebens.

Als unmittelbar gegebener Sinnesinhalt kann Empfindung generell als eine Art Basis jedes Gegenstandsbewusstseins charakterisiert werden. Idealistische Philosophien nehmen dabei insofern einen bemerkenswerten Standpunkt ein, als sie die Existenz und Notwendigkeit äußerer Reizeinwirkungen leugnen: Empfindungen seien allein als vom Subjekt selbst erzeugt anzusehen, d. h., es gibt nur rein subjektive Gegenstände. Demgegenüber manifestiert sich für eher empiristische Positionen in der Empfindung gerade der passiv-rezeptive (empfangende) und damit objektive Anteil jeder Gegenständlichkeit: Empfindungen seien Eindrücke von den Dingen, die das Erkenntnissubjekt – ohne eigenes Zutun – »in sich (vor)findet«, und daher allein verlässlicher Ausgangspunkt aller Erfahrung und Erkenntnis. Zwischen Empirismus und Idealismus bewegen sich DESCARTES und KANT. Beide unterscheiden grundsätzlich zwischen einer »Innenwelt« der Empfindungen und einer »Außenwelt« physischer Reize. Bei DESCARTES sind »sensationes« diejenigen Bewusstseinsinhalte, aus denen man die Existenz »äußerer« Gegenstände erschließt, bei KANT der ohne subjektives Zutun gegebene Ausgangspunkt von Wahrnehmung und Erfahrung.

Empirie [griech.]: ↑Erfahrung.

Empiriokritizismus [aus griech. empeirikós »auf Erfahrung beruhend« und kritiké »Beurteilung«]: v. a. unter Naturwissenschaftlern verbreitete philosophische Strömung gegen Ende des 19. Jh. (ERNST MACH, RICHARD AVENARIUS), die sich zur Aufgabe machte, die Trennung von Psychischem und Physischem zu überwinden, indem allein die von der sinnlichen Erfahrung hervorgerufenen Empfindungen, gereinigt von jedem Bezug auf metaphysische Bestandteile, analysiert werden sollten.

empirische Anschauung: ↑Anschauung.

Empirismus [zu griech. empeiría »Erfahrung«, »Kenntnis«]: erkenntnistheoretische Position, die im Gegensatz zum ↑Rationalismus alles Wissen auf die Erfahrung als Ursprung und Rechtfertigungsgrund zurückführt. Dabei wird die Erfahrung meist als begriffsfrei, d. h. als rein Gegebenes gedacht. Wird unter Erfahrung nur die sinnliche Wahrnehmung verstanden, nimmt der Empirismus die spezielle Form des ↑Sensualismus an.

Die bekanntesten Vertreter des Empirismus in der Antike sind ARISTOTELES und EPIKUR. Anknüpfend an FRANCIS BACON wurde der klassische Empirismus im 17./18. Jh. v. a. von THOMAS HOBBES, JOHN LOCKE, GEORGE BERKELEY und DAVID HUME vertreten. LOCKE greift die von DESCARTES ausgelöste erkenntnistheoretische Problematik auf und untersucht Ursprung und Wesen der Erkenntnis. Dass es keine angeborenen Ideen gibt, begründet LOCKE damit, dass Kinder nicht über solche verfügen und es außerdem Erwachsene gibt, denen z. B. der ↑Satz vom (verbotenen) Widerspruch unbekannt ist. Vor dem ersten Sinneseindruck ist das menschliche Bewusstsein leer wie ein unbeschriebenes Blatt Papier (»Tabula rasa«). Über »einfache Ideen« (Vorstellungen), die sowohl durch äußere wie innere Erfahrung (Sinnes- bzw. Selbstwahrnehmung) gewonnen werden, entstehen durch Kombination, Vergleich oder Abstraktion die zusammengesetzten Ideen. Der Verstand ist nicht in der Lage, aus sich heraus Ideen hervorzubringen.

HUME beginnt seine Erkenntnistheorie mit der Frage, was die Gegenstände des Verstandes seien. Wie LOCKE geht auch er davon aus, dass alle Bewusstseinsinhalte auf sinnliche Erfahrung zurückgehen. Die Bewusstseinsinhalte setzen sich aus Eindrücken (engl. impressions) und aus Vorstellungen (engl. ideas) zusammen. Während die Eindrücke immer auf eine direkte Sinneserfahrung zurückgehen, werden die Vorstellungen durch Erinnerung aus den Eindrücken oder durch Kombination einzelner Vorstellungen gebildet. Verschiedene Vorstellungen richtig miteinander zu verbinden, ist die Aufgabe des Verstandes. Die Prinzipien, von denen er sich dabei leiten lässt, sind Ähnlichkeit, räumliche und zeitliche Nähe und Kausalität.

Bei genauerer Untersuchung v. a. des Kausalprinzips kommt HUME zu dem Ergebnis, dass ein kausaler Zusammenhang zwischen zwei Phänomenen *A* und *B* nicht feststellbar ist. Zu beobachten ist nur die regelmäßige Abfolge der beiden Ereignisse, aber nicht, dass *A* die Ursache von *B* ist, sodass man nicht logisch schließen kann, dass *B* auch immer auf *A* folgen wird (Induktionsproblem; ↑Induktion). Es entsteht aufgrund von Gewohnheit der Glaube und somit der Eindruck, dass *A* Ursache von *B* ist. Indem HUME das Kausalprinzip auf eine psychologische Komponente – den Glauben – im Menschen zurückführt, weist er zugleich die Grenzen des menschlichen Verstandes auf.

Einwände gegen die verschiedenen Arten des Empirismus stützen sich v. a. darauf, dass nicht einmal ein gerechtfertigter methodischer Aufbau der exakten Wissenschaften, v. a. der Physik, ohne a priori begründete ↑synthetische Sätze möglich ist.

Empirismus, logischer: ↑logischer Empirismus.

endlich/unendlich: In der Metaphysik und Ontologie wurde das Problem des Endlichen und Unendlichen erstmals von den griechischen Naturphilosophen aufgegriffen, die im Wesentlichen eine Lehre der »vollendeten Endlichkeit« vertraten. Das Unbegrenzte, Unendliche galt als unvollkommen, minderwertig, ja Angst machend. Sinn und Ziel der Entwicklung alles Wirklichen wurden in Wohlbestimmtheit (z. B. in rationalen Zahlenverhältnissen wie bei den Pythagoreern) und Wohlgeformtheit und damit in der Begrenzung gesehen.

Hieran anknüpfend brachte das Mittelalter aber auch eine Neuorientierung: Waren Endlichkeit, Begrenztheit, Vergänglichkeit Attribute der Welt als Geschöpf Gottes und Kennzeichen ihrer Unvollkommenheit, so konnte und durfte man Gott als höchstes und vollkommenes Seiendes nicht durch Attribute begreifen, die mit Bestimmungen des Endlichen in Zusammenhang standen; als dem schlechthin Anderen musste man

ihm vielmehr Unendlichkeit in jeder Hinsicht zusprechen.
Einen erkenntnistheoretisch-logischen Ansatz vertrat in der Antike z.B. ZENON VON ELEA, indem er die Widersprüchlichkeit, ja Sinnlosigkeit des Unendlichkeitsbegriffs nachzuweisen suchte. Dagegen stammt die erste, bis heute richtungweisende, begriffliche Klärung von ARISTOTELES. Er differenzierte zwischen einer für Menschen unvorstellbaren Gesamtheit unendlich vieler und dennoch gleichzeitig existierender Teile (z.B. »alle« natürlichen Zahlen »auf einmal«), dem »aktual« Unendlichen, und einer für Menschen fassbaren Weise des Unendlichen, der Möglichkeit, jede vorgegebene Schranke zu überschreiten (z.B. jede vorgegebene natürliche Zahl durch die Nennung ihres Nachfolgers zu überbieten), dem »potenziell« Unendlichen. Intensiviert wurden die Bemühungen um diese Aspekte der Problematik etwa seit Mitte des 19. Jh. Die Arbeiten z.B. von BERNHARD BOLZANO (»Paradoxien des Unendlichen«, 1851), GEORG CANTOR, GOTTLOB FREGE oder BERTRAND RUSSELL führten zumindest für den Bereich der Logik und Mathematik zu einer ersten exakten Definition des Unendlichkeitsbegriffs: Eine Menge *M* heißt unendlich, wenn sie zu einem echten Teil ihrer selbst in eineindeutige Beziehung gebracht werden kann, z.B.: Die Menge der natürlichen Zahlen ist unendlich, weil sie sich »eineindeutig« auf die geraden natürlichen Zahlen abbilden lässt (und umgekehrt).
Anthropologisch gesehen gehört das Bewusstwerden der Endlichkeit menschlicher Existenz zu den bedeutsamen Grunderfahrungen des Menschen, die sich in Gefühlen der Unzulänglichkeit und der Ohnmacht gegenüber dem Leiden und dem Sterbenmüssen ausdrücken. Ihre philosophische Interpretation reicht von positiver Akzeptanz (z.B. bei MARTIN HEIDEGGER oder den Existenzphilosophen wie KARL JASPERS, JEAN-PAUL SARTRE) bis zu einer negativen, mit Auflehnung verbundenen Charakterisierung (z.B. bei LUDWIG FEUERBACH und KARL MARX). Phänomene der Endlichkeit seien Folge und Ausdruck mangelnder Aufklärung und/oder gesellschaftlicher Unterdrückung und Ausbeutung, die es durch Veränderung zu überwinden gelte.

Energeia [griech.]: ↑Akt/Potenz.

Ens [lat. »seiend«, »das Seiende«]: in der Scholastik der Begriff mit dem logisch größtmöglichen Umfang (↑Extension), insofern er jedem zugesprochen werden muss, dem das Esse (lat. »Sein«) in irgendeiner Weise zukommt. Der Begriff Ens abstrahiert sowohl von der Seinsweise als auch von dem Was-Sein dessen, dem er zugesprochen wird. Er gehört zu den ↑Transzendentalien.

Entelechie [griech. »das Sich-im-Ziel-Haben«]: ein ontologischer Ausdruck, den ARISTOTELES oft in ähnlicher Bedeutung verwendet wie Energeia (↑Akt/Potenz). Während Energeia das Am-Wirken-Sein, die Wirklichkeit eines Seienden bezeichnet, hebt Entelechie hervor, dass das Am-Wirken-Sein von Lebewesen (z.B. Stoffwechsel, Wachsen) auf ein Ziel gerichtet ist (z.B. vollendete Pflanze), das zwar noch nicht erreicht, aber als sich Entwickelndes je schon anwesend ist.
LEIBNIZ verwendet »Entelechie« bei der Beschreibung der Monaden; sie sind »substanzielle Formen«, »erste Entelechien«.

Entfremdung: Begriff zur Kennzeichnung eines gesellschaftlichen Zustands, in dem eine als ursprünglich organisch gedachte Beziehung zwischen Menschen untereinander, zwischen Menschen und ihrer Arbeit oder der Menschen zu sich selbst für aufgehoben, verkehrt oder zerstört angesehen wird. Im Mittelalter u.a. pejorativ für den Abfall von Gott gebraucht, wird »Entfremdung« (frz. aliénation) von JEAN-JACQUES ROUSSEAU erstmals in einem politischen Sinn von Ver- bzw. Entäußerung verwendet.

e

Der Begriff der »totalen Entäußerung« (aliénation totale) bezeichnet die vollständige, vorbehaltlose Entäußerung der natürlichen Freiheit des Einzelnen an die Gemeinschaft im ↑Gesellschaftsvertrag. In einem anderen Sinn spricht ROUSSEAU von der Entfremdung von sich selbst (Selbstferne), in der der zivilisierte Mensch als Gesellschaftswesen lebt, da er seine Identität nur im »Spiegel der Meinung der anderen« erfahren kann.

Entfremdung: Die Arbeit in den im 19. Jh. entstehenden Fabriken bedeutete für Karl Marx die ökonomische Entfremdung des Arbeiters sowohl von seinem Produkt als auch von den anderen Menschen.

Für HEGEL ist der Durchgang durch Entfremdungen, aufgefasst als Prozess des Selbstverlustes mit der Unterwerfung des einen Selbstbewusstseins unter das andere (»Herr und Knecht«) als Kulminationspunkt, die Voraussetzung für die Entwicklung des autonomen Selbstbewusstseins. In einem anderen Sinn bezeichnet HEGEL mit »Entfremdung« ein Phänomen, das später in veränderter Form v.a. von KARL MARX wieder thematisiert wird: In einem Stadium ihrer Entwicklung erscheint der selbstbewussten Subjektivität die von ihr geschaffene »wirkliche Welt«, von HEGEL hier als »Staatsmacht« und »Reichtum« gekennzeichnet, nicht als eigenes Produkt. Die Subjektivität entfremdet sich ihrer selbst, indem sie sich ihrem eigenen Produkt als einem fremden ausliefert und anpasst.

MARX stellt Entfremdung in den historischen Zusammenhang kapitalistischer Produktionsverhältnisse: Durch das Privateigentum an Produktionsmitteln wird der Arbeiter in dem Maß als Mensch »entwirklicht«, als er Werte schafft, die aufgrund fremder Aneignung zu ihm »fremden« Gegenständen werden. Gleichzeitig entfremdet er sich den anderen Menschen, da die Gleichzeitigkeit ihrer Arbeit ebenfalls fremdbestimmt und damit, vom Einzelnen ungewollt, diesem als zufällig erscheint.

Entität [zu lat. ens »seiend«]: in der Scholastik Terminus für die Seiendheit (Seinshaftigkeit) eines Dings, das Seiende unter dem Aspekt, *dass* es ist. Als einzelnes, unteilbares Etwas ist es zugleich sein Wesen.

Entscheidung: Terminus der praktischen Philosophie, der ein notwendiges Moment des jeder Handlung vorausgehenden Willensaktes (↑Wille) bezeichnet. Eine Entscheidung ist der intentionale Akt der begründeten Wahl zwischen mehreren Möglichkeiten, und zwar

- hinsichtlich der Frage, ob man überhaupt aktiv werden soll (z.B. Beteiligung an einer Bundestagswahl?),
- hinsichtlich des Handlungszieles (z.B. welche Partei wählen?),
- hinsichtlich des Durchführungswegs (z.B. Stimmabgabe im Wahllokal oder Briefwahl?).

Entscheidungsmaßstäbe für die ersten beiden Punkte können Lust/Unlust, größtmöglicher Eigennutz (»Nutzenmaximierung«), soziale Konventionen oder sittliche Normen, für den letzten Punkt Zweckmäßigkeit sein. Entscheidungen werden nur

nötig in Situationen, die für einen Menschen neu oder ungewohnt sind. In Alltagssituationen entlasten eingewöhnte Verhaltensweisen vom Entscheidungsdruck.
Eine philosophische Deutung der Entscheidung gibt SØREN KIERKEGAARD. Die Entscheidung konstituiert die »Subjektivität« des Menschen: Nur sie ermöglicht eine verantwortliche, sich der »Wirklichkeit« und Herausforderung der »Existenz« stellende Lebensführung; sie aufschieben heißt sich der Gefahr des Selbstverlusts aussetzen.
In der politischen Theorie gewinnt der Begriff der Entscheidung bei CARL SCHMITT zentrale Bedeutung (↑Dezisionismus).

Entwurf: In der ↑Fundamentalontologie MARTIN HEIDEGGERS macht der Entwurf mit der ↑Geworfenheit und dem »Sein beim innerweltlichen Seienden« die dreigeteilte Struktur des ↑Daseins aus. Das Menschsein vollzieht sich in der Weise des Daseins als geworfen-entwerfendes Sein bei dem »Seienden im Ganzen«, d.h. den Dingen und Menschen. Der Entwurf bedeutet hierbei, dass der Mensch aus der immer schon gegebenen »Erschlossenheit« von Sein, in die er geworfen ist, diese Offenheit im Entwurf übernimmt und offenhält, um in ihr sich und seine Umwelt zu verstehen. Der Entwurf ist demnach die Grundform, in der der Mensch jegliches Verstehen und Handeln in der Umwelt vollzieht. Innerhalb der ↑Zeitlichkeit der ursprünglichen Zeit, die HEIDEGGER entfaltet, entspricht der Entwurf der ursprünglichen Zukunft.
Bei JEAN-PAUL SARTRE existiert der Mensch als der jeweilige Entwurf seiner selbst. Dies bedeutet, dass er jeweils als Wirklichkeit existiert, die aus der »freien Hervorbringung eines Ziels« hervorgeht. Bis hin zu dem, was ein Mensch von der Welt weiß, ist er sein Entwurf.

Epagoge [griech.]: ↑Abstraktion.

Epikur, griechischer Philosoph, *Samos 341 v.Chr., †Athen 271 v.Chr.: EPIKUR lehrte in Mytilene, Lampsakos und Athen. Hier gründete er 306 v.Chr. in einem Garten eine eigene Philosophieschule (»Philosophie des Gartens«), die in Konkurrenz zur platonischen (Akademie) und zur aristotelischen Schule (Peripatos) stand. Von seinen Hauptschriften sind außer einigen Fragmenten drei Lehrbriefe und eine Sammlung von 40 Lehrsätzen erhalten. Zudem kann seine Philosophie aus dem Lehrgedicht »De rerum natura« (»Über die Natur der Dinge«) von LUKREZ, den philosophischen Dialogen CICEROS und den antiepikureischen Schriften PLUTARCHS rekonstruiert werden.
EPIKURS Philosophie zielt auf das Glück des Einzelnen als höchstes Gut (↑Eudaimonia), das durch ein Leben der Freude und der Lust sowie der Freiheit von Schmerz und Unruhe (↑Ataraxie) erlangt werden soll. Auch seine Naturphilosophie dient v.a. dem Ziel, den Menschen durch Aufklärung über die Zusammenhänge der Dinge von der Furcht vor dem Tod und vor den Göttern zu befreien. Unter diesem Gesichtspunkt übernahm EPIKUR große Teile des ↑Atomismus und der Erkenntnistheorie von DEMOKRIT: Erkenntnis beruht auf Wahrnehmungen, die durch Ausfluss (↑Emanation) aus den Gegenständen hervorgerufen werden und stets wahr sind. Alle Dinge bestehen aus Atomen, auch die Seele, die mit dem Tod vergeht; deshalb braucht man ihn nicht zu fürchten. Götter sind glückselige Atomgebilde, die sich nicht um die Welt und die Menschen kümmern; deshalb braucht man sie weder zu fürchten noch zu verehren. Nach EPIKURS Glückslehre wird die ihr gemäße Lebenshaltung als ↑Epikureismus bezeichnet.

Epikureismus: Bezeichnung für eine Lebenshaltung, die sich an der Philosophie EPIKURS orientiert. In dieser Lehre dominiert als Ideal das persönliche Glück des Einzelnen (↑Eudaimonia). Es entsteht nach Auffassung der Epikureer aus der ↑Ataraxie, aus der vernunftgeleiteten Einsicht in das Welt-

ganze und aus einer konsequenten Ausrichtung auf das Prinzip der Lust.
Der Vorwurf, dass der Epikureismus bedenkenlos Ausschweifungen und unbeschränkten Sinnengenuss predige, beruht auf einem Missverständnis: Lust ist hier nämlich nicht im Sinne des ↑Hedonismus zu verstehen, sondern bedeutet die Vermeidung alles dessen, was bei vernünftigem Abwägen auf lange Sicht gesehen mehr Leid als Lust erzeugt. Als geeignetes Mittel zur Erreichung von Glück wird dementsprechend ein »Leben in Zurückgezogenheit« empfohlen. Zu den bedeutendsten Anhängern des Epikureismus gehören neben LUKREZ und HORAZ auch DENIS DIDEROT und FRIEDRICH NIETZSCHE.

Epistemologie [griech.]: ↑Erkenntnistheorie.

Epoche [zu griech. »Zurückhaltung«]: Der Begriff entstammt dem antiken ↑Skeptizismus und bezeichnet hier die universelle Enthaltung vom Urteilen über eine an sich seiende Weltwirklichkeit. Bei EDMUND HUSSERL wird die Methode der Epoche, d.h. die »Durchstreichung« bzw. »Einklammerung« von Welt (als Inbegriff aller seienden Gegenständlichkeit), zum Eingangstor der ↑Phänomenologie: Durch die Epoche verlässt der Phänomenologe die in »natürlicher Einstellung« vorgefundene Welt bzw. die scheinbar an sich seiende Wirklichkeit und erreicht so das transzendentale Bewusstsein als konstitutives Feld ursprünglicher Sinngehalte und Sinngebungen. Der anfänglichen Epoche folgt die »transzendentalphänomenologische Reduktion«, an deren Ende das reine Ich als konstitutive Einheit von Welt steht.

Erasmus von Rotterdam, auch **Erasmus Desiderius,** niederländischer Humanist und Theologe, *Rotterdam 28. 10. 1466 oder 1469, †Basel 12. 7. 1536: Nachdem der illegitime Priestersohn mit etwa 14 Jahren seine Eltern verloren hatte, kam er in das Augustinerkloster Steyn bei Gouda. 1492 empfing ERASMUS die Priesterweihe, 1495–99 studierte er in Paris Theologie. Während seiner Studienaufenthalte in England 1499/1500, Italien 1506–09 und 1509–14 erneut England, u.a. in London bei dem Humanisten und Staatsmann THOMAS MORE, rückte die philologische Textkritik des Neuen Testaments in das Zentrum seiner Interessen. Ab 1514 lebte er in Basel mit längeren Unterbrechungen (1521–24 in den Niederlanden, 1529–35 in Freiburg).
ERASMUS zählt zu den bedeutendsten Vertretern des europäischen ↑Humanismus. Er propagierte ein am Neuen Testament, v.a. an der Bergpredigt, orientiertes Christentum ohne Aberglauben und ohne Dogmatismus. Besonders in seinen philologischen neutestamentlichen Bibelstudien und seinen Neuausgaben der Schriften der Kirchenväter zeigt sich sein Anspruch, die christliche Überlieferung breiten Kreisen zugänglich zu machen. Berühmt wurde er v.a. durch die Sammlung antiker und biblischer Sprichwörter »Adagia« (1500, erweitert 1515) und durch die geistreiche Satire »Lob der Torheit« (1509–11). Außer als sorgfältiger Philologe trat er als scharfzüngiger Kritiker geistlicher wie weltlicher Autoritäten, als christlich-humanistischer Ethiker und Pazifist hervor und trug so zur Vorbereitung der Reformation bei.
Allerdings war ERASMUS' rationalistischer Humanismus, der auf Menschlichkeit und Selbstbestimmung zielte, nicht mit der asketischen Haltung der neuen reformatorischen Frömmigkeit zu vereinbaren. So bezichtigte MARTIN LUTHER ihn des Skeptizismus und des ↑Epikureismus, während er dessen Leugnung der Freiheit des menschlichen Willens verwarf und dessen Stellung im Bauernkrieg missbilligte. Der Streit um den menschlichen Willen gipfelte 1924/25. Dabei ging es theologisch gesehen darum, ob der Mensch von sich aus in der Lage sei, sich für den rechten christlichen Glauben

und bestimmte ethische Grundsätze zu entscheiden, oder ob er dazu der Gnade Gottes bedarf; historisch gesehen darum, ob der Aufstand der Bauern im Bauernkrieg 1524–26 aus dem christlichen Glauben heraus zu rechtfertigen war. Aufgrund der unterschiedlichen Auffassungen gingen Reformation und Humanismus von da an getrennte Wege.

Erasmus von Rotterdam: Hans Holbein d. J. porträtierte Erasmus von Rotterdam im Jahr 1523 (Sankt Petersburg, Eremitage).

Ereignis: im späteren Werk MARTIN HEIDEGGERS geprägtes Grundwort, um Sein als Geschehen zu denken. Im Begriff Ereignis liegt die »Ereignung« des »Zuwurfs« für den ↑Entwurf, was die Bewegung jeglichen Denkens zum Ausdruck bringen soll. Der Mensch wird in jedem Denkvollzug vom Sein angestoßen bzw. ereignet, Sein zu entwerfen. Unsere Gegenwart sieht HEIDEGGER von der Ereignung des ↑Gestells geprägt, die den Seinszuwurf fast verschließt und vergessen lässt (↑Seinsvergessenheit).

Erfahrung (Empirie): alltagssprachlich eine durch Praxis erworbene Fähigkeit sicherer Orientierung in Handlungs- und Sachzusammenhängen ohne auf ein hiervon unabhängiges theoretisches Wissen zurückzugreifen. Erfahrung hat als solche exemplarischen Charakter. Als »Wissen des Besonderen« ist sie bereits bei ARISTOTELES die Basis aller wissenschaftlichen, allgemeinen Erkenntnis.

FRANCIS BACON prägt einen für die Neuzeit wichtigen Begriff von Erfahrung: Einzelerfahrungen, die jeweils in bestimmter Hinsicht übereinstimmen, sollen hinreichen für die Ableitung allgemeiner Aussagen. So können z. B. Erfahrungen mit nach unten fallenden Gegenständen zu der Behauptung führen: »*Alle* schweren Körper fallen *immer* (zu allen Zeiten) nach unten.« Damit gewinnt der Schluss von Einzelerfahrungen auf das Allgemeine – in Umkehrung der ↑Deduktion – als sog. induktive Methode (↑Induktion) insbesondere für die Naturwissenschaften Bedeutung. Seit GALILEO GALILEI stehen die Begriffe Erfahrung und ↑Experiment in enger Beziehung zueinander: Im Experiment wird Erfahrung instrumental produziert; diese Art »künstlicher« Erfahrung wird zum zentralen Element konstruktiver Naturwissenschaft und Wissenschaftstheorie.

KANT versucht mit seiner Erkenntnistheorie, diese Art konstruktiver (v. a. physikalischer) Erfahrung durch die Angabe der Bedingungen der Möglichkeit zu erklären und zu begründen. Als Erfahrung gilt ihm dabei alle auf sinnliche Wahrnehmung bezogene Erkenntnis von Gegenständen. Ein Gegenstand kommt aber nach KANT überhaupt erst dadurch zustande, dass sinnliche Wahrnehmungen durch allgemeine Begriffe (Kategorien) strukturiert und geformt werden. Also gerade dadurch, dass Erfahrungsurteile allgemeine Elemente beinhalten, kann ihre Geltung über den Bereich beobachteter Einzelfälle hinausgehen. Dies macht das Spezifische der Erkenntnistheorie KANTS aus.

Dagegen vertreten empiristische Ansätze einen sensualistischen Begriff von Erfahrung, nämlich den der unmittelbaren Sinnesempfindung selbst oder der (vom Verstand) unverformten Entsprechung zwischen empirisch Gegebenem und begrifflichem Gegenstand. Erfahrung in diesem Sinne soll als einzig akzeptable Erkenntnisquelle ein theoriefreies und damit vom Erkenntnissubjekt unbeeinflusstes, objektives Fundament allen Wissens liefern. Auf wissenschaftstheoretisch-logischer Ebene führte dieser Ansatz zu einem »Zweistufenkonzept« der Wissenschaftssprache, dem Versuch einer Differenzierung zwischen der »Beobachtungs-« und der »Theoriesprache« (↑Protokollaussage).

Anknüpfend an die umgangssprachliche Verwendung gibt es eine anthropologische Dimension des Begriffs: Gerade in der Einmaligkeit und Unwiederholbarkeit der ganz persönlichen Erfahrungen eines Lebens kann sich ein Individuum als Besonderes, im engeren Sinn Individuelles konstituieren und wahrnehmen.

Erhabene, das: In der Ästhetik ist »das Erhabene« als Komplementärbegriff zu dem der Schönheit das Erlebnis unermesslicher Größe und Hoheit in Natur und Kunst. KANT wie auch FRIEDRICH SCHILLER unterschieden ein »mathematisch Erhabenes« (Sternenhimmel) von einem »dynamisch Erhabenen« (Gewitter) sowie ein »durch seine Würde Erhabenes« (sittliche Persönlichkeit).

Erinnerung: psychologisch die Repräsentation einer vergangenen Wahrnehmung; wichtig in der Erkenntnistheorie des ↑Empirismus. Als erkenntnistheoretischer Begriff im ↑Rationalismus ein »Vorherwissen« des Allgemeinen, das im »Wiedererkennen« des Besonderen zum Ausdruck kommt; dieser Begriff geht auf PLATONS Lehre von der ↑Anamnesis zurück.

Erkenntnis: eine Art, wie sich Denken auf Gegenstände beziehen kann. Erkenntnis findet nach traditioneller Auffassung dort statt, wo Subjekt und Objekt zur Übereinstimmung gelangen (↑Adaequatio intellectus et rei). Im Unterschied zum bloßen ↑Meinen ist Erkenntnis begründbar: Ihr Wahrheitsanpruch lässt sich argumentativ einlösen. Damit wird Erkenntnis intersubjektiv überprüfbar. Ihren deutlichsten Ausdruck findet Erkenntnis im ↑Urteil. In einem Zusammenhang organisierte Erkenntnisse werden ↑Wissen genannt. Erfordert die Begründung einer Erkenntnis die Berufung auf Erfahrung, so heißt die Erkenntnis empirisch oder aposteriorisch, anderenfalls wird sie apriorisch genannt (↑a priori/a posteriori).

Erkenntnisinteresse [zu lat. interest »es ist von Wichtigkeit«]: allgemeine Zwecksetzung zur Konstitution z. B. wissenschaftlicher oder gesellschaftlicher Gegenstandsbereiche. JÜRGEN HABERMAS wendet sich mit seiner Konzeption des »erkenntnisleitenden Interesses« sowohl gegen den Objektivismus der Wissenschaften (»Schein reiner Theorie«) und die Voraussetzungslosigkeit in der Philosophie (z. B. in der Phänomenologie EDMUND HUSSERLS) als auch gegen die Wissenschaftstheorie des Positivismus. Er unterscheidet drei Wissenschaftstypen gemäß dem jeweils zugrunde liegenden Erkenntnisinteresse:

1. In den Ansatz z. B. der Naturwissenschaften oder Soziologie geht ein »technisches« Erkenntnisinteresse ein, d. h. ein »Interesse an der möglichen informativen Sicherung und Erweiterung erfolgskontrollierten Handelns«.
2. In den Ansatz der sog. Geisteswissenschaften geht ein »praktisches« Erkenntnisinteresse ein, d. h. ein »Interesse an der

Erhaltung und Erweiterung der Intersubjektivität möglicher handlungsorientierender Verständigung im Rahmen eines tradierten Selbstverständnisses«.

3. In den Ansatz der »kritisch orientierten Wissenschaften« (Psychoanalyse, kritische Gesellschaftstheorie, Philosophie) geht ein »emanzipatorisches« Erkenntnisinteresse ein, d.h. ein Interesse an »Selbstreflexion«, »Mündigkeit« sowie Überwindung »ideologisch festgefrorener Abhängigkeitsverhältnisse«.

Erkenntnistheorie (früher auch **Epistemologie**): Während die Bezeichnung »Erkenntnistheorie« erst relativ spät (Mitte des 19. Jh.) geprägt wurde, ist doch die Problemstellung, ob und wie Menschen sicheres Wissen erlangen können, so alt wie die Philosophie selbst. Am Anfang aller Erkenntnistheorie steht die Frage, was man überhaupt unter »Wissen« verstehen soll, und zwar in Abgrenzung von »Meinen« und »Glauben« (↑glauben/meinen/wissen). Der größte Teil allgemein verfügbarer Kenntnisse besitzt entweder den Status wahrer Meinung oder wird geglaubt. Wissen in einem engeren philosophisch-wissenschaftlichen Sinne aber liegt erst dann vor, wenn zur Haltung des Überzeugtseins (wie beim Glauben) die (selbstständige) Kenntnis von guten Gründen hinzukommt, die zur Bestätigung oder Rechtfertigung der fraglichen Aussagen hinreichen. Daran schließt sich ein zweites zentrales Problem der Erkenntnistheorie an: Wann liegen so gute, überzeugende Gründe vor, dass ich sage, etwas sei Wissen? Oder: Unter welchen Bedingungen ist für Aussagen das Prädikat »wahr« angemessen (↑Adaequatio intellectus et rei, ↑Intersubjektivität)?

Seit dem späten 18. Jh. unterscheidet man – je nachdem, ob eine vom Subjekt unabhängige Erkenntnis der Dinge für möglich gehalten wird oder aber der Ort der Wahrheit ganz in das erkennende Subjekt hineinverlegt wird – zwischen einer dem ↑Realismus und einer dem ↑Idealismus nahestehenden Erkenntnistheorie. Der Schwerpunkt des Interesses verlagerte sich von den Objekten der Erkenntnis auf die Seite der erkennenden Subjekte, was als Wende von der Metaphysik zur Erkenntnistheorie charakterisiert wird. Und es rückte die Frage in den Mittelpunkt, welche Fähigkeiten des Erkenntnissubjekts dafür verantwortlich seien, dass Menschen überhaupt sicheres Wissen von den sie umgebenden Dingen haben können. Positionen des ↑Rationalismus sehen dabei in Verstand und/oder Vernunft, Positionen des ↑Empirismus dagegen in sinnlicher Wahrnehmungsfähigkeit die entscheidenden, Erkenntnis ermöglichenden Eigenschaften.

KANTS Philosophie kann als Versuch verstanden werden, die kontroversen Standpunkte des Rationalismus und des Empirismus zu vermitteln, indem er ein gegenseitiges Abhängigkeitsverhältnis von Sinnlichkeit und Verstand etablierte. Die Vernunft als kontrollierender und regulierender Faktor sollte Sinnlichkeit und Verstand jeweils in die Schranken weisen. Die Pointe der kantischen Erkenntnistheorie besteht aber v. a. darin, dass KANT das Erkenntnisobjekt zuallererst durch das erkennende Subjekt »erschaffen« lässt: Durch die nach Art unserer Sinnesorgane begrenzten Möglichkeiten sinnlicher Datenverarbeitung, durch die ↑Anschauungsformen Raum und Zeit sowie durch die reinen Verstandesbegriffe (↑Kategorien) als Ordnungsstrukturen wird ein Erkenntnisgegenstand produziert, wie er nur für den menschlichen Geist existiert; darüber hinaus kann nichts von den Dingen, wie sie an sich sein mögen (↑Ding an sich), erkannt werden: »Wir erkennen an den Dingen nur das, was wir selbst in sie hineingelegt haben« (↑Erscheinung). Damit hat KANT den Grundstein gelegt für moderne, neuzeitliche Formen des Idealismus. In dieser

Entwicklung rückte v.a. auch das ↑Subjekt-Objekt-Problem immer stärker in den Mittelpunkt.
Ein neuer Aspekt wurde im 19. Jh. mit der Beachtung der historischen Bedingtheit allen Erkennens durch den Historismus eingebracht, der die Erkenntnistheorie um eine geisteswissenschaftliche Hermeneutik ergänzte bzw. um deren Grundbegriff des Verstehens als Gegenbegriff zu dem naturwissenschaftlichen der Erklärung. Aus dieser Ergänzung leitet sich die Bedeutung sprachphilosophischer Untersuchungen im Bereich der Erkenntnistheorie her, die heute bis in die sog. exakten Wissenschaften (Mathematik und Naturwissenschaften) hineinreicht.

Erklärung: in der Wissenschaftstheorie die zur Rückführung einer Aussage auf andere Aussagen, Gesetze oder Theorien bzw. eines Sachverhalts auf Gesetzmäßigkeiten. So erklärte z. B. ISAAC NEWTON die Planetenbewegung durch seine Mechanik. Für Erklärung in diesem, v.a. für die Erfahrungswissenschaften wichtigen Sinn ist heute weitgehend ein von CARL GUSTAV HEMPEL und PAUL OPPENHEIM 1948 angegebenes Schema anerkannt (HO-Schema). Danach bedarf es zur Erklärung eines Sachverhalts E (**Explanandum,** lat. »das zu Erklärende«) mindestens eines Gesetzes G und einer Situationsbeschreibung S, in der die Bedingungen festgehalten werden, unter denen G angewendet wird. G und S zusammen heißen **Explanans** (lat. »das Erklärende«). Die Erklärung hat dann die Form einer logischen Folgerung:

$P(x_0)$	Die Katze hat eine Lunge.
$P(x) \rightarrow$	Tiere mit Lungen haben
$Q(x)$	auch ein Herz.
———	(logische Folgerung)
$Q(x_0)$	Die Katze hat ein Herz.

In der Umgangssprache: »Weil die Katze eine Lunge hat, hat sie auch ein Herz.« Nach HEMPEL/OPPENHEIM ist der Erklärungsmechanismus ein in Gegenrichtung der ↑Prognose laufender Mechanismus.
Während solche und ähnliche Erklärungsschemata in den Naturwissenschaften ständig angewandt werden und ihr Wert hier unbestritten ist, bleibt die Frage offen, ob sie auch in anderen Bereichen (z. B. Psychologie, Soziologie, Geschichtswissenschaften) Verwendung finden können. Hier steht die Erklärung oft in Konkurrenz mit ↑Deutung. Besondere Brisanz erhält das Problem dadurch, dass Wissenschaftlichkeit vielfach mit der Möglichkeit von Erklärungen gleichgesetzt wird, sodass die Wissenschaftlichkeit gewisser Disziplinen dann unmittelbar infrage gestellt werden.

Erleben: der im Bewusstsein ablaufende, unmittelbar und unreflektierte Vorgang, in dem Ich und Welt ungeschieden gegenwärtig sind. Der Inhalt und die Vollzugsweise des Erlebens fallen dabei zusammen. Sofern Erlebtes aus dem alltäglichen Kontinuum des Erlebens in besonderer, bedeutsamer Weise herausgehoben erscheint, wird es zum **Erlebnis.** Das Erleben ist ein Grundbegriff der philosophischen Analyse des Subjekts und seiner Welt in der ↑Lebensphilosophie und der hermeneutischen Philosophie (WILHELM DILTHEY, HANS-GEORG GADAMER).

Ẹros [griech. »(vorwiegend sinnliche) Liebe«]: in orphischen Schriften ein Weltprinzip, das Gegensätzliches zu vereinen vermag. In seiner Schrift »Symposion« (griech. »Das Gastmahl«) lässt PLATON eine Frau, Diotima, den SOKRATES belehren, Eros sei »die Liebe zu Schönem«. Wer Schönes begehre, wolle, dass »ihm Gutes zuteilwerde«. Das Gute, das der Liebende will, sei ↑Glück und Unsterblichkeit. Eros könne glückselige Unsterblichkeit durch »Zeugung und Geburt im Schönen« bewirken, allerdings nur, wenn er – unter Anleitung eines weisen Menschen – sich in richtiger

Weise entfalte. Die Phasen seiner vollen Entfaltung seien: sinnlicher Eros zu einem schönen Menschen, ästhetischer Eros zu »allen schönen Gestalten«, ethischer Eros zu »den schönen Sitten und Handlungen«, der geistige Eros zur Wissenschaft, schließlich der Eros zu dem »göttlich Schönen selbst«. Von seiner vollen Entfaltung her gesehen, sei Eros also »notwendig philosophisch«.

Im Gegensatz zum gemeinhin verwendeten Begriff der »platonischen Liebe« ist die sinnliche Liebe zu einem Menschen nach PLATON eine Bedingung für die weitere Entfaltung des Eros. Soweit die Philosophie des Mittelalters von PLATON und ARISTOTELES abhängt, wird (unter paulinischem und manichäischem Einfluss) diese sinnliche Bedingung übersehen und Eros als bloß geistige Kraft verstanden. – ↑auch Liebe.

Erscheinung (Phainomenon): seit PLATON philosophischer Fachterminus für all diejenigen Gegenstände, die Menschen mittels ihrer Sinne wahrnehmend erkennen können. PLATON selbst erkannte allem Erscheinungshaften nur geringen Wert zu, weil auf die Leistungen der Sinne erfahrungsgemäß kein sicherer und bleibender Verlass ist. Gerade diese Formen der Zuwendung eines wahrnehmend-erkennenden Bewusstseins jedoch galten anderen Philosophen als konstitutive Rahmenbedingungen der Seinsweise und damit der Wahrheitsfähigkeit von Gegenständen. Nur wie ein Gegenstand einem wahrnehmenden Subjekt erscheint, so ist er auch, behauptete beispielsweise PROTAGORAS (↑Homo-mensura-Satz). GEORGE BERKELEY brachte ähnliche Überlegungen auf die Kurzformel: ↑esse est percipi. Auch KANT vertrat letztlich die Überzeugung, dass man Erfahrungswissen von Dingen nur als Erscheinungen haben könne. Trotzdem verankerte er für seine Philosophie auch das Postulat, dass sich Erkennen auf einen (z. B. über Raum und Zeit) identischen Gegenstand beziehen soll (↑Ding an sich).

Erste Philosophie: von ARISTOTELES geprägter Begriff, um die Wissenschaft vom Sein von der »Physik« als »Zweiter Philosophie« abzugrenzen. Die Frage nach dem »Seienden als Seiendem« ist erstes Wissen, weil sie nach den Prinzipien des Seins selbst fragt, wohingegen die Einzelwissenschaften nur nach dem Sein ihres jeweiligen Gegenstandes forschen. Die Erste Philosophie fragt, wie das Sein oder Wesen selbst verfasst sein muss, damit es Wesen für einen konkreten Bereich des Seienden sein kann. Das Sein erläutert die »Metaphysik« des ARISTOTELES anhand der Bestimmungen des Stoffs und der Gestalt, des Zugrundeliegenden und des nur Anhängenden, der Möglichkeit und der Wirklichkeit sowie der Einfachheit und der Vielheit. Zu dieser ontologischen Frage nach dem Sein als solchem gehört die Frage nach dem Sein im Ganzen, weil die Allgemeingültigkeit von Sein nur dann gegeben ist, wenn es Sein des Seienden im Ganzen ist. Damit wird die Erste Philosophie zur Theologie, da ARISTOTELES die Frage nach dem höchsten Sein für das Seiende im Ganzen mit dem Gottesprinzip als ↑unbewegtem Beweger bzw. dem Nous als Denken des Denkens beantwortet. Erste Philosophie als ↑Metaphysik ist demnach sowohl ↑Ontologie als auch ↑Theologie.

Eine Wiederaufnahme erfährt der Begriff der Ersten Philosophie als **Prima Philosophia** bei der Aristotelesrezeption des THOMAS VON AQUIN und der Scholastik. Für THOMAS begründet die Erste Philosophie alle anderen Wissenschaften, weil sie nach deren Prinzipien fragt und diese ihnen vorgibt. Erste Philosophie ist die Bestimmung des »Seienden als Seiendem«, aber auch Metaphysik im Sinne der Frage nach den ersten Ursachen des Seienden, d. h. nach Gott. Mit DESCARTES verändert sich die Verwendung des Begriffs der Ersten Philosophie, da für ihn ihr Gegenstand die Prinzipien der Erkenntnis sind, für die er fordert, dass sie keinem Zweifel unterliegen bzw. klar und evident sind. Ähnlich ist für FRANCIS BACON und AUGUSTE COMTE die Erste Philosophie keine Metaphysik mehr, sondern Untersuchung der erkenntnismäßigen Prinzipien der Wissenschaften, was auch nach KANTS Kritik an der Metaphysik zur Hauptbestimmung der Ersten Philosophie wird. EDMUND HUSSERL erneuert mit seiner Bestimmung der ↑Phänomenologie als Erste Philosophie den Anspruch, alle anderen Wissenschaften begründen zu können.

Es: psychoanalytischer Terminus zur Bezeichnung des ursprünglichen, unbewussten und irrationalen Systems der Persönlichkeit (z. B. Erbanlagen, Triebe), aus dem sich die beiden anderen Hauptsysteme, das ↑Ich und das ↑Überich, herausdifferenzieren.

Eschatologie [zu griech. éschata »letzte Dinge«]: in der Mystik und in prophetischen Religionen die Vorstellung von einem Ende der Weltgeschichte (Weltuntergang) und dem sich daran anschließenden Zustand der Erfüllung religiöser Hoffnungen, z. B. das Himmelreich im Christentum, das Paradies des Islam. Häufig sind solche Vorstellungen angesichts zu erwartender Katastrophen oder deren Vorboten (Sintflut, Meteoriten) mit Endzeitstimmungen verbunden, in der ↑Apokalyptik mit einem drohenden Weltgericht, einem Weltbrand oder einstürzenden Himmel.

Esoterik [zu griech. esoterikós »nach innen gerichtet«]: Unter diesem Begriff werden alle weltanschaulichen Gemeinschaften zusammengefasst, die auf der Grundlage z. B. okkulter Praktiken (Initiationen, rituelle Einweihungen) oder spiritueller Lehren ein Offenbarungswissen höherer Wahrheiten anstreben bzw. auch von sich behaupten, über dieses zu verfügen.

Solche Gemeinschaften gab es von den altgriechischen Mysterienkulten (↑Mystik) über die ↑Gnosis der Spätantike, den mittelalterlichen Templern, der Katharerbewegung und Kabbala bis zu den Rosenkreuzern der Gegenwart. Entsprechend der Vielzahl esoterischer Erscheinungsformen reichen ihre Praktiken und Anschauungen von der Alchimie und Magie über Astrologie, Theosophie (Anthroposophie) bis zu Zeremonien von Druiden und Hexen. Während es für viele dieser Gemeinschaften typisch war und ist, dass sie ihr Wissen innerhalb mehr oder weniger geschlossener bis geheimer Zirkel bewahren und weitergeben, hat sich daneben ab den 1980er-Jahren eine Populäresoterik verbreitet, die in Abkehr vom ursprünglichen inneren Schulungsweg als Angebot für breite Bevölkerungsschichten auftritt.

Im engeren philosophischen Sinne bezeichnet **esoterisch** eine von ursprünglicher Erfahrung getragene authentische, nicht literarisch fixierte Philosophie, z. B. die mündlich tradierte Philosophie der Pythagoreer oder PLATONS, im Gegensatz zum **exoterischen,** auf »äußerliche« Verstehbarkeit bzw. Öffentlichkeit ausgerichteten Denken.

Esse [lat.]: ↑Sein.

esse est percipi [lat. »Sein ist Wahrgenommenwerden«]: bei GEORGE BERKELEY Formel seines radikalen ↑Sensualismus. Die Existenz empirischer Gegenstände wird gleichgesetzt mit dem Vorhandensein von Wahrnehmungsdaten.

Essentia (Essenz) [lat. »das Wesen«, »Sosein«]: Begriff v. a. der scholastischen Philosophie mit zwei Bedeutungen:

1. die in einer Definition festgelegte Menge von Eigenschaften, die allen Gegenständen einer Art zukommen;
2. »das, wodurch etwas ist, was es ist«, also die innere »Form des ganzen« Seienden (↑Form/Materie).

Weitgehend synonym mit Essentia werden quidditas (lat. »Washeit«) und natura (»Natur«) gebraucht. Nach THOMAS VON AQUIN erscheint in den Begriffen einer (richtigen) Definition das Wesen eines Gegenstandes, das »Prinzip«, das als seine innere Form diesen Gegenstand zu einem Exemplar seiner Art formt.

Ethik [zu griech. éthos »Gewohnheit«, »Herkommen«, »Sitte«]: die philosophische Disziplin, die die Frage zu beantworten sucht, an welchen Normen und Zielen (Zwecken, Werten) die Menschen ihr Handeln orientieren sollen. Wer die Zentralfrage der Ethik methodisch zu beantworten sucht, hat die Absicht,

- den Geltungsanspruch der jeweiligen Moral daraufhin zu überprüfen, ob er wohlbegründet ist;
- ein oberstes, vernünftiges, d.h. möglichst jedermann einsehbares Prinzip zu finden, von dem aus die gewohnten Normen beurteilt und gegebenenfalls neue einsehbar begründet werden können;
- dadurch zur Verbesserung menschlicher Praxis beizutragen.

Dabei sind die Anlässe, ethisch zu reflektieren, oft praktischer Natur: das drohende Misslingen des Lebens von Individuen, Gesellschaften oder der Menschheit, das sich an dem »Gewohnten, der Sitte« orientiert; die ein Individuum oder eine Gesellschaft desorientierende Entdeckung der historischen, ethnischen und sozialen Relativität dessen, was jeweils als moralisch gilt; das Bedürfnis, die eigene Entscheidung insbesondere bei Normen- und Zielkonflikten vor sich und anderen durch Vernunftgründe zu rechtfertigen.

Die zentrale Frage der Ethik impliziert Vorannahmen: Das Handeln der Menschen ist weder durch eine metaphysische Instanz noch durch eine geschichtsimmanente Notwendigkeit noch durch biologische Programme (↑Instinkt) noch durch die gesellschaftlichen Verhältnisse vollständig gesteuert, also zumindest der Möglichkeit nach frei (↑Freiheit), bedarf gerade deswegen der Orientierung an Normen und Zielen; Menschen sind so geartet, dass sie gleichartiger Normen und Ziele bedürfen; die menschliche Vernunft ist grundsätzlich fähig – auf welche Weise auch immer – Normen, Ziele und deren Rangordnung zu finden und einsehbar zu begründen.

Der Sinn von Ethik wird bestritten, wenn eine der in ihre Zentralfrage eingehenden Prämissen als falsch abgelehnt wird. Jeder konsequente metaphysische oder auch

Ethik: Die moderne Technik hat die Auswirkungen menschlichen Handelns erweitert. Die Konsequenzen betreffen nun nicht mehr nur die Mitmenschen, sondern auch zahlreiche kommende Generationen und die gesamte Erde als Lebensraum. So haben sich auch in der Moralphilosophie neue Fragestellungen ergeben.

geschichtsphilosophische ↑Monismus (z. B. Pantheismus, historischer Materialismus) muss die Freiheitsprämisse der Ethik ablehnen. Nicht selten wird die erkenntnistheoretische Prämisse der Ethik bestritten: Die menschliche Vernunft sei entweder überhaupt unfähig, zu allgemeingültigen Erkenntnissen zu gelangen (↑Skeptizismus), oder zumindest unfähig, Normen, Ziele und deren Rangordnung mit dem Anspruch auf Allgemeingültigkeit vernünftig zu begründen (↑Dezisionismus, ↑Emotivismus, ↑Positivismus).

Die Verschiedenartigkeit ethischer Systeme ist erklärbar einerseits aus dem politischen, sozialen, kulturellen Kontext und dem problemgeschichtlichen Horizont dessen, der die ethische Zentralfrage methodisch zu beantworten sucht, andererseits aus seiner je eigenen philosophischen Position.

Die Vielzahl ethischer Positionen lässt sich ordnen nach den obersten Prinzipien, von denen her Normen, Zwecke und deren Rangordnung begründet werden. Als **Wertethik** gelten diejenigen ethischen Positionen, die einen Bereich unveränderlichen, idealen Seins jenseits des Menschen und der realen Welt behaupten (↑Idee, ↑Wert). Der Mensch könne das ideale Sein durch einen besonderen Erkenntnisvorgang (Ideenschau, Wertfühlen, Gewissen) erkennen; dadurch erfahre er nicht nur, was er tun solle, sondern auch den allgemeinen und kategorischen Anspruch des idealen Seins, durch den Menschen verwirklicht zu werden (↑Wertphilosophie). Unter **Güterethik** versteht man Positionen, die einen in der Natur des Menschen angelegten Endzweck behaupten. Auf ihn als das »höchste Gut« (↑Gute, das) strebe jeder Mensch von Natur aus hin (z. B. Gott, das Glück, die Freude, die Lust, die Selbsterhaltung, die Selbstentfaltung; ↑Güterethik).

Als **Formalethik** werden Positionen bezeichnet, die auf die Formulierung von sittlich verbindlichen Inhalten, also von Werten oder Gütern, verzichten und stattdessen formale Bestimmungsgründe des Wollens zum Prinzip der Beurteilung von Handlungen, Normen und Zwecken machen. Als solche formalen Bestimmungsgründe werden v. a. angegeben die Freiheit des Wollens – Handlungen sind gut, wenn sie aus Freiheit um der Freiheit willen erfolgen (Existenzphilosophie) – und die Verallgemeinerungsfähigkeit des Gewollten, die entweder als kategorische Forderung der Vernunft (↑Stoa, ↑kategorischer Imperativ) oder als Bedingung der Möglichkeit behauptenden Sprachhandelns aufgefasst wird (↑deontologische Ethik).

Daneben werden ethische Positionen auch klassifiziert nach dem Anwendungsbereich der jeweiligen Normen und Ziele. So bemüht sich die **Individualethik**, Normen und Ziele zu begründen, die für das Handeln des Individuums gegenüber sich selbst gelten sollen. Die **Sozialethik** sucht nach Normen und Zielen für die Interaktionen zwischen Individuen und Großgruppen sowie der Großgruppen untereinander.

Im Unterschied zu den oben dargestellten **normativen Ethiken** wird die sprachanalytische Untersuchung der ethischen Begriffe und Aussagen bzw. der logischen Form ethischer Begründungen ↑Metaethik genannt; sie gilt i. d. R. als wertneutral gegenüber den untersuchten ethischen Positionen.

Ethos [griech.]: eine sittliche Grundhaltung, die sich bei einzelnen oder in einer Gruppe aufgrund von Gewohnheit oder kraft Gesetzesbeschluss durchgesetzt hat. Die Normen leiten ihre Autorität aus ihrer faktischen Geltung ab. Sie werden ungeprüft als »altbewährt« und »immer so gemacht« übernommen. Im Unterschied zur ↑Ethik müssen diese Normen nicht vernünftig begründbar sein.

Eudaimonia [griech. »Glück«, »Glückseligkeit«, eigentlich »Gutgottheit«]: zentraler

Begriff griechischer Ethik: Eudaimonia sei das Ziel, auf das Menschen bei ihrem Handeln eigentlich hinstreben. Da sie nicht unmittelbar zu erlangen sei, trete sie nur ein, wenn der Mensch gut, d. h. gemäß seiner vollen »Tauglichkeit« (↑Arete) als Mensch lebe. Nach PLATON besteht diese Tauglichkeit darin, dass die Gesellschaft und jeder Einzelne »wohlgeordnet« sind, d. h. möglichst weitgehend an der »Idee des Guten« teilhaben: Jeder muss, darf aber auch nur tun, was Pflicht seines Standes ist; Gerechtigkeit, Besonnenheit, Mäßigung, Frömmigkeit müssen – beim Weisen – mittels der Einsicht in die Idee des Guten oder – beim Normalbürger – mittels Erziehung durch den Philosophenkönig wirklich werden, »sonst wird es kein Ende haben mit dem Unglücklichsein«. Nach ARISTOTELES hat die volle Tauglichkeit, wer durch sein Tätigsein die der menschlichen Art eigenen Möglichkeiten vollkommen verwirklicht.

Der danach benannte **Eudämonismus** umfasst ganz unterschiedliche ethische Lehren, denen nur eins gemeinsam ist: Sie betrachten das (sehr unterschiedlich verstandene) Glück als das höchste erstrebenswerte Gut. Den geeigneten Weg dazu sieht z. B. der moralische Eudämonismus (u. a. PLATON, ARISTOTELES, ↑Stoa) im tugendhaften Leben der hedonistische (u. a. ↑Epikureismus, französischer ↑Materialismus, ↑Utilitarismus) in der dauerhaften Lust.

Evidẹnz [zu lat. evidentia »Ersichtlichkeit«, »Klarheit«]: unmittelbare Einsicht mit einem besonderen Anspruch auf Wahrheit. Im Gegensatz zu einer durch einen deduktiven Beweis belegten Wahrheit ist die Evidenz nicht vermittelt; sie ist intuitiv (↑Intuition) und nicht diskursiv. Evidenzen gründen in ↑Anschauungen (sie sind »anschauliche Gewissheit« [KANT]): Ein angeschauter Sachverhalt kann evident genannt werden, wenn die begrifflich-logische Analyse keinen Zuwachs an Gewissheit bringt. Damit eignet sich die Evidenz zur Begründung erster Sätze (↑Axiom) der Wissenschaften.

Im 20. Jh. geriet die Evidenz v. a. vonseiten des ↑kritischen Rationalismus ins Kreuzfeuer der Kritik: Evidenzen werden gesehen oder nicht gesehen; dazwischen gebe es keine Vermittlung; dass etwas evident ist, könne nur gesehen, nicht aber bewiesen werden. Also seien Evidenzen subjektiv und damit unbrauchbar für die Wissenschaft. Dem wird von ihren Verfechtern (↑Phänomenologie) entgegnet, dass Evidenz im Sinne eines (pragmatischen) »Fundaments« zu verstehen ist, also als das, was wir immer schon können, bevor wir Wissenschaft betreiben.

Evolution [zu lat. evolvere »herauswickeln«, »auseinanderrollen«]: in verschiedenen Zusammenhängen zur Bezeichnung kontinuierlicher Entwicklungsprozesse verwendeter Ausdruck. Das Merkmal der Kontinuität scheint dabei entscheidend zu sein. So spricht man etwa von der Evolution politischer und gesellschaftlicher Institutionen im Gegensatz zu deren ↑Revolution.

In den exakten Wissenschaften war der Evolutionsbegriff lange auf die Biologie (Evolutionstheorie bzw. Darwinismus) beschränkt. Inzwischen spricht man auch in anderen Disziplinen von Evolution, z. B. von kosmischer, chemischer oder kultureller Evolution. Die kulturelle Evolution des Menschen beruht auf seiner Fähigkeit zur Kommunikation von Erfahrung und Wissen und zur Veränderung der Umwelt entsprechend seinen Bedürfnissen. Dabei wirft die Unübersehbarkeit bzw. die Unterschätzung oder die Verdrängung der Folgen menschlicher Veränderungen der Umwelt immer wieder schwerwiegende Probleme für das Überleben der Gattung auf.

In Philosophie, Wissenschaftstheorie und -geschichte tritt der Begriff der Evolution v. a. in zwei Zusammenhängen auf: bei der Frage nach der Anpassung des Gehirns und seiner Erkenntnisstrukturen an die Strukturen der Wirklichkeit im Prozess der biologischen Evolution (↑evolutionäre Erkenntnistheorie) sowie in Theorien wissenschaftlichen Fortschritts.

evolutionäre Erkenntnistheorie: Während DESCARTES noch glaubte, der Sitz der Seele sei in der Zirbeldrüse, geht die moderne evolutionäre Erkenntnistheorie davon aus, dass das Gehirn als das biologische Fundament aller Denktätigkeit anzusehen sei. Da das menschliche Gehirn, evolutionär betrachtet, erst eine relativ späte Erscheinung ist, entstand die Frage, ob es nicht angemessener wäre, den Erkenntnisbegriff so allgemein anzusetzen, dass dadurch das Spektrum von der Amöbe bis zu ALBERT EINSTEIN abgedeckt werden könnte. In diesem Sinne hat KONRAD LORENZ mit seinem Buch »Die Rückseite des Spiegels. Versuch einer Naturgeschichte menschlichen Erkennens« (1973) als Erster den systematischen Versuch unternommen, die evolutionäre Entwicklung der Organismen als immer komplexer werdende Systeme zu beschreiben, die im Kampf ums Dasein durch ihre wachsende Fähigkeit, auf ihre Umwelt zu reagieren, Überlebensvorteile gewinnen.

Kritiker stellen gegenüber der evolutionären Erkenntnistheorie die Frage, ob das grobe Raster des Überlebenskampfes auch noch zur erkenntnistheoretischen Beurteilung religiöser Überzeugungen, der einsteinschen Relativitätstheorie oder der gödelschen Unvollständigkeitssätze taugt. Sie bezweifeln damit, dass sich alle spezifisch menschlichen Erkenntnisleistungen auf die evolutionäre Naturgeschichte zurückführen lassen.

Ewigkeit: Da alle Einzeldinge der Welt (des Kosmos bzw. der Materie) nie anders als zeitlich begrenzt gedacht werden, also mit einem zeitlichen Anfang, vor dem sie (noch) nicht sind, und einem zeitlichen Ende, nach dem sie nicht (mehr) sind, spielt der Begriff Ewigkeit eine Rolle v.a. im Kontext der Fragestellung, ob die Welt oder die Materie, sofern sie als ein Ganzes gedacht wird, ewig sei oder nicht:

- Sofern sie ewig ist, impliziert dies, dass zwar das Dasein alles weltimmanent Einzelnen zeitlich begrenzt ist, dass aber der Wechsel von Dasein und Nichtdasein irgendwelcher Einzeldinge überhaupt weder Anfang noch Ende hat, sodass weder in der Zukunft noch in der Vergangenheit eine zeitliche Erstreckung angenommen wird, in der überhaupt kein Einzelding ist.
- Aus dem Ansatz, dass die Welt nicht ewig ist, folgt, dass sie einen zeitlichen Anfang hat. Diese Problematik eines absoluten zeitlichen Anfangs zieht sich durch die gesamte europäische Philosophiegeschichte.

Auf einer Aussage des MELISSOS aufbauend, dass aus nichts nichts entstehen könne, beweist ARISTOTELES, dass die Behauptung eines absoluten Anfangs von Bewegung zum Widerspruch führt (↑unbewegter Beweger). (Moderne physikalische Kosmogonietheorien versuchen von daher, die Annahme eines Nullpunktes zu umgehen, indem sie nicht die Markierungen vergangener Materiezustände auf einer Zeitskala, sondern lediglich das Maximum möglicher zeitlicher Abstände von Ereignissen asymptotisch gegen null gehen lassen [↑Kosmologie].)

Eine interessante Variante der Theorie einer nicht ewigen Welt findet sich dagegen bei PLATON: Hier wird der Anfang der Welt (Welt verstanden als Materie in einem Zustand, dem Ordnung zukommt) als ein Übergang aus einer ungeordneten Urmaterie gedacht, die wiederum selbst ewig, d.h. »immer seiend und also ungeworden« ist. Diese meist auch in mythischem Denken verankerten Theorien haben ihren radikalen Gegensatz in der christlichen Auffassung der Welt als Schöpfung aus nichts (↑Creatio ex nihilo).

Die zeitlichen Anfangsaporien sind auflösbar im Rahmen eines anderen Ewigkeitsbegriffs: Hier ist Ewigkeit gleichbedeutend mit »Zeitlosigkeit«, im Zusammenhang damit dann auch mit Unveränderlichkeit und Nichtnegierbarkeit (↑absolut/relativ). Als ewig in diesem Sinn werden gedacht: Gott (oder die Götter), das Sein (PARMENIDES), die Ideen (PLATON), Nous, Logos, das Eine (PLOTIN), die Universalien. Dieser Begriff von Ewigkeit fordert in der Regel eine Art dualistischer **Zwei-Welten-Theorie,** da solches Ewige im Gegensatz zur empirischen Welt des zeitlich Endlichen steht. Hier liegt nicht mehr der Gegensatz zeitlich-unendlich – zeitlich-endlich, sondern der Gegensatz zeitlos – zeitlich vor. Im Kontext christlicher Philosophien kann dieser Gegensatz zur Einheit zurückgeführt werden: Hier wird ewig als »immer jetzt« verstanden, so bei MEISTER ECKHART: »Gott schafft die Welt immer jetzt« bzw. »in einem ewigen Nun«. Dieser Begriff von Ewigkeit findet sich dann wieder bei HEGEL (»Ewigkeit ist Gegenwärtigkeit überhaupt«). In der Philosophie der Gegenwart ist Ewigkeit als philosophischer Terminus verschwunden.

Existenz [zu lat. exsistere »hervortreten«, »vorhanden sein«]: Dasein, Leben, Vorhandensein, Wirklichkeit; von der Hochscholastik nicht synonym mit »esse« (lat. »sein«) gebraucht. Während mit »esse« die ↑Teilhabe eines Seienden an der »Vollkommenheit der Vollkommenheiten« des Schöpfergottes gemeint ist, bezeichnet Existenz die Tatsache des Vorhandenseins eines Seienden. Die Existenz eines Seienden (z. B. eines Menschen) ist durch äußere Ursachen (↑Causa) bewirkt (Zeugung der Eltern) und damit zufällig (↑Kontingenz).

Im Anschluss an SØREN KIERKEGAARD bezeichnet die Existenzphilosophie und die Fundamentalontologie MARTIN HEIDEGGERS mit »Existenz« – in bewusster Absetzung zur rationalistischen Wesensphilosophie – die spezifische individuelle Seinsweise des Menschen. Der Mensch ist nicht von einem Wesensbegriff (lat. »essentia«) her primär bestimmt, sondern nur von seiner Existenz. Diese Existenz wird dabei aber nicht als Wirklichkeit eines Vorhandenen verstanden, sondern als Vollzugsweise des Seins des Menschen. Der Mensch existiert, indem er seinen ↑Entwurf in der Welt aus der ↑Geworfenheit in ein Verstehen von Sein vollzieht. Insofern ist er **Eksistenz,** Aus-sich-heraus-Stehen, da er nicht von sich als vorhandenem Subjekt aus, sondern aus der Geworfenheit sich und Umwelt versteht. Die Existenz hat gegenüber dem traditionellen Wesensbegriff der ↑Essentia Vorrang, weshalb HEIDEGGER für die näheren Bestimmungen des Menschen von ↑Existenzialien spricht. Den Vorrang der Existenz gegenüber der Essenz äußert in anderer Weise JEAN-PAUL SARTRE: Die Existenz gehe dem Wesen voraus, insofern der Einzelne sein Entwurf sei.

Existenzaussage: eine Aussage, in der behauptet wird, dass es (in einem bestimmten Bereich) einen oder mehrere Gegenstände gibt, auf die ein bestimmter Prädikator zutrifft; z. B.: »Es gibt den Kaiser von China.« »Manche Berge sind höher als 8 000 Meter.« In den Erfahrungswissenschaften stellen Existenzaussagen solche Aussagen dar, die zwar empirisch verifiziert, aber nicht empirisch falsifiziert werden können (↑Falsifikation); z. B.: Um zu zeigen, dass die Behauptung »Es gibt den Kaiser von China« wahr ist, muss man diese Person vorweisen können. Aus der Tatsache aber, dass noch niemand den Kaiser von China gesehen hat, darf nicht unmittelbar geschlossen werden, dass es ihn nicht gibt. Das lässt sich erst mithilfe von zusätzlichem Wissen (also gerade nicht empirisch) folgern (z. B. aus der Tatsache, dass China Volksrepublik ist).

Existenzial: Als Existenzialien bezeichnet MARTIN HEIDEGGER in der ↑Fundamentalontologie die »Seinscharaktere« des ↑Daseins, d.h. die näheren Bestimmungen des »Wesens« des Menschen, die nicht mehr Kategorien genannt werden, weil der Mensch primär ↑Existenz und nicht Essenz ist. Zu den Existenzialien gehören die ↑Befindlichkeit, das Verstehen, die ↑Geworfenheit, der ↑Entwurf, das ↑Mitsein, die ↑Sorge und die ↑Zeitlichkeit.

Existenzialismus: ↑Existenzphilosophie.

Existenzphilosophie: Richtung innerhalb der jüngeren Philosophie, die in z.T. sehr verschiedenen Ausprägungen vorwiegend im 20.Jh. in Europa entstand. Den Ansatzpunkt für die Autoren im Umkreis der Existenzphilosophie bildet der Umstand, dass der Mensch offenbar nicht (mehr) bereit ist, sein Vorhandensein in der Welt als bloßes Faktum hinzunehmen. Dazu gilt es, jenseits erfahrungswissenschaftlich fixierbarer Daten diejenigen Bestimmungen aufzusuchen, die für das Vorhandensein des Menschen in der Welt charakteristisch sind, und zwar im Hinblick auf seine Eigenschaft als denkendes Wesen.

Wie z.B. der Marxismus darf auch die Existenzphilosophie als eine Protesthaltung gegen die philosophische Tradition des Abendlandes interpretiert werden. Das Philosophieren im Rahmen eines ↑Systems (wie zuletzt bei HEGEL) wird entschieden abgelehnt, da man den Verdacht hegt, Systemdenken forme und stilisiere eher eine Wirklichkeit, als dass es sie adäquat erfasse. Stattdessen soll philosophisches Denken konkret vom einzelnen Menschen bzw. seinen individuellen Existenzsituationen ausgehen.

Aus diesem individualistisch-subjektivistischen Ansatz ergibt sich, warum der konsequente Existenzphilosoph auf die Formulierung einer (abgeschlossenen) Lehre verzichtet: Existenzphilosophische Rede kann nie unmittelbar verstanden werden; wer ihren Sinn erschließen will, muss sie gewissermaßen erst in seine eigene Situation »übersetzen«. Die Möglichkeit dazu besteht aufgrund von vergleichbaren Befindlichkeiten in »existenziellen Erlebnissen«, d.h. Grunderfahrungen wie Angst, Leid oder Absurdität, durch die der Blick auf die Existenz als innerster Kern der Seele frei wird. Dieses Philosophieren versteht sich selbst als unmittelbarer Vollzug von Lebenspraxis: Erkenntnisse über die besondere Art des

Existenzphilosophie: Der französische Existenzialismus prägte die Literatur der 1950er-Jahre. In seinem Stück »Geschlossene Gesellschaft« betont Jean-Paul Sartre die Unentrinnbarkeit von menschlicher Lüge und Heuchelei (Szenenfoto).

menschlichen ↑In-der-Welt-Seins fließen nicht aus rationalem Wissen über den Menschen, sondern aus dem bewussten Erleben des Daseinsvollzugs. Mit der Absage an ein rein wissenschaftliches Denken und dem Verzicht auf eine regelrechte Lehre steht ein weiteres Charakteristikum der Existenzphilosophie in Verbindung: Viele Autoren verzichten auf Argumentation zugunsten von Appellen, was darin zum Ausdruck kommt, dass manche Autoren (z.B. FRIEDRICH NIETZSCHE) einen aphoristischen Stil bevorzugen oder andere (v.a. in der französischen Variante) sich künstlerischer Ausdrucksmittel wie Drama, Roman, Tagebuch oder Film bedienen.

Geschichtlich gesehen knüpft die Existenzphilosophie an SØREN KIERKEGAARD, FJODOR DOSTOJEWSKI und NIETZSCHE an. Auch die ↑Lebensphilosophie (WILHELM DILTHEY, HENRI BERGSON) wird als Wurzel genannt. In Deutschland verbindet man mit der Existenzphilosophie v. a. die Namen MARTIN HEIDEGGER und KARL JASPERS ab Ende der 1920er-Jahre. Geradezu populär wurde die Existenzphilosophie in den 1940er-Jahren und besonders nach dem Zweiten Weltkrieg in Frankreich, v. a. mit den Autoren JEAN-PAUL SARTRE und ALBERT CAMUS.

Einen der wichtigsten Beiträge zu Beginn der Neuzeit lieferte PASCAL, auf dessen Begriffsmittel zur Existenzanalyse Autoren von KIERKEGAARD bis CAMUS immer wieder zurückgegriffen haben, v. a. wegen PASCALS Auszeichnung des Menschen durch seine Denkfähigkeit, die in ihrem Vermögen als »esprit de finesse« und »sentiment« unmittelbar analytisch verfährt und zu bestimmten praktischen Entscheidungen anhält. Dadurch wird die Eigenständigkeit von Praxis gegenüber der Theorie ausgewiesen und dargelegt, dass der Lebensvollzug nicht bloß Fortsetzung theoretischen Kalkulierens ist. So steht auch bei KIERKEGAARD der Mensch unter dem permanenten Zwang, entscheiden zu müssen, wie man sich selbst und sein Denken verstehen soll. Der unmittelbare Lebensgenuss (KIERKEGAARD spricht von einer »ästhetischen Stufe« der Existenz) führt zu Langeweile, Überdruss, Verzweiflung. Allerdings vermag sich der Mensch denkend aus diesem unmittelbaren Lebensvollzug zu lösen und auf eine Ebene der Reflexion (bei KIERKEGAARD »ethische Stufe«) zu erheben. Hier wird der Mensch sich seiner Freiheit bewusst. Vor die Wahl gestellt, sich für das Endliche oder für die absurde Vorstellung des Glaubens zu entscheiden, wird dem Individuum nur durch eine persönliche praktische Entscheidung für den Glauben die Angst genommen (bei KIERKEGAARD »Sprung« auf die »religiöse Stufe«). Der Glaube an die Absurdität des Wortes Gottes muss sich allerdings unter »Furcht und Zittern« bewähren.

NIETZSCHE erfasst den Menschen nicht im Zustand der Schwäche, sondern in Bestimmungen der Stärke, des Übermaßes geradezu. Gewalt, Grausamkeit, Rücksichtslosigkeit, Anmaßung u. a. gehören zum menschlichen Leben im umfassenden Sinne, ja bestimmen gerade diejenigen Eigenschaften, die das starke Individuum erst zur wahren Größe heranwachsen lassen. Allerdings werden sie von den lebensfeindlichen Normen traditioneller Moral, Religion und Kultur denunziert. Deshalb sieht NIETZSCHE in der Philosophie eine Disziplin, die der Revolte der großen Individualität gegen die traditionellen Normen (»Vorurteile«) Ausdruck verleihen soll.

Die Einbeziehung HEIDEGGERS in den Kreis der Existenzphilosophen ist nicht unumstritten und erfolgt häufig aufgrund des Einflusses seines Frühwerks, v. a. in der Übernahme seines begrifflichen Instrumentariums wie z. B. der Differenzierung »existenziell – existenzial« oder des Terminus »Existenzialien«. HEIDEGGER selbst wollte sein Denken nicht als Existenzphilosophie verstanden wissen, da seine Analyse der Existenz den Zweck hat, die Frage nach dem Sein neu stellen zu können, weshalb sie als Existenzialontologie nur den vorbereitenden Teil der ↑Fundamentalontologie ausmacht. Den auf ihn folgenden Existenzphilosophen wirft er vor, bloß eine einfache Umkehrung der Begriffe »Existenz« und »Essenz« vorgenommen zu haben und damit dem traditionellen Denken der Wirklichkeit als Vorhandenheit verhaftet zu bleiben bzw. nach wie vor von einem vorhandenen Subjekt auszugehen, was er mit dem Begriff des ↑Daseins und der Eksistenz (↑Existenz) unterlaufen wollte. Im späteren Denken vermeidet er die Rede von der Existenz und prägt nun den Begriff der »Inständigkeit« für die Vollzugsweise des Daseins, auch um die von seinen Nachfolgern nicht bedachte Dimension der ↑Geworfenheit zu betonen.

Von dem bei HEIDEGGER ontologisch ausgerichteten Denken der Existenz bzw. der Inständigkeit hat sich JASPERS scharf abgegrenzt. In drei Schritten entwirft er eine Konzeption, die v.a. durch ihre Terminologie für die deutsche Existenzphilosophie grundlegend geworden ist. In einem Prozess, den JASPERS »Weltorientierung« nennt, erfährt der Mensch, dass es unmöglich ist, seine Existenz zum Gegenstand gesicherten Erkenntnisbemühens zu machen; er sieht sich in einer Welt, die ihm absurd und unbegreiflich erscheint. In solchen »Grenzsituationen« (Leiden, Kampf, Tod, Schuld) wird ihm diese seine Situation bewusst; in der Phase der »Existenzerhellung« wird er angesichts der Frage nach dem Absoluten zum »eigentlichen Sein« aufgerufen.

Bei SARTRE wird die das existenzphilosophische Denken auslösende Grunderfahrung als ↑Ekel bezeichnet, der den Menschen überkommt, wenn er erkennt, dass er sich in einer sinnleeren Welt orientieren muss, in der der Mensch als zur Freiheit geradezu verurteilt erscheint (↑absurd). Für den Atheisten SARTRE hat jede Weltordnung ihren Grund in der menschlichen Freiheit.

Auch bei CAMUS ist das existenzielle Grunderlebnis die Einsicht in das Absurde der Welt und der Existenz des Menschen in dieser Welt. Gegen diese Absurdität setzt CAMUS die Revolte, also ein Nicht-akzeptieren-Wollen dieser Sinnwidrigkeit, die aber überwunden werden soll, indem der Mensch in maßvollem Handeln die zwischenmenschliche Solidarität mit anderen sucht.

exoterisch [griech. »nach außen«]: im Gegensatz zu esoterisch (↑Esoterik) etwas, was (auch) für Außenstehende bestimmt ist, was allgemein verständlich ist. Der Begriff taucht zuerst bei ARISTOTELES für Lehren und Schriften auf, die für ein breiteres Publikum geschrieben wurden, etwa die »Rhetorik«.

Experiment [lat. »Versuch«]: planmäßige Herbeiführung von Umständen zum Zweck der ↑Beobachtung. Das Experiment kennzeichnet die modernen Erfahrungswissenschaften, die sich darin grundsätzlich von antiker Wissenschaft unterscheiden. Die Anfänge der experimentellen Forschung reichen bis 1600 zurück (GALILEO GALILEI, EVANGELISTA TORRICELLI, FRANCIS BACON). Im Gegensatz zur einfachen Beobachtung wird beim Experiment absichtlich in den Ablauf der Natur eingegriffen: Bestimmte Züge (meist Parameter genannt) der experimentellen Situation werden systematisch variiert, um die hieraus resultierenden Wirkungen zu studieren. Alle anderen Faktoren, die das Versuchsergebnis beeinflussen könnten, sind konstant zu halten. Experimente sind somit wiederholbar und deshalb überprüfbar. Im Experiment arbeiten auf dem Hintergrund einer Hypothese Erfahrung und Theorie in charakteristischer Weise zusammen. Aus diesen Gründen wird das Experiment etwa als »Frage an die Natur« (KANT) oder gar als »Verhör der Natur« (CARL FRIEDRICH VON WEIZSÄCKER) bezeichnet.

Die Ergebnisse eines Experimentes hängen von folgenden Faktoren ab:

1. von den beim Versuch verwendeten Apparaten, Messgeräten usw.;
2. von den Auswertungsverfahren, die man benutzt, um die Messergebnisse zu verarbeiten;
3. von Interpretationsannahmen wie »gleiche Ursachen haben gleiche Wirkungen«.

Ein einzelner Versuch muss nicht die Verwerfung einer Hypothese erzwingen. Experimente werden erst wirklich aussagekräftig in Verbindung mit einer ganzen Theorie und der darin verarbeiteten Erfahrung. Als Grenze der experimentellen Methode hat sich in der modernen Physik gezeigt, dass in dem Moment eine prinzipielle Schranke erreicht wird, in dem die Beobachtung mit dem beobachteten System in Wechselwirkung tritt (Unschärferelation). Im subatomaren Bereich sind der Genauigkeit der Beobachtung Grenzen gesetzt. Eine andere Schranke ist ethischer Natur (z. B. Tierversuche, Genforschung).

Extension [zu lat. extensum »ausgedehnt«] **(Umfang):** Unter der Extension eines Begriffswortes versteht man die Klasse aller Gegenstände, auf die dieser Begriff zutrifft; z. B.: Die Extension des Begriffes »zweisilbig« sind alle zweisilbigen Wörter. Als Extension einer Aussage wird deren ↑Wahrheitswert bezeichnet (Gegensatz ↑Intension).

F

Faktizität [zu lat. faktum »das Getane«, »das Geschehene«]: MARTIN HEIDEGGER bestimmt in der ↑Fundamentalontologie die Faktizität als die Tatsächlichkeit, d. h. die gegebene Situation, in der sich der Mensch vorfindet. Diese ↑Geworfenheit in ein Selbst- und Seinsverständnis hat der Mensch eigentlich oder uneigentlich (↑Eigentlichkeit/Uneigentlichkeit) zu übernehmen. JEAN-PAUL SARTRE interpretiert dies als Verurteilung zur Freiheit, die der Mensch übernehmen muss.

fallibel [zu lat. fallere »zu Fall bringen«]: Induktiv gewonnene Sätze werden hypothetisch oder fallibel genannt, weil sie nicht endgültig verifiziert werden können (↑Induktion). Für den **Fallibilismus** ist dies kein Grund zur Skepsis: Es gibt für ihn keine unerschütterlichen Fundamente des Wissens, keine ↑Letztbegründungen. Es kommt vielmehr darauf an, alle empirischen Sätze einer ständigen kritischen Prüfung zu unterwerfen. Sicheres Wissen gibt es für ihn nur in Mathematik und Logik.

falsch: ein Wahrheitswert von Aussagen. Die klassische Logik geht davon aus, dass eine Aussage entweder wahr oder falsch sein muss (↑Bivalenzprinzip). Falsch ist gemäß dieser Auffassung äquivalent mit nicht wahr. Die Definition von Wahrheit, die durch ↑Negation eine der Falschheit liefert, ist Aufgabe der Wahrheitstheorien.

Falsifikation [zu lat. falsus »falsch« und facere »machen«]: allgemein der Nachweis der Falschheit einer Aussage, in der Wissenschaftstheorie die Widerlegung eines empirischen Allsatzes durch ein Gegenbeispiel. So wird die Behauptung »Alle Raben sind schwarz« durch den Aufweis eines nicht schwarzen Raben widerlegt. Eine empirische Allaussage kann, falls sie nicht auf einen bestimmten Gegenstandsbereich bezogen wird, nicht verifiziert werden (↑Induktion).

KARL POPPER wies darauf hin, dass zur Falsifikation in den Wissenschaften meist nicht ein isoliertes Gegenbeispiel genügt, das man durch Zusatzhypothesen vielleicht erklären könnte, sondern dass eine konkurrierende Hypothese zur Verfügung stehen muss, die mit den Gegenbeispielen verträglich ist. Falsifikation ist ↑Bewährung dieser Gegenhypothese. Von der Falsifikation ist die **Falsifizierbarkeit,** die Widerlegbarkeit, zu unterscheiden. Nach POPPER sind nur falsifizierbare, nicht aber falsifizierte Sätze in den Wissenschaften zuzulassen.

Familienähnlichkeit: Mit diesem Begriff erläutert LUDWIG WITTGENSTEIN in den »Philosophischen Untersuchungen« (1958) seine These, dass die Bedeutung eines sprachlichen Ausdrucks und seine Anwendung auf eine Vielfalt von Gegenständen nicht davon abhängt, dass diese so etwas wie eine »Wesenseigenschaft« gemeinsam haben. Ein deutliches Bild hierfür ist der Webfaden, der seine Festigkeit nicht dadurch erhält, dass irgendwelche »Wesensfasern« durchgehen, sondern dadurch, dass die vielen Fasern miteinander verwoben sind.

Fantasie [lat.]: ↑Einbildungskraft.

Fatalismus [zu lat. fatalis »vom Schicksal bestimmt«]: Weltanschauung oder Lebenseinstellung, nach der alles Geschehen in der Welt von einer »blinden« Notwendigkeit (»Schicksal«) bestimmt ist. Dieser Notwendigkeit unterliegt demnach auch jedes menschliche Tun, womit die Auffassung aufgegeben wird, dass das Handeln des Menschen durch Normen anleitbar sei und seine Ursache in einer freien Entscheidung des Individuums habe.

Verschiedene religiöse Konzeptionen (wie der Islam) haben diese Notwendigkeit als Kausalität eines höchsten Wesens interpretiert. Hingegen hat die philosophische Tradition ihre Stellungnahme zum Fatalismus in der kritischen Formel von der »faulen Vernunft« ausgedrückt.

Fehlschluss (Paralogismus): in der traditionellen Argumentationstheorie ein Schluss, bei dem logisch nicht gültige Schlussweisen angewandt werden (geschieht dies bewusst, spricht man von **Trugschluss**). Am häufigsten treten drei Arten von Fehlschlüssen auf:

1. Fehlschlüsse, die durch logisch ungültige ↑Implikationen entstehen; z. B. aus dem Satz »Wenn es schneit, besteht Rutschgefahr« lässt sich nicht ableiten »Wenn es nicht schneit, besteht keine Rutschgefahr«.
2. Fehlschlüsse, bei denen die Rahmenbedingungen für die korrekte Anwendung logischer Schlussregeln nicht beachtet werden wie v. a. die Vermeidung mehrdeutiger Ausdrücke (↑äquivok). In vielen Gottesbeweisen findet man solche Fehlschlüsse, die auf der Mehrdeutigkeit des Wortes »ist« beruhen; z. B. aus »Gott ist etwas, über das nichts Größeres gedacht werden kann« und »Etwas, das in Realität ist, ist größer als etwas, das nur gedacht wird« wird gefolgert »Gott ist in Realität, also existiert Gott«.
3. Fehlschlüsse, bei denen die Beweisordnung nicht eingehalten wird. Dazu gehört z. B. der Zirkelschluss (↑Circulus vitiosus), bei dem eine der Aussagen, die zum Beweis der Behauptung benötigt werden, selbst durch die Behauptung bewiesen wurde.

feministische Philosophie: seit dem ausgehenden 20. Jh. zunehmend Sammelbezeichnung für einen spezifischen philosophischen Ansatz, von dem aus traditionelle Fragen v. a. nach Erkenntnis und Moral neu gestellt werden: Frau/Mann – was und wer eigentlich ist damit gemeint? Was heißt Geschlecht, und was bedeutet es, einem Geschlecht zuzugehören? Ist die Zugehörigkeit zu einem Geschlecht gleichbedeutend mit Unfreiheit? Ist Differenz gleichbedeutend mit Hierarchie? Und rechtfertigen Unterschiede im Geschlecht Ungleichheiten in Macht, Ansehen oder Besitz? War der Blickwinkel dabei anfangs der nach Gleichberechtigung strebender Frauen, so hat er sich heute im Dialog mit anderen Ethnien, sexuellen Orientierungen oder Schichtzugehörigkeiten gruppenübergreifend auf Männer wie Frauen insgesamt erweitert, die sich in der Geschichte der Philosophie als die »Anderen« ausgesondert vorfinden. Insgesamt brach die feministische Philosophie mit den Grenzen eines überkommenen dualistischen bzw. hierarchischen Denkens. Spezifisch dualistische Grenzziehungen wie Mann – Frau, öffentlich – privat, Subjekt – Objekt, Kultur – Natur, Leib – Seele werden seitens der feministischen Philosophie nun einem fremd bleibenden »Ich« zugeschrieben. MANLYN FRYE nennt es das »arrogante Ich«, dem alles Fremde zumeist minderwertig oder aber erhöht erscheint; HÉLÈNE CIXOUS, orientiert an der Psychoanalyse, nennt es das »phallische Ich«, das das

Andere in Besitz nimmt, unterwirft und unter Regeln stellt. Dabei ist v. a. die Kontroverse um das »feministische Ich« nach wie vor in vollem Gange (SANDRA HARDING, FRYE, DONNA HARRAWAY). Kann es dieses »Ich« überhaupt geben und sich selbst als »Ich« erkennen (NAOMI SCHEMAN)? Ist dieses »Ich« vielleicht gar kein »Ich«, sondern fremdbestimmt oder veschwindet im »Wir« (JAMES GEORGE FRAZER)? Inhaltlich rücken in der feministischen Philosophie Themen der Lebenspraxis stärker ins Zentrum, v. a. das Gefühl, besonders die Empathie. Insbesondere innerhalb der sog. »carethik« wird der Gefühlsbegriff »Freude« geradezu ein Schlüsselbegriff, der sich gegen alle Vorstellungen ausspricht, die als höchste Stufe der Moral eine »abstrakte Einsicht« in die Gerechtigkeit voraussetzen. LYNN NELSON (»Caring«, 1984) vertritt sogar die These, dass solches Denken zu »moralisch geradezu obszönen Ergebnissen« zu führen vermag. Auch für CAROL GILLIGAN (»Die andere Stimme«, 1982) ist die abstrakte Einsicht als Kriterium für Moral ungenügend. Das Gewicht verlagernd warf sie die Forderung nach »caring« in die Debatte, die heftige Kontroversen auslöste. Dabei hob GILLIGAN den Subjekt-Objekt-Gegensatz, wie viele ihrer Kolleginnen, praktisch auf, was angesichts v. a. des deutschen Wortes »Fürsorge« nur schwer nachvollziehbar ist. Stattdessen geht es beim »caring« um die Beziehung der Menschen untereinander. Die entscheidenden Stichwörter hierfür sind »persönliche Entfaltung« und »gemeinsame Freude«. Als aktive Leistung wie als passives Sich-umsorgt-Fühlen ist »caring« für sie die entscheidende Voraussetzung dafür, »das Böse in dieser Welt spürbar zu minimieren und zu verhindern, dass vernünftige Werte verloren gehen.«

Deutlich wird die Nähe der feministisch-philosophischen Fragestellungen zur Befreiungsphilosophie wie auch zu modernen Gerechtigkeitstheorien, ferner zur ↑Postmoderne und ihrer kritischen Dekonstruktion der traditionellen Philosophie.

Feuerbach, Ludwig, Philosoph, * Landshut 28. 7. 1804, † auf dem Rechenberg bei Nürnberg 13. 9. 1872: FEUERBACH studierte ab 1822 Theologie und ab 1825 Philosophie bei HEGEL, 1828 wurde er Privatdozent. Nachdem seine 1830 anonym erschienene Schrift »Gedanken über Tod und Unsterblichkeit«, in der er die persönliche Unsterblichkeit abgestritten hatte, verboten worden war und Bemühungen um eine Professur scheiterten, gab er die Hoffnung auf eine akademische Laufbahn auf und zog sich ins Privatleben zurück.

FEUERBACH entwickelte seine der Theologiekritik entsprungene Anthropologie in Auseinandersetzung mit der Philosophie von HEGEL. Seine Kritik betrifft dessen Konzept des »absoluten Geistes«, seine intellektualistische Einseitigkeit und die Vernachlässigung der Sinnlichkeit. Grundlage der Feuerbach'schen Anthropologie ist das dialogische Verhältnis von »Ich und Du«, das er als »Liebe« definiert. Seine gegen die philosophische Tradition gerichtete »neue Philosophie« begreift den Menschen primär als leibliches Sinnenwesen und als Gattungswesen. In seinem Hauptwerk »Das Wesen des Christentums« (1841) interpretiert er Gott und die Unsterblichkeitslehre als Projektionen menschlicher Sehnsüchte, die die Menschen zugleich von ihrem wahren, gesellschaftlichen Wesen entfremden. FEUERBACHS anthropologischer Materialismus beeinflusste stark MARX und die Junghegelianer.

Fichte, Johann Gottlieb, deutscher Philosoph, * Rammenau (bei Bischofswerda) 19. 5. 1762, † Berlin 29. 1. 1814: In armen Verhältnissen aufgewachsen, konnte FICHTE dank der Unterstützung eines Adligen die Schulpforta (Bad Kösen) besuchen und Theologie studieren. 1790 kam er erstmals mit der Philosophie KANTS in Berührung und erarbeitete sich in kürzester Zeit alle drei »Kritiken« KANTS. Als er KANT 1791 in Königsberg besuchte, vermittelte dieser ihm einen Verleger für seinen »Versuch einer Kritik aller Offenbarung«. Da der Verleger sie anonym veröffentlichte (1792) und das Publikum eine Kritik der Religion von KANT erwartete, hielt man sie für KANTS Werk, was nach KANTS Berichtigung FICHTE mit einem Schlag berühmt machte. 1794 wurde er mit Unterstützung von JOHANN WOLFGANG VON GOETHE nach Jena als Professor berufen, wo er begann, seine »Wissenschaftslehre« zu entwickeln. Aufgrund des Vorwurfs des Atheismus wurde FICHTE 1799 entlassen.

1807–08 hielt er als entschiedener Gegner NAPOLEONS im von den Franzosen besetzten Berlin seine »Reden an die deutsche Nation«, in denen er die Neugestaltung einer deutschen Kultur mithilfe einer Nationalerziehung entwickelte. 1811 wurde er der erste Rektor der neu gegründeten Universität in Berlin. Vor allem in seiner Berliner Zeit veröffentlichte FICHTE seine Schriften zur Staats- bzw. Rechtslehre, Geschichtsphilosophie und Religionslehre, die von den Gedanken des freien Subjekts und eines Vernunftreiches unter den Menschen geprägt sind.

FICHTES Denken entzündet sich v. a. an der kantischen Fassung des Subjektes als der transzendentalen Ureinheit, die allem Denken zugrunde liegt. In dieser von KANT zu statisch gedachten Einheit des »Ich denke« mit sich selbst sieht FICHTE vielmehr eine Handlung des Ich. Um die Darstellung dieser ↑Tathandlung ringt er nach 1793 bis zu seinem Tode in ca. 15 Fassungen der »Wissenschaftslehre«. FICHTE sucht die Grundlage allen Wissens in der Handlung der Identitätssetzung des Ich zu begründen. Das absolute Ich ist nicht einfach Einheit, sondern es setzt sich selbst mit sich selbst identisch. Da es außerdem etwas sich entgegensetzen kann, das Nicht-Ich, ist das absolute Ich Selbstbegründung und Begründung des Erkennenkönnens von Gegenständen. FICHTES Ichlehre hatte starken Einfluss auf die Subjektphilosophie HEGELS und FRIEDRICH VON SCHELLINGS, aber auch auf NOVALIS, FRIEDRICH HÖLDERLIN, WILHELM VON HUMBOLDT sowie die Brüder AUGUST WILHELM und FRIEDRICH SCHLEGEL.

Fiktion [zu lat. fingere »formen«, »ersinnen«, »heucheln«]: eine Aussage, von der nicht gesagt werden kann, ob sie wahr oder falsch ist. Dies ist der Fall, wenn in der Aussage ein Eigenname ohne ↑Referenz vorkommt, wie es v. a. in literarischen Fiktionen der Fall ist, so z. B. wenn JOHANN WOLFGANG VON GOETHE seinen Roman »Die Wahlverwandtschaften« mit den Worten beginnt: »Eduard – so nennen wir einen reichen Baron im besten Mannesalter…«, ohne sich mit dem Eigennamen »Eduard« auf eine reale historische Person zu beziehen. Daneben nennt man auch prinzipiell wahrheitsfähige, aber noch nicht hinreichend überprüfte Aussagen (↑Hypothese) Fiktionen sowie Beschreibungen gewollter oder in Erwägung gezogener Zustände und alle Vernunftbegriffe im Sinne KANTS.

Finalität [zu lat. finalis »das Ende (Ziel) betreffend«]: das Bestimmtsein eines Geschehens oder eines Seienden von seinem Ziel oder Zweck her. Als Modellvorstellung für Finalität dient der lebende Organismus, da er in jedem Entwicklungspunkt und in jeder seiner Veränderungen (z. B. Wachsen) von einem natürlichen Ziel (z. B. Fruchttragen) her bestimmt ist.

ARISTOTELES räumt der Finalität Vorrang unter den Ursachen (↑Causa) des endlichen Seienden und seiner natürlichen Veränderungen ein: Schon in dem »Worausher« eines endlich Seienden und seiner Veränderungen (z. B. Same) wirke die Kraft des Zieles.

In der ↑Güterethik hat Finalität zentrale Bedeutung: Dem Menschen ist durch seine

Artanlagen sein natürliches Ziel vorgegeben, das er verwirklichen solle. Eine Handlung sei gut, wenn sie der Verwirklichung dieser Anlagen nütze (↑Arete). Daneben ist Finalität auch für eine Grundposition der Geschichtsphilosophie charakteristisch: Die Geschichte, die kosmische oder nur die menschliche, sei auf genau ein – unterschiedlich bestimmtes – Ziel hin ausgerichtet, das durch die geschichtsimmanenten Gesetze in allem Geschehen wirksam sei (↑Teleologie).

Form: In der Philosophiegeschichte wurde der Begriff »Form« zunächst bei der Deutung des Seienden verwendet (Alexander Calder, Stahlskulptur »Flamingo«, 1974; Chicago, Federal Center Plaza).

Folgerung (Konklusion, Conclusio, Konsequenz): Grundbegriff der Logik. Aus den Hypothesen $A_1, \ldots, A_n$ darf die These A gefolgert werden, wenn die Wahrheit der Hypothesen die Wahrheit der These garantiert. Die These A ist dann eine Folgerung aus $A_1, \ldots, A_n$.

Analytische Folgerungen beruhen v. a. auf Sprachregelungen oder Definitionen, z. B. »Ein Quadrat ist ein Viereck« (↑analytisch), synthetische auf Herstellungsvorschriften: Allein aus der Konstruktion eines Gegenstands ergibt sich eine bestimmte Eigenschaft, z. B.: Stellt man ein Dreieck her als Schnittfigur dreier nicht paralleler Geraden, so ist die Tatsache, dass ein Dreieck drei Ecken hat, eine synthetische Folgerung aus dieser Konstruktion (↑synthetisch).

Form [lat.]: Begriff in Ontologie, Metaphysik, Ethik und Logik, der zunächst die Gestalt, dann die begrifflich fassbare Wesensart bezeichnet. Philosophiegeschichtlich wurde »Form« zunächst bei der Deutung des Seienden verwandt. So sind für PLATON die vielen Exemplare einer Art (z. B. die Kirschbäume) und die vielen Erscheinungsweisen einer Eigenschaft (schöne Haare, schöne Augen) nur schattenhafte, relativ unwirkliche »Abbilder« je einer reinen Form (*des* Kirschbaums, *der* Schönheit), die als solche jenseits der empirischen Welt vollkommene Wirklichkeit besitze. »Form« verwendet PLATON synonym mit ↑»Idee«. Dagegen ist für ARISTOTELES die Form nur gedanklich ablösbar von dem konkreten, empirischen Seienden: Form sei v. a. das in jedem Seienden wirkende, substanzielle Prinzip, das die passive Materie des jeweiligen Seienden zu einem Exemplar seiner Art formt (↑Form/Materie, ↑Akt/Potenz, ↑Eidos, ↑Entelechie). Einzig der ↑unbewegte Beweger ist reine, an keinerlei Materie gebundene Form.

Von seiner ontologischen Bedeutung und Funktion wird der Begriff Form in der Neuzeit gelöst. FRANCIS BACON bezeichnet die naturwissenschaftlichen Gesetze als Formen. KANT verlagert die Form völlig in das erkennende und wollende Subjekt. Raum und Zeit (↑Anschauungsformen) sowie die Kategorien des Verstandes (↑Verstandesbegriffe) sind für ihn die apriorischen (↑a priori/a posteriori) Formen, mittels derer jedes erkennende Subjekt die Sinnesdaten (Materie) erst zu Gegenständen der Erfahrung formt. Auch der ↑kategorische Imperativ ist die »Form«, durch die der Inhalt jedes Willensaktes (z. B. Neigungen) geformt werden soll.

formale Logik: ↑Logik.

Formalisierung [lat.]: Aufbau einer formalisierten Sprache – meist unter Verwendung von Logik und Mathematik – für ein bestimmtes Wissensgebiet, um die logischen Abhängigkeitsverhältnisse durchsichtiger zu machen. Eine formalisierte Sprache umfasst: eine Menge von Grundzeichen, Formregeln, nach denen aus Grundzeichen Ausdrücke aufgebaut werden dürfen, Umformungsregeln für Ausdrücke und Interpretationsregeln, die die Bedeutungen der Ausdrücke regeln. Die letzte Stufe der Formalisierung ist der ↑Kalkül.

Formalursache: ↑Causa, ↑Form/Materie.

Form/Materie [lat.]: neben Akt/Potenz das zentrale Begriffspaar der von ARISTOTELES beeinflussten Naturphilosophie, Ontologie und Metaphysik, die man deswegen als **Hylemorphismus** (aus griech. hýlē »[Bau-]Holz«, »Stoff«, »Materie« und morphḗ »Gestalt«, »Form«) charakterisiert. ARISTOTELES führte die Begriffe in seiner »Physik« ein, um das von Natur aus Seiende als Sichveränderndes erklären zu können, ohne aus logischen Gründen zur parmenidischen Leugnung der Veränderung oder zur heraklitischen Leugnung der Konstanz des Seienden zu gelangen.

Am Modell des Werdens eines Werkstückes (z. B. Tisch) stellt ARISTOTELES fest:

- Jede Veränderung von Seiendem geschieht an einem »Zugrundeliegenden«, das sich als selbiges während der Veränderungen durchhält.
- Jede Veränderung führt von einem vor ihr liegenden Zustand des »Zugrundeliegenden« zu einem diesem ersten »entgegengesetzten« Zustand (z. B. unbearbeitet – bearbeitet/krank – gesund).
- Jede Veränderung von Seiendem ist auf ein sinngebendes Ziel hin gerichtet, den Zustand nach der Veränderung.

Das, woran eine Veränderung geschieht, bezeichnet ARISTOTELES als »Materie«; das, worauf hin die Veränderung geschieht, als »Form«; das, woraus her eine Veränderung geschieht, als »Beraubung« (↑Privation), z. B.: Aus unbearbeitetem (Beraubung) Holz (Materie) wird ein Tisch (Form).

Das Begriffspaar kann bezüglich desselben Seienden auf verschiedenen Ebenen angewandt werden (z. B.: Das Holz ist Materie für den Tisch, der Tisch ist Materie für den Farbanstrich). Daraus ergibt sich:

1. Form und Materie müssen als analoge Begriffe verwandt werden: Form formt zwar immer eine Materie, aber einmal derart, dass die Form (z. B. die Tischform) ein Seiendes erst zu einem Seienden seiner Art (Tisch) macht: die **substanzielle Form.** Das andere Mal derart, dass die Form (Farbanstrich) dem Seienden etwas hinzufügt, das – gemessen an seinem Wesen – nicht notwendigerweise genau so sein müsste: die **akzidentelle Form.** Materie ist zwar immer das »Zugrundeliegende«, aber einmal derart, dass ihre bisherige substanzielle Form (z. B. Brett) durch die neue Formung (z. B. zum Tisch) aufgehoben wird: die **zweite Materie** (lat. materia secunda). Das andere Mal derart, dass ihre bisherige substanzielle Form (z. B. Tisch) durch die neue Formung (z. B. Farbanstrich) nicht aufgehoben, sondern vollendet wird: die **letzte Materie** (lat. materia ultima).
2. Materie ist immer Materie einer Form und Form ist im Bereich des endlichen Seienden immer Form einer Materie. Also gibt es keine gänzlich formlose Materie als reales Seiendes. Wenn ARISTOTELES von einer **ersten Materie** (lat. materia prima) spricht, so bezeichnet diese das Gedankenkonstrukt, das entsteht, wenn man

bei allem endlichen Seienden von jeglicher Form absieht. Ebenso gibt es für das endliche Seiende nach ARISTOTELES keine materielosen Formen, im Gegensatz zu PLATON, der für das endliche Seiende reine Formen, die ↑Ideen, annimmt.

3. Form und Materie sind für aristotelisches Denken nicht Teile, aus denen das endliche Seiende zusammengesetzt würde, sondern zwar reale, aber real nicht voneinander trennbare, »innere Ursachen jedes endlichen Seienden« (↑Causa).

ARISTOTELES und die von ihm beeinflusste Philosophie verknüpfen das Begriffspaar Form/Materie mit dem Begriffspaar ↑Akt/Potenz: Materie wird als Potenz, Form als Akt interpretiert. Dadurch bekommen die Begriffe Materie und Form eine weitere Dimension: Materie ist v. a. das, was auf eine bestimmte, zielgerichtete Veränderung hin angelegt ist, und Form ist als substanzielle Form v. a. das, was in einem Seienden »am Wirken« (griech. enérgeia, lat. actus) ist, nämlich auf den vollkommenen Endzustand des Seienden hin (↑Finalität). Da der erste ↑unbewegte Beweger bei ARISTOTELES reiner Akt ist, muss er auch reine Form sein, also sich selbst denkendes Denken. Im christlichen Aristotelismus wird Gott dann konsequenterweise als reiner Akt gedeutet.

Erst KANT löst das Begriffspaar Form/Materie aus seiner ontologischen Verwurzelung. Formen – die ↑Anschauungsformen Raum und Zeit sowie die Verstandesbegriffe (↑Kategorie) – sind die apriorischen (↑a priori/a posteriori) Elemente des menschlichen Erkenntnissubjekts, durch die die Materie der Sinnesdaten allererst zu Gegenständen der Erfahrung geformt wird.

Fortschritt: seit der Aufklärung Grundbegriff der Geschichtsphilosophie und des Geschichtsbewusstseins der bürgerlichen Gesellschaft. In der Vorstellung von Fortschritt äußert sich die Zukunftserwartung der Neuzeit, die sich dadurch ebenso von Kulturverfallsvorstellungen der Antike (»Goldenes Zeitalter« am Anfang der Geschichte) oder von Kreislauftheorien (OSWALD SPENGLER) absetzt wie von der jüdisch-christlichen Geschichtstheologie.

Fortschritt

Fortschritt in der Philosophie

Die Philosophie kennt keinen festen Gegenstandsbereich noch verbindliche Methoden. Dass es dennoch einen Fortschritt der Erkenntnis gibt, beweist Kants Kritik des ontologischen Gottesbeweises.

Der ontologische Gottesbeweis

Der ontologische Gottesbeweis wurde im 11. Jh. von Anselm von Canterbury aufgestellt und später u. a. von René Descartes modifiziert übernommen. Er besagt, dass aus dem Begriff eines höchsten und vollkommenen Wesens notwendig folge, dass dieses Wesen auch existiere, da die Existenz im Begriff der Vollkommenheit enthalten sei.

Kants Kritik

In der »Kritik der reinen Vernunft« weist Kant nach, dass die Beweisführung auf einer Verwechslung von Begriff und Urteil beruht. »Die unbedingte Notwendigkeit der Urteile«, so heißt es dort, »ist nicht eine unbedingte Notwendigkeit der Sache«. Wenn ich mir etwa den Begriff eines Drachen bilde, sage ich nichts darüber aus, ob er existiert. Existenzialurteile, also Aussagen über die Wirklichkeit oder Unwirklichkeit eines Seienden, lassen sich grundsätzlich nicht aus einem Begriff schließen: »Denk ich mir nun ein Wesen als die höchste Realität (ohne Mangel), so bleibt noch immer die Frage, ob es existiert oder nicht.«

Vermittelt durch die zunehmende gesellschaftliche Bedeutung des Bürgertums im ausgehenden Mittelalter, die Entstehung der neuzeitlichen Naturwissenschaften und die an sie geknüpften Erwartungen hinsichtlich der instrumentell-rationalen Lösbarkeit aller Probleme (↑instrumentelle Vernunft), bezeichnet Fortschritt im Gegensatz zur Entwicklung im biologischen Sinne eine durch innovatorisches, über Lernprozesse vermitteltes Handeln bewirkte Veränderung vom Unvollkommeneren zum Vollkommeneren. Da menschliches Handeln nur möglich ist unter der Bedingung der ↑Freiheit von inneren und äußeren Zwängen, ist das grundlegende Handlungsinteresse das der Emanzipation, der Befreiung von naturhaften, gesellschaftlichen und psychischen Zwängen. Mithin muss als Kriterium des Fortschritts die Sicherung und Erweiterung der Handlungsfreiheit gelten.

Von Fortschritt lässt sich v.a. im Hinblick auf zwei Bereiche sprechen. Im wissenschaftlich-technischen Fortschritt meint »Fortschritt« die quantitative oder qualitative Zunahme des theoretischen Wissens und seiner technischen Anwendung. Nach KARL POPPER ist der Erkenntnisfortschritt nur dann feststellbar, wenn es allgemeingültige methodische Kriterien des wissenschaftlichen Erkennens gibt. POPPER schlägt als Kriterium den Grad der Bewährung des Wissens vor (↑Falsifikation). Dagegen wird die Möglichkeit allgemeiner methodischer Kriterien verneint durch THOMAS KUHNS These der methodischen Inkommensurabilität (Unvergleichbarkeit) von Paradigmen (Grundeinstellungen, die eine Wissenschaft konstituieren; ↑Paradigma). Den Bemühungen, den Erkenntnisfortschritt mithilfe theoretischer Kriterien zu bestimmen, steht ein praktisches, am ↑Erkenntnisinteresse (JÜRGEN HABERMAS) orientiertes Kriterium gegenüber, wonach der Erkenntnisfortschritt sich bemisst an den technischen, praktischen und emanzipatorischen Bedürfnissen der Menschen.

Seit FRANCIS BACON wurzelt die bürgerliche Fortschrittsgläubigkeit besonders im Vertrauen auf die technischen Möglichkeiten der Naturbeherrschung. Dies führte in den Industriegesellschaften zur Verabsolutierung des v.a. quantitativ verstandenen Wachstumsprinzips als Maßstab des Fortschritts. In der Gegenwart werden die Kosten dieser Einstellung deutlich, die – wie WALTER BENJAMIN sagt – nur die »Fortschritte der Naturbeherrschung«, nicht aber die »Rückschritte der Gesellschaft« (z.B. künstlich geschaffene Bedürfnisse, Wettrüsten, Naturausbeutung) »wahrhaben« will. Die Auffassung, dass die Natur »gratis da ist« (JOSEPH DIETZGEN), geht zurück auf das Weltbild der newtonschen Physik, nach der es in der Natur nur prinzipiell reversible Ortsveränderungsprozesse gibt. Seit der Entdeckung des Entropiegesetzes im 19. Jh. beginnt sich die Einsicht durchzusetzen, dass jeder Naturablauf und jeder Eingriff in die Natur die verfügbare Energie und Materie vermindert, dass dieser Prozess irreversibel und die Menschheit von daher verpflichtet ist, ihre technischen Mittel zur größtmöglichen Verlangsamung dieses Prozesses zu nutzen.

In der Aufklärungsphilosophie wird der wissenschaftlich-technische Fortschritt einem Begriff des politisch-praktischen Fortschritts untergeordnet. Die »moralisch-praktische Vernunftidee« eines »kontinuierenden Fortschritts« »bis ins Unendliche« zielt nach KANT auf die Errichtung einer »vollkommenen Staatsverfassung«, auf ein »gemeingültiges Menschenrecht« und auf weltbürgerliches Zusammenleben aller Menschen nach der Überwindung des Krieges. Weil Fortschritt geschichtlich von »frei handelnden Wesen« verwirklicht werden muss, droht allerdings ständig die Gefahr eines Rückfalls »in die alte Rohigkeit«.

HEGEL dagegen begreift Fortschritt als notwendige Selbstverwirklichung des Geistes (↑absoluter/objektiver/subjektiver Geist) in der Geschichte, die er als »Fortschritt im Bewusstsein der Freiheit« bestimmt. Fortschritt im quantitativen Sinne ist das »Gedankenlose«; der wahre Fortschritt liegt in der Verwirklichung des Wissens, dass »alle Menschen an sich frei [sind], der Mensch als Mensch frei ist«. In diesem Sinne sieht KARL MARX im Fortschritt, getragen von den geschichtlichen Klassenkämpfen und ausgerichtet auf die klassenlose kommunistische Gesellschaft, das »Reich der Freiheit«.

Foucault [fu'ko], Michel, französischer Philosoph, *Poitiers 15. 10. 1926, †Paris 25. 6. 1984: FOUCAULT studierte Philosophie und Psychologie u.a. bei LOUIS ALTHUSSER. Nach mehreren Auslandsaufenthalten als Lektor und Direktor französischer Institute war er 1960–68 Professor an der Universität Clermont-Ferrand, 1968–70 an der Universität Paris-Vincennes, ab 1970 Inhaber des Lehrstuhls für die Geschichte der Denksysteme am Pariser Collège de France. Ab den 1970er-Jahren engagierte er sich verstärkt politisch v.a. für Randgruppen der Gesellschaft.

Im Denken FOUCAULTS flossen unterschiedlichste philosophische Strömungen zusammen. Einen richtungweisenden Ausgangspunkt seines als »Archäologie« bezeichneten Ansatzes bildet die skeptizistische und antisystematische Philosophie FRIEDRICH NIETZSCHES: Dessen Perspektivismus zufolge sind alle unsere vermeintlichen Erkenntnisse nur subjektive Interpretationen der Welt, hinter denen es keine objektive Wahrheiten gibt. Das Verfahren von NIETZSCHES historisch-psychologisch analysierendem Philosophieren besteht dementsprechend in der Rekonstruktion der Entstehungsgeschichte unserer Vorstellungen und Begriffe durch die Aufdeckung ihrer lebenserhaltenden oder machtsteigernden Bedingungen (↑Genealogie).

Methodisch war FOUCAULT v.a. vom Strukturalismus geprägt, der in den 1960er-Jahren den in Frankreich vorherrschenden Existenzialismus verdrängte. Allerdings kritisierte FOUCAULT dessen unhistorische Betrachtungsweise und untersuchte in seinen Studien, wie historische Prozesse die analysierten Strukturen konstituieren; damit ist er dem ↑Poststrukturalismus zuzurechnen. Thematisch befasste er sich v.a. mit der Konstitution des modernen Subjekts und seiner sozialen Lebens- und Denkformen durch historische Diskursformen. Dabei galt sein Interesse besonders den damit verknüpften Macht-, Ausgrenzungs- und Disziplinierungstechniken bzw. den gesellschaftlich ausgegrenzten oder gemaßregelten Subjekten wie z.B. den Psychiatrisierten (»Wahnsinn und Gesellschaft«, 1961) oder den Inhaftierten (»Überwachen und Strafen«, 1975). Sein methodologisches und programmatisches Selbstverständnis legte FOUCAULT v.a. in den Schriften »Archäologie des Wissens« (1969) und »Die Ordnung des Diskurses« (1971) dar, wobei er zunehmend den Machtaspekt seiner Diskursanalysen hervorhob.

Die breite Rezeption, die FOUCAULTS Werke erfahren haben, gründet nicht zuletzt in der emanzipatorischen Perspektive seines Denkens. Indessen wandte er sich in seinem dreibändigen Spätwerk (»Geschichte der Sexualität«, 1976–84) mit seiner »Antirepressionshypothese«, der zufolge die Macht nicht als unterdrückende, destruktive, sondern als produktiv gestaltende Kraft zu begreifen sei, gegen die neomarxistische Position der ↑kritischen Theorie und die Verdrängungshypothese der Psychoanalyse SIGMUND FREUDS. Zumal mit seinen Untersuchungen zur Konstitution des modernen Subjekts beeinflusste FOUCAULT die philosophischen Entwürfe der Postmoderne und deren These vom ↑Tod des Subjekts.

Frage: Man unterscheidet gewöhnlich:

- Entscheidungsfragen, die einen Sachverhalt klären wollen (Ja-Nein-Fragen, Ob-Fragen); z.B.: »Kannst du mich heute Abend anrufen?« Man antwortet auf sie durch einen Aussagesatz oder durch bloßes Ja oder Nein.
- Ergänzungsfragen, die nach einer Person, einer Sache oder einem Umstand fragen (sog. »W«-Fragen). Sie werden immer durch ein Fragewort eingeleitet; z.B.: »Wer ist krank?«
- Rhetorische Fragen, die der Sprechende nur stellt, um Anerkennung für eine bereits vorhandene Meinung zu erlangen. Sie bedürfen meist keiner Antwort; z.B.: »Will die Menschheit sich wirklich selbst vernichten?«

Im Fragen stellt sich ein spezifisch menschliches Grundverhalten zur Welt dar. Der Mensch kann nur fragen, insofern er »weltoffen« (MAX SCHELER) ist, d.h. angelegt und angewiesen auf eine ständige Erweiterung und Umarbeitung seiner natürlichen Umwelt. Die Tatsache, dass der Mensch fragt, dass er sich selbst, seine Mitmenschen und die Welt als befragbare erlebt, zeigt, dass sein Verhältnis zur Welt durch eine grundsätzliche Sinnerwartung auch jenseits des schon Gewussten oder Erfahrenen, das in jede Frage eingeht, gekennzeichnet ist. Für die Philosophie exemplarisch wurde das sokratische Fragen in den Dialogen PLATONS.

Frankfurter Schule: zusammenfassende Bezeichnung für die Vertreter der ↑kritischen Theorie.

Frege, Gottlob, deutscher Mathematiker, Logiker und Philosoph, *Wismar 8. 11. 1848, †Bad Kleinen 26. 7. 1925: FREGE studierte Mathematik, Physik, Chemie und Philosophie in Jena und Göttingen, wo er 1873 promovierte. Nachdem er 1874 in Jena habilitiert hatte, lehrte er dort Mathematik und wurde 1879 zum Professor ernannt. FREGE wurde mit seinen bahnbrechenden Untersuchungen der Begründer der modernen formalen ↑Logik. Allerdings blieb ihm die Anerkennung seiner Zeitgenossen weitgehend versagt, der Kreis seiner Schüler klein. Seine Wirkung erfolgte v.a. über den Einfluss seiner Schriften und Briefe auf BERTRAND RUSSELL und LUDWIG WITTGENSTEIN, die sein Werk bekannt und für die ↑analytische Philosophie fruchtbar gemacht haben.

In seiner »Begriffsschrift« (1879) entwickelt FREGE das erste leistungsfähige Regelsystem (Kalkül) der ↑Prädikatenlogik. Entscheidende Schritte waren die Ersetzung der herkömmlichen Analyse von Elementaraussagen in Subjekt und Prädikat durch die Analyse von ↑Aussageformen in Funktion und Argument und die ↑Quantifikation der Aussageformen durch Quantoren. Anknüpfend an LEIBNIZ' Projekt einer allgemeingültigen, eindeutigen und rechnungsfähigen Zeichensprache (characteristica universalis) vertrat FREGE das Programm des ↑Logizismus, die Grundbegriffe und -sätze der Mathematik auf Grundbegriffe und -sätze der Logik zurückzuführen. Der Durchführung dieses Programms dienten seine grundlegenden Beiträge zur Philosophie der Mathematik: »Die Grundlagen der Arithmetik« (1884) und sein in zwei Bänden erschienenes Hauptwerk »Grundgesetze der Arithmetik« (1893/1903).

Als bedeutendster Beitrag zur Sprachphilosophie erwies sich FREGES Aufsatz »Sinn und Bedeutung« (1892), in dem er eine allgemeine ↑Semantik auf der Basis der elementaren Unterscheidung von »Sinn« und »Bedeutung« sprachlicher Ausdrücke entwickelte. An dem bekannten Beispiel »Abendstern und Morgenstern« unterschied er die »Bedeutung« von Eigennamen, die in dem bezeichneten Gegenstand besteht (hier die Venus), von ihrem »Sinn«, der in ihrer »Gegebenheitsweise« besteht (der

Abendstern erscheint am Abend, der Morgenstern am Morgen). Bei Sätzen besteht die Bedeutung in ihrem Wahrheitswert, der Sinn ist der in ihnen ausgedrückte »Gedanke« (↑Proposition). Mit der notwendigen Trennung von ↑Metasprache/Objektsprache, die FREGE erstmals sorgfältig durchführte, und seiner Forderung, nach der Bedeutung von Ausdrücken (außer Eigennamen) immer in ihrem Satzzusammenhang zu fragen, lieferte er weitere Meilensteine der analytischen Philosophie.

Freiheit: Terminus aus der praktischen Philosophie. Geht man (wie z. B. BARUCH DE SPINOZA, KANT, MORITZ SCHLICK) davon aus, dass Freiheit nicht sinnvoll als kontradiktorischer Gegensatz zu Notwendigkeit im Sinne der Determiniertheit begriffen werden kann, dann lassen sich folgende (sachlich zusammengehörige) Bestimmungen des Begriffs »Freiheit« unterscheiden:

- Mit **Wahlfreiheit** bezeichnet man die genuine Fähigkeit des Menschen, zwischen Alternativen wählen und eine ↑Entscheidung treffen zu können – im Gegensatz zu instinktprogrammiertem Verhalten.
- Von **Handlungsfreiheit** spricht man im Fall des faktisch dem eigenen Willen gemäß Handelnkönnens, d. h. die Abwesenheit jeglichen (im Sinne der Naturgesetze) nicht notwendigen inneren (z. B. Zwangsneurose) oder äußeren Zwanges (z. B. Nötigung) beim Handeln, etwa im Bereich der Politik (z. B. Selbstbestimmungsrecht, Meinungsfreiheit, Freizügigkeit) oder der Gesellschaft (z. B. Frauenbewegung).
- **Willensfreiheit** bedeutet die Fähigkeit und die Verpflichtung des Menschen zur sittlichen Selbstbestimmung, d. h. dazu, sich nur solche Handlungsziele zu setzen, die im Einklang mit den sittlichen Fundamentalnormen, also mit verallgemeinerungsfähigen Interessen (↑Diskurs) stehen. Sie begründet sich darin, »dass sie andere Freiheit bejaht« (HERMANN KRINGS). Ähnlich drückt dies der Artikel 4 der »Erklärung der Menschenrechte« von 1791 aus: »Die Freiheit besteht darin, alles tun zu können, was keinem anderen schadet.« »Also ist ein freier Wille und ein Wille unter sittlichen Gesetzen einerlei« (KANT). Freiheit ist dann bedeutungsgleich mit Autonomie (↑Autonomie/Heteronomie). Während die Wahlfreiheit dem Menschen als einzige unmittelbar eigen ist, sind Handlungs- und Willensfreiheit dagegen nur als Möglichkeit und Aufgabe bzw. Verpflichtung gegeben.

In der griechischen Antike gilt »Freiheit« als Rechtsbegriff. Frei sind der stimmberechtigte Bürger der Polis und die Polis selbst, sofern sie nicht der Fremdherrschaft unterliegt. Die ↑Stoa bestimmt Freiheit als Zustimmung zu dem mit Notwendigkeit sich vollziehenden Weltlauf. Bei PLOTIN kann wahrhaft frei nur sein, was sich allein und ganz und gar auf sich selbst bezieht, das Eine bzw. Gott oder der Geist.

Der christlichen Philosophie des Mittelalters stellt sich das Problem der Vereinbarkeit individueller Freiheit und Verantwortlichkeit mit der Allwissenheit Gottes und der daraus folgenden Vorbestimmtheit menschlichen Handelns. Erst HEGEL verbindet den Begriff der »Freiheit«, verstanden als »Unabhängigsein von Anderem, Sichaufsichbeziehen« (die Grundstruktur des Geistes), spezifisch mit dem der Geschichte, die er als »Fortschritt im Bewusstsein der Freiheit« bestimmt. Das Verhältnis von Freiheit und Notwendigkeit begreift HEGEL als dialektisch: »Eine Freiheit, die keine Notwendigkeit in sich hätte, und eine bloße Notwendigkeit ohne Freiheit, dies sind abstrakte und somit unwahre Bestimmungen.« Hieran anknüpfend bezeichnet KARL MARX das von ihm entworfene Endziel der Geschichte, die klassenlose kommunistische Gesellschaft, als »Reich der Freiheit«.

Für MARTIN HEIDEGGER steht Freiheit im Zusammenhang mit der »Endlichkeit« des Menschen, weil in der Erfahrung der Endlichkeit bzw. des Nichts dem Menschen seine Freiheit aufgeht, sein Selbst zu übernehmen. Nach JEAN-PAUL SARTRE ist der Mensch dazu »verurteilt«, »frei zu sein«, und damit in »absolute Verantwortlichkeit« für die Welt und sich selbst gestellt.

Freud: Der Psychoanalytiker Sigmund Freud im Arbeitszimmer seiner Wiener Wohnung, wo er seit 1891 seine Praxis unterhielt

Freud, Sigmund, österreichischer Nervenarzt, *Freiberg, Mähren (heute Příbor) 6. 5. 1856, †London 23. 9. 1939: Nach dem Medizinstudium in Wien betrieb FREUD neben seiner Tätigkeit als Arzt zunächst neuropathologische Forschungen, u. a. mit Kokain. Während eines Studienaufenthalts in Frankreich 1885/86 beschäftigte er sich bei dem Neurologen JEAN MARTIN CHARCOT mit seelischen Erkrankungen ohne organischen Befund (Hysterien) und deren Behandlung durch Suggestion und Hypnose. 1886 eröffnete er eine neurologische Praxis. Die Erforschung der Hysterie wurde der Ausgangspunkt für seine Entwicklung der Psychoanalyse. Als Hauptursache für die Entstehung seelischer Krankheiten erkannte er die Verdrängung unerträglicher Erlebnisse oder Triebregungen, die zumeist aus der frühen Kindheit herrühren. Diese trotz des unbewussten Widerstands des Patienten aufzudecken, war die Aufgabe der Psychoanalyse. FREUD stellte sie erstmals in seiner Schrift »Traumdeutung« (1900) dar. Mit der Gründung der Wiener und der Internationalen Psychoanalytischen Vereinigung (1908/10) und FREUDS Vorträgen in den USA (1909) begann sich die psychoanalytische Bewegung schnell über die westliche Welt auszubreiten. 1938 emigrierte FREUD aus Furcht vor Repressionen nach London.

Mit der Weiterentwicklung der Psychoanalyse als psychotherapeutische Methode ging ihre Ausbildung als grundlegende psychologische Theorie (»Metapsychologie«) einher, die Modelle zur Erklärung der pathologischen wie der normalen Seelenvorgänge liefern sollte. Das gesamte Seelengeschehen sah FREUD von unbewussten Triebkräften bestimmt, denen die sexuelle Energie (Libido) zugrunde liegt. Den psychischen Organismus gliederte er in drei Instanzen: das »Es«, das die unbewussten Triebkräfte umfasst, das »Über-Ich«, das die verinnerlichten Normen der Gesellschaft beinhaltet, und das »Ich«, das zwischen den inneren Triebkräften und den äußeren bzw. verinnerlichten Ansprüchen vermittelt und über Bewusstsein verfügt. Dabei handelt das Ich nach dem Lustprinzip, d. h., es sucht, unmittelbar dem Trieb folgend, Lust zu gewinnen und Unlust zu vermeiden, oder nach dem Realitätsprinzip, d. h., es berechnet, die äußere Wirklichkeit berücksichtigend, den zu erreichenden Lustgewinn im Verhältnis zur drohenden Unlust. Dem Sexual- oder Selbsterhaltungstrieb setzte FREUD 1920 den Destruktions- oder Todestrieb entgegen, dessen hypothetischer Status allerdings umstritten blieb.

Zunehmend wandte FREUD psychoanalytische Deutungsverfahren auch auf Gebiete außerhalb der Psychologie an wie Ethnologie, Mythologie, Religionswissenschaft und Kulturgeschichte sowie auf Werke der Literatur und Kunst. So führte er in der Abhandlung »Das Unbehagen in der Kultur« (1930) alle Leistungen auf Triebverzicht bzw. Verdrängung und Verfeinerung (Sublimierung) von Triebwünschen zurück. Mit seiner Hervorhebung der Macht der Triebe und der Bedeutung des Unbewussten erschütterte FREUD das in der neuzeitlichen Philosophie, v. a. im Rationalismus, vorherrschende Verständnis des Menschen als animal rationale, als durch Vernunft bestimmtes und durch Bewusstsein gekennzeichnetes Lebewesen. Allerdings scheint er trotz seiner naturwissenschaftlichen, antimetaphysischen Haltung an der Idee der Selbstbestimmung festgehalten zu haben: »Wo Es war, soll Ich werden.«

Frieden [zu althochdt. fridu »Schonung«, »Freundschaft«]: Im völkerrechtlichen Sinn meint Frieden einen Zustand ungebrochener Rechtsordnung und Gewaltlosigkeit zwischen verschiedenen Rechtsgemeinschaften (Völker, Staaten), in dem beim Ausgleich bestehender Interessengegensätze auf die Anwendung von Gewalt verzichtet wird.

Die Geschichte des Friedens ist gleichzeitig eine Geschichte des Krieges. In der griechischen Antike ist Frieden negativ bestimmt als Gegensatz zum Krieg. Krieg galt als »gottgegebener«, »notwendiger« Normalzustand, ja sogar als Wirkprinzip aller Kultur: »Der Krieg ist der Vater aller Dinge« (HERAKLIT). Vertragspartner des alttestamentlichen Friedensbundes waren nicht – wie üblich – zwei irdische Völker oder Staaten, sondern auf der einen Seite das Volk Israel und auf der anderen Gott selbst. Frieden bedeutet hier das Intaktsein des Bundes. Dieser Gottesfriede gewann im Neuen Testament eine universale Dimension, deren Auswirkungen im europäisch-christlichen Mittelalter allerdings höchst zwiespältig waren: Einerseits richtete man an den transzendent-himmlichen Bereich die Erwartung einer vollkommenen Friedensverwirklichung, andererseits hielt man im davon streng getrennten, weltimmanent-irdischen Bereich Herrschaft und Gewalt, ja auch den sog. »gerechten Krieg« (bellum iustum) für durchaus angemessene Formen politischer Machtausübung. Eine Wende brachte hier erst die Entstehung weltlich-souveräner Staaten, die das Ziel verfolgten, ihre Beziehungen – auch die friedlichen – untereinander durch bewusste und eigenständige Organisation zu gestalten.

Bereits im 14. Jh. wurden dabei Gedanken einer friedenssichernden Institution (Völkerbund) geäußert. Den Höhepunkt einer theoretisch-philosophischen Diskussion um die Möglichkeiten eines »ewigen Friedens« stellt KANTS gleichnamiger Artikel von 1795 dar, in dem KANT Vorbedingungen einer dauernden friedlichen Koexistenz von Staaten analysiert und den Standpunkt einer unbedingten, durch keine »Ultima Ratio« außer Kraft zu setzenden, sittlich begründeten Friedenspflicht vertritt.

Angesichts der Folgen zweier Weltkriege, insbesondere aber der Möglichkeit eines »planetaren Selbstmords« durch atomare Waffensysteme weltumspannender Zerstörungskraft, kommt der Friedensforschung, der Friedensbereitschaft und -sicherung zwischen Völkern und politischen Blöcken heute existenzielle Bedeutung zu.

Im innerstaatlichen Sinn sieht THOMAS HOBBES im Staat selbst, in seiner Gründung (↑ Gesellschaftsvertrag) ein friedenschaffendes Instrument. Staat bedeutet für ihn die Aufhebung eines Naturzustands, der charakterisiert ist durch »Krieg aller gegen alle«, durch maßlosen Schrecken und mörderische Gewalt. Dagegen wird bei den klassischen Utopisten (THOMAS MORE, FRANCIS BACON, TOMMASO CAMPANELLA) die Staatsgemeinschaft zur konfliktfreien Solidargemeinschaft, ermöglicht u. a. durch parakommunistische Formen des Zusammenarbeitens, -forschens und -lebens. Das utopische Ideal (↑Utopie) einer klassenlosen und konfliktfreien Kommunität wird später nochmals von KARL MARX als Lösung auf die brennenden Sozialprobleme im Zusammenhang der ersten industriellen Revolution vorgeschlagen.

Im individuellen Bereich meint Frieden einen subjektiven Zustand der Seelenruhe, der inneren Ausgeglichenheit, wie sie v. a. Philosophen des klassischen Altertums beschäftigte. Für die Stoiker beruht innerer Frieden v. a. auf Leidenschaftslosigkeit und Affektlosigkeit (↑Ataraxie, ↑Apathie), in denen sie ein Ideal menschlicher Haltung, das Ziel aller Selbsterziehung und des sittlichen Lebens sahen.

Fundamentalismus [zu lat. fundamentalis »grundlegend«]: Sammelbezeichnung für konservative religiöse, ideologische oder politische Bewegungen, die sich i. d. R. auf eine grundlegende kanonisierte Textsammlung mit Gesetzescharakter berufen und gegen Modernisierungstendenzen oder pluralistische Meinungsvielfalt richten. Der Begriff erscheint zuerst Ende des 19. Jh. als Bezeichnung für eine Bewegung des amerikanischen Protestantismus, der die Bibel als unmittelbares Wort Gottes und damit als irrtums- und widerspruchsfrei ansah. Fundamentalistische Tendenzen gibt es auch in der katholischen Kirche (beispielsweise die Internationale Priesterbruderschaft des Heiligen PIUS X.). Ferner wird mit Fundamentalismus v. a. eine Strömung im Islam bezeichnet, die die ursprüngliche und reine islamische Religion zur Grundlage des politischen und sozialen Lebens machen will.

Fundamentalontologie: zentraler Begriff in MARTIN HEIDEGGERS frühem Denken (»Sein und Zeit«, 1927). Die Fundamentalontologie will anhand der vorbereitenden Existenzialontologie des Menschen als Dasein den »Grund« für die angemessene Frage nach dem Sein legen, da für HEIDEGGER in der abendländischen Metaphysik das Sein immer nur über das Seiende bzw. die Dinge gedacht wurde und somit allein die Vorhandenheit oder Wirklichkeit für die Bestimmung von Sein leitend war. Dementsprechend fragt die Fundamentalontologie nach dem Sein »als es selbst« in seiner ontologischen ↑Differenz zum Seienden. Dabei wird vom Menschen ausgegangen, da dieser in seiner Seinsweise des Daseins immer schon seinsverstehend ist. Dieses Seinsverstehen aus der ↑Geworfenheit wird in der Fundamentalontologie aus der »Transzendenz« des Daseins auf den »Horizont« von Zeit ausgelegt. Sein ist demnach zeitlich verfasst und dem Dasein in seinem Überstieg in den Horizont der Zeit erschlossen. Im späteren Denken hat HEIDEGGER nicht mehr von der Fundamentalontologie des transzendenten Horizontes gesprochen, sondern Sein seinsgeschichtlich als ↑Ereignis gedacht.

G

Gadamer, Hans-Georg, deutscher Philosoph, *Marburg 11. 2. 1900, †Heidelberg 14. 3. 2002: GADAMER studierte in Breslau und Marburg insbesondere Philosophie sowie Kunstgeschichte, Germanistik und Romanistik und promovierte 1922 bei PAUL NATORP über »Das Wesen der Lust nach den platonischen Dialogen«. 1929 habilitierte er sich bei MARTIN HEIDEGGER mit einer Arbeit, die 1931 als »Platos dialektische Ethik« erschien. Nach Lehrstationen in Marburg, Kiel, Halle, Leipzig und Frankfurt am Main übernahm er 1949 von KARL JASPERS den Lehrstuhl in Heidelberg, den er bis zu seiner

Emeritierung 1968 innehatte. Aber auch danach übte er neben einer regen Vortragstätigkeit noch bis ins hohe Alter zahlreiche Lehrtätigkeiten aus, u.a. in den USA und Italien.
In seinem Hauptwerk »Wahrheit und Methode« (1960) formuliert GADAMER eine Grundlegung der philosophischen Hermeneutik. Ausgehend v.a. von WILHELM DILTHEY, EDMUND HUSSERL und HEIDEGGER wird das Problem des Verstehens von Kunstwerken neu gefasst. Dabei zeigt sich, dass (ästhetische) Urteile stets in einem Tradierungszusammenhang gefällt werden, der als wirkungsgeschichtlicher Prozess abläuft. Die Herausfiltrierung objektiver Wahrheitsgehalte unterliegt demnach dem Problem zweier verschieden gearteter Vorurteile, dem Vorurteil der »Autorität« und dem der »Voreiligkeit«, die es exakt zu unterscheiden gelte. Das eine bezieht sich auf die gefällten

Gadamer: Hans-Georg Gadamer im Jahr 2000 bei einer Feierstunde der Universität Leipzig anlässlich seines 100. Geburtstages

Urteile fachlich anerkannter Personen, das andere auf die eigene, unvoreingenommene Intuition. Der von HEIDEGGER in »Sein und Zeit« (1927) als Verstehensphänomen eingeführte hermeneutische Zirkel, der die Vorstruktur des interpretierenden Erkennens induktiv begreift, wird bei GADAMER methodisch vorangetrieben. Auf der zeitlichen Ebene des Verstehens erweitert sich so die vormalige Idee eines Sich-hineinversetzen-Könnens in die Epoche eines früheren Kunstwerks, z.B. um dessen gültige Bedeutung für heute zu überprüfen, mit dem methodischen Ansatz der (husserlschen) »Horizontverschmelzung«. Demnach gelte es, aus Sicht des Interpretierenden, die eigene »hermeneutische Situation stets kritisch reflektierend mit zu bedenken, um – unter Beachtung wirkungsgeschichtlich gefällter Urteile – so einen Horizont des Kunstwerks jener anderen Epoche zu entwerfen. Problematisch, d.h. weiterzuentwickeln, ist die in »Wahrheit und Methode« dargestellte Hermeneutik in Bezug auf jene Kunstwerke, die in ihrer Entstehungsepoche unverstanden blieben und schon damals weit über ihren eigenen Zeithorizont hinausreichten.

Ganzes: ↑Teil/Ganzes.

Gattung (Genus): in der traditionellen Logik die übergeordnete Zusammenfassung mehrerer Gegenstandsbereiche (↑Art). Sie stellt eine Verallgemeinerung gegenüber den Arten dar, z.B. ist die Gattung »Haustier« eine Verallgemeinerung der Arten »Hund«, »Katze« u.a. Der Umfang des Gattungsbegriffs ist größer als der der Artbegriffe, sein Inhalt geringer.

Gedanke: subjektiv-psychologisch ein Bestandteil oder Ergebnis eines Denkakts; objektiv-erkenntnistheoretisch »das, was ein Behauptungssatz ausdrückt« (GOTTLOB FREGE), auch ↑Proposition genannt. Der Gedanke in diesem Sinn ist unabhängig vom denkenden Subjekt, aber auch von der Außenwelt. FREGE und nach ihm KARL POPPER waren der Auffassung, dass der Gedanke zu einer »dritten Welt« gehöre, der Welt der objektiven Gedankeninhalte.

Gefangenendilemma: in der Spieltheorie von Logik und Mathematik ein handlungsorientiertes Entscheidungsdilemma, bei dem – bei zwei Spielern – die Entscheidung des einen zwangsläufig von der Entscheidung des anderen Mitspielers abhängt. Zwei als Schwerverbrecher Verdächtigte stehen vor Gericht und werden hinsichtlich des zu erwartenden Strafmaßes vor die Alternativen »Gestehen oder Nichtgestehen« gestellt: Gesteht keiner, werden beide wegen z. B. anderer, geringerer Vergehen zu drei Jahren Haft verurteilt, gesteht einer und sagt als Kronzeuge gegen den anderen aus, wird der Geständige freigelassen und der andere erhält sieben Jahre Haft. Gestehen beide, werden beide zu je fünf Jahren Haft verurteilt. Es lässt sich spieltheoretisch zeigen, dass bei rationalem Entschluss beide Gefangene gestehen werden.

Gefühl (Emotion): körperlich-seelisches Grundphänomen der subjektiven, nicht kognitiven und nicht dem Willen unterliegenden Reaktion des Individuums auf die Inhalte seines ↑Erlebens. Gefühle sind z. B. (in der alltagssprachlichen Verwendung des Begriffs) Ichzustände wie Freude, Trauer, Angst, Gemütsbewegungen wie Liebe, Hass, Mitleid und Sinnesempfindungen wie Hunger, Durst, Schmerz. Im Gegensatz zu Vorstellungen, Wahrnehmungen usw., die immer einen vom Bewusstsein unabhängigen Inhalt besitzen, fehlt dem Gefühl diese Objektivität. Gefühle sind daher auch nicht wahr oder falsch, sondern nur angemessen oder unangemessen.

Seit dem 18. Jh. ist Gefühl zu einem Grundbegriff v. a. in moralphilosophischen und ästhetischen Terminologien geworden. Von einem »moralischen Gefühl« (moral sense) spricht zuerst ASHLEY COOPER SHAFTESBURY, der damit zum neuzeitlichen Begründer von emotivistischen Ethikkonzeptionen wird. ALEXANDER BAUMGARTEN bestimmte in seiner »Aesthetica« (1750–58) das »innere Gefühl« als Ursprung der künstlerischen Erfahrung des Schönen. Für KANT ist das Gefühl, weil an den »inneren Sinn« gebunden, ein bloß empirisches, subjektives Vermögen, für das kein objektiver Anspruch begründet werden kann. Dennoch zeigt es an, dass der Natur eine subjektive, formale Zweckmäßigkeit zuerkannt werden muss.

gegeben (das Gegebene): das, was ohne Zutun des Subjekts bewusst wird, das noch unbearbeitete Ausgangsmaterial der Wirklichkeitserkenntnis. So sagt z. B. KANT, dass Gegenstände in der Anschauung »gegeben« werden, während sie in Begriffen »gedacht« würden. Als Gegebenes gelten die elementarsten Bestandteile der Wahrnehmungen, die oft als ↑Sinnesdaten bezeichnet werden (z. B. »dieser Grünton«). Der Versuch des Phänomenalismus (↑Phänomen), die Möglichkeit von Erkenntnis aus solchen Sinnesdaten nachzuweisen, ist bis heute umstritten. Die Grundthese des ↑Empirismus lautet: Erkenntnis ist allein aufgrund von solcherart Gegebenem möglich. Sie führte in der Wissenschaftstheorie des 20. Jh. zur Diskussion um die theoriefreie Basis von Wissenschaft. Demgegenüber wird behauptet, dass jede ↑Beobachtung bereits »theoriegeladen« sei, da sie ein Interesse voraussetzt, das nicht Gegebenem entstammen kann.

Gegensatz: die einer Behauptung zum Zweck ihrer Widerlegung »entgegengesetzte« Behauptung. Zwei Aussagen stehen zueinander in **kontradiktorischem Gegensatz,** wenn eine mit der Negation der anderen gleichwertig ist; z. B. »Alle Schwäne sind weiß« und »Mindestens ein Schwan ist nicht weiß«. Sie stehen in **konträrem Gegensatz,** wenn beide nicht zugleich gelten können; z. B. »Alle Schwäne sind weiß« und »Kein Schwan ist weiß«. Kontradiktorische Gegensätze sind auch konträr, nicht aber umgekehrt.

Neben logischen Gegensätzen spielen auch die realen Gegensätze in der Philosophie eine große Rolle. Reale Gegensätze sind keine feststehenden Gegensätze, sodass sie i. d. R. durch einen Entwicklungsprozess aufgehoben werden können. Entstehen, Vergehen und Veränderung können also als Überwindung entsprechender Gegensätze erklärt werden. Bereits die Pythagoreer stellten eine Tafel von zehn Gegensätzen auf, da sie den Gegensatz als das Prinzip des Seienden ansahen. Auch bei PLATON findet sich der Gedanke, dass alles, was entsteht bzw. vergeht, aus seinem Gegensatz entsteht bzw. in diesen umschlägt. Der reale Gegensatz wird v. a. bei HEGEL und in der marxistischen Philosophie als dialektischer Gegensatz wieder aufgenommen, d. h. als objektive Sachverhalte, die einander entgegengesetzt sind, sich aber zugleich gegenseitig bedingen, wie z. B. Arbeit und Kapital in einer kapitalistischen Gesellschaft (↑Dialektik).

Gegenstand (Res, Objekt): seit dem 17. Jh. für lateinisch obiectum, das dem Menschen als dem (erkennenden) Subjekt »Gegenüberstehende« (»Entgegenstehende«). Im logischen Sinne heißt Gegenstand heute alles, worauf mit wortsprachlichen Handlungsmitteln unterscheidend Bezug genommen werden kann, v. a. durch ↑Namen oder Hervorhebung besonderer, spezifischer Merkmale und Eigenschaften.

Die Einsicht, dass sich der Mensch durch sprachliche Differenzierungen die Welt auf eine ihm eigentümliche Weise erschließt und untertan zu machen versteht (↑Konstitution), wird im biblischen Mythos von der Benennung der Tiere (1. Mose 2, 19–20) anschaulich dargestellt. Dabei beschränkt sich die sprachliche Erschließung von Welt nicht allein auf »äußere«, materielle Gegenstände. Auch Empfindungen (wie Sehnsucht, Schmerz), Gefühle (Liebe), seelische Zustände (Trauer) und ideelles, geistiges Streben (z. B. nach Wahrheit oder Schönheit) tragen den Charakter des Gegenständlichen. Der im logischen Sinne erklärte Gegenstandsbegriff umfasst sogar Gegenstände, denen überhaupt nichts real Seiendes (↑Realität/Wirklichkeit) korrespondiert. So gibt es z. B. Kamele und Heuschrecken, es gab Mammuts und Dinosaurier; aber: Es gibt keine Einhörner. Trotzdem ist »Einhorn« ein Gegenstand im Sinne der Logik.

Gegenwart: Modus der ↑Zeit; das Jetzt zwischen Nicht-Mehr (Vergangenheit) und Noch-Nicht (Zukunft).

Geist: einer der am schwersten zu bestimmenden und umstrittensten Begriffe der Philosophie. In die Alltagssprache eingegangene Bedeutungen des Begriffs sind z. B. Geist als göttliches Prinzip (»Heiliger Geist«), als Träger des Lebens (»den Geist aufgeben«), als immaterielles Wesen (»Geisterstunde«), als schöpferische Intelligenz (»geistreich«), als Gesinnung (»Zeitgeist«).

In der metaphysischen Tradition bezeichnet »Geist« das Gegenprinzip zur Materie (bzw. ↑Natur). Während der gesamten Metaphysikgeschichte wird das Absolute (↑absolut/relativ) als Geist verstanden, sei es als Ordnungsprinzip des Kosmos (ANAXAGORAS), als »das sich selbst denkende Denken« (ARISTOTELES) oder als christlicher Gott. Eine fundamentale Rolle spielt der Begriff in den Systemen des deutschen Idealismus, v. a. bei HEGEL (↑absoluter/objektiver/subjektiver Geist). Als geistige Vermögen nennt HEGEL Anschauung (Erfassung eines Gegenstandes in seiner Totalität), Vorstellung, Denken und Wollen; als wesentliche Bestimmungen des Geistes seine Idealität, d. h. seine Fähigkeit zur Aufhebung der Realität in die Innerlichkeit (Abstraktion), seine Subjektivität, d. h. seine Reflexivität bzw. sein Sich-auf-sich-selbst-beziehen-Können, sowie seine Freiheit, d. h. sein Sich-selbst-erkennen-, -bestimmen- und -verwirklichen-Können. Was der Mensch kraft seines Geistes als Kultur hervorbringt, wird im Anschluss an HEGEL als »objektivierter« Geist bezeichnet.

Die antimetaphysisch orientierte Philosophie des 20. Jh. vermeidet – wie zuvor schon KANT in seiner Metaphysikkritik – den Begriff Geist, indem sie stattdessen von der menschlichen »Sprach- und Handlungsfähigkeit« spricht.

Geisteswissenschaften: Sammelbezeichnung für eine methodisch und systematisch zusammengehörige Klasse von Wissenschaften, die nach Gegenstandsbereich und Methodik durch ihren Gegensatz zu den ↑Naturwissenschaften bestimmt sind; daneben werden die Ausdrücke »Kultur«-, »Gesellschafts«-, »geschichtliche Wissenschaften« u.a. verwendet. Die Geisteswissenschaften werden verstanden als historisch-philologische bzw. hermeneutische Wissenschaften (↑Hermeneutik), die die Welt des Geistes in seinen Ausprägungen Sprache, Technik, Kunst, Literatur, Philosophie, Religion, Recht und Moral u. a. ohne Normen verstehen und auslegen (interpretieren) wollen.

Die Ausbildung des Begriffs »Geisteswissenschaften« erfolgte wissenschaftsgeschichtlich unter Rückgang auf die Antithese von Natur (Außenwelt) und Geist (Bewusstsein) bei DESCARTES. Davor war die seit der Antike geläufige Dreiteilung der Philosophie (= Wissenschaft) in Logik, Ethik und Physik bzw. die auf ARISTOTELES zurückgehende Unterscheidung zwischen theoretischer und praktischer Philosophie in Geltung.

Die Freisetzung des individuellen und des gesellschaftlichen Handelns aus überlieferten Normen- und Institutionssystemen durch die Französische Revolution und die von England ausgehenden industriell-technischen Umwälzungen zerstörten den Handlungsrahmen der sich bis hin zur Aufklärung als normativ verstehenden Handlungswissenschaften (Ethik, Politik, Ökonomie, Jurisprudenz, Poetik, Rhetorik usw.) und zwangen zu einem neuen Situationsverständnis. Mit der Ausbildung dieses Verständnisses sind die Geisteswissenschaften auf dem Boden der modernen Gesellschaft entstanden und im Verlauf des 19. Jh. den Universitäten schrittweise eingegliedert worden.

Die methodischen Grundlagen der Geisteswissenschaften wurden von WILHELM DILTHEY (»Einleitung in die Geisteswissenschaften«, ab 1883) richtungweisend auf der Basis der Unterscheidung von »Erklären« und »Verstehen« bestimmt. Allerdings blieb die von DILTHEY ausgehende »geisteswissenschaftliche Schule« eine methodische Weiterführung schuldig, nicht zuletzt wegen des im diltheyschen Programm (bis heute) ungeklärten Verhältnisses von Theorie und Geschichte. Während das Problem der Eigenständigkeit und Abgrenzung der Geisteswissenschaften, das nach 1900 zu einer Grundlagenkrise führte, nicht mehr Gegenstand gegenwärtiger Diskussionen ist, werden ihre Einheit und die Bestimmung ihres Standorts im System der Wissenschaften angesichts heutiger technisch orientierter Gesellschaften zum Problem.

Gelassenheit: ↑Ataraxie, ↑Stoa.

Geltung (Gültigkeit): die objektive Grundlage des Anerkanntseins von Sätzen, Gesetzen, Normen, Werten oder Ideen. Die Anerkennung von Geltung ist die Grundlage der Intersubjektivität von Normen. Dabei unterscheidet man faktische (soziale) Geltung (z.B. Sitten und Gebräuche) von In-Kraft-gesetzt-Sein (rechtliche Geltung). Nach JÜRGEN HABERMAS unterscheidet man vier **Geltungsansprüche** von Sprechakten: Verständlichkeit, Wahrheit, Wahrhaftigkeit, Richtigkeit; sie sind im ↑Diskurs einzulösen. In den Erfahrungswissenschaften heißt ein empirisches Gesetz gültig, insofern es nicht falsifiziert ist und von der Erfahrung in hohem Maß bestätigt wurde.

Gemeinschaft: eine Gruppe von Individuen, die durch Sprache, Handeln, Denken, Fühlen oder Wollen miteinander verbunden sind. Der Mensch lebt von Geburt an in Gemeinschaft (Familie, Kultur-, Glaubensgemeinschaft) und bedarf dieser, um seine Anlagen und seine Persönlichkeit entfalten zu können.

Noch bis zu Beginn der frühneuzeitlichen Philosophie wurde der von ARISTOTELES geprägte Gemeinschaftsgedanke anerkannt, dass die einzelnen Gemeinschaften nur als Teile der Polis und nur bezogen auf deren Gesamtheit zu verstehen sind. Erst FERDINAND TÖNNIES erarbeitete in seinem Werk »Gemeinschaft und Gesellschaft« (1887) einen Gegensatz zwischen diesen beiden Begriffen: Während er in der Gemeinschaft ein natürlich gewachsenes, auf Gemeinsamkeit des Denkens und Fühlens basierendes echtes Zusammenleben sieht, stellt für ihn die ↑bürgerliche Gesellschaft ein künstlich geschaffenes, zweckdienliches, scheinbares Zusammenleben dar.

Gemeinwohl: Historisch wie systematisch geht die Rede vom Gemeinwohl auf die Frage nach dem Ziel eines Staates oder Gemeinwesens zurück. ARISTOTELES beantwortet sie, indem er als Ziel das Glück der Staatsbürger im Kontext vernünftig geregelter Belange der Öffentlichkeit und in der gerechten Festlegung von Rechten und Pflichten identifiziert. Mit dem Zerfall der griechischen Stadtstaaten wird die Rede vom Gemeinwohl kosmopolitisch umgedeutet bzw. entpolitisiert. Eingebunden in die natürliche Ordnung der Dinge ist Gemeinwohl in der Scholastik das, was für alle Geschöpfe gut ist.

In den politischen Theorien der Neuzeit dient der Begriff v.a. dazu, öffentliche politische Forderungen gegenüber dem Einzelnen zu begründen. In den Theorien vom ↑Gesellschaftsvertrag bezeichnet »Gemeinwohl« den gerechten Ausgleich von Privatinteressen bzw. die gerechte Verteilung von Rechten und Pflichten. Sich auf das Gemeinwohl zu berufen, kann in diesem Sinne als Forderung interpretiert werden, Gerechtigkeitserwägungen den Nützlichkeitsüberlegungen vorzuordnen. Dagegen vertreten v.a. utilitaristische Konzeptionen die Ansicht, dass überall dort den Forderungen der Öffentlichkeit nachzukommen sei, wo ihre Erfüllung zugleich auch dem individuellen Nutzen diene; liberalistische Konzeptionen die Auffassung, dass sich das Gemeinwohl als Ergebnis allgemeiner Verfolgung von Privatinteressen quasi von selbst einstelle.

Gemüt: Als philosophischer Begriff (für lat. »mens« und »animus«) ist »Gemüt« seit MEISTER ECKHART gebräuchlich, der damit häufig die Einheit der Innerlichkeit meint. In KANTS theoretischer Philosophie wird er bisweilen synonym mit »Bewusstsein überhaupt« gebraucht, an anderen Stellen bezeichnet der Begriff die gemeinsame Quelle von Sinnlichkeit und Verstand sowie jenes Vermögen, das die Einheit empirischer ↑Apperzeption bewirkt.

Charakteristisch für die Auffassung des 18. Jh. ist im deutschsprachigen Raum die Bestimmung von Gemüt als Inbegriff des Begehrungsvermögens.

Genealogie [zu griech.. geneá »Geburt«, »Abstammung«]: von FRIEDRICH NIETZSCHE eingeführte Bezeichnung für die Untersuchung der Entstehungsgeschichte von v.a. moralischen, religiösen und philosophischen Vorstellungen, Begriffen und Werten, in der diese i.d.R. als Vorurteile, Irrtümer oder Machtmittel entlarvt werden. Genealogie bildet eine Art der Ideologiekritik (↑Ideologie).

generell [lat.]: auf die Gattung (genus) bezogen, allgemein im Gegensatz zu besonders (speziell). Das Begriffspaar generell/speziell dient v.a. zum Vergleich von Begriffen (z.B.: »Deutscher« ist genereller als »Schwabe«, aber spezieller als »Europäer«). Die traditionelle Logik trennte scharf zwischen generell und **universell.** Heute werden diese Begriffe meist synonym gebraucht.

Ge̩nus pro̩ximum [lat. »die nächste Gattung«]: neben ↑Differentia specifica einer der beiden Grundbegriffe der traditionellen Lehre von der ↑Definition. Die ↑Gattung ist

ein durch einen Gattungsbegriff festgelegter Bereich von Gegenständen (↑Extension), der als fest vorgegeben anzusehen ist. In diesem können durch die Angabe von artbildenden Unterschieden Teilbereiche abgegrenzt werden, die dann jeweils als ↑Art bezeichnet werden. Die Gattung kann wieder in einem größeren Bereich als Art enthalten sein.
Die Unterscheidung von Art und Gattung ist also stets eine relative; z.B.: Die durch den Gattungsbegriff »ganze Zahl« festgelegte Gattung enthält als Art alle natürlichen Zahlen, die durch den artbildenden Unterschied »Zahl größer oder gleich null« festgelegt wird. Auch die Gattung der ganzen Zahlen ist wiederum eine Art in der Gattung der rationalen Zahlen mit dem artbildenden Unterschied: Nenner gleich eins. Die Bezeichnung »nächste Gattung« lässt darauf schließen, dass man früher (irrtümlich) der Meinung war, zu jeder Art gebe es genau eine nächste Gattung.

Gerechtigkeit: in der Philosophie in zwei Bedeutungen verwendeter Begriff:

1. Bezeichnung für eine Tugend, d.h. eine ethische Haltung oder Gesinnung, aus der heraus ein Mensch zu handeln pflegt.
2. Zum philosophischen Problem wird die Bestimmung von Gerechtigkeit, als man den Begriff aus dem Kontext der Tugendlehre löst und als Prinzip begreift, aus dem sich ein Maßstab zur Beurteilung sittlicher, rechtlicher, sozialer und politischer Handlungsnormen ableiten lässt.

Hier dominieren zwei Bedeutungselemente, der Gesichtspunkt der Gleichheit und der gesetzlichen Allgemeinheit. Von gerechten Normen erwartet man, dass sie für die Normadressaten prinzipiell in gleichem Maße gelten, einzelne Gruppen und Individuen nicht bevorzugen oder benachteiligen. Andererseits kann eine völlig unterschiedslos verfahrende Gleichbehandlung auch zu Ungerechtigkeiten führen, da zwischen den Individuen faktisch Unterschiede bestehen hinsichtlich ihrer Bedürftigkeit, Fähigkeiten, Möglichkeiten und Chancen. Gleichheit muss daher als vernünftige, d.h. als angemessene Gleichheit verstanden werden.
PLATONS Bestimmung von Gerechtigkeit stützt sich v.a. auf den Aspekt der »vernünftigen Gleichheit«: So wie die einzelnen Seelenteile in einer natürlichen Stufenordnung stehen, so ist auch unter den Tugenden wie politischen Ständen eine von Natur vorgegebene Hierarchie anzunehmen, da nur so jedem Einzelnen die Rechte und Pflichten zugewiesen werden, die seinem Wesen, seinen Fähigkeiten und seiner gesellschaftlichen Stellung entsprechen.

Gerechtigkeit: Die römische Göttin Justitia ist die Personifikation der Gerechtigkeit, ihre Symbole sind Schwert und Waage.

ARISTOTELES unterscheidet zwei Arten von Gerechtigkeit, deren Kern die Gleichheit ist. Die ausgleichende Gerechtigkeit ist die Gerechtigkeit der von Natur aus Ungleichen, aber vor dem Gesetz Gleichen. Sie bedeutet die absolute Gleichheit von Leistung und Gegenleistung unter den vom Gesetz Gleichgestellten (z.B. Ware und Preis, Schaden und Ersatz). Die austeilende Gerechtigkeit dagegen besagt die verhältnismäßige Gleichheit in der Behandlung einer Mehrzahl von Personen: die Zuteilung von Rechten und Pflichten nach Maßgabe von Fähigkeit, Bedürftigkeit.

In der für das römische Recht klassisch gewordenen Definition des ULPIANUS (Gerechtigkeit ist fester und beständiger Wille, jedem sein Recht zu gewähren) taucht die gesetzliche Allgemeinheit im Definiens nicht mehr auf. Was jemand als »sein Recht« anzusehen hat, wird in der stoischen und nachfolgend in der christlichen Philosophie unter Berufung auf die natürliche bzw. gottgegebene Ordnung aller Dinge dargelegt.

Zu Beginn der Neuzeit bilden sich die beiden Grundpositionen heraus, die auch die gegenwärtigen Überlegungen bestimmen: die kantische und die utilitaristische. KANT stützt seine Überlegungen auf den Gesichtspunkt der ↑Würde der Person, die auch einen Anspruch auf Freiheit im »äußeren Verhältnis der Menschen untereinander« zusichert. Die Anerkennung dieser Freiheit – sowohl auf eigenen Wegen Glück zu suchen (Freiheit der Willkür) als auch sich selbst ein Gesetz zu sein (Freiheit des Willens) – wird dabei ausdrücklich als konstitutives Element von Recht und Gerechtigkeit expliziert. Gerechtigkeit ist nach KANT das Prinzip der Sicherung dieses Rechts auf Freiheit. KANT ersetzte die durch die Natur oder durch Gott gestiftete allgemeingültige Ordnung durch den Willen des Einzelnen zur Allgemeinheit von Handlungsmaximen. KANT gab damit dem Problem der Gerechtigkeit eine formale Wendung, die im 19. Jh. die materiale Auffassung in der Philosophie zurückgedrängt hat. Die Gerechtigkeit galt als unerkennbar, Staat und Recht wurden auf formale Souveränität gegründet. Diese positivistische Staats- und Rechtsauffassung wurde theoretisch durch die »Reine Rechtslehre« HANS KEHLSENS und in neuerer Zeit durch die Systemtheorie NIKLAS LUHMANNS gestützt.

Nach den Lehren von KARL MARX und FRIEDRICH ENGELS ist Gerechtigkeit erst in der »klassenlosen Gesellschaft« verwirklicht. In den ersten Jahrzehnten des 20. Jh. kam es zu neuen Ansätzen einer materialen Gerechtigkeitslehre. So unterscheidet GUSTAV RADBRUCH drei Formen von Gerechtigkeit: Gerechtigkeit als Gleichheit, Gerechtigkeit als Zweckmäßigkeit und Gerechtigkeit als Rechtssicherheit.

Geschichte [zu althochdt. gisciht »Geschehnis«, »Ereignis«]: zunächst der zeitliche Ablauf des Geschehens, das die Wirklichkeit ausmacht, der Entwicklungsprozess der menschlichen Gesellschaft als ganzer oder ihrer Individuen, ihrer ökonomischen, politischen, ideologischen, sozialen und kulturellen Ausformung; dann auch die wissenschaftliche Disziplin, die diesen Prozess erforscht. Das griechische Wort »historía« bedeutet ursprünglich »Erkundung« im Sinne einer bloßen Darstellung von Tatsachen im Unterschied zu deren Erklärung. Dagegen bezeichnet »historia« im Lateinischen eine Darstellungsform, die tiefere Zusammenhänge zu erfassen versucht. Im Wesentlichen hält auch das Mittelalter diese Bedeutung in Geltung.

Der moderne Geschichtsbegriff erhält erst im letzten Drittel des 18. Jh. seine volle Bedeutung. Dabei kommt es zu einer Zusammenziehung von »Historie« und »Geschichte«, die dazu führt, dass die drei Bedeutungsebenen von Sachverhalt (Abläufe, Ereignisse), Darstellung dieses Sachverhalts (Berichte über das Geschehen) und Wissenschaft (systematische Auswertung der Berichte) auf einen gemeinsamen Begriff gebracht werden. Die Grundlagendiskussion über Ziele und Methoden der Geschichtswissenschaft verlief v. a. in Auseinandersetzung mit den Methodenidealen der Naturwissenschaften. Sie ergab, dass der Geschichte keine Regel zur Verfügung steht, nach der sich das Ende eines geschichtlichen Vorgangs aus seinem Anfang, ungebrochener Handlungsrationalität oder »historischen Gesetzen« zwingend herleiten ließe.

Geschichtlichkeit: im Umkreis der Lebensphilosophie durch WILHELM DILTHEY zu einem Zentralbegriff erhobener Terminus, mit dem auf eine grundsätzliche Begrenztheit des menschlichen Erkennens aufmerksam gemacht werden soll: Wo immer Menschen reden und handeln, geschieht dies in Abhängigkeit von einem kontingenten, d. h. zufälligen, Bezugsrahmen.

Im seinem späteren »seinsgeschichtlichen« Denken unterscheidet MARTIN HEIDEGGER zwischen der äußeren Historie des chronologischen Ablaufs und der Seinsgeschichte, in der auf jeweils verschiedene Weise Sein und Wahrheit sich dem Menschen zeigen, d. h. »geschickt« werden und insofern in Geschichtlichkeit geschehen.

Geschichtsphilosophie: auf VOLTAIRE zurückgehender Begriff zur Bezeichnung von Versuchen, die Geschichte in ihrer Gesamtheit zu deuten. Ein hinter den Fakten verborgener Sinn soll freigelegt bzw. der historische Ablauf als Wirkung allgemeiner Gesetze erklärt werden. Solche Deutungen wurden durch die Geschichtstheologie des Christentums vorbereitet und bis in die Neuzeit hinein beeinflusst. So interpretiert AUGUSTINUS die Geschichte der Menschheit als Kampf zwischen einem Gottesreich und gottfremden (irdisch ausgerichteten) Mächten.

Der Übergang zur neuzeitlichen, säkular ausgerichteten Geschichtsphilosophie wurde erst auf der Grundlage der Trennung von Wissen und Glauben möglich, die sich v. a. im Umfeld der Reformation vollzog. Nun sah man den Menschen nicht mehr bloß als Betroffenen in eine vorgegebene, unbeeinflussbare Sinnordnung der Geschichte eingefügt, sondern als jemanden, der seine eigene Geschichte habe und ihr erst einen Sinn verleihen müsse. Solche Auffassungen wurden allerdings erst durch GIOVANNI BATTISTA VICO zu einer Geschichtsphilosophie im eigentlichen Sinne gestrafft, für den die Geschichte eine Abfolge von Epochen kulturellen Wachstums und anschließenden Verfalls ist. Dieses Ablösungsschema wiederholt sich beständig auf je höherer Ebene.

Die ↑Aufklärung interpretiert Geschichte optimistisch als Fortschritt der Vernunft aus dumpfem Aberglauben und Barbarei »finsterer« Vorzeiten. Ebenso sieht KANT in der geschichtlichen Entwicklung den Fortschritt zu einer »vollkommenen bürgerlichen Vereinigung der Menschengattung«. Aufgrund der Überzeugung, dass von Epoche zu Epoche jeweils Stufen größerer Vernünftigkeit aufeinanderfolgten, führten Fortschrittsglaube und Epochenaufteilung im deutschen Idealismus erneut zur Suche nach Gesetzen, denen die geschichtliche Entwicklung unterliege. Insbesondere HEGEL interpretiert die Weltgeschichte als Entwicklung, in der sich der Geist (Weltgeist) in dialektischen Schritten zunehmend selbst verwirklicht (↑Dialektik) und zu immer größerer Freiheit gelangt.

KARL MARX übernimmt von HEGEL den Gedanken von der dialektischen Schrittfolge als allgemeines Bewegungsgesetz der Geschichte, setzt dann aber an die Stelle des »im Bewusstsein der Freiheit fortschreitenden Geistes« denjenigen Kampf um eine Befriedigung der Bedürfnisse der »wirklichen Individuen«, der zur herrschaftsfreien Gesellschaft führen soll. Mit AUGUSTE COMTE und HERBERT SPENCER wendet sich die Geschichtsphilosophie wieder vom dialektischen Prinzip ab, um erneut lineare Entwicklungsläufe anzunehmen. Die sozialen, politischen und kulturellen Veränderungen um die Wende vom 19. zum 20. Jh. haben in der europäischen Geschichtsphilosophie die Abkehr vom Fortschrittsgedanken begünstigt: An seine Stelle rückt (wie bei OSWALD SPENGLER) wieder das Gesetz vom Wachstum und Verfall der Kulturen.

Im Rahmen einer methodisch-kritischen Geschichtsphilosophie suchen zunächst COMTE und JOHN STUART MILL Verfahren der aufkommenden Sozialwissenschaften für alle Wissenschaftsbereiche verbindlich zu machen, wobei in der Geschichtswissenschaft dieses Methodenideal lediglich Anwendung auf einen besonderen Gegenstand finden solle. Vorbehalte hiergegen hat v.a. der Neukantianismus angemeldet, indem er darauf hinwies, dass die Geschichtswissenschaft nicht »nomothetisch« (gesetzaufstellend) verfährt, sondern »idiografisch«, d.h., dass das Einzelne nicht als Fall eines zu ermittelnden allgemeinen Gesetzes betrachtet werden kann, sondern in seinem einmaligen Auftreten. GEORG SIMMEL und WILHELM DILTHEY haben daher als adäquate historiografische Methode das Prinzip einer Einfühlung gefordert. Einen Vermittlungsversuch zwischen beiden Positionen unternimmt MAX WEBER: Nach ihm ist das einfühlende Verstehen historischer Fakten als eine objektiv kontrollierbare, an allgemein formulierten Idealtypen orientierte Erklärungsmethode zu kultivieren; in die wissenschaftliche Arbeit sollen keine willkürlichen, subjektiven Interpretationen oder persönliche Werturteile als leitende Prinzipien eingehen.

Geschmack: allgemein die Fähigkeit, Gegenstände der Natur oder Kultur im Hinblick auf den Grad ihrer ↑Schönheit bzw. Hässlichkeit zu beurteilen. Vor allem im 18. Jh. war der Geschmacksbegriff von großer Bedeutung im Bereich der philosophischen ↑Ästhetik. Nach KANT beruht das Urteil »*x* ist schön« auf einem interesse- und begriffslosen Wohlgefallen, ausgelöst durch die Erscheinung zweckloser Zweckmäßigkeit eines Gegenstands der Anschauung. Unter Voraussetzung eines ästhetischen »Gemeinsinns« spricht KANT dem Geschmacksurteil Notwendigkeit und Allgemeingültigkeit zu. Für die Beurteilung von ↑Kunst verliert der Geschmack schon bei HEGEL seine Zuständigkeit und wird zur Mode abgewertet. Vollends verschließt sich die Kunst der Moderne dem Geschmacksurteil, die um ihrer Authentizität willen den Anspruch, »Wohlgefallen« zu erregen, preisgibt.

Gesellschaft [zu althochdt. gesellíscaft »Vereinigung mehrerer Gefährten«, »Beisammensein«]: vieldeutig und in mehreren Wissenschaften gebrauchter Begriff (z.B. Pflanzen-, Tiergesellschaft); in den Sozialwissenschaften und der Philosophie seit der von FERDINAND TÖNNIES eingeführten Unterscheidung von ↑Gemeinschaft und Gesellschaft Bezeichnung für eine Gruppe, die durch Konvention bzw. Vertrag vereinigt ist, um einen gemeinsamen Zweck zu realisieren. Eine Gesellschaft wird wesentlich durch das Zusammenspiel nicht personaler Faktoren wie Sprache, Rechtsauffassung, Erziehungsziele, materielle Gegebenheiten, Religion, Weltanschauung, spezielle Geschichte u.a. geprägt. Umgekehrt wird jeder Mensch durch die gesellschaftlichen Verhältnisse (soziales Umfeld, Schicht, gesellschaftliche Rolle) geprägt und bedarf der Gesellschaft, um seine Anlagen entfalten zu können.

Im Zusammenhang mit der Wiederaufnahme des antiken Naturrechts bildete sich im 17. Jh. die Lehre vom ↑Gesellschaftsvertrag heraus, die im Verlauf des 18. Jh. zur Theorie der ↑bürgerlichen Gesellschaft führte.

Gesellschaftsvertrag: Versuch der Gesellschaftstheorie, die Fragen nach Ursprung und Notwendigkeit politischer Herrschaft und nach der optimalen Staatsform im Rahmen einer Vertragstheorie zu beantworten. Während im Mittelalter diese Fragen durch Rückgriff auf die Theologie beantwortet werden konnten, gab es seit der Reformation und den Glaubenskriegen keinen gemeinsamen Grundkonsens mehr, durch den sich ein einheitliches abendländisches Weltbild begründen ließ. Der Staat stellte

g

nun keine natürlich entstandene, gottgegebene Einheit mehr dar, sondern eine von den Menschen künstlich geschaffene.

Zu den Hauptvertretern der Vertragstheorie, die v. a. im 17. und 18. Jh. verbreitet war, zählen JEAN BODIN, HUGO GROTIUS, THOMAS HOBBES, SAMUEL PUFENDORF, JOHN LOCKE und JEAN-JACQUES ROUSSEAU, wobei besonders in den Theorien von HOBBES, LOCKE und ROUSSEAU die vorherrschenden Positionen aufeinandertreffen. Ausgangspunkt aller Vertragstheorien ist die Erörterung eines vorstaatlichen Zusammenlebens, des ↑Naturzustands. Trotz dessen unterschiedlicher Charakterisierung kommen jedoch alle Vertragstheoretiker zu dem Schluss, dass es im Interesse jedes Einzelnen liegen muss, diesen Zustand zu überwinden. Dies geschieht durch eine (fiktive) Willenserklärung der Individuen, ihre Rechte ganz oder teilweise auf einen Souverän zu übertragen und so aus der Vereinzelung herauszutreten und sich zu vergesellschaften.

Geprägt von den Erlebnissen des Bürgerkriegs sieht HOBBES im Menschen ein Wesen, das primär von Selbstliebe und vom Selbsterhaltungstrieb gesteuert wird. In seinem Werk »De cive« (1642; lat. »Über den Bürger«) charakterisiert er den Menschen als menschlichen Wolf (↑Homo homini lupus). Soziale Tugenden, zwischenmenschliche Beziehungen und moralische Kategorien sind diesem Menschen im Naturzustand fremd. Das Ziel aller menschlichen Handlungen ist allein die Förderung des eigenen Wohlergehens. Da nach geltendem ↑Naturrecht, das jedem ein Recht auf alles zugesteht, sogar ein skrupelloses Vorgehen gerechtfertigt ist, artet der Naturzustand in einen Kriegszustand aus, in das »Bellum omnium contra omnes« (lat. »Krieg aller gegen alle«). Daher liegt es im Interesse jedes Einzelnen, diesen Zustand zu beenden. Dazu ist der Verzicht auf das natürliche Recht zugunsten einer Staatsgewalt, die den Schutz vor den Mitmenschen garantiert, notwendig. Aufgrund des negativen Menschenbilds ergibt sich, dass eine absolute Staatsgewalt diese Schutzfunktion am besten erfüllen kann. Eine solche Verzichtserklärung stellt letztlich ein »Herrschaftsvertrag« dar, eine totale Unterwerfung unter den Willen des Herrschers, der an keine moralischen Gesetze gebunden ist. Der Vertrag wird also nur zwischen den zukünftigen Untertanen abgeschlossen. Alle Herrschaftsakte sind per se legitim. Nur wenn die Staatsgewalt ihre Schutzfunktion nicht mehr erfüllen kann, hat der Untertan ein Widerstandsrecht.

LOCKE sieht aufgrund seines positiven Menschenbildes den Naturzustand als einen Zustand des Friedens, der gegenseitigen Hilfe und Erhaltung an. Das Gesetz der Natur, das mittels Vernunft erkennbar ist, stellt eine allgemein verbindliche moralische Norm dar, die jeden verpflichtet, sich selbst und seine Mitmenschen zu erhalten. Der vorstaatliche Zustand, der Züge einer bürgerlichen Gesellschaft aufweist, käme von daher einem optimalen Zustand gleich, gäbe es nicht einige »entartete« Menschen, die nicht von ihrer Vernunft geleitet gegen das Gesetz der Natur verstoßen. Um solchen Verstößen vorzubeugen, schließen sich die (freien und gleichberechtigten) Menschen in freier Übereinkunft zu einer politischen Gemeinschaft zusammen. Damit diese politische Gemeinschaft funktionsfähig ist, sind Mehrheitsentscheidungen zu akzeptieren. Als Staatsform ist daher auch jede nicht absolute Staatsform zulässig, wenn die Entscheidung zu dieser auf einer Mehrheitsentscheidung beruht. Die Ernennung einer vom Volk autorisierten Regierung stellt den »Staatsvertrag« dar. Bei Verstößen der Regierung gegen das Gesetz der Natur hat das Volk ein Widerstandsrecht. Die der Regierung erteilte Souveränität fällt an das Volk zurück und kann von

diesem neu vergeben werden (Volkssouveränität).
Bei ROUSSEAU stellt der »Gesellschaftsvertrag« (frz. »contrat social«) dann die Grundlage für einen Staat dar, in dem der Einzelne seine Freiheit bewahrt und nur seinem eigenen Willen zu gehorchen hat, obwohl er sich dem allgemeinen Willen unterwirft, der aber nicht die Summe der Willen aller ist, sondern das Ergebnis eines idealen Diskurses freier, gleichberechtigter Menschen (↑Volonté de tous/Volonté générale).
Nach ROUSSEAU wurde die Theorie des Gesellschaftsvertrages zunächst nicht mehr verwendet. Bei KANT ist der ursprüngliche Vertrag zur Idee des Rechts geworden, die den Gesetzgeber verpflichtet, solche Gesetze zu erlassen, die dem vereinten Willen des Volkes hätten entspringen können. Im 20. Jh. knüpft JOHN RAWLS im Rahmen seiner Gerechtigkeitstheorie mit dem Begriff vom ↑Schleier des Nichtwissens in modifizierter Weise wieder an den Gesellschaftsvertrag an.

Gesetz: ein (meist) unwandelbarer, wesentlicher Zusammenhang zwischen bestimmten Dingen und Erscheinungen bzw. Vorgängen in Natur, Wissenschaft und Gesellschaft, durch den Verhalten und Ablauf eindeutig bestimmt sind und der unter gleichen Bedingungen in gleicher Weise feststellbar ist; im Bereich des Rechts eine Regel, Vorschrift, Richtlinie oder Norm, nach der man handeln muss oder handelt.
Bei den normativen Gesetzen unterscheidet man zwischen juristischen und moralischen Gesetzen. Während bei juristischen Gesetzen nur das äußere Verhalten vorgeschrieben wird, beziehen sich moralische Gesetze auch auf die innere Einstellung des Handelnden. Juristische Gesetze, die von einer legislativen Gewalt erlassen werden, müssen öffentlich verkündet und schriftlich fixiert werden. Verstöße gegen sie werden durch staatliche Instanzen geahndet. Obwohl man grundsätzlich an die Gesetze gebunden ist, kann man ein Widerstandsrecht haben, wenn die Gesetze gegen moralische Gesetze verstoßen, wie z. B. die Rassendiskriminierungsgesetze zur Zeit des Nationalsozialismus.
Bei den ionischen Naturphilosophen wurden moralische Gesetze aus der Natur abgeleitet. Dahinter stand der Gedanke, dass sich das Universum nach göttlichen immanenten Gesetzen bewegt und sich in diesen Gesetzen die göttliche Vernunft offenbart. Naturgemäßes Handeln wurde also mit Handeln nach göttlichen Prinzipien gleichgesetzt (so auch LUKREZ). Seit der Aufklärung ist der Gedanke vorherrschend, dass der Mensch mittels seiner Vernunft in der Lage ist, moralische Gesetze zu erkennen bzw. sie sich selbst zu geben.
In der Wissenschaftstheorie ist ein Gesetz der Erfahrungswissenschaften ein bedingter Allsatz, der in hohem Maß von der Erfahrung bestätigt worden ist und der v. a. nicht falsifiziert sein darf; z. B.: Für alle Körper gilt: Wirkt keine Kraft auf sie ein, so verharren sie im Zustand der gleichmäßigen Bewegung. Je nach Grad der Abstraktheit unterscheidet man beschreibende Gesetze (z. B. das Fallgesetz) und erklärende Gesetze (z. B. ISAAC NEWTONS Gravitationsgesetz), wobei sich Erstere aus den Letzteren ableiten lassen. Da Gesetze nicht Bezug nehmen auf konkrete Raum-Zeit-Stellen, darf ihr Geltungsbereich nicht endlich sein. Dagegen sind Gesetze projizierbar, d. h., sie lassen Voraussagen für die Zukunft zu, die gegebenenfalls durch einen ↑Test in der Erfahrung zu überprüfen und gegebenenfalls zu falsifizieren sind.

Gesinnung: die Gesamtheit ethischer Vorstellungen und Motivationen eines Menschen, die sowohl ethisch gerechtfertigt als auch verwerflich sein können. Unter einer »reinen« Gesinnung – dem Leitbegriff der Gesinnungsethik (↑Verantwortungsethik) –

versteht man den Willen zum Guten um des Guten willen.

Gestell: im späten Denken MARTIN HEIDEGGERS Begriff für das Wesen der Technik. Gestell ist vom Vor-stellen als dem Grundzug des technischen Denkens abgeleitet. Das Präfix Ge- bringt zum Ausdruck, dass der Mensch nicht von sich aus die Welt technisch vorstellt, sondern vom Sein angestoßen bzw. »ge-schickt« ist, die Welt im Ganzen nur noch »gestellhaft« für seinen Nutzen technisch vorzustellen.

Gestimmtheit: Um den Charakter der ↑Geworfenheit des Menschen in ein vorgängiges Seinsverständnis zu erläutern, spricht MARTIN HEIDEGGER in der ↑Fundamentalontologie von der Gestimmtheit des Menschen durch die »Stimmung«. Damit ist keine Emotion gemeint, sondern dass der Mensch aus der Stimmung denkt und nicht von sich aus. Im späteren Denken spricht HEIDEGGER von den »Grundstimmungen« des »Erstaunens« für das Denken der Griechen und des »Erschreckens« für das des Menschen im Denken der ↑Seinsvergessenheit.

gesunder Menschenverstand: ↑Common Sense.

Geviert: Mit dem Geviert entfaltet MARTIN HEIDEGGER in seinem Spätdenken den Weltbegriff des Menschen. Dem Menschen ist in seinem ↑In-der-Welt-Sein vorgängig Welt offen, um darin das Seiende insgesamt zu verstehen. Dieses Welt- bzw. Seinsverständnis gliedert sich als Geviert in die vier »Weltgegenden«: Erde, Himmel, »die Sterblichen« (Mensch) und »die Göttlichen«. Diese vier sind aufeinander verweisende Bereiche von Welt, die jedes Denken konstituieren.

Gewalt: Anwendung physischen (Zufügung körperlichen Schmerzes, Einschränkung der Bewegungsfreiheit) oder psychischen (z.B. Drohung, Erpressung) Zwangs, i.A. in der Absicht, in einem Interessenkonflikt dem eigenen Willen gegen Widerstand Geltung zu verschaffen. Zur Kennzeichnung institutioneller Zwänge (z.B. ungerechte Eigentumsordnung, fehlende Chancengleichheit), die die Selbstverwirklichung bestimmter Individuen oder Gruppen innerhalb einer Gesellschaft verhindern, spricht die kritische Gesellschaftstheorie von einer »strukturellen«, d.h. nicht personalen Gewalt.

Staatsphilosophisch spielt das Problem der Gewalt in den neuzeitlichen Lehren vom ↑Gesellschaftsvertrag eine wichtige Rolle. Um ein ethisches Problem handelt es sich bei der Frage, ob Gewaltanwendung in be-

Gewalt: Im Sinne der Verantwortungsethik wird Gewalt nur dann als legitim anerkannt, wenn ein akut bedrohtes, verallgemeinerungsfähiges Gemeininteresse – wie etwa Leben oder Freiheit – nicht anders gesichert werden kann.

stimmten Situationen (z. B. Kindererziehung, Notwehr, politischer Widerstand) legitim sein kann. Im Sinne einer ↑Verantwortungsethik muss Gewalt dann als legitim anerkannt werden, wenn die Sicherung eines akut bedrohten berechtigten, weil verallgemeinerungsfähigen Fundamentalinteresses (z. B. Leben, Freiheit) auf keine gewaltlose Weise durchzuführen ist und wenn das Prinzip der Verhältnismäßigkeit der Mittel gewahrt bleibt. Unter **Gewaltlosigkeit** versteht man das Ideal einer Gesinnungsethik (z. B. christliche Ethik, Pazifismus), die die Anwendung von Gewalt unter keinen denkbaren Umständen für legitim hält – ohne Rücksicht auf die Folgen, die diese Haltung für einen selbst oder andere haben kann.

Gewissen: im alltäglichen Sprachgebrauch die Fähigkeit, zwischen Gut und Böse, sittlichem Wert oder Unwert der eigenen Handlungen unterscheiden zu können. Gemeinhin wird Gewissen als Wertgefühl angesehen, das sich spontan im Menschen Geltung verschafft. Es gilt häufig als angeborenes, durch Umweltfaktoren (wie Erziehung) aber entwickelbares bzw. unterdrückbares seelisches Vermögen.

In der philosophischen Diskussion v. a. über die Verbindlichkeit der Gewissensüberzeugungen und -urteile haben sich drei Fragenkreise als zentral herausgestellt:

1. Lassen sich moralische Urteile, die unter Berufung auf das Gewissen gefällt werden, immer rechtfertigen (Unfehlbarkeit des Gewissens)?
2. Muss man dem Gewissen immer folgen (Gewissenszwang)?
3. Darf man andere Individuen zu Handlungen gegen ihre Gewissensüberzeugung (z. B. durch rechtliche Normen) zwingen (Gewissensfreiheit)?

Philosophiegeschichtlich gesehen hat nur die christlich geprägte Philosophie des Mittelalters eine eigene Gewissenstheorie entwickelt. Die Scholastik unterscheidet zwischen der Synteresis, dem Wissen von sittlichen Grundsätzen, und der Conscientia, der Anwendung dieser Prinzipien auf konkrete Einzelfälle. Nach ALBERTUS MAGNUS liefert bei moralischen Schlüssen die Synteresis die Obersätze, die als unfehlbar angesehen werden, da sie ihre Anleitung von Gott empfängt. Die Conscientia, die auf die Einzelurteile schließt, unterliegt als menschliches Vermögen hingegen der Irrtumsmöglichkeit. In der neuzeitlichen Ethik tritt die Frage nach dem Gewissen hinter die nach den Begründungsprinzipien sittlicher Erkenntnis zurück. So ist es nach KANT nicht Sache des Gewissens, die Rechtmäßigkeit einer Handlung zu beurteilen, wohl aber, diese Urteilsbildung auf ihre Sorgfältigkeit hin zu überprüfen.

Gewissheit: höchste Stufe des Für-wahr-Haltens, deshalb meist auf Wissen bezogen. Gewissheit ist aber auch bezüglich ethischer Normen möglich. Man unterscheidet zwischen subjektiver Gewissheit als Ausdruck des Überzeugtseins und objektiver Gewissheit, die in der Verfügbarkeit einer sicheren Begründung besteht. Der Gewissheit entgegengesetzt ist der begründete ↑Zweifel.

Geworfenheit: Innerhalb der ↑Fundamentalontologie MARTIN HEIDEGGERS Strukturmoment der Vollzugsweise des Menschseins als ↑Dasein. Der Mensch ist immer schon geworfen in ein Seinsverständnis. Die Bewegung der Geworfenheit wurde nach HEIDEGGER in der Philosophie bisher immer übersprungen, weil sie nur dasjenige interpretiert, wohinein der Mensch schon geworfen ist. Im späteren Denken eröffnet das Nichts bzw. der Entzug die nunmehr mit Zuwurf benannte Dimension der Geworfenheit. Der Geworfenheit bzw. dem Zuwurf entspricht zeitlich die Gewesenheit als eigentliche Vergangenheit, aus der der ↑Entwurf im Denkvollzug herkommt.

Glaube: innere Sicherheit, die keines Beweises bedarf; Grundelement des religiösen Lebens, das für die Existenz des religiösen Menschen entscheidend ist. Glaube bedeutet primär (gefühlsmäßiges) Vertrauen, feste Zuversicht und nicht ausschließlich ein Für-wahr-Halten außerirdischer, transzendenter Gegebenheiten. In der Philosophie ist Glaube ein Für-wahr-Halten ohne methodische Begründung im Gegensatz zum Wissen (↑glauben).

Obwohl in allen Religionen das Element des Glaubens anzutreffen ist, spielt er eigentlich nur in den monotheistischen prophetischen Offenbarungsreligionen (Judentum, Christentum, Islam) eine sie konstituierende Rolle. Im Christentum ist Glaube im biblischen Sinn eine Kategorie des personalen Vertrauens, das das rational-intellektuelle Moment menschlichen Seins durchaus einschließt; d.h., der Glaube ist Reaktion, Antwort auf das ihm vorgängige Wort Gottes in Schöpfung und Erlösung, das seinen Höhepunkt in der Person JESUS CHRISTUS hat, kommt also aus dem Hören dieses Wortes (Römer 10, 17) und zielt auf volle und ungetrübte personale Gemeinschaft zwischen Gott und Menschen. Die erst relativ spät (auf dem Tridentinum 1545–63) einsetzende lehramtliche Festlegung der katholischen Lehre vom Glauben betont sehr stark die sachhafte Inhaltlichkeit des Glaubens als Summe der von der Kirche vermittelten göttlichen Offenbarung (»Fides, quae creditur«, lat. »der Glaube, der geglaubt wird«), ohne aber deshalb zu vergessen, dass der personale Glaubensakt (»Fides, qua creditur«, »der Glaube, durch den [in dem] geglaubt wird«) durch die göttliche Gnade allein begründet wird und als solcher Anfang, Wurzel und Grundlage der Rechtfertigung (Erlösung) ist.

In der reformatorischen Theologie gewinnt der Glaube die umfassende Bedeutung von Heilsweg und Heilsgeschehen: Die Gerechtigkeit des Menschen vor Gott geschieht allein in und aus dem Glauben, nicht aufgrund eigener »guter Werke«, die selbst nur, und zwar notwendige, Folge des Glaubens sind. Damit ist der ausschließlich gnadenhafte Charakter des Glaubens deutlicher ausgedrückt als in der katholischen Theologie.

glauben [ursprünglich (vorchristlich) »(jemanden) für lieb, gut halten«, »(etwas) gutheißen«]: in alltäglicher Rede eine auf ihre Wahrheit hin (noch) nicht überprüfbare Aussage einer Person mit vollständiger Gewissheit für wahr halten und sich demgemäß verhalten (»ich glaube dir, dass du nicht früher kommen konntest«); oder von einem unbeweisbaren Sachverhalt so überzeugt sein, dass er das eigene Verhalten in Theorie und Praxis bestimmt (»ich glaube an dich«).

Beginnend mit PLATON, wurde das Glauben immer wieder, v.a. in der ↑Aufklärung, für eine zu überwindende, weil unvollständige und daher gefährliche Vorform des Wissens gehalten. Die Überzeugung des ARISTOTELES, dass doch »mehr Notwendigkeit besteht, den (ersten) Prinzipien Glauben zu schenken als dem Vorgang des Schlussfolgerns«, hatte philosophiegeschichtlich wenig Wirkung. Ebenso wenig die Bemühungen der Kirchenväter und der Theologen des Mittelalters, das Glauben – in Abgrenzung gegen das methodisch gesicherte Wissen – als eigenständigen Bewusstseinsakt zu verstehen. Erst seit SØREN KIERKEGAARD befasst sich die Philosophie, v.a. Teile der Existenzphilosophie und der Phänomenologie, wieder mit dem Phänomen Glauben. An diesem seien v.a. drei Aspekte zu unterscheiden:

1. der Glaubensinhalt, der als solcher für den Glaubenden noch nicht oder grundsätzlich nicht beweisbar ist;
2. das subjektiv vollkommen gewisse Für-wahr-Halten des Inhalts, das auf einem Willensakt beruht (AUGUSTINUS: »Glau-

ben kann man nicht, es sei denn, man will es«);

3. das die Lebenspraxis grundsätzlich wagende personale Sicheinlassen auf die Person, der man glaubt, und/oder auf einen antizipierten Sinn von Welt.

Das Glauben kann den methodischen Wissenserwerb nicht ersetzen; das wäre Leichtgläubigkeit und Aberglaube. Aber das Glauben übersteigt das je beweisbare Wissen, sodass von dieser neuen Position aus – möglicherweise – dem Erkennen neue Bereiche überhaupt erst geöffnet werden. ANSELM VON CANTERBURYS theologische Aussage »ich glaube, damit ich verstehen kann« (↑Credo, ut intelligam) kann auch anthropologisch interpretiert werden: Der individuelle Wissenserwerb beginnt mit dem Glauben an Aussagen von Personen (Eltern, Lehrer), die erst im Nachhinein als wahr oder falsch bewiesen werden können. Dies beinhaltet immer die gewollte Bejahung der Person, der man glaubt, sowie der eigenen Person als einer grundsätzlich guten und die gewollte Bejahung der Möglichkeit von Sinn der Welt. Dadurch wirkt das Glauben verändernd auf die eigene Person, die Person, der man glaubt, und die Welt ein. Somit ist das Glauben als »Wagnis« stets ein Entwerfen in die Zukunft. Nur in ihr kann sich der Glaubensinhalt als wahr oder falsch erweisen.

glauben/meinen/wissen: von KANT in der »Kritik der reinen Vernunft« untersuchte Weisen des Für-wahr-Haltens. Es ist zu unterscheiden zwischen der subjektiven Komponente des Für-wahr-Haltens, dem Überzeugtsein, und der objektiven, dem Verfügen über eine (möglicherweise methodische) Begründung. Während beim einfachen **Meinen** immer ein Zweifel mitschwingt, unterscheiden sich hinsichtlich der subjektiven Seite **Glauben** und **Wissen** nicht: Beide sind Ausdruck vollkommener Überzeugung.

Gleichheit: In der Logik heißen zwei Gegenstände a und b bezüglich eines festgelegten Bereichs von Aussagen $\mathcal{A}$ gleich, wenn für jede Aussage A aus $\mathcal{A}$ gilt: $A(a) \leftrightarrow A(b)$. Es gibt demnach keine Aussage aus dem vorgegebenen Bereich, die es erlauben würde, a und b zu unterscheiden; symbolisch dargestellt: $a = b \rightleftharpoons A(a) \leftrightarrow A(b)$ für alle $A \in \mathcal{A}$. Man beachte, dass » = « nur bezüglich $\mathcal{A}$ gilt. Wählt man einen größeren Bereich $\mathcal{A}$, so können a und b sehr wohl unterscheidbar sein.

Die Idee dieser Gleichheitsdefinition geht auf LEIBNIZ zurück, der sie als »principium identitatis indiscernibilium« (lat. »Prinzip der Gleichheit des Ununterscheidbaren«) bezeichnete. Gesetzt z. B.: Es seien $\mathcal{A}$ die Aussagen der Chemie, $a = {}^{235}U$ und $b = {}^{238}U$. Vom Standpunkt der Chemie aus sind a und b nicht zu unterscheiden (wie alle Isotope); also sind sie als Gegenstände der Chemie gleich. Physikalisch aber unterscheiden sie sich z. B. durch ihr Atomgewicht und ihre Halbwertszeit. » = « ist eine zweistellige Äquivalenzrelation.

Für Anthropologie, Ethik und Staatsphilosophie ist die **Gleichheit von Menschen** interessant. Im universellen Sinn wurde sie erstmals in der griechischen Antike während der sog. ersten Aufklärung im 5. Jh. v. Chr. behauptet. Nach stoischer Lehre sind Menschen gleich u. a. aufgrund ihrer gemeinsamen Möglichkeit zu Sprache und Vernunft. Im Christentum beruht die Gleichheit darauf, dass jeder Mensch ausgezeichnet ist durch etwas Gottähnliches in sich, eine (unsterbliche) Seele. Trotz bedrückender Erfahrungen faktischer Ungleichheit und Unterdrückung dauerte es viele Jahrhunderte, bis die Idee der Gleichheit aller Menschen einen Grad an Wirkkraft im Bewusstsein der Menschen erreicht hatte, dass sie politisch verändernd wirksam werden konnte. Durch die Wiederaufnahme griechischer Naturrechtsgedanken im 17. Jh.

g

bildete in der Lehre vom ↑Gesellschaftsvertrag die »natürliche Gleichheit« der Menschen im Naturzustand die Basis für die Forderung nach Gleichheit aller vor dem Gesetz. Der Grundsatz, dass »alle Menschen gleich geboren sind und gleich bleiben«, ging in der Phase der Unabhängigkeitserklärung der nordamerikanischen Kolonien erstmals in Staatsverfassungen ein. In Europa erhielt die Forderung nach der Gleichheit der Menschen als Bürger erstmals durch die »Déclaration des droits de l'homme et du citoyen« (frz. »Erklärung der Menschen- und Bürgerrechte«) in der Französischen Revolution von 1789 Verfassungsrang. Heute ist die »Gleichheit vor dem Gesetz« einer der fundamentalen Grundsätze des modernen Rechtsstaats.

Neben dem allgemein-formalen Gleichheitssatz enthält ein Grundgesetz darüber hinaus spezielle Gleichheitsrechte wie Wahlrecht, das Recht auf gleichen Zugang zu allen öffentlichen Ämtern, Verbot der Benachteiligung oder Bevorzugung wegen Geschlecht, Abstammung, Rasse, Sprache, Heimat, Herkunft, Glauben, religiöser und politischer Anschauungen.

Da die Verwirklichung sozialer ↑Gerechtigkeit notwendig Einschränkungen der individuellen Freiheit zur Folge hat, stehen Gleichheit als Sozialprinzip, Forderungen nach Relativierung der Folgen natürlicher, biologisch fundierter Ungleichheiten und nach Abbau gesellschaftlich entstandener Ungleichheiten in grundsätzlicher Spannung zum Prinzip der ↑Freiheit, obwohl (philosophisch gesehen) beide Prinzipien aus demselben Begriff von Menschenwürde abgeleitet werden.

Glück (Glückseligkeit): aufgrund seiner Bedeutung im Kontext anthropologischer und ethischer Erörterungen zentraler Begriff in Philosophie und Theologie. Danach gestaltet sich die Existenz des Menschen nicht nur als reaktives Verhalten zur Umwelt, sondern lässt sich als ein Handeln verstehen, das auf die Verwirklichung vom Menschen selbst gesetzter Zwecke und Werte zielt: Aus dem bloßen Vorhandensein in der Welt soll ein befriedigendes Dasein werden.

In der Philosophiegeschichte wurden unterschiedliche Wege zum Glück aufgezeigt: Glück als Ergebnis aus fortschreitender Erkenntnis von Wahrheit, dem vom Glauben getragenen Vollzug des göttlichen Willens, gestalterischem Tätigsein, in dem der Mensch die gegebene Dingwelt bewusst zum Lebensraum formt oder schöpferisch Schönes gestaltet, aus politischem bzw. sozialem Tätigsein für die Gesellschaft oder interpersonalem Lieben bzw. Fürsorgen für andere. Zu beobachten ist hierbei eine Verschiebung von einem bloß individuell-privaten zu einem eher sozialen Verständnis von Glück.

Im Gegensatz zu den lediglich auf äußere Glücksgüter (materieller Reichtum, Prestige, Macht) bezogenen populären Glücksvorstellungen einer archaischen Ethik vollzieht sich bereits mit den vorsokratischen Philosophen eine Verinnerlichung oder Vergeistigung des Glücksideals: Glück ist für sie etwas, das auf die innere Verfassung, auf Seele, Vernunft und Moralität des Menschen abstellt (↑Eudaimonia). Bei PLATON transzendiert die Glücksidee den Bereich der äußeren Glücksgüter, Neigungen und allgemeiner Werte des Lebens innerhalb der Polis; Glück wird bestimmt im Hinblick auf die Idee des Guten und die Vorstellung eines ewigen Glücks im Jenseits. Zu dieser ↑Autarkie sind allerdings nur die Philosophen fähig, da nur sie über die notwendige Einsicht in tiefere Zusammenhänge des Weltganzen verfügen, während die Masse ihr Glück in ihrer jeweiligen Position im Staat finden muss. Im Unterschied zu diesem elitären Verständnis definiert ARISTOTELES Glück als etwas, das prinzipiell für jeden freien Bürger erreichbar ist, sofern sich sein

Glück: »Fortuna und Bettler«, Gemälde von Alexei Markow (1836; Sankt Petersburg, Russisches Museum)

Leben in durchgängig tugendhafter Praxis vollzieht; Glück ist hier bezogen auf das Zusammenleben der Menschen im Rahmen der Polis und auch auf äußere Güter. Die stoische Philosophie hingegen sieht Glück wiederum als ein nur für den Weisen realisierbares individuelles Gut, das vornehmlich durch philosophisch-wissenschaftliche Einsicht und die ↑Apathie zu erlangen ist.

Im Mittelalter wird auf der Grundlage der biblischen »Seligpreisungen« Glück im Sinne ewiger Glückseligkeit nach dem Tode interpretiert.

Alle philosophisch-idealistischen sowie theologischen Glücksideen verwirft THOMAS HOBBES, in dem er Glück als andauerndes Fortschreiten von einer Begierde zur anderen bestimmt. JOHN LOCKE spricht vom Glück als einem Maximum an »pleasure« (gut ist alles, was »pleasure« [»Vergnügen«, »Freude«] hervorruft).

KANT dagegen lehnt Glück als sinnvolles Handlungsziel ab: zum einen wegen der Mehrdeutigkeit des Begriffs, zum anderen aber auch, weil Sittlichkeit in seinem System als autonomer Bereich allein durch den Standpunkt der Pflicht bestimmt wird und nicht das Erreichen von Glück zum Zweck hat.

Eine psychologische Definition bietet SIGMUND FREUD, indem er von einer Befriedigung des Luststrebens spricht, die jedoch aufgrund der restriktiven kulturellen und gesellschaftlichen Bedingungen zum Zweck kollektiver Selbsterhaltung nie erreicht werden kann.

Gnosis [griech. »Erkenntnis«]: Sammelbegriff für eine in sich heterogene spätantike religiöse Bewegung, die sich in Konkurrenz zum frühen Christentum etablierte und dieses u. a. durch ein System mythologisch hypostasierter philosophischer Begriffe (Weisheit, Wahrheit, Vernunft) und kosmogonisch-soteriologischer Spekulation (Abfall vom Reich des Lichts, Gefangenschaft in der demiurgischen Schöpfung, Errettung durch den Boten des Lichts) maßgeblich beeinflusste. Spezifisch für die gnostische Glaubenshaltung sind eine radikale Ablehnung der bestehenden, als wesensfremd empfundenen Welt, die anthropologische Klassifikation: Pneumatiker (durch den Heil bringenden Lichtfunken erlöster Geistmensch), Psychiker (über den Glauben nicht hinausgelangender Seelenmensch) und Hyliker (der Welt verhafteter Mensch) sowie der Habitus eines exklusiven esoterischen Wissens (Gnosis), das sich nicht auf Offenbarung, sondern auf Teilhabe am göttlichen Sein beruft.

Die Infragestellung des christlich-jüdischen Monotheismus und das elitäre Bewusstsein der Gnostiker bedrohten immer wieder die Einheit der christlichen Kirche. So polemisiert MARCION Mitte des 2. Jh. gegen den jüdischen Schöpfergott, der verantwortlich für das Leid in dieser Welt sei, und fordert die Eliminierung der alttestamentlichen Tradition. Die sog. Kirchenväter versuchten diese häretischen Einflüsse durch die Kanonisierung der neutestamentlichen Schriften und eine Dogmatisierung der kirchlichen Lehre zu bekämpfen, was jedoch nur dadurch gelang, dass der gnostische Dualismus als spekulatives Element mit latent antijudaistischem Affekt (v.a. in den johanneischen Schriften) in die christliche Tradition aufgenommen wurde.

Viele Aspekte der Gnosis sind bis heute umstritten. Da Quellentexte kaum überliefert sind, war man darauf angewiesen, diese aus den z.T. polemischen Streitschriften der Kirchenväter zu rekonstruieren. Neue Erkenntnisse lieferten die Textfunde in Nag Hammadi (Oberägypten) und Qumran (am Toten Meer) 1946/47. Sie belegen die Vielfalt der religiösen Adaptionen, aber auch die Hermetik des gnostischen Systems. Zeigt sich die Gnosis als Ausdruck des Protests gegen die sozialen Lebensbedingungen der späthellenistischen Zeit gegenüber anderen Religionen tolerant, so entwickelt sie als spekulative Denkform innerhalb des Christentums eine unheilvolle Ambivalenz: Radikaler Erlösungsanspruch schlägt immer wieder um in fanatische Intoleranz.

Gödel-Theorem: von Kurt Gödel 1931 bewiesenes mathematisch-logisches Theorem. Das auch als Unvollständigkeitssatz bezeichnete Gesetz formuliert die Unmöglichkeit der (formalen) Axiomatisierung der Arithmetik: Jedes für die Darstellung der elementaren Zahlentheorie ausreichende und widerspruchsfreie formale System ist notwendig unvollständig, da es arithmetische Aussagen gibt, die für die natürlichen Zahlen zwar wahr, aber nicht aus diesem Axiomensystem ableitbar sind.

Goldene Regel: eine Verhaltensempfehlung, die sinngemäß in den verschiedensten Kulturen anzutreffen ist: »Was du nicht willst, das man dir tu, das füg auch keinem anderen zu!« Im vorderasiatisch-europäischen Kulturraum (jüdischer Talmud und griechische Sophistik des späten 5. Jh. v.Chr.) kann diese Formel als Nachfolgerin des ältesten (mäßigenden) Rechtsprinzips, des Talionsprinzips, betrachtet werden, das fordert, Gleiches (nur) mit Gleichem (und nicht mit Schlimmerem) zu vergelten (z.B. 2. Mose 21, 24: »Auge um Auge, Zahn um Zahn«; vgl. auch Matthäus 7,12).

Die Goldene Regel ist streng genommen ein egoistisch-utilitaristisches Prinzip: Der Handelnde soll sein Tun ausrichten an den möglichen Konsequenzen, die ein derartiges Handeln letztlich auch für ihn selbst haben könnte. Damit baut die Formel auf die (auch heute noch gültige) Erfahrung, dass ein gesundes Maß an Eigenliebe eine durchaus günstige Ausgangsbasis für die Respektierung der Interessen anderer sei. Aufgrund sprachlicher Ähnlichkeit ist die Goldene Regel oft in die Nähe zu Kants ↑kategorischem Imperativ gerückt worden, wobei jedoch übersehen wurde, dass Kant die oberste Maxime seiner Moralphilosophie gerade nicht durch Androhung möglicher (negativer) Folgen bei Nichtbeachtung sanktionieren wollte, sondern für sein formales Moralprinzip eine formale Rechtfertigung suchte.

Gott [vermutlich Bildung zu einem indogermanischen Verb für »(an)rufen«, eigentlich »das (durch Zauberwort) angerufene Wesen«]: in der Religionsgeschichte heilige, übersinnliche, transzendente und unendliche Macht in personaler Gestalt, die als Schöpfer Ursache allen Naturgeschehens ist, das Schicksal der Menschen lenkt und die normative Größe für deren sittliches Verhalten ist.

Aus vorphilosophischen oder mythisch-religiösen Denkformen ist eine Unterscheidung zwischen einer profanen und einer heiligen Welt überliefert (↑Religion). Während die Auffassung der profanen Welt (die sinnlich erfahrbare Wirklichkeit, die vom fanum [lat. »das Heilige«] ausgeschlossen ist) immer beinhaltet, dass in ihr zwischen Sein und Nichtsein von etwas zu unterscheiden ist, wird das Heilige bezüglich dieses Unterschieds meist als nicht eindeutig dargestellt, da es in bestimmten räumlich-zeitlichen Kontexten (Ritualen) oder in personaler Form aufgehoben werden kann. Eine solche rituelle Identifizierung einer realen, historischen Situation bzw. Person mit einem heiligen Analogon ist dann eine Hierophanie (griech. »Erscheinung des Heiligen«) eines Ewigen (↑Ewigkeit), eines Gottes. Solche Götter sind meist verknüpft mit der Vorstellung eines mythischen (d.h. nicht historischen) Über-, Vor- oder Urmenschen, Stammesgründers, ersten Herrschers oder Weltschöpfers (↑Schöpfung, ↑Kosmogonie), und ihre Darstellungen sind daher anthropomorph: Sie sind Träger idealisierter, v.a. im ↑Polytheismus oft jeweils einzelner menschlicher Eigenschaften.

Diese historischen Vorbedingungen bilden den Grundstock dessen, was innerhalb der abendländischen Philosophiegeschichte im Rahmen von Mythenkritik und Problematisierungen des Gottesbegriffs seinen Niederschlag gefunden hat. Die frühgriechische Mythenkritik hat die Konsequenz, dass der Begriff Gott entpersönlicht aufgefasst und ersetzt wird durch Abstrakta: das Göttliche, das nicht mehr bei allen Philosophen etwas dem Menschen Fremdes oder ihn Übersteigendes ist. So ist es bei EMPEDOKLES eine Bestimmung des Menschen, göttlich zu werden. Bei PARMENIDES tritt das ↑Sein an die Stelle des Göttlichen, sonst oft das »Erste«, »Ursprüngliche« (↑Arche). Bei PLATON ist die höchste Idee, das ↑Gute, Gott bzw. das Göttliche. Auch der ↑Nous hat diese Bestimmung; dies ebenso bei ARISTOTELES, der darüber hinaus zum ersten Mal den Begriff Gott als ersten Beweger präzisiert (↑unbewegter Beweger). Im biblischen Judentum ist der mythische Gottesbegriff weiterentwickelt zum [Stammes-]Vater, der im Rahmen eines Bündnisses über sein auserwähltes Volk herrscht. Dieser Gott steht in unerreichbarer Distanz zum Menschen; er ist allmächtig, allwissend sowie rächend und strafend.

In der christlichen Tradition taucht dagegen bald ein ganz neuer Gottesbegriff auf, der Gott mit der Liebe gleichsetzt (JOHANNES), zugleich aber an den Menschen das Liebesgebot richtet. PAULUS stellt das Lieben höher als das Glauben. Das Sein und der Begriff Gottes steht jetzt in unmittelbarer Einheit mit dem Sein des Menschen und seiner Freiheit zu handeln, wobei sein Handeln nach Maßgabe seiner Selbstliebe auf den jeweils anderen Menschen bezogen sein soll (der »Nächste«). Die grenzenlose Macht des Gottes wird begriffen als Fähigkeit grenzenlosen Vergebens von Schuld. Schuld bzw. Sünde wird verstanden als Nichtlieben, worin sich auch die Getrenntheit zwischen Gott und Mensch (»Gottesferne«, das Nichtigsein des »Fleisches« [PAULUS], die »Qual« [JAKOB BÖHME]) gründet. Der Gott, der als Schöpfer der Welt aus dem Nichts (↑Creatio ex nihilo) keiner ihn zwingenden Notwendigkeit unterliegt, kann auch den Menschen aus diesem Zustand der Gottesferne befreien (»Erlösung«, JESUS CHRISTUS als »Retter«). Da aber auch dies nicht notwendig und voraussetzungslos ist, ist diese Befreiung ein Akt der »Gnade«.

Zwei wichtige Stationen der Weiterentwicklung des philosophischen Gottesbegriffs im Mittelalter sind: Gott ist »reine Wirklichkeit« (lat. Actus purus; ↑Akt/Potenz), d.h., in Gott ist alle Möglichkeit wirklich (THOMAS VON AQUIN). MEISTER ECKHART sieht dann die Distanz zwischen Mensch und Gott im (liebenden) »Wirken« des Menschen zur Einheit aufgehoben (Unio mystica): »Got und ich wir sint ein in diesem gewürke.« Dieses »Wirken« muss aber frei sein von allem Wollen (von Lohn, Befriedigung), selbst vom Wollen der Erfahrung des Einsseins mit dem Gott. Die Unio mystica ist somit zum einen eine in der Freiheit des Menschen gegründete Möglichkeit, zum anderen eine zeitlose Wirklichkeit. Der »Ort« dieser Wirklichkeit ist dort, wo die Seele in ihrem »Grund«, in ihrer »Quelle« ist: Dies ist das »funkelîn« in der Seele, »darin sie ungeschaffen« ist, oder auch die »Gottheit«, d. h. Gott, sofern er weder ist noch nicht ist.

Die Philosophie der Neuzeit, die unter dem Zeichen der Bemühung um Autonomie des Individuums bzw. des Subjekts gegenüber Gott steht, geht entweder den Weg der Ablehnung eines Gottesbegriffs überhaupt oder sie begreift Gott unter dem Aspekt der Aufhebung des Gegensatzes von Subjekt und Objekt (↑Idealismus); so FRIEDRICH VON SCHELLING im Begriff der absoluten Subjektivität, HEGEL im Begriff des absoluten Geistes. Schöpfung, Natur, v. a. aber die Weltgeschichte ist die dialektische Selbstbewegung des Geistes, der sich darin »als Anderes seiner selbst setzt«, sich »veräußert« (Offenbarung) und in der »Aufhebung seines Andersseins« die begriffene Geschichte ist, d. h. der absolute Geist. Dieser dialektische Gottesbegriff verschmilzt Gott, Welt, Mensch zu einer untrennbaren Einheit: »Ohne Welt ist Gott nicht Gott.«

Gottesbeweise: Argumentationen, die objektive Sicherheit vermitteln sollen über die – für den Argumentierenden subjektiv schon gewisse – Existenz des absoluten Gegenstandes einer meist religiösen Transzendenzerfahrung. Der Gegenstand dieser Transzendenzerfahrung wird meistens mit dem jüdisch-christlichen Gott identifiziert.

Die Gottesbeweise, die in der Geschichte der Metaphysik geführt wurden, lassen sich nach den jeweils angewandten Argumentationsverfahren ordnen. Eine erste Gruppe, die auf THOMAS VON AQUIN zurückgeht, stützt sich auf das Kausalitätsprinzip: Jedes kontingente, d. h. aus sich selbst heraus nicht notwendig existierende Seiende bedürfe als einer notwendigen Bedingung seiner Existenz einer von ihm verschiedenen Wirkursache (↑ab alio/a se, ↑Causa). Diese Argumentation fächert THOMAS in »fünf Wege« auf:

1. »Aus der Bewegtheit« alles endlichen Seienden schließt er auf die Existenz »eines ersten unbewegten Bewegenden«;
2. »aus der Rangfolge der Wirkursachen« auf die Existenz einer »ersten Wirkursache«;
3. »aus der (inneren) Hinfälligkeit« jedes irdischen Seienden auf die Existenz einer Ursache, die alles in seinem So- und Dasein hält;
4. »aus den (unterschiedlichen) Graden der [Seins-]Vollkommenheiten« des endlichen Seienden auf die Existenz einer Ursache, die jedem Seienden die seiner Art gemäße, begrenzte Seinsvollkommenheit verleiht;
5. »aus der Zielgerichtetheit« der belebten Natur auf die Existenz einer Ursache, die diese zweckmäßige Naturordnung bewirkt.

Andere Gottesbeweise gehen auf AUGUSTINUS zurück. Sie bedienen sich des Finalitätsprinzips: Die in jedem Lebewesen vorfindliche Zielorientierung setze die Existenz dieses Zieles voraus, da sonst die Ausrichtung auf das Ziel sinnlos und unmöglich wäre. Da der Mensch auf ein absolutes Ziel hin orientiert ist, müsse dieses absolute Ziel existieren. Da die menschliche Vernunft darauf ausgerichtet ist, die absolute, vollkommene Wahrheit zu erkennen, muss die absolute, vollkommene Wahrheit existieren.

Eine dritte Gruppe variiert einen Gedankengang des ANSELM VON CANTERBURY. Dieser sog. **ontologische Gottesbeweis** analysiert den im menschlichen Bewusstsein vorfindlichen Begriff »Gott«: Gott sei das, worüber hinaus nichts Größeres, Vollkommeneres gedacht werden kann; in Wirklichkeit zu existieren sei größer, vollkommener als nur in Gedanken zu existieren; also müsse Gott nicht nur in Gedanken, sondern auch in Wirklichkeit existieren. Gegen den ontologischen Gottesbeweis wird in verschiedenen Variationen vorgebracht, dass er einen unerlaubten Übergang von der Ebene des Begrifflichen auf die Ebene des Seins enthalte. Trotz solcher Kritik hat der ontologische Gottesbeweis immer wieder große Beachtung gefunden, weil er dem allen Gottesbeweisen zugrunde liegenden Phänomen am nächsten kommt: dem Phänomen, dass das endliche, unvollkommene menschliche Bewusstsein ganz und gar Unendliches, Vollkommenes erfahren, denken, hoffen, lieben, also sich selbst transzendieren kann.

Grenzsituation: Terminus der ↑Existenzphilosophie von KARL JASPERS. Befindet sich der Mensch meistens in praktischen Situationen, die er erkennen und verändern kann, so wird er dagegen in Grenzsituationen auf verschiedene Weise seiner Endlichkeit in Gestalt letzter Bedingungen, »Grenzen«, seines Lebens inne. Definiert sind die Grenzsituationen durch Unvermeidlichkeit, Unveränderbarkeit, Unableitbarkeit, Unaufhebbarkeit und Endgültigkeit. Beispiele für Grenzsituationen sind Situationsgebundenheit des Menschen selbst, seine zufällige Herkunft, Kampf, Leiden, Schuld und Tod. Obwohl man sie nach JASPERS durch theoretische Analysen nicht bewältigen kann, kann der Mensch sie durch »Flucht« in ein »rationales Gehäuse« distanzieren und objektivieren. Erweist sich dies als illusionär, so bleiben scheinbar nur Skepsis, Relativismus und schließlich Nihilismus. Tatsächlich aber vermögen die Grenzsituationen den Weg zum »Selbstsein« zu eröffnen: Der Mensch erfährt dann seine »Existenz« als Freiheit ungesicherten Entscheidens.

Grund: das, wovon etwas, ein Seiendes, eine Aussage, eine Handlung, abhängt, ohne das dieses Seiende nicht existieren, die Aussage nicht gemacht werden, die Handlung nicht verstanden werden kann (↑Arche). Im ontologischen und metaphysischen Kontext bedeutet Grund Seinsgrund. Die aristotelisch-scholastische Ontologie gibt vier Seinsgründe für endliches Seiendes an (↑Causa), von denen die umgangssprachlich oft als Grund bezeichnete Wirkursache nur einer ist. In der traditionellen Metaphysik wird das absolute ↑Sein, das häufig mit Gott identifiziert wird, als »letzter Grund« für das Sosein und das Dasein alles endlichen Seienden sowie für die Möglichkeit des Erkennens und Erkanntwerdens angegeben. Da der letzte Seinsgrund also in keinem anderen Grund gründet, werden für ihn auch die Ausdrücke »Abgrund« (MEISTER ECKHART), »Urgrund« (FRIEDRICH VON SCHELLING) gebraucht. MARTIN HEIDEGGER spricht von der »Abgründigkeit« des Seins (↑Abgrund). In erkenntnistheoretischen Zusammenhängen werden die obersten und allgemeinsten Sätze auch »Grundsätze« von Erkenntnis überhaupt genannt (↑Prinzip).

Gültigkeit: ↑Geltung.

Gute, das: zentraler Begriff der vorkantischen Metaphysik, die v.a. durch PLATON geprägt wurde. Er bestimmt das Gute – in seiner Sprache: »Idee des Guten« – als das, was alles Seiende »beherrscht« und »an Alter und Macht überragt«: Durch das Gute sind die Ideen das, was sie sind, das wirklich Seiende; im Lichte des Guten sind sie erkennbar. Da die empirische Realität durch Teilhabe an den Ideen ist, was sie ist, und insofern sie seiend ist, ist das Gute Ursprung von allem. Das Gute selbst ist begrifflich nicht erkennbar, da die begriffliche Erkenntnis auf das Seiende gerichtet ist, das Gute aber überseiend ist. Obwohl die Seele auf das Gute hin orientiert ist, verfehlt sie es, solange sie das Gute selbst nicht kennt und daher dieses oder jenes »Gutförmige« für das Gute selbst hält. Daher handelt die Seele oft ihrem eigenen »Nutzen«, der »Glückseligkeit«, zuwider: Sie bedarf der Bildung durch die, die das Gute »geschaut« haben. Erst im Hinblick auf das metaphysisch Gute und das ontologisch Gutartige, die Ideen, ist gemäß PLATON das sittlich Gute bestimmbar.

ARISTOTELES folgt dem platonischen Grundgedanken: Er definiert das Gute als das, »wonach alles strebt«; dementsprechend bewegt der erste ↑unbewegte Beweger, der als das »Beste« gekennzeichnet wird, das Seiende als Zielursache »wie ein Gegenstand der Liebe«. Da nach ARISTOTELES die Wesensform einer Sache nicht von ihr getrennt existiert (↑Form/Materie), ist es das Gute für den Menschen, alle dem Menschen als Menschen eigenen Fähigkeiten ausgewogen in Wirklichkeit zu überführen und dadurch Glückseligkeit (↑Eudaimonia) zu erlangen. Daher muss sich nach aristotelischem Verständnis im **guten Leben** das tätige Eingebundensein in die praktisch-politische Gemeinsamkeit des menschlichen Handelns mit einer »theoretischen« Lebensform verbinden; d. h., der Mensch muss sich im Zuge einer Vita contemplativa (↑Vita activa/Vita contemplativa) mit Welt und Mitmensch geistig auseinandersetzen. Da sich der Einzelne oft darin irrt, was menschliche Fähigkeiten sind, bedarf er der Erfahrung der Polisgemeinschaft und der Bildung, um nicht die Verwirklichung der einen oder anderen Möglichkeit, die gut ist, für das Gute zu halten. Dementsprechend ist das Schlechte eine »Beraubung« (↑Privation) an Wirklichkeit, gemessen an den zu verwirklichenden artspezifischen Fähigkeiten. Das sittlich Gute, die Tugenden, leitet sich aus dem ab, was der Mensch seinem Wesen nach, also als ↑Zoon politikon und als ↑Zoon logon echon, sein kann und wohin er von Natur aus eigentlich strebt.

Gemäß dieser platonisch-aristotelischen Tradition ist für die Scholastik Gott das »höchste Gute« (lat. Summum bonum), insofern er »das Sein« (lat. esse), das reine »Am-Wirken-Sein« (lat. Actus purus) ist. Da alles Seiende gemäß seinem Artwesen am Sein teilhat (↑Teilhabe), gilt: »Seiend und gut sind austauschbare Begriffe« (lat. Ens et bonum convertuntur; ↑Transzendentalien). Erst mit dem neuzeitlichen Verfall der Metaphysik und der seinsbejahenden Ontologie wird das Gute als Eigenschaft des Willens gedeutet: Derjenige Wille ist gut, der gerade nicht dem »natürlichen Streben« nach Glückseligkeit nachgibt, sondern das will, was verallgemeinerungsfähig ist (wie v. a. KANTS ↑kategorischer Imperativ fordert).

Güterethik: Bezeichnung für Ethiken, die die Erhaltung, Verwirklichung oder Annäherung an bestimmte Güter zur moralischen Pflicht machen. Die Bestimmung des Begriffs »Gut« fällt in den einzelnen Ethiken unterschiedlich aus. In der Wertethik und im ethischen Institutionismus werden darunter moralische Werte und Ideen verstanden, die unabhängig von physischer Wahrnehmung sind. Im Eudämonismus (↑Eudaimonia), ↑Hedonismus und in der Scholastik wird der Begriff »Gut« aus dem Wesen bzw. der Natur des Menschen bestimmt. Da die Interpretation der eigentlichen Bestimmung oder des Endzwecks des menschlichen Daseins unterschiedlich ausfällt, unterscheiden sich auch die Auffassungen über das höchste Gut. So stellt z. B. für EPIKUR die ↑Ataraxie das höchste Gut dar, während es im Hedonismus die Lust ist und in der Scholastik Gott. Die reine Güterethik scheitert jedoch an zwei Schwierigkeiten: an der Aufstellung einer objektiv gültigen Hierarchie moralischer Werte und an der Ableitung einer ethischen Pflicht aus einem außermoralischen Sachverhalt (z. B. beim naturalistischen Fehlschluss; ↑Naturalismus, ↑Sein-Sollen-Problem).

H

Habermas, Jürgen, deutscher Philosoph und Soziologe, * Düsseldorf 18. 6. 1929: Nach dem Studium der Philosophie, Geschichte, Psychologie, Ökonomie und deutschen Literatur war HABERMAS 1955–59 Assistent am Institut für Sozialforschung in Frankfurt am Main. 1961–64 war er Professor für Philosophie in Heidelberg, 1964–71 Professor für Philosophie und Soziologie in Frankfurt, 1971–80 Direktor am Max-Planck-Institut für Erforschung der Lebensbedingungen der wissenschaftlich-technischen Welt in Starnberg, 1980–82 Direktor am Max-Planck-Institut für Sozialwissenschaften in München. Danach lehrte er 1982–94 wieder in Frankfurt.

HABERMAS führte die von THEODOR W. ADORNO und MAX HORKHEIMER begründete Frankfurter Schule der ↑kritischen Theorie als deren wichtigster jüngerer Vertreter fort und war mit seiner Forderung nach demokratischen Reformen des Bildungswesens und der Hochschulen ein geistiger Anreger der Studentenbewegung der 1960er-Jahre. Zunächst marxistisch orientiert, blieb er doch stets dem Denken der Aufklärung, der kritischen Gesellschaftsanalyse und der Demokratie verpflichtet. Sein Hauptanliegen ist es, die ungeklärten normativen Grundlagen gesellschaftlicher Prozesse und der Sozialwissenschaften herauszuarbeiten. Zurückgreifend auf Elemente der Sprachanalyse, Handlungstheorie, Hermeneutik und Psychoanalyse entwickelt er seine Theorie in Auseinandersetzung v. a. mit modernen Positionen der Philosophie und Soziologie.

In seinem Werk »Erkenntnis und Interesse« (1968) setzt HABERMAS dem ↑Szientismus die These entgegen, dass es eine objektive Einheitswissenschaft nicht geben kann, sondern dass vielmehr bestimmte theoretische oder praktische Erkenntnisinteressen verschiedene Typen von Rationalität und Wissenschaft (Natur-, Geistes-, kritische Gesellschaftswissenschaften) konstituieren. Dass die gesuchten normativen Grundlagen in der Sprache liegen, zeigt er v. a. in seinem Hauptwerk »Theorie des kommunikativen Handelns« (1981), in dem er eine allgemeine Theorie der kommunikativen Kompetenz (↑Kommunikation, Universalpragmatik) entwickelt: Allem kommunikativen Handeln liegen Geltungsansprüche zugrunde, und zwar die der Wahrheit, Verständlichkeit, Richtigkeit und Wahrhaftigkeit, kurzum der Vernünftigkeit; diese Geltungsansprüche sind in ↑Diskursen einzulösen. In den Kommunikationsprozess fließen aus der Lebenswelt des Individuums nicht hinterfragte Hintergrundsüberzeugungen mit ein. Diese sprachlich zu artikulieren, in einer idealen Kommunikationsgemeinschaft zur Diskussion zu stellen und im Hinblick auf gemeinsam definierte Handlungsziele zu klären, sieht HABERMAS als Aufgabe des wissenschaftlichen Diskurses an.

Im Rückgriff auf die von ihm vertretene Konsenstheorie der Wahrheit, die Wahrheit als Übereinstimmung in einer idealen Kommunikationsgemeinschaft begreift, entwarf HABERMAS eine Diskurstheorie der Moral.

Habermas: Im Jahr 2001 wurde Jürgen Habermas (links) der Friedenspreis des Deutschen Buchhandels verliehen.

Diese erweiternd untersucht er in seiner Schrift »Faktizität und Geltung« (1992) den inneren Zusammenhang von Recht und Moral und unternimmt eine philosophische Legitimation von Herrschaft im demokratischen Rechtsstaat. Neben seinen philosophischen Schriften wirkt HABERMAS auch durch seine gesellschaftspolitischen Stellungnahmen in der Öffentlichkeit. So löste 1986 seine entschiedene Kritik an neokonservativen Tendenzen, die die Verbrechen der NS-Herrschaft zu nivellieren suchten, den Historikerstreit aus.

Haecceitas [hˈtse-ita:s; zu lat. haec »dies«, mittellat. »Diesheit«]: im Rahmen des mittelalterlichen ↑Universalienstreits von DUNS SCOTUS eingeführte Bezeichnung, mit der er das Individuelle als positive Entität begreift. Damit postuliert er einen Erkenntnisprozess, der primär auf das Individuelle, das Einzelding (als »letztes Ziel«), ausgerichtet ist und nicht – wie etwa bei PLATON und THOMAS VON AQUIN – auf die an sich unerkennbare Materie.

Handlung: ein Tun, bei dem sich der Handelnde oder das Subjekt der Handlung vom Akt oder dem Vollzug der Handlung einerseits und dem Handlungsziel andererseits unterscheiden lässt. Das beabsichtigte Handlungsziel ist dabei eine bloß vorgestellte Situation, deren Verwirklichung gewollt und als Handlungsfolge (Resultat) erwartet wird. Handlungsziele können nur dann erreicht werden, wenn ein Minimum an Kausalwissen über die jeweiligen Folgen des Handelns vorliegt. Die Ziele solchen Handelns heißen dann Zwecke, und die zugehörigen Teilhandlungen sind Mittel dazu. Dem Kausalwissen gemäß verfahren heißt zweckrational handeln.

Seit PLATON ist die (nicht vollständige) Einteilung der Gegenstände in Handlungen und Dinge grundlegend. Allerdings gelten nicht alle Gegenstandsbereiche als Handlungen, sondern nur solche, in denen das Handlungssubjekt ein Mensch bzw. ein Lebewesen ist. Von Handlungen im engeren Sinne wird darüber hinaus verlangt, dass der Mensch sie verantwortlich planen und frei hervorbringen bzw. unterlassen kann.

Die Handlungsfähigkeit im Sinne des Zielesetzen-Könnens gehört zusammen mit der als Argumentierenkönnen verstandenen Redefähigkeit zu den seit der Antike überlieferten wichtigsten Bestimmungen des Menschen. Handlungen, für die sich die Frage nach dem Handlungsziel nicht sinnvoll stellen lässt, werden von Handlungen im engeren Sinne (z. B. Warten, Rennen) als Verhalten unterschieden (z. B. Niesen, Stolpern). Werden Handlungen durch unkontrollierte Wiederholungen weitgehend automatisch hervorgebracht und unbewusst vollzogen, so treten sie wie Verhalten auf und heißen Gewohnheiten. Durch kontrollierte Wiederholung bzw. Einübung erreichter unbewusster Vollzug bei erhalten gebliebener Freiheit des Hervorbringens zeichnet Fertigkeiten aus. Von Bewegung spricht man, wenn das grammatische Handlungssubjekt ein lebloser Gegenstand ist (z. B. ein fallender Stein); hier lässt sich die Frage nach dem Handlungssubjekt im logischen Sinne sinnvoll nicht stellen. Das Verhalten steht in eigentümlicher Weise in der Mitte zwischen Handlungen im engeren Sinne und Bewegung.

Die Unterscheidung der Handlung als natürliches Ereignis oder Bewegung – durch eine Ursache, Causa efficiens, bestimmt – und als moralisches (intentional bestimmtes) Ereignis oder Handlung im engeren Sinne – durch ein Ziel, Causa finalis (↑Causa), bestimmt – geht bereits auf ARISTOTELES zurück. Die Rechtfertigung von Handlungen bzw. der ↑Imperative, mit denen zu Handlungen aufgefordert wird, ist Gegenstand der praktischen Philosophie, darunter der ↑Ethik für individuelle Handlungen und der politischen Philosophie für institutionelle Handlungen.

Harmonie, prästabilierte: ↑prästabilierte Harmonie.

Hedonismus [zu griech. hēdonḗ »Lust«]: Sonderform des Eudämonismus (↑Eudaimonia), die von der Grundthese ausgeht, dass Glück, negativ ausgedrückt, Vermeidung von Unlust und Schmerz bedeutet, positiv formuliert, einen möglichst großen Gewinn von Lust. Der psychologische Hedonismus vertritt die anthropologische These, dass alles menschliche Tun letztlich im Streben nach Lust seinen Beweggrund habe. Der ethische Hedonismus wendet sich dem Phänomen Lust normativ zu: Er vertritt die Ansicht, dass der Mensch in seinem Tun nach der größtmöglichen Lusterfahrung streben *soll.* Diese moralphilosophische Lehre wurde von ARISTIPPOS begründet und von ↑Epikur in subtilerer Form weiterentwickelt. In der Neuzeit wird hedonistisches Gedankengut v. a. im englischen ↑Utilitarismus vertreten. Während der antike Hedonismus in der Regel egoistisch ausgerichtet ist (jeder Einzelne soll für sich selbst nach Lusterfahrung streben), entwirft der Utilitarismus die Spielart eines universalistischen Hedonismus (bei JEREMY BENTHAM z. B. ist das größte Glück der größtmöglichen Zahl das Ziel).

Hegel, Georg Wilhelm Friedrich: siehe Topthema Seite 177.

Hegelianismus: Sammelbezeichnung für philosophische Richtungen des 19. und 20. Jh., die sich an der Philosophie ↑Hegels orientieren. In Deutschland sind grob fünf Phasen des Hegelianismus zu unterscheiden:

1. Der engere Schülerkreis um HEGEL (z. B. KARL LUDWIG MICHELET) gründete nach dessen Tod (1831) den »Verein von Freunden des Verewigten«, der seine Hauptaufgabe in der Herausgabe der hegelschen Werke sah.
2. Die religionsphilosophische Auseinandersetzung zwischen Alt- und Junghegelianern erweitert sich um 1840 zum schulspaltenden politischen Gegensatz zwischen Rechts- und Linkshegelianern. Während Erstere an den konstitutionell-monarchistischen Vorstellungen der hegelschen Staatsphilosophie festhalten und demzufolge den politischen Status quo rechtfertigen, fordern Letztere als Republikaner die praktische Überwindung der im Vollzug der Industrialisierung immer dringlicher werdenden sozialen Gegensätze, deren endgültige Aufhebung nach HEGEL im preußischen Staat bereits gelungen sein soll. Mit dem Ziel einer Verwirklichung der Philosophie im Sinne einer nicht nur gedanklichen, sondern auch sozialen Versöhnung der Gegensätze wenden sie die dialektische Methode (↑Dialektik) HEGELS auf das Theorie-Praxis-Verhältnis an, um HEGEL »vom Kopf auf die Füße zu stellen« (KARL MARX).
3. Nach 1948 wird HEGEL in der deutschen Universitätsphilosophie – d. h. außerhalb des ↑Marxismus-Leninismus – vorrangig historisch behandelt. Die historische Geschichtsschreibung bezieht Anregung aus HEGELS Vorlesungen über die »Philosophie der Geschichte« und »Geschichte der Philosophie«.
4. Nach 1900 setzt im Anschluss an WILHELM DILTHEYS »Jugendgeschichte Hegels« (1905) eine an der Lebensphilosophie orientierte Hinwendung zu HEGEL ein. Der Neuhegelianismus entfaltet seine Hauptwirkung Ende der 1920er-Jahre als irrationalistisch-weltanschaulicher Antipositivismus und Antimarxismus, teilweise übergehend in faschistische Ideologie.
5. Nach 1933 setzt sich besonders der undogmatische Marxismus (z. B. ↑kritische Theorie) kritisch mit HEGELS Philosophie auseinander. Im Zusammenhang mit der Herausbildung der philosophischen Her-

h

meneutik (HANS-GEORG GADAMER) wird seit etwa 1955 in Deutschland HEGELS Werk v. a. in wirkungsgeschichtlichem Interesse behandelt.

Heidegger, Martin: siehe Topthema Seite 185.

Heisenberg, Werner, deutscher Physiker, * Würzburg 5. 12. 1901, † München 1. 2. 1976: HEISENBERG studierte Physik und Mathematik in München, Wien und Göttingen. Ab 1924 entwickelte sich für HEISENBERG eine fruchtbare Zusammenarbeit mit NIELS BOHR in Kopenhagen. 1926 lehrte er an der dortigen Universität theoretische Physik. 1927 wurde er Professor für theoretische Physik in Leipzig, 1941 Direktor des Kaiser-Wilhelm-Instituts für Physik in Berlin. Nach dem Krieg kurzfristig interniert, übernahm er 1946 die Leitung des in Göttingen neu gegründeten Max-Planck-Instituts für Physik und Astrophysik, das 1958 nach München verlegt wurde.

HEISENBERG wurde weltberühmt durch seine mit BOHR 1926/27 entwickelte sog. Kopenhagener Deutung der ↑Quantentheorie und die in diesem Zusammenhang 1927 von ihm formulierte heisenbergsche Unschärferelation; 1933 wurde ihm der Nobelpreis verliehen für seine grundlegenden Beiträge zur Quantentheorie. Danach ist es unmöglich, für ein Elementarteilchen gleichzeitig dessen Impuls und dessen Ort beliebig genau zu messen. Die Kopenhagener Deutung beinhaltet, dass im Bereich der Elementarteilchenphysik nur statistische Wahrscheinlichkeitsaussagen, aber keine streng deterministischen Vorhersagen gemacht werden können. Neben enormen erkenntnistheoretischen Problemen brachte dies eine fundamentale Erschütterung des im Weltbild der klassischen Physik bis dahin fraglos vorausgesetzten ↑Determinismus mit sich. Bedeutende Physiker wie ALBERT EINSTEIN und ERWIN SCHRÖDINGER konnten sich zeitlebens nicht mit der radikalen Konsequenz dieser Theorie anfreunden. So bemerkte EINSTEIN dazu: »Gott würfelt nicht.«

Nach dem Zweiten Weltkrieg versuchte HEISENBERG eine einheitliche Feldtheorie für die Elementarteilchen zu entwickeln und entwarf die Spinortheorie (»heisenbergsche Weltformel«). Dabei orientierte er sich an der Idee einer einheitlichen mathematischen Symmetriestruktur in der platonischen Naturphilosophie. Darüber hinaus setzte er sich in zahlreichen populären Publikationen (»Das Naturbild der heutigen Physik«, 1955; »Physik und Philosophie«, 1959) intensiv mit den philosophischen und gesellschaftspolitischen Problemen auseinander, die die moderne Physik aufwirft. Seine Lebenserinnerungen »Der Teil und das Ganze« (1969) schrieb er in der Form platonischer Dialoge nieder.

Heraklit, Philosoph aus Ephesos, um 550–480 v. Chr.: Über das Leben HERAKLITS ist kaum etwas bekannt. Aus einem alten Königsgeschlecht stammend soll er die Königswürde an seinen jüngeren Bruder weitergegeben haben. Von seiner Schrift über die Natur sind rd. 120 Sätze erhalten. Seine rätselhaften Aussprüche trugen ihm bald den Beinamen »der Dunkle« ein.

Unter den ↑Vorsokratikern gilt HERAKLIT mit seinem radikal dynamischen, dialektischen Weltbild als Gegenspieler des PARMENIDES bzw. der von diesem begründeten ↑eleatischen Philosophie mit ihrer statischen, monistischen Seinsvorstellung, wenngleich sich beide auf den ↑Logos als höchstes Prinzip berufen. So wurde HERAKLIT bereits von PLATON dargestellt, der ihm auch den berühmten Satz »↑panta rhei« (»alles fließt«) als seine philosophische Grundposition zuschrieb und daraus seine skeptizistische Haltung ableitete. In der Tat betrachtete HERAKLIT die Welt als im steten Wandel und Werden begriffen (»niemand kann zweimal in denselben Fluss steigen«) und vom Kampf der Gegensätze geprägt (»der Krieg

▶ *Fortsetzung auf Seite 182*

Hegel

An der Aussage »Was vernünftig ist, das ist wirklich; und was wirklich ist, das ist vernünftig« aus HEGELS Rechtsphilosophie schieden sich schon zu Lebzeiten des Philosophen die Geister. Von seinen Gegnern wurde ihm vorgeworfen, er wolle damit die bestehenden Verhältnisse in Preußen als vernünftig verklären oder rechtfertigen. Allerdings dürfte dies kaum HEGELS vorrangiges Anliegen gewesen sein, denn als Aufgabe der Philosophie betrachtete er, »das *was ist* zu begreifen«, und erklärte, »das *was ist,* ist die Vernunft«.

Georg Wilhelm Friedrich Hegel (Ausschnitt aus einem Gemälde von Jakob Schlesinger, um 1825)

Doch damit nicht genug. HEGEL behauptete überdies, dass die Vernunft das Wissen des Absoluten sei, und zwar in dem doppelten Sinn, dass das Absolute sowohl das zu Erkennende als auch das Erkennende sei. Die höchste Erkenntnis ist demnach erreicht, wenn die Vernunft sich selbst als das Absolute weiß. Ungeheuer erscheint aber vor allem HEGELS Anspruch, mit seiner Philosophie diese Erkenntnis des Absoluten nachzuvollziehen bzw. in seinem System darzustellen. Gerade diesen Anspruch metaphysischer Erkenntnis einer Totalität wie Gott oder Welt hatte KANT mit seiner »Kritik der reinen Vernunft« doch zurückgewiesen. Fiel HEGEL mit seinem metaphysischen System also hinter KANTS Metaphysikkritik zurück? Oder veränderte er den Begriff des Absoluten und der Metaphysik so, dass KANTS Kritik auf seinen Ansatz nicht zutraf?

Leben und Werk

GEORG WILHELM FRIEDRICH HEGEL wurde am 27. 8. 1770 in Stuttgart als Sohn einer protestantischen schwäbischen Beamtenfamilie geboren. Ab 1788 studierte er als Stipendiat am Tübinger Stift Philosophie und Theologie. Eine enge Freundschaft und die Begeisterung für die Ideen der Französischen Revolution verband ihn mit seinen Kommilitonen FRIEDRICH HÖLDERLIN und FRIEDRICH VON SCHELLING. Ab 1793 arbeitete HEGEL als Hauslehrer in Bern, ab 1796 in Frankfurt am Main, wo er von HÖLDERLINS philosophischen Versuchen einer Vereinigung des Pantheismus und Idealismus beeinflusst wurde. Daneben beschäftigte er sich v. a. mit Fragen der christlichen Religion, so mit der Denkweise des Urchristentums, KANTS Idee einer vernünftigen Religion und dem Leben JESU CHRISTI.

Unter SCHELLINGS Einfluss übersiedelte HEGEL 1801 nach Jena, der Wirkungsstätte JOHANN GOTTLIEB FICHTES, habilitierte dort über ein naturphilosophisches Thema und wurde Privatdozent; 1805 wurde er zum außerordentlichen Professor ernannt. Noch 1801 veröffentlichte er seine erste philosophische Publikation »Differenz des Fichteschen und Schellingschen Systems der Philosophie«. Mit SCHELLING gab er

1802/03 das »Kritische Journal der Philosophie« heraus. Obwohl HEGEL 1807 mit der »Phänomenologie des Geistes« als bedeutender Philosoph hervorgetreten war, brach er wegen Geldschwierigkeiten vorerst seine akademische Karriere ab. Zunächst wurde er Redakteur der »Bamberger Zeitung«, 1808 Rektor des Ägidiengymnasiums in Nürnberg, an dem er auch Philosophie lehrte. Er heiratete 1811 MARIA HELENA SUSANNE VON TUCHER und verfasste die »Wissenschaft der Logik« (1812–16). 1816 erhielt HEGEL einen Ruf an die Universität Heidelberg.

Als Handbuch für seine Vorlesungen verfasste er die »Encyclopädie der philosophischen Wissenschaften im Grundrisse« (1817), in der er erstmals sein philosophisches System darstellte (erweiterte Auflagen 1827 und 1830). 1817 wurde er FICHTES Nachfolger an der Universität Berlin, 1830 Rektor. Hier entfaltete HEGEL seine größte Wirksamkeit, verstärkt durch seine Schüler, die seine Philosophie auch über Deutschland hinaus verbreiteten. Als äußerst einflussreiche Darstellung seiner politischen Philosophie erschienen die »Grundlinien der Philosophie des Rechts« (1821). Seine Vorlesungen über Philosophiegeschichte, Geschichtsphilosophie, Religionsphilosophie und Ästhetik wurden vom »Verein von Freunden des Verewigten« postum herausgegeben. HEGEL starb nach plötzlicher Erkrankung am 14. 11. 1831, ob an einer Cholerainfektion oder an einem alten Magenleiden, ist ungeklärt.

Encyclopädie

der

philosophischen

Wissenschaften

im Grundrisse.

Zum Gebrauch seiner Vorlesungen

von

Dr. Georg Wilhelm Friedrich Hegel,

ordentl. Professor der Philosophie an der K. Friedr. Wilh. Universität in Berlin.

Dritte Ausgabe.

Heidelberg.

Verwaltung des Oßwald'schen Verlags.

(C. F. Winter.)

1830.

Titelblatt von Hegels »Encyclopädie der philosophischen Wissenschaften«, die 1830 bereits in der dritten Auflage erschien.

Entzweiung und Versöhnung

In HEGELS zwischen 1790 und 1800 entstandenen, aus dem Nachlass herausgegebenen »theologischen Jugendschriften« kreist sein Denken zwar um Themen der Theologie, aber zugleich finden sich schon wesentliche Momente seiner Philosophie darin, so v. a. das Bemühen um eine Verknüpfung von Theologie und Philosophie oder vielmehr um eine Überwindung von Gegensätzen überhaupt.

Bei der Verbindung der für die Aufklärung typischen Idee einer natürlichen Religion mit der praktischen Vernunft und moralischen Motiven war HEGEL v. a. von JEAN-JACQUES ROUSSEAUS Staatsphilosophie und KANTS Moralphilosophie beeinflusst. Während er an ROUSSEAUS Entwurf einer auf der individuellen Freiheit gründenden und auf den allgemeinen Willen zielenden Gemeinschaft anknüpfte, lehnte er KANTS strenge Trennung von Vernunft und Sinnlichkeit ab. Von der Religion forderte HEGEL die Überwindung dieser Trennung und sah in ihr die unmittelbare Übereinstimmung von individuellem und allgemeinem Leben: Sie ist zum einen »objektiv«, d.h. in Institutionen und Ritualen verkörpert, zum anderen »subjektiv«, d.h. im Gefühlsleben des Einzelnen verankert. Unter HÖLDERLINS Einfluss deutete HEGEL die Religion als ästhetische Form der Liebe.

Bei der Überwindung von Gegensätzen überhaupt spielen zwei Gedanken eine entscheidende Rolle: die Einheit von Endlichem und Unendlichem und die Verschiedenheit von Verstand und Vernunft. HEGEL betrachtete Endliches und Unendliches (↑endlich/unendlich) nicht schlicht als Gegensätze, sondern als Momente einer Einheit; daher können beide nicht unabhängig voneinander begriffen werden, sondern sind wechselseitig aufeinander bezogen. Diesen Zusammenhang bzw. eine Ganzheit als Einheit in der Mannigfaltigkeit ihrer Momente (↑Totalität) vermag allerdings nur die ↑Vernunft zu erkennen. Dagegen isoliert der Verstand die Momente in der Reflexion aus ihrem Zusammenhang und kann deshalb allenfalls eine Gesamtheit endlicher, scheinbar selbstständiger Gegenstände erfassen.

Nannte HEGEL die Erkenntnis der Einheit von Endlichem und Unendlichem bzw. des Absoluten zunächst Religion, so nannte er sie später Spekulation und bezeichnete seine dialektische Philosophie daher als ↑spekulative Philosophie. Diesen Begriff benutzte er erstmals in seiner »Differenzschrift«, in der er die identitätsphilosophische Behandlung des Subjekt-Objekt-Problems bei FICHTE und SCHELLING erörterte und v.a. KANTS Philosophie als »Reflexionsphilosophie« kritisierte. Programmatisch verkündete er: »Quell der Philosophie« sei die »Entzweiung« und die Aufhebung der »fest gewordenen Gegensätze« Aufgabe der Vernunft.

Erkenntnis des Absoluten

Ursprünglich als Einleitung seines philosophischen Systems entworfen, beinhaltet die »Phänomenologie des Geistes« den Weg des Geistes vom natürlichen Bewusstsein zur (spekulativen) philosophischen Wissenschaft. Sie beschreibt die zur Selbsterfassung führende Selbstentwicklung des Geistes, und zwar so, wie sie ihm selbst erscheint. Der Weitergang von einer Bewusstseinsstufe zur nächsten erfolgt jeweils dadurch, dass ein »Widerspruch« zwischen Wissen und Gewusstem entsteht, und zwar gemäß der hegelschen ↑Dialektik in dem Dreischritt von scheinbar unmittelbarer Identität (↑an sich), Differenz bzw. Negation (»für sich«) und der vermittelten »Identität der Identität und Nichtidentität« oder »Negation der Negation« (»an und für sich«).

Im Ausgang von der unmittelbaren Sinneswahrnehmung entwickelt sich der Geist so vom Gegenstandsbewusstsein über das Selbstbewusstsein u.a. in Auseinandersetzung mit anderem Selbstbewusstsein zur Vernunft, bis er schließlich zum »absoluten Wissen« in der philosophischen Wissenschaft gelangt bzw. sich selbst zum ↑Begriff wird. Das Absolute betrachtet HEGEL als differenzierte, sich selbst begreifende Prozessualität.

Die »Wissenschaft der Logik« beinhaltet die Grundlage von HEGELS philosophischem System. Als Selbstreflexion philosophischer Begrifflichkeit entwickelt sie zum einen die dialektischen ↑Kategorien und Methoden, nach denen sich das System selbst organisiert, zum anderen enthält sie ontologische Begriffe bzw. apriorische Aussagen über die Wirklichkeit, ist also im Grunde ↑Metaphysik. Im Gegensatz zur »Phänomenologie« geht HEGEL in der »Logik« von vornherein von der Identität von »Begriff« und »Sache« aus. Die Denkbestimmungen sind demnach selbst Sachbestimmungen, d.h., die Logik ist selbst ↑Ontologie.

Die Organisation der Begrifflichkeit erfolgt durch die notwendige Bewegung der wechselseitig aufeinander verweisenden Denk- bzw. Sachbestimmungen. Die »Logik« gliedert sich in drei Teile: »Die Lehre vom Sein«, »Die Lehre vom Werden« und »Die Lehre vom Begriff«. Die ersten beiden Teile bilden die »objektive«, der dritte Teil die »subjektive Logik«. Während HEGEL die objektive Logik als kritische Rehabilitierung der traditionellen Metaphysik versteht, in der die Kategorien entwickelt werden, gipfelt die subjektive Logik in der »absoluten ↑Idee«, in der die Methode als »Selbstbewegung des Begriffs« bestimmt wird. Damit soll die vorausgesetzte Einheit von Denk- und Sachbestimmungen bzw. Logik und Ontologie eingeholt werden.

Das System und seine Elemente

Nach der »Encyclopädie der philosophischen Wissenschaften«, dem Grundbuch der hegelschen Philosophie, gliedert sich das System der Philosophie in die drei Teile: »Wissenschaft der Logik«, »Philosophie der Natur« und »Philosophie des Geistes«.

In der Philosophie der Natur wird die Selbstentäußerung des Absoluten in die Welt auf verschiedenen Stufen beschrieben, auf denen sich die »Idee« nach und nach über die Materie erhebt und schließlich zum Geist übergeht, sodass das Absolute in sich zurückkehrt. Die Philosophie des Geistes umfasst den »subjektiven«, »objektiven« und »absoluten« Geist (↑absoluter/objektiver/subjektiver Geist).

Die Philosophie des subjektiven Geistes behandelt:

- den aus der Natur hervorgehenden Geist (Anthropologie),
- den seine eigene Leibgebundenheit überwindenden Geist, der sich als einer vorgefundenen Welt entgegengesetzt erfährt und sich als abstrakte Identität erhält (Phänomenologie),
- den nur noch sich selbst reflektierenden Geist, der sich als »für sich selbst seiende Vernunft« in den Bewusstseinsformen der »Intelligenz« und des »Willens« erkennt (Psychologie).

Die Philosophie des objektiven Geistes beinhaltet alle Daseinsformen des freien Willens. Im Willen verlässt der Geist seine subjektive Sphäre und versucht der vorgefundenen Welt eine geistige Form zu geben oder mit geistigen Inhalten zu füllen. Damit überwindet er die Fremdheit der Welt und erreicht eine selbsterzeugte geisthafte Gegenständlichkeit.

Die Realisierung des allgemeinen und freien Willens geschieht in der Weltgeschichte. Die Philosophie des objektiven Geistes behandelt:

- das Recht als das Normensystem, das den über Güter sich herstellenden Interaktionen zugrunde liegt,
- die Moralität als erreichtes mündiges Selbstverhältnis des bürgerlichen Subjekts, das allgemeine Ordnungen herzustellen versucht, aber seine Subjektivität nicht überschreiten kann,
- die Sittlichkeit als Komplex der interaktionsbestimmten Lebensformen Fami-

lie, bürgerliche Gesellschaft und Staat. Demnach ist erst im Staat der Begriff der Freiheit verwirklicht; er ist diejenige Instanz, in der das menschliche Gattungsleben seine höchste Form erhält.

Die Philosophie des absoluten Geistes betrachtet den Geist auf seiner höchsten Entwicklungsstufe, auf der sein Begriff zugleich seine Realität ist bzw. der Geist »das Wissen der absoluten Idee« ist. Sie behandelt:

- die Kunst, in der sich der Geist selbst »anschaut«,
- die Religion, in der er sich »vorstellt«,
- die Philosophie, in der er sich »begreift«.

Da nur die Philosophie dazu imstande ist, die endlichen Gestaltungen in ihrer Totalität zu vergegenwärtigen, ist sie die höchste Form der Selbstvergegenwärtigung des Geistes. Überdies vermag nur sie die Religion, die Kunst und sich selbst begrifflich zu erfassen.

TIPP

Von den Lebensstationen HEGELS kann man sich in einer Dauerausstellung im Hegelhaus in 70173 Stuttgart, Eberhardstraße 53, Tel. 0711/216-6733 ein Bild machen.

WWW

www.hegel-gesellschaft.de Seiten der Internationalen Hegel-Gesellschaft

www.zeno.org/Philosophie/M/Hegel,+Georg+Wilhelm+Friedrich Biografie und Schriften Hegels

www.hegel-system.de Hegel-Seite mit vielen Originaltexten, Kommentaren und Erläuterungen

www.hegel.net/werkstatt umfassende Informationen zu Literatur von und über Hegel und viele Links

LITERATUR

GESSNABB, MARTIN: Hegel. Freiburg im Breisgau (Herder) ²1999.

JAESCHKE, WALTER: Hegel-Handbuch. Leben, Werk, Wirkung. Stuttgart (Metzler) ²2003.

KOJÈVE, ALEXANDRE: Hegel. Frankfurt am Main (Suhrkamp) ⁵1997.

SCHNÄDELBACH, HERBERT: Hegel zur Einführung. Hamburg (Junius) ²2007.

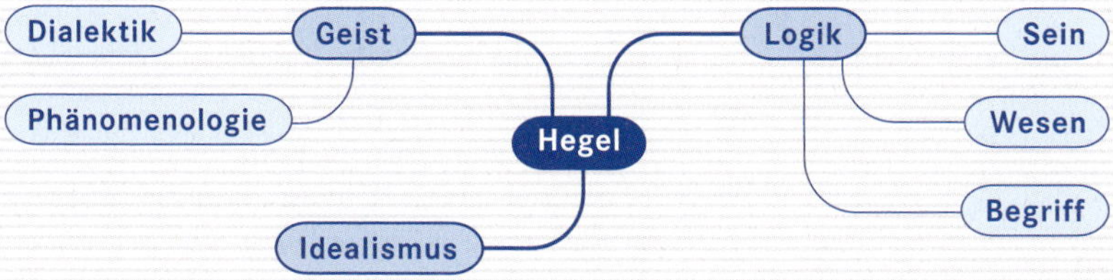

◀ *Fortsetzung von Seite 176* ist der Vater aller Dinge«), allerdings von der Gesetzmäßigkeit des allumfassenden Logos beherrscht. Logos scheint dabei mehrdeutig gedacht zu sein: als Ursprung (↑Arche), aus dem die Dinge hervorgehen (von ihm bildhaft als Feuer bezeichnet), als Weltgesetz, das den Lauf der Dinge bestimmt, und als Vernunft, die das Weltgesetz erkennen und die Vorgänge erklären kann. HERAKLIT ging demnach keineswegs von einer prinzipiellen Unerkennbarkeit der Dinge aus, wie PLATON ihm unterstellte, hielt jedoch »die Vielen« für unfähig, den Logos zu erkennen. Daher rührte seine Verachtung der Masse mit ihrem Aberglauben. Kennzeichnend für HERAKLITS Begriff des Logos ist die Einheit des Widerstreitenden, die gerade von den Vernunftlosen nicht erkannt wird.

PLATONS und ARISTOTELES' Deutung der Lehre HERAKLITS prägten über die Jahrtausende hinweg das Verständnis des ↑Heraklitismus als Lehre vom bloßen Werden. Von HERAKLITS Begriff des Logos ist die Naturphilosophie der ↑Stoa sowie ihre Idee des Weltgesetzes stark beeinflusst. In der Neuzeit wurde HERAKLIT v.a. von HEGEL hoch geschätzt wegen seiner Erkenntnis der universalen Dialektik und von FRIEDRICH NIETZSCHE wegen der radikalen Dynamik seines Weltbilds.

Heraklit

In »Das Feuer der Welt« äußert sich Heraklit zur Weltordnung:

»Diese Weltordnung, dieselbige für alle Wesen schuf weder einer der Götter noch der Mensch, sondern sie war immerdar und ist und wird sein ewig lebendes Feuer, erglimmend nach Maßen und erlöschend nach Maßen. (...)
Denen, die in dieselben Flüsse hinein steigen, strömen andere und wieder andere Wasserfluten zu. (...) In dieselben Flüsse steigen wir und steigen wir nicht, wir sind und wir sind nicht. (...)
Gesund denken ist die größte Vollkommenheit, und die Weisheit besteht darin, die Wahrheit zu sagen und zu handeln nach der Natur (...) Wenn man mit Verstand reden will, muss man sich stark machen mit dem allen Gemeinsamen wie eine Stadt mit dem Gesetz und noch viel stärker. Nähren sich doch alle menschlichen Gesetze von dem einen, göttlichen. (...)
Der Seele Grenzen kannst du im Gehen nicht ausfindig machen, und ob du jegliche Straße abschrittest; so tiefen Sinn hat sie.«

Heraklitismus: allgemein Bezeichnung für eine philosophische Grundhaltung, die den Aspekt des Werdens und den Moment des Widerstreits alles Seienden betont und sich im Ansatz auf zentrale Positionen HERAKLITS zurückführen lässt; im engeren Sinn die Lehre der Anhänger HERAKLITS, v.a. des KRATYLOS, Schüler HERAKLITS und nach ARISTOTELES Lehrer PLATONS. Der Heraklitismus wurde von PLATON auf die Formel ↑panta rhei gebracht, die er fälschlicherweise HERAKLIT selbst zuschrieb.

Hermeneutik [zu griech. hermēneúein »aussagen«, »auslegen«, »übersetzen«]:

1. die Kunst der Auslegung (↑Interpretation),
2. Theorie der Auslegung als einer Reflexion auf die Bedingungen und Normen des Verstehens und seiner sprachlichen Äußerung.

die Gegenstand der Hermeneutik können dabei prinzipiell alle Lebensäußerungen sein (z.B. Texte, Musik, Malerei, Handlungen). Traditioneller Gegenstand ist die (v.a. schriftliche) Rede. Hauptsächliche Textbereiche, auf die sich hermeneutische Bemühungen beziehen, sind Dichtung, Gesetzestexte und heilige Schriften (v.a. die Bibel).

Heraklit: Um 1620 folgte Dirck van Baburen der in römischer Zeit aufgekommenen Tradition, Heraklit als weinenden Philosophen im Gegensatz zu dem lachenden Demokrit darzustellen (Kaunas, Ciurlionis-Museum).

Die Wortbedeutung von Hermeneutik als »Kunst der Auslegung« überwiegt bis zum Beginn der Neuzeit. Eine allgemeine Theorie der Auslegung entwickelte sich erst im 17. Jahrhundert.

Ursprünglicher Anlass waren schon in der griechischen Antike die religiöse Bedeutung und der Bildungswert der kanonisierten homerischen Epen und der Schriften HESIODS. Unter dem Einfluss dieser als vorbildlich und verbindlich anerkannten Texte entwickelte sich eine streng grammatisch-philologische Methode, die spätere alexandrinische Schule, die v. a. durch Erstellung von Hilfsmitteln zur Interpretation beitrug (etwa mit Wörterbüchern, Grammatiken, Stilistiken, Kommentaren), und die über den unmittelbaren Wortsinn hinausgreifende, ihn [um]interpretierende Allegorese (allegorische Erklärung). Diese entstand schon in der Sophistenzeit v. a. als eine Antwort auf die Unzufriedenheit gewisser Schichten (repräsentiert durch PLATON und XENOPHANES) mit HOMERS Aussagen über die Götter. Die Allegorese beseitigte alles Anstoßerregende, indem sie die Götter für »Personifikationen kosmischer oder moralischer Potenzen« ausgab. Ausgehend von der pergamenischen Schule (begründet durch KRATES MALLOTES im 2. Jh. v. Chr., der alle naturwissenschaftlichen Erkenntnisse seiner Zeit bei HOMER wiedergefunden zu haben glaubte) wurde die Allegorese auch im Judentum (bedeutendster Vertreter: Rabbi AKIBA BEN JOSEPH mit seiner Umdeutung des biblischen Hohen Liedes) und im Christentum wirksam.

Es war AUGUSTINUS, der die verschiedenen Strömungen der Spätantike und der alten Kirche (ORIGENES, TERTULLIAN, AMBROSIUS) in seinem Werk »De doctrina christiana« verband und damit das geschichtlich wirksamste Werk der Hermeneutik schuf. Die von ihm ausgehende Schematisierung der alten, auf PHILON VON ALEXANDRIA zurückgehenden Zweiteilung in wörtlichen und geistlichen Schriftsinn (Sensus litteralis – Sensus spiritualis) zum »vierfachen Schriftsinn« wurde in der durch die Exegese der Kirchenväter gestifteten Tradition sanktioniert und behielt ihre Gültigkeit bis zu MARTIN LUTHERS Verurteilung der spirituellen Schriftauslegung. Die vier Arten des Wortsinnes sind:

1. der historische oder Buchstabensinn,

2. der allegorische Sinn (er lehrt die heilsgeschichtliche Bedeutung),
3. der moralische oder tropologische Sinn (er gibt Anweisungen für eine dem Dogma entsprechende, zum Heil führende Lebenshaltung),
4. der anagogische Sinn (der das Endschicksal des Einzelnen und der Welt betreffende eschatologische Sinn).

Musterbeispiel für die Veranschaulichung des vierfachen Schriftsinnes war im Mittelalter das Wort »Jerusalem«: »Geschichtlich eine Stadt auf Erden, allegorisch die Kirche, tropologisch die Seele des Gläubigen, anagogisch die himmlische Gottesstadt« (FRIEDRICH OHLY).

Mit LUTHERS Proklamation des sog. Schriftprinzips, wonach sich die Heilige Schrift selbst auslegt, in Wechselwirkung mit den interpretatorisch-philosophischen Erkenntnissen der Humanisten setzte dann eine nüchternere Erforschung des einfachen Schriftsinnes der Bibel ein. Für LUTHER wird die Auslegungstradition als Norm hinfällig; alle Überlieferung muss am »Buchstaben« der Schrift überprüft werden. Ein erster Versuch der Bewältigung jener neuen Impulse, eine Zusammenfassung der Einflüsse LUTHERS, JOHANNES CALVINS oder PHILIPP MELANCHTHONS findet sich in der »Clavis scripturae sacrae« (1567) des FLACIUS ILLYRICUS, dem Standardwerk reformatorischer Hermeneutik.

Für die erste sog. hermeneutische Wende epochemachend wirkten v.a. die Werke JOHANN AUGUST ERNESTIS und JOHANN SALOMO SEMLERS, der die biblischen Aussagen aus ihren zeitbedingten Bezügen und Voraussetzungen erkennen und auf die jeweilige veränderte Situation der Gegenwart beziehen will. Als allgemeine Tendenz ist nun eine schrittweise Aufhebung der grundsätzlichen Unterscheidung zwischen der theologischen und der philologisch-historischen Hermeneutik zu erkennen. Statt um die Wiedergewinnung eines Verständnisses von Texten mit besonderer Autorität geht es jetzt um die Ausbildung einer allgemeinen Auslegungslehre.

Mit FRIEDRICH SCHLEIERMACHERS Definition der Hermeneutik als »Kunstlehre des Verstehens« beginnt eine umfassende Verstehenstheorie, die sich nun nicht mehr allein auf die Auslegung von Texten beschränkt. Orientiert an SCHLEIERMACHER, versteht WILHELM DILTHEY Hermeneutik als »Kunstlehre des Verstehens schriftlich fixierter Lebensäußerungen« und sieht in ihr die methodische Grundlage der ↑Geisteswissenschaften überhaupt. Mit den an DILTHEY orientierten philosophischen Richtungen (u.a. OTTO BOLLNOW, EDUARD SPRANGER, ERICH ROTHACKER) wird Hermeneutik weiterentwickelt zur Interpretation des Lebens und der Welt, zum philosophischen und geisteswissenschaftlichen Verfahren überhaupt. Diese Weiterentwicklung markiert die zweite, die sog. hermeneutische Wende der neueren Philosophie.

MARTIN HEIDEGGERS »Hermeneutik des Daseins« basiert zwar auf dieser zweiten Wende, ist aber gerade nicht als Methodologie des Verstehens konzipiert, sondern wird aller geisteswissenschaftlichen Methodologie vorgeordnet. Existenz wird als »Verstehen« und »Sich-Entwerfen auf die Möglichkeit seiner selbst« interpretiert, sodass »Verstehen« die Weise des Existierens selbst charakterisiert. Die Tatsache des schon durch eigene innere Erfahrung vorhandenen Wissens von dem, was Gegenstand des Verstehens werden soll, bezeichnet er als **hermeneutischen Zirkel.** Über RUDOLF BULTMANN wirkte diese Lehre auf die Theologie zurück, die die Hermeneutik nunmehr als »Sprachlehre des Glaubens« (ERNST FUCHS) bestimmt. In der Philosophie wird sie v.a. fortgeführt durch HANS-GEORG GADAMER (»Wahrheit und Methode«, 1962), der vornehmlich das wirkungsge-

▶ *Fortsetzung auf Seite 189*

Heidegger

Der größte Philosoph des 20. Jh. und Begründer des zukünftigen Denkens oder ein die Vernunft und damit die Menschlichkeit verachtender, unverständlicher Wortverdreher? Wohl kaum ein anderer Philosoph des letzten Jahrhunderts hat ein bis heute derart geteiltes Echo gefunden wie MARTIN HEIDEGGER. Dazu beigetragen hat nicht nur die eigenwillige, schwer zugängliche Sprache seiner Werke, sondern auch sein zeitweiliges Engagement für den Nationalsozialismus, das bis heute seine Rezeption beeinflusst. Auch tritt sein Denken mit dem Anspruch auf, nicht nur die Geschichte der Philosophie selbst, sondern das Denken des Abendlandes insgesamt fassen, umwandeln und neu beginnen zu können, was ihm sowohl begeisterten Zuspruch wie radikale Kritik einbrachte.

Martin Heidegger

So wie HEIDEGGER die Tiefenwirkung eines ARISTOTELES als maßgebend für die abendländische Kultur ansah, da durch ARISTOTELES allererst Verstandesdenken ausgeprägt wurde, so schätzte er auch die zukünftige Bedeutung seines Denkens als fundamental kulturverändernd ein. In dieser Hinsicht spricht HEIDEGGER geschichtlich vom ersten Anfang des Denkens bei den Griechen und vom anderen Anfang in seinem Denken. Um diesen anderen Anfang der Geschichte des Menschen überhaupt ringt sein Denken, das er selbst aber auch immer wieder als gescheitert wahrgenommen hat.

Meßkirch und Freiburg

MARTIN HEIDEGGER wurde am 26. 9. 1889 im schwäbisch-alemannischen Meßkirch als Sohn eines Messners in einfache Verhältnisse hineingeboren, weshalb er später auch nur mit katholisch-kirchlicher Unterstützung das Gymnasium u. a. in Konstanz besuchen konnte. Nach dem Studium der Theologie und Philosophie in Freiburg im Breisgau habilitierte er 1916 über DUNS SCOTUS, distanzierte sich 1919 dann von der Kirche. Von 1916 bis 1923 war HEIDEGGER in Freiburg Assistent bei EDMUND HUSSERL, der sein väterlicher Lehrer wurde. 1923–28 lehrte er in Marburg, wo er seinen Ruf als außerordentlicher Didakt begründete, dem die professorale Gelehrsamkeit zuwider war. HANNAH ARENDT, die 1924 als junge Studentin nach Marburg kam und mit der ihn eine lebenslange Freundschaft verband, berichtet v. a. von seinen lebendigen, begeisternden Seminaren, die viele Studenten nach Marburg zogen. 1928 wurde HEIDEGGER dann als Nachfolger HUSSERLS auf den Freiburger Lehrstuhl berufen. Nachdem HEIDEGGER 1933 das Rektorat der Freiburger Universität übernommen hatte, glaubte er zunächst, mit den Nationalsozialisten gemeinsam eine Umwandlung der Gesellschaft im Sinne eines neuen Volksdaseins vollziehen zu können. Nach einem Jahr sah er sich in seinen Erwartungen aber enttäuscht und trat zurück, bevor ihm eine Entlassung drohte. In seinen daran anschließenden, aber erst nach 1945 veröffentlichten Schriften kritisierte er zwar die Nationalsozialisten scharf, war aber auch nach dem Kriege nie bereit, öffentlich zu den Geschehnissen des Dritten Reiches (insbesondere des Holocaust) kritisch Stellung zu beziehen. 1945–51 unterlag er einem Lehrverbot. 1952 emeritiert, widmete er sich bis zu seinem Tode am 26. 5. 1976 in Freiburg v. a. Vortragsreisen und seinem Spätwerk.

Der Mensch als Dasein

1927 veröffentlichte HEIDEGGER sein Hauptwerk »Sein und Zeit«, das ihn in kurzer Zeit weltberühmt werden ließ. Entgegen seinem Lehrer HUSSERL verabschiedete HEIDEGGER sich dort vom Konzept eines transzendentalen Subjekts im Sinne KANTS und wies stattdessen die Dimension des Daseins auf, die die Auslegung des Menschen als Subjekt geradezu unterläuft. Der Mensch ist nicht primär Subjekt, was Objekte seiner Anschauung erkennt, sondern dem Menschen als Dasein steht primär ein Verständnis von Sein offen, das ihn sich, die anderen und die Welt auslegen lässt. Da dieses Seinsverständnis zumeist verdeckt ist, weil der Mensch sich bei der Auslegung der Welt aufhält und nicht sieht, *woraus* er die Welt versteht, hat die bisherige Philosophie nach HEIDEGGER dieses Seinsverständnis immer übersprungen, weil sie nur über die Auslegung *selbst* reflektiert und nur von ihr aus zurückschließt, z. B. auf die Bedingungen der Möglichkeit von Erkenntnis. Stellt das Denken aber die Frage nach dem Sein neu, worin die Hauptaufgabe der ↑Fundamentalontologie in »Sein und Zeit« besteht, so kann es gleichzeitig die *zeitliche* Dimension von Sein im Vollzug herausstellen. Das Verständnis von jeglichem Seienden geschieht zeitlich derart, dass dem Menschen eine Offenheit von Verstehen aus der Zukunft entgegenkommt, aus der der Mensch, als darin »gewesen«, herkommt, um »im Augenblick« sich und die Welt zu verstehen. Damit wird laut HEIDEGGER Sein zum ersten Mal in der Philosophie nicht mehr zeitlos als allgemeingültige Wahrheit gedacht, sondern als zeitliches Geschehen.

Umbruch zum Ereignisdenken

Die Fassung der Seinsfrage in »Sein und Zeit« war jedoch für HEIDEGGER unbefriedigend, weshalb er »Sein und Zeit« abbrach und unvollendet hinterließ. Zeigte sich ihm doch bald, dass das Sein, wie er es fundamentalontologisch gedacht hat, gleichsam selbstverständlich apriorisch vorgegeben ist. Was nun in sein Denken einbrach, war die Erfahrung, dass das Sein als die Herkunft des Denkens schon bei den Griechen sich entzieht. Dieser Entzug verfestigt sich in der Neuzeit, indem das Subjekt zum Ausgang des Gedankenlebens wird und der Mensch sich somit in sich selbst verkapselt und von sich aus sich und die Welt nur noch vorstellt.

Das »Erschrecken« über diesen »Entzug« bestimmt die zweite Phase seines Denkens, die des seinsgeschichtlichen oder Ereignisdenkens, dessen Hauptwerk die »Beiträge zur Philosophie« (1936–38) sind. In ihnen entfaltet HEIDEGGER die Geschichte des Abendlandes als Seinsvergessenheit, die dadurch eintritt, dass allein die Vernunft und ihr Wahrheitsbegriff der Allgemeingültigkeit vorherrschend wird. In diesem Sinne

Unsere heutige Epoche sieht Martin Heidegger vorrangig von der Technik geprägt. Die Abbildung zeigt einen Arbeiter vor riesigen Exzenterrädern.

spricht HEIDEGGER von der gesamten bisherigen Philosophie als Metaphysik und von seinem Denken als Überwindung dieser Metaphysik. Denn durch das Erschrecken über die Seinsvergessenheit kann nun nach dem Sein neu und nicht mehr metaphysisch gefragt und können Bewegungen der Herkunft des Denkens beschrieben werden, die HEIDEGGER mit den Begriffen des Zuwurfs und des ↑Entwurfs, die beide zeitlich geschehen, fasst. Eine neue Geschichte des Seins sieht HEIDEGGER dann gegeben, wenn der Mensch sich im Zuwurf von »Sein als Ereignis« »innestehend« weiß, d. h. bemerkt, dass er von einer »inneren« Herkunft her denkt und handelt. Dann denkt und handelt der Mensch nicht mehr vernünftig im Sinne einer allgemeingültigen Wahrheit, sondern aus dem Dasein »inständig in dem Zuspruch des Seins«.

Technik und Postmoderne

Unsere heutige Epoche sieht HEIDEGGER vorrangig von der Technik geprägt, die der Mensch nicht eigenständig entwirft, sondern die ihm als technische Denkweise vom Sein zugesprochen wird. Diese Denkweise nennt HEIDEGGER »das Gestell«, das den Menschen dazu anstößt, sich und die Welt nur noch technisch vorzustellen. Neben dieser umfassenden Technikkritik besteht sein Spätwerk v. a. in kleineren Aufsätzen u. a. zur Kunst und zur Dichtung, in denen HEIDEGGER insbesondere an den Gedichten FRIEDRICH HÖLDERLINS auch konkret sein Seinsdenken veranschaulicht. Für HEIDEGGER steht die Moderne in einer Umbruchsphase, in der sie sich entscheiden kann, ob der Mensch nur noch technisch vorstellend wird denken können, oder ob er eine neue Geschichte wird anfangen können, in der er sich und die Dinge neu »wahrt«.

HEIDEGGERS Denken hatte nach 1930 beträchtliche Auswirkungen auf die Anhänger der Existenzphilosophie JEAN-PAUL SARTRES und KARL JASPERS', die sich, wenn auch aus einer verkürzten, nicht genügend fundamentalontologischen Sicht heraus, auf »Sein und Zeit« für ihre Existenzphilosophie bezogen.

Besonders stark ist der Einfluss auf die heute sog. ↑Postmoderne, z. B. auf JACQUES DERRIDA, deren Verabschiedung des Subjektes und die Dekonstruktion der Metaphysik einer intensiven kritischen Rezeption HEIDEGGERS entsprungen ist. Für DERRIDA bedeutet HEIDEGGERS Versuch allerdings erneut einen Rückfall in eine metaphysische Letztbegründung, wohingegen HEIDEGGER gerade *um* eine Neugründung des Denkens aus dem Geschehen des Seins, die nicht mehr metaphysisch ist, gerungen hat.

TIPP

Ist HEIDEGGER heute bekannter durch sein Denken oder sein Engagement für den Nationalsozialismus? Verliert ein Denker philosophisch an Glaubwürdigkeit, wenn er sich politisch so engagierte wie HEIDEGGER in den 1930er-Jahren.

WWW

www.heidegger.org Biografie, Bibliografie, Verweis auf die Heidegger-Gesellschaft und Angaben zu Veranstaltungen und neuen Forschungen

www.capurro.de/kroener1.htm#heidegger Abriss über Leben und Werk nebst einer Übersicht über die wichtigsten Schriften Heideggers

fudder.de/artikel/2007/08/01/freiburger-professoren-podcast-martin-heidegger »Satz der Identität«, Tondokument des Festvortrags zur 500-Jahr-Feier der Albert-Ludwigs-Universität in Freiburg von 1957

LITERATUR

HERRMANN, FRIEDRICH-WILHELM VON: Wege ins Ereignis. Zu Heideggers »Beiträgen zur Philosophie«. Frankfurt am Main (Klostermann) 1994.

SAFRANSKI, RÜDIGER: Ein Meister aus Deutschland. Heidegger und seine Zeit. Taschenbuchausgabe München (Fischer Taschenbuch-Verlag) 2001.

THOMÄ, DIETER: Heidegger-Handbuch. Leben, Werk, Wirkung. Stuttgart (Metzler) 2003.

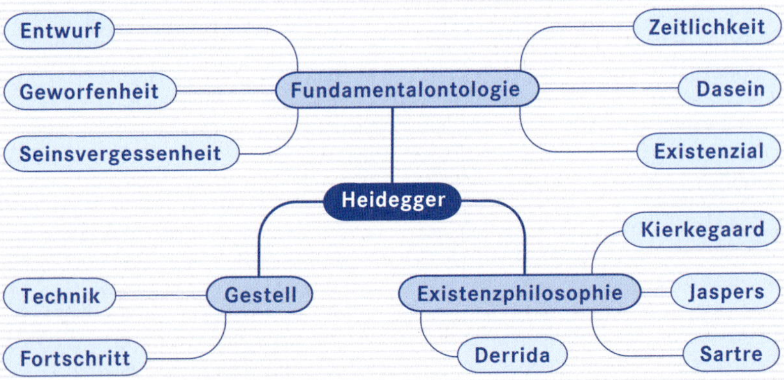

◀ *Fortsetzung von Seite 184* schichtlich bestimmte Verhältnis von Vorverständnis und Verständnis in allem Verstehen analysiert. In aller Erfahrung von Wahrheit ist ein Stehen in Überlieferungen gegeben, d.h., Erfahrung von Wahrheit ist immer durch »Wirkungsgeschichte« bestimmt. Verstehen ist »Einrücken in ein Überlieferungsgeschehen«. GADAMERS Theorie führte zu Kontroversen mit Vertretern des kritischen Rationalismus (HANS ALBERT) und der Frankfurter Schule (darunter JÜRGEN HABERMAS).

Herrenmoral/Sklavenmoral: von FRIEDRICH NIETZSCHE eingeführtes Begriffspaar in seiner Moralkritik, in der er grundsätzlich fragt, ob die sittlichen Normen einem System zeitlos gültiger Ordnungen und Werte entstammen oder lediglich Ausdruck einer bestimmten soziokulturellen Situation seien.

NIETZSCHES Theorie stützt sich auf die Behauptung, dass von Natur aus gerade das gut sei, was nach den moralisch-rechtlichen Normierungen unserer abendländischen Kulturtradition als schlecht beurteilt werde; d.h., von Natur aus gut sind alle Handlungen und Willensäußerungen des starken, nach Größe, Macht und Entfaltung strebenden Menschen, dessen Wertsystem er als **Herrenmoral** bezeichnet. Innerhalb der menschlichen Gesellschaft lässt sich dieses Wertsystem allerdings nur auf Kosten der schwachen und »geringeren« Menschen realisieren. Die Masse dieser Schwachen bildet als Ausgleich ihrer Ressentiments gegenüber den Starken ihrerseits ein Moralsystem aus: die **Sklavenmoral,** die gerade ihre Schwächen und Skrupel zu Werten (wie Mitleid, Nächstenliebe) erhebt. Indem sie damit entsprechende – als »sittlich« oder »rechtlich« verbindlich erklärte – Normen schafft, sucht sie sich vor der Willkür der Herren zu schützen und Macht über sie zu erlangen. Dem Zusammenschluss und der Organisation der Masse über die platonisch-christliche Weltanschauung mit ihrer Überbetonung moralischer Verpflichtung und Jenseitigkeit gegenüber Diesseitigkeit und Leiblichkeit musste das große Individuum in der Geschichte unterliegen. NIETZSCHE fordert daher ein moralisches Umdenken und die Erneuerung vorchristlich-archaischer Tugenden (das Heroische, Tapferkeit, Großmut, aber auch Rigorismus oder Mitleidlosigkeit).

Herrschaft: eine institutionalisierte Machtausübung, die im Gegensatz zur ↑Gewalt nicht auf einem einseitigen, sondern einem gegenseitigen Verhältnis beruht. Nach ARISTOTELES werden Herrschaftsbeziehungen eingegangen, weil dadurch alle von der Herrschaft Betroffenen ein angestrebtes Gut erreichen können. Bei der Herrschaft unter Gleichen könnten im Prinzip alle die Befehlsgewalt übernehmen, somit können und sollen sie sich bei deren Ausübung abwechseln. Bei der Herrschaft unter Ungleichen kann diese jedoch nur von einigen wenigen Personen übernommen werden, die sich durch bestimmte Fähigkeiten auszeichnen. Herrschaft stellt für ARISTOTELES ein natürliches Verhältnis dar, das es überall dort gibt, »wo mehrere Teile zu einer Einheit zusammenwachsen«. Da Herrschaft vernünftig ist und sich auf die Ordnung der Welt und der Gesellschaft stützt, bedarf sie nach ihm keiner weiteren Rechtfertigung.

Die Frage nach der Rechtfertigung von Herrschaft wird im 20. Jh. von MAX WEBER aufgenommen. Er definiert Herrschaft als »die Chance, für einen Befehl bestimmten Inhalts bei angebbaren Personen Gehorsam zu finden«. Als legitime Herrschaft erkennt er drei Arten an:

1. die charismatische Herrschaft, die aus dem Glauben an die außergewöhnliche Begabung einer Person erwächst (z.B. im »Führerstaat«);
2. die traditionale Herrschaft, die auf dem Glauben an die überlieferte Ordnung und

die zur Herrschaft berufenen Personen beruht (z. B. im Ständestaat);

3. die rationale Herrschaft, in der eine unpersönlich-sachliche Ordnung und eine legale Berufung der Herrschenden bestimmend ist (z. B. der moderne bürokratische Staat).

Der Typus der rationalen Herrschaft ist bei der Betrachtung der modernen Gesellschaft von besonderem Interesse. Obwohl sich diese Gesellschaften eine rationale Herrschaftsordnung geben, zeigt eine historische und soziologische Betrachtung, dass charismatische und traditionale Elemente auch hier noch Eingang finden (z. B. im »Führertum«, der Behauptung traditionaler Eliten, der Möglichkeit, mit den Mitteln moderner Massenkommunikation propagandistisch »Führerkult« oder Eliteherrschaft zu stabilisieren).

In der marxistischen Diskussion über Herrschaftsverhältnisse wird Herrschaft meist im Sinne von Unterdrückung und Ausbeutung verstanden, die die Kapitaleigner denen gegenüber ausüben können, die lediglich ihre Arbeitskraft besitzen.

Heteronomie: ↑Autonomie/Heteronomie.

Heuristik [zu griech. heurískein »finden«, »entdecken«]: Erfindungskunst (lat. »Ars inveniendi«), Lehre von den Verfahren, Probleme zu lösen, also für Sachverhalte der Wissenschaften Beweise oder Widerlegungen zu finden. Die Heuristik arbeitet u. a. mit Vermutungen, Analogien, Generalisierungen, Arbeitshypothesen (↑Hypothese), Gedankenexperimenten, auch ↑Modellen von Zusammenhängen, in die sich die zu untersuchenden Sachverhalte einfügen lassen, ohne einen anderen Anspruch an die heuristischen Prinzipien zu stellen als den, zum Erfolg zu führen. Zu ihren Prinzipien gehören z. B. Variation der Problemstellung, Zerlegung in Teilprobleme, bei KANT u. a. auch das Prinzip der Zwecke, also Tatsachen der Natur in einen teleologischen Zusammenhang zu bringen, um so Naturgesetze zu finden.

Hierarchie [griech. »Amt des obersten Priesters«, »heilige Herrschaft«]: auf fast allen Wissenschaftsebenen ein Grundbegriff für Abstufung, Rangordnung bzw. zur Kennzeichnung genereller Verhältnisse der Über- und Unterordnung, in der Regel ein pyramidenförmig gedachtes, systematisches Positionsgefüge mit ideell aufsteigender Bedeutung (»Hierarchie der Werte«, »Hierarchie der Urteile«) bei abnehmender Zahl der Einzelglieder.

Ursprünglich ein rein theologischer Begriff zur Regelung des Ordnungsgefüges derer, die in der Abfolge JESU CHRISTI stehen, ist der Begriff Hierarchie v. a. durch AUGUSTE COMTE in den philosophischen Sprachgebrauch eingegangen. Im Rahmen seines Dreistadiengesetzes (die natürliche Entwicklung des menschlichen Geistes in drei notwendigen Stadien: vom theologisch-fiktiven Anfangsstadium der Menschheit über ein metaphysisch-abstraktes hin zu einem wissenschaftlich-positiven Endstadium) geht sein Hierarchiegesetz aus von einer sowohl historisch wie ideal immerwährenden Hierarchie der sechs Fundamentalwissenschaften: Mathematik, Astronomie, Physik, Chemie, Biologie und Soziologie, wobei die Mathematik den exklusiven Ausgangspunkt und die Soziologie das einzige, wesentliche Ziel der gesamten »positiven Philosophie« ausmacht, der menschliche Geist also vom Abstrakt-Allgemeinsten, den einfachsten mathematischen Ideen, zum Konkret-Komplexesten, den höchsten sozialen Gedanken, aufsteigt.

Hinduismus: Glaubens- und Lebensform der Inder; er setzt die Tradition des ↑Brahmanismus insofern fort, als auch der Hinduismus sich zum Kastensystem, zur Seelenwanderungslehre und Erlösungssehnsucht bekennt. Aus der Vielzahl der Götter des Hinduismus ragt die Dreiheit Brahma,

Schiwa und Wischnu heraus. Die beiden Hauptrichtungen des Hinduismus sind Schiwaismus und Wischnuismus, je nachdem, ob Schiwa (Zerstörer der Welt) oder Wischnu (Erhalter der Welt) an die Spitze der Götter gestellt wird.

Nach den Vorstellungen der Hindus können die Götter gelegentlich in menschlicher Gestalt auf Erden wandeln (als »Awataras«, zum Zweck der jeweiligen Wiederherstellung der Weltordnung). Unter den Awataras Wischnus hat v.a. Krischna einen weiten Kreis von Verehrern gefunden. Ein übergreifender Zug hinduistischer Frömmigkeit ist die Heilighaltung der Kuh, wie überhaupt die Schonung alles Lebendigen (Ahimsa) als höchstes Gebot gilt.

Historismus: Bezeichnung für eine v.a. Mitte des 19. Jh. einsetzende philosophische Reflexion auf Ziele, Methoden und Probleme von Geschichtswissenschaft und -philosophie, entstanden im Bemühen, die traditionelle Geschichtsschreibung in den Rang einer Wissenschaft zu erheben und die neuzeitliche Geschichtsphilosophie mit der Geschichtswissenschaft in Einklang zu bringen.

Die Wurzeln des Historismus gehen auf die Geschichtsphilosophie der Aufklärung zurück, die nach dem »Sinn« der Geschichte fragt, d.h. nach jener Sache, die den einzelnen Geschichten Einheit und Zusammenhang verleiht. In Auseinandersetzung mit HEGELS Philosophie entstand die zentrale These, dass das Leben selbst, die Praxis, geschichtlich, d.h. immer anders, unvergleichbar, individuell zu verstehen sei. Für die historische Schule um LEOPOLD VON RANKE, GUSTAV DROYSEN u.a. ist der Sinn der Geschichte immer relativ zu dem immer anderen, unvergleichbaren und individuellen Geschehen.

Methodologisch verdankt sich der Historismus dem Bemühen um eine Verwissenschaftlichung der Geschichtsschreibung und der kritisch-philosophischen Reflexion auf ihre methodischen Grundlagen nach dem Vorbild der Naturwissenschaften. Seine Kernthese hebt hervor, dass es in aller Geschichte lediglich um die Einmaligkeit des Geschehens und dessen Erkennbarkeit gehe. Daher erscheint der Historismus zunächst als Spielart des Positivismus: Er richtet sich streng nach den Tatsachen, wendet sich gegen die Begrenzung der geschichtlichen Betrachtung durch Normen oder Wertsetzungen der Gegenwart. WILHELM DILTHEY, ERNST TROELTSCH und FRIEDRICH MEINECKE erörtern Fragen dieser Art dann im Umfeld einer Begründungsproblematik der Geisteswissenschaften, um das spezifische Verfahren der historisch-hermeneutischen Disziplinen bestimmen zu können: Diese stützen sich im Gegensatz zu den generalisierenden Naturwissenschaften auf methodische Individualisierung, die der Einmaligkeit und Unwiederholbarkeit des Geschehens entspricht.

Hobbes [hɔbz], Thomas, englischer Philosoph, *Westport (heute zu Malmesbury) 5. 4. 1588, †Hardwick Hall 4. 12. 1679: Nach dem Studium der Logik und Physik in Oxford war HOBBES meistens Hauslehrer der Grafen von Devonshire, zeitweise Sekretär von FRANCIS BACON. Während seiner Reisen nach Frankreich und Italien (1629–31, 1634) begegnete er den bedeutendsten Wissenschaftlern seiner Zeit, u.a. DESCARTES und GALILEO GALILEI. Des Atheismus bezichtigt, floh er 1640 ins Exil nach Paris; 1651 kehrte er nach England zurück. HOBBES' politische Anschauungen und philosophische Annahmen sind stark von den Bürger- und Revolutionskriegen in England und Frankreich geprägt; sein Anliegen war es, einen ausgleichenden Einfluss auf die politische Entwicklung zu nehmen.

Fasziniert von der Exaktheit der mathematischen Methode sowie von den Ergebnissen und Leistungen der sich ihr bedienenden

Hobbes: Die Bürger- und Revolutionskriege in England und Frankreich und das Anliegen, die politische Ordnung nach wissenschaftlichen Prinzipien einzurichten, prägten Thomas Hobbes' politische Anschauungen und seine Philosophie.

Naturwissenschaften, versuchte HOBBES ein philosophisches System zu entwickeln, das die wissenschaftstheoretischen, physikalischen und anthropologischen Grundlagen für eine metaphysikfreie Natur- und Gesellschaftswissenschaft enthalten sollte. Entsprechend gliedert sich sein Hauptwerk »Elementa philosophiae« (»Grundzüge der Philosophie«) in die drei Teile: »De corpore« (»Vom Körper«, 1655), »De homine« (»Vom Menschen«, 1658) und »De cive« (»Vom Bürger«, 1642). Seine von GALILEO GALILEI beeinflusste Methode besteht in einer Kombination von Analyse und Konstruktion der Kausalverhältnisse zwischen »Körpern«: Erfahrungsdaten werden in ihre Elemente zerlegt und auf Prinzipien zurückgeführt; diese bilden umgekehrt die Basis wissenschaftlicher Erkenntnis. Die nach HOBBES aller Erkenntnis zugrunde liegende sinnliche Erfahrung (↑Empirismus) wird nach den Gesetzen der Bewegung (↑Mechanismus) als Reaktion des Organismus auf äußere Reize erklärt.

Die Bedeutung von HOBBES' Philosophie besteht v.a. in der Übertragung der mathematisch-naturwissenschaftlichen Methode auf die Staats- und Gesellschaftslehre. Nach HOBBES' scheinbar pessimistischer Anthropologie wird der Mensch nicht von seiner Vernunft, sondern von seinen Trieben bestimmt; er strebt im Naturzustand nicht nur nach Selbsterhaltung, sondern nach unumschränkter Macht (↑Homo homini lupus, »Der Mensch ist dem Menschen ein Wolf«). Die Folge des Zusammenlebens der Menschen wäre deshalb ein »Krieg aller gegen alle«, wenn sie nicht alle durch Verzicht auf ihr natürliches Recht die Macht auf den »Souverän« übertrügen. Nur die so durch einen ↑Gesellschaftsvertrag vollzogene Begründung des Staates kann die Willkür der Einzelnen durch die rechtsetzende Gewalt überwinden und den Frieden sichern.

höchstes Gut: in der Tradition der Philosophie PLATONS derjenige Zustand, der als Idealvorstellung oder Idee anzustreben ist. Je nachdem, wie weit sich vom Menschen hervorgebrachte Dinge bzw. herbeigeführte Zustände diesem Ideal annähern, bemisst sich ihr Wert. In der christlichen Theologie und Philosophie ist die Idee des höchsten Guts zum christlichen Gott als dem »Summum bonum« uminterpretiert worden.

Hoffnung: meist im Gegensatz zu »Furcht« oder »Verzweiflung« definierte Grundempfindung des Menschen. Für die christliche Theologie und Philosophie des Mittelalters stellt die Hoffnung eine ↑Kardinaltugend dar, die neben Glaube und Liebe das Leben des Christen prägen soll. Dagegen tritt in der erkenntniskritischen Philosophie der Neuzeit (so bei BARUCH DE SPINOZA) die Rede von der Hoffnung meist nur zusammen mit der Mahnung auf, sich von ihr (wie auch von der Furcht) nicht bestimmen zu lassen, v. a. weil sie auf bloßem Meinen (statt auf sicherem Wissen) beruhe.

Für die Argumentation der praktischen Philosophie wird die Rede von der Hoffnung bedeutsam durch KANTS »moralischen Gottesbeweis«: Mit der Hoffnung darauf, dass die, die durch ihr moralisches Handeln der Glückseligkeit würdig geworden sind, dieser auch teilhaftig werden, begründet er die Annahme des Ideals des höchsten Gutes, d. h. Gottes.

Philosophisch thematisiert wird die Hoffnung – nach den Analysen, die SØREN KIERKEGAARD (»Die Krankheit zum Tode«, 1849) über die Verzweiflung versuchte – bei ERNST BLOCH (»Das Prinzip Hoffnung«, 1954–59), der in ihr das die Geschichte vorantreibende Prinzip sieht, das die Menschen zur Entdeckung und zu den Verwirklichungsversuchen ihrer Möglichkeiten bewegt und sie zugleich erkennen lässt, dass das jeweils Erreichte und Bestehende im »Noch-Nicht« der Erfüllung dieser Möglichkeiten verharrt: Der Mensch ist noch nicht, was er sein kann. Mit dem Instrument der materialistischen Dialektik sucht BLOCH dieses Noch-nicht-Seiende, das als reale Möglichkeit und Tendenz dem je Gegenwärtigen schon innewohnt, in der philosophischen Reflexion herauszuarbeiten.

Höhlengleichnis: berühmtes Gleichnis, das PLATON in seinem Werk »Der Staat« entwirft, um sowohl die verschiedenen Stufen menschlicher Erkenntnis zu beschreiben als auch (politisch) die Herrschaft der Philosophen zu rechtfertigen (↑Idee des Guten).

In einer von der Außenwelt abgeschlossenen Höhle befinden sich Menschen, die so an ihre Sitze gefesselt sind, dass sie nur an eine Wand der Höhle blicken können. Auf diese werden durch ein für sie unsichtbares Feuer im Hintergrund Schatten von Gegenständen projiziert, die diese Menschen für Realität halten. Die Gegenstände selbst kann nur der erkennen, der sich von seinen Fesseln befreit hat und sehen kann, dass das, was bisher für real gehalten wurde, nur ein Abbild dieser Dinge ist. Gelingt es diesem Menschen, nach mühevollem Aufstieg zur Außenwelt zu gelangen, wird er erst, geblendet vom Sonnenlicht, die Spiegelbilder der Dinge im Wasser betrachten, dann die Dinge selbst und zuletzt die Sonne sehen. Geht er danach wieder hinab in die Höhle, um den anderen Gefangenen den Aufstieg zu ermöglichen, wird er von diesen verlacht, da er sich in der Dunkelheit der Höhle nicht mehr zurechtfindet. Versucht er, ihre Fesseln zu lösen und sie hinaufzuführen, werden sie sich dagegen wehren und ihn vielleicht sogar töten.

Aus diesem Gleichnis ist zu entnehmen, dass Erkenntnis grundsätzlich möglich ist und welche verschiedenen Erkenntnisstufen es gibt: Die unterste Stufe, die der gefesselten Menschen, entspricht dem alltäglichen Weltverständnis der Masse, die die unmittelbare Sinneserfahrung für das Wirkliche hält. Auf dieser Stufe gibt es weder Beständigkeit noch Freiheit. Die nächsthöhere Stufe, die schon die Freiheit von den Fesseln, aber noch die Begrenzung durch die Höhle aufweist, entspricht der eines empirischen Naturforschers. Dieser versucht Phänomene durch andere, ebenfalls vergängliche Dinge zu erklären, d. h., er sucht innerhalb des Vergänglichen nach Gründen. Er kann jedoch nur zu einer wahren Meinung und nicht zu wirklichem Wissen über die Dinge gelangen, denn Wissen und Freiheit gibt es nur außerhalb der Höhle bzw. im Reich der Ideen. Auch dort werden zwei Wissensstufen unterschieden: Die Stufe desjenigen, der sich zwar schon von den sinnlichen Erscheinungen gelöst hat und sich mit Ideen beschäftigt, aber noch nicht zur höchsten Erkenntnis vorgedrungen ist, entspricht dem Stand des Mathematikers. Die höchste Erkenntnis, die Erkenntnis der Sonne bzw. der Idee des Guten, ist dem Philosophen vorbehalten. Der Weg zu dieser Erkenntnis, der mit dem

Risiko einer momentanen Desorientierung verbunden ist, ist sehr mühevoll und setzt das eigene Streben nach Wahrheit voraus. Ermöglicht wird diese Erkenntnis durch eine entsprechende Erziehung, die lehrt, Wirklichkeitsdeutungen kritisch zu hinterfragen. Sie erleichtert das Fortschreiten von einer Stufe auf eine höhere, auf der man anfangs von der Richtigkeit der neuen Deutung überzeugt ist. Die innere Verpflichtung zur Wahrheit veranlasst den Philosophen, der als Einziger die Idee des Guten kennt, trotz möglicher Gefahren zur Weitergabe dieser Erkenntnis. Dieses Wissen, das nur außerhalb der Höhle erworben werden kann, prädestiniert ihn, die Herrschaft in der Höhle – dem Bereich, in dem sich der Alltag und v.a. auch die Politik abspielen – zu übernehmen.

Holismus [griech.]: ↑Konventionalismus.

Homo homini lupus [lat. »der Mensch (ist) dem Menschen ein Wolf«]: der zuerst von THOMAS HOBBES im »Leviathan« (1651) als Grundprämisse seiner Staatstheorie vorausgesetzte Naturzustand menschlichen Verhaltens: das aus den natürlichen Grundtriebkräften Selbsterhaltung und Lustgewinn resultierende Streben nach uneingeschränkter Macht. Da die Menschen von Natur aus gleich sind und das gleiche [Natur-]Recht zur Selbstentfaltung haben, ist die notwendige Folge der »Kampf aller gegen alle«. Erst durch den ↑Gesellschaftsvertrag werden Friedenssicherung und soziales Zusammenleben möglich.

Homoiosie [griech. »Angleichung«]: bezeichnet bei PLATON den Versuch des Menschen, dem Göttlichen gleich zu sein. Da ihm dies von Geburt an – die Seele hat nur vorgeburtlich Anteil am Höchsten – verwehrt ist, strebt er zumindest in seinem praktischen Handeln eine Angleichung an Gott an. Bei PLOTIN wird diese Angleichung zum Ideal bürgerlicher Tugenden (z.B. Weisheit, Gerechtigkeit, Tapferkeit) gewendet. Noch bei FRIEDRICH NIETZSCHE und JEAN-PAUL SARTRE ist das Streben nach Gottgleichheit das dem Menschen höchste, nun aber auch sinnloseste Ziel.

Homo-mensura-Satz [lat.; dt. meist wiedergegeben als »Der Mensch ist das Maß aller Dinge«]: berühmter Satz des Sophisten PROTAGORAS, der vollständig so lautet: »Der Mensch (lat. homo) ist das Maß (lat. mensura) aller Dinge, der seienden, wie (dass) sie sind, der nicht seienden, wie (dass) sie nicht sind.« Meist wird dies als Grundthese des ↑Relativismus aufgefasst. Man kann darin aber auch eine Kritik an solchen Lehren sehen, die zwischen einer »wahren« und einer bloß »scheinbaren« Welt unterscheiden. Denn es ist für den Menschen nicht möglich, diese beiden Welten überhaupt voneinander zu unterscheiden. Für den Menschen gibt es nur eine Welt, die der Erfahrung.

homonym [griech.]: ↑äquivok.

Horizontbewusstsein: In EDMUND HUSSERLS Phänomenologie gehört es zur Seinsart jeder Dingrepräsentation, dass der Kern eines jeweils in der Wahrnehmung originär Gegebenen umgeben ist von einem Horizont »uneigentlicher Mitmeinungen« (Horizontintentionalität), z.B. auch die »noch nicht« wahrgenommene Rückseite eines Baumes, die sich aber im Zuge der ↑Abschattung offenbaren kann. HUSSERL unterscheidet den noematischen Horizont des vermeinten Wahrnehmungsdinges vom noetischen Horizont des eigentlichen Wahrnehmungsaktes.

Horkheimer, Max, Philosoph und Soziologe, *Stuttgart 14.2. 1895, †Nürnberg 7.7. 1973: Der Sohn eines jüdischen Textilfabrikanten wurde 1930 in Frankfurt a. M. Professor für Sozialphilosophie und Direktor des »Instituts für Sozialforschung«, das sich unter seiner Leitung zum interdisziplinären Zentrum der zeitgenössischen Gesellschaftstheorie entwickelte. Mit HORKHEI-

Horkheimer

»Zur Kritik der instrumentellen Vernunft«

Das Buch von Horkheimer, das 1947 in der amerikanischen Originalausgabe unter dem Titel »Eclipse of Reason« erschien, wurde zu einem der Grundlagentexte der kritischen Theorie.

»Im Geistigen ist der moderne Mensch nicht so heuchlerisch wie seine Vorväter des neunzehnten Jahrhunderts, die die materialistischen Praktiken der Gesellschaft durch fromme Phrasen über Idealismus vertuschten. Heute wird niemand mehr durch diese Art von Heuchelei betrogen. Aber nicht, weil der Widerspruch zwischen den hochtönenden Phrasen und der Wirklichkeit abgeschafft wäre. Der Widerspruch ist nur institutionalisiert worden. Die Heuchelei ist zynisch geworden; sie erwartet nicht einmal mehr, geglaubt zu werden. Dieselbe Stimme, die über die höheren Dinge des Lebens wie Kunst, Freundschaft oder Religion predigt, empfiehlt dem Hörer, eine bestimmte Seifenmarke zu wählen. Broschüren darüber, wie man seine Redekunst verbessert, Musik versteht, wie man erlöst wird, sind im selben Stil geschrieben wie jene, die die Vorteile von Abführmitteln preisen (...). Hinter dem kindischen Geschwätz der Slogans, denen nichts heilig ist, steht ein unsichtbarer Text, der die Macht der industriellen Konzerne verkündet, die imstande sind, diesen luxuriösen Schwachsinn zu bezahlen.«

MERS Emigration 1933 wurde das Institut erst nach Genf und Paris, 1934 nach New York und Los Angeles verlegt, 1950 kehrte es nach Frankfurt a. M. zurück. Bis 1959 stand es unter HORKHEIMERS Leitung. Daneben war HORKHEIMER Direktor der wissenschaftlichen Abteilung des »American Jewish Committee« in New York (1943–44), Rektor der Universität Frankfurt a. M. (1951–53) und Gastprofessor an der Universität in Chicago (1954–59).

Ausgehend von KANT, HEGEL und MARX und stark geprägt von der aufklärerischen Utopie einer freien, gerechten, auf den Prinzipien der Vernunft beruhenden Gesellschaft, analysierte HORKHEIMER die politischen, ideologischen und ökonomischen Widersprüche der bürgerlichen Epoche und bemühte sich um Einsicht in die historische Dialektik von bürgerlicher Lebensform und gesellschaftlichen Produktionsprozessen. Die Vernunft, für VOLTAIRE noch der Schlüssel zu einer besseren Welt, ist nach HORKHEIMER im Spätkapitalismus zu einem bloßen Werkzeug der Naturbeherrschung geworden, das sich unter dem Vorwand der »Objektivität« den Fragen nach Zweck und Verantwortung entzieht. Diese »instrumentelle Vernunft« birgt in sich keinerlei Korrektive mehr gegen die totale Verwaltung der Welt und ihre vollständige Unterwerfung unter das Gesetz der Profitmaximierung. Während HORKHEIMER in der gemeinsam mit ADORNO verfassten ↑»Dialektik der Aufklärung« (1947) die Möglichkeit einer »Versöhnung« von Natur und Gesellschaft noch nicht ausschloss, vollzog er später die Wendung zu einer Art »negativen Theologie«. Die »Sehnsucht nach dem ganz Anderen« hält die Utopie einer humanen Gesellschaft im Stande ihrer Unmöglichkeit als nicht näher bestimmbares, transzendentes Absolutes fest.

Humanismus [zu lat. humanitas »Menschlichkeit«, »Gesittung«]: die literarisch-philosophische Bildungsbewegung, die sich in Wechselwirkung mit der allgemeineren Bewegung der Renaissance ab der zweiten Hälfte des 14. Jh. entwickelte und bis ins 16. Jh. von Einfluss war. Daneben wird der Begriff Humanismus in unterschiedlichen politischen und philosophischen Kontexten verwendet. Allgemein versteht man darunter eine Denkrichtung, die den Menschen zum Gegenstand einer bewussten Wertsetzung nimmt, indem sie alles auszuschließen sucht, was ihn sich selbst entfremdet (durch Unterwerfung unter übermenschliche Mächte oder Nutzbarmachung für menschenunwürdige Zwecke).

Der im 16. Jh. zu dem lateinischen Wort »humanitas« (Menschlichkeit) gebildete Begriff **Humanität** bezeichnet die Vorstellung, die im Sinne der verschiedenen Strömungen des Humanismus auf höchste Entfaltung menschlicher Kultur und Gesittung abzielt. Im engeren Sinne versteht man darunter die Gesinnung, die die Verwirklichung der Menschenrechte anstrebt.

Der Humanismus entstand ursprünglich in Italien, wo sich Vertreter des vornehmen Bürgertums (FRANCESCO PETRARCA, GIOVANNI BOCCACCIO) zunehmend gegen politische Auflösungstendenzen in den norditalienischen Staaten und den zunehmenden Dogmatismus der Kirche zur Wehr setzten. Der Humanismus verstand sich in erster Linie als literarisch-philosophische Bildungsbewegung. Menschenbild, Naturauffassung und Geschichtsverständnis der Autoren wurden in Anlehnung an die Kultur der Antike entworfen. Orientierte man sich zunächst an der römischen Antike, wuchs ab etwa 1400 (nach der Eroberung von Byzanz) auch das Interesse für die griechische Literatur. Trotz kritischer Grundeinstellung gegenüber dem Dogmatismus blieb die Bewegung – unter Berufung auf die Kirchenväter – dem christlichen Glauben an die eine, immer von Gott kommende Wahrheit verpflichtet, betonte aber, dass von dieser Wahrheit auch die nicht christliche Antike Zeugnis abzulegen vermöge.

Während die humanistischen Autoren von dem Selbstverständnis getragen waren, eine neue Epoche des Denkens eingeleitet zu haben, beschränkte sich ihre Loslösung vom Mittelalter im Wesentlichen tatsächlich nur auf die Gegnerschaft zu den scholastischen Schulen. Darüber hinaus wurde kein markanter Bruch mit den mittelalterlichen Lehrmeinungen vollzogen. Das Denken des Humanismus blieb wie das der Renaissance seinem Wesen nach voraufklärerisch, d. h., es fand nicht zu der vernünftigen Selbstständigkeit der Aufklärung, sondern blieb vorwiegend im Meinungsstreit historischer Autoritäten befangen. Der Kampf gegen dogmatische Verhärtung stellt jedoch ein aufklärerisches Denken vorbereitendes Element dar.

Besonders durch die Konzile von Konstanz und Basel breitete sich die Bewegung allmählich in den anderen westeuropäischen Ländern aus. In Deutschland blieb die Diskussion humanistischer Ideen teils stärker christlich orientiert als die der italienischen Vorbilder, teils verfolgten die deutschen Autoren nationale (gegen eine Bevormundung von Rom gerichtete) Tendenzen. Die Ausbreitung der humanistischen Bewegung, eingeleitet v. a. durch KONRAD CELTIS, erlebte ihren Höhepunkt mit ERASMUS VON ROTTERDAM und ULRICH VON HUTTEN. Über MUTIANUS RUFUS, JOHANNES REUCHLIN und PHILIPP MELANCHTHON fand sie Eingang in die Universitäten. Zunächst hatte sie auch bedeutenden Einfluss auf die Reformation, doch bedeutete der Erfolg MARTIN LUTHERS historisch das Ende des Humanismus.

In der Zeit des Übergangs vom 18. zum 19. Jh. entstand eine »neuhumanistische« Bewegung, in der sich Begeisterung für die klassische Antike mit Grundgedanken der zeitgenössischen Philosophie und der beginnenden Geisteswissenschaften verbanden: JOHANN JOACHIM WINCKELMANN, JOHANN WOLFGANG VON GOETHE, FRIEDRICH SCHILLER,

FRIEDRICH HÖLDERLIN, HEGEL und WILHELM VON HUMBOLDT entwickelten eine Ansicht vom Menschen, in der als Zweck menschlicher Existenz die Bildung des Individuums angesehen wird.

Hume [hju:m], David, englischer Philosoph, Ökonom und Historiker, *Edinburgh 26. 4. 1711, †Edinburgh 25. 8. 1776: Schon während seiner Schulzeit beeindruckten HUME die Physik ISAAC NEWTONS und die Werke von JOHN LOCKE. Nach Abbruch seines Jurastudiums beschäftigte er sich mit den erkenntnistheoretischen Grundlagen einer empirischen Wissenschaftstheorie. 1734–36 schrieb er in einem kleinen Dorf bei Anjou in Frankreich sein philosophisches Hauptwerk »Treatise of human nature« (1739–40), das aber ohne die erhoffte Resonanz blieb. Seine Neubearbeitung des ersten Buches (1748) machte ihn dann berühmt; sie wurde unter dem Titel der Zweitauflage »Enquiry concerning human understanding« (1758) bekannt. Da seine Bemühungen um einen Lehrstuhl erfolglos waren, übte HUME verschiedene Tätigkeiten als Sekretär und Bibliothekar in Edinburgh, Paris und London aus. Daneben verfasste er eine einflussreiche Geschichte Englands (1754–62). 1769 zog er sich nach Edinburgh zurück, überarbeitete seine Werke und schrieb zuletzt eine Autobiografie (postum 1777).

Hume: In seiner Geburtsstadt Edinburgh steht seit 1996 dieses Bronzedenkmal für David Hume; der Bildhauer Alexander Stoddart stellte ihn in der Pose eines antiken Philosophen dar.

HUME gilt neben LOCKE als Hauptvertreter des englischen ↑Empirismus. Wie LOCKE versuchte HUME in seinem erkenntnistheoretischen Werk, das Zustandekommen von Erkenntnis aus Erfahrung zu analysieren. Jedoch hatte er eine eher skeptische Grundhaltung gegenüber dem menschlichen Erkenntnisvermögen. Für HUME waren Erfahrung (experience) und Beobachtung (observation) zwar auch der Ausgangspunkt von Vernunft und Moral. Sie galten ihm jedoch als subjektiv und taugten daher nicht, sicheres Wissen oder verbindliche Moral zu ermöglichen. So beruht nach HUME das Prinzip der ↑Kausalität nur auf der gewohnheitsmäßigen Verknüpfung von bestimmten Ursachen mit bestimmten Wirkungen. Auch die ↑Induktion, d. h. der Übergang von beobachteten Einzelfällen zu einer allgemeinen Aussage, lasse sich nur gewohnheitsmäßig rechtfertigen. Mit dieser Infragestellung des Prinzips der Kausalität bzw. der Naturgesetze gab HUME einen wesentlichen Anstoß zu KANTS ↑Kritizismus.

HUMES skeptische Position wurde in seiner Ethik gemildert durch ihre lebenspraktische

Orientierung. Moral sei nicht auf Wissen, sondern auf Fühlen zu begründen (↑Nonkognitivismus). Berühmt wurde sein Verbot der Herleitung moralischer Normen aus Fakten als humesches Gesetz: »Aus dem Sein folgt kein Sollen«. Mit seiner Behauptung, man erkenne moralisch gute Eigenschaften an ihrer Nützlichkeit, wurde HUME zu einem Vorläufer des ↑Utilitarismus.

Husserl, Edmund, deutscher Philosoph, *Proßnitz (Südmährisches Gebiet) 8. 4. 1859, † Freiburg im Breisgau 27.4.1938: HUSSERL studierte Mathematik und Philosophie. 1901 wurde er Professor in Göttingen, 1916 in Freiburg im Breisgau. Wegen seiner jüdischen Abstammung verlor er 1936 den Professorentitel.

Von der Mathematik herkommend und den damals vorherrschenden ↑Psychologismus zurückweisend, begründete HUSSERL bereits mit seinen »Logischen Untersuchungen« (1900/01) die ↑Phänomenologie als eine der bedeutendsten Richtungen der Philosophie des 20. Jh. Unter dem Schlagwort »zu den Sachen selbst« beabsichtigte er mit der Phänomenologie, die Philosophie radikal neu zu begründen (»Philosophie als strenge Wissenschaft«, 1911). Dabei ging er wie DESCARTES, auf den er sich zeitlebens berief, vom Bewusstsein aus. Anders als dieser, der über sein fundamentales Prinzip ↑Cogito, ergo sum einen Substanzendualismus entwickelte (↑Res cogitans/Res extensa), verblieb HUSSERL jedoch mit seinem Konzept der transzendentalen Subjektivität im Bewusstsein. Ja er vergrub sich mithilfe der Methode der phänomenologischen ↑Reduktion immer tiefer in es, zumal als er sich mit seinem Hauptwerk »Ideen zu einer reinen Phänomenologie« (1913) von der zuvor »rein« deskriptiven Phänomenologie ab- und der Transzendentalphänomenologie zuwandte. Im Zentrum seiner akribischen Bewusstseinsanalysen steht der von FRANZ BRENTANO übernommene Begriff der Intentionalität (↑Intention): Bewusstsein ist immer Bewusstsein »von etwas«, d. h. eines Gegenstandes (im weitesten Sinne). Deshalb steht das Bewusstsein nicht rezeptiv Gegenständen außerhalb seiner selbst gegenüber, sondern korrelativ den Gegenständen als Bewusstseinsinhalten und ist somit konstitutiv für diese. Erst in seinen letzten Lebensjahren wandte sich HUSSERL anderen Themen zu wie z. B. der Geschichte in »Die Krisis der europäischen Wissenschaften« (1936). Sein dort entwickelter Begriff der ↑Lebenswelt erlangte weit über die Phänomenologie und Philosophie hinaus Bedeutung.

Lange Zeit zählte HUSSERL v. a. im deutschsprachigen Raum zu den am meisten vergessenen Philosophen des 20. Jh. Nicht zuletzt vermittelt über französische Denker (u. a. JACQUES DERRIDA, MICHEL FOUCAULT) findet HUSSERLS Werk heute auch in Deutschland wieder stärkere Beachtung.

Hylemorphismus [griech.]: ↑Form/Materie.

Hypothese [zu griech. hypóthesis, eigentlich »das Untersetzen«, »Unterlage«, dann »die Unterstellung«, »Grundlage«]: in der Logik Sätze, die bei einer ↑Folgerung vorausgesetzt werden; in der Wissenschaftstheorie ein Satz, dessen Wahrheit nicht feststeht, der aber vorläufig als wahr betrachtet wird. Dabei wird verlangt, dass dieser Satz weder selbst einen Widerspruch enthält noch zu anerkannten Tatsachen in Widerspruch steht. Ferner soll er einen »empirischen Gehalt« haben, d. h., er soll empirisch überprüfbare Folgerungen erlauben. In den Erfahrungswissenschaften sind Hypothesen in der Form von Allaussagen besonders wichtig (z. B. »Alles Kupfer leitet den Strom«). In solchen Fällen spricht man von **Gesetzeshypothese.** Einer solchen Gesetzeshypothese gehen i. d. R. viele Einzelbeobachtungen und Experimente voraus, in denen sich die Hypothese als zutreffend erwiesen hat. Widersprechen die Erfahrungen den Vo-

raussagen, so kann dies (aber muss nicht!) als ↑Falsifikation der Hypothese angesehen werden.
Eine Gesetzeshypothese, die sich in hohem Maße bewährt hat, wird »empirisches Gesetz« genannt. Ein solches kann nie mit Sicherheit als wahr erkannt werden; seine Wahrheit ist immer nur wahrscheinlich. Gesetzeshypothesen können zwar endgültig falsifiziert, aber nicht verifiziert werden (↑Verifikation). Anders liegen die Verhältnisse, wenn die Hypothese eine Existenzaussage darstellt. So behauptete z. B. der Physiker Wolfgang Pauli als Konsequenz von Berechnungen die Existenz eines neuen Elementarteilchens, Neutrino; auch der Planet Neptun wurde vor seiner Entdeckung aufgrund von Unregelmäßigkeiten der Bahn des Uranus postuliert. Solche Existenzhypothesen können endgültig verifiziert werden, indem man den betreffenden Gegenstand aufweist: So lässt sich das Neutrino in der Blasenkammer nachweisen; der Neptun kann seit der Entwicklung entsprechender Fernrohre angeschaut werden.

hypothetisch [griech.]: Ein Urteil wird in der traditionellen Logik hypothetisch genannt (im Sinne von »bedingt«), wenn es von der Form »wenn ..., dann ...« ist; Gegensatz: ↑kategorisch.

hypothetischer Imperativ: eine allgemeine Handlungsanweisung, die nur unter bestimmten Bedingungen oder Voraussetzungen Geltung beansprucht.
Beispiel: »Wenn du negative Folgen für dich selbst vermeiden willst, dann sage die Wahrheit!« Der Zweck der durch einen hypothetischen Imperativ gebotenen Handlung liegt nicht in ihr selbst (z. B. die Wahrheit sagen um ihrer selbst willen), sondern die gebotene Handlung wird als Mittel gesehen, um andere Werte zu realisieren (z. B. Vermeidung von Unlustgefühlen durch soziale Sanktionen). Kant unterschied vom hypothetischen den ↑kategorischen Imperativ.

I

Ich: Bezeichnung für die Struktur der Persönlichkeit. Mit »Ich« wird auch das sich selbst verändern könnende, steuernde und wertende Prinzip bezeichnet, das eine Person befähigt, sich als von anderen Personen (und Dingen) verschieden wahrzunehmen und das die Handlungen steuert.
Zum philosophischen Problem wird das Ich mit Beginn der Neuzeit. Im Zuge der Verselbstständigung der Psychologie gegenüber der Philosophie ab dem ausgehenden 19. Jh. werden Probleme wie die Frage der Ich-Spaltung (Schizophrenie), der Klarheitsgrade des Ich-Erlebens u. a. schrittweise den verschiedenen Forschungsansätzen von Psychologie und Psychoanalyse zugeordnet. Nach dieser Ausgrenzung stehen in der Philosophie des 20. Jh. v. a. drei Sachbereiche im Vordergrund: in der Anthropologie das Problem der Einmaligkeit des Ich (↑Individuum) und das Verhältnis des Ich zum Anderen (↑Dialog, ↑Intersubjektivität), in der Ethik die Anerkennung des Ich als des Unbedingten (↑Freiheit, ↑Person), in der Sozialphilosophie die Stabilität eines Ich gegenüber dem Wandel sozialer Rollen und Erwartungen (↑Identität). Während die neuzeitliche Theorie des ↑Subjekts nach dem Ich als einer fundierenden Wesenheit fragt (v. a. Descartes, Johann Gottlieb Fichte, Edmund Husserl), wird seitens einer sprachanalytischen Tradition mitunter das Problem des Ich auf das Problem der Bedeutung des Ausdrucks »ich« zurückgeführt, um die Annahme einer Ich-Substanz als illusionär nachzuweisen.
In der Psychoanalyse ist das Ich eine innere Instanz der Seele (neben dem ↑Es und dem ↑Über-Ich), die mit ihren z. T. angeborenen Ich-Funktionen wie Wahrnehmung, Erinnerung, Denken, Planen und Lernen sowie den unbewussten Ich-Funktionen zur Abwehr

nicht akzeptierter Triebimpulse (Abwehrmechanismen) dazu verhilft, zwischen den verschiedenartigen Erfordernissen der Außenwelt, den Triebwünschen des Es und den Forderungen des Über-Ich je nach eigener Ich-Stärke zu vermitteln.

Ich: Die Entwicklung eines Ichbewusstseins vollzieht sich im Kleinkindalter. Mit 16 bis 24 Monaten lernen Kinder, ihr Spiegelbild als Bild ihrer selbst zu sehen.

ideal [zu griech. idéa, eigentlich »Gestalt«, »Bild«, dann »Wesen«, »Urbild«, »Idee«]: Im allgemeinen Sprachgebrauch bedeutet »ideal« bzw. »Ideal« den Inbegriff einer Vollkommenheit, musterhaftes Ur- oder Vorbild bzw. höchstes Ziel/Gut, nicht selten im Sinne eines theoretisch wie praktisch kaum erreichbaren Grenzwertes. So heißt z. B. einen Menschen, Sachverhalt oder Vorgang **idealisieren** ein unvollkommen erscheinendes Wirkliches in Gedanken von seinen Unvollkommenheiten befreien, einem möglichen Ideal angleichen, evtl. verklären. Daneben wird »ideal« (bzw. »ideell«) oft als bloßer Gegenbegriff zu ↑»real« (»reell«) gebraucht und bedeutet dann unwirklich, bloß vorgestellt, fiktiv.

Der kunstphilosophischen Diskussion des 16. Jh. entlehnt, hat der Begriff Ideal v. a. durch KANT, FRIEDRICH SCHILLER und HEGEL Eingang in die Philosophie gefunden. Als Verbindungsglied von Idee und Wirklichkeit ist er dabei begrifflich oft nur schwer von ↑Idee selbst zu trennen. Für KANT ist das Ideal die Idee einer existierenden Idee, d. h. »die Idee nicht bloß in concreto, sondern in individuo«. Dabei kommt dem Ideal selbst keine »objektive Realität« (Existenz) zu, sondern es erscheint als eine praktisch (ethisch) regulative Kraft. HEGEL reduziert den Begriff auf den rein künstlerischen Bereich: Das Ideal ist die »Idee als das Kunstschöne«, sofern das Kunstschöne als das »sinnliche Scheinen der Idee« sich gleichsam im Idealfall mit der Idee in/als Realität identifiziert.

Idealismus [griech.-lat.]: Die Philosophiegeschichte weist durchgängig die Auseinandersetzung mit einem meist gegensätzlich gedachten Begriffspaar *A* –*B* auf, wobei *A* für Idee, Geist, Vernunft, Denken, Subjekt, Begriff steht, *B* für Natur, Materie, Welt, Sein, Objekt, Realität. Vor allem das Begriffspaar Geist – Materie kennzeichnet dabei die zwei grundsätzlichen Strömungen in der Philosophiegeschichte, die je nachdem, ob sie dem einen oder dem anderen einen Primat einräumen, als Idealismus oder Materialismus bezeichnet werden. Für eine Aufschlüsselung der verschiedenen Positionen in diesem Problemkreis, den FRIEDRICH ENGELS als »Grundfrage der Philosophie« bezeichnet, ist es günstig, drei Argumentationstypen zu unterscheiden:

1. Es wird zwischen ↑Idee bzw. ↑Geist und ↑Materie bzw. Realität entschieden und die jeweils andere Seite als irrtümlich, scheinbar oder nicht existent behauptet.
2. Es wird behauptet, dass beide gleichrangig und zusammengehörig bzw. die zwei möglichen Erscheinungsweisen ein und derselben Substanz sind.
3. Es wird die Subjekt-Objekt-Differenz (↑auch Subjekt-Objekt-Problem) bzw. der Gegensatz Idee – Natur in einem beide miteinander vermittelnden Absoluten aufgehoben.

Ein Idealismus der ersten Art wird meist als **subjektiver Idealismus** bezeichnet. Beispiel eines solchen Standpunkts ist GEORGE BERKELEY, bei dem die Realität der Dinge auf unserer Vorstellungskraft beruht (»ideas«), jenseits derer sie keine Realität besitzen. Ihr Sein besteht im Wahrgenommenwerden (↑»esse est percipi«). Auch JOHANN GOTTLIEB FICHTES Idealismus, der behauptet, dass »Ich« gleich »Alles« sei, wird von FRIEDRICH VON SCHELLING und HEGEL als subjektiv bezeichnet. Dasselbe gilt für KANTS **kritischen Idealismus,** der lehrt, dass »alles, was im Raume oder der Zeit angeschauet wird,... nichts als Erscheinungen« sind, die »außer unseren Gedanken keine an sich gegründete Existenz haben«.

Beispiel für die zweite Art der Lösung des Grundproblems ist die Philosophie BARUCH DE SPINOZAS: »Die Ordnung und die Verknüpfung der Idee ist dieselbe wie die Ordnung und Verknüpfung der Dinge.« Für die Parallelität beider ist bei DESCARTES der Gott als deren Schöpfer (↑Res cogitans/Res extensa) die Begründung, bei LEIBNIZ die ↑prästabilierte Harmonie.

Eine Auflösung des Grundproblems im Sinne der dritten Art wird im Rahmen des **objektiven Idealismus** geleistet, dessen vornehmliche Vertreter PLATON und HEGEL sind: Bei PLATON ist das Sein der Dinge durch ↑Teilhabe (Methexis) an den Ideen bzw. am Sein der Ideen gegeben. HEGEL begreift die Idee selbst schon als »Identität des Begriffs mit seiner Realität«. Es ist aber der »absolute Geist«, der die Idee mit der Natur, die »die Idee als das Andere ihrer selbst« ist, vermittelt. Der Begriff des absoluten Geistes beinhaltet, dass an die Stelle des subjektiven, individuellen Denkens die »Selbstbewegung des Begriffs« tritt, der Kerngedanke der hegelschen Dialektik. In dieser Tätigkeit des absoluten Geistes, in dem nun nicht mehr Subjektivität und Objektivität unterschieden sind, ist auch die Realität der ↑Natur gegründet. Die Natur als nunmehr selbst »Selbstbewegung des Begriffs« hat zum (nicht zeitlich-evolutiv verstandenen) Resultat den Menschen bzw. den (zunächst individuellen) Geist, der sich dann über Kunst, Religion und Philosophie zum absoluten Geist aufhebt und somit »das Andere der Idee« (die Natur) mit der Idee zusammenschließt. In HEGELS objektivem Idealismus sind Sein, Idee, Natur, Mensch, Gott zu einer (nicht statischen, sondern dialektischen) Einheit, dem absoluten Geist, verschmolzen.

Als **deutscher Idealismus** werden v.a. die Philosophien KANTS, FICHTES, SCHELLINGS und HEGELS bezeichnet.

Ideal language philosophy [engl.]: ↑analytische Philosophie.

Idealsprache: Unter dem Einfluss von LUDWIG WITTGENSTEINS »Tractatus« (1921) in der ↑analytischen Philosophie zeitweise vertretenes Ideal einer einheitlichen Wissenschaftssprache, in der analog zum Aufbau formaler Sprachen in Logik und Mathematik alle Zeichen eindeutig definiert wären, sodass sich in ihr – im Gegensatz zu den natürlichen Sprachen – nur sinnvolle Sätze würden bilden lassen.

Ideation [griech.-lat.]: ↑Wesensschau.

Idee [zu griech. idéa, eigentlich »Erscheinung«, »Form«]: Grundbegriff der Philosophie, der bereits in seiner Verwandtschaft mit anderen Begriffen auf die Vielfalt der Probleme deutet, die die Philosophiegeschichte aufweist. Was jeweils unter Idee verstanden wird, hängt eng damit zusammen, wie andere Grundbegriffe – v.a. in ihrem Verhältnis zueinander – verwendet werden, z.B. Allgemeinbegriff, Erkenntnis, Existenz, Realität, Sein, Vernunft, Vorstellung, Wahrnehmung, Erscheinung.

DEMOKRIT verwendet »idéa«, wenn er von elementaren, nicht zusammengesetzten »Gestalten« spricht (↑Atom). Als eigentlicher Begründer einer Lehre von den Ideen gilt PLATON. Er verwendet den Begriff allerdings meist parallel mit anderen Begriffen wie »das

Wesen (ousía) selbst«, »das eigentliche Sein«, »Paradigma« und »Form«. So ist z.B. der Fromme insofern fromm, als seine Frömmigkeit Nachahmung des Urbilds (Paradigma) »Frömmigkeit« ist. Eine Form der Beziehung zwischen Einzelding und Idee ist die Teilhabe (↑Methexis). So ist die Idee auf der einen Seite eine Art von begründetem Wissen, dessen die Seele vor ihrer Geburt in den Körper teilhaftig war; sie konnte die Ideen »schauen« (↑Schau), nun hat sie sie aber vergessen, obgleich ihr noch das Vermögen der Wiedererinnerung (↑Anamnesis) an diesen Zustand eigen ist. Auch sind die Gegenstände dem Menschen erkennbar, weil sie ihrerseits an den Ideen Anteil haben. Auf der anderen Seite kommt den Ideen auch Sein zu bzw. sind sie eigentliches, wahres Sein, demgegenüber der Gegenstand unserer Wahrnehmung, das ↑Phänomen, nur ↑Schein ist (↑Höhlengleichnis). So deutet sich hier die Konzeption zweier voneinander abgetrennter Sphären des Seins an (↑Chorismos).

ARISTOTELES kritisiert diese Abtrennung, weil damit die Einzeldinge als getrennt von ihrer Idee (als ihrem Urbild) existierend behauptet würden und damit auch das Urbild als getrennt von dem, wovon es Urbild ist. Mit der Stoa rückt die Auffassung der Ideen als ↑Allgemeinbegriffe in den Vordergrund, während im Neuplatonismus (PLOTIN, AUGUSTINUS) vorwiegend der Geist (↑Nous) als der »Ort« der Ideen angesehen wird: Gott ist es, der die Ideen denkt und, indem er sie denkt, die Welt schafft. Die Auseinandersetzung zwischen der Konzeption von Ideen als »wahres« Sein und als abstrakte Begriffe gipfelt im ↑Universalienstreit. So ist die Geschichte des Begriffs Idee gekennzeichnet von dem Problem der Bewältigung des Gegensatzes zwischen Realität (der Dinge) und Erkenntnis (von den Dingen) und zwischen Sein und Denken.

Bei DESCARTES sind die Ideen, als »alles, was im Geist ist«, Abbilder der realen Dinge. Er unterscheidet dabei angeborene, empirisch gewonnene und künstlich erzeugte Ideen. Hier, wie bei JOHN LOCKE und DAVID HUME, geht der Begriff Idee in den von ↑Vorstellung und Denkakt über.

Nach KANT kommt den Ideen keine »objektive Realität« zu. Als »regulative Prinzipien« gewährleisten sie die Möglichkeit des praktischen, nicht des erkenntnistheoretischen Umgangs mit den ihnen entsprechenden Gegenständen (Gott, Welt, Seele, Freiheit, Unsterblichkeit u.a.). Er unterscheidet somit die Termini »Idee« und »Begriff«. Einen Anklang an die platonische Idee hat jedoch noch sein Begriff vom ↑Ding an sich.

Bei HEGEL ist die absolute Idee das vollendete Resultat der dialektischen Entwicklung des Begriffs »Sein«. Hier sind begreifendes Erkennen und Realität, Subjektivität und Objektivität keine Gegensätze mehr. Die absolute Idee ist die »Einheit des Begriffs mit seiner Realität«, in ihr ist der Begriff sich selbst Gegenstand, Realität ist das Sichselbst-Begreifen des Begriffs. ↑Dialektik ist nicht mehr eine Methode des Denkens, das seinen Begriff der Sache, der Realität »angemessen« machen will; die Sache ist nicht mehr außerhalb des Denkens liegender Gegenstand, sondern sie ist die »Tätigkeit des Begriffs« selbst. In der absoluten Idee ist der Begriff »einfache Beziehung auf sich« und somit identisch mit dem »reinen, unbestimmten Sein«. Die »Logik« ist der Vollzug und Aufweis, dass sich ihr Anfang (das reine Sein) mit ihrem Ende (der absoluten Idee) über die dialektische Entwicklung des Begriffs »Sein« (bzw. über den Nachvollzug der »Selbstbewegung des Begriffs«) zusammenschließt. Damit ist die Logik als Metaphysik und als Ontologie verstanden. Denken, als nunmehr »spekulatives« Denken, steht nicht mehr im Gegensatz zu seinem Gegenstand, da die Idee, als nunmehr absolute, selbst die (dialektische) Vermittlung des Seins, des Wesens und des Begriffs zu einer Einheit ist.

Idee des Guten: Die Ideenlehre PLATONS geht davon aus, dass die Ideen hierarchisch geordnet sind und an ihrer Spitze die Idee des Guten steht. Aus der Existenz der Idee des Guten, die wie alle Ideen ewig ist und sich nicht verändert, folgt, dass es immer gültige, objektive, ethische Werte gibt. Die Kenntnis der Idee des Guten ist eine notwendige und hinreichende Bedingung für moralisch richtiges Handeln; wer die Idee des Guten kennt, ist selbst gut. So ist auch ein Staat genau dann gut (ethisch gerechtfertigt), wenn er von jemandem geführt wird, der weiß, was gut ist. Daher muss im platonischen Staat ein Philosoph die Herrschaft übernehmen. – auch ↑Höhlengleichnis.

Identität [zu lat. idem »derselbe«/«dasselbe«]: allgemein vollkommene Gleichheit oder Übereinstimmung (in Bezug auf Dinge oder Personen). In Psychologie und Soziologie beziehen sich die Begriffe **Ich-Identität** auf die Erhaltung des Gleichgewichts zwischen sozialer und persönlicher Identität (JÜRGEN HABERMAS), **persönliche Identität** auf die organische und biografische Einmaligkeit des Individuums, **soziale Identität** auf die Gesamtheit der Rollenerwartungen, die ein Individuum im Interaktionsprozess erfüllen muss. Das Individuum kann die in der Ich-Identität ständig neu zu gewinnende Balance zwischen persönlicher Besonderheit und von der jeweiligen Bezugsgruppe erwarteter Gemeinsamkeit auf zwei Arten verlieren: einmal, indem es die Rollenerwartungen der anderen verinnerlicht und sich so nicht mehr von der ihm zugeschriebenen sozialen Identität abhebt; auf der anderen Seite, indem es die Erwartungen der anderen zurückweist und um der Wahrung der persönlichen Identität willen sich selbst als Interaktionspartner aufgibt.

Die sozialen Situationen, in denen sich ein Individuum befindet, sind häufig durch Widersprüchlichkeit und Mehrdeutigkeit (Ambiguität) gekennzeichnet. So kann es zu Konflikten zwischen den verschiedenen Rollen kommen, die ein Individuum innehat, zwischen den Anforderungen verschiedener Bezugsgruppen, die sich an ein Individuum in einer Rolle richten, zwischen kulturellen Werten, die eine Gesellschaft propagiert usw. Da solche Konflikte immer wieder auftreten, ist es zur Ausbildung der Ich-Identität notwendig, Ambiguitätstoleranz zu entwickeln, d.h. mehrdeutige und widersprüchliche Situationen zur Kenntnis zu nehmen und zu ertragen, ohne sie in unangemessener Weise zu vereinfachen oder zu verdrängen. Damit die eigene Ich-Identität überhaupt von einem anderen wahrgenommen und berücksichtigt werden kann, ist es notwendig, sie im wechselseitigen Handeln (Interaktion) wirksam vorzustellen. Da wir andererseits unsere Identität nicht nur in den Umgang mit anderen »einbringen«, sondern sie auch daraus »empfangen« – durch die Art, wie die anderen auf unsere Identitätsentwürfe eingehen –, ist die Fähigkeit, Identität darzustellen, zugleich Voraussetzung und Folge der Ich-Identität.

In der Logik ist ein Gegenstand mit sich (im Unterschied zur ↑Gleichheit) selbst und nur mit sich selbst identisch; das gilt absolut. Identität gehört also im Bereich der Ontologie zu den Begriffen, die uns die Rede über Gegenstände allererst ermöglichen. Zwei Objekte, deren Eigenschaften völlig übereinstimmen (z.B. zwei Elektronen) lassen sich wenigstens noch bezüglich Zeit und Raum unterscheiden: Zwei Gegenstände können sich nicht zugleich an der gleichen Raumstelle befinden. Raum und Zeit werden deshalb traditionell als Principia individuationis (lat. etwa »Grundsätze der Individuenbildung«) bezeichnet. Allerdings brauchen Objekte, die gleich sind, noch lange nicht identisch zu sein (^{235}U und ^{238}U z.B. sind chemisch gleich, physikalisch jedoch verschieden).

Identitätsphilosophie: eine von FRIEDRICH VON SCHELLING 1801 verwendete Bezeichnung zur Charakterisierung seines spekulativen »Systems«, das das Absolute als »totale Indifferenz des Subjektiven und Objektiven«, d. h. als Identität von Denken und Sein, Geist und Natur bestimmt.

Ideologie [zu griech. idéa »Idee« und lógos »Lehre«, wörtlich also »Lehre von den Ideen«]: alltagssprachlich meist herabsetzend verwendete Bezeichnung für relevante politisch-soziale Weltanschauungen (Faschismus, Kommunismus, Liberalismus usw.), denen z. B. dogmatisch-totalitäre Herrschaftsansprüche und/oder intolerante Herrschaftsformen unterstellt werden sollen. Als philosophische Begriffe sind Ideologie und Wissen in einem gegenseitigen Spannungsverhältnis konzipiert. Unter Ideologie wird dann ein »verzerrtes Wissen« verstanden: die Gesamtheit all derjenigen geistigen Inhalte und Ideen, die durch materiale Randbedingungen der menschlichen Existenz (verfälschend) beeinflusst sind. Der Ideologie verdächtigt werden Theorien immer dann, wenn sie den Kriterien des eigenen philosophischen Standpunkts des »wirklichen Wissens« nicht genügen und deshalb als unbewusste oder gar bewusste Täuschung zurückgewiesen werden.

Positionen, die den Standpunkt der Möglichkeit »wirklichen Wissens« vertreten, geraten selbst leicht wieder unter den Verdacht von Ideologie und Dogmatismus. Dagegen ist durch keine Kritik die endgültige Aufhebung und Überwindung der Ideologie möglich; der Ansatz führt faktisch in eine Aporie, aber er sollte nicht zu nachlassender (rationaler) Kritik führen. Die Intentionen einer **Ideologiekritik** stehen immer in einem Spektrum von theoretischen und praktischen Interessen. Als eine Weise von ↑Aufklärung in sozialen Dimensionen kann oder sollte Ideologiekritik aber gesellschaftsverändernd wirken.

Von erkenntnistheoretischen Interessen geleitete Ideologiekritik findet sich der Sache nach bereits zu Beginn der neuzeitlichen, verstärkt naturwissenschaftlich orientierten Wissenschaften. FRANCIS BACON z. B. liefert eine Klassifikation von ↑Vorurteilen, die der wahren Erkenntnis der Natur (die prinzipiell für möglich gehalten wird) angeblich entgegenstehen. Im Frankreich des ausgehenden 18. Jh. wird erstmals auch die gesellschaftspolitische Relevanz des Ideologieproblems thematisiert. So fordert ANTOINE LOUIS CLAUDE DESTUTT DE TRACY (1801) ein für alle Schichten zugängliches, generalisiertes Erziehungssystem, das ein »fortschrittliches Weltbild« vermitteln und erste Voraussetzungen einer »sozialen Harmonie« schaffen soll.

Im 19. Jh. rückt eine anthropologische Dimension immer stärker in den Vordergrund: Ideologisch deformiertes Wissen entfernt den Menschen nicht nur von Natur und Naturerkenntnis, sondern auch von sich selbst. Der Mensch ist sich selbst fremd, weil Ideologie ihm die wahre Selbsterkenntnis, das Finden der eigenen Bestimmung, verstellt. Umso dringlicher erscheint die Aufgabe der Überwindung dieser Selbstentfremdung. Eine »radikalere« Position vertreten hier KARL MARX und mit ihm alle neomarxistischen Ansätze bis hin zur ↑kritischen Theorie: (Falsche) Religiosität z. B. als Kompensationshandlung ist für MARX ein deutliches Zeichen der Selbstentfremdung einer ganzen Klasse, die sich außerstande sieht, ideologieverzerrte gesellschaftliche Verhältnisse zu beseitigen. Die fatale Wechselwirkung zwischen gesellschaftlichem Sein und Bewusstsein (aus einer »falsch« organisierten Praxis folgt ja laut Ideologietheorie ein falsches Selbstbewusstsein, das sich seinerseits wieder in einer falschen Organisation von Politik, Sitte, Religion, Philosophie niederschlagen wird) kann nur in einem revolutionären Prozess überwunden werden.

illokutiver Akt [lat.]: ↑Sprechakt.

Imagination [lat.]: ↑Einbildungskraft.

immanent [zu lat. immanere »darin (bei etwas) bleiben«]: heute wesentlich bildungssprachlicher Begriff zur Bestimmung eines Sachverhalts, bei dem ein vorgegebener Bereich nicht überschritten wird bzw. das Enthaltensein von Bestandteilen oder eine Entwicklung als unabhängig von äußeren Einflüssen anzusehen ist. So spricht man von einer immanenten Kritik, wenn die Auseinandersetzung mit einer These oder Theorie von deren eigenen Voraussetzungen ausgeht, von einer immanenten Methode, wenn diese durch den Gegenstand der Untersuchung selbst bestimmt wird, exemplarisch in der Mathematik.

In der Philosophie der Scholastik hat sich der Begriff im Rahmen von metaphysisch-theologischen Fragestellungen als zentraler Gegenbegriff zu ↑transzendent eingebürgert. Seine erkenntnistheoretische Bedeutung geht auf KANTS ↑Transzentalphilosophie zurück. Danach bedeutet »immanent« die Beschränkung der menschlichen Erkenntnis auf den Bereich möglicher Erfahrung.

Immanenzphilosophie: eine u.a. von WILHELM SCHUPPE gegen Ende des 19. Jh. begründete, dem Positivismus und Empiriokritizismus nahestehende philosophische Schule. Im Wesentlichen der klassischen Subjekt-Objekt-Problematik verpflichtet, vertrat sie eine strikte Identität von Wirklichkeit und Bewusstseinsinhalt, »Objekt« und »Vorstellung«: Da Erfahrung nur innerhalb des Bewusstseins möglich ist, wird das Sein in das Bewusstsein verlegt und geht andererseits auch nicht darüber hinaus.

Imperativ [zu lat. imperare »anordnen«, »befehlen«]: in Anlehnung an die grammatische Verwendung (Modus einer Forderung) von KANT in die praktische Philosophie eingeführter Terminus, der eine bestimmte Art von Aufforderungen bezeichnet. Soll die Handlungsanweisung dabei ohne jede Einschränkung in allen möglichen (realen) Situationen gelten, so handelt es sich um einen unbedingten Imperativ; wird der Geltungsanspruch durch Angabe von (situativen) Randbedingungen relativiert, so heißt der Imperativ bedingt. Von der Allgemeingültigkeit eines Imperativs spricht man dann, wenn er sich durch Angabe vernünftiger Gründe rechtfertigen lässt. Diese Rechtfertigungsmöglichkeit durch Vernunftgründe war das entscheidende Motiv KANTS, Imperativen den Rang oberster Prinzipien in der Ethik zuzuweisen.

KANT sah den Menschen in der besonderen, charakteristischen Situation, nicht willkürlich, zufällig, ohne alle Prinzipien handeln zu wollen, sondern in dem Bestreben, sein Tun vernünftig einzurichten. Da aber ein Mensch nicht ausschließlich »Vernunftwesen« ist, d.h., nicht allein Vernunft als einziger Beweggrund sein Tun bestimmt, handelt er auch nicht unter allen Umständen nach bester (vernünftiger) Einsicht; er muss zur Verwirklichung seiner eigenen Einsicht immer wieder erst aufgefordert (»genötigt«) werden. Richtlinien zu vernunftgemäßem Handeln stellt deshalb jeder Mensch zunächst für sich selbst auf, die KANT ↑Maximen nennt. Maximen sind vom Einzelnen gefasste und daher auch nur subjektiv-individuell gültige Vorsätze oder Grundsätze des (sittlichen) Handelns. Aufgrund der aufklärerischen Prämisse, dass die Vernunftsstrukturen aller Menschen identisch seien, wird es darüber hinaus aber auch Handlungsgrundsätze geben, deren Notwendigkeit von jedermann jederzeit eingesehen werden kann, weil sich für sie intersubjektiv (d.h. objektiv) akzeptable gültige Argumente anführen lassen. Dann ist der Geltungsanspruch einer Regel universal, und KANT spricht von einem Imperativ.

Die Aufgabe der Ethik besteht dann darin, Handeln auf Vernünftigkeit hin zu prüfen und imperativische Handlungsregeln zu entwickeln und zu rechtfertigen. Dabei differenziert KANT im Wesentlichen zwischen zwei verschiedenen Arten von Imperativen: Soll der Wille »nur in Ansehung einer begehrten Wirkung bestimmt« werden, so handelt es sich um einen ↑hypothetischen Imperativ. Im Gegensatz dazu spricht er von einem ↑kategorischen Imperativ, wenn die im Imperativ geforderte Handlung um ihrer selbst willen »ohne Bezug auf einen anderen Zweck als objektiv-notwendig« anzusehen ist. Kategorische Imperative machen nach KANT den Gegenstand der praktischen Philosophie im engeren Sinne aus, weil sie apriorisch begründet werden können und einschränkungslos Geltung beanspruchen.

Implikation [lat. »Verflechtung«]: Grundbegriff der Logik, die Beziehung der ↑Folgerung zwischen einer (endlichen) Menge von Aussagen $A_1, \ldots, A_n$, den ↑Hypothesen (auch Prämissen, Bedingungen), und einer Aussage A, der These; Zeichen: $A_1, \ldots, A_n < A$, lies: A_1 bis A_n implizieren A. (Die Aussage »A_1 bis A_n implizieren A« ist dann und nur dann wahr, wenn gesichert ist, dass A wahr ist, wann immer A_1 bis A_n dies sind.)

Die Implikation stellt eine Aussage über Aussagen dar. Sie muss darum unterschieden werden von der ↑Subjunktion $A \rightarrow B$, die zwei Aussagen zu einer neuen Aussage verknüpft. Verwechslungen entstehen, weil sowohl die Implikation als auch die Subjunktion sprachlich durch die Wendung »wenn ..., dann ...« wiedergegeben werden können.

inadäquat [lat. »unangemessen«]: eine Darstellung (ein Abbild) heißt inadäquat, wenn sie den wiederzugebenden Sachverhalt in wichtigen Aspekten verändert.

In-der-Welt-Sein: zentraler Begriff der ↑Fundamentalontologie MARTIN HEIDEGGERS, mit der die Seinsweise des Menschen als ↑Dasein charakterisiert wird. Das Dasein ist immer schon in der Welt, was bedeutet, dass dem Menschen Welt im Sinne von Verständnis offensteht. Dieses Welt- bzw. Seinsverständnis wird streng unterschieden von den Dingen der Welt. Nur dadurch, dass der Mensch immer schon Welt im Sinne von Sein versteht, können ihm die innerweltlichen Dinge begegnen. HEIDEGGER unterläuft so die traditionelle Trennung von Erkenntnissubjekt und -objekt und grenzt sich damit gegenüber der Subjektphilosophie ab.

Indeterminismus [lat.]: ↑Determinismus/Indeterminismus.

indirekter Beweis: ↑Beweis.

indische Philosophie: Das philosophische Denken Indiens entwickelte sich bis in die Gegenwart hinein in engem Zusammenhang mit religiösen Vorstellungen, v. a. unter Einfluss der Weden, Brahmanas und Upanischaden (wichtigste religiöse Texte Altindiens). Zentrales Thema ist das Problem der Erlösung; ihm sind die Fragen der Ethik, Metaphysik und Kosmologie zugeordnet.

Die Anfänge indischer Philosophie lassen sich in den Weden bis ins 2. Jt. v. Chr. zurückverfolgen. Kennzeichnend ist ein Götterpluralismus, doch werden erste Ansätze sichtbar, die Vielheit der Phänomene auf einen einheitlichen Urgrund zurückzuführen. In den Brahmanas (entstanden zwischen 1000 und 750) verstärkte sich die monistische Tendenz (↑Monismus) zu einem einheitlichen Urprinzip des Kosmos. Die älteren Upanischaden (entstanden zwischen 750 und 550) bezeichnen die Wende vom mythischen zum philosophischen Denken. Sie sind bereits eindeutig monistisch orientiert: Brahman, das All-Eine, das absolute, nur durch Intuition erfassbare Sein, und Atman, das individuelle Selbst der menschlichen Persönlichkeit, werden in eins gesetzt. Die Lehre von der Seelenwanderung wird entfaltet; Erkenntnis der Einheit von Brahman und Atman bringt Erlösung aus dem Kreis der Geburten (Samsara).

Der orthodoxe ↑Brahmanismus entwickelte sechs »Sichtweisen« (Darschanas), unterschieden durch verschiedene Methoden zur Erkenntnis der Wirklichkeit, und zwar einerseits die vornehmlich praxisorientierten Systeme der Mimansa, des Samkhja, des Njaja, denen die metaphysischen Systeme des Wedanta, des Yoga, des Waischeschika gegenüberstehen. Zwischen 500 und 1000 n. Chr. standen neben und in Auseinandersetzung mit den Systemen des Brahmanismus, die nicht nur einen Materialismus vertreten, v. a. die Erlösungslehren des Dschainismus und ↑Buddhismus. Danach wurden bis 1600 Ansätze altindischer Philosophie aufgegriffen und entfaltet. Erst im 19./20. Jh. kam es zur Auseinandersetzung mit der europäischen Philosophie (z. B. bei RABINDRANATH TAGORE, SRI AUROBINDO, SARVEPALLI RADHAKRISHNAN).

Individualbegriff: Begriff, der genau einen Gegenstand kennzeichnet; Gegensatz: ↑Allgemeinbegriff.

Individualethik: ↑Ethik.

Individualismus: allgemein eine Betrachtungsweise, in der das ↑Individuum – unter Betonung der individuellen Selbstständigkeit und Freiheit – zum Ausgangspunkt des Denkens und Handelns, der (ethischen, religiösen, gesellschaftlichen) Wertvorstellungen gemacht wird. Individualistisch in ihrer Grundtendenz sind ↑Subjektivismus, ↑Nominalismus, ↑Utilitarismus, Liberalismus und Anarchismus.

Individuation [zu mittellat. individuare »zum Individuum (= das Untrennbare) machen«]: in Anlehnung an ARISTOTELES zentrales Thema im Rahmen des mittelalterlichen ↑Universalienstreites. Ist die Philosophie bzw. Metaphysik bemüht um die generelle Bestimmung des allgemein Seienden im Gegensatz zu dem »bloß« Besonderen, Vereinzelten, dann stellt das Problem der Individuation gleichsam ihren umgekehrten Fall dar. Individuation fragt nach den Bedingungen der Möglichkeit der Aussonderung des Allgemeinen in Besonderheiten, nach der Vereinzelung des Seienden in Individuen, kurzum nach dem Seinsgrund von Einzelwesen (Principium individuationis; lat. etwa »Prinzip der Individuenbildung«): Wie ist es zu erklären, dass das Allgemeine nicht als solches selbst, sondern (einzig) in einer Vielheit von Individuen existiert? Kritisch diskutiert wurde die Frage v. a. von DUNS SCOTUS.

Individuenkonstante: Zeichen für festbestimmte Elemente eines Grundbereichs, z. B. die Zahl π.

Individuum [lat. »das Unteilbare«, »Einzelding«]: ursprünglich synonym mit ↑Atom gebildete Bezeichnung, später, seit der Scholastik, auf »einzelner Mensch« (das Ich) im Unterschied zu »Gesellschaft« beschränkt, dann wieder auf einzelne Lebewesen erweitert, wobei für niedere Lebewesen, z. B. Korallen, nicht immer eindeutig ist, was als biologische Einheit gelten soll. Aber auch bei weitestem Sprachgebrauch bezeichnet »Individuum« in der Philosophie nicht bloß ein zusammengesetztes Stück, ein Aggregat, sondern ein Ganzes, dessen Einheit durch den Zusammenhang seiner Teile unter Bezug auf einen Zweck des Ganzen bestimmt ist (↑Teil/Ganzes); so am schärfsten bei LEIBNIZ im Begriff der ↑Monade gefasst. Auch in Logik und Mengenlehre werden Individuen gegen höherwertige Bildungen wie Klassen oder Mengen abgegrenzt.

Die Charakterisierung eines Individuums durch Kennzeichnungen, wie etwa in der Soziologie ein einzelner Mensch als Schnittpunkt sozialer Rollen gekennzeichnet wird, ist schwierig, da niemals alle Aussagen über ein Individuum vollständig und gleichzeitig zur Verfügung stehen.

Induktion [lat., eigentlich »das Hineinführen«, »Einführen«]: Verfahren zur Gewinnung und Begründung allgemeiner Aussagen, oft irreführend als »Schluss vom Besonderen auf das Allgemeine« bezeichnet. Nur in der Mathematik tritt Induktion als sog.

vollständige Induktion auf: Eine Eigenschaft, die die Zahl 1 besitzt und die mit jeder natürlichen Zahl n auch deren Nachfolger $n+1$ zukommt, weisen alle natürlichen Zahlen auf (z. B. $n^2 \geq n$). Die vollständige Induktion beruht auf der Art und Weise, wie die natürlichen Zahlen entstehen. Sie ist Ausdruck der Tatsache, dass deren Erzeugung gesetzmäßig erfolgt.

In allen Erfahrungswissenschaften ist es erforderlich, allgemeine Aussagen (Gesetze) aufzustellen. Da immer nur endlich viele Beobachtungen, Messungen usw. angestellt werden können, ist Induktion (im strengen Sinne des Wortes) unvermeidlich. Aus der Tatsache, dass sich ein Stein bei Sonnenbestrahlung bisher immer erwärmt hat, leiten wir ab, dass er dies auch in Zukunft tun wird. Wir sagen dann auch, die Sonnenstrahlen sind die Ursache für die Erwärmung des Steins, und unterstellen zugleich, dass dies auch weiterhin so sein wird. DAVID HUME hat mit seiner Kritik an dieser Überlegung (↑Kausalität) das moderne Induktionsproblem aufgeworfen, indem er behauptet, »dass die Kenntnis dieser Beziehung der Kausalität in keinem Falle durch Denkakte a priori gewonnen wird, sondern sie ganz und gar aus der Erfahrung stammt«. Wir können nach HUME aber nicht beweisen, dass die Natur sich in Zukunft weiter so verhalten wird, wie sie es bislang getan hat. Diese Kritik HUMES ist eine Herausforderung für die gesamte moderne Erkenntnis- und Wissenschaftstheorie (»Skandal der Philosophie«) geworden. Genauer betrachtet entstehen zwei Probleme:

1. die Verwendung von Induktion zu rechtfertigen (Begründungsproblem),
2. Kriterien für die Anwendung der Induktion zu entwickeln, also die Frage zu klären, unter welchen Voraussetzungen Induktion brauchbar ist.

Einen Versuch, die erste Problematik zu bewältigen, stellt KANTS Lehre von der Kausalität als einer ↑Kategorie dar, als eines Schemas also, das der Verstand bei der denkerischen Ausarbeitung den Naturvorgängen anlegt. Nicht die Natur unterliegt dem Gesetz der Kausalität, sondern der Verstand unterwirft sie diesem. Dies ist u. a. der Inhalt der ↑kopernikanischen Wende, die KANT in der Erkenntnistheorie herbeiführen wollte.

In der zeitgenössischen Wissenschaftstheorie werden v. a. zwei Positionen hinsichtlich des Induktionsproblems vertreten, der Induktivismus und der Dekuktivismus mit RUDOLF CARNAP und KARL POPPER als jeweils wichtigsten Vertretern. Der **Induktivismus** versucht, ausgehend von der mathematischen Wahrscheinlichkeitstheorie, die Verwendung der Induktion mithilfe der Hypothesenwahrscheinlichkeit zu begründen. Eine Hypothese mit einer hohen Wahrscheinlichkeit wird dann durch die Erfahrung in großem Maß bestätigt (↑Bestätigung). Ursprünglich interpretierte CARNAP die Hypothesenwahrscheinlichkeit als einen vom denkenden Subjekt unabhängigen Sachverhalt. In neuerer Zeit wurde davon abweichend versucht, sie als »Grad der objektiven Überzeugtheit« aufzufassen. Objektiv bedeutet dabei begründbar. Als Modell wird die Wette angeboten, der Einsatz ist ein Gradmesser dafür, wie stark der Wettende an seine Hypothese glaubt.

Der **Deduktivismus** geht hingegen davon aus, dass Allsätze (über einen unbeschränkten Grundbereich) in den Erfahrungswissenschaften nie endgültig verifiziert werden können. Da nicht alle zukünftig auftretenden Beispiele (z. B. Steine) geprüft werden können, kann nie ausgeschlossen werden, dass irgendwann einmal ein Gegenbeispiel auftreten wird (also ein Stein, der sich trotz Sonnenbestrahlung nicht erwärmt). Umgekehrt aber wird ein solcher Allsatz durch eine Ausnahme bereits falsifiziert (↑Falsifikation). Eine Hypothese, die vielen Widerle-

gungsversuchen widerstanden hat, wird bewährt (↑Bewährung) genannt.
Insgesamt kann festgestellt werden, dass das von HUME aufgeworfene Problem auch heute noch seiner Lösung harrt. Die induktivistische Position wird v.a. dadurch geschwächt, dass die technischen Schwierigkeiten ihrer Ausführung schier unüberwindlich erscheinen. Umgekehrt wird der deduktivistischen Position vorgeworfen, sie vereinfache den Prozess der Forschung zu sehr, indem sie die Bedeutung der Falsifikation beträchtlich überschätze.

Inhalt: ↑Intension.

inkommensurabel [lat. »unmessbar«]: In der Quantenmechanik heißen zwei Größen inkommensurabel, die nicht zugleich genau gemessen werden können; z.B. sind Ort und Impuls eines Teilchens nach der Unschärferelation von WERNER HEISENBERG inkommensurabel.
In der Wissenschaftstheorie bezeichnet man Begriffe (Theorien) als inkommensurabel, wenn sie, vordergründig betrachtet, dieselbe Bedeutung zu besitzen scheinen, aber infolge eines Bedeutungswandels der Termini dies tatsächlich nicht mehr der Fall ist; z.B. haben die Begriffe Masse, Zeit und Raum in der Relativitätstheorie eine ganz andere Bedeutung als in der klassischen Mechanik (sie gehören zu einem anderen ↑Paradigma). Beachtet man diesen Umstand nicht, so erhält man irreführende Ergebnisse bei der Interpretation älterer Theorien.

inkompatibel [zu lat. in- (verneinendes Präfix) und frz. compatir »übereinstimmen«]: unverträglich; in der Logik ↑konträr. Gegensatz: ↑kompatibel.

inkonsistent [zu lat. in- (verneinendes Präfix) und consistere »stillstehen«]: widersprüchlich. Eine Menge von Aussagen heißt inkonsistent, wenn sie einen ↑Widerspruch enthält. Aus einem widersprüchlichen System von Aussagen ist jede beliebige Aussage ableitbar (»Ex falso quodlibet«, lat. »aus Falschem darf man Beliebiges folgern«); es ist darum unbrauchbar. Gegensatz: ↑konsistent.

Instinkt [zu lat. instinguere »anreizen«, »antreiben«]: Begriff der Anthropologie und Verhaltensforschung. Ein Instinkt ist eine angeborene, zielgerichtete, artspezifische Verhaltensdisposition, von der häufig angenommen wird, dass ihr eine angeborene Bedürfnisdisposition, die eine Spezies im Verlauf ihrer Evolution erworben hat, zugrunde liegt.
Der Instinkt bedarf eines »Schlüsselreizes«, der den für ihn charakteristischen Bewegungsablauf, die »Instinkthandlung«, auslöst, die i.d.R. ein der spezifischen Reizsituation angemessenes Verhalten darstellt. Häufig sind beim Tier mehrere Instinkthandlungen in hierarchischer Ordnung miteinander verknüpft: Die erfolgreiche Ausführung der einen löst die nächstfolgende Instinkthandlung aus, bis schließlich die »Endhandlung« ausgeführt wird, die die Kette abschließt. Beim Menschen tritt instinktgeprägtes Verhalten noch im Säuglingsalter auf, im Übrigen gilt er im Verhältnis zum Tier, was seine physische Ausstattung angeht, als ↑Mängelwesen, dessen »Instinktreduktion« eine natürliche Verhaltensunsicherheit zur Folge hat.

Institution [lat. »Einrichtung«]: Einrichtung zur Erfüllung bestimmter (v.a. öffentlicher, aber auch privater) Zwecke. Als Institution wird sehr Unterschiedliches bezeichnet: Organisationen wie z.B. der Bundestag oder allgemeiner die Schule, aber auch ein Amt und ganz generell alle dauerhaften menschlichen Beziehungen (z.B. die Ehe), die bestimmten Mustern folgen und eine beständige Form besitzen. Solche Institutionen werden in der ↑Anthropologie untersucht als Ersatz für fehlende Instinkte, da sie das menschliche Zusammenleben stabilisieren und die Menschen vom Entscheidungsdruck entlasten (ARNOLD GEHLEN). Institu-

i

tionen können auch Herrschaftscharakter annehmen und sich dem Wandel der menschlichen Bedürfnisse aufgrund ihrer relativen Selbstständigkeit und Starrheit widersetzen.

Als **Institutionalisierung** bezeichnet man Prozesse, bei denen sich zunächst vereinzelt und spontan auftretende Bedürfnisse und Interessen zu allgemeinen Werten und diese sich zu bestimmten Handlungsmustern und -zielen »verfestigen«, d.h. zu Institutionen werden.

Instrumentalismus [zu lat. instrumentum »Werkzeug«, »Mittel«]: Sammelbezeichnung für Positionen, die wissenschaftliche Theorien nicht als Wiedergabe realer Sachverhalte und Strukturen ansehen, sondern als aus der praktischen Auseinandersetzung von Mensch und Welt hervorgegangene Mittel zur Bewältigung der Realität. Wissenschaft ist kein Gefüge von Sätzen, sondern ein ständig veränderungsbedürftiges Instrument zur Daseinsbewältigung. Theorien brauchen nicht wahr zu sein, sie sollen aber erfolgreich sein (↑Pragmatismus).

instrumentelle Vernunft: zentraler Begriff der ↑kritischen Theorie, deren Programm eine »Kritik der instrumentellen Vernunft« (MAX HORKHEIMER) ist. Als solche wird das wichtigste Ergebnis des weltgeschichtlichen Zivilisationsprozesses verstanden: die Einschränkung der Zuständigkeit von Vernunft auf Problemlösungen innerhalb der Zweck-Mittel-Dimension unter Voraussetzung der Selbsterhaltung des Subjekts als oberstem Zweck. Vernunft in diesem Sinne manifestiert sich als »identifizierendes Denken« (THEODOR W. ADORNO) und zweckrationales Handeln, d.h. als informierte Anpassung an und technische Verfügung über das als fremd und bedrohlich erfahrene Andere: Herrschaft über äußere Natur, innere Natur und Mitmenschen gerät »zum absoluten Lebenszweck« einer »verwilderten Selbstbehauptung«, wie HORKHEIMER und ADORNO in der gemeinsam verfassten »Dialektik der Aufklärung« schreiben. Dieser Titel verweist auf das Umschlagen einer einseitig verstandenen Rationalisierung in blinde Herrschaft mit der Folge »der erweitert sich reproduzierenden Barberei, der allgegenwärtigen Drohung der totalen Katastrophe« (ADORNO) im 20.Jh. Die Kritik der instrumentellen Vernunft orientiert sich an der Idee einer begrifflich nicht fassbaren »Versöhnung«, deren »Bild« allerdings z.B. Kunstwerke kraft ihres mimetischen Charakters entwerfen können.

Intellekt [zu lat. intellegere »erkennen«, »verstehen«]: im Unterschied zur messbaren Intelligenz das generelle Vermögen, durch kritische Analyse und Synthese von Wahrnehmungselementen ↑Erfahrungen sowie ↑Einsichten und ↑Erkenntnisse zu erlangen. Unter **Intellektualismus** versteht man im weiteren Sinne den ↑Rationalismus, im engeren Sinne als Gegensatz zum ↑Voluntarismus u.a. die ethische Lehre, dass das Gute durch die Vernunft bestimmt sei.

intellektuelle Anschauung: bei JOHANN GOTTLIEB FICHTE und FRIEDRICH VON SCHELLING die Fähigkeit des Verstandes, sich selbst beim Vollzug des Denkens anzuschauen. Das Denken verliert damit seinen diskursiven Charakter, um intuitiv zu werden.

intelligibel [lat. »sinnlich wahrnehmbar«, »begreiflich«, »denkbar«]: als philosophischer Terminus v.a. bei KANT von Bedeutung als Gegenbegriff zu empirisch. Intelligibel heißen Gegenstände dann, wenn sie nur für den ↑Intellekt im Denken vorstellbar, aber nicht erkennbar im engeren Sinne sind. Es ist nach KANT unmöglich, von intelligiblen Gegenständen (sicheres) Wissen zu erwerben, weil dazu eine intellektuelle, d.h. nicht sinnliche Anschauung erforderlich wäre, in der die nur gedachten Gegenstände »hergestellt« werden könnten. Gegenstände empirischen Charakters heißen bei KANT ↑Erscheinungen, intelligible Gegenstände ↑Dinge an sich. In moralischer Hinsicht ist für KANT der Mensch als intelligibles Wesen das gesetzgebende Prinzip in einer intelligiblen Welt.

Intension [zu lat. intendere »hinwenden«, »spannen«, »beabsichtigen«] **(Inhalt):** Seit GOTTLOB FREGE versteht man unter der Intension eines Begriffsworts den durch dieses dargestellten Begriff. Die Intension drückt eine Gegebenheitsweise aus, die Art, wie ein Gegenstand durch den Begriff gemeint ist. Besonders deutlich wird dies an FREGES Paradebeispiel »Morgenstern/Abendstern«. Die Intension einer Aussage ist der in ihr ausgedrückte Sachverhalt (↑Gedanke). So haben z.B. die beiden Begriffswörter »gleichseitiges Dreieck« und »gleichwinkliges Dreieck« gleiche ↑Extensionen, aber verschiedene Intensionen: Einmal ist »Dreieck mit drei gleichlangen Seiten« gemeint, das andere Mal »Dreieck mit drei gleichen Winkeln«. Umgekehrt gilt aber: Intensional gleiche Begriffswörter haben gleiche Extensionen (z.B. Violine und Geige). Ersetzt man ein Begriffswort durch eines gleicher Extension, aber verschiedener Intension, so kann sich die Wahrheit einer Aussage verändern. So wird aus der wahren Aussage »der Abendstern steht am Abendhimmel« die falsche Aussage »der Morgenstern steht am Abendhimmel«.

Intention [lat. »Spannung«, »Aufmerksamkeit«]: allgemein die Ausrichtung einer Handlung auf ein bestimmtes Ziel oder einen bestimmten Zweck (Absicht). Eine spezielle Bedeutung hat Intention in der ↑Phänomenologie, deren Grundbegriff sie seit EDMUND HUSSERL ist. Von FRANZ BRENTANO übernommen, bedeutet **Intentionalität** hier das Gerichtetsein des Bewusstseins auf seine Gegenstände: »Bewusstsein ist immer Bewusstsein *von* etwas« (HUSSERL). Alle Akte des Bewusstseins (z.B. Wahrnehmen, Vorstellen, Wünschen) beziehen sich auf intentionale Gegenstände (das Wahrgenommene, das Vorgestellte, das Gewünschte), die aber keineswegs reale Gegenstände sein müssen (man kann sich z.B. auch Einhörner vorstellen).

Intention: Nach Edmund Husserls Phänomenologie ist unser Bewusstsein stets auf etwas außer sich selbst gerichtet und somit intentional – auch wenn es sich um fiktionale Gegenstände handelt (»Von dem Einhorn«, Holzschnitt aus Conrad Gesners Tierbuch, Frankfurt am Main 1669).

An Bewusstseinsakten werden in der Phänomenologie die noematischen (↑Noema) Elemente, das ist der intendierte Gegenstand, von den noetischen, das ist die Art und Weise, wie diese intendiert werden, unterschieden. Nur Akte des Bewusstseins können auf anderes gerichtet sein, anderes »vermeinen«; ein Naturvorgang meint immer nur das, was er zeigt. So dient die Intentionalität in Diskussionen um ↑künstliche Intelligenz als wichtiges Argument gegen die Behauptung, Computer könnten denken: Ein Programm auszuführen bedeutet noch nicht, Intentionalität zu haben. Denken ohne Intentionalität aber gibt es nicht.

Interdependenz [zu lat. inter »zwischen« und dependere »herabhängen«]: gegenseitige Abhängigkeit. Von Interdependenz spricht man v.a., wenn innerhalb eines Systems die Veränderung eines bestimmten Zustands die Veränderung eines anderen notwendig bewirkt und umgekehrt. In unserer »einen Welt«, in der »nirgends etwas Wesentliches geschehen kann, das nicht alle angeht« (KARL JASPERS), besteht weltweite Interdependenz.

Interesse [lat. »teilnehmen«, »von Wichtigkeit sein«]: allgemein langfristige und identitätssichernde Ausrichtung des Wollens und Handelns eines Individuums (oder der Mitglieder einer durch gemeinsame Interessen bestimmten Gruppe) auf ein Ziel hin, dessen Erreichung subjektiv für wichtig gehalten wird, weil dadurch ein auf bestimmte (individuell oder soziokulturell bedingte) Weise interpretiertes grundlegendes Bedürfnis befriedigt werden soll.

In der praktischen Philosophie ist die Unterscheidung zwischen partikularen, allgemeinen und verallgemeinerungsfähigen Interessen bedeutsam. Als »verallgemeinerungsfähig« werden dabei die Interessen bezeichnet, die bei allen Menschen anzutreffen sind und für die zugleich gilt, dass die Folgen einer allgemeinen Realisierung dieser Interessen von allen Betroffenen zwanglos akzeptiert werden können. Ist nur die erste Bedingung erfüllt, so handelt es sich um allgemeine, ist nur die zweite oder gar keine erfüllt, um partikulare Interessen.

Die Moralprinzipien kognitivistischer Ethiken (z. B. der kategorische Imperativ KANTS) machen die Verallgemeinerungsfähigkeit des Interesses, das einer bestimmten moralischen oder rechtlichen Norm oder einer Handlungsmaxime zugrunde liegt, bzw. deren Nicht-in-Widerspruch-Geraten zu verallgemeinerungsfähigen Interessen zum Maßstab der Legitimität dieser Norm bzw. Maxime. Die Verfolgung eines partikularen Interesses ist demnach nur dann legitim, d. h. mit dem Gemeinwohl vereinbar, wenn dadurch nicht irgendein verallgemeinerungsfähiges Interesse irgendeines anderen verletzt wird. Dies soll im modernen Staat durch das mit Sanktionen verknüpfte positive Recht gewährleistet werden. Zwischen gegensätzlichen partikularen Interessen kann nur ein Kompromiss der Beteiligten vermitteln. – auch ↑Erkenntnisinteresse.

Interpretation [zu lat. interpretari »auslegen«, »erklären«, »verstehen«]: im allgemeinen wissenschaftlichen Wortgebrauch häufig synonym mit ↑Deutung. Interpretation kann sich beziehen auf Naturgegenstände, Artefakte, Handlungen, Maximen und Texte; sie findet u. a. Anwendung in Philosophie, Theologie, in Jurisprudenz, Literatur- und Geschichtswissenschaft, Psychologie. Die Vielfalt von Interpretationsgegenständen und -absichten führt dabei jeweils zu unterschiedlichen Interpretationsmethoden in den einzelnen Wissenschaften. Ziel der Interpretation ist dabei jeweils, den verborgenen Sinn des untersuchten Gegenstandes allgemein zugänglich zu machen, d. h. ihn in der Sprache des jeweils Interpretierenden verständlich auszudrücken. Den Interpretationsprozess steuernde und bedingende Elemente sind: die Beobachtung und Analyse des Gegenstandes, die Vorkenntnisse des Deutenden, das Vorverständnis bezüglich des Gegenstandes sowie die Überprüfung des Vorverständnisses mittels des sog. hermeneutischen Zirkels.

Die möglichst vollständige sowie wert- und interessenfreie Beobachtung und Analyse des Gegenstandes sind unabdingbar, wenn der Interpret nicht Gefahr laufen will, die Interpretation von vornherein durch eine voreilige Blickrichtung in unzulässiger Weise zu »gewichten«. Eine Deutung des infrage stehenden Gegenstandes wird notwendig immer ihren Ausgang von den Vorkenntnissen des Interpreten zu nehmen haben, denn dieser kann das »Sinnangebot« des Gegenstandes nur als solches wahrnehmen, wenn es in die ihm durch Wissen und Erfahrung vertraute Dimension möglichen Sinns eingegliedert werden kann. Da diese Dimension zudem abhängig ist von der Individualität des Deutenden und seines je eigenen

Selbst- und Weltverständnisses, entsteht die auch durch gewissenhafte, aber möglicherweise zirkelhafte Selbstreflexion nicht auszuräumende Gefahr einer unangemessenen »Eingemeindung« des Untersuchungsgegenstandes in den Bereichen des Vertrauten. Methodologisch relevant ist v. a. der hermeneutische Zirkel, der die Wechselbeziehung des Verstehens von Ganzem und Teilen beschreibt und u. a. bei FRIEDRICH SCHLEIERMACHER, WILHELM DILTHEY und HANS-GEORG GADAMER eine zentrale Rolle spielt (↑Hermeneutik). Diese Wechselbeziehung lässt sich unter Umgehung der Zirkularität darstellen als das Verfahren, das Vorverständnis, d. h. die Arbeitshypothesen bezüglich der Interpretation eines Gegenstandes mithilfe von ↑Protokollaussagen über die einzelnen Sachverhalte des Gegenstandes zu bestätigen oder zu widerlegen und so zu einer Endhypothese zu gelangen.

Intersubjektivität [zu lat. inter »zwischen« und subicere »unterstellen«]: in der Wissenschaftstheorie Bezeichnung für die Forderung, eine jede wissenschaftliche Behauptung erst dann als (»objektiv«) gültig oder wahr anzusehen, wenn sie von jedem nachgeprüft werden kann. Intersubjektiv sind demnach diejenigen Eigenschaften, die den Dingen selbst eignen (primäre ↑Sinnesqualitäten). Es ergibt sich so ein enger Zusammenhang zwischen Objektivität und Intersubjektivität: Alles, was objektiv ist, sollte auch intersubjektiv sein. Da nicht alle Menschen über genau das gleiche Wahrnehmungsvermögen verfügen, hat man die menschliche Wahrnehmung durch die Anzeige von Messinstrumenten ersetzt: Intersubjektiv ist das, was die Apparate anzeigen, was also ohne Beteiligung des erkennenden Subjekts zustande kommt. Damit werden die Wiederholbarkeit und die Nachprüfbarkeit sichergestellt. In diesem Sinn tritt Intersubjektivität als ein Kennzeichen der experimentellen Wissenschaften auf.

Die moderne, sprachanalytisch orientierte Philosophie interessiert sich v. a. für die Intersubjektivität der Sprache, für die Tatsache also, dass verschiedene Menschen einem sprachlichen Ausdruck dieselbe Bedeutung zuerkennen. Die Bedeutung ist dann subjektinvariant. Die Subjektinvarianz der Sprache beruht auf deren »Regelcharakter«. Angeregt durch die Spätphilosophie LUDWIG WITTGENSTEINS hat man sich der Frage zugewandt, wie solche Regeln in Kraft gesetzt werden. Man wird hier auf Situationen geführt, in denen im gemeinsamen Handeln und Reden sprachliche Äußerungen durch Einordnung in größere Zusammenhänge Regelcharakter erhalten. Die Intersubjektivität kommt also nur im Dialog zustande und beruht damit letztlich auf der Anerkennung des Gesprächspartners als einer fremden Subjektivität.

Intoleranz: ↑Toleranz.

Intuition [lat. »Schau«]: unvermitteltes, vollständiges und umgreifendes Erfassen eines Gegenstands oder eines Zusammenhangs, das keinen Zweifel zulässt. Der intuitiven Einlösung eines Geltungsanspruchs (»Schau hin, das ist evident!«) wird die diskursive gegenübergestellt, die sich methodischer Hilfsmittel (z. B. Beweise) bedient. Ein intuitiv als evident erkannter Sachverhalt kann durch logische Analyse nicht evidenter gemacht werden. Als Beispiele für intuitiv eingesehene Wahrheiten wurden u. a. genannt: die Axiome der Mathematik (»Jede natürliche Zahl besitzt einen Nachfolger«), die ersten Sätze der Wissenschaften (»Jedes Ding ist mit sich selbst identisch«), die Schau von Ideen (PLATON) und die Einsicht in das Wesen einer Sache (EDMUND HUSSERL).

Als **Intuitionismus** bezeichnet man v. a. bestimmte Positionen u. a. der Wertethik (↑Wert) im 20. Jh. (u. a. MAX SCHELER, NICOLAI HARTMANN), die voraussetzen, dass die obersten Prinzipien der Moral evident sind. Ihre Wahrheit ist wie die Wahrheit anderer

Axiome (z. B. die der Mathematik) ohne Schlussfolgerung oder Deduktion einsichtig und bedarf somit keiner weiteren Rechtfertigung.

Insgesamt ist festzustellen, dass Intuitionen an Darstellungsmittel (z. B. Zeichen) für den fraglichen Sachverhalt prinzipiell gebunden bleiben. Dieser Gedanke liegt auch der modernen sprachanalytischen Auffassung zugrunde, die auf LUDWIG WITTGENSTEIN zurückgeht. Ihr zufolge sind Intuitionen Ausdruck der Regeln unseres ↑Sprachspiels. Weil wir so sprechen, wie wir sprechen, können wir bestimmte Äußerungen (etwa »Ich habe Zahnschmerzen«) nicht sinnvoll bezweifeln. Intuitionen entspringen aus der Befolgung von Regeln. Dieser Charakter wird durch die übliche Darstellung verschleiert, weshalb WITTGENSTEIN sagt: »Die Intuition ist eine unnötige Ausrede.«

ionische Philosophie: zusammenfassende Bezeichnung für eine kleine Gruppe vor SOKRATES (470 bis 399) lebender Philosophen der griechisch besiedelten, kleinasiatischen Westküste (Ionien), zu denen man insbesondere THALES, ANAXIMANDER und ANAXIMENES (alle aus Milet), oft auch noch HERAKLIT von Ephesos rechnet. Die erhaltenen Schriften (Fragmente) dieser Philosophen haben v. a. Fragen nach den Urprinzipien und Urstoffen (↑Arche) der Natur zum Thema.

Für THALES und ANAXIMENES gab es nur einen einzigen elementaren (und materiellen) Urstoff. THALES ging davon aus, dass die gesamte Vielfalt der erscheinenden Welt erklärbar sei als Veränderung und Bewegung des Urelementes Wasser; bei ANAXIMENES war es die Luft. Allen (wahrnehmbaren) Erscheinungen sollte also ein gleichartiges Material zugrunde liegen; die Welt war homogen aufgebaut.

HERAKLIT dagegen wandte sein Interesse weniger möglichen Urstoffen als vielmehr denjenigen Prinzipien zu, die geeignet wären, die wahrnehmbaren Modifikationen und Variationen des eigentlichen Seins zu bewirken und zu regeln (z. B. Bewegung, Krieg). Von einem seinsstatischen Standpunkt aus argumentiert scharf und polemisch dagegen PARMENIDES (↑eleatische Philosophie). Im Rahmen der griechischen (das Endliche bevorzugenden) Philosophie nimmt ANAXIMANDER insofern einen ungewöhnlichen Standpunkt ein, als er ein unerfahrenes, unerkennbares Unbegrenztes (griech. ápeiron) als lebensträchtiges Urprinzip annimmt.

irrational [lat. »unvernünftig«]: als philosophischer Terminus meist synonym mit »emotional« und »intuitiv« verwendet, also als Gegensatz zu ↑rational. Daher hat »irrational« im heutigen Sprachgebrauch meist einen polemischen Unterton und bezeichnet eine Haltung oder Behauptung, die trotz ihrer Widerlegung durch Vernunftargumente beibehalten wird.

Irrationalismus [lat.]: Bezeichnung für eine philosophische Haltung, die von bestimmten Dingen behauptet, dass sie dem Verstand grundsätzlich unzugänglich seien (z. B. Glaube, Gefühl, Intuition). Für HEGEL z. B. kann in dem, was ↑irrational ist, also die »Verständigkeit« übersteigt, »Beginn und Spur der Vernünftigkeit« liegen. Bei FRIEDRICH VON SCHELLING ist das Irrationale, das »Verstandlose«, die »Basis der Realität«, auf der die Rationalität erst gegründet ist. Andere Beispiele für philosophische Konzeptionen, in denen die Realität etwas die Rationalität Übersteigendes zur Voraussetzung hat, sind der »Wille« bei ARTHUR SCHOPENHAUER, das »Leben« bei WILHELM DILTHEY oder der »élan vital« bei HENRI BERGSON. Irrationalistischen Positionen wird oft vorgeworfen, dass sie sich Rationalitätskriterien und damit der Kritik entziehen.

irreversibel [lat.]: nicht umkehrbar. Ein (Natur-)Vorgang wird irreversibel genannt, wenn es nicht möglich ist, den Ausgangszustand unverändert wiederherzustellen. Alle makroskopischen Naturabläufe sind irreversibel. Dagegen beschreiben die Naturgesetze fast immer (eine Ausnahme bilden die Gesetze der Thermodynamik) reversible Prozesse (↑reversibel). Die Überlagerung vieler reversibler Vorgänge kann zu einem irreversiblen Gesamtprozess führen. Die Nichtumkehrbarkeit der Zeit hängt eng mit der Irreversibilität zusammen.

Irrtum: fälschliches Für-wahr-Halten einer Aussage oder Behauptung. Der Irrtum tritt stets mit der Überzeugung der Wahrheit auf. Derjenige, der sich irrt, ist sich dessen nicht bewusst. Irrtümer können deshalb nur im Nachhinein aufgedeckt werden. Ein großer Teil der philosophischen Bemühungen zielt darauf ab, Bereiche der Erkenntnis anzugeben, in denen ein Irrtum nicht möglich ist. In der Form der Methode »Versuch und Irrtum« (Trial-and-Error-Methode) spielt der Irrtum eine anerkannt wichtige Rolle bei der Gewinnung neuer Erkenntnisse. Man geht dabei von folgender Situation aus: Von einem Problem sei bekannt: a) Es gibt eine Lösung; b) kein Ansatz zur Lösung ist vor anderen ausgezeichnet; c) es lässt sich eindeutig feststellen, ob die Lösung gefunden wurde oder nicht. Unter diesen Bedingungen ist es am zweckmäßigsten, alle Lösungsansätze der Reihe nach durchzuprobieren, um aus den Versuchen zu lernen.

J

James [deêmz], William, amerikanischer Philosoph und Psychologe, * New York 11. 1. 1842, † Chocorua (N. H.) 26. 8. 1910: JAMES studierte ab 1861 zunächst Chemie und Physiologie, ab 1864 Medizin an der Harvard University. Während seines Deutschlandaufenthaltes 1867/68 studierte er deutsche Sprache, Philosophie, Kunst und Literatur; daneben beschäftigte er sich mit Psychologie und begegnete den Begründern der experimentellen Psychologie (u.a. WILHELM WUNDT). Ab 1872 lehrte er an der Harvard University Anatomie und Physiologie; 1880 wurde er dort Professor für Physiologie und Philosophie, 1887 Professor für Psychologie und Philosophie. Bereits zu Lebzeiten war JAMES ein geachteter und berühmter Psychologe und Philosoph.

JAMES entwickelte den von seinem Freund CHARLES SANDERS PEIRCE begründeten ↑Pragmatismus weiter und gilt als dessen einflussreichster Vertreter; gegenüber dem von der Logik ausgehenden PEIRCE gab er dem Pragmatismus eine subjektivistisch-empiristische Richtung. Bereits in seinem psychologischen Hauptwerk »The principles of psychology« (1890) betonte JAMES, dass das Denken nicht bloß auf äußere Reize antworte, sondern auf bewusste Ziele ausgerichtet sei, die das Handeln leiten. In der populärphilosophischen Essaysammlung »The will to believe« (1896) setzte er dem Anspruch wissenschaftlicher Gewissheit das Recht des Individuums auf seinen persönlichen Glauben entgegen und hob hervor, dass alle unsere Überzeugungen auf bestimmte Interessen im jeweiligen Handlungszusammenhang zurückgehen. Da es kein allgemeingültiges Wahrheitskriterium gebe, beruhe all unser Wissen auf einem Glauben, auch die Wissenschaften auf unbeweisbaren Überzeugungen. Statt eines Wahrheitskriteriums macht JAMES drei Echtheitskriterien für die richtige Wahl unserer Überzeugungen geltend. Dass der Pragmatismus durchaus eine Wahrheitstheorie enthält, geht aus JAMES' Vorlesungen »Pragmatism« (1907) hervor. Gegen die rationalistische Korrespondenztheorie der Wahrheit als Übereinstimmung von Erkenntnis und Gegenstand setzt er eine Art utilitaristischer Kohärenztheorie: Als Wahrheitskriterium dient das subjektiv Nützliche oder Förderliche, das den größtmöglichen

Zusammenhang unserer Überzeugungen gewährt. Auch die Wissenschaften versteht JAMES als Mittel zur Befriedigung von Lebensbedürfnissen (↑Instrumentalismus). Sogar der religiöse Glaube bemisst sich ihm zufolge nach der individuellen Nützlichkeit wie etwa einer befriedigenden emotional-spirituellen Befindlichkeit.

japanische Philosophie: Mit der Übernahme chinesischen Kulturguts in Japan, v. a. seit dem 6. Jh., finden auch chinesische Kosmologie und Lebensvorstellungen auf der Grundlage der klassischen chinesischen philosophischen Schriften und deren Interpretation Eingang. Während sich der so übernommene ↑Konfuzianismus erst seit dem 17. Jh. in spezifisch japanischen Formen entfaltet, gewinnt der ↑Buddhismus früh eine gewisse Eigenständigkeit und Breitenwirkung, beginnend mit den sechs Sekten des japanischen Buddhismus der Narazeit (740–784). Von besonderer Bedeutung ist der seit dem Ersten Weltkrieg auch in der westlichen Welt immer einflussreicher werdende Zen-Buddhismus (↑Zen), der v. a. in zwei Schulen, der Rinsaisekte und der Sotosekte, vertreten wird. Kennzeichnend ist ihre Abwehrhaltung gegen jedes diskursive Denken. Das Denken wird als Quelle aller Existenzillusionen angesehen und steht der Verwirklichung des wahren Seins nur im Wege. Seit Mitte des 19. Jh. öffnet sich Japan zunehmend der europäischen Philosophie, wobei v. a. der Neukantianismus Beachtung findet. Nach 1945 gewinnen neben dem Marxismus v. a. die kontemplativen Haltungen von Existenzphilosophie und Phänomenologie bedeutende Positionen.

Jaspers, Karl, deutscher Philosoph und Psychiater, *Oldenburg (Oldenburg) 23. 2. 1883, †Basel 26. 2. 1969: JASPERS studierte 1901–02 Jura in Heidelberg und München, 1902–08 Medizin in Berlin, Göttingen und Heidelberg. Nach seiner Dissertation 1909 war er Assistent an der psychiatrischen Klinik in Heidelberg. 1913 habilitierte er sich in Psychologie und veröffentlichte die »Allgemeine Psychopathologie« (1913); 1916–21 war er Professor für Psychiatrie in Heidelberg. Aufgrund seiner »Psychologie der Weltanschauung« (1919) erhielt er ebenda 1921 eine Professur für Philosophie. 1937 erhielt er Lehrverbot, weil er sich nicht von seiner jüdischen Frau trennte. Nach 1945 lehrte JASPERS zunächst wieder in Heidelberg Philosophie. Enttäuscht über die poli-

Jaspers

Was ist Vernunft?

In »Vernunft und Widervernunft in unserer Zeit« schreibt der deutsche Philosoph:

»Im Sprachgebrauch ist Vernunft identisch mit dem Verstand. In der Tat tut sie keinen Schritt ohne Verstand, aber sie übergreift ihn. Was ist Vernunft? Dieses große Thema der Philosophie ist nicht erschöpft durch das Denken der Jahrtausende. (...)
Vernunft ist in Bewegung ohne gesicherten Bestand. Sie drängt zur Kritik jeder gewonnenen Position, steht daher im Gegensatz zu der Neigung, sich durch endgültig feste Gedanken vom weiteren Denken zu befreien. Sie verlangt Besonnenheit – sie steht im Gegensatz zur Willkür. Sie vollzieht die Selbsterkenntnis und, mit dem Wissen um Grenzen, die Selbstbescheidung – sie steht im Gegensatz zum Übermut. Sie verlangt unablässig zu hören und kann warten – sie steht im Gegensatz zum verengenden Rausch des Affekts. In diesen Bewegungen arbeitet sich Vernunft heraus aus den Fesseln des Dogmatischen, der Willkür, des Übermuts, des Rausches, – aber wohin.«

tische Entwicklung verließ er Deutschland und war 1948–61 in Basel Professor für Philosophie. Neben seinen Beiträgen zur Psychologie und Philosophie wirkte er auch durch seine politischen Stellungnahmen zu Zeitfragen v. a. nach dem Zweiten Weltkrieg (u. a. zur Schuldfrage).

JASPERS war der entschiedenste Vertreter der ↑Existenzphilosophie in Deutschland. Sein erstes philosophisches Hauptwerk »Philosophie« (1932) umfasst drei Teile: In der »philosophischen Weltorientierung« werden die Kategorien der sich dem Menschen als unbegreiflich und nicht wissenschaftlich fassbar darstellenden Realität aufgezeigt und die Grenzen menschlichen Wissens abgesteckt. In der »Existenzerhellung« werden die Kennzeichen der Existenz (v. a. Geschichtlichkeit, Freiheit) sowie die Bedeutung der ↑Grenzsituationen (z. B. Schuld, Leiden, Tod) und der Kommunikation für die Verwirklichung der Existenz aufgewiesen. Überdies wird gezeigt, dass die Existenz auf die ↑Transzendenz (das »Umgreifende«) bezogen ist, der sie ihr Sein verdankt. In der »Metaphysik« geht es um die »Chiffren« der Transzendenz, die die Existenz auf die Transzendenz verweisen. Wie die Transzendenz unerkennbar ist, so sind ihre Chiffren unbegreiflich; der Existenz zugänglich werden sie v. a. im »Scheitern«.

JASPERS' zweites philosophisches Hauptwerk »Von der Wahrheit« (1947) handelt von den verschiedenen »Weisen des Umgreifenden« und deren Beziehungen, wobei die Vernunft als verbindende Einheit gedacht wird, die die aller Erkenntnis zugrunde liegende Subjekt-Objekt-Spaltung überwinden soll. In seinem Spätwerk »Der philosophische Glaube angesichts der Offenbarung« (1962) hebt JASPERS den philosophischen Glauben an Transzendenz klar vom dogmatischen Glauben der Religion ab: Er sei v. a. durch Offenheit und Vernünftigkeit gekennzeichnet und verspreche weder Trost noch Halt.

jüdische Philosophie, die Bestrebungen, jüdisches Traditionsgut mit philosophischen Problemstellungen zu verknüpfen. Das Eindringen griechischer Philosophie in die jüdische Tradition begann um die Mitte des 2. Jh. v. Chr., als Aristobulos aus Alexandria die allegorische Schriftauslegung nach dem Vorbild der ↑Sophisten und der ↑Stoa auf den Pentateuch anwandte. PHILON VON ALEXANDRIA setzte dies fort und entwarf ein von PLATON, der Stoa und dem Neupythagoreismus beeinflusstes jüdisch-philosophisches System. Im 10. Jh. begründete SAADJA AL-FAJJUMI eine Lehre von der Einheit von Vernunft und Offenbarung.

In Anlehnung an die islamische Philosophie blühte die jüdische Philosophie v. a. in Spanien auf. Einen an der Auslegung des AVERROES orientierten jüdischen Aristotelismus entfaltete u. a. MAIMONIDES. Bei den Versuchen einer Synthese von Tradition und Phi-

Jaspers: Verleihung des Friedenspreises des Deutschen Buchhandels an Karl Jaspers 1958; in der vorderen Reihe (von links): Gertrud Jaspers-Mayer, Karl Jaspers, Theodor Heuss und Hannah Arendt

losophie setzten sich Traditionalisten immer mehr durch. Vertreter einer kritischen Auseinandersetzung mit der Glaubenstradition wie SPINOZA wurden von ihren Gemeinden ausgeschlossen. Zudem wurde die mystisch-spekulative Strömung der Kabbala vorherrschend.

Erst mit MOSES MENDELSSOHN, der u.a. das Verhältnis von Religionen und Staat thematisierte, fand die jüdische Philosophie im 18. Jh. Anschluss an die Aufklärung. Beeinflusst von KANT, setzte sich HERMANN COHEN (1842–1918) mit der jüdischen Tradition auseinander, wobei er den Religionen wesentliche Beiträge zu Grundbegriffen des moralischen Lebens zugestand. FRANZ ROSENZWEIG (1886–1929) und MARTIN BUBER (1878–1965) verbanden ihre Religionsphilosophien mit sozialphilosophischen Fragestellungen. Der Holocaust und die Gründung des Staates Israel waren für den Philosophen und Rabbi EMIL LUDWIG FACKENHEIM (1916–2003) »epochemachende Ereignisse«, die eine neue Art der Wahrnehmung von Gegenwart und Zukunft erzwingen. EMMANUEL LÉVINAS (1906–1995) verknüpfte in seiner Philosophie Phänomenologie und jüdischen Tradition und versuchte, den Messianismus zu einer Ethik des radikalen Humanismus weiterzuentwickeln.

Junktor [lat. »Verknüpfer«]: in der formalen Logik logische Partikel, mit deren Hilfe endlich viele Aussagen zu einer neuen Aussage verknüpft werden. Die Junktoren sind Konstanten der Logik, die durch ↑Wahrheitstafeln definiert sind, sodass der Wahrheitswert der zusammengesetzen Aussage nur von den Wahrheitswerten der verknüpften Einzelaussagen abhängt. Dies unterscheidet die Junktoren von den Konjunktionen der natürlichen Sprache, bei denen es auch auf die ↑Bedeutung der verknüpften Aussagen ankommt. Man unterscheidet einstellige (z.B. »nicht«) und zweistellige Junktoren (z.B. »und«, »oder«, »wenn ..., dann ...«).

K

Kalkül [zu lat. calculus »Rechenstein«]: Herstellungsverfahren für Figuren aus Grundfiguren nach festen Regeln. Die Grundfiguren sind aus einem Vorrat von Grundzeichen, dem sog. Alphabet, zusammengesetzt. Diese bilden die letzten, nicht weiter analysierbaren Bestandteile des Kalküls. Kalküle sind mechanische Verfahren, die keinerlei inhaltliches Schließen benutzen und haben große Bedeutung in Rechenanlagen. Der arithmetische Kalkül z.B. liefert die bekannten Ziffern, aus denen durch ↑Abstraktion die natürlichen Zahlen gewonnen werden können.

Kant, Immanuel: siehe Topthema Seite 219.

Kantianismus: im weiteren Sinne die Bezeichnung für alle philosophischen Positionen, die so eng an die Lehre ↑Kants anschließen, dass sie auf eine eigenständige Systematik weitgehend verzichten, wobei die Gründe dieses Verzichts weniger in der historischen Nähe zur Person KANTS liegen als vielmehr in einer Übereinstimmung des Problemhorizonts, der Grundintentionen und der Methodik. Für Denker mit eigenständiger Systematik dagegen (beispielsweise Vertreter des deutschen Idealismus oder auch ARTHUR SCHOPENHAUER) wird die Bezeichnung Kantianismus nicht verwandt, obwohl auch ihre Überlegungen an die Philosophie KANTS anknüpfen.

Im engeren Sinne stellt der Begriff eine Sammelbezeichnung dar für eine philosophische Strömung um die Wende vom 18. zum 19. Jh., die v.a. durch zwei Ziele gekennzeichnet war: einmal die Philosophie KANTS zu erläutern und zu verbreiten (dem sich v.a. KANTS Schüler und Freunde widmeten), zum anderen die als unzulänglich empfundenen kantischen Lösungen gewisser Teilprobleme im Sinne KANTS und unter Beibehaltung seiner wichtigsten philosophischen

▶ *Fortsetzung auf Seite 224*

Kant

»Ich musste also das Wissen aufheben, um zum Glauben Platz zu bekommen«, schrieb IMMANUEL KANT epochemachend 1787 in der Vorrede zur zweiten Auflage seiner »Kritik der reinen Vernunft«, die eine geistige Revolution ungeheuren Ausmaßes bewirkte. Denn das Wissen von Gott, Welt und der Unsterblichkeit der Seele, das KANT kritisch aufhob, war seit ARISTOTELES fester Bestandteil der Metaphysik, den die rationalistische Philosophie aus den Gesetzen des Denkens selbstverständlich vermeinte ableiten zu können. KANTS Aufweis der Grenzen des menschlichen Erkennens aber leitete eine Entwicklung ein, an deren Ende der aus den Naturwissenschaften entspringende heutige Atheismus steht, auch wenn er selbst mit seiner Kritik gerade für den Glauben an Gott »Platz« schaffen wollte.

Die kopernikanische Wende

Eine weitere revolutionäre Aufhebung des gesicherten Wissens durch die »Kritik der reinen Vernunft« bestand in der Einsicht, dass wir in unserer Erkenntnis der Gegenstände keineswegs deren objektive Wirklichkeit vor Augen haben, wie man in jedem naiven Urteil über die Dinge der Welt voraussetzt. Die Dinge an sich sind nach KANT nie erkennbar, sondern nur als Erscheinung in der Weise, wie wir ihnen ihre Erscheinungsform durch unsere Verstandestätigkeit vorgeben. Damit verlagert KANT die ausschlaggebende Instanz der Erkenntnis in das Subjekt des Menschen, dem kein objektives Erkennen außerhalb seiner eigenen Erkenntnisformen zukommt. Heute mag man auch in Alltagsüberlegungen selbstverständlicher dazu geneigt sein, davon auszugehen, dass alle Erkenntnis subjektiv oder relativierbar sei. In der damaligen Zeit aber bedeuteten die kantischen Einsichten ein Wegbrechen der Fundamente des Glaubens an die Welt. HEINRICH VON KLEIST schrieb nach seiner Kantlektüre an seine Freundin WILHELMINE VON ZENGE, er hoffe, dass KANTS Gedanke der Subjektivität sie nicht »so tief, so schmerzlich erschüttern wird als mich. Wenn alle Menschen statt der Augen grüne Gläser hätten, so würden sie urteilen müssen, die Gegenstände sind grün, und sie könnten nie entscheiden, ob das an den Augen oder den Dingen liegt.«

KANT selbst schränkte diesen radikalen Weltzweifel jedoch insofern ein, als sein von ihm gesetztes »Ding an sich« einen Grenzbegriff der Erkenntnis darstellt, die im Rahmen der subjektiven Bedingungen dennoch zu wahren wissenschaftlichen Aussagen befähigt ist. Mit dieser von KANT zu Recht in Anspruch genommenen »kopernikanischen Wende« im Denken, wurde der Blick auf die Erkenntnistätigkeit des Subjektes gewendet, die die Welt nach ihren Erkenntnisbedingungen aufbaut. Hieran schloss sich der zutiefst aufklärerische Gedanke der menschlichen Freiheit an, die sowohl für den Erkenntnisprozess als auch für das ethische Handeln von KANT aufgewiesen wurde und den Menschen zur Selbstgesetzgebung im vernunftgemäßen Gebrauch seines Willens aufruft. KANTS gedanklichen Nachfolger JOHANN GOTTLIEB FICHTE befreite bei seiner begeisterten Kantlektüre die Willensfreiheit des Ich zu seiner anschließenden Ichphilosophie. HEGEL und FRIEDRICH VON SCHELLING, die KANT zuerst heimlich im Tübinger Stift lasen, da KANT als Aufklärer verbotene Lektüre war, nahmen die Erkenntnistätigkeit des Ich als revolutionären, unhintergehbaren Ausgangspunkt ihrer eigenen Subjektphilosophie, auch wenn sie dabei über KANTS Grenzen hinausgingen. Der heute scheinbar so selbstverständliche Begriff der individuellen Freiheit und der Selbstverwirklichung wäre ohne KANTS Grundlegung der Subjektivität undenkbar.

Ein Leben lang in Königsberg

So weitreichend das Denken KANTS war, so eng war dagegen der Kreis seines persönlichen Lebens. IMMANUEL KANT hat seine Geburtsstadt Königsberg, wo er am 22. 4. 1724 als Sohn eines Riemermeisters zur Welt kam, außer für kurze Zeiten als Hauslehrer in der Nähe von Königsberg, bis zu seinem Tode am 12. 2. 1804 nie verlassen. Jeder Tag in seinem Leben verlief in einem von ihm genau bestimmten, immer gleichen Ablauf, den er gewöhnlich auf die Minute pünktlich einhielt. Einige Königsberger stellten ihre Uhren nach seinem Abendspaziergang um sieben Uhr. Nur ein einziges Mal versäumte KANT seinen gewohnten Gang, wofür er sich entschuldigte und begründete, die Lektüre von JEAN-JACQUES ROUSSEAUS »Émile« habe ihn derart fasziniert, dass er das Buch ohne Unterbrechung zu Ende las. KANT hasste jegliche äußerliche Veränderung und brauchte für sich absolute Regelmäßigkeit, um sein Werk und seine Arbeit als Professor zu bewältigen, da er von Natur aus sehr schwach und krankheitsanfällig war. Dabei war er den Menschen nicht abgeneigt, pflegte großzügig jeden Mittag eine Tischgesellschaft einzuladen, wenn auch streng auf sechs Personen begrenzt, deren Gespräch er zur Entspannung benötigte und mit viel Witz und Charme führte.

Naturwissenschaft und Metaphysik

In einfachen Verhältnissen aufgewachsen, besuchte KANT das streng pietistische Gymnasium Collegium Fridericianum, wo er schnell als hochbegabter Schüler auffiel. Mit 16 Jahren begann er das Studium an der Universität Königsberg. Sein Hauptinteresse lag zunächst bei den Naturwissenschaften und ISAAC NEWTONS strengem Wissenschaftsideal der modernen Physik, die er neben der Philosophie, klassischen Philologie und Theologie belegte. 1746 war er durch den Tod des Vaters gezwungen, die Universität zu verlassen und als Hauslehrer bis 1755 den Unterhalt der Familie zu sichern. In diesem Jahr veröffentlichte er seine, auf der newtonschen Mechanik beruhende, rein physikalische Entstehungstheorie des Weltalls und der Sonnensysteme, die PIERRE SIMON LAPLACE zur sog. kant-laplaceschen Theorie der Kosmologie erweiterte. Die ebenfalls 1755 erfolgte Rückkehr zur Universität mit Promotion und Habilitation führte nach langen Mühen erst 1770 zur Berufung als ordentlicher Professor.

Seinen Werken nach spricht man von der Zeit bis 1770 von der vorkritischen Periode KANTS, in der er zunächst den Rationalismus von CHRISTIAN WOLFF und LEIBNIZ weiterentwickelte. Durch den Einfluss DAVID HUMES ab etwa 1760 setzte eine kritische Auseinandersetzung mit der Möglichkeit von Metaphysik als strenger Wissenschaft ein, die zur Widerlegung der mathematisch abgeleiteten sowie der ontologischen Gottesbeweise führte. Mit dem Antritt seiner Professur 1770 folgte zum Erstaunen seiner Zeitgenossen ein elfjähriges Verstummen KANTS. Diese lange Zeit

Immanuel Kant, Porträt von Gottlieb Doebler (1791; Duisburg, Museum der Stadt Königsberg)

brauchte er, um seine nun radikal ausfallende »Kritik der reinen Vernunft« auszugestalten, die nach anfänglichem Unverständnis ab 1785 durch die ergänzende »Prolegomena« und durch die veränderte, zweite Auflage 1787 zum berühmtesten philosophischen Werk seiner Zeit wurde. Die 1788 anschließende »Kritik der praktischen Vernunft« zur Ethik und die »Kritik der Urteilskraft« zur Ästhetik und Naturphilosophie von 1790 rundeten sein Hauptwerk der drei Kritiken ab und ließen KANT zu Lebzeiten zur höchsten philosophischen Autorität im deutschsprachigen Raum werden.

Das Ich als Ureinheit allen Denkens

Um die bahnbrechende Entdeckung der Tätigkeit des Subjektes beim Erkennen darzulegen, unterscheidet KANT in der »Kritik der reinen Vernunft« seine kritische Subjektphilosophie sowohl vom Skeptizismus, der jede Wahrheitsaussage über die Dinge und Gott leugnet, als auch vom Dogmatismus, der die Metaphysik und die Erkenntnis der Dinge für selbstverständlich hält. Seine kritische Position fragt dagegen nach der »Bedingung der Möglichkeit von Erkenntnis überhaupt«. KANT unterscheidet hierbei zwischen der alltäglichen, empirischen Erkenntnis und ihren »transzendentalen apriorischen Bedingungen«, die vor aller Erfahrung für diese gegeben sein müssen. KANTS Denken ist deshalb ↑Transzendentalphilosophie oder »Metaphysik der Metaphysik«.

Mit der Umkehrung des Blicks auf das erkennende Subjekt arbeitet KANT heraus, dass jede Erkenntnis eines Gegenstandes von den apriorischen, reinen Strukturen der Anschauung und des Begriffes des Denkens durch das Subjekt geprägt ist. Jeder Gegenstand der Erfahrung erscheint uns einerseits in den »Formen der reinen Anschauung«, d.h. der reinen Zeit und des reinen Raumes. Zu dieser Anschauung, die für sich genommen leer ist, tritt der vom Verstand gebildete »Begriff« hinzu. Als reine, transzendentale Verstandesbegriffe weist KANT anhand seiner berühmten Kategorientafel zwölf Kategorien auf, so z.B. die der Kausalität, die mittels eines der transzendentalen Schemata mit der reinen Anschauung vom Verstand verknüpft werden. Dadurch erst kann uns ein Gegenstand in Raum und Zeit, z.B. die Kausalität als Folge einer Wirkung, erscheinen. Der Verstand formt derart die Gegenständlichkeit des Gegenstandes vor, sodass der konkrete Gegenstand uns zur Erfahrung werden kann. Das Subjekt selbst also bildet die Bedingungen für das Erscheinen des Objekts.

Grundlage für die verschiedenen Einheiten der Verstandesbegriffe ist die

Ein wichtiger Bestandteil von Kants streng geregeltem Tagesablauf war die Mittagsmahlzeit, zu der sich der Philosoph regelmäßig eine Tischgesellschaft einlud (Lithografie nach einem Gemälde von Emil Doerstling, 1892/93).

»ursprünglich synthetische Einheit der Apperzeption«, d.h. die Einheit des Selbstbewusstseins mit sich selbst. »Das: Ich denke, muss alle meine Vorstellungen begleiten können«, sagt KANT, um zum Ausdruck zu bringen, dass die Ureinheit des Ich mit sich selbst in jedem Denkakt Voraussetzung ist und diesen begründet.

Für die Begriffe Gott, Unsterblichkeit und Weltganzheit weist KANT nach, dass die bisherige Metaphysik auf sie immer nur spekulativ zurückgeschlossen hat, ohne dass sie jemals Dinge der Erfahrung sein könnten, da sie nicht in Raum und Zeit erscheinen können. Insofern wehrt KANT für sie jede Erkenntnismöglichkeit ab, bezeichnet sie aber als »Ideen der reinen Vernunft«, die regulativen Charakter für das Ganze der Verstandeserkenntnisse haben.

Kategorischer Imperativ und Gott

In der »Kritik der praktischen Vernunft« zeigt KANT, dass Gott und Unsterblichkeit zudem aber notwendige »Postulate der reinen, praktischen Vernunft« sind, die gedacht werden müssen, um die Möglichkeit eines Bemühens um ein gutes Handeln aufzuweisen. Dieses Bemühen fasst er als Sollen des »kategorischen Imperatives«, der besagt: »Handle so, dass die Maxime deines Willens jederzeit zugleich als Prinzip einer allgemeinen Gesetzgebung gelten könne«. Da der Mensch gut oder schlecht handeln kann, gibt es eine Freiheit im Menschen und eine Möglichkeit, sich einem höheren Sollen im Gegensatz zu seinem Egoismus zuzuwenden. Folglich kann sich der Mensch in Freiheit für ein allgemeingültiges Sollen entscheiden. Für die Möglichkeit zur Vervollkommnung des Menschen, die notwendig ist, um die Allgemeingültigkeit des Sollens aufzuweisen, müssen aber die Ideen Gott und Unsterblichkeit notwendig gedacht werden. Ein solches Denken bezeichnet KANT in der »Kritik der Urteilskraft« als »Vernunftglauben«, der Gott zwar nicht erfahren oder nachweisen kann, der ihn aber notwendig denken muss.

Um diesen Glauben gegenüber dem aufkommenden naturwissenschaftlichen Denken zu retten, beschritt KANT seinen Weg, das Wissen in seinen Grenzen neu zu definieren und zugleich die Notwendigkeit, Gott denken zu müssen, aufrechtzuerhalten.

In der Philosophiegeschichte wirkte KANTS Subjektphilosophie wie ein unumkehrbarer Meilenstein, der selbst noch MARTIN HEIDEGGERS Abkehr vom Subjekt derart beeinflusste, dass er lange Zeit sein Denken bei KANT angelegt sah. Der Neukantianismus, der ab

1865 eine Rückbesinnung auf die kritische Grundlage KANTS vornahm, prägte mit PAUL NATORP und ERNST CASSIRER in der ersten Hälfte des 20. Jh. besonders die Wissenschaftstheorie und die Ethik. Auch wenn heute die Gottesfrage nicht mehr in Mittelpunkt steht, so bedienen sich Wissenschaftstheoretiker und Ethiker immer noch der kantischen Grundlagen zur Erkenntnis und zur Handlungsfreiheit. Aber nicht nur in der Philosophie ist KANTS Einfluss ungebrochen. Sobald wir heute uns ein Ding vorstellen und über es urteilen, denken wir unreflektiert so, wie KANT es als Erkenntnisvorgang dem Subjekt einbeschrieben hat. Das aristotelische Denken des Allgemeinen hat bei KANT seine Umwandlung zum vom Subjekt gebildeten Allgemeinen gefunden, in dessen Strukturen wir uns heute bewegen, solange wir mit dem Verstand denken.

TIPP

Über KANT informiert umfassend das Archiv der Kant-Gesellschaft in 55128 Mainz, Colonel-Kleinmann-Weg 2; (E-Mail: kant@mail.uni-mainz.de).

Informationen zu dem Archiv finden sich auch im Internet auf der Seite: www.uni-mainz.de/kant/kfs.

WWW

www.kant-gesellschaft.de Homepage der Kant-Gesellschaft

www.ikp.uni-bonn.de/kant Werke, Briefe und handschriftliche Aufzeichnungen Kants im Volltext

www.daniel-von-der-helm.com/kant.html Umfangreiche Informationen zu Leben, Werk, Zeitgeschichte und Zeitgenossen

LITERATUR

BAUMGARTNER, HANS M.: Kants »Kritik der reinen Vernunft«. Anleitung zur Lektüre. Freiburg im Breisgau (Alber) [4]1996.

CASSIRER, ERNST: Kants Leben und Lehre. Neudruck Darmstadt (WBG) 1994.

SCHULTZ, UWE: Immanuel Kant. Reinbek (Rowohlt) [3]2003.

VORLÄNDER, KARL: Immanuel Kant. Der Mann und das Werk. Wiesbaden (Matrixverlag) [3]2004.

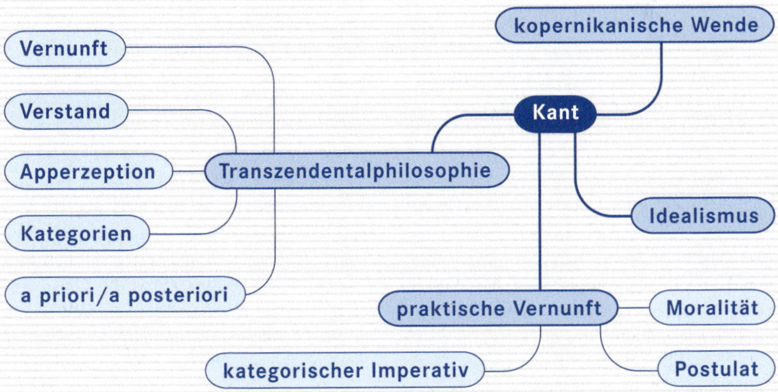

◀ *Fortsetzung von Seite 218* Grundvoraussetzungen zu klären (SALOMON MAIMON und JAKOB FRIEDRICH FRIES z. B. versuchten das Problem der Relation zwischen ↑Ding an sich und ↑Erscheinung zu lösen).
Der erneute Rückbezug auf die Philosophie KANTS Ende des 19. und Anfang des 20. Jh. wird als ↑Neukantianismus bezeichnet.

Kardinaltugenden [zu lat. cardinalis »wichtig«, »hauptsächlich«]: die Grundtugenden, die alle übrigen Einzeltugenden in sich schließen. Die Lehre von den Kardinaltugenden wurde v. a. von PLATON und den christlich-mittelalterlichen Philosophen geprägt.
PLATON übernimmt die volkstümliche Anschauung von vier Haupttugenden, aus denen man alle übrigen Tugenden ableiten könne, und bringt sie in Zusammenhang mit seiner Seelen- und Willenslehre. Danach lassen sich mit Triebsphäre, Willen und Vernunft drei Teilbereiche der Seele unterscheiden. Jeder dieser Funktionen ordnet PLATON eine spezifische Tugend als regulierende Kraft zu: Die ↑Besonnenheit hat die Begierden und Triebe unter die Leitung der Vernunft zu stellen, die ↑Tapferkeit soll das Lustempfinden und den Willen der Vernunft unterordnen, die ↑Weisheit schließlich soll die Vernunft regieren. Eine Orientierung aller Tugenden auf das sittlich Gebotene leistet als letzte die ↑Gerechtigkeit.
Die scholastische Sittenlehre baut PLATONS Tugendlehre unter Einbeziehung der Lehre von den drei göttlichen Tugenden aus. Danach ermöglichen erst Glaube, Liebe und Hoffnung die Kardinaltugenden und machen den Menschen zu moralischem Handeln fähig.

Kasuistik [zu lat. casus, »Fall«, »Vorkommnis«]: die Erörterung der Anwendung allgemeiner juristischer oder sittlicher Normen auf Einzelfälle, also auf konkrete Handlungssituationen, um bereits vollzogene Handlungen zu beurteilen oder einen Entscheidungsmaßstab für zukünftige zu finden. Kasuistik ist notwendig, da allgemeine Normen die konkrete Handlungssituation nicht eindeutig bestimmen. Sie wird jedoch problematisch, wenn sie beansprucht – wie es z. B. die Moraltheologen im 17. Jh. taten –, ein umfassendes System verbindlicher Verhaltensweisen für konkrete Einzelfälle aufzustellen, da dadurch die Freiheit und Verantwortung der Einzelnen aufgehoben wird. Denn eine Verhaltensanweisung stellt selbst wieder eine Norm dar, die ihrerseits wieder nach einem Kriterium für ihre Anwendung verlangt.

Kategorie [griech. »Aussage«, »Prädikat«] **(Prädikament)**: Grundbegriff der Philosophie, insbesondere der Erkenntnistheorie, zur Bezeichnung der letzten und einfachsten allgemeinsten begrifflichen Bestandteile jeglicher Erkenntnis. Die in der Geschichte der Philosophie vertretenen Auffassungen über Kategorien differieren sowohl darin, was als Wesen und Ursprung der Kategorien angesehen wird, als auch darin, welche Kategorien genannt werden.
Der Terminus Kategorie wurde von ARISTOTELES eingeführt. Der Sache nach hat sich aber schon PLATON um eine Bestimmung von Kategorien bemüht. Er nannte als solche: Sein, Identität, Verschiedenheit, Veränderung und Beharrung. Kategorien sind für PLATON diejenigen Ideen, mit denen alles Seiende »Gemeinschaft haben« muss (↑Methexis). ARISTOTELES führt zehn Kategorien auf (Substanz, Quantität, Qualität, Relation, Ort, Zeit, Lage, Haben, Wirken und Leiden). Bei ARISTOTELES haben die Kategorien einen doppelten Charakter: Zum einen drücken sie die Struktur der Sprache aus, mit deren Hilfe wir über die Welt sprechen, zum andern werden sie als allgemeinste Formen des Seins selbst interpretiert, bilden also die Struktur der Wirklichkeit. Diese Einordnung der Kategorien in die ↑Ontologie blieb für das gesamte Mittel-

alter und die beginnende Neuzeit bestimmend.

Kant gab dem Problem der Kategorien eine bis heute wirksame neue Wendung, indem er ihre erkenntnistheoretische Bedeutung betont. Sie sind ihm nämlich »Bedingungen a priori der Erfahrung«, d.h., sie bilden den begrifflichen Rahmen, mit dessen Hilfe die Vielfalt der Sinneseindrücke zur Einheit der Gegenstandserkenntnis geordnet wird. Deshalb heißen sie auch »reine Verstandesbegriffe«. Da die Kategorien Erfahrung erst möglich machen, kann ihr Ursprung nicht in der Erfahrung liegen; sie sind also a priori (↑a priori/a posteriori). Kant gewinnt seine Kategorientafel, die in vier Gruppen (Qualität, Quantität, Relation und Modalität) zu je drei Begriffen zerfällt, aus einer Analyse der Urteilsformen. Damit verbindet er den Anspruch, Anzahl und Art der Kategorien systematisch begründet zu haben.

Von sprachpragmatischer Seite aus versuchte Charles Sanders Peirce, den Kategorien eine andere Grundlage zu geben. Die Kategorien beziehen sich auf die Stufen handlungsmäßiger Gegenstandskonstitution. Drei sind zu unterscheiden: Die »Kategorie der Erstheit«, der die monadischen ↑Relationen entsprechen (es gibt noch keine Unterscheidung von Subjekt und Objekt), die »Kategorie der Zweitheit«, der die dyadischen Relationen entsprechen (die Differenz von Subjekt und Objekt steht bereits zur Verfügung), und die »Kategorie der Drittheit«, deren Modell die »triadische Zeichenrelation« ist (das Subjekt kann sich vermöge von Zeichen auf das Objekt beziehen). Sprachanalytisch unterscheidet Peter Frederick Strawson Ereignisse und Prozesse, Zustände und Beschaffenheit usw. als allgemeinste Bedingungen für die Identifizierbarkeit von Einzeldingen.

Von **Kategorienfehler** spricht man bei Fehlschlüssen, die dadurch entstehen, dass man Termini einer bestimmten Kategorie durch andere, nicht zu dieser gehörige ersetzt; z.B.: »Er hat diesen Kiosk gepachtet« und »Er hat die Weisheit gepachtet«. Während man im ersten Fall davon ausgeht, dass es einen Verpächter gibt, der den Pachtzins erhält, ergibt das im zweiten Fall offenbar keinen Sinn. Nach Ansicht von Vertretern der analytischen Philsosophie beruhen viele klassische philosophische Probleme wie z.B. das ↑Leib-Seele-Problem auf schlichten Kategorienfehlern.

kategorisch [zu griech. katēgoreîn »aussagen«, »zu erkennen geben«]: in der philosophischen Tradition Bezeichnung für alle bejahenden (assertorische, apodiktische und problematische) Aussagen (Behauptungen, Urteile, Sätze), meist im Gegensatz zu ↑hypothetisch gebraucht; daher auch im Sinne von bedingungslos gültig, allgemeingültig.

kategorischer Imperativ: oberste und allgemeinste Handlungsanweisung (↑Norm) der praktischen Philosophie Kants aus der »Kritik der praktischen Vernunft«. Sie lautet: »Handle so, dass die Maxime [d.h. subjektive Verhaltensregel] deines Willens jederzeit zugleich als Prinzip einer allgemeinen Gesetzgebung gelten könne.« Diese Formulierung wird oft unangemessen mit der ↑Goldenen Regel identifiziert. Dies sollte aber vermieden werden, weil die beiden fraglichen Handlungsanweisungen aus völlig verschiedenen Prinzipien für Moralität und für die Bewertung (moralisch relevanter) Handlungen entwickelt werden: Bei der Goldenen Regel erfolgt die Sanktion der Regel über die Androhung möglicher negativer Folgen; z.B.: Jemand lügt deshalb nicht, weil er es als (sehr) unangenehm empfindet, selbst belogen zu werden. Damit akzeptiert er den Wert »Wahrheit« eigentlich nicht um seiner selbst willen, sondern nur als Mittel zur Realisierung eines für ihn höher stehenden Wertes (hier des persönlichen Wohlbefindens). Im Gegensatz dazu ist für Kant die

wahrhaft moralische Handlung gekennzeichnet durch Freiheit, durch die bewusste Entscheidung, trotz möglicher negativer Folgen einen Wert ausschließlich um seiner selbst willen zu realisieren.
Ein Wert (etwa Wahrheit) lässt sich als Selbstzweck nur auf logischem Weg legitimieren. Gesetzt z. B., es gebe ein Gebot der Unwahrhaftigkeit: »Du sollst lügen!« Dieses führt sich selbst ad absurdum, weil die Lüge (d.h. bewusst die Unwahrheit sagen) zu ihrer Möglichkeit Wahrheit voraussetzt. Denn würde das Lügengebot konsequent befolgt, gäbe es generell keine wahren Aussagen, damit aber auch eigentlich keine Lügen mehr; das Gebot hebt sich selbst auf, indem es sich seiner Voraussetzungen beraubt. Deshalb wird man von jedem mit Vernunft ausgestatteten Wesen erwarten, dass es nicht die »Lügenregel«, sondern ihr Gegenteil als Vernunft- und Moralprinzip erkennt und akzeptiert.
Das Bewusstsein oder die Möglichkeit zur Freiheit steht in engem Zusammenhang mit einer anderen Variante des kategorischen Imperativs in der »Grundlegung zur Metaphysik der Sitten«: »Handle so, dass du die Menschheit sowohl in deiner Person als in der Person eines jeden anderen jederzeit zugleich als Zweck, niemals bloß als Mittel brauchst«. Freiheit stattet ein (moralisch) handelndes Subjekt mit einer solchen Würde aus, dass nach KANT keine Umstände denkbar sind, in denen es dieser Freiheit (und damit seiner Würde) durch Bevormundung beraubt werden dürfte.

Katharsis [griech. »Reinigung«]: bei ARISTOTELES zentraler Begriff der Wirkungsästhetik v.a. in der Tragödie. Danach löst die Tragödie, indem sie »Jammer« und »Schaudern« bewirkt, eine Reinigung des Zuschauers von eben diesen psychischen Erregungszuständen aus, die anderenfalls zu schweren physischen Schäden führen könnten. In der Neuzeit wird der Begriff seit dem Humanismus ethisch umgedeutet als Läuterung von den Leidenschaften, die in der Tragödie zur Darstellung kommen. Noch BERT BRECHT beruft sich auf Katharsis, fordert aber deren emotionale Abkoppelung zugunsten einer kritischen Reaktion gegenüber spezifischen Klasseninteressen.

Kausalität [mittellat. »Ursächlichkeit«]: in der Philosophie des Mittelalters Bezeichnung für die Tatsache, dass etwas einen Grund bzw. eine Ursache hat, oder für diese Ursache selbst (↑Causa). Später wird Kausalität synonym mit »Kausalitätsverhältnis« verwendet und bezeichnet damit allgemein das Verhältnis zwischen Ursache und Wirkung. In Abwandlung des Satzes vom zureichenden Grund, dass nichts ohne Grund geschieht (nihil fit sine causa), formuliert das **Kausalprinzip** vorwiegend physikalische Sachverhalte in dem Sinn, dass jede Veränderung eine Ursache hat, und schließt damit den ↑Zufall aus.
Die Diskussion um Kausalität weist zwei Tendenzen auf, von denen die eine dazu neigt, die ontologische Relevanz von Kausalität in den Vordergrund zu stellen, d.h. Kausalität als Eigenschaft der Dinge bzw. der Materie zu betrachten (z.B. BARUCH DE SPINOZA); die andere behauptet mehr den reinen Erkenntnischarakter der Kausalität, d.h., betrachtet sie als Grundlage unserer Erkenntnis von Naturvorgängen (LEIBNIZ, KANT). Auch wird gefragt, woher wir um Kausalität wissen, ob aus Erfahrung (DAVID HUME) oder ob sie eine Voraussetzung a priori von Erfahrung ist (KANT).
Das Kausalgesetz in der Formulierung »die Ursache geht der Wirkung voraus« weist auf den engen Zusammenhang zwischen Zeit- und Kausalitätsbegriffen hin. Wenn nämlich Allgemeingültigkeit des Kausalgesetzes vorausgesetzt wird (d.h. die Kontinuität [↑Kontinuität/Diskontinuität] aller materiellen Prozessualität), dann muss mit dem gegebenen Sachverhalt *A*, der also eine Wir-

kung ist, notwendig ein Sachverhalt *B* existieren, der dessen Ursache ist, sodass »*B* früher als *A*« gilt. Damit ist aber ausgeschlossen, dass zugleich »*A* früher als *B*« gilt. Diese Unumkehrbarkeit der »Früher-als«-Relation wird als Unumkehrbarkeit bzw. Asymmetrie der ↑Zeit formuliert, nur dass hier die Ereignisse *A*, *B* nicht notwendig in einem Kausalverhältnis stehen müssen. Von daher liegt eine Gefahr darin, das Kausalitätsverhältnis zu diskutieren, wenn dabei Ursache und Wirkung mit einer zeitlichen Distanz vorgestellt werden. Man hat dann eine Ursache-Wirkung-Kette vorliegen, bei der eine (diskontinuierliche) Abwechslung von Ursache und Wirkung suggeriert wird, und zwar so, dass zu einem Zeitpunkt eine Ursache, zu einem anderen eine Wirkung vorliege. Andererseits hebt sich das Kausalprinzip selbst auf, wenn es nicht auf zeitliche Kontinuität abzielt. Dann aber müssen Ursache und Wirkung immer zugleich vorliegen.

HEGEL zieht daraus die Konsequenz, dass es immer ein und derselbe Sachverhalt ist, der einmal als Ursache, dann als Wirkung angesehen wird: »Die Wirkung enthält daher überhaupt nichts, was nicht die Ursache enthält« und umgekehrt. Solche kontingente Wirklichkeit wird aber gerade durch das Kausalprinzip ausgeschlossen. Damit ist aber auch eine räumliche Distanz nicht mehr zu behaupten, wie dies lange geschehen ist im Zusammenhang mit der Vorstellung von Fernwirkungen: dass eine Wirkung von einem Ort bzw. Körper unmittelbar (also mit unendlicher Geschwindigkeit) auf einen anderen Ort bzw. Körper stattfinden könne. HEGELS Analyse zeigt, dass dann ein Kontinuum von Orten zwischen den Körpern vorläge, in denen zwar Ursache, aber nicht Wirkung behauptet würde, was unmöglich ist. Fernwirkung (actio in distans) würde zugleich Nichtdistanz (räumlich) der betreffenden Orte behaupten.

Mit der ↑Relativitätstheorie und der ↑Quantentheorie werden ganz neue Probleme der Kausalität aufgeworfen: Im Bereich mikrophysikalischer Prozesse, die durch die Quantenmechanik beschrieben werden, zeigt sich, dass zwar das Kausalprinzip nicht verletzt ist, dass also jede Zustandsänderung eines quantenmechanischen Systems eine Ursache hat, dass aber diese Änderung aus der Ursache nicht determiniert ist bzw. aus der Beobachtung des vorausgehenden Zustands nicht vorhergesagt werden kann. Diese Indeterminiertheit der Materie deuten einige Schulen als eine Eigenschaft der Materie (und nicht nur als ein Problem ihrer Beobachtung). In der Relativitätstheorie werden Ereignisse und Veränderungen in einem vierdimensionalen Raum-Zeit-Kontinuum beschrieben, d.h., jedem Ereignis werden drei Raum- und eine Zeitkoordinate zugeordnet. Indem die Lichtgeschwindigkeit als größtmögliche Geschwindigkeit von Informations- und Wirkungsausbreitung vorausgesetzt wird, gibt es zu jedem Ereignis ein ganzes (vierdimensionales) Gebiet von Punkten (Ereignissen), mit denen es keinen Kausalzusammenhang haben kann.

Entdeckungen im Bereich der Physik und Mathematik zeigen die Notwendigkeit, in der Verwendung des Begriffs der Kausalität genauer zu differenzieren (»Chaostheorie«). Man unterscheidet hier »schwache Kausalität« (gleiche Ursachen haben gleiche Wirkungen) von »starker Kausalität« (ähnliche Ursachen haben ähnliche Wirkungen), wobei »Ursache« und »Wirkung« für »Anfangs-« und »Endzustand« der beobachteten Prozesse stehen. Es zeigt sich z. B. beim Übergang einer Strömung vom laminaren in den turbulenten Zustand, dass anfangs infinitesimal benachbarte Flüssigkeitspartikel auf (möglicherweise prinzipiell) unberechenbare Weise ihre Nachbarschaft verlieren. Die »Bahn« eines Teilchens fächert sich in ein Gebiet von Bahnmöglichkeiten auf, sodass die tatsächliche Bewegung nicht mehr in einem einheitlichen Bewegungsgesetz beschrieben werden kann. Damit wäre das Prinzip der »starken« Kausalität verletzt.

Kettenschluss: in der Logik ein Schluss der Form: Alle *A* sind *B*. Alle *B* sind *C*. Alle *C* sind *D*. Also sind alle *A* auch *D*.

Kierkegaard, Søren, dänischer Philosoph und Schriftsteller, *Kopenhagen 5. 5. 1813, †Kopenhagen 11. 11. 1855: Ab 1830 studierte KIERKEGAARD in Kopenhagen Theologie, wandte sich aber zunehmend der Philosophie zu. 1840 schloss er sein Studium der Theologie ab, 1841 promovierte er in Philosophie mit einer Dissertation über den Begriff der Ironie. 1841/42 hörte er in Berlin Philosophievorlesungen bei Hegelianern und FRIEDRICH VON SCHELLING. Ab 1842 lebte er als freier Schriftsteller in Kopenhagen. In rascher Folge veröffentlichte er, größtenteils unter Pseudonymen, seine Werke, in denen er seine christlich-philosophische Weltsicht darlegte, oft in polemischer Auseinandersetzung mit dem offiziellen Christentum und der idealistischen Philosophie HEGELS. Daneben sind seine Werke stark persönlich geprägt von Schwermut und Sündenbewusstsein, die er von seinem Vater geerbt zu haben scheint, und von ihn erschütternden Lebensereignissen, wie seiner Entlobung und seinem Konflikt mit der Kirche.

Kierkegaard: Im Zentrum der Philosophie Kierkegaards stand die Existenz des Individuums. Die Karikatur greift seine Verteidigung des konkreten Einzelnen gegen die Masse auf, indem sie die Silhouette des dänischen Philosophen als Mittelpunkt eines Universums darstellt (Kopenhagen, Det Kongelige Bibliotek).

Im Gegensatz zu den abstrakten Begriffen von HEGELS System stellte KIERKEGAARD das konkrete Dasein des einzelnen Menschen ins Zentrum seiner Philosophie. Damit wurde er zum Vorläufer der ↑Existenzphilosophie. Seine philosophischen Ansichten enthalten v.a. sein Erstlingswerk »Entweder – Oder« (1843), die »Philosophischen Brocken« (1844) samt der »Abschließenden unwissenschaftlichen Nachschrift« (1846) und »Der Begriff der Angst« (1844). Die konkrete Existenz ist nach KIERKEGAARD durch bewusstes Sich-zu-sich-selbst-Verhalten angesichts eines inneren Widerspruchs gekennzeichnet; sie ist »Synthese des Endlichen und des Unendlichen«. Zu den zentralen Begriffen seiner Philosophie gehören »Freiheit«, »Entscheidung«, »Wahl«, »Sprung«, »Angst« und »Paradox«. KIERKEGAARD unterscheidet drei Stufen der Existenz: die ästhetische, die ethische und die religiöse. Der Fortschritt von der untersten zur höchsten Stufe durch Wahl und Sprung geht mit Wahrnehmung der Freiheit und Verwirklichung der vollen Existenz einher. Auf der höchsten Stufe muss allerdings das Paradox der Religion ausgehalten werden, dass der Mensch nur dadurch zu seinem eigentlichen Selbst findet, dass er seine Abhängigkeit von Gott anerkennt.

Der philosophische Einfluss KIERKEGAARDS zu Lebzeiten war gering; nur sein Erstlingswerk fand Beachtung. Erst im 20. Jh. knüpften v.a. Vertreter der Existenzphilosophie (u.a. KARL JASPERS) an seine Philosophie an, allerdings ohne deren christlich-theologische Dimension zu übernehmen.

klar und deutlich (lat. **clare et distincte**): Wahrheitskriterium bei DESCARTES. Nur, was so isoliert, so scharf von allen anderen Erkenntnisinhalten unterschieden und abgegrenzt werden kann und dann so ganz ohne jeden Zweifel einleuchtet wie das oberste Prinzip seiner Philosophie, das ↑Cogito, ergo sum, wird als wahr (als Wissen) akzeptiert. Methodisch empfiehlt DESCARTES, Probleme in Teilprobleme zu zerlegen, mit den einfachsten Elementen zu beginnen und vollständige Übersichten anzulegen, um den Zusammenhang aller Teile zu erfassen und festzuhalten.

Klasse [zu lat. classis »Abteilung«]: Terminus, der in der Gesellschaftstheorie v.a. in seiner von KARL MARX und FRIEDRICH ENGELS geprägten Bestimmung bedeutsam wurde. Im »Manifest der Kommunistischen Partei« (1848) beschreiben MARX und ENGELS die Geschichte als Geschichte von Klassenkämpfen. Danach ist mit Ausnahme der Urgesellschaft und der künftigen Gesellschaften des ↑Sozialismus und des ↑Kommunismus für sie jede historische Gesellschaft eine Klassengesellschaft, die bestimmt wird durch den grundlegenden, die gesellschaftliche Entwicklung notwendig weitertreibenden Interessengegensatz (↑Antagonismus) zweier (als Idealtypen verstandener) Klassen, der herrschenden (Sklavenhalter, Feudalherren, Kapitalisten) und der beherrschten (Sklaven, Leibeigene, Lohnarbeiter). Kriterium der Zugehörigkeit zu der herrschenden Klasse ist die Verfügungsgewalt über Produktionsmittel (z.B. Grund und Boden, Fabriken) bzw. die Tatsache, dass jemand mehr verdient, als seine Arbeit objektiv wert ist.

Der wachsende Reichtum der herrschenden Klasse beruht auf der Ausbeutung der beherrschten Klasse, d.h. auf der Aneignung des Mehrwerts, also des Teils ihres Arbeitsprodukts, der den Beherrschten nicht unbedingt überlassen werden muss, damit sie ihre Arbeitskraft regenerieren und das erforderliche Minimum an Loyalität gegenüber dem herrschenden System entwickeln können. Die ökonomisch herrschende Klasse ist nicht nur zugleich die politisch, sondern auch die geistig herrschende, da auch die Kopfarbeiter letztlich von ihr abhängig sind (↑Basis und Überbau, ↑Ideologie). Dies führt zu einer bewusstseinsmäßigen Beeinflussung der beherrschten Klasse im Sinne der Herrschenden, die ihr partikulares ↑Interesse zum Gemeinwohlinteresse erklären. Deshalb bildet die Klasse der Beherrschten nur ↑an sich eine gesellschaftliche Klasse. Zur selbstbewussten, sich organisierenden und für ihr Interesse kämpfenden Klasse *für sich* wandelt sie sich erst unter Ausbildung eines gemeinsamen Klassenbewusstseins, und zwar dann, wenn die gesellschaftlichen Widersprüche offen zutage treten und die Beherrschten im Kampf mehr gewinnen als verlieren zu können glauben.

In Logik und Wissenschaftstheorie bezeichnet der Grundbegriff Klasse, meist gleichbedeutend mit **Menge** gebraucht, die Zusammenfassung mehrerer Individuen (↑Individuum), die dann die »Elemente« der Klasse genannt werden, zu einem Ganzen. Enthält diese Klasse nur endlich viele Elemente, so kann sie durch Aufzählung aller ihrer Mitglieder eindeutig charakterisiert werden. Bei unendlich vielen Elementen entfällt dieses Verfahren: Eine solche Klasse kann nur durch eine Aussageform mit einer Variablen bestimmt werden. In der mathematischen Grundlagenforschung wird intensiv nach Systemen der Mengenlehre gesucht, sofern sie nicht zu der bekannten zermelo-russellschen Antinomie führen (der Menge aller Mengen, die sich selbst nicht als Element enthalten).

Werden Klassen nach bestimmten Prinzipien geordnet, so spricht man von **Klassifikation,** d. h. der Zerlegung einer Klasse (z. B. der Lebewesen) in Teilklassen (z. B. Menschen, Tiere, Pflanzen). Die Vereinigung aller Teilklassen soll die Ausgangsklasse ergeben (also gehört jedes Element der Ausgangsklasse zu mindestens einer Teilklasse), und je zwei Teilklassen sollen sich nicht überschneiden (dann liegt jedes Mitglied der Ausgangsklasse in genau einer Teilklasse). Klassifikationen sind in der Geschichte der Philosophie häufig aufgetreten, v. a. dort, wo es um die Errichtung ganzer Systeme ging (z. B. bei HEGEL). Eine der folgenreichsten Klassifikationen war diejenige, die ARISTOTELES als Erster unter den menschlichen Tätigkeiten vornahm: Er unterscheidet die betrachtenden (theoretischen), die handelnden (technischen) und die schöpferischen (poetischen) Tätigkeiten voneinander.

kognitiv [zu lat. cognoscere »erkennen«, »kennenlernen«, »wissen«]: v. a. in der Psychologie verwendeter Begriff, der eine theoretische im Unterschied zu einer praktischen Einstellung gegenüber einem Gegenstand kennzeichnet.

Kognitivismus [lat.]: 1. Sammelbezeichnung für antiskeptische Positionen in der Erkenntnistheorie (↑Skeptizismus); 2. Sammelbezeichnung für Positionen in der Metaethik, die die Zugänglichkeit moralischer Urteile für argumentative Begründungen behaupten (Gegensposition Nonkognitivismus; dazu gehören u. a. ↑Dezisionismus, ↑Emotivismus). Der ethische Kognitivismus geht davon aus, dass moralische Urteile einen Anspruch auf Wahrheit erheben und deshalb wie andere Urteile, die außerhalb der Moral mit objektivem Geltungsanspruch abgegeben werden, zu begründen sind. Zum Kognitivismus gehören u. a. Intuitionismus (↑Intuition), ↑Naturalismus und ↑Utilitarismus.

Kohärenz [zu lat. cohaerere »zusammenhängen«]: Kohärenz im weiteren Sinne besitzt ein System von Sätzen (Gedanken, Vorstellungen), wenn es keine isolierten Aussagen enthält, d. h., wenn alle Sätze miteinander in Zusammenhang stehen. Diese Bedeutung liegt dem **Kohärenzprinzip** der Ontologie zugrunde, das besagt, dass alles Seiende miteinander in Beziehung stehe.

Koinzidenz [lat.]: ↑Coincidentia Oppositorum.

Kollektivbegriff [zu lat. colligere »sammeln«] **(Kollektivum, Sammelbegriff):** in der traditionellen Logik wichtige Gattung von Begriffen. Ein Kollektivbegriff bezieht sich immer auf solche Gegenstände, die selbst als Klassen von (anderen) Gegenständen aufgefasst werden können. Diese Klassen müssen in bestimmter Weise gegliedert sein; z. B.: Der Kollektivbegriff »Bibliothek« bedeutet Klassen von Büchern, die durch ihre Anordnung, Auswahl u. a. gegliedert sind; ein ungeordneter Haufen von Büchern ist noch keine Bibliothek. Kollektivbegriffe lassen sich oft an der Vorsilbe Ge- oder den Nachsilben -heit, -zeug, -schaft erkennen (Gepäck, Menschheit, Schülerschaft u. a.).

Kollektivismus [zu lat. collectus »gesammelt«, »zusammengefasst«]: Bezeichnung für einen gesellschaftlichen Zustand, in dem es kein Privateigentum an Produktionsmitteln mehr gibt und in dem die Interessen des Kollektivs (von der Familie bis zur Gesamtheit der Gesellschaftsmitglieder) unbedingten Vorrang vor den Interessen des Individuums haben sollen (↑Individualismus). Im Anarchismus (↑Anarchie) diente der Begriff zeitweise als Ersatzwort für ↑Kommunismus (MICHAIL BAKUNIN).

kommensurabel [lat. »gleich zu bemessen«, »gleichmäßig«]: In der Wissenschaftstheorie werden zwei Theorien (oder Diskurse) kommensurabel genannt, wenn sie hinsichtlich ihres Wahrheitsanspruchs miteinander vergleichbar sind. Hierzu ist es i. A.

erforderlich, dass die Bedeutungen der verwendeten Begriffe in beiden Zusammenhängen gleich sind. Gegensatz: ↑inkommensurabel.

Kommunikation [lat. »Mitteilung«, »Verständigung«]: in Sozialwissenschaft und Psychologie Bezeichnung für den Informationsaustausch als grundlegende Notwendigkeit menschlichen Lebens. Man unterscheidet intrapersonale Kommunikation z. B. bei der Aufnahme von Umweltdaten durch ein Individuum, interpersonale Kommunikation als Austausch zwischen mindestens zwei Individuen (Gesprächspartnern) und mediengebundene Kommunikation (Massenkommunikation) als Informationsaustausch zwischen den Medienproduzenten und der meist größeren Gruppe der Medienkonsumenten. Bei der Kommunikation werden vier Faktoren unterschieden: der Kommunikator oder Sender (die Informationsquelle), die Information (die zu übermittelnde Botschaft), das Medium der Kommunikation (Sprache, Zeitung, Fernsehen usw.) und der Rezipient oder Empfänger der Information.

Jeder Kommunikationsprozess verläuft in mindestens drei Phasen, wobei in jeder Phase Störungen auftreten können, die zu verfälschten Informationen führen: Die Information, die mitgeteilt werden soll, muss zuerst vom Kommunikator vorbereitet (z. B. verbal formuliert) werden. Diesen Vorgang nennt man Verschlüsselung (Encodierung). Sie wird dann mithilfe der vereinbarten Zeichensysteme übermittelt (Signalisierung) und muss schließlich vom Empfänger aufgenommen, also gehört oder gelesen werden (Entschlüsselung bzw. Decodierung). Dabei muss die Information so dargeboten werden, dass der Empfänger sie verstehen kann, d. h., die bei der Kommunikation benutzten Zeichensysteme müssen den Beteiligten bekannt und der Zeichenvorrat von Sender und Empfänger zumindest teilweise gleich sein. Interpersonale und mediengebundene Kommunikation sind Gegenstand u. a. der Publizistikwissenschaft.

In die Philosophie des 20. Jh. wurde der Begriff der Kommunikation durch KARL JASPERS eingeführt, der in ihr eine »universale Bedingung des Menschseins« sieht. In jüngerer Zeit haben sich u. a. KARL-OTTO APEL mit seiner Unterscheidung von realer und idealer Kommunikationsgemeinschaft und JÜRGEN HABERMAS mit dem Begriff der kommunikativen Kompetenz (der Fähigkeit eines Sprechers/Hörers, die sozialen Regeln menschlicher Rede zu beherrschen bzw. diese zu verstehen) und seiner Theorie des kommunikativen Handelns (die menschliches Verhalten primär als symbolisch vermittelte Interaktion nach Art von Sprachhandlungen betrachtet) mit der fundamentalen Funktion der Kommunikation befasst (↑Transzendentalpragmatik, ↑Universalpragmatik). Darin sehen sie einen philosophischen Paradigmenwechsel: von der Bewusstseinsphilosophie zur Sprachpragmatik.

Kommunismus [zu lat. communis »allen gemeinsam«, »allgemein«]: seit dem frühen 19. Jh. gesellschaftstheoretische Bezeichnung für einen utopischen Zustand der sozialen ↑Gleichheit und der ↑Freiheit aller Gesellschaftsmitglieder sowie für die Lehre von diesem Zustand. Nach KARL MARX ist der Kommunismus gekennzeichnet durch die Aufhebung des Privateigentums an Produktionsmitteln, d. h. der in der Klassengesellschaft (↑Klasse) herrschenden Ausbeutung, die Überwindung der Trennung zwischen geistiger und körperlicher Arbeit, das Absterben des Staats als ein Instrument der Klassenherrschaft, die Geltung des Prinzips »Jeder nach seinen Fähigkeiten, jedem nach seinen Bedürfnissen«, die Chance jedes Einzelnen zur allseitigen Entwicklung seiner menschlichen Fähigkeiten. Während vor MARX Kommunismus und ↑Sozialismus synonym verwendet wurden, bezeichnet er als

Sozialismus die Übergangsphase zwischen Kapitalismus und Kommunismus, in der die Arbeiterklasse (vertreten durch die Kommunistische Partei) die politische Herrschaft im Staat ausübt (»Diktatur des Proletariats«). Einzelne Elemente dieser Gesellschaftsvorstellung wie z. B. das Gemeinschaftseigentum finden sich schon in der christlichen Urkirche, in Sekten der Reformationszeit (Chiliasmus) und in den utopischen Staatsromanen der frühen Neuzeit (↑Utopie).

kompatibel [zu frz. compatir »übereinstimmen«]: in der Logik vereinbar, nicht einander ausschließend. Gegensatz: ↑inkompatibel.

Konflikt [zu lat. confligere »zusammenstoßen«, »streiten«, »kämpfen«]: Zwiespalt, Interessengegensatz, Auseinandersetzung, Streit, auch innerer Widerstreit von Motiven, Wünschen, Bestrebungen oder (ethischen) Normen. Als sozialen Konflikt bezeichnet man einen Interessengegensatz und die daraus folgenden Auseinandersetzungen verschiedener Intensität und Gewaltsamkeit zwischen Personen, Gruppen, Organisationen, Gesellschaften, Staatengruppen. Inhalt von sozialen Konflikten sind meist Differenzen über Werte, Lebensziele, Status-, Macht- oder Verteilungsverhältnisse knapper Güter. Von der Lösung eines Konfliktes, der Versöhnung der ihm zugrunde liegenden unverträglichen Normen oder Interessen, ist seine bloße Beilegung (der Verzicht auf offenes Austragen) zu unterscheiden. Die Lösung eines Konflikts führt zwar zur (Wieder-)Herstellung des ↑Friedens, bedarf aber darüber hinaus der offenen und freien Argumentation aller Betroffenen, um als vernünftig erwiesen werden zu können.

Die empirische Erforschung praktischer Konflikte ist Gegenstand von Psychologie und Soziologie sowie der verschiedene Disziplinen mit einbeziehenden Friedens- und Konfliktforschung. Es ist bislang umstritten, ob Konflikte als fortschrittshemmende Störungen oder unabdingbarer »Motor« und Stimulans sozialen Wandels anzusehen sind.

Konfuzianismus: die auf Konfuzius zurückgehende, neben ↑Taoismus und ↑Buddhismus einflussreichste philosophische Schule in China und Ostasien (↑chinesische Philosophie), die in China seit der Handynastie (206 v. Chr. bis 220 n. Chr.) bis zum Ende des Kaisertums (1912) allein verbindliche Staatsdoktrin war.

Konfuzianismus: Darstellung des Konfuzius

Der Konfuzianismus versteht sich als Wahrer und Mittler der jahrtausendealten chinesischen Tradition. Rein rationales Philosophieren ist ihm völlig fremd, er ist praktische, moralische Philosophie. Zentrales Anliegen ist demnach die Fundierung des Einzelnen, der Familie und des Staates in der Moral. Grundlage der konfuzianischen Ethik ist die Menschlichkeit (jen), die sich in den fünf Tugenden der Loyalität, der Rechtschaffenheit, der Weisheit, der Schicklichkeit und der Aufrichtigkeit verwirklicht.
Ihren alltäglichen Ausdruck findet diese Ethik in der Anerkennung der fünf fundamentalen, stets auf der Grundlage der Gegenseitigkeit verstandenen Beziehungen zwischen Herrscher und Staatsdiener, Vater

und Sohn, älterem und jüngerem Bruder, Ehemann und Ehefrau, Freund und Freund. Pietät und Verehrung des Hergebrachten sind ein Grundzug des Konfuzianismus, dessen konservative Haltung auch die Gegnerschaft erklärt, die er im kommunistischen China erfahren hat.

Konjunktion [lat. »Verbindung«]: Begriff der Aussagenlogik; die Verknüpfung zweier Aussagen zu einer neuen Aussage, die ebenfalls als Konjunktion oder Konjugat bezeichnet wird, durch den zweistelligen ↑Junktor »und« (Symbol: $\wedge$); z. B.: Die Aussagen »Die Erde ist ein Planet der Sonne« und »Die Erde besitzt einen Mond« werden zu »Die Erde ist ein Planet der Sonne und die Erde besitzt einen Mond« oder kurz: »Die Erde ist ein Planet der Sonne und besitzt einen Mond«.

Konklusion [lat.]: ↑Folgerung.

konkret [zu lat. concrescere »zusammenwachsen«]: das, was sinnlich erfahrbar ist, im Gegensatz zum Abstrakten (↑abstrakt), das begrifflich gefasst werden muss. Konkretes ist immer räumlich und zeitlich festgelegt und darum stets individuell. In der hegelschen Dialektik heißt eine Stufe (z. B. das Werden) konkret, wenn sie durch Aufhebung zweier Gegensätze (die dann abstrakt genannt werden; z. B. das Sein und das Nichts) gewonnen wird. Das Konkrete kommt der Wirklichkeit durch seinen Bedeutungsreichtum näher als das Abstrakte, eine Auffassung, die im Marxismus fortlebt, wo der »konkreten gesellschaftlichen Praxis« das »abstrakte individuelle Denken« entgegengestellt wird.

Konnotation [zu lat. con »zusammen« und notatio »Bezeichnung«]: u. a. in der Semantik die Gesamtheit aller Bezüge, auf die ein Begriff v. a. aufgrund seines Kontextes über seinen lexikalischen Bedeutungsgehalt hinaus intentional bzw. gefühlsmäßig verweist.

Konsẹns (Konsensus) [lat. »Übereinstimmung«]: zentraler Terminus der kommunikationstheoretisch orientierten zeitgenössischen Philosophie (z. B. KARL-OTTO APEL, JÜRGEN HABERMAS). Von Interesse ist dabei nicht die faktische Übereinstimmung mehrerer, sondern der rationale, d. h. begründete, auf dem »zwanglosen Zwang des besseren Arguments« (HABERMAS) beruhende Konsens prinzipiell aller Vernünftigen, d. h. Argumentierenden. Ein solcher Konsens kann faktisch nur in einem bestimmten ↑Diskurs herbeigeführt werden und deshalb prinzipiell eine immer nur vorläufige Gültigkeit beanspruchen.

Konsequenz [lat. »Folgerung«]: in der Logik ↑Folgerung. In der praktischen Philosophie sind die Konsequenzen von Handlungen als deren Auswirkungen wichtig. Hierbei handelt es sich jedoch meist nicht um (logische) Folgerungen, sondern um (praktische) Folgen.

konsistent [zu lat. consistere »stillstehen«]: Konsistent oder widerspruchsfrei wird ein axiomatisches System genannt, das keinen Widerspruch enthält. Konsistenzbeweise sind eine zentrale Aufgabe der mathematischen Grundlagenforschung. 1931 gelang KURT GÖDEL der Beweis, dass Konsistenzbeweisen, die mit unproblematischen (»finiten«) Mitteln auskommen wollen, enge Grenzen gesetzt sind (↑Gödel-Theorem).

Konstellation: zentraler Begriff in der Philosophie WALTER BENJAMINS und THEODOR W. ADORNOS. Da das begriffliche Denken seinem Gehalt notwendigerweise Gewalt antut, indem das unter dem Begriff Gefasste verkürzt, sein Nichtidentisches abgeschnitten wird, versucht die der künstlerischen Darstellung entlehnte Konstellation »mit dem Begriff über den Begriff hinaus« zu gelangen, indem sie das zu Bestimmende permanent umkreist und ihm so seinen Gehalt immer wieder neu ablauscht. Aus diesem Grundgedanken ergibt sich die Konzeption des »Fragments« als philosophische Form.

Sie richtet sich gegen das hegelsche System als Abschluss der Philosophie mit der sich aus der jüngsten Geschichte ergebenen radikalen Forderung nach einem »zwanglosen Zusammensein des Vielen«.

Konstitution [lat., eigentlich »Hinstellung«, »Einrichtung«]: im medizinischen Sinn Bezeichnung für eine typische Gestalt des menschlichen Körpers (leptosomer/athletischer/pyknischer Typ); in der älteren Philosophie in ähnlicher Bedeutung gebräuchlich als Zusammenfassung der ontologisch markanten Bestimmungen und Prinzipien, die das »Wesen« eines Dinges ausmachen; seit der neuzeitlichen (v. a. kantischen) Erkenntnistheorie eine Leistung des menschlichen Erkenntnisvermögens, über die wahrgenommene Realität hinaus »Gegenstände« zu produzieren.

Deutlich wird die jeweilige Verschiedenheit von Realität etwa in Abhängigkeit von sprachlich-kulturellen Kontexten und Erfahrungen bei der Benennung oder Klassifikation des Wahrgenommenen. Das, was sich z. B. als »Löwenzahn« oder gar als »Unkraut« darstellt, hat einen ganz anderen gegenständlichen Charakter als die »Pusteblume«, die ein Kind in Händen hält und deren Fallschirmchen es auf die Reise schickt. Solche Interpretationen bestimmen auch die Umgangsweise mit dem so oder so konstituierten Gegenstand: Als Unkraut wird Löwenzahn (ärgerlich) ausgerissen, als Salat- oder Heilpflanze (sorgsam) gesammelt, als »Pusteblume« (liebevoll) bestaunt.

Die Fähigkeiten zum Denken und zum Sprechen (mit anderen) macht es dem Menschen möglich, aus einer jeweiligen Gesamtmenge von Reizen bestimmte Teilmengen (unter einem für das jeweilige kulturelle und vitale Handlungsinteresse relevanten Aspekt; ↑Intention) auszusondern und dadurch Gegenstände zu konstituieren. Dies beinhaltet die Möglichkeit, innere (Gefühle oder Gedanken) wie äußere Gegebenheiten (Sinneseindrücke usw.) zu immer neuen Objekten zusammenzusetzen: Die gegenständliche Welt des Menschen ist nicht abgeschlossen, endlich, sondern prinzipiell unbegrenzt; sie ist offen. Die anthropologischen Aspekte dieser Verstandes- und Vernunftsleistung des Menschen wurden insbesondere von ARNOLD GEHLEN und MAX SCHELER aufgegriffen, erkenntnistheoretisch spricht EDMUND HUSSERL in seiner Phänomenologie von der Konstitution der Gegenstände im Bewusstsein.

Konstrukt [zu lat. construere »bauen«]: u. a. in den Sozialwissenschaften Bezeichnung für theoretische Begriffe oder Begriffssysteme (z. B. Intelligenz, Ideologie). Der Konstrukt wird vom Forscher hervorgebracht, im Gegensatz zur empirischen Basis, die vorgefunden wird, und kann deshalb höchstens indirekt empirisch überprüft werden (↑Test).

Konstruktivismus: in der Wissenschaftstheorie im weitesten Sinne Bezeichnung für alle Auffassungen, die die Konstitutionsleistungen des Subjekts im Erkenntnisprozess betonen (Gegensatz: Empirismus), im engeren Sinne für die v. a. von verschiedenen zeitgenössischen Schulen in Deutschland (Erlangen, Konstanz) vertretene Meinung, das wichtigste Anliegen der Wissenschaftstheorie habe die Bereitstellung (Konstruktion) einer »vernünftigen« Wissenschaftssprache zu sein. An eine solche werden folgende Forderungen gestellt: Ihre Einführung soll zirkelfrei geschehen und der Aufbau der Wissenschaftssprache soll schrittweise und intersubjektiv nachprüfbar erfolgen. Die Praxis der Lebenswelt bildet dabei ein vorwissenschaftliches (»lebensweltliches«) Apriori für die Wissenschaften. Mit der ↑analytischen Philosophie teilt der Konstruktivismus die Auffassung, dass philosophische Probleme überwiegend Sprachprobleme sind, die durch »vernünftige Rede« vermieden werden könnten.

Kontemplation [lat. »(sinnliche oder geistige) Anschauung«]: ganzheitliches Erfassen (»Beschauung«) sinnlich oder verstandesmäßig zugänglicher Gegenstände oder Sachverhalte in eins mit der Aufmerksamkeit als ungeteiltes Sichvertiefen (»Versenkung«) in sie, wobei ihre Bedeutsamkeit für die eigene Lebensführung oder für die Sinngebung der Welt als Ganzer aufgeht (»Erleuchtung«). In der theologischen und philosophischen ↑Mystik des europäischen Mittelalters zielt die Kontemplation auf die unmittelbare Vereinigung mit dem Göttlichen. – ↑auch Vita activa/Vita contemplativa, ↑Meditation.

Kontingenz [mittellat. »Zufall«, »Möglichkeit«]: im allgemeinen philosophischen Sprachgebrauch die Zufälligkeit im Gegensatz zur ↑Notwendigkeit. Kontingent ist alles, was nicht aus eigener Wesensnotwendigkeit hervorgeht. Vor allem die christliche Metaphysik vertritt die Ansicht, dass das Dasein des Menschen – wie das aller geschaffenen und endlichen Wesen – nicht notwendig aus seinem Wesen hervorgeht; nur Gott wird als nicht kontingent existierend betrachtet.

In der Logik wird eine Aussage als kontingent (auch zufällig) bezeichnet, wenn sie möglich, aber nicht notwendig ist. Eine kontingente Aussage kann, muss aber nicht, wahr sein. Ist sie wahr, so spricht man – in Abgrenzung zum logischen Wahrsein – vom faktischen Wahrsein. Anthropologisch bedeutet Kontingenz, dass es dem Menschen unmöglich ist, über das Eintreten bestimmter Ereignisse zu verfügen; sie gehört also zu den menschlichen Grunderfahrungen.

Kontinuität/Diskontinuität [zu lat. continuus/discontinuus »zusammenhängend«, »stetig«/»unterbrochen«, »unstetig«]: Termini, die außer in der Mathematik und Physik in der Natur- und Geschichtsphilosophie verwendet werden. Kontinuität besagt, dass zwischen den Momenten einer Ereignisfolge ein durchgängiger, durch keine reale Grenze unterbrochener Zusammenhang besteht; Diskontinuität, dass zwischen den Momenten einer Ereignisfolge kein fließender Übergang, sondern eine sprunghafte Veränderung stattfindet.

Um Bewegung erklären zu können, behauptete ARISTOTELES für die Natur Kontinuität. Da ein Kontinuum unendlich oft in immer wieder Teilbares geteilt werden könnte, dürften z. B. eine Bewegungsstrecke und die Bewegungszeit bei der Berechnung von Geschwindigkeiten nicht in eine Menge nicht mehr teilbarer Teile geteilt werden. Auf diese Weise findet ARISTOTELES den Ansatz zur Lösung der Aporien des ZENON VON ELEA (z. B. Wettlauf des Achilleus mit der Schildkröte).

Erst LEIBNIZ gelingt durch die Begründung der Infinitesimalrechnung die mathematische Formulierung und Darstellung von Kontinuität. Er behauptet Kontinuität als Naturgesetz: »Natura non facit saltus« (lat. »Die Natur macht keine Sprünge«). Das Kontinuitätsgesetz habe in der Natur universelle Gültigkeit; daher könne es z. B. keine »materiellen Atome« (↑Atom), keine sprunghaften Übergänge zwischen den biologischen Gattungen, keine Ruhe (er bestimmt Ruhe als unendlich kleine Geschwindigkeit) geben. Kontinuität ist die notwendige Bedingung für die universelle Geltung des Kausalgesetzes (↑Kausalität) im Bereich der »Dinge an sich« und damit eine fundamentale Annahme, die die klassische Mechanik machte. Die Kontinuitätsthese legt es nahe, alle Naturvorgänge für eindeutig berechenbar zu halten (↑Determinismus/Indeterminismus) sowie die Welt und den Menschen rein mechanisch zu interpretieren (↑Mechanismus).

Diskontinuität wurde in der Antike v. a. von DEMOKRIT behauptet. Aus der Diskontinuität der physischen Welt glaubte EPIKUR ableiten zu können, dass jeder Mensch seinen

Lebenslauf z. T. selbst bestimmen könne. In der Neuzeit haben v. a. englische Empiristen die Diskontinuität behauptet. Insbesondere bezweifelt DAVID HUME die Verknüpfung der Dinge selbst und hält diese Vorstellung für ein Ergebnis der menschlichen Gewohnheit.
In neuerer Zeit wird das leibnizsche Kontinuitätsgesetz durch naturwissenschaftliche Forschungen infrage gestellt: Die Evolutionstheorie stellt Mutationen als »Sprünge« dar; auch die physikalische Quantentheorie kennt diskontinuierliche, sprunghafte Veränderungen.

Kontradiktion [lat.]: ↑Widerspruch.

kontradiktorisch [zu lat. contradictio »Widerspruch«]: Aussagen heißen kontradiktorisch, wenn jede von ihnen äquivalent zur Negation der anderen ist. Kontradiktorische Aussagen sind besondere Fälle von konträren Aussagen. Wie diese können sie nicht zugleich wahr sein, sie schließen einander aus; z. B.: »Alle Primzahlen sind ungerade« und »Einige Primzahlen sind gerade«.

kontrafaktisch [zu lat. contra »gegen« und factum »Tatsache«]: eine Aussage, von der zugestanden wird, dass der in ihr beschriebene Sachverhalt zurzeit (noch) nicht besteht. Wird seine Realisierbarkeit prinzipiell ausgeschlossen, spricht man von einer ↑Fiktion; wird sie unter bestimmten Bedingungen in der Zukunft für möglich gehalten, spricht man auch von ↑Antizipation.

konträr [zu lat. contrarius »entgegengesetzt«]: Zwei Aussagen heißen konträr, wenn jede die Negation der anderen logisch impliziert. Zwei konträre Aussagen zugleich zu behaupten, bedeutet einen Widerspruch; z. B.: »9 ist eine Primzahl« und »9 ist eine Quadratzahl«.

Konvention [lat. »Übereinkunft«, »Vertrag«]: im Völkerrecht ein Abkommen (z. B. Genfer Konvention), im sozialwissenschaftlichen Sprachgebrauch eine vereinbarte Verhaltensregel für den gesellschaftlichen Umgang. Den durch Konvention aufgestellten Normen, die auf eine stillschweigende Übereinkunft zurückgehen, kommt eine geringere Verbindlichkeit zu als juristischen oder moralischen ↑Normen. Verstöße gegen sie haben geringere Sanktionen zur Folge.
Im Gegensatz zu moralischen Normen kommt Konventionen kein Anspruch auf Allgemeingültigkeit zu, da sie nur raum- und zeitgebunden für bestimmte Gruppen gelten.

Konventionalismus [lat.]: in der Wissenschaftstheorie eine Lehre, wonach wissenschaftliche Sätze und Theorien ihre Geltung durch Konvention erlangen. Der Konventionalismus wurde durch die Entdeckung des späten 19. Jh. angeregt, dass es verschiedene, logisch betrachtet gleichwertige, Geometrien gibt. So entstand das Problem, den Gebrauch der euklidischen Geometrie bei der Beschreibung von Naturvorgängen zu rechtfertigen. HENRI POINCARÉ, der als Begründer des Konventionalismus gilt, zeigte, dass die Wahl zwischen den alternativen Geometrien nicht aufgrund von Erfahrung (z. B. durch Experimente) getroffen werden kann. Dies liegt daran, dass beim Messen stets schon eine Geometrie vorausgesetzt ist. Andererseits gibt es auch keinen theoretischen Vorrang der euklidischen Geometrie. Also muss die allgemein anerkannte Geltung dieser Geometrie auf einer »Übereinkunft« (Konvention) beruhen. Da uns diese aber heute nicht mehr bewusst ist, entschied man sich zugunsten der einfachsten Theorie (↑Einfachheit).
Mit dem Aufkommen der Relativitätstheorie erhielt der Konventionalismus neuen Auftrieb, sodass heute allgemein anerkannt ist, dass jede wissenschaftliche Theorie konventionelle Elemente enthält. In einer radikaleren Fassung wird der Konventionalismus als **Holismus** (zu griech. hólos »ganz«) von WILLARD VON ORMAN QUINE vertreten, der behauptet, die Unterscheidung von ana-

lytischen – auf Wortverwendungskonventionen beruhenden – und synthetischen – auf Erfahrung aufbauenden – Urteilen sei nicht sinnvoll, da nicht einlösbar. Sätze lassen sich nur im Rahmen einer umfassenden Theorie bestätigen oder widerlegen, nicht aber isoliert. Nur »ganze« Theorien können akzeptiert oder verworfen werden.

Konzeptualismus [zu lat. conceptus »Gedanke« (= Begriff)«] **(Terminismus):** erkenntnistheoretische Position der Spätscholastik, die im Rahmen des mittelalterlichen ↑Universalienstreits v. a. von WILHELM VON OCKHAM und seiner Schule vertreten wurde. Vertrat der extreme ↑Nominalismus einerseits die Auffassung, wonach den Allgemeinbegriffen (Universalien) selbst außerhalb wie innerhalb des Denkens nichts eigentlich Wirkliches entspricht, und ging der (platonische) Begriffsrealismus andererseits davon aus, dass den Allgemeinbegriffen außen wie innen ein unbedingt analoges reales Sein zuzuschreiben ist, so hatte für den Konzeptualismus das Allgemeine bloß ein Sein in Begriffen. Für OCKHAM sind die Allgemeinbegriffe natürliche Zeichen, wie etwa das Weinen ein Zeichen für Trauer ist.

kopernikanische Wende: in Analogie zur Ablösung des geozentrischen Weltbildes (PTOLEMÄUS) durch das heliozentrische Weltbild (NIKOLAUS KOPERNIKUS) allgemeiner Begriff, der die damit verbundene grundlegende Veränderung des neuzeitlichen Denkens kennzeichnen soll. In der Philosophie geht der Begriff auf eine zentrale Forderung der ↑Transzendentalphilosophie KANTS aus seiner »Kritik der reinen Vernunft« zurück, nicht unsere Gedanken den Gegenständen, sondern diese unserem Erkenntnisvermögen anzupassen: So »ging allen Naturforschern ein Licht auf. Sie begriffen, dass die Vernunft nur das einsieht, was sie selbst nach ihrem Entwurfe hervorbringt«, und dass man »die Natur nötigen müsse, auf ihre Fragen [der Vernunft] zu antworten, nicht aber sich von ihr [der Natur] allein gleichsam am Leitbande gängeln« zu lassen.

Kopula [lat. »das Verknüpfende«]: sprachliches Hilfsmittel zur Darstellung der ↑Prädikation, also im einfachsten Fall einer Elementaraussage »S ist P« (affirmative Kopula) oder »S ist nicht P« (negative Kopula). Von dieser Verwendung von »ist« als Kopula ist sein Gebrauch im Sinne von »existiert« zu unterscheiden: »Der Mann im Mond ist« (im Sinne von »er existiert«) darf nicht als Prädikation gelesen werden. Es gibt keinen Prädikator »Sein«, der einem Gegenstand zu- oder abgesprochen werden könnte.

Körper: alltagssprachlich meist nur der menschliche (oder tierische) Leib im Gegensatz zur Seele oder zum Geist; aber auch gleichbedeutend mit Ding. Daneben spielt

kopernikanische Wende: In der Mitte des 16. Jh. entwickelte Nikolaus Kopernikus ein Weltbild, das die Sonne statt der Erde in den Mittelpunkt des Universums stellte.

der Begriff zunächst in der Geometrie eine Rolle. Unter einem geometrischen Körper versteht man jeden von ebenen oder gekrümmten Flächen vollständig abgeschlossenen Teil des (dreidimensionalen euklidischen) Raumes (z. B. Kegel, Zylinder, Kugel usw.). Ende des 19. Jh. wurde der Begriff des Körpers auch in die Algebra übernommen zur Bezeichnung spezifischer Rechenbereiche mit festgelegten Strukturen, z. B. der Zahlkörper der rationalen Zahlen (d. h. alle Bruchzahlen), in dem man nach bestimmten Regeln addieren und multiplizieren darf. In der klassischen Physik gilt als Körper ein begrenzter abgeschlossener (dreidimensionaler) Raumbereich, der mit ↑Materie in festem, flüssigem oder gasförmigem Zustand erfüllt ist. Historisch hängt die Bestimmung des physikalischen Körperbegriffs eng mit der jeweiligen Definition von Materie zusammen. So identifizierte z. B. DESCARTES physikalische Körper mit geometrischen, indem er Materie als geometrische Ausdehnung (↑Res cogitans/Res extensa) definierte und damit auch ihre Teilbarkeit behauptete. Nach LEIBNIZ hingegen lässt sich die mathematische Teilbarkeitsstruktur nicht auf physikalische Körper übertragen, weil materielle Körper neben der (geometrischen) Ausdehnung weitere spezifische Eigenschaften haben wie z. B. Schwere und Trägheit, v. a. aber Undurchdringlichkeit. Nach LEIBNIZ gibt es letzte materielle Körpereinheiten, deren zusammenhaltendes Energiepotenzial so hoch ist, dass durch keinen Spaltungsprozess die Einheit zerstört werden kann (↑Monade). KANT hielt es für nicht sinnvoll, einen Extremstandpunkt (»ist teilbar« bzw. »ist nicht teilbar«) einzunehmen, weil weder das eine noch das andere mit empirischen Methoden (durch Experimente) bewiesen werden kann. Vielmehr ist Teilbarkeit wie Nichtteilbarkeit ein Ausgangspunkt, eine Idee, die bei aller empirischen Forschung bereits vorausgesetzt wird. Gerade in der Widersprüchlichkeit der Standpunkte aber liegt der Sinn dieser Ideen, weil sie genau dadurch Forschungsprozesse immer wieder neu anregen und dabei »regulativ« wirken (↑regulative Idee).

Inwieweit heute, angesichts völlig neuartiger subatomarer Strukturen, neuartiger Aggregatzustände (Plasma), der klassische Körper- oder Substanzbegriff noch geeignet ist, mikrophysikalische Phänomene adäquat begrifflich zu fassen, ist sehr problematisch und Gegenstand philosophisch-physikalischer Grundlagendiskussion.

Korrespondenztheorie (Adäquationstheorie): Bezeichnung für Theorien, die ↑Wahrheit als eine Übereinstimmung (Korrespondenz, Adäquation) zwischen sprachlichen oder gedanklichen Gebilden einerseits und wirklichen Sachverhalten andererseits verstehen (↑Adaequatio intellectus et rei).

Kosmogonie [griech. »Weltentstehung«]: Kosmogonische Mythen finden sich in vor- und frühgeschichtlicher Zeit über die ganze Welt verbreitet, und es scheint, dass ihnen allen ein und dasselbe philosophische Problem zugrunde liegt. Mythische (und ferner dann auch philosophische und physikalische) Kosmogonien sagen zunächst ganz allgemein aus, dass die Welt so, wie wir sie vorfinden, einen Anfang habe. Allen gemeinsam ist dann, dass die Entstehung der Welt von diesem »Anfang« aus nicht mit einem Schlag, sondern in Stufen vor sich geht. Der eigentliche kosmogonische Akt ist dann ein Übergang von einer Urwelt, Urzeit in die reale Welt. Die Urwelt ist dadurch ausgezeichnet, dass sie geschehenslos, zeitlos, ungeordnet und gestaltlos ist. So wird sie dargestellt als: Ununterschiedenheit von Sein und Nichtsein (z. B. im indischen »Rigweda«, das »Taoteking« Chinas), Urwasser oder Urschlamm (in Ägypten, die »Hýlē« in Griechenland, »Tamtu« in Sumer, die »Tiamat« in Akkad und Babylon, die »Tehom«

im alten Israel), Finsternis oder grenzenlose Leere und Weite (in Ägypten, das semitische »Tohuwabohu«). Zusammenfassungen dieser Darstellungstypen finden sich im griechischen »Cháos« und im nordischen »gapginnunga« (Edda): Beides heißt »gähnender Abgrund«.

Es ist hervorzuheben, dass erst die Welt nach dem kosmogonischen Akt die eigentliche Geschichte, Geschichtszeit meint. Die Kosmogonie stellt den Übergang in die Welt der Geschichte dar als eine Aufspaltung, Teilung einer Einheit in eine Zweiheit von Prinzipien: Die Zweiteilung »Himmel – Erde« findet sich dabei in allen Mythen dieser Art. Andere Zweiheiten, die meist zusätzlich auftauchen und dann wesentlich das schon erwähnte Stufungsprinzip ausmachen, sind: »männlich – weiblich«, »Licht – Finsternis«, »fest – flüssig«. Oder es steht an dieser Stelle das die Zweiheit auseinanderhaltende bzw. zusammenschmelzende Prinzip (die »Nabel-der-Welt«-Symbole): der Baum (z.B. Yggdrasil [Edda], der »Baum der Erkenntnis« [1. Mose 2,4 ff.]), der Berg, die Quelle, Phallus, Nabelschnur, Regenbogen. Sie beziehen sich dann auf den mythischen (also ungeografischen) »Ort« des eigentlichen kosmogonischen Akts. Dessen Grundgedanke lässt sich etwa so formulieren: Aus dem »Urmedium« taucht durch Selbstschöpfung oder Spontangenese eine (göttliche oder übermenschliche) Gestalt auf. Das »Urwesen« selbst wird repräsentiert als der »Herrscher über« dieses Medium (Drachen, Riesen). Diese beiden kämpfen nun gegeneinander. Der Kampf endet mit der Zweiteilung des Urwesens: Zerstückelung oder Kastration. In einem zweiten Typus von kosmogonischem Akt ist das Urmedium selbst ein Schöpfergott, der sich die Welt »ausdenkt« oder sie »ausspricht«, wodurch diese dann unmittelbar realisiert wird. Auch die ↑Creatio ex nihilo der christlichen Tradition muss dazu gezählt werden.

Der kosmogonische Grundgedanke des Übergangs einer Einheit in eine Dualität bzw. einer Indifferenz in eine Differenziertheit findet sich philosophisch wieder in der Auseinandersetzung um »Idealität – Realität«, wie auch in den Grundzügen der Dialektik des Idealismus.

Kosmologie [griech.]: Als Lehre vom Aufbau der materiellen Welt fällt Kosmologie bereits seit der griechischen Antike mit der Thematik der ↑Naturphilosophie zusammen. Heute wird der Ausdruck v.a. im Zusammenhang physikalischer Fragestellungen über die Struktur des Universums gebraucht.

Den Anfang der modernen physikalischen Kosmologie bildet die allgemeine ↑Relativitätstheorie ALBERT EINSTEINS von 1916, mit der eine neue Gravitationstheorie eingeführt wurde, die die klassische newtonsche Theorie ablöste. Mit EINSTEIN wurden einige Probleme lösbar, die ISAAC NEWTONS Vorstellung eines unendlichen euklidischen Universums unter Einbeziehung der Gravitation aufwarf: Ein solches statisches Universum müsste bei homogener Dichteverteilung der Sterne bzw. Galaxien in jedem Weltpunkt heller als die Sonne sein (olberssches Paradoxon). Ferner würden sich die Gravitationskräfte so überlagern, dass sie in jedem Punkt unendlich groß sein müssten (Gravitationsparadoxon). Da beides nicht der Fall ist, folgte unmittelbar, dass der Raum, in dem die Galaxien verteilt sind, nicht euklidisch oder das Universum nicht statisch ist oder beides nicht. Die Relativitätstheorie deutet nun Gravitation nicht mehr, wie die newtonsche Theorie, als eine Kraft, mit der lokale Massen über ihre räumliche Distanz aufeinander einwirken (Wechselwirkung), sondern so, dass die Anwesenheit einer gravitierenden Masse die Geometrie in ihrer Umgebung so ändert, dass diese nicht mehr euklidisch ist. Man spricht dann bildlich, aber mathematisch irreführend, von einer »Krümmung« des Raums. In dieser Theorie werden die drei Raumkoordinaten mit der Zeitkoordinate zu einem vierdimensionalen Raum-Zeit-Kontinuum verschmolzen (Raumzeit).

Mit diesem ersten relativistischen Modell des Universums waren noch nicht alle Probleme gelöst, es war aber die erste kosmologische Theorie, die der empirischen Prüfung zugänglich war – und in der Folgezeit auch empirisch widerlegt wurde. Dies ist immerhin erstaunlich angesichts der Tatsache, dass das »Universum als Ganzes« ein Begriff ist, der in sich aporetisch ist (KANT). Es kann nie als solches Gegenstand physikalischer Empirie sein.

Einen entscheidenden Einschnitt brachte die Beobachtung, dass die Spektrallinien des Lichtes ferner Galaxien eine Rotverschiebung aufweisen, deren Maß von ihrer Entfernung abhängt (EDWARD POWELL HUBBLE). Diese Beobachtung konnte relativistisch als »Doppler-Effekt« gedeutet werden, d.h. als ein Beweis für die Tatsache, dass sich die Galaxien mit einer zu ihrer Distanz proportionalen Geschwindigkeit von »uns« entfernen. Nach Maßgabe der sog. kosmologischen Hypothese, dass das Universum »räumlich homogen« ist, also von jedem Punkt aus gesehen die gleiche Geometrie aufweist (ohne diese Hypothese wäre jede Kosmologie sinnlos), folgt daraus, dass jeder Punkt des Universums Zentrum einer solchen Galaxienexpansion ist. Dies ist wiederum aber nur in einer nicht euklidischen Raumstruktur möglich. Zugleich wurde diese Beobachtung als Beweis genommen, dass das Universum »zeitlich inhomogen« ist, d.h., es hat eine Entwicklungsgeschichte, woraus sich sofort die Fragen ergeben, wie es in der Vergangenheit strukturiert war und wie es sich weiterentwickelt.

Retrospektiv bedeutet die Expansion auf jeden Fall, dass in der Vergangenheit sämtliche Materie einmal auf sehr engem Raum komprimiert gewesen sein müsste. Für die Zukunftsentwicklung stellt sich die Frage, ob die Expansionsbewegung allmählich durch Gravitationswirkung »abgebremst« wird (endliches Universum) oder unbegrenzt fortschreitet (unendliches Universum). Ferner ist zu unterscheiden, ob diese großräumige Strukturentwicklung einer nicht euklidischen Geometrie folgt, die »elliptisch« ist (geschlossenes Universum, ein analoges »Bild« wäre die Kugeloberfläche) oder »hyperbolisch« (offenes Universum, ein analoges »Bild« wäre z.B. die Sattelfläche). Ferner sind Modelle möglich, nach denen die Materie zwischen Expansion und Kollaps oszilliert (oszillierendes Universum), oder solche, nach denen eine Expansion von einem singulären Anfangszustand aus einmalig ist (GEORGE GAMOW: Big-Bang-, Urknalltheorie). Letztere wurde durch Beobachtung einer kosmischen Hintergrundstrahlung gestützt, die im Rahmen der Messgenauigkeit absolut isotrop ist und die als Reststrahlung aus einem bestimmten Vergangenheitszustand der Materieentwicklung von Urknallmodellen theoretisch gefordert wurde.

Unumgänglich für die physikalische Beschreibung vergangener Materiezustände waren die Fortschritte in der Elementarteilchenphysik. Denn mit zunehmender Materiedichte und Temperatur (retrospektiv) lösen sich die makroskopischen ebenso wie die atomaren Materiestrukturen auf und gehen in reine Strahlung über, die nur noch mit Elementarteilchen in Wechselwirkung steht. Diese Übergänge können mithilfe der Relativitätstheorie (Äquivalenz von Strahlungsenergie und lokaler Masse) und der ↑Quantentheorie (Quantelung von Feldern) beschrieben werden.

Kosmologie ist somit ein Gebiet, in dem Astronomie und Elementarteilchenphysik unmittelbar zusammenhängen und gemeinsam in das Problem der physikalischen Kosmogonie einmünden. Ein vorläufiges »Stopp« für kosmogonische Theorien stellt die sog. Planck-Grenze dar: ein Raumzeitgebiet in der Größenordnung 10^{-33} cm und 10^{-43} sec, jenseits dessen die bisherige physikalische Theorie versagt.

Kọsmos [griech., eigentlich »Ordnung«, »Schmuck«]: in der Antike sowohl eine zweckvoll gegliederte Ordnung als auch eine Verfassungsform in umfassendem Sinne, aber auch Brauch, Ehre, Sitte oder Tugend. Als Terminus der ↑Naturphilosophie bezeichnet der Begriff die harmonische, wohlgegliederte Ordnung des Weltalls im Gegensatz zum ungeordneten ↑Chaos.

Während die frühen philosophischen Kosmostheorien noch weitgehend von religiösen Vorstellungen geprägt sind, rückt im Zuge der Emanzipation der Philosophie von Religion und Mythologie die Annahme in den Vordergrund, dass das Weltganze eine nach Vernunftprinzipien gegliederte Ordnung sei. Nach PLATON geht diese Ordnung auf die Vernunft eines göttlichen Demiurgen (griech. »Baumeister«) zurück, nach ARISTOTELES auf die Vernunft eines »unbewegten Bewegers«, der allerdings nicht handelnd in die Welt eingreift. Von der Stoa wird der Begriff sowohl im physikalischen als auch im theologisch-religiösen Sinne verwendet: Kosmos meint hier ein systematisches Ordnungsgefüge, das Menschen und Götter bzw. ein oberstes göttliches Wesen (ein autarkes Vernunftswesen, das zugleich auch als Weltseele wirkt) umgreift. Im Sinne der neutestamentlichen Schriften wird Kosmos nurmehr als Inbegriff aller Bestandteile des Geschaffenen überhaupt verwendet.

Kriterium [griech. »Mittel zum Prüfen«]: methodologischer Terminus zur Angabe der Gründe für die Geltung von Sätzen bzw. das Vorliegen von Sachverhalten (Merkmalen) für eine Aussage, die wahr sein muss, damit eine andere Aussage wahr sein kann; in diesem Sinne weitgehend gleichbedeutend mit (hinreichender oder notwendiger) Bedingung. Kriterien lassen Schlüsse zu, ob einem bestimmten Gegenstand eine bestimmte Eigenschaft zukommt oder nicht.

Kritik [zu griech. kritikḗ (téchnē) »(Kunst der) Beurteilung«]: in der Philosophie eine Methode, jeden nur denkbaren Wahrheitsanspruch unter Einsatz der Vernunft auf seine Berechtigung hin zu prüfen und zu hinterfragen, um durch Aufdeckung vergangener Fehler Theorie und Praxis menschlichen Wissens und Handelns zu verbessern. Daraus ergibt sich, dass Kritik sich im Wesentlichen in zwei Schritte strukturieren lässt: einmal in eine »destruktive« Phase, in der überlieferte Vorstellungen (z. B. über Gott, Mensch, Natur, Grundlagen der Erkenntnis, der Moral oder des Rechts) analysiert und auf ihren Wahrheitsgehalt hin beurteilt werden; daran anschließend eine »konstruktive« Phase, in der ein systematischer Neuaufbau von Orientierungen des Denkens und Handelns versucht wird, die dem Anspruch der Rationalität und Vernünftigkeit genügen.

Als Grundvoraussetzung solcher Leistungen des Unterscheidens und Beurteilens galt (von ARISTOTELES bis in den Humanismus) eine umfassende, universale Bildung. Unter dem (aufklärerischen) Primat der Kritik zu philosophieren bedeutet, den Autoritätsansprüchen, z. B. von Kirche, Staat, aber auch der Wissenschaften, mit dem Selbstbewusstsein einer zur Selbstständigkeit fähigen Vernünftigkeit entgegenzutreten.

Als historisch früheste Form philosophischer Kritik gilt die Fragetechnik des SOKRATES (↑Dialektik). PLATON schildert in seinen Dialogen diese Art der Gesprächsführung als eine Kunst (diakritikḗ téchnē), Wahres und Sicheres von Falschem, bloß vordergründig Einleuchtendem zu trennen. Ende des 17. Jh. versuchte man dann mit dem »Dictionnaire historique et critique« (PIERRE BAYLE) einen (kritischen) systemati-

K

schen Neubau des gesamten damaligen Wissens. Das Beispiel dieses enzyklopädischen Versuches wirkte prägend für das Kritikverständnis bis zu KANTS ↑Kritizismus, der unter Kritik nicht mehr ein System oder eine Lehre verstand, sondern die Vorbereitung (Propädeutik) einer solchen durch Analyse der Leistungsfähigkeit und Grenzen des Vernunftvermögens. Die methodische Rekonstruierbarkeit der Wissensbildung rückte in den Vordergrund des Interesses und blieb bis zum heutigen Tag bestimmend. Die meisten modernen Kritikbegriffe (z.B. des ↑kritischen Rationalismus, der ↑kritischen Theorie) schließen grundsätzlich an diese kantische Konzeption und Intention an, obwohl sie in fundamentalen Methodenfragen durchaus unterschiedliche Standpunkte einnehmen.

kritischer Rationalismus: von KARL POPPER mit seiner Programmschrift »Logik der Forschung« (1935) begründete philosophische Schule, die auf der Grundannahme beruht, dass es nichts absolut Gewisses gibt, sondern alles rational und kritisch überprüft werden muss, da keine Erkenntnis an sich irrtumsfrei ist.

Anknüpfend an das von DAVID HUME aufgezeigte Problem der ↑Induktion vertritt POPPER die Auffassung, dass wissenschaftliche Aussagen nicht durch Beobachtungsaussagen verifiziert werden können. Um wissenschaftliche Aussagen von anderen, z.B. metaphysischen Aussagen abgrenzen zu können, wählt der kritische Rationalismus die Methode der ↑Falsifikation. Eine wissenschaftliche Aussage kann zwar durch Beobachtungen nicht bewiesen werden (da die Beobachtung nur ein Test für die Hypothese, aber kein Beweis ist), aber sie kann im Gegensatz zu metaphysischen Aussagen durch die Beobachtung widerlegt, also falsifiziert werden. Eine Aussage ist dann wissenschaftlich zu nennen, wenn man Bedingungen angeben kann, unter denen man die Aussage als widerlegt ansieht. Um eine Hypothese zu testen, werden aus ihr mithilfe der deduktiven Logik singuläre Beobachtungsaussagen abgeleitet. Erweisen sich diese in der Empirie als falsch, so gilt die Theorie als widerlegt. Falsifizierende Experimente sind bei diesem Wissenschaftsbegriff nichts Negatives, da sie wissenschaftlichen Fortschritt möglich machen, indem sie den Objektbereich vergrößern, über den gültige Aussagen gemacht werden können. Neue Theorien unterscheiden sich von alten nicht dadurch, dass sie absolut wahr sind, sondern dadurch, dass sie mehr Phänomene zu erklären vermögen. Im Bereich der Ethik hält der kritische Rationalismus eine ↑Letztbegründung für unmöglich.

kritische Theorie: Bezeichnung für die von Philosophen und Gesellschaftstheoretikern, die dem Frankfurter »Institut für Sozialforschung« (gegründet 1923) angehörten oder nahestanden, entwickelte neomarxistische Lehre der **Frankfurter Schule.** Kennzeichnend für die kritische Theorie ist eine Verbindung des für die abendländische Philosophie zentralen Vernunftprinzips mit den Ideen der bürgerlichen Revolution (Menschenrechte, Rechtsstaatlichkeit, Demokratie) und den Grundlagen der marxschen Kapitalismusanalyse. Ihr Gegenstand ist der Kapitalismus, gleichgültig, ob in Gestalt des Faschismus, der bürgerlichen Parteiendemokratie oder einer sozialistischen Parteidiktatur, ihre Intention die Offenlegung und Kritik seiner Ursachen und Folgen. Im Zusammenhang damit stehen die Analyse und Kritik der Funktion der Massenkultur und die Wissenschaftskritik, z.B. der nach 1961 mit Vertretern des kritischen Rationalismus ausgetragene Werturteilsstreit (»Positivismusstreit«; ↑Szientismus) in den Sozialwissenschaften.

Im Mittelpunkt der kritischen Theorie stehen die Kritik der ↑instrumentellen Vernunft und der Aufweis einer ↑Dialektik der

Aufklärung, verstanden als fortschreitende theoretische Entmythologisierung und praktische Naturbeherrschung im Dienste der Selbsterhaltung bei gleichzeitig sich zeigender Selbstbeschränkung der Vernunft auf Zweckrationalität. Diese Verabsolutierung des kognitiv-instrumentellen Aspekts der Vernunft zulasten des moralisch-praktischen und des ästhetisch-expressiven Aspekts muss nach Auffassung der kritischen Theorie letztlich zur Katastrophe, d.h. zur Selbstzerstörung, führen. Hauptvertreter der kritischen Theorie sind MAX HORKHEIMER, THEODOR W. ADORNO, HERBERT MARCUSE, LEO LÖWENTHAL und – im weiteren Umkreis – WALTER BENJAMIN und ERICH FROMM.

Die kritische Theorie gewann in den 1960er-Jahren weitreichenden Einfluss auf die sozialwissenschaftliche Theoriediskussion sowie auf die theoretische und politische Orientierung der »Neuen Linken« während der Studentenrevolte. Ab den 1970er-Jahren arbeitete JÜRGEN HABERMAS, die Intentionen der Frankfurter Schule kritisch aufnehmend, eine »Theorie des kommunikativen Handelns« (↑Kommunikation) aus.

kritische Theorie: Das Foto von Theodor W. Adorno (links) im Gespräch mit Max Horkheimer (rechts) und Herbert Marcuse (Mitte) entstand anlässlich des 15. Deutschen Soziologentags 1964.

Kritizismus: ein von KANT eingeführter Terminus, der im weiteren Sinn zur Bezeichnung all derjenigen philosophischen Ansätze benutzt werden kann, denen die methodische Grundhaltung gemeinsam ist, mit der Entwicklung eines eigenen philosophischen Systems auch dessen Bedingungen und Voraussetzungen, Umfang und Grenzen herausarbeiten zu wollen. Die Realisierung einer derartigen Grundhaltung versuchte erstmals KANT selbst in seinen drei »Kritiken« (der reinen Vernunft, der praktischen Vernunft und der Urteilskraft).

KANTS Weg war dabei von der Intention geprägt, zwei – bis dahin in der Philosophie durchaus übliche – Extrempositionen zu vermeiden: Auf der einen Seite wollte er nicht dem Fehler des ↑Dogmatismus verfallen, unkritisch und spekulativ Systeme zu errichten, ohne recht auf die Fundamente des »Bauwerks« zu achten, auf der anderen Seite wollte er die Möglichkeit objektiver Erkenntnis nicht völlig preisgeben und damit den Standpunkt eines (mehr oder minder radikalen) ↑Skeptizismus einnehmen. KANTS Kritizismus besteht nun darin, über eine Klärung derjenigen Elemente, die nicht durch Erfahrung begründet werden können, sondern in der Erfahrung bereits genutzt oder unterstellt werden, den Bereich möglicher Erfahrung aufzuzeigen und die prinzipielle Verlässlichkeit von Erfahrungswissen nachzuweisen. Die Pointe seiner kritizistischen Erkenntnistheorie beruht dabei v.a. auf der Idee, dass Gegenstände, wie sie für Erkenntnisprozesse verwertbar sind, vom Erkenntnissubjekt selbst durch eine Angleichung (Assimilation) der Umweltreize an seine kognitiven Strukturen allererst »erschaffen« oder produziert werden (↑kopernikanische Wende). Der Erkenntnisgegenstand wird also zusammengesetzt (konstituiert) aus Elementen wie Raum, Zeit, Größe, Farbe, Schwere usw., und die isolierenden, ordnenden, strukturierenden Fähigkeiten von Verstand und Vernunft dürfen als Bedingungen der Möglichkeit der Gegenstände selbst wie der Erkenntnis von ihnen gelten: Sie sind konstitutiv für Erfahrung.

Kultur [lat. »Bearbeitung (des Ackers)«, »(geistige) Pflege«]: allgemein die Gesamtheit der Leistungen und Orientierungen, die der Mensch aus den ihm gegebenen Fähigkeiten in Auseinandersetzung mit seiner Umwelt hervorbringt und die seine Natur fortentwickeln, veredeln und überschreiten. Die Frage nach einer adäquaten Bestimmung des Begriffs Kultur ist unter verschiedenen Rahmenbedingungen (z. B. geografische Region oder geschichtliche Epoche, »Kultur des Abendlandes« oder »Kultur der Antike«) und mit unterschiedlichen Zielsetzungen (deskriptiv oder normativ) gestellt und beantwortet worden. So lassen sich verschiedene Typen eines Kulturverständnisses unterscheiden:

- Kultur als Inbegriff aller Lebensbekundungen, Leistungen und Werte des Menschen (Religion, Sprache, Kunst, Wissenschaft u. a.).
- Kultur als Prozess oder Zustand sittlicher Reflexion (von einzelnen Individuen, Gruppen oder ganzen Gesellschaften).
- Kultur als Stufe oder Ziel im Verlauf einer Höherentwicklung der Menschheit.
- Kultur als die verschiedenen Bereiche menschlicher Lebensvollzüge, die als besonders »wertvoll« eingestuft werden (Kultur der Bildung, der Sittlichkeit, des technisch-wissenschaftlichen Handelns).

Bis ins 18. Jh. wird Kultur umfassend als die Ausbildung der leiblichen, seelischen und geistigen Fähigkeiten verstanden. Zu einem eigenen Thema wird Kultur erst mit der Entstehung einer Geschichtsphilosophie, in der der Naturgeschichte eine Kulturgeschichte gegenübergestellt wird. KANT definiert Kultur in seiner »Kritik der Urteilskraft« als die »Hervorbringung der Tauglichkeit eines vernünftigen Wesens zu beliebigen Zwecken überhaupt«. Diese »Hervorbringung« besteht in einer schrittweisen Entwicklung der geistigen, seelischen und leiblichen »Naturkräfte« des Menschen aus ihrer natürlichen »Rohigkeit«, in der sie den Menschen beherrschen, zu einem Zustand, in dem der Mensch sie beherrscht. Damit betont er die Anlage des Menschen, sich unabhängig von seinen natürlichen Neigungen die Regeln und Ziele seines Handelns selbst frei und verantwortlich setzen zu können (↑Autonomie/Heteronomie) mit dem Ziel, die Anerkennung eines jeden Einzelnen als eines autonomen Vernunftwesens zu einem Prinzip zu erheben, das bei der Regelung des Handelns respektiert wird, und in eine nach Begriffen des Menschenrechts geordnete Staatsverfassung einmündet.

Im Unterschied zu der normativen Konzeption KANTS entwickelt JOHANN GOTTFRIED HERDER einen Kulturbegriff, in dem die faktische Entwicklung nicht kritisch beurteilt, sondern beschrieben und aus ihren eigenen Prinzipien verstanden werden soll. Die Kategorien zur Bestimmung von Kultur sucht er durch Vergleiche mit der Natur, dem Wachsen, Blühen, Fruchtbringen und Vergehen in der Natur zu gewinnen: Die Kultur ist als »höhere Natur« in der Geschichte der Menschheit gewachsen, und zwar als Lebensform von Völkern, in denen sich die allgemein menschliche Humanität entfaltet. Kultur wird damit der Menschheit insgesamt zugeordnet. Im vollen Sinne ist sie die Blüte im Dasein eines Volkes, d. h. die höchste Stufe der Entfaltung von Humanität, die wie die Blüte einer Pflanze allerdings auch wieder vergehen kann.

In der Folgezeit ist neben einem erkenntnisbezogenen ein stärker handlungsbezogener Kulturbegriff entwickelt worden. Danach besteht die Kultur einer Gesellschaft in dem

Normensystem, das im Handeln der Menschen befolgt wird. Darüber hinaus wurde z. T. versucht, Kultur als ethisch-politische Instanz zu begreifen, um unter ihrem Begriff einen Katalog von Werten zu beschwören, die als Errungenschaften einer Gesellschaft angesehen und daher als unverzichtbar bezeichnet werden. So wurde der »geistigen«, »inneren« Kultur die Zivilisation als bloß »materielle«, »äußere« Erscheinung gegenübergestellt. In dieser Verwendung hat der Kulturbegriff weitgehend an Konturen verloren und ist wissenschaftlich bedeutungslos geworden.

Kunst: Auf die Problematik einer Bestimmung dessen, was Kunst sei, weist THEODOR W. ADORNO in seiner »Ästhetischen Theorie« (1970) hin: »Kunst hat ihren Begriff in der geschichtlich sich verändernden Konstellation von Momenten; er sperrt sich der Definition«. Gebilde einer bestimmten Lebenspraxis wie z. B. Höhlenmalereien, die magischen Jagdvorbereitungen dienten, oder Altartafelbilder der Passion Christi zur Unterweisung der Gläubigen gewinnen für uns Kunstcharakter. Werke, die wegen der Neuheit ihres Stils einmal als Kunst galten, können für uns heute Kitsch geworden sein, wie z. B. bestimmte Bilder des Symbolismus. Kunstwerke erheben einen Schönheits- bzw. (als moderne Kunst) Authentizitätsanspruch, indem der Künstler eine im Lichte einer bestimmten Bedürfnisinterpretation, Werthaltung, Sensibilität gemachte subjektive und zugleich für exemplarisch gehaltene Welterfahrung auf eine möglichst angemessene Art (im Hinblick auf die Wahl der Darstellungstechnik, Durchdringung von Form und Inhalt, Verdeutlichung der Aussageabsicht u. a.) anderen mitzuteilen sucht.

Das Kunstwerk als Kommunikationsmedium ist ein komplexes Zeichengebilde. Die ↑Zeichen können den unterschiedlichsten Zeichenarten angehören (z. B. Wörter, Töne, Farben, Gebärden); es kann sich um konventionelle oder ikonische Zeichen (d. h. die Ausdrucksseite ähnelt dem bezeichneten Gegenstand, z. B. Strichmännchen) handeln. Manche Kunstgattungen – als solche werden bezeichnet: bildende Kunst (Bildhauerei, Malerei, und Architektur), Musik, Literatur, darstellende Künste (Film, Theater, Ballett u. a.) – werden gerade durch eine spezifische Vereinigung mehrerer Zeichenarten konstituiert (z. B. Film, Oper als Gesamtkunstwerk), wobei ein Zeichen nicht unbedingt einen Referenten (d. h. ein sinnlich wahrnehmbares, in der Realität aufweisbares Ding) haben muss. Das macht den Scheincharakter oder die Fiktionalität der Kunstwerke aus – und darin liegt die Chance der Kunst begründet, der Realität den Spiegel vorzuhalten oder einen utopischen Gegenentwurf zu bieten, sie nachzuahmen, zu verklären, zu entlarven oder mit ihr in eine Fantasiewelt zu entfliehen.

Bis ins Mittelalter werden die schönen Künste nicht streng vom Handwerk und den verschiedenen Wissensgebieten getrennt. Man unterscheidet die Artes mechanicae (lat. »mechanische Künste«) der Handarbeit (zu ihnen zählen z. B. auch Bildhauerei und Malerei) von den septem Artes liberales (lat. »Sieben freie Künste«), die allein auf Kopfarbeit beruhen (zu ihnen gehören Grammatik, Rhetorik, Dialektik [bzw. Logik], Arithmetik, Geometrie, Astronomie, Musik). Mit der allmählichen Ablösung der feudalen Gesellschaftsordnung seit der Renaissance verstärkt sich der Autonomieanspruch der Kunst, d. h. das Streben nach Unabhängigkeit von lebenspraktischen Zwecken, wie z. B. Unterhaltung der höfischen Gesellschaft oder Illustration christlicher Glaubensinhalte. Die Künstler treten aus der Anonymität heraus und lehnen immer häufiger die Anstellung an einem Fürstenhof ab, um ihre Werke selbst auf dem sich entwickelnden Kunstmarkt anzubieten. Gleichzeitig differenzieren sich Wissenschaft und

Technik, Recht und Moral, Kunst und Kunstkritik als selbstständige Kultursphären aus. Seither werden die technisch-instrumentalen Künste (z. B. Heil-, Fecht-, Koch-, Liebeskunst) streng von den schönen Künsten (als Gegenstand der ↑Ästhetik) unterschieden.

Nach dem Verfall des Ideals der ↑Schönheit in einigen Bereichen der Kunst der Moderne, das durch den Anspruch auf Authentizität abgelöst wird, zeigen die Kunstwerke Tendenzen zur Problematisierung der Grenzen zwischen Kunst und Realität einerseits, zur kompromisslosen Reduktion und dem »Ideal der Schwärze« (ADORNO) andererseits.

künstliche Intelligenz (Abk. **KI**, engl. **artificial intelligence**, Abk. **AI**): Bezeichnung für die Fähigkeit von Maschinen, Systemen oder Methoden, Probleme zu lösen, die Intelligenzleistungen voraussetzen; insbesondere die Fähigkeit von Maschinensystemen oder Computerprogrammen, menschliche Intelligenz nachzuahmen oder zu ersetzen. Mit der Erforschung der künstlichen Intelligenz befassen sich die praktische Informatik und die Kognitionswissenschaften (v. a. kognitive Psychologie). KI-Systeme sind wissensbasierte Problemlösungssysteme, d. h., sie lösen Aufgaben auf der Grundlage verfügbarer Daten. Zu den Anwendungsbereichen gehören u. a. Expertensysteme, Mustererkennung, natürlichsprachliche Informationsverarbeitung (z. B. Spracherkennung, automatische Übersetzung) sowie Entwicklung von autonomen Robotern.

Die Idee der logisch-symbolischen Rekonstruktion des Denkens findet sich bereits bei LEIBNIZ. Sie wurde von den britischen Mathematikern GEORGE BOOLE und ALAN MATHISON TURING aufgegriffen. TURING entwickelte neben einer Automatentheorie (ab 1936) den nach ihm benannten Test für maschinelle Intelligenz (1950), bei dem eine Testperson herausfinden muss, ob sprachliche Reaktionen von einem Rechner oder von einem Menschen stammen. Schließlich lieferte der amerikanische Mathematiker NORBERT WIENER mit seiner theoretischen Grundlegung der ↑Kybernetik (1948) einen wesentlichen Beitrag zur Entwicklung der KI-Forschung. Im engeren Sinne geht sie zurück auf eine Tagung 1956 am Darthmouth College in Hanover (New Hampshire), auf der die Bezeichnung »artificial intelligence« von dem Informatiker JOHN MCCARTHY eingeführt wurde. Dabei ging es um die Frage, ob Denken nicht auch außerhalb des menschlichen Körpers möglich sei, indem man es in ein formales System übersetzt und digitalen Computern zuführt.

Philosophisch stellt sich zunächst die Frage, ob künstliche Intelligenz überhaupt möglich ist. Sie wurde von MCCARTHY mit drei Postulaten beantwortet, einem metaphysischen, einem erkenntnistheoretischen und einem heuristischen Postulat:

1. Ein KI-System muss eine Repräsentation der Welt besitzen, d. h. auf eine Menge von Fakten zugreifen, sie verarbeiten und erweitern können.
2. Es muss zur Repräsentation Mengen von logischen Aussagen bzw. Formeln verwenden, die Folgerungen zur Problemlösung enthalten.
3. Es muss die Problemlösung auffinden können, d. h. über eine wirksame Suchstrategie verfügen. Diese Position ist dem ↑logischen Empirismus zuzuordnen. Sie ist Voraussetzung dafür, prinzipiell auch Maschinen als intelligent, d. h. problemlösefähig, zu betrachten.

Bezüglich der Frage, ob die künstliche Intelligenz die menschliche Intelligenz nachzubilden vermag, werden zwei Hauptpositionen vertreten: Während die »starke« These behauptet, dass die künstliche nicht grundsätzlich von der natürlichen Intelligenz unterschieden werden kann, besagt die

»schwache« These, dass der Entwurf und die Untersuchung von KI-Systemen nur eine heuristische Methode der Kognitionswissenschaften darstellt. Vertreter der »starken« These meinen daher, dass es nur eine Frage der Zeit sei, bis Computer alle menschlichen Intelligenzleistungen werden reproduzieren oder substituieren können. Dagegen wenden Vertreter der »schwachen« These ein, dass stets nur einzelne Aspekte menschlicher Denkfähigkeiten simuliert oder maximiert werden könnten (z. B. Genauigkeit, Schnelligkeit), da sich viele komplexe symbolische Prozesse menschlicher Intelligenz nicht numerisch darstellen ließen oder die intentionale Struktur des Bewusstseins (↑Intention) nicht technisch nachgebildet werden könne.

Kybernetik [griech. »Steuermannskunst«]: die Wissenschaft von komplexen dynamischen Systemen, deren Reaktionsweisen (v. a. Regelung, Steuerung, Anpassung, Auslösung) auf Informationsverarbeitung basieren, sodass sie auf Veränderungen der Umwelt differenziert zu reagieren vermögen. Diese modellhaften kybernetischen Systeme sollen zur Beschreibung und Erklärung allgemeiner Eigenschaften und Verhaltensweisen realer Systeme aus verschiedenen Bereichen dienen. Ein einfaches Beispiel für ein solches System (Regelkreis) ist eine thermostatgesteuerte Heizung, die sich ein- oder ausschaltet, je nachdem welche Zimmertemperatur gemessen wird.

Ausgehend von der Beobachtung einer Analogie zwischen bestimmten technischen und organischen Systemen wurde die Kybernetik von dem amerikanischen Mathematiker NORBERT WIENER begründet (»Kybernetik. Regelung und Nachrichtenübertragung im Lebewesen und in der Maschine«, 1948). Obwohl die Kybernetik wesentlich von mathematischen Methoden bestimmt ist, hat sich ihr Anwendungsbereich inzwischen erweitert von der Steuerungs- und Regelungstechnik, Automaten- und Computertechnik über biologische, ökonomische, ökologische und soziale Systeme bis hin zu pädagogischen Konzepten, die Lernen als Regelungs- und Steuerungsprozess begreifen (FELIX VON CUBE). Dabei wirft die Kybernetik ähnliche philosophische Fragen auf wie die Theorie der ↑künstlichen Intelligenz. So differenziert auch immer kybernetische Systeme Vorgänge der Natur und des Denkens technisch zu simulieren vermögen, es bleibt im Hinblick auf den Menschen doch die grundsätzliche Frage, ob das herkömmliche ↑Leib-Seele-Problem der Philosophie dadurch gelöst werden kann, dass man den Menschen als kybernetisches System begreift.

Kyniker [zu griech. kynikós »hündisch«]: eine antike Philosophenschule, die von dem Sokrates-Schüler ANTISTHENES begründet wurde, der die Tugend als das höchste Gut bzw. Ziel des Menschen betrachtete. Als ihr berühmtester Vertreter gilt DIOGENES VON SINOPE. Er trug den Beinamen »Hund« (griech. kýōn), weil er – wie ein Hund – ohne jeden Anstand und ohne Rücksichtnahme auf gesellschaftliche Konventionen in der Öffentlichkeit aufgetreten sein soll. Viele anekdotenhafte Geschichten erzählen von seinem provokanten Verhalten. Mit ihrer kulturverneinenden Lebensweise beabsichtigten die Kyniker anscheinend, ihrer Kritik

Kyniker: Der berühmte Kyniker Diogenes von Sinope soll einer Anekdote zufolge in einer Tonne gelebt haben (Zeichnung von Wilhelm Busch).

an herrschenden Sitten und Gebräuchen, an gesellschaftlichen Institutionen und Konventionen sowie an der Religion und ihrem Einfluss auf das öffentliche und private Leben Ausdruck zu verleihen.

Diese Lebensweise hatte aber einen durchaus philosophischen Hintergrund: Von SOKRATES (über ANTISTHENES) übernahmen die Kyniker eine fundamentale Wertung. Das zentrale Problem der Philosophie sei die Frage nach dem »guten Leben«. Höchstes Ziel des Lebens wie der Philosophie ist nach kynischer Meinung das Glück (↑Eudaimonia). Es soll erreicht werden durch Streben nach Unabhängigkeit und Selbstgenügsamkeit (↑Autarkie), d. h. nach natürlichen und durch Enthaltung von unnatürlichen, gesellschaftlich erzeugten Bedürfnissen und Gütern (z. B. Ehre, Reichtum). Diese Autarkie erfordert eine körperliche und geistige Askese, die zur Bedürfnislosigkeit bzw. -verringerung sowie zur Unabhängigkeit von Gesellschaftswerten und Schicksalsschlägen führen soll. Zugleich soll die Askese gegen die drei Hauptursachen des zu vermeidenden Unglücks wirken, gegen Begierden, Wohlleben und Unwissenheit. Das Ideal eines natürlichen, d. h. selbstgenügsamen und bedürfnislosen Lebens hat also zu der kulturverneinenden Haltung der Kynetiker geführt. Demgemäß sollen sie als besitz- und heimatlose Wanderprediger und Bettler umhergezogen sein.

L

Leben: Das menschliche Leben in der Natur und den Institutionen war zu allen Zeiten primärer Gegenstand der Philosophie. Für ARISTOTELES ist Leben, das er auch »Seele« nennt, eine ↑Entelechie, d. h. etwas, das sein Ziel in sich selbst hat und deshalb Selbstsein, Selbstbewegung ist und insofern weder anfangen noch aufhören kann. Das Leben, die Seele, ist also unsterblich und steht damit im Gegensatz zum Tod. AUGUSTINUS bildet erste Ansätze einer philosophischen Psychologie. Das individuelle Leben steht im Gegensatz zu allem anderen und ist doch gleichzeitig der Ort der Verbindung von denkendem Individuum und göttlichem Prinzip des Lebens. Die Lücke zwischen Einzelleben und göttlichem Leben wird in der mittelalterlichen Scholastik v. a. durch die Schöpfungslehre geschlossen.

Die neuzeitliche Metaphysik gewinnt zunächst durch die Ausarbeitung des Gegensatzpaares von Materie und Geist (↑Leib-Seele-Problem) und durch spätere Überwindungsversuche in mechanistischen Positionen (↑Mechanismus) ihr charakteristisches Profil. Nach mechanistischer Auffassung ist Leben ein rein mechanisch erklärbarer materieller Prozess (Maschinentheorie des Lebens). Diese Auffassung wird im 19. Jh. im Zuge der Entwicklung der Chemie durch physikalisch-chemische Theorien modifiziert, in denen Leben als Summe von gesteuerten chemischen Reaktionen angesehen wird. Der gegen mechanistisch-materialistische Theorien des 19. Jh. gerichtete ↑Vitalismus sucht demgegenüber im Rückgriff auf den aristotelischen Begriff der Entelechie den Nachweis einer die biologischen Prozesse steuernden, in ihnen selbst enthaltenen Zielgerichtetheit (↑Teleologie) zu erbringen. Den Bemühungen um eine einheitliche naturwissenschaftliche Theorie des Lebens wird wiederum durch die ↑Lebensphilosophie widersprochen. Wohl allen ethischen Systemen gemeinsam ist heute die Vorstellung, dass das Leben das höchste Gut des Menschen und somit prinzipiell unantastbar ist.

Leben, gutes: ↑Gute, das.

Lebensformen: Grundbegriff von Anthropologie und Ethik. In beschreibender (deskriptiver) Hinsicht steht der Begriff für die

grundlegenden Formen des menschlichen Lebens, aber auch für eine Vielzahl menschlicher Sitten, Gebräuche, Institutionen, Regeln, Traditionen, Zeremonien und Riten. Die wertende (normative) Verwendung von »Lebensform« erhebt bestimmte praktische Einstellungen (z. B. das gute und vernünftige Leben), wobei dann oft *eine* bestimmte Lebensform als moralische Richtschnur des praktischen Handelns ausgezeichnet wird. Bereits PLATON nennt die Gesamtorientierungen unterschiedlicher gesellschaftlicher Stände »Lebensmuster«. Er führt sie auf die menschlichen Grundvermögen Erkenntnis, Wille und Begehren zurück. So ergeben sich das theoretische (philosophische) und das praktische (politisch-soziale) Leben sowie das auf Gewinn und Genuss ausgerichtete hedonistische Leben (↑Hedonismus). Das »theoretische Leben« als Aufschwung zur Schau der ↑Idee des Guten ist die höchste der Lebensformen. CICERO nennt die ruhige und maßvolle Lebensführung die ethisch auszuzeichnende Lebensform. Für AUGUSTINUS erhält das Leben des Gläubigen die richtige Form durch die Nachahmung des mit JESU CHRISTI Leben gegebenen Vorbildes (»Imitatio Christi«). Durch Entdeckungsreisen angeregt, thematisiert die Aufklärung die Vielfalt geschichtlicher Kulturen und stellt die Wertungsfrage angesichts »wilder« (z. B. JEAN-JACQUES ROUSSEAU) bzw. hoch entwickelter (z. B. VOLTAIRE) Lebensformen, womit sich die Relativierung der eigenen Lebensform verbindet. Im Verlauf des 19. Jh. wird der Begriff der Lebensform in vielfältiger Weise zu einem Grundbegriff der philosophischen Anthropologie und der Kulturwissenschaften.
Eine zentrale Rolle spielt der Begriff der Lebensform in ALFRED SCHÜTZ' Versuch einer Fundierung der Soziologie in der vorwissenschaftlichen Lebenswelt. SCHÜTZ unterscheidet sechs Lebensformen als »Beziehungen des Ich zur Welt«: Dauer, Gedächtnis, Handeln, Du-Bezug, Rede und begriffliches Denken. Vor allem in den »Philosophischen Untersuchungen« betrachtet LUDWIG WITTGENSTEIN Lebensformen als notwendige Möglichkeitsbedingungen für Sinn und Bedeutung von Sprache überhaupt. In diesem Sinne sind sie das »Letzte« und »Gegebene« hinsichtlich allen Verstehens und aller Rechtfertigungen und Begründungen.

Lebensphilosophie: eine auf FRIEDRICH SCHLEGEL zurückgehende Sammelbezeichnung für Philosophien des 19. und 20. Jh., die gegen die Selbstgewissheit der Vernunft und der Fähigkeit zur Selbstreflexion in Rationalismus, Aufklärung und deutschem Idealismus unter Betonung des Organischen, Emotionalen und Intuitiven das ↑Leben als schöpferische Potenz wie auch als ↑Erleben zur Grundlage des Bewusstseins erhoben. In diesem Sinne stellt die Lebensphilosophie eher eine Haltung dar, die den Glauben an den »Aufbau der Philosophie aus reiner Vernunft« verloren hat und die »Lebenswirklichkeit« (Gefühl) dem »bloßen Denken« (OTTO FRIEDRICH BOLLNOW) gegenüberstellt. Als Protest des Lebens gegen den Geist (FRITZ HEINEMANN) verzichtet sie auf eine eigene methodische Fundierung; sie macht vielmehr gegen begriffliche Ordnungen eine tiefere Schicht des Gefühls oder der Triebe geltend, womit gleichzeitig die Einheit und Ganzheit des Lebens gegen die »Auflösung« des Menschen in den mechanistisch orientierten Wissenschaften und der Technik behauptet werden soll. Bedeutende Vertreter der Lebensphilosophie waren in Frankreich HENRI BERGSON, in Deutschland WILHELM DILTHEY, für den die Erkenntnismöglichkeiten im »Erleben« und nachvollziehenden »Einfühlen« liegt.

Lebenswelt: zusammenfassende Bezeichnung für alle Formen vorwissenschaftlicher Welterfahrung in Abgrenzung zur theoretisch bestimmten Wissenschaftswelt. Die Lebenswelt ist die konkrete Umwelt, auf die jeder Mensch durch Tun und Leiden bezogen ist (lebensweltliches Apriori). Erst wenn diese »konstituiert«, wenn eine »natürliche Einstellung« zur Welt erworben wurde, wird Wissenschaft überhaupt möglich. Besonders wichtig ist der Begriff Lebenswelt in der ↑Phänomenologie EDMUND HUSSERLS.

Legalität/Legitimität [zu lat. legalis »dem Gesetz entsprechend« und legitimus »rechtmäßig«, »gebührend«, »schicklich«]: Begriffspaar, das v. a. in der Staatsphilosophie und der Ethik von Bedeutung ist. Ein politischer Herrschaftsakt ist **legal,** wenn er gegen keine gültigen Verfahrensvorschriften und Gesetze verstößt. Legalität ist notwendig, um

- eine gesetzliche Grundlage für das Handeln staatlicher Organe zu schaffen und damit staatlicher Willkür vorzubeugen,
- Konflikte auf eine friedliche Weise regeln zu können,
- Rechtssicherheit zu gewährleisten. Legalität allein reicht jedoch nicht zur Rechtfertigung politischer Herrschaftsakte, da diese auch nach inhaltlichen Kriterien bewertet werden.

Um als gerechtfertigt gelten zu können, muss ein politischer Herrschaftsakt auch **legitim** sein. Zur Feststellung der Legitimität werden dessen Inhalt und Folgen auf ihre ethische ↑Rechtfertigung überprüft. Er ist dann als legitim anzusehen, wenn er grundsätzlich vor allen Menschen vernünftig zu rechtfertigen ist, nicht gegen die Würde des Menschen verstößt und keinen allgemein verbindlichen Normen widerspricht.

Leib: neben der Seele eine der Wirklichkeiten des Menschen (↑Leib-Seele-Problem). Lange Zeit haben die Menschen Leib und Seele ganzheitlich gedacht. Auch ein angenommenes Weiterleben nach dem Tod wurde leiblich vorgestellt, wie Grabbeigaben zeigen.

Mit PLATON wird das Körperliche am Menschen zunehmend in Polarität zur Seele

Leib

»Der Mensch eine Maschine«

Das »enfant terible» der französischen Aufklärung war der Arzt und Philosoph Julien Offray de La Mettrie (1709–51). Da ihm ein unmoralischer Lebenswandel vorgeworfen wurde, verschmähte ihn die Philosophiegeschichte lange, bis ihn Friedrich Albert Lange in seiner »Geschichte des Materialismus« im späten 19. Jahrhundert wiederentdeckte und rehabilitierte.

Anlässlich einer eigenen Erkrankung hatte La Mettrie bereits 1742 notiert, dass das Denken nichts als eine Folge der Organisation unser »Maschine« sei. Drei Jahre später veröffentlichte er anonym seine »Naturgeschichte der Seele«, die verboten wurde, 1748 folgte sein Buch »L'homme machine« (Der Mensch eine Maschine). La Mettrie betrachtete den Organismus als ein selbststeuerndes System, das Bewusstsein erklärte er mithilfe einer organischen Kausalkette von den Sinnesorganen über das Zentralnervensystem bis zum Gehirn. Er erklärte, dass allein die Sinne »seine Philosophen« seien und dass er keinen Anlass sehe, eine Wirkursache außerhalb der materiellen Welt anzunehmen – womit er die Existenz eines bewegenden Gottes bestritt. Die Willensfreiheit nannte er eine Illusion, den Unterschied zwischen Mensch und Tier erachtete er als gering. Durch diese radikalen Thesen zog er sich den Unmut sowohl der gemäßigten Aufklärer als auch der Staatsmacht zu. Zur Flucht gezwungen, fand er Aufnahme am preußischen Hofe Friedrichs des Großen, der La Mettrie nicht nur wegen seiner unerschütterlichen Heiterkeit sehr schätzte.

wahrgenommen. Dabei war insbesondere in der christlich-abendländischen Kultur bis in die jüngste Zeit hinein die Höherbewertung der Seele gegenüber dem Leib vorherrschend.

In der Philosophie spielt der Leib v.a. in der Phänomenologie MAURICE MERLEAU-PONTYS eine wichtige Rolle, wo ihm der Status des eigentlichen Subjekts der Wahrnehmung zugesprochen wird. In der **Leiblichkeit** sieht MERLEAU-PONTY ein Drittes zwischen gegenständlicher Welt (bloß Objektivem) und Denken (bloß Subjektivem). Am Beispiel der Berührung der einen Hand durch die andere Hand verschränken sich Subjekt des Empfindens (die berührende Hand) und Objekt der Empfindung (berührte Hand) derart, dass mit der Sachempfindung der Leiblichkeit der Hand man gleichzeitig *sich selbst* in der »Sache« Leiblichkeit empfindet.

Leibniz, Gottfried Wilhelm, deutscher Mathematiker und Philosoph, *Leipzig 1. 7. 1646, †Hannover 14. 11. 1716: LEIBNIZ studierte ab 1661 v.a. Philosophie und Jura in Leipzig und Jena. Nach der juristischen Promotion 1667 trat er in kurmainzische Dienste als juristischer und diplomatischer Berater. Während einer politischen Mission 1672–76 in Paris befasste er sich mit der zeitgenössischen Mathematik und Naturwissenschaft und begegnete bedeutenden Gelehrten (u.a. CHRISTIAAN HUYGENS, NICOLE MALEBRANCHE; in London u.a. ROBERT BOYLE). Er erfand eine Rechenmaschine und entwickelte u.a. die Infinitesimalrechnung. 1676 wurde LEIBNIZ Hofrat und Bibliothekar im Fürstentum Hannover. Ferner widmete er sich v.a. der Wiedervereinigung der christlichen Kirche und der Einrichtung wissenschaftlicher Akademien. 1700 wurde die Preußische Akademie der Wissenschaften in Berlin gegründet und ihr Anreger LEIBNIZ zum Präsidenten auf Lebenszeit ernannt. Seine letzten Lebensjahre waren überschattet von dem Prioritätsstreit gegen ISAAC NEWTON in Sachen Infinitesimalrechnung und Zwistigkeiten mit seinem Dienstherren. Die Philosophie des Universalgelehrten ist großteils in seiner umfangreichen Korrespondenz enthalten. Von seinen wenigen philosophischen Schriften wurden zu seinen Lebzeiten v.a. die »Versuche über die Theodizee, über die Güte Gottes, die Freiheit des Menschen und den Ursprung des Übels« (1710) einflussreich, in denen er seine These vertrat, dass die von Gott geschaffene Welt die »beste aller möglichen Welten« sei (↑Theodizee).

LEIBNIZ' ↑Rationalismus ist v.a. durch eine enge Verknüpfung von Logik und Metaphysik geprägt: Die beiden fundamentalen Prinzipien der Erkenntnis, der ↑Satz vom zureichenden Grund und der ↑Satz vom (verbotenen) Widerspruch, gelten ebenso für das Denken wie für die Dinge, sind also zugleich Prinzipien des Seins. »Vernunftwahrheiten« gelten allein aufgrund des Widerspruchsprinzips und können deshalb durch bloße Begriffsanalyse (logisch) erkannt werden, während »Tatsachenwahrheiten« dem Prinzip des zureichenden Grundes genügen und nur durch Beobachtungen oder Experimente (empirisch) erkannt werden können. Dass wir die wirkliche Welt nicht nur durch unsere Vernunft erkennen können, liegt in deren Begrenztheit begründet: Wir verfügen nicht wie Gott über vollständige Begriffe aller Dinge. Um diesen Mangel zu beheben, versuchte LEIBNIZ zeitlebens eine universale, formale Zeichensprache (characteristica universalis) zu entwickeln. Mit ihrer Hilfe wäre es uns allein durch »Rechnen« möglich, nicht nur Aussagen als wahr oder falsch zu beurteilen, sondern neue Erkenntnisse zu gewinnen.

Im Zentrum von LEIBNIZ' Metaphysik steht der Begriff der ↑Monade. Er begriff die Monaden als individuelle Kraftzentren, die ihre Zustände durch einen inneren Antrieb ändern. Da das gesamte Universum aus unend-

Leibniz: Der kolorierte Holzstich aus dem 19. Jh. zeigt Gottfried Wilhelm Leibniz am Hof der preußischen Königin Sophie Charlotte, die Wissenschaft und Künste förderte.

lich vielen Monaden zusammengesetzt ist, diese aber nicht aufeinander einwirken können, bedarf LEIBNIZ zur Erklärung ihres scheinbaren Zusammenwirkens der Idee der ↑prästabilierten Harmonie.

In CHRISTIAN WOLFFS dogmatischer Adaption von LEIBNIZ' Metaphysik wurden deren Elemente ein fester Bestandteil der deutschen ↑Aufklärung des 18. Jh. WOLFFS enzyklopädisch-systematische Philosophie bestimmte als sog. leibniz-wolffsche Schulphilosophie die Philosophie in Deutschland bis zu KANT.

Leib-Seele-Problem: Ausgehend von der Feststellung, dass Leib (Körper) und Seele (Geist, Bewusstsein) im lebendigen Menschen eine Verbindung eingegangen sind, stellt sich v. a. seit der Neuzeit das Problem, wie in dieser Verbindung das Verhältnis von Leib und Seele zu denken ist. Die dualistischen Lösungsversuche des Leib-Seele-Problems fassen, anknüpfend an DESCARTES, Leib und Seele entweder als zwei verschiedene Substanzen (↑Res cogitans/Res extensa) auf, die organisch vermittelt über die Zirbeldrüse (Hypophyse) miteinander in Wechselwirkung stehen (Interaktionismus), oder sie erklären die Verbindung bzw. kausale Wechselwirkung zwischen körperlicher und seelisch-geistiger Substanz durch »gelegentliche« göttliche Eingriffe (↑Okkasionalismus) bzw. eine von Gott bewirkte andauernde Korrespondenz beider Substanzen (psychophysischer Parallelismus).

Den monistischen Erklärungen ist gemeinsam, dass sie das Leib-Seele-Problem entschärfen, indem sie es auf einen der beiden Pole hin reduzieren. Der von GEORGE BERKELEY vertretene Immaterialismus ist eine idealistische Reduktion: Er leugnet die Materialität der Außenwelt einschließlich der menschlichen Körper und bringt damit das Problem zum Verschwinden. Demgegenüber stehen die physikalistischen bzw. materialistischen Reduktionen, die entweder nur solche Ausdrücke zulassen, die Eigenschaften von Körpern darstellen und die Existenz nicht materieller Gegenstände und Ereignisse gänzlich leugnen, oder die These vertreten, dass Bewusstseinsphänomene mit Gehirnprozessen identisch sind.

Von sprachphilosophischer Seite wird dem Leib-Seele-Problem kritisch vorgehalten (GILBERT RYLE), dass ihm ein philosophischer Irrtum zugrunde liegt, der die Unlösbarkeit des Problems mit sich bringt und in einem Kategorienfehler besteht: der Verknüpfung von Aussagen, die nicht derselben Kategorie angehören. So gehöre der Leib, nicht aber die Seele zur Kategorie Res (Ding).

Letztbegründung: Bezeichnung für einen besonderen Typ von ↑Begründung, der v.a. in der modernen Wissenschaftstheorie eine Rolle spielt. Eine Behauptung (Aufforderung) heißt letztbegründet, wenn für sie eine Begründung angegeben wurde, wonach die Forderung nach einer weiteren Begründung nicht mehr sinnvoll erhoben werden kann. Offensichtlich darf es sich hierbei nicht um eine theoretische Begründung handeln, da man eine solche stets hinterfragen kann.

Die Kritiker der Letztbegründung, die meist dem ↑kritischen Rationalismus zuzurechnen sind, behaupten, Begründung sei nur auf diesem (theoretischen) Weg möglich und deshalb Letztbegründung unmöglich. Die Befürworter, die v.a. der ↑kritischen Theorie anhängen, stellen dem einen pragmatischen Begründungsbegriff entgegen: Wer gegen eine Behauptung argumentiert, muss, um überhaupt argumentieren zu können, bestimmte Voraussetzungen akzeptieren (z.B. die Geltung von sprachlichen Regeln). An diesen kann er vernünftigerweise nicht zweifeln, da sie ja die Artikulation eines Zweifels erst ermöglichen. Dies ist ein transzendentalpragmatisches Argument: Alle Argumentierenden müssen diejenigen Voraussetzungen als letztbegründet akzeptieren, die die Argumentationsgemeinschaft erst möglich machen. Ähnlich wird die ↑Lebenswelt (lebensweltliches Apriori) als Letztbegründungsinstanz der Wissenschaften angesehen. – auch ↑Diskurs.

Liebe: Ausdruck für die Vielzahl verschiedenartiger Empfindungen und Gefühle sowie für eine vernunftgeleitete (oder auch vernunftlose) tätige Zuwendung zu Personen oder Dingen. Arten der Liebe werden meist nach der Art ihrer Gegenstände klassifiziert (z.B. Selbstliebe, Nächstenliebe, Feindesliebe, Tierliebe, Vaterlandsliebe, Freiheitsliebe) sowie nach der Art des Verhältnisses zu ihren Gegenständen (z.B. sinnliche Liebe, geistige Liebe, selbstsüchtige Liebe, selbstlose Liebe). Diese gebräuchlichen Klassifizierungen von Arten der Liebe verwischen aber den Unterschied zwischen Liebe als sinnlicher Empfindung, als Gefühl und als ethischer Grundhaltung (↑Tugend). Während Liebesempfindungen meist sexuellen Charakter haben, sind Gefühle der Liebe im Unterschied zu Empfindungen der Liebe ihrer Art nach vielfältig, da sie verschiedenartige Gegenstandsbereiche haben, z.B. die kontemplative Liebe zur Natur, die aktive Liebe, die sich um das Wohlergehen von Menschen usw. sorgt, die religiöse und mystische Liebe zu Gott (↑Mystik). Die Liebe als Gefühl ist die Wertschätzung eines geliebten Objektes. Durch besondere Aufmerksamkeit (Zuneigung und Hinwendung) zum geliebten Objekt erkennt der Liebende dieses in seiner Individualität an und zeichnet es als (für ihn) einzigartig aus. Die Liebe als ethische Grundhaltung ist als der Inbegriff begründeter Moralität anzusehen. Das Liebesgebot ist die Antwort Jesu Christi auf die Frage nach dem wichtigsten Gebot (z.B. Markus 12, 31). Als Gebot der Gottesliebe (5. Mose 6, 5) und als Gebot der Nächstenliebe (3. Mose 19, 18) findet es sich bereits im Alten Testament. Im Neuen Testament wird dann ein Begriff der Erlösung durch Liebe entfaltet. Daneben lässt sich das Liebesgebot verstehen als praktisches Transsubjektivitätsprinzip einer rationalen Ethik, durch das gleicher Abstand zu Egoismus einerseits und zu Altruismus andererseits gehalten wird: Die eigenen ↑Interessen sollen nicht mehr, aber auch nicht weniger als die anderer berücksichtigt werden. Die

↑Selbstliebe ist der Liebe zum Nächsten daher nicht entgegengesetzt, sondern deren Voraussetzung: Der Mensch ist nur dann fähig, andere zu lieben, wenn er sich selbst annehmen kann.
Die wie ein Naturgesetz waltende kosmische Liebe heißt bei HESIOD, PLATON und ARISTOTELES ↑Eros. Bei ARISTOTELES ist jedoch nicht Eros, sondern Philia (Freundschaft) der zentrale Begriff: eine personale Liebe, die auf Gleichheit und Gegenseitigkeit beruht. Die Philia ist eine Tugend. Sie will das Gute für den Anderen um des Anderen willen.
Für das jüdische und christliche Verständnis von Liebe ist der Vorrang der Liebe zwischen Gott und den Menschen ausschlaggebend. Diese Liebe wird als tätige Liebe verstanden und nicht als bloßes Begehren. Christliches Urbild der tätigen Liebe ist Gottes Menschwerdung in JESUS und dessen Sterben am Kreuz. Sie wird terminologisch als Agape ausgezeichnet.
Zwischen platonischem und christlichem Liebesbegriff vermittelt AUGUSTINUS. Seine scharfe Abgrenzung der Liebe als Begierde und Leidenschaft von der geistigen Liebe bleibt für die christlich geprägte Moral der westlichen Welt bis in die Gegenwart hinein maßgebend.

linguistic turn [liŋ'gwistik tə:n; engl. »sprachwissenschaftliche Wende«]: In seinem Buch »The linguistic turn« (1967) bezeichnet RICHARD RORTY diesen als einen Paradigmenwechsel, den mit ihm viele für den entscheidendsten Umbruch in der Philosophie des 20. Jh. ansehen. Gemeint ist damit die von der ↑analytischen Philosophie in den Mittelpunkt gestellte Methode der logischen ↑Sprachanalyse, die in der von LUDWIG WITTGENSTEIN radikalisierten Form zu der grundsätzlichen Unterscheidung zwischen wissenschaftlichen und philosophischen Sachfragen führte. Dementsprechend sind philosophische Sachfragen allein als Sachfragen der philosophischen »Sprache« zu behandeln. Die Philosophie wird so zur »linguistischen Philosophie« in Gestalt einer (deskriptiven) Phänomenologie derjenigen Gebrauchssprache, die der Sprachgemeinschaft der Philosophen entspringt.

Locke: John Locke (zeitgenössisches Porträt)

Locke [lɔk], John, englischer Philosoph, *Wrington (County Somerset) 29. 8. 1632, †Oates (County Essex) 28. 10. 1704: Durch eine humanistische Schulbildung geprägt, studierte LOCKE ab 1652 Philosophie, später v. a. Chemie und Medizin in Oxford. Ab 1660 lehrte er dort als Dozent u. a. Rhetorik und Philosophie. 1667 wurde er in London Arzt und Berater des späteren Lordkanzlers und Oppositionsführers EARL OF SHAFTESBURY. Nicht zuletzt unter dessen Einfluss verwandelte sich LOCKES zunächst autoritär-royalistische zu einer liberal-republikanischen Haltung. 1675–79 hielt er sich in Frankreich auf. Nachdem SHAFTESBURY 1682 der Verschwörung bezichtigt in die Niederlande geflohen war, tat es ihm der verdächtigte und bespitzelte LOCKE 1683 nach. Erst nach dem Ende der Glorreichen Revolution kehrte er 1689 nach England zurück. Von nun an veröffentlichte er den Großteil seines Gesamtwerks, das neben Philosophie u. a. Theologie, Ökonomie, Pädagogik und Medizin behandelt und die europäische Aufklärung im 18. Jh. maßgeblich beeinflusst hat.

Als ein Hauptvertreter des ↑Empirismus untersuchte LOCKE in seinem Hauptwerk zur ↑Erkenntnistheorie, dem »Versuch über den menschlichen Verstand« (1689), den Ursprung und die Grenzen menschlicher Erkenntnis. Die Voraussetzung angeborener Ideen bzw. Prinzipien und damit eine These des Rationalismus (v. a. von DESCARTES) zurückweisend, versucht LOCKE zu zeigen, dass alle Erkenntnis aus der Erfahrung stammt: Vor der Erfahrung gleicht der Geist einem »unbeschriebenen Blatt«. Die äußere (sensation) und die innere Erfahrung (reflection) liefern die einfachen Vorstellungen (ideas). Aus ihnen bildet der Geist durch Verknüpfung, Vergleich oder Verallgemeinerung zusammengesetzte Vorstellungen bzw. Begriffe (z. B. Eigenschaft, Substanz, Kausalität) und gelangt durch deren Verbindung in Urteilen zu Erkenntnissen. Die Grenzen des menschlichen Erkenntnisvermögens sah LOCKE durch die praktischen Lebensbedürfnisse bestimmt.

In seiner politischen Philosophie vertrat LOCKE mit den Ideen der Freiheit, der Rechts- und Chancengleichheit sowie des Repräsentativsystems einen Liberalismus. Im Zentrum seiner ↑Staatsphilosophie, dargelegt in der zweiten der »Zwei Abhandlungen über die Regierung« (1690), steht wie bei THOMAS HOBBES der ↑Gesellschaftsvertrag. Anders als bei HOBBES herrschen nach LOCKE im Naturzustand Freiheit und Gleichheit, und das Naturrecht beinhaltet bestimmte Rechte und Pflichten, v. a. das Recht auf Leben, Freiheit und Besitz bzw. Eigentumserwerb durch Arbeit und das Verbot der Schädigung oder Beraubung. Infolge der Güterknappheit kommt es aber zu Verteilungskämpfen und Ungleichheit. Deshalb vereinigen die Menschen ihre individuellen Rechte in einem Gesellschaftsvertrag und übertragen sie in einem Herrschaftsvertrag auf eine von ihnen bestimmte Regierung. Da diese Übertragung zu dem Zweck erfolgt, die individuellen Rechte zu schützen, sind die Bürger bei Nichterfüllung des Vertrags zu dessen Auflösung berechtigt, unter Umständen also auch zum Aufruhr.

Logik [zu griech. logikḕ téchnē »Kunst des Denkens«]: im weitesten Sinn Lehre vom richtigen Denken und Argumentieren, v. a. vom richtigen Schließen, d. h. der Folgerung wahrer Konsequenzen aus wahren Prämissen. Unter der Logik einer Sache versteht man die Gesamtheit der Gesetzmäßigkeiten und Regeln, die für diese Sache von Bedeutung sind; so spricht KARL POPPER z. B. von der »Logik der Forschung« und BLAISE PASCAL von der »Logik des Herzens«.

Heute wird Logik innerhalb der Philosophie fast ausschließlich im engeren Sinn von **formaler Logik** gebraucht. Das besagt, dass sich die moderne Logik mit denjenigen Schlüssen beschäftigt, die allein aufgrund der *Form* der betrachteten Aussagen richtig sind; z. B.: Aus »Wenn Paul eine ›Eins‹ oder ›Zwei‹ schreibt, ist er zufrieden« und »Paul hat eine ›Eins‹ geschrieben« darf man auf »Paul ist zufrieden« schließen. Dieser Schluss ist weder abhängig vom Inhalt der einzelnen Aussagen noch davon, ob diese wahr oder falsch sind. Man kann deshalb die Aussagen durch schematische Buchstaben ersetzen. Das führt zu der folgenden Form: »Wenn *A* oder *B*, dann *C*. Es gilt *A*. Dann gilt auch *C*.« Dabei werden allerdings bestimmte Teile der Aussagesätze, nämlich die für die logische Struktur wesentlichen (»wenn ..., dann«; »oder«) nicht ersetzt. Man nennt diese ↑Junktoren und führt eigene Symbole für sie ein (Aussagenlogik; ↑Aussage). So erhält man die Kurzform (Aussageschema): $A \vee B \rightarrow C$, A > C. Aus diesem Verfahren erklärt sich erneut der Terminus formale Logik: Sie wird formal (mathematisch, symbolisch) genannt, weil sie sich in hohem Maß der Formalisierung bedient.

Die formale Logik wird nach ihren Gegenstandsbereichen oft unterteilt in mathematische und philosophische Logiken. Im ersten Fall sind das Gebiete, die für die Mathematik interessant sind (z. B. Klassen und Relationen), im zweiten Fall handelt es sich um andere Bereiche (z. B. zeitliche oder modale Beziehungen). Nach Art des Zugangs kann man die klassische Aussagen- und Prädikatenlogik, die mit Wahrheitstafeln und einer mengenwertigen ↑Semantik arbeiten (Satzlogik), von der dialogischen Logik (↑Dialog) unterscheiden, die den Argumentationsbegriff und damit das Schließen als Tun in den Vordergrund stellt (Regellogik). Viele Ergebnisse der formalen Logik haben die philosophische Diskussion angeregt, z. B. die Entdeckung der Antinomien der Mengenlehre (↑Klasse). Techniken der formalen Logik werden v. a. in der ↑analytischen Philosophie zur Lösung philosophischer Probleme angewandt.

Die Anfänge der Logik fallen im Wesentlichen mit denen der Philosophie zusammen. Schon im Lehrgedicht des PARMENIDES sind die Prinzipien der Logik angedeutet. Als eigentlicher Begründer der Logik gilt jedoch ARISTOTELES. Er entwickelte die ↑Syllogistik, wobei er bereits Gebrauch machte von schematischen Buchstaben. Im Anschluss an ARISTOTELES unterschied man drei Teile der Logik: die Lehre vom Begriff, die Lehre vom Urteil und die Lehre vom Schluss. Diese Gliederung blieb bis ins 19. Jh. gültig. Die mittelalterliche Logik bewegte sich ganz in dem von ARISTOTELES abgesteckten Rahmen und vervollkommnete die Syllogistik. Einen Markstein stellt die Veröffentlichung der »Logik von Port-Royal« von ANTOINE ARNAULD und PIERRE NICOLE 1662 dar. GOTTLOB FREGE entwickelte ab 1879 die Prädikatenlogik und wurde damit zum Begründer der modernen Logik. Ab 1910 erschienen die »Principia mathematica« von BERTRAND RUSSELL und ALFRED NORTH WHITEHEAD, die eine umfangreiche Darstellung der formalen Logik enthalten (↑Philosophie der Mathematik). In den 1930er-Jahren wurden eine Reihe von bahnbrechenden Entdeckungen gemacht, deren berühmteste der Unvollständigkeitssatz von KURT GÖDEL ist (↑Gödel-Theorem).

logische Partikeln: Wörter oder Zeichen, mit deren Hilfe aus endlich oder unendlich vielen Aussagen neue Aussagen logisch zusammengesetzt werden (↑Junktor, ↑Quantor).

logischer Atomismus: ↑Atomismus.

logischer Empirismus (logischer Positivismus, Neopositivismus): seit den 1920er- und 1930er-Jahren v. a. vom Wiener Kreis um MORITZ SCHLICK, später von RUDOLF CARNAP in den USA vertretene erkenntnistheoretische Position, die eine Fortentwicklung des klassischen ↑Empirismus darstellt. Der logische Empirismus leitet seinen Namen von der These ab, dass es nur zwei Erkenntnisquellen gibt: die Erfahrung und die Logik. Entsprechend zerfallen die sog. sinnvollen Sätze (d. h. Sätze, in denen eine Erkenntnis ausgedrückt wird) in

Logik

In der 1879 erschienenen Abhandlung »Begriffsschrift. Eine der arithmethischen nachgebildete Formelsprache des reinen Denkens« entwickelte Gottlob Frege als Erster eine spezielle Symbolsprache zur eindeutigen Formulierung logisch-sprachlicher Beziehungen. Das formale Schema gibt die Aussage wieder: »Wenn dieser Strauß ein Vogel ist und nicht fliegen kann, dann folgt, dass manche Vögel nicht fliegen können.«

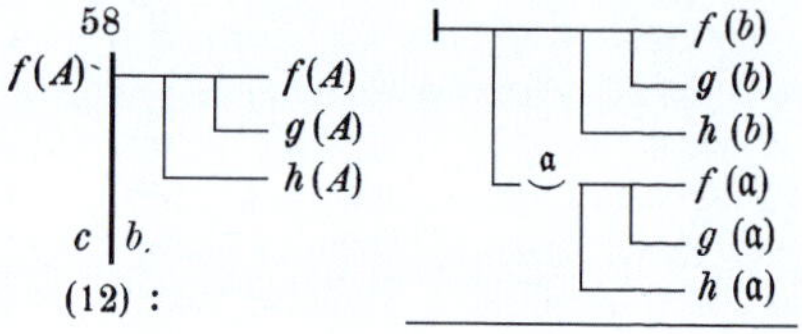

empirische und in logische Sätze. Erstere sind ↑synthetisch, Letztere apriorisch (↑a priori/a posteriori). Ein synthetisches Apriori, wie es KANT vorgesehen hatte, gibt es nicht. Die Logik besitzt einen eigenen, von der Erfahrung unabhängigen Status. Charakteristisch für den logischen Empirismus ist die Übernahme und Weiterentwicklung der Methoden und Resultate der formalen Logik.

Die Stoßrichtung des logischen Empirismus ist in erster Linie antimetaphysisch: Durch Entwicklung eines »Sinnkriteriums« sollen Sätze mit Gehalt von solchen ohne Gehalt unterscheidbar werden; dieses Sinnkriterium lautet: Eine empirische Aussage ist dann und nur dann sinnvoll, wenn sich Bedingungen für ihre Verifizierbarkeit angeben lassen. Es muss feststehen, was der Fall sein soll, wenn diese Aussage wahr ist. Ansonsten sind nur noch analytische Sätze, zu denen auch die der Mathematik zählen (↑Logizismus), sinnvoll. Die Sätze der Metaphysik sind sinnlos, weil sie weder analytisch sind noch dem Sinnkriterium genügen. Demnach wären viele Probleme und Ausdrücke (z.B. »das Absolute«, »das Nichts« usw.), die bislang als philosophisch galten, als »Scheinprobleme« entlarvt.

Als Vorbild für richtige Erkenntnis galt dem logischen Empirismus die Physik. Nach deren Muster sollte eine neue, alles Wissen umfassende Disziplin, die Einheitswissenschaft, geschaffen werden, die sowohl das logische als auch das empirische Wissen in gegenseitiger Durchdringung enthalten würde: Durch die Anwendung von logisch-mathematischen Verfahren entsteht aus der Erfahrung sichere Erkenntnis; denn alles Wissen ist logische Konstruktion auf der Basis der Erfahrung. Mit diesem Vorgehen hängt die Unterscheidung von Beobachtungssprache (↑Protokollaussage) und Theoriesprache zusammen, deren Abgrenzung allerdings stets Schwierigkeiten bereitete. Der Übergang von empirsischer Basis zu allgemeinen Gesetzen ist durch eine Logik der ↑Induktion und damit durch einen präzisierten Begriff der ↑Bestätigung abzusichern.

Der logische Empirismus hat die Entstehung der modernen Wissenschaftstheorie maßgeblich gefördert. Einzelne dieser Richtung nahestehende Forscher haben bedeutende Beiträge zu Logik und Mathematik geleistet. So wurden z. B. wissenschaftstheoretische Grundannahmen wie die Induktion von KARL POPPER einer ausführlichen Kritik unterzogen (↑kritischer Rationalismus).

logischer Positivismus: ↑logischer Empirismus.

logisches Quadrat: ↑Syllogistik.

Logistik [griech. »Rechenkunst«]: veraltete Bezeichnung für formale Logik.

Logizismus [griech.]: Position im Grundlagenstreit der Mathematik mit den beiden wichtigsten Thesen:

1. Alle mathematischen Begriffe sind durch explizite Definitionen auf logische zurückführbar;
2. die Mathematik gewinnt ihre Sätze aus Axiomen nur mithilfe von logischem Schließen.

– auch ↑Philosophie der Mathematik.

Logos [griech. »(sinnvolles) Wort«, »Rede«; »Rechnung«, »Rechenschaft«, »Vernunft«]: zentraler Begriff der griechischen Philosophie, der die enge Verbindung von Denken und Reden beinhaltet und sowohl auf einen geordneten Zusammenhang des Kosmos (HERAKLIT) als auch auf ein gedankliches Erfassen der Weltordnung und deren sprachliche Formulierung hinweist.

In erkenntnistheoretisch-logischem Sinn bedeutet Logos v.a. die Rede, die mit dem Anspruch auf Wahrheit, Richtigkeit und Vernünftigkeit verknüpft ist. Der Mensch kann die Wahrheit in dem Maß erfassen, wie sein Denken und Sprechen mit dem universalen Logos im Einklang stehen. Aus der engen Verbindung von Denken und Reden ergibt sich, dass der Dialog als die Methode zur Wahrheitsfindung angesehen wird. PLATON und ARISTOTELES verstehen unter Logos auch die Definition, die das Wesen einer Sache angibt.

Naturphilosophisch-metaphysisch verstanden, bedeutet Logos in der Stoa das dynamische, schöpferische und ordnende Prinzip, das sich als vernünftig und mächtig (Feuer, Weltvernunft, Gott) der Welt mitteilt, indem es in jedes Lebewesen den »Samen des Logos« (lógos spermatikós) legt und bewirkt, dass alles Geschehen in der Welt sich nach dem göttlichen Plan (Vorsehung) vollzieht. Wie der göttliche Logos den Makrokosmos, so bestimmt die menschliche Vernunft Denken und Handeln des Mikrokosmos Mensch nach göttlichem Plan. Bei PHILON VON ALEXANDRIA ist der Logos das »Wort Gottes«. Im hierarchischen System PLOTINS ist der Logos zwar der »Vernunft« (griech. noũs) untergeordnet, hat aber teil an der göttlichen Vernunft, indem er sie der Natur und dem Menschen mitteilt. In der Gnosis wird der Logos personifiziert als vernunftbegabtes, ewiges göttliches Wesen, das als leibliche Verkörperung in die Welt tritt. Im Neuen Testament bezeichnet Logos zum einen die Heilsbotschaft, zum anderen die Person JESU CHRISTI als Inhalt und als Mittler jener Botschaft.

lokutiver Akt [lat.]: ↑Sprechakt.

Lorenz, Konrad, österreichischer Verhaltensforscher, *Wien 7. 11. 1903, †Wien 27. 2. 1989: LORENZ studierte Medizin und Zoologie. Ab 1940 lehrte er als Professor in Königsberg (Pr), ab 1953 in Münster und ab 1957 in München. Daneben leitete er 1951–54 die Forschungsstelle für Verhaltensphysiologie am Max-Planck-Institut für Meeresbiologie auf Schloss Buldern bei Dülmen. 1961–73 war er Direktor am Max-Planck-Institut für Verhaltensphysiologie in Seewiesen bei Starnberg. Zuletzt leitete er die Abteilung für Tiersoziologie am Institut für vergleichende Verhaltensforschung der Österreichischen Akademie der Wissenschaften in Wien.

LORENZ erforschte v. a. die stammesgeschichtliche Entwicklung des den Tieren angeborenen Verhaltens; berühmt wurden seine Untersuchungen an der Graugans. Dabei erkannte er die Bedeutung des Zusammenwirkens angeborener und erworbener (andressierter) Verhaltensweisen bei höheren Tieren und das Phänomen der Prägung. In seinen weit über sein Fachgebiet hinaus populären Büchern (»Das sogenannte Böse. Zur Naturgeschichte der Aggression«, 1963; »Die acht Todsünden der zivilisierten Menschheit«, 1973; »Der Abbau des Menschlichen«, 1983) zeigte LORENZ in kulturkritischer Absicht am menschlichen Verhalten vielfältige strukturelle Analogien zu dem der Tiere auf, ohne jedoch den besonderen Wert menschlicher Kulturleistungen herabzuwürdigen. Philosophisch bedeutsam ist sein Werk »Die Rückseite des Spiegels. Versuch einer Naturgeschichte menschlichen Erkennens« (1973), mit dem er neben entscheidenden Denkimpulsen zur Verhaltensforschung und ↑Anthropologie die Grundlagen der modernen ↑evolutionären Erkenntnistheorie lieferte. Gegen die Auffassung KANTS, Raum und Zeit seien bloße Formen der Anschauung, die mit den Dingen an sich nichts zu tun hätten, wendet LORENZ ein, dass unsere Vorfahren längst z. B. von den Krokodilen gefressen worden wären, wenn sich deren Fähigkeit zur raumzeitlichen Strukturierung ihrer Umwelt nicht an der Wirklichkeit selbst bewährt hätte.

Luhmann, Niklas, deutscher Rechts- und Sozialwissenschaftler, *Lüneburg 8. 12. 1927, †Bielefeld 6. 11. 1998: Nach dem Studium der Rechtswissenschaften arbeitete LUHMANN zunächst in der öffentlichen Verwaltung. 1960/61 studierte er an der Harvard University v. a. Soziologie bei TALCOTT PARSONS. Nachdem er sich 1966 in Münster habilitiert hatte, war er 1968–93 Professor für Soziologie in Bielefeld.

LUHMANNS ab den 1970er-Jahren entwickelte allgemeine ↑Systemtheorie ist v.a. von PARSONS' funktionalistischer Systemtheorie der Gesellschaft und der Theorie autopoietischer (selbsterzeugender) Systeme des chilenischen Biologen HUMBERTO MATURANA beeinflusst und enthält u.a. Elemente des ↑Strukturalismus. Mit ihr beanspruchte LUHMANN, einen Begriff von Gesellschaft zu entwickeln, der erkenntnistheoretisch den Gegebenheiten einer pluralistischen Gesellschaft am Ende des 20. Jh. entspricht. Seinem grundlegenden Werk »Soziale Systeme. Grundriß einer allgemeinen Theorie« (1984) folgte eine Reihe von Werken, in denen er einzelne Bereiche der Gesellschaft (Wirtschaft, Wissenschaft, Recht, Kunst) behandelte.

LUHMANN geht aus von der Bestimmung des Sozialen als Kommunikation, wobei die Gesamtwelt in einer Vielfalt von sozial vernetzten Systemen (Subsysteme) erscheint. Die verschiedenen (biologischen, psychischen und sozialen) Systeme können sich aufgrund ihres autopoietischen und selbstreferenziellen (selbstbezüglichen) Charakters nicht direkt, sondern nur durch Nachbildung ihrer jeweiligen Umwelt gegenseitig beeinflussen. Daher stellt LUHMANN auch jede zentrale Vermittlungs-, Erkenntnis- oder Kontrollinstanz radikal infrage. Zur Analyse der Gesellschaft in ihrer Totalität bleibt für ihn in Anlehnung an die deskriptive Methode der ↑Phänomenologie nur die Beobachtung, und zwar von in den Systemen eingeschlossenen und sich austauschenden Beobachtern. Dabei geht es ihm um die Reflexion auf diejenigen Prozesse, die einer Gesellschaft die Selbstreproduktion ermöglichen, indem ein Systemelement ins andere greift, ohne dass aber eine Zentralinstanz auszumachen wäre, die den Gesamtprozess bewusst steuert, und ohne dass eine den Systemen transzendente Instanz (z.B. Gott) oder determinierende Prinzipien (z.B. Naturgesetze) unterstellt werden müssten.

Lullus, Raimundus, katalanischer Schriftsteller, Philosoph und Missionar, *Palma (Mallorca) 1232 oder 1233, †auf der Fahrt von Tunis nach Mallorca 1316: Nach einem unsteten weltlichen Leben veranlassten LULLUS Visionen des gekreuzigten CHRISTUS, sein Leben ganz in missionarischen Dienst zu stellen. Er reiste mehrfach durch Europa, Nordafrika und Kleinasien. Zwischen 1283 und 1313 lehrte er mit Unterbrechungen in Paris und Montpellier. Mit seinen umfassenden Arabischstudien wurde er ein früher Förderer der Orientalistik. Durch

Lullus: Mithilfe neun oberster Prinzipien, symbolisiert durch eine Leiter am Turm der Wahrheit, beantwortet Raimundus Lullus in dieser Darstellung aus dem 14. Jh. Grundsatzfragen (Karlsruhe, Badische Landesbibliothek).

seine literarischen (Gedichte und Erzählungen) und mystisch-theologischen Schriften erhob er die katalanische Volkssprache zur Literatursprache.

LULLUS' Philosophie ist auf den christlichen Platonismus gestützt und gegen den averroistischen Dualismus von Glauben und Wissen gerichtet. Ausgehend von der Grundannahme, dass sowohl die Glaubensinhalte wie das gesamte Wissen aus der Vernunft beweisbar seien, versuchte LULLUS eine christliche Universalwissenschaft (Ars magna) zu entwerfen, aus der die Glaubenswahrheiten ableitbar sein sollten. Dafür entwickelte er in seinem logischen Hauptwerk »Ars compendiosa inveniendi veritatem« (»Die vorteilhafte Kunst der Wahrheitsfindung«, 1273–75) eine logische Methode (Ars combinatoria), aus absoluten Prinzipien durch Begriffskombinationen alle nur möglichen Begriffe herleiten zu können.

War LULLUS zeitlebens umstritten und von seinen Gegnern als Häretiker gebrandmarkt, so beeinflusste sein Werk große Denker in ganz Europa (v. a. NIKOLAUS VON KUES und GIORDANO BRUNO) und fand im Lullismus, einer bedeutenden Strömung der spanischen Philosophie, Anhänger bis ins 18. Jh. Seine Kombinatorik enthielt die ersten Ansätze eines Logikkalküls, an die v. a. LEIBNIZ anknüpfte.

Lust (griech. **hēdonḗ**): im engeren Sinn die sinnliche Empfindung, die bei der Befriedigung eines Bedürfnisses bzw. in der Erwartung seiner Befriedigung auftreten kann, im weiteren Sinn die Empfindung bestimmter Gefühle (wie Liebe, Freude) oder Stimmungen (Heiterkeit), sofern diese als angenehm empfunden und genossen werden können.

In der philosophischen Tradition ist zwischen höheren und niederen Formen von Lust unterschieden worden. PLATON schätzt v. a. die geistige Lust, die aus der Erkenntnis des Wahren, Guten und Schönen fließt, EPIKUR die Lust, wenn sie auf lange Sicht persönliches Glück bewirkt. Als Kriterium für sittliches Handeln gewinnt die Lust besondere Bedeutung im ↑Hedonismus.

Lyotard [lẽɔ'tɑ:r] Jean-François, französischer Philosoph, * Versailles 10. 8. 1924, † Paris 21. 4. 1998: LYOTARD war zunächst Lehrer u. a. in Algerien, 1959–66 Assistent an der Universität in Paris (Sorbonne), 1966–70 Professor für Philosophie in Nanterre, 1970–72 in Vincennes und 1972–87 in Saint-Denis (Universität Paris XIII).

Als Denker der ↑Postmoderne hat sich LYOTARD v. a. mit seinem Buch »La condition postmoderne« (»Das postmoderne Wissen«, 1979) hervorgetan, mit dem er den Begriff zugleich in die philosophische Diskussion einführte. Er wollte damit aber nicht etwa eine neue Epoche der Philosophie verkünden, sondern eine Problematik der Postmoderne philosophisch erörtern: die Pluralität verschiedener Diskursarten bzw. die Vielfalt und den Widerstreit von Wissens- und Lebensformen. Freilich wies er den Anspruch einer Totalität des Wissens zurück, indem er sich ausdrücklich gegen »jegliche Dominanz eines jeden einheitlichen Systems« verwahrte. Den »großen Erzählungen«, d. h. den Fortschrittsideologien der Geschichte oder den Gesamtinterpretationen der Welt, die einen allumfassenden Sinn versprechen, misstrauend, bevorzugte LYOTARD in seinen Schriften »kleine Erzählungen«, alltägliche Geschichten, die etwa von Misshandelten, Behinderten oder Hungernden handeln, ohne sich auf den Standpunkt der Benachteiligten zu beschränken. Auch alle traditionellen und modernen Konsens- bzw. Diskurstheorien der Wahrheit sind in seinen Augen nur Erzählungen. Aber: »Sprechen ist auf Gewinnen ausgerichtet, nicht auf Konsens und Wahrheit. Und Wissenschaft richtet sich auf Machterweiterung, nicht auf Erkenntnis«.

Auf KANT und LUDWIG WITTGENSTEIN zurückgreifend, versuchte LYOTARD in »Le différend« (»Der Widerstreit«, 1983) eine »Pragmatik der Erzählungen« zu entwickeln und damit eine dem Dissens verpflichtete Philosophie, die dem Widerstreit der Diskursarten oder ↑Sprachspiele in der Postmoderne besser gerecht wird als eine konsensorientierte Theorie der Wahrheit, die zur Totalität und Dominanz neigt. Ihm zufolge besteht Gerechtigkeit primär in der Anerkennung pluraler Sprachspiele. Der unvermeidbare Widerstreit ist der Streit zwischen den verschiedenen Sprachspielen und Diskursarten, z. B. der Disput, die Debatte, die Auseinandersetzung. Ziel des Widerstreits ist es, sich über die Verschiedenheiten zu verständigen.

M

Macht: philosophisch das Vermögen, das Mögliche wirklich zu machen, den eigenen Willen auch gegen den Willen anderer durchzusetzen. Unabhängig davon, ob man THOMAS HOBBES' Aussage Machtstreben sei ein Wesensmerkmal des Menschen, zustimmt oder nicht, ist es eine Tatsache, dass Menschen dazu neigen, errungene Machtpositionen nicht nur zu halten, sondern auch auszubauen. Zur Verhinderung eines etwaigen Machtmissbrauchs sind in einer demokratischen Gesellschaft deshalb Gewaltenteilung, Machtbeschränkungen und Machtkontrollen eingeführt.
Macht tritt in fast allen menschlichen Beziehungen auf. Macht kann im Gegensatz zur ↑Gewalt nur dann ausgeübt werden, wenn der andere die Grundlage der Macht akzeptiert.

Mäeutik [zu griech. meieutikḗ (téchnē) »Hebammenkunst«]: pädagogisches Verfahren, das im 18. Jh. zum Ideal der Didaktik wurde. Der Grundgedanke der Mäeutik ist, dass Erkenntnisse bereits unbewusst im Schüler vorhanden seien, die durch geschicktes Fragen zu tatsächlichem Wissen erhoben werden können. Der Begriff Mäeutik geht auf SOKRATES zurück. Er, der Sohn einer Hebamme, vergleicht seine Methode mit der Kunst der Hebamme. Wie diese dem Kind bei der Geburt Hilfe leistet, gibt SOKRATES seinen Gesprächspartnern Hilfestellung, indem er bereits unbewusst vorhandene Erkenntnis durch geschicktes Fragen bewusst macht. Den theoretischen Rahmen für diese Methode bilden PLATONS Ideenlehre und Theorie der ↑Anamnesis, die besagen, dass es vom menschlichen Bewusstsein unabhängige ↑Ideen gibt, die der Mensch in seiner vorgeburtlichen Existenz erkannt, bei seiner Geburt aber vergessen hat.

Maimonides, eigentl. **Maimonides ben Maimon,** jüdischer Philosoph, *Córdoba 30. 3. 1138, †Fustat (heute Kairo) 13. 12. 1204: Nach der Eroberung Córdobas durch die Almohaden 1148 floh seine Familie 1159 zunächst nach Fès (Marokko), dann 1165 über Palästina nach Ägypten. Hier wirkte MAIMONIDES als Hofarzt des Sultans SALADIN und als Vorsteher der jüdischen Gemeinschaft. MAIMONIDES war der bedeutendste jüdische Religionsphilosoph des Mittelalters und ein hoch angesehener Kodifikator des jüdischen religiösen Gesetzes, der Halacha. Seine Hauptwerke sind:

- ein Kommentar zur Mischna, »Sanhedrin Mischna«, in dessen Einleitung er die jüdische Lehre in 13 Glaubensartikeln zusammenfasste, die später Aufnahme in das jüdische Gebetbuch gefunden haben;
- »Mischne thora« (Wiederholung des Gesetzes), in dem er in 14 Büchern das religiöse Gesetzes- und Traditionsgut systematisiert;
- »Sefer hammizwot« (Buch der Gebote), das von den 248 Geboten und 365 Verboten der Thora handelt;
- seine philosophische Hauptschrift »Dalalat al-Chairin« (Führer der Unschlüssi-

gen), an der er ab 1176 rund 15 Jahre arbeitete.

In diesem zentralen Werk der jüdischen Religionsphilosophie sucht MAIMONIDES eine Synthese zwischen Aristotelismus und jüdischer Glaubenslehre, wobei er auch neuplatonische Elemente übernahm. Rationalistisch betont er darin die grundsätzliche Übereinstimmung von Vernunft und Glauben, um die Menschen von Aberglauben und Irrationalismen zu befreien. MAIMONIDES hat stark auf die Scholastiker THOMAS VON AQUIN und ALBERTUS MAGNUS, später auch auf SPINOZA und LEIBNIZ gewirkt.

Man: in der Fundamentalontologie MARTIN HEIDEGGERS die kollektivistische Norm des allgemeinen Urteilens und Handelns: Das Individuum hat Ansichten, die »man« hat, es verhält sich so, wie »man« sich verhält. Dieser »Seinsart der Alltäglichkeit« unterwirft sich der Mensch, wobei er sich selbst entfremdet.

Mängelwesen: Die These in der ↑Anthropologie ARNOLD GEHLENS, dass der Mensch ein Mängelwesen sei, besagt, dass der Mensch aufgrund seiner im Vergleich zum Tier mangelhaften Organ- und Instinktausstattung in seiner Existenz bedroht ist, und zwar nicht nur als Individuum, sondern auch und v. a. als Gattung. Wo den Tieren im individuellen Lebenskampf ihre natürliche Ausstattung die Möglichkeit zum Überleben sichert, gewinnt die Gattung Mensch diese Fähigkeiten und Möglichkeiten erst durch eigene Anstrengung. GEHLEN nennt diese Anstrengung ein Handeln.

Marcuse, Herbert, amerikanischer Philosoph deutscher Herkunft, * Berlin 19. 7. 1898, † Starnberg 29. 7. 1979: Nachdem er sich an der Novemberrevolution von 1918 beteiligt hatte, studierte MARCUSE 1919–23 Philosophie und Nationalökonomie in Berlin und Freiburg im Breisgau. 1923–29 arbeitete er im Verlagswesen. 1929–32 studierte er bei EDMUND HUSSERL und MARTIN HEIDEGGER in Freiburg. 1933 wurde er Mitarbeiter des Frankfurter Instituts für Sozialforschung, mit dem er 1934 in die USA emigrierte. 1942–50 war er in Washington für die US-Regierung tätig; 1951–54 forschte er an der Harvard University über den Sowjetmarxismus. 1954–65 war er Professor für Politikwissenschaft in Waltham, 1965–69 Professor für Sozialphilosophie in San Diego.

MARCUSE gehört zu den Vertretern der ↑kritischen Theorie. Seine Philosophie ist v. a. geprägt von HEGELS Dialektik und KARL MARX' Kapitalismuskritik. In seinen Werken setzte sich MARCUSE mit dem Zusammenhang der progressiven und regressiven Tendenzen in der Zeitgeschichte auseinander. Zurückgreifend auf SIGMUND FREUDS Psychoanalyse untersuchte MARCUSE in »Triebstruktur und Gesellschaft« (1955) die dialektische Wechselbeziehung zwischen der Triebunterdrückung fordernden Gesellschaft und der Selbstentfremdung des Individuums. FREUDS Realitätsprinzip begriff er dabei als Prinzip der Unterdrückung des individuellen Lustprinzips zur Aufrechterhaltung des kapitalistischen Leistungssystems. Entgegen FREUD hielt MARCUSE die gleichzeitige Verwirklichung von gesellschaftlicher Freiheit und individuellem Glück aufgrund der fortgeschrittenen technischen Naturbeherrschung erstmals in der Menschheitsgeschichte für möglich. An THEODOR W. ADORNOS und MAX HORKHEIMERS Gesellschaftskritik anknüpfend, befasste sich MARCUSE in »Der eindimensionale Mensch« (1964) mit der destruktiven Instrumentalisierung der Vernunft, d. h. dem neuzeitlichen Umschlag aufklärerischen Denkens in technokratische Zweckrationalität. Ihr setzte er die Idee einer Versöhnung von Vernunft und Sinnlichkeit, von Freiheit und Glück entgegen. Da die Industriegesellschaften das Verlangen nach Selbstbestimmung des Menschen unterdrücken, indem sie ihn zum Konsum verführen und ihn über seine echten Bedürfnisse hinwegtäuschen, lehnte MARCUSE sie entschieden ab. Mit seiner Kritik der spätkapitalistischen Wohlstandsgesellschaft lieferte MARCUSE eine theoretische Basis der Studentenbewegung der 1960er-Jahre.

Marx, Karl, deutscher Philosoph und Nationalökonom, * Trier 5. 5. 1818, † London 14. 3. 1883: MARX studierte ab 1835 Rechtswissenschaften und Philosophie in Bonn und Berlin; 1841 promovierte er in Jena mit einer Arbeit über antike Naturphilosophie. In Paris lernte er 1843 neben Lehren und Vertretern des französischen Sozialismus FRIEDRICH ENGELS kennen, mit dem er lebenslang eng befreundet war und zusammenarbeitete. Aus Frankreich ausgewiesen, ging MARX 1845 nach Brüssel. Gemeinsam mit ENGELS trat er 1947 in den »Bund der Kommunisten« ein und verfasste das »Manifest der Kommunistischen Partei« (1848). Wegen seiner politischen Aktivitäten wurde er 1848 verhaftet und ausgewiesen. Nach Deutschland zurückgekehrt, wurde er 1849 als Ruhestörer von der preußischen Regierung ausgewiesen. Den Rest seines Lebens verbrachte er im Exil in London.

MARX entwickelte seine Philosophie zunächst v. a. in Auseinandersetzung mit der Philosophie HEGELS. Während er deren Methode der ↑Dialektik übernahm, wies er deren Position des Idealismus mit ihrem Vorrang des Bewusstseins zurück. Dieser ↑»Ideologie« setzte MARX einen ↑Materialismus entgegen und eine Philosophie, die sich nicht mit Interpretationen der Welt begnügt, sondern deren Revolutionierung beschreibt.

Die Einsicht, dass das gesellschaftliche Sein das Bewusstsein bestimmt (später zum Schema von ↑Basis und Überbau verkürzt), steht im Zentrum seiner kritischen Gesellschaftstheorie. In den »Ökonomisch-philosophischen Manuskripten« (1844) und der mit ENGELS verfassten Schrift »Die deutsche Ideologie« (1845) bestimmte MARX den Menschen als das Resultat seiner eigenen Arbeit und damit die gesellschaftlichen Verhältnisse als von den Menschen selbst geschaffen. Unter den Bedingungen des Privateigentums jedoch entfremde sich der Mensch von sich selbst als »tätigem Gattungswesen«. In den 1850er-Jahren begann MARX mit einer kritischen Darstellung der kapitalistischen Arbeits- und Lebensverhältnisse. Langjährige Studien der politischen Ökonomie und eine nochmalige Beschäftigung mit der hegelschen Dialektik ermöglichten es ihm, mittels der Kategorien Ware, Geld, Wert, Kapital erstmals die eigentliche Bewegung der ↑bürgerlichen Gesellschaft zu erfassen und im Denken zu rekonstruieren. Das System der bürgerlichen Ökonomie behandelte er zunächst in der Schrift »Zur Kritik der politischen Ökonomie« (1859), die er später zum »Kapital« (Bd. 1 1867) umarbeitete. Der philosophische, erkenntniskritische Gehalt des »Kapitals« wurde in der Folge oft dadurch verfehlt, dass es zur »Bibel der Arbeiterbewegung« erhoben wurde. Aus MARX' Kritik der

Marx: Der deutsche Philosoph und Nationalökonom Karl Marx

politischen Ökonomie wurde die Wissenschaft des Sozialismus und damit der ↑Marxismus-Leninismus selbst zur Ideologie.

Marxismus-Leninismus: Bereits die von FRIEDRICH ENGELS 1878 als »Anti-Dühring« vorgelegte Zusammenfassung der von KARL MARX und ihm vertretenen »dialektischen Methode und kommunistischen Weltanschauung« enthält in der Einschätzung der ↑Dialektik als objektives Bewegungsgesetz von Natur und Geschichte eine Dogmatisierung der marxschen Lehre. KARL KAUTSKY verstärkt diese Tendenz zur Ausbildung eines orthodoxen Marxismus in der deutschen sozialistischen Arbeiterbewegung und der II. Sozialistischen Internationale, indem er im Vertrauen auf den mit quasinaturgesetzlicher Notwendigkeit eintreten sollenden Zusammenbruch der kapitalistischen Wirtschafts- und Gesellschaftsordnung bereit ist, auf revolutionäre Praxis in der Arbeiterbewegung zu verzichten.

Als Reaktion auf die offensichtliche Anpassungsfähigkeit des Kapitalismus entsteht um 1900 eine von der orthodoxen Position bekämpfte Gegenposition, die auf der Notwendigkeit revolutionärer Praxis beharrt. EDUARD BERNSTEIN versucht unter Verzicht auf die Theorie einer gesetzesnotwendigen Geschichtsbewegung den ↑Sozialismus ethisch zu begründen. Die Erfahrung der ersten russischen Revolution (1905) und der Erfolglosigkeit der orthodoxen Sozialdemokratie im politischen Tageskampf führt zur Erstarkung ihres radikalen linken Flügels unter dem maßgeblichen Einfluss von ROSA LUXEMBURG und KARL LIEBKNECHT. In diesem Kreis entstehen nach dem Ersten Weltkrieg theoretische Analysen zum Kapitalismus im Zeitalter des Imperialismus, in denen Grundtheoreme der marx-engelsschen Lehren hinsichtlich ihrer Erklärungskraft angesichts veränderter Formen des modernen Kapitalismus kritisch überprüft werden.

Nach der russischen Oktoberrevolution (1917) führt der Sieg der Bolschewiki über die »revisionistischen« Menschewiki unter dem Einfluss WLADIMIR ILJITSCH LENINS zur Ausbildung des Sowjetmarxismus. JOSEF STALIN unternimmt ab 1924 die systematische Zusammenfassung und autoritäre Durchsetzung der Lehren von MARX, ENGELS und LENIN, für die die Kommunistische Partei der Sowjetunion unter der Bezeichnung »Marxismus-Leninismus« universelle Gültigkeit als wissenschaftlicher Sozialismus und als verbindliche Weltanschauung des Proletariats reklamiert.

Seit den 1920er-Jahren entwickeln sich aus der Kritik am Dogmatismus der orthodoxen Sozialdemokratie und der Sowjetideologie unterschiedliche, unter der Bezeichnung **»Neomarxismus«** zusammengefasste Lehren, denen v.a. die Orientierung an den marxschen Frühschriften und am Problem der gesellschaftlich bedingten ↑Entfremdung der Menschen sowie die Kritik am objektivistischen Dialektikverständnis des dialektischen und am quasimetaphysischen Geschichtsverständnis des historischen Materialismus gemeinsam ist. In die Reihe der Neomarxisten gehören u.a. in Deutschland GYÖRGY LUKÁCS, KARL KORSCH, ERNST BLOCH, in Frankreich JEAN-PAUL SARTRE und HENRI LEFÈBVRE.

Besondere Bedeutung erlangte im deutschen Sprachraum nach dem Zweiten Weltkrieg die ↑kritische Theorie der Frankfurter Schule (MAX HORKHEIMER, THEODOR W. ADORNO), deren Mitglied HERBERT MARCUSE v.a. maßgeblichen Einfluss auf die Theoretiker der »Neuen Linken« und der Studentenrevolte (1968/69) ausübte. Insgesamt war allerdings der offizielle Marxismus-Leninismus nicht in der Lage, sich mit diesen Kritiken auseinanderzusetzen, sondern reagierte darauf mit administrativer Unterdrückung oder Ausgrenzung. Mit dem Zusammenbruch der sozialistischen Staaten ab

Ende der 1980er-Jahre verschwand auch der Marxismus-Leninismus als deren offizielle Ideologie.

Maß: in der antiken wie in der christlichen Ethik ein zentraler Ordnungsbegriff, der ein ausgewogenes, situationsgemäßes Handeln fordert, das mit tugendhaftem Verhalten gleichzusetzen ist. PLATON gewinnt die Kategorie des Maßes aus seiner Interpretation des ↑Kosmos, des wohlstrukturierten, in seinen Wirkkräften harmonisch ausgewogenen Gefüges der Welt.

Materialismus: siehe Topthema Seite 267.

Materialursache: ↑Causa, ↑Form/Materie.

Mate̱rie [lat. »Stoff«, »Ursache«]: Das lateinische Wort »materia« hat zunächst die Bedeutung von »Nutzholz« und im erweiterten Sinne »Material, aus dem etwas gestaltet werden kann«. CICERO verwendet den Ausdruck zur Übersetzung des griechischen »hýlē«, das dieselbe Bedeutung hat. Bei ARISTOTELES steht »hýlē« in einem Gegensatzverhältnis zu »eĩdos« (»Gestalt«): Es ist hier das noch Ungestaltete, das gegenüber seinen jeweiligen Gestaltungen unveränderlich bleibt und bezüglich des Vergehens und Entstehens indifferent ist. »Hýlē« ist damit das zeitlos-ewig Seiende.

Das Verhältnis zwischen ungeformtem (Grund-)Stoff und seinen jeweiligen Gestaltungen, insbesondere die Frage, wie denn beides ineinander übergeht, ist Gegenstand von frühen Elementelehren (↑Naturphilosophie). Wenn Gestalten bzw. einzelne Körper als Kombination oder Mischung von Elementen (z. B. Feuer, Wasser, Erde, Luft) gedeutet werden, stellt sich die Frage, ob die dazu nötigen Veränderungen bzw. Bewegungen dem Urstoff eigentümlich sind oder ob sie als zusätzlich gedacht werden müssen. So gehören bei EMPEDOKLES »Liebe« und »Hass« als attraktive und repulsive Momente durchaus in die Materie, er wehrt die Vorstellung von »Leere« im Sinne von Nichtseiendem (↑Nichts) ab. Der ↑Atomismus dagegen schreibt den Atomen Bewegungsfreiheit in der zwischen ihnen liegenden Leere (»mē ón« [»Nichtseiendes«]) zu. Komplexere Gestalten entstehen durch Aneinanderlagerung von Atomen.

Das Problem, gegenüber der Vielfalt materieller Erscheinungsformen eine »einfache« Grundform von materiellem Substrat zu hypothetisieren, ist ein Grundzug aller Theorien der Materie bis in die Physik unseres Jahrhunderts. Nachdem zunächst atomistische Vorstellungen eine Renaissance erfahren hatten und somit der Materie allgemein eine »körnige« Struktur zugeschrieben wurde, die sich zusammen mit dem Begriff des Schwerpunkts zum Begriff von mathematisch fassbaren »Punktmassen« abstrahieren ließ, die über »Kräfte« raumübergreifend miteinander wechselwirken, glaubte man zunächst, mit der klassischen Physik ISAAC NEWTONS und JAMES CLERC MAXWELLS (gravitative und elektromagnetische Wechselwirkung) eine abgeschlossene Theorie der Materie gefunden zu haben. Aber schon mit dem faradayschen Begriff des Feldes, mit dem die Wirkung von Körpern (als den »Quellen« von Feldern) aufeinander als wellenförmig sich ausbreitende »Feldstörungen« interpretiert werden konnten, wurde im Grunde bereits die reine Punktmechanik verlassen. Die Frage nach dem Medium, in dem sich das Licht (als Form elektromagnetischer Wellen erkannt) ausbreitet, führte schließlich zur (speziellen) ↑Relativitätstheorie, mit der eine völlige Neuordnung der Begriffe Raum, Zeit, Materie, Energie (Materie als Menge lokaler Massenenergie) verbunden war. Gravitation wird jetzt als eine Veränderung der Geometrie des Raumzeit-Kontinuums begriffen (allgemeine Relativitätstheorie), lokale Massen – die eigentlichen Entitäten von Materie – sind in (Strahlungs-)Energie umwandelbar und umgekehrt. Der Energieerhaltungssatz, der auch für die klassische Mechanik grundlegend war, gilt jetzt für Masse und Energie gemeinsam.

Die Entwicklung der ↑Quantentheorie war begleitet von der Entdeckung, dass Teilchen-Mannigfaltigkeiten sich in ihrem Wechselwirkungsverhalten auch als Wellen interpretieren lassen (Welle-Teilchen-Dualismus). Dies gab Veranlassung, von der Vorstellung einer Materie in Form von stabilen Teilchen abzugehen: Raum, Zeit, Energie und lokalisierbare Massen stehen in einem ontologischen Zusammenhang, der es nur noch erlaubt, den *ganzen* Komplex »Materie« zu nennen.

Die Bemühungen der theoretischen Physik gingen im Wesentlichen darauf, eine Ordnung in dieser Vielfalt zu entdecken, und dies bedeutete ein Forschungsprogramm, das die Teilchen und deren Wechselwirkungen als Varianten bzw. Kompositionen einer noch elementareren Materiestruktur deuten konnte. Dies führte zur Entdeckung der »Quarks«, die in Zweier- und Dreiergruppen die Elementarteilchen »aufbauen« (mit Ausnahme der »Leptonen«, d.h. Elektronen-verwandten, die eine eigene Klasse von Teilchen bilden). Insgesamt ergibt sich damit ein Bild von der Struktur der Materie, das die Vorstellung von eindeutigen lokalen Elementen und deren Komposition zu komplexeren Strukturen nicht mehr zulässt. Materie wird wesentlich über den Begriff der Wechselwirkung bestimmt, der den Begriff einer Materie als unveränderlichen und unvergänglichen »Urstoff« ersetzt hat.

Mathesis universalis [griech.; lat.]: ↑Rationalismus.

Maxime [zu lat. maxima (propositio bzw. regula) »oberster Grundsatz«, »oberste Regel«]: in der Antike gebräuchlich im Sinne von ↑Axiom; dann bereits im Mittelalter in der neuen, noch heute üblichen Bedeutung als Lebensregel. Vor allem KANT verwendet in seinen ethischen Überlegungen den Begriff Maxime im Sinne eines individuellen, subjektiven Handlungsgrundsatzes. Eine Maxime ist eine moralische Regel, die jemand (nur) für sich selbst aufgestellt hat; z.B.: »*Ich* sollte *meine* Versprechen halten!« Allgemeine Handlungsgrundsätze, die jeder als verbindlich akzeptieren sollte, heißen bei KANT ↑Imperativ.

Mechanismus **(Mechanizismus)** [zu griech. mēchanḗ »Werkzeug«]: Richtung der Naturphilosophie und frühen neuzeitlichen Naturwissenschaft, die sich in ihren Extremformen nicht nur auf anorganische bzw. physische Naturphänomene bezieht, sondern die Phänomene des Lebens mit einschließt (mechanisches Weltbild). In der Neuzeit entwickelte DESCARTES richtungweisend einen metaphysischen Mechanismus: Er bestimmte die Materie als »res extensa«, als Ausdehnung (↑Res cogitans/Res extensa), und sah die auf Materie und Bewegung zurückzuführenden Prozesse der Natur einer streng mechanischen Notwendigkeit unterworfen. ISAAC NEWTON erhob den Mechanismus zum universalen System. Gegen den Mechanismus des naturwissenschaftlichen Materialismus des 19. Jh. war der ↑Vitalismus gerichtet.

Medien, Im weitesten Sinne sind Medien Kommunikationsmittel oder Vermittlungsträger von Informationen. Der Begriff »Medium« im Sinne eines »Mittleren«, »Vermittelnden« wurde im 17. Jh. geprägt, Popularität erlangte er im 19. Jh. durch okkultistische Seancen, in denen Geister durch ein »Medium« sprachen; erst dann sprang er auf die rasant expandierenden Massenzeitungen über.

Die Gründe für diese Begriffsverschiebung lagen in der Pressegeschichte selbst. Die Leser des späten 18. und frühen 19. Jhs. entstammten dem kleinen Kreis des privilegierten Bürgertums. Dies änderte sich mit den politischen, wirtschaftlichen und sozialen Umbrüchen des 19. Jh. Zu dessen Beginn

▶ *Fortsetzung auf Seite 271*

Materialismus

Der Begriff »Materialismus« dient seit der ersten Hälfte des 18. Jh. zur Bezeichnung einer philosophischen Richtung, die die ↑Materie als Urgrund der Wirklichkeit betrachtet und nicht den ↑Geist, wie der ihr entgegenstehende ↑Idealismus. Die Frage, ob dem Geist oder der Materie der Vorrang zukomme, setzt den ↑Dualismus von Geist und Materie voraus, der in die neuzeitliche Philosophie v. a. von DESCARTES eingeführt wurde.

Begriff und Bedeutung

Die verschiedenen materialistischen Positionen gehen i. d. R. von folgenden kennzeichnenden Grundthesen aus:

1. Die Materie existiert objektiv in Raum und Zeit und ist die einzige ↑Substanz;

2. Das Bewusstsein besteht selbst aus Materie; diese These richtet sich gegen die Dualismen Geist – Materie und Leib – Seele.

3. Die Welt ist grundsätzlich für den Menschen vollständig und objektiv erkennbar (↑Abbildtheorie).

Ebenfalls gemeinsam sind den meisten Strömungen im Materialismus einige methodologische Forderungen:

- Objektive Überprüfbarkeit als Kriterium des Wissens: Als Wissen darf nur gelten, was prinzipiell von jedermann unter angegebenen Bedingungen überprüft werden kann.
- Natürliche Erklärung der Welt: Alle Erklärungen müssen auf die Materie und ihre Bewegungsgesetze bezogen sein. Erklärungen metaphysischer oder theologischer Art, die sich auf übersinnliche oder jenseitige Ursachen berufen, werden als nicht überprüfbar abgelehnt.
- Einheitlichkeit aller Erklärungen: Verschiedenartige Phänomene sollen auf gleichartige Elemente oder Prozesse zurückgeführt werden (↑Reduktion).
- Verbindung von Theorie und Praxis: Die Theorie hat sich in der Praxis zu bewähren und zur Verbesserung der Lebensverhältnisse beizutragen.

Vorgeschichte des Materialismus

Die Geschichte des Materialismus begann mit der frühen ↑ionischen Philosophie, die die Natur auf einen Urstoff zurückzuführen versuchte. Großen Einfluss

Der französische Philosoph und Schriftsteller Denis Diderot entwickelte eine materialistische Naturphilosophie, in der er alle Formen des Lebens aus einer einzigen materiellen, aber sensiblen Substanz ableitete.

übte vor allem der antike ↑Atomismus DEMOKRITS aus. Die ethisch-praktische Naturphilosophie EPIKURS und LUKREZ' wollte mittels der Erklärung des Naturgeschehens aus der Bewegung der Atome den Menschen ein angstloses Dasein in einer zwar nicht beherrschbaren, aber durchschaubaren Welt ermöglichen und ihnen die Furcht vor Tod und Göttern nehmen.

In England übernahm FRANCIS BACON, in Frankreich PIERRE GASSENDI die atomistische Theorie. Verbunden mit dem mechanistischen Weltbild und der Forderung nach systematischer ↑Beobachtung wurde sie zum Paradigma der Theoriebildung für die neuen Naturwissenschaften. So legte THOMAS HOBBES die atomistische Theorie nicht nur seiner Physik, sondern auch seiner Anthropologie und Staatsphilosophie zugrunde. Die Erfolge der neuzeitlichen Physik (v. a. durch GALILEO GALILEI, ISAAC NEWTON) wurden als die Bestätigung des mechanistischen Weltbildes gewertet. Die schon in der antiken Naturphilosophie angelegte Religionskritik trat mit zunehmender Glaubensunsicherheit schärfer hervor und führte zur Polarisierung im Verhältnis zur dogmatischen Theologie und Moralphilosophie.

Naturalistischer und atheistischer Materialismus

Bereits DESCARTES hatte den tierischen wie menschlichen ↑Organismus als Maschine betrachtet, ihm aber den Geist als immaterielle Substanz entgegengesetzt. Die französischen Materialisten des 18. Jh. überwanden diesen Dualismus, indem sie auch den menschlichen Geist auf körperliche Zustände zurückführten. JULIEN OFFRAY DE LA METTRIE, der mit seinem Buch »Der Mensch eine Maschine« (1748) Aufsehen erregte, sah den Organismus als selbststeuerndes System voneinander abhängiger Teilsysteme. Das Bewusstsein erklärte er mithilfe der organischen Kausalkette von den Sinnesorganen über das Zentralnervensystem bis zum Gehirn. Willensfreiheit hielt er für eine Illusion, den Unterschied zwischen Mensch und Tier für gering. Beeinflusst von LA METTRIE entwickelte DENIS DIDEROT eine materialistische Naturphilosophie, in der er alle Formen des Lebens aus einer einzigen materiellen, aber sensiblen Substanz ableitete und das Bewusstsein auf empfindende Atome zurückführte. PAUL HENRY THIRY D'HOLBACH vertrat in seinem Hauptwerk »System der Natur« (1770) in systematischer Weise die für den französischen Materialismus charakteristischen Positionen des ↑Sensualismus, ↑Naturalismus, ↑Determinismus und ↑Atheismus. In der praktischen Philosophie versuchten D'HOLBACH und CLAUDE ADRIEN HELVÉTIUS auf der Grundlage eines sozialverträglichen Egoismus eine materialistische Ethik zu entwickeln, die das utilitaristische Ziel vorwegnahm, das individuelle Glück aller zu befördern. Dazu bedurfte es der Zerstörung des religiösen Bewusstseins durch eine Erziehung zum Atheismus. Die französischen Materialisten wurden v. a. von Staat und Kirche bekämpft und ihre Bücher verbrannt.

Die Religionskritik wurde in der nachidealistischen Philosophie v. a. von LUDWIG FEUERBACH fortgeführt, an den KARL MARX und FRIEDRICH ENGELS anschlossen.

Historischer und dialektischer Materialismus

MARX forderte, in der Geschichte nicht, wie v. a. HEGEL, die Entwicklung eines (»idealisierten«) »Geistes« zu sehen, sondern die Handlungen »wirklicher« Menschen, die zur Befriedigung ihrer Bedürfnisse arbeiten und durch die gesellschaftliche Organisation ihre Arbeit ihre eigenen Lebensverhältnisse schaffen. Diese spiegeln sich im »gesellschaftlichen Bewusstsein« wider: »Nicht das Bewusstsein bestimmt das Leben, sondern das Leben bestimmt das Bewusstsein.« Nach MARX bedeutet die Forderung, »alle Verhältnisse umzuwerfen, in denen der Mensch ein erniedrigtes, ein geknechtetes Wesen ist«, zunächst, die Menschen über die blinden gesellschaftlichen Mechanismen aufzuklären, die ihren ↑Produktionsverhältnissen entspringen. Letztere untersuchte er in seinen Schriften zur »Kritik der politischen Ökonomie« (1859, ausgearbeitet zum »Kapital«, 1867–94). Die »Bewegungsgesetze« der Gesellschaft betrachtete MARX gleichsam als »Naturgesetze«. Vorangetrieben wird die Entwicklung durch den »Widerspruch« zwischen den Produktivkräften und den Produktionsverhältnissen, die in den Klassengesellschaften zum ↑Antagonismus der ↑Klassen führt, im Kapitalismus v. a. zur Akkumulation des Kapitals und zur Verelendung des Proletariats.

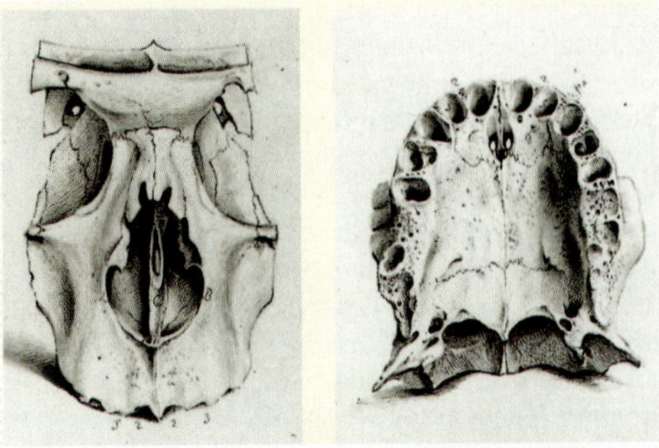

Johann Wolfgang von Goethes Entdeckung des menschlichen Zwischenkieferknochens (Zeichnungen von Johann Christian Wilhelm Waitz) war eine epochale Leistung für die materialistische Abstammungslehre. Der Mensch war damit biologisch zu den Säugetieren gestellt und verlor seine Sonderstellung.

ENGELS übertrug die von MARX zur Rekonstruktion sozioökonomischer Prozesse verwendete Methode der ↑Dialektik auf alle Natur- und Denkvorgänge, und begründete damit den dialektischen Materialismus, der zusammen mit dem historischen Materialismus in der Weiterführung von WLADIMIR ILJITSCH LENIN ein Hauptlehrstück des ↑Marxismus-Leninismus wurde. Dem dialektischen Materialismus liegen folgende Grundthesen zugrunde: Die Wirklichkeit insgesamt besteht aus Materie, auch das menschliche Bewusstsein als deren »höchstes Produkt« (LENIN); sie spiegelt sich im Bewusstsein des Menschen wider (↑Widerspiegelungstheorie) und ist vollständig erkennbar. Zur vollständigen Erkenntnis bedarf es der dialektischen Methode: Die Wirklichkeit kann nur in ihrem Gesamtzusammenhang (↑Totalität) erkannt werden; sie ist als ständige Bewegung zu verstehen, d. h. als Übergang von quantitativen zu qualitativen Veränderungen, die sich im Kampf der Gegensätze bilden, wobei in der ↑Negation der Negation das Überwundene im Neuen auf höherer Ebene enthalten bleibt.

Bewusstseinsanalytischer Materialismus

Nachdem sich im Laufe des 19. Jh. die empirischen Naturwissenschaften mit ihrem mechanistisch-materialistischen Weltbild durchgesetzt hatten, blieb für den philosophischen Materialismus v. a. das ↑Leib-Seele-Problem zu lösen, d. h. die Frage, wie Bewusstseinsphänomene auf Gehirnprozesse zurückgeführt werden können. Gegenüber den dualistischen Lösungsversuchen wie z. B. dem kartesianischen Interaktionismus, der eine Wechselwirkung zwischen den getrennten Substanzen Geist und Körper annimmt, oder den schwächeren monistischen Ansätzen des Idealismus, nach denen zumindest die Erkenntnis der Materie durch den Verstand konstituiert wird, muss der konsequente Materialismus Bewusstseinsphänomene als rein physische Ereignisse oder jedenfalls als deren kausale Wirkungen betrachten. Letzteres ist die Position des Epiphänomenalismus, der Bewusstseinsphänomene zu Begleiterscheinungen der Gehirnprozesse erklärt. Allerdings bleibt dabei der ontologische Status der Bewusstseinsphänomene ungeklärt. Auch die Position des Parallelismus, der eine Korrelation zwischen Bewusstseinsphänomenen und Gehirnprozessen annimmt, kann nicht erklären, wie beide miteinander verknüpft sind. Daher behauptet die Identitätstheorie, Bewusstseinsphänomene seien im Grunde nichts anderes als Gehirnprozesse, nur in ihrer Erscheinungsweise verschieden.

TIPP

Kann ein purer Materialismus eine Ethik entwickeln oder die Forderung erheben, die das Bewusstsein bestimmenden Verhältnisse zu verändern?

WWW

www.mlwerke.de Originalschriften von Karl Marx & Co.

philolex.de/marx.htm#hima Begriffsdefinitionen mit Querverweisen zum Thema Materialismus

LITERATUR

HABERMAS, JÜRGEN: Zur Rekonstruktion des historischen Materialismus. Frankfurt am Main (Suhrkamp) 1976.

LANGE, FRIEDRICH ALBERT: Geschichte des Materialismus und Kritik seiner Bedeutung in der Gegenwart, 2 Bände. Frankfurt am Main (Suhrkamp) 1974.

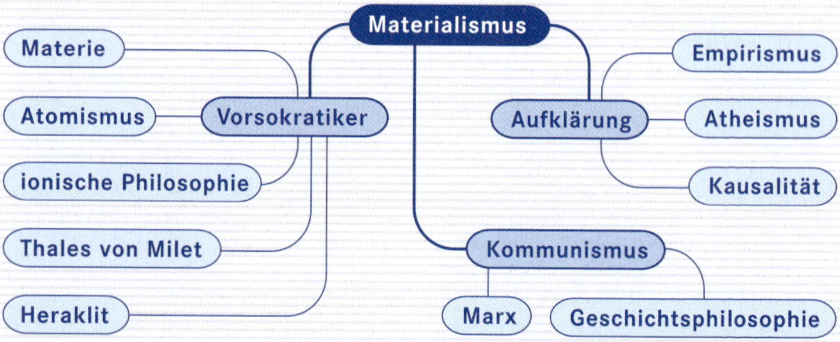

◀ *Fortsetzung von Seite 266* hatten Zeitungen Auflagen von einigen hundert, an seinem Ende von über 100 000 Exemplaren. Als Massenblätter erhoben sie nun den Anspruch, im Namen ihrer Leser zu sprechen. Sie »erfanden« die »öffentliche Meinung« und definierten sich damit als »Medien«.
Print- und elektronische Medien haben seitdem eine wichtige Thematisierungsfunktion. Die Kommunikationstheorie nennt diese »Agenda-setting«, was bedeutet, dass Massenmedien wesentlich die Aufmerksamkeit, das öffentliche Wissen und Problembewusstsein gegenüber gesellschaftlich relevanten Ereignissen steuern. Die manipulativen Gefahren dieser Definitionsmacht wurden schon früh thematisiert. Nach BENJAMIN hat die von den modernen Medien generierte »öffentliche Meinung« die zentrale Funktion, den Rezipienten eigene Urteile auszutreiben, ihnen die »Haltung des Unverantwortlichen« zu suggerieren; HABERMAS spricht im verwandten Sinne von »Integrationskultur«.
Einer der ersten und bedeutendsten Kritiker der elektronischen Medien war der Kanadier MARSHALL MCLUHAN. Sein viel zitierter Satz »Das Medium ist die Botschaft« meint, dass die je neuen medialen Techniken das Bewusstsein viel stärker prägen als die »Inhalte«. Starken Einfluss auf die Medientheorie hatten in jüngster Zeit auch die Arbeiten des französischen Kulturkritikers JEAN BAUDRILLARD.

Medien

Rede ohne Antwort

In seinem »Requiem für die Medien« von 1978 unterstreicht Jean Baudrillard, einer der bedeutendsten Vertreter des postmodernen Denkens, die Bedeutung des Satzes »Das Medium ist die Botschaft«. Zugleich aber wirft er Marshall McLuhan, dem Autor dieses Satzes, vor, »total blind« zu sein gegenüber dem gesellschaftlichen Kontext, in dem sich die Medien bewegen. In seinen eigenen Überlegungen zur Struktur und Funktion der Medien, in denen die Begriffe »Simulation« (Vortäuschung) und »Simulakrum« (Trugbild) eine zentrale Rolle spielen, kommt Baudrillard zu dem Schluss, dass die Bilder, die von den Medien generiert werden, heute wirklicher sind als die Wirklichkeit selbst. Die »Hyperrealität« der »Simulakren« zeichnet sich dadurch aus, dass die Unterscheidung zwischen Realität und Imagination, Original und Kopie unmöglich wird.
Aus diesen Prämissen folgert Baudrillard, dass der Versuch, die Medien in einem kritischen oder aufklärerischen Sinne zu verwenden, naiv und aussichtslos sei. Ihre strukturelle Macht läge darin, dass sie senden, ohne je zu empfangen: »Die Medien sind dasjenige, welches die Antwort für immer untersagt (...) Darin liegt ihre wirkliche Abstraktheit. Und in dieser Abstraktheit gründet das System der sozialen Kontrolle und Macht«.

Meditation [zu lat. meditari »überdenken«, »sich vorbereiten«, »einüben«]: Bezeichnung für die im griechisch-christlichen Raum entwickelten Formen des sinnenden Verweilens und Sichversenkens in Gegenstände der Natur, der Kunst, der Metaphysik und der Religion sowie für die im hinduistisch-buddhistischen Kulturkreis methodisch unternommenen Bemühungen, die durch die Sinne vermittelte Welt und das Verhaftetsein an sie zu überwinden. Während die religiöse Meditation des Westens eher zu einer gegenständlichen Schau führt (↑Kontemplation), strebt der östliche Weg von vornherein eine ungegenständliche Versenkung an, die in der ich- und gegenstandslosen Erleuchtung gipfelt. Doch führt auch der westliche Weg z. B. der ↑Mystik zu einer

m

Aufhebung der Schranken zwischen Ich und Anderem, ohne allerdings das Selbstsein der miteinander vereinigten Momente zu vernichten. Vor allem in Indien und Japan wurden Methoden der Meditation entwickelt, die körperlichen Haltungen und Vollzügen (z. B. dem Atmen) maßgebende Bedeutung für das Erreichen der Erleuchtung beimessen (z. B. Yoga und Zen).

mehrstellig: ↑einstellig/mehrstellig.

mehrwertige Logiken: zusammenfassende Bezeichnung für alle Systeme der Logik, in denen das ↑Bivalenzprinzip nicht vorausgesetzt wird. Damit gilt auch der Satz vom ausgeschlossenen Dritten (↑Tertium non datur) nicht mehr uneingeschränkt.

meinen: Modus des Für-wahr-Haltens, der weder mit vollständiger subjektiver Überzeugtheit noch mit objektiver, z. B. methodischer Begründung einhergeht. Eine Meinung ist deshalb nicht streng begründet, sondern nur mehr oder weniger plausibel. In der antiken Philosophie spielte die Gegenüberstellung von bloßer Meinung (griech. »dóxa«) und Wissen (griech. »epistḗmē«) als »wahrer, mit Begründung versehener Meinung« (PLATON) eine wichtige Rolle. Nach PLATON ist die Meinung lediglich eine unvollkommene Vorstufe des Wissens bezüglich des praktischen Handelns, aber als Orientierungshilfe unerlässlich. – auch ↑glauben/meinen/wissen.

Menge: ↑Klasse (Logik).

Mensch: das geistig höchststehende Lebewesen auf der Erde. Die biologische Systematik und Evolutionstheorie bestimmen den Menschen (Homo sapiens sapiens) als eine Unterart der Art Homo sapiens und als einziges noch lebendes Mitglied der Gattung Homo. Die Fachwissenschaft, die sich speziell mit dem Menschen befasst, ist die biologische Anthropologie. Relativ jungen Datums ist die philosophische Behandlung der Frage nach dem Menschen in der philosophischen ↑Anthropologie, die über eine grundlegend-umfassende, methodisch-reflektierte und praktisch-relevante Erkenntnis vom Menschen auf den Menschen »im Ganzen« abzielt.

Die Notwendigkeit, philosophisch nach dem Menschen zu fragen, ergibt sich aus dem praktischen Interesse des Menschen an Selbstverständigung, an Selbstbestimmung und Selbstverwirklichung. Dabei ist die Heraushebung der Vernunftfähigkeit als besonderes Merkmal des Menschen eine der ältesten Formeln: Der Mensch ist das ↑Zoon logon echon (ARISTOTELES), das Lebewesen, das Sprache, Vernunft, Bewusstsein, Geist hat; er ist das ↑Animal rationale, das vernunftbegabte Lebewesen. Welcher Begriff vom Menschen sich jeweils hinter der Animal-rationale-Formel verbirgt, hängt vom zugrunde liegenden Vernunftbegriff ab. PLATON stellt dem menschlichen Geist den Körper als wesensfremdes Element gegenüber und macht dadurch den Menschen zu einem »Doppelwesen«, teils göttlicher, teils tierischer Natur. Diese Deutung erfuhr durch DESCARTES' Zwei-Substanzen-Lehre (↑Res cogitans/Res extensa) eine neue Blüte und prägt den Begriff des Menschen von der Antike bis zur Gegenwart. Ein Folgeproblem der Lehre von der Doppelnatur des Menschen ist das ↑Leib-Seele-Problem.

Menschenrechte: vor- und überstaatliche Rechte, die der Staat nicht nach Maßgabe seiner Verfassung verleiht, sondern die vorkonstitutionell gelten und allenfalls deklaratorisch anerkannt werden können. Als Menschenrechte werden v. a. die politischen Freiheitsrechte oder Grundfreiheiten begriffen (Recht auf Gleichheit, Unversehrtheit, Eigentum, Meinungs- und Glaubensfreiheit, Widerstand gegen Unterdrückung). Menschenrechte sind Grundrechte, die allen sich im Staatsgebiet aufhaltenden Menschen zustehen im Unterschied zu den sog. Bürgerrechten. Ideen vor- bzw. überstaatlicher Grundrechte gab es schon im stoisch-christlichen ↑Naturrecht. Doch erst mit der Ablösung der mittelalterlichen, ständisch-feudalen Ordnung und der Anerkennung des Menschen als Träger individueller natürlicher Rechte wurden die Bedingungen für eine Normierung von Rechten des Einzelnen gegenüber dem Staat geschaffen. Der Grundgedanke der Menschenrechte geht auf JOHN LOCKE zurück. Ihm zufolge sind die Menschen im vorstaatlichen Zustand mit Rechten ausgestattet, die sich aus dem Naturgesetz ergeben, das die Erhaltung der gesamten Menschheit verlangt. Aus diesem Gesetz leitet LOCKE neben dem Recht auf Freiheit das auf Leben und Besitz ab. Eben diese Rechte zu schützen ist die Aufgabe des Staates. Bei Einschränkung dieser Rechte wird dem Bürger ein Widerstandsrecht eingeräumt (↑Gesellschaftsvertrag).

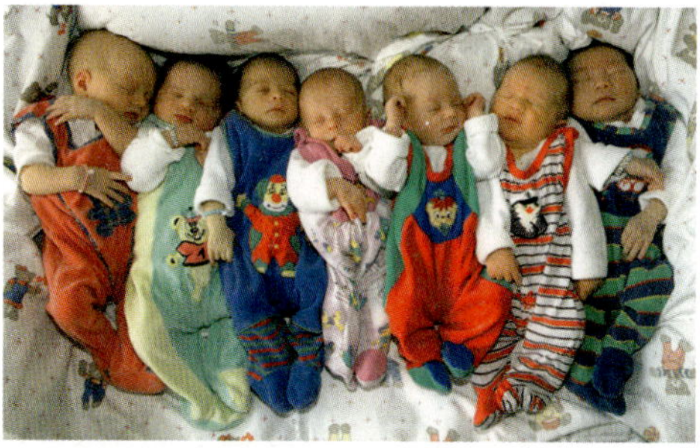

Menschenrechte: Allein aufgrund der Tatsache, dass er ein Mensch ist, stehen jedem Menschen die gegenüber der öffentlichen Gewalt unentziehbaren Menschenrechte zu.

Seit dem 19. Jh. ist eine schrittweise Ausdehnung der Menschenrechte in den sozialen Bereich festzustellen.

Der älteste Menschenrechtskatalog ist die »Virginia bill of rights« von 1776 (Artikel 1). Während dieser Katalog zunächst nur zur Sicherung dessen diente, was nach Meinung der englischen Kolonisten englischer politischer und rechtlicher Ordnung entsprach, benutzte die Französische Revolution 1791 die Deklaration der Menschenrechte als Grundlage für die Forderung einer radikalen Umänderung des Staats.

Seit dem 20. Jh. haben sich Völker durch völkerrechtliche Verträge, z. B. die (europäische) »Konvention zum Schutze der Menschenrechte und Grundfreiheiten« (1950), zur Sicherung der Menschenrechte verpflichtet.

Menschenverstand, gesunder: ↑Common Sense.

Menschenwürde: oberstes Prinzip der Menschenrechte. Nach Artikel 1, Absatz 1 des Grundgesetzes der Bundesrepublik Deutschland ist die ↑Würde des Menschen unantastbar. Die Konkretisierung der Menschenwürde erfolgt in modernen Verfassungsstaaten und im Völkerrecht durch die Definition von unveräußerlichen Grundrechten, die auch durch einzelstaatliche Gesetzgebungen nicht eingeschränkt werden dürfen. Ihre weltweite Durchsetzung wird nicht zuletzt dadurch erschwert, dass hier in gewisser Weise ein Vorrang der Ethik vor dem Recht formuliert wird, der mangels exekutiver Gewalten nicht unmittelbar einklagbar ist.

Menschheit: philosophisch relevanter Begriff, der v. a. in einer Formulierung von KANTS ↑kategorischem Imperativ vorkommt. Was KANT hier als Menschheit anspricht, ist ein Wert, ein Zweck, der nicht mehr Mittel sein soll und kann zu anderen Zwecken, sondern uneingeschränkt als Selbstzweck gilt: das »Menschsein«. Jedes Individuum mit der Eigenschaft »Mensch« hat – ohne Rücksicht auf Standes-, Klassen-, Religions-, Staats- oder Rassenzugehörigkeit – teil an diesem eigentümlichen Wert;

d. h., es ist mit ↑Würde ausgestattet und hat deshalb ein Recht auf entsprechenden Respekt. Unklar bleibt die Frage nach den definierenden Eigenschaften des Menschseins. Meist fallen in diesem Zusammenhang Begriffe wie Fähigkeit zu Vernunft bzw. Denken und Sprechen (↑Mensch).

Menschlichkeit: ↑Humanismus.

Merkmal: allgemein eine zur Identifikation eines (individuellen) Gegenstandes geeignete Markierung wie z. B. die in Ausweispapieren aufgeführten »unveränderlichen Kennzeichen« einer Person; in der Philosophie Bezeichnung für denjenigen »spezifischen Unterschied« (↑Differentia specifica), durch den sich aus einer Gattung (Genus proximum) eine untergeordnete Art (Spezies) gewinnen lässt. So ist z. B. innerhalb der Gattung »Lebewesen« »vernünftig« das spezifische Merkmal, durch das die Art »Mensch« sich abgrenzen lässt gegen andere Unterarten derselben Gattung wie Pflanzen oder Tiere.

Mesọtes [griech. »Mitte«]: von ARISTOTELES eingeführter Terminus der antiken Ethik. In seinen biologischen Schriften legt ARISTOTELES dar, dass die beste und zweckmäßigste Verfassung alles Seienden durch ein ihm je eigenes Ziel bestimmt sei, das in der Entwicklung weder unter- noch überschritten werden dürfe. Demgemäß bedeutet Mesotes die Stellung einer ↑Tugend zwischen einander entgegengesetzten Untugenden, dem Zuviel und dem Zuwenig, das rechte Maß; z. B. erscheint die Tugend »Tapferkeit« als die »Mitte« zwischen der Tollkühnheit und der Feigheit. Dementsprechend erläutert ARISTOTELES die Vorstellung vom »guten Leben« als eine »mittlere Lebensform«.

Mẹtaethik [zu griech. metá »inmitten«, »zwischen«]: in der ↑analytischen Philosophie die philosophische Sprachanalyse ethischer Urteile bzw. Begriffe wie »gut«, »schlecht«, »gerechtfertigt« usw., etwa hinsichtlich der Unterscheidung der moralischen von der außermoralischen Verwendung solcher Begriffe. Im Sinne einer metaethischen Neutralitätsthese wird die Metaethik im Regelfall nicht als Teil der ↑Ethik, sondern als wertneutral, v. a. gegenüber den behandelten ethischen Aussagen, betrachtet.

Metaphysik [zu griech. metà »nach«, »über« und phýsis »Natur«]: Der Sache nach schrieb ARISTOTELES die erste »Metaphysik«, d. h. insgesamt 14 mehr oder weniger eigenständige Bücher allgemeinphilosophischen Charakters, die ihren jetzigen Namen allerdings erst der Aristotelesausgabe des Peripatetikers ANDRONIKOS VON RHODOS verdanken. Dieser ordnete wohl aus didaktischen Gründen diese 14 Bücher »hinter« den 8 Büchern der aristotelischen »Physik« ein, was zu der eher widersprüchlichen Bezeichnung (Signatur) »tà metà tà physiká« (griech. »das, was nach der Physik kommt«) führte, denn ARISTOTELES' Grundintention nach ist die Metaphysik als philosophische Disziplin eine ↑Erste Philosophie und wäre demnach der Physik als der nach ihr »zweiten Philosophie« voranzustellen.

Seitdem verbindet man in der Philosophie mit dem Begriff Metaphysik zweierlei. Einmal sind es diese 14 Bücher selbst, die gleichsam Philosophiegeschichte gemacht haben, da hier zum ersten Mal systematisch versucht wird, die Philosophie auf allgemeingültigen, logischen Prinzipien zu begründen (z. B. ↑Satz vom (verbotenen) Widerspruch, ↑Tertium non datur). In eindeutiger Abgrenzung zur Ideenlehre PLATONS wird damit die Philosophie wesentlich zu einer Lehre von den begrifflichen Strukturen der Wissensbildung einschließlich des Erfahrungswissens. Nach wie vor steht die »Metaphysik« des ARISTOTELES im Mittelpunkt des philosophischen Grundstudiums. Ohne eine Kenntnis ihrer zentralen Kategorien (u. a. ↑Form/Materie, ↑Akt/Potenz, ↑Essentia, ↑Wesen, ↑Sein, ↑Substanz, ↑Wahrheit) scheint auch heute noch eine wirkliche Einsicht in die Fragestellungen der Philosophie kaum möglich.

Daneben hat der Begriff Metaphysik bald schon ein Eigenleben entwickelt, das weit über die anfängliche Bestimmung durch ARISTOTELES hinausgeht. Unter ihrem weitgespannten Dach versammeln sich alle großen Fragestellungen, Systementwürfe usw., die bestrebt sind, den viel zitierten letzten (d.h. ersten) Gründen allen Seins auf die Spur zu kommen. Dabei ist es seit jeher charakteristisch für sie gewesen, dass sie eine Universalität für sich beansprucht, die alle anderen Einzeldisziplinen (etwa Logik, Erkenntnistheorie, Ontologie, Ästhetik) unter sich begreift. In dieser Hinsicht scheint sie oft synonym mit Philosophie selbst zu sein, mit der sie letztlich auch die Geschichte teilt.

Alle Metaphysiken erheben einen Anspruch auf Endgültigkeit. Dabei wird i.d.R. (spekulativ) von einem metaphysischen Grundprinzip ausgegangen (z.B. Gott, Sein, Idee, Ich, Monade, Apriori, Weltgeist, Materie, Widerspruch, Bewegung, Zeit, Wille), von dem aus schrittweise die Wirklichkeit in ihrer Totalität erklärt wird (exemplarisch in der »Enzyklopädie« HEGELS). Im engeren Sinne **metaphysisch** sind alle Aussagen, die sich in der Weise synthetischen Urteilens auf das beziehen, was jede mögliche Erfahrung überschreitet (bei KANT ↑transzendental). Vertreter der modernen, zumal analytischen Philosophie meinen mit »metaphysisch« aber auch polemisch abwertend nicht empirisch bzw. schlicht unwissenschaftlich oder gar fiktiv.

Für ARISTOTELES markiert die Metaphysik den absoluten Anfang aller Philosophie. Hat die Philosophie ihren eigentlichen Anlass im Staunen, dann ist die Metaphysik derjenige Punkt, an dem das Staunen umbricht in eine reine, anfangs völlig zweckfreie »theoretische Einsicht« in das generelle Sein, ferner die Wissenschaft vom Wesen des Seienden wie den ersten Gründen des Seins. Als alleinige Ursache allen Seins ist für ARISTOTELES Gott anzusehen. Die Metaphysik geht also zwangsläufig zusammen mit der natürlichen Theologie.

Bis in die Spätscholastik hinein bleibt für die Metaphysik diese Kombination bestimmend. Die »Königin der Wissenschaften« (THOMAS VON AQUIN), wie sie nun lange Zeit genannt wird, handelt vom Unterschied zwischen dem göttlichen und dem weltlichen Sein (↑Analogia entis). Sie ist einerseits die allgemeine Lehre von den ↑Transzendentalien, andererseits unterteilt sie sich als spezielle Metaphysik in rationale Theologie (Gott als Ursache der Welt), rationale Psychologie (die Seele als einfache Substanz) und rationale Kosmologie (die Welt als natürliches System physischer Substanzen). Vor allem die damaligen ↑Gottesbeweise spiegeln das Grundproblem der gesamten Metaphysik (bis KANT) wider: Wie ist es der menschlichen Rationalität möglich, dass sie Anteil hat an den ewigen und absoluten, göttlichen Wahrheiten?

Mit Beginn der Neuzeit setzt eine Aushöhlung der traditionellen ontologisch-theologischen Metaphysik ein. Man wirft ihr »Dogmatismus« vor, und sie wird als ein »philosophisches Lexikon dunkler Kunstwörter, das nicht den geringsten Nutzen schafft« (JOHANN GEORG WALCH), diffamiert. Im steigenden Maß wird nun der Mensch selbst zum alleinigen Maßstab der Philosophie. Eng zusammengehend mit der Erkenntnistheorie, sucht sie sich neue Vorbilder (etwa LEIBNIZ' »Mathesis universalis«). KANTS ↑Transzendentalphilosophie bedeutet dann für die Metaphysik die ↑kopernikanische Wende. Seine Einstellung gegenüber der Metaphysik, die nur noch eine Worthülse ist, scheint dabei paradigmatisch. Einerseits kritisiert er sie als »Träume eines Geistersehers«, andererseits fühlt er sich dennoch ihrem universalen Anspruch verpflichtet. Auch er will der Tradition gemäß eine Metaphysik begründen, die »als Wissenschaft wird auftreten können«. Den vorerst letzten Höhepunkt der Metaphysik stellt, von Einzelleistungen abgesehen (ARTHUR SCHOPENHAUER, HENRI BERGSON), der deutsche Idealismus dar.

Seit Mitte des 19. Jh. kursiert das Schlagwort vom »Zusammenbruch« der metaphysischen Systeme. Die Naturwissenschaften insgesamt übernehmen nun die Rolle der Grundlagenwissenschaft. Kritik im 20. Jh. kommt v. a. von seiten der ↑analytischen Philosophie, hat man der Metaphysik doch immer wieder vorgeworfen, dass sie ihre (sprachlichen) Grundlagen nicht reflektiert und als Theorien ausgibt, was nur Gefühle sind. »Metaphysiker sind Musiker ohne musikalische Fähigkeit« (RUDOLF CARNAP). LUDWIG WITTGENSTEIN fegt die Metaphysik gänzlich vom Tisch der Philosophie: »Wovon man nicht sprechen kann, darüber muss man schweigen.« Andererseits lässt sich ab dem 20. Jh. v. a. aufgrund einer generellen Aufwertung der Ontologie durch Phänomenologie und Existenzphilosophie eine Tendenz aufzeigen, die sich wieder verstärkt an dem Begründungsideal einer Ersten Philosophie orientiert (EDMUND HUSSERL).

Metasprache/Objektsprache [zu griech. metá »inmitten«, »zwischen« und lat. obicere »entgegensetzen«]: Im Unterschied zur **Objektsprache,** der Sprache, in der über Objekte geredet wird, bezeichnet die **Metasprache** diejenige Sprachebene, auf der über sprachliche Ausdrücke der Objektsprache gesprochen wird, z. B. mithilfe des Deutschen (als Metasprache) über das Englische (als Objektsprache). Vor allem durch Verwendung von Anführungszeichen entstehen aus objektsprachlichen Ausdrücken solche der Metasprache. So ist der Satz »Was hältst du von Martin?« (in einem Gespräch über einen Freund) ein Satz der Objektsprache, während »Was hältst du von ›Martin‹?« (in einem Gespräch über Vornamen) zur Metasprache gehört. In der modernen Diskussion (ALFRED TARSKI, RUDOLF CARNAP) spielt die Metasprache eine besondere Rolle in der formalen Logik.

Methexis [griech. »Teilhabe«] **(Partizipation):** in PLATONS Ideenlehre das Verhältnis der Einzeldinge zu den Ideen. Die Einzeldinge erscheinen nur als seiend, weil sie an entsprechenden Ideen teilhaben, die als Einzige existieren. Es kann nichts in Raum und Zeit existieren, ohne dass eine dazugehörige Idee existiert, die raum- und zeitunabhängig ist. Die Idee ist nicht in den Einzeldingen, aber die Einzeldinge haben teil an ihr, weil sie sie nachahmen. Die Teilhabe kann auch als Ursachenerklärung angewendet werden: Etwas ist schön, weil es an der Idee des Schönen teilhat. Wie die Teilhabe an einer Idee erreicht wird, beschreibt PLATON jedoch nicht genau.

Methode [griech. »Weg, etwas zu erreichen«, »Gang der Untersuchung«]: allgemein ein planmäßiges und zielgerichtetes Verfahren, das nach einiger Übung als »Technik« (Fertigkeit) beherrscht werden kann, z. B. Arbeitsmethoden, Geheimdienstmethoden, Lösungsmethoden für mathematische Aufgaben, Methoden der Energiegewinnung. Ist das gesteckte Ziel der Gewinn von Erkenntnis, so hat man es mit wissenschaftlichen Methoden im weitesten Sinn zu tun. Diese zeichnen sich dadurch aus, dass sie kontrollierbar sein müssen. Die Methode einer Wissenschaft kann gleichgesetzt werden mit einem System (»Kanon«) von Regeln, die zur Gewinnung neuer Erkenntnisse und zu deren Begründung zulässig sind. Im Allgemeinen bedient sich jede Wissenschaft mehrerer Methoden, sodass eine Wissenschaft nicht eindeutig durch eine einzige Methode charakterisiert werden kann. Die Festlegung auf Methoden ist in den letzten Jahren zunehmender Kritik ausgesetzt (z. B. PAUL FEYERABEND); die Beschränkung führe dazu, dass wichtige Erkenntnisse, die auf abweichendem Weg gewonnen wurden, verworfen würden. Dem wird nun als neues Prinzip entgegengesetzt: »Tu, was du willst!«

Die Methode der Philosophie wurde im Laufe ihrer Geschichte vielfach neu bestimmt. PLATON bezeichnet sie als »Kunst des argumentierenden Gesprächs«, als ↑Dialog. Es zeichnet die Philosophie vor anderen Wissenschaften aus, dass sie stets ihre Methode mitreflektiert; Gegenstand und Methode sind in ihrem Fall nicht zu trennen.

Die **analytische Methode** geht von begründungsbedürftigen Sätzen aus und verfolgt diese, rückwärtsgehend (regressiv), auf ihre möglichen Gründe (↑Satz vom zureichenden Grund). Umgekehrt geht die **synthetische Methode** von Prinzipien aus und untersucht deren Folgerungen. Das erste Vorgehen ist zergliedernd, das zweite zusammensetzend. Diese beiden bereits von ARISTOTELES unterschiedenen Verfahren können in allen Wissenschaften zur Anwendung kommen.

Vor allem durch die euklidische Geometrie wurde das Verständnis für erste Sätze geprägt: Sie sind als durch ihre ↑Evidenz gerechtfertigte ↑Axiome zu betrachten. Deshalb wird oft von der **axiomatisch-deduktiven Methode** gesprochen: Aus als wahr akzeptierten Sätzen werden durch logisches Schließen neue Sätze gewonnen. Damit entsteht jedoch kein neues Wissen, da alles Wissen ja bereits in den Axiomen enthalten ist. Die Deduktion ist also nicht erkenntniserweiternd. Ihr wird deshalb die **induktive Methode,** die durch (unvollständige) ↑Induktion von einzelnen Sätzen zu allgemeinen führt, gegenübergestellt. Hierzu ist Erfahrung erforderlich, und darum ist diese Methode erkenntniserweiternd. In ihrem Gewissheitsanspruch steht sie jedoch der axiomatisch-deduktiven Methode nach.

KANT hat die **transzendentale Methode** in die Philosophie eingeführt. Sie fragt nach den »Bedingungen der Möglichkeit von ...«. Ausgehend von einem Faktum (»Es gibt Geometrie«), sucht KANT nach den Voraussetzungen, die gegeben sein müssen, damit dieses Faktum wirklich werden konnte (»Wie muss der Raum beschaffen sein, dass Geometrie, als Wissenschaft vom Raum, möglich ist?«). Im 20. Jh. kamen als neue Methoden für die Philosophie die phänomenologische Methode (↑Phänomenologie) und die ↑Sprachanalyse auf.

Eine andere, auf WILHELM DILTHEY zurückgehende Einteilung der wissenschaftlichen Methoden geht aus von der Charakterisierung der Erkenntnisziele wie Erklärung (Naturwissenschaften), Verstehen (Geisteswissenschaften) und Begreifen (Geschichts- und Sozialwissenschaften). Während die ↑Erklärung auf induktiv gesicherte Gesetze abzielt – sie ist »nomothetisch« –, bezieht sich das ↑Verstehen auf den individuellen Einzelfall – es ist »idiografisch«. Die begreifende Methode versucht, das Allgemeine (das Gesetz) mit dem Individuellen zu vermitteln. Ihr Leitbild ist der gesellschaftlich eingebundene Einzelmensch.

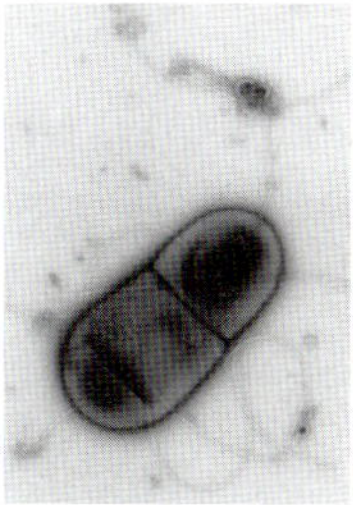

Mikrokosmos: Die moderne Wissenschaft verdeutlicht, dass es keine harmonische Übereinstimmung der Gesetzmäßigkeiten zwischen Mikro- und Makrokosmos gibt.

Mikrokosmos [zu griech. mikrós »klein« und kósmos »Welt«]: In der griechischen Antike ist ↑Kosmos die vollendete und nach Vernunftprinzipien zweckvoll gegliederte Welt. Während »Makrokosmos« (griech.

m

makrós »groß«) das All oder das Universum als großen Organismus darstellt, versteht man unter dem Mikrokosmos einen seiner Teile, der seine Struktur in getreuer Entsprechung widerspiegelt. Zumeist wurde der Mensch als ein solcher Mikrokosmos angesehen.
Vorstellungen dieser Art finden sich in der gesamten Geschichte der Weltbilder und Weltanschauungen. Ihre Entstehung erklärt sich aus der besonderen Faszination eines spezifischen Einheitsgedankens: Bestünde in der Tat eine solche Makrokosmos-Mikrokosmos -Beziehung, würde diese Analogie erlauben, Erkenntnisse über den einen auf den anderen Bereich zu übertragen. Im Umkreis eines magischen Denkens hoffte man sogar, durch geeignete Beeinflussung des Mikrokosmos Wirkungen im Makrokosmos hervorzubringen. Geschichtlich gesehen führte die Annahme analoger harmonischer Proportionen die Pythagoreer zu ihrer Zahlen- und Harmonielehre. Vielfach abgewandelt erscheint der Mikrokosmosgedanke in der ↑Mystik und der Naturlehre des Mittelalters sowie in der Philosophie der Renaissance. Auch liegt er noch der leibnizschen Monadenlehre (↑Monade) zugrunde.

Mitsein: Mit »Mitsein« fasst MARTIN HEIDEGGER in der ↑Fundamentalontologie das Phänomen des Verständnisses der anderen Menschen. Im vorgängigen Seinsverständnis ist nicht nur das Sein der Dinge offen gegeben, sondern ebenso das Sein der anderen Menschen. Der Andere ist mir vorab als ebenso seinsverstehendes ↑Dasein erschlossen, woraus ich ihn erst verstehen oder missverstehen kann.

Mittel: Terminus der Ethik und der Handlungstheorie (↑Handlung). Mittel sind Handlungsweisen, die geeignet sind, die verfolgten ↑Zwecke herbeizuführen. Oft werden als Mittel auch »Situationen« verstanden (z. B. Schüler sein, Student sein), die Schritte auf dem Wege zur Erreichung von (letztlich) bezweckten weiteren Situationen (z. B. Arzt sein) darstellen. Eine besondere Rolle spielen dabei Situationen der Verfügbarkeit über Werkzeuge, Materialien u. a. Mit Bezug auf derartige Verwendungssituationen heißen dann diese Gegenstände (z. B. die Fachliteratur) selbst Mittel für die ins Auge gefassten Zwecke. Ein besonderes Problem stellen Handlungen dar, deren Ziele einer vernünftigen Diskussion entzogen sind, sodass Rationalität hier auf die Beurteilung der Qualität von Mitteln eingeschränkt erscheint. Man spricht in diesem Falle von bloß »technischer« Rationalität oder »instrumenteller« Vernunft.

mittelalterliche Philosophie: zusammenfassende Bezeichnung für die philosophischen Bemühungen des Mittelalters, deren zeitliche Eingrenzung (Beginn etwa mit dem Untergang Westroms [476], Ausklang etwa in der Reformationszeit [16. Jh.]) ebenso problematisch ist wie die des Mittelalters selbst. Die mittelalterliche Philosophie knüpft z. T. an antike Vorbilder an. Als dominanter neuer Faktor kommt die Lehre der christlichen Religion hinzu, vermittelt durch die mächtige Institution der Kirche. Während etwa eines Jahrtausends bleiben Philosophie und Wissenschaft im Schatten kirchlicher Lehre. Ihre Aufgabe ist es, die Glaubensinhalte der biblischen Offenbarung vernunftmäßig zu durchdringen und aufzuarbeiten, nicht jedoch sie zu begründen, da ihre Wahrheit über jeden Zweifel erhaben ist. Als wichtigstes Werkzeug dazu dient die aristotelisch-stoische Logik. Charakteristisch für das gesamte Mittelalter ist die Tendenz, Wahrheit und Evidenz einzig und allein in der Überlieferung – also bei Autoritäten – zu suchen und zu finden. Deshalb beschränkte man sich auch oft auf das schulmäßige (»scholastische«) Ausarbeiten der bekannten Quellen (↑Scholastik). Auf beobachtbare Tatsachen gestützte Evidenz blieb dem Mittelalter weitgehend fremd. Darin liegt der entscheidende Unterschied zur nachfolgenden Neuzeit. Die zweite wichtige Quelle der mittelalterlichen Philosophie (neben kirchlich vermittelter Bibel) war der spätantike ↑Neuplatonismus. Dieser ließ sich mit seiner Lehre vom höchsten Sein (dem Ur-Einen) relativ leicht mit der christlichen Religion in Einklang bringen.

Die erste Periode der mittelalterlichen Philosophie (↑patristische Philosophie) ist gekennzeichnet durch den Prozess der schrittweisen Verschmelzung von christlich-kirchlicher Lehre und neuplatonischem Erbe. Zugleich geht von diesem doppelten Ursprung eine Spannung aus, die die mittelalterliche Philosophie prägt: der Gegensatz zwischen dem das individuelle Schauen betonenden Neuplatonismus und der die Ansprüche von Tradition und Institution verteidigenden Lehre der Kirche (Orthodoxie). Die zweite Hälfte des Mittelalters ist geprägt durch das allmähliche Bekanntwerden der gesamten aristotelischen Philosophie (etwa ab 1200; Scholastik), die mit den Arabern nach Europa kam. Dies geschah v.a. im Werk des THOMAS VON AQUIN. Teile der aristotelischen Philosophie wurden systematisch ausgebaut (v.a. die Syllogistik). Die Hinwendung zu ARISTOTELES bedeutete zugleich eine Hinwendung zur Realität, indem dessen naturphilosophische und physikalische Schriften studiert wurden. Das verschärfte v.a. die Frage, welche Art von Sein abstrakten Begriffen (den Universalien) zukomme. Dieser ↑Universalienstreit beherrschte die philosophische Diskussion des ausgehenden Mittelalters, was die Beschäftigung mit erkenntnistheoretischen Problemen anregte. Vor allem das Verhältnis von Glauben und Wissen, das Problem der »Dialektik«, rückte in den Mittelpunkt des Interesses. Mit der Loslösung der Wissenschaften von der Autorität der Kirche und der Verschulung der kirchlichen Lehre zerfiel die für diese Epoche so charakteristische Einheit von Kirche, Wissenschaft und Glaube.

Modalität [neulat. »Art und Weise«]: in der Ontologie das Wie des Seins (Wirklichkeit, Möglichkeit, Notwendigkeit) eines Seienden oder Geschehens, in der Logik der Grad der Bestimmtheit einer Aussage bzw. der Gültigkeit von Urteilen. Die Modalitäten der Aussagen werden in ontische (auf das Sein bezogene) und deontische (auf das Sollen bezogene) unterschieden, wobei die ontischen weiter in epistemische (auf das Wissen bezogene), mellontische (auf das Werden bezogene) und alethische (= ontische) unterteilt werden. Die Grundmodalitäten werden allgemein durch »notwendig« und »möglich« ausgedrückt. Je nach Bezugsrahmen variieren die gebräuchlichen sprachlichen Ausdrücke für die Modalitäten.

Modalität

	deontisch	alethisch	mellontisch	epistemisch
möglich	es ist erlaubt	möglich	wird vielleicht sein	er glaubt
notwendig	es ist geboten	notwendig	wird sein	er weiß
Logik	deontische Logik	Modallogik	temporale Logik	epistemische Logik

Oft ist es wichtig zu klären, in welchem Bezugsrahmen Notwendigkeit und Möglichkeit zu sehen sind, ob es sich um naturgesetzliche, logische oder andere (z.B. historische) Beziehungen handelt. KANTS Einteilung der Urteile in ↑assertorische (existente), ↑problematische (mögliche) und ↑apodiktische (notwendige) stellt ebenfalls eine Klassifikation nach Modalitäten dar.

Unter **Modallogik** versteht man heute den Teil der formalen (philosophischen) Logik, der sich mit den aus den Modalitäten »möglicherweise« und »notwendigerweise« gebildeten Modalaussagen befasst. Schon ARISTOTELES befasste sich im Rahmen seiner Syllogistik ausführlich mit Schlüssen, die Modalaussagen enthalten. Der Megariker DIODOROS KRONOS warf mit seinem Meisterargument schwierige Fragen auf in Bezug auf die Modallogik; er behauptete z. B.: »Was möglich ist, wird auch einmal wirklich.« Die Idee, die Modallogik als Erweiterung der Aussagenlogik anzusehen, stammt von KURT GÖDEL. Daneben hat die Kripke-Semantik eine Vielzahl von Untersuchungen angeregt.

Modell [ital., zu lat. modulus »Maß«, »Maßstab«]: in verschiedenen Einzelwissenschaften ein Objekt (natürliches, technisches, menschliches Objekt; Zeichensystem), das von einem Subjekt (Modellbauer oder -benutzer) auf der Grundlage einer Struktur-, Funktions- oder Verhaltensanalogie zu einem Original eingesetzt und genutzt wird, um Aufgaben zu lösen, deren Durchführung am Original selbst nicht möglich oder zu aufwendig ist (z. B. Flugzeugmodell im Windkanal). Infolge der Relationen zwischen Subjekt, Original und Modell (Modellsystem) erfüllt das Modell im Wesentlichen folgende Funktionen:

- Lieferung neuer Informationen über das Original;
- Demonstration und Erklärung;
- Aufzeigen von Eigenschaften des Originals, die an diesem selbst nicht zugänglich oder messbar sind;
- Optimierung des Originals;
- Überprüfung (Verifikation) einer Hypothese oder einer technischen Konstruktion (z. B. Laborversuch);
- konkrete Planung (Projektierung) eines Originals;
- Steuerung (z. B. kybernetische Systeme, Lernmodelle);
- direkter Einsatz von Teilsystemen.

Abweichend von diesem Modellbegriff wird in Logik und Mathematik ein (konkreter) Bereich (meist eine Menge), der die von einem (abstrakten) ↑axiomatischen System postulierten Eigenschaften aufweist, als dessen Modell bezeichnet. Jedes Theorem, das aus den Axiomen deduzierbar ist, geht in eine wahre Aussage über, wenn die auftretenden Terme im entsprechenden Modell interpretiert werden. Diese [meta]mathematische Modelltheorie (ALFRED TARSKI) liefert grundlegende Verfahren zur Behandlung von Fragen der Vollständigkeit, Widerspruchsfreiheit und Definierbarkeit.

Modus [lat. »Maß«]: in der Ontologie Bezeichnung für die Seinsbestimmungen, deren wichtigste seit DESCARTES Ausdehnung und Denken geworden sind. BARUCH DE SPINOZA spricht von den Einzeldingen als Modi der einen (göttlichen) Substanz.

Modus ponens [lat. »bejahender Modus«] **(Abtrennungsregel):** wichtige logische Schlussregel der Form: $A, A \to B \Rightarrow B$. (lies: Gilt sowohl A als auch ›wenn A, dann B‹, so gilt auch B). Da es sich um eine Regel handelt, muss der Regelpfeil »⇒« verwendet werden als Zeichen für eine Handlungsanweisung.

Modus tollens [lat. »verneinender Modus«]: wichtige logische Schlussregel der Form: $\neg B,\ A \to B \Rightarrow \neg A$ (lies: Gilt sowohl die Negation der Aussage B als auch die Aussage, ›wenn A, dann B‹, dann gilt auch die Negation der Aussage A).

Möglichkeit: eine der ↑Modalitäten (neben Wirklichkeit und Notwendigkeit). Will man Abstufungen von Möglichkeit zum Ausdruck bringen, spricht man von »Wahrscheinlichkeit«. Je nach Kontext hat »möglich« unterschiedliche Bedeutungen; z. B.: Die Aussage »Shakespeare war identisch mit Bacon« ist möglicherweise wahr; es ist möglich, dass ein Mensch eines Tages 9 m weit springt. Möglichkeit wird hier auf Handlun-

gen (»er kann dies«), Sachverhalte (»das könnte wirklich werden«) oder Aussagen (»das könnte wahr sein«) bezogen.
In der philosophischen Tradition bedeutet Möglichkeit, dass kein Widerspruch zu als sicher geltenden Tatsachen oder als wahr akzeptierten Sätzen vorliegt. Man spricht deshalb von einem aletheischen Möglichkeitsbegriff und unterscheidet genauer zwischen ontischer (auf das Sein bezogener), epistemischer (auf das Wissen bezogener) und logischer (nur vom logischen Aufbau der fraglichen Aussagen und von der Bedeutung der gebrauchten Ausdrücke abhängiger) Möglichkeit. Während die beiden ersten Arten von Möglichkeit revidierbar sind (wenn sich unser Wissen verändern sollte), sind logische Möglichkeiten zeitunabhängig oder ewig. Ein Satz ist logisch unmöglich – er kann nicht wahr sein –, wenn er einen Widerspruch enthält (z. B. »Hans ist verheiratet und nicht verheiratet«) oder einen solchen impliziert (z. B. »Hans ist ein verheirateter Junggeselle«).
In den letzten Jahren ist der Begriff Möglichkeit durch die Einführung der »möglichen Welten« aktuell geworden. Dabei bedeutet »mögliche Welt« einen Zustand der Welt, in den diese übergehen könnte. Legt man z. B. die Gesetze der Physik zugrunde, so sind diejenigen Übergänge möglich, die deren Gesetzen nicht widersprechen (z. B. dem Prinzip von der Erhaltung der Energie). Die Unterscheidung von aktual und potenziell spielt in der mathematischen Grundlagendiskussion eine zentrale Rolle. Dort geht es um die Frage, ob das Unendliche aktual oder bloß potenziell ist (↑Philosophie der Mathematik).

Monade [zu griech. monás »Einheit«]: die Einheit, das Einfache, das Unteilbare. In der griechischen Philosophie wird der Begriff Monade synonym mit dem der ↑Substanz gebraucht zur Bezeichnung alles dessen, was selbstständiger Existenz fähig, nicht mehr zusammengesetzt und deshalb unteilbar ist. EUKLID definiert eine Monade als dasjenige, wodurch jeder existierende Gegenstand als Einzelnes und Individuelles begrifflich fassbar wird. Die Monade selbst ist keine Zahl; aber Zahlen sind aus Monaden aufgebaut, weil jede Zahl verstanden werden kann als eine aus Monaden zusammengesetzte Menge oder Klasse. Diese Begriffsbildung geht auf pythagoreische Traditionen zurück. Unter dem platonischen Aspekt der Unteilbarkeit benutzten auch die antiken Materialisten (DEMOKRIT, EPIKUR) den Monadenbegriff zur Charakterisierung letzter materieller Einheiten, der ↑Atome.
Systematisches Gewicht erhält der Begriff der Monade bei LEIBNIZ, der eine logische Rekonstruktion des antiken Substanzbegriffs versucht, wie er v. a. in der »Metaphysik« des ARISTOTELES mit den definierenden Eigenschaften der Selbstständigkeit als Subjekt, der numerischen Singularität, Individualität und der diachronen (über Zeiträume hinweg weiterbestehenden) Identität exponiert wird. LEIBNIZ versteht unter Monaden letzte, individuelle Einheiten, einfache, (räumlich) nicht ausgedehnte Kraftzentren. Diese Kraftzentren gelten als in sich geschlossen, ohne Beziehung nach außen (die Monade hat »keine Fenster«), aber auch allen äußeren, mechanischen Einwirkungen entzogen. Damit ist die Monade kein Atom im materiell-körperlichen, sondern nur im formalen Sinne. Da LEIBNIZ seine Kraftzentren als Punkte im geometrischen Raum lokalisiert, dürfte am ehesten der moderne Begriff des »Massenpunktes« systematisch vergleichbar sein. Der Zusammenhalt zwischen den sich selbst genügenden, vollendeten geistigen Einheiten wird bei LEIBNIZ durch einen perfekten göttlichen Konstruktionsakt, die ↑prästabilierte Harmonie, hergestellt.

Monismus [zu griech. mónos »einzig«, »allein«]: Bezeichnung für philosophische oder religiöse Lehren, die Bestand oder Entstehung der Welt aus einem Stoff, einer Substanz oder einem Prinzip erklären, im Gegensatz zum ↑Dualismus oder ↑Pluralismus, bei denen zwei oder mehr erklärende Prinzipien angenommen werden.

Die Tradition des Monismus reicht zurück bis in die antik-griechische, vorsokratische Philosophie. Hier sind auch bereits zwei wichtige Formen des Monismus angelegt. Auf der einen Seite behaupten z. B. THALES und ANAXIMENES: »Alles entstand aus Wasser« oder »aus dem Urelement Luft«; auf der anderen Seite meint ANAXAGORAS: »Alles ist Geist« (↑Nous), und die Pythagoreer behaupten: »Alles ist Zahl«. In der Neuzeit vertrat u.a. BARUCH DE SPINOZA einen extremen, pantheistischen Substanzenmonismus (↑Substanz). Seit CHRISTIAN WOLFF ist es üblich, die Vertreter der ersten Gruppe, die einen materiellen Urstoff annehmen, als Materialisten, die Vertreter der zweiten Gruppe als Idealisten oder auch als Spiritualisten zu bezeichnen.

Um dem Dilemma eines versteckten Dualismus bzw. Pluralismus zu entgehen, bieten sich dem Monismus methodisch v.a. zwei Möglichkeiten an, einen Standpunkt einzunehmen: Entweder man stützt nur eines der Prinzipien und lehnt alle weiteren strikt ab oder aber man versucht, die Gegensätzlichkeit unter einem übergeordneten Gesichtspunkt aufzuheben. Die Form des Monismus als Harmonisierung von Gegensätzlichem müsste eigentlich Grundanliegen und Ziel jeder Philosophie sein, weil es in gewisser Weise widersinnig ist, im Vielen, Zerstreuten, Zerrissenen als solchem die letzte Wahrheit zu sehen. So sagt auch HEGEL, die Auflösung bzw. Aufhebung »solcher festgewordenen Gegensätze« wie Seele und Leib, Glauben und Vernunft, Gut und Böse, Freiheit und Notwendigkeit, Subjekt und Objekt sei »das einzige Interesse der Vernunft«. Im Versuch praktischer Realisierung verbinden sich hier Philosophie und Religion, so z. B. in der ↑Mystik und vielleicht noch deutlicher und konsequenter in der Identitätslehre der Upanischaden (↑indische Philosophie).

Als Weltanschauung stellte der Monismus v. a. um 1900 eine philosophische Bewegung dar, die ihren Höhepunkt in Deutschland mit der Gründung des antiklerikalen »Monistenbundes« durch ERNST HAECKEL (Jena 1906) erreichte. Die Bewegung orientierte sich an den Ergebnissen v. a. der Evolutionstheorie und versuchte, die monistisch-materialistische Weltanschauung als Religionsersatz zu etablieren.

Monotheismus [zu griech. mónos »allein«, »einzig« und theós »Gott«]: religiös-theologische Position, nach der es nur einen einzigen Gott gibt, der getrennt von der Welt existiert. Der Monotheismus ist abzugrenzen vom Polytheismus, dem Glauben an mehrere Götter, und vom Pantheismus, für den eine Trennung zwischen Gott und Welt nicht gegeben ist. Monotheistische Religionen im engeren Sinne sind Judentum, Christentum und Islam.

Moore [ˈmʊə], George Edward, britischer Philosoph, *London 4. 11. 1873, †Cambridge 24. 10. 1958: MOORE studierte ab 1892 zunächst klassische Philologie, später unter dem Einfluss von BERTRAND RUSSELL Philosophie in Cambridge. 1904–11 lebte er als Privatgelehrter in Edinburgh. 1911 kehrte er nach Cambridge zurück, war zunächst Lektor und 1925–39 Professor für Philosophie und Logik. MOORE wirkte v. a. als Lehrer und durch seine zahlreichen Aufsätze auf die zeitgenössische angelsächsische Philosophie.

MOORE gehört neben RUSSELL zu den Mitbegründern der ↑analytischen Philosophie, anders als dieser aber zur Richtung der auf die Alltagssprache ausgerichteten Ordinary Language Philosophy. MOORE entwickelte seine Position in kritischer Auseinandersetzung mit dem Idealismus (v. a. von FRANCIS

HERBERT BRADLEY und GEORGE BERKELEY). Ihm setzte er in dem Aufsatz »The refutation of Idealism« (1903) den ↑Realismus des Common Sense entgegen, d.h. den selbstverständlichen Glauben des »gesunden Menschenverstandes« an die Wirklichkeit der Außenwelt. Als Aufgabe der Philosophie betrachtete er außerdem nicht die Systembildung, die immer auf Kosten der Wahrheit erfolge, sondern die Klärung von Einzelproblemen, die er durch detaillierte Analyse der Aussagen bzw. Begriffe vornahm. Gerade verworrene philosophische Theorien klärte MOORE so zum einen durch den Rückgang auf den ↑Common Sense, zum anderen durch die Analyse der Aussagen, die aufgrund der Unklarheit der verwendeten Begriffe aus der Alltagssprache zu Irrtümern führen. Viele herkömmliche »Probleme« der Philosophie hielt er für bloße ↑Scheinprobleme sprachlicher Herkunft.

Der Hauptanwendungsbereich seiner Sprachanalysen war die Ethik, der er seine beiden einzigen Bücher widmete: »Principia Ethica« (1903) und »Ethics« (»Grundprobleme der Ethik«, 1912). Nach MOORE ist der Begriff »gut« undefinierbar, weil einfach und nicht auf andere Bestimmungen zurückführbar. Wer »gut« mittels außermoralischer Begriffe zu definieren versuche, begehe einen naturalistischen Fehlschluss. Indem MOORE meinte, wir könnten unmittelbar erkennen, was gut sei, vertrat er einen ethischen Intuitionismus. Seine Analysen fußen auf detailliertem Beobachten, Beschreiben und Zerlegen von Gegenständen. Besonderes Augenmerk richtete er hierbei v.a. auf die Analyse der Alltagssprache, die er für viele Irrtümer im Denken verantwortlich macht.

Moral [zu lat. mos »Sitte«, »Brauch«, »Gewohnheit«]: im modernen Sprachgebrauch Sammelbezeichnung für die der gesellschaftlichen Praxis zugrunde liegenden, als verbindlich akzeptierten und auch eingehaltenen ethisch-sittlichen Normen(systeme) des Handelns einer bestimmten Gesellschaft, bestimmter gesellschaftlicher Gruppen und der ihnen integrierten Individuen bzw. einer bestimmten Epoche.

Moralität [zu lat. moralis »die Sitten betreffend«, »moralisch«, »ethisch«]: allgemein Bezeichnung für diejenige besondere Handlungsmotivation, bei der mit einer Handlung die Realisierung eines moralischen Wertes angestrebt wird – im Unterschied zu anderen Orientierungen menschlichen Handelns wie z.B. Religiosität, Zweckrationalität oder Gesetzeskonformität (Legalität). Als Terminus technicus mit spezifischer Bedeutung nimmt der Begriff der Moralität v.a. in der praktischen Philosophie KANTS eine zentrale Stellung ein: Moralität ist identisch mit der Gesinnung, aus der heraus gehandelt wird (ohne Rücksicht auf mögliche oder tatsächliche Folgen dieser Handlung), d.h., als moralisch gilt eine Handlung nur dann, wenn mit ihr die Erfüllung des Sittengesetzes, des ↑kategorischen Imperativs, bewusst gewollt wurde. Triebfeder eines solchen Handelns kann nur die subjektiv eingesehene und akzeptierte objektive Pflicht sein, dem Vernunftgesetz Genüge zu leisten.

more geometrico [lat.; griech.]: ↑Rationalismus.

Morphe [griech.]: ↑Form/Materie.

Mündigkeit [zu neuhochdt. mund »Schutz«, »Vormundschaft«]: Ursprünglich ein rechtsphilosophischer Begriff, bezieht sich Mündigkeit heute in der Regel auf den Generationswechsel von der (»noch«) Jugend zum (»bereits«) Erwachsensein (Volljährigkeit). In einem erweiterten Sinn meint Mündigkeit jegliches innere wie äußere Vermögen zur Selbstbestimmung, Entlassung aus einer Abhängigkeit, für sich selbst sorgen und sprechen können, häufig im Zusammenhang mit Emanzipation. Daneben kommt dem Begriff Mündigkeit v.a. seit KANT eine geschichtsphilosophische Bedeutung zu. Indem die ↑Aufklärung den Prozess des Erwachsenwerdens von der »Un-Mündigkeit« hin zur »Mündigkeit« auf den Verlauf der allgemeinen Menschheitsgeschichte projiziert, dient ihr Mündigkeit dazu, Geschichte aufklärerisch als Fortschritt zu begreifen.

Mystik [zu griech. mýein »sich schließen« (der Lippen und Augen)]: Bezeichnung für den transrationalen Charakter bestimmter Denkweisen in Philosophien und Religionen bzw. deren eigentlichen Kern: Es geht um etwas im Grenzbereich der Darstellungs- und Kommunikationsfähigkeit von Sprache, um etwas, das im Rahmen von Rationalitätsbedingungen nicht zu bewältigen ist und von dem gesagt wird, dass es sich der Bemühung, sofern sie sich vom bloß begründbaren Erkennenwollen nicht löst, eben deshalb gerade entzieht. Mystik ist von daher durchaus eine Form des Irrationalismus.

Mystische Strömungen finden sich v.a. in allen ↑Religionen und machen hier dasjenige aus, was in ihnen nicht bloß ethisch-sozial regulative Prinzipien und normierte rituelle Handlungsformen sind. Historisch findet dies seinen Niederschlag darin, dass mystische Elemente gerade dann deutlicher in Erscheinung treten, wenn die soziale Relevanz religiöser Lehren in eine Krise geraten ist, oft allerdings in Form bloß »mystisch« scheinenden Nachgeredes als Mystizismus.

Mystische Lehren bzw. Haltungen (neben denen des Christentums und des Buddhismus der Sufismus des Islams, Kabbala und Chassidismus des Judentums, ↑Taoismus und ↑Zen) haben Gemeinsamkeiten, die in der Art metaphorischer, paradoxaler und provokanter Formulierungen sowohl des zu erreichenden Ziels und des Weges dorthin bestehen als auch in der Relativierung der Wertigkeit der »bloß« sinnlich-physisch realen Welt, die jedoch niemals abgelehnt oder geleugnet wird. Geleugnet wird dagegen der Absolutheitsanspruch des sinnlich-empirischen Ich und des physischen Lebens. Diese sind nur Schein; sie absolut zu nehmen ist ein verhängnisvoller Irrtum, der über Wollen und Begierde (ECKHART, BUDDHA) zu Angst, Leiden, »Qual« führt (JAKOB BÖHME). Die Ursache dessen ist Unwissenheit und Festhalten, Verhaftetsein am bloß vorläufigen und bloß vorgestellten Wert sinnlich-materieller Dinge (LAOTSE). Der »Ausweg« aus diesem Zustand ist nicht trennbar von

Mystik: Der islamische Sufismus strebt wie die mystische Lehre des Christentums ein Einswerden mit Gott an; Askese, Meditation, Gebet und Musik sind Stufen auf dem Weg zu diesem Ziel. Die Abbildung zeigt einen persischen Sufi, der vor Pilgern predigt (Illustration aus den Makamen des al-Hariri, Handschrift von 1237; Paris, Bibliothèque Nationale de France).

dem, was als Ziel der Bemühung ausgesprochen wird. Beides ist nur metaphorisch zu nehmen: Nur im Zustand der Unwissenheit ist das »Hier und Jetzt« als räumlich-zeitlich getrennt vorgestellt vom Ziel, der »Befreiung«, »Erlösung«. Das »Ewige« ist nicht als unendliche Fortsetzung der Zeitlichkeit gedacht, sondern als »immer jetzt« (↑Ewigkeit); so ist Unsterblichkeit nicht etwas, das beginnt, wenn der Tod das biologische Leben beendet, sondern die »Nichtunterscheidung« von Leben und Tod. Das überindividuelle Ich ist die »Aufhebung« (ganz im Sinne des dialektischen Begriffs ↑aufheben) des individuellen Ich, nicht seine Vernichtung.

Dies einzusehen kann aber nicht Resultat einer zielgerichteten intellektuellen oder asketischen Bemühung sein. Die Schwierigkeit der Verbalisierung dessen, wie und um was denn die Bemühung sein soll, ist das, was die Bezeichnung »mystisch« rechtfertigt, denn von dem Menschen absolut verschlossenen Geheimnissen handeln diese Lehren offenbar nicht. So zeigen die (zweite) »Geburt aus dem Geist« bei JOHANNES, »Erleuchtung« (illuminatio) bei AUGUSTINUS, »Einsicht in die Selbstnatur«, »Nichtbewusstsein« (Zen), »Fünklein der Seele« (ECKHART) eine Mannigfaltigkeit von Formen der Sprache, die zugleich betonen, dass es um das Sprechen nicht geht.

Die christliche Mystik hat als zentralen Begriff die Liebe (griech. »agápē«), und zwar dort, wo z. B. im Buddhismus von Nirwana gesprochen wird. Ihre erste und zugleich radikalste Gestalt hat sie bei JOHANNES (1. Johannes 4, 8 und 16): Hier verbindet sich die Aussage »Gott ist Liebe« mit dem Liebesgebot, das an die Menschen gerichtet ist und über eine rein ethische Forderung hinausweist. Sie ist das, was spätere christliche Mystiken als Vereinigung von Seele und Gott (Unio mystica) beschreiben, was dann oft exklusiv-elitär als bloßes ekstatisch-visionäres »Erlebnis« missverstanden wurde. ECKHART sieht die »Unio« im liebenden »Wirken« des Menschen als den »Ort«, in dem offenbar und »wirklich« wird, dass Gott Liebe ist: »Got und ich sint ein in diesem gewürke.«

Mythos [griech. »Rede«, »Erzählung«]: Ebenso wie das lateinische »fatum« (»Schicksalsspruch«) und »fanum« (»das Heiligtum« bzw. »der Ort, wo rituelles, sakrales Sprechen stattfindet«) bezieht sich Mythos auf eine Form des Sprechens und des Sprachverständnisses, die sich vom diskursiven, logisch begründbaren Sprechen (griech. »lógos«) wesentlich unterscheidet. Mythen berichten i. A. von Handlungen anthropomorpher Göttergestalten, Dämonen, personalisierter Naturerscheinungen (Sonne, Mond, Sterne, Quellen, Berge usw.), personalisierter Abstrakta (Liebe, Fruchtbarkeit, Recht usw.) und prototypischer menschlicher Gestalten (Stammesgründer, Könige). Dies hat in Verbindung damit, dass ihre literarische Form den Schein vorgibt, historische Ereignisse zu vermitteln, seit der griechischen Antike die Mythenkritik herausgefordert, die aber bis in die Gegenwart insofern weitgehend ins Leere stößt, als sie den Begriff der »historischen Tatsache« und dessen Problematik voraussetzt.

Wie man heute aufgrund religionswissenschaftlicher und ethnologischer Untersuchungen weiß, sind Mythen untrennbar mit religiösen Ritualen verbunden. Rituale sind Ort und Zeit, wo die Mythen vorgetragen werden und damit im historisch-geografischen Sinn real zu geschehen scheinen, während die sakrale Welt in einem *über*-historischen, *über*-geografischen Sinn als real verstanden wird.

Die Ort- und Zeitlosigkeit mythischen Geschehens wird nun im Rahmen eines Rituals, das in »heiler Zeit« am »heiligen Ort« stattfindet (z. B. Tempelinneres, Jahres-

m

wende), mit realem Geschehen magisch identifiziert. Dies sagt auch der griechische Ausdruck »sýmbolon«. Nur im aktuell stattfindenden Ritual sind historisch-reale Welt und Mythisches identisch: Das rituelle »Hier und Jetzt« ist als Koinzidenz von »Himmel« und »Erde« ein »Nabel-der-Welt-Ereignis«, und der Mythos ist das Drehbuch eines kosmischen Dramas. Alle Versuche, solche magische Identifizierung als »Irrtum« eines »primitiven« Denkens zu deuten (James George Frazer), sind gescheitert bzw. widerlegt worden (Mircea Eliade, Hans Peter Duerr).

Der rituell inszenierte Mythos hat reale Auswirkungen: Er dient der Legitimation von Handlungen (z. B. Königsinitiationen), der Existenzsicherung (Stadtgründung, Eheschließungen, Grundsteinlegungen), der Aufhebung der Angst um den Fortbestand der Welt (Jahreswendfeste), der Nahrungsversorgung (Jagd- und Fruchtbarkeitsriten), der Initiation eines Individuums in eine Gruppe (Übergangsriten) sowie der Heilung von Krankheiten. Bei allen solchen Riten wird das reale Ereignis identifiziert mit dem mythischen Prototyp solchen Ereignisses, das der Mythos – literarisch betrachtet – in der Vergangenheitsform darstellt.

Carl Gustav Jung deutet den Mythos als »archetypische« Form kollektiver, quasi vererbter Inhalte des »Unbewussten«. Indessen sind fast alle uns überlieferten Mythen infolge kultureller und politischer Veränderungen bereits umgedeutet. Zwar lassen sich manche Mythen als Mythifizierungen historischer Ereignisse deuten, aber fast alle sind Ausformungen ursprünglicher Mythen über die Entstehung der Welt und des Menschen, wobei diese Entstehung übergeschichtlich-zeitlos verstanden werden muss. Statt »Entmythologisierung« wäre eine kritische Philosophie mythisch-magischer Denkweisen gefordert, die dann eigentlich Mythologie wäre.

N

Name: sprachlicher Ausdruck mit benennender Funktion, ein ↑Nominator. Namen sind meist Substantive. Sie erlauben es, sich sprachlich auf Gegenstände zu beziehen, während ↑Prädikatoren im Urteil die Rede über diese ermöglichen.

Namen repräsentieren symbolisch Gegenstände, während Prädikatoren Unterscheidungen zwischen diesen bedeuten. In der traditionellen Logik wurde unterschieden zwischen **Gattungsnamen,** die sich auf eine Gesamtheit von Dingen beziehen (z. B. Deutscher, Mineralien), und **Eigennamen,** die nur auf einen einzigen Gegenstand zutreffen (z. B. Platon, Mannheim). Die Auffassung, dass Gattungsnamen nichts anderes seien als Eigennamen für abstrakte Entitäten (etwa »Mensch« als Eigenname der Klasse aller Menschen), führt zu einer platonistischen Ontologie und ist Gegenstand des (modernen) ↑Universalienstreits. In der Kennzeichnungstheorie wird auch die Frage untersucht, wie Namen für nicht existente Gegenstände (z. B. Winnetou) zu behandeln sind.

Narzissmus: Begriff aus der Psychoanalyse Sigmund Freuds, der zurückgeht auf die mythologische Gestalt Narziss, Sohn des Flussgottes Kephisos, der sich, weil er die Liebe der Nymphe Echo zurückgewiesen hatte, zur Strafe in sein eigenes Spiegelbild verliebt und so ein »unerfülltes« Leben fristen muss. Narzissmus bezeichnet bei Freud zunächst eine psychische Konstellation, bei der die libidinöse Objektbesetzung (z. B. Liebe, Partnerschaft) extrem zurückgenommen und auf bzw. gegen das eigene »Ich« gerichtet wird. Ein sich darüber hinaus gesellschaftlich auswirkender Narzissmus im Sinne von personaler Vereinzelung, Egozentrik erweist sich immer wieder als Problemfeld, da narzisstische Charaktere z. B. aufgrund ihrer Bindungsunfähigkeit und der daraus sich ergebenden Autoaggressivität zu überspannter Exzentrik neigen und anfällig sind für ideologischen Extremismus.

Natur [zu lat. natura, eigentlich »Geburt«] **(Physis):** Bezeichnung zum einen für die Gesamtheit der natürlichen Dinge bzw. das »von Natur her Seiende« (griech. »phýsei ón«), zum anderen für die Beschaffenheit bzw. das ↑Wesen (griech. »ousía«) solcher Dinge. So ist einerseits das »Ding der Natur«, andererseits die »Natur des Dinges« Gegenstand der Betrachtung. Durchgängig durch die Philosophiegeschichte steht Natur in einem Gegensatzverhältnis: entweder allgemein zu ↑Geist bzw. Mensch oder spezieller zu ↑Kultur, Technik, Kunst. Als Teil dieses Verhältnisses ist Natur wesentlich Gegenstand der ↑Naturphilosophie.

Schon seit der Antike (v. a. ARISTOTELES) geht es darum, durch Erwerben von Kenntnis über die natürlichen Dinge Aufschluss über die Natur bzw. das Wesen der Dinge zu bekommen. Die Idee, dass die Natur ein System von Stufen sei (↑Kosmogonie), leitet dazu über, Natur als ein Zusammenspiel von eigentlichen physischen (physikalischen) Körpern und deren Prozessualität zu betrachten. ARISTOTELES unterscheidet mehrere Arten von Prozessen, nämlich (räumliche) Bewegung, Wachstum, Entstehen und Vergehen, und diskutiert Ding und Prozess im Rahmen der Begriffe Dynamis (↑Akt/Potenz) und ↑Entelechie sowie der Unterscheidung von ↑Materie (»hýlē«) und ihrer Gestaltungen (»eĩdos«; ↑Form/Materie). Er entdeckt darüber hinaus die ↑Kausalität als grundlegende Kategorie der Natur bzw. der Naturbetrachtung.

Die Stufenvorstellung führt zu der Frage, ob es eine grundlegende, erste Art von materiellem Substrat gebe (»Materia prima«), aus dem sich dann durch Werden, Wachsen oder Bewegung (seit ANAXIMANDER existiert die Vorstellung von »Wirbelbildungen«) durch Kombination von Urelementen sekundäre Materieformen (»Materia secunda«; z. B. Feuer, Wasser, Luft, Erde) bilden. Grundlegend ist die Frage, ob die Natur in allen ihren Stufen ewig bestanden oder einen Entstehungsprozess erfahren habe in Form einer Kosmogonie oder einer ↑Schöpfung. Wenn eine Entwicklung angenommen wird, schließt sich die Frage an, ob es eine »Höherentwicklung« sei von einem primitiven Anfang aus oder eine »Abfallentwicklung« von einem höchsten Zustand aus (↑Emanation).

Unser heutiges Bild der Natur basiert wesentlich auf dem theoretischen Gerüst von ↑Relativitätstheorie und ↑Quantentheorie sowie auf der Entdeckung, dass das gesamte (beobachtbare) Universum einem evolutiven Prozess unterliegt. Die Hoffnung, letzte grundlegende »atomare« Materiebestandteile zu finden, ist weitgehend aufgegeben. Überhaupt hat sich der Begriff des individuellen natürlichen (also materiellen) Körpers verändert: Die Differenzierung zwischen dem Objekt und seiner Wechselbeziehung zu anderen Objekten erweist sich nicht mehr als sehr sinnvoll, da sich die Eigenschaften eines Objekts wesentlich eben als sein Wechselwirkungsverhalten darstellen. Nicht nur in der quantenmechanisch betrachteten Mikrophysik ist von daher der Begriff des Individuums fragwürdig; auch biologisch ist erkannt, dass nicht das Individuum der Natur der eigentliche Träger der Evolution ist, sondern vielmehr die Population (ERNST MAYR).

Naturalismus [lat.]: Sammelbezeichnung für Positionen, nach denen alles (auch Geistiges und Sittliches) ausschließlich aus der ↑Natur heraus sei, geschehe und erklärt werden könne. Der erkenntnistheoretisch-ontologische Naturalismus profiliert sich historisch erstmals als Kritik an der (christlichen) Offenbarungs- und Gnadenlehre. Ihm zufolge wird alles, was ist und geschieht, auf

n

natürliche Weise gesetzt, d. h., die Natur ist einziges und alleiniges Seins- und Wirkprinzip (metaphysisch-ontologischer Naturalismus); und alles ist aus der Natur, d. h. aus sich selbst heraus, erklärbar, sodass darüber hinaus, keine weiteren, transzendenten Erklärungsprinzipien erforderlich sind (erkenntnistheoretischer Naturalismus).
Ausgehend vom aufklärerischen Selbstbewusstsein und Vertrauen in die Leistungsfähigkeit der menschlichen Vernunft führte der naturalistische Ansatz erkenntnistheoretisch zur Annahme von der universellen Erklärungskompetenz v. a. der modernen Naturwissenschaften. Dieser sog. ↑Szientismus ist eine Form des philosophischen ↑Monismus, d. h., er folgt der Idee, dass alle Phänomene sich aus einem einzigen Prinzip (hier: der Natur) ableiten und erklären lassen bzw. dass alle (natur)wissenschaftlichen Theorien in einer einzigen und einheitlichen Theorie zusammengefasst werden können.
Auch der ethische Naturalismus entspringt einer kritischen Haltung: Die Erfahrung, dass etliche soziale und staatlich sanktionierte Verhaltensregeln willkürlich, ja bisweilen grotesk anmuten, und der Zweifel daran, dass sich solche auf Gewohnheit und Tradition beruhenden Regeln vernünftig legitimieren ließen, führten schon in der griechischen Antike zur Frage nach wahrhaft sinnvollen Normen sittlichen Handelns und zu dem Versuch, diese allgemeingültig und unabhängig von der Relativität gesellschaftlicher Kontexte zu fundieren. Ausgangspunkt war dabei folgende Überlegung: Als wahrhaft sittlich könne eigentlich nur dasjenige gelten, das sich in Übereinstimmung befindet mit der ewigen und gesetzmäßig geordneten Natur, dem ↑Kosmos. Zur Bestimmung derjenigen Prinzipien, die sich harmonisch in die kosmische Ordnung einfügten, beobachtete man z. B. Tiere, v. a. aber Kleinkinder und Säuglinge, die noch weitgehend unberührt waren von allen Einflüssen der Kultur. Das Ergebnis dieser empirischen Beobachtungen war die historisch erste Formulierung des sog. Lustprinzips: Das (moralisch) Gute sei dasjenige, was der »Lust« nicht entgegenstehe, denn alles Kreatürliche strebe danach, Schmerz zu vermeiden und Situationen, die mit angenehmen Gefühlen verbunden seien, zu reproduzieren. Hier wird also eine Ableitung und Erklärung der Sittlichkeit aus »natürlichen« Trieben und Bedürfnissen versucht.
Als ethischen Naturalismus bezeichnet man heute jede Position, die versucht, moralische Beurteilungsprädikatoren wie »gut« oder »gerecht« und den vorschreibenden (präskriptiven) Charakter moralischer Urteile entweder – wie im ↑Hedonismus – aus beschreibenden (deskriptiven) Prädikatoren abzuleiten (zu deduzieren) oder aber auf beschreibende Prädikatoren zurückzuführen (zu reduzieren). Ihm wird v. a. der **naturalistische Fehlschluss** vorgeworfen, »Sollen aus Sein« abzuleiten. Ein solcher Verstoß gegen das sog. humesche Gesetz liegt vor, wenn aus einer nicht moralischen Tatsachenfeststellung (z. B. »Die Menschen in der Sahelzone hungern«) ein moralischer Schluss gezogen wird (z. B. »Man sollte diesen Menschen helfen«). Denn dazu müsste eine der Prämissen gleichfalls moralischer Natur sein (z. B. »Man sollte Menschen, die in Not sind, nach Möglichkeit helfen«).

Naturgesetz: in der Naturphilosophie ein Gesetz, nach dem bestimmte Naturvorgänge immer wieder ablaufen, in der Wissenschaftstheorie ein allgemeiner und anerkannter Lehrsatz. – auch ↑Gesetz.

Naturphilosophie: nach aristotelischer Auffassung neben der Logik und der Ethik derjenige Zweig der Philosophie, der die ↑Natur sowie die Möglichkeiten und Bedingungen von Erkenntnis der Natur zum Gegenstand seiner Bemühung macht. Während die eleatische und milesische Naturphilosophie wie auch der frühe ↑Atomismus v. a. den

Naturphilosophie: Die mittelalterliche Naturphilosophie hatte einen engen Bezug zur biblischen Schöpfungsgeschichte (»Die Schöpfung von Himmel und Erde aus dem Chaos«, Mosai, 12. Jh.; Monreale, Kathedrale).

Aufbau der materiellen Welt theoretisch zu bewältigen suchen (↑Materie), betrachtet ARISTOTELES die Notwendigkeit der Erkenntnis von Eigenschaften der natürlichen Dinge als wichtige Vorbedingung für Naturphilosophie. Seine Untersuchungen über ↑Raum bzw. Ort, ↑Zeit, Prozess (Bewegung, Wachstum, Entstehen, Vergehen), ↑Kontinuität/Diskontinuität und ↑Kausalität sind bis heute von grundlegender Relevanz.
Ein Grundproblem von Naturphilosophie ist v.a. das Gegensatzverhältnis zwischen Natur bzw. Materie einerseits und Mensch bzw. ↑Geist, ↑Vernunft andererseits. Dies führt zu einer Reihe verschiedener Naturphilosophien: vom Typ einer Zwei-Welten-Theorie, in der natürliche Welt und Geisteswelt unvermittelbar, aber gleichrangig parallel nebeneinander existieren (z.B. DESCARTES' ↑Res cogitans/Res extensa); vom Typ, der von einer Identität beider Welten ausgehen möchte (z.B. BARUCH DE SPINOZAS »natura sive deus« [lat. »Natur oder Gott«]); oder vom Typ objektiv-idealistischer Philosophien, die zwar von einem Gegensatz zwischen Natur und Geist ausgehen, diesen Gegensatz aber als einen aufzuhebenden ansehen (HEGEL). Vor allem FRIEDRICH VON SCHELLING und HEGEL stellen zum ersten Mal ein vollständiges »Programm« einer Naturphilosophie auf, wobei HEGEL als Einziger ein solches Programm systematisch auch durchführt: Der Geist (als Form der Idee) ist zweifellos Voraussetzung der Natur und nicht bloß der Naturerkenntnis. Andererseits ist Natur wiederum Voraussetzung des Geistes als Form des Lebens, des Menschen, der Geschichte. Die nicht bloß empirische, sondern auch begriffliche Durchdringung der Natur (»beweisen, dass Vernunft in der Natur ist«) ist die Aufgabe der Naturphilosophie. Die Überprüfung der Richtigkeit solcher Versuche geschieht dann dadurch, dass die Stufen der dialektischen Begriffsentwicklung (paradigmatisch am Begriff »Natur« durchgeführt) sich mit empirischen Begriffen (bzw. mit den Phänomenen) analogisieren lassen.
Demgegenüber verfällt der dialektische Materialismus wieder in eine undialektische Einseitigkeit: Indem nach FRIEDRICH ENGELS jede Philosophie sich zu entscheiden habe, ob sie dem Geist (Bewusstsein) oder der Materie (Sein) den Primat einräume, entscheidet er sich für den Primat der Materie. Bei HEGEL ist dagegen beides die Voraussetzung des anderen, sodass er die Aufgabe, den Gegensatz Geist – Natur in einer Einheit aufzuheben, erfüllt hat: »Die Natur ist dann die verkörperte Vernunft« und der Geist die aus der Natur (als ihrer »Veräußerung«) in sich zurückgekehrte Idee.

Naturrecht: Sammelbezeichnung für die Bemühungen der Moral- und Rechtsphilosophie sowie der Theologie, das System des positiven Rechts durch Rückgriff auf eine höher- oder höchstrangige Rechtsquelle zu legitimieren. Gegenüber der Vorläufigkeit des historischen Gesetzes beansprucht das Naturrecht teils eine auf göttliche Rechtsprinzipien gestützte absolute Gültigkeit, teils eine relative Beständigkeit, die aus der für unveränderlich gehaltenen Natur des vernunftgeleiteten Menschen abgeleitet wird.

Die Überlegungen zum Naturrecht haben ihren Ursprung in der ionischen Naturphilosophie, die die Natur (Physis) bzw. die Welt (Kosmos) als ursprünglich, absolut und normsetzend dem menschlichen Gesetz (Nomos) gegenüberstellt, dessen Gültigkeit auf bloßer Konvention beruhe. Aus der relativistischen Grundeinstellung der frühen Sophisten, die oft auf Kritik der bestehenden Rechtsordnung abzielen, entwickelte sich eine v.a. von der Triebhaftigkeit der menschlichen Natur ausgehende Richtung des Naturrechts, die unter Bezug auf den Selbsterhaltungstrieb das Recht des Stärkeren auf Durchsetzung seines Willens als ein der Natur entsprechendes Verhalten rechtfertigt. Dem setzt PLATON die Vorstellung einer vernunftbeherrschten Natur des Menschen entgegen, in der sich die ↑Idee des Guten realisiere, die auch die Grundlage des idealen Staates darstelle, an dem der historische Staat zu messen sei. Mit diesen beiden unterschiedlichen Naturauffassungen ist die für das abendländische Naturrecht zentrale Frage nach dem Ursprung des Gesetzes im ↑Willen (lat. voluntas) oder in der ↑Vernunft (ratio) gestellt.

Im Mittelalter tritt an die Stelle des unpersönlichen Weltgesetzes der Schöpfergott als Urheber der die Weltordnung bestimmenden Lex aeterna. Das Naturrecht, die Lex naturalis (natürliches göttliches Recht), wird als Reflex des Schöpfungsplans im Bewusstsein des Menschen betrachtet. Aus Übereinstimmung von Naturrecht und positivem Recht (das weltliche Recht der politischen Ordnung [Lex temporalis, humana, positiva]) ergibt sich dessen Verbindlichkeit. Während der platonisch beeinflusste AUGUSTINUS die Frage offenlässt, ob die Lex aeterna auf die Vernunft oder den Willen Gottes zurückgeht, entscheidet sich THOMAS VON AQUIN für die Vernunft, für die die obersten Prinzipien des Naturrechts einsehbar sind. Er stellt die Dreiteilung des Rechts der Lex divina der jüdisch-christlichen Offenbarung gegenüber und vereinigt sie in einem umfassenden Ordogedanken (↑Ordo), wobei speziell das positive Recht nur noch verbindlich ist, insoweit es dem göttlichen Recht entspricht. Im 14. Jh. erscheint erstmals bei WILHELM VON OCKHAM die Trias der Jura naturalia, d.h. der »natürlichen Rechte« Leben, Freiheit, Eigentum, die später bei JOHN LOCKE als säkularisierter Naturrechtsbegriff zum Zentralstück der frühbürgerlichen Staatstheorie wird. MARTIN LUTHER gibt dann die traditionelle Dreistufigkeit des Rechts in seiner »Zweireichelehre« auf, behauptet das göttliche Recht als für den sündig gewordenen Menschen unerreichbar und nähert so das positive Recht des Staates dem weltlichen Naturrecht an, das nur der Gesetzgeber erkennt, womit er die Lex naturalis aus der engen Verbindung zur Lex aeterna löst und die Enttheologisierung des Naturrechts weitertreibt.

Im Zuge der Säkularisierung des Naturrechts in der ↑Aufklärung, die das Naturrecht vollends als Vernunftrecht interpretiert, das ohne göttliche Offenbarung erkannt werden kann, wird erneut das von Natur aus Böse und die Triebhaftigkeit der menschlichen Natur betont. Dies veranlasste v.a. THOMAS HOBBES dazu, die Beendigung des Naturzustands durch vollständigen Rechtsverzicht zugunsten des absoluten

Souveräns im ↑Gesellschaftsvertrag als notwendig zu betrachten und damit den Staat zum alleinigen Garanten von Rechtssicherheit zu erheben. LOCKE nennt das Eigentumsrecht, das Leben, Freiheit und Besitz umfasst, ein Naturrecht; die Aufgabe des Staates erschöpft sich für ihn im formalen Schutz geordneter Tauschbeziehungen zwischen Eigentümern. Die Forderung nach Grund- und ↑Menschenrechten erfolgt nur noch verbal im Namen des Naturrechts. Nach der bedeutenden Naturrechtslehre SAMUEL VON PUFENDORFS ist der natürliche Gesellschaftstrieb die Ursache des Gesellschaftsvertrags. Unter dem Einfluss des neuen Wissenschaftsideals verwandelt sich der stoisch-christliche Naturbegriff in den Gesetzesbegriff der neuzeitlichen Naturwissenschaften. So versuchen CHRISTIAN THOMASIUS und CHRISTIAN WOLFF, von obersten Prinzipien aus ein vollständiges, alle Rechtsgebiete umfassendes System von exakten, absolut gültigen Gesetzen zu deduzieren. Dieser Deduktionismus tritt erst zurück, als die von CHARLES MONTESQUIEU erneut betonte, geografisch und kulturell bedingte Relativität auch des Naturrechts zur Ausbildung einer historischen Betrachtungsweise führt, die schließlich um 1800 den dem Naturrecht feindlichen Rechtspositivismus einleitet.

Die historische Erfahrung des Faschismus und die Unfähigkeit des Rechtspositivismus, dem »legalen« Unrecht theoretisch entgegenzutreten, führen nach dem Zweiten Weltkrieg zu einer Kritik der Überbewertung des Staatsrechts und zur Wiederaufnahme der naturrechtlichen Diskussion in der Rechtswissenschaft wie in der christlichen Theologie. Die Unwissenschaftlichkeit des Naturbegriffs als Grundlage ethischer und rechtlicher Normen schloss jedoch letztlich eine Wiederbelebung der Naturrechtslehre aus. Lediglich die römisch-katholische Kirche vertritt, trotz ernsthafter Kritik auch aus den eigenen Reihen, nach wie vor die Lehre eines von Gott eingesetzten Naturrechts.

Naturwissenschaften: im Gegensatz zu ↑Geisteswissenschaften diejenigen Erfah-

Naturwissenschaften

Die Naturwissenschaften und der Begriff des Menschen

Erwin Chargaff (1905–2002) war entscheidend an der Entschlüsselung der DNA-Struktur beteiligt, zugleich wirkte er aber auch als scharfer Kritiker der modernen experimentellen Naturwissenschaften. In seinem Vortrag »Erforschung der Natur und Denaturierung des Menschen« heißt es:

»Ich glaube nicht, dass es eine Übertreibung ist, wenn ich sage, dass wir in einem Zeitalter leben, in dem die Naturwissenschaft es auf sich genommen hat, die Natur zu brutalisieren wie niemals zuvor. Es könnte sein, dass sie es schon immer getan hätte, wenn sie die Mittel dazu gehabt hätte, aber ich bezweifle es. Es hat Zeiten gegeben, in denen das Gewissen des Einzelnen noch funktionierte. (...) Damit ist es nun vorbei. Kann man sich einen Naturforscher vorstellen, der sich weigert, gewisse Versuche zu machen, weil sein Gewissen es ihm verbietet? (...) Organe werden munter transplantiert, als wären es Vergaser oder Zündkerzen; dabei musste doch ein anderer sein Leben lassen unter Umständen, denen man besser nicht nachgeht. Tiefgefrorene Embryos werden schließlich zum Tode im Mistkübel verurteilt. Leihmütter streiten sich um Kind und Profit; Invitro-Babys kennen weder Vater noch Mutter, an ihrer Wiege standen milde lächelnde Pipetten und Pinzetten (...) Was das für eine Welt ist!«

rungswissenschaften, die sich mit der Erforschung der Natur und ihrer Gesetze befassen. Seit der Renaissance werden die Naturwissenschaften mit quantitativen Methoden (Messen) experimentell betrieben. Vielen philosophischen Schulen gelten sie als das Vorbild wissenschaftlicher Erkenntnis überhaupt (z.B. dem ↑logischen Empirismus).

Naturzustand: Argumentationsfigur zur Bezeichnung des (fiktiven) Zustands vorstaatlichen menschlichen Zusammenlebens ohne staatliche Gewalt. Der Begriff spielt v.a. in der Vertragstheorie des ↑Gesellschaftsvertrags eine wesentliche Rolle.

Negation [lat. »Verneinung«]: allgemein die Verwerfung, Zurückweisung oder Verneinung einer Aussage, Frage u.a. (Gegensatz: ↑Affirmation). In der klassischen Logik gilt das ↑Tertium non datur und das Prinzip »duplex negatio affirmat« (lat. »die doppelte Verneinung bejaht«).

In der ↑Dialektik, v.a. seit HEGEL, spielen die Negation und ihre Verdoppelung, die **Negation der Negation,** eine wichtige Rolle. Dabei führt die verdoppelte Negation nicht zum Ausgangspunkt zurück: Die eine Seite des ↑Widerspruchs (Antithese) stellt die Negation der anderen Seite (These) dar. Die Synthese ist eine bestimmte Negation, und zwar die Negation der Antithese, also eine Negation der Negation. Ein Beispiel nach FRIEDRICH ENGELS: Aus einem Getreidekorn wächst eine Getreidepflanze. Dabei geht das Korn zugrunde (Negation). Die Pflanze aber bringt im Reifezustand neue Körner hervor, die die Pflanze überdauern (Negation der Negation). Wichtige Eigenschaften der Pflanze sind in ihnen »aufgehoben« (↑aufheben).

negativ [lat.]: verneinend, oft abwertend im Sinn von wert- oder ergebnislos. In der Sprachphilosophie darf die negative ↑Elementaraussage (z.B. »Diese Blume ist nicht blau«) nicht mit der Negation der entsprechenden positiven Elementaraussage (es gilt nicht: »Diese Blume ist blau«) verwechselt werden.

negative Theologie: Bezeichnung für diejenige Gotteslehre, die von der Erkenntnis ausgeht, dass Gott nicht vollkommen erkannt werden kann, d.h., dass wie bei NIKOLAUS VON KUES über Gott nicht in affirmativen (bejahenden) Begriffen geredet werden kann (↑Docta ignorantia). Wichtig wurde die negative Theologie v.a. in der »dialektischen Theologie« KARL BARTHS.

Neigung: eine mit der jeweiligen Lebensform zusammenhängende v.a. emotionale Disposition, die Antrieben, Einstellungen, Interessen, Zwecksetzungen und Handlungen eine allgemeine Richtung vorgibt, aber nicht mit ihnen identifiziert werden sollte. Obwohl häufig (abwertend) als unvernünftig charakterisiert, müssen Neigungen nicht notwendigerweise im Widerspruch stehen zu den vernünftigen, den »wahren« Interessen und Bedürfnissen eines Individuums bzw. dessen Gemeinschaft.

Nach der praktischen Philosophie KANTS kann eine »Handlung aus Neigung« nicht im strengen Sinne moralisch sein, da sie von äußeren Faktoren abhängt bzw. der Wille fremdbestimmt ist. Nur die vernünftige Überlegung und die Verpflichtung gegenüber einem allgemeingültigen ↑Imperativ können nach KANT als »Prinzip der Sittlichkeit« gelten und dadurch die Moralität einer Handlung ausmachen, nicht aber Neigungen oder das Streben nach Glück.

Neopositivismus: ↑logischer Empirismus.

Neukantianismus: Etwa zwischen 1870 und 1920 gab es als Reaktion v.a. auf ↑Hegelianismus und populärwissenschaftliche Strömungen des Materialismus und Psychologismus eine Art Rückbesinnung auf die Grundgedanken der theoretischen Philosophie KANTS, um die Frage nach der Reichweite des menschlichen Erkenntnisvermögens und die Möglichkeiten formal richtigen Denkens neu zu bestimmen. Der u.a. von KUNO FISCHER, EDUARD ZELLER und HERMANN LOTZE begründete Neukantianismus ging vom Primat der Erkenntnistheorie aus und suchte auf der Basis von Logik und Methodologie die Philosophie als exakte Wissenschaft neu zu begründen. Damit wurde er ein wichtiger Vorläufer der modernen Grundlagenforschung und Wissenschaftstheorie. Während anfangs Versuche im Vordergrund standen, sinnesphysiologische Erkenntnisse (HERMANN VON HELMHOLTZ) als Erklärungsgrundlage des Erfahrungsbegriffes geltend zu machen, wurde später KANTS kritische Philosophie als Ganzes für die Erklärung wissenschaftstheoretischer, v.a. naturwissenschaftlicher Probleme nutzbar gemacht.

Nach den akademischen Wirkungsorten der Vertreter unterscheidet man die stärker erkenntnistheoretisch und mathematisch-naturwissenschaftlich ausgerichtete Marburger Schule (ERNST CASSIRER, HERMANN COHEN, PAUL NATORP, KARL VORLÄNDER), die z.B. an der Lösung des ↑Subjekt-Objekt-Problems, der Vermittlung zwischen Anschauung und Denken und der Konstitution des Erkenntnisgegenstands arbeitete, von der eher kulturphilosophisch und geisteswissenschaftlich ausgerichteten Südwestdeutschen Schule (Badische Schule, Heidelberger Schule; JONAS COHN, EMIL LASK, HEINRICH RICKERT, WILHELM WINDELBAND), die sich v.a. mit Problemen der ↑Wertphilosophie, der Letztbegründung kultureller Geltungsphänomene und einer Neubegründung der Geisteswissenschaften auseinandersetzte.

Die Einflüsse des Neukantianismus wirkten in einem breiten Umkreis u.a. auch auf MARTIN HEIDEGGER und v.a. EDMUND HUSSERL, der mit seiner Begründung der Phänomenologie als strenger Wissenschaft gleichzeitig das Ende der akademischen Vormachtstellung des Neukantianismus besiegelte.

Neuplatonismus: Ende des 18. Jh. aufgekommene Bezeichnung für eine sich an der Philosophie PLATONS orientierende, mit AMMONIOS SAKKAS und PLOTIN beginnende philosophische Richtung des 3.–6. Jh. n. Chr., die die christliche Philosophie und Theologie bis zur Renaissance des ARISTOTELES im Mittelalter prägte. Trotz eines ausgeprägten Schuldogmatismus übernahm der Neuplatonismus auch die Lehren anderer Philosophenschulen, wobei das Prinzip der Auswahl fremder theoretischer Aussagen und das Kriterium der Schulzugehörigkeit die Verträglichkeit mit der Lehre PLATONS waren.

PLOTIN, der den Neuplatonismus weithin prägte, versuchte, die Welt und das Werden unter Beibehaltung des platonischen Dualismus von Sinnlichem und Übersinnlichem aus einem Prinzip der Emanations- und Hypostasenlehre zu erklären. PORPHYRIOS ergänzte den Neuplatonismus PLOTINS durch die Aufnahme der aristotelischen Logik und hob den praktischen und religiösen Aspekt gegenüber dem theoretischen stärker hervor.

Als Hauptvertreter des syrischen Neuplatonismus gilt IAMBLICHOS, der das metaphysische System PLOTINS um mehrere Hypostasen erweiterte. Die Platon-Interpretation erhielt durch ihn eine einheitliche Methode.

Der athenische Neuplatonismus schloss sich in der Platon-Interpretation und der Verbindung von Mystik und scholastischem Denken eng an die syrische Schule an. PROKLOS, ihr bedeutendster Vertreter, verband die exegetische Methode des IAMBLICHOS mit der triadischen Entwicklungsmetaphysik (der Konstruktion eines umfassenden [dialektischen] Systems der Identität, der Nichtidentität und der Überwindung der Nichtidentität) des SYRIANOS.

Der alexandrinische Neuplatonismus verzichtete weitgehend auf eine eigene Metaphysik und strebte eine Harmonisierung zwischen Christentum und Neuplatonismus an.

Der Neuplatonismus des lateinischen Westens ist nur im weitesten Sinn Neuplatonismus; seine Vertreter, meist Christen, widmen sich überwiegend der Übersetzung und Kommentierung platonischer und aristotelischer Schriften. Ihre Bedeutung besteht v. a. in der Vermittlung der antiken Philosophie an das christliche Mittelalter.

Neurophilosophie, Auseinandersetzung mit der Natur des menschlichen Bewusstseins, insbesondere mit dem Zusammenhang zwischen neurologischen Prozessen und mentalen Phänomenen. Basisdisziplin ist die Neurowissenschaft, die das Gehirn mit seinen Milliarden Neuronen und Synapsen erforscht.

Der Begriff der Neurophilosophie wurde Mitte der 1980er-Jahre durch die amerikanische Philosophin PATRICIA SMITH CHURCHLAND populär. Grundlage der Neurophilosophie ist ein interdisziplinäres Programm, das mit neurowissenschaftlichen Methoden die Natur des Bewusstseins zu erklären versucht, insbesondere im Hinblick auf die Frage, wie und in welchem Maße das Bewusstsein durch unbewusste Körperprozesse determiniert wird. In Anlehnung an Strategien der Philosophy of Mind und der Wissenschaftstheorie plädierte CHURCHLAND dafür, irreführende Vorstellungen vom Bewusstsein durch neurowissenschaftliche Begriffe zu ersetzen; zugleich bemühte sie sich um einen Brückenschlag zur Philosophie.

Stark geprägt wurde die Disziplin durch Experimente des Neurobiologen BENJAMIN LIBET (1916–2007), die zeigten, dass in einem Areal außerhalb der Großhirnrinde schon vor einem Handlungsentschluss ein Bereitschaftspotenzial existiert, und die deshalb als empirische Widerlegung der Willensfreiheit gedeutet wurden. Ob die Erkenntnis, dass Veränderungen in den neuronalen Zuständen unseres Gehirns Veränderungen des Bewusstseins bewirken, zwingend bedeutet, dass Begriffe wie Selbstbewusstsein, personale Identität, Entschluss oder Freiheit obsolet sind, ist noch nicht entschieden. Befürworter der Neurophilosophie hoffen, dass ihre Disziplin einst in der Lage sein wird, das Phänomen Bewusstsein naturwissenschaftlich zu erklären, ihre Gegner schließen eine solche Erklärung kategorisch aus.

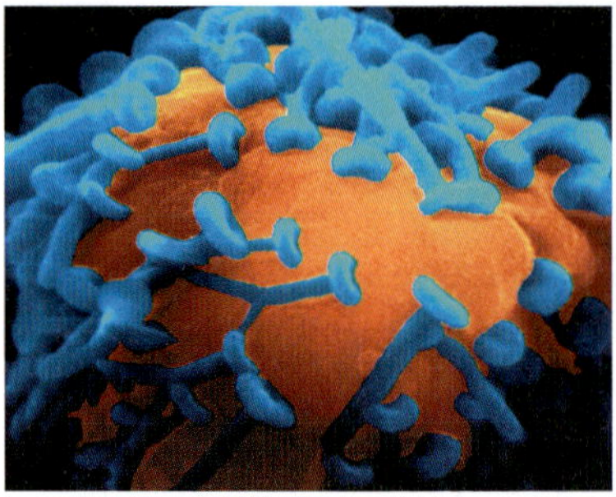

Neurophilosophie: Zugänge zum menschlichen Bewusstsein können nach den Erkenntnissen der Neurophilosophie nur im Rahmen eines Wechselspiels von philosophischer Analyse und neurowissenschaftlicher Empirie eröffnet werden (Synapsen auf einer Nervenzelle).

neuzeitliche Philosophie: im weiteren Sinne sämtliche philosophischen Strömungen und Ansätze vom ausgehenden Mittelalter bis zur ↑Philosophie des 20. Jahrhunderts; im engeren Sinne die philosophischen Lehren von DESCARTES bis KANT. Die neuzeitliche Philosophie vom ausgehenden 16. bis zum frühen 19. Jh. ist geprägt vom wachsenden Selbstbewusstsein und unbegrenzten Vertrauen in die Schaffenskraft der menschlichen Vernunft (↑Renaissancephilosophie, ↑Humanismus, ↑Aufklärung), der Kritik an traditionellen Standpunkten v. a. der organisierten Kirche bzw. deren wissenschaftshemmenden Dogmen (z. B. dass sich die Erde im Mittelpunkt des Weltalls befinde) und der Abwendung vom Kanon der fast vollständig im Sinne der christlichen Theologie interpretierten Schriften des ARISTOTELES, der bis dahin als »der« Philosoph gegolten hatte. Die Aufforderung, nicht länger »in den Büchern *des* Philosophen« zu forschen, sondern sich vielmehr »*dem* Buch der Natur«, d.h. der Natur selbst, zuzuwenden, weil nur dort die Wahrheit zu finden sei, bewirkte einen grundsätzlichen Wechsel im Wissenschaftsparadigma und führte zum Beginn der experimentellen Naturwissenschaften im modernen Sinne. Gleichzeitig brachte die Wiederentdeckung bis dahin verschollener platonischer Texte eine Wiederbelebung idealistischen Gedankenguts.

Vor allem mit der konstruktiv-experimentellen Methodik der sich emanzipierenden Naturwissenschaften stellte sich die Frage nach den Erkenntnismöglichkeiten, -prinzipien und -grenzen des forschenden Menschen völlig neu. Dieses letztgenannte Problem, was und wie Menschen unabhängig von Autoritäten ausschließlich aus der Kraft der eigenen Vernunft heraus wissen könnten, ist vielleicht das spezifischste philosophische Thema dieser Zeit und wird häufig als Wende von der ↑Metaphysik zur ↑Erkenntnistheorie charakterisiert. DESCARTES kann ohne Zweifel als »Vater« dieser neuzeitlichen, erkenntnistheoretischen Denkweise angesprochen werden (↑Cogito, ergo sum, ↑Dualismus). Seine Philosophie liefert Ausgangspunkt und Diskussionsgrundlage für den erbittert geführten Streit zwischen ↑Empirismus und ↑Rationalismus um diejenigen Elemente, die Erfahrungswissen allererst ermöglichen sollten: einmal die menschliche Sensibilität, sinnliche Daten auf sich wirken zu lassen und aufnehmen zu können (↑Empfindung), zum anderen das Instrumentarium, diese Sinnesdaten zu verarbeiten, zu ordnen und begrifflich zu strukturieren (↑angeborene Ideen).

KANT gilt als Vollender und Überwinder dieser Art von Erkenntnistheorie. Aus der Schule der Rationalisten stammend, geprägt von Gedanken DESCARTES' und v.a. LEIBNIZ', gestand er freimütig, dass es allererst die Kritik des Kontrahenten DAVID HUME (z.B. am Kausalprinzip) gewesen sei, die ihn aus seinem »dogmatischen Schlummer« aufgeweckt habe. Was KANT in der »Kritik der reinen Vernunft« (1781) folgen ließ, war eine konsequente Umpolung der Subjekt-Objekt-Beziehung, ein letzter und entscheidender Schlag gegen Metaphysik und Ontologie: Der Schwerpunkt der Subjekt-Objekt-Relation wurde endgültig vom zu erkennenden Objekt in das erkennende Subjekt verlagert. Nach KANT hängt nämlich der Inhalt der Erkenntnis nicht mehr ab von der ontologischen Wesens- oder Seinsart der Dinge, wie sie an sich beschaffen sein mögen, sondern ausschließlich von den kognitiven Strukturen des erkennenden Subjekts, die den Gegenstand allererst so konstituieren, wie er erscheint (↑Erscheinung). Denn »Gegenstand der Erfahrung« heißt, dass man vom zugehörigen »Begriff« (des Verstandes) auch eine Vorstellung, eine ↑Anschauung habe. KANT wusste, dass sein Ansatz – zumindest zu seiner Zeit – auf Misstrauen stoßen würde. Trotzdem sprach er davon, dass seine Gedanken für die Philosophie eine ähnliche Bedeutung hätten wie die (revolutionäre) Änderung des bestehenden Weltbildes durch NIKOLAUS KOPERNIKUS – allerdings bildhaft im umgekehrten Sinne: So, wie KOPERNIKUS durch sein heliozentrisches Weltbild den Menschen aus dem »Mittelpunkt der Welt« herausrückt, stellt KANT den Menschen gerade ins Zentrum, an die wichtigste und erste Stelle des Erkenntnisprozesses.

New Age [nju:ˈeêdʒ; engl. »neues Zeitalter«]: eine weltanschauliche Bewegung, die v.a. in den USA im letzten Drittel des 20.Jh. entstanden ist und Elemente unterschiedlichster Traditionen in sich vereint wie ganzheitlich-holistische Theorieansätze aus

Physik und Biologie sowie Lehren östlicher Religionen und esoterischer bzw. okkulter Systeme. Unter Berufung auf das von der Astrologie für das 20. Jh. angenommene neu anbrechende »Wassermannzeitalter« will New Age dem Rationalismus der Gegenwart und seiner dualistischen, materialistisch-mechanistischen Haltung ein kosmisch-evolutionäres Weltbild entgegensetzen. Eine bislang egozentristisch eingestellte Menschheit soll mithilfe verschiedener Methoden (Psychotechniken, Meditation) zu einem erweiterten Bewusstsein finden, der Mensch sich als identisch mit seiner Mitwelt und dem Kosmos insgesamt begreifen. Aufsehen erregte die These des Atomphysikers FRITJOF CAPRA (u.a. »Wendezeit«, 1982), wonach einige Ansätze heutiger Naturwissenschaft (u.a. Quantentheorie) einem Paradigmenwechsel unterliegen, da sie in ihren sich wechselseitig bedingenden Sichtweisen eine neue, »mystische« Anschauung von Mensch und Natur (Einheit von Geist und Materie) begründen.

Nicht-Ich: Grundbegriff der Wissenschaftslehre JOHANN GOTTLIEB FICHTES, mit dem FICHTE das Problem des kantischen ↑Dings an sich lösen wollte. Das sich selbst setzende Ich setzt damit zugleich das Nicht-Ich der gegenständlichen Welt. Diese steht somit erst dann zur Verfügung, wenn sie durch das handelnde Erkenntnissubjekt erschlossen worden ist. Damit wird aber die Rede vom »Ding an sich« sinnlos.

Nichts: Das deutsche Wort hat eine für seinen philosophischen Kontext bedeutsame Entstehungsgeschichte: Das althochdeutsche »ni eo-wiht« (»nie etwas«) wird zum mittelhochdeutschen »niht« zusammengezogen und in der Form »nihtesniht« verstärkt. Aus dieser Form fällt der zweite Teil fort, und der übrig gebliebene Genitiv »nihtes« wird neuhochdeutsch substantivisch zu »Nichts«. Das ursprüngliche »ni eo-wiht« ist die exakte Entsprechung des griechischen »oudén« bzw. »mēdén (»-en« zu »eīnai«, »ón« [»sein«, »Seiendes«]). Damit ist deutlich, dass Nichts grundsätzlich die Negation von »Sein« zum Begriff macht bzw. abstrakter Allgemeinbegriff der Negation von Seiendem überhaupt ist. Die Rede von Nichts ist daher nur im Zusammenhang mit dem zu sehen, was jeweils unter ↑Sein verstanden wird.

PARMENIDES sagt vom Nichts bzw. Nichtsein nur, dass es nicht sei, da es allein das Sein

Nietzsche

Über die Freundschaft

In Nietzsches Werk »Also sprach Zarathustra« heißt es im Abschnitt »Vom Freunde«:

»Unser Glaube an andere verrät, worin wir gerne an uns selbst glauben möchten. Unsere Sehnsucht nach einem Freund ist unser Verräter. (...) Sahst du deinen Freund schon schlafen? Erschrakst du nicht, dass dein Freund so aussieht? Oh, mein Freund, der Mensch ist etwas, das überwunden werden muss. (...) Bist du reine Luft und Einsamkeit und Brot und Arznei deinem Freunde? Mancher kann seine eigenen Ketten nicht lösen, und doch ist er dem Freunde ein Erlöser. Bist du ein Sklave? So kannst du nicht Freund sein. Bist du ein Tyrann? So kannst du nicht Freunde haben. (...) Noch ist das Weib nicht der Freundschaft fähig. Aber sagt mir, ihr Männer, wer von euch ist denn fähig der Freundschaft? O über eure Armut, ihr Männer, und über euren Geiz der Seele. Wie viel ihr dem Freunde gebt, das will ich noch meinem Feinde geben, und will auch nicht ärmer damit geworden sein.
Es gibt Kameradschaft: Möge es Freundschaft geben! Also sprach Zarathustra.«

gebe. Erst im Atomismus (u.a. Demokrit) gewinnt das Nichtseiende eine ontologische Relevanz: Das »mē ón« ist hier identisch mit dem »kénon« (das oder die »Leere«), das die Atome »auseinanderhält«, als frühe Raumvorstellung (↑Raum) jedoch eher das »Medium« ist, *in* dem sie auseinander sind, bzw. eine »Ontologisierung« der Abstraktion sind, *dass* sie auseinander sind. Der Begriff gewinnt hier eine materie-theoretische Relevanz. In der Philosophie Plotins ist Materie bzw. Natur selbst das Nichts, dies aber angesichts der Tatsache, dass Sein gerade nur dem absoluten Einen zukomme (↑Eine, das).

Die frühchristliche Formel der Schöpfung der Welt aus dem Nichts (↑Creatio ex nihilo) ist gegen Melissos und Aristoteles gerichtet, die sagen, dass aus Nichtseiendem nicht Seiendes entstehen könne: Hier soll der christliche Gott dem philosophisch Undenkbaren trotzen. Hegel setzt in seiner Logik das Nichts mit dem Sein identisch. Diese Identität ist jedoch eine dialektische, d.h., sie wird umgedeutet als Übergang von Sein in Nichts und von Nichts in Sein, verstanden als Entstehen und Vergehen. Diese beiden Begriffe werden als Momente des Werdens begriffen, in dem sie aufgehoben sind, d.h., als Werden sind Sein und Nichts identisch. In der Existenzphilosophie (v.a. Jean-Paul Sartre) ist Nichts als Angst vor dem Nichts Ausdruck der existenziellen Bestimmung des Menschen. Im späten Denken Martin Heideggers wird das Nichts zu einem Zentralbegriff, um Sein neu zu denken. Sein wird in verschiedenen Weisen dann erfassbar, wenn das Denken vom Nichts berührt wird.

Nietzsche, Friedrich, Altphilologe und Philosoph, *Röcken bei Lützen 15. 10. 1844, †Weimar 25. 8. 1900: Als Sohn eines früh verstorbenen Pfarrers studierte Nietzsche ab 1864 zunächst in Bonn klassische Philologie und ein Semester Theologie, ab 1865 in Leipzig. 1869 erhielt er eine Professur für griechische Sprache und Literatur. Von großem Einfluss war v.a. seine Freundschaft mit Richard Wagner, die sich ab 1876 mehr und mehr zur Gegnerschaft entwickelte. Ab Mitte der 1870er-Jahre verschlimmerte sich Nietzsches Gesundheitszustand (schwere Anfälle von Kopf- und Augenschmerzen, Magenkrämpfe und Erbrechen), sodass er 1879 sein Lehramt in Basel aufgeben musste. Die nächsten Jahre lebte er als freier Schriftsteller u.a. in Sils-Maria, Genua, Nizza, Turin. 1889 kam es in Turin zum geistigen Zusammenbruch. Ab 1890 dämmerte Nietzsche in zunehmender geistiger Umnachtung unter der Obhut und Vormundschaft seiner Mutter in Naumburg, ab 1897 seiner Schwester in Weimar dahin.

Nietzsche: Das Gemälde von Hans Olde (1899) zeigt Friedrich Nietzsche auf seinem Krankenlager in der »Villa Silberblick« in Weimar.

Nietzsches Philosophie lässt sich in drei Phasen einteilen. In der ersten Phase stand er ganz unter dem Einfluss von Arthur Schopenhauer und Wagner. In seinem Erstlingswerk »Die Geburt der Tragödie aus dem Geiste der Musik« (1872) entwarf er eine antiklassische, tragisch-pessimistische Sicht des Griechentums und setzte dem optimistischen Wissenschaftsglauben eine »dionysische« Weltanschauung entgegen, die die

n

pessimistische Weltverachtung überwinden sollte. Von SCHOPENHAUER übernahm er zwar den Willen als metaphysisches Prinzip, nicht aber das Postulat der Verneinung des Willens zum Leben mit dem Ziel der Erlösung.

In der zweiten Phase befreite sich NIETZSCHE von seinen beiden Vorbildern und wurde zu einem radikalen Kritiker und »freien Geist«. Mit »Menschliches, Allzumenschliches« (1878–86) fand er den Stil und das Thema seiner Philosophie: In der Haltung eines skeptischen Philosophen und analytischen Psychologen versuchte er in aphoristisch-essayistischer Form, die menschlichen Wertschätzungen als Selbsttäuschungen, v. a. die philosophischen, moralischen und religiösen Grundannahmen als historisch bedingte Vorurteile zu entlarven und ihre psychologischen oder physiologischen Motive zu enthüllen. Sein Blick galt v. a. dem ↑Nihilismus, d. h. der Entwertung der höchsten Werte, die er in die Formel »Gott ist tot!« fasste.

In der dritten Phase legte NIETZSCHE zunächst in »Also sprach Zarathustra« (1883–85) seine eigene, »Ja sagende«, »dionysische« Philosophie in poetisch-prophetischer Form dar: neben dem »Tod Gottes« und der »ewigen Wiederkehr des Gleichen« die Lehren vom ↑Übermenschen, vom ↑Willen zur Macht und von der ↑Umwertung aller Werte. Zuletzt setzte er seine Philosophie-, Religions-, Moral- und Kulturkritik fort mit »Jenseits von Gut und Böse« (1886) und »Genealogie der Moral« (1887).

NIETZSCHES Werk wirkte in der Philosophie zunächst v. a. auf die deutschen Vertreter der ↑Existenzphilosophie (u. a. MARTIN HEIDEGGER, KARL JASPERS), über Deutschland hinaus am stärksten in Frankreich auf die Strömungen des ↑Poststrukturalismus und der ↑Postmoderne (u. a. GEORGES BATAILLE, MICHEL FOUCAULT).

Nihilismus [zu lat. nihil »nichts«]: philosophischer Terminus, der in seiner schillernden Mehrdeutigkeit in der erkenntnistheoretischen Auseinandersetzung zwischen Realisten und Idealisten vorwiegend kritisch-polemisch gebraucht wird. FRIEDRICH HEINRICH JACOBI z. B. kennzeichnet die Philosophie KANTS und JOHANN GOTTLIEB FICHTES als Nihilismus, da sie den Gegenstand der alltäglichen Erfahrung »vernichte«, indem sie ihn abhängig mache von der Konstitutionsleistung des erkennenden Subjekts. Dem hierdurch sich selbst als »absolutes Ich« vergöttlichenden Menschen löse sich alles »allmählig auf in sein eigenes Nichts«.

Im Gefolge der (z. T. terroristischen) Aktionen der russischen Anarchisten in der zweiten Hälfte des 19. Jh. erlangt der Begriff »Nihilismus« literarische Bedeutung, z. B. in IWAN TURGENJEWS Novelle »Väter und Söhne« (1862), wo der »Nihilist« bestimmt wird als jemand, der »sich vor keiner Autorität beugt« und »kein Prinzip annimmt«. Einzig FRIEDRICH NIETZSCHE kennzeichnet den »vollkommenen Nihilismus«, den er mit seiner »Umwertung aller Werte« durch die Formel »Nichts ist wahr, alles ist erlaubt« vertritt. Er wendet sich damit gegen die platonisch-christliche Denktradition, deren Berufung auf eine transzendente Welt er verwirft als die »Idiosynkrasie von décadents, mit der Hinterabsicht, sich am Leben zu rächen«.

Nikolaus von Kues, eigtl. **Nikolaus Chrypffs** oder **Krebs,** Theologe, Philosoph und Universalgelehrter, *Kues (heute zu Bernkastel-Kues) 1401, †Todi (Umbrien) 11. 8. 1464: NIKOLAUS studierte in Heidelberg und Padua Philosophie, kanonisches Recht (Promotion) und Mathematik, ab 1425 beschäftigte er sich mit Theologie. 1427 wurde er Stiftsdekan in Koblenz, 1435 Propst von Münstermaifeld, 1448 Kardinal und 1450 Fürstbischof von Brixen. Bemüht um eine Reform von Kirche und Reich, beteiligte er sich ab 1432 am Basler Konzil, 1439 am Unionskonzil von Florenz und an den Verhandlungen zum Wiener Konkordat (1448). Ab 1450 folgten lange Reisen zu Reformierung des deutschen Ordenslebens, seine Schrift »Reformatio generalis« bereitete die Reform des römischen Klerus vor.

Beeinflusst durch MEISTER ECKHART, WILHELM VON OCKHAM und v.a. von DUNS SCOTUS, stand NIKOLAUS in der Tradition des christlichen Neuplatonismus. In seinem philosophischen Hauptwerk »De docta ignorantia« (»Von der gelehrten Unwissenheit«) von 1440 suchte er die Möglichkeiten menschlichen Erkennens zu erweitern. Zwischen der geschaffenen Welt als Entfaltung Gottes ins Nichts und Gott selbst, der als das All-Eine alle Gegensätze in sich aufhebt, vermittelt Christus als verkörperter Logos. Welt und Mensch (Mikrokosmos) werden so zum Abbild eines Universums, in dem alles Seiende hierarchisch gegliedert ist. Über seine theologischen und mathematischen Arbeiten hinaus bemühte sich Nikolaus intensiv um das Studium der Natur und eine neue Methodologie der Naturforschung. Als einer der ersten deutschen Humanisten befasste er sich auch mit der historisch-philologischen Untersuchung antiker Handschriften und wies die Konstantinische Schenkung als Fälschung nach.

Nirwana [Sanskrit »Erlöschen«, »Verwehen«]: Begriff, den BUDDHA (↑Buddhismus) zur Kennzeichnung des Heilsziels seiner Religionsstiftung gebrauchte. Für ihn ist Nirwana die Überwindung aller Faktoren, die die Last des Daseins bedingen, das Verlöschen der Lebensbegierde und des Wahns, im Dasein eine Realität zu erkennen. In psychologischer Hinsicht bedeutet dies die Aufhebung des »Durstes«, wie BUDDHA sagte, der Gier nach dem Leben. Dieser Zustand kann bereits zu Lebzeiten erreicht werden. Nach dem Tod tritt der Erlöste dann in das vollkommene Nirwana, das **Paranirwana** ein, seine individuelle Existenz erlischt, und er ist dem Gesetz (Fluch) der tatbedingten Wiedergeburten entzogen.

Noema [griech. »das Gedachte«, »der Gedanke«]: Grundbegriff der Phänomenologie EDMUND HUSSERLS, der in einem Bewusstseinsakt (z.B. Denken, Wahrnehmen, Vorstellen) intendierte Gegenstand (das Gedachte, Wahrgenommene, Vorgestellte; ↑Intention). Das Noema darf nicht als ein bewusstseinsimmanentes Objekt aufgefasst werden, es ist vielmehr der reale (konstituierte) Gegenstand in phänomenologischer Reduktion. **Noesis** (griech. »das Wahrnehmen«, »Denken«) bezeichnet den Bewusstseinsakt, der bestimmte Änderungen zulässt, ohne dadurch in seiner Identität zerstört zu werden (z.B. Wechsel des Blickwinkels bei der Wahrnehmung); diese machen vielmehr den »Sinn« des Bewusstseinsakts aus.

Nominalismus [zu lat. nomen »Name«]: eine der Grundpositionen im mittelalterlichen ↑Universalienstreit, die davon ausgeht, dass nur Individuen, sprachlich vertreten durch ↑Nominatoren, eine eigenständige Existenz zukomme. Allgemeinbegriffe (Universalien), die sprachlichen Prädikatoren entsprechen, seien dagegen nur gedankliche oder sprachliche Schöpfungen des Menschen. Die Elementbeziehung wird im Nominalismus durch die Teil-Ganzes-Beziehung ersetzt. Dies verursacht allerdings beträchtliche Schwierigkeiten. Der Nominalismus nennt oft als seine Maxime das von WILHELM VON OCKHAM formulierte Ökonomieprinzip (»Ockhams Rasiermesser«): »Entitäten sollen nicht ohne Zwang vermehrt werden.« Hier setzt auch der moderne Nominalismus ein, der sich aus dem Grundlagenstreit der Mathematik heraus entwickelt hat. Das Auftreten von mengentheoretischen Antinomien (↑Klasse) ist ihm Zeichen dafür, was bei unzulässiger Vermehrung der Entitäten (wenn man nämlich Klassen von Klassen u.Ä. als existent anerkennt) geschieht.

Nominator [lat. »Benenner«, »Bezeichner«]: in der Logik derjenige Ausdruck, der den benannten konkreten oder abstrakten Gegenstand in der Rede vertritt (z. B. Eigenname), im Unterschied zu den unterscheidenden sprachlichen Ausdrücken, den ↑Prädikatoren.

Nonkognitivismus [zu lat. non »nicht« und cognoscere »erkennen«]: Sammelbezeichnung für philosophische Positionen, für die der Bereich der ↑Moral jeder wissenschaftlichen ↑Begründung, die die objektive Gültigkeit ethischer Normen erweisen könnte, unzugänglich ist (Gegensatz: ↑Kognitivismus).

Norm [lat. »Regel«, »Muster«, »leitender Grundsatz«]: Begriff mit unterschiedlichen Bedeutungen:

1. fixierter, vorgegebener Maßstab, der nach pragmatischen Gesichtspunkten getroffen wurde, z. B. DIN-Normen (Normen des Deutschen Instituts für Normung e. V.) oder Spielregeln;
2. empirisch ermittelter Durchschnittswert, zu dem Eigenschaften von Gegenständen und Personen in Relation gesetzt werden, z. B. »Ein Auto mit fünf Rädern ist anormal«;
3. Grenzwertbegriff einer Eigenschaft, die in dieser Vollkommenheit in der Realität nicht zu finden ist, z. B. existiert in der Realität kein wirklich rechtwinkliges Dreieck, da jede Darstellung davon nur eine Annäherung ist;
4. genereller Imperativ, der Menschen zu bestimmten Handlungen auffordert. Solche Normen sind v. a. in der Ethik und im Recht von großer Bedeutung. Während die Einhaltung juristischer Normen durch staatliche Einrichtungen kontrolliert wird, unterliegt die Einhaltung sittlicher Normen der Verantwortung jedes Einzelnen.

Da menschliches Verhalten im Gegensatz zu dem des Tieres nicht vollständig biologisch festgelegt ist, bedarf der Mensch Orientierungshilfen, nach denen er sein Verhalten ausrichtet (↑Ethik). Ziel eines solchen Orientierungssystems ist, ein gewaltfreies Zusammenleben zu ermöglichen, indem aus einer Menge von Handlungsalternativen die beste auszuwählen ist. Normen, die dem Menschen ein bestimmtes Verhalten vorschreiben, können diese Hilfe geben. Je mehr ein Mensch eine Norm verinnerlicht hat und ihre Vernünftigkeit einsieht, umso weniger empfindet er ihre Einhaltung als Zwang. Da er sich durch die Anerkennung vernünftiger Normen die Grundsätze seines Handelns selbst gibt, wird die Freiheit des Einzelnen durch die Forderung, bestimmte Normen einzuhalten, nicht eingeschränkt. Damit eine Norm diese von einer vernünftigen Ethik gestellten Forderungen erfüllt, muss sie eine Verhaltensvorschrift sein, die für alle Menschen in gleichem Maße gilt (Anspruch auf Universalität), die unter allen Umständen gilt und ein Bewertungsmaßstab für Handlungen, also keine reine Gefühlsäußerung ist, da sie sonst weder ein friedliches Zusammenleben ermöglichen noch einem vernünftigen Willen entsprechen kann.

Ein **Normenkonflikt** entsteht in Situationen, in der zwei Normen gelten, die beide anerkannt werden, vernünftig zu rechtfertigen sind, aber einander widersprechen. Ein Beispiel für einen solchen Normenkonflikt ist das Problem der Sterbehilfe. Hier geraten die beiden Normen »Du sollst nicht töten« und »Handle so, dass du keinem Mitmenschen unnötig Schmerz zufügst« miteinander in Konflikt. Ein zur Lösung dieses Konflikts häufig praktiziertes Verhalten ist, der Entscheidung auszuweichen, indem man sie z. B. an den Arzt abtritt, oder aber sich bei der Entscheidung streng an juristische oder kirchliche Weisung hält. In beiden Fällen jedoch gibt man einen Teil seiner möglichen Selbstbestimmung und Freiheit auf und lässt sich fremdbestimmen. Da Selbstbestimmung und Eigenverantwortlichkeit aber zu den wesentlichen Eigenschaften des Menschen gehören, verstößt jemand, der sich so verhält, in jedem Fall gegen die ↑Würde des Menschen. Diesem Dilemma lässt sich nur entgehen, wenn man, die eigenen Handlungsfolgen abschätzend, in ↑Verantwortung handelt.

normativ [lat.]: ↑deskriptiv/präskriptiv/normativ.

Notwendigkeit: eine der ↑Modalitäten (neben Wirklichkeit und Möglichkeit), alltagssprachlich meist durch »müssen« ausgedrückt. Ein Sachverhalt wird notwendig genannt, wenn er so sein muss, wie er ist. Analog wird eine Aussage logisch notwendig genannt, wenn sie wahr sein muss, d. h., wenn ihre Negation einen Widerspruch erzeugt (z. B.: »Ein Mann ist verheiratet oder nicht verheiratet.«). Eine **kausale Notwendigkeit** ist gegeben, wenn eine Aussage aus einer Menge als wahr akzeptierter Aussagen logisch folgt, zu denen das Kausalgesetz und bestimmte Naturgesetze gehören (z. B.: »Ein hochgehobener Stein fällt wieder zu Boden, wenn man ihn loslässt.«). Daneben spielt Notwendigkeit eine wichtige Rolle in Gottesbeweisen: Da Gott vollkommen ist, müssen ihm alle Prädikate zukommen; v. a. aber ist er notwendig und deshalb existent. Auf ARISTOTELES geht die Unterscheidung von notwendigen und bloß zufälligen Eigenschaften eines Gegenstands zurück. So ist der Mensch notwendig vernünftig, aber nur zufällig zweibeinig.

Noumenon [griech. »das Gedachte«]: nach PLATON die geistige Realität im Gegensatz zur sinnlichen Erscheinung. Bei KANT ein nur in der Anschauung gegebener Gegenstand, der jedoch auf ein sinnlich in Zeit und Raum gegebenes Objekt (das »Phaenomenon«; ↑Phänomen) verweist. Es ist mit dem ↑»Ding an sich« bedeutungsgleich und kann nur negativ erfasst werden, d. h. als Gegenstand, der nicht aus sich selbst, sondern nur von den Objekten der sinnlichen Anschauung her bestimmt werden kann.

Nous [nu:s; griech. »Geist«, »Vernunft«]: in der antiken Metaphysik sowohl der denkende und unsterbliche Teil der Seele als auch die kosmische Vernunft. Für ANAXAGORAS stellt der Nous den Initiator des Weltprozesses dar, im »Timaios« bezeichnet PLATON den Nous als das Prinzip in der Weltseele, das ihren rationalen Ablauf erklärt, und ARISTOTELES identifiziert den Nous mit dem ↑unbewegten Beweger. Daneben greift ARISTOTELES die platonische Dreiteilung der Seele auf und führt eine vegetative, eine sensitive und eine rationale Seele ein. Während man die vegetative Seele schon im Pflanzenreich findet, tritt die sensitive, die die Fähigkeiten der vegetativen mit einschließt, aber darüber hinaus noch Sinnesempfindungen, niederes Strebevermögen und Ortsbewegung beinhaltet, in der Tierwelt auf; die rationale Seele hingegen, eben der Nous, kommt nur dem Menschen zu.

Nützlichkeit: ethischer Begriff, der v. a. im ↑Utilitarismus eine wesentliche Rolle spielt. Dieser betont als Grundlage für die ethische Bewertung einer Handlung den außermoralischen Nutzen, also die Folgen und nicht den innermoralischen Wert einer Handlung. Für einen Individualutilitaristen wie z. B. EPIKUR ist die Handlung die moralisch beste, die der eigenen Person am meisten nutzt (↑Ataraxie), für einen Sozialutilitaristen wie z. B. JEREMY BENTHAM die, bei der der Nutzen für das Gesamtwohl maximal ist: das größtmögliche Glück für die größtmögliche Zahl. Bei der Berechnung des tatsächlichen Nutzens einer Handlung, d. h. bei der Abwägung der positiven und negativen Folgen, ergeben sich jedoch Probleme. BENTHAM hat zwar versucht, ein Glückskalkül aufzustellen, doch erwies sich dies als unzureichend, da eine Handlung verschiedenartige Folgen haben kann, die nicht gegeneinander abgewogen werden können. So kann z. B. das Musizieren dem Musiker zwar Freude bereiten, einem ruhebedürftigen Mitbewohner jedoch Verdruss; die Freude des einen lässt sich jedoch nicht gegen den Verdruss des anderen aufrechnen.

O

Obersatz: diejenige Prämisse eines Syllogismus, die den Mittel- und den Oberbegriff enthält. Der Obersatz ist also von allgemeinerem Charakter (↑Syllogistik).

Objẹkt [lat.]: ↑Gegenstand (↑auch Subjekt-Objekt-Problem).

Objektästhethik: ↑Ästhetik.

objektiv [zu lat. obicere »entgegensetzen«, »-stellen«]: das, was unabhängig vom Erkennenden dem Erkannten zukommt, also das, was von den besonderen Umständen, historischen Zufälligkeiten und Interessen der Beteiligten unabhängig ist (Gegensatz: ↑subjektiv). Als objektiv wird i.A. die für sich existierende Welt der Dinge betrachtet. Manche Autoren, z.B. KANT, interpretieren objektiv im Sinne von allgemeingültig. Nur derjenige, der einen offenkundigen Fehler begeht, kann sich einer objektiven Aussage entziehen. Damit wird **Objektivität** zu einer Frage der Begründbarkeit. In die Sätze der Wissenschaft soll nur das eingehen, was zu der zu untersuchenden Situation gehört, nicht aber das, was vom Beobachter u.a. herrührt.

objektịver Geist: ↑absoluter/objektiver/subjektiver Geist.

Objektivismus [lat.]: im Gegensatz zum ↑Subjektivismus diejenige erkenntnistheoretische Position, die von der Überzeugung ausgeht, dass dem Erkenntnisprozess selbst unabhängig vom jeweilig erkennenden Subjekt die Erkenntnisfähigkeit intersubjektiver Wahrheiten und Werte zuzugestehen ist und dass analog den Erfahrungsinhalten und Ideen selbst objektive Gegebenheit zukommt. Objektivismus ist »die Ablehnung eines Subjekts, das nicht Glied der Objektwelt ist« (HEINRICH RICKERT). Der objektivistische Standpunkt ist v.a. im Rahmen ethischer Überlegungen von Gewicht, wo es allgemein verbindliche Maßstäbe und Zwecke sittlichen Handelns festzusetzen gilt.

Objektsprache: ↑Metasprache/Objektsprache.

Ockham ['ɔkəm], Wilhelm von, englischer Philosoph und Theologe, * Ockham (Surrey) um 1285, † München 9.4.1349: OCKHAM studierte (seit 1309) und lehrte (seit 1317) in Oxford. 1323 wurde er für sein Hauptwerk, den »Sentenzenkommentar« zu PETRUS LOMBARDUS, von Papst JOHANNES XXII. wegen Häresie angeklagt. OCKHAM begab sich nach Avignon, wo der Prozess (ab 1324) am päpstlichen Gerichtshof allerdings ohne Urteil endete. Nachdem er im sog. »Armutsstreit« (1328) um das Armutsgelübde seines Ordens erneut gegen den Papst bzw. die Macht- und Besitzansprüche der Kirche Position bezogen hatte, wurde er exkommuniziert und floh zu LUDWIG IV. nach München. Als dessen kirchenpolitischer Berater setzte er dort seinen Kampf gegen den Machtanspruch des Papststuhls in Avignon fort.
Philosophisch ist OCKHAM einer der Hauptvertreter des ↑Nominalismus, einer erkenntnistheoretischen Position des späten Mittelalters, die erstmals primär nach der symbolischen Wahrheit von Worten (Nomina), Begriffen (Universalia) und Sätzen als angemessenem Ausdruck von Gegenständen (Denkinhalten) fragt. Der Begriff ist für OCKHAM lediglich ein Zeichen, ein Name, mit dem die bezeichnete Sache aufgerufen wird. Sein Inhalt kann daher nur relativ erkannt werden, nicht als wahr an sich. Auch den Universalien (↑Universalienstreit) als bloßen Zeichen kann OCKHAM nur noch mentale Bedeutung zugestehen. Wahr ist für ihn allein die Realität der singulären Dinge.

Deren wirkliche Erkenntnis liege aber allein bei Gott. Damit schränkte OCKHAM den herkömmlichen Zugang zur Transzendenz (Ideen wie Gott, Seele) kritisch ein. Seine Position wirkte u. a. auf LEIBNIZ, für den Raum und Zeit nur subjektive Ordnungsrelationen sind, und auf KANT, nach dem alle Kategorien in der transzendentalen Subjektivität konstituiert werden. OCKHAM hat außerdem die Entwicklung der formalen Logik stark gefördert; die grundlegenden Sätze der modernen Aussagenlogik waren ihm bekannt. Zunächst v. a. für die Logik folgenreich wurde sein als »Ockhams Rasiermesser« bezeichnetes Ökonomieprinzip: »Es ist unnütz, etwas mit mehr zu tun, was auch mit weniger getan werden kann«, d. h., dass nur solche Begriffe Anwendung finden sollen, die unmittelbar einsichtig sind bzw. eine Erfahrungsgrundlage haben.

Kirchen- und sozialpolitisch trennte OCKHAM scharf zwischen göttlichem Recht und weltlicher Herrschaft der Kirche und forderte eine strikte Trennung von Kirche und Staat. Herrschaftsverhältnisse, aber auch Eigentum sind für ihn nur positiv-rechtlich, nicht von Natur aus (naturrechtlich) legitimiert.

Ödipus: Gestalt der griechischen Mythologie. Ödipus, später König von Theben, wird als Kind ausgesetzt, weil nach einem Orakel sein Schicksal darin besteht, den Vater umzubringen und die Mutter zu heiraten. Nach SIGMUND FREUD spiegelt sich in diesem Mythologem, in der unbewussten Abneigung gegen den gleichgeschlechtlichen Elternteil (Todeswunsch) und Anziehung durch den gegengeschlechtlichen (Partnerschaftswunsch), eine Grundkonstellation der kindlichen Entwicklung zwischen dem dritten und sechsten Lebensjahr wider **(Ödipuskomplex).** Von der Form seiner Bewältigung hängt wesentlich die spätere sexuelle Einstellung (z. B. auch Homosexualität) und Partnerwahl ab.

Öffentlichkeit: in der ↑Aufklärung gebildeter Terminus der praktischen Philosophie, der das die Allgemeinheit, die Gesamtheit der Bürger Betreffende (z. B. »öffentliches Wohl«) sowie die allgemeine Zugänglichkeit von Einrichtungen, Vorgängen u. a. bezeichnet. KANT versteht »unter dem öffentlichen Gebrauche seiner eigenen Vernunft denjenigen, den jemand als Gelehrter von ihr vor dem ganzen Publikum der Leser macht«. Die Öffentlichkeit ist demnach identisch mit der »universalen Kommunikationsgemeinschaft« (KARL-OTTO APEL) aller Vernünftigen, d. h. Argumentierenden, **öffentliche Meinung** also diejenige Beurteilung eines die Allgemeinheit betreffenden Sachverhalts, die sich im ungehinderten Austausch der Argumente als bestbegründete bewährt hat. Entsprechend sind politische Herrschaftsakte nach KANT nur insoweit legitim, als ihre Maximen sich der Kritik der Öffentlichkeit stellen können.

Die liberale Gesellschaftstheorie des 19. Jh. fordert dann neben der Abschaffung der Geheimhaltungspraxis absolutistischer Kabinettspolitik und Verwaltung v. a. die Öffentlichkeit (im zweiten Sinne) von Parlamentssitzungen und Gerichtsverhandlungen sowie Informations-, Presse-, Versammlungs-, Forschungs-, Meinungs- und Lehrfreiheit – Grundbedingungen der Demokratie.

Okkasionalismus [zu lat. occasio »Gelegenheit«, »Anlass«]: eine im Umkreis DESCARTES' entwickelte Lehre zur Lösung des Problems der Wechselwirkung zwischen Körper und Geist, Seele und Leib (↑Leib-Seele-Problem). DESCARTES hatte Körper bzw. Leib als Ausdehnung und Seele als Denken (↑Res cogitans/Res extensa) definiert. Diese beiden Substanzen galten ihm als voneinander völlig verschieden und unabhängig. Durch das erfahrungsmäßige Neben- oder Miteinander beider Substanzen im Menschen stellte sich aber die Frage, ob und wie derart Wesensfremdes eigentlich

O

aufeinanderwirken könne. So mag z. B. die Bewegung des menschlichen Armes Ursache sein für den Stoß, der einer Billardkugel versetzt wird; die Kugel ihrerseits Ursache für die Bewegung anderer Kugeln. Aber ist das, was ursprünglich die Muskeln (des Armes) in Bewegung setzte und steuerte, im gleichen Sinne »Ursache« zu nennen, und wie hätte man sich diesen Ablauf vorzustellen, wenn doch Geist und Körper streng voneinander getrennt bleiben sollen? Den Okkasionalisten galt eine rationale Lösung dieser Problematik als unmöglich, da sie einerseits an dem Dualismus der beiden Substanzen festhielten, andererseits von dem Prinzip ausgingen, dass Gleiches nur auf Gleiches wirken könne. Zur Erklärung der Wechselwirkung nahmen sie daher ein drittes Prinzip an, nämlich Gott, der »bei Gelegenheit« (lat. »occasio«) eingreift und zwischen den beiden ungleichartigen Substanzen vermittelt.

Ökologie [zu griech. oĩkos »Haus(halt)«]: ursprünglich Teilgebiet der Biologie, das sich mit den Wechselwirkungen von Organismen untereinander bzw. zwischen Organismen und ihrer Umwelt befasst. Spielte in der Ökologieforschung der Mensch zunächst nur die Rolle des unbeteiligten Beobachters, so hat sich zunehmend die Einsicht durchgesetzt, dass der Mensch Teil seiner Umwelt ist und mit ihr in Wechselwirkung steht. Die Erforschung der Zusammenhänge, wie der Mensch seine Umwelt beeinflusst bzw. von ihr beeinflusst wird, dient nicht zuletzt dem Ziel, sie zu lenken. Die Humanökologie, die diese wechselseitigen Zusammenhänge untersucht, geht weit über die Biologie hinaus; sie bezieht Erkenntnisse der Geistes- und Sozialwissenschaften (u. a. Philosophie, Soziologie) mit ein und betrifft auch außerwissenschaftliche Bereiche.

In den Mittelpunkt des öffentlichen Interesses rückte die Ökologie zunehmend seit Ende der 1960er-Jahre, als die Auswirkungen der Umweltverschmutzung, die Begrenzung der natürlichen Rohstoffvorkommen und die Bedrohung der Lebensgrundlagen durch eine auf unendliches Wachstum zielende Weltwirtschaft immer mehr zutage traten. Im Zuge der Ökologiebewegung hat die Ökologie eine inhaltliche und gesellschaftliche Ausweitung weit über die naturwissenschaftliche Disziplin erfahren: Der Ausdruck »Ökologie« bedeutet seither im allgemeinen Sprachgebrauch v. a. die gesellschaftliche Auseinandersetzung mit Umweltfragen und ist oft mit einer gewissermaßen natürlichen Weltanschauung verbunden. Diese betrachtet die Ideen des Fortschritts, des unbegrenzten Wachstums und der berechtigten Herrschaft des Menschen über die Natur als schwerwiegenden Irrtum und fordert die Rückbesinnung darauf, dass die Natur Veränderungen ihres Gleichgewichts nur in geringem Umfang verträgt, ohne irreversible Schäden zu erleiden, und dass die Menschheit als Bestandteil des globalen Ökosystems mit dessen Gefährdung sich selbst in ihrer Existenz gefährdet.

Die biologische Disziplin der Ökologie befindet sich angesichts dieser Gefährdung in einem Dilemma: Als Wissenschaft kann sie zwar Erkenntnisse über Kreisläufe in der Natur bzw. Zusammenhänge zwischen Mensch und Natur liefern und damit Hinweise auf mögliche Auswege aus der ökologischen Krise geben, aber sie kann keine Richtlinien für die notwendige wirtschafts- und sozialpolitische Neuorientierung bieten. Es wäre ein naturalistischer Fehlschluss, wenn aus Gesetzmäßigkeiten der Natur Richtlinien menschlichen Handelns abgeleitet würden; überdies wäre es eine biologistische Betrachtungsweise, dies zu tun, ohne die geistige Besonderheit des Lebewesens Mensch zu beachten. Gefordert ist daher eine humanwissenschaftlich-politische Ökologie, die sowohl die naturwissenschaftlichen Grundlagen als auch Maßstäbe für das wirtschafts- und sozialwissenschaftliche Handeln bereitzustellen vermag. Sie geht davon aus, dass das Überleben der Menschheit nur durch einen partnerschaftlichen Umgang mit der Natur gewährleistet werden kann, der das ökologische Gleichgewicht des globalen Ökosystems zu erhalten beabsichtigt, da der Mensch in erheblichem Maß an dessen Gefährdung beteiligt ist. Daraus folgt, dass das Überleben der Menschheit v. a. eine Frage der Auseinandersetzung des Menschen mit sich selbst bzw. seinem sozialen, ökonomischen und politischen Verhalten ist. Die Philosophie kann v. a. zur Entwicklung einer notwendigen ökologischen ↑Ethik beitragen, die Normen für einen angemessenen Umgang mit der Natur begründet.

ontisch [zu griech. tò ón »das Seiende«]: seiend, seinsgemäß. Im Unterschied zu ontologisch (↑Ontologie) das wirklich Seiende in seiner Individualität oder räumlich-zeitlichen Tatsächlichkeit, d. h. das vom Geist zwar (z. B. phänomenal) bereits erfasste, aber (rational) noch nicht erschlossene Seiende (↑Sein, ↑Seiende, das). Die Unterscheidung von ontisch und ontologisch ist als Begriff der ontologischen Differenz (↑Differenz) erst seit der ↑Fundamentalontologie MARTIN HEIDEGGERS von Bedeutung.

Ontologie: [griech. »seiend«]: im 17. Jh. entstandene Bezeichnung für die Lehre vom Sein und vom Seienden, deren Fragestellungen sich jedoch bis zu den Vorsokratikern zurückverfolgen lassen. PARMENIDES stellte erstmals die Erörterung des Seins in den Mittelpunkt der Philosophie und traf dabei sogleich eine für die Geschichte der Ontologie folgenschwere Unterscheidung: Nur das Seiende ist wirklich, das Nichtseiende aber nicht. Deshalb kommt allem, was ein Nichtsein voraussetzt, etwa Bewegung, Veränderung, Entstehen und Vergehen, keine Wirklichkeit zu. Da die sinnlich wahrnehmbare Welt alle diese Merkmale aufweist, ist sie eine bloß scheinhafte. PLATON übernahm diese Unterscheidung leicht modifiziert: Die Erscheinungen der Sinnenwelt sind ihm ein Mittleres zwischen dem (vollkommenen) Sein der Ideen und dem Nichts.

Bei ARISTOTELES erhielt die Ontologie erstmals eine systematische Begründung als theoretische Wissenschaft vom Seienden als solchem und seinen ersten Ursachen und Prinzipien. Sie ist insofern als Erste Philosophie zu bezeichnen, als sie das Sein der Dinge, das andere Wissenschaften bloß voraussetzen, selbst thematisiert. Die Frage nach den Ursachen und Prinzipien des Seienden wird dabei zur Frage nach dem, was das Sein der Einzeldinge im Kern ausmacht. Für ARISTOTELES war das ihre Form (↑Eidos), die folglich als erste Substanz zu bezeichnen ist. Vermittelt u. a. durch THOMAS VON AQUIN prägte die aristotelische Fassung der Seinsfrage die ontologischen Überlegungen der ↑Scholastik, wobei das Verhältnis zwischen göttlichem und weltlichem Sein in den Mittelpunkt rückte. Auch in dem die gesamte mittelalterliche Philosophie durchziehenden ↑Universalienstreit ging es um eine ontologische Frage, nämlich um den Wirklichkeitsgehalt der Allgemeinbegriffe im Verhältnis zum empirischen Seienden.

Mit KANTS kritischer Philosophie kam es zu einer Abkehr von der ontologischen Tradition. Er reformulierte die Frage nach dem Sein als Frage nach den subjektiven Bedingungen der Möglichkeit von Seinserfahrung. Mit dieser Wende in die transzendentale Subjektivität wurde die Ontologie von einer gegenüber Wesensaussagen über das Sein von Ding kritischen ↑Transzendentalphilosophie abgelöst und verlor damit ihre Bedeutung sowohl als umfassende Erste Philosophie als auch als Grundlehre vom Sein und Wesen der Dinge. Erst im frühen 20. Jh. erfuhr die Ontologie unter der phänomenologischen Losung »Zurück zu den Sachen selbst« (EDMUND HUSSERL) eine Neubelebung. In verschiedenen Varianten wurde nun der Versuch unternommen, wieder ontologisch zu philosophieren, ohne jedoch hinter KANT zurückzufallen.

MARTIN HEIDEGGER kritisierte, dass die Philosophie das Sein seit der Antike stets nach dem Muster des gegenständlich vorhandenen Seienden konzipiert und damit eine anhaltende ↑Seinsvergessenheit eingeleitet habe. Ausgehend von der Untersuchung der Verfasstheit menschlichen Daseins, in dem Sein immer schon unausdrücklich verstanden sei, strebte Heidegger eine an der Zeitlichkeit des Seins orientierte ↑Fundamentalontologie an. Daneben kam es auch in der analytischen Philosophie zu einer Wiederaufnahme ontologischer Fragestellungen, wobei die schon bei ARISTOTELES vorhandene Einsicht leitend war, dass Ontologie sich unweigerlich an die Form der sprachlichen Ausdrücke zu halten habe, mit denen wir über die Wirklichkeit reden.

ontologischer Gottesbeweis: ↑Gottesbeweise.

Operationalismus [zu lat. operatio »das Arbeiten«, »die Verrichtung«]: wissenschaftstheoretische Position, derzufolge die Termini der Wissenschaften ihre Bedeutung durch Handlungen erlangen; weitgehend bedeutungsgleich mit ↑Instrumentalismus.

Operator [lat. »Schöpfer (einer Sache)«]: in Sprachphilosophie, Logik und Mathematik zusammenfassende Bezeichnung für Zeichen, mit deren Hilfe aus Ausdrücken neue Ausdrücke gewonnen werden, z. B. Junktoren und Quantoren.

Optimismus [zu lat. optimum »das Beste«]: eine positiv-affirmative Grundhaltung; sie bejaht die Welt und das Leben und vertritt die Ansicht, dass der Mensch in Kultur und Geschichte zum Fortschritt fähig sei und zunehmend Freiheit und utopische (Selbst-)Entwürfe zu realisieren vermöge (Gegensatz: ↑Pessimismus). In der philosophischen Tradition bezeichnet der Begriff eine Vorstellung, nach der alle Dinge in metaphysischer, moralischer wie erkenntnistheoretischer Hinsicht prinzipiell die Fähigkeit und die Tendenz zur Vervollkommnung in sich tragen. Diese Vorstellung gewinnt v. a. im Zeitalter der ↑Aufklärung Gewicht. Der metaphysische Optimismus beruht auf der Annahme, dass die Welt durch eine natürliche (vernünftige) Weltordnung bestimmt und von Natur her das ↑Gute dem Bösen überlegen sei. Ethisch ist im Menschen der Hang zu einem guten und vernünftigen Leben angelegt und sein Denken zeitigt uneingeschränkt verlässliche Resultate. Diese Bestimmungen von Optimismus finden besonders ihren Ausdruck in der Philosophie von LEIBNIZ, v. a. in der von ihm geprägten These, dass die faktische Welt die bestmögliche aller Welten sei.

Ordinary Language Philosophy [engl. ˈɔ:dênərê ˈlæŋgwêdʒ fêˈlɔsəfê]: ↑analytische Philosophie.

Ordnung [lat.]: auf sämtlichen Wissenschaftsebenen, im politisch-sozialen Bereich (z. B. »Rechtsordnung«, »Gesellschaftsordnung«) wie im Alltag vielfältig benutzter Begriff von grundlegender, obzwar sehr uneinheitlicher Bedeutung. Ohne eine wie auch immer gestaltete Ordnung ist Wirklichkeit weder theoretisch noch praktisch vorstellbar, es sei denn unter den Grenzbegriffen des ↑Chaos oder der ↑Anarchie. Insgesamt bezieht sich Ordnung immer auf ein ↑System, eine ↑Struktur, gegebenenfalls eine ↑Hierarchie von aufeinander bezogenen Sachverhalten, Ideen, Werten usw., die einer Gesetzmäßigkeit unterliegen, einen begründeten Sinn ergeben oder einen einheitlichen Zweck verfolgen. Nach KANT ist Ordnung die regelgeleitete Zusammenfügung einer Vielheit von Teilen zu einer Ganzheit (Einheit), wobei jedem Teil ein bestimmter Stellenwert im Gesamtgefüge zukommt. Philosophie ist ohne ein Grundbedürfnis nach (rationaler) Geordnetheit undenkbar. Darüber hinaus gab es aber immer wieder Versuche (↑Metaphysik), betont alles unter eine Ordnung zu stellen (z. B. ↑Logos, ↑Ordo).

Der umfangreichste, gleichzeitig aber auch leerste Ordnungsbegriff ist Welt. Im Kern stehen alle Vorstellungen von Ordnung vor einer zentralen Frage: Kommt der (vorfindlichen) Welt insgesamt von Natur aus eine Ordnung zu, oder ist Ordnung (ausschließlich) eine Leistung des erkennenden und seinem Willen gemäß in Freiheit handelnden menschlichen Subjektes? Heute scheint der generelle Ordnungsrahmen »Mensch – Welt« durch den Widerstreit zwischen ökologischen Systemen (Natur, Umwelt) und den ökonomischen Sachzwängen empfindlich gestört. Obwohl der Ordnungsgedanke zu allen Zeiten allgemein verbindlich war, scheint er von konservativen Kräften bevorzugt zu werden. Das klassische Regulativ für Ordnung ist das sog. Gleichgewicht der Kräfte. Eine politische Perversion des Ordnungsgedankens stellt jede ↑Diktatur dar.

Ordo [lat. »Reihenfolge«, »Ordnung«]: ausgehend von Augustinus' grundlegender Definition (»Ordo ist die Zusammenstellung gleicher und ungleicher Dinge durch Zuweisung des einem jeden zukommenden Standortes«) wurde Ordo ein in zahlreichen Varianten auftretender zentraler Leitbegriff der mittelalterlichen Philosophie zur Bestimmung des damaligen Weltbildes. Ihm liegt die Vorstellung zugrunde, dass alles »Irdische« einer immanenten, zielgerichteten ↑Ordnung unterliegt, als deren Grund und Endzweck Gott anzusehen ist (bei Thomas von Aquin duplex ordo [lat. »doppelte Ordnung«]).

Organismus [zu griech. órganon »Werkzeug«]: Wenn in einer lokalen, also räumlich begrenzten Struktur ihre Teilstrukturen (als ihre »Elemente«) in einem solchen Wirkzusammenhang stehen, dass sie in unabdingbarer Weise zum Bestehen und zur Erhaltung dieser lokalen Struktur beitragen und dass umgekehrt die lokale Struktur (als Überstruktur ihrer Elemente) auf ihre Elemente und deren Wirkzusammenhang erhaltenden Einfluss hat, dann spricht man von einem Organismus. Ein Organismus ist also eine spezifische Art der Beziehung zwischen dem Teil bzw. den Teilen eines Ganzen und dem Ganzen selbst (↑Teil/Ganzes).

Wegen der genannten Umkehrung unterscheidet sich der Begriff Organismus von dem einer Struktur, die lediglich eine stabile Anordnung oder Konstellation von Elementen meint. Vor allem ist ein Organismus nicht teilbar in eine Mannigfaltigkeit von Organismen: Ein Kristall (als eine stabile Atomanordnung) z. B. ist in mehrere Kristalle spaltbar, ohne dass dies dem Bestehen der Teilkristalle Abbruch tut. Dies ist bei einem Einzeller nicht mehr der Fall. Entnimmt man ihm Teile oder teilt ihn in Hälften, dann geht der ganze Einzeller und gehen mit ihm seine Teile zugrunde. Beim Organismus wird zweckmäßigerweise die Rede von Teil und Ganzem ersetzt durch die von Struktur und Funktion.

Der Organismus hat darüber hinaus noch die Besonderheit, dass sich das Organismische an ihm nicht auf das Individuum (also die lokale Struktur) beschränkt und auch nicht beschränken kann: Er selbst steht wiederum in einem »organischen« Zusammenhang mit seiner Umgebung. Diese umfasst nicht nur Organismen derselben oder anderer Art, sondern auch Medien, die nicht notwendig organisch sein müssen. Im Falle einer Wechselwirkung mit Organismen der gleichen Art (mit dem Resultat und dem Zweck der Erhaltung der gesamten Mannigfaltigkeit) spricht man von einer Population, die ihrerseits aber wiederum ein Organismus ist. Die Umgebung des Organismus (bzw. der Population), innerhalb dessen er eine funktionale Rolle spielt, sowie das Medium, in dem sich der Organismus aufhält und aus dem er die Mittel zu seiner Erhaltungstätigkeit bezieht (und in das er seine Produkte ausscheidet), nennt man heute allgemein »Umwelt«. Da der Organismus mit seiner Umwelt in einem erhaltenden und gestaltenden Wechselwirkungsverhältnis steht, ist die Gesamtheit von Organismus und Umwelt wiederum ein Organismus. Diesen Begriff in seiner ganzen Konsequenz zu durchschauen, ist eine unabdingbare Grundlage dafür, Umweltkrisen zu bewältigen.

Organon [griech. »Werkzeug«]: Ursprünglich bei ARISTOTELES Bezeichnung für die logischen Hilfsmittel der Argumentationstechnik, wurde der Begriff seit etwa 1500 Sammelbegriff für dessen logische Schriften insgesamt.

Ousia, Usia [griech. »Wesenheit«, »Vermögen«]: Oft eingeschränkt als ↑Substanz oder Wesen gedeutet, wird dieser letztlich nicht zu übersetzende Begriff von PLATON bestimmt als das allem anderen Seienden gegenüber primär Seiende. ARISTOTELES begreift Ousia als erste Ursache bzw. allen Ursachen vorausgehender Seinsgrund.

Oxford Philosophy [engl. 'ɔksfəd fê'lɔsəfê]: ↑analytische Philosophie.

P

Panlogismus [zu griech. pãn »all«, »ganz« und lógos »Vernunft«]: Bezeichnung für philosophische Lehren (»Allvernunftlehren«), die die Identität von Denken und Sein behaupten, also davon ausgehen, dass das menschliche Denken denselben Gesetzen der Vernunft unterliegt wie der Kosmos im Ganzen. Aufgrund ihrer metaphysischen Voraussetzung eines als Geist bestimmten Absoluten wird HEGELS Philosophie häufig als »Panlogismus« kritisiert.

panta rhei [griech. »alles fließt«]: irrtümlich ↑Heraklit zugeschriebene Formel für seine philosophische Grundposition, wonach das Seiende andauernden Veränderungen (von Werden und Vergehen) unterworfen ist.

Pantheismus [griech., etwa »All-Gott-Lehre«]: religiös-theologisch-philosophische Position, nach der Gott in allen Dingen der Welt existiert bzw. Gott und Welt identisch sind. Im Gegensatz zum ↑Monotheismus oder ↑Polytheismus existiert nach der Auffassung des Pantheismus die Gottheit nicht von der Welt getrennt.

Paradigma [auch para'digma; griech. »Beispiel«]: von THOMAS KUHN in die Wissenschaftstheorie eingeführter Terminus für die Gesamtheit der eine Wissenschaft in einer Periode prägenden Grundansichten wie methodologische Regeln und spezifische Probleme, aber auch intuitive Einstellungen zu den Phänomenen. Das Paradigma regelt, was als eine befriedigende Problemlösung gelten darf und welche Probleme als interessant und untersuchenswert anzusehen sind. Das Paradigma greift über den theoretischen Bereich hinaus und beeinflusst die Beobachtungen selbst. Es regelt die Konstitution der Gegenstände einer Wissenschaft. In der Wissenschaftsgeschichte kommt es vor, dass ein Paradigma abgelöst wird. Es wird dann von **Paradigmenwechsel** gesprochen. KUHN spricht dann von »wissenschaftlichen Revolutionen«, zwischen denen die Perioden »normaler Wissenschaft« liegen.

Paradoxie (Paradoxon) [zu griech. pará »wider« und dóxa »Meinung«]: im weitesten Sinne Bezeichnung für eine der gewöhnlichen Meinung entgegenstehende, unerwartete, unglaubliche, sonderbare Aussage, die (zunächst) alogisch, unsinnig oder widersprüchlich scheint, oder auch für den von einer solchen Aussage dargestellten Sachverhalt; z. B.: »Es gibt genauso viele gerade Zahlen (2, 4, 6, 8, 10, ...) wie natürliche Zahlen (1, 2, 3, 4, 5, 6, 7, ...)« oder: »Ich weiß, dass ich nichts weiß!« (SOKRATES). Der widersinnig anmutende Charakter der Äußerung, die oft sentenzhaft und aphoristisch ist, kommt i.d.R. – wie bei SOKRATES – durch eine negierende Form des Selbstbezugs zustande. Der Begriff Paradoxie wird auch gleichbedeutend mit ↑Antinomie gebraucht und bezeichnet dann einen Widerspruch in Form einer klassischen Kontradiktion, der Konjunktion einer Aussage A und ihrer Negation $\neg A$: »A« ist gleich »nicht A«.

Durch die Selbstverneinung verletzt SOKRATES einerseits sprachliche Regeln, die implizit benutzt und als geltend anerkannt werden; auf der anderen Seite negiert er auch die zu seiner Zeit selbstverständliche Annahme oder gesellschaftliche Norm seiner Mitbürger, jeder zeichne sich in wenigstens einem Gebiet durch spezifische Fachkompetenz aus. Diese Form von Verweigerung stellt für die Gesellschaftsmitglieder eine völlig unvorhergesehene, befremdende Information dar. Das paradoxe Ereignis greift verändernd in die Zusammenhänge des sprachlich-gesellschaftlichen Regelsystems ein, indem es eine oder mehrere Regeln infrage stellt, außer Kraft setzt, dem Ganzen die Selbstverständlichkeit nimmt und Konflikte provoziert. Wie verschieden Inhalt, Gewicht und Ergebnis einer Paradoxie auch sein mögen, immer tritt dieser verändernde Effekt auf: Nach Bewusstwerden des Dilemmas kann der alte, sozusagen naive Zustand, der ungefährdete Zusammenhang nicht mehr auf derselben Bewusstseinsebene wiederhergestellt werden.

Sehr unterschiedlich sind die Möglichkeiten, auf den Verfremdungseffekt zu reagieren: Das Paradox kann als Gefahr, als Randerscheinung oder als Chance gewertet und behandelt werden. Die Athener hätten z.B. die Möglichkeit gehabt, SOKRATES bloß als »harmlosen Abweichler« zu betrachten und ihn als skurrile Randerscheinung zu dulden bzw. zu ignorieren. Stattdessen haben die Athener SOKRATES zum Tode verurteilt und den Giftbecher trinken lassen. Die Radikalität, mit der sie gegen das Unberechenbare vorgingen, ist ein deutliches Zeichen dafür, dass ihr (gesellschaftliches) System in solcher Weise erstarrt war, dass es nicht mehr in der Lage war, flexibel auf die Herausforderung zu reagieren.

Das Paradox kann als Chance aufgefasst werden, die Konfliktsituation positiv anzunehmen, d.h. das Risiko zu akzeptieren, den Reiz der Situation in den Vordergrund zu stellen und den kritischen Dialog und die Diskussion zu suchen, um als Möglichkeit zur Veränderung die eigenen Grenzen immer wieder neu zu überschreiten und die (gegenständliche) Welt offenzuhalten und zu gestalten.

Paralogismus [griech. »falsche Rechnung«, »Trugschluss«]: Als »Paralogismen der reinen Vernunft« bezeichnet KANT die Schlüsse, die unzulässigerweise aus dem Selbstbewusstsein des »ich denke« (↑Cogito, ergo sum) in der traditionellen Philosophie gezogen wurden. So bestreitet KANT z.B., dass aus dem Selbstbewusstsein des Denkens sich Aussagen wie »die Seele ist eine Substanz« oder »die Seele ist einfach und unteilbar« ableiten lassen. – auch ↑Fehlschluss.

Parmẹnides, griechischer Philosoph, *Elea (Unteritalien) um 515 v.Chr., † nach 450 v.Chr.: Von dem ↑Vorsokratiker PARMENIDES weiß man biografisch kaum mehr, als dass er seine Philosophie um 480 in einem Lehrgedicht niederlegte, das unter dem (später hinzugefügten) Titel »Peri physeos« (»Über die Natur«) bekannt wurde. Vermutlich war er Schüler des griechischen Dichters XENOPHANES, der erstmals das menschliche Wissen über die Natur und die Götter infrage stellte. PARMENIDES' historisches Verhältnis zu HERAKLIT, gegen dessen dynamische Philosophie er sich zu wenden scheint, ist umstritten. Ob er mit SOKRATES zusammentraf, wie PLATON berichtet, ist zweifelhaft.

PARMENIDES gilt als Begründer und Hauptvertreter der ↑eleatischen Philosophie. Sein Lehrgedicht gliedert sich in eine Einleitung, in der er seine Lehre als göttliche Weisheit ausgibt, und zwei Hauptteile, die die Lehre von der Wahrheit (alétheia) und die Lehre von der bloßen Meinung oder Täuschung (dóxa) enthalten. Der Kern seiner Philosophie besteht in der Lehre von der Wahrheit (↑Aletheia), in der er seine ↑Ontologie und Erkenntnistheorie darlegt: Es gibt Seiendes, und zwar nur *ein* Seiendes, das vollständig, einheitlich und erkennbar ist. Denken und Sein sind »dasselbe«; Nichtseiendes gibt es nicht, es ist undenkbar. Es gibt keine Veränderung; das Seiende ist ungeworden und unvergänglich. Die Anerkennung von Vielheit, Veränderung und Bewegung ist Irrtum, Trug, bloße Meinung und beruht auf Denkfehlern. Nur das Denken führt zur Wahrheit, die Wahrnehmung dagegen zum Irrtum und Trug. Kennzeichnend für die Philosophie von PARMENIDES sind der statische Seinsbegriff und dessen ↑Monismus, der ontologische ↑Dualismus von Sein und Nichtsein, Sein und Werden, Einheit und Vielheit sowie der erkenntnistheoretische Dualismus von Denken und Wahrnehmung, Wissen und Meinen.

Mit seinen Thesen und Dualismen hat PARMENIDES die weitere Entwicklung der Philosophie maßgeblich mit beeinflusst. Während die nachfolgenden Vorsokratiker EMPEDOKLES, ANAXAGORAS und DEMOKRIT mit ihren Theorien die Veränderlichkeit und die Vielheit des Seienden zu erklären versuchten, übernahm PLATON PARMENIDES' erkenntnistheoretischen Dualismus und dessen statischen Seinsbegriff.

partikulär [lat. »einen Teil betreffend«]: In der traditionellen Logik werden Aussagen der Form »einige *S* sind *P*« und »einige *S* sind nicht *P*« als partikuläre Urteile (Aussagen) bezeichnet.

Partizipation [lat.]: ↑Methexis, ↑Teilhabe.

Pascal, Blaise, französischer Naturwissenschaftler und Theologe, *Clermont (Auvergne) 19. 6. 1623, †Paris 19. 8. 1662: Hochbegabt, entwickelte PASCAL schon als Zwölfjähriger die euklidische Geometrie, erfand 1642 eine Rechenmaschine und später die Wahrscheinlichkeitsrechnung. Der Tod des Vaters 1646 leitete eine Hinwendung zu religiösen Fragen ein (»Méditation sur la mort«, 1651). Wenige Jahre nach dem Eintritt seiner Schwester in das Pariser Zisterzienserinnenkloster Port-Royal, einem Zentrum des Jansenismus, zog sich auch PASCAL 1655 von seinem weltmännischen Leben nach Port-Royal zurück, wo er in einer Einsiedlerzelle lebte. Als einige Lehren des Jansenismus von Inquisition und Papst als häretisch verurteilt wurden, verteidigte PASCAL die Frömmigkeitsbewegung von Port-Royal in den anonymen »Lettres provinciales« (1656) gegen die Jesuiten. Nach der erneuten Hinwendung zu naturwissenschaftlichen Fragen begann er eine Apologie der christlichen Religion, deren Fragmente unter dem Titel »Pensées« posthum publiziert wurden. Pascal gilt heute nicht nur als großer Naturwissenschaftler, sondern auch als größter religiöser Denker des neuzeitlichen Frankreich.

Passio [lat.]: ↑Actio/Passio.

Patchworkidentität ['pætʃwəːk; zu engl. patchwork »Flickwerk]: Begriff aus der Sozialpsychologie des ausgehenden 20. Jh., der darauf reflektiert, dass persönliche Identitätsbildung in der modernen pluralistischen Gesellschaft den handelnden Subjekten vielfältige und uneinheitliche Strategien abverlangt.

patristische Philosophie (Patristik): Bezeichnung für die Philosophie der ersten Hälfte des Mittelalters (↑mittelalterliche Philosophie), der Zeit der Kirchenväter (lat.

»patres«). Die Anfänge der patristischen Philosophie im 1./2. Jh. n. Chr. stehen ganz im Zeichen des Kampfes des Christentums gegen seine Kritiker und Gegner. Der Philosophie kommt hierbei die Aufgabe zu, ein mit der christlichen Offenbarung vereinbares Weltbild zu schaffen. Gerade die Lehre vom Schöpfergott, eine Idee, die der Antike fremd war, warf schwierige Probleme auf: Wie konnte das Böse in die Welt kommen? Ist der menschliche Wille frei? Was ist Wahrheit und wieso gibt es Falschheit? Im Gegensatz zur ↑Gnosis, die das Böse aus einem selbstständigen Prinzip hervorgehen sah, musste das Christentum dessen Vorhandensein trotz der göttlichen Schöpfung erklären. Hierbei spielt die Freiheit des Einzelnen eine wichtige Rolle, denn nur ein freies Individuum kann sündigen. So werden das Prinzip der Individualität und der Selbstgewissheit des Bewusstseins zur wichtigsten Entdeckung der patristischen Philosophie. Die Philosophie bleibt allerdings als »Magd« der Theologie untergeordnet, weil diese ihr die Themen vorgibt. Die Frage nach der Beziehung von Glauben und Wissen, das sog. Problem der Dialektik, wird indessen immer wieder aufbrechen und schließlich im 12. Jh. in der Kompromissformel des ↑Credo, ut intelligam einen gewissen Abschluss finden.

Das Erbe an antiker Philosophie, das der Patristik ursprünglich zufiel, war recht gering. Es beschränkte sich auf einige der logischen Schriften des ARISTOTELES, auf PLATONS »Timaios« und auf die Schriften des Neuplatonismus, dessen Lehren von AUGUSTINUS mit der Lehre der Kirche zum »augustinischen System« vereinigt wurden. Insgesamt ist für diesen größten Denker der Patristik das Bestreben charakteristisch, die wichtigsten Sätze des christlichen Glaubens philosophisch zu erörtern. Die platonischen ↑Ideen werden gemäß dieser Tradition als die Gedanken Gottes uminterpretiert. Aufgabe des Menschen ist es nun, diese in seinem Denken nachzuvollziehen und in ein nach Kategorien geordnetes System zu bringen. Neben der Konzeption eines »Gottesstaates« gilt als größte philosophische Leistung AUGUSTINUS' seine Theorie der ↑Zeit. Ausgehend von der durch den biblischen Schöpfungsbericht nahegelegten Frage »Was war, bevor Gott die Welt erschuf?«, entwickelt AUGUSTINUS eine Lehre, die behauptet, dass die Zeit bloß subjektiv, d. h. Ausdruck des menschlichen Erlebens und nicht eine Gegebenheit der Natur sei. Damit greift er KANTS Lehre von der Zeit als ↑Anschauungsform vor (auch DESCARTES' berühmtes ↑Cogito, ergo sum findet sich fast wörtlich bei AUGUSTINUS). Es gibt nur eine Gegenwart; Vergangenheit und Zukunft existieren für uns ausschließlich deshalb, weil wir uns Erinnerungen und Erwartungen vergegenwärtigen können. Damit löst sich die Ausgangsfrage auf: Gott ist, da er kein Mensch ist, nicht in der Zeit! Für ihn gibt es kein Vorher und kein Nachher.

Neben AUGUSTINUS ist BOETHIUS der wichtigste Philosoph der Patristik. Er machte sich v. a. durch seine Aristoteles- und Porphyrios-Übersetzungen ins Lateinische verdient. Seine »Tröstungen der Philosophie«, verfasst im Gefängnis nach der Verurteilung zum Tod, waren eine der meistgelesenen Schriften des Mittelalters. Der Patristik folgte die ↑Scholastik.

Peirce [pə:s], Charles Sanders, amerikanischer Philosoph, Mathematiker und Naturwissenschaftler, *Cambridge (Massachusetts) 10. 9. 1839, †Milford (Pennsylvania) 19. 4. 1914: Neben seinem Studium der Naturwissenschaften (Chemie, Physik, Astronomie; 1863 Abschluss in Chemie) in Cambridge beschäftigte sich PEIRCE mit Philosophie (v. a. KANT) und Mathematik. 1882 befreundete er sich mit WILLIAM JAMES. 1861–91 war PEIRCE hauptsächlich als Mitarbeiter im Vermessungsdienst beschäftigt, daneben gelegentlich als Dozent für Logik in Cambridge und 1879–84 in Baltimore (Maryland). 1887 zog er sich auf eine Farm bei Milford zurück, wo er zuletzt in großer Armut lebte. PEIRCE veröffentlichte v.a. Aufsätze über Mathematik, Logik, Philosophie, Geodäsie und Astronomie. Seine umfangreichen philosophischen Untersuchungen wurden postum unter dem Titel »Collected Papers« (1931–1935/1958) herausgegeben.

Peirce: Charles Sanders Peirce

PEIRCE gilt neben ↑James als Begründer des ↑Pragmatismus, überdies als Begründer der modernen Semiotik. PEIRCES Pragmatismus als erkenntnistheoretische Haltung drückt sich in der »pragmatischen Maxime« als wissenschaftlicher Methode der Begriffsklärung aus. Ihr zufolge müssen wir überlegen, welche Wirkungen auf unsere Handlungsweisen wir dem zu erkennenden Gegenstand zuschreiben; der Begriff dieser Wirkungen ist der Begriff des Gegenstandes, d.h., sein Bedeutungsgehalt besteht in den gedachten Handlungsfolgen. Diese empirisch kontrollierbare Methode dient zur Erforschung, Erfassung und Anwendung der Wahrheit. Damit verknüpft PEIRCE einen Realismus und eine Konsenstheorie der Wahrheit. Der Erkenntnisprozess vollzieht sich im Wechsel von Zweifel und Überzeugung. Trotz des Fallibilismus (↑fallibel) kann uns die wissenschaftliche Methode Überzeugungen gewähren, die uns Handlungssicherheit bieten, da diese auf einer von subjektiven Meinungen unabhängigen Realität beruhen. Zugleich müssen sich unsere Überzeugungen im Konsens der miteinander Handelnden bzw. Forschenden bewähren. So gelangen wir auf lange Sicht in einer offenen und freien Kommunikationsgemeinschaft zu einer »wahren« Repräsentation der Welt.

Überaus folgenreich für die Entwicklung der Philosophie war PEIRCES Einsicht, dass alle Erkenntnis durch Zeichen vermittelt ist. Er entwickelte eine pragmatische ↑Semiotik (Zeichentheorie) als Grunddisziplin der Philosophie einschließlich Logik. Das herkömmliche dyadische Modell des Zeichens als Verbindung von Zeichenträger und bezeichnetem Gegenstand erweiternd, begriff er das ↑Zeichen als triadische Relation (semiotisches Dreieck), indem er den sog. »Interpretanten« ergänzte, d.h. die Bedeutung, die durch Interpretation der Zeichenbenutzer (Sprecher bzw. Hörer) in einem Handlungszusammenhang zustande kommt.

Peripatetiker [griech.]: Anhänger einer auf ↑Aristoteles zurückgehenden Schule, die um 335 v.Chr. in Athen gegründet worden war, dann auch Bezeichnung für alle (späteren) Aristoteliker. Der Name geht auf die sich an das Gymnasium Lykeion in Athen anschließende Wandelhalle (griech. perípatos »das Spazierengehen«) zurück, in der ARISTOTELES öffentlich Vorträge hielt.

perlokutiver Akt (perlokutionärer Akt) [lat.]: ↑Sprechakt.

per se [lat. »durch sich«]: in der scholastischen Philosophie im Gegensatz zu per accidens (↑Akzidens) die Existenzweise der ↑Substanz, d.h. Seiendem, das keines anderen Seienden als eines »Trägers« oder »Subjektes« seiner Existenz bedarf (auch **Perseität**). Als »eigentlich erste Ursache« (DUNS SCOTUS) ist per se in der Hierarchie der prinzipiellen Ursachen nur noch zu unterscheiden von Gott als esse a se (»von sich her sein«, auch Aseität; ↑ab alio/ase).

Person [zu lat. persona »Maske eines Schauspielers«]: schon bei CICERO ein Begriff mit unterschiedlichen Bedeutungen: die Rolle, die jemand im Leben spielt, bzw. der Eindruck, den er macht, sein Ansehen und seine Würde. Vor dem Gesetz eine Person zu sein, war ursprünglich ein Recht, das z. B. Sklaven nicht hatten. Die rechtsfähige Person unterschied sich von der Sache (lat. »res«) dadurch, dass sie über sich selbst verfügen und ihr Handeln selbst bestimmen konnte. Die von BOETHIUS stammende Definition der Person als »unteilbare Substanz des vernünftigen Wesens« gilt bis in die Aufklärung. KANT macht geltend, dass sich das Subjekt (d. h. die Person) erst über die Ausbildung von Handlungsmöglichkeiten und deren Verwirklichung herstellt. Damit wird das Problem der Freiheit und Einheit bzw. der Identität einer Person zu einem handlungstheoretischen Problem: Nicht die bloße Tatsache des (freien) handelnden Eingriffs in den Ablauf natürlicher Prozesse macht eine Person aus, sondern die Freiheit auch von Fremdbestimmung.

So liegt es nahe, ein handelndes Subjekt nur dann als Person anzusehen, wenn es sich selbst Ziele setzt, sein Handeln als Hinarbeiten auf diese Ziele versteht und auch tatsächlich in der Lage ist, Handlungen und Ziele aufeinander abzustimmen. Die Person verliert oder verfehlt ihre ↑Identität, wenn sie ihr Handeln lediglich als »Mittel« zu den von anderen gesetzten Zielen oder überhaupt nicht zielorientiert begreift (↑Entfremdung). Der enge Zusammenhang zwischen der alten Bedeutung von »persona« als »Rolle eines Schauspielers« und den Bedingungen des Personseins innerhalb einer Gesellschaftsordnung wird u. a. auch daran deutlich, dass nur derjenige als Person anerkannt wird und seine personale Identität entfalten kann, der am gesellschaftlichen Rollenspiel aktiv teilnimmt und die von ihm gespielten sozialen Rollen (z. B. als Schüler, als Sohn/Tochter, als Freund) innerhalb des gesellschaftlich vorgegebenen Rahmens selbstständig gestaltet. Werden darüber hinaus eigenständige und von den Rollenmustern der Gesellschaft (weitgehend) unabhängige Strukturen des Verhaltens entwickelt, spricht man von **Persönlichkeit.**

Personalismus: Sammelbezeichnung für philosophische Positionen verschiedener Orientierung, die die Person in das Zentrum stellen. Der Personalismus unterscheidet scharf zwischen der ↑Person als handelndem Subjekt, das seine Erkenntnisprozesse und Zielsetzungen selbst bewirkt und gestaltet, und dem Sein, seinen Objektivierungen bzw. den Dingen, Sachen.

Begriffsgeschichtlich wurde der Terminus von FRIEDRICH SCHLEIERMACHER (1799) – zur Abgrenzung gegen den Pantheismus – für den Glauben an einen persönlichen Gott eingeführt. Einen dialogischen Personalismus entwickelte, beeinflusst von LUDWIG FEUERBACH, v. a. FERDINAND EBNER und MARTIN BUBER sowie die christliche Existenzphilosophie (z. B. GABRIEL MARCEL).

Perspektivismus [lat.]: ↑Relativismus.

Perzeption [lat. »das Empfangen«, »Erfassen«, »Begreifen«]: in der Psychologie die sinnliche Wahrnehmung eines Gegenstandes, die ohne bewusstes Erfassen und Identifizieren des Wahrgenommenen bleibt (z. B. bei flüchtigem Hinsehen), im Gegensatz zur ↑Apperzeption, der bewussten Aufnahme von Sinneseindrücken. In der Erkenntnistheorie bezeichnet der Begriff einerseits den Vorgang des Wahrnehmens selbst, andererseits aber auch die Inhalte der Wahrnehmungsvorgänge und wird dann synonym mit »Idee« oder »Vorstellung« gebraucht.

Dieser ambivalente Sprachgebrauch war mit Ursache für die Kontroverse zwischen Empirismus und Rationalismus hinsichtlich der Fragen des Erkenntniserwerbs und der dazu erforderlichen, fundamentalen Leistungen des Verstandes auf der einen, der Sinnlichkeit auf der anderen Seite. In der Philosophie LEIBNIZ' bezeichnet Perzeption eine Art des Vorstellens, dessen sich die geistige Einheit, die ↑Monade, nicht bewusst zu sein braucht. Damit bricht LEIBNIZ mit der These, dass das, was Menschen in kognitiver Weise erfassen, immer ↑klar und deutlich sein müsse, und bereitet so eine Lehre vom Unbewussten vor.

Pessimismus [zu lat. pessimum »das Schlechteste«, »Schlimmste«]: eine dem ↑Optimismus entgegengesetzte Grundhaltung, die dadurch gekennzeichnet ist, dass sie einen in der Welt selbst angelegten oder außerhalb der Welt lokalisierbaren Sinn grundsätzlich infrage stellt bzw. Welt und Leben verneint; damit werden auch Geschichte und Kultur, Leben und Handeln des Menschen, jeglicher Fortschritt wie überhaupt jeder utopische (Selbst-)Entwurf (↑Utopie) als fragwürdig, sinnlos und zum Scheitern verurteilt angesehen. Der Pessimismus stimmt in manchen Aspekten mit dem ↑Nihilismus und (v. a. in erkenntnistheoretischer Hinsicht) mit dem ↑Skeptizismus überein. Pessimistische Ansätze lassen sich in allen Erlösungsreligionen finden; in der Philosophie wird Pessimismus v. a. von ARTHUR SCHOPENHAUER vertreten.

Petitio Principii [lat. »Forderung des (Beweis-)Grundes«]: Beweisfehler, der darin besteht, dass zum ↑Beweis eine selbst noch beweisbedürftige Aussage verwendet wird. Ein Sonderfall ist der ↑Circulus vitiosus.

Pflicht: Anspruch, in bestimmten Handlungszusammenhängen und Positionen nach festgelegten, als verbindlich geltenden Regeln zu handeln. Dabei kann die Sollensforderung »von außen« an das handelnde Individuum gerichtet werden. Solche »äußeren« Pflichten verkörpern z. B. Handlungserwartungen von Gruppen oder Gesellschaften gemäß ihren Regeln und Wertvorstellungen, werden aber auch in Religionen ausgesprochen, wenn deren Anspruch vor Gott (Gebote) eingelöst werden soll. Viele dieser Pflichten werden im Lauf der Entwicklung und Erziehung (Sozialisation) vom Individuum in sich aufgenommen, »verinnerlicht« (↑Gewissen). Dann wird der Anspruch des »du sollst!« nicht mehr als von außen, sondern vielmehr als »von innen«, aus dem Individuum selbst kommend erfahren bzw. als objektiv notwendig eingesehen.

In die Ethik wurde der Begriff der Pflicht von den Stoikern (↑Stoa) eingeführt. Sie definierten als Pflicht im moralphilosophischen Interesse dasjenige, »was naturgemäß oder vernünftig ist oder sich mit guten Gründen rechtfertigen lässt«. Vor allem bei KANT wird die Pflicht zum zentralen Element der Ethik und zum Kriterium von Moralität über-

Pflicht: Je nach Ausrichtung der Philosophie wird Pflicht entweder als von der Natur gefordert oder als Aufgabe des Menschen als Vernunftwesen gesehen (Giovanni Domenico Tiepolo, 1780; Moskau, Puschkin-Museum).

haupt, weswegen man auch von KANTS **Pflichtethik** spricht. Nach KANT lässt sich die Berechtigung des Anspruchs eines sittlichen »du sollst!« einzig und allein aus seiner formalen Verallgemeinerungsfähigkeit und Widerspruchslosigkeit heraus ableiten. Das oberste derartige Prinzip formuliert KANT in seinem ↑kategorischen Imperativ. Für die Aufforderung, nur so zu handeln, wie man es in gleicher Weise von jedem anderen Vernunftwesen verlangen und erwarten würde, glaubt KANT, in der »Kritik der praktischen Vernunft« die geforderte vernünftige Rechtfertigung liefern zu können. Deshalb kann der Geltungsanspruch dieses Imperativs als universal, einschränkungslos oder kategorisch bezeichnet werden. Da der Mensch aber nicht ausschließlich Vernunftwesen ist und daher immer wieder in der Versuchung steht, seine (persönlichen) ↑Neigungen in die Prinzipien seines Handelns einfließen zu lassen, kann es als eine »Pflicht« bezeichnet werden – will man dem Anspruch der Vernünftigkeit genügen –, sich den Forderungen des Vernunftgesetzes zu unterwerfen.

Phainọmenon [griech.]: ↑Erscheinung.

Phänomẹn [griech. »das Erscheinende«, »Einleuchtende«]: die Erscheinung eines Gegenstands der Außenwelt in den Sinnen. Das Phänomen nimmt eine vermittelnde Stellung zwischen den Gegenständen draußen in der Welt und dem Denken ein. KANT setzt dem Phänomen (das er »Phaenomenon« nennt) das ↑Ding an sich (»Noumenon«) entgegen. Letzteres ist zwar Ursache der Erscheinung, für die Erkenntnis aber dennoch nicht erreichbar.

Das Verhältnis von Phänomenen (Schein) und der dahinter stehenden Wirklichkeit (Sein) ist eines der ältesten Themen der Philosophie. PLATON gab hierauf eine erste Antwort: Die Erscheinungen sind lediglich Schatten der wirklichen Dinge, der Ideen (↑Höhlengleichnis). Eine Lehre, die behauptet, dass alles erfahrungsmäßige Erkennen auf Phänomene beschränkt bleibt, wird **Phänomenalismus** genannt. Die Gegenposition ist der ↑Realismus, der annimmt, dass die Erkenntnis die wirklichen Dinge der Außenwelt erreichen kann. Die ↑Phänomenologie umgeht diese Problematik, indem sie sie »einklammert« (phänomenologische Reduktion).

Phänomenologie: im weiteren Sinn die Lehre von den Erscheinungen (↑Phänomen). In diesem Sinn verwendete HEGEL den Ausdruck im Titel seines Frühwerks »Phänomenologie des Geistes« (1807), das die Erscheinungsformen des Geistes von der sinnlichen Gewissheit bis zum absoluten Wissen behandelt.

Im engeren Sinn bezeichnet Phänomenologie seit etwa der Wende vom 19. zum 20. Jh. die von EDMUND HUSSERL begründete Richtung des Philosophierens, die zu den einflussreichsten Richtungen der ↑Philosophie des 20. Jahrhunderts zählt.

Die Phänomenologie ist eine Bewusstseinsphilosophie. Dabei wird von HUSSERL ein völlig neuartiger Bewusstseinsbegriff geprägt, in dessen Zentrum der Begriff der Intentionalität (↑Intention) steht. Sie stellt das Prinzip dar, das den vielfältigen Bewusstseinsakten (»cogitationes«) Einheit verleiht. »Bewusstsein ist immer Bewusstsein von etwas«, lautet die Maxime der Phänomenologie. Ihr Wahlspruch lautet »zu den Sachen selbst«. Diese Sachen bzw. Dinge sind allerdings nicht einfach Dinge der unabhängig existenten Außenwelt (wie die »naive« Einstellung annimmt), sondern sie sind bestimmt als das »Sich-selbst-gleich-Bleibende« im Wandel der verschiedenen, auf ein Objekt bezogenen Akte (z. B. kann man dieses Buch wahrnehmen, sich wünschen, verabscheuen). Mithilfe der »eidetischen Variation« (Einklammerung) öffnen sich Gegenstände dem bewusstseinsmäßigen Zugang. Durch die Beschränkung auf Ge-

P

genstände als intendierte (phänomenologische Reduktion) wird es möglich, ihr ↑Wesen zu erfassen (↑Wesensschau), das identisch ist mit denjenigen Leistungen des Bewusstseins, die bei ihrer Konstitution im Bewusstsein erforderlich sind. Jede Art von Gegenständen besitzt ihre eigene Anschauung, die im Idealfall evident (↑Evidenz) ist. HUSSERL hat später die Phänomenologie zu einer universalen Methode ausgebaut, um die Philosophie als »strenge Wissenschaft« zu begründen. Ein bevorzugtes Arbeitsgebiet der Phänomenologen ist die ↑Ontologie; sie wird unterteilt in formale Ontologie, die sich mit Logik und Mathematik beschäftigt, und materiale Ontologie, die sich den Wesensstrukturen räumlich-zeitlicher Gebilde, aber auch nicht dinglicher Objekte (etwa dem personalen Selbstsein) zuwendet. Alle diese Gegenstände erscheinen korrelativ zum Bewusstsein. Das Subjekt ist »transzendentales Ich«, auf das die Welt bezogen werden muss, das aber völlig abgetrennt behandelt werden kann (transzendentale Reduktion). In seiner Spätphase wandte sich HUSSERL verstärkt Fragen der Geschichte und der sozialen Gemeinschaft zu. Hier wird ↑Lebenswelt zu einem wichtigen Begriff.

Die von HUSSERL ausgehende sog. phänomenologische Bewegung hat zu fast allen Gebieten der Philosophie wichtige Beiträge geleistet (z. B. zu Erkenntnis- und Wissenschaftstheorie, Ästhetik, Ontologie und Ethik). Viele Vertreter der Existenzphilosophie standen der Phänomenologie nahe. Dagegen wird v. a. seitens der analytischen Philosophie u. a. die Lehre von der Wesensschau als methodisch nicht prüfbarer Intuitionismus (↑Intuition) abgelehnt.

Philosophia perennis [griech.; lat. »immerwährende Philosophie«]: Bezeichnung für den Grundgehalt der abendländischen Philosophie, deren eigentlichen »Kern«. Dabei wird oft unterstellt, dass sich die Grundprobleme der Philosophie seit ihrer Entdeckung in der Antike nicht wesentlich verändert hätten.

Philosophia prima [griech.; lat]: ↑Erste Philosophie.

Philosophie [zu griech. phílos »Freund« und sophía »Weisheit«]: Die Bezeichnung »Philosophie« stammt aus der Zeit PLATONS und stand ursprünglich für das erwachende Streben der Polisbürger nach der Weisheit der Alten (»Sieben Weise«), die zuvor dem Adel vorbehalten war. Von PLATON wurde die Unterscheidung zwischen begründetem Wissen (epistḗmē) und bloßer Meinung (dóxa) eingeführt. Letztere bezeichnet ein Können, das auf »Wissen, dass« beruht, Ersteres ein »Wissen, warum«, ein Wissen also, das Gründe anzugeben vermag, warum etwas so und nicht anders ist. Das vollkommene Wissen aus Gründen ist ausschließlich Gott vorbehalten; für den Menschen bleibt nur das Streben danach. In den Wissenschaften ist nur »Wissen, warum« zuzulassen. Da lediglich die Philosophie über solches Wissen verfügt, sind Philosophie und Wissenschaft allgemein identisch miteinander. Ihnen gegenübergestellt ist das bloße Faktenwissen, das von der Überlieferung tradiert wird. Es wird zusammenfassend »historía« genannt. So kam es, dass die Philosophie zur Mutter aller Wissenschaften wurde.

Bei dem Versuch, Philosophie zu definieren, stößt man auf ganz charakteristische Schwierigkeiten, die im Wesen der Philosophie selbst begründet liegen. Während sich andere Wissenschaften (wie Mathematik und Psychologie) durch Angabe eines spezifischen Gegenstandsbereichs (etwa der Zahlen oder der menschlichen Handlungen) und durch Auszeichnung bestimmter Methoden (axiomatisch-deduktiv bzw. empirisch) kennzeichnen lassen, scheitert dieser Versuch im Fall der Philosophie. Bis heute ist es nicht gelungen, eine Methode als *die* philosophische Methode zu etablieren, noch viel weniger, einen umfassenden Gegenstandsbereich für sie anzugeben. Es hat hieran nicht an Versuchen gefehlt und die großen Umwälzungen im Laufe der Philosophiegeschichte sind alle mit dem Aufkommen einer neuen Methode verbunden (z. B. die Methode der mathematischen Naturwissenschaften, die transzendentale und die phänomenologische Methode sowie die Sprachkritik). Deshalb verfügt die Philosophie auch nicht wie andere Wissenschaften über einen gesicherten Bestand an allgemein anerkanntem Wissen, das sich in verbindlicher Weise in Lehrbüchern darstellen ließe. Stattdessen ist ein charakteristischer Zug von ihr, das sie das einmal Akzeptierte stets aufs Neue befragt und bereits erzielte Einsichten wieder infrage stellt. Viele Philosophiekritiker nehmen an, dass sich die Grundprobleme der Philosophie seit der Vorsokratik unverändert durch die Philosophiegeschichte hindurchziehen (↑Philosophia perennis).

Ursprünglich mit Wissenschaft überhaupt identisch, hat die Philosophie im Zuge ihrer thematischen Entfaltung verschiedene Teildisziplinen ausgebildet. Ihre grundlegende Disziplin war lange die Metaphysik, die sich als »Metaphysica generalis« mit dem Sein überhaupt und mit der Einteilung des Seienden in Wirklichkeitsbereiche, als »Metaphysica specialis« hingegen mit den Fragen nach der Sterblichkeit der Seele (Psychologie), der Endlichkeit des Kosmos (Kosmologie) und der Existenz eines höchsten Wesens (Theologie) befasste. Heute weist die Philosophie eine reiche Gliederung auf. Die ↑Logik, als Lehre vom richtigen Denken und Schließen seit Aristoteles ein wesentliches Handwerkszeug des Philosophen, wird heute weitgehend als formale Logik betrieben. Die ↑Erkenntnistheorie (Epistemologie) behandelt Wesen, Bedingungen, Formen und Grenzen der Erkenntnis. Daneben gibt es viele weitere Teildisziplinen wie die ↑Ethik, die ↑Sozialphilosophie die ↑Rechtsphilosophie, die ↑Staatsphilosophie, die philosophische ↑Anthropologie, die ↑Naturphilosophie, die ↑Ästhetik, die ↑Religionsphilosophie und die ↑Geschichtsphilosophie.

Alles kann dem Philosophen, im Gegensatz zum Einzelwissenschaftler, zum Gegenstand des **Philosophierens** werden. Das Staunen über das scheinbar Einfache steht am Anfang allen Philosophierens. Der Philosoph wurde mit einem Seefahrer verglichen, der sein Schiff auf hoher See (also ohne sicheren »begrifflichen« Hafen) umbauen muss. Philosophieren kann man deshalb nur dadurch erlernen, »dass man mitten hinein versetzt wird« (Ernst Bloch). Dennoch bedeutet Philosophie nicht unverbindliches Gerede über Beliebiges. Sie steht vielmehr – und das ist schon eine antike Einsicht – unter dem Primat der argumentativen Verständigung im Dialog. Philosophie entsteht und bewährt sich zugleich in der Kommunikation, sei diese auch bloß fiktiv. Was Philosophie darüber hinaus mehr ist oder sein sollte, das ist bereits ein philosophisches Problem (man beachte: Die Frage, was Mathematik sei, ist keineswegs eine mathematische Frage). Philosophie ist Selbstbesinnung des Menschen in einer auf Verständigung abzielenden Argumentation. Dabei wurde oft versucht, die Philosophie in den Dienst emanzipatorischer Bewegungen zu stellen. Ihre wichtigste Aufgabe ist dann die Ideologiekritik, also die Aufdeckung von falschem Bewusstsein und die Zurückweisung ungerechtfertigter Herrschaftsansprüche. Soweit die Philosophie positive Entwürfe eines guten Lebens zu entwerfen versucht, wenn sie, anders gesagt, utopischen Charakter annimmt, kann sie einflussreiche Zielvorstellungen für solche Bewegungen entwickeln. Letztlich jedoch lassen sich alle philosophischen Bemühungen unter die Frage Kants »Was ist der Mensch?« unterordnen.

Philosophie der Mathematik: Die Mathematik ist seit alters ein bevorzugtes Thema der Philosophie. So illustriert PLATON seine Lehre von der ↑Anamnesis an einem mathematischen Lehrsatz und KANT stellt seiner Erkenntnistheorie Betrachtungen über die Bedingungen der Möglichkeit mathematischer Aussagen voran. Die Mathematik galt und gilt als Inbegriff des Wissens. Für die philosophische Beschäftigung mit ihr stellt sich damit die Aufgabe, Gründe hierfür aufzuzeigen. So antwortet z. B. der Logizismus: Die Mathematik liefert deshalb gewisse Erkenntnis, weil sie ein Teil der Logik ist. Alle Gegenstände, die in der Mathematik behandelt werden, lassen sich durch explizite Definitionen auf Begriffe der Logik zurückführen (als Musterbeispiel hierfür gilt GOTTLIEB FREGES Zahldefinition mithilfe des Klassenbegriffs).

Philosophie der Mathematik: Das Gehäuse des Nautilus wächst so, dass im Inneren eine fast perfekte logarithmische Spirale entsteht. Die Frage, ob die mathematischen Grundbegriffe vom Menschen konstruiert sind oder unabhängig von ihm bestehen, ist eine der Grundfragen der Philosophie der Mathematik.

Die Methode der Mathematik ist die logische ↑Deduktion: Aus ↑Axiomen, die aufgrund ihrer ↑Evidenz als wahr vorausgesetzt werden dürfen, werden neue wahre Sätze gefolgert. Alle Erkenntnis liegt schon in den Axiomen. Der Charakter der Mathematik ist deshalb ↑analytisch und a priori (↑a priori/a posteriori). Der Logizismus wurde nach seiner Entstehung im ausgehenden 19. Jh. dahingehend weiterentwickelt, dass die Mengenlehre in die Logik miteinbezogen wurde. Diese Variante ist die heute maßgebliche Richtung in der Philosophie der Mathematik. Allerdings veränderte sich damit auch das Verständnis von Axiom: Es ist nicht länger ein evidenter wahrer Satz, sondern nur noch ein Axiomenschema.

Die Gegenposition wird vom Intuitionismus vertreten, der lehrt, dass die Mathematik allein Produkt geistiger Konstruktionen sei; sie sei ↑synthetisch a priori. Der Ausgangspunkt aller Mathematik ist die Reihe der natürlichen Zahlen, die in der »Urintuition« erkannt werden. Der Intuitionismus will nur solche Gegenstände in der Mathematik zulassen, für die eine Konstruktion verfügbar ist. Damit muss er sich auf Zahlenmengen beschränken, die systematisch erzeugbar sind. Das hat zur Folge, dass die reellen Zahlen (das »Kontinuum«), die ja das Fundament der klassischen Mathematik bilden, nicht zulässig sind, was eine gründliche Revision der Mathematik erforderlich macht. Wegen dieser Konsequenz wird der Intuitionismus von fast allen Mathematikern abgelehnt, von vielen Philosophen aber begrüßt.

Die dritte wichtige Strömung in der heutigen Philosophie der Mathematik ist der Formalismus. Er sieht in der Mathematik ein inhaltsleeres Spiel mit Zeichen, das von Regeln beherrscht wird. Mathematik treiben bedeutet Herstellen neuer Zeichenketten nach zugelassenen Transformationen (↑Kalkül). Einen Anspruch auf Wahrheit erheben die Sätze der Mathematik nicht mehr. Einer sog. Metamathematik fällt dann die Aufgabe zu, dieses Spiel auf Widersprüche zu untersuchen, denn nur konsistente Systeme sind überhaupt brauchbar. So hat z. B. das

↑Gödel-Theorem gezeigt, dass diesem Vorgehen enge Grenzen gesetzt sind. Das hat den Formalismus als philosophische Richtung an Bedeutung verlieren lassen. Die Frage, ob den mathematischen Gegenständen ein eigenständiges Sein zuzusprechen und, falls ja, wie dieses geartet sei, hat den modernen ↑Universalienstreit ausgelöst.

Philosophie des 20. Jahrhunderts: Zwei große Strömungen prägen das Bild der Philosophie im 20. Jh.: die ↑Phänomenologie und die ↑analytische Philosophie. Beide zeichnen sich durch eine eigene, neue Methode (die phänomenologische Reduktion bzw. die Sprachanalyse) aus und weckten so Hoffnung, die alten Probleme auf eine neue Weise zu lösen. Die von ↑Edmund Husserl begründete Phänomenologie sollte u. a. einen Fortschritt bringen gegenüber dem Idealismus und Psychologismus des 19. Jh., indem sie wieder »zu den Sachen selbst« zurückkehren wollte. Die Phänomenologie betreibt, im Gegensatz zur analytischen Philosophie, Bewusstseinsanalyse; ihr Gegenstand ist das Denken und nicht die Sprache oder das Handeln. Geltungsansprüche (z. B. von Urteilen) müssen letztlich durch die Untersuchung der entsprechenden Bewusstseinsakte (z. B. des Urteilens) eingelöst werden.

Von der Phänomenologie mehr oder minder stark beeinflusst ist die ↑Existenzphilosophie. Während HUSSERL die von ihm geschaffene Methode v. a. in der theoretischen Philosophie und hier wieder hauptsächlich in der Erkenntnistheorie gebraucht, wendet sich die Existenzphilosophie verstärkt der praktischen Philosophie, v. a. der Ethik, zu. Das Hauptwerk ↑Martin Heideggers, »Sein und Zeit« (1927), führt einen neuen Stil des Philosophierens vor (der sich in der gewählten bzw. neu erfundenen Sprache zeigt), der viele Nachahmer fand. Die Existenzphilosophie gewann im und nach dem Zweiten Weltkrieg großen Einfluss in Westeuropa. Eine wichtige Rolle spielte dabei die dichterische Umsetzung existenzphilosophischer Gedanken, wie sie v. a. bei ↑Jean-Paul Sartre und ↑Albert Camus vorgenommen wurde.

↑Heidegger war es auch, der die ↑Hermeneutik wieder in die philosophische Diskussion einbrachte. Im Anschluss an ihn entwickelte sich in Deutschland eine hermeneutische Schule (u. a. ↑Hans-Georg Gadamer), die die Wichtigkeit des »Verstehens« als ihre zentrale Methode betont. Eines ihrer Anliegen ist daneben die Begriffsgeschichte, also die Untersuchung der Bedeutungsänderungen von Termini. Nur so können wir, lautet die These, die philosophischen Probleme überhaupt verstehen. Ein wichtiges Arbeitsgebiet der hermeneutisch orientierten Philosophen ist die Ästhetik.

Die Phänomenologie lehnt sich v. a. an die Geisteswissenschaften an. Mathematik, Natur- und Sozialwissenschaften bleiben von untergeordneter Bedeutung. Dies ist in der analytischen Philosophie ganz anders. Während die Phänomenologie KANT als ihren Ahnherrn anerkennt, leitet sich die analytische Bewegung vom ↑Empirismus und ↑Positivismus her. Eine weitere Wurzel hat sie in der formalen Logik. Hier waren v. a. ↑Gottlob Freges Arbeiten von großer Wichtigkeit. Besonders deutlich wird dies bei ↑Bertrand Russell, neben ↑George Edward Moore und ↑Ludwig Wittgenstein einer der Väter der analytischen Philosophie. Deren mittlere Epoche, der ↑logische Empirismus, löste eine Fülle von Einzeluntersuchungen zu den Naturwissenschaften aus. In der Physikalismusthese wird behauptet, dass sich alle sinnvolle Wissenschaft letztlich auf Physik zurückführen ließe (↑Physikalismus). Methodisch orientiert sich die analytische Philosophie an den Naturwissenschaften; sie stellt also das Erklären in den Vordergrund. Die ↑Wissenschaftstheorie wird in der Folge zu einer eigenständigen, fast vollständig von der analytischen Philosophie beherrschten

Disziplin. Die dritte Phase bringt dann die vollständige Hinwendung zur Sprache, den »Aufstieg zur Semantik«. Philosophische Probleme lassen sich demnach entweder durch ↑Sprachanalyse lösen (sie erweisen sich dabei oft als sinnlos, z. B. die Fragen der Metaphysik) oder sie lassen sich empirisch klären. Sehr wichtig für diese »linguistische Wendung« (↑linguistic turn) wurde die Spätphilosophie WITTGENSTEINS (»Philosophische Untersuchungen«, 1953).

Die analytische Philosophie war und ist vorwiegend in den angelsächsischen Ländern beheimatet, wohin viele Vertreter des logischen Empirismus während der Zeit der nationalsozialistischen Herrschaft in Deutschland emigrierten. In den USA hat sie sich z. T. mit dem dortigen ↑Pragmatismus verbunden. Das wird deutlich in der Sprechakttheorie. Da Sprechen immer Handeln ist, bildet die Handlung die letzte Instanz zur Einlösung von Geltungsansprüchen. Auch der in den letzten Jahren einflussreich gewordene ↑Konstruktivismus steht der analytischen Philosophie nahe.

Der ↑kritische Rationalismus ↑Karl Poppers beherrschte in der zweiten Hälfte des 20. Jh. zeitweise die wissenschaftstheoretische Diskussion, verbleibt aber im Rahmen der analytischen Philosophie, obwohl er aus Opposition gegen gewisse Lehren des logischen Empirismus entstanden ist. Gerade der kritische Rationalismus hat das Selbstverständnis vieler Wissenschaften, v. a. im Bereich der Sozialwissenschaften, stark beeinflusst. Dies führte zu einer weitgehenden Orientierung an den Naturwissenschaften, was in der Bundesrepublik Deutschland den Positivismusstreit (↑Szientismus) zur Folge hatte.

Der Widersacher des kritischen Rationalismus in diesem Streit war die ↑kritische Theorie. Sie machte geltend, dass die Beschränkung auf »Erklärung« die grundsätzliche Abhängigkeit der Wissenschaft von gesellschaftlich vorgegebenen Zielen verschleiere (Diskussion um die sog. Wertfreiheit der Wissenschaften) und damit Wissenschaft in den Dienst von Herrschaft stelle. Die kritische Theorie griff damit auf Überlegungen des Marxismus (↑Basis und Überbau) zurück und erlangte starken Einfluss auf die oppositionellen Bewegungen der 1970er-Jahre. Methodisch orientiert sie sich am »Begreifen« und bedient sich hierzu der Dialektik. Ihre Vorbilder sind KARL MARX und HEGEL.

Der ↑Marxismus-Leninismus wurde im 20. Jh. zur offiziellen Philosophie vieler Staaten v. a. Osteuropas erklärt. Dieses Phänomen ist vergleichbar mit den Verhältnissen, in denen die scholastische Philosophie unter dem Einfluss der Theologie stand. In beiden Fällen führte die Institutionalisierung zu Verschulung und Dogmatismus. Mit dem Zusammenbruch dieser Staatssysteme nach 1990 verlor auch weitgehend der Marxismus-Leninismus als Staatsdoktrin seine Bedeutung.

Ausgehend von immer dringlicher werdenden Problemen unserer Zivilisation (Umwelt-, Rüstungsproblematik u. a.), wurde gegen Ende des Jahrhunderts verstärkt der Ruf nach einer »neuen« Philosophie laut. Dabei stehen v. a. Gesellschaft und Technik im Mittelpunkt des Interesses. So wird z. B. gefragt: Wie lässt sich eine Ethik begründen, die die Zerstörung des Lebensraums Erde verhindern hilft? Wie ist das Verhältnis Mensch – Technik (z. B. Gentechnik) zu bestimmen? Ist die Beschränkung der Wissenschaften auf einige ausgezeichnete Methoden wirklich sinnvoll?« Es werden teils neue Verfahren wie die ↑Dekonstruktion von Texten überlieferter Wissens- bzw. Machtdiskurse etwa in der Philosophie der ↑Postmoderne (↑Michel Foucault, ↑Jacques Derrida u. a.), teils wird auf »ganzheitliche« Philosophien (wie sie z. B. die Stoa und die Renaissance kannten) zurückgegriffen. Außerhalb der akademischen Philosophie glauben manche populistische Formen des ↑New Age oder der ↑Esoterik die Forderung nach einer »neuen«, »ganzheitlichen« Philosophie mit ihren Weltanschauungen zu erfüllen. Die von PLATON begründete und mit Beginn der Neuzeit verfestigte Vorherrschaft der theoretischen Philosophie ist angesichts der drohenden Gefahren zunehmend zweifelhaft geworden.

philosophische Praxis: eine seit dem ausgehenden 20. Jh. sich verbreitende Art angewandter Philosophie. In Deutschland wurde die erste »Philosophische Praxis« 1981 (GERD B. ACHENBACH) eingerichtet. Parallel entstanden v.a. in Frankreich sog. philosophische Cafés, in denen mit einem interessierten Publikum (entweder unter Leitung eines Fachphilosophen oder auch frei) öffentlich, d.h. fernab des »akademischen Diskurses«, über philosophische Themen diskutiert wird und die inzwischen weltweit Nachahmer gefunden haben.

Die Grundidee, dass Philosophie praktisch und unmittelbar für das Leben bedeutsam sein solle, ist so alt wie die Philosophie selbst. So philosophierte bereits SOKRATES öffentlich auf dem Marktplatz von Athen. Heutige philosophische Praxen betonen in bewusster Abgrenzung zum sog. Elfenbeinturm der akademischen Philosophie den Aspekt der philosophischen Lebenskunst und reichen von der Pflege traditioneller Philosophie über eine Art philosophischer Lebenshilfe bis hin zu Unternehmensberatung. Dabei bewegen sich praktizierende Philosophen häufig auf dem Grenzgebiet zwischen Theologie und ↑Existenzphilosophie oder beraten, orientiert z.B. an der ↑kritischen Theorie, ihre Klienten eher als von gesellschaftlichen Widersprüchen geprägte Individuen.

Physikalismus [griech.]: die wissenschaftstheoretische These des ↑logischen Empirismus, dass sich die Resultate aller Erfahrungswissenschaften in der einheitlichen Sprache (intersubjektiv, universal) der »Einheitswissenschaft«, und zwar mit den Mitteln der Physik, formulieren lassen. Später wurde diese weitgehende Behauptung eingeschränkt.

Physis [griech.]: ↑Natur.

Platon: siehe Topthema Seite 323.

platonische Liebe: ↑Eros.

Platonismus: Bezeichnung für die Lehre ↑Platons und philosophische Traditionen, die sich dieser anschließen. Für sie ist das ewige, unveränderliche, vollkommene Sein (die ↑Idee) der eigentliche Gegenstand der Philosophie und nicht – wie für den ↑Aristotelismus – die erfahrbare Welt mit ihrem Werden, Vergehen und ihrer Unvollkommenheit.

Die platonische Philosophie wurde in der Antike v.a. in der Akademie (385 v. Chr. von PLATON gegründet, 529 von Kaiser JUSTINIAN I., dem Großen, geschlossen) und später im ↑Neuplatonismus weiterentwickelt. Der Beginn des modernen Platonismus fällt in die Zeit der italienischen Renaissance, in der in Florenz (1459) eine platonische Akademie gegründet wurde (bestand bis 1522). Auch neuzeitliche Philosophen wie z.B. DESCARTES, LEIBNIZ, HEGEL oder EDMUND HUSSERL standen dem Platonismus nahe.

Plessner, Helmuth, deutscher Philosoph, *Wiesbaden 4. 9. 1892, †Göttingen 12. 6. 1985: Nach zwei Semestern Medizin studierte PLESSNER ab 1910 in Heidelberg Zoologie, wandte sich daneben aber verstärkt der Philosophie zu. 1914 ging er nach Göttingen zu EDMUND HUSSERL, 1916 promovierte er in Erlangen mit einer Arbeit über die kritische Transzendentalphilosophie. Nach seiner Habilitation 1920 in Köln lehrte PLESSNER dort als Privatdozent. Wegen seiner jüdischen Abstammung emigrierte er 1933 in die Niederlande, wo er nach der Okkupation der Nationalsozialisten untertauchte. 1946–51 war er Professor für

Philosophie in Groningen, 1952–62 Professor für Soziologie in Göttingen. Danach lehrte er in New York und in Zürich.

Als Mitbegründer der philosophischen ↑Anthropologie stand der Grenzgänger zwischen Humanbiologie, Philosophie und Soziologie PLESSNER lange Zeit im Schatten seiner Kontrahenten MAX SCHELER und ARNOLD GEHLEN. Der Grundbegriff seiner anthropologischen Theorie (»Die Stufen des Organischen und der Mensch«, 1928) ist die von ihm so genannte »exzentrische Position« des Menschen: Während das Tier in seiner je spezifischen Umwelt in ein festes Regelsystem von Trieb, Wahrnehmung und Triebhandlung eingebunden ist, ist der Mensch durch seine Weltoffenheit ausgezeichnet; d. h., er steht nicht wie das Tier im Zentrum seiner Welt, Umwelt, Existenz, sondern nimmt eine sich außerhalb befindende, exzentrische Position ein. Gegenüber SCHELER warnt PLESSNER vor einer metaphysischen Deutung des Menschen etwa als »Krone der Schöpfung«. Denn exzentrische Position bedeutet zugleich, »ohne Mitte« zu sein. Unter dem Eindruck des Nationalsozialismus attackierte PLESSNER vorschnelles Gemeinschaftsdenken und die Verführbarkeit des Menschen (»Die verspätete Nation«, 1935). In seinem Spätwerk (»Diesseits der Utopie«, 1966) übte er zunehmend Kritik an unserer heutigen omnipotenten Medienwelt.

Pluralismus [zu lat. pluralis »mehrere betreffend«]: das für moderne Massendemokratien typische Phänomen, dass eine Vielzahl frei gebildeter, politischer, wirtschaftlicher, religiöser, ethnischer und anderer gesellschaftlicher Interessengruppen miteinander im Rahmen rechtlicher Möglichkeiten um politischen Einfluss konkurriert. Pluralismustheorien der Demokratie unterstellen, dass mit obersten Werten und politischen Zielvorstellungen kein allgemein verbindlicher Geltungsanspruch verbunden werden kann (↑Positivismus, ↑Relativismus), weshalb diese nur aufgrund von Kompromissen zwischen den Ansprüchen der Interessengruppen festgelegt werden können. Universalistische Theorien, die einen universellen Geltungsanspruch von Normen voraussetzen, halten dem entgegen, dass eine politische Zielentscheidung nur dann legitim ist, wenn sie das konsens- bzw. verallgemeinerungsfähige Interesse aller Betroffenen (und nicht nur die partikularen Interessen der Organisierten) ausdrückt.

Polarität [zu griech. pólos »Drehpunkt«, »Achse«]: u. a. in den Naturwissenschaften das Verhältnis zweier verschiedenartiger, aber einander bedingender Pole (z. B. »+« und »–« bei elektrischem Strom, Nord- und Südpol bei Magnetismus). In der Philosophie dient Polarität zur Kennzeichnung der Beziehung zwischen den Seiten (These, Antithese) eines dialektischen Widerspruchs.

Politik [zu griech. politikḗ (téchnē) »Kunst der Staatsführung«]: bezeichnet sowohl das Handeln der staatlichen Organe wie z. B. Regierung, Parlament als auch das Handeln von Individuen, Gruppen, Parteien, Verbänden u. a. mit dem Zweck, das staatliche Handeln und die politische Willensbildung der Bürger im Sinne bestimmter Interessen zu beeinflussen. Mit den deskriptiven Aspekten der Politik beschäftigt sich die Politikwissenschaft, mit den normativen die ↑Staatsphilosophie.

politische Philosophie: ↑Staatsphilosophie.

Polytheismus [zu griech. polýs »viel« und theós »Gott«]: im Gegensatz zum ↑Monotheismus der Glaube an eine Vielzahl von männlich und weiblich gedachten Numina, deren Gemeinschaft, ihr Pantheon, in Zahl und Bedeutung Schwankungen unterworfen ist: Durch Aufnahme von Gottheiten eroberter Gebiete sowie durch Hypostasierungen göttlicher Qualitäten wird die Anzahl der Gottheiten vergrößert. Eine Ordnung

▶ *Fortsetzung auf Seite 327*

Platon

Aus einer »Reihe von Fußnoten zu PLATON« bestehe die Tradition der abendländischen Philosophie, bemerkte der Mathematiker und Philosoph ALFRED NORTH WHITEHEAD. Berücksichtigt man, dass ARISTOTELES PLATONS Schüler war, scheint diese Bemerkung nicht mehr ganz so weit hergeholt zu sein. Viele Fragen und Antworten in der Geschichte der Philosophie lassen sich nur vor dem Hintergrund der Philosophie PLATONS verstehen, und in PLATONS Dialogen kann man beispielhaft lernen, wie sich Philosophieren im Wechsel von Frage und Antwort um Wahrheit bemüht. Insbesondere mit seiner Zweiweltenlehre, die dann v. a. das Christentum verbreitet hat, und seiner Ideenlehre, die zum Universalienstreit geführt hat, hat PLATON nicht nur den ↑Dualismus und den ↑Idealismus exemplarisch vertreten, sondern die abendländische Tradition auch über die Philosophie hinaus geprägt.

Leben und Werke

Aus einer reichen, adligen Familie stammend wurde PLATON 427 v. Chr. in Athen geboren. Er strebte zunächst eine politische Karriere an, jedoch schreckte ihn das Tyrannenregime ab. Ab etwa 407 war er Schüler von SOKRATES, dessen Philosophieren ihn maßgeblich beeinflusste. Nach dessen Hinrichtung 399 soll PLATON nach Megara zu EUKLID sowie nach Unteritalien zu Pythagoreern und nach Ägypten Forschungsreisen unternommen haben. Bei seiner gut bezeugten Reise nach Sizilien und Unteritalien (388/387) befreundete er sich in Tarent mit dem Pythagoreer ARCHYTAS und gewann in Syrakus DION, den Schwager des Tyrannen DIONYSIOS I., für seine Philosophie. Allerdings konnte PLATON auch dessen Nachfolger DIONYSIOS II. bei seinen beiden folgenden Sizilienreisen (366/365, 361/360) nicht von seinem Entwurf eines Idealstaats unter Philosophenherrschaft überzeugen. Nach seiner ersten Sizilienreise gründete er in Athen die Akademie als Lehr- und Forschungsstätte, die für die Nachwirkung seiner Philosophie bedeutend wurde (↑Platonismus) und der 367 ARISTOTELES als berühmtester Schüler beitrat. Nach seiner letzten Sizilienreise widmete sich PLATON 348/347 v. Chr

Der Ausschnitt des Freskos »Die Schule von Athen« von Raffael zeigt Platon (links) mit dem Dialog »Timaios« unter dem Arm und seinen Schüler Aristoteles, der seine »Ethik« hält.

hauptsächlich seiner Lehrtätigkeit in Athen.

PLATONS erhaltenes Werk besteht aus Dialogen, außer der »Apologie« und den Briefen (von denen nur der siebte als sicher echt gilt). Chronologisch werden die (gesichert echten) Schriften nach v.a. inhaltlichen Kriterien meist eingeteilt in:

1. frühe Periode, v.a. mit ethischer Thematik und aporetischer Tendenz: »Apologie«, »Kriton«, »Ion«, »Laches«, »Lysis«, »Charmides«, »Eutyphron«, »Protagoras«, »Politeia I«; mit Kritik der sophistischen Rhetorik: »Gorgias«, »Menon«, »Euthydemos«, »Kratylos«;

2. mittlere Periode, v.a. mit Entwicklung der Metaphysik bzw. »Ideenlehre«: »Symposion«, »Phaidon«, »Politeia II–X«, »Phaidros«;

3. späte Periode, mit Weiterentwicklung der Ideenlehre, Dialektik, Ethik, Politik und Kosmologie: »Theaitetos«, »Parmenides«, »Sophistes«, »Politikos«, »Philebos«, »Timaios«, »Kritias«, »Nomoi«.

Dialogform und Dialektik

PLATON veröffentlichte seine Philosophie in Form von literarisch gestalteten Dialogen, die für ein breiteres Publikum bestimmt waren. Er wählte diese Form der Mitteilung aber vermutlich nicht nur wegen ihrer Wirksamkeit, sondern aufgrund seines Philosophieverständnisses: Wie sein verehrter Lehrer SOKRATES vorbildlich gezeigt hatte, geschieht Philosophieren v.a. im Gespräch durch gemeinsames Erörtern einer Sache, nicht nur durch Nachdenken und Übermitteln der Ergebnisse. Überdies ermöglichte die Dialogform, zur Veranschaulichung oder Verschlüsselung Erzählungen oder Gleichnisse (Mythen) zu verwenden.

Für die Leser von heute ergibt sich daraus die Schwierigkeit, dass in den Dialogen keine eindeutige Lehre dargestellt ist: Zum einen erörtert die Hauptfigur Sokrates v.a. in den frühen Dialogen hauptsächlich die Meinungen seiner Gesprächspartner, ohne als angeblich Nichtwissender eigene Ansichten vorzutragen; und wenn doch, müssen diese nicht PLATONS Position wiedergeben. Zum anderen hat PLATON (im siebten Brief) selbst ausdrücklich festgestellt, dass er seine Philosophie in keiner Schrift niedergelegt habe, da sich dieses Wissen nicht durch Sprache und v.a. nicht in »unwandelbaren« Schriften mitteilen lasse. Wenn daher von PLATONS Lehre die Rede ist, handelt es sich eigentlich um Rekonstruktionsversuche.

Die Dialogform ist bei PLATON überdies mit der ↑Dialektik verknüpft, die er als Kunst der Gesprächsführung und der Wahrheitsfindung verstand. Er entwickelte sie in Abwehr der von den ↑Sophisten geübten und gelehrten Rhetorik und Sophistik als bloßer Rede- bzw. Streitkunst, eigene Meinungen durchzusetzen bwz. gegnerische Meinungen zu widerlegen. Zwar versucht auch PLATONS Sokrates in den Dialogen, die Meinungen seiner Gesprächspartner zu widerlegen, aber nur, um diese von ihrem Scheinwissen zu befreien, d.h. zum Eingeständnis ihrer Unwissenheit zu bringen. Diese zur weiteren Untersuchung führende Widerlegungskunst bezeichnete PLATON als Elenktik. Im günstigen Fall bewirkt Sokrates kunstgerechtes Befragen seines Gesprächspartners dagegen, dass dieser sein Wissen aus sich selbst hervorbringt. Darin besteht die sokratische »Hebammenkunst«, die ↑Mäeutik. In jedem Fall zielt die sokratisch-platonische Dialektik auf eine begründete Übereinstimmung (Homologie) und

Wahrheitsfindung, nicht aber auf bloße Überredung bzw. Meinungsbehauptung.

Metaphysik und »Ideenlehre«

PLATONS Philosophie ging von dem Gegensatz zwischen der sich unaufhörlich verändernden Erscheinungswelt (nach HERAKLIT) und dem unveränderlichen, wahrhaften Seienden (nach PARMENIDES) aus. Jene ist durch die Sinne wahrnehmbar, dieses durch die Vernunft erkennbar. Das wahrhaft Seiende bestimmte PLATON als das Allgemeine im Gegensatz zum Einzelnen. Die Ursachen der Dinge suchte er nicht mehr wie viele Vorsokratiker in einem materiellen Substrat, sondern in ihrem intelligiblen Urbild, das er ↑Idee nannte. Die Einzeldinge als Abbilder stehen zu den Ideen als Urbildern im Verhältnis der Teilhabe (↑Methexis) und Nachahmung (Mimesis). Mitunter sprach er so, als seien die Ideen von der Erscheinungswelt durch eine Kluft getrennt (Chorismos). Auf die Erscheinungswelt bezieht sich die (unsichere) Meinung (Doxa), auf die Ideen das (sichere) ↑Wissen. Als oberstes Prinzip der Philosophie betrachtete PLATON die Erkenntnis der ↑Idee des Guten.

Ausgehend von der Sinneserfahrung bzw. Meinung schreitet das menschliche Erkennen zur Wesens- bzw. Ideenerkenntnis fort (↑Höhlengleichnis). Diesen Erkenntnisvorgang bezeichnete PLATON als Wiedererinnerung (↑Anamnesis) der Seele an bereits vor der Geburt Gewusstes. Daraus folgerte er auch die Unsterblichkeit der Seele.

Während in den frühen Dialogen nur Ideen von Wert- und Relationsbegriffen (z. B. das Gute, das Gleiche) genannt werden, scheint es nach der »Politeia« von allen Dingen Ideen zu geben. In späten Dialogen werden Ideen auf Eigenschaften eingeschränkt und ihr Verhältnis untereinander erörtert. Außerdem werden die dialektische Methode der richtigen Begriffseinteilung durch Vereinigung (Synagoge) und Zergliederung (Diairesis) entwickelt sowie eine Theorie der Definition, die demgemäß in der richtigen Über- bzw. Unterordnung von Begriffen besteht. Über die Wissenschaft als durch Vernunft begründete Erkenntnis stellte PLATON als höchste Erkenntnisweise eine intuitive Vernunfteinsicht (Noesis), die das Göttliche »berühre«.

Ethik, Psychologie und Staatstheorie

In seinen frühen Dialogen setzte sich PLATON v. a. kritisch mit dem sophistischen ↑Relativismus und ↑Subjektivismus auseinander und suchte nach allgemein verbindlichen definitorischen Bestimmungen der Tugend (↑Arete). Gegen radikale Sophisten, die das geltende Recht (als Schutz der Schwächeren) für bloße Konvention erklärten und das natürliche Recht in der triebhaften Natur (als Recht des Stärkeren) begründeten, verankerte er das natürliche Recht in der Vernunft. Danach ist Unrecht stets die Folge von Unwissenheit: Niemand tue freiwillig unrecht. Obendrein sei Unrechtleiden besser als Unrechttun. Das Gemeinsame aller Tugenden bestimmte PLATON als praktische Vernunfterkenntnis. Das gute Leben und die Glückseligkeit (↑Eudaimonia) als Ziel jedes Menschen haben ihre Voraussetzung und ihre Erfüllung in der Erkenntnis der Idee des Guten.

PLATONS Psychologie ist von seiner Ideenlehre sowie der pythagoreischen Seelenwanderungslehre geprägt. Die an sich unsterbliche ↑Seele ist für die Zeit des Lebens mit dem Körper vereinigt, dessen Bedürfnisse und Begierden ihr Streben nach wahrer Erkenntnis behindern. Insofern bedeutet Philosophieren »Streben nach dem Tod«. PLATON unterschied drei Seelenteile: das »Begehrliche«, das »Muthafte« und das »Vernünftige«. Den ↑Eros schildert er als diejenige geistige Kraft der Seele, die vom sinnlichen Schönen zum göttlichen Schönen führe.

In seinem Hauptwerk »Politeia« entwarf PLATON einen Idealstaat, den er aus den natürlichen Anlagen des Menschen zu verschiedenen Tätigkeiten und Tugenden entstehen ließ. Die drei Stände der Bauern und Handwerker, der Krieger und der Herrscher entsprechen den drei Seelenteilen mit den jeweiligen Tugenden der Besonnenheit, der Tapferkeit und der Weisheit. Die Kardinaltugend der Gerechtigkeit besteht aus dem harmonischen Zusammenwirken der drei Stände bzw. Seelenteile, also darin, dass jeder Teil »das Seinige tut«. Entscheidend für den Idealstaat ist die Ausrichtung der herrschenden »weisen Philosophenkönige« an der Idee des Guten. Daher reicht ihre Ausbildung von Gymnastik und Musik über Mathematik bis zur Philosophie, um zur Betrachtung der Ideen zu führen sowie zur »Umwendung« des Lebens von einer triebhafen zu einer vernunftbestimmten Denk- und Lebensweise.

TIPP

Lies den frühen Dialog »Protagoras«. Dort setzt sich PLATONS Sokrates mit dem bedeutendsten Sophisten auseinander. Neben der Kritik an der Sophistik wird in typisch dialektischer Weise die Frage nach der Tugend erörtert.

WWW

gutenberg.spiegel.de alle Hauptwerke Platons im Wortlaut

www.textlog.de/platon.html Biografie und ausgewählte Werke

LITERATUR

BORDT, MICHAEL: Platon. Freiburg im Breisgau (Herder) 1999.

HÜLSER, KARLHEINZ: Platon für Anfänger. Der Staat. Eine Lese-Einführung. München (dtv) 2005. Stuttgart (Reclam) 1998.

SZLEZÁK, THOMAS E.: Platon lesen. Stuttgart (Frommann-Holzboog) 1993.

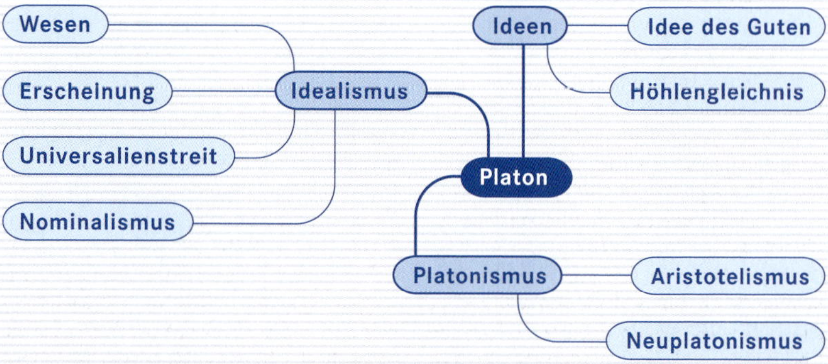

◂ *Fortsetzung von Seite 322* erhält das polytheistische Pantheon durch Göttergenealogien und familiäre Gliederungen nach Analogie der jeweiligen soziokulturellen menschlichen Verhältnisse. Häufig korrespondiert einem obersten Himmelsherrn, der als Schöpfer und väterlicher Weltenherrscher gilt, eine mütterliche Erdgöttin, die Geburten und Vegetation schützt.

Popper, Sir Karl R. (Raimund), britischer Philosoph und Wissenschaftstheoretiker österreichischer Herkunft, * Wien 28. 7. 1902, † Crouton (bei London) 17. 9. 1994: Nach Abbruch seiner Gymnasialausbildung 1918 arbeitete POPPER u. a. in Erziehungsberatungsstellen. 1922 holte er das Abitur nach und fing ein Studium der Mathematik und Physik an. 1928 promovierte er bei KARL BÜHLER in Psychologie. 1937 übersiedelte POPPER nach Neuseeland, um eine Dozentenur für Philosophie in Christchurch anzutreten. 1946–69 war er Professor für Logik und Wissenschaftstheorie an der London School of Ecomomics. 1964 wurde er geadelt. Für sein Werk, das weit über die Fachwelt hinaus wirkte, erhielt er zahlreiche Auszeichnungen.

POPPER wurde mit seinem Hauptwerk »Logik der Forschung« (1935) der Begründer des ↑kritischen Rationalismus als einer bedeutenden Richtung der ↑Wissenschaftstheorie. In ihm setzte er sich kritisch mit dem ↑logischen Empirismus des Wiener Kreises auseinander und wies dessen wissenschaftstheoretische Grundvoraussetzungen zurück: v. a. die Annahme theorieunabhängiger Sinnesdaten als Erkenntnisfundament und die Ableitbarkeit von Gesetzesaussagen aus Beobachtungsaussagen (↑Protokollaussagen) über diese erfahrungsmäßige Basis durch ↑Induktion. Mit dem kantischen ↑Kritizismus teilte POPPER die Überzeugung, dass die Erfahrungsgegenstände durch die Kategorien bzw. Theorien des Erkenntnissubjekts mit konstituiert

Popper: Der britische Philosoph und Wissenschaftstheoretiker Sir Karl Raimund Popper gilt als Begründer des kritischen Rationalismus als einer bedeutenden Richtung der Wissenschaftstheorie.

werden. Beobachtungsaussagen sind daher immer theoriebedingt. Nach POPPER gelten ferner Gesetzesaussagen immer nur hypothetisch. Da sie sich nicht durch Verifikation bestätigen lassen, besteht ihre ↑Bewährung darin, dass sie den Widerlegungsversuchen durch ↑Falsifikation widerstehen. Nur durch die Methode von Versuch und Irrtumsbeseitigung, d. h. Beseitigung der falsifizierten Theorieelemente, können wir uns der Wahrheit annähern. In der empirischen Falsifizierbarkeit bestand für POPPER die Auszeichnung wissenschaftlicher Theorien gegenüber pseudowissenschaftlichen Systemen, die einen metaphysischen oder dogmatischen Wahrheitsanspruch erheben.

Dementsprechend kritisierte POPPER in »Die offene Gesellschaft und ihre Feinde« (1945) jeden politisch-ideologischen Dogmatismus und Totalitarismus und propagierte das kritische Denken als Grundlage einer offenen Gesellschaft wie der Demokratie. An den Beispielen von PLATONS utopischem Idealstaat und KARL MARX' dialektischer Geschichtsphilosophie wies er den »historizistischen Aberglauben« zurück, d.h. die Annahme allgemeiner Entwicklungsgesetze zur Erklärung oder Voraussage des Geschichtsverlaufs. Als Ziel gesellschaftlicher Entwicklung betrachtete er v.a. die Beseitigung sozialer Missstände.

Position [lat. »das Stellen«, »Setzen«]: in der Logik Bejahung einer Aussage (Gegensatz: ↑Negation); gelegentlich auch im Sinne von Prämisse gebraucht.

positiv [lat. »gesetzt«, »gegeben«]: setzend, bejahend (Gegensatz: ↑negativ); ein Ergebnis bringend; tatsächlich, wirklich vorhanden, vorteilhaft.

positives Recht: ↑Naturrecht.

Positivismus [lat.]: wissenschaftstheoretische Position, die im Empirismus vorbereitet wurde und eine Gegenposition zum Rationalismus darstellt. Wie der ↑Empirismus geht auch der Positivismus davon aus, dass die Quelle der Erkenntnis das Gegebene sei, d.h. die durch Beobachtung wahrnehmbaren positiven Tatsachen. Die Wirklichkeit wird mit den Empfindungsinhalten identifiziert (↑Sensualismus). Damit wird gleichzeitig der Gegensatz zwischen Innen- und Außenwelt aufgehoben und die für die neuzeitliche Philosophie kennzeichnende Spaltung zwischen Subjekt und Objekt (↑Subjekt-Objekt-Problem) abgelehnt.

Gegenstand philosophischer Reflexionen ist nur das, was durch Erfahrung und Beobachtung erkennbar ist; somit bilden die Grenzen der Erfahrung auch gleichzeitig die Grenzen der Erkenntnis. Neben analytisch wahren Sätzen werden nur durch Erfahrung gestützte Aussagen als intersubjektive Erkenntnis anerkannt. Auch Naturgesetze werden lediglich als praktische, energiesparende Einrichtungen verstanden, die durch Denken aus der Beobachtung gewonnen werden, um der Fülle der Erscheinungen Herr zu werden (↑Instrumentalismus). Wissenschaft soll vom Abstrakten zum Konkreten führen, wie AUGUSTE COMTE, der Begründer des Positivismus, es in seinem »Dreistadiengesetz« darstellt: Die unterste Stufe der Erkenntnis ist die Theologie, die nächsthöhere die Metaphysik und die höchste die positive Wissenschaft. Das Stadium der positiven Wissenschaft, in dem die Menschen den religiösen und metaphysischen Aberglauben überwunden und die Stufe der Wissenschaftlichkeit erreicht haben, ist das Resultat menschlichen Fortschritts.

Positivismus, logischer: ↑logischer Empirismus.

Positivismus

Vom »positiven Wissen«

In seinem 1844 veröffentlichten Werk »Discours sur l'esprit positif« erörtert Auguste Comte, die Grundzüge des »positiven« Wissens«:

»Es wird mir nun leicht sein, das Wesen der positiven Philosophie scharf zu bestimmen. Für sie sind alle Vorgänge unveränderlich, natürlichen Gesetzen unterworfen, deren genaue Entdeckung und Zurückführung auf eine möglichst geringe Anzahl das Ziel all ihrer Bestrebungen ist. Für sie ist es ein völlig aussichtsloses und sinnloses Unterfangen, nach ersten Ursachen und letzten Zielen zu forschen. Selbst in den vollendeten, völlig gelungenen positiven Erklärungen haben wir nicht die Anmaßung, die erzeugenden (schaffenden) Ursachen der Vorgänge darzustellen. (...) Der offenbare Beweis für die Unmöglichkeit, auf solche Fragen Antworten zu erhalten, liegt in der Tatsache, dass bei allen Versuchen, etwas wirklich Wissenschaftliches hierüber auszusagen, die größten Geister immer nur das eine Prinzip durch das andere bestimmen können.«

Positivismusstreit: ↑Szientismus.

Postmoderne (Postmodernismus; engl. **postmodernism)** [zu lat. post »nach«]: 1. allgemein Schlagwort zur kulturgeschichtlichen Einordnung der Gegenwart als Nachfolgerin der Periode der Moderne; 2. fachsprachlich (v. a. in Architekturtheorie, Literaturgeschichte und -kritik) Bezeichnung einer Stilrichtung oder eines Epochenstils in der Kunst mit kritischem Bezug auf die klassische Moderne. Der Begriff »postmodernism« wurde zunächst v. a. in der amerikanischen Literaturgeschichte und -kritik als negative Kennzeichnung verwendet und erst seit den späten 1960er-Jahren mit einer positiven Bewertung verbunden: Wurde zunächst das bloß imitatorische Spiel mit den überlieferten Formen beachtet, wollten sich die Befürworter des Postmodernismus von den Kunstidealen der klassischen Moderne wie denen des autonomen Kunstwerks, des elitären Künstlertums und der fortwährenden Überschreitung etablierter Regeln befreien. Während sich in der Literaturkritik die Kriterien der Abgrenzung zur Moderne immer mehr verflüchtigten, erlangte der Begriff »Postmoderne« in der Architekturtheorie Mitte der 1970er-Jahre eine vergleichsweise fest umrissene Bedeutung: Die Architektur der Postmoderne richtet sich v. a. gegen die Prinzipien des Funktionalismus und Purismus, die die moderne Architektur seit den 1920er-Jahren wesentlich bestimmt hatten, und greift auf historische Bauformen und Ornamente zurück, allerdings in eklektizistischer oder auch ironischer Weise, sodass sich die Bauwerke nicht zuletzt durch ihre Stilvielfalt und Verspieltheit auszeichnen.

Die amerikanische Postmodernismusdiskussion fand ab Ende der 1970er-Jahre v. a. in der französischen Philosophie Resonanz. Die freie Verwendung einer Vielfalt von Stilelementen und Gestaltungsmitteln und damit die Verweigerung eines einschränkenden Einheitsprinzips kehrten hier wieder als entschiedene Zustimmung zur Pluralität der Weltsichten und Lebensformen bzw. als Ablehnung des Identitätsdenkens und aller Absolutheitsvorstellungen sowie nicht zuletzt des Totalitätsanspruchs von Wissens- und Machtsystemen. So verwarf ↑Jean-François Lyotard, der prominenteste Vertreter einer sich postmodern nennenden Philosophie, alle sog. »Megaerzählungen«, d. h. Fortschrittsideologien der Geschichte oder Gesamtinterpretationen der Welt, die einen letzten Sinn versprechen und unumschränkte Wahrheit beanspruchen, und ließ nur die »Heterogenität der Sprachspiele« gelten. ↑Michel Foucault untersuchte v. a. die Entwicklung von Wissens- und Machtsystemen und stellte das Konzept des rationalen Subjekts infrage, zumal dessen Identitätsbildung mit der Steigerung der sozialen Kontrollierbarkeit und Kontrolliertheit einhergehe. ↑Jacques Derrida wandte sich gegen den Anspruch der Eindeutigkeit und Endgültigkeit philosophischer Aussagen, den er letztlich auf den Logozentrismus der gesamten abendländischen Metaphysik zurückführte, und versuchte mit seinem Verfahren der ↑Dekonstruktion das in den Texten durch ihren Totalitätsanspruch Ausgeschlossene (↑Differenz) zum Vorschein zu bringen. Methodisch vom ↑Poststrukturalismus ausgehend kam DERRIDA wie FOUCAULT zu dem Ergebnis, dass sich das Subjekt nicht als ein durch Identität und Autonomie bestimmtes Wesen denken lasse (↑Tod des Subjekts).

Den Vertretern der postmodernen Philosophie warf JÜRGEN HABERMAS einen Verrat am »Projekt der Moderne« und den damit verbundenen Ideen der Aufklärung vor. Daran anknüpfend schrieben andere Kritiker ihnen einen regressiven oder selektiven Antimodernismus zu, der die Rückkehr zu vormodernen Denkrichtungen oder eine neokonservative Grundhaltung unterstütze.

Überdies wurde auf den mit dem radikalen ↑Pluralismus verbundenen Werteverfall hingewiesen. Repräsentanten der postmodernen Philosophie halten dem entgegen, dass der neue Pluralismus der gesellschaftlichen Wirklichkeit entspreche und die Postmoderne keine Antimoderne darstelle, sondern vielmehr das Projekt der Moderne radikal ausführe. So meinte auch LYOTARD, die Postmoderne sei »in ihr schon eingeschlossen, nur verborgen« gewesen. Demnach würde die Postmoderne gerade die Dialektik der Moderne entfalten.

Poststrukturalismus [lat.]: in den 1970er-Jahren in Frankreich entstandene Denkbewegung, die sich bewusst vom ↑Strukturalismus absetzt. Diesem wird vorgeworfen, den allgemeinen Strukturbegriff in metaphysisch abgehobener Weise den realen geschichtlichen Ereignissen gegenübergestellt zu haben. Dem Poststrukturalismus kommt es stattdessen darauf an, Strukturen als von diesen (historischen) Ereignissen selbst konstituierte Prozesse (z. B. der Machtbeziehungen bei MICHEL FOUCAULT, der Textualisierungen bei JACQUES DERRIDA) zu begreifen.

Postulat [lat. »Forderung«]: zuerst in der griechischen Mathematik verwendete Bezeichnung für Forderungen der Ausführbarkeit bestimmter geometrischer Grundkonstruktionen. In EUKLIDS »Elementen« z. B. fordert das erste Postulat, dass in der Zeichenebene von einem beliebigen Punkt *A* zu einem zweiten Punkt *B* (genau) eine gerade Linie gezogen werden kann. Neben einer Konstruktionsvorschrift erfüllt das Postulat dabei gleichzeitig auch die Funktion einer Definition, weil genau dadurch der Gegenstand auch begrifflich (als Gerade) fassbar wird.

An diesen konstruktiv-mathematischen Begriff des Postulats knüpft KANT in seiner theoretischen Philosophie bei der Aufstellung der Postulate des empirischen Denkens (Grundsätze der ↑Modalität) in der »Kritik der reinen Vernunft« an:

1. Was ohne Widerspruch zu den formalen Bedingungen der Erfahrung (↑Anschauungsformen und ↑Kategorien) gedanklich konstruiert werden kann, gilt als »möglich«.
2. Was sich aus den materialen Bedingungen der Erfahrung (↑Empfindung) heraus erzeugen lässt, wird als »wirklich« bezeichnet.
3. Wirkliches, das nach allgemeinen Bedingungen der Erfahrung konstruiert werden kann, ist oder existiert »notwendig«.

Postulate in diesem Sinne sind nicht beweisbar, sondern sie gehen als Grundprinzipien einer Theorie immer ihren möglichen Ableitungen voran. Hieran anknüpfend gelten KANT in der »Kritik der praktischen Vernunft« Postulate als Forderungen oder Annahmen, die als unbeweisbar angesehen werden müssen, trotz ihrer Unbeweisbarkeit aber aus Vernunftüberlegungen als geltend anerkannt werden müssen, weil sie (notwendige) Voraussetzungen moralischen Handelns darstellen wie z. B. die Annahme der Existenz Gottes, der Unsterblichkeit der menschlichen Seele und der Freiheit des menschlichen Handelns.

Potenz [lat.]: ↑Akt/Potenz.

potenziell [spätlat. »nach Vermögen«, »tätig wirkend«]: bloß möglich (Gegensatz: aktual), wirkungsfähig. Der Terminus entstammt der aristotelischen Tradition (↑Akt/Potenz). Viel diskutiert ist die Frage, ob das Unendliche (etwa als Reihe der natürlichen Zahlen aufgefasst) nur potenziell (d. h. allein als die ↑Möglichkeit des »Immer-weiter-Zählens«) zur Verfügung steht oder ob es aktual (d. h. als fertige Gesamtheit) gegeben ist.

Prädikabilien [zu lat. praedicabilis »ruhm-, preiswürdig«]: scholastische Bezeichnung für die fünf grundlegenden Arten der Allgemeinheit: Gattung (Genus), Art

(Spezies), Unterschied (Differenz), notwendige (Proprium) bzw. zufällige Eigenschaft (Akzidens). KANT bezeichnet erfahrungsunabhängige Begriffe, die aus den Kategorien abgeleitet werden können (z. B. Gegenwart, Veränderung), als Prädikabilien.

Prädikament [lat.]: ↑Kategorie.

Prädikat [lat.]: ↑Prädikator.

Prädikatenlogik (Quantorenlogik) [lat.-griech.]: derjenige Teil der formalen Logik, der sich mit Aussagen beschäftigt, in denen Prädikate (Prädikatoren) Gegenständen zu- oder abgesprochen werden (z. B.: »Alle Schüler sind fleißig.« »Einige Schüler sind nicht fleißig.« »Es gibt Philosophielehrer.« »Jede natürliche Zahl ist eindeutig in ein Produkt von Primzahlen zerlegbar.«). Auch die Zusammensetzung solcher Aussagen mithilfe von ↑Junktoren wird in der Prädikatenlogik betrachtet. Charakteristisch für die Prädikatenlogik ist die Verwendung von ↑Quantoren sowie von ↑Variablen und ↑Individuenkonstanten für Gegenstände, d. h. Individuen aus einem Grundbereich. Um von einer prädikatenlogischen Aussage feststellen zu können, ob sie wahr oder falsch sei, bedarf es grundlegender Festlegungen wie v. a. der semantischen Regel: $P(x_0)$ ist wahr genau dann, wenn das durch P vertretene Prädikat auf den durch x_0 dargestellten Gegenstand zutrifft. Diejenigen Aussagen, die in allen Interpretationen gelten, werden »prädikatenlogisch wahr« genannt. Jede logische Wahrheit ist auch eine prädikatenlogische, aber nicht umgekehrt.

Bereits die aristotelische ↑Syllogistik stellt eine Form der Prädikatenlogik dar. Allerdings wurde sie noch nicht mit formalen Mitteln betrieben. GOTTLOB FREGE hat 1879 die Quantoren eingeführt und ein erstes System der Prädikatenlogik vorgelegt. Dieses wurde im Verlauf des 20. Jh. hinsichtlich mehrerer Quantifizierungsstufen systematisch ausgebaut. Die Vollständigkeit der ersten Stufe wurde 1930 von KURT GÖDEL bewiesen, von dem auch der berühmte Unvollständigkeitssatz (↑Gödel-Theorem) für die zweite Stufe und damit für die Mathematik stammt. Die Unentscheidbarkeit der ersten Stufe wurde 1936 von ALENZO CHURCH gezeigt.

Prädikation [lat. »das Verkünden«]: grundlegende Sprachhandlung, bei der (im einfachsten Fall) einem Gegenstand, sprachlich repräsentiert durch einen ↑Nominator N, eine Eigenschaft, vertreten durch einen ↑Prädikator P, zu- oder abgesprochen wird. Man sagt: Die Eigenschaft kommt dem Gegenstand zu oder nicht (z. B.: »Das ist ein Buch.« »Dies Dreieck ist gleichseitig.« »Sokrates ist sterblich.«). Die einfachen Prädikationen führen zu ↑Elementaraussagen der Form $N\,\varepsilon\,P$ bzw. $N\,\varepsilon'\,P$. Durch Unterscheidung leistet die Prädikation – neben der Benennung, die es erlaubt, sich sprachlich auf Gegenstände zu beziehen – die sprachliche Gliederung der Welt.

Prädikator (Prädikat) [zu lat. praedicare »ausrufen«, »aussagen«]: in der Logik, speziell in der ↑Prädikatenlogik, ein zur näheren Bestimmung von Gegenständen gebrauchter sprachlicher Ausdruck. Man unterscheidet zwischen einstelligen (z. B. »... ist rot«) und zwei- bzw. mehrstelligen Prädikatoren (↑Relationen, z. B.: »... ist größer als ...«, »... liegt zwischen ... und ...«). Mit einem Prädikator ist seine ↑Extension verbunden, d. h. die Klasse aller Gegenstände, denen er zukommt.

Präexistenz [zu lat. prae »vor« und ex(s)istere »hervortreten«, »vorhanden sein«]: Existenz des Menschen vor dem irdischen Dasein in einer anderen Form. In der Verbindung mit der Seelenwanderungslehre ist dieser Begriff in der indischen Philosophie sowie seit dem Pythagoreismus von Bedeutung. Da das gegenwärtige Leben nur ein Ausschnitt des ewigen Kreislaufs ist, muss die Seele nach dem Tod eines Menschen gemäß dem Schicksal, das sie sich im vergangenen Leben verdient hat, einen neuen Leib beseelen, entweder den eines Menschen, eines Tieres oder einer Pflanze. Bei PLATON findet man diesen Gedanken im Zusammenhang mit seiner Anamnesistheorie (↑Anamnesis) und seinen Unsterblichkeitsbeweisen. Bevor die Seele die Verbindung mit dem Körper einging, existierte sie im Reich der Ideen. Darauf ist das unbewusste Wissen um die Ideen zurückzuführen, an die man sich wiedererinnern muss, wenn man zur Erkenntnis gelangen will.

Pragmatik [zu griech. pragmatikḗ (téchnē) »die Kunst, richtig zu handeln«]: Allgemein versteht man unter Pragmatik bzw. pragmatisch die Orientierung am Tatsächlichen, Nützlichen. In der Philosophie bezeichnet Pragmatik die Lehre vom sprachlichen Handeln. Als relativ junge Disziplin basiert sie auf der ↑Semiotik und der ↑analytischen Philosophie. CHARLES WILLIAM MORRIS unterteilte die Semiotik in drei Bereiche: Syntax, Semantik und Pragmatik. Während die Syntax die formalen Bezüge der Zeichen zueinander, die Semantik die Beziehung zwischen den Zeichen und den durch sie bezeichneten Gegenständen untersucht, behandelt die Pragmatik die Beziehung zwischen Zeichen und Zeichenbenutzer. Sie fragt, was psychologisch, biologisch und soziologisch beim Auftreten von Zeichen geschieht, welche Absichten man mit dem Zeichengebrauch verfolgt und welche Wirkungen man erzielt. Sie betrachtet also den Handlungszusammenhang (Kontext) von sprachlichen Äußerungen (↑Sprechakten). Eine fundamentale Rolle spielt sie in der ↑Transzendentalpragmatik und ↑Universalpragmatik.

Pragmatismus [zu griech. prãgma »Handlung«]: Zwar waren alle Philosophien zu allen Zeiten ein Spiegel der (soziokulturellen) Wirklichkeit ihrer Zeit, dennoch gab es nur selten eine philosophische Strömung, bei der die Bezüge zwischen Philosophie und allgemeiner ↑Lebenswelt so offensichtlich sind wie beim Pragmatismus. Der Pragmatismus ist eine in der zweiten Hälfte des 19. Jh. vorwiegend in Amerika entstandene Lebensphilosophie, die im Menschen primär ein handelndes Wesen sieht und die allgemeinen Kriterien für Wahrheit und Gültigkeit von Ideen und Theorien nach ihrem jeweiligen praktischen Erfolg für den Menschen bewertet. Ungeachtet sehr unterschiedlicher Lösungsangebote ist allen sog. Pragmatikern eine ausnehmend kritische Einstellung gegenüber den überkommenen (absoluten) Wertvorstellungen der Philosophie (↑Relativismus) sowie eine starke Orientierung am naturwissenschaftlichen Wissenschaftsideal gemeinsam. Darin ist der Pragmatismus vergleichbar den parallel in Europa entstandenen Strömungen des ↑Positivismus, etwa der Denkökonomie ERNST MACHS.

CHARLES SANDERS PEIRCE, der den Begriff Pragmatismus 1878 (»How to make our ideas clear«) einführte, kann als der Initiator der im weitesten Sinne sprachanalytischen Richtung der pragmatischen Philosophie angesehen werden. Nach seiner pragmatischen Maxime ist die Bedeutung eines prädikativen Ausdrucks im praktischen Zusammenhang, v. a. in den Handlungsfolgen, zu suchen, in dem die Gegenstände stehen, denen der Ausdruck zugesprochen wird. WILLIAM JAMES gilt als der einflussreichste Vertreter des Pragmatismus. Angesichts eines pluralistisch vorausgesetzten Universums vertrat er einen pluralistischen Wahrheitsbegriff, dessen wichtigstes Kriterium in Absetzung zum Prinzip der ↑Verifikation die Praktikabilität von Wahrheit ist. Unter Einbeziehung auch alltäglicher Erfahrungen widmete er sich v. a. der erkenntnistheoretischen Grundlagenproblematik. Hauptkritikpunkt JAMES' ist der Satz der ↑Adaequatio intellectus et rei, der, bis dahin in der Philosophie unbewiesen, zwangsläufig zum radikalen ↑Skeptizismus führen muss. Entscheidend für JAMES ist nur noch die Frage, inwieweit uns unsere Meinungen helfen, mit der Realität zurechtzukommen und sich an die Gemeinschaft kommunizierender Personen (soziale Praxis) anzupassen. Die wichtigsten Wahrheitskriterien sind hierbei die »Führung durch« und die »Befriedigung von« Wahrheit. So lautete der Satz »Es ist wahr, dass *P*« pragmatisch gewendet »Zu glauben, dass *P*, ist von Vorteil«. Daran anknüpfend sieht JOHN DEWEYS ↑Instrumentalismus im menschlichen Denken eine Art Werkzeugkasten, angefüllt mit Begriffen, logischen Strukturen usw., die, vergleichbar etwa unseren Körperteilen (Arme, Beine, Kauwerkzeuge usw.) oder alltäglichen Gebrauchsgegenständen, den jeweiligen Erfordernissen der Umwelt angepasst sind. Er hat den Pragmatismus in Richtung eines umfassenden Demokratieverständnisses ausgebaut.

Der Pragmatismus selbst war eher kurzlebig. Als allgemeine Lebenseinstellung (Vulgärpragmatismus) scheint er aber ungebrochen in dem weiterzuleben, was wir heute weltweit den »American way of live« nennen: das »Anything goes«, der oft »naiv« auftretende, schrankenlose Glaube an das technologisch Machbare und die Größe menschlichen Handelns. Dem Pragmatismus ist vorzuwerfen, dass der schlichte Ersatz eines absoluten Wahrheitsbegriffs durch das Prinzip des momentanen Nutzens die Grundfragen der Philosophie bloß verschiebt und deshalb nur scheinbar löst. Schon das bloße Machen, die reine Praxis stellt ja bereits einen zu begründenden Wert dar. Andererseits hat er den Abbau der Schranken zwischen Esoterik und Exoterik (Wissenschaft und Alltag) im 20. Jh. wesentlich gefördert und zweifellos die philosophische Einsicht dafür geschärft, dass der Mensch nicht nur ein denkendes Wesen (↑Rationalismus) ist, sondern dass ihm daneben auch eine fundamentale praktische Seite zukommt. Dem Pragmatismus verwandt ist der ↑Utilitarismus.

praktische Vernunft: als Fachterminus v. a. für die Philosophie KANTS von Bedeutung. KANT unterteilt das menschliche Vernunftvermögen nach seinem Gegenstandsbereich in die theoretische, die Prinzipien des Denkens betreffende, und die praktische, die Prinzipien des Handelns betreffende Vernunft. Beide zielen auf Einheit und Vollständigkeit, Allgemeingültigkeit und Systematik. Beide erfüllen also die Funktion von »Regelsystemen« in Bereichen, in denen Menschen die Grundbedingungen sinnvollen Denkens, Redens und Handelns infrage stellen, um sich gemeinsamer, intersubjektiver Prinzipien ihres Erkennens oder Handelns zu vergewissern.

Der Begriff der praktischen Vernunft bei KANT ist v. a. dadurch ausgezeichnet, dass er mit dem Willen gleichgesetzt wird. Diese Gleichsetzung lässt sich vereinfachend etwa folgendermaßen herleiten: Eine willentliche Handlung unterscheidet sich von einer impulsiven Tat dadurch, dass sie durch Absichten und Interessen kontrolliert wird. Eine Person also, die mit ihren Handlungen Absichten und Interessen verfolgt, die planvoll, überlegt und zielgerichtet agiert, manifestiert, dass sie über einen Willen verfügt. Nach [s]einem Willen zu handeln ist für KANT aber nicht identisch damit, sich – wie es nach heutigem Sprachgebrauch vielleicht eher verstanden wird – von »willkürlichen«, von rein subjektiven Interessen leiten zu lassen. Vielmehr ist der Wille nach KANT durch ein oberstes und allgemeines Gesetz, den ↑kategorischen Imperativ, bestimmt. Als »Wille« bezeichnet KANT das Vermögen, »in Übereinstimmung mit der Vorstellung dieses Gesetzes zu handeln«; und diese Übereinstimmung ist Bedingung dessen, was Kant unter ↑Moralität versteht. Integrität und Stabilität des (moralischen) Handelns

sind bei ihm dadurch vermittelt, dass der Vernunftwille ein einziges oberstes und unbedingtes Ziel, Prinzip oder Gesetz statuiert und durch den universalen Anspruch dieses Gesetzes alle Handlungen miteinander verknüpft.
Die idealistische Vernunftphilosophie des 18./19. Jh. insgesamt war gekennzeichnet von dem Bemühen, unter dem »Primat der Praxis« eine Einheit von theoretischer und praktischer Vernunft zu konstruieren, die sowohl den Objektivitätsansprüchen der Wissenschaften als auch den Bedürfnissen der Lebenspraxis genügen sollte. Aufgegriffen wurde die Idee der Einheit von Praxis und Theorie im 20 Jh. insbesondere von den kritischen Sozialwissenschaften.

Prämisse [zu lat. praemittere »vorausschicken«, »vorausgehen lassen«]: allgemein eine bei der Argumentation bereits zugestandene Aussage, deren Wahrheit im weiteren Verlauf vorausgesetzt werden darf. In der ↑Syllogistik werden die beiden vorausgesetzten Sätze eines Schlusses Prämissen genannt. Prämissen sollten nicht mit ↑Hypothesen verwechselt werden. Der Terminus Prämisse ist für die Anwendung von Regeln (z. B. Schlussregeln) reserviert, während die Bezeichnung Hypothese auf Schlüsse selbst bezogen wird.

Präsenz [zu lat. praesentia »Gegenwart«]: Von AUGUSTINUS geprägter Begriff, der die Allgegenwart Gottes im Unterschied zur Gegenwart des Menschen erfasst. Diese Bedeutung wird über die Scholastik bis zur modernen Theologie beibehalten. In der Philosophie bekommt der Begriff erst im 20. Jh. in der ↑Phänomenologie EDMUND HUSSERLS einen besonderen Stellenwert. Präsenz meint hier die Gegenwart eines von aller Erfahrung reinen Phänomens, das intuitiv und unmittelbar (etwa als »Ich«) erfasst wird. Vor allem MARTIN HEIDEGGER und JACQUES DERRIDA greifen diesen Begriff in unterschiedlicher Weise wieder auf. So unterscheidet HEIDEGGER zwischen Präsenz (Anwesenheit vergangener Gegenwärtigkeiten) und Gegenwart (unmittelbares »Jetzt«), während DERRIDA den »Spuren« in den Begriffen nachgeht, die das »Unzeigbare« in dem als z. B. sprachlich *präsent* Gezeigtem aufweisen sollen.

präskriptiv [lat.]: ↑deskriptiv/präskriptiv/normativ.

prästabilierte Harmonie [zu frz. harmonie préétablie »vorherbestimmte Harmonie«]: von LEIBNIZ 1696 eingeführtes Modell zur Lösung des ↑Leib-Seele-Problems der neuzeitlichen Philosophie. Das Verhältnis von Leib und Seele sei demjenigen zweier Uhren vergleichbar, die in vollkommenster Weise synchron laufen, ohne einen wechselseitigen Einfluss aufeinander auszuüben (etwa durch mechanische Verbindungen). LEIBNIZ erklärte ihren harmonischen Gleichlauf durch eine perfekte Konstruktion: Die beiden Uhren seien mit so großer Kunst und Geschicklichkeit (von Gott) angefertigt, dass man in der Folge ihrer Übereinstimmung gewiss sein könne. In seiner Monadenlehre besagt dies, dass alle in sich geschlossenen, voneinander unabhängigen ↑Monaden von Gott derart aufeinander abgestimmt wurden, dass sich alle Bestandteile der Welt in vollständiger Harmonie befinden. An jeder Monade spiegelt sich also gleichsam die gesamte Welt. LEIBNIZ' Optimismus, dass die Welt die beste aller möglichen Welten sei, hat VOLTAIRE in seinem »Candide« (1759) attackiert und ins Lächerliche gezogen.

Präsupposition [lat. etwa »Vorvoraussetzung«]: Bezeichnung der traditionellen Logik für nicht explizite Voraussetzungen. Eines der bekanntesten Beispiele hierfür ist das antike Paradoxon des »gehörnten Mannes«: Ein Mann sagt zu einem anderen: »Alles, was man nicht verloren hat, besitzt man noch. Du hast keine Hörner verloren. Also musst du noch Hörner tragen!« Das Argument wird erst nach Hinzufügen der Präsupposition »Was man jemals besessen und nicht verloren hat...« schlüssig.

Praxis [griech.]: allgemein Tun oder Handeln im Gegensatz zum Denken (das zum Bereich der ↑Theorie gerechnet wird). Es wird unterschieden zwischen gesellschaftlicher Praxis, womit der gesellschaftliche Gesamtprozess der Veränderung in Wirklichkeit gemeint ist, und individueller Praxis, die nur die Handlungen eines Individuums umfasst.

Analog zur Unterscheidung von Theorie und Praxis trennt man seit der Antike zwischen theoretischer und praktischer Philosophie. Die Erstere hat es mit dem Wissen aus Gründen (»warum?«) zu tun, während es der Letzteren um Wissen aus Tatsachen (»wie?«) geht; man spricht dann auch von Können (»Know-how«). Der Primat der Theorie wurde so begründet, dass auch Fragen der praktischen Philosophie mit den Mitteln der theoretischen Philosophie (wie Deduktion und Axiomatik) behandelt werden. Praktische Philosophie wird dann gleichbedeutend mit Ethik (und vielleicht noch mit Staatsphilosophie).

Die (gesellschaftliche) Praxis gilt im Marxismus sowohl als Ursprung als auch als Prüfstein der Erkenntnis. Das ist die dialektische Einheit von Theorie und Praxis: Letztere ist das Bindeglied zwischen Denken und objektiver Realität, das es erlaubt, theoretische Sätze an ihren Auswirkungen zu überprüfen. Damit verbunden ist eine umfassende Kritik am überkommenen Verhältnis von Theorie und Praxis. Ihren deutlichsten Ausdruck fand diese in KARL MARX' berühmter These zu LUDWIG FEUERBACH: »Die Philosophen haben die Welt nur verschieden interpretiert. Es kommt darauf an, sie zu verändern.« Auch im ↑Pragmatismus ist die Praxis von grundlegender Bedeutung.

Prima philosophia [lat.]: ↑Erste Philosophie.

primäre und sekundäre Sinnesqualitäten: ↑Sinnesqualitäten.

Primat [lat. »erste Stelle«, »Vorrang«]: In der Philosophie forderte KANT den Primat der ↑praktischen Vernunft vor der spekulativen (d.h. theoretischen). KANTS Philosophie war so angelegt, zunächst einmal Möglichkeiten und Methoden, v.a. aber die Grenzen menschlichen Wissens zu analysieren. In der »Kritik der reinen Vernunft« (1781) kommt er zu dem Ergebnis, dass sicheres Wissen nur von empirisch fundierten Gegenständen möglich ist. Die Konsequenz dieses Ansatzes war, dass zentrale Begriffe der klassischen Metaphysik wie Gott, Freiheit und Unsterblichkeit (der Seele) dann jenseits aller Erkennbarkeit liegen. Man hat KANT deswegen u.a. auch den »Alleszermalmer« genannt. Dem hält KANT entgegen: »Ich musste also das Wissen aufheben, um zum Glauben Platz zu bekommen!« Indem KANT den Inhalten der klassischen Metaphysik den Status von ↑Postulaten, von sinnvollen Vernunftforderungen, zuweist, trifft er mit dem Primat der praktischen Philosophie eine ganz fundamentale Wertung: Obwohl Postulate wie Gott, Freiheit und Unsterblichkeit niemals bewiesen, niemals Gegenstand des Wissens werden können, ist doch ihre Geltung sicher verbürgt, weil sie als Gegenstand des Glaubens der praktischen Vernunft aller Theorie vorausgehen.

Principium individuationis [lat.]: ↑Identität, ↑Individuation.

Prinzip [zu lat. principium »Anfang«, »Ursprung«, »Grundlage«]: in der antiken Philosophie der Urstoff oder die Elemente, aus denen alles Seiende besteht (↑Arche). Heute werden bewährte Sätze von großer Allgemeinheit, die sich als erste Sätze für den Aufbau eines Wissensgebiets eignen (↑Axiom), als Prinzipien bezeichnet. Neben diesen inhaltlichen Prinzipien, den Grundlagen des Wissens, gibt es auch methodische Prinzipien, z.B. das Ökonomieprinzip von

Wilhelm von Ockham (↑Nominalismus); dazu gehören auch die Prinzipien der Logik wie der ↑Satz vom (verbotenen) Widerspruch. In der Ethik treten Prinzipien als allgemein verbindliche Handlungsanweisungen auf. An der Frage nach dem Ursprung von Prinzipien, ob sie nur aus dem Denken oder aus der Erfahrung stammen, scheiden sich Rationalismus und Empirismus.

Privation [lat. »Befreiung«, »Beraubung«]: allgemein die Ermangelung eines Zustands oder einer Eigenschaft. In der Philosophie spielt der Begriff Privation (griech. stéresis) bei Aristoteles eine wichtige Rolle als Prinzip des Werdens (neben ↑Form/Materie): Verändert sich ein Gegenstand, so wird etwas, das bisher nur als Möglichkeit in ihm vorhanden war, Wirklichkeit (↑Akt/Potenz) und gleichzeitig hört das, was bisher Wirklichkeit war, zu existieren auf. So verliert z. B. ein Marmorblock seine bisherige Form, wird ihrer »beraubt«, wenn eine Statue aus ihm hergestellt wird. Auch der Mangel einer Eigenschaft, die einem von Natur aus zukommt und die man zu seiner Vollkommenheit braucht, heißt bei Aristoteles Privation (z. B. Blindsein als Privation des Sehens).

Probabilismus [zu lat. probabilis »tauglich«, »wahrscheinlich«]: in Erkenntnislehre und Wissenschaftstheorie die Position, dass es prinzipiell keine absolut wahren, sondern nur wahrscheinliche Sätze gibt. In der Physik besagt der Begriff, dass sich das Eintreten gewisser Erscheinungen oder Ereignisse nicht mit vollständiger Sicherheit, sondern nur einer bestimmten Wahrscheinlichkeit vorhersagen lässt.

Problem [griech. »das Vorgelegte«, »Aufgabe«, »Streitfrage«]: Kenntnis, dass das verfügbare Wissen nicht zur Bewältigung einer gestellten Aufgabe, die selbst auch Problem genannt wird, genügt; deshalb oft auch als »Wissen von Nichtwissen« bezeichnet. Probleme sind Ausgangspunkte des Fragens und Forschens. Wissenschaftstheorie und Heuristik untersuchen den Vorgang des Problemlösens. In der Philosophie gibt es verschiedene prominente Probleme (z. B. das ↑Leib-Seele-Problem, das Problem der ↑Wahrheit). Ihre Annahme kritisierte Ludwig Wittgenstein mit seiner berühmten These: »Das Problem gibt es nicht.« Ihm zufolge besteht das Lösen philosophischer Probleme im Sich-klar-Werden über den Sinn der gebrauchten Wörter (↑Sprachanalyse).

problematisch: fragwürdig, nicht entschieden. Modalität eines Urteils der Form »*S* ist möglicherweise *P*«; Beispiel: »Bacon ist möglicherweise der Verfasser der shakespeareschen Werke«.

Produktionsverhältnisse [zu lat. producere »hervorbringen«, »erzeugen«]: Terminus der Gesellschaftstheorie des Marxismus. Die Produktionsverhältnisse einer bestimmten Gesellschaftsform sind gekennzeichnet durch die Eigentumsverhältnisse hinsichtlich der Produktionsmittel (z. B. Grund und Boden, Rohstoffe, Werkzeug, Fabriken, Arbeitskraft) und die Verteilungsverhältnisse hinsichtlich der gesellschaftlich produzierten Güter. Es gibt zwei Haupttypen von Produktionsverhältnissen:

1. gesamtgesellschaftliches Eigentum an Produktionsmitteln und Arbeitsprodukten (↑Sozialismus, ↑Kommunismus);
2. Privateigentum an Produktionsmitteln und dadurch bedingte ungleiche Verteilung der Arbeitsprodukte, d. h. Ausbeutung (Klassengesellschaft, ↑Klasse).

Der historische Materialismus unterscheidet fünf historisch notwendig aufeinanderfolgende Arten von Produktionsverhältnissen; es sind: Urgemeinschaft, Sklaverei, Feudalismus, Kapitalismus, Sozialismus bzw. Kommunismus.

Die Produktionsverhältnisse bilden zusammen mit den Produktivkräften (z. B. Wissenschaft, Technik, Ausbildung) als Quelle und

Kriterium gesellschaftlichen Fortschritts die ökonomische Basis (↑Basis und Überbau) der Gesellschaft.

Prognose [griech. »das Vorherwissen«]: Voraussage über zukünftig Eintretendes. Die Prognose spielt eine wichtige Rolle bei der Prüfung von erfahrungswissenschaftlichen ↑Hypothesen. Man spricht in diesem Fall genauer von Testimplikation (↑Test).

Projektion [lat. »das Hervorwerfen«]: in der Philosophie allgemein Terminus für die Annahme, die Objekte der menschlichen Wahrnehmung befänden sich als Außenwelt außerhalb des Leibes, im Regelfall nicht in den entsprechenden Sinnesorganen. Eine spezielle Bedeutung erlangte der Begriff in LUDWIG FEUERBACHS Religionskritik: Religion ist die Projektion des »Wesens des Menschen« in eine seiner Verfügung enthobene Sphäre. Die Theologie ist demnach ein Selbsterkenntnisprozess, in dem dieser Zusammenhang von Religion und »Wesen des Menschen« durchschaut wird. Diese Anthropologisierung der Religion gewann großen Einfluss auf den frühen KARL MARX und auf FRIEDRICH ENGELS.

Prolepsis [griech.]: ↑Antizipation.

Proposition [lat. »Darstellung«, »Vorstellung«, »Vordersatz«]: In der modernen Sprachphilosophie ist Proposition das, was ein Aussagesatz aussagt, also dessen Bedeutung (»Gedanke«). Nur Sätze, die eine Proposition ausdrücken, können wahr oder falsch sein. Deshalb werden Letztere oft als die eigentlichen Träger der Wahrheit angesehen.

Für die Annahme von Propositionen spricht v.a. die Tatsache, dass verschiedene Sätze (z.B. verschiedener Sprachen) das Gleiche ausdrücken können (z.B. »Schnee ist weiß« und »snow is white«). Propositionen sind also als sprachinvariant und nicht sprachlich anzusehen. Gegen die Annahme von Propositionen wird argumentiert, dass es nicht möglich sei, die Bedeutungsgleichheit von Sätzen eindeutig (ohne Rückgriff auf Propositionen) zu erklären. Ist dies richtig, so ist ein ↑Circulus vitiosus unausweichlich: »Proposition« wird nämlich durch »Bedeutungsgleichheit« festgelegt und Letztere wiederum durch: »die gleiche Proposition ausdrücken«.

Protagoras, griechischer Philosoph, *Abdera um 485 v.Chr., †um 415 v.Chr.: PROTAGORAS war Wanderlehrer und der bedeutendste der ↑Sophisten. In Athen wegen Gottlosigkeit angeklagt und verurteilt, ertrank er auf der Flucht bei einem Schiffbruch. PROTAGORAS soll über die Götter gesagt haben, dass er aufgrund der Dunkelheit der Sache und der Kürze des Lebens nicht erkennen könne, ob sie seien oder ob sie nicht seien. Als sein philosophischer Hauptsatz gilt der ↑Homo-Mensura-Satz, der eine einzige, allgemeingültige Wahrheit bestreitet.

Protokollaussage (Protokollsatz): eine Aussage, die die »einfachsten« erkennbaren Sachverhalte in Aussagen über das unmittelbar »Gegebene« festhalten soll. Die sprachliche Fixierung von Beobachtungen führt zunächst zu Beobachtungssätzen, d.h. zu Sätzen, in denen sinnlich wahrnehmbare Sachverhalte unter Verwendung von Indikatoren wie »hier« und »jetzt« beschrieben werden. Protokollaussagen im engeren Sinne beschränken sich dann auf die Darstellung der kontextinvarianten Anteile einer Beobachtungssituation, d.h., sie berücksichtigen nicht mehr die aktuelle »Gesprächssituation«.

Protokollsätze sollten sich auf reine Beschreibung beschränken, also z.B. keine Werturteile enthalten, und gelten wie die ↑Axiome als unhinterfragbare Basissätze, von denen alle weiteren Aussagen der Theorie – z.B. ↑Hypothesen und ↑Gesetze – ihren Anfang nehmen (↑Induktion). Damit bietet sich der Versuch einer Gliederung der Wissenschaftssprache in zwei Stufen an: Eine

Beobachtungssprache sollte von der Ebene der Theoriesprache zu trennen sein. Die Hoffnung auf eine saubere, scharfe Trennung der beiden Ebenen hat sich allerdings als Illusion erwiesen, indem gezeigt werden konnte, dass eine völlig theoriefreie Beobachtungssprache nicht möglich ist. Seit GALILEO GALILEIS Satz: »Alles messen, was messbar ist, und versuchen, messbar zu machen, was es noch nicht ist!« bestimmt v.a. das Konzept der Mathematisierung, d.h. der thematischen Reduktion der Naturforschung auf quantifizierbare Aspekte, die Methodik insbesondere der physikalischen Forschungen.

Psyche [griech.]: ↑Seele.

Psychoanalyse [zu griech. psychḗ »Seele« und análysis »Auflösung«]: von SIGMUND FREUD Ende des 19. Jh. entwickelte Theorie und Technik, die dazu dienen sollen, die Art und Wirkungsweise der psychischen Kräfte zu erforschen bzw. zu beeinflussen. Neben dem Verfahren zur Untersuchung seelischer Vorgänge ist die Psychoanalyse Behandlungsmethode v.a. bei »neurotischen« Störungen, aus deren Untersuchung sie hervorgegangen ist.

FREUDS bis heute unbestrittenes Verdienst besteht v.a. darin, die entscheidende Bedeutung der frühen Kindheit für die Entwicklung und Ausformung der Persönlichkeit erkannt zu haben. Dabei wird v.a. der Sexualität eine große Bedeutung beigemessen, wobei FREUD den Begriff der Sexualität in einem weiteren Sinne als üblich gebraucht. Über die mit dem Genitalbereich zusammenhängenden lustvollen Aktivitäten hinaus bezeichnet er alle Formen von Erregung und Aktivität als sexuell, die Lust verschaffen, d.h. sich nicht auf die Befriedigung eines rein physiologischen Bedürfnisses (z.B. Hunger, Atmung) reduzieren lassen. So ist für den Säugling offenbar der Vorgang des Saugens als solcher lustvoll, denn er lutscht auch dann noch am Finger oder am Bettzipfel, wenn sein Hunger bereits gestillt ist. FREUD nennt die psychische Energie der so verstandenen Sexualität Libido. Der Gegenspieler des Sexualtriebs, der genau wie dieser jedem Menschen innewohnt, ist der Destruktionstrieb oder Thanatos, der sich u.a. nach einer Phase der Frustration (JOHN DOLLARD) durch zerstörerische Aggression äußert.

Im Verlauf der frühkindlichen Entwicklung durchläuft die Libido verschiedene Stadien. Die früheste Entwicklungsphase, die etwa die ersten eineinhalb Lebensjahre umfasst, wird als orale Phase bezeichnet. In ihr geht die Lustempfindung überwiegend von der Reizung der Mundhöhle und der Lippen aus. Quelle der Lust ist also die orale Zone, Objekt ist die Mutterbrust oder die Mutter schlechthin. Die zweite Stufe der Libido-Entwicklung ist die anale Phase (zwischen dem 2. und 4. Lebensjahr). Quelle der Lust, ausgelöst durch den Beginn der Sauberkeitserziehung und die Erfahrung des Kindes, dass es seine

Psychoanalyse: Die Couch in Sigmund Freuds Arbeitszimmer hat als Symbol der Psychoanalyse Berühmtheit erlangt.

Ausscheidungsfunktionen selbst regulieren kann, ist der Analbereich. Das Kind erlebt seine Ausscheidungen als eigenen Besitz, den es den Eltern schenken, aber auch zurückhalten kann. In dieser Phase wird der Grundstein gelegt für alles, was mit Ordnung, Leistung und Hergeben zu tun hat. Die phallische Phase ist dadurch charakterisiert, dass die Genitalorgane zur Quelle der Libido werden. Während der phallischen Phase bildet sich in dem »Schicksalsdreieck« Vater-Mutter-Kind eine ganz besondere Konstellation heraus, die als Ödipuskomplex bezeichnet wird. Hierunter versteht man die Gesamtheit von Liebeswünschen (meist gegenüber dem gegengeschlechtlichen Elternteil) und feindseligen Regungen, die das Kind gegenüber seinen Eltern empfindet.

Mit der Überwindung des Ödipuskomplexes beginnt die Latenzperiode (etwa vom 6. bis zum 12. Lebensjahr), die durch das Zurücktreten sexueller Handlungen und Wünsche und die Entwicklung geistiger und sozialer Fertigkeiten gekennzeichnet ist. Die genitale Stufe der Libidoentwicklung wird in der Pubertät erreicht. Quelle ist die Genitalregion, Ziel ist die geschlechtliche Vereinigung.

Mit dem Abschluss der frühkindlichen Sexualentwicklung und dem Eintritt in die Latenzperiode weist die Psyche des Kindes die von FREUD in seiner Instanzentheorie (oder Strukturhypothese) des psychischen Apparates unterschiedenen Strukturen des ↑Es, ↑Ich und ↑Über-Ich auf. Bei der Geburt ist zunächst nur das Es die unbewusst bleibende Quelle aller Triebe, Antriebe und Bedürfnisse. Das Ich differenziert sich im etwa 6. bis 8. Lebensmonat aus dem Es heraus, wenn das Kind lernt, zwischen seinem Körper und der Außenwelt zu unterscheiden. Es besteht aus jenen Funktionen, die mit der Beziehung des Individuums zu seiner Umwelt zu tun haben. Die dritte Instanz ist das Über-Ich, dessen Inhalte Normen, Gebote und Verbote sind und das zum großen Teil unbewusst ist. Es entsteht durch die Identifikation des Kindes mit den Wertvorstellungen seiner Eltern v. a. aus der Angst des Kindes heraus, bei Nichtbeachtung der Wünsche und Gebote der Eltern ihre Liebe zu verlieren. Das Ich hat die Aufgabe, zwischen den Triebansprüchen des Es und den als Gewissensdruck spürbar werdenden Forderungen des Über-Ich zu vermitteln.

Wenn eine Person Triebansprüchen ausgesetzt ist, die ihr Ich und ihr Über-Ich nicht tolerieren können, reagiert das Ich auf die aus diesem Konflikt entstehende Angst mit Abwehrmechanismen, wie z. B. der Verdrängung, die die mit einem Trieb zusammenhängenden Vorstellungen ins Unbewusste zurückstoßen oder dort festhalten. Um die Verdrängung aufrechtzuerhalten und den Triebimpuls zu beherrschen, muss genauso viel Energie vom Ich aufgewendet werden wie der Impuls Energie hat. Nach psychoanalytischer Lehrmeinung führt allerdings erst die längere sehr starre und übertriebene Handhabung von Abwehrmechanismen zu seelischen bzw. körperlichen Störungen.

Psychologie [zu griech. psychḗ »Seele«]: Wissenschaft, die sich mit dem Verhalten und Erleben des Menschen befasst (Humanpsychologie). In theoretischer Hinsicht geht es der Psychologie in erster Linie um die Beschreibung und Erklärung psychischer Sachverhalte (z. B. Motivation, Lernen, Denken usw.). In praktischer Hinsicht kann sie Entscheidungshilfen und Handlungsweisen für die Erreichung bestimmter als wünschenswert erklärter Zielsetzungen geben (angewandte Psychologie). Von der vergleichenden Psychologie wird außerdem die stammesgeschichtliche Entwicklung berücksichtigt, während deren die Grundlagen auch für die seelische und geistige Entwicklung des Menschen entstanden sind. Andererseits wird gerade das spezifisch Menschliche weitgehend durch die sozialhistorischen Entwicklungsbedingungen der Menschheit be-

stimmt, sodass Psychologie schon ihrem Wesen nach eine Wissenschaft ist, die zwischen den (v. a. biologischen) Naturwissenschaften einerseits und den Sozial-, Kultur- und Geisteswissenschaften andererseits steht.
Bis zum 19. Jh. war die Psychologie als »Lehre von der Seele« ein Teilgebiet der Philosophie. Als Erster verwendete PHILIPP MELANCHTHON die Bezeichnung Psychologie in seinen Vorlesungen. Er wies darauf hin, dass die Seele ein der wissenschaftlichen Behandlung würdiger Gegenstand sei. Unter dem Einfluss DESCARTES' kam es zu einer strikten begrifflichen Trennung von körperlichen Prozessen und von Bewusstseinsvorgängen (↑Leib-Seele-Problem).
Zu den wichtigsten Wegbereitern einer empirischen Psychologie gehören die Sensualisten (↑Sensualismus) und Empiristen (↑Empirismus), v.a. JOHN LOCKE, THOMAS HOBBES und DAVID HUME. Erst aus der sinnespsychologischen Forschung zu Beginn des 19. Jh. (ERNST HEINRICH WEBER, THEODOR FECHNER) entwickelte sich eine nach naturwissenschaftlichen Methoden arbeitende Psychologie. Außerhalb der akademischen Psychologie entstanden die verschiedenen Richtungen der Tiefenpsychologie; Grundlage war die von SIGMUND FREUD Ende des 19. Jh. entwickelte ↑Psychoanalyse.

Psychologismus [griech.]: v.a. Ende des 19. Jh. vorherrschende Auffassung, nach der die Psychologie die Grundlage aller wissenschaftlichen Disziplinen sei, da die Gegenstände und Sachverhalte, um die sich die verschiedenen Wissenschaften bemühen, von der Erkenntnisfähigkeit abhängig seien, diese ihrerseits aber zum Gebiet der Psychologie gehöre; auch Bezeichnung für die Überbewertung der Psychologie.

Pythagoras, griechischer Philosoph, * Samos um 570 v. Chr., † Metapont (?) um 500 v. Chr.: Vom Leben des ↑Vorsokratikers PYTHAGORAS, um das sich zahlreiche Legenden ranken, ist kaum etwas zuverlässig bekannt. 532/531 verließ er die Insel Samos (angeblich wegen seiner Ablehnung der politischen Verhältnisse unter dem Tyrannen POLYKRATES) und gründete in der zu Großgriechenland gehörenden Stadt Kroton in Unteritalien eine religiös-philosophische und politische Lebensgemeinschaft, deren Mitglieder Pythagoreer genannt werden. Nachdem er mit seiner proaristokratischen Gemeinschaft zunächst großen politischen Einfluss gewonnen hatte, veranlassten ihn später seine Gegner, Kroton zu verlassen und in Metapont Zuflucht zu suchen. Unter seinen Schülern galt er als der vollkommene Weise und genoss schon zu Lebzeiten göttliche Verehrung (als Inkarnation Apollons).

Pythagoras: Der kolorierte Holzschnitt zeigt Pythagoras bei Tonexperimenten (aus »Theoria Musicae«; Venedig, 1492).

Da PYTHAGORAS keine Schriften hinterließ und die Weitergabe seiner Lehre an Unbefugte untersagte, können nur wenige der

Ansichten, die ihm später zugeschrieben wurden, als echt gelten. Zu den höchstwahrscheinlich echten Lehrstücken gehören: die Lehre von der Seelenwanderung (↑Seele) und der damit zusammenhängende Dualismus von Leib und Seele, die Reinigungslehre, die die seelische Reinheit der Lebensführung durch Enthaltsamkeitsübungen (Askese) als Vorbedingung der Erkenntnis betrachtet, die ontologische Zahlenlehre (↑Zahl), der zufolge die gesamte Welt aus Zahlen besteht (»Alles ist Zahl«) und nach Zahlenverhältnissen geordnet ist, und die mathematisch-musikalische Harmonielehre, die konsonante Intervalle auf einfache Zahlenverhältnisse zurückführt (Oktave 2:1, Quinte 3:2, Quarte 4:3) und mit der kosmologischen Annahme einer Sphärenharmonie verknüpft ist. Als höchste Maxime für Theorie und Praxis gilt die Telos-Formel »Folge Gott!«, nach der es das Ziel der Erkenntnis und der Lebensführung sein soll, die göttliche Ordnung nachzuvollziehen. Der sog. »Satz des Pythagoras« geht wahrscheinlich nicht auf PYTHAGORAS zurück. Von den pythagoreischen Lehren wurde v.a. PLATON bzw. der Platonismus stark beeinflusst.

Q

Quadrat, logisches: ↑Syllogistik.

Qualität [lat. »Beschaffenheit«]: seit ARISTOTELES Bezeichnung für eine wesentliche Eigenschaft (lat. »proprium«) eines Gegenstands[bereichs], die ihn (im Unterschied zum Akzidens) zu dem macht, was er ist. Qualität ist eine ↑Kategorie. Neben realen Qualitäten werden auch logische Qualitäten angenommen: die Urteilsarten bejahend, verneinend und unendlich (z.B. bei KANT). Eine vielfach diskutierte Frage ist die Unterscheidung von objektiven (d.h. dem Gegenstand von sich aus zukommenden) und subjektiven (d.h. vom Beobachter dem Gegenstand bloß zugesprochenen) Qualitäten (↑Sinnesqualitäten). Im Marxismus spielt das Prinzip des Umschlagens der Quantität in Qualität eine wichtige Rolle: Viele kleine Veränderungen können schließlich zu einem Qualitätssprung führen. Das gilt sowohl für Naturvorgänge (z.B. Gefrieren oder Schmelzen) als auch für gesellschaftliche Prozesse (z.B. Revolutionen).

Quantentheorie: neben der ↑Relativitätstheorie eine der fundamentalsten Entwicklungen der Physik des 20.Jh. und Grundlage für die Fortschritte unserer Kenntnis über die Struktur der ↑Materie im mikrophysikalischen Bereich. Ihre Anfänge hat die Quantentheorie mit den im Jahre 1900 veröffentlichten Arbeiten MAX PLANCKS. Die Annahme, dass ein schwingungsfähiges System Energie nicht kontinuierlich abgibt bzw. aufnimmt, sondern in diskreten Energie-»Quanten« (↑Kontinuität/Diskontinuität), konnte zum ersten Mal ein Strahlungsphänomen (im Zusammenhang mit dem »Schwarzen Strahler«) erklären, das im Rahmen der klassischen Physik nicht verstehbar war. Dies führte zu einer neu gefundenen Naturkonstanten, die nach PLANCK »Wirkungsquantum« (Symbol: h) genannt wird. Mit dieser Größe konnte NIELS BOHR in der Folge die Strahlungseigenschaften von Atomen erklären und daraufhin ein erstes befriedigendes Atommodell entwickeln. ALBERT EINSTEIN zeigte, dass das Licht, das bis dahin ausschließlich als elektromagnetische Wellenerscheinung verstanden wurde, auch als Strahlung von Lichtquanten auftreten kann (Photonen). Damit entstand das Problem des Welle-Teilchen-Dualismus, wonach Licht nur entweder als Welle oder als Teilchenstrom in Erscheinung tritt (in Abhängigkeit von den experimentellen Bedingungen). Damit war die »Eindeutigkeit« physikalischer Phänomene erstmals grundsätzlich infrage gestellt.

Eine entscheidende Station in der Geschichte der Quantentheorie war mit der Unbestimmtheitsrelation von WERNER HEISENBERG erreicht, die besagt, dass im Gegensatz zur klassischen Mechanik in der Quantenmechanik bestimmte physikalische Größenpaare (z. B. Ort und Impuls, Zeit und Energie) nicht gleichzeitig exakt gemessen werden können. Diese Paare »komplementärer« Größen sind über ein Produkt an das Wirkungsquantum h gekoppelt, und zwar so, dass mit der Messgenauigkeit der einen die Ungenauigkeit der anderen Größe erzeugt wird. Dass dies nicht nur durch den Messprozess bewirkt wird (Einfluss des Beobachtens auf das Verhalten des Beobachtungsobjektes u. a.), sondern eine ontische Bedingung der Struktur der mikrophysikalischen Materie ist, hatte fundamentale Konsequenzen für die Entwicklung in der Elementarteilchenphysik: Gemeinsam mit dem Resultat der Relativitätstheorie, dass lokale Masse in (Strahlungs- oder Bewegungs-)Energie umgewandelt werden kann und umgekehrt, konnte jetzt die Vielfalt der Eigenschaften von Elementarteilchen besser verstanden werden, v. a. ihr Wechselwirkungsverhalten und ihre gegenseitige Erzeugung und Vernichtung: Die Unbestimmtheitsrelation erklärt nämlich, wieso mit einer Festlegung einer zeitlichen Dauer (Distanz zweier Zeitmarken, die z. B. durch die Wellenlänge der »beobachtenden« Strahlung vorgegeben ist) zugleich ein Energiebetrag zur Verfügung steht, der es möglich macht, dass Teilchen entstehen, die vorher nicht existierten.

Eine wesentliche Veränderung gegenüber der klassischen Physik ist ferner, dass das Verhalten eines Teilchens oder einer Teilchengruppe zwar immer noch kausal ist (↑Kausalität), aber nicht mehr vorausgesagt werden kann, also nicht mehr determiniert ist: Aussagen über das Verhalten von Teilchen und deren Struktur sind Wahrscheinlichkeitsaussagen (↑Wahrscheinlichkeit). Dass Wahrscheinlichkeiten aber nicht nur ein Problem des Wissens oder der Aussage über mikrophysikalische Strukturen sind, sondern auch hier eine ontische Valenz bekommen haben, trug wesentlich zum heutigen physikalischen Weltbild bei. – auch ↑Kosmologie.

Quantifikation (Quantifizierung) [zu lat. quantum »wie viel«, »wie groß« und facere »machen«]: In der Wissenschaftstheorie versteht man unter Quantifikation (auch Metrisierung) die Einführung quantitativer, d. h. messender Methoden in ein Forschungsgebiet. Sie ist eine notwendige Vorstufe der Mathematisierung. Anstatt z. B. den freien Fall zu beobachten und zu beschreiben (wie in der aristotelischen Tradition üblich), ging GALILEO GALILEI dazu über, den zurückgelegten Weg und die hierzu benötigte Zeit zu messen und die Abhängigkeit zwischen den gefundenen Größen (den »quanta«) zu studieren.

Quantität [lat. »Größe«, »Zahl«, »Menge«]: nach ARISTOTELES eine ↑Kategorie. Unter sie fallen alle Aussagen über Größen, Anzahl und Mengen von Gegenständen. Quantitative Aussagen lassen sich immer in Zahlenangaben übersetzen. Damit erlaubt es die Quantität, qualitativ Verschiedenes (z. B. rotes und blaues Licht) zu vergleichen (mithilfe von in Zahlenwerten formulierbaren Wellenlängen). Im Gegensatz zur ↑Qualität, die individualisiert, vereinheitlicht also die Quantität. Quantitäten werden heute – da Ergebnisse von Quantifikationen – meist als den Dingen äußerlich angesehen. Es gab jedoch bedeutende naturphilosophische Theorien (z. B. der Pythagoreer), die davon ausgingen, dass die Natur wesensmäßig durch Zahlen bestimmt sei.

Im Marxismus wird die Quantität in engem Zusammenhang mit der Qualität gesehen: Eine Anhäufung kleiner Veränderungen vermag einen Wechsel der Qualität hervorzurufen (Umschlag von Quantität in Qualität).

Quantor [lat.]: in der Quantorenlogik Partikel, mit deren Hilfe Aussageformen mit freien Gegenstandsvariablen durch deren Bindung in Aussagen überführt werden können. Zu einem Quantor gehört die Angabe des Grundbereichs, über den die quantifizierte (»gebundene«) Variable läuft.

Quaternio terminorum [lat. »Vierheit der Begriffe«]: Beweisfehler, der beim syllogistischen Schließen dann auftreten kann, wenn der Mittelbegriff mehrdeutig (↑äquivok) verwendet wird; z. B.: »Jede Schraube besitzt eine Mutter. Jede Mutter hat Kinder. Also: Alle Schrauben haben Kinder.«

Quiddität (Quidditas) [zu lat. quid »was?«]: Washeit, d. h. was etwas ist. In der Scholastik im Unterschied zum »Dass-Sein« (Entität; ↑Ens) Bezeichnung für die einem Ding, Gegenstand zukommende Wesenheit (↑Wesen).

Quietismus [zu lat. quies »Ruhe«]: Lebenshaltung, die den Standpunkt vollständiger, tatenloser Passivität, affektloser Gemütsruhe und eine weltabgewandte Einstellung vertritt; Wollen und eigeninitiatives Handeln werden geleugnet. Einen Niederschlag quietistischer Tendenzen in der philosophischen Tradition (v. a. Spätantike) findet man in der chinesischen Philosophie (bei LAOTSE wird »Nichthandeln« als metaphysisch begründetes Prinzip für ethische, politische und gesellschaftliche Fragen erörtert). In religiösem Zusammenhang bedeutet Quietismus ein bedingungsloses Annehmen des göttlichen Willens, das vom Menschen verlangt, nichts zu begehren und nichts zurückzuweisen (FRANZ VON SALES).

Quine [kwaên], Willard Van Orman, amerikanischer Philosoph und Logiker, * Akron (Ohio) 25. 6. 1908, † Boston (Massachusetts) 25. 12. 2000: QUINE studierte Mathematik und Logik u. a. an der Harvard University, wo er 1932 bei ALFRED NORTH WHITEHEAD promovierte. Während seiner Studienreise 1932/33 begegnete er bedeutenden europäischen Logikern, Mathematikern und Wissenschaftstheoretikern, so u. a. ALFRED TARSKI in Warschau, KURT GÖDEL und MORITZ SCHLICK in Wien und RUDOLF CARNAP in Prag, die ihn z. T. nachhaltig beeinflussten. Ab 1936 war QUINE Dozent, 1948–77 Professor an der Harvard University. Daneben übernahm er zahlreiche Gastprofessuren u. a. in São Paulo, Oxford, Tokio und Paris.

QUINE trat zunächst ab den 1930er-Jahren durch seine bedeutenden Beiträge zur Logik und Mathematik hervor. Er setzte das Programm der Grundlegung der Mathematik durch formallogische Prinzipien (↑Logizismus) fort, wie es BERTRAND RUSSELL und WHITEHEAD in den »Principia Mathematica« (1910–13) vorgelegt hatten, nahm aber bei der Durchführung wichtige Veränderungen vor. Ferner lieferte QUINE u. a. eine neuartige Begründung der Mengenlehre.

An den von CHARLES SANDERS PEIRCE begründeten ↑Pragmatismus anknüpfend, vertrat QUINE in seiner Wissenschaftstheorie einen Holismus als Extremform des ↑Konventionalismus. Ihm zufolge sind die Begriffe und Aussagen einer Theorie grundsätzlich in deren systematischem Gesamtzusammenhang zu betrachten und die Bedingungen ihrer empirischen Bewährung zu berücksichtigen. In seiner Erkenntnistheorie versuchte QUINE einen modernen ↑Empirismus zu entwickeln, der von den Einseitigkeiten des ↑logischen Empirismus befreit ist. In diesem Zusammenhang wies er die Unterscheidung zwischen ↑analytischen und ↑synthetischen Urteilen als unhaltbar zurück, weil sie nur innerhalb eines theoretischen Bezugssystems sinnvoll sei, ein Satz aber, der in einer Theorie analytisch sei, in einer anderen synthetisch sein könne.

QUINES pragmatische und holistische Orientierung zeigt sich auch in seiner Sprachphilosophie. So geht er in seinem Hauptwerk

q

»Word and Object« (1960) von den wahrnehmbaren Sprachhandlungen als Grundlage des Sprachverstehens aus. Wie die Wörter bzw. Gegenstände unterschieden werden, hängt vom jeweiligen alltagssprachlichen oder wissenschaftlichen Begriffssystem ab. Daraus ergibt sich zwangsläufig eine »Unbestimmtheit der Übersetzung«.

R

radikal [zu lat. radix »Wurzel«]: im allgemeinen Sprachgebrauch einerseits vollständig, gründlich, von Grund aus erfolgend, andererseits (negativ) mit Rücksichtslosigkeit und Härte vorgehend. In der Philosophie wird »radikal« meist im Sinne von wurzelhaft, bis auf die Wurzel, den letzten Grund eines Sachverhalts gehend, gebraucht. Im politischen und weltanschaulichen Bereich steht **Radikalismus** für Theorien oder Bewegungen, die bestehende Verhältnisse theoretisch oder praktisch grundsätzlich verändern wollen. Dabei wird die Bezeichnung Radikalismus ungeachtet des jeweiligen politischen Lagers oft diffamierend eingesetzt. WLADIMIR ILJITSCH LENIN sah im Radikalismus eine »Kinderkrankheit der kommunistischen Bewegung«.

Ratio [lat.]: ↑Vernunft, ↑Verstand.

rational [lat. »vernünftig«, »zur Vernunft gehörig«]: allgemein gebraucht im Sinne von vernünftig, nach Vernunftgründen, auf einer wie auch immer logisch-schlüssigen Ableitung basierend (Gegensatz: ↑irrational). **Rationalität** ist das allgemeine, i.d.R. nur dem menschlichen Geist zugesprochene Vermögen dazu (↑Vernunft, ↑Verstand). **Rationalisieren** (Rationalisierung) heißt einen Sachverhalt nach vernünftig (machbar) bemessenen Rationen gliedern; **rationell** ist ein praktisch völlig durchdachtes Verfahren, oft im Sinne von: mit ökonomisch bzw. zeitlich sparsamen Mitteln. In der Philosophie bezieht sich der Begriff rational meist eingeschränkt v.a. auf das begrifflich-diskursive Erkennen und Denken. Eine rationale Wissenschaft ist stets eine nach deduktiven bzw. reduktiven Gesetzen Prinzipien verfahrende Wissenschaft.

Rationalismus: erkenntnistheoretische Position, die gegenüber der sinnlichen Wahrnehmung wie der Gefühls- und Willensebene den Anteil der ↑Vernunft an unseren Erkenntnisleistungen betont bzw. verabsolutiert. Der Rationalismus steht im Gegensatz zum ↑Empirismus bzw. ↑Sensualismus. Während der Sensualismus alles Denken auf Sinnesdaten zurückführt (nichts ist im Verstand, was nicht vorher in den Sinnen gewesen ist), der (gemäßigte) Empirismus einen vermittelnden Standpunkt vertritt (Denken ist ein Abstraktionsprozess, der durch den Akt der Wahrnehmung selbst hervorgerufen wird), sieht der Rationalismus im menschlichen Verstand ein selbstständiges, von allen äußeren Einflüssen unabhängiges Erkenntnisorgan.

Im universalen Bezugsrahmen zwischen Erkenntnis und Wirklichkeit lässt sich die gesamte Geschichte der Philosophie auf eine permanente Auseinandersetzung zwischen einerseits empiristisch (»von unten«) und andererseits rationalistisch (»von oben«) orientierten Denkern reduzieren. Betont antiempiristisch war bereits die ↑eleatische Philosophie. Die Pythagoreer stellten die Philosophie erstmals auf die Basis der Mathematik, indem sie die Wirklichkeit als eine den Zahlen gemäße Ordnung betrachteten. PLATON war mit seiner Ideenlehre der erste wirkliche Theoretiker des Rationalismus. In dem Doppelgespann PLATON-ARISTOTELES kommt erstmals die Differenz von Rationalismus und Empirismus zum Tragen. Seitdem sehen sich Rationalisten primär durch PLATON, Empiristen primär durch ARISTOTELES repräsentiert. Trotz der epochalen wissenschaftstheoretischen Unterscheidung zwischen Ideen- und Wahrnehmungswelt (↑Form/Materie) durch ARISTOTELES blieb allerdings auch er im Kern Rationalist. Für ihn – wie dann für das gesamte Mittelalter – ist das wahrhaft Seiende das im Begriff Gedachte, demgegenüber das Sinnliche als das passive, formlose Material erst mit dem Denken seine Form bzw. begriffliche Gestalt gewinnt. SOKRATES gilt daneben als Begründer des ethischen Rationalismus auf der Grundlage eines allen Menschen innewohnenden Begriffs des Guten.

Mit DESCARTES beginnt die Periode des Rationalismus im heutigen (eingeschränkten) Sinne, der zur klassischen Philosophie der ↑Aufklärung wurde. Ihm liegt durchgängig das Wissenschaftsideal der Mathematik zugrunde. Exemplarisch etwa in BARUCH DE SPINOZAS Entwurf einer Ethik »more geometrico« (»nach Art der Geometrie«), die die methodische Angleichung aller Wissenschaften an den axiomatischen Aufbau der Geometrie EUKLIDS (↑Axiom) forderte. Gott war für ihn identisch mit der Natur (»deus sive natura«). LEIBNIZ sah ähnlich DESCARTES in der Mathematik eine Universalsprache (»Mathesis universalis). War bisher ein Vernunftbegriff bestimmend gewesen, der durch die Identitätssetzung von Begriff und Wirklichkeit (↑Realismus) objektiv ausgerichtet war, so entsteht nun ein subjektiver Vernunftbegriff, mit dem die Frage nach der Sicherung der Autonomie der Vernunfterkenntnis vom erkennenden Subjekt her in den Vordergrund rückt. Ausschlaggebend dafür war v. a. DESCARTES' erkenntniskritischer Rückgang auf das ↑Cogito, ergo sum. Wahr kann nur sein, was ↑klar und deutlich im Selbstbewusstsein aufzufinden ist. Seine Lehre von den ↑angeborenen Ideen (Gott, Vollkommenheit, Unendlichkeit) stand im krassen Widerspruch zum englischen Empirismus (JOHN LOCKE, DAVID HUME, GEOGE BERKELEY), etwa LOCKES These vom Bewusstsein als einem anfänglich »unbeschriebenen Blatt« (»white paper«).

Der Streit um die Existenz der angeborenen Ideen führte dann bei LEIBNIZ zu der charakteristischen (methodisch-operativen) Wende,

Rationalismus: Die Absage an Offenbarung und Wunder durch den Rationalismus stellte die Theologie seit dem 17. Jh. vor Glaubwürdigkeitsprobleme (Marc Chagall, »Der Prophet Jesaja«, 1968; Privatbesitz).

die den systematischen Kern des neuzeitlichen Rationalismus ausmacht: die Abkehr von der intuitiven Basis (z. B. die ↑Evidenz des Ich als letzter Erkenntnisgrund, die Idee Gott als Garant der Außenwelt) hin zu einer konstruktiven Basis. Dem neuzeitlichen Vernunftbegriff liegt eine Erkenntnis leistende Vernunft zugrunde. Ausschlaggebend für LEIBNIZ waren von daher nicht die Inhalte selbst der Ideen, sondern die Tatsache, dass solche Ideen überhaupt von uns ausgebildet werden und wir auf sie reflektieren können. Auf die sensualistische These, nichts sei im Verstande, was nicht vorher in den Sinnen gewesen ist (LOCKE), antwortet LEIBNIZ: außer dem, was allein im Verstande ist.

In KANTS ↑Kritizismus wurde der gesamte bisherige Rationalismus dann auf eine höhere Stufe gehoben, in dem er eine Einheit zwischen Rationalismus und Empirismus anstrebte. Seine »Kritik der reinen Vernunft« ergab, dass unsere Erkenntnis in »bloßen« Formen erfolgt. Diese sind aber nun als apriorische Formen (↑Raum, ↑Zeit, ↑Kategorie) dem Bewusstsein als Prinzipien der Vernunft immer schon mitgegeben. HEGELS ↑Panlogismus führte den Rationalismus zu seinem vorläufigen Abschluss. Er erneuerte den objektiven Vernunftbegriff, indem er die Spannung zwischen Denken und Sein im Begriff selbst dialektisch aufgehoben sieht. Der Prozess der Geschichte ist der objektive Ort, an dem die Vernunft (↑Weltgeist) reflexiv zu sich selbst kommt.

Der ↑kritische Rationalismus des 20. Jh. ist aus einer Kritik am ↑logischen Empirismus hervorgegangen und stellt gleichsam die Umkehrung der Grundidee des traditionellen Rationalismus dar: Indem er die Induktionsschlüsse empirischer Behauptungen bezweifelt, fordert er als Abgrenzungskriterium für rational verstandene wissenschaftliche Sätze im Gegensatz zum klassischen Prinzip der Verifikation das der ↑Falsifikation.

Rationalismus, kritischer: ↑kritischer Rationalismus.

Raum: Die Diskussion über Begriff und Natur des Raumes spielt eine grundlegende Rolle für jede Theorie des Aufbaus und der Struktur der ↑Materie. Während PARMENIDES das ↑Sein als grundlegenden Begriff der Philosophie bestimmt, dagegen den Begriff ↑Nichts als undenkbar aus der Philosophie zu eliminieren trachtet, bestimmt DEMOKRIT die unendliche Mannigfaltigkeit der Atome als das Seiende, und das Nichtsein gewinnt als Grundkonstitution ihrer Getrenntheit und der Möglichkeit ihrer Bewegung eine ontische Valenz: Das Nichtsein (»mē̃ ón«) geht als das Leere (»kénon«) – das Medium, in dem sich die Atome bewegen – gemeinsam mit den Atomen in die Konstitution der Materie ein. Damit ist die Frage aufgeworfen, ob der Raum neben der eigentlichen Materie ein selbstständiges Existierendes sei (ontische Raumbegriffe) oder ob er die begriffliche Abstraktion der Konstellation und Koordination materieller Entitäten sei (metrische Raumbegriffe).

Die Paradoxie ZENONS vom fliegenden Pfeil, der zugleich auch ruht, verweist auf die Notwendigkeit, am Raumbegriff zu unterscheiden, ob er die Möglichkeit von Bewegung meint oder den Raum, den ein Körper aufgrund seiner Ausgedehntheit einnimmt. Im Begriff der Materie als das gegen ihre Durchdringung Widerstandleistende fallen diese Unterscheidungen aber wiederum zusammen. Für ARISTOTELES ist Raum daher das den materiellen Körper Begrenzende. Er bestimmt Raum als das Kontinuum der Mannigfaltigkeit von Örtern. Raum, ↑Zeit und Materie sind überhaupt Beispiele des Kontinuums, das er als unendliche Teilbarkeit bestimmt (↑Kontinuität/Diskontinuität).

DESCARTES legte dann die Grundlagen für den Begriff des Koordinatensystems: Indem man für die Festlegung eines Punktes im

Raum exakt drei Bestimmungsstücke (Koordinaten) benötigt, ist der Anschauungs-Raum als dreidimensional bestimmt. ISAAC NEWTON unterscheidet einen absoluten von einem relativen Raum: Zwar hängt die räumliche und zeitliche Bestimmung von Ereignissen und Bewegungen von der Wahl des Koordinatensystems ab, aber diese Bestimmungen sind durch eine Koordinatentransformation ineinander überführbar. Physikalische Prozesse erweisen sich so als von der Koordinatenwahl unabhängig (Galilei-Invarianz). Der Raum ist daher nicht durch die spezielle Wahl eines Bezugssystems festlegbar (GALILEO GALILEIS Relativitätsprinzip). Dennoch vermutet NEWTON einen absoluten Raum, der »vermöge seiner Natur und ohne Beziehung auf einen äußeren Gegenstand stets gleich und unbeweglich« bleibt. Dieser absolute Raum wird später mit dem »Äther« identifiziert, dem Medium, in dem sich das Licht wellenförmig ausbreitet.

Die Widerlegung dieser Vorstellung (Michelson-Morley-Experiment) führte zur Entwicklung der speziellen ↑Relativitätstheorie. In deren Raum ist nun auch – infolge der Konstanz der Lichtgeschwindigkeit – die Distanz zweier Punkte nicht mehr absolut, sondern abhängig vom relativen Bewegungszustand des (Beobachter-)Koordinatensystems (Längenkontraktion). Unabhängig von der Wahl des jeweiligen Bezugssystems ist dagegen eine aus Raum- und Zeit-Koordinaten kombinierte vierdimensionale Größe (»Vierer-Distanz«): Da nun Raum und Zeit nicht mehr unabhängig voneinander bestimmt werden können, spricht man von einer (vierdimensionalen) Raumzeit (ALBERT EINSTEIN, HERMANN MINKOWSKI). Während die klassische Physik den Raum als physikalisches Modell der euklidischen Geometrie mit ihren Axiomen betrachten konnte, ist dies in der relativistischen Physik nicht mehr der Fall.

Die allgemeine Relativitätstheorie beschreibt die Wirkung der Anwesenheit gravitierender Materie in der Raumzeit als eine nicht euklidische »Raumkrümmung«: Die durch Gravitationswirkung gekrümmte Bahn eines Körpers stellt sich in der »gekrümmten« Raumzeit als nicht euklidische Gerade (»Geodätische«) dar. Dass diese gravitative Raumkrümmung eine dem physikalischen Raum objektiv inhärente Eigenschaft ist, konnte dadurch bewiesen werden, dass auch Lichtstrahlen, die wegen ihrer Masselosigkeit nicht gravitativ wechselwirken, in einem Gravitationsfeld abgelenkt werden. Eine Weiterentwicklung der allgemeinen Relativitätstheorie beschreibt (gravitierende) Materie selbst als (jeweils lokal variierte) nicht euklidische Geometrie der Raumzeit. Bewegte Massen treten hier als Geometriefluktuationen auf. Indem so Materie »geometrisiert« bzw. Geometrie ontisch begriffen wird, ist damit der Versuch gemacht, die Unterscheidung zwischen Raum bzw. Raumzeit und Materie vollständig aufzugeben (↑Kosmologie). Materie als logische (bzw. dialektische) Konsequenz aus einem Raum- und Zeitbegriff wurde bereits von HEGEL bewiesen.

Reaktion: ↑Reiz/Reaktion.

real [zu lat. res »Sache«, »Ding«]: die ↑Realität/Wirklichkeit betreffend, im Sinne von nicht nur in Gedanken, in der Vorstellung vorhanden, sondern gegenständlich, ↑objektiv. Dabei kann real sowohl das Materielle wie das Ideelle, das Subjektive wie das Objektive sein. Eine **Realisierung** ist der Übergang von einer bloßen Meinung über ein etwaig real Vorhandenes zu dessen eigentlicher (wirklicher) Erkenntnis; etwas **realisieren** bedeutet, sich eines Sachverhalts (endlich) bewusst werden. **Reell** ist das tatsächlich Vorhandene, oft umgangssprachlich bestärkend im Sinne von echt, ehrlich, ohne Zweifel. Gegensätze: ↑ideal, imaginär, irreal, fantastisch.

Realismus: ein Standpunkt, der die ↑Realität/Wirklichkeit einer faktischen Realität/Wirklichkeit voraussetzt und der menschlichen Erkenntnisfähigkeit insgesamt eine wie auch immer geartete Verbindung (z. B. Wahrnehmung) zum Sein zutraut. Der Gebrauch des Begriffs hat als Perioden- oder Stilbegriff auch Eingang gefunden z. B. in die Literatur- und Kunstwissenschaften. Der Realismus der bildenden Kunst des 19. Jh. steht in Opposition zur »überhöhten« Realität idealistischer Kunstauffassung, indem er sich zu einer (ungeschminkten) Darstellung der alltäglichen, sozialen Realität bekennt. Eine realistische Grundhaltung ist Ausdruck der fundamentalen Tatsache, dass ohne die Annahme einer realen wirklich existierenden Welt (d. h. der Summe realer Vorkommnisse) unser gesamter Lebenszusammenhang, alle Erfahrungen, Handlungen sowie der Umstand, dass wir mit anderen kommunizieren (können), nicht nur sinnentleert, sondern gänzlich unbegreiflich wäre.

Das Mittelalter war geprägt von einer Auseinandersetzung, die allgemein unter dem Namen **Begriffsrealismus** zusammengefasst wird. Da das Allgemeine (nur) durch die Begriffe gegeben ist, wurde es mit diesen selbst als identisch angenommen. Daneben gibt es das aktuell erscheinende Einzelding, auf das sich die Begriffe bzw. deren Inhalte (d. h. Allgemeinheiten) beziehen. Im Spannungsverhältnis zwischen Allgemeinem, Begriff und Einzelding war nun die Frage aufgekommen, wie und wo sich das Allgemeine verwirkliche und welcher Realitätsgrad ihm zukomme. Vor diesem Hintergrund entwickelte sich der ↑Universalienstreit der Scholastik, der in den extremen (platonischen) ↑Nominalismus und den gemäßigten (aristotelischen) ↑Konzeptualismus einmündete. Auch in der Neuzeit ist die Problematik des Begriffsrealismus (säkularisiert) nach wie vor aktuell, z. B. hinsichtlich der Frage nach der realen Gegebenheit mathematisch abstrakter Konstrukte wie Mengen, Klassen, Proportionen (GOTTLOB FREGE, GEORG CANTOR).

Während der Realismus des Mittelalters vom Verhältnis von Denken (Begriff) und Sein (Wirklichkeit) bestimmt war, steht der neuzeitliche Realismus erkenntnistheoretisch unter dem Eindruck des ↑Subjekt-Objekt-Problems. Er gipfelt in der sog. Frage nach der Erkennbarkeit der Realität der Außenwelt; er kann daher im Unterschied zum Begriffsrealismus als **Außenweltrealismus** bezeichnet werden.

Der naive Realismus setzt voraus, dass uns unsere Vorstellungen ein genaues Abbild der Gegenstände der Außenwelt liefern. Für den kritischen Realismus sind die Gegenstände der Außenwelt dagegen nur durch inadäquate Vorstellungen vermittelbar. Die Einsicht in die wirkliche Wirklichkeit der Außenwelt entsteht erst durch subjektive Leistungen, d. h., das Sein wird dem Wahrgenommenen in einem automatischen Urteilsakt als qualitative Zutat beständig untergeschoben. Einen realistischen Standpunkt vertraten u. a. DESCARTES und JOHN LOCKE. Prototyp des Realismus ist der ↑Materialismus. Dabei geht er davon aus, dass eine objektive Realität unabhängig vom erkennenden Bewusstsein existiert. Von daher steht er traditionell im Gegensatz zum ↑Idealismus, für den die objektive Realität ausschließlich Produkt des denkenden Subjektes ist.

Im 20. Jh. hat sich v. a. unter dem Einfluss von Phänomenologie und Existenzphilosophie sowie der Psychologie der Realitätsbegriff wesentlich erweitert. »Wirklichkeit« können nun auch unsere Bewusstseinsakte, Tätigkeiten, Wunschvorstellungen usw. beanspruchen. Hier erscheint der klassische Gegensatz zwischen Realismus und Idealismus z. T. relativiert.

Realität/Wirklichkeit: Dem allgemeinen Sprachgebrauch folgend werden heute in der

Philosophie beide Begriffe mehr oder weniger gleichberechtigt nebeneinander gebraucht, wobei allerdings die Tendenz besteht, den Begriff Realität immer dann zu bevorzugen, wenn es um die Bestimmung eines einzelnen, äußeren, z.B. materiellen Seienden geht, während dem Begriff Wirklichkeit daneben ein umfassenderer Bedeutungsgehalt zuzukommen scheint. Realität bezieht sich auf das Moment der unmittelbaren Erfahrung und bezeichnet die reale Seinsweise, das Daseiende im Unterschied zur »bloßen« Erscheinung, das tatsächlich Gegebene oder die schlichte Tatsache (z.B. »eine politische Realität, an der man nicht mehr vorbeikommt«). Dagegen wird Wirklichkeit all dem zugeschrieben, was als Gegebenheit überhaupt wahrnehmbar bzw. erfahrbar ist.

In der Scholastik ist die Wirklichkeit in engem Bezug zur Wirkursache (↑Causa) gedacht, neben der ↑Möglichkeit und der ↑Notwendigkeit eine der ↑Modalitäten, d.h. Arten und Weisen des Seins oder Geschehens. Es wird unterschieden zwischen Realität, d.h. dem Sachgehalt des Seienden, und der Aktualität, d.h. der Verwirklichung dieses Sachgehalts. In der neuzeitlichen Philosophie kulminiert das Problem von Realität/Wirklichkeit im erkenntnistheoretischen Streit um die »Realität der Außenwelt« zwischen ↑Idealismus und ↑Realismus.

Recht: das von einer Gesellschaft (Rechtsgemeinschaft) als verbindlich anerkannte System von ↑Normen, die vorschreiben, wie sich der Einzelne in bestimmten Situationen verhalten soll, z.B. um Konflikte zwischen Individuen zu verhindern oder um über bestehende Konflikte zu entscheiden. Im Unterschied zu allen übrigen Normensystemen hat man als Besonderheit der Rechtsnormen angeführt, dass sie durch äußeren Zwang (Rechtszwang) durchgesetzt werden können. Obwohl auch die Einhaltung von Sitten und Gebräuchen durch gesellschaftliche Zwänge z.T. gewährleistet wird, steht allein dem Recht eine eigens zum Zweck seiner Durchsetzung gebildete staatliche Institution zur Verfügung, die das Monopol legitimer, ebenfalls normativ geregelter Gewaltanwendung besitzt. Dieser »Erzwingungsstab« verleiht den Rechtsnormen eine verlässliche Durchsetzungschance.

Bezeichnet man die Chance, menschliches Verhalten wirksam zu lenken, als Macht, so ist es ein Kennzeichen des Rechts, dass es mit organisierter gesellschaftlicher Macht verbunden ist. Mit der Entstehung einer eigenständigen Rechtsdurchsetzungsinstanz wird dem Einzelnen zwar die Möglichkeit zur individuell-privaten Rechtsdurchsetzung zum Großteil genommen. Damit ist aber auch eine Gefahr für den Rechtsfrieden ausgeschlossen, da eine konsequente und unparteiische, v.a. normativ gebundene Durchsetzung des Rechts durch das (private) »Faustrecht« erfahrungsgemäß nicht gewährleistet werden kann.

Innerhalb einer Rechtsgemeinschaft finden gesellschaftliche Gegebenheiten, Interessen und soziale Machtpositionen ihren Niederschlag in den Inhalten des Rechts. Die unterschiedlichen sozialen Kräfte bilden Anstoß und Gegenstand rechtlicher Normierungen, doch ist das Recht nicht einfach nur Produkt von Interessen, Machtverhältnissen und entsprechenden Ausgleichsbemühungen. Der Versuch einer Rechtssetzung muss v.a. bestimmt sein durch die Frage nach dem Prinzip der »richtigen« Abwägung und fairen Abgrenzung kollidierender Interessen, d.h. durch die Frage nach der ↑Gerechtigkeit.

Rechtfertigung: häufig synonym mit ↑Begründung gebrauchter philosophischer Terminus. Im engeren Sinne beziehen sich Begründungen auf theoretische Sätze, die unser Wissen über die Welt ausdrücken, und Rechtfertigungen auf praktische Sätze, mit denen wir Handlungsregeln und Handlungsziele zum Ausdruck bringen.

Rechtsphilosophie: Im Mittelalter wurden rechtliche Normen durch den Bezug auf Naturgesetze und göttliche Gebote begründet (Miniatur zur Bambergischen Halsgerichtsordnung von 1507).

Rechtsphilosophie: Disziplin der praktischen Philosophie, die methodisch-systematisch allgemeinste Grundlagen(sätze) des ↑Rechts und der Rechtswissenschaft erforscht, d. h. sich unter Zugrundelegung der Fragestellung nach der Richtigkeit bzw. der Gerechtigkeit des Rechts mit Sinn und Zweck sowie Herkunft, Wesen und Geltung des Rechts befasst. Hauptproblemstellungen der Rechtsphilosophie sind:

1. die Frage, worauf der Geltungsanspruch des Rechts beruht und ob jedem beliebigen Inhalt Rechtsgeltung durch den Gesetzgeber verschafft werden kann;
2. die Frage, ob und wie das positive Recht selbst von der jeweils gegebenen Kultur einer Gesellschaft, ihren sozialen Institutionen beeinflusst wird, d.h. die Geschichtlichkeit von Rechtsentstehung und Rechtsgeltung;
3. die Frage nach der Gerechtigkeit des Rechts, also welche Werte im Recht bestimmend hervortreten;
4. die Frage nach der Gleichheit im Recht, denn da die Menschen zwar vor dem Gesetz, nicht aber faktisch gleich sind, muss die objektive Rechtsanwendung hinsichtlich des Einzelnen notwendig ungleich sein;
5. die Frage nach dem Zweck des Rechts, d.h., ob es lediglich als Ordnungsfaktor die menschliche Gesellschaft gewährleisten bzw. fördern soll, oder ob etwa auch der Einzelne in einer gegebenen Rechtsordnung als frei handelndes Subjekt agieren kann.

Obwohl bereits THOMAS HOBBES den beiden bis dahin vorherrschenden Begründungsmodellen des Rechts, dem platonischen Versuch der Rechtsbegründung (die Annahme, es gäbe Normen, die verbindlich sind, ohne dass der menschliche Geist diesen Geltungsanspruch geschaffen hätte) und dem einer theonomen Rechtsbegründung (die menschlichen Ordnungssysteme werden auf einen autoritativen Akt göttlicher Rechtsstiftung zurückgeführt, eine deutliche Absage erteilt hatte, blieb die Geschichte der abendländischen Rechtsphilosophie bis zum Beginn des 19. Jh. eng verknüpft mit der Lehre vom ↑Naturrecht. Nach dem Zusammenbruch des theokratischen Naturrechts tritt an die Stelle Gottes der inhaltlich ungebundene normsetzende Wille des Staates als einzige Rechtsquelle.

Während die Materialisten Rechtsphilosophie als Rechtssoziologie betrieben, übernimmt KANT mit seiner Unterscheidung von Legalität und Moralität die bereits von SAMUEL VON PUFENDORF entwickelte Trennung von Recht und Ethik (Moral). Damit büßt das Naturrecht die unmittelbare Geltung seiner Normen in dem Augenblick ein, in dem sich ein Staat konstituiert und die Aufgaben der Rechtssetzung und -sicherung übernimmt. In der Bestimmung eines mehr oder weniger »statischen« Rechtsbegriffs kommt es nach KANT auf die Form, nicht auf die Materie an: Kriterium für die Rechtmäßigkeit einer Handlung ist, dass sich die Freiheit der Willkür einer jeden Person mit der Freiheit aller anderen nach einem allgemeinen Gesetz übereinstimmen lässt (↑kategorischer Imperativ).

HEGEL vertritt eine geschichtsphilosophische Entwicklungstheorie: Das Recht hat sich im Lauf der Geschichte verändert; die einzelnen Erscheinungs- oder Entwicklungsformen deutet er als Durchgangsstadien in einem Prozess, der in sich vernünftig ist und in dem sich daher im künftigen Verlauf schließlich die absoluten Prinzipien des Rechts verwirklichen werden. Die historische Rechtsschule setzt an die Stelle der Vernunft die geschichtliche Entwicklung. Das Naturrecht wird als ein abstraktes Normensystem angesehen, das nicht mehr als Grundlage für die Erklärung verbindlicher Rechtssetzungen tauglich erscheint; stattdessen werden Staat und Recht als Verkörperungen des Volksgeistes interpretiert, und dem abstrakten universellen Naturrechtssystem tritt jetzt eine Vielzahl konkreter nationaler Volksrechte gegenüber.

Damit markiert die historische Rechtsschule des 19. Jh. den überleitenden Schritt zum Rechtspositivismus, in dem das Recht nur noch auf sein verfassungsmäßiges Zustandekommen hinterfragt wird und das Faktum, dass es durch den Staat gesetzt ist, als Legitimation ausreicht. Die Unhaltbarkeit des Versuchs, die Fundamente des Rechts aus der Geschichte ableiten zu wollen, zeigt sich schon darin, dass das Recht eine normative, die Geschichte hingegen eine deskriptive Disziplin ist. Die teilweise hilflose Haltung vieler Juristen angesichts des Nationalsozialismus resultierte aus dem Umstand, dass infolge dieser Entwicklung keine adäquate Rechtstheorie zur Verfügung stand, um gegen die Praxis gesetzlichen Unrechts zu opponieren. Versuche nach 1945 im Umkreis der katholischen Moraltheologie, die naturrechtliche Konzeption wieder aufzugreifen, blieben ohne Erfolg.

Rechtsstaat: ein Staat, in dem Freiheit und Rechtssicherheit garantiert werden und der gemäß seiner Verfassung verpflichtet ist, das von seiner Volksvertretung gesetzte Recht zu verwirklichen, durch seine Tätigkeit nicht zu beeinträchtigen und sich der Kontrolle unabhängiger Richter zu unterwerfen. Die Aufgabe eines Rechtsstaats ist, die Menschenwürde und die individuellen Freiheitsrechte im Rahmen der politischen Ordnung abzusichern; die staatliche Macht ist also zugunsten der Freiheit der Bürger eingeschränkt.

Garantiert wird diese Freiheit v. a. durch die in der Verfassung festgelegten Grundrechte (↑Menschenrechte), z. B. durch die Artikel 1 des Grundgesetzes der Bundesrepublik Deutschland (»Die Würde des Menschen ist unantastbar«) und 4 (»Die Freiheit des Glaubens, des Gewissens und die Freiheit des religiösen und weltanschaulichen Bekenntnisses ist unverletzlich«). Diese Grundgesetze können nur unter genau festgelegten Bedingungen geändert werden.

Durch die schriftliche Fixierung klarer, widerspruchsfreier, berechenbarer und einklagbarer Gesetze, denen alle Bürger in gleichem Maß unterworfen sind (Rechtsgleichheit), wird die Rechtssicherheit garantiert. Damit erhält jeder Bürger die Möglichkeit, seinen Rechtsanspruch bei unabhängigen Gerichten einzuklagen. Gleichzeitig ist die Möglichkeit der Selbstjustiz ausgeschlossen. Ferner ist in einem Rechtsstaat garantiert, dass man für eine Handlung nur dann bestraft werden kann, wenn es für bestimmte Handlungen etc. vorher eine gesetzliche Strafandrohung gab. Durch diesen Rechtsgrundsatz werden Gesetze für Bürger berechenbar und staatliche Willkürakte ausgeschlossen. Bei ungerechtfertigten staatlichen Eingriffen oder Gesetzen hat der

Bürger der Bundesrepublik Deutschland z. B. die Möglichkeit, das Bundesverfassungsgericht anzurufen, das prinzipiell jedem Bürger offensteht und das dann überprüft, ob der entsprechende Gesetzesentwurf mit der Verfassung in Einklang steht; wenn nicht, ist der Gesetzesentwurf zu ändern. Um die Schutzfunktion der Gesetze (Schutz vor Mitbürgern, Schutz vor staatlicher Macht) zu sichern, sind die Gewaltenteilung eingeführt und die Forderung nach unparteilichen und unabhängigen Richtern aufgestellt worden.

Reductio ad absurdum [lat. »Zurückführung auf das Absurde«]: Bezeichnung der traditionellen Logik für ein Beweis- oder Widerlegungsverfahren von Aussagen. Eine Aussage *A* wird durch Reductio ad absurdum bewiesen, indem man zeigt, dass aus der Negation dieser Aussage $\neg A$ (eventuell zusammen mit anderen, bereits als wahr bekannten Aussagen) ein ↑Widerspruch logisch folgt. Gilt das ↑Tertium non datur (wie in der klassischen Logik), so darf man nun auf die Wahrheit von *A* schließen. Man hat es also mit einem indirekten ↑Beweis zu tun. Im anderen Fall wird eine Aussage widerlegt, d. h. als falsch nachgewiesen, indem man nachweist, dass aus ihr (eventuell zusammen mit anderen, als wahr bekannten Aussagen) ein Widerspruch logisch folgt. Dann muss *A* selbst schon falsch gewesen sein. In beiden Fällen gilt der Grundsatz, dass ein logischer Schluss aus wahren Voraussetzungen stets wahre Folgerungen ergibt.

Reduktion [lat. »Zurückführung«]: allgemein die Zerlegung eines komplexen Tatbestands in einfachere Bestandteile. Viele philosophische Lehren sind durch Reduktionsprogramme gekennzeichnet (Reduktionismus). So betreibt z. B. der logische Empirismus die Zurückführung aller sinnvollen Aussagen auf Aussagen über unmittelbar Erfahrbares. Die Phänomenologie spricht von der »phänomenologischen Reduktion«, d. h. die Ausschaltung jeglicher Setzungen bezüglich der Existenz der Außenwelt. In der »transzendentalen Reduktion« wird das Bewusstsein selbst als Weltkonstituierendes zum Thema.

In der traditionellen Logik wird unter Reduktion folgendes Schlussverfahren verstanden: Wenn *A*, dann *B*; nun gilt *B*: Also gilt auch *A*; z. B.: Aus »Wenn Hans eine ›3‹ schreibt, ist er zufrieden« und »Hans ist zufrieden« wird geschlossen: »Hans hat eine ›3‹ geschrieben«. Das wäre aber nur dann gerechtfertigt, wenn nur die Note der Grund seiner Zufriedenheit sein könnte.

Referenz [zu lat. referre »zurücktragen«]: in Sprachphilosophie, Linguistik und Zeichentheorie benutzter Terminus für die Beziehung von Zeichen (den Referenden) zum Bezeichneten (dem Referenten). Die Referenz ist von der ↑Bedeutung zu unterscheiden. Man spricht i. A. bei Eigennamen von »Benennung« (auch Denotation), bei Allgemeinbegriffen von »Referenz«. Diese ist oft nicht eindeutig: So haben in den natürlichen Sprachen verschiedene Wörter den gleichen Referenten, und umgekehrt kann ein Wort sich auf verschiedene Referenten beziehen (↑äquivok).

Reflexion [lat. »das Zurückbeugen«, »die Umkehrung«]: ein vorwiegend operativer Begriff der Erkenntnistheorie, der allgemein in einem sehr umfassenden, eher unscharfen Sinn gebraucht wird. (Auf) etwas **reflektieren** bedeutet immer sich in Gedanken mehr oder minder kritisch einem Sachverhalt oder einem Thema zuwenden, über etwas nachdenken, umgangssprachlich auch an etwas Interesse haben.

In der Geschichte der Philosophie ist Reflexion ein neuzeitlicher Begriff, der sich u. a. seit JOHN LOCKES Einteilung unserer Bewusstseinsleistungen in »sensations« und »reflections« (↑Sensation) eingebürgert hat. Der Sache nach aber ist die Reflexion so alt wie die Philosophie selbst. Intentional verstanden, kennzeichnet Reflexion denjenigen Umschlagspunkt aller beginnenden Denktätigkeit, nachdem sich ein erkennendes Subjekt, das der Welt und ihren Dingen in der bloßen Wahrnehmung (erste Intention) zuvor nur schlicht gewahrend gegenüberstand, plötzlich erster Zusammenhänge bewusst wird. Diese »Rückwendung« (zweite Intention) des Subjekts vom wahrgenommenen Gegenstand auf die je eigenen Wahrnehmungsakte des Ich wird dann Reflexion genannt und richtet sich auf alle Arten von Bewusstseinsakten des Subjekts. Nach KANT ist Reflexion »der Zustand des Gemüts, in welchem wir uns zuerst dazu anschicken, um die subjektiven Bedingungen ausfindig zu machen, unter denen wir zu Begriffen gelangen können«. Die Fähigkeit des Subjekts, auf sich selbst bzw. seine eigenen Erkenntnisleistungen (z. B. die Bildung von Begriffen) zu reflektieren, ist eine Grundbedingung der ↑Transzendentalphilosophie.

Regress (Regressus) [lat. »Rückkehr«]: in der traditionellen Logik der Rückgang vom Bedingten auf die Bedingung, von der Wirkung auf die Ursache. Dieses Verfahren wird **regressiv** genannt. Ist die Bedingung (Ursache) selbst wieder ein Bedingtes (Wirkung) und setzt sich dies unbegrenzt so fort, so spricht man von einem **unendlichen Regress (Regressus ad infinitum).** Ein solcher kann nicht als Begründung anerkannt werden.

Regression [lat]: Begriff der ↑Psychoanalyse sowie der evolutionistisch orientierten Kulturtheorie, der allgemein einen Rückfall hinter eine bereits erreichte Stufe einer Entwicklung ausdrückt. Ausgelöst wird eine Regression i. d. R. durch den Verlust einer Objektbesetzung bzw. Identifizierung (Tod, Trennung z. B. von einem Lebenspartner) oder wenn die Anpassung an neue gesellschaftliche Standards und Verhaltensanforderungen misslingt. Als Reaktion auf soziale und politische Entwicklungen (Krisen, gesellschaftliche Umbrüche) kann nach SIGMUND FREUD (»Massenpsychologie und Ich-Analyse«, 1921) eine regressive Gruppendynamik, vermittelt über individuelle psychische Prozesse (Schwächung der Ich-Instanz, libidinöse Bindung an eine »Führerfigur«) zum Verlust des Kulturerwerbs einer ganzen Gesellschaft führen.

regulative Idee [zu lat. regula »die Regel«]: von KANT eingeführter Begriff zur Bezeichnung derjenigen Prinzipien oder Grundsätze (der reinen Vernunft), die dazu auffordern, Erfahrungswissen zu einem (sinnvoll) zusammenhängenden Ganzen zu verknüpfen. Die regulativen Ideen (oder »Vernunftbegriffe«) sind im Gegensatz zu den ↑Kategorien (oder »Verstandesbegriffen«) und den ↑Anschauungsformen nicht konstitutiv für Erfahrung. Aber sie weisen in Form von Postulaten die Richtung zu sinnstiftenden Zusammenhängen, d. h., sie ermöglichen das Verstehen von Erfahrungswissen und geben dem Forschen Richtungen vor. KANT sagt: Sie wirken regulativ.

Für KANT haben solche Postulate einen spezifischen erkenntnistheoretischen Status, weil die ihnen entsprechenden Gegenstände (z. B. die Welt in ihrer Gesamtheit) die Möglichkeit von Erfahrung übersteigen; es kommt ihnen nicht objektive Realität zu, sondern vielmehr praktische Kraft oder Wirkung. Gerade in der scheinbar widersprüchlichen Struktur solcher metaphysischen Ideen (↑Antinomie, ↑Dialektik) sieht KANT deren Fruchtbarkeit, weil erst durch ihr Spannungsverhältnis Forschung in Gang gehalten werden kann. Das Prinzip der Gleichartigkeit aller Erfahrung z. B. lässt jede momentan wissenschaftlich akzeptierte, physikalische Grundeinheit (Atom, Elektron usw.) immer wieder neu zweifelhaft erscheinen; man sucht weiter nach immer noch kleineren »letzten« Grundbausteinen der Materie. Andererseits wird am Postulat der Existenz kleinster Einheiten (implizit) festgehalten, weil nur dadurch der Forschungsprozess zielgerichtet sowie zweck- und sinnvoll eingerichtet werden kann.

reine Anschauung: nach KANT eine Anschauung, der »gar nichts Empirisches beigemischt ist«. Sowohl Arithmetik als auch Geometrie beruhen ausschließlich auf reinen Anschauungen. Das ermöglicht ihren synthetischen, aber dennoch apriorischen Charakter. Reine Anschauungen hängen nach KANT eng mit den ↑Anschauungsformen Raum und Zeit zusammen.

Reinkarnation [re-in...; lat.]: ↑Seele.

Reiz/Reaktion [zu lat. re-, Präfix mit der Bedeutung »zurück«, »wieder« »entgegen« und agere »tun«, »handeln«]: Jede Veränderung außerhalb (Außenreiz) oder innerhalb (Innenreiz) eines Organismus, die seine Sinnesorgane erregt, nennt man einen **Reiz.** Man unterscheidet optische, akustische, mechanische, thermische, chemische, elektrische und andere Reize. Die Antwort eines Organismus auf diese Reize bezeichnet man als **Reaktion.** Die Fähigkeit, auf Reize zu reagieren, ist eine Grundeigenschaft aller Lebewesen. Um eine Reaktion auszulösen, muss der Reiz eine bestimmte Stärke besitzen. Ein zu schwacher, d. h. unterschwelliger Reiz überschreitet die Reizschwelle nicht und wird nicht wahrgenommen. Überschreitet ein Reiz eine bestimmte Intensität, wird er als Schmerz empfunden (Schmerzschwelle).

Reize, v. a. solche, die von den Sinnesorganen aufgenommen werden (↑Wahrnehmung), ermöglichen den Organismen eine Orientierung in ihrer Umwelt und ein zweckmäßiges Verhalten. Aus der Vielzahl der Reize, die von den Sinnesorganen der Tiere aufgenommen werden, haben nur die **Schlüsselreize** Signalcharakter. Diese lösen über einen angeborenen Auslösemechanismus ein bestimmtes, v. a. instinktives Verhalten aus (↑Instinkt). »Dem Tier ist durch die Weisheit der Natur das abgeblendet, was nicht als Feind-, Beute-, Geschlechtszeichen usw. lebenswichtig zur Wahrnehmung kommen muss. Der Mensch aber ist einer Reizüberflutung ausgesetzt« (ARNOLD GEHLEN). Die damit gegebene Belastung kann der Mensch nur vermöge seiner Sprachfähigkeit überwinden: Er ist in der Lage, sich von den unmittelbar wahrgenommenen Reizen zu distanzieren und sich von den Anstößen seiner Reizwelt zu entlasten.

Die Antwort des Organismus auf äußere und/oder innere Reize wird in der Physiologie und der Psychologie als Reaktion bezeichnet, gleichgültig, ob diese Reaktion angeborenermaßen (unbedingt) oder durch Lernen (bedingt) erfolgt. Diejenigen Reaktionen, die unwillkürlich-automatisch ablaufen, nennt man Reflexe. Hier liegt die Reizantwort fest und muss nicht erst gefunden werden (z. B. das Verengen der Pupille bei plötzlicher Helligkeit).

Reiz und Reaktion erhalten philosophisches Interesse im Rahmen der Auseinandersetzung mit dem Behaviorismus. Wenn das Reiz-Reaktions-Schema zum Grundmodell allen menschlichen Verhaltens gemacht wird, so stellt dies eine unzulässige Verengung dar. Vor allem die philosophische ↑Anthropologie wendet sich gegen eine nach dem Vorbild der Naturwissenschaften betriebene Psychologie, die die Intentionalität (↑Intention) des Menschen in voller Absicht unberücksichtigt lässt oder sie wie ein erklärbares Naturphänomen beschreibt.

Relation [lat. »das Zurücktragen«, »Zurückbringen«]: in der Logik Bezeichnung für mehrstellige Prädikate, z. B. »... ist größer als ...; ... liegt zwischen ... und ...«. Umgangssprachlich werden Relationen oft zu einstelligen Prädikaten verkürzt, was Anlass zu Missverständnissen gibt: »Die Gedanken sind frei« z. B. kann gelesen werden als »... frei von äußeren Zwängen«, aber auch als »Man kann sich vieles ausdenken«.

relativ [lat.]: ↑absolut/relativ.

Relativismus [zu lat. relativus »sich beziehend«, »bezogen auf«]: Relativistisch wird eine Einstellung genannt, die dem (philosophischen) Wissenschaftsideal nach absoluter Wahrheitserkenntnis (Absolutismus) ausnehmend kritisch gegenübersteht und i.d.R. die Berechtigung universalgültiger Aussagen strikt ableugnet. Der Relativismus ist keiner konkreten philosophischen Richtung zuzuordnen, sondern steht vielmehr für eine allgemeine Denkhaltung, die die Geschichte der Philosophie seit der Antike durchzogen und z.T. wesentlich mitbestimmt hat. PROTAGORAS prägte mit seinem ↑Homo-mensura-Satz: »Der Mensch ist das Maß aller Dinge« den Wahlspruch des Relativismus.

Zu allen Zeiten war das relativierende Moment für das menschliche Denken ein wichtiger Motor, der die allgemeine philosophische Diskussion befördert hat und eine erneute Selbstbesinnung auf die »Bedingungen der Möglichkeit« unserer Erkenntnisleistungen in Gang setzte. So führte die Auseinandersetzung mit den »destruktiven« Argumenten der ersten Relativisten, der ↑Sophisten, zur sokratischen Methode (»Ich weiß, dass ich nichts weiß!«). DESCARTES verkörperte exemplarisch beides: den universalen (methodischen) ↑Zweifel und, auf ihm aufbauend, den Versuch absoluter Erkenntnissicherung. Der Vorwurf der Unerkennbarkeit und Irrationalität (z.B. Gottes) durch den ↑Kritizismus bzw. im 19. Jh. v.a. ↑Agnostizismus gegenüber der Metaphysik leitete über zum ↑logischen Positivismus und zur ↑analytischen Philosophie des 20. Jh. Als Ursache einer allgemeinsten Denkbewegung scheint der Relativismus, progressiv verstanden, ein wichtiger Bestandteil der ↑Dialektik zu sein, jedoch ohne dass diese sich auf den Relativismus reduzieren ließe. Das stärkste Argument für die Gültigkeit des Relativismus scheint die Geschichte der Philosophie selbst geliefert zu haben, da es ihr trotz schier unzähliger Lösungsangebote insgesamt bis heute nicht gelungen ist, über die jeweiligen Aussichten hinaus eine endgültige Antwort auf die Grundfragen der Philosophie zu geben. Dieses Argument kommt v.a. dem ↑Historismus sowie dem ↑Pragmatismus des 20. Jh. entgegen.

Konkret geht der allgemeine Relativismus zurück auf die (ontologisch-)erkenntnistheoretische Lehre, dass nur die Beziehungen der Dinge zueinander erkennbar sind, nicht aber die ↑Dinge an sich (Relationalismus). Diese Position trifft im Kern das, was GEORGE BERKELEYS Skeptizismus auf die Formel ↑esse est percipi gebracht hat. Danach ist jede Erkenntnis eines Seienden relativ, weil sie generell bedingt ist durch den jeweiligen Standpunkt des Erkennenden **(Perspektivismus).** Das betrifft bereits unsere Sinnesleistungen. So wird z.B. ein raum-zeitlicher Gegenstand in der äußeren Wahrnehmung niemals gleichzeitig allseitig wahrgenommen, sondern was wir wirklich (momentan) sehen, sind immer nur Teilaspekte, Ausschnitte, Abschattungen (EDMUND HUSSERL), die von unserer augenblicklichen Perspektive abhängen. Auch der Versuch, dasselbe in der Wiederholung wahrzunehmen, ist immer schon modifiziert, wie es bereits HERAKLITS »Wir steigen niemals in denselben Fluss« nahegelegt hat. Es betrifft aber auch alle Intentionen, die wir mit einem Gegenstand, Sachverhalt usw. verbinden. WILLARD VAN ORMAN QUINE hat das an dem Unterschied verdeutlicht, wie z.B. ein Naturliebhaber, ein Förster, ein Holzhändler oder ein Spekulant einen Wald ansehen.

Ein zentrales Ergebnis des sog. Zusammenbruchs der klassischen metaphysischen Systeme im 19. Jh. ist die Tatsache, dass die Philosophie v.a. des 20. Jh. fast durchgängig relativistisch ausgerichtet ist (außer den Genannten u.a. noch ↑kritische Theorie,

↑kritischer Rationalismus und ↑Konventionalismus).
Ein extremer Relativismus tendiert dazu, die Gültigkeit aller Werte und Normen zu negieren (ethischer Relativismus). Insgesamt ist der Relativismus wie der Skeptizismus mit seinen eigenen Argumenten anfechtbar: Betont er die Relativität aller Wahrheit, dann tut er das mithilfe eines Begriffs (Wahrheit), dessen traditioneller Begriffskern (absolute Wahrheit) genau das Gegenteil von dem bezeichnet, was nach Meinung der Relativisten nur sein darf (relative Wahrheit). Wird das Relativitätspostulat absolut gesetzt (»Alles ist relativ!«), dann entspricht eine Aussage dieser Art einer absolut gültigen Wahrheit – und widerspricht sich selbst.

Relativitätstheorie: neben der ↑Quantentheorie eine der beiden fundamentalen Theorien, die zu Beginn des 20. Jh. (begründet von ALBERT EINSTEIN) den Grundstein für die Entwicklung der modernen Physik wie überhaupt des heutigen physikalischen Weltbildes legten.
Während die klassische Physik physikalische Ereignisse und Prozesse im Rahmen von Koordinatensystemen mit drei räumlichen und einer zeitlichen Koordinate beschreibt, die als unabhängig vom Standort und Bewegungszustand des Beobachters gesetzt werden, ist dies auf der Basis, dass es eine prinzipiell unüberschreitbare, aber endliche Geschwindigkeit des Signaltransportes (und damit auch des Material- und Informationstransportes) in der Natur gibt, nicht mehr möglich. Diese Geschwindigkeit (Symbol: c) ist mit der des Lichtes identisch, das – als (elektromagnetische) Wellenerscheinung gedeutet – kein »Medium« benötigt, in dem es sich ausbreitet, wie vorher angenommen (z. B. »Äthertheorien des Lichtes«). Die Konstanz der Lichtgeschwindigkeit hat zur Folge, dass die räumliche und die zeitliche Distanz, darüber hinaus aber auch die Masse von Körpern, von der Relativgeschwindigkeit zwischen den Objekten und dem Beobachter(system) abhängig sind (Massenzunahme, Längenkontraktion und Zeitdilatation). Dies hat einige erstaunliche Konsequenzen, die unter dem Namen »Paradoxa« diskutiert werden. Das Uhren-Paradoxon z. B. bezeichnet die (experimentell prüfbare) Tatsache, dass zwei mit hoher Geschwindigkeit gegeneinander bewegte Beobachter beide beim jeweils anderen ein »Nachgehen« der Uhren messen würden. Die Relativitätstheorie liefert nun das mathematische Gerüst, Größen zu finden, die dennoch gegenüber beliebigen Koordinatentransformationen invariant sind. Eine solche Invariante ist v. a. die Lichtgeschwindigkeit selbst, denn sie ist von jedem Bezugssystem aus gemessen dieselbe.
Eine andere Invariante, die weitreichende Konsequenzen für die Begriffe von ↑Raum und ↑Zeit sowie von ↑Kausalität hat, ist die sog. Vierer-Distanz: die Zusammenfassung der drei Bestimmungsstücke der räumlichen Distanz mit der zeitlichen zu einer nunmehr vierdimensionalen Größe. Raum und Zeit sind daher nicht mehr unabhängig voneinander zu betrachten. Die Vierer-Distanz ist der Abstand zweier Punkte (Ereignisse) in der vierdimensionalen »Raumzeit«. Zu den wesentlichen Konsequenzen der bisher dargestellten **speziellen Relativitätstheorie** (1905) gehört die Möglichkeit der Umwandlung von (Strahlungs- oder Bewegungs-)Energie in Masse (lokaler Partikel) und umgekehrt. Solche Umwandlungsprozesse sind in der Elementarteilchenphysik für die gegenseitige Erzeugung und Vernichtung von Teilchen verantwortlich.
Die auf der speziellen aufbauende **allgemeine Relativitätstheorie** (1915) ist eine neue Theorie der Gravitation. Sie geht von der (experimentell bestätigten) Gleichheit von schwerer Masse (die der Gravitation unterliegt) und träger Masse (die der Beschleu-

nigung Widerstand leistet) aus, die die Konsequenz hat, dass die Wirkung von Gravitationskräften auf einen physikalischen Prozess ununterscheidbar ersetzt werden kann durch die Wirkung von Fliehkräften. Das allgemeine Relativitätsprinzip besagt dann, dass zu jeder durch Gravitations- oder Fliehkräfte beschleunigten Bewegung ein Bezugssystem gefunden werden kann, in dem diese dennoch geradlinig und gleichförmig ist (allerdings gilt dies nur »lokal«, d.h. in einem infinitesimal kleinen Raumzeit-Gebiet). Gravitation als beschleunigende Kraftwirkung zwischen massiven Körpern konnte damit umgedeutet werden als »Krümmung« der euklidischen Raumzeit zu einer nicht euklidischen Geometrie der Raumzeit: In der euklidischen Raumzeit als (durch Gravitation) gekrümmt erscheinende Bahnen stellen sich nun als nicht euklidische »Gerade« (»Geodätische«) in der »gekrümmten« vierdimensionalen Raumzeit dar.

Relativitätstheorie

Nach Albert Einsteins »spezieller Relativitätstheorie« ist die Masse eines Teilchens abhängig von seiner Geschwindigkeit.

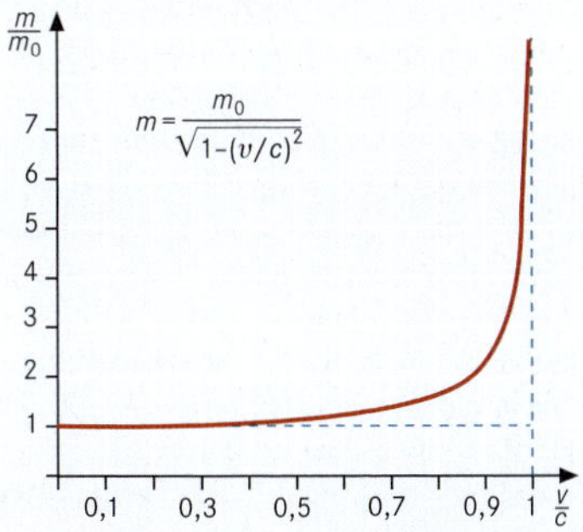

In einer Weiterentwicklung der allgemeinen Relativitätstheorie (Geometrodynamik) wird darüber hinaus auch Masse (früher als »Quelle« von Gravitationsfeldern, relativistisch als »Quelle« von Krümmung der Raumzeit gedeutet) selbst als Eigenschaft der Raumzeit-Geometrie dargestellt. Das Verständnis von Materie als Struktur und Wechselwirkung lokaler materieller Körper in Raum und Zeit wird ersetzt durch die Dynamik wechselwirkender Fluktuationen nicht euklidischer Raumzeit (↑Kosmologie, ↑Materie).

Religion [lat. »Gottesfurcht«]: Sammelbegriff für eine Fülle historischer Erscheinungen, denen ein spezifischer Bezug des Menschen zu einer nächsten Transzendenz zugrunde liegt. Einen philosophischen Ansatz zum Begriff und Phänomen Religion liefert bereits AUGUSTINUS, der das Wort »religio« auf das lateinische »religare« (»binden«, genauer: »Getrenntes wieder verbinden«) zurückführt. Ihm zufolge erfährt sich der Mensch in seiner Existenz als in einem »unglücklichen«, »unheilen« Zustand, worin notwendig liegt, dass ihm die Idee von Glück bzw. »Heil« prinzipiell möglich ist. In der Sorge und Bemühung, diese Idee zu realisieren, sinnlich erfahrbar zu machen, begründet sich die Vorstellung, von diesem Zustand getrennt zu sein. Diese Trennung als »Bruch« oder »Abfall« von einer ursprünglichen »Einheit« zu deuten ist Gegenstand des generell mit dem Erscheinungsbild von Religion assoziierten ↑Mythos, der diesen (umgedeuteten) »paradiesischen« Zustand des Glücks und des »Heils« als »über«-geschichtlich, »über«-zeitlich auffasst. Dabei ist der Zustand des »immer hier und jetzt« zwar gegenwärtig, aber auf eine nicht sinnlich wahrnehmbare, erfahrbare Weise, sodass er nicht einlösbar und daher unbedingt mit dem Begriff des ↑Glaubens verbunden ist. Diese »ewige Gegenwart« kann begrifflich als eine dem Menschen transzendente Person dargestellt werden, als ein überindividuelles Ich, wie z.B. das indische »brahman« (Brahmanismus) oder überhaupt ein

↑Gott (Monotheismus). Es kann aber auch un-»persönlich« gefasst bleiben, wie z. B. das ↑Nirwana im ↑Buddhismus oder das »Dau« (Tao) des ↑Taoismus. Gleichzeitig muss der Zustand des »Heils« wieder herstellbar sein, wenn auch nicht durch des Menschen eigene zielgerichtete Bemühung. Dies stellt der Mythos als (ebenfalls überhistorische) Zukunft dar, die dann oft mit der Vorstellung eines Weltendes (in Umkehrung der mythischen ↑Kosmogonie) verbunden ist. Beide Konsequenzen haben ihre Manifestation einerseits in der Religion als einer Heilslehre, die sich als Mannigfaltigkeit regulativer Prinzipien der Moral im sozialen System realisiert und als ↑Mystik den jeder Religion inhärenten existenziellen Kern bildet.

Andererseits hat die Religion ihren konkreten Ort im Ritual. Das Ritual wird praktiziert als aus dem »profanen« (d. h. »unheiligen«) historisch-geografischen Kontext herausgestelltes Ereignis am »heiligen« Ort zur »heiligen« Zeit, in dem sich insofern »Heilsgeschehen« realisiert, als es die kosmogonische Spaltung zwischen dem »Ewigen«, dem »über«-sinnlichen Göttlichen und der als unglücklich erfahrenen Welt der Geschichte, der Realität, »reaktualisiert« (Mircea Eliade) und die Spaltung damit rückgängig macht. Das Ritual wird damit zu einer die soziale Gruppe integrierenden Form der Realitätsbewältigung. Die christliche Religion findet eine gegenüber der Mannigfaltigkeit religiöser Grundbestimmungen übergreifende Ausdrucksform im Begriff der ↑Liebe: Sie ist einerseits als »der Gott selbst« bzw. als ein Wesensmerkmal des Begriffs »Gott« ausgesprochen (Johannes), zugleich aber in Form des Liebesgebotes als ein Sollen an den je Einzelnen gerichtet.

Religionsphilosophie: Die Religionsphilosophie macht sich unter anderem zur Aufgabe, Wesen und Funktion der Religion zu klären ohne dabei selbst konfessionell gebunden zu sein (Thomas Seddon, »Gebet in der Wüste«; 19. Jh.).

Religionsphilosophie: Disziplin der Philosophie, die Erscheinungsformen und theoretischen Gehalt von ↑Religion bzw. von Religionen zum Gegenstand hat. Eine systematische Religionsphilosophie hat Hegel dargestellt. Er bringt metaphysischen Gehalt und Kultus der natürlichen und Hochreligionen in einen begriffslogischen Zusammenhang der geistesgeschichtlichen Entwicklung des Selbstbewusstseins und der Individualität. Eine eigentliche religionsphilosophische Bestimmung von Religion, die über eine religionswissenschaftliche Reflexion hinauskommt, ist deren Deutung als eine bestimmte Philosophie, die die Spannung zwischen individuellem und absolutem Ich zu bewältigen bzw. aufzuheben sich bemüht. Mit der ↑Mystik hat sie die paradoxe Grundsituation gemeinsam, dass sie zur Verwendung von Begriffsbildungen gezwungen ist, obgleich sie nach ihrem vorgegebenen Ziel die Möglichkeit nicht begrifflichen Denkens voraussetzt.

Asiatische religionsphilosophische Traditionen wie z. B. der frühe ↑Taoismus und ↑Zen versuchen daher durch paradox-provokante sprachliche Formulierungen (z. B. »Zeige mir dein Gesicht vor deiner Geburt«), die Möglichkeit und Neigung zu reflektierendem, »unterscheidendem« Denken zu zerschlagen. Einziges Beispiel einer diesbezüglichen Bemühung in der abendländischen Philosophie ist HEGELS »Phänomenologie des Geistes«, die zwischen dem »unmittelbaren Bewusstsein« und dem »absolutem Geist« eine immanente Kontinuität aufweist.

Renaissancephilosophie [rənɛˈsã:s...; frz.; griech.]: Sammelbegriff für die philosophischen Lehren des 15. und 16. Jh., die sich in zwei Perioden unterscheiden lassen. Die erste umfasst etwa das 15. Jh. (Humanismus), die zweite fällt etwa mit dem 16. Jh. zusammen und ist durch den Siegeszug der Naturwissenschaften im modernen Sinn gekennzeichnet.

Der ↑Humanismus stellt den Menschen in den Mittelpunkt des philosophischen Interesses. Dabei wird der Mensch als ein Spiegel der Natur gesehen, weshalb PHILIPPUS THEOPHRASTUS PARACELSUS die Medizin zur grundlegenden Wissenschaft überhaupt erklärt. Am Menschen kann man etwas über die Natur erfahren. Diese muss untersucht und »versucht« (Alchimie) werden. Neben dem Gedanken der dynamischen Einheit der Natur ist die Vorstellung der Welt als einer unendlichen charakteristisch für diese Epoche. Diese fand seinen faszinierenden Ausdruck in den philosophischen Dichtungen GIORDANO BRUNOS.

Die Loslösung der Philosophie von der Kirche, die schon in der ausgehenden Scholastik spürbar war, wurde im 16. Jh. durch das Zerwürfnis der Konfessionen begünstigt. Durch das hieraus resultierende Machtvakuum konnte der weltliche Bereich seine Autonomie allmählich wiedergewinnen. Die Entwicklung der Naturwissenschaften (NIKOLAUS KOPERNIKUS, JOHANNES KEPLER, GALILEO GALILEI) stellte die Philosophie vor ganz neue Probleme. Die Natur wird zum beherrschenden Thema. Jedoch handelt es sich nicht mehr um die Natur als großer, auch den Menschen umfassender Zusammenhang, sondern um ein in mathematischen Formeln fassbares System von Gesetzen, die durch Beobachtung und Experiment erkundet werden. Wo die Scholastik in der Nachfolge des ARISTOTELES einen Stein fallen sah, weil im Mittelpunkt der Erde sein »natürlicher Ort« sei, da entdeckt GALILEI sein Fallgesetz. So wird die Mechanik zur Grundwissenschaft von der Natur. Die Probleme, die durch dieses neuartige Verständnis von Wissenschaft entstanden, versuchte FRANCIS BACON durch seine empiristische Erkenntnistheorie zu lösen.

Wichtige Beiträge leistete die Renaissance auch zur Staatsphilosophie. Hier sind u. a. die totalitäre Theorie NICCOLÒ MACHIAVELLIS, die Naturrechtslehre von HUGO GROTIUS und die Entwicklung utopisch-sozialistischer Ideen bei THOMAS MORE und TOMMASO CAMPANELLA zu nennen. In diesen Lehren und vielen anderen der Zeit schlägt sich der gesellschaftliche Wandel – nämlich der Niedergang des Ständestaates und der Aufstieg des Bürgertums – nieder.

Repräsentation [lat. »Darstellung«, »Abbildung«, »Vorstellung«]: allgemein die Vertretung einer Gesamtheit durch ein Einzelnes (Repräsentant). In der Philosophie (LEIBNIZ, ARTHUR SCHOPENHAUER) und Psychologie (im Anschluss an WILHELM WUNDT) vielfach verwendeter Begriff zur näheren Bestimmung der ↑Vorstellung. Repräsentation ist das Sichvergegenwärtigen eines Nichtgegenwärtigen.

Res [lat. »Sache«]: ↑Ding, ↑Gegenstand.

Res cogitans/Res extensa [lat. »denkende Substanz« (eigentlich Ding)/»ausgedehnte Substanz«]: Grundbegriffe der Metaphysik und Erkenntnistheorie von DESCARTES. Die These, dass es genau zwei, nicht auseinander ableitbare, sondern voneinander unabhängige Substanzen gebe, nämlich ↑Geist und ↑Körper bzw. ↑Denken und ↑Materie wird auch als »Zweisubstanzenlehre« (↑Dualismus) bezeichnet. Da nun diese einander wesensfremden Grundelemente (nach Konstruktion) nicht aufeinander wirken könnten (↑Leib-Seele-Problem), erklärt

r

DESCARTES ihre (faktische) Beziehung und Wechselwirkung (z. B. im Menschen, der ja aus Leib und Seele besteht) durch einen Akt göttlicher Assistenz, den »Concursus Dei«. Der Gedanke einer derart vermittelten, übernatürlichen Harmonie wird von dem ↑Okkasionalismus und in eigenständiger Weise nochmals von LEIBNIZ (↑prästabilierte Harmonie) aufgegriffen.

Reue: quälendes Gefühl der Abscheu, das sich in Verbindung mit dem Gedanken einstellt, dass man moralisch nicht so gehandelt hat, wie man hätte handeln sollen bzw. wie es das ↑Gewissen vorschreibt. Mit der Reue ist der Vorsatz sittlicher Läuterung und der Befolgung des moralisch Gebotenen bei künftigen Handlungen verbunden. In der katholischen Theologie wird zwischen der Furcht-Reue (angesichts angedrohter Strafen wie der ewigen Verdammnis) und der »Herzenszerknirschung« (deren Motiv die Liebe zu Gott ist) unterschieden. Voraussetzung der Reue ist die Freiheit des Menschen, zwischen verschiedenen Handlungsmöglichkeiten wählen zu können.

reversibel [lat.]: umkehrbar (Gegensatz: ↑irreversibel). Ein Vorgang heißt reversibel, wenn sein Ausgangszustand exakt wiederhergestellt werden kann oder ein Prozess auch in zeitlich umgekehrter Richtung stattfinden kann.

Revolution [frz.; zu spätlat. revolutio »das Zurückwälzen«]: allgemeine Bezeichnung für eine tief greifende, radikale Änderung in einem bestimmten Bereich, z. B. Gesellschaft, Industrie, Wissenschaft, Kunst, Religion. Im politisch-sozialen Sinn bezeichnet Revolution den Versuch, durch einen in der Regel gewaltsamen Sturz der Herrschenden die Machtposition einer Gesellschaft zu erobern, um eine neue Gesellschaftsordnung herbeizuführen. Die Gewaltanwendung ist zwar kein unverzichtbares Kriterium, aber meist eine unvermeidliche Begleiterscheinung, da die Revolution verbunden ist mit einem Bruch oder zumindest einer Unterbrechung überkommener Traditionen, etwa durch Aufhebung der geltenden Verfassung und Außer-Kraft-Setzen der bestehenden Rechtsordnung.

Von philosophischem Interesse ist die Frage, ob der Bürger überhaupt ein Recht, vielleicht sogar eine moralische Pflicht hat, sich einer bestehenden politischen Ordnung zu widersetzen, und ob er bei diesem Widerstand ↑Gewalt anwenden darf. Im ↑Gesellschaftsvertrag, in dem die politische Herrschaft allein dadurch gerechtfertigt ist, dass der

Revolution

Von der Revolte zur Revolution

Der Begriff der Revolution in seiner heutigen Bedeutung zählt zu den wenigen, deren historischer Ursprung sich genau datieren lässt. Ursprünglich entstammt er der Astronomie. Bei Kopernikus bezeichnet er die gesetzmäßige und kreisförmige, »revoltierende« Bewegung der Himmelskörper; im übertragenen Sinne hat er noch bis tief ins 18. Jh. die – dem heutigen Sinn entgegengesetzte – Bedeutung von Restauration.

Dies änderte sich in der Nacht des 14. Juli 1789, als der Duc de la Rochefoucault-Liancourt zu König Ludwig XVI. eilte, um ihm vom Sturm auf die Bastille, dem Fanal der historischen Umwälzungen in Frankreich, Bericht zu erstatten. Der König soll ausgerufen haben: »C'est une révolte!« (Das ist eine Revolte!), worauf Liancourt korrigierte: »Non, Sire, c'est une révolution.« (Nein, Sire, das ist eine Revolution.) Liancourt meinte damit, noch ein letztes Mal auf den ursprünglichen Wortsinn anspielend: Was dort geschehen ist, ist so unwiderruflich wie der Lauf der Sterne, denen selbst ein König nicht gebieten kann.

Herrschende eine Ordnung in der Gesellschaft durchsetzt, kann dem Untertan nach THOMAS HOBBES nur dann ein Widerstandsrecht zugestanden werden, wenn sein Leben bedroht ist (Notwehr). Rechtfertigt man die politische Herrschaft aufgrund der umfassenden Einsicht, die den Herrscher vor allen anderen Bürgern auszeichnet (wie z. B. bei PLATONS Philosophenkönigtum), so kann dem Bürger kein Widerstandsrecht eingeräumt werden, weil ihm die Einsicht in das, was wirklich gut ist, fehlt. In einer Staatskonzeption, die von freien und gleichberechtigten Bürgern ausgeht (z. B. bei JOHN LOCKE) wird dem Einzelnen dann ein Widerstandsrecht eingeräumt, wenn die Regierung gegen Grundgesetze oder die Menschenrechte verstößt. Geht man davon aus, dass in einer Demokratie der Einzelne Mitverantwortung für die politischen Entwicklungen trägt, so hat er unter solchen Umständen nicht nur ein Recht, sondern auch eine Pflicht zum Widerstand.

In »Der Mythos des Sysiphos« (1942) sieht ALBERT CAMUS in der **Revolte** das legitime Mittel, die Absurdität der Welt durch die Setzung humanistischer Werte und Grenzen zu überwinden. Den gescheiterten revolutionären Utopien Europas stellt er das sog. »mittelmeerische Denken« entgegen, das durch Würde, naturverbundene Tradition und spontane Solidarität eine Lebensweise verkörpert, die Freiheit, Maß und Ausgleich im Keim bereits entwickelt habe. Gegen das ↑Cogito, ergo sum DESCARTES' formuliert CAMUS: »Ich empöre mich, also sind wir.«

Rezeptivität [zu lat. recipere »(wieder) aufnehmen«]: vorwiegend wahrnehmungstheoretischer Begriff für die Aufnahmefähigkeit bzw. Empfänglichkeit von Sinneseindrücken (↑Sinnlichkeit). Nach KANT ist Rezeptivität die Fähigkeit des menschlichen Erkenntnisvermögens, »Vorstellungen durch die Art, wie wir von den Gegenständen affiziert werden, zu bekommen« (↑affizieren).

Rhetorik [griech. »Redekunst«]: zusammenfassender Begriff für Theorie und Praxis menschlicher Beredsamkeit. Die Rhetorik entstand im 5. Jh. v. Chr. nach der Beseitigung der Tyrannenherrschaft in Syrakus und Athen, als Interessengegensätze auf ökonomischem, politischem und rechtlichem Gebiet öffentlich ausgetragen werden konnten. Ihre erste Blüte erlebte sie in der sophistischen Aufklärung (↑Sophisten). In PLATON erwuchs der Rhetorik ein wirkungsmächtiger Gegner, der sie als »Überredung«, »Scheinkunst« und »Schmeichelei« kritisierte und zur Wahrheitserkenntnis für untauglich erklärte. Ihre Rehabilitierung ging von ARISTOTELES aus, der mit seiner »Rhetorik« das bis heute beachtete Lehrbuch einer rhetorischen Argumentationstheorie schrieb und ihre Aufgabe darin bestimmte, »nicht... zu überreden, sondern zu untersuchen, was an jeder Sache Glaubwürdiges vorhanden ist. Von ARISTOTELES wurde die Rhetorik als gleichberechtigtes Gegenstück zur philosophischen ↑Dialektik behandelt.

Von den römischen Rednern und Redetheoretikern wurde die Rhetorik dann endgültig zu dem neben der Philosophie wirkungsmächtigsten Bildungssystem der europäischen Geschichte ausgeführt.

Das Mittelalter rezipierte die Rhetorik nach anfänglichem Zögern; bahnbrechend war AUGUSTINUS' »De doctrina christiana«. In den Schulen wurde die Rhetorik neben u. a. Grammatik und Dialektik als eine der sieben freien Künste gelehrt. Renaissance und Humanismus brachten ebenso wie die Aufklärung des 18. Jh. der Rhetorik neue Geltung und Einfluss. Der Niedergang der Rhetorik als wissenschaftliche Disziplin begann in Europa in den 1830er-Jahren.

In den 1960er-Jahren setzte in Deutschland und den USA eine internationale Rhetorikforschung ein. Dabei fand die Entwicklung einer Rhetorik der Massenmedien und der Werbung besondere Beachtung.

richtig: Eine Handlung heißt richtig, wenn sie in Übereinstimmung mit allen für sie relevanten Regeln und Grundsätzen steht. So ist z. B. ein Schluss nur dann richtig, wenn er aus wahren Prämissen wahre Konklusionen liefert. Ein Schüler verhält sich in der Schule richtig, wenn er die Schulordnung beachtet. Da das Gegenteil von richtig meist mit falsch angegeben wird, werden »richtig« und »wahr« oft synonym gebraucht. Das ist aber irreführend: So bedeutet: »Dieser Satz ist richtig« etwas anderes als »Dieser Satz ist wahr«. Der erste Fall bezieht sich auf grammatische Regeln, im zweiten Fall geht es um Bedeutung. Die Kalkülisierungen in der Logik versuchen, den Wahrheitsbegriff durch den der Richtigkeit zu ersetzen. Es ist jedoch seit dem ↑Gödel-Theorem bekannt, dass dies nicht vollständig möglich ist.

Rigorismus [zu lat. rigor »Härte«, »Unbeugsamkeit«]: eine Denk- oder Handlungsweise, die eine so starre, strenge Orientierung an allgemeinen Grundsätzen oder Normen[systemen] fordert, dass bereits geringfügige Abweichungen (etwa besondere Umstände einer konkreten Situation) als unzulässig gelten und zu einer abwertenden Beurteilung führen. Als Musterbeispiel eines ethischen Rigorismus gilt die praktische Philosophie KANTS. Nach KANT sollen relevante Handlungen einschränkungslos nach einem einzigen Gesetz, dem ↑kategorischen Imperativ, erfolgen. Triebkraft der moralischen Handlung darf allein die ↑Pflicht sein, nicht aber irgendeine Form von ↑Neigung (z. B. Nächstenliebe).

Rousseau [ru'so], Jean-Jacques, französisch-schweizerischer Philosoph und Schriftsteller, * Genf 28. 6. 1712, † Ermenonville (bei Senlis) 2. 7. 1778: Nachdem er eine unglückliche Kindheit verlebt hatte, floh ROUSSEAU als 16-Jähriger zu seiner mütterlichen Freundin und späteren Geliebten MADAME DE WARENS, die ihn zum Übertritt vom Kalvinismus zum Katholizismus veranlasste. 1742 ging er nach Paris, wo er u. a. als Hauslehrer arbeitete. Mit DENIS DIDEROT und den Enzyklopädisten lernte er führende Köpfe der französischen Aufklärung kennen. Seiner Verbindung mit THÉRÈSE LEVASSEUR, die er 1768 heiratete, entstammten fünf Kinder, die ROUSSEAU an ein Waisenhaus gab. Berühmt wurde er 1750 durch seine preisgekrönte »Abhandlung: ob die Wissenschaften etwas zur Läuterung der Sitten beigetragen haben«, der 1755 eine Abhandlung über die »Ungleichheit unter den Menschen« folgte. 1754 kehrte er zum Kalvinismus zurück. Nachdem der zunehmend misstrauische ROUSSEAU sich mit fast allen Freunden und Gönnern zerstritten hatte, verfasste er körperlich und seelisch zerrüttet 1756–62 in Montmorency seine Hauptwerke, u. a. »Der Gesellschaftsvertrag« (1762) und »Émile, oder über die Erziehung« (1762). Diese beiden Werke wurden wegen der Forderung eines dogmenfreien Christentums in Paris und Genf verboten. Immer wieder geächtet und verfolgt, verbrachte ROUSSEAU die nächsten Jahre auf der Flucht, zunächst in der Schweiz, 1766/67 in England. Ab 1770 lebte er in Paris, wo er vereinsamt seine Memoiren »Bekenntnisse« (1782) schrieb.

ROUSSEAU hat mit seinen Schriften die Entwicklung der ↑Geschichtsphilosophie und ↑Staatsphilosophie stark beeinflusst. Kennzeichnend für seine beiden »Abhandlungen« ist die tief greifende Kulturkritik, die in krassem Kontrast zum Fortschrittsoptimismus der ↑Aufklärung steht. Während nach ROUSSEAU der Mensch im ↑Naturzustand gut gewesen ist und ohne Neid, Feindschaft und Wettbewerb gelebt hat, hat der Fortschritt der Wissenschaften und der Künste zum Verlust der sittlichen Werte (Freiheit, Unschuld, Tugend) bzw. die Ausbildung von Eigentum und Arbeitsteilung zur Ungleichheit und Verteilungskämpfen geführt. Die Schrift von ROUSSEAU über den ↑Gesellschaftsvertrag hingegen enthält den Entwurf eines Idealstaats, in dem der Mensch die seiner Natur entsprechende Freiheit in der Gesellschaft bewahren kann und sich dem ↑Gemeinwohl verpflichtet fühlt. Die Freiheit des Einzelnen besteht in der Teilhabe am Gemeinwillen, der mehr ist als die Summe der Einzelwillen (↑Volonté de tous/Volonté générale). Indem sich alle Bürger an das Gesetz binden, das sie sich selbst gegeben haben, gewinnen sie eine höhere Art von Freiheit und Gleichheit als im Naturzustand.

Russell [rʌsl], Bertrand, britischer Philosoph, Logiker, Mathematiker und Schriftsteller, * Trelleck (County Gwent) 18. 5. 1872, † Plas Penrhyn (County Gwynedd) 2. 2. 1970: RUSSELL studierte 1890–94 Mathematik und Philosophie in Cambridge, u. a. bei ALFRED NORTH WHITEHEAD; er befreundete sich mit GEORGE EDWARD MOORE. Ab 1910 war er Dozent in Cambridge; sein berühmtester Schüler war LUDWIG WITTGENSTEIN. 1916 wurde RUSSELL entlassen, weil er wegen seiner öffentlichen Aufforderung zur Kriegsdienstverweigerung zu einer sechsmonatigen Gefängnisstrafe verurteilt worden war. Als freier Schriftsteller verfasste RUSSELL mehrere populärwissenschafltiche und sozialkritische Bücher (u. a. über Relativitätstheorie, Erziehung, Ehe, Glück, Freiheit und Macht). 1938–44 hatte RUSSELL Gastprofessuren in den USA inne. 1944 wurde er als Universitätsmitglied in Cambridge rehabilitiert. Nach dem Zweiten Weltkrieg engagierte sich RUSSELL politisch u. a. als Pazifist gegen die atomare Rüstung. Er erhielt zahlreiche Ehrungen, u. a. 1950 den Nobelpreis für Literatur.

RUSSELLS frühe Arbeiten galten der ↑Philosophie der Mathematik, zunächst v. a. der Geometrie. Er entwickelte sich zu einem wichtigen Vertreter des ↑Logizismus. Die Ausführung des Programms einer Grundlegung der Mathematik durch formallogische Prinzipien versuchte er mit WHITEHEAD in den »Principia Mathematica« (1910–13). Um logische ↑Antinomien wie die von RUSSELL selbst entdeckte mengentheoretische Antinomie zu vermeiden, entwickelten RUSSELL und WHITEHEAD eine Typentheorie zur Axiomatisierung der Mengenlehre.

Mit seinen Beiträgen zur Sprachphilosophie wurde RUSSELL zum Begründer der ↑analytischen Philosophie der idealen Sprache. Bereits sein erster Beitrag »On denoting« (1905), eine Untersuchung zur Kennzeichnung von Gegenständen, geriet zu einem Musterbeispiel der formallogischen Analyse alltagssprachlicher Aussagen mit dem Ziel der Entwicklung einer wissenschaftlichen Idealsprache. In seiner Erkenntnistheorie vertrat RUSSELL, beeinflusst durch MOORE, zunächst einen ausgeprägten ↑Empirismus und ↑Realismus, der von ↑Sinnesdaten als Basis aller Erkenntnis ausging. Während wir von diesen ein unmittelbares Wissen haben, ist unser Wissen von Gegenständen nur durch Kennzeichnungen vermittelt. Mit WITTGENSTEIN entwickelte er den ↑logischen Atomismus, demzufolge die Welt als »Menge aller Tatsachen« zu betrachten ist, die durch ↑Elementaraussagen und deren Verhältnisse durch daraus zusammengesetzte komplexe Aussagen beschrieben werden können. Die logische Analyse ist daher ein wesentliches Erkenntnismittel.

S

Sachverhalt: ein abstrakter, in Aussagen vergegenwärtigter Gegenstand. Sachverhalte werden aus Aussagen durch Abstraktion bezüglich Inhaltsgleichheit gewonnen. Der Formulierung nach verschiedene, dem Inhalt nach aber gleiche Aussagen stellen denselben Sachverhalt dar. Jede ↑Aussage repräsentiert (vergegenwärtigt) einen Sachverhalt (den man auch mit anderen Worten repräsentieren könnte). Eine zutreffende bzw. wahre Aussage repräsentiert einen wirklichen Sachverhalt (eine ↑Tatsache). Vergegenwärtigende menschliche Rede ist aber an wirkliche Sachverhalte keineswegs gebunden. Die Sprache gibt uns allenfalls die Möglichkeit, »alles Erdenkliche« zu vergegenwärtigen, auch auf den Wegen der Fantasie oder der Vermutung oder der Täuschung. Ein Sachverhalt, der durch eine falsche Aussage vergegenwärtigt wird, heißt »fingierter Sachverhalt« (↑Fiktion).

Säkularisation [zu lat. saeculum »Jahrhundert«]: allgemein im Sinne von Verweltlichung gebraucht; kirchensprachlicher Begriff, der zurückgeht auf die nach dem Westfälischen Frieden (1648) durch staatliche Gewalt erfolgte Aufhebung und Umverteilung kirchlicher Institutionen und Güter zu weltlichen Zwecken. In der Philosophie versteht man unter Säkularisierung generell einen emanzipatorischen Entwicklungsprozess, der, im Streben nach Autonomie des Denkens und Handelns, auf Ablösung bzw. Befreiung von den durch Religion und Theologie bestimmten Denk- und Ordnungssystemen abzielt. Eine bedeutende Säkularisierungsbestrebung war u. a. die ↑Aufklärung.

sapere aude [lat. »wage es, weise zu sein«]: auf HORAZ zurückgehende Wendung, die von KANT in der Übersetzung »Habe Mut, dich deines eigenen Verstandes zu bedienen!« als Wahlspruch der ↑Aufklärung wieder aufgegriffen wurde.

Sartre, Jean-Paul, französischer Philosoph und Schriftsteller, *Paris 21. 6. 1905, †Paris 15. 4. 1980: SARTRE studierte 1924–29 Psychologie, Philologie, Soziologie und Philosophie in Paris. 1929 lernte er SIMONE DE BEAUVOIR kennen, seine spätere Lebensgefährtin. 1931–42 arbeitete SARTRE als Gymnasiallehrer für Philosophie in Le Havre, Laon und Paris. 1933–34 war er als Stipendiat in Berlin, wo er sich v. a. mit den Werken EDMUND HUSSERLS und MARTIN HEIDEGGERS

Sartre: Freiheit, Selbstbestimmung und Gleichberechtigung betrachteten Jean-Paul Sartre und seine Lebensgefährtin Simone de Beauvoir als fundamental.

beschäftigte. 1940 geriet er in deutsche Kriegsgefangenschaft; 1942–44 engagierte er sich im französischen Widerstand, der Résistance. 1945 ließ SARTRE sich in Paris als freier Schriftsteller nieder. Seine Sympathie für den Kommunismus führte zum Bruch mit mehreren Freunden, u. a. mit ANDRÉ GIDE und ALBERT CAMUS. Politisch trat er u. a. hervor mit seiner Kritik am französischen Algerienkrieg und am amerikanischen Vietnamkrieg sowie durch seine Beteiligung an den Studentenunruhen der 1960er-Jahre. 1964 lehnte er die Annahme des Nobelpreises für Literatur ab.

SARTRE ist der Hauptvertreter des französischen Existenzialismus (↑Existenzphilosophie). Seine philosophischen wie viele seiner literarischen Schriften handeln wesentlich von dem existenziellen Problem der menschlichen ↑Freiheit. Nach SARTRE steht Freiheit zwar im Zentrum des politisch-sozialen Lebens, begegnet als existenzielles Problem aber im Bewusstsein des Individuums, das die Freiheit als unausweichliche Notwendigkeit erfährt, sich immer wieder neu selbst zu bestimmen. »Der Mensch ist das, wozu er sich macht«, lautet der erste Grundsatz des Existenzialismus. Angesichts der Beschränktheit und Unverfügbarkeit (↑Kontingenz) des menschlichen Daseins muss jedoch die Freiheit als eine Art Haltlosigkeit und Absurdität der Existenz erlebt werden.

In seinem Hauptwerk »Das Sein und das Nichts. Versuch einer phänomenologischen Ontologie« (1943) gewinnt SARTRE aus einer phänomenologischen Bewusstseinsanalyse zwei Seinsweisen, die er in Anlehnung an HEGEL mit »An-sich-Sein« und »Für-sich-Sein« bezeichnet: das Sein der Dinge, die gegeben sind und nur das sind, was sie sind, und das Sein des Subjekts des Bewusstseins, das durch Spontaneität, Selbstreflexivität und v. a. Negativität gekennzeichnet ist. Im Unterschied zu den Dingen ist der Mensch nie bloß das, als was er sich gegeben ist, sondern er entwirft sich als das, was er noch nicht ist. Er empfindet einerseits einen »Mangel an Sein«, vollzieht aber anderseits die »Nichtung« des Gegebenen, indem er die Wirklichkeit auf Möglichkeiten hin überschreitet. Überdies schließt seine Wahl zugleich andere Möglichkeiten aus. Allerdings ist der Mensch nach SARTRE »zur Freiheit verurteilt«: Er hat sie nicht gewählt, sondern sie ist ihm gegeben; und er ist verantwortlich für alles, was er tut.

Satz: allgemein die kleinste sprachliche Einheit, die selbstständig eine Bedeutung trägt und kommunikative Funktion ausübt. Genauere Definitionen des Begriffs »Satz« sind umstritten. Seit der Antike gilt die Subjekt-Prädikat-Form als kennzeichnend für Sätze. Damit wären aber Bildungen wie »Guten Morgen!« nicht als Sätze anzusehen. In Logik und Mathematik wird unter einem Satz (oder Theorem) eine als wahr nachgewiesene Aussage verstanden, im Unterschied zur Vermutung, über deren Wahrheit Unklarheit herrscht.

Satz vom ausgeschlossenen Dritten: ↑Tertium non datur.

Satz vom (verbotenen) Widerspruch: das Principium Contradictionis zählt seit Aristoteles neben dem Satz vom ausgeschlossenen Dritten (↑Tertium non datur) und dem ↑Satz von der Identität zu den Grundsätzen des logischen Denkens. Der Satz vom Widerspruch bedeutet logisch, dass vom selben Subjekt nicht zugleich kontradiktorisch entgegengesetzte Prädikate ausgesagt werden können, ontologisch, dass ein Ding nicht zugleich dasselbe sein und nicht sein kann.

Während der Widerspruch im Sinne der klassischen Logik unbedingt vermieden werden muss, wurde er in der Philosophie HEGELS zum Grundprinzip aller Entwicklung, weil nach seiner Lehre jedes Etwas, das die Negation eines anderen ist, selbst bestimmt wird durch das, was es negiert. Die hegelsche Dialektik möchte den Widerspruch deshalb nicht umgehen, sondern im dreifachen Sinne aufheben, ihn also »vernichten«, zugleich aber auch »bewahren« und auf eine höhere Stufe der Erkenntnis führen.

Satz vom zureichenden Grund (lat. **Principium Rationis sufficientis):** Prinzip, das früher zur Logik, heute aber zur Wissenschaftstheorie gerechnet wird. Es besagt in seiner Formulierung bei LEIBNIZ, »dass keine Begebenheit wirklich oder seiend und keine Aussage wahr sein kann, ohne dass ein zureichender Grund dafür vorhanden wäre, warum es gerade so und nicht anders ist, wenn man diese Gründe in den meisten Fällen auch nicht zu erkennen vermag«. Die vollständige Kenntnis der Gründe bleibt nach LEIBNIZ allein Gott vorbehalten. Der Satz vom zureichenden Grund ist modern gesprochen eher ein heuristisches Prinzip (↑Heuristik), das die wissenschaftliche Erkenntnis anzuleiten vermag. Für LEIBNIZ war es hingegen ein (methodisches) Konstitutionsprinzip der Wissenschaft, das deren Rationalität allererst ermöglichte.

Satz von der Identität (lat. **Principium Identitatis**): Prinzip der klassischen Logik, das Folgendes besagt: Jeder Gegenstand ist mit sich und nur mit sich identisch. Sind zwei Gegenstände identisch, so unterscheiden sie sich in keiner Hinsicht. Von LEIBNIZ stammt der Vorschlag, diese Beziehung als Definition für die Identität zu verwenden (»Prinzip von der Identität des Ununterscheidbaren«; ↑Ununterscheidbarkeit).

Schau: Übersetzung von lateinisch »visio« und griechisch »théa«, »theōría« (↑Theorie). PLATON spricht von einer Schau der ↑Ideen, zu der die ↑Seele fähig war, bevor sie bei der Geburt des Körpers in diesen eingefahren ist. Aus diesen Anfängen entwickelt sich Schau zu einem Terminus der ↑Mystik: Der Mystiker ist (gegebenenfalls in einem ekstatischen Zustand) fähig, das Göttliche zu schauen (mit dem er sich dann in der Unio mystica) als Einheit »erfährt«, obgleich dieses als jede Möglichkeit des Verstandes übersteigend (transrational) vorausgesetzt wird.

Schein: mehrdeutiger Ausdruck, bezeichnet den Gegensatz zu Sein, Wesen, Realität, Wahrheit. Im Unterschied zu »Anschein« (Wahrscheinlichkeit) und »Erscheinung« (subjektiv konstituierter Gegenstand der sinnlichen Erfahrung) wird der Ausdruck »Schein« erkenntnistheoretisch im Sinne von Scheinbarkeit (Trug, Täuschung) und ästhetisch im Sinne von Scheinhaftigkeit (Fiktionalität) gebraucht. KANT unterscheidet drei Arten von Scheinbarkeit, nämlich »empirischen Schein« (z.B. optische Täuschungen), »transzendentalen Schein« (entsteht durch Anwendung der Verstandesbegriffe auf nicht sinnlich erfahrbare Gegenstände) und »logischen Schein« (Trugschluss).

Nach der traditionellen Abwertung des Scheins in der Ontologie als etwas Wesenloses findet seine Rettung in der ↑Ästhetik statt. FRIEDRICH SCHILLER spricht als Erster vom »ästhetischen Schein« als dem »Wesen« »aller schönen Kunst« und begründet damit den Anspruch der Kunst auf Autonomie (d.h. darauf, weder inhaltlich dem Kausalzusammenhang der Realität zu unterliegen noch sozialen Zwecken dienen zu müssen, wie z.B. dem Jagdzauber, religiösen Kulten, Repräsentation, Dekoration, Unterhaltung) und Wahrheit. Der Scheincharakter der Kunst bedingt nach SCHILLER die Überlegenheit des Kunstschönen über das Naturschöne (↑Schönheit), denn auch dieses beruht auf dem schönen Schein und nicht auf der Faktizität des Erscheinenden. Die Ästhetik hat bis heute SCHILLERS Bestimmung der Kunst durch ihren Scheincharakter nicht preisgegeben. Für FRIEDRICH NIETZSCHE liegt im Schein die Chance, durch Kunst »die Realität noch einmal, nur in einer Auswahl, Verstärkung, Korrektur« zu entwerfen. In Bezug auf gelungene Kunstwerke spricht ERNST BLOCH vom »Vorschein« der ↑Utopie. THEODOR W. ADORNO vom »Schein des Scheinlosen« als dem Wahrheitsgehalt der Werke.

Scheinproblem: ein Problem, zu dessen Lösung aus prinzipiellen Gründen kein anerkanntes Lösungsverfahren zur Verfügung steht, das also (mit den vorgegebenen Mitteln) unlösbar ist, während ein falsch gestelltes Problem nach Korrektur sehr wohl lösbar ist. Für den ↑logischen Empirismus wird die Frage nach der Realität der Außenwelt – wie die Mehrzahl der klassischen Fragen der

Metaphysik – zu einem Scheinproblem, da sie sich offensichtlich mit keinem der von ihm erlaubten Verfahren entscheiden lässt.

Schelling, Friedrich Wilhelm Joseph von, deutscher Philosoph, * Leonberg 27. 1. 1775, † Bad Ragaz 20. 8. 1854: Geistig frühreif begann der Pastorensohn SCHELLING 1790 als 15-Jähriger sein Theologiestudium im Tübinger Stift, wo er sich mit seinen fünf Jahre älteren Kommilitonen HEGEL und FRIEDRICH HÖLDERLIN befreundete. Gemeinsam begeisterten sie sich für die Ideen der Französischen Revolution, KANTS praktische Philosophie, BARUCH DE SPINOZAS Pantheismus und für die griechische Antike als Urbild der Verbundenheit von Mensch, Natur und Gottheit. Anknüpfend an JOHANN GOTTLIEB FICHTES »Wissenschaftslehre« verfasste SCHELLING ab 1794 seine ersten philosophischen Schriften. 1798 wurde er zum Professor für Philosophie nach Jena berufen. Im Kreis der Frühromantiker lernte er CAROLINE VON SCHLEGEL kennen, die er 1803 heiratete. Im gleichen Jahr wechselte er an die Universität Würzburg. Ab 1806 wirkte SCHELLING in München, erst als Mitglied der Akademie der Wissenschaften, ab 1807 als Direktor der Akademie der bildenden Künste. Ab 1820 war er Professor in Erlangen, ab 1827 in München, 1841–46 in Berlin.

Neben FICHTE und HEGEL zählt SCHELLING zu den Hauptvertretern des deutschen ↑Idealismus. Anknüpfend an FICHTES ↑Transzendentalphilosophie bzw. frühe »Wissenschaftslehre« bestimmte SCHELLING zunächst das erste Prinzip des menschlichen Wissens als »absolutes Ich«, das nur in einem Akt der ↑intellektuellen Anschauung, der unmittelbaren Selbstvergewisserung, erfassbar sei. Überzeugt davon, dass die Natur mehr sei als das, was das Ich in seiner Tätigkeit beschränkt, entwickelte er jedoch gegen FICHTES »Ichphilosophie« seine ↑Naturphilosophie. Entgegen der mathematisch-mechanistisch orientierten Naturwissenschaft betrachtete SCHELLING Natur als lebendige, sich selbst hervorbringende Wirklichkeit. In seiner Naturphilosophie versuchte er zu begreifen, wie die Natur (natura naturans) sich in einer dynamischen Stufenfolge in ihre Naturprodukte (natura naturata) entfaltet. Das Begreifen dieser Selbstentfaltung der Natur, v. a. der Organismen als unbewusster Vorform der Subjektivität und ihrer Entwicklung zum Selbstbewusstsein, soll in den ursprünglichen Zustand der Einheit von Mensch und Natur, Geist und Materie zurückführen. Die Ansicht, dass der Differenz von Subjekt und Objekt bzw. von »Idealem« und »Realem« das Absolute als ursprüngliche Einheit zugrunde liegt, bezeichnete SCHELLING als ↑Identitätsphilosophie und vertrat sie ab 1800 u. a. im »System des transcendentalen Idealismus«. Darin kommt der Kunst insofern eine besondere Rolle zu, als sie die Einheit von unbewusster und bewusster Tätigkeit, von Natur und Vernunft zur Anschauung bringt.

Schema [griech.-lat. »Gestalt«, »Haltung«, »Stellung«]: allgemein Muster, Entwurf, Skizze. In der modernen Handlungstheorie wird »Schema« für potenzielle Handlungen gebraucht, also für die Fähigkeit, bestimmte Handlungen (z. B. Schwimmen, Zählen) auszuführen.

Schichtenlehre: in der Philosophie hat sich die Theorie von den **Schichten** seit der Antike im Rahmen ontologischer Betrachtungsweisen eingebürgert. Als bildhaftes Modell vergleichbar etwa der geologischen Schichtung, dient sie zur Verdeutlichung der Auffassung des Wirklichen als einer Ordnung von Seinsschichten. ARISTOTELES unterscheidet fünf Schichten: Hyle, Dingwelt, Lebewesen, Seele, Geist.

Allen Schichttheorien ist der hierarchische Aufbau gemeinsam, d. h., die jeweils höhere Schicht wird von der ihr nächst niederen und in der Regel stärkeren Schicht einerseits zwar getragen, ist dieser gegenüber aber freier. Eine besondere Bedeutung erlangte die Schichtentheorie in der realistischen Ontologie NICOLAI HARTMANNS. Er unterscheidet: anorganisches, organisches, psychisches und geistiges Sein. Auch SIGMUND FREUDS Grundmodell: Es – Ich – Über-Ich ist diesem Modelldenken verpflichtet.

Schicksal: die Geschicke, die dem Menschen zugeteilt sind und die er (unabwendbar) in seiner Existenz bewältigen muss. Das Eintreten von Ereignissen, die als »schicksalhaft« bezeichnet werden, erfährt der Einzelne als unerklärlich und unberechenbar, mithin als zumeist feindlich und bedrohend (»Schicksalsschläge«). Während man in der frühen Religionsgeschichte als die Geschicke zuteilende Instanz eine höhere, göttliche Macht sah, die den Menschen bestimmte Ereignisse willkürlich widerfahren ließ, bezeichnet der Begriff in der klassischen Philosophie eine Notwendigkeit in der Natur, die Ordnung und Verknüpfung von Ursachen, ein Weltgesetz oder eine Weltvernunft.

Je nachdem, wie stark die verschiedenen Schicksalsvorstellungen den Spielraum des Menschen einengen, bestimmen sie das Maß an menschlicher Freiheit. Dadurch wird die Reaktion des Menschen auf das Schicksal bestimmt, die zwischen dem Gefühl der Geborgenheit und ↑Fatalismus liegen kann. Das Christentum, das den Schicksalsglauben ablehnt, interpretiert dagegen die Geschicke als göttliche Vorsehung und unterscheidet zwischen einem »Naturgesetz« (einem notwendigen, doch verstehbaren Zusammenhang von Naturverläufen) und einem »Sittengesetz« (der Gebotenheit von Zwecken ohne notwendiges Eintreten von Ereignissen).

Schleier des Nichtwissens: Begriff der Gerechtigkeitstheorie, von JOHN RAWLS (»Theorie der Gerechtigkeit«, 1971) geprägt. RAWLS knüpft dabei an die traditionelle Theorie des ↑Gesellschaftsvertrages u. a. von JOHN LOCKE und JEAN-JACQUES ROUSSEAU an, die er »zu verallgemeinern und auf eine höhere Abstraktionsstufe zu heben« versucht. Die Pointe seines nicht wie bislang ethisch, sondern vertragstheoretisch begründeten Ansatzes hinsichtlich einer Theorie der ↑Gerechtigkeit besteht darin, dass man, indem man sich auf einen Vertrag beruft, an den bereits geäußerten Willen der Vertragspartner appelliert, man also keine außervertragliche Instanz mehr benötigt, um die Geltung des Vertrages zu begründen. Dabei benutzte die Tradition die Argumentationsfigur eines ursprünglichen Gesellschaftsvertrages in einem natürlichen Urzustand, der geprägt war von Gleichheit und einem gegenseitigen Vertragen der Gesellschaftsmitglieder (z. B. bei LOCKE) untereinander. Da es eine solche anfängliche Gleichheit und Friedfertigkeit historisch nie gegeben habe, muss sie nach RAWLS durch den »Schleier des Nichtwissens« reflexiv (nachträglich) in der Weise erzeugt werden, dass so getan wird, als ob niemand z. B. sein Geschlecht, seine Stellung in der Gesellschaft, seine Klasse, seine natürlichen Begabungen, seine Zugehörigkeit zu einer Religionsgemeinschaft etc. kenne. Nur ein solchermaßen reflexiv erzeugter »Urzustand« kann nach RAWLS als Ausgangspunkt für Grundvereinbarungen angesehen werden, die die Chance haben, eine Gerechtigkeit auf der Basis gegenseitiger Fairness zu begründen.

Schluss: Grundbegriff der Logik, der Übergang von einer (endlichen) Menge von Aussagen (↑Prämissen) zu einer anderen Aussage (Konklusion, ↑Folgerung). Ein Schluss heißt »gültig« (berechtigt oder richtig), wenn für wahre Prämissen die Wahrheit der Konklusion garantiert ist. Ein gültiger Schluss aus wahren Prämissen ist ein Beweis. Folgt die Wahrheit der Konklusion aus der der Prämissen allein, so spricht man von einem **logischen Schluss;** z. B.: Von »Wenn es regnet oder schneit, bleibt er zu Hause«

und »Es schneit« darf man aus rein logischen Gründen zu »Er kommt nicht« übergehen. Werden nur sprachliche Konventionen wie Prädikatorenregeln und Definitionen gebraucht, um die Wahrheit der Konklusion sicherzustellen, so spricht man von einem analytischen Schluss; z. B.: Von »Meier ist ein erwachsener Mann« und »Meier ist unverheiratet« kann man auf »Meier ist Junggeselle« schließen. Alle anderen Schlüsse nennt man synthetisch; z. B.: Aus »Meier ist ein Deutscher« schließt man »Meier trinkt gerne Bier«. Der Schluss darf nicht mit der ↑Implikation verwechselt werden, die eine Metaaussage (↑Metasprache/Objektsprache) über Aussagen darstellt.

Als **Schlussregel** bezeichnet man eine Regel, nach der von vorausgesetzten Prämissen zu einer Konklusion übergegangen werden darf; z. B.: Von »Alle Menschen sind sterblich« und »Alle Europäer sind Menschen« darf man übergehen zu »Alle Europäer sind sterblich«. Die ↑Syllogistik stellt die erste hoch entwickelte Schlusslehre in der Geschichte der Logik dar.

Scholastik [mittellat. »Schulwissenschaft«]: zusammenfassende Bezeichnung für die philosophischen und theologischen Lehren der zweiten Hälfte des Mittelalters (etwa 8. – 16. Jh.; ↑mittelalterliche Philosophie). Ihr gemeinsames Kennzeichen ist die **scholastische Methode:** Fragen (quaestiones) werden unter Berücksichtigung von Einwänden durch Befragung der Autoritäten (sententiae auctorum) entschieden (solutio). Dieses Verfahren der »disputatio«, das streng nach den Regeln der ↑Syllogistik zu verlaufen hatte, zeigt deutlich einen wichtigen Zug der Scholastik: Wahrheit kann nur bei bestimmten Autoritäten (Bibel, Kirche, ARISTOTELES) gefunden werden. Das zweite wichtige Kennzeichen der scholastischen Philosophie ist ihre Unterordnung unter die Theologie. Der Philosophie fällt die Aufgabe zu, die Lehre des christlichen Glaubens, deren Wahrheit außer Zweifel steht, für die Vernunft einsichtig zu machen. Philosophie sei nur »Magd« der Theologie. Diese Lehre blieb jedoch nicht unbestritten. Das Verhältnis von Glauben und Wissen wurde, v. a. in der Hochscholastik, als das »Problem der Dialektik« diskutiert. Das zweite beherrschende Thema der scholastischen Philosophie war der ↑Universalienstreit. Daneben leistete die Scholastik vieles auf dem Gebiet der Logik (Ausbau der Syllogistik und der logischen Analyse der Sprache), wobei ihre Beiträge dazu eher systematisierend als innovatorisch blieben.

Die Scholastik wurde in ihrem Beginn v. a. von Kloster- und Hofschulen getragen. Dies förderte die Herausbildung ihres eher esote-

Scholastik: Die Gründung der Universitäten in Europa förderte die Entwicklung der Hochscholastik. Die Buchmalerei aus dem 13. Jh. zeigt Philipp II. bei der Verleihung des königlichen Privilegs an Studenten und Magister der Universität Paris im Jahr 1200 (Paris, Bibliothèque Nationale de France).

rischen Charakters. In der Hoch- und Spätscholastik wurden zunehmend die neu entstandenen Universitäten zu Trägern der Wissenschaften, was eine gewisse Öffnung nach außen mit sich brachte. Während die der Scholatik vorangehende ↑patristische Philosophie überwiegend vom ↑Neuplatonismus geprägt wurde, gewann in der Scholastik ARISTOTELES immer mehr an Wichtigkeit, dessen Werke nach und nach, in der Überlieferung über die Araber, bekannt wurden (zuerst die logischen Schriften, dann die naturwissenschaftlichen und schließlich die anderen). Einen Höhepunkt dieser Rezeption stellen die Werke von ALBERTUS MAGNUS dar. Die Verschmelzung von christlicher und aristotelischer Lehre vollzog dann sein Schüler THOMAS VON AQUIN.

Vor allem in der Spätscholastik verschärfte sich aufgrund des immer stärker werdenden Einflusses der Wissenschaften der Streit um Glauben und Wissen: Auf der einen Seite wurde die thomistische Lehre verschult und zur offiziellen Lehre der Kirche erklärt (THOMAS wurde 1567 zum Kirchenlehrer erhoben), auf der anderen Seite wurde die Ablösung der Wissenschaften von der Theologie durch die einflussreiche nominalistische Lehre von WILHELM VON OCKHAM beschleunigt. Da ihr zufolge nur das Individuelle wirklich ist, bedarf es der Erfahrung, um Erkenntnisse zu gewinnen. Seine Theorie wurde als »Via moderna« (moderner Weg) der »Via antiqua« (alter Weg) entgegengesetzt und ebnete der aufkommenden Neuzeit den Weg (↑Nominalismus).

Schönheit: zentraler Terminus der ↑Ästhetik. »Schön« ist (ebenso wie »erhaben«) ein Beurteilungsbegriff hinsichtlich der Wirkung, die ein Natur- oder Kunstobjekt auf den Betrachter ausübt, bzw. hinsichtlich bestimmter Formmerkmale, die ein Natur- oder Kunstobjekt aufweist. Zu unterscheiden ist zwischen Natur- und Kunstschönem (↑Kunst).

PLATON bestimmt das Schöne als die in der Wirklichkeit (z. B. in einem wohlproportionierten Leib, einem harmonischen Klang, aber auch in einem gerechten Gesetz) aufscheinende Idee der Schönheit. Geführt von dem ↑Eros, der menschlichen »Liebe zu dem Schönen«, kann die Erkenntnis über immer höhere Stufen des Schönen zur Schau der ewigen Idee der Schönheit selbst aufsteigen, die eine Einheit bildet mit der Idee der Wahrheit und des Guten. PLATONS Konzeption eines auf Wahrheit bezogenen Schönen, das eine pädagogisch-bildende Funktion auszuüben vermag, bleibt für die Theorie des Schönen über die christlich-theologische Ästhetik des Mittelalters hinaus bis in die Neuzeit grundlegend.

Die nach dem Zerfall der Ontologie und aufgrund der Einsicht in die Geschichtlichkeit der objektiven Bestimmungen des Schönen unternommenen Versuche, Schönheit von ihrer Wirkung aufs Subjekt her zu begründen (z. B. CHRISTIAN WOLFF: »Was gefällt, wird schön genannt«), vollendet KANT, indem er das Schöne auf ein doppelt bedingtes Wohlgefallen bezieht, nämlich

1. auf ein interesseloses (d. h. das Wohlgefallen darf nicht in der Vorstellung der realen Existenz des schönen Gegenstands begründet sein) und
2. auf ein Wohlgefallen an der inneren Zweckmäßigkeit des schönen Gegenstands, ohne dass damit die Vorstellung eines praktischen Zwecks des Gegenstands verknüpft sein darf. Inhaltlich ist eine schöne Erscheinung für KANT ein »Symbol des Sittlichguten«.

SCHILLER und die an ihn anknüpfende Gehaltsästhetik bestimmen das Schöne, nun primär als Produkt des Geistes, also als Kunstschönes verstanden, hinsichtlich seines geistigen Gehalts. Schönheit als »einzig möglicher Ausdruck der Freiheit in der Erscheinung« leistet eine »ästhetische Erziehung des Menschen« zur Freiheit (SCHIL-

LER). HEGEL spricht in Bezug auf das Schöne vom »sinnlichen Scheinen der Idee« als »Ideal«.
Mit Beginn der Moderne verwerfen die Künstler um der geistigen Authentizität des Dargestellten willen immer häufiger das Ideal der Schönheit zugunsten des Hässlichen, Dissonanten, auf dessen Schockwirkung sie vertrauen. THEODOR W. ADORNO liefert in seiner »Ästhetischen Theorie« (1970) eine gesellschaftskritische Deutung des Verzichts der Avantgarde auf das Schöne. Die klassische Kunst (z.B. JOHANN WOLFGANG VON GOETHE in der »Iphigenie«) gestaltet die Idee der Humanität im Reich des schönen Scheins, als wäre sie schon realisiert. Angesichts der fortbestehenden Inhumanität innerhalb der Gesellschaft gerät das Kunstschöne zur Lüge, die über das Misslingen von Humanität und Freiheit in der Geschichte hinwegtäuscht und – ähnlich wie die Unterhaltungsindustrie – eine Fluchtwelt zur Ersatzbefriedigung schafft.

Schopenhauer, Arthur, deutscher Philosoph, *Danzig 22. 2. 1788, †Frankfurt am Main 21. 9. 1860: SCHOPENHAUER studierte ab 1809 in Göttingen zunächst Medizin, ab 1810 Philosophie. 1811 wechselte er nach Berlin; 1813 promovierte er in Jena. Ab 1814 arbeitete er in Dresden sein Hauptwerk »Die Welt als Wille und Vorstellung« (1819 erschienen) aus, das allerdings unbeachtet blieb. Nach seiner Habilitation 1820 in Berlin war seine Lehrtätigkeit dort erfolglos. Mit seinem Fortgang 1831 verabschiedete er sich von der verachteten Universitätsphilosophie und widmete sich ab 1833 in Frankfurt seinen Werken. Aber erst mit den »Parerga und Paralipomena« (1853), die neben Kommentaren zu seinem Hauptwerk die »Aphorismen zur Lebensweisheit« enthalten, wurde SCHOPENHAUER breiteren Kreisen bekannt.

Schopenhauer: Arthur Schopenhauer

SCHOPENHAUER knüpfte einerseits mit der Betrachtung der »Welt als Vorstellung« an KANTS ↑Idealismus an, indem er die Gegenstände der Erfahrung als Erscheinungen bzw. Vorstellungen begreift, die durch die Formen des Subjekts bestimmt sind. Andererseits fiel er mit der Betrachtung der »Welt als Wille« hinter KANTS Kritizismus zurück, indem er den Willen zum ↑Ding an sich erklärte, das nach KANT schlechterdings unerkennbar ist: Entgegen KANTS Metaphysikkritik vertrat SCHOPENHAUER mit seiner Behauptung des Willens als der Erscheinungswelt zugrunde liegender Urgewalt eine Metaphysik des Willens, d.h. einen ↑Voluntarismus, sowie einen damit verknüpften ↑Pessimismus.
»Wille« bedeutet bei SCHOPENHAUER nicht das bewusste, gezielte und vernunftbestimmte Streben des Menschen, sondern einen blinden, ziel- und vernunftlosen Drang, der sich in den Kräften und Lebewesen der Natur wie im Wollen und im Intellekt des Menschen äußert. Er ist für uns unmittelbar

S

Schopenhauer

Welt als Vorstellung

Der deutsche Philosoph Arthur Schopenhauer schreibt in seinem Hauptwerk von 1819 »Die Welt als Wille und Vorstellung«:

»Die Welt ist meine Vorstellung: – dies ist die Wahrheit, welche in Beziehung auf jedes lebende und erkennende Wesen gilt; wiewohl der Mensch allein sie in das reflektierte abstrakte Bewusstsein bringen kann: und tut es dies wirklich, so ist die philosophische Besonnenheit bei ihm eingetreten. Es wird ihm dann deutlich und gewiss, dass er keine Sonne kennt und keine Erde; sondern immer nur ein Auge, das eine Sonne sieht, eine Hand, die eine Erde fühlt; dass die Welt, welche ihn umgibt, nur als Vorstellung da ist, d.h. durchweg nur in Beziehung auf ein Anderes, das Vorstellende, welches er selbst ist. – Wenn irgendeine Wahrheit a priori ausgesprochen werden kann, so ist es diese: denn sie ist die Aussage derjenigen Form aller möglichen und erdenklichen Erfahrung, welche allgemeiner, als alle andren, als Zeit, Raum und Kausalität ist. (...) Alles, was für die Erkenntnis da ist, also die ganze Welt, [ist] nur Objekt in Beziehung auf das Subjekt, Anschauung des Anschauenden, mit einem Wort Vorstellung.«

durch den Leib erfahrbar als »Objektivation des Willens«. Aus einem Kampf ums Dasein entwickeln sich alle Objektivationen des Willens, was beim Menschen und seiner Vernunft letzten Endes nur zur Erkenntnis der Zwecklosigkeit des Weltgeschehens und Wollens führt.

SCHOPENHAUERS Willensmetaphysik prägt auch seine Ästhetik und Ethik. Die Kunst bringt die Objektivationsstufen des Willens in Form von Ideen zur Anschauung. In der ästhetischen Kontemplation erschaut das Subjekt aber nicht nur die Ideen, sondern erhebt sich über seine Individualität und befreit sich damit wenigstens vorübergehend vom Willen. SCHOPENHAUER kennzeichnet moralisches als altruistisches Handeln und erklärt dies durch Mitleid als Motiv. Das Mitleid als Identifikation mit dem Leiden des Anderen gründet auf der Erkenntnis, dass dieses wie das eigene Leiden eine Objektivation des Willens ist. SCHOPENHAUERS Philosophie endet mit einer Erlösungslehre. Aus der Erkenntnis des aus dem Willen zwangsläufig folgenden Leidens ergibt sich als einzige Lösung die Willensverneinung, als einziges Ziel das ↑Nirwana.

Schöpfung: spezielle Form mythischer ↑Kosmogonie, in der die Entstehung der Welt als Resultat der Handlung einer göttlichen Gestalt, eines Schöpfers, dargestellt wird. Dabei wird die Schöpfung oft als eine handwerkliche Tätigkeit, z.B. die eines Gärtners oder Töpfers, gedeutet. So schafft der ägyptische Chnum ebenso wie der semitische Jahwe den Menschen zunächst als eine Tonfigur, der dann Leben durch den Mund »eingehaucht« wird (↑Seele).

Auch im »Timaios« PLATONS konstruiert ein göttlicher Architekt, der »Demiurg«, die Welt mit den Menschen, in diesem Fall auf der Basis geometrischer Grundsätze (↑Kosmos). Viele Mythen (↑Mythos) stellen den Schöpfer selbst auch als eine »entstandene« Gestalt dar, entweder durch Abfolge aus einer Göttergenealogie oder durch Selbstschöpfung aus einem vorweltlichen, unentstandenen Urstoff, so z.B. den ägyptischen Sonnengott Re, der »spontan« aus dem Urwasser (»nun«) hervorgeht und Welt und Menschen aus seinem Samen sich bilden lässt. Die christliche Tradition hat den Begriff einer Schöpfung aus dem Nichts entwickelt (↑Creatio ex nihilo).

Schuld: Während sich der juristische Schuldbegriff auf den faktischen Verstoß gegen Gesetze bezieht, redet man von moralischer Schuld, wenn jemand bei einer Handlung bzw. Unterlassung bewusst und nach freier Entscheidung gegen Normen verstößt. Moralische und rechtliche Schuld können, müssen aber nicht zusammenfallen (z. B. bei Widerstand gegen illegitime Herrschaft oder bei Ehebruch). Im Gegensatz zum rechtlichen Bereich ist im moralischen kein schuldfreies Leben möglich, da im »moralischen Alltag« Normenkonflikte (↑Norm) und Entscheidungssituationen nicht vermeidbar sind. Befindet man sich in einem Normenkonflikt, wie z. B. bei der Frage nach der Sterbehilfe, muss man selbst zwischen den möglichen Handlungsalternativen wählen. Die bewusste Entscheidung für die eine Norm bringt aber gleichzeitig die Verletzung der anderen mit sich; wie man sich auch entscheidet, einer sittlichen Pflicht bleibt man schuldig. Diesen Sachverhalt nennt MARTIN HEIDEGGER das existenziale Schuldigsein des Menschen. Für einen autonomen, sittlich handelnden Menschen ist also die Vermeidung von Schuld unmöglich; das Tragenmüssen von Schuld gehört zum Menschsein dazu.

Seele: Die Auffassung, dass sich die Existenz des einzelnen Menschen nicht in seiner Körperlichkeit erschöpft, ist ein Grundzug der Geistesgeschichte, der sich bis in die Altsteinzeit zurückverfolgen lässt. Ihren Niederschlag findet sie am deutlichsten in der Gestalt von Totenkulten. Da diese Nichtkörperlichkeit als solche gerade eine örtliche und zeitliche Ungebundenheit voraussetzt, sie andererseits gerade die Lebendigkeit des Körpers ausmacht, liegt die Vorstellung nahe, das Sterben des Körpers als Trennung und Verselbstständigung von etwas zu deuten, das in der Lebenszeit mit diesem verbunden ist. Sprachlich wird dieses Körperlose in überkultureller Übereinstimmung in Ausdrücken fixiert, die einem Wortfeld »Wind, Wehen, Hauch, Atem« entstammen, die also das individuell-lebensbestimmende Atmen mit der nicht dinglichen Luft assoziieren. So sind z. B. das griechische »psychḗ« und »pneũma«, das lateinische »animus, anima« und »spiritus«, das ägyptische »aḫ« und das semitische »ruaḫ« alles Wörter, die auf nicht individuelles Luftartiges oder auf individuelles Atmen, Leben verweisen. Auch das indische ↑Nirwana – als letzte Auflösung individuellen Lebens – übersetzt sich mit »Nichtwehen (des Windes)«. Das althochdeutsche »seola« (das sich zu »Seele« weiterentwickelte) ist unter diesen Wörtern eine seltene Ausnahme: Es leitet sich von »seo« »die (oder der) See, das Meer« ab. JACOB GRIMM übersetzte es daher mit »wogende, flutende Kraft«. Allerdings ist oft auch die »wind-artige« Seele mit dem Wasser assoziiert: dort nämlich, wo sie nach ihrer Trennung vom Körper ein Meer oder einen Fluss (griech. »stýx«) überwinden muss, um ihren letzten »Ort«, die »Insel der Seligen« (griech. »ēlýsion«) oder die Unterwelt (griech. »tártaros«, »haídēs«) zu erreichen.

Außer ihrer sprachlichen Form sind aber Seelenvorstellungen ganz und gar nicht eindeutig. So findet man oft eine Mannigfaltigkeit von Seelen im Einzelmenschen vereinigt, darunter auch solche, die sich zeitweise auch während der Lebenszeit vom Körper trennen können. Darin ist ein früher Versuch zu sehen, das Phänomen z. B. des Träumens zu begreifen. Als Entfernung der Seele aus dem Körper wird (im Schamanismus z. B.) auch die körperliche und psychische Krankheit gedeutet. Entsprechend stellen diesbezügliche (»magische«) Heilungspraktiken ein rituelles »Zurückholen« der Seele dar.

Nur selten ist die Seele mit »Ich«, »Selbst«, »Bewusstsein« identisch, wie dies in der christlichen Tradition der Fall ist. Während fast grundsätzlich der Seele Unsterblichkeit zugesprochen wird, sind die Vorstellungen von dem, was eine solche alles tun kann, sehr unterschiedlich. Verbreitet ist die Idee einer Seelenwanderung bzw. Wiedergeburt (Reinkarnation). Hier kann die Seele nach ihrer Trennung vom einen Körper in einen anderen eingehen, und zwar bei dessen Geburt. Solche Lehren sind mit einer ethischen Normierung von »guter« Lebensführung verbunden, denn in diesen einzelnen Gestaltungen soll die Seele so leben, dass sie letztlich aus dem »Kreis« der Wiedergeburten austreten kann. Hier ist bemerkenswert, dass solche Lehren meist an einzelne (»Religionsstifter«-)Personen geknüpft sind, die von sich behaupten, sich an »frühere« Leben erinnern zu können (SCHIWA, BUDDHA, PYTHAGORAS).

Seiende, das: In der traditionellen Ontologie ist das Seiende (lat. ↑Ens) im Unterschied zum Sein eine bloß sprachliche Figur. Im Rahmen der Fundamentalontologie MARTIN HEIDEGGERS erfährt diese Unterscheidung eine inhaltliche Ausprägung als ontologische Differenz (↑Differenz).

Sein (Esse): zentraler Begriff sowohl der antiken und scholastischen ↑Ontologie (↑Ens) wie auch der ↑Existenzphilosophie und ↑Fundamentalontologie des 20. Jh. Dabei ist Sein der mit Abstand umfassendste, gleichzeitig aber auch unbestimmteste aller philosophischen Begriffe.

Für ARISTOTELES ist die Frage nach dem ↑Wesen des Seienden wie die nach dem »Sein des Seienden« (↑Substanz) gleichbedeutend mit der Grundfrage der Philosophie: »Die Frage, die immer schon und auch heute noch und immer wieder gestellt wird und ein Gegenstand der Ratlosigkeit bleiben wird, ist nämlich die, was das Seiende sei ...« Während ARISTOTELES vom Sein des Gegenständlichen her denkt, argumentiert MARTIN HEIDEGGER, der den Begriff für das 20. Jh. neu geprägt hat, vom Denken selbst her: »Das Denken ist das Denken des Seins.« Für die Geschichte der abendländischen Philosophie insgesamt konstatiert er ein Anwachsen von ↑Seinsvergessenheit. Zwar hat es bei den Griechen ein Verständnis von Sein gegeben, das aber nur unzureichend als Allgemeingültigkeit des Wesens der Dinge gefasst wurde und in dieser Gestalt für die abendländische Philosophie leitend wurde. Damit wurde nicht nach der Herkunft dieses Seinsverständnisses gefragt. HEIDEGGER ist stattdessen bemüht, Sein neu aus seiner Herkunft zu denken und nicht mehr als Allgemeingültigkeit zu verstehen. Sein zeigt sich dabei als zeitlich verfasstes Geschehen augenblickshafter Wahrheit (↑Zeitlichkeit), das dem Nichts entspringt. Dagegen steht die moderne sprachanalytisch orientierte Philosophie der »Seinspest« (WOLFGANG STEGMÜLLER) des 20. Jh. ausnehmend kritisch gegenüber.

Insgesamt steht der Begriff Sein für denjenen absolut selbstverständlichen Zustand, aus dem heraus wir beständig in die Welt hineinleben. Sein besagt nicht mehr und nicht weniger, als dass die Gegenstände der Außenwelt, die wir sehen, hören, tasten usw., ebenso wie unsere immanenten Sinnesdaten, dass das, worüber wir sprechen wie die Sprache selbst, dass unsere Handlungswei-

Sein: Überlegungen zu dem Verhältnis von Sein und Nichts führen unweigerlich zu der Frage nach der ersten Ursache allen Seins.

sen, Ideen, Fiktionen usw., kurz: dass all das uns Umgebende (Welt, Natur, Kultur) einschließlich unserem je eigenen Ich (Bewusstseinsleistungen) schlicht *ist.* Sein ist von daher ein nicht mehr zu hinterfragender, universaler Boden, von dem her sich alles begreift. In diesem Sinne ist Sein selbst noch seinem klassischen Gegenbegriff, dem ↑Nichts, vorgeordnet. Das Nichts lässt sich nämlich nur definieren als ein »Nichtsein« oder ein »Ausfall« des Seins, eine Leerstelle bzw. ein »schwarzes Loch«. Ist ein Sein ohne Nichts (d.h.: »Alles ist«) durchaus denkbar, so überfordert ein »Nichts ist« oder »Alles ist nicht« unsere Vorstellungskraft schon deshalb, weil es den subjektiven wie objektiven Seinsgrund selbst (»Bedingungen der Möglichkeit«) unserer Erkenntnis von vornherein (a priori) eliminiert hätte bzw. Erkenntnis gar nicht erst Wirklichkeit werden könnte.

Bezeichnenderweise hat die Geschichte der Philosophie im Rahmen des traditionellen Gegensatzpaares »Sein – Nichts« bisher nur zwei mögliche »Lösungen« angeboten: Entweder das Sein wird ausschließlich gedacht, wie es dem statischen Seinsideal bereits der ↑eleatischen Philosophie entsprach, oder das Sein wird mit dem Nichts dialektisch zu einem ewigen Prozess von ↑Werden und Vergehen verspannt, wie es zuerst das dynamische Weltprinzip HERAKLITS behauptet hat und exemplarisch der Philosophie HEGELS zugrunde liegt. Die ↑Dialektik von Sein und Nichts gründet dann in der rational wohl kaum mehr zu beantwortenden Frage nach der ersten Ursache bzw. dem Anfang allen Seins. ARISTOTELES suchte diesem Problem mit dem Bild eines ↑unbewegten Bewegers zu begegnen.

PLATON hat unterschieden zwischen einem idealen und einem realen Sein. Ideal ist das einzig wahre, überzeitliche, immerwährende Sein (↑Idee), während das reale Sein einmalig, individuell und unvollkommen nur der Schein des idealen Seins ist. Das Sein selbst können wir uns nur mithilfe eines idealen Grenzwertes verdeutlichen. Der ontologische Begriff für diesen Grenzwert ist die ↑Vollkommenheit.

Die klassischen Seinsarten (↑Modalitäten) sind Wirklichkeit, ↑Möglichkeit und ↑Notwendigkeit. Auf der Grundlage der Vorstellung einer graduellen Abstufung des Seins im Seienden hat NICOLAI HARTMANN ähnlich wie schon PLATON seine ontologische ↑Schichtenlehre entwickelt. Da das Seiende nicht das Sein selbst ist, sondern es immer nur hat in der Weise, wie wir ihm Sein zukommen lassen bzw. es ihm prädikativ (»ist«) anheften (THOMAS VON AQUIN), ist das Sein gleichzeitig ein sämtliche Erkenntnisleistungen fundierendes »Seins-Apriori«. Ein ausschließlicher Bestimmungsversuch des Seins als Sein mündet zwangsläufig ein in eine Tautologie, da man über das Sein allein nichts weiter aussagen kann und darf als: »Sein ist!« Dies würde mit der Behauptung des ARISTOTELES korrespondieren, dass das Sein als Seiendes »Eines« ist.

Sein-Sollen-Problem: Problem, das sich aus der Frage ergibt, ob man aus dem, was faktisch ist, ableiten kann, was sein soll. Kann man z.B. aus der Tatsache, dass eine Handlung zum Wohlergehen vieler Menschen beiträgt, ableiten, dass diese Handlung auch vollzogen werden soll? Spontan würde man diese Frage wohl mit ja beantworten, da es moralisch geboten scheint, sich für das Wohl seiner Mitmenschen einzusetzen. Doch kann man die Forderung nicht aus jener deskriptiven Tatsachenfeststellung ableiten (naturalistischer Fehlschluss; ↑Naturalismus), ohne den normativen Grundsatz »Du sollst das Wohl deiner Mitmenschen fördern« vorauszusetzen.

Seinsvergessenheit: Mit dem Begriff Seinsvergessenheit versucht MARTIN HEIDEGGER im 20. Jh. den Grundzug der bisherigen abendländischen Philosophie zu beschreiben. Die Griechen fragten zwar nach dem

Sein. Da Sein dabei jedoch als allgemeingültiges Wesen gefasst wird, wird es selbstverständlich und fraglos. Damit gerät seine Herkunft und so sein eigenes Wesen in Vergessenheit. Diese Vergessenheit steigert sich bis zur heutigen Epoche, in der der Mensch glaubt, sich von sich aus die Welt vorzustellen, ohne zu bemerken, damit dem Zuwurf von Sein als ↑Gestell zu entsprechen. Wird dieser Zuwurf erfahren, kann neu nach Sein und seiner Herkunft gefragt werden.

sekundäre Sinnesqualitäten: ↑Sinnesqualitäten.

Selbst: Begriff für einen zentralen Bereich der Persönlichkeit, der das seiner selbst bewusst werdende (↑Selbstbewusstsein) und gleichzeitig sich selbst zum Objekt werdende Subjekt bezeichnet; so z. B. in dem Satz: »Ich (Subjekt) denke über mich (zum Objekt gewordenes Subjekt) nach.«

Der Begriff »Selbst« wurde von William James und George Mead in die Sozialpsychologie eingeführt, die auch einen Subjektaspekt (Ich) von einem Objektaspekt (Mich) am Selbst unterschieden. Letzterer wurde in der Folgezeit immer stärker betont und reicht vom Körpergefühl (materielles Selbst) über soziale Stellung und Rolle (soziales Selbst) bis zu Wertvorstellungen und Weltanschauungen (geistiges Selbst).

Selbstaffektion: Kant bildet in der »Kritik der reinen Vernunft« den Begriff der Selbstaffektion, um die Selbstgegebenheit im Unterschied zur äußeren Affektion (↑affizieren) zu beschreiben. Das Ich affiziert sich selbst, indem es sich in Vorstellungen, die in der von der Einbildungskraft synthetisierten Zeit gebildet sind, anschauungsmäßig zur Erscheinung bringt. Bei Johann Gottlieb Fichte erfährt die Selbstaffektion eine Erweiterung in den Bereich der transzendentalen Ureinheit, da in der ↑Tathandlung das Ich vom Ich selbst gesetzt wird.

Selbstbestimmung: Möglichkeit und Fähigkeit des Individuums, einer Gesellschaft oder des Staates, frei der eigenen Vernunft gemäß zu handeln und die Gesetze, Normen und Regeln des Handelns selbstverantwortlich zu entwerfen (synonym mit Autonomie; ↑Autonomie/Heteronomie). Bei Ludwig Feuerbach beginnt die Infragestellung der von Kant noch für möglich gehaltenen absoluten Autonomie bzw. der Selbstbestimmung. Sigmund Freud hält sie für eine Selbsttäuschung des bürgerlichen Ich und erkennt in ihr das Ergebnis einer nicht gelungenen Verdrängung faktischer Fremdbestimmung. Die Folge dieser Selbsttäuschung ist für Freud Krankheit, für Feuerbach Verlust des Du, für Karl Marx des wahren gesellschaftlichen Seins und für Søren Kierkegaard der Verlust Gottes. Trotz dieser allgemein anerkannten Relativierung der Möglichkeit absoluter Selbstbestimmung durch innere und äußere Einflüsse (z. B. Triebe, Begierden, gesellschaftliche Mächte) wird der Begriff der Selbstbestimmung bis heute als kritisches Instrument gegen die Beeinträchtigung der ↑Freiheit von Individuen, gesellschaftlichen Gruppen und Staaten in Anspruch genommen.

Selbstbewusstsein: im allgemeinen Sprachgebrauch die Überzeugung vom Wert der eigenen Persönlichkeit; in der Philosophie das inhaltliche Wissen um bestimmte innere Zustände, aber auch das formale Wissen um die einheitliche bzw. einheitstiftende geistige Instanz (↑Ich, ↑Selbst), die selbst nicht näher bestimmt wird, aber als bestimmende allen Unterscheidungen zugrunde liegt. Die Psychologie geht davon aus, dass sich Selbstbewusstsein erst im Verlauf der Persönlichkeitsentwicklung herausbildet; das Kleinkind lebt noch in ungeschiedener Subjekt-Objekt-Einheit und entwickelt sich erst langsam zum selbstständigen Subjekt. In der Erfahrung von Erfolg und Misserfolg entsteht Selbstbewusstsein in dem Maß, in dem Selbstbild und Wunschbild sich entsprechen.

KANT unterscheidet das »reine Selbstbewusstsein« oder »Ich« vom »empirischen Selbstbewusstsein«, das ein inhaltliches Selbstbewusstsein um die innere Zuständlichkeit ist. In Ausarbeitung des kantischen Ansatzes bestimmt JOHANN GOTTLIEB FICHTE das Selbstbewusstsein oder Ich als ↑Tathandlung. Der Prozess, in dem es aus sich die Erfahrung der Welt entfaltet, ist zugleich der Prozess, in dem es sich selbst gewinnt. FICHTE charakterisiert sein Programm als eine »vollständige Deduktion der ganzen Erfahrung aus der Möglichkeit des Selbstbewusstseins« und versucht damit zugleich mit der Klärung der Stufen, auf denen sich das Selbstbewusstsein bildet, auch die Struktur möglicher Gegenstandserfahrung zu klären. Bei HEGEL ist das Selbstbewusstsein die mittlere der Stufen der Erscheinungsweisen des Geistes: Bewusstsein, Selbstbewusstsein und Vernunft. Selbstbewusstsein entwickelt sich über die Erfahrung der Außenwelt, über die Negation anderen Selbstbewusstseins und die Anerkennung des anderen zur konkreten Gestalt.

Selbsterkenntnis: allgemein das Auffinden und Kennenlernen der je eigenen Persönlichkeitsstrukturen, oft verstanden als ein rückgewendeter Prozess der Selbstfindung oder -besinnung. Für den Philosophierenden verbindet sich mit dem Begriff Selbsterkenntnis die Erinnerung an die Inschrift »gnõthi seautón« (griech. »Erkenne dich selbst«) am Apollontempel zu Delphi. Vergleichbar mit dem ↑sapere aude der Aufklärung steht die Selbsterkenntnis seitdem in der Geschichte der Philosophie v. a. für einen generellen philosophischen Anspruch. Konkret – der erkenntniskritische Rückgang auf das Ich begriffen als universaler methodischer Zweifel – spiegelt sich dieses Motto allerdings an den beiden zentralen Erneuerungsbewegungen in der Geschichte der Philosophie wider, bei SOKRATES und DESCARTES.

Selbstliebe: Neigung des Menschen, sich selbst zu achten und seine eigenen Interessen zu verfolgen. Einer sittlichen Lebensführung steht diese Neigung nicht im Wege, sofern sie einer vernünftigen Steuerung unterliegt, die sicherstellt, dass nur berechtigte, d. h. verallgemeinerungsfähige Eigeninteressen verwirklicht werden. Ist dies nicht der Fall, artet die Selbstliebe zu Selbstsucht (↑Egoismus) aus. Das Alte und das Neue Testament sehen in der Selbstliebe sogar eine Voraussetzung für die Nächstenliebe: »Du sollst deinen Nächsten lieben wie dich selbst« (3. Mose 19,18; Markus 12,31).

Selbsttötung (Selbstmord, Freitod, Suizid): die absichtliche Vernichtung des eigenen Lebens. Selbsttötung lässt sich, anthropologisch gesehen, als Ausschöpfung spezifisch menschlicher Freiheit deuten. Nur der Mensch als das Lebewesen, das Sprache hat, ist auch das Lebewesen, das um seine Sterblichkeit weiß. Nur der Mensch kann seinen eigenen Tod herbeiführen. Nach ALBERT CAMUS gibt es nur ein wirklich ernstes philosophisches Problem: das der Selbsttötung.

Selbsttötungen, die nach eingehender distanzierter Abwägung (meist unter geplantem Ausschluss jeglicher Rettungsmöglichkeit) geschehen (sog. Bilanzselbstmorde), sind relativ selten. Aus der Sicht der Psychologie handelt es sich bei den meisten Selbsttötungen und Selbsttötungsversuchen gerade nicht um einen Akt authentischer Freiheit, sondern um eine kurzschlussartige Flucht aus einer nicht mehr zu bewältigenden Welt mit stark affektivem Charakter (meist in momentaner Ausweglosigkeit); häufig werden dabei Rettungsmöglichkeiten offengelassen, sodass die Tat letztlich als Appell um Hilfe verstanden werden kann.

Den »Freitod« als eine gegebenenfalls moralisch erlaubte Handlung anzusehen, dazu gibt es in der europäischen Tradition nur in der antiken Philosophie einige – oft recht verworrene – Ansätze. Das Christentum hat diese erstickt durch das dogmatische Verbot des »Selbstmords«. In die deutsche Umgangssprache ist dieses dogmatische Verbot durch die Verwendung des Wortes »Mord« in der Zusammensetzung »Selbstmord« eingegangen, was wohl dazu beiträgt, die pauschale Verurteilung des Freitods zu fixieren. Nach WILHELM KAMLAH (auch z.B. JEAN AMÉRY) bedarf diese bisher allgemein übliche Verurteilung der Kritik: Sie ist eine (inhumane) »dogmatische« Norm: Ihr fehlt jegliche Situationsoffenheit, d.h., hier wird eine Handlung »unbedingt« verboten, ohne dass die besondere Situation in Betracht gezogen wird, in der die Handlung unterlassen werden soll. Dass es Ausnahmesituationen geben kann, in denen ein mehr als zumutbar leidender Mensch sein für ihn nicht mehr lebenswertes Leben zu verlassen berechtigt ist (Sterbehilfe), wird durch diese Norm nicht anerkannt. Auch wenn die Zahl der Fälle moralisch erlaubter Selbsttötung verschwindend klein ist, so kommt es doch darauf an, sie nicht zu übersehen. Denn der moralisch und rechtlich unverstellte Zugang zur Möglichkeit eines menschenwürdigen Freitods kann auch für bedrängte Menschen hilfreich sein, die gar nicht Gebrauch davon machen, die aber wissen, dass sie in einer ausweglosen Lage davon Gebrauch machen könnten.

Selbstverwirklichung: Verwirklichung und Ausschöpfung der eigenen Möglichkeiten und Fähigkeiten. Nach der humanistischen Psychologie hat der Mensch das grundlegende Bestreben, sich schöpferisch zu entfalten, unabhängig zu werden und sich selbst zu regulieren (Selbstverwirklichungstendenz). Das Bedürfnis nach Selbstverwirklichung wird aber erst spürbar, wenn die physiologischen Grundbedürfnisse (Hunger, Durst), das Sicherheitsbedürfnis, die Bedürfnisse nach Zugehörigkeit, Zuwendung und Wertschätzung befriedigt sind. Ihnen folgen auf der Prioritätsskala das Bedürfnis nach Wissen und die ästhetischen Bedürfnisse.

Die Annahme eines Grundtriebs zur Selbstverwirklichung setzt ein Verständnis des Menschen als »Fähigkeitswesen« voraus – im Gegensatz zu dem in der modernen Anthropologie vorherrschenden Menschenbild vom ↑Mängelwesen. Erst die in sozialen Lernprozessen erfolgende Ausbildung der von Natur gegebenen Fähigkeiten (Anlagen, Begabungen) zu Fertigkeiten ermöglicht Selbstverwirklichung. So gesehen sind Kultur und Tradition Resultat und jeweils neuer Rahmen bzw. Ausgangspunkt der Selbstverwirklichung des Menschen.

Selbstzweck: Der Selbstzweck trägt seinen Wert in sich selbst, weshalb ihn die Tradition oft in Verbindung mit dem guten Leben (↑Eudaimonia) brachte. Als Beispiele für Selbstzwecke werden genannt: musische Tätigkeiten, sinnlicher Genuss, Produktion und Reflexion, Kommunikation. Werden solche Tätigkeiten nur als Mittel zum Zweck ausgeführt, so spricht man von »instrumenteller« Verwendung. Ein Leben, das von instrumentellen Tätigkeiten geprägt ist, heißt »entfremdet« (↑Entfremdung).

Semantik [zu griech. sēmantikós »bezeichnend«, »bedeutend«] **(Bedeutungslehre):** Teildisziplin der Sprachwissenschaft (↑Semiotik), die die Bedeutung von Wörtern, Sätzen und Texten erforscht. Nach dem Gegenstand kann man unterscheiden zwischen Wortsemantik (lexikalischer Semantik), Satzsemantik und Textsemantik.

Die traditionelle Semantik fasst Bedeutungen auf als sprachunabhängig zu fassende Begriffe oder Vorstellungen, die im Bewusstsein des Individuums üblicherweise mit den Wörtern assoziativ verknüpft sind. Ihr systematisches Interesse gilt der Klassifikation der Bedeutungen (Semasiologie, Wortbedeutungslehre). Eine entgegengesetzte Fragestellung (Onomasiologie, Bezeichnungslehre) geht aus von Gegenständen oder Begriffen und fragt nach ihren Bezeichnungen (↑Referenz) in verschiedenen Dialekten oder historischen Sprachstufen.

Die **strukturelle Semantik** untersucht Wortbedeutungen im System einer Einzelsprache. Sie fasst Bedeutung auf als von der Stellung eines Wortes im Sprachsystem determinierte Beziehung zwischen Lautform und Vorstellung (Ausdruck und Inhalt). Ihr systematisches Interesse gilt der Struktur des Wortschatzes. Die **pragmatische Semantik** begreift Bedeutungen als Regeln des Gebrauchs sprachlicher Ausdrücke im Interaktionszusammenhang. Diese Regeln sollen den Zusammenhang zwischen sprachlichen Handlungsmustern und den Bedingungen ihrer Anwendung einerseits (Bedeutung) und den Äußerungsmustern andererseits (Form) erfassen. Die pragmatische Semantik, die von der Spätphilosophie LUDWIG WITTGENSTEINS und der Sprechakttheorie ausgeht, will den Zusammenhang zwischen Sprache und sinnhaftem menschlichem Handeln erfassen, um der Komplexität sprachlicher Bedeutungen besser gerecht zu werden als die Semantik isolierter Wörter und Sätze.

Semiotik [zu griech. sēmiōtikós »zum Bezeichnen gehörend«] **(Zeichentheorie, Zeichenlehre):** die Lehre von Entstehung, Aufbau und Wirkweise von ↑Zeichen und Zeichensystemen (d.h. Sprachen im weiteren Sinne). Die semiotische Forschung hat ihren Schwerpunkt in der Sprachwissenschaft (Linguistik) und in der Logik. Im Anschluss an CHARLES WILLIAM MORRIS gliedert man die Semiotik in Syntaktik (↑Syntax), ↑Semantik und ↑Pragmatik. Während in der Syntaktik die Eigenschaften von Zeichenreihen (z.B. Verknüpfungen) ohne Bezug auf ihre Bedeutung und Verwendung untersucht werden, werden in der Semantik die Beziehungen zwischen Zeichen und dem Bezeichneten bzw. ihren ↑Bedeutungen untersucht. In der Pragmatik (als Theorie sprachlichen Handelns) wird die Zeichenverwendung thematisiert unter Berücksichtigung der Unterscheidung von Zeichenproduzent und -rezipient und damit unter Einschluss auch der klassischen Probleme der ↑Hermeneutik, der Zeicheninterpretation.

Semiotik

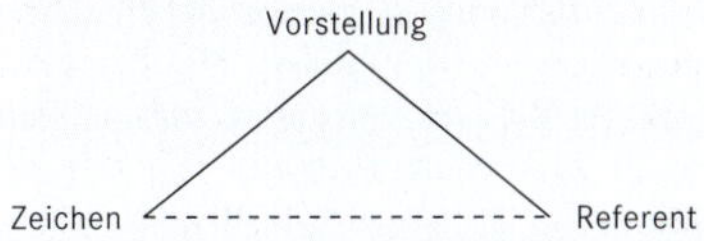

Eine der Grundfragen der Semiotik ist die nach einem allgemeinen Zeichenbegriff: Worin liegt die spezifische Differenz zwischen Handlung und Zeigehandlung (Zeichen als Vorgang) bzw. zwischen Handlungsprodukt und Zeichenobjekt (Zeichen als Ding)? Insofern nicht jede Handlung oder jedes Handlungsprodukt schon ein Zeichen ist, muss diese Differenz von der Semiotik geklärt werden. Dabei ist die Zeichenhaftigkeit der Zeichenvorgänge wie der Zeichenobjekte sowohl aus der Sicht des Produzenten wie aus der des Rezipienten (z.B. in der Architektur) gesondert aufzuweisen.

Verfolgt man die Geschichte der Semiotik, so ist festzustellen, dass der Zeichenbegriff vornehmlich am Beispiel der Wortsprache diskutiert wurde. LEIBNIZ entwirft unter dem Stichwort »characteristica universalis« das Problem einer allgemeinen Zeichenlehre, wie sie heute als Semiotik bzw. Semiologie betrieben wird. Dabei unterscheidet er ausdrücklich zwischen für Denkoperationen (»Zeichen«) und für veranschaulichende Operationen (»Charaktere«) zu verwendenden Zeichen. Während bis ins 19.Jh. der Zeichenbegriff im Wesentlichen hinsichtlich der Thematisierung des Sachbezugs als zweistellige Relation diskutiert wurde, geht z.B. ALEXIUS VON MEINONG unter dem Terminus »Zeichengeber« ausdrücklich auf den Personenbezug von Zeichen ein, den er allerdings als psychische Tatsache behandelt. Das 1923 von CHARLES KAY OGDEN und IVOR ARMSTRONG RICHARDS zur Verdeutlichung der Zeichenrelation verwendete Dreieck ist ebenso berühmt geworden wie umstritten. Für die drei Komponenten dieses triadischen Zeichenmodells (Zeichen – begriffliche Vorstellung – bezeichnetes außersprachliches Objekt) haben sich eine Reihe konkurrierender Termini eingebürgert, u. a.: Symbol – Gedanke – Referent, Ausdruck – Inhalt (Sinn) – Denotatum, Bezeichnung – Begriff – Bezeichnetes. In der grafischen Darstellung des sog. semiotischen Dreiecks soll die gestrichelte Linie andeuten, dass die Beziehung zwischen Zeichen(körper) und bezeichneter Sache nur eine indirekte, konventionelle Zuordnungsbeziehung ist. Dahinter steht die traditionelle These, dass die Gegenstände (die Welt) und die Zeichen (die Sprache) nicht unmittelbar, sondern über besondere Gegenstände, die sog. Universalien (Ideen, Begriffe, Vorstellungen u.a.), miteinander verbunden sind. Letztlich aber ist die Semiotik bis heute nicht über dieses Modell hinausgekommen.

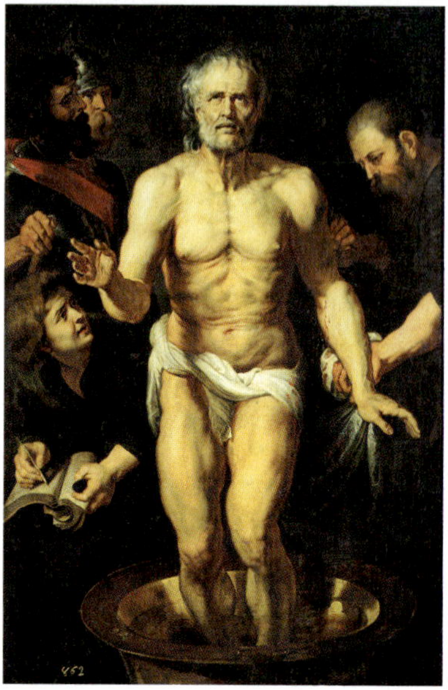

Seneca: Als Nero seinen einstigen Mentor Seneca zur Selbsttötung zwang, öffnete sich der Philosoph die Adern und nahm Gift. Um den Tod zu beschleunigen, nahm er ein warmes Bad und diktierte bis zuletzt seine Überlegungen (Peter Paul Rubens, »Der sterbende Seneca«, 1615; Madrid, Prado).

Seneca, Lucius Annaeus, der Jüngere, römischer Dichter und philosophischer Schriftsteller, * Corduba um 4 v. Chr., † Rom April 65 n. Chr.: Nach einer rhetorischen Ausbildung in Rom gelangte SENECA durch seine Ämterlaufbahn als Advokat, Quästor und Senator zu hohem Ansehen. 41 n. Chr. wurde er infolge einer Intrige von Kaiser CLAUDIUS nach Korsika verbannt, 49 aber auf Betreiben von dessen Gemahlin AGRIPPINA DER JÜNGEREN wieder zurückgerufen und mit der Erziehung ihres Sohnes NERO betraut. 50 wurde er zum Prätor, 54 nach CLAUDIUS' Ermordung und NEROS Regierungsantritt zum Konsul ernannt. NERO entzog sich jedoch nach der von ihm selbst veranlassten Ermordung seiner Mutter AGRIPPINA 59 mehr und mehr dem beratenden Einfluss des Dichterphilosophen. SENECA zog sich 62 auf seine Landgüter zurück, wo er seine philosophischen Hauptwerke vollendete, v. a. »Moralische Briefe an Lucilius« und die »Naturwissenschaftlichen Untersuchungen«. 65 fälschlich der Teilname an einer Verschwörung beschuldigt, wurde er von NERO zum Selbstmord gezwungen.

SENECA gilt als ein Hauptvertreter der römischen ↑Stoa. Neben der Philosophie v. a. der alten Stoa bezog er u. a. auch Elemente des

↑Epikureismus und der ↑Kyniker in seine Werke mit ein. Es ging ihm in erster Linie um konkrete Lebensbewältigung mithilfe von praktischer Philosophie. Das Ziel des Weisen sah SENECA gemäß der stoischen Ethik darin, als Vernunftwesen in Entsprechung mit den Gesetzen der Natur bzw. der Vernunft (↑Logos) zu leben. Nur auf diesem Wege können Unabhängigkeit und Selbstgenügsamkeit (↑Autarkie), Leidenschaftslosigkeit (↑Apathie) und Gelassenheit (↑Ataraxie) und also Glückseligkeit erreicht werden. Nicht zuletzt gilt es, sich von der Furcht vor dem Tod zu befreien. SENECA betrachtete den Tod weder als Gut noch als Übel und hielt es für erlaubt, ihn unter widrigen Umständen vorzeitig selbst herbeizuführen. In seinen an Grausamkeiten reichen Tragödien, die bekannte Stoffe griechischer Tragiker verarbeiten (u. a. »Medea«, »Phaedra«, »Oedipus«), stellte SENECA v. a. die verhängnisvollen Wirkungen menschlicher Leidenschaften und der Todesfurcht dar.

Sensation [mittellat. »Empfindung«]: bei den englischen Philosophen (wie z. B. JOHN LOCKE) Bezeichnung für Sinneseindruck, (äußere) Sinneswahrnehmung. Im Rahmen der Theorie der ↑Erfahrung im Empirismus und Sensualismus wird Sensation (im Gegensatz zur nicht sinnlichen Reflexion) als Ursprung aller Erkenntnis angesehen. Zwischen ↑Wahrnehmung (engl. perception) und ↑Empfindung (engl. sensation) hat wohl erstmalig THOMAS REID ausdrücklich unterschieden (↑Reiz/Reaktion).

Nach GILBERT RYLE ist der philosophische Begriff der Sensation »gekünstelt« und weicht erheblich von der alltagssprachlichen Verwendungsweise von »sensation« im Englischen ab. Er kritisiert das hinter diesem »feierlichen und imposanten« Begriff stehende sensualistische Vorurteil der traditionellen Wahrnehmungstheorie, wonach Sinnesempfindungen als das unmittelbar Gegebene eine unfehlbare sinnliche Grunderkenntnis darstellen. Gemeinsam mit LUDWIG WITTGENSTEIN weist er die These »Wahrnehmung = Sinnesempfindung plus Denken« entschieden zurück.

Sensualismus [zu spätlat. sensualis »sinnlich«]: erkenntnistheoretische Position, die alle Erkenntnis auf Sinneswahrnehmung (↑Sensation, ↑Empfindung, ↑Wahrnehmung), letztlich auf physiologische Reize, zurückführt. Der Sensualismus ist eine besondere Form des ↑Empirismus, die dem Empiriokritizismus und dem Positivismus verwandt ist. Er ist häufig (aber nicht notwendig) mit materialistischen Positionen verbunden. Kennzeichnend für den Sensualismus ist die Formel JOHN LOCKES »Nihil est in intellectu, quod non sit prius in sensu« (lat. »Nichts ist im Verstand, was nicht vorher im Sinn [in den Sinnen, d. h. sinnlich wahrgenommen] ist«). Hinter dieser Formel steht die Annahme einer begriffsfreien (unterscheidungsfreien) Basis der Erkenntnis in der Sinneserfahrung, die als rein (d. h. sprachunabhängig) Gegebenes konzipiert wird.

Sensualistisch orientiert sind in der Antike z. B. die Kyniker. Im Mittelalter spielt der Sensualismus keine Rolle. In der Neuzeit gewinnt er Bedeutung v. a. in der Philosophie der Aufklärung im Zusammenhang mit dem Empirismus und seiner Radikalisierung. LOCKE, der Vater des modernen Sensualismus, entwickelt aus seinem sensualistischen Erfahrungsbegriff eine sensualistische Assoziationspsychologie. Während der Sensualismus LOCKES die Zuordnung von einzelnem sinnlichem Datum und Einzelding der Außenwelt als elementare Basis der Erfahrung vorsah, erkennt GEORGE BERKELEY, dass die Behauptung einer solchen Zuordnung tautologisch ist: Einzeldinge sind faktisch auch bei LOCKE immer wahrgenommene Einzeldinge, die Behauptung ihrer Existenz in der Außenwelt ist die Behauptung der Existenz eines Wahrnehmungsdatums.

Sensus communis [lat.]: ↑Common Sense.

singulär [zu lat. singularis »einzeln«, »vereinzelt«]: das Einzelne im Unterschied zum Allgemeinen. Ein Singuläres braucht noch kein ↑Individuum zu sein, denn es müssen noch keine Unterscheidungsmerkmale gegenüber den anderen Singulären zur Verfügung stehen. Das Singuläre existiert nicht unabhängig – man sagt: Es ist noch nicht »individuiert«.

Sinn: allgemein die im ↑Verstehen zugängliche Bedeutung einer Handlung, eines Zeichens oder eines ganzen Zusammenhangs (z. B. Sinn des Zähneputzens, Sinn des Lebens, Sinn der Geschichte). Die Frage nach dem Sinn kann oft durch die Angabe eines Zwecks beantwortet werden (z. B. Sinn des Zähneputzens ist die Erhaltung der Zähne). In einem solchen Fall spricht man von einer teleologischen Erklärung (↑Teleologie). In der modernen Naturwissenschaft wurde diese (aristotelische) Auffassung durch die kausale Betrachtungsweise verdrängt.

In der Anthropologie werden der Mensch und seine Ausstattung mit Sinnen (z. B. Gesichtssinn) betrachtet. Dabei ergibt sich, dass der Mensch dem Leben in einem »mittleren« Bereich (nicht zu groß und nicht zu klein) gut angepasst ist. In diesen Dimensionen liefern die Sinne zuverlässige Informationen; geht man aber über diese Grenzen hinaus, so ist Unsicherheit das Resultat.

In die Sprachphilosophie hat GOTTLOB FREGE die Unterscheidung von Sinn (↑Intension) und Bedeutung (↑Extension) eingebracht. FREGE trennt zwischen Sinn und Bedeutung von Nominatoren (benennenden Ausdrücken) und von ganzen Aussagen. Die Bedeutung (auch ↑Referenz oder Denotation genannt) eines Nominators ist der von diesem benannte Gegenstand; sein Sinn (auch Konnotation) hingegen ist die Art und Weise, wie dieser Gegenstand bekannt ist. FREGES berühmtes Beispiel: Der Planet Venus ist die Bedeutung des Nominators »der Abendstern«, aber auch die von »der Morgenstern«. Der Sinn des Ausdrucks »der Morgenstern« lässt sich so formulieren: der erste Stern, der morgens zu sehen ist. Durch diese Analyse konnte FREGE zeigen, was der Gehalt der Identitätsaussage »Der Morgenstern ist der Abendstern« ist: Es handelt sich um Nominatoren gleicher Bedeutung, aber verschiedenen Sinnes. Wichtig war für FREGE die Einsicht, dass wir mit Aussagen sinnvoll umgehen können, ohne über deren Bedeutung, d. h. den benannten Gegenstand, Bescheid zu wissen. Den Sinn eines Satzes kennen heißt seine Wahrheitsbedingungen verstehen. – auch ↑Sinnkriterium.

Sinnesdaten: von GEORGE EDWARD MOORE eingeführte Bezeichnung für die nicht weiter analysierbaren und deshalb einfachsten Bausteine von Wahrnehmungen; z. B.: Die Wahrnehmung »dieses rote Notizbuch« lässt sich zergliedern in »dies Rot«, »dieses Viereckige« usw. Im Rahmen seiner »Theorie der Bekanntschaft« hat BERTRAND RUSSELL den Sinnesdaten eine zentrale Rolle zugewiesen. Sie sind es, mit denen wir im strikten Sinn »bekannt« sind. Darum stellen die Sinnesdaten Individuen im logischen Sinne dar, für die allerdings die Umgangssprache keine Eigennamen kennt, weshalb man zu Ausdrücken wie »dies« Zuflucht nehmen muss.

Sinneserkenntnis: Die Frage nach dem Zusammenspiel von Sinnlichkeit und Denkvermögen beim Erkennen durchzieht die gesamte Philosophiegeschichte. Grob lassen sich zwei Positionen unterscheiden: einerseits der ↑Rationalismus, der einzig die Verstandeserkenntnis anerkennt und den Sinnen eine eher störende Rolle zuordnet, und der ↑Empirismus, der in den Sinnen eine wichtige (eventuell sogar die einzige) Erkenntnisquelle annimmt. Dem Verstand fällt aus dieser Sicht die Aufgabe des »Ordnens« und »Verbindens« zu. Radikalisiert wird diese Position im ↑Sensualismus, der davon ausgeht, dass alle Erkenntnis ausnahmslos in Sinneserkenntnis aufgeht.

Sinnesqualitäten: die Inhalte der sinnlichen ↑Empfindung eines Individuums (eines wahrnehmenden Subjekts) bezüglich der außersubjektiven (objektiven) Umwelt. Inwieweit die subjektiv empfundenen Sinnesqualitäten erkenntnistheoretisch als exaktes und reales Abbild der Realität (der »Außenwelt«) verstanden werden können, ist unter den verschiedenen erkenntnistheoretischen Positionen der Philosophie umstritten. So ordnet der ↑Realismus die Sinnesqualitäten der Objektwelt zu, während der ↑Idealismus die Sinnesqualitäten auf subjektimmanente Empfindungsqualitäten zurückführt. Für den ↑Empirismus, v. a. für die Richtung des ↑Sensualismus, sind die Sinnesqualitäten die elementaren »Bausteine« der Welt.

Die Lehre von den Sinnesqualitäten ist eng verbunden mit der Lehre von den **primären und sekundären Sinnesqualitäten.** Diese beruht auf der Unterscheidung zweier Arten von Qualitäten:

1. solchen, die den Dingen selbst angehören und damit unabhängig von der Erkenntnisfähigkeit des Menschen existieren (primäre Qualitäten);
2. solchen, die lediglich Resultat der Tätigkeit der menschlichen Sinnesorgane sind und außerhalb derselben keine Existenz haben (sekundäre Qualitäten).

Der Ursprung dieser Lehre ist in der antiken Atomistik, bei DEMOKRIT, zu suchen. Für ihn fällt die erste Art von Qualitäten mit den von ihm angenommenen Eigenschaften der Atome zusammen: Größe, Gestalt, Härte, Schwere. Alle anderen Qualitäten betrachtet er als subjektiv, d. h. als bloße Wahrnehmungsinhalte. Vor allem im 16. und im 17. Jh. gelangt diese Lehre zu ihrer größten Bedeutung etwa bei GALILEO GALILEI, der unter dem Einfluss DEMOKRITS den Körpern Bewegung, Figur, Größe und Begrenzung als objektive Qualitäten zuerkennt. Alle übrigen Eigenschaften jedoch, wie Töne und Farben, sieht er als bloß subjektive Sinnesqualitäten an. Am ausgeprägtesten wird diese Lehre von JOHN LOCKE vertreten. Nach ihm gibt es solche Qualitäten, die vom Körper völlig untrennbar sind (ursprüngliche oder primäre Qualitäten der Körper: Festigkeit, Ausdehnung, Gestalt, Bewegung, Ruhe, Zahl), und solche, die »in Wahrheit in den Objekten selbst nichts sind als die Kräfte, vermittels ihrer primären Qualitäten verschiedenartige Sensationen in uns zu erzeugen« (sekundäre Qualitäten: Farbe, Töne, Geschmacksarten u. a.).

Sinnkriterium: ein Kriterium, mit dessen Hilfe man entscheiden kann, ob ein Satz semantisch sinnvoll (↑sinnlos/sinnvoll) ist oder ob er einen bloßen Scheinsatz darstellt. Am bekanntesten ist das empiristische Sinnkriterium des ↑logischen Empirismus: Nur solche Sätze sind sinnvoll, die direkt oder indirekt einer empirischen ↑Verifikation fähig sind. Da man dieses Sinnkriterium später als zu eng empfunden hat, wird in der neueren Sprachphilosophie als Sinnkriterium vorgeschlagen: Ein Satz ist dann sinnvoll, wenn klar ist, was der Fall sein müsste, wenn er wahr sein soll, kurz: wenn seine Wahrheitsbedingungen bekannt sind.

Sinnlichkeit: eine physiologische Fähigkeit des Menschen, Reize der »Außenwelt« z. B. über die gesamte Oberfläche des Körpers (Haut) oder mittels spezieller Sinnesorgane (Augen, Ohren usw.) aufzunehmen und zu empfinden (↑Empfindung).

Im kognitiv-erkenntnistheoretischen Bereich spielt Sinnlichkeit (oder Rezeptivität) als Fachterminus und als konstitutives Element des Erkenntnisprozesses v. a. seit KANT eine systematische Rolle. In der »Kritik der reinen Vernunft« argumentiert KANT gegen die Einschätzung der Rationalisten, Sinnlichkeit sei als »unterster« auch der unwichtigste, ja ein störender Faktor im Erkenntnisprozess. Diese Charakterisierung wertet KANT um: »Unteres« oder »niederes« Erkenntnisvermögen bedeutet für ihn, dass Sinnlichkeit die Basis ist für Denken und Erkennen von Gegenständen. Denn allein die Sinnlichkeit »liefert uns Anschauungen, alles Denken aber muss sich (direkt oder indirekt) auf Anschauungen, mithin bei uns auf Sinnlichkeit, beziehen, weil uns auf keine andere Weise ein Gegenstand gegeben werden kann«.

Sisyphos: Albert Camus hat den antiken Mythos des Sisyphos herangezogen, um die existenzielle Erfahrung des Absurden zu veranschaulichen. Die griechische Vasenmalerei entstand um 330 v. Chr. (München, Staatliche Antikensammlung).

sinnlos/sinnvoll: wichtige Unterscheidung v. a. in der analytischen Philosophie. Syntaktisch **sinnvoll** ist ein Satz, wenn er gemäß den grammatikalischen Regeln aufgebaut ist; sonst heißt er **sinnlos.** Ein Satz ist semantisch sinnvoll, wenn er wahr oder falsch sein kann. Um semantisch sinnvolle Sätze von den sinnlosen Scheinsätzen unterscheiden zu können, hat man verschiedene ↑Sinnkriterien formuliert.

Allgemein ist es auch im Zusammenhang mit Handlungen, dem menschlichen Leben oder der Geschichte üblich, von sinnvoll oder sinnlos (dann oft als ↑absurd bezeichnet) zu sprechen, v. a. hinsichtlich einer Zweckhaftigkeit.

Sisyphos: Gestalt im griechischen Mythos, die sogar Thanatos, den Tod, überlistete und in Ketten gelegt hat. Als Strafe der Götter muss er einen Felsbrocken auf die Spitze eines Berges wälzen, der dort aber keinen Halt findet und jedes Mal nach getaner Arbeit wieder zu Tale rollt. Das Sisyphos-Mythologem wird v. a. von ALBERT CAMUS (»Der Mythos des Sisyphos«, 1942) wieder aufgegriffen, um das Leben des Menschen in einer absurden Welt zu charakterisieren. CAMUS' Resümee: »Wir müssen uns Sisyphos als glücklichen Menschen vorstellen« verweist zunächst auf die Notwendigkeit, sich der Welt zu stellen, »wie sie ist«. Zugleich ist es eine provokative Aufforderung zur Revolte (↑Revolution) gegen diese absurde Situation, ohne sich dabei ideologischen Hoffnungen hinzugeben.

Sitte: die in einer sozialen ↑Gemeinschaft üblichen Handlungsweisen, die ursprünglich sinn- und zweckvoll festgelegt und später durch Tradition oder Religion gewohnheitsmäßig übernommen wurden. Aus Sitten und Bräuchen von Völkern sind jeweils bestimmte, für die Gesellschaft wichtige moralische Anschauungen und Normen zu entnehmen. Im Gegensatz zu moralischen Normen, mit denen Sitte und Recht ursprünglich eine Einheit bildeten, können Sitten keinen Anspruch auf Allgemeingültigkeit erheben, da sie sich bei verschiedenen Völkern oder Gemeinschaften in Abhängigkeit von kulturellen Entwicklungen, Rasse, Milieu usw. unterschiedlich herausbilden, noch müssen sie vernünftig gerechtfertigt sein, da sich ihre Gültigkeit auf Tradition gründet (↑Ethos). Ein **Sittengesetz** ist ein Gesetz, das der Mensch sich mittels seiner ↑praktischen Vernunft selbst gibt. Eingeführt wurde dieser Begriff von KANT, der das Sittengesetz als oberste Norm im ↑kategorischen Imperativ formulierte.

Sittlichkeit: Im philosophischen Sprachgebrauch bezeichnet Sittlichkeit die Gesamtheit der moralischen Verpflichtungen, die ein Mensch sich selbst, seinen Mitmenschen und der Natur gegenüber hat. Sittlich handelt ein Mensch dann, wenn er in seinen Handlungen das Gute realisiert und das Böse vermeidet. Im Gegensatz zu rechtlichen Normen, die auch die menschliche Praxis betreffen, kann der aus sittlichen Normen resultierende Anspruch allerdings nicht eingeklagt werden. Sittliche Normen werden um ihrer selbst willen, nicht wegen möglicher staatlicher oder sozialer Sanktionen eingehalten, wobei der Umstand, dass der Mensch aus eigener Einsicht, also aus sich heraus, handelt (↑Autonomie/Heteronomie), ein wesentlicher Aspekt der Sittlichkeit ist (↑Freiheit). In dem aus diesen Reflexionen resultierenden Handeln erweist sich der Mensch als sittliches Wesen, da er die menschliche Praxis und die Lebensverhältnisse der Verantwortung des Menschen zurechnet und sie nach seinen eigenen Einsichten und Zielen gestaltet.

Während Sittlichkeit in der Antike v. a. eudämonistisch (↑Eudaimonia) interpretiert wurde, bezeichnet KANT das Handeln als sittlich, das sich am Sittengesetz orientiert (↑deontologische Ethik, ↑kategorischer Imperativ), und JEREMY BENTHAM, ein Vertreter des Utilitarismus, das Handeln, das dem Gemeinwohl nützt.

Situation [lat.-frz.; zu lat. situs »Lage«, »Stellung«]: im alltagssprachlichen Verständnis eine Sachlage, ein Zustand. In der Ethik gebraucht man den Begriff als Bezeichnung für das moralische Aktionsfeld, d. h. für das, was der Mensch als ethische Problemstellung und Entscheidungssituation erkennt. Mit »Situation« wird somit die inhaltliche Grundlage des moralischen Lebens bezeichnet.

In der **Situationsethik** der ↑Existenzphilosophie wird die Einmaligkeit einer jeden Situation betont: »Handlungsvollzug«, »Entscheidung«, »Engagement« oder »Verantwortung« werden somit für das Individuum zu sehr persönlichen Kategorien, die jeder Einzelne im praktischen Vollzug seines Lebens für sich beständig aufs Neue bewältigen muss. Allein das betroffene Individuum – und zwar nur in der Situation selbst – kann aus sich heraus beurteilen, was zu tun oder zu unterlassen sei. Dem wird entgegengehalten, dass jede konkrete Einzelentscheidung doch in Zusammenhang mit der sittlichen Gesamteinstellung des Individuums stehe, d. h., dass ihr de facto doch moralische Grundintentionen und Vorentscheidungen im Sinn allgemeiner Normen zugrunde liegen.

Skẹpsis [griech. »Betrachtung«, »Übergang«]: die Auffassung, dass uneingeschränkte Wahrheitsansprüche nicht eingelöst werden können, weil sie die Leistungsfähigkeit menschlichen Erkenntnisvermögens übersteigen, verbunden mit der Aufforderung, aus diesem Grund nicht zu (ver)urteilen, sondern vorsichtige Zurückhaltung (griech. epoché) zu üben. Dabei bestreitet die Skepsis nicht die Möglichkeit der Wahrheit von Urteilen, sondern lediglich deren Beweisbarkeit. Je nach dem Umfang der Urteile, die für unbeweisbar gehalten werden, kann man von universeller oder (bloß) partieller Skepsis sprechen, je nach der zeitlichen Ausdehnung von absoluter oder relativer Skepsis. Mit seinem »Ich weiß, dass ich nichts weiß!« meint SOKRATES z. B. wohl partielle, aber absolute Skepsis, denn er gibt zu, mindestens in einer Hinsicht Wissen zu besitzen (sein Wissen um Nichtwissen), aber er würde bestreiten, diesen Zustand der Unwissenheit jemals vollständig aufheben zu können. Relative Skepsis dagegen bezieht sich nur auf den gegenwärtigen Erkenntniszustand des Skeptikers. Sie lässt die Frage offen, ob z.B. die Suche nach der Wahrheit ergebnislos bleiben kann oder muss.

Schon immer wurde den Skeptikern der Vorwurf des »tuquoque« (du selbst) vorgehalten: Die Behauptung, die Wahrheit sei unerkennbar, beinhalte den Anspruch, eine Wahrheitserkenntnis auszudrücken. Damit benutze der Skeptiker versteckt selbst Wahrheitskriterien, die er gerade in Zweifel ziehen oder widerlegen wollte. Es ist aber offensichtlich, dass dieser Vorwurf des Selbstwiderspruchs kaum trifft, weil der Skeptiker ja nicht die Möglichkeit wahrer Urteile bestreitet, sondern nur die Existenz einer Methode, eines sicheren Weges (d. h. Beweises), sich selbst oder einen anderen von der Wahrheit einer Behauptung Schritt für Schritt intersubjektiv zu überzeugen. Der Skeptiker darf es also auf keinen Fall dahin kommen lassen, dass er selbst unter Beweisdruck gerät, da er sonst selbst zum Dogmatiker würde, der aus der Existenz allgemein verbindlicher, notwendiger Wahrheiten das »Recht zur Bekehrung« ableitet. Dann geriete der Skeptiker tatsächlich in Konflikt mit den eigenen Prinzipien.

Skeptizismus: Sammelbezeichnung im weiteren Sinn für philosophische Positionen, die Wahrheitsansprüchen gegenüber Zurückhaltung oder Verzicht üben sowie kritische Prüfung und rationale Begründung verlangen; im engeren Sinn für philosophische Positionen, die die Beweisbarkeit von Wahrheit in Zweifel ziehen (↑Skepsis).

Bereits in der griechischen Antike verstand sich der Skeptizismus als bewusste Alternative zu systematisch-dogmatischen Standpunkten (↑Dogmatismus). Seine Tradition reicht bis in die Vorsokratik. Einen Höhepunkt erreichte der Skeptizismus zur Zeit der ↑Sophisten. Misstrauen gegenüber der Allgemeingültigkeit von Erkenntnisleistungen und Vorbehalte gegen überlieferte religiöse, ethische und politische Wertvorstellungen führten auf der einen Seite zu eher erkenntnistheoretischen, auf der anderen Seite zu mehr ethisch-politisch orientierten »Verweigerungshaltungen«.

Der erkenntnistheoretische Skeptizismus stützte seine These, dass es ein irrtumsfreies Fundament für Erkenntnis nicht geben könne, auf die unterschiedliche Konstitution und Leistungsfähigkeit der menschlichen Sinnesorgane, die Abhängigkeit der Erkenntnisinhalte von Zuständen und Stimmungen und auf die Isoliertheit menschlichen Denkens. Der Sophist GORGIAS meint z. B.: »Wenn es etwas gäbe, so wäre es nicht erkennbar; und selbst wenn es erkennbar wäre, so wäre es doch nicht mitteilbar!« Desorientierende Erfahrungen wie historisch-sozial bedingte Relativität der Lebensführung und, daraus resultierend, die Verschiedenheit der Ansichten über schön und hässlich, wahr und falsch, gut und böse waren Argumente einer eher ethisch-politisch orientierten Skepsis (PYRRHON VON ELIS). Die Hervorhebung der Relativität menschlichen Erlebens, Erkennens und Handelns gipfelte in dem ↑Homo-mensura-Satz des Sophisten PROTAGORAS.

SEXTUS EMPIRICUS hat im 2./3. Jh. n. Chr. die Argumente und Thesen des antiken Skeptizismus gesammelt und systematisch geordnet und damit die Möglichkeiten des späteren Skeptizismus abgesteckt, der mit der Wiederentdeckung der Schriften des SEXTUS EMPIRICUS um die Mitte des 15. Jh. eine erneute, intensive Diskussion skeptischer Standpunkte einleitete.

BLAISE PASCAL und MARTIN LUTHER sahen als einzigen Ausweg aus dem Skeptizismus die religiös abgesicherte Gewissheit des Glaubens oder der mythischen Erfahrungen. DESCARTES trieb den Zweifel systematisch auf die Spitze und war der Überzeugung, ihn durch die rational abgesicherte Selbstgewissheit des Denkens außer Kraft setzen zu können. FRANCIS BACON versuchte die Koordination einer skeptischen Grundhaltung mit der pragmatisch-experimentellen Überwindung des totalen Skeptizismus durch ein neues Wissenschaftsparadigma zu ermöglichen, in dem Beobachtung, Experiment und Überprüfung von Hypothesen als die wesentlichen Stationen des Erkenntniserwerbs galten.

Der Skeptizismus von DAVID HUME z. B. hinsichtlich der Prinzipien der Induktion und der Kausalität führten bei KANT schließlich zu einer wesentlichen Beschneidung der Möglichkeiten von Erkenntnis überhaupt: KANT stimmt insofern den Skeptikern zu, als er in seiner Philosophie ausschließt, dass eine Erkenntnis der Wirklichkeit, wie sie an sich (d. h. unabhängig vom erkennenden Menschen) ist, möglich sei.

In neuerer Zeit scheint die Begrenzung von Wahrheitsansprüchen weitgehend zu einer zustimmungsfähigen philosophischen Grundhaltung avanciert zu sein. Wissenschaftstheoretisches Ziel ist nicht mehr die absolute, ewige Wahrheit, sondern die ↑Bestätigung oder ↑Bewährung möglichst wahrscheinlicher (hypothetischer, probabilistischer) Aussagen (↑Probabilismus).

Sklavenmoral: ↑Herrenmoral/Sklavenmoral.

Sokrates: siehe Topthema Seite 389.

Solipsismus [zu lat. solus »allein« und ipse »selbst«]: extreme erkenntnistheoretische Position des ↑Subjektivismus, die durch die Behauptung charakterisiert ist: »Nur ich allein existiere«, d. h., nicht nur die Gegenstände der Außenwelt, sondern auch alle fremden Ichs sind allein in meinen Vorstellungen und somit ausschließlich Inhalt meines Bewusstseins. Für den ethischen Solipsismus (↑Egoismus) ist nur das von Wert, was dem eigenen Selbst zugutekommt und als deren entschiedenster Verfechter MAX STIRNER anzusehen ist.

Der extreme Solipsismus entwickelte sich erst im 19. Jh., geht aber letztlich auf jenes egologische Vernunftideal zurück, das seit DESCARTES dem neuzeitlichen Begriff von Wissenschaft zugrunde liegt. DESCARTES' ↑Cogito, ergo sum kann von daher als (gemäßigter) methodischer Solipsismus bezeichnet werden, d. h., vom »Ich« aus als der einzig gesicherten Erkenntnis ist der erkenntnistheoretische Schritt zur Außenwelt zu vollziehen. Die Kritik am Solipsismus kulminiert in der Feststellung, dass er sich als mitteilbare Lehre nicht behaupten kann, ohne sich zu widersprechen.

Sollen: ↑Sein-Sollen-Problem.

Sophisma (Sophismus) [griech. »Kunstgriff«, »Kniff«, »Täuschung«, »geschickter Trugschluss«]: Trugschluss, der nicht auf einem Fehler, sondern auf bewusster Irreführung beruht. Nach der Meinung ihrer Gegner bedienten sich die ↑Sophisten oft solcher Trugschlüsse.

Sophisten [zu griech. sophós »weise«]: ursprünglich Bezeichnung für Weise und Gelehrte, seit dem 5./4. Jh. Sammelbezeichnung für eine Gruppe griechischer Philosophen und Rhetoren, deren bedeutendste Vertreter PROTAGORAS und GORGIAS waren. Die Sophisten waren professionelle Wanderlehrer, die gegen Entgelt eine höhere, zum politischen Handeln befähigende Bildung vermittelten. Ihre Lebensinhalte bezogen

Sophisten: Das politische Handeln durch die Redekunst war für die Sophisten von zentraler Bedeutung. Vom Podium auf dem Pnyxhügel in Athen konnten Redner vor der bis zu 18 000 Menschen umfassenden Volksversammlung sprechen.

sich v. a. auf Rhetorik, Poetik und Ethik. Einfluss gewannen die Sophisten v. a. dadurch, dass seit der Ablösung der Adelsherrschaft durch die Demokratie in Athen der Weg zu politischem Einfluss und Erfolg über die Rhetorik führte.

Während die Naturphilosophen (↑ionische Philosophie) die Welt mit ihrem Entstehen und Vergehen zum Gegenstand machten, stellten die Sophisten den Menschen in den Mittelpunkt ihrer philosophischen Betrachtungen (anthropologische Fragestellung), erweiterten so den Bereich der Philosophie um politische, sprachwissenschaftliche, ethische, rechtliche und ästhetische Fragen und haben somit die Entwicklung der Philosophie entscheidend geprägt. Die Zuwendung zum Menschen brachte auch Elemente des Subjektivismus, ↑Relativismus und ↑Skeptizismus in die Philosophie. So geht z. B. PROTAGORAS davon aus, dass die Frage nach dem Sein der Dinge nicht unabhängig von der Erfahrung des Menschen beantwortet werden kann (↑Homo-mensura-Satz).

Das negative Ansehen, das die Sophistik heute hat, wurde entscheidend von PLATON geprägt. In vielen seiner Dialoge lässt er Gegenpositionen zu SOKRATES von Sophisten vertreten, die er dabei als Wortverdreher charakterisiert, deren Ziel nicht die Überzeugung durch Argumente, sondern die Überredung durch rhetorische Mittel, auch unter Anwendung von Sophismen (↑Sophisma) sei.

Sophrosyne [griech.]: in der griechischen Philosophie die »Besonnenheit«, eine der vier ↑Kardinaltugenden. Sophrosyne meint allgemein jede kluge Überlegung, v. a. aber die Beherrschung von Trieben und Neigungen.

Sorge: Allgemein liegen dem Begriff zwei Bedeutungstendenzen zugrunde: Einerseits ist Sorge ein »ängstlich abwartendes Angespanntsein« (Sorge um), andererseits ein »hingebender Einsatz« (Sorge für). In der Philosophie ist der Begriff seit MARTIN HEIDEGGER aktuell. Im Rahmen seiner Existenzialontologie dient er ihm zur fundamentalen Bestimmung des »Seins des (menschlichen) Daseins«. In der Sorge vernimmt der Mensch sein Sein. In Bezug zur Umwelt ist sein Dasein Besorgen, in dem zu seinen Mitmenschen Fürsorgen.

Sosein: ↑Wesen.

Sozialdarwinismus: In Übertragung der Evolutionsgesetze von CHARLES DARWIN (»Im Kampf ums Dasein überlebt nur der Stärkere«) auf die gesellschaftliche Wirklichkeit unterstellt der Sozialdarwinismus, dass auch im Kampf konkurrierender menschlicher Gruppen eine natürliche Auslese stattfindet: Die Tüchtigen und Anpassungsfähigeren überleben, und ihr Überleben selbst ist Zeichen ihrer Tüchtigkeit. Der Sozialdarwinismus dient als biologistische Rechtfertigungsideologie für bestehende gesellschaftliche Ungleichheiten und Ungerechtigkeiten sowie für Theorien des Rassismus.

Sozialethik: Konzeption einer Ethik, die als Bezugsrahmen des sittlichen Handelns das gesellschaftliche Miteinander der Individuen hervorhebt. Vor allem im Umkreis

▶ *Fortsetzung auf Seite 392*

Sokrates

»Ich weiß, dass ich nichts weiß«. Mit dem wohl berühmtesten Ausspruch des Philosophen antwortete SOKRATES auf den Delphischen Orakelspruch, der verkündet hatte, dass niemand weiser als SOKRATES sei. – Worin liegt das genuin Philosophische dieser scheinbar paradoxen Antwort, das die nachfolgende Philosophiegeschichte immer wieder zu SOKRATES zurückkehren ließ, um an den Ursprung philosophischen Fragens zu gelangen? KANT sah hierin die »tiefe Philosophie« bei SOKRATES: Grenzen der Erkenntnis anzuerkennen und auszuloten. Andere, wie FRIEDRICH NIETZSCHE oder KARL JASPERS, betonten die schöpferische Haltung seiner permanenten Kritik des Wissens. SOKRATES hat diese Haltung konkret gelebt, indem er kein System einer Philosophie lehrte, sondern Philosophie konsequent nur in Gesprächen mit anderen betrieb. Hier stellte er sein und ihr Wissen immer wieder infrage, um neu nach der Wahrheit zu suchen. Sein provokantes Lehrerdasein brachte ihm schließlich den Vorwurf der Verführung der Jugend ein, weshalb er 399 v. Chr. zum Tode verurteilt wurde.

Gesetzestreu bis in den Tod

SOKRATES' Philosophieren im antiken Athen, wo er um 470 v. Chr. geboren wurde, ist uns nur durch seine Schüler sowie durch die Zeitgenossen XENOPHON und den Komödiendichter ARISTOPHANES übermittelt, da er selbst keine Schriften verfasst hat. Sein bekanntester Schüler PLATON zeichnet in seinen Dialogen, in denen SOKRATES die Hauptrolle einnimmt, diesen als unermüdlichen Erzieher, der auf der Straße oder im privaten Kreis seine Zeitgenossen in Gespräche verwickelte, um mit ihnen nach dem Wesen der Dinge zu fragen.

Als Sohn der Hebamme PHAINARETE und des Steinmetzes SOPHRONISKOS hat SOKRATES zwar das Handwerk des Vaters zunächst übernommen, im Laufe seines Lebens aber nur wenig ausgeübt. Seine Frau XANTHIPPE ist als zänkisches Eheweib in die Literatur eingegangen, die dem »Herumstreunen« und Diskutieren ihres Gatten wenig Achtung entgegenbrachte. In Athen jedoch galt SOKRATES vor seiner Verurteilung als tapferer Mann, da er im Peloponnesischen Krieg an drei Feldzügen als Hoplit (das waren Schwerbewaffnete, die die Phalanx der attischen Schlachtreihe bildeten) kriegerisch vorbildhaft teilgenommen hat.

Überliefert ist außerdem sein Einsatz für die Gerechtigkeit und das Gesetz, der sich aus seinem Anspruch ergab, nach der Wahrheit nicht nur zu suchen, sondern auch nach ihr zu handeln. Als Vorsitzender des Rates der Volksversammlung wehrte er sich 406 v. Chr. unter Gefährdung des eigenen Lebens erfolglos gegen die unrechtmäßige Verurteilung athenischer Feldherrn zum Tode.

Das erste Bildnis des Sokrates ist frühestens zehn Jahre nach seinem Tod entstanden. Heute sind nur zahlreiche Nachbildungen der Büste erhalten.

Sein eigenes Verfahren 399 v. Chr. brachte ihm die Anklage ein, die alten Götter nicht anzuerkennen, sondern mit seinen Vernunftreden neue zu propagieren und damit die Jugend zu verderben. Nach seiner Verurteilung zum Tode durch den Schierlingsbecher bot sein Schüler KRITON ihm eine Fluchtmöglichkeit an. SOKRATES schlug jedoch die Chance zur Flucht aus, weil die Gesetze für ihn etwas Überpersönliches waren und er für diese Überzeugung einstehen wollte, auch wenn sie ihm den Tod brachte.

Philosophie als Geburtshilfe

SOKRATES' Bemühen, seinen Zeitgenossen zur Wahrheit zu verhelfen, wird von ihm selbst in Anlehnung an den Beruf seiner Mutter als Hebammenkunst bzw. ↑Mäeutik bezeichnet. Dabei setzt er voraus, dass jeder Mensch zur Selbsterkenntnis und Erkenntnis von Wahrheit befähigt ist. Jedoch behindert den Menschen sein alltägliches Wissen, von dem er, ohne es zu prüfen, im Urteilen ausgeht. Folglich besteht die erste Aufgabe des Philosophen darin, im Gespräch den Schüler durch geschicktes Fragen auf die Widersprüchlichkeit seines alltäglichen Denkens, das meist nur an einzelnen Beispielen hängt, zu führen. Dieses sog. sokratische Fragen erweckt die erste notwendige Erkenntnis, »nichts zu wissen«, d. h. das hergebrachte Wissen selbst als unzureichend zu erfahren. Erst anschließend kann in dieser Offenheit des Nichtwissens nach dem Allgemeingültigen bzw. dem Wesen der Dinge gefragt werden. Der Philosoph leistet in diesem Prozess der Erweckung der Vernunft insofern Geburtshilfe, als der Mensch sie erst dann benutzt, wenn er nach dem Allgemeingültigen einer Sache fragt.

Ideenschau statt Schattenreich

Im ↑Höhlengleichnis des siebten Buches der platonischen »Politeia« vergleicht SOKRATES den Menschen mit einem Höhlenbewohner, der nur die Schatten der Dinge sieht. Die Dinge selbst kann er nur sehen, wenn er aus der Höhle steigt und sieht, dass das Licht der Sonne in die Höhle Schatten an ihr vorbeigetragener Dinge geworfen hat. Für SOKRATES kann der Mensch, wenn er sein Denken dem Wesen der Dinge zuwendet, die Dinge aber im *Licht* ihrer Idee sehen. Die Idee eines Dinges macht dabei dasjenige aus, was an ihm sich nicht verändert, wohingegen die Erscheinung des Dinges dem ständigen Wandel unterlegen ist. Wenn ein Mensch handelt, so soll er sich auch hierbei nach der Idee der bestmöglichen Handlung richten, die die Vernunft im Aufsuchen des Gesetzmäßigen im Handeln erkennen kann. Diese Idee des Guten soll nach SOKRATES das vernünftige Handeln des Menschen bestimmen, da sie sein eigentliches Menschsein ausmacht.

Platons Schilderung vom Tod des Sokrates im Kreise seiner Freunde regte Jacques-Louis David im Jahr 1787 zu einem Gemälde an (New York, Metropolitan Museum of Art).

Die Orientierung am allgemeingültigen Ideellen, die von SOKRATES' Schüler PLATON zur Ideenlehre ausgebaut wurde, bestimmte – in Anlehnung oder Ablehnung – die folgende Philosophiegeschichte bis NIETZSCHE, der zum schärfsten Kritiker PLATONS und jeglichen Idealismus wurde. Bis heute bleiben Diskussionen um eine neue Ethik oder allgemeingültige Normen des Handelns dem Fragen des SOKRATES nach der Tugend und der Idee des Guten verhaftet.

TIPP

Lies im platonischen Dialog »Kriton« KRITONS Argumente für eine Flucht und die Antwort des SOKRATES, warum er nicht die Möglichkeit zur Flucht nutzt, sondern den Gesetzen und damit seinem Urteil gehorcht. Welche Entscheidung hättest du getroffen?

WWW

www.textlog.de/6120.html Auszug aus Karl Vorländers »Geschichte der Philosophie« (1903) mit vielen Informationen über Leben, philosophischem Wirken und Schüler

www.gnomon.ku-eichstaett.de/LAG/sokrates.html Abriss über das Leben des Sokrates und das Athen seiner Zeit

LITERATUR

CRESCENZO, LUCIANO DE: Geschichte der griechischen Philosophie. Von Sokrates bis Plotin. Zürich (Diogenes) [6]1990.

GUARDINI, ROMANO: Der Tod des Sokrates. Mainz (Grünewald) [66]1999.

MARTENS, EKKEHARD: Sokrates. Eine Einführung. Ditzingen (Reclam) [6]2004.

MARTIN, GOTTFRIED: Sokrates. Reinbek (Rowohlt) 89.–91. Tausend 1998.

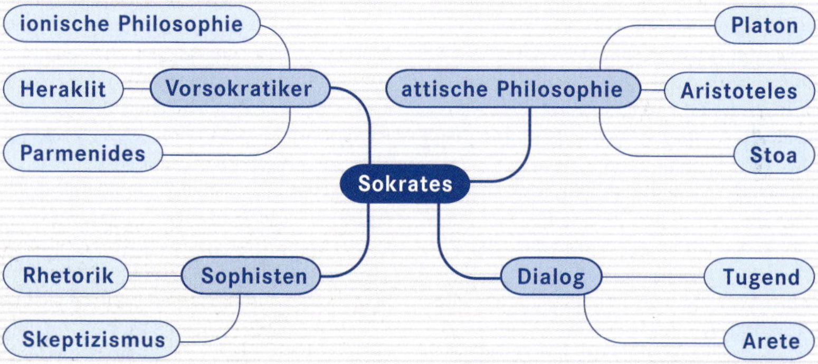

◀ *Fortsetzung von Seite 388* evangelischer Soziallehren verbindet sich damit der Gedanke, dass ethische Probleme erst im Zusammenleben der Menschen und dessen institutioneller Regelungen entstehen. Menschliche Handlungen werden im Zusammenhang der Sozialethik mit dem Hinweis begründet, dass sie Zwecke zu verwirklichen suchen, die für die Gemeinschaft relevant sind. Ihre Beurteilung erfolgt danach, welche Folgen sie für den Sozialverband bewirken. Nach diesem Verständnis ist Sozialethik nicht einfach bloß ein Teilgebiet der Ethik, sondern vielmehr eine bestimmte Sichtweise von Ethik überhaupt: Alle Ethik befasst sich danach mit den Rechten und Pflichten, die aus dem Gemeinschaftsleben erwachsen.

Sozialismus [zu lat. socialis »kameradschaftlich«, »bundesgenössisch«]: seit dem frühen 19. Jh. Bezeichnung für eine gesellschaftstheoretische Lehre, die die Umgestaltung der Gesellschaft anstrebt mit dem Ziel, soziale Gleichheit und Gerechtigkeit für alle herzustellen. Gemeinsam sind den unterschiedlichen sozialistischen Positionen die Forderungen nach Aufhebung des Privateigentums an Produktionsmitteln, d. h. der in der Klassengesellschaft (↑Klasse) herrschenden Ausbeutung, der ↑Entfremdung und der materiellen Verelendung der unteren Schichten; nach gesamtgesellschaftlicher Planung der ökonomischen Prozesse zur Überwindung der krisenhaften Konjunkturzyklen; nach Solidarität mit den Unterprivilegierten und Minderheiten innerhalb und außerhalb der jeweiligen Gesellschaft; nach Versöhnung von Mensch und Natur.

Die Lehre des Sozialismus ist im Zeitalter der Industrialisierung und der Entwicklung des kapitalistischen Wirtschaftssystems als Gegenbewegung zum Liberalismus entstanden, wonach die Verfolgung des Eigennutzes zugleich das beste Mittel zur Beförderung der allgemeinen Wohlfahrt sei. Im Sinne einer – sei es revolutionären, sei es reformistischen – Bewegung versteht sich der Sozialismus als beste Antwort auf die immer dringlicher sich stellende »soziale Frage«. Den utopischen Sozialismus (CLAUDE HENRI DE SAINT-SIMON, CHARLES FOURIER, LOUIS BLANC, ROBERT OWEN, PIERRE JOSEPH PROUDHON) vor der 1848er-Revolution kennzeichnen eine moralisch oder religiös motivierte Verurteilung gesellschaftlicher Missstände, utopische Gesellschaftsentwürfe sowie der Appell an die Einsicht aller. Seit den 1840er-Jahren entwickelt KARL MARX im Unterschied dazu den wissenschaftlichen Sozialismus, v. a. in seiner »Kritik der politischen Ökonomie« (1859). Darin tritt der Entwurf eines gesellschaftlichen Idealzustands zurück hinter die Analyse der bestehenden Verhältnisse mit dem Ziel der Aufdeckung notwendiger innerer Widersprüche der kapitalistischen Wirtschaftsordnung, die unausweichlich zur sozialistischen Revolution führen müssen. Da aufgrund der Klassenstruktur der kapitalistischen Gesellschaft und des von ihr geprägten Bewusstseins der Menschen die Einsicht aller nicht erreichbar ist, wird die Arbeiterklasse (Proletariat) zum Träger des revolutionären Klassenkampfes, dessen Ziel die Verwirklichung des Sozialismus ist.

Während vor MARX die Begriffe ↑Kommunismus und Sozialismus synonym verwendet werden, deutet sich schon bei ihm eine Unterscheidung an, die WLADIMIR ILJITSCH LENIN dann ausdrücklich vornimmt (↑Marxismus-Leninismus), wenn er als Sozialismus die Übergangsphase zwischen Klassengesellschaft (Kapitalismus) und klassenloser Gesellschaft (Kommunismus) bezeichnet. In dieser Übergangsgesellschaft übt die Arbeiterklasse (vertreten durch die Kommunistische Partei) die politische Herrschaft im Staat aus (»Diktatur des Proletariats«). Ist das Privateigentum an Produktionsmitteln einmal in Staatseigentum übergegangen, gilt der Grundsatz »Jeder nach seinen Fähigkeiten, jedem nach seiner Leistung« (im Gegensatz zum kommunistischen Grundsatz »Jeder nach seinen Fähigkeiten, jedem nach seinen Bedürfnissen«). Der anarchistisch geprägte libertäre Sozialismus (↑Anarchie) fordert dagegen die unmittelbare revolutionäre Abschaffung des Herrschaftsinstrumentes Staat zugunsten einer basisdemokratischen Selbstverwaltung frei assoziierter Kommunen (Rätedemokratie).

Sozialphilosophie: Im Unterschied zur empirischen Soziologie, aber unter Berücksichtigung ihrer Erkenntnisse, beschäftigt sich die Sozialphilosophie mit normativen Fragen der richtigen Einrichtung der ↑Gesellschaft, des richtigen Zusammenlebens der Individuen und Gruppen innerhalb einer Gesellschaft bzw. der Gesellschaften untereinander und der Kritik bestehender gesellschaftlicher Verhältnisse. Anthropologische Prämisse der Sozialphilosophie ist das (seit ARISTOTELES geläufige) Verständnis des Menschen als eines gesellschaftlich bestimmten und die Gesellschaft mitbestimmenden sprach- und handlungsfähigen Wesens (griech. zōon politikón, lat. animal sociale).

Seit dem Aufkommen der »sozialen Frage« im 19. Jh. entwickelte sich die Sozialphilosophie oder philosophische Gesellschaftstheorie zu einer eigenständigen philosophischen Disziplin, die u. a. im ↑Kommunismus, ↑Sozialismus, ↑Marxismus-Leninismus und der ↑kritischen Theorie sowie in den Soziallehren der christlichen Kirchen zentrale Bedeutung erlangte.

spekulative Philosophie: Der Begriff Spekulation wird in der Scholastik zunächst in dem Sinne verwendet, wie er sich von dem lateinischen Verb »speculare« (»schauen«, »betrachten«) ableitet und damit synonym mit ↑Schau, Kontemplation ist. Bei THOMAS VON AQUIN wird Spekulation dann von lateinisch »speculum« (»Spiegel«) abgeleitet. Sie steht jetzt im Gegensatz zur Reflexion und bezeichnet den Rückschluss vom Seienden auf sein Wesen bzw. seinen Grund. Seine zentrale Bedeutung gewinnt der Begriff im deutschen ↑Idealismus bei KANT, JOHANN GOTTLIEB FICHTE, FRIEDRICH VON SCHELLING und HEGEL im Rahmen des Problems der Darstellung des absoluten ↑Ich bzw. der absoluten ↑Subjektivität. Bei HEGEL macht Spekulation bzw. spekulative Philosophie gerade das aus, was sonst auch ↑Dialektik heißt.

Spekulative bzw. dialektische Methode ist die Selbstbewegung des Begriffs, bei der nicht, wie beim reflektierenden, »bloß räsonnierenden« Denken, das Subjekt Begriffe »verwendet«, um zu Sätzen, Urteilen, Schlüssen zu kommen, die wiederum Darstellungen objektiver Gegebenheiten sind, sondern bei der der Begriff selbst die Weiterführung des Gedankenganges leistet. Subjekt und Objekt enthält und »bewahrt« der Begriff als seine »Momente«, sie sind in ihm »aufgehoben« (↑aufheben). Aufgabe der spekulativen dialektischen Philosophie ist dann die Darstellung des »Zurückgehens des Begriffs in sich«.

Spezies [lat.]: ↑Art.

Spiel: Das Spiel gilt heute allgemein als ein in jeder Lebensperiode unentbehrliches menschliches Grundverhalten, das zur Entwicklung kreativen Verhaltens, größerer Flexibilität, gesteigerter Selbstständigkeit und des Selbstvertrauens beiträgt. Zu den Voraussetzungen des Spiels gehören Geborgenheit und das Zurücktreten äußerer Zwänge. Die klassischen Theorien verstehen Spiel z. B. als Ausfluss eines Kraftüberschusses (HERBERT SPENCER), als Rekapitulation der kulturellen Entwicklung des Menschen (STANLEY HALL), als Ein- und Vorübung wichtiger Anlagen und Instinkte (KARL GROOS), als Erholung und Entlastung (MORITZ LAZARUS) oder als Abfuhr von ↑Af-

S

fekten und Triebregungen (SIGMUND FREUD) sowie als einen Grundbaustein und -bestandteil von Kultur (JOHANN HUIZINGA). Seitens der evolutionären Erkenntnistheorie führte MANFRED EIGEN den Begriff des Spiels als konstitutive Form der Gestaltbildung ein. – auch ↑Sprachspiel.

Spinoza [-ˈno:tsa, niederländ. spiˈno:za:], Baruch de, niederländischer Philosoph, *Amsterdam 24. 11. 1632, †Den Haag 21. 2. 1677: Aus einer von Portugal eingewanderten Judenfamilie stammend, erhielt SPINOZA die biblisch-talmudische Ausbildung der jüdischen Gemeinde. Daneben befasste er sich mit Scholastik und DESCARTES' Philosophie. Wegen seiner dogmenkritischen Bibelinterpretation wurde er 1656 aus der jüdischen Gemeinde ausgeschlossen. Danach widmete er sich v. a. der Philosophie und den Wissenschaften und lebte in Leiden und Den Haag. Die meisten seiner Schriften blieben zu seinen Lebzeiten unveröffentlicht und kursierten lediglich unter Vertrauten. Die Wirkung seiner Philosophie entfaltete sich hauptsächlich in Deutschland gegen Ende des 18. Jh. (anlässlich des sog. Spinozismusstreits) und erstreckte sich v. a. auf die Vertreter des deutschen Idealismus.

An DESCARTES' Philosophie knüpfte SPINOZA in seinem Hauptwerk »Die Ethik nach geometrischer Methode dargestellt« (1677 postum veröffentlicht) an, versuchte aber deren ↑Rationalismus noch dadurch zu überbieten, dass er gemäß der geometrischen Methode seine Lehrsätze v. a. aus Definitionen und ↑Axiomen herleitete. Überdies legte er in seiner Metaphysik dem kartesianischen ↑Dualismus von ↑Res cogitans/Res extensa einen ↑Monismus mit »Gott bzw. der Natur« als einziger ↑Substanz zugrunde: Ausdehnung und Denken begriff er als die beiden einzigen für uns erkennbaren Wesensmerkmale (Attribute), die Einzeldinge als Bestimmungen (Modi) dieser einen Substanz.

Spinoza: Baruch de Spinoza (Ausschnitt aus einem zeitgenössischen anonymen Gemälde; Wolfenbüttel, Herzog August Bibliothek)

Im Zentrum von SPINOZAS Ethik steht seine Lehre von den ↑Affekten. Dem Selbsterhaltungsstreben entspringen drei Grundaffekte: Begierde, die das Streben begleitet, und die Leidenschaften Freude und Trauer. Auch die Tugend entspringt dem Selbsterhaltungsstreben. Zwar wird jeder von seinen Affekten bestimmt, aber die Tugend bewirkt, dass wir die schlechten Affekte bezwingen, die auf verworrenen Ideen beruhen. Denn Tugend bedeutet, nach der Vernunft zu handeln, d. h. nach der Einsicht in die Notwendigkeit der Natur; und nichts anderes bedeutet Freiheit. Deshalb ist es v. a. wichtig, seine Vernunft zu vervollkommnen. Die höchste Tugend und das höchste Streben des Geistes ist die intuitive Gotteserkenntnis, aus der die höchste Glückseligkeit folgt.

Sprachanalyse: das in der ↑analytischen Philosophie herausgebildete und von ihr bevorzugte methodische Vorgehen. Die These der analytischen Philosophie, Sprachanalyse im Sinne logischer Analyse sei das zentrale Anliegen der Philosophie, formulierte LUDWIG WITTGENSTEIN so, dass Philosophie nicht durch einen Bestand von Lehrsätzen, sondern durch eine Tätigkeit charakterisiert sei, die er »logische Klärung der Gedanken« nennt. In der logischen Analyse sollen die durch die Grammatik der Gebrauchssprache

(d. h. der von einer Sprachgemeinschaft verwendeten natürlichen Sprache) verdeckten logischen Formen sprachlicher Ausdrücke und ganzer Sätze aufgezeigt werden. Musterbeispiele logischer Analyse schufen BERTRAND RUSSELL mit seiner Analyse der Kennzeichnungen und GOTTLOB FREGE mit der der unterschiedlichen Verwendung des Wörtchens »ist (sein)« als Identitätszeichen (↑Identität) oder ↑Kopula.

Unter Berufung auf WITTGENSTEINS »Philosophische Untersuchungen« und sein Insistieren darauf, dass Philosophie primär »ein Kampf gegen die Verhexung unseres Verstandes durch die Mittel unserer Sprache« sei, wird in der Spätphase der analytischen Philosophie, in der Ordinary Language Philosophy« (Philosophie der Alltagssprache), die Methode der Sprachanalyse nicht mehr primär als logische Analyse betrieben, sondern als Untersuchung und Beschreibung des alltäglichen Sprachgebrauchs einer natürlichen Sprache. Ihr gilt die Alltagssprache als ausreichendes Werkzeug für die Analyse sprachlicher Ausdrücke, v. a. solcher, die der mit Verständnisproblemen belasteten Bildungssprache angehören. Die Bildungssprache (d. h. derjenige Teil der Gebrauchssprache, der im Unterschied zur jedermann verständlichen Alltagssprache ohne Kenntnis der dahinter stehenden, meist allgemein philosophischen Tradition unverständlich bleibt) soll durch Zurückführen auf die Alltagssprache, soweit möglich, verständlich gemacht werden. Philosophische Sprachanalyse wird in diesem Verständnis zur »Therapie«.

Sprache: im engeren Sinne die menschliche Wortsprache, die eine so zentrale und vielseitige Erscheinung ist, dass sie sich einer einfachen Definition entzieht. Da Sprache mit fast allen Bereichen des menschlichen Lebens zusammenhängt, kann sie unter einer unüberschaubaren Zahl von Gesichtspunkten analysiert werden. Im weiteren Sinne bezeichnet man als Sprache jedes System von Zeichen, die der Vermittlung von Information dienen. Tierische Kommunikationssysteme (die Bienensprache z. B.), logische und mathematische Kalküle, technische Kommunikationssysteme (z. B. Programmiersprachen u. a. in der Datenverarbeitung) werden nur im übertragenen Sinne als Sprachen bezeichnet, da ihnen grundlegende Eigenschaften menschlicher Sprachen fehlen.

Bereits sehr früh haben die Menschen nach Wesen und Ursprung der Sprache gefragt. Für die Bibel beruht die Sprache auf göttlicher und menschlicher Namengebung (1. Mose 1 und 2); die Vielfalt der Sprachen ist Folge des Eingreifens Gottes beim Turmbau zu Babel (1. Mose 11). Die klassische griechische Philosophie hat diskutiert, ob die Namen den Dingen von Natur aus zukommen oder auf Vereinbarung beruhen. Das Problem des Sprachursprungs ist mit den üblichen, bislang ausgebildeten exakten Methoden der Sprachwissenschaft nicht lösbar, da aus den bekannten Sprachen der Erde durch Rekonstruktion der bei genealogischer Sprachverwandtschaft vorauszusetzenden Grundsprachen (z. B. der indogermanischen oder semitischen Grundsprache) bei optimistischer Einschätzung allenfalls bis etwa 3000 oder 4000 v. Chr. zurückgeschlossen werden kann, einem in der Entwicklungsgeschichte des Menschen sehr späten Zeitpunkt. Über den Sprachursprung sind somit nur Hypothesen möglich, unter denen v. a. zu nennen sind die onomatopoetische oder Nachahmungs- bzw. Tierlauttheorie, nach der die Lautsprache die Kommunikationsformen der Tiere nachahme, sowie die Sympathie- oder synergetische Theorie, nach der die Sprache durch Zurufe und rhythmische Unterstreichung des Taktes bei der Arbeit entstanden sei.

Die **Sprachfähigkeit** (Sprachkompetenz) des Menschen beruht auf organischen und kognitiven (geistigen) Grundlagen. Nur beim Menschen hat sich im Laufe der Phylogenie (Stammesentwicklung) eine kognitive Funktion ausgebildet, die die Sprechorgane bei der Produktion strukturierter Lautketten steuert und die Analyse (Dekodierung) der durch das Gehör wahrgenommenen Lautketten ermöglicht. Es ist ein Indiz für die biologische Fundierung dieser Funktion, dass Versuche gescheitert sind, Affen eine Lautsprache zu lehren. Der Mensch besitzt ein angeborenes artspezifisches Potenzial, eine Sprache zu erlernen. Nach NOAM CHOMSKY u.a. wird diese »latente Sprachstruktur« in einer bestimmten Phase der Reifung (etwa 1. –4. Lebensjahr) durch die Sprache, die in der Umgebung gesprochen wird, aktualisiert und realisiert. Die Leichtigkeit und Geschwindigkeit, mit der Kinder ihre Muttersprache erwerben, weist darauf hin, dass alle menschlichen Sprachen einem vorgeprägten Typus angehören. Die Erforschung der universellen Struktureigenschaften der Sprache ermöglicht nach dieser Auffassung Einsichten in die Struktur des menschlichen Geistes, denn der Mensch besitzt Kompetenz in einer bestimmten Einzelsprache, d.h., er hat ein System von Einheiten und Regeln internalisiert, das auf spezifische Weise Laut und Bedeutung in Beziehung setzt. Nach CHOMSKY befähigt diese Kompetenz zu kreativem Sprachgebrauch, d.h. zur Bildung und zum Verstehen neuer, vorher nie gehörter Sätze, zur Beurteilung der sprachlichen Korrektheit (Grammatikalität) von Äußerungen und zum Erkennen von Mehrdeutigkeiten und Bedeutungsgleichheiten. Im Gegensatz zur latenten Sprachstruktur ist diese Kompetenz auch eine soziale, umweltbedingte Fähigkeit. Außerdem besitzt der Mensch kommunikative Kompetenz, d.h. die Fähigkeit, die Sprache in sozialer Interaktion zur Verwirklichung seiner Absichten im Hinblick auf die Situation angemessen zu verwenden.

Sprachen dienen der menschlichen Kommunikation, d.h. der Mitteilung von Gedanken, dem Ausdruck von Gefühlen und der Durchsetzung von Absichten. Sie sind dazu imstande aufgrund ihres Zeichencharakters. Nach KARL BÜHLERS Organonmodell haben sprachliche Zeichen die drei kommunikativen Funktionen Darstellung, Ausdruck und Appell: Sprache dient der Darstellung, wenn wahre oder falsche Aussagen über die Wirklichkeit gemacht werden, z.B. in der Wissenschaft; sie dient dem Ausdruck, wenn Gefühle, Einstellungen und Meinungen offenbart werden, z.B. in der Lyrik; sie dient dem Appell, wenn sie das Handeln anderer Menschen steuern soll, z.B. in Dienstanweisungen. Die Sprechakttheorie (↑Sprechakt) und die ↑Pragmatik betrachten das Sprechen einer Sprache als eine Form regelgeleiteten sozialen Handelns in sog. ↑Sprachspielen, d.h. den typischen Gebrauchsweisen der Sprache.
Das Interesse der Philosophie am Gegenstand Sprache ergibt sich v.a. daraus, dass Sprache als konkrete Manifestation desjenigen von den Griechen als ↑Logos angesprochenen Tatbestandes zu verstehen ist, durch den sich nach ARISTOTELES der Mensch von allen anderen Lebewesen unterscheidet (↑Zoon logon echon). Als Dimensionen der Explikation des Phänomens Sprache haben sich dabei gegenwärtig nicht nur alle philosophischen Grundlagendisziplinen erwiesen, sondern darüber hinaus auch alle empirischen, hermeneutischen und kritischen Wissenschaften vom Menschen und von der Gesellschaft.

Sprachphilosophie: Teildisziplin der Philosophie, die Ursprung und Wesen, soziologische, kulturelle und geistige Funktion, Logik und Psychologie der ↑Sprache sowie die Bedingungen der Möglichkeit von Philosophie und Wissenschaft und anderer sprachlich verfasster Kulturleistungen (z.B. der Literatur) zum Gegenstand hat.

Die Beschäftigung der Philosophie mit der Sprache ist deshalb so alt wie die Philosophie selbst. Bereits bei PARMENIDES ist die Rede von Namen, mit denen die Menschen die Dinge bezeichnen. Ein sehr frühes Problem der Sprachphilosophie ist die Untersuchung der Sprache als Mittel der Erkenntnis, ebenso die Frage, ob die Sprache auf willkürliche Vereinbarung der Menschen zurückzuführen oder als eine Naturgegebenheit zu betrachten sei. In PLATONS Dialogen »Kratylos« und »Sophistes« erfolgt erstmals die Trennung von Name und Satz, die für ARISTOTELES die Grundlage zur ersten formalen Logik als Syllogistik wird. Die Stoa entwickelte eine Lehre von den sprachlichen Zeichen und ihren Bedeutungen. In der Scholastik sind die Lehren von den Bedeutungen und den Schlussfolgerungen sprachphilosophischer Natur; in dieser Zeit liegt auch der Beginn einer Theorie der gegenwärtig als Tiefenstruktur natürlicher Sprachen verstandenen logischen oder allgemeinen Grammatik.

Für die Neuzeit werden die natürlichen Sprachen Mitte des 17. Jh. v. a. in der von ANTOINE ARNAULD und CLAUDE LANCELOT verfassten Grammatik von Port-Royal kodifiziert. Hier wird das heute sog. semantische oder auch semiotische Dreieck (↑Semiotik) eingeführt, bei dem die Gegenstände und die Sprachzeichen nicht unmittelbar, sondern über ↑Universalien miteinander verknüpft sind. Der bis heute nicht einhellig entschiedene ↑Universalienstreit geht um den Status der Universalien: entweder eigenständige »geistige« Gegenstände (Universalienrealismus, später als idealistische Position der Sprachphilosophie bezeichnet) oder Fiktionen (Universaliennominalismus, später positivistische Position der Sprachphilosophie genannt). Daneben beginnt bereits bei DANTE ALIGHIERI eine genetische Sprachbetrachtung, die auf die grundsätzliche Vielfalt der Sprachen gerichtet ist. Sie hat ihren Höhepunkt im 17. und 18. Jh. in spekulativen Theorien über die Entstehung der Sprache. Im 19. Jh. wird sie von der empirischen Sprachwissenschaft verdrängt und erst im Rahmen biologischer, psychologischer und soziologischer Untersuchungen wieder Bestandteil der Sprachphilosophie. An einem Wendepunkt, dem Übergang vom 18. zum 19. Jh., stehen die v. a. von JOHANN GOTTFRIED HERDER inspirierten anthropologischen Arbeiten WILHELM VON HUMBOLDTS zur Funktion und Leistung der Sprache, mit denen Sprachphilosophie zum ersten Mal als eine eigenständige historisch-empirische Sprachwissenschaft auftritt.

In der ↑analytischen Philosophie wird die Vernunftkritik KANTS durch LUDWIG WITTGENSTEIN zur **Sprachkritik** transformiert: Um die speziell in den Einzelwissenschaften vorliegenden Leistungen der Vernunft auszuweisen und auf die Bedingungen ihrer Möglichkeit hin befragen zu können, ist zunächst eine kritische Beurteilung der benutzten Sprache erforderlich; daraufhin kommt das bisher wirksamste erkenntniskritische Instrument zeitgenössischer Philosophie, die Methode der Sprachanalyse, zur Anwendung. Der Neuansatz WITTGENSTEINS in der Sprachphilosophie versucht Sprache ausdrücklich in den ↑Lebensformen menschlicher Gemeinschaften zu verankern (↑Sprachspiel).

Sprachspiel: von LUDWIG WITTGENSTEIN eingeführter Begriff, durch den hervorgehoben wird, dass (die Verwendung von) Sprache untrennbar mit mannigfachen anderen menschlichen Tätigkeiten verflochten ist, und zwar in zweierlei Hinsicht: Zum einen sind die Zeichen in den engeren Handlungskontext der Zeichenverwendungssituation regelhaft eingebettet, sie gehören also zu bestimmten Sprachspielen; zum anderen sind die Sprachspiele selbst wiederum Bestandteile der ↑Lebensformen der Sprachgemeinschaft. Ein sprachliches Zeichen zu verstehen erfordert somit die Kenntnis der Regeln, nach denen sich ergibt, unter welchen Umständen die Äußerung dieses Zeichens in der Sprachgemeinschaft als korrekte Verwendung gilt, und der Lebensform, zu der die Sprachspiele mit diesem Zeichen gehören.

WITTGENSTEIN hat drei Aspekte des Modells des Spiels für die Analyse natürlicher Sprachen fruchtbar gemacht:

1. Spielregeln und Sprachregeln lassen sich im Hinblick auf die Bedeutung der einzelnen Elemente vergleichen, denn wie die Bedeutung einer Figur (beim Schach etwa) sich aus ihrer Rolle im Spiel, aus den mit ihr zulässigen Operationen ergibt, so ist die eines Wortes (Satzes) bestimmt durch seine Rolle, Funktion, Verwendungsweise im »Kalkül der Sprache« bzw. durch seinen Platz im Gesamtsystem der sprachlichen Unterscheidungen und Operationen. Ein Spiel wie Schach verstehen heißt eine Technik beherrschen, es heißt die kreative Fertigkeit besitzen, neue Fälle, die als Erfüllung der Regel gelten, als regelkonform zu erkennen und solche Fälle selbst hervorbringen zu können. Das Verhältnis von Regel und Anwendung der Regel findet sich in der Sprache als das Verhältnis zwischen Begriff und Gegenstand.
2. Einer Regel zu folgen ist eine soziale, gemeinschaftliche Praxis. Wenn man ↑Sprechakte (z. B. Befehlen, Warnen, Versprechen) vollzieht oder wenn man Sprechtätigkeiten ausübt (z. B. einen Witz erzählen, einen Gegenstand beschreiben), dann partizipiert man an einer »gemeinsamen menschlichen Handlungsweise«, an einer »Lebensform« innerhalb einer Sprachgemeinschaft.
3. Spielregeln und Sprachregeln sind konstitutive Regeln, d. h. sie dienen nicht (wie regulative Regeln) der Regulierung eines Verhaltens, das unabhängig von ihnen bereits besteht, sondern sie konstituieren (bringen hervor, definieren) zuallererst ein neues Spiel, eine neue Sprach-handlung, einen Sinnzusammenhang.

Sprechakt: von JOHN AUSTIN eingeführter Terminus, mit dem der Handlungscharakter sprachlicher Äußerungen betont werden soll. AUSTIN ging ursprünglich von Äußerungen wie »ich verspreche dir…« aus, deren Verlautbarung bereits explizit eine Handlung (z. B. des Versprechens) darstellt. Später erkannte er, dass dies für die Mehrzahl sprachlicher Äußerungen kennzeichnend ist: Indem man etwas sagt, tut man etwas (und zwar mehr als eine bloße Äußerung). Diese Einsicht prägte den Titel seiner berühmten Vorlesungsreihe »How to do things with words« (»Wie man Sachen mit Wörtern macht«).

Eine genauere Analyse der Sprechakte führt auf die Unterscheidung von drei Teilakten:

1. lokutiver Akt, der a) den phonetischen (Äußerung von Lauten), b) den phatischen (Äußerung von Wörtern in grammatischen Konstruktionen) und c) den rhetischen Akt (Verwendung von Wörtern und Konstruktionen in einer bestimmten Bedeutung) umfasst;
2. illokutiver Akt, der die Intention (Absicht) einer Äußerung in einer bestimmten Kommunikationssituation festlegt (z. B. Frage, Befehl, Versprechung);
3. perlokutiver Akt, der die Wirkung der Äußerung (auf den Hörer) bestimmt (z. B. Ausführung einer geforderten Handlung).

Die Sprechakttheorie steht auf der Grenze zwischen Philosophie und Linguistik und bildet den Kern der Philosophie der normalen Sprache (↑analytische Philosophie). Erst in ihrem Rahmen konnte man u. a. das Problem diskutieren, ob die vom Sprecher gewollte Reaktion und die vom Empfänger gezeigte Reaktion übereinstimmen oder nicht (z. B. bedrohen/sich bedroht fühlen oder sich belustigt fühlen).

Staatsphilosophie (politische Philosophie): Teilbereich der praktischen Philosophie, der sich mit Fragen nach Wesen, Wert, Zweck und Funktion des Staates befasst. Der Staatsphilosophie geht es grundsätzlich um Argumente für und wider den Staat bzw. bestimmte Formen von Staat und deren kritische Überprüfung.

Modellcharakter für eine staatsphilosophische Argumentation haben die Konzeptionen v. a. von PLATON, THOMAS HOBBES und JOHN LOCKE. PLATON begründet staatliche Herrschaft mit der umfassenden Einsicht des Herrschenden, sofern er »Philosophenkönig« ist (↑Höhlengleichnis), in die objektive Bestimmung des Menschen. Dieses Modell ist für die Dauer des Mittelalters in Geltung geblieben, da es sich leicht mit christlichen Inhalten aktualisieren ließ (Papstkönigtum). HOBBES wird mit seinem pessimistischen Menschenbild und seiner Lehre vom ↑Naturzustand (↑Homo homini lupus) und vom ↑Gesellschaftsvertrag zum Stammvater einer Theorie des »starken« Staats; mit dem Hinweis auf die faktische Möglichkeit der/des Herrschenden, eine verbindliche Ordnung in der Gesellschaft durchzusetzen, bietet er die Basis für den absolutistischen, totalitären Staat, hat aber gleichzeitig auch erstmals ein Modell staatlicher Konfliktlösung angeboten. Dagegen formuliert LOCKE mit dem Prinzip der Gewaltenteilung einen Grundgedanken des Liberalismus. Da bei ihm die Individuen als frei und gleich angesehen werden, erscheint der Staat nur dann gerechtfertigt, wenn im freien Dialog die Mehrheit ihre Zustimmung zur Herrschaft der Herrschenden geben kann.

Die Diskussion der Folgezeit sucht in kritischer Auseinandersetzung mit diesen Modellen die staatsphilosophische Argumentation auszubauen. Dem lockeschen Modell hält JEAN-JACQUES ROUSSEAU entgegen, dass alle Individuen mit einem Anteil an der Souveränität des Staates ausgestattet sind. Innerhalb der Gesellschaft kommt es zur Bildung eines Gemeinwillens, durch den die Individuen abseits privater Interessen ein gemeinsames Wohl anstreben sollen. Er wird damit zum Begründer einer politischen Theorie der Demokratie. Einen Ansatz zur Vereinbarung liberaler und demokratischer Ideen bietet KANT, indem er eine ethische Begründung des Rechts versucht. Als Bedingung dafür, dass etwas rechtens sei, wird angeführt, dass jedes Individuum sich durch seine theoretisch mögliche Zustimmung mit als Urheber von Recht und Staat betrachten könne. Damit hat KANT mit größerer Klarheit als LOCKE die Rechtsbasis des Staates herausgearbeitet.

Bei HEGEL ist der Staat die Lebensform, die dem Menschen immer schon vorgegeben ist und jeweils die geschichtlich höchste Form der Sittlichkeit darstellt. Der historische Prozess lässt sich interpretieren als eine Entwicklung des Geistes in Richtung auf höhere Vernünftigkeit und Freiheit, worin auch das geschichtlich bedingte Gemeinwesen Staat mit einbegriffen ist. Inhaltlich wird bei HEGEL neben dem republikanischen Element auch eine sozialstaatliche Aufgabendimension sichtbar. KARL MARX betont die Abhängigkeit des Rechts und des Staates von der materiellen Basis (↑Basis und Überbau) und projiziert das »Ideal« revolutionärer Umwälzungen »von unten« (↑Sozialismus, ↑Kommunismus, ↑Marxismus-Leninismus).

Den Schwerpunkt der gegenwärtigen Diskussion über den Staat bildet die Frage nach der politischen Herrschaft allgemein und deren Rechtfertigung. Wenn diese philosophische Bemühung heute eher als »politische Philosophie« bezeichnet wird, weist dies darauf hin, dass nicht nur die staatliche, sondern jede Form politischer Herrschaft (z. B. auch im Verhältnis zwischen Staaten oder zwischen verschiedenen Gruppen innerhalb der Gesellschaft) kritisch auf ihre Berechtigung untersucht wird. Besonderen

Stellenwert nimmt hier die Diskussion um die Begründbarkeit konkreter Herrschaftsakte des Staates ein (u. a. JÜRGEN HABERMAS). Dabei reicht als alleiniger Verbindlichkeitsgrund nicht aus, dass Herrschaftsakte den jeweils gültigen Verfahrensvorschriften oder Gesetzen eines Staates entsprechen. Außer dieser Legalität wird auch eine Legitimität von Herrschaftsakten verlangt (↑Legalität/Legitimität): Sie dürfen nicht im Widerspruch zu ethischen Grundpositionen und zur Würde des Menschen stehen, sie müssen vernünftig gerechtfertigt werden können und grundsätzlich auf das Gemeinwohl für die gegenwärtige und zukünftige Gesellschaft abzielen.

Stoa: durch ZENON VON KITION um 300 v. Chr. in Griechenland begründete Philosophenschule. Die Bezeichnung geht auf den damaligen Versammlungsort der Philosophen, eine öffentliche Säulenhalle im antiken Athen (stoà poikílē »bunte Säulenhalle«), zurück. Im 1. Jh. n. Chr. wurde die Philosophie der Stoa (SENECA, EPIKTET) geradezu zur Modephilosophie der Griechen und Römer, zu einer Art ethischer Religion. Sie ging schließlich Mitte des 3. Jh. n. Chr. im Neuplatonismus auf.

Die Stoa sieht sich zunächst als legitime Fortsetzung des sokratischen Philosophierens und setzt sich in diesem Selbstverständnis kritisch bis polemisch mit der platonischen und aristotelischen Schule auseinander. Kennzeichen des stoischen Philosophierens sind ein konsequent durchgehaltener ↑Rationalismus sowie ein ↑Materialismus im Hinblick auf die Erkenntnistheorie und ein rigoroses Pflichtdenken in der Ethik. Diese Ethik steht im Mittelpunkt der Lehre. Ihr oberstes Prinzip ist die Forderung, in Übereinstimmung mit sich selbst und der Natur zu leben und alles zu bekämpfen, was der Vernunft zuwiderläuft und grundsätzlich jede Form von Einsicht behindern könnte (Neigungen und ↑Affekte). »Natur« bedeutet hier alles, was als existent angesehen wird: Mensch, Welt und Gott.

Die Ethik gründet auf der metaphysischen Voraussetzung, nach der die Welt vom ↑Logos, einem vernünftigen Weltgesetz, beherrscht, strukturiert und in jeder Einzelheit durch die Vorsehung der Vernunft determiniert ist. Frei ist in diesem vorbestimmten Ablauf der Welt allein der Weise, der gelernt hat, sich von seinen Affekten frei zu machen und sich völlig unter das Gesetz der Vernunft zu stellen. Die unerschütterliche Gemütsruhe, Gelassenheit (↑Apathie, ↑Ataraxie), die aus dem Wissen um die Struktur der Welt und das sittlich Wertvolle

Stoa: Die Stoa poikile (bunte Säulenhalle) an der Agora in Athen war der Versammlungsort der Stoiker (Aquarell der Rekonstruktion von P. Connolly).

fließt, wird zum prägenden Merkmal (der »stoischen Ruhe«) des Weisen kultiviert. Aus der Vorstellung vom ewigen, absolut gültigen Weltgesetz des Logos entwickelt die Stoa eine umfassende Staats- und Rechtslehre, die auf kosmopolitische Vorstellungen ausgerichtet ist. Von der stoischen Staats- und Naturrechtskonzeption gingen nachhaltige Einflüsse auf die Rechtstheorie und die Theologie aus.

Stoff: ↑Materie.

Struktur [lat. »Zusammenfügung«, »Ordnung«, »Bau«]: allgemein Aufbau oder Gefüge eines gegliederten Ganzen. So spricht man z. B. von der Struktur einer Sprache oder eines Wirtschaftsraums, von mathematischen und von Denkstrukturen. Dabei kann es vorkommen, dass verschiedene »natürliche« Strukturen ein und dasselbe mathematische Modell besitzen. Man sagt dann, dass sie die gleiche »abstrakte« Struktur darstellen.

Dieser Begriff ist grundlegend geworden für eine Vielzahl von Wissenschaften. Der Strukturbegriff, der seit etwa hundert Jahren immer mehr in den Vordergrund tritt (und dabei den älteren der ↑Hierarchie ersetzt), war ursprünglich stark von der Biologie geprägt. Unter Struktur verstand man ein aus Teilen zusammengesetztes Ganzes, bei dem jeder Teil eine bestimmte Funktion erfüllt, die nur vom Ganzen her verständlich ist (z. B. die Struktur einer Pflanze).

Strukturalismus: In der Philosophie hat sich v. a. im 20. Jh. in Frankreich eine strukturalistische Schule gebildet (z. B. MICHEL FOUCAULT, LOUIS ALTHUSSER oder durch JACQUES DERRIDA). In der Erkenntnistheorie geht diese davon aus, dass es ein System – bestehend aus Strukturen – gibt, das das menschliche Denken immer schon beherrscht hat. Dieses soll z. B. durch Analyse der Wissenschaftsgeschichte aufgedeckt werden. Gegenüber dem Strukturalismus wendet der ↑Poststrukturalismus ein, dass er den historischen Charakter von Strukturen verkenne, ihm also der Entwicklungsgedanke fehle (er sei ahistorisch).

Subjekt [zu lat. subicere »unterstellen«, »unter (etwas) legen«]: das Darunterliegende, Zugrundeliegende. Der allgemeine Sprachgebrauch folgt heute bevorzugt einer psychologischen Sichtweise und meint dann Subjekt als Träger sämtlicher dem Ich zugesprochenen Bewusstseinsvorgänge. In der Philosophie ist der Begriff in sehr unterschiedlicher, z. T. völlig konträr erscheinender Weise verwendet worden. Zusammen mit seinem klassischen Gegenbegriff Objekt führt seine Bestimmung in das Zentrum der philosophischen Grundlagenproblematik (↑Subjekt-Objekt-Problem).

Insgesamt lassen sich für den Subjektbegriff traditionell drei mehr oder weniger eigenständige Bedeutungsstränge unterscheiden.

1. Seit der Antike bis heute unverändert bezeichnet Subjekt in Logik, Grammatik und Sprachwissenschaft denjenigen Teil eines Satzes, über den etwas (prädikativ) ausgesagt wird. Diesen nennt man den Träger der Aussage. Als Ausgangspunkt der Äußerung erscheint er meist als Substantiv (immer im Nominativ) (z. B. »Der Hund bellt«). Der Satz in der Abfolge »Subjekt-Prädikat-Objekt (»*S* ist *P*«) ist seit je Grundmodell aller Logik des Schließens.
2. Von der Antike bis ins 18. Jh. hinein ist Subjekt weitgehend gleichbedeutend mit ↑Substanz, wurde aber anfangs (ARISTOTELES) nur im Zusammenhang mit beseelten Trägern gebraucht. Diese ontologisch ausgerichtete Definition von Subjekt folgt aus der aristotelisch-scholastischen Tradition, wonach das Sein eines zu Bestimmenden von der Weise her verstanden wurde, inwieweit etwas über es ausgesagt wird. Für den Scholastiker ist »subiectum« dann generell der vom Erkenntnisprozess unabhängige und außer-

S

halb des Bewusstseins existierende, d.h. als real anzusehende Gegenstand, entspricht also in etwa unserer heutigen Vorstellung von Objekt (und umgekehrt).

3. Spätestens mit DESCARTES' ↑Cogito, ergo sum erhält der Subjektbegriff diejenige charakteristische, auf das »Ich« hin zentrierte Bedeutung, die ihm bis heute zukommt. Dabei wird das Subjekt eher indifferent als ein Komplex von Bewusstseinsinhalten (GEORGE BERKELEY, DAVID HUME) gefasst. Für KANT ist das Subjekt als transzendentales, überindividuelles Subjekt der die Erkenntnis überhaupt erst ermöglichende Grund. Für JOHANN GOTTLIEB FICHTE – ähnlich HEGEL – ist das Subjekt ein absolut freies, aktives Ich, das sowohl sich selbst wie auch die gesamte Wirklichkeit erst konstituiert (↑Tathandlung). Für KARL MARX ist das Subjekt der historisch konkrete, gesellschaftliche Mensch.

subjektiv [lat.]: gemeinsprachlich sehr diffus verwendete Bezeichnung. Dabei ist es für den heutigen Gebrauch des Begriffs allgemein charakteristisch, dass mit ihm implizit auch immer sein Gegensatz ↑objektiv mitgedacht wird: Subjektiv ist das, was nicht objektiv ist (und umgekehrt); daraus folgt gerne abwertend das »bloß« Subjektive, d.h. eher Willkürliche, nicht allgemein Verbindliche. Philosophisch weitgehend korrekt ist: nicht am äußeren Gegenstand, sondern ausschließlich auf der Basis eines nur dem Subjekt Eigenen gegründet.

Subjektivismus: Sammelbezeichnung für diejenige philosophische Auffassung, wonach die Gegenstände unseres Erkennens und Wollens durch das Subjekt erzeugt bzw. konstituiert werden und/oder die Erkenntnis von Sachverhalten durch das Subjekt, dessen Wahrnehmungen, Empfindungen, Wünsche usw. entweder positiv bestimmt oder gar legitimiert wird.

Der Subjektivismus gründet sich auf der philosophisch unbestrittenen Tatsache, dass bezüglich der genetischen Abfolge unseres Erkenntnisprozesses das Bewusstsein das primär Gegebene ist. In seinen zahlreichen Ausprägungen ist er insgesamt eine Erscheinung, die untrennbar mit der Gesamtentwicklung der neuzeitlichen Philosophie und Wissenschaft verbunden ist. Von DESCARTES ausgehend erreichte er seinen ersten systematischen Höhepunkt mit JOHN LOCKE und DAVID HUME. Das Erkenntnissubjekt wird zum alleinigen Garanten und zum Forschungsobjekt einer möglichen wie verbindlichen Erkenntnis erklärt. Dies führt dann bei KANT, indem er das Erkenntnissubjekt als apriorische Einheit von Sinnlichkeit und Verstand fasst, zu einer in sich begründeten Theorie über die Erzeugung wissenschaftlicher Gegenstände.

Kann man den Subjektivismus einerseits als eine Grundtendenz der gesamten neuzeitlichen Philosophie ansehen – eine spezielle Schule gibt es nicht –, so verhalten sich im engeren Sinne betont subjektivistisch alle Ausprägungen des deutschen Idealismus, des Rationalismus, des Kritizismus und der Transzendentalphilosophie. Eine abermalige Verschärfung des subjektivistischen Ansatzes zeigt sich Mitte/Ende des 19. Jh. mit dem Psychologismus und der Phänomenologie. Als extremste Form des Subjektivismus kann in erkenntnistheoretischer Hinsicht der ↑Solipsismus, in ethischer Hinsicht der ↑Egoismus angesehen werden.

Subjektivität: im Gegensatz zu Objektivität und im Unterschied zu ↑Intersubjektivität eine oft negativ im Sinne von »Vorurteil« gewertete Eigenschaft, die denjenigen Erkenntnissen, Urteilen oder Handlungsweisen zugesprochen wird, die von einem individuellen Subjekt, d.h. von einem (zufällig) wahrnehmenden, vorstellenden oder wertenden Einzelbewusstsein vorgenommen werden.

Subjekt-Objekt-Problem: Hauptproblem der ↑Erkenntnistheorie sowie der gesamten abendländischen Philosophie hinsichtlich der Frage, wie das Verhältnis von erkennendem Menschen zu den zu erkennenden (erkannten) Dingen zu denken ist. Im Mittelpunkt steht die zweigliedrige Beziehung zwischen dem Subjekt und demjenigen Objekt, das als nicht subjektimmanent, wie z. B. ein Gefühl oder ein Gedanke, erkannt wird, sondern »außerhalb« des Subjektes liegt, wie z. B. ein Gegenstand, sowie die Wechselwirkung zwischen subjektivem Erkennen und objektiv Erkanntem.

ARISTOTELES stellt sich die Frage, wie die Seele die verschiedenen sinnlich wahrnehmbaren Dinge mithilfe unterschiedlicher Begriffe erkennen kann, und kommt zu dem Schluss, dass ein Teil der Seele veränderlich ist und sich jeweils dem Begriff bzw. der Idee eines Dinges angleicht, um den Begriff des Dinges zu denken und mit ihm das Ding in seiner Eigenart zu erkennen. Den darin angelegten ↑Dualismus zwischen dem z. B. sinnlich wahrgenommenen Erkannten und dem denkend Erkennenden radikalisiert DESCARTES, der die Welt teilt in ausgedehnte Dinge (»res extensa«) und denkende Dinge (»res cogitans«), worunter das denkende Subjekt fällt (↑Res cogitans/Res extensa). In der Nachfolge bilden sich die gegensätzlichen Positionen des ↑Idealismus und des ↑Realismus aus, wobei Letzterer von einer objektiven, wahrheitsgemäßen Erkenntnis des subjektunabhängigen Objektes durch das autonome Subjekt ausgeht, hingegen Ersterer keine absolut objektive Erkennbarkeit für möglich hält, sondern von einer immer durch das Subjekt (vor)geprägten Erkenntnis des Objektes spricht. Der bedeutendster Vertreter eines den objektiven Erkenntnismöglichkeiten gegenüber »kritischen« Idealismus ist KANT, der nachzuweisen sucht, wie jede Erkenntnis durch die subjektiven Strukturen der Anschauung von Raum und Zeit sowie der Verstandesbegriffe gebildet ist. KANT zufolge erkennt der Mensch nie das ↑Ding an sich, sondern immer nur die durch das Subjekt geprägten ↑Erscheinungen der Dinge.

Im 20. Jh. sprengt die ↑Quantentheorie die rein objektive, empirisch-realistische Sicht der Naturwissenschaften, indem sie nachweist, dass das beobachtende Subjekt wie das beobachtete Objekt beim Experiment einen wechselseitig sich bedingenden Einfluss aufeinander haben, sodass nur noch ein methodischer Dualismus angenommen wird. In der Philosophie unterläuft MARTIN HEIDEGGER mit seinem Daseinsbegriff bzw. dem Begriff der ↑Zuhandenheit der Dinge die kantische Subjektphilosophie. Geradezu vom »↑Tod des Subjekts« spricht die Postmoderne und versucht in deskriptiven (beschreibenden, textauslegenden) Verfahren den Erkenntnisvorgang nunmehr ohne Subjekt-Objekt-Schema zu erfassen.

Subjunktion [lat. »die Anfügung«]: In der Logik muss die Subjunktion, die eine Verknüpfung von Aussagen ist (»wenn ..., dann ...«), von der ↑Implikation, die eine Metaaussage über Aussagen darstellt, unterschieden werden. Es gilt dann der folgende Zusammenhang: $A < B$ ist genau dann wahr, wenn $A \rightarrow B$ wahr ist. Die Verwechslung wird durch die Umgangssprache nahegelegt, die sowohl Implikation als auch Subjunktion durch »Wenn-dann-Sätze« wiedergibt.

Subsidiaritätsprinzip [zu lat. subsidiare »aufbauen«]: in der modernen Gesellschaftstheorie gegen Zentralismus und Kollektivismus formuliertes Prinzip zum Schutze der Eigenständigkeit kleinerer Sozialgebilde (Familie, Gemeinde usw.). Im Recht bedeutet es den Grundsatz, dass die Regelungszuständigkeiten im analogen Sinne von unten nach oben aufgebaut sein sollten.

Subsistenz [zu lat. subsistere »stillstehen«, »standhalten«]: Selbstständigkeit, durch sich selbst Existieren. Bei ARISTOTELES und in der scholastischen Philosophie im Gegensatz zum akzidentellen Sein (↑Akzidens) diejenige spezifische Seinsweise, die nur der ↑Substanz zukommt.

Substanz [zu lat. substare »standhalten«]: allgemein die Materie oder das Material, der (chemisch-physikalisch) unbestimmte Stoff, wörtlich das Darunterstehende; alltagssprachlich wird »Substanz« bzw. **»substanziell«** oft im Sinne von »das Wesentliche bzw. den Kern eines Sachverhaltes betreffend« gebraucht. In der Philosophie ist der Begriff seit ARISTOTELES gebräuchlich und war bis in die Spätscholastik hinein der Fundamentalbegriff der ↑Ontologie zur Bestimmung des Seins des Seienden.

Substanz bzw. substanzielles Sein ist das, was ein jedes in sich und für sich selbst ist, das im Wechsel der Erscheinungen Beharrende. Der Substanz korrespondieren, zwar eingeschränkt und inhaltlich nicht immer deutlich zu trennen, die Begriffe ↑Subjekt, ↑Substrat, ↑Subsistenz sowie ↑Wesen. Der klassische Gegenbegriff zu Substanz ist aber ↑Akzidens. Als Gegenbegriffe stehen Substanz und Akzidens jeweils für die beiden qualitativ extremen Pole der möglichen Seinsweise des Seienden: höchstes (vollkommenes) Sein und niederstes (unvollkommenes) Sein. Andererseits sind sie in der aristotelisch-scholastischen Tradition untrennbar aufeinander bezogen, da das ganze Sein nur über seine Akzidenzien erfahrbar (gegeben) ist, akzidentelles Sein dagegen ohne substanziellen Grund unverständlich wäre. Substanz und Akzidens sind Verstandesbegriffe und nicht eine reale Bestandsaufnahme etwa der materialen Teile eines jeweils Seienden. Durch sie als Ordnungsfaktor muss das Denken hindurch, um zur Erkenntnis des Anteils des Seienden am Sein zu gelangen.

Mit der Neuzeit, die primär vom erkennenden Subjekt (Ich) aus dachte, wird die einstige Tragweite des Substanzbegriffs allmählich ausgehöhlt. DESCARTES nennt Substanz das, was zu seinem Sein keines anderen Seienden bedarf. Er unterscheidet an endlichen Substanzen ↑Res cogitans/Res extensa, denen Gott als vollkommene Substanz gegenübersteht. Für BARUCH DE SPINOZA ist Substanz »das, dessen Begriff, um gebildet zu werden, des Begriffes eines anderen Dinges nicht bedarf«. Einzige Substanz ist Gott bzw. Natur (»Deus sive natura«, lat. »Gott oder Natur«), deren Einheit den Kerngedanken von SPINOZAS pantheistischem Substanzenmonismus (↑Monismus) ausmacht. Bei KANT wird der Substanzbegriff umgepolt zu einem akzidentellen Begriff, in dem er Substanz allein vom Erscheinen des zeitlich Beharrenden her begreift. Für HEGEL ist Substanz die dialektische Einheit von Akzidenzien. Heute spielt der Begriff kaum mehr eine Rolle.

Substrat [mittellat. »Unterlage«]: allgemein jegliche Arten von Grundlegung, oft im Sinne eines sämtliche wesentlichen Bestandteile zusammenfassenden Auszuges, Aggregatzustand. In der Philosophie ist Substrat die eigenschaftslose ↑Substanz eines Dinges bzw. eines ↑Subjekts als Träger seiner Eigenschaften. ARISTOTELES vergleicht Substrat sinnbildlich mit dem »Samen«.

Subsumtion [zu lat. sub »unter«, »unterhalb« und sum(p)tio »das Nehmen«] **(Subordination, Subalternation):** in der Logik die Unterordnung eines Besonderen unter ein Allgemeines nach einem bestimmten Gesichtspunkt. So ist z. B. ein Gegenstand, dem das Prädikat *P* zukommt, subsumiert der Extension (Begriffsumfang) dieses Prädikats. Artbegriffe (z. B. Mensch) sind Gattungsbegriffen (z. B. Lebewesen) untergeordnet.

sụmmum bọnum [lat.]: ↑höchstes Gut.

Supposition [lat. »die Unterlegung«]: neben »Bedeutung«, »Verbindung« und »Appellation« eine der vier Eigenschaften eines

↑Terminus. Die Suppositionslehre ist eine der originellsten Leistungen der scholastischen Logik des 12. und 13. Jh. WILHELM VON SHYRESWOOD unterscheidet eine materiale von einer formalen Supposition. In dem Satz »Paris hat fünf Buchstaben« supponiert das Subjekt »Paris« material, dagegen in dem Satz »Paris ist eine Stadt« formal. WILHELM VON OCKHAM definiert die Supposition als »eine Eigenschaft, die dem Terminus zukommt, aber nie anders als in einer Aussage«. Die Unterscheidung formale/materiale Supposition entspricht weitgehend der moderneren Unterscheidung ↑Metasprache/Objektsprache.

Syllogistik [zu griech. syllogistikḗ téchnē »Kunst des Schlüsseziehens«]: von ARISTOTELES begründete und von der Scholastik ausgebaute Lehre vom (richtigen) Schließen in syllogistischer Form, das Kernstück der traditionellen Logik. Beim Schließen in syllogistischer Form wird aus zwei Prämissen auf eine Konklusion geschlossen. Ist der Schluss gültig, liefert er also zu wahren Prämissen eine wahre Konklusion, so heißt er **Syllogismus.** Als Prämissen werden nur Aussagen folgender Satztypen zugelassen: »Alle *M* sind *P*« (*MaP;* universell bejahendes Urteil), »kein *M* ist *P*« (*MeP;* universell verneinendes Urteil), »einige *M* sind *P*« (*Mip;* partiell bejahendes Urteil) und »einige *M* sind nicht *P*« (*MoP;* partiell verneinendes Urteil). Der Zusammenhang zwischen diesen vier Beziehungen lässt sich in Form eines logischen Quadrats darstellen (siehe Abb.).

Syllogistik

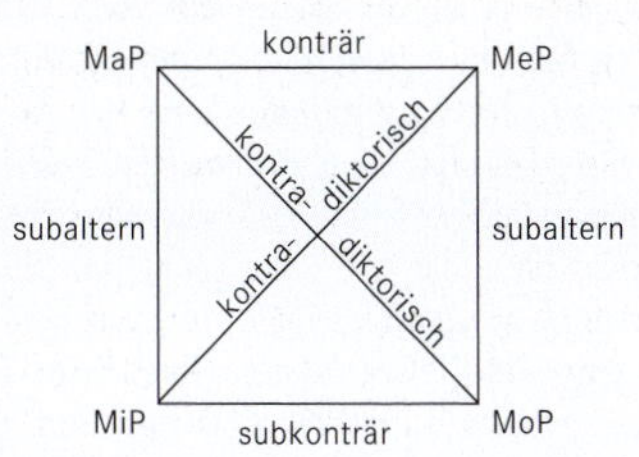

Nach der Stellung des Mittelbegriffs, der in beiden Prämissen vorkommen muss, lassen sich vier Grundfiguren des Syllogismus unterscheiden. Durch Einsetzen jener vier logischen Beziehungen werden die sog. Modi gebildet. Insgesamt gibt es $4^3 = 64$ Modi in jeder Grundfigur, zusammen also 256. Von diesen sind 24 gültig, d. h. Syllogismen (je 6 in jeder Grundform). Im Mittelalter hat man Fantasienamen für die Modi erfunden und sie in Merkversen festgehalten. Die drei Vokale der Namen geben in der Reihenfolge Prämissen – Konklusion den jeweils für die Gültigkeit erforderlichen Satztyp an, während die Konsonanten der Merkwörter der 2. bis 4. Grundfigur für bestimmte Transformationen stehen, die jeden gültigen Modus dieser Figuren auf einen der ersten zurückzuführen gestatten. So bedeutet z. B. der Modus »B*a*rb*a*r*a*« (1. Grundfigur) den folgenden Schluss:

MaP Alle Menschen sind sterblich.
SaM Alle Deutschen sind Menschen.
SaP Alle Deutschen sind sterblich.

Der Modus »F*e*l*a*pt*o*n« (3. Grundfigur) ist ebenfalls ein Syllogismus:

MeP Kein Mensch ist unsterblich.
MaS Alle Menschen sind Lebewesen.
SoP Einige Lebewesen sind nicht unsterb lich.

Der Modus »B*a*rb*a*r*e*« jedoch ist kein Syllogismus:

MaP Alle Menschen sind sterblich.
SaP Alle Deutschen sind Menschen.
SeP Kein Deutscher ist sterblich.

Die Merkwörter der gültigen Modi sind:

1. Grundfigur: Barbara, Barbari, Celarent, Celaront, Darii, Ferio
2. Grundfigur: Baroco, Camestres, Camestrop, Cesare, Cesaro, Festino
3. Grundfigur: Bocardo, Darapti, Datisi, Disamis, Felapton, Ferison

4. Grundfigur: Bamalip, Camenes, Camenop, Dimaris, Fesapo, Fresison.
Das syllogistische Schließen stellt aus moderner Sicht einen Spezialfall des Schließens in der Prädikatenlogik dar. Bis zu deren Entwicklung (durch GOTTLOB FREGE, 1879) war die Syllogistik das einzige aufgearbeitete Teilgebiet der Logik. Das hatte großen Einfluss auf den Stil der älteren Philosophen, die oft in Form von Syllogismen geschrieben haben. Neben der hier dargestellten assertorischen Syllogistik hat die Tradition auch einige andere Arten von Syllogismen, z. B. hypothetische und modale, untersucht. Hypothetische Syllogismen enthalten mindestens eine Prämisse der Form »*M* ist *P*, falls *S* gleich *R* ist«, während die in modalen Syllogismen auftretenden Sätze (apodiktische Schlüsse) Modaloperatoren wie »möglich« und »notwendig« enthalten. Ein Syllogismus mit hypothetischem Obersatz und disjunktivem Untersatz wird als ↑Dilemma bezeichnet.

Symbol [griech. »Kennzeichen«, »Zeichen«]: allgemein ein wahrnehmbares Zeichen bzw. Sinnbild (Gegenstand, Handlung, Vorgang), das stellvertretend für etwas nicht Wahrnehmbares (auch Gedachtes bzw. Geglaubtes) steht. Im engeren Sinne ist Symbol jedes Schrift- oder Bildzeichen mit verabredeter oder unmittelbar einsichtiger Bedeutung, das zur verkürzten oder bildhaften Kennzeichnung und Darstellung z. B. eines Begriffs, Objekts, Verfahrens, Sachverhalts verwendet wird. In diesem Sinne spielen Symbole nicht nur in Religion, Kunst und Literatur eine wichtige Rolle, sondern auch in den Naturwissenschaften (z. B. chemische und mathematische Symbole, Zeichen für physikalische Größen), in der neueren Logik und Sprachphilosophie, in der Technik (z. B. Schaltzeichen) sowie im täglichen Leben (z. B. Piktogramme, Verkehrszeichen u. a.).
In der neueren Philosophie ist der Symbolbegriff v. a. im Werk ERNST CASSIRERS von zentraler Bedeutung. CASSIRER sieht die grundlegende Bestimmung des Menschen in seiner Eigenschaft als »animal symbolicum«, d. h. als Symbole bildendes und verwendendes Wesen. Die Voraussetzung einer nicht symbolischen »tatsächlichen« Welt ist nach CASSIRER eine unsinnige und unkritische Annahme. Es gibt grundsätzlich keinen unmittelbaren, sondern nur einen vermittelten, auf das Bindeglied des Zeichens angewiesenen Gegenstandsbezug.

Symbol: Friedenstaube

Symmetrie [griech. »Gleichmaß«]: In der platonischen und neuplatonischen Philosophie wird der Begriff Schönheit mit Symmetrie verbunden. Ein Ding ist dann schön, wenn seine Teile zueinander und zum Ganzen in einem Gleichmaß stehen. Symmetrie ist ferner eine Eigenschaft einer Relation: Sie liegt vor, wenn die Relate vertauschbar sind (wenn »*a* gleich *b*« gilt, dann auch »*b* gleich *a*«), dagegen heißt eine Relation antisymmetrisch, wenn bei Vertauschung der Relate die Umkehrrelation gilt (wenn »*a* größer *b*«, dann »*b* kleiner *a*«). Insbesondere ist beim relationalen Begriff der ↑Zeit die Relation »früher als« antisymmetrisch.

Sympathie [griech. »Mitempfinden«]: Während in der Alltagssprache Sympathie eine Zuneigung, eine positive Gefühlsreaktion gegenüber Personen, Dingen oder Ideen bezeichnet, hat sie im philosophischen Sprachgebrauch darüber hinaus die Bedeutung von Einfühlen in den Gemütszustand anderer, Mit-Leiden und Mit-Erleben der Gefühle anderer. Für DAVID HUME wie für andere Vertreter einer nicht kognitivistischen Ethik (↑Nonkognitivismus) ist diese Sympathie (engl. »fellow-feeling«) die Grundlage für ethisches Verhalten, da aus ihr die sittliche Verpflichtung entsteht, das Wohl der Mitmenschen zu fördern. Gründen sich ethische Normen und Werturteile auf das Gefühl der Sympathie und nicht auf die Vernunft, ergibt sich das Problem, dass man bei sich widersprechenden moralischen Urteilen keine Möglichkeit hat, argumentativ gegen eines der beiden Urteile vorzugehen.

synonym [griech.-spätlat. »von gleichem Namen«]: die Eigenschaft zweier Wörter (oder Wortgruppen), bedeutungsgleich oder zumindest bedeutungsähnlich zu sein, z. B. »Feld« und »Acker«, »Geige« und »Violine«. Ein Kriterium für Synonymität ist die Austauschbarkeit »salva veritate« (d. h., ohne dass sich der Wahrheitswert des Satzes ändert).

Syntax [griech. »Anordnung«, »Zusammenstellung«]: Als Teilgebiet der Grammatik erforscht die Syntax die in einer Sprache zulässigen Verbindungen von Wörtern zu Wortgruppen und Sätzen hinsichtlich ihrer äußeren Form, ihrer inneren Struktur sowie ihrer Funktion bzw. Bedeutung. Die traditionelle Syntax war bis ins 19. Jh. stofflich heterogene »Mischsyntax«. Sie beschrieb einerseits Bedeutung und Gebrauch der Wortarten und Wortformen (Kasus, Tempora u. a.), andererseits fragte sie nach der Funktion des Satzes und seiner Hauptteile Subjekt und Prädikat. Die neuere »funktionale Syntax« grenzt die Satzlehre von der Wortlehre ab und beschreibt Form und Funktion v. a. der Satzarten, Satzglieder, Satzgefüge, Wortarten und Satzreihen. Als Synonym zu »Syntaktik« bezeichnet »Syntax« dasjenige Teilgebiet der ↑Semiotik, das sich mit den Beziehungen zwischen den Zeichen untereinander befasst.

Synthese [griech. »Zusammenstellung«]: allgemein die Zusammenfügung, Verbindung einzelner Teile zu einem Ganzen, einer Einheit; philosophisch (in Erkenntnistheorie und Logik) im Gegensatz zur ↑Analyse die Verknüpfung von Vorstellungen, Begriffen oder gegensätzlichen Aussagen (↑These, ↑Antithese) miteinander.

Kant bezeichnet jegliche »Verbindung des Mannigfaltigen« der sinnlichen oder nicht sinnlichen Anschauung als »Verstandeshandlung« der »Synthesis«. Diese Verbindung als eine Vorstellung, »die nicht durch Objekte gegeben, sondern nur vom Subjekte selbst verrichtet werden kann«, zeitigt die »synthetische Einheit des Mannigfaltigen«. Sie wird ermöglicht durch die Vorstellung der Einheit, die in dem »Ich denke« gründet, das »alle meine Vorstellungen begleiten können« muss und aufgrund dessen ich die Mannigfaltigkeit der Vorstellungen zugleich einheitlich als meine Vorstellungen identifiziere.

Eine besondere Bedeutung hat die spekulative Synthese v. a. in der ↑Dialektik Hegels als logisch notwendiger Schritt der Aufhebung (↑aufheben) des Gegensatzes von These und Antithese in einer höheren, Synthese genannten Einheit.

synthetisch: Im Anschluss an Kant werden Aussagen, Sätze oder (wie bei Kant selbst) Urteile synthetisch genannt, deren Wahrheit nicht ausschließlich aus rein sprachlichen Gründen feststeht (Gegensatz: ↑analytisch). Synthetische Aussagen sind – außer im Fall der synthetischen Aussagen a priori – bezüglich ihrer Wahrheit immer vom Zustand der Welt abhängig. Um aber diesen zu kennen, bedarf es der ↑Anschauung und darauf aufbauend der ↑Erfahrung, kurz: des Wissens um Tatsachen. Alle empirischen Wissenschaften enthalten synthetische Sätze, die von Kant auch Erweiterungsurteile genannt werden, weil in ihrem Fall – z. B. der Elementaraussage $N \varepsilon P$ – das Prädikat P nicht im Subjekt N enthalten ist. Unser Kenntnisstand wird erweitert um die

Einsicht, dass *P* dem *N* zukommt; z. B.: Quecksilber ist flüssig; der Fliegenpilz ist giftig.

Neben den geschilderten **synthetischen Urteilen a posteriori** nahm KANT auch **synthetische Urteile a priori** an. Solche liegen seiner Ansicht nach der Mathematik und Teilen der Naturwissenschaften zugrunde. Sein Argument hierfür ist, dass z. B. die arithmetische Identität $5+7 = 12$ einerseits nicht analytisch sein kann, da sie nicht durch Begriffsanalyse bewiesen werden kann, andererseits aber erfahrungsunabhängig ist (sie kann z. B. nicht durch »Nachzählen« bestätigt werden). Solche Urteile beruhen auf ↑reiner Anschauung (↑Anschauungsformen), was ihre Synthezität ermöglicht. Diese Lehre KANTS wurde immer wieder (und wird immer noch) angegriffen. Allerdings bleibt unbestritten, dass gerade die von KANT vorgenommene Kombination der Begriffspaare synthetisch/analytisch und ↑a priori/a posteriori eine wichtige philosophische Leistung darstellt.

System [griech. »aus mehreren Teilen zusammengesetztes, gegliedertes Gebilde«]: Eine Eigentümlichkeit klassischer Philosophien ist es, Wissen als System zusammenstellen zu wollen, um Wissen als ein Ganzes wiederum als Gegenstand des Wissens zu haben. Als Höhepunkt von Systembemühungen kann der Idealismus angesehen werden. KANT bestimmt den Begriff des Systems als »die Einheit der mannigfaltigen Erkenntnisse unter einer Idee« und als »ein nach Prinzipien geordnetes Ganzes der Erkenntnis«. Ähnlich dem ↑Organismus ist es eine »für sich bestehende Einheit..., in welcher ein jedes Glied, wie in einem organisierten Körper, um aller anderen und alle um eines willen da sind«. Für JOHANN GOTTLIEB FICHTE ist das »System der Freiheit« die Form, in der sich das Wissen selbst weiß. Damit wird, wie auch dann bei HEGEL, System als Darstellung des Absoluten begriffen. Dass diese Darstellung selbst wieder in einer absoluten Form geschehen soll, ist bei HEGEL die Grundlage der ↑Dialektik bzw. seines »spekulativen« Systems: So bemüht er sich, ins System der Philosophie auch die Natur und die Geistesgeschichte aufzunehmen, und zwar so, dass der »Anfang« des systematischen Gedankenganges zugleich auch das »Prinzip des Fortgangs« ist und das »Ende« (der absolute Geist) sich als das nunmehr »sich selbst wissende Wissen« mit dem Anfang (Sein) zusammenschließt. Nach HEGEL hat man die Hoffnung auf ein Gelingen von philosophischen Systemen aufgegeben, v. a. weil es unmöglich scheint, dass ein einzelner Philosoph alles Wissen und alle Denkmöglichkeiten überblicken kann.

Die Natur als ein System zu begreifen ist eine Bemühung der Naturwissenschaft seit Beginn der Neuzeit bis heute. Dies hatte eine immense Anstrengung zur Folge, Erscheinungen und Klassen von Erscheinungen der Natur hinsichtlich des Allgemeinen und Besonderen in Klassifikationssystemen zusammenzufassen (↑Hierarchie, ↑Ordnung), von der frühen Biologie bis in die moderne Elementarteilchenphysik. ↑Kybernetik und die Theorie irreversibler Prozesse führten zur Entdeckung selbstorganisierender Systeme auch in anorganischer Materie. Solche Systeme können die Prozesse, mit denen sie ihre Wechselwirkung mit der Umgebung regulieren, selbst wiederum regulieren. Bei einem **geschlossenen System** hat jedes Element (das selbst wieder ein Teilsystem sein kann) nur Wechselwirkung mit anderen Elementen desselben Systems. Bei einem **offenen System** gibt es »Rand«-Elemente, die auch mit der Umgebung des Systems wechselwirken. In der Natur kann es wirklich geschlossene Systeme nicht geben. Man betrachtet aber oft Systeme (z. B. Planetensysteme) als unabhängig von äußeren Wechselwirkungen, um ihre mathematische Beschreibung zu vereinfachen.

Systematik: Anordnung von Aussagen über einen bestimmten Gegenstandsbereich oder von solchen Gegenständen selbst nach einem leitenden Gesichtspunkt oder nach bestimmten Relationen.

Systemtheorie: Teilgebiet der theoretischen Informatik, das sich mit den Eigenschaften und Bezeichnungen von formalen Systemen sowie mit deren Beeinflussbarkeit beschäftigt. In den letzten Jahren werden systemtheoretische Ansätze zunehmend in der Sozialphilosophie diskutiert. Bekannt geworden ist die Auseinandersetzung v. a. zwischen NIKLAS LUHMANN und JÜRGEN HABERMAS unter dem Titel »Theorie der Gesellschaft oder Sozialtechnologie?«.

Szientismus [zu lat. scientia »Einsicht«, »Wissen«]: innerhalb der philosophischen Methodendiskussion des 20. Jh. derjenige Wissenschaftsansatz, der sich neben der Mathematik weitgehend an den Methoden der sog. exakten Wissenschaften, v. a. der empirischen Naturwissenschaften (z. B. Physik), orientiert und versucht, deren Ideale auf die Theoriebildung in den Geistes- und Sozialwissenschaften zu übertragen. Die szientistische Einstellung bezieht sich dabei weniger auf eine konkrete Schule oder einzelne erklärte Vertreter des Szientismus – solche gibt es bis heute streng genommen nicht –, sondern auf eine weitverbreitete Grundtendenz, die wohl am ehesten noch die derzeitige Wissenschaftstheorie repräsentiert.

Der Begriff wurde v. a. im Rahmen des sog. **Positivismusstreits** Mitte der 1960er-Jahre von den Vertretern der kritischen Theorie (u. a. THEODOR W. ADORNO, JÜRGEN HABERMAS) als umfassender Vorwurf gegenüber dem kritischen Rationalismus (z. B. KARL POPPER) bzw. dem ↑logischen Empirismus aktuell. Dabei wurde aus einer gesellschaftskritischen Sicht heraus ebenso das wissenschaftliche Postulat der Wertfreiheit moniert wie darüber hinaus der gesamte Urteils- bzw. Wahrheitsbegriff der exakten Wissenschaften insofern, als diese »für Wahrheit nehmen, was bloß ihre Methoden sind«. Am deutlichsten offenbart sich die szientistische Grundhaltung des 20. Jh. allerdings dort, wo mehr oder weniger unreflektiert, etwa im alltäglichen oder journalistischen Sprachgebrauch, der Begriff von Wissenschaft(lichkeit) oft stillschweigend gleichgesetzt wird mit dem der Naturwissenschaften.

T

Taoismus: eine der frühen Hauptströmungen der ↑chinesischen Philosophie. Das älteste schriftliche Dokument dieser Lehre ist das Tao-Te-King (dao-de jing) des LAOTSE, der auch als ihr Begründer gilt und wahrscheinlich im 6. Jh. v. Chr. gelebt hat. Über den zentralen Begriff »Dao« (Tao; als Vokabel »Weg«) sagt LAOTSE als Erstes, dass jede Aussage über ihn, und überhaupt, wenn man ihn als Begriff fassen will, notwendig in die Irre führt. Als kosmologischer Begriff ist »Dao« einerseits Ursprung, Anfang und Prinzip der Welt (»Mutter alles Seienden«), andererseits aber auch das »Medium«, in dem sich Welt abspielt, und Prinzip aller Entwicklung und Prozessualität überhaupt. Als ein religionsphilosophischer Begriff verbindet »Dao« individuelles Leben und Handeln unmittelbar mit überindividuellem, ewigem, unveränderlichem Sein, sodass »Dao« zugleich auch eine Weise des In-der-Welt-Seins ist. Als Art und Weise des Handelns manifestiert sich »Dao« im »wu wei« (wörtlich: »Nicht-Tun«): Der Weise bzw. der in die Lehre Eingeweihte »bewirkt, ohne zu handeln«, und »belehrt, ohne zu reden«. So ist auch vernünftiges politisches Handeln dadurch gekennzeichnet, dass das Volk weder von der Tätigkeit noch von der Anwesenheit des Herrschers etwas bemerkt. Wie jede Art von Mystik formuliert sich auch diese Lehre in einer meist paradoxen Sprache. Dies zeigt sich v. a. in der Schwierigkeit der Interpretation des »wu wei«, etwa wenn das »Nicht-Tun Tun« (wei wu wei) empfohlen wird. In einer anschaulichen und bilderreichen Sprache weist LAOTSE auf die dem menschlichen Denken und Handeln immanente Dialektik hin. So z. B. provoziert der Begriff des Schönen den des Hässlichen, ohne Besitz gibt es keine Diebe, ohne Sittlichkeit keine Verwerflichkeit, ohne Selbstbehauptung keine Verachtung. Der Taoismus hatte wesentlichen Einfluss auf die Entwicklung des ↑Zen.

Tapferkeit: nach ARISTOTELES die menschliche Tugend zu leiden und zu handeln »wie es sich gebührt und die Vernunft vorschreibt«; gilt als eine der ↑Kardinaltugenden. Vor allem gilt ein Mensch dann als tapfer, wenn er ein als richtig erkanntes Ziel bzw. eine für richtig gehaltene Haltung auch dann nicht aufgibt, wenn das Verfolgen dieses Ziels bzw. die Einnahme dieser Haltung Gefahren (bis hin zum Tod) oder Beeinträchtigungen mit sich bringt. Der Gegensatz zur Tapferkeit ist die Feigheit.

Tathandlung: von JOHANN GOTTLIEB FICHTE in seiner »Wissenschaftslehre« gebildeter Grundbegriff für die »transzendentalen Urhandlungen des Ich«, die jeder Erkenntnis vorausgehen. Ausgehend von KANTS ursprünglicher Einheit des ↑Selbstbewusstseins und der ↑Selbstaffektion entfaltet FICHTE darüber hinaus den dieser Einheit zugrunde liegenden Handlungs- bzw. Willenscharakter. Die drei Tathandlungen des absoluten Ich sind das Sich-identisch-Setzen des Ich, das aller Identität vorausgeht, das Gegensetzen des Nicht-Ich als Voraussetzung für die Erkenntnis von Welt sowie das Teilbarsetzen von Ich und Nicht-Ich im absoluten Ich zur Ermöglichung der Einheit beider.

Tatsache: ein wirklicher ↑Sachverhalt. Jede Aussage stellt einen Sachverhalt dar, aber nur die wahre Aussage eine Tatsache. Die traditionelle Redeweise, wahre Aussagen müssten »mit den Tatsachen übereinstimmen«, erweckt den Anschein, als seien Tatsachen so etwas wie vorfindliche, »sprachunabhängige« Dinge, denen sich die menschliche Rede gegenüber befindet und dann anzumessen sucht. In Wahrheit sind die Tatsachen nur unabhängig von bestimmten Aussagen, indem sie eben durch verschiedene Aussagen dargestellt werden können (wie jeder beliebige Sachverhalt). Tatsachen, ebenso wie Sachverhalte, »gibt es« keineswegs unabhängig von den Aussagen, durch die sie dargestellt bzw. gesetzt werden.

Tautologie [griech. »Wiederholung des bereits Gesagten«]: im weiteren Sinn jede ↑analytische Aussage, deren Prädikat den Subjektbegriff nur erklärt (z. B. »Jede gerade Zahl ist durch 2 teilbar«), auch ein pleonastischer Ausdruck, der einen Sachverhalt doppelt wiedergibt (z. B. »weißer Schimmel«); im engeren Sinn eine logische Wahrheit der klassischen Aussagenlogik, die allein aufgrund ihrer logischen Form wahr ist (z. B. $A \vee \neg A$, $\neg(A \wedge \neg A)$).

Tẹchnik [zu griech. téchnē »Kunst«, »Wissenschaft«, »Handwerk«]: ursprünglich (z. B. bei ARISTOTELES) Bezeichnung für ein überliefertes Verfahrenswissen (»know how«), z. B. im Handwerk (die Technik des Glasblasens), in der Kunst (Maltechniken) oder im Alltag (Verkaufstechniken). Technik in diesem Sinne beruht also auf einem reinen Wissen, *dass* (im Unterschied zum Wissen, *warum* der Wissenschaften). Heute versteht man unter Technik alle Mittel (Werkzeuge, Maschinen) und Verfahren, die vom Menschen erfunden wurden und die unter bewusster Ausnützung der Naturgesetze zur Umgestaltung der Welt benutzt werden. Technik ist somit immer zweckgebunden. Ihr gegenüber steht die Natur als der Bereich, der vorgefunden wird und der um seiner selbst willen und nicht als Mittel zum Zweck vorhanden ist. Die Natur ist »Vorhandenes«, während die Technik »Zuhandenes« darstellt.

Philosophisch bedeutsam ist die Technik, ähnlich der Kunst in dieser Hinsicht, als ein Bereich der Selbstverwirklichung des Menschen. Während aber die Kunst früh philosophische Beachtung fand (↑Ästhetik), wurde die Technik weitgehend ignoriert. Eine Ausnahme bildet der Marxismus, der in ihr stets ein Hilfsmittel für die Befreiung von äußeren Zwängen sah. MARTIN HEIDEGGER fasst das Wesen der Technik im Begriff des Gestells. Seit dem ausgehenden 20. Jh. werden die philosophischen Aspekte der Technik v.a. im Zusammenhang mit der Umweltproblematik und der möglichen Selbstvernichtung der Menschheit diskutiert. Eine Kernfrage lautet: »Ist es zulässig, alles technisch Machbare auch zu verwirklichen?« Der Technik als Quelle der Bedrohung steht die Technik als Träger menschlicher Hoffnung auf ein besseres Leben gegenüber, wie sie eindrucksvoll von ERNST BLOCH in seinem »Prinzip Hoffnung« formuliert worden ist.

Teil/Ganzes: Ein Ganzes kann aus mehreren gleichartigen (dann nennt man es »homogen«) oder auch nicht gleichartigen Teilen zusammengesetzt sein (»heterogen«). Es entsteht immer die Frage, ob das Ganze nichts anderes als die Summe seiner Teile sei (»additive Auffassung«) oder ob es mehr sei (»ganzheitliche Position«). Ist das Letztere der Fall, so zeigt die Ganzheit Merkmale, die die Teile nicht aufweisen (z.B. zeigen H_2O-Moleküle Eigenschaften, die weder H noch O besitzen). Für den Mechanismus ist eine ausgesprochen additive Auffassung kennzeichnend. In vielen Erfahrungswissenschaften gibt es die Auseinandersetzung; ob das Ganze nur als Vereinigung

Technik: In der griechischen Antike bedeutete »téchné« zunächst die Fertigkeit, etwas Bestimmtes in Handwerk, Wissenschaft oder Kunst zu erreichen (»Penelope am Webstuhl mit ihrem Sohn Telemach«; Vasenmalerei, 425 v.Chr.).

seiner Teile verfügbar, oder ein Teil nur bezüglich auf ein Ganzes festgelegt ist. Diese paradoxe Struktur veranlasste KANT, die Beziehung Teil/Ganzes unter die ↑Antinomien einzureihen.

Teilhabe: ursprünglich ein Begriff der platonischen Ideenlehre, der das Verhältnis von den Ideen (der Einheit) zu den Einzeldingen der Welt der Erscheinung (der Vielheit) kennzeichnet (↑Methexis). AUGUSTINUS betont dann den erkenntnistheoretischen Aspekt der Teilhabe, für die er den Begriff **Partizipation** einführt. Für ihn ist Erkenntnis die Partizipation an der Sicht der ewigen Wesenheiten im Geist Gottes.

Teleologie [zu griech. telos »Zweck«, »Ziel«]: von CHRISTIAN WOLFF eingeführte Bezeichnung für philosophische Lehren, deren Grundthese es ist, dass alle Geschehnisse (Naturereignisse, Verlauf der Geschichte, menschliches Handeln) auf ein bestimmtes, positiv zu bewertendes Ziel (Telos) gerichtet sind. Dieses Ziel kann, als Zweckursache verstanden (↑Causa), alle Handlungen, Bewegungen und Entwicklungen in der Welt erklären und ihnen gleichzeitig einen Sinn geben, da alles zur Realisierung dieses Ziels beiträgt bzw. als Bestimmung (Schicksal) gedeutet wird. Dann dient es sowohl zur ethischen Rechtfertigung und Beurteilung von Handlungen (teleologische Ethik) als auch zur Erklärung und zum Verständnis der Welt. Bei einer teleologischen Weltdeutung geht man davon aus, dass der gesamte ↑Kosmos kein ↑Chaos, sondern ein geordnetes Ganzes ist, in dem nichts zufällig geschieht, vielmehr alles einen bestimmten Sinn hat. Auch die Naturwissenschaften gehen davon aus, dass der Natur eine Ordnungsstruktur zugrunde liegt, deren Gesetzmäßigkeit sie zu entdecken versuchen. Bei ANAXAGORAS, HERAKLIT, PLATON und in der christlichen Theologie wird dieses sinngebende und von allem erstrebte Ziel als etwas Immaterielles (Logos, Idee, Gott) bestimmt, das außerhalb des sinnlich Wahrnehmbaren existiert und das Weltgeschehen »von außen« bestimmt. Dagegen vertreten ARISTOTELES und die Scholastik die Auffassung, dass das Ziel bereits in den Dingen selbst liegt (↑Entelechie, ↑Akt/Potenz). Alle natürlichen Prozesse und Entwicklungen können als Streben nach diesem spezifischen Ziel, d. h. nach Selbstverwirklichung, erklärt werden. Diese beiden unterschiedlichen Darstellungen des transzendenten und des immanenten Ziels versuchen THOMAS VON AQUIN und LEIBNIZ miteinander zu verbinden, indem sie davon ausgehen, dass sich in allem Seienden (also immanent) eine göttlich geprägte Idee bzw. ein Zweck (also etwas Transzendentes) befindet. KANT fordert, dass man die Welt so betrachten müsse, als ob sie von Zwecken bestimmt wäre, da die organische Welt nicht vollständig aus mechanischen Prinzipien erklärt werden kann. Der Zweck liegt also nach KANT nicht im Objekt, sondern wird durch das betrachtende Subjekt gesetzt, und die Teleologie hat eine regulative Funktion. Teleologische Überlegungen liegen auch vielen Gottesbeweisen zugrunde, die jedoch meist auf einem Zirkelschluss basieren.

teleologische Ethik: Teilbereich der normativen Ethik, deren Ziel es ist, Handlungsanweisungen für moralisch richtiges Verhalten aufzustellen. Diese Handlungsanweisungen lassen sich auf zwei grundsätzlich verschiedene Arten begründen: Entweder man weist nach, dass die Handlung selbst moralische Pflicht ist (↑deontologische Ethik), oder man argumentiert, dass die Handlung dem Erreichen eines als moralisch angesehenen Ziels dient. In diesem Fall verwendet man eine teleologische Begründung, d. h., man geht davon aus, dass die Handlung nicht um ihrer selbst willen getan wird, sondern um ein bestimmtes Ziel zu erreichen. In der teleologischen Ethik wird also nicht die Handlung selbst beurteilt, sondern ihre Folgen.
Zu den bekanntesten teleologischen Ethiken, die sich in der Bestimmung des zu erreichenden Ziels unterscheiden, gehören der ↑Utilitarismus sowie der ethische ↑Egoismus.

Term [frz. terme »Grenze«, »Endziel«]: Sammelbegriff für alle Ausdrücke eines logisch-formalen Systems, die sich auf Gegenstände beziehen (z. B. Gegenstandskonstanten, Kennzeichnungen). Terme haben immer benennende Funktion (↑Referenz), weshalb sie auch weder wahr noch falsch sein können.

Terminus [lat. »Grenze«, »Grenzstein«]: allgemein Fachausdruck, Fachwort (auch »Terminus technicus«). Ein Terminus ist ein explizit bestimmter Prädikator als Bauelement einer wissenschaftlichen Sprache. Gegenüber dem alltagssprachlichen Prädikator zeichnet sich der Terminus aus durch semantische Eindeutigkeit, durch seine Kontextunabhängigkeit, durch eine gewisse Freiheit von gefühls- oder assoziationsbedingten Konnotationen, durch stilistische

Neutralität. Zur Bestimmung von Termini unterscheidet man u. a. das exemplarische, das regulatorische und das definitorische Verfahren. Durch diese grundlegenden terminologischen Bestimmungsverfahren werden Termini verschiedenen Bestimmungsgrades einer überprüften Sprache gewonnen. Mit der Anwendung terminologischer Bestimmungen in geordneter Folge erhält man ein zulässiges und konsistentes System von Prädikatorenregeln in Form eines terminologischen Regelsystems, d. h. eine **Terminologie.**

In den Geisteswissenschaften, v. a. in der Philosophie, befindet sich die Terminologie durch Neuinterpretation alter Termini und ihre Ersetzung durch neue, häufig modische Termini sowie Einführung von Neubildungen und Fremdwörtern in einem steten Prozess des Wandels. Die Frage, wie die Bedeutung der mit wissenschaftlichem Anspruch verwendeten Prädikatoren eindeutig zu bestimmen ist, ist ein zentrales Problem der Wissenschaftstheorie (↑Definition).

Tẹrtium Comparatiọnis [lat. »das Dritte des Vergleichs«]: Bezeichnung der traditionellen Logik für einen Bezugspunkt, für das Gemeinsame (»Dritte«), hinsichtlich dessen zwei Personen, Gegenstände oder Sachverhalte vergleichbar sind; z. B. werden zwei Schüler durch ihre Noten oder auch durch ihre sportlichen Leistungen vergleichbar.

Tẹrtium nọn dạtur [lat. »ein Drittes gibt es nicht«] **(Satz vom ausgeschlossenen Dritten):** Prinzip der klassischen (im Unterschied zur nicht klassischen) Logik, das in seiner Fassung bei ARISTOTELES lautet: Zwischen den Entgegengesetzten der Kontradiktion ist kein Mittleres. In der Aussagenlogik heißt das (logisch wahre) Aussageschema $A \vee \neg A$ Tertium non datur. Äquivalent ist damit das Bivalenzprinzip: Eine ↑Aussage ist entweder wahr oder nicht wahr. Der Satz vom ausgeschlossenen Dritten ist seit der Antike Gegenstand heftiger Kontroversen. Schon ARISTOTELES zweifelte im Zusammenhang mit Aussagen über Zukünftiges an seiner Gültigkeit. Im modernen Grundlagenstreit der Mathematik spielt dieses Prinzip eine entscheidende Rolle: Die Gegner der klassischen Auffassung verwerfen es für bestimmte unendliche Grundbereiche *G* (allerdings nicht für alle!). Nach ihrer Meinung ist es nur dann sinnvoll, davon auszugehen, dass ein Prädikat einem Gegenstand zukomme, wenn das effektiv nachprüfbar ist. Die Opposition gegen den Gebrauch des Tertium non datur war Anlass für die Entwicklung nicht klassischer Logiken, z. B. der dialogischen Logik (↑Dialog).

Test

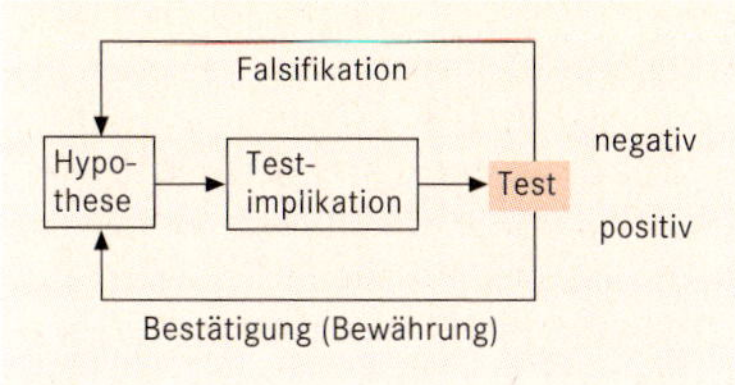

Tẹst [engl.; zu altfrz. test »Tiegel für alchimistische Experimente« (zu lat. testum »Geschirr«)]: allgemein Untersuchung, Probe, Prüfung eines Geltungsanspruchs. In den induktiv verfahrenden Wissenschaften, z. B. in den Naturwissenschaften, dienen Tests dazu, unter herstellbaren Bedingungen gesetzesartige ↑Hypothesen oder daraus abgeleitete Folgerungen **(Testimplikation)** zu prüfen. Die dabei verwendeten Verfahren variieren von der einfachen Beobachtung bis zum gezielt entworfenen ↑Experiment. Der negative Ausgang eines Tests kann als ↑Falsifikation der zu prüfenden Annahme, ein positives Resultat hingegen als ↑Bestätigung (oder ↑Bewährung, je nach Standpunkt) betrachtet werden. Oft lassen sich Hypothesen nicht direkt prüfen, da ihr Gehalt keiner Beobachtung zugänglich ist (z. B.: »Zwischen

t

Massen herrschen Anziehungskräfte«). Dann müssen erst Testimplikationen abgeleitet werden (z. B.: »Wenn ein Stein hochgehoben und losgelassen wird, fällt er – infolge der Erdanziehung – zu Boden«).

Thales von Milet, griechischer Naturphilosoph, *Milet um 625 v. Chr., †um 547 v. Chr.: Mit seiner Annahme, dass der Ursprung (Arche) aller Dinge das Wasser sei, begründete Thales die ionische Naturphilosophie. Da er Naturphänomene nicht mythisch, sondern rational zu erklären versuchte, gilt er heute als der erste »Philosoph« der griechischen und europäischen Denktradition. Über Leben und Werk ist wenig Gesichertes bekannt. Zugeschrieben werden ihm einige geometrische Erkenntnisse wie der »Satz des Thales«, der besagt, dass alle Winkel, deren Scheitel auf einem Halbkreis (»Thaleskreis«) liegen und deren Schenkel mit dem Kreisdurchmesser ein Dreieck bilden, rechte Winkel sind. THALES wurde seit dem 5. Jh. zu den »sieben Weisen« gezählt, jenen Staatsmännern und Philosophen, die als Vorbilder an Weisheit galten.

Theismus [zu griech. theós »Gott«]: Richtung innerhalb der philosophischen Theologie, der im Gegensatz zum ↑Deismus die Vorstellung zugrunde liegt, dass eine persönlich wirkende göttliche Macht die Welt geschaffen hat, sie erhält und lenkt, d. h. mit dem Menschen und der Geschichte in Verbindung steht. Von dieser Bedeutung her gesehen ist die Bezeichnung auf unterschiedliche theologische Positionen (Mono-, Pan- oder Polytheismus) anwendbar. Gegenbegriff zu Theismus ist ↑Atheismus.

Theodizee [zu griech. theós »Gott« und díkē »Gerechtigkeit«]: von LEIBNIZ (»Essais de Théodicée«, 1710) in die Philosophie eingeführter Begriff: der Versuch einer Rechtfertigung Gottes angesichts des von ihm trotz seiner unendlichen Allmacht und Güte zugelassenen Leidens und Bösen in der Welt (Naturkatastrophen, menschliches Unglück und Qualen durch Krankheit und Tod, Folter, Mord und Krieg, Verleumdung, Hass und Neid). Im 19. Jh. zeitweilig in einem erweiterten Sinn Bezeichnung für die Gesamtheit der Probleme philosophischer Gotteserkenntnis, soweit sie sich im Begründungsrahmen der faktisch ausgewiesenen Welt bewegen. Etwa: Inwieweit ist eine Erkenntnis Gottes aus der Natur heraus möglich, inwieweit auf der (alleinigen) Grundlage der menschlichen Vernunft? Das Grundmotiv der Theodizee tritt in fast allen Religionen auf, wird jedoch erst durch die Konfrontation von christlicher Frömmigkeit mit griechischer Philosophie zu einem bedeutenden Problem. So definiert KANT Theodizee als »die Verteidigung der höchsten Weisheit des Welturhebers gegen die Anklage, welche die Vernunft aus dem Zweckwidrigen in der Welt gegen jene erhebt«.

Traditionell sind es vier im Anschluss an EPIKUR erstmals von LACTANTIUS gestellte Ausgangsfragen, die bis heute wegweisend geblieben sind. Nach ihnen lassen sich die zahlreichen Lösungsangebote im Wesentlichen gruppieren.

1. Gott will und kann das Übel in der Welt verhindern: Dem folgen die strikt theistischen Auffassungen, die im unerschütterlichen Glauben an die Allmacht Gottes den einzigen Grund für das menschliche Dasein in der Welt sehen. Gerade gegen diese Position aber spricht die alltägliche Erfahrung.
2. Gott will zwar, aber er kann das Übel nicht beseitigen: Dem liegt eine dualistische Sichtweise zugrunde, wonach es in der Welt zwei gleichberechtigte und ewig widerstreitende Kräfte z. B. des Guten und Bösen gibt (JAKOB BÖHME).
3. Er kann, aber er will es nicht: Dem folgt für die christliche Kirche bis heute richtungweisend v. a. AUGUSTINUS, wenn er relativierend von dem Übel als einem blo-

ßen »Mangel an Gutem« (eine Art Schöpfungsdefekt) spricht, dem keine eigentliche Ursache zukommt, das von Gott aber aus Respekt vor der menschlichen Entscheidungsfreiheit in der Regel schlicht zugelassen wird. In diesem Zusammenhang steht auch alles Sühne- und Erlösungsdenken, d.h., die Welt wird begriffen als ein notwendiger Durchgang durch das Böse hindurch zu einem höheren Gut.

4. Weder kann noch will Gott das Übel in der Welt verhindern: Diese Einstellung entspricht v.a. der optimistischen Stimmung der Aufklärung. Sie ist von besonderem philosophischen Interesse, da sie eine wesentliche Kompetenzbeschneidung der Allmacht Gottes vorbereitet und damit implizit zu einer Aufwertung der menschlichen Rationalität, ihrem erklärten Willen zur Selbstverantwortung und ihrer Menschheitsgeschichte führt. In diesem Sinn prägte LEIBNIZ die Formel von der »bestmöglichen aller Welten«. Beeindruckt hiervon zeigte sich auch HEGEL in seiner Rechtsphilosophie: »Es ist der Gang Gottes in der Welt, dass der Staat ist.« Andererseits führte sie aber auch zum Pessimismus, Nihilismus und Atheismus, etwa bei ARTHUR SCHOPENHAUER, der LEIBNIZ' Formel zur »schlechtmöglichsten aller Welten« umkehrte, oder (stellvertretend für eine v. a. seit dem 20. Jh. weitverbreitete Grundstimmung) bei ALBERT CAMUS: »Ich werde mich bis in den Tod hinein weigern, die Schöpfung zu lieben, in der Kinder gemartert werden.«

Theologie [griech. »Rede, Lehre von Gott«]: Der Begriff Theologie ist erstmals bei PLATON bezeugt, für den er Aufdeckung des Wahrheitsgehalts der von allen Abstrusitäten gereinigten religiösen Mythenerzählungen bedeutet. Dagegen nennt ARISTOTELES die Mythenerzähler selbst Theologen (im Unterschied zu den Philosophen), kennt aber darüber hinaus Theologie auch als philosophische Reflexion der metaphysischen Dimension. Wegen der Rückbezogenheit des Begriffs auf die hellenistische kultisch-mythische Tradition wurde er in den christlichen Sprachgebrauch erst allmählich einbezogen, endgültig wohl erst im 4./5. Jh. Selbst dann aber wurde er meist spezialisiert als »Lehre von Gott« gebraucht. Erst mit dem Beginn der Hochscholastik (etwa ab 1200) wurde er zum Oberbegriff für die wissenschaftliche Beschäftigung mit allen Gegenständen der christlichen Tradition: Theologie wurde zur »Glaubenswissenschaft«. In diesem Sinn wird die Bezeichnung Theologie bis heute benutzt.

Die christliche Theologie kann in dreifacher Weise als Wissenschaft verstanden werden:

1. Theologie als methodisch exakte Reflexion und Darlegung des sich auf JESUS CHRISTUS gründenden Glaubens an Gott. Hierbei wird im Glauben die Wahrheit der christlichen Sache (als offenbart) vorausgesetzt und in Auseinandersetzung mit den jeweiligen Wissenschaften (mit dem »Denken«) sich selbst und anderen gegenüber verantwortet (Apologetik). Allerdings geschah dies erst vollends mit der »kritischen Wende« der Neuzeit und dem Aufkommen der modernen Wissenschaften, dass die Theologie ihre Aussagen in der Auseinandersetzung mit kritischer Philosophie, Natur- und Humanwissenschaften entfaltet. Dadurch gelangte diese Art der Theologie zu einer radikalen systemimmanenten Kritik der Möglichkeit des Redens von Gott nach dem viel beschworenen »Ende der Metaphysik«.
2. Theologie als historische Wissenschaft. Hierbei wird nicht Gott zum Gegenstand der Theologie, sondern die historischen Gestaltformen, die das Reden von Gott im Verlauf der Geschichte gefunden hat.
3. Theologie als Erfahrungswissenschaft. Der Ausgangspunkt ist die kritische Erkenntnis, dass alles Reden von Gott auf

menschlicher religiöser Erfahrung beruht, die sich jeweils im Kontext der eigenen geschichtlichen Situation ausdrückt. Demnach gründet auch der christliche Glaube auf religiösen Erfahrungen, die Gesellschaften und Individuen anhand der Gestalt JESU realisiert und mit den Ausdrucksmitteln ihrer jeweiligen Sprache artikuliert haben. Von den anderen Erfahrungswissenschaften unterscheidet sich Theologie dann nur noch darin, dass in ihr »letzte« bzw. »erste« menschliche Erfahrungen reflektiert werden.

Theorem [griech.]: ↑Satz.

Theorie [zu griech. théa »das Anschauen«, »das Angeschaute« (verwandt mit theós »Gott«) und horáein »sehen«]: bei den antiken Griechen ein mit besonderer Würde ausgestatteter Modus des Erkenntniserwerbs, der nicht durch aktives Eingreifen und Handeln mit den Gegenständen (z.B. im Experiment) geprägt ist – bei dem also die Dinge im wörtlichen Sinne noch zu »begreifen« sind –, sondern eine Form der anschauenden, betrachtenden, rein gedanklichen Untersuchung: ein reines »Bedenken«. Das anschauende Moment galt als Merkmal des Göttlichen (noch bei NIKOLAUS VON KUES heißt es, Gott werde deshalb im Griechischen mit »theós« bezeichnet, »weil er auf alles immerfort schaue«); im »Schauen« galten Bereiche als zugänglich, die der sinnlichen Wahrnehmung verschlossen bleiben. Höchste Stufe ist bei ARISTOTELES die »Theorie der Theorie« oder das (an)schauend mit sich selbst beschäftigte Denken, das »Denken des Denkens«.

Heute versteht man unter einer Theorie jedes Gefüge von Aussagen, das sich einerseits durch Allgemeinheit (Form), andererseits durch das Übersteigen der bloßen Konstatierung eines Hier und Jetzt (Inhalt) auszeichnet. Eine Theorie in ausgearbeiteter Gestalt ist nicht nur zufälliges Ergebnis von Wissenschaft, sondern auch angestrebter Abschluss und ein Ideal, weil in ihr Wissen übersichtlich, einprägsam und deshalb informativ strukturiert werden kann.

Die Wissenschaftstheorie unterscheidet zwischen empirischen und deduktiven (euklidischen) Theorien. **Empirische Theorien** werden auf der Basis gut bestätigter Gesetzeshypothesen aufgebaut, die ihrerseits wiederum durch Verallgemeinerung (↑Induktion) aus Beobachtungssätzen hervorgehen und immer wieder – eventuell nach der Ableitung von Testimplikationen – an der Erfahrung geprüft werden (↑Test). Theorien können ↑Terme enthalten, die sich nicht direkt auf Beobachtbares beziehen; diese werden theoretische Terme genannt (z.B. »Kraft« oder »Feld« in der Physik; beide sind nur durch ihre Auswirkungen beobachtbar). Der Empirismus fordert, dass sich alle Bestandteile einer empirischen Theorie letztlich auf Beobachtbares zurückführen lassen (Reduktionismus). Dies wird heute allgemein als unmöglich betrachtet. Das Zusammenspiel von ↑Beobachtung und ↑Experiment, zusammengefasst unter den Begriffen Erfahrung und Theorie, gehört zu den wichtigsten Themen der Wissenschaftstheorie. Grundsätzlich geht es um die Frage, ob Theorien überhaupt *wahr* sein können oder ob Theorien nur mehr oder minder *erfolgreich* bei der Voraussage von Ereignissen sind. In letzterem Fall kann es möglicherweise mehrere, gleich gute Theorien geben.

Theorie

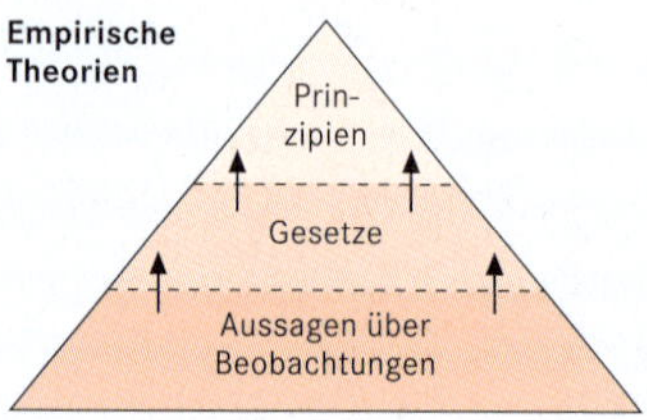

Neuere Forschungen haben zu der These geführt, dass es nicht miteinander vergleichbare Theorien über ein und denselben Gegenstand geben kann (↑inkommensurabel). Empirische Theorien beziehen ihren Gehalt (ihre Wahrheit, falls man eine solche anerkennt) aus Beobachtungen. Von dieser Grundlage ausgehend, »pflanzt« sich die Wahrheit über die Gesetze zu den obersten Prinzipien fort (siehe Abb. Seite 416).

Im Fall der **deduktiven Theorien** (z. B. der Geometrie) liegen die Dinge anders: Hier werden aus ↑Axiomen mithilfe der Logik Sätze gewonnen. Sind die Axiome wahre Aussagen, so müssen auch die Theoreme wahr sein, denn sie wurden ja bewiesen. Der Wahrheitsfluss sieht hier so aus:

Theorie

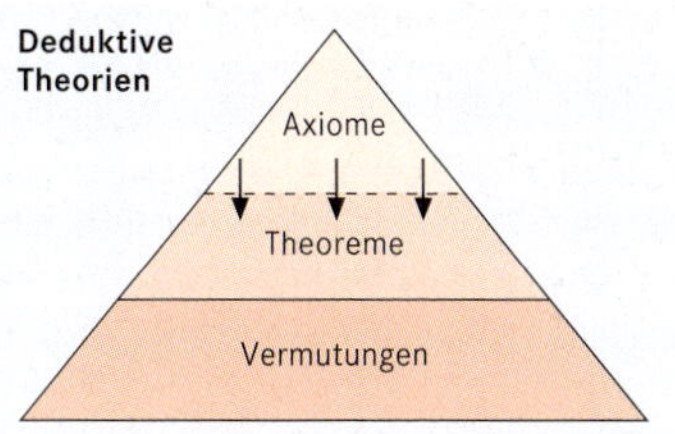

Ähnlich wie bei den empirischen Theorien wird heute auch bei deduktiven darauf verzichtet, mit diesen einen Wahrheitsanspruch zu verbinden. Die Axiome werden zu Axiomenschemata umgedeutet, die weder wahr noch falsch sein können. Erst eine Interpretation macht ein solches System wahrheitsfähig.

In der Gesellschaftstheorie des Marxismus wird der Theorie die ↑Praxis als Ausdruck des Gegensatzes von Denken und Handeln gegenübergestellt. Die wahre Theorie gilt als getreue Widerspiegelung der Realität. Ob eine Theorie wahr ist, lässt sich also nur in der Praxis prüfen, die sowohl Grundlage der Theorie als auch deren Wahrheitskriterium ist. Dieses gegenseitige Bedingungsverhältnis (»dialektische Einheit«) ist der Kern der marxistischen These von der »Einheit von Theorie und Praxis«.

Theorie, kritische: ↑kritische Theorie.

These [griech. »das Setzen«, »Stellung«, »(Lehr-)Satz«]: allgemein eine Aussage, die mit Wahrheitsanspruch vorgebracht wird. In der ↑Dialektik werden der These die ↑Antithese entgegengestellt und beide zur ↑Synthese geeint. In der Logik heißt eine Aussage, die durch eine ↑Implikation gewonnen wird, These, im Unterschied zu den ↑Hypothesen, aus denen sie gefolgert wird.

Thomas von Aquin: siehe Topthema Seite 419.

Tier: Aristoteles benutzt den Begriff »zōon« (griech. »Lebewesen«) einheitlich für Mensch und Tier, die nach ihm beide eine Seele haben. Graduell unterschieden wird das tierische vom menschlichen Lebewesen durch das Fehlen von Vernunft und Sprache. Descartes sieht demgegenüber im Tier nur einen unbeseelten mechanischen Automaten, da ihm die Sprache fehlt und es somit nur ein ausgedehntes Ding (↑Res cogitans/Res extensa) ist. Gegen diese mechanistische Auffassung stellt Leibniz die Bestimmung des Tieres als seelenhafte ↑Monade, die mit Empfindung und Gedächtnis begabt ist.

Tod: der Stillstand der Lebensfunktionen v. a. bei Mensch und Tier. In der Philosophie wird traditionell die in eine religiöse Thematik hinüberreichende Frage behandelt, inwieweit mit dem Erlöschen des organischen Lebens auch ein Erliegen der seelischen bzw. geistigen Funktionen verbunden ist (↑Leib-Seele-Problem). Teils wird das individuelle Weiterleben der Seele (z. B. von Platon, im christlichen Mittelalter), teils auch eine Auflösung in eine individuell nicht mehr zusprechbare Substanz (z. B. in der Stoa) gelehrt. Des Weiteren wird die der Ethik zuzu-

t

rechnende, genuin philosophische Frage gestellt, ob sich aus der Todesgewissheit Konsequenzen für die Lebensführung ergeben, wobei häufig die Bedeutung der Möglichkeit der ↑Selbsttötung und deren Wertung in den Vordergrund rückt.

Der Begriff des Todes gehört zu den Grundbegriffen der philosophischen Anthropologie als komplementärer Begriff des »ewigen« Lebens, andererseits v. a. innerhalb der ↑Existenzphilosophie zu denjenigen Begriffen, in denen das menschliche Leben seine spezifische Form besitzt. Die Deutung des gesamten Lebens als Sterben bzw. als »Krankheit zum Tode« (SØREN KIERKEGAARD) findet sich bei MARTIN HEIDEGGER als Bestimmung des ↑Daseins als »Sein zum Tode«. KARL JASPERS betont die Bedeutung des Todes als existenzbewährende und Transzendenz eröffnende ↑Grenzsituation. Materialistische Auffassungen kennzeichnen den Tod als Endpunkt eines einmaligen biologischen Prozesses. Die Einsicht LUDWIG WITTGENSTEINS »Der Tod ist kein Ereignis des Lebens. Den Tod erlebt man nicht« geht zurück auf EPIKUR, der lehrt: »Der Tod ist für uns ein Nichts, denn solange wir leben, ist er nicht da, und wenn er da ist, sind wir nicht mehr«.

Tod des Subjekts: Schlagwort für eine Kernthese von Vertretern philosophischer Theorien der ↑Postmoderne (u. a. MICHEL FOUCAULT, JACQUES DERRIDA), die die Existenz bzw. die Identität einer letzten Instanz des Erkennens und Handelns leugnen. Anspielend auf FRIEDRICH NIETZSCHES Diktum vom »Tod Gottes« und anknüpfend an dessen Kritik des Subjektbegriffs geht die These v. a. auf den methodischen Ansatz des ↑Poststrukturalismus zurück, dem zufolge u. a. Sprach- und Machtstrukturen durch Strukturierungsprozesse konstituiert werden, sodass der Begriff des Subjekts bzw. das Subjekt des Handelns zu einem variablen Element in einem offenen System wird.

Die These richtet sich v. a. gegen den Freiheitsbegriff der französischen ↑Existenzphilosophie und den Totalitätsbegriff des ↑Hegelianismus. Zugrunde liegt ihr ein Menschenbild, das die Gestaltung des abendländischen Menschen seit der griechischen Antike als Modellierung der Körper begreift, denen im Laufe dieser Entwicklung eingeschrieben worden sei, was heute als ↑Seele, ↑Ich oder ↑Subjekt bezeichnet wird. Der Tod des Subjekts wird weder als negativ noch als positiv zu wertendes Resultat gefasst, sondern als unausweichliches Übergehen von einer Entwicklungsstufe des Menschen (bzw. der Natur, des Willens, der Macht, der Gesellschaft) zur nächsten. Das Subjekt wird als der Ort betrachtet, in dem sich die totalisierenden Tendenzen der westlichen Gesellschaften zu einer Einheit verschmolzen haben, die jede ↑Differenz zum Verschwinden zu bringen droht. Eingeschlossen in die Kritik des Subjekts ist somit die Forderung, sich in der Alltagspraxis jeder Form von Totalitarismus zu widersetzen.

Toleranz [zu lat. tolerare »ertragen«, »erdulden«]: weitgefasste Handlungsregel für das Geltenlassen z. B. religiöser, ethisch-sozialer, politischer, wissenschaftlich-philosophischer Überzeugungen, Normen, Werte sowie der ihnen entsprechenden Handlungen anderer; im engeren Sinne die Duldsamkeit gegenüber (religiösen) Glaubensüberzeugungen anderer v. a. in Staat und Gesellschaft.

Beginnend mit der Reformation, propagiert v. a. durch die Aufklärung, hat Toleranz als Glaubens- und Gewissensfreiheit, Bekenntnisfreiheit, Kultusfreiheit und Religionsfreiheit im Staatsrecht, in den Grundrechten und in den Menschenrechten eine zunehmende Rechtsverbindlichkeit erlangt. Toleranz wurde während der Aufklärung gefordert, um die freie öffentliche Entfaltung der selbstständigen Kritik zu ermöglichen. Sie ist eine der Vor- und Grundbedingungen

▶ *Fortsetzung auf Seite 422*

Thomas von Aquin

Als »stummen sizilianischen Ochsen« sollen die Schüler um ALBERTUS MAGNUS ihren aus Süditalien kommenden, stillen und in sich gekehrten Mitschüler THOMAS VON AQUIN belächelt haben. ALBERTUS MAGNUS, der THOMAS' überragende geistige Fähigkeiten erkannt hatte, soll, als ihm diese Bezeichnung zu Ohren kam, geantwortet haben: »Ihr nennt ihn den ›stummen Ochsen‹, ich aber sage euch, das Brüllen dieses ›stummen Ochsen‹ wird so laut werden, dass es die Welt erfüllt.« ALBERTUS MAGNUS sollte Recht behalten.

Denn THOMAS wurde in der Folge zum bedeutendsten Philosophen und Theologen des Mittelalters und der ↑Scholastik. Seine Leistung, die zeitgenössischen Strömungen der Philosophie zusammenzufassen, lässt ihn als einen der großen Systematiker der Philosophiegeschichte erscheinen, vergleichbar mit ARISTOTELES, KANT oder HEGEL. Dabei sprach er der Philosophie als »Magd der Theologie« nur eine untergeordnete Rolle gegenüber der Theologie zu und sah sein denkerisches Schaffen gegenüber der Offenbarung des Göttlichen zurückgesetzt, was ihn jedoch nicht daran hinderte, Ontologie, Metaphysik, Logik und Ethik auf ARISTOTELES aufbauend neu zu fundieren.

Das Fresko »Triumph des heiligen Thomas von Aquin« in der Kirche Santa Maria Novella in Florenz zeigt den thronenden Thomas, ihm zu Füßen Averroes und zwei weitere Häretiker. Thomas triumphiert über die Vertreter des Averroismus, eine der christlichen Lehre widersprechende Anschauung.

Doctor angelicus und Heiliger

Von seiner Herkunft her war der etwa 1224 auf der Burg Roccasecca in der Nähe von Aquino geborene THOMAS VON AQUIN eigentlich für die Politik bestimmt. Sein Vater, LANDULF VON AQUINO, gehörte zum neapoletanischen Adel und war unter FRIEDRICH II., dem letzten großen Kaiser des Mittelalters, Justiziar in Süditalien. Gegen den Widerstand der Familie trat er aber 1244, nach seiner Ausbildung im Benediktinerkloster Montecassino und an der Universität Neapel, dem Dominikanerorden bei. Entscheidend für THOMAS' Weg zur Philosophie waren die Lehrjahre 1245–52 bei ALBERTUS MAGNUS in Paris und Köln, der seine denkerischen Fähigkeiten weckte. Anschließend lehrte THOMAS bis 1259 in Paris. 1269 wurde er erneut nach Paris berufen, wo er entscheidend in die Auseinandersetzungen um die Aristotelesrezeption eingriff. Ab 1272 leitete er in Neapel das Studium generale der Dominikaner. Am 7. 3. 1274 verstarb er in Fossanova auf dem Weg zum Konzil in Lyon. Schon zu Lebzeiten wegen seiner theologischen Schriften zur Engelslehre und seiner umfangreichen Bibelexegese mit dem Ehrentitel des »Doctor angelicus« versehen, wurde THOMAS 1323 heiliggesprochen und 1567 in den Rang eines der Kirchenlehrer erhoben.

Kampf um Aristoteles und Christus

THOMAS' geistiger Kampf um ARISTOTELES, der erst zu seinen Lebzeiten dem Abendland dank arabischer Überlieferung umfangreich bekannt wurde, betraf besonders die Frage nach der Unsterblichkeit der menschlichen Seele. Vor allem durch den arabischen Philosophen AVERROES wurde eine Aristoteles-Überlieferung im Westen wirksam, die von einem einzigen Weltgeist ausgeht, der die Seele des Menschen inspiriert. Folglich geht der Mensch bei seinem Tod in diesem Weltgeist auf und erlischt zugleich als Individualität. Gegen den Averroes-Anhänger SIGER VON BRABANT verteidigte THOMAS in Paris die Unsterblichkeit jenem geleugnet wurde.

An den aristotelischen Gedanken der Unsterblichkeit der Seele anknüpfend, der besagt, dass die Seele das Unveränderliche einer Idee denken kann und so selbst unveränderlich und somit unsterblich sein muss, schloss THOMAS die persönliche Erlösung durch JESUS CHRISTUS an, wonach die individuelle Seele nach dem Tod unsterblich ist. Dementsprechend gipfelt seine Ethik im Begriff der göttlichen Gnade, die den Menschen nicht nur hin zu seinem Eigensein befreit, sondern ihn als freies Geschöpf in die Gemeinschaft mit Gott zurückkehren lässt.

Denken und Offenbarung

THOMAS' Bemühen, das aristotelische Denken, das er in seinen Kommentaren zu allen Hauptwerken des ARISTOTELES weitergetragen hat, mit der christlichen Offenbarung zu verbinden, spiegelt sich auch in seiner Fortführung des aristotelischen Seinsdenkens wider. Jedes Seiende, das in Wesensform und Materie unterschieden ist, hat aus dem Sein seine individuelle Wesensform, die dem körperlichen Seienden die Gestalt gibt. Die Anteilnahme am Sein ist beim endlichen Seienden in Graden der Vollkommenheit verschieden. Die höchste Vollkommenheit hat das göttliche Sein. Es ist die erste Ursache und das »ens increatum«, das ungeschaffene Sein, das alles Seiende, das »ens creatum«, geschaffen hat. Gott muss deshalb existieren, weil alles, was existiert, eine Ursache hat und es also eine erste Ursache geben muss, die selbst keine Ursache außer sich selbst hat. Daraus ergibt sich, dass alles Seiende Teilhabe am göttlichen Sein hat und gemäß der ↑Analogia entis dem göttlichen Sein ähnlich und verbunden ist.

Die menschliche Erkenntnis wandelt sich ebenso in Stufen von der Erkenntnis des Sinnlichen und des Begrifflichen zum Denken des Gottes. Zudem kann der Mensch als Gottes Geschöpf im Laufe des Heilsplanes zu Gott zurückkehren, da er immer schon an Gott teilhat. Hiermit verbindet THOMAS das aristotelische Denken des Seins bzw. Gottes als des ersten unbewegt Bewegenden (↑unbewegter Beweger) mit dem christlichen Gedanken des Schöpfergottes und eines Heilsplanes der Rückkehr zu Gott. Dennoch ist für THOMAS das letzte Wissen um Gott nur durch die Offenbarung gegeben, die der Philosophie übergeordnet bleibt, da die Philosophie Gott nur denkerisch schlüssig zu begründen vermag. Auf diese Weise verband THOMAS das Denken mit der Offenbarung und ermöglichte damit im Mittelalter das Zusammenspiel von Philosophie und christlichem Offenbarungsglauben.

TIPP

Diskutiere die Frage, ob heute noch ein Gottesbeweis wie der von THOMAS jemanden von der Existenz eines Gottes überzeugen könnte, bzw. inwiefern die Offenbarung als letzte Instanz heute fraglich geworden ist.

WWW

www.doctor-angelicus.de/dthg.htm Homepage der deutschen Thomas-von-Aquin-Gesellschaft

www.dhg-westmark.de/aquin.html Ausführlicher Essay über Leben und Werk mit Schwerpunkt Staatsphilosophie

LITERATUR

KENNY, ANTHONY: Thomas von Aquin. Wiesbaden (Panorama) 2004.

SCHÖNBERGER, ROLF: Thomas von Aquin zur Einführung. Hamburg (Junius) ²2004.

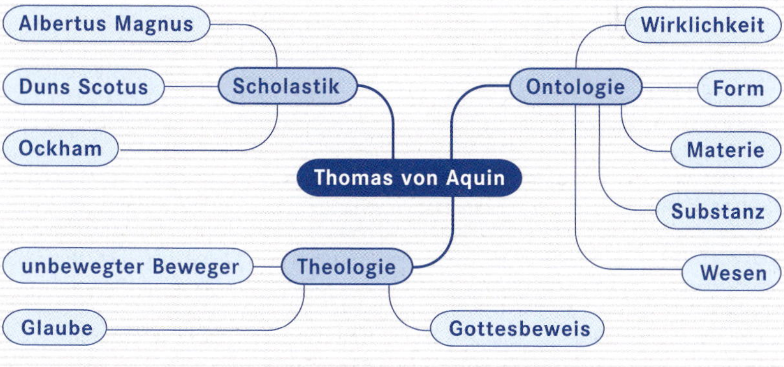

◀ *Fortsetzung von Seite 418* freier, rationaler Auseinandersetzungen zwischen konkurrierenden Wahrheits- und Geltungsansprüchen von Erkenntnissen und Normen.

In Staat und Gesellschaft hat die Toleranz eine doppelte Schutzfunktion: Sie schützt zum einen das allgemein geltende gesellschaftliche und politische Normen- und Wertesystem vor Infragestellung und Auflösung, indem Normen und Werte anderer toleriert, d. h. hingenommen werden; zum anderen bewahrt sie jene Andersdenkenden vor Repressionen, Diskriminierung und (im ungünstigsten Fall) vor psychischem Terror oder physischer Ausrottung. Somit ermöglicht Toleranz Humanität und schafft damit die Voraussetzung für ein friedliches Austragen der Konflikte. Die Konsequenz der **Intoleranz** ist dagegen Inhumanität; sie führt in einem Überlebenskampf mit Notwendigkeit zum Versuch revolutionärer Durchsetzung unterdrückter Wahrheitsansprüche und Wertvorstellungen.

In den freiheitlich-pluralistischen Demokratien ist Toleranz eine fundamentale Voraussetzung für eine (repressions)freie, rational verfahrende demokratische Willensbildung, die der Minderheitsmeinung prinzipiell als notwendiger (oppositioneller) Alternative bedarf. Dagegen wird die allgemeine positive Einschätzung der Toleranz von marxistischer Seite nur bedingt geteilt. Ausgehend von der Kernfrage, wem Toleranz dienen soll, wird darauf hingewiesen, dass sie auch dem Ziel dienen kann, »die Ideologie einer entmachteten Klasse zu retten und überwundenen Anschauungen erneut Wirkung zu verschaffen« (ERICH GEISSLER). HERBERT MARCUSE geht davon aus, dass die Industriegesellschaften das Verlangen des Menschen nach Selbstbestimmung zum Schweigen bringen, indem sie ihn zum übersteigerten Konsum verführen und ihn über die Nichtbefriedigung seiner wirklichen Bedürfnisse hinwegtäuschen. Angesichts solcher Ausschaltung kritischen und revolutionären Potenzials sei die Toleranz der demokratisch verfassten Gesellschaften Vortäuschung von Freiheit und Autonomie, tatsächlich aber »repressive Toleranz«.

Totalität [zu mittellat. totalis »gänzlich«]: nach KANT bestimmt als »Vielheit in der Einheit« und in dieser Bestimmung Zentralkategorie der Dialektik HEGELS. In ihr reflektiert sich die Einheit all dessen, was begrifflich als Konkretes, Besonderes, Einzelnes erfasst und im System der Philosophie entfaltet wird.

Transformation [lat. »Umbildung«, »Verwandlung«]: wissenschaftstheoretischer Terminus für die Überführung einer Theorie (eines Systems, Prozesses) in eine andere, wobei die wesentlichen Größen, Beziehungen u. Ä., kurz: der Gehalt, erhalten bleiben. Auf die Philosophiegeschichte angewandt, besagt Transformation: Die alten Probleme werden mit neuen Methoden angegangen (↑Philosophia perennis).

transsubjektiv [zu lat. trans »über«, »hinaus«]: jenseits des Subjektiven liegend, nicht zu den Bewusstseinsvorgängen des Ich gehörig bzw. das noch vor aller metaphysischen Bestimmung außerhalb des Subjekts befindliche Objekt. Transobjektivität ist ein von PAUL LORENZEN und JÜRGEN MITTELSTRASS eingeführter normativer Begriff, der im Rahmen wissenschaftlicher Aussagen auf ein praktisch orientiertes Kriterium für ↑Intersubjektivität abzielt.

transversale Vernunft: von WOLFGANG WELSCH (1995) eingeführter Begriff, um angesichts der modernen Pluralität der Denkformen und gegen die Auflösungstendenzen der Postmoderne den Gesichtspunkt der Einheit der Vernunft geltend zu machen.

transzendent [zu lat. transcendere »hinübersteigen«, »überschreiten«]: in der Scholastik der Gegensatz zu immanent; heute ein grundlegender Terminus der Erkenntnistheorie, er bedeutet allgemein übersinnlich, übernatürlich »überfliegend« (KANT), über die Grenzen (z. B. möglicher Erfahrung, des Bewusstseins) hinausgehend. Spätestens seit KANT ist transzendent streng zu unterscheiden von ↑transzendental.

transzendental [zu lat. transcendere »hinübersteigen«, »überschreiten«]: in der »Kritik der reinen Vernunft« KANTS Antwort auf das mit der neuzeitlichen Philosophie neu gestellte Problem der Transzendenz. Ist Transzendenz die Tatsache, dass die in der Erfahrung etwa der Außenwelt gegebenen und unseren Erkenntniswillen letztlich herausfordernden Gegenstände je schon außerhalb des erkennenden Bewusstseins anzusiedeln sind bzw. dieses übersteigen, dann ist transzendental die Grundbedingung dafür, dass wir diese Gegenstände trotz ihres wesentlichen Außenseins dennoch rational erfassen und bestimmen können. Transzendental sind dem Bewusstsein immanente Erkenntnisleistungen, sofern sie sich auf das Transzendente beziehen. Dabei wäre es falsch, von transzendentalen Gegenständen im Bewusstsein zu sprechen. Vielmehr ist transzendental ein Begriff, der sich auf ein Grundvermögen des Bewusstseins bezieht, die Außenwelt erfassen zu können.

Dieses Vermögen ist nach KANT als ein vor aller Erfahrung im Bewusstsein vorfindliches Apriori anzusehen, aufgrund dessen wir das Empirische gleichsam in einem Umkehrschritt in Richtung Verstand und Vernunft hin transzendieren. Philosophie wird so in Abkehr von der Tradition primär als eine Methode des Denkens definiert. Das Entscheidende dieser Methode ist, nicht mehr die Gegenstände im Analogieverfahren als identisch mit den Objekten der Erfahrung selbst hinzunehmen, sondern sich reflexiv dem erkennenden Subjekt bzw. seinen Erkenntnisleistungen zuzuwenden. Als wichtigste Aufgabe auf diesem kritisch-analytischen Weg betrachtet KANT dabei die Begründung der ↑Kategorien sowie der reinen ↑Anschauungsformen des Bewusstseins. KANTS Konzept von transzendental ist für ihn nicht nur die erkenntnistheoretische Ausgangsposition jeder ↑Transzendentalphilosophie, sondern darüber hinaus die generelle Bedingung einer möglichen Philosophie und Wissenschaft überhaupt.

Transzendentalien [zu lat. trans »über«, »hinaus«]: in der Scholastik im Unterschied zu den ↑Universalien Bezeichnung für die allgemeinsten, jenseits sämtlicher kategorialen Bestimmungen liegenden und nicht mehr reduzierbaren metaphysischen »Wesenheiten«. Danach kommt einem Seienden Sein zu, wenn es die folgenden Eigenschaften besitzt (und umgekehrt). THOMAS VON AQUIN unterscheidet neben/nach der Basisbestimmung Ens (»das Seiende«): Unum (»das Eine«), Verum (»das Wahre«), Bonum (»das Gute«). Ergänzt wurden später noch: Res (»Etwas«, »Ding«; zu Ens), Aliquid (»die Andersheit«; zu Unum), Pulchrum (»das Schöne«; als Einheit von Verum und Bonum).

Transzendentalphilosophie: von KANT eingeführte Bezeichnung für seine erkenntnistheoretische Fundamentalphilosophie; im weiteren Sinn bezieht sich der Begriff weniger auf eine bestimmte philosophische Position als vielmehr auf den möglichen Prozess des Philosophierens selbst. In diesem erweiterten Sinn kann jede Metaphysik oder Wissenschaft Transzendentalphilosophie genannt werden, sofern sie sich mit dem Problem der ↑Transzendenz, d. h. mit der erkenntnistheoretischen Frage nach der rationalen Vermittlung des generellen Wechselverhältnisses von drinnen (immanentes Bewusstsein) und draußen (dem erkennenden Bewusstsein transzendente Gegenstände) konfrontiert sieht bzw. sich in diesem fundamentalen Begründungsrahmen notwendig diskursiv bewegen muss.

Transzendantalphilosophie kann z. B. schon die scholastische Lehre von den Transzendentalien genannt werden. Im Kern trans-

zendentalphilosophisch legitimiert sind letztlich alle neuzeitlichen metaphysischen und auch (natur)wissenschaftlichen Grundbestimmungen etwa von Raum und Zeit.
Im eingeschränkten Sinn bezeichnet Transzendentalphilosophie denjenigen philosophischen Ansatz, der die Philosophie selbst auf die Grundfrage der Transzendenz hin reduziert, wie es KANT mit seiner »Kritik der reinen Vernunft« bis heute verbindlich durchgeführt hat. Als sowohl methodisch wie inhaltlich postulierter Systembegriff ist Transzendentalphilosophie diejenige Wissenschaft, die »aller Metaphysik notwendig vorhergeht«, sich aber selbst als Metaphysik im Sinne einer Philosophia prima begreift. Ihr methodisches Kernstück ist die transzendentale Deduktion, die bestrebt ist, unsere Verstandesbegriffe als ein System von Begriffen a priori auszuzeichnen. Demnach definiert sich Transzendentalphilosophie als eine Philosophie, für die sich jegliche Erkenntnis von Wahrheit nicht nur in einem Subjekt, sondern gleichzeitig auch durch dieses bzw. aus diesem heraus konstituiert. KANTS bekannte Formel dafür »die Gegenstände müssen sich nach unserer Erkenntnis richten« wird als die ↑kopernikanische Wende in der Philosphie bezeichnet.
Der streng transzendentaphilosophische Ansatz ist im Anschluss an KANT besonders von JOHANN GOTTLIEB FICHTE, v. a. aber von EDMUND HUSSERL erheblich vertieft und weiterentwickelt worden. KANTS Transzendentalphilosophie besonders verpflichtet waren alle Philosophien des deutschen Idealismus und des ↑Neukantianismus.

Transzendentalpragmatik: von KARL-OTTO APEL eingeführter Terminus für sein Programm der Transformation von KANTS ↑Transzendentalphilosophie. Mit ihm ersetzt APEL das transzendentale ↑Subjekt durch die ihm vorausliegende transzendentale Kommunikationsgemeinschaft aller rationalen Wesen und betont im Anschluss an CHARLES SANDERS PEIRCE die ↑Pragmatik als fundamentale Dimension der ↑Kommunikation. Nach APEL kann das Subjekt nicht zu einem Wissen über sich selbst gelangen, ohne durch seine sprachlich vermittelten Bewusstseinsakte an einem Kommunikationsprozess teilzunehmen. Überdies erhebt es in seinem Reden und Handeln Geltungsansprüche und bezieht sich dadurch auf eine »ideale Kommunikationsgemeinschaft«, weil die Einlösung dieser Geltungsansprüche nur in einem zwangfreien ↑Diskurs mündiger und verständiger Individuen gelingen kann. APELS Transzendentalpragmatik zeichnet sich nicht zuletzt durch die Entwicklung einer Diskursethik aus, in der universale ethische Normen durch den vorwegnehmenden Bezug auf den Diskurs der idealen Kommunikationsgemeinschaft begründet werden sollen. Abgesehen von ihrem Anspruch der ↑Letztbegründung ist sie eng mit JÜRGEN HABERMAS' Ansatz der ↑Universalpragmatik verwandt.

Transzendenz [lat.]: wörtlich das Übersteigen. Transzendenz ist ein zentraler philosophischer Grenzbegriff, der immer dann zum Tragen kommt, wenn es gilt, den Übergang zwischen zwei Bereichen zu charakterisieren, die mehr oder weniger autonom nebeneinander existieren.
Man unterscheidet drei Bedeutungsebenen:

1. Erkenntnistheoretisch bezeichnet Transzendenz einen Zustand oder einen Ort, der in völliger Unabhängigkeit vom erkennenden Bewusstsein existiert bzw. einem Sachverhalt zukommt, der aufgrund seiner Selbstständigkeit jeden möglichen Erkenntnisakt übersteigt. Transzendenz ist daneben diejenige erkenntnistheoretisch fundamentale Grunddifferenz zwischen Innen- (Subjektbereich) und Außenwelt (Objektbereich), die allen Wahrnehmungsprozessen zugrunde liegt.
2. Im Sinne der ↑Transzendentalphilosophie KANTS ist Transzendenz das, was

über die Grenzen möglicher Erfahrung hinausgeht.

3. Im Rahmen der scholastischen Seinshierarchie hat der Begriff Transzendenz auch eine logisch-ontologische Bedeutung. Transzendenz kommt all dem zu, was die materielle Welt übersteigt, so z.B. Seele und Geist des Menschen. Transzendent sind alle ↑Transzendentalien, da sie die kategorischen Bestimmungen des Seienden auf das Sein hin noch übersteigen. Höchste Transzendenz sind Gott und das gänzlich unerfahrbare universale Sein.

LUDWIG FEUERBACH und KARL MARX sahen in der Transzendenz eine bloße Selbstprojektion des Menschen in ein »Jenseits«. In der ↑Existenzphilosophie ist der Begriff Transzendenz neu formuliert worden. Bei KARL JASPERS ist Transzendenz das Umgreifende, bei MARTIN HEIDEGGER der Überstieg des einzelnen Seienden auf die Welt als Seiende schlechthin. Bei ERNST BLOCH kulminiert der Transzendenzgedanke in seinem Konzept von Hoffnung und Utopie.

transzendieren: bildungssprachlich die Grenzen eines Bereichs in Richtung eines anderen (meist vernunftmäßig höheren) hin überschreiten. In der Philosophie allgemein ist es das Überschreiten der Grenzen der menschlichen Erfahrungen. In besonderer Hinsicht ist Transzendieren aber auch das zentrale Anliegen einer jeden Transzendentalphilosophie, den Weg der Erkenntnis zu klären, der dem Bewusstsein vorab durch die Transzendenz der Gegenstände versperrt zu sein scheint, d.h. das Transzendente auf das Bewusstseinsimmanente zu beziehen. In diesem Sinne ist Transzendieren ein »Überstieg als Rückbezug« (EBERHARD SIMONS).

Trichotomie [griech. »Dreiteilung«]: die vollständige Zerlegung eines Bereichs in drei sich nicht überschneidende Teilbereiche (z.B. Lebewesen in Mensch, Tier und Pflanze). Vor allem wird die auf PLATON zurückgehende Lehre, dass der Mensch dreigeteilt sei in Geist, Seele und Körper, als Trichotomie bezeichnet. Auch dem viel diskutierten Münchhausen-Trilemma liegt eine Trichotomie zugrunde: Entweder man geht dogmatisch von bestimmten Sätzen aus oder man verfällt in einen unendlichen ↑Regress oder man landet in einem ↑Circulus vitiosus.

Trugschluss: ein mit der Absicht der Irreführung gezielt provozierter ↑Fehlschluss (↑Sophisma).

Tugend: etymologisch in Zusammenhang mit dem Verb »taugen« stehender Begriff; er bedeutet demnach in einem sehr allgemeinem Sinn die Tauglichkeit zu einem werthaften Verhalten, das dem Wesen eines Individuums entspricht (z.B. gelten Schnelligkeit, Ausdauer und Kraft als Tugenden eines Pferdes). Auf den Menschen bezogen, bedeutet Tugend zunächst allgemein jede voll-

Tugend: »Triumph der Tugend über das Böse«, Ausschnitt aus einem Deckengemälde von Paolo Veronese (um 1555/56; Venedig, Dogenpalast)

t

kommen entwickelte Fähigkeit auf geistigem und seelischem Gebiet, das Vermögen, Leistungen zu vollbringen, die man als wertvoll anerkennt.
Die Frage nach Wesen und Möglichkeit von Tugend (↑Arete) wurde bereits von den antiken Philosophen als Thema der Ethik erörtert. Während noch die Sophisten Tugend als Technik des bestmöglichen Behauptens in einer feindlichen Umwelt bestimmten, beginnt mit SOKRATES ein Prozess der Vergeistigung des Tugendbegriffs: Tugend wird im Zusammenhang des sozialen und sittlichen Handelns definiert, als Gesinnung des inneren Menschen, die auf Verwirklichung moralischer Werte ausgerichtet ist. PLATON konzentriert den Katalog verschiedener Einzeltugenden auf die vier Grund- oder Haupttugenden (↑Kardinaltugenden) ↑Weisheit, ↑Tapferkeit, ↑Besonnenheit und ↑Gerechtigkeit. ARISTOTELES erweitert diesen Tugendkatalog, versucht gleichzeitig aber auch die Tugend allgemein als ein Mittleres zwischen zwei Extremen leiblichen Lustempfindens zu definieren (↑Mesotes; z. B. ist Freigebigkeit die Tugend zwischen Kleinlichkeit und Vergeudungssucht). Die Stoiker und die Epikureer bestimmen Tugend als vernunft- und naturgemäßes (asketisches) Leben bzw. als Suche nach wahrer und dauerhafter (d. h. nicht zügelloser) Lust. Eine systematische Tugendlehre, die die Ansätze PLATONS und ARISTOTELES' aufnimmt, wird von der christlich-mittelalterlichen Philosophie entwickelt; sie ergänzt das überlieferte Tugendsystem (aus den Kardinaltugenden und den mitmenschlichen Tugenden wie Nächstenliebe, Hingabe, Wahrhaftigkeit, Treue u. a.) durch die drei »göttlichen« oder »theologischen« Tugenden Glaube, Liebe, Hoffnung, um die Gebundenheit des Menschen an die göttliche Gnade zum Ausdruck zu bringen. Wie sehr der Begriff auf verschiedene geschichtliche Situationen bezogen ist, zeigt sich daran, dass in der Neuzeit z. B. das Bürgertum standesbezogene Wertvorstellungen (Ordnung, Fleiß, Sparsamkeit u. a.) zu Tugenden erhebt. Im philosophisch-ethischen Sprachgebrauch der Gegenwart hat man erkannt, dass es nicht möglich ist, ein geschlossenes System von Einzeltugenden, die für alle Zeit Gültigkeit hätten, zu bestimmen. Man spricht heute eher vom Wert einer sittlichen Handlung als von der Tugend des Handelnden.

U

Übel: Gegensatz zu einem Gut (↑Güterethik) oder dem Guten (↑Gute, das) überhaupt, subjektiv als Bezugnahme auf Empfindungen wie das Unangenehme, Lebenshemmende oder Widerwärtige definiert. LEIBNIZ spricht von einem metaphysischen Übel, das in der Endlichkeit alles Geschaffenen besteht. Im Rahmen seiner ↑Theodizee dient dieses Übel u. a. zur Rechtfertigung des Schöpfergottes.

Überbau: ↑Basis und Überbau.

Über-Ich (Superego): in der ↑Psychoanalyse eine der Instanzen der Persönlichkeit mit den Funktionen des Gewissens, der Selbstbeobachtung und der Idealbildung. Wie ein Zensor wehrt es alle Triebregungen des ↑Es ab, die mit seinem Anspruch unvereinbar sind. Das Über-Ich bildet sich durch Verinnerlichung elterlicher Forderungen und Verbote. Mit und neben elterlichen Normen gehen auch gesellschaftliche Normtraditionen in das Über-Ich ein.

Überlegungsgleichgewicht: in der Gerechtigkeitstheorie von JOHN RAWLS ein vorläufiger Fixpunkt, auf den die abwägende Beurteilung in der Konkretisierung der Gerechtigkeitsgrundsätze hinausläuft. Jedes einmal erreichte Überlegungsgleichgewicht kann in neuen Situationen wieder fraglich werden, sodass die Idee einer jemals zu erreichenden »absoluten« Gerechtigkeit aufgegeben werden sollte.

Übermensch: die Vorstellung eines idealen Menschentyps, der alle Grenzen des menschlichen Wesens übersteigt und allen wirklichen Menschen überlegen ist. Der Begriff wird schon von LUKIAN verwendet und taucht wieder auf u. a. bei JOHANN GOTTFRIED VON HERDER, JEAN PAUL und JOHANN WOLFGANG VON GOETHE. In den philosophischen Kontext wird er von FRIEDRICH NIETZSCHE gerückt: Nach dessen kritischer Analyse erscheint der Mensch, was die Nutzung und freie Entfaltung der in ihm angelegten Möglichkeiten betrifft, durch die geschichtlich vorgegebenen Handlungsmuster und Wertvorstellungen der Moral, Metaphysik und Religion eingeschränkt. Im Akt der Überwindung dieser »Ressentiments« wird auf den Übermenschen hingeleitet. – auch ↑Herrenmoral/Sklavenmoral.

Umfang: ↑Extension.

Umgreifende, das: KARL JASPERS entwickelt in seiner Perichontologie (d. h. Ontologie von der Peripherie her gedacht) eine Lehre vom umgreifenden Sein, indem er das Umgreifende dem innerweltlich je bestimmten und begrenzten Sein gegenüberstellt bzw. überordnet. Obwohl als Eines gedacht, unterteilt es sich in mehrere Erscheinungsweisen wie Dasein, Bewusstsein, Existenz, Welt, Transzendenz. Das Umgreifende erfährt man bei Veränderung des Seinsbewusstseins als dunkle (Hintergrund-)Realität.

Umwelt: im engeren biologischen Sinn (physiologische Umwelt) die spezifische, lebenswichtige Umgebung einer Tierart, die als »Merkwelt« (Gesamtheit ihrer Merkmale) wahrgenommen wird und als »Wirkwelt« (Gesamtheit ihrer Wirkungen) das Verhalten der Artvertreter bestimmt. Als einziges Wesen ist der Mensch nicht an eine spezifische Naturumgebung gebunden; er ist daher »weltoffen« (MAX SCHELER). Im weiteren, kulturell-zivilisatorischen Sinn versteht man unter Umwelt auch den vom Menschen existenziell an seine Lebensbedürfnisse angepassten und v. a. durch Technik und wirtschaftliche Unternehmungen künstlich veränderten Lebensraum, wodurch eine Art künstliches Ökosystem geschaffen wurde (mit den heute zu einer Krisensituation angewachsenen lebensbedrohenden Gefahren). Seit den 1960er- und 1970er-Jahren entstanden disziplinübergreifend umweltethische Entwürfe, die das Problem der Verantwortung des Menschen für seine Umwelt thematisieren und einer breiten Öffentlichkeit zugänglich zu machen suchen (z. B. DIETER BIRNBACHER, HANS JONAS).

Umwertung aller Werte: von FRIEDRICH NIETZSCHE geprägte Formel, mit der er die auf der platonisch-christlichen Weltanschauung beruhenden »lebensfeindlichen« Werte durch vorchristlich-archaische Tugenden (↑Herrenmoral/Sklavenmoral) ablösen will. Die Aufforderung zu diesem Umdenken gründet bei NIETZSCHE auf einer kritischen Kulturanalyse, nach der sich die traditionellen Moralwerte geschichtlich nicht bewährt hätten und es allen bisherigen Versuchen einer Sinngebung für die menschliche Existenz an Objektivität mangele; stattdessen sei die Entfaltung besonderer Kulturkräfte wie das Geltungsstreben der starken Individuen (↑Übermensch), wahre menschliche Größe also, geradezu verhindert worden.

unabhängig: ↑abhängig/unabhängig.

Unbestimmtheitsrelation: ↑Quantentheorie.

unbewegter Beweger: übliche Kurzübersetzung (eigentlich »das erste unbewegte Bewegende«) der griechischen Begriffe, mit denen ARISTOTELES den für ihn denknotwendigen Gott bezeichnet. Seine Argumentation, die sich über Teile seiner »Metaphysik« erstreckt, ist zusammengefasst folgende: Das Seiende existiert als sich Veränderndes, als Bewegtes. Die ↑Bewegung insgesamt kann – wie auch die Zeit – aus logischen Gründen nur anfanglos gedacht werden. Die Bewegung eines Seienden ist Verwirklichung von Möglichem (↑Akt/Potenz). Die Verwirklichung von Möglichem kommt und bleibt nur in Gang, insofern sie ein Ziel hat (z.B. das fertige Kunstwerk für die Veränderungen, die am Stein durch den Künstler geschehen; die vollendete Pflanze für das Wachsen vom Samen an; ↑Teleologie, ↑Causa). Auch die Bewegung des Seienden insgesamt bedarf eines als Zielursache Bewegenden, damit sie in Gang sein kann. Dieses Bewegende muss veränderungslos, bewegungslos sein, da es sonst wieder eines Ziels als Ursache seiner Bewegung bedürfte. Daraus ergibt sich für ARISTOTELES: Der unbewegte Beweger muss, um Zielursache aller Bewegung sein zu können, »das Beste« sein. Er darf, um unbewegt zu sein, nichts Mögliches in sich haben, sondern muss reine Wirklichkeit sein; er muss, um reine Wirklichkeit zu sein, materielos sein, also reine Form (↑Form/Materie). Von der Art, nämlich das Beste, reine Wirklichkeit, reine Form zu sein, ist aber nur das Denken, das sich selbst denkt und in diesem Denken »Freude« ist. »Dass es also eine ewige, unbewegliche, von dem Sinnlichen getrennte, selbstständig existierende Wesenheit gibt, ist aus dem Gesagten klar« (ARISTOTELES). Die Argumentation regte die ↑Gottesbeweise des THOMAS VON AQUIN an.

Uneigentlichkeit: ↑Eigentlichkeit/Uneigentlichkeit.

unendlich: ↑endlich/unendlich.

unendlicher Regress: ↑Regress.

Universalaussage: traditionelle Bezeichnung für ↑Allaussage.

Universalien [zu lat. universalis »allgemein«]: traditionelle Bezeichnung für Allgemeinbegriffe; Gegensatz: Realien, auch Individualbegriffe.

Universalienstreit [zu lat. universalis »allgemein«]: Der mittelalterliche Universalienstreit, d.h. allgemein die Auseinandersetzung um die Frage, ob den Allgemeinbegriffen (Universalien) ein eigenständiges Sein zuerkannt werden soll, war eines der beherrschenden Themen der scholastischen Philosophie. In der Tradition des Neuplatonismus bleibend, galten ihr Universalien vielfach realer als Individuen. Es hieß sinngemäß: »je allgemeiner, desto realer«. Da das vollkommenste (allgemeinste) Wesen Gott ist, muss ihm somit unbedingt Sein zukommen. Das ist die Idee des ontologischen Gottesbeweises, der auf ANSELM VON CANTERBURY zurückgeht. Er ist eine direkte Konsequenz des Platonismus. Das Allgemeine, das als Gedanke Gottes verstanden wird, wohnt allen seinen Instanzen inne (↑Methexis), die ihr Wesen durch diese ↑Teilhabe erlangen. Das Allgemeine existiert unabhängig und vor den Dingen (»universalia ante rem«). Der Platonismus führt von daher zum Pantheismus: Alle Dinge haben, da sie am Allgemeinen teilhaben, teil an Gott. Das Allgemeine existiert nur in den Dingen, nicht aber vor diesen (»universalia in re«). Es ist als ↑Möglichkeit aufzufassen, ähnlich der Dynamis des ARISTOTELES. Eine Abstufung im Sinne von »mehr oder weniger seiend« gibt es nicht.

Die Gegenposition zu diesem Platonismus ist der ↑Nominalismus. Aus seiner Sicht sind Universalien lediglich Unterscheidungen, die das Denken (oder die Sprache) an den Dingen vornimmt. Sie sind also nach den Dingen (»universalia post rem«) und nur im Denken (»universalia in intellectu«); sie sind ein bloßer Hauch (»flatus vocis«). Der Nominalismus konnte sich auf ARISTOTELES berufen, der behauptet hatte: »Gegenstände können nicht prädiziert werden.« Dieser Satz war in der Übersetzung des BOETHIUS bekannt geworden. Er bildet, historisch gesehen, die Wurzel des Universalienstreits, weil dem Nominalismus nur die Einzeldinge als wirklich gelten. Der Nominalismus ist meist mit einem ↑Sensualismus verbunden.

Eine vermittelnde Position nimmt hier der ↑Konzeptualismus PETER ABÄLARDS ein. Dem Nominalismus gesteht er zu, dass Universalien Namen für Gemeinsames sind; dem Realismus aber folgt er, wenn er betont, dass diese Namen nicht willkürlich sind, sondern dass sie reale Eigenschaften der Dinge wiedergeben, nämlich deren Ähnlichkeit in bestimmten Hinsichten (↑Abstraktion). Das Interesse am Universalienstreit verschwand fast vollständig mit Beginn der Neuzeit.

Im Rahmen des Grundlagenstreits der modernen Mathematik und Logik erlebte er im 20. Jh. als moderner Universalienstreit eine überraschende Neuauflage. Hierbei geht es um die Frage, welche abstrakten Gebilde der Mathematik (z. B. Mengen, Klassen, Zahlen) als existent anzunehmen sind. Der moderne Nominalismus fordert eine strenge Beschränkung auf überschaubare Bereiche von Individuen (z. B. natürliche Zahlen) und tatsächlich auf solchen ausführbare Operationen (»Finitismus«). Dagegen lässt der Platonismus alle von der Mengenlehre her geläufigen Bildungen zu. Diese sieht er durch die unabhängige Existenz der mathematischen Gegenstände gesichert. Der moderne Universalienstreit wird mit den Mitteln der mathematischen Logik ausgetragen, was vielfach dazu führte, dass er seinem mittelalterlichen Vorgänger an Esoterik kaum nachsteht.

Universalisierungsprinzip [zu lat. universalis »allgemein«]: im Sinne von Verallgemeinerungsgrundsatz ein Moralprinzip moderner kognitivistischer (d. h. die rationale Begründbarkeit von Normen voraussetzender) Ethiken, das in der moralisch-praktischen Argumentation eine dem Induktionsprinzip (↑Induktion) in der empirisch-theoretischen Argumentation vergleichbare Rolle spielt. Es schließt diejenigen auf Sittlichkeit Anspruch erhebenden Normen als ungültig (illegitim) aus, die sich nicht zum »allgemeinen Gesetz« (KANT) eignen, weil sie keinerlei verallgemeinerungsfähige Maximen (Grundsätze, Bedürfnisse, Interessen) ausdrücken.

Die Begründung des Universalisierungsprinzips ergibt sich aus der Analyse des Begriffs »sittliche Norm«. Mit einer sittlichen Norm verbinden wir die Merkmale der unbedingten Geltung für jedes sprach- und handlungsfähige Wesen, der rationalen, d. h. argumentativen Begründbarkeit und, damit verbunden, der notwendigen Anerkennung durch jeden Vernünftigen. Diese Merkmale sind bedingt durch den Zweck sittlicher Normen: Sie sollen Handlungskonflikte verhindern bzw. – wenn sie einmal ausgebrochen sind – gewaltfrei (und das setzt voraus: im Interesse aller Betroffenen, konsensuell) beilegen. Eben dies können sie nur, wenn sie verallgemeinerungsfähige Interessen beinhalten. Verallgemeinerungsfähig ist eine Handlungsmaxime (die als solche ein bestimmtes Interesse verkörpert) nach KANT, wenn die monologische Prüfung eines Einzelnen (in seiner Eigenschaft als überindividuelles vernünftiges Subjekt) ergibt, dass sie ohne Widerspruch als allgemeines Gesetz gelten kann (↑kategorischer Imperativ). (So ist z. B. die Maxime »Du darfst ein gegebenes Versprechen brechen, wenn dies für dich von Vorteil ist« unsittlich, da sie, zum allgemeinen Gesetz erhoben, die Sinnlosigkeit von Versprechen zur Folge hätte.) Dagegen erklärt die Diskursethik (JÜRGEN HABERMAS) zum regulativen Prinzip, »dass nur die Normen Geltung beanspruchen dürfen, die die Zustimmung aller Betroffenen als Teilnehmer eines praktischen Diskurses finden (oder finden könnten)« (↑Diskurs).

Universalismus [zu lat. universalis »allgemein«]: im Gegensatz zu ↑Individualismus eine Denkart, Lehre, die den Vorrang des Allgemeinen, des Ganzen gegenüber dem Besonderen und Einzelnen betont. Die universalistische Haltung hat u. a. in der Scholastik zum ↑Universalienstreit geführt. Im

U

engeren Sinne eine von OTHMAR SPANN begründete theoretische Richtung der Sozialwissenschaften, die das Verhalten der Individuen als von ihrer Stellung im Gesamtgesellschaftskörper abhängig ansieht.

Universalpragmatik: von JÜRGEN HABERMAS eingeführter Terminus, unter dem er im Anschluss an CHARLES SANDERS PEIRCE die ↑Pragmatik als fundamentale Dimension der ↑Kommunikation thematisiert, indem er die universalen Bedingungen der Verständigung rekonstruiert. Im Ausgang von KARL BÜHLERS Organonmodell der ↑Sprache mit den drei Funktionen Darstellung, Ausdruck und Appell stellt er vier grundlegende Geltungsansprüche heraus, die jeder kommunikativ Handelnde erhebt: Wahrheit (Darstellung), Wahrhaftigkeit (Ausdruck), Richtigkeit (Appell) und darüber hinaus Verständlichkeit. Die Universalpragmatik ist Basis von HABERMAS' Diskurstheorie und Diskursethik (↑Diskurs). Einen verwandten Ansatz verfolgt KARL-OTTO APEL mit der ↑Transzendentalpragmatik, wobei HABERMAS dessen Anspruch auf Letztbegründung zurückweist.

universell [lat.]: ↑generell.

univok [lat.]: ↑äquivok.

Unsterblichkeit: ↑Seele.

Untersatz: in der traditionellen Logik diejenige Voraussetzung eines Syllogismus, die Mittel- und Unterbegriff enthält. Der Untersatz wird auch »propositio minor« oder »Minorprämisse« genannt.

Ununterscheidbarkeit: In der Logik spielt die Ununterscheidbarkeit durch Prädikate eine wichtige Rolle bei der Definition der Identitätsrelation (↑Satz von der Identität). Danach ist nur dasjenige als identisch anzusehen, was sich nicht durch irgendein Prädikat unterscheiden lässt. LEIBNIZ hat hierfür den Namen »Prinzip von der Identität des Ununterscheidbaren« eingeführt.

Ursache: ↑Causa, ↑Kausalität.

Urteil: Grundbegriff der traditionellen Logik. Im Urteil wird, im einfachsten Fall, einem Subjektbegriff, vertreten durch einen Nominator N, eine Eigenschaft (Prädikatbegriff), also ein Prädikator P, zu- oder abgesprochen: $N \varepsilon P$ oder $N \varepsilon' P$. Das Urteil wurde deshalb als Verknüpfung zweier oder mehrerer Begriffe aufgefasst. Man unterschied verschiedene Arten von Urteilen: analytische, synthetische, assertorische, apodiktische problematische, hypothetische und kategorische. Die moderne Logik untersucht anstelle der Urteile Aussagen (also sprachliche Gebilde). Das Urteilen wird zu den Sprechakten gerechnet.

Urteilskraft: von LEIBNIZ in die philosophische Fachsprache aufgenommen; bei KANT von systematischer Bedeutung: »Urteilskraft ist das Vermögen, unter Regeln zu subsumieren; d. h. zu unterscheiden, ob etwas unter einer gegebenen Regel … stehe oder nicht.« Urteilskraft kann nach KANT nicht gelehrt, sondern nur geübt und trainiert werden; wem es an Urteilskraft mangelt, der galt KANT als dumm. Die bestimmende Urteilskraft ordnet Einzelfälle unter allgemeine Regeln, Prinzipien und Gesetze, die vom Verstand vorgegeben sind; die reflektierende Urteilskraft versucht, zum individuellen Einzelfall das Allgemeine, den passenden Oberbegriff zu finden. 1790 veröffentlichte KANT die »Kritik der Urteilskraft«, in der er aufzuzeigen versucht, dass Urteilskraft eine unabdingbare Voraussetzung für das Verständnis von Gegenständen der Kunst (ästhetische Urteilskraft) wie auch der Natur (teleologische Urteilskraft) sei. Damit vertritt KANT eine Theorie von intersubjektiv gültigen und wirksamen Kriterien des Schönen (»interesseloses Wohlgefallen«) und des Zweckmäßigen.

Usia: ↑Ousia.

Utilitarismus [zu lat. utilis »nützlich«]: Form der teleologischen Ethik (↑Teleologie), die v. a. im englischsprachigen Raum zu einer systematischen Ethik entwickelt wurde. Die Grundlage für die ethische Bewertung einer

Handlung ist das Prinzip der ↑Nützlichkeit. Bei dessen inhaltlicher Bestimmung muss man zwischen dem Inidividual- und dem Sozialutilitarismus unterscheiden. Während der **Individualutilitarismus** die Handlungen gebietet, die dem *eigenen* Wohlergehen am meisten nützen, fordert der **Sozialutilitarismus** zur Förderung des *allgemeinen* Wohlergehens auf. So formuliert z. B. JEREMY BENTHAM, der Begründer des Sozialutilitarismus, das Nützlichkeitsprinzip als ein Prinzip, »das schlechthin jede Handlung in dem Maß billigt oder missbilligt, wie ihr die Tendenz innezuwohnen *scheint*, das Glück der Gruppe, deren Interesse infrage steht, zu vermehren oder zu vermindern«. Bekannt wurde die Formel vom »größtmöglichen Glück für die größtmögliche Zahl«, an das man sich in Entscheidungssituationen halten soll. Für einen Utilitaristen gibt es streng genommen keinen Gewissenskonflikt, da er sich an dem Nützlichkeitsprinzip orientiert. In jeder Situation überlegt er sich, welche Handlung entweder seinem eigenen Wohl oder dem Allgemeinwohl am meisten nützt. Bei diesem **Handlungsutilitarismus** werden die konkreten Normen in Abhängigkeit von der Situation formuliert, d. h., sie können den Anspruch auf Allgemeingültigkeit, der in einer vernünftigen Ethik erhoben wird, nicht erfüllen. Dieses Problem versucht der **Regelutilitarismus** zu umgehen, indem er aus dem Nützlichkeitsprinzip allgemeingültige Regeln ableitet, die in allen Situationen zu befolgen sind. Ein Regelutilitarist würde z. B. die Norm »Du sollst nicht lügen« aufstellen, da es für das Wohl der Allgemeinheit nützlicher ist, wenn alle die Wahrheit sagen. Ein Handlungsutilitarist dagegen würde in jeder konkreten Situation entscheiden, ob er die Wahrheit sagt oder nicht. Er hat somit im Gegensatz zum Regelutilitaristen die Möglichkeit, durch eine Lüge z. B. eine Panik zu verhindern.

Da der Utilitarismus auf Erfahrung aufbaut, nämlich der Beurteilung der voraussehbaren Folgen, wird er oft von Anhängern des Empirismus vertreten. Eine wesentliche Stärke des Utilitarismus liegt darin, dass seine Bewertung von Handlungen häufig mit allgemein vertretenen moralischen Überzeugungen übereinstimmt. Dagegen wurde ihm häufig vorgeworfen, eine Erfolgsethik zu sein. Dieser Vorwurf ist jedoch nicht berechtigt, da nicht die tatsächlichen, sondern die voraussehbaren und wahrscheinlichen Folgen beurteilt werden. Der Utilitarismus muss sich fragen lassen, inwieweit die Bestimmung eines allgemeinen Glücksbegriffs möglich ist, da Glücksvorstellungen individuell verschieden sind. Auch lässt sich z. B. die Frage, ob man teureres, aber umweltfreundliches Putzmittel verwenden soll, nicht dadurch entscheiden, dass man die positiven Folgen (Schutz der Umwelt) und die negativen Folgen (finanzielle Belastung) gegeneinander aufrechnet, da diese Folgen nicht miteinander vergleichbar sind, sondern in die Entscheidung das persönliche Werturteil eingeht, welche Konsequenzen einem wichtiger sind. Mit einer utilitaristischen Ethik lässt sich nicht nur die Diskriminierung von Minderheiten, sondern sogar deren Eliminierung rechtfertigen, wenn dieses dem allgemeinen Wohl dienen würde. Es gibt also weder ein Gerechtigkeitsprinzip noch einen Minderheitenschutz noch einen generellen Schutz der Menschenwürde, zumal sich das Nützlichkeitsprinzip nur auf das Verhalten der Menschen zueinander und nicht des Menschen zu sich selbst (»Nütze ich mir?«) bezieht. – auch ↑Verantwortungsethik.

Utopie [zu griech. ou »nicht« und tópos »Ort«]: in Anlehnung an den Titel des Staatsromans »De optimo statu reipublicae, deque nova insula Utopia« (»Die beste Staatsordnung und die sonderbare Insel Utopia«, 1516) von THOMAS MORE gebildeter Begriff, der alltagssprachlich v. a. ein für (wünschbar, aber) nicht realisierbar gehaltenes Projekt bezeichnet. In philosophischer Rede bezeichnet Utopie den Entwurf einer idealen, d. h. vernunftgegründeten, das Glück aller Gesellschaftsmitglieder wo nicht garantierenden, so doch in optimaler Weise ermöglichenden Gesellschaftsordnung. Diese ist gekennzeichnet durch die Verwirklichung u.a. von Gerechtigkeit, Gleichheit, Freiheit, Frieden und allgemeiner Wohlfahrt. Als Voraussetzung dafür wird i.A. die Einführung des ↑Kommunismus (v.a. Abschaffung der Besitzunterschiede und des Geldes) oder der ↑Demokratie genannt.

Utopische Gesellschaftsentwürfe gründen im kritischen Ungenügen an bestehenden gesellschaftlichen Verhältnissen. Sie erfordern das Bewusstsein der Verantwortlichkeit der Menschen für die Art ihres gesellschaftlichen Zusammenlebens, das Bewusstsein der Veränderbarkeit der gesellschaftlichen Verhältnisse, der evolutionären oder revolutionären Realisierbarkeit des utopischen Idealzustands durch die Menschen selbst, d.h. der Möglichkeit geschichtlichen ↑Fortschritts. Sofern die Anhänger einer bestimmten Utopie nicht – auf Grundlage einer Analyse der bestehenden Gesellschaft – konkret die historischen Bedingungen und die Mittel und Wege zu ihrer Verwirklichung angeben können, wird gegen sie seit KARL MARX der Vorwurf des Utopismus erhoben. Freiheit und Gleichheit, konstitutive Merkmale der sozialen Utopie, setzen v.a. bürgerliches Selbstbewusstsein voraus. Deshalb liegt die Geburtsstunde der eigentlichen Utopie in der Renaissance. Da sind es v.a. Staatsromane, die – meist in Gestalt fiktiver Reiseberichte über räumlich oder zeitlich entfernte Gesellschaften – Aufbau und Funktionieren ideal verfasster Gemeinwesen darstellen (z.B. das bereits erwähnte Werk MORES; »Der Sonnenstaat« von TOMMASO CAMPANELLA, 1602; »Neu-Atlantis« von FRANCIS BACON, 1627). In der Aufklärung entsteht eine Vielzahl literarischer Utopien, denen im 19.Jh. die diskursiven sozialutopischen Entwürfe der Frühsozialisten (CLAUDE HENRY DE SAINT-SIMON, ROBERT OWEN, CHARLES FOURIER und PIERRE JOSEPH PROUDHON) folgen. Diesem sog. utopischen

Utopie: Holzschnitt von Ambrosius Holbein in einer 1518 erschienenen Ausgabe der »Utopia« von Thomas More.

↑Sozialismus setzt der Marxismus seinen wissenschaftlichen Sozialismus entgegen, der in erster Linie die bestehende Gesellschaft und ihre Bewegungsgesetze analysiert, statt den gesellschaftlichen Idealzustand auszumalen, auf den lediglich durch Schlagworte wie z.B. »klassenlose Gesellschaft« oder »Reich der Freiheit« verwiesen wird. In die Reihe der sozialphilosophischen Utopien gehört auch die ↑Anarchie als Ideal des libertären Sozialismus.

Der im 20. Jh. u.a. im Zug der beiden Weltkriege ins Wanken geratene Fortschrittsglaube lässt die literarische Utopie als negative oder Anti-Utopie wieder aufleben (z.B. ALDOUS HUXLEY, »Schöne neue Welt«, 1932; GEORGE ORWELL, »1984«, 1949). Sie stellt die vollständige Unterdrückung der Menschen unter technologisch-bürokratisch totalitärer Herrschaft dar. Eine philosophische Interpretation utopischen Denkens als einer menschlichen Grundhaltung gibt ERNST BLOCH (»Geist der Utopie«, 1923; »Das Prinzip Hoffnung«, 1959).

V

Variable [zu lat. varium »mannigfaltig«, »mannigfach wechselnd«]: in der formalen Logik Platzhalter für die Mitglieder eines vorgegebenen Grundbereichs. Man unterscheidet gebundene und freie Variable, je nachdem, ob die Variable unter einem ↑Quantor vorkommt oder nicht.

Verallgemeinerung: in der Logik entweder der Übergang von einer (oder endlich vielen) Aussagen über Einzelnes zu einer ↑Allaussage (Universalisierung) oder von einer Aussage zu einer allgemeineren durch Vergrößerung des Grundbereichs.

Veränderung: ↑Werden.

Verantwortung: ursprünglich v.a. in der Rechtsprechung verwendeter Terminus, der das Rechenschaftgeben für ein bestimmtes Handeln oder für dessen Folgen als Antwort auf eine Anklage bezeichnet. Als soziale Beziehungsstruktur beinhaltet Verantwortung einen Träger, einen Bezugspunkt (Verantwortung für Personen oder Sachen) und eine Legitimationsinstanz (Verantwortung vor Personen, Institutionen oder Transzendentem wie z.B. vor Gott). Verantwortung setzt Mündigkeit voraus, d.h. die Fähigkeit, das eigene Handeln frei zu bestimmen und dessen Folgen abzusehen. In der praktischen Philosophie wird Verantwortung als vom Handelnden zu übernehmende Verpflichtung betrachtet, die Folgen des eigenen Handelns einer moralischen Beurteilung zu unterwerfen, diese Beurteilung zur Beurteilung seines Handelns zu machen (↑Verantwortungsethik) und sich den mit der Beurteilung des Handelns und seinen Folgen verbundenen Sanktionen zu unterwerfen.

Erst durch die Fähigkeit, Verantwortung zu übernehmen, wird der Mensch zum moralischen wie auch zum religiösen und Rechtssubjekt. Von der Verantwortung ganz oder teilweise entlastet wird man durch Gründe, die die Zurechnungsfähigkeit, die rechtliche Voraussetzung verantwortlichen Handelns, beeinträchtigen wie Geisteskrankheit, Einfluss von Medikamenten, Nötigung oder Zwang. In der gegenwärtigen Diskussion nach wie vor umstritten ist einerseits das Problem der Mitverantwortung (z.B. der Mitverantwortung unbeteiligter Zeitgenossen, aber auch späterer Generationen am Holocaust) und damit die Frage nach der Bestimmung und Begrenzung der für eine Handlung bzw. einen Handlungszusammenhang verantwortlichen Subjekte, und andererseits das Problem der Verantwortung des Menschen für seine Umwelt, bei dem u.a. strittig ist, ob es eine Verantwortung für die Natur gibt, »die unabhängig von unserer Verantwortung für die lebende und zukünftige Menschheit besteht« (DIETER BIRNBACHER).

Verantwortungsethik: auf MAX WEBER zurückgehende Konzeption von Ethik, die eine Verbindung zwischen ↑deontologischer Ethik und teleologischer Ethik (↑Teleologie) hinsichtlich des Ursache-Folge-Prinzips herstellt. Für MAX WEBER gibt es zwei grundsätzlich verschiedene ethische Positionen: die **Gesinnungsethik** und die **Verantwortungsethik.** Ein Gesinnungsethiker beurteilt bei einer Handlung immer nur, ob diese selbst der reinen Gesinnung entspricht, also aufgrund ihres innermoralischen Wertes, ihre Folgen sind ohne Bedeutung. Er muss also jede Handlung verurteilen, die sittlich bedenkliche Mittel anwendet, auch wenn dies die einzige Möglichkeit zur Realisierung eines moralischen Wertes ist. Die gesinnungsethische Denkweise wird für MAX WEBER v. a. in der Liebesethik deutlich, wie sie in der Bergpredigt des Neuen Testaments gefordert wird. Angesichts der Konsequenzen, zu denen die Gesinnungsethik in der Realität, die weder vollkommen noch ideal ist, führen kann (↑Rigorismus), stellt sie für MAX WEBER keine sinnvolle ethische Position dar. Ein Verantwortungsethiker berücksichtigt die Welt mit ihren Mängeln. Für ihn ist es also durchaus akzeptabel, manchmal sogar dringend notwendig, sittlich bedenkliche Mittel anzuwenden und die Möglichkeit schlechter Nebenfolgen in Kauf zu nehmen. Im Gegensatz zum ↑Utilitarismus hat der Verantwortungsethiker kein Kriterium, »wann und in welchem Umfang der ethisch gute Zweck die ethisch gefährlichen Mittel und die Nebenerfolge heiligt« (MAX WEBER). Genügt die Handlung eines Utilitaristen dem Prinzip der Nützlichkeit, so sind damit gleichzeitig alle Mittel und Nebenfolgen gerechtfertigt; seine Ethik entbindet ihn also der ↑Verantwortung dafür. Genau an dieser Stelle unterscheiden sich Verantwortungsethik und Utilitarismus, denn der Verantwortungsethiker muss die Verantwortung für den Einsatz seiner Mittel selbst tragen anhand bestimmter positiver Werte (Ideale, Normen), für deren Realisierung er sich einsetzt und die das Motiv seines Handelns sind. Gegen positive Werte zu verstoßen ist für ihn dann vertretbar, wenn durch die kurzfristige Übertretung einer Norm langfristig ein positiver Wert realisiert werden kann. Die Verantwortungsethik verlangt von jedem Einzelnen eine je konkrete Entscheidung nach bestem Wissen und Gewissen und deren Rechtfertigung vor sich und anderen. Gerade hierin zeigt sich die ↑Würde des Menschen.

Verfassung: Normensystem, das die ↑Gesellschaft zu einem rechtlichen Ganzen macht, erlassen von Trägern der verfassunggebenden Gewalt, meist einer besonderen Nationalversammlung. Durch die Verfassung werden Ziele und Normen festgelegt, die für alle rechtlichen, politischen und ökonomischen Handlungen bindend sind. Bereits in Artikel 16 der französischen Menschen- und Bürgerrechtserklärung vom 26. 8. 1789 werden die beiden wesentlichen Aspekte einer Verfassung angesprochen: Sicherung der Einhaltung bestimmter Grundrechte, die auf die ↑Menschenrechte zurückgehen (Grundgesetze), und Festlegung der Staatsordnung, wobei in einem freiheitlich-demokratischen Staat von einer Gewaltenteilung ausgegangen wird.

Gegen Ende des 18. und zu Beginn des 19. Jh. war der Rechtsstaatsbegriff noch ein Kampfbegriff der bürgerlichen Gesellschaft gegen die absolute Fürstenwillkür. Auch heute werden das Volk und der Einzelne durch die (meist schriftlich fixierte) Verfassung vor staatlichen Willkürakten geschützt, da die staatliche Macht durch die Verfassung beschränkt wird. Die Einhaltung der Verfassung wird durch unabhängige Gerichte überwacht; in der Bundesrepublik Deutschland z. B. hat jeder das Recht, das Bundesverfassungsgericht anzurufen, das die Anspruchsgrundlage darstellt, aufgrund

derer der Einzelne seine Grundrechte einklagen kann. Nach gesetzlich festgelegten Verfahren und unter erschwerten Bedingungen (in der Bundesrepublik Deutschland eine Zweidrittelmehrheit in Bundesrat und Bundestag) kann eine Verfassung geändert werden.
Die Normen der Verfassung unterliegen einerseits einem historischen Wandel, formulieren aber andererseits einen sittlichen Anspruch, der eine Gegenposition zum sozialen Wandel darstellen oder als »Wegbereiter« für die Realisierung von moralischen Einsichten dienen kann. So hat z.B. die 1953 durchgeführte Grundgesetzänderung, in der der Grundsatz der Gleichheit von Mann und Frau formuliert wurde, die notwendigen rechtlichen Voraussetzungen für deren soziale Gleichstellung geschaffen, wenn auch die volle Realisierung noch nicht erfolgt ist.

Verhalten: Neben dem bloßen Reagieren lebender Strukturen auf Reize (↑Reiz/Reaktion) ist Verhalten nach neuerem Verständnis v.a. die Gesamtheit aller Körperbewegungen, Körperhaltungen und des Ausdrucksverhaltens eines lebenden Organismus in seiner Umwelt. Besonderes Interesse gilt dem artspezifischen Verhalten, das bei der Mehrzahl von Individuen, die einer bestimmten Tierart angehören, in ähnlichen Situationen und unter ähnlichen Begleitumständen regelmäßig auftritt (↑Instinkt). Die Gesamtheit aller Verhaltensweisen, die für eine Art von Lebewesen oder ein bestimmtes Lebewesen charakteristisch sind, wird als **Verhaltensrepertoire** bezeichnet. Ohne eine bestimmte Automatisierung von Teilhandlungen, bei denen dann der Verhaltensaspekt überwiegt, könnten die meisten Handlungszusammenhänge (z.B. das Gehen, das Essen) entweder gar nicht oder nicht effektiv vollzogen werden.

Verhältnis: 1. in der Logik die durch eine zweistellige ↑Relation beschriebene Beziehung zwischen Gegenständen. – 2. Im Marxismus bzw. historischen Materialismus bilden die **gesellschaftlichen Verhältnisse** (Produktionsverhältnisse, Staatsform u.a.) die Basis, die das gesamte Denken (Überbau) beeinflusst (↑Basis und Überbau).

Verifikation [zu lat. verum »wahr« und facere »machen«]: die Wahrheit einer Aussage nachweisen. In einer deduktiven Theorie ist eine Behauptung verifiziert, wenn sie entweder als ↑Axiom erkannt worden ist oder durch logische ↑Deduktion aus den Axiomen hergeleitet wurde (↑Beweis). In empirischen Wissenschaften spielen Verifikationen entgegen einem weitverbreiteten Vorurteil (des »Falsifikationismus«) nach wie vor eine wichtige Rolle. So lassen sich Existenzaussagen (z.B. »Es gibt Elektronen«) durch Aufweis des entsprechenden Gegenstands (des Elementarteilchens) einwandfrei verifizieren. Gesetzesartige Hypothesen (z.B. »Alle Elektronen haben die Ruhemasse m_e«) lassen sich jedoch nicht verifizieren, sondern bloß falsifizieren (↑Falsifikation). In solchen Fällen muss man sich mit ↑Bestätigung (oder ↑Bewährung) begnügen.

Verknüpfung: Zuordnung eines Objekts zu zwei Objekten, wobei alle drei zum gleichen Bereich gehören müssen (z.B. in der Mathematik verknüpfen die Grundrechnungsarten zwei Zahlen zu einer neuen). Von der Verknüpfung ist die ↑Relation zu unterscheiden, die zwei Objekten, je nachdem, ob sie in der fraglichen Relation stehen oder nicht, einen Wahrheitswert zuordnet.

Verneinung: ↑Negation.

Vernunft: in der deutschen Philosophie seit KANT generell Bezeichnung für eine Fähigkeit, allgemeine, oberste Grundlagen des theoretischen Erkennens und des praktischen Handelns zum Gegenstand einer Prüfung zu machen und nach zwischenmenschlichen Kriterien ihrer Gültigkeit zu forschen. Wortgeschichtlich greift die nachkantische Unterscheidung von Vernunft und ↑Verstand auf die Differenzierung zwischen noūs und diánoia in der griechischen, intellectus und ratio in der mittelalterlichen Philosophie zurück.

Seit KANT gilt Vernunft als das »obere«, Verstand aber als das »niederere« Erkenntnisvermögen. Dem entsprechend dient Vernunft nach KANT nicht dazu, den Umfang menschlicher Erkenntnisse nochmals zu bereichern, sondern sie soll dazu dienen, den Verstandesgebrauch zu kontrollieren, indem sie seine Grenzen abzustecken weiß. Die Grenzen des Verstandes aber werden dort angesetzt, wo das »absolut Ganze aller möglichen Erfahrung« zum Thema und zum Problem wird. Die Vernunft hat hier die Aufgabe, die Betrachtungen über das sog. Unbedingte so zu rekonstruieren, dass das Interesse daran plausibel bleibt, ohne dabei unerlaubt zu vergegenständlichen und damit dogmatisch zu werden. So macht z. B. der Satz »Die Welt hat in Raum und Zeit einen wohlbestimmten Anfang« eine Aussage über etwas (»die Welt als Ganzes«), das kein Gegenstand im Sinne der Erfahrung ist, weil die »Welt als Ganzes« nicht anschaulich vermittelbar ist. Wird dieser Wahrheitsanspruch einfach unkritisch unterstellt (im positiven wie im negativen Sinne), so kann man die darin geäußerte Meinung als dogmatisch bezeichnen. So hätte auch die kontradiktorisch entgegengesetzte Behauptung »Die Welt hat in Raum und Zeit keinen Anfang« Anspruch auf Gültigkeit. Die Widersprüchlichkeit scheint ausweglos (↑Antinomie). Hier schlägt KANT folgende Lösung vor: Beide Sätze sind sinnlos, wenn man sie als Erkenntnisse über einen Gegenstand interpretiert; aber beide Aussagen sind sehr wohl sinnvoll, wenn man ihren Gedanken als ↑Idee auffasst, als Vorschlag einer Zielbestimmung. Die Vernunft setzt dann über das Gesetzmäßige hinaus Zwecke, Ziele. Keine Gesetzmäßigkeit auf Verstandesebene nämlich impliziert von vornherein irgendeine »vernünftige Absicht«; »die Gesetze, die der

Vernunft: Die Entfaltung der griechischen Philosophie kann man als Emanzipation der Vernunft gegenüber dem Mythos ansehen. Zuvor galten Götter als Urheber aller Naturerscheinungen – wie etwa Zeus als Blitzeschleuderer (Bronzestatue des Zeus oder des Poseidon, um 460 v. Chr.; Athen, Archäologisches Nationalmuseum).

Verstand der Natur vorschreibt, sind nicht als Ausdruck eines vernünftigen Willens identifizierbar« (ULRICH ANACKER); Zweck- und Gesetzmäßigkeit fallen also durchaus auseinander. Hier nun ist es Aufgabe der Vernunft, alle Explikationen des Verstandes zu organisieren, indem sie sie auf einen obersten Zweck, die intentionale Einheit, bezieht. Einheit als Zweck bezieht sich also auf keinen einzelnen Gegenstand, sondern auf die Erfahrung insgesamt. Sie gilt deshalb als ideal-regulativ.

Obwohl auch noch für KANT ein höchster vernünftiger Wille (d. h. Gott) als Garant für die Zweckmäßigkeit der Weltordnung ebenso wie für ihre Erkennbarkeit fungierte, ist, nachdem das Prinzip Gott als philosophisches Erklärungsmodell immer mehr in den Hintergrund getreten ist, heute von der Gemeinschaft freier, sprachfähiger Subjekte im gegenseitigen ↑Diskurs die Rede – allerdings um den Preis einer endgültigen Gewissheit. Hier wird das Vernunftprinzip zum Argumentationsprinzip unter der Maxime, dass jedes erreichte Diskussionsergebnis prinzipiell (mit Gründen) revidierbar, widerrufbar bleiben muss. Ähnlich wie bei KANT führt die Anwendung des Vernunftprinzips dann nicht zu neuen Informationen und Erkenntnissen, sondern charakterisiert eher eine ganz bestimmte Weise, Probleme zu lösen. »Man kann sagen: Vernunft zeigt sich in ihrem Gebrauch; sie zeigt sich als Möglichkeit reziproker Anerkennung und Verständigung« (ANACKER). Vernunft steht heute für die prinzipielle Möglichkeit eines intersubjektiven ↑Konsenses im rationalen Diskurs. – auch ↑praktische Vernunft.

Vernunftbegriffe: bei KANT allgemein die ↑Ideen; die Vernunftbegriffe »regeln« Gebrauch und Grenzen der Leistungsfähigkeit der Verstandesbegriffe (↑Kategorie), sie wirken regulativ (↑regulative Idee).

Vernunftreligion (natürliche Theologie, Theologia naturalis, Theologia rationalis): Denkansatz in der christlichen Theologie, mit dem die Möglichkeit der Gotteserkenntnis aus der Natur mit der menschlichen Vernunft untersucht und z. T. behauptet wird. Die Vernunftreligion befasst sich mit der Erkenntnis Gottes außerhalb der (christlich-eschatologischen) geschichtlichen Dimension und befindet sich damit auf dem Weg zu einer alle Religionen umfassenden Theoriebildung der natürlichen Religion. In der christlichen Theologie ist sowohl die Tatsache natürlicher Gotteserkenntnis als auch deren Funktion innerhalb der Heilsgeschichte umstritten, weil gerade die Geschichtlichkeit der christlichen Offenbarung die wesentliche Komponente christlichen Glaubens ist.

Verstand: seit KANT in der Philosophie des deutschsprachigen Raumes feststehende Bezeichnung für eine spezifische Art menschlicher Erkenntnisleistungen: »Verstand« (lat. oft auch »ratio«) bedeutet wesentlich begriffliches Erkennen (im Gegensatz zur Aufnahme sinnlicher Daten), sowie diskursives, schrittweises Denken (im Gegensatz zum ganzheitlichen intuitiven Erfassen) unter Ausblendung willentlicher oder emotionaler Komponenten. Der Verstand gilt als ein geeignetes Mittel, theoretische wie praktische Probleme zu lösen, indem er analysiert, abstrahiert, ordnet, begründet oder erklärt. Daneben ist der Verstand ein geeignetes, lebensnotwendiges Erkenntnismittel, das den Instinktmangel des Menschen zu kompensieren ermöglicht.

Erkenntnislogisch wird das Verstandesvermögen (seit KANT) zwischen sinnlicher ↑Wahrnehmung auf der einen und ↑Vernunft auf der anderen Seite eingeordnet. Vereinfachend kann man sagen: Während die sinnliche Wahrnehmung in den Sinnesdaten das Basismaterial liefert, stellt die Vernunft durch Prinzipien oder Axiome den Rahmen bereit, in dem der Verstand dann Gegenstände entfalten und ausformen kann. Der Verstand kann also nicht voraussetzungslos arbeiten, sondern er benötigt von der ↑Sinnlichkeit wie der Vernunft gewissermaßen »Vorleistungen«. Deshalb sind mit der sinnlich-anschaulich vermittelten Gegenständlichkeit auch die Grenzen der verstandesmäßigen Erkenntnisleistungen deutlich angezeigt.

Schon ARISTOTELES war sich bewusst, dass z. B. die diskursive Tätigkeit (des Verstandes) der Vorbedingungen bedarf. Das schlussfolgernde Denken benötigt gewissermaßen »Verankerungen«, die selbst nicht wieder diskursiv vermittelbar sind. Prinzipien wie das »Prinzip vom verbotenen Widerspruch«, das besagt, »dass es unmöglich sei, dass dasselbe demselben in derselben Beziehung zugleich zukomme und nicht zukomme«, sind weder beweisfähig, weil ihre Geltung in jedem Beweis immer schon vorausgesetzt wird, noch beweisbedürftig, weil sie als allgemein einsichtig, als evident gelten. Der Verstand richtet sich nur auf dasjenige, was aus den Prinzipien (griech. archaí) hergeleitet werden kann, die Prinzipien selbst aber übersteigen den Rahmen des Verstandesvermögens und müssen von der Vernunft (griech. noũs) erfasst werden können. Daneben bleibt die Verstandeserkenntnis notwendig auch auf die Vorleistungen der Sinne angewiesen. Mit den Möglichkeiten der Verstandesfunktionen z. B. lassen sich keine Aussagen gewinnen über das sog. Unbedingte (z. B. das Weltganze oder Gott oder Freiheit), weil dem Unbedingten niemals ein anschaulicher Gegenstand entsprechen kann. KANT sagt: »Das absolut Ganze aller möglichen Erfahrung ist selbst keine Erfahrung und demnach ein notwendiges Problem – (wiederum) für die Vernunft.«

Der Verstand liefert also das Material, aber die Vernunft muss entscheiden, welches Bild gelegt werden soll. Während daher dem Verstand der Bereich des »mittelsuchenden, instrumentellen Denkens« auf alltäglicher, aber v. a. wissenschaftlicher Ebene zugesprochen werden kann, sollte die Vernunft (ethisches) Regulativ sein für das verstandesmäßig Machbare; sie sollte auch wissenschaftliches Handeln moralisch werten und lenken und wäre damit wesentlich ↑praktische Vernunft, die eine Verkürzung und Einengung auf rein berechnendes, mechanisierendes Denken, auf nicht mehr nur »rationale«, sondern ausschließlich »rationelle« Verfahren zu verhindern hätte.

Welche Funktionen, Schemata, Kategorien nötig sind, damit das, was als (wissenschaftliche) Erfahrung akzeptiert wird, auch als gültig (wahr) angesehen werden kann, hat als Erster KANT in der »Kritik der reinen Vernunft« (1781) untersucht. Damit antizipierte er bereits die Krise eines scheinbar über alle Grenzen leistungsfähigen und damit verselbstständigten Verstandes (↑Rationalismus), wie er z. B. in der Hybris naturwissenschaftlicher Beherrschbarkeit im Anschluss nach KANT offen zutage trat.

Verstandesbegriffe: bei KANT allgemein die ↑Kategorien; die sog. **reinen Verstandesbegriffe** gehen jeder empirischen Erkenntnis (erkenntnis)logisch, nicht zeitlich voran; sie sind für die Gegenstände konstitutiv (↑Konstitution).

Verstehen: 1. das Erfassen von Zusammenhängen (zwischen Dingen, Menschen und Gedanken) entweder unmittelbar zum Zeitpunkt des Erfassens (»Aha-Erlebnis«) oder durch Abrufung des aus früherem Erfassen resultierenden Wissens; 2. das nachvollziehende, einfühlende Erfassen seelischer Zustände (z. B. Absichten, Gefühle) anderer Menschen; 3. das Erfassen von Bedeutungen v. a. eines Symbol- oder Regelsystems wie einer Sprache oder eines Spiels.

Auf ein nachvollziehendes Verstehen (v. a. von Texten) hat sich insbesondere die traditionelle ↑Hermeneutik konzentriert. In der Tradition sind v. a. Wege gesucht worden, auf denen man die Sicherung eines bestimmten Verstehensvorschlags gewährleisten kann, wie z. B. in der Hermeneutik oder in den hermeneutischen Sozialwissenschaften. In diesem Zusammenhang wurde insbesondere von WILHELM DILTHEY zwischen den erklärenden Naturwissenschaften und den verstehenden Geisteswissenschaften unterschieden.

Vita activa/Vita contemplativa [lat. »aktives Leben«/»beschauliches Leben«]: idealtypisch gegensätzliche Lebensformen der antiken und mittelalterlichen Philosophie. **Vita activa** ist das tätige, politisch-praktische Leben, **Vita contemplativa** das beschauliche, theoretische Leben in vornehmer, freier Muße (positiv) bzw. in trägem Genießen (negativ). Das Leben in Muße wird vorwiegend auf die Wahrheitssuche bezogen.

Vitalismus [zu lat. vita »Leben«]: eine antimechanistische Strömung der theoretischen Biologie und ↑Naturphilosophie, v. a. des 18. und 19. Jh., die das Vorhandensein biologischen Lebens auf eine Ursache oder ein Prinzip zurückführen will, das der unorganischen ↑Materie nicht unterliegt, das selbst nicht eine biologische oder physikochemische Substanz ist und daher prinzipiell unbeobachtbar sei.

Im **Neovitalismus** (HANS DRIESCH, JAKOB VON UEXKÜLL) ist die vitalistische Behauptung abgeschwächt in der Form, dass organische Strukturen und Funktionen speziellen, nur ihnen zugehörigen Gesetzmäßigkeiten unterliegen und nicht aus physikalischen Prinzipien allein erklärbar sind. Mit der Entdeckung selbstorganisierender Prozesse und Strukturen auch in der anorganischen Materie (ILYA PRIGOGINE) ist der vitalistische Standpunkt endgültig widerlegt.

Vollkommenheit: alltagssprachlich meist im Sinne von perfekt, unübertroffen, makellos sein. Der Begriff scheint v. a. zum Ausdruck künstlerischer Wertvorstellungen (»vollkommene Schönheit«) besonders geeignet. In der Philosophie entspricht er in etwa dem lateinischen perfectio und ist sehr unspezifisch in zahlreichen Zusammenhängen anzutreffen. Ähnlich dem Begriffsfeld von Ideal (↑ideal) ist auch die Vollkommenheit ein zwar erstrebenswerter, jedoch nur selten zu verwirklichender Grenzzustand, gleichsam das Ideale, das zu einem realen Vorkommnis wird.

Bei CHRISTIAN WOLFF, ALEXANDER GOTTLIEB BAUMGARTEN und KANT ist Vollkommenheit v. a. eine ontologische Kategorie und bezieht sich dann auf die Vollständigkeit eines Seienden als Zusammentreffen aller Bestimmungen eines Objekts zu einer geordneten Einheit, daher bedeutet sie wörtlich »zum Vollen«, »zur Fülle« kommen. Das vollkommene Sein, d. h. das Sein, dem nichts mehr fehlt, ist das Sein in Vollendung. Die moralische Vollkommenheit besteht für KANT darin, »seine Pflicht zu tun, und zwar aus Pflicht«. Höchstes Maß der Vollkommenheit ist die Makellosigkeit.

vollständige Disjunktion: ↑Disjunktion.

vollständige Induktion: ↑Induktion.

Volonté de tous/Volonté générale [frz. vɔlõted'tus/vɔlõteʒene'ral »Wille aller«/»allgemeiner Wille«]: ein Begriff der Staatsphilosophie nach JEAN-JACQUES ROUSSEAU. Nach ROUSSEAU ist der Staat nur dann berechtigt, dem Einzelnen Verpflichtungen aufzuerlegen, wenn dessen Freiheit gewahrt bleibt und er nur seinem eigenen Willen gehorchen muss. Diesen scheinbaren Widerspruch löst ROUSSEAU durch die Unterscheidung von Volonté de tous und Volonté générale auf. Während der Einzelwille die eigenen Interessen vertritt und nach eigenen Vorteilen strebt, zielt der allgemeine Wille auf das Beste für die Gemeinschaft; der Einzelwille ist also nur in wenigen Fällen mit dem allgemeinen Willen identisch. Da der allgemeine Wille nicht die Summe der Einzelwillen ist, muss er auf andere Weise als durch Mehrheitsentscheidungen gefunden werden; er setzt ein ideales Verfahren politischer Willensbildung voraus. Nach ROUSSEAU geht der allgemeine Wille aus einer Diskussion freier und gleichberechtigter Bürger als das gemeinsam gefundene Ergebnis hervor. Er spiegelt keine Eigeninteressen wider, sondern drückt das alle gleichermaßen berücksichtigende, überindividuelle Allgemeininteresse aus. Durch dessen Berücksichtigung also, nicht durch die Anzahl der Stimmen, wird er verallgemeinert. Im allgemeinen Willen kommt somit der freie und vernünftige Wille des Einzelnen zum Ausdruck.

Voltaire: François Marie Arouet nannte sich ab 1719 Voltaire (Porträt von Nicolas de Largillière; Genf, Institut et Musée Voltaire).

Voltaire [vɔl'tɛ:r], eigtl. **François Marie Arouet,** französischer Schriftsteller und Philosoph, *Paris 21. 11. 1694, †Paris 30. 5. 1778: Neben einer humanistischen Ausbildung im Jesuitenkolleg wurde VOLTAIRE v. a. durch das oppositionelle Gedankengut der Frühaufklärung geprägt. Wegen seiner Regierungskritik in Spottversen verbüßte er 1717 eine elfmonatige Haft in der Bastille. Während seiner Verbannung nach England 1726–29 infolge eines Ehrenstreits befasste er sich v. a. mit der Naturwissenschaft ISAAC NEWTONS und der Philosophie JOHN LOCKES und verkehrte mit Freigeistern und Deisten. Seine Anregungen verarbeitete er in den »Philosophischen Briefen« (1734), in denen er die liberalen Verhältnisse in England lobend hervorhob. Aufgrund der Kritik an Regierung, Adel und Kirche in Frankreich wurde die Schrift verboten und verbrannt. Um erneuter Haft zu entgehen, flüchtete VOLTAIRE 1734 auf das Schloss der Schriftstellerin und Gelehrten MARQUISE DU CHÂTELET in der Champagne. In 15-jähriger Zusammenarbeit mit der Leibniz-Anhängerin entwickelte VOLTAIRE seine wissenschaftlichen, politischen und philosophischen Ansichten, verfasste Kommentare v. a. zu NEWTON und LEIBNIZ; daneben arbeitete er an historischen und literarischen Werken. Nach ihrem Tod folgte er 1750 der Einladung FRIEDRICHS II., des Großen, nach Potsdam und blieb als Freidenker bis zum Zerwürfnis 1753 an dessen Hof. 1755 ließ VOLTAIRE sich am Genfer See nieder, wo er 1758 Dorf und Schloss Ferney erwarb. Durch skrupellose Geschäfte reich geworden, lebte er dort wie ein feudaler Grundherr, setzte aber in seinen zahlreichen Werken seinen Kampf gegen Absolutismus und Obskurantismus, Fanatismus und Intoleranz unvermindert fort.

VOLTAIRE gilt als der einflussreichste Vertreter der französischen ↑Aufklärung. Maßgeblich von LOCKES ↑Empirismus beeinflusst, entwickelte er zwar keine eigenständige Philosophie, trug aber mit seinen philosophischen, polemischen und literarischen Schriften erheblich zur Verbreitung der wichtigsten Ideen und Positionen der Aufklärung in Frankreich bei. Unter den philosophischen Schriften ist hier neben den »Philosophischen Briefen« v. a. das »Philosophische Wörterbuch« (1764) zu nennen. Zu seinen bekanntesten Werken gehört die philosophische Persiflage »Candide oder der Optimismus« (1759), in der er LEIBNIZ' These von »dieser Welt als der besten aller möglichen Welten« durch Konfrontation des Helden mit der schrecklichen Wirklichkeit lächerlich machte.

Voluntarismus [zu lat. voluntas »Wille«]: von FERDINAND TÖNNIES (1883) geprägte Bezeichnung für jede philosophische Lehre, die – im Gegensatz zu Intellektualismus (↑Intellekt) und Emotionalismus (↑Gefühl) – dem Wollen (↑Wille) in irgendeinem Sinn den Vorrang gegenüber Denken und Fühlen einräumt. Der Voluntarismus existiert in verschiedenen Spielarten. So gilt z. B. der Wille als das innerste Wesen der Welt, das Grundprinzip aller Erscheinungen, das »Ding an sich« (so v. a. ARTHUR SCHOPENHAUER) oder das Wollen steht seinsmäßig höher als das Erkennen. Zu Gott ist demnach einzig durch willentliche Glaubensentscheidung zu gelangen (z. B. DUNS SCOTUS). Nach FRIEDRICH NIETZSCHE manifestiert sich in allem Lebendigen ein »Wille zur Macht«, dessen Äußerung lebensbejahend, aktiv und vornehm oder lebensverneinend, reaktiv und niedrig sein, d. h. einen Menschen als »Herrn« oder »Sklaven« erweisen kann (↑Herrenmoral/Sklavenmoral).

Voraussetzung: ↑Prämisse (auch ↑Schluss).

Vorhandenheit: von MARTIN HEIDEGGER in seiner ↑Fundamentalontologie geprägter Begriff, um die Weise zu benennen, wie in der bisherigen Philosophie das primäre Sein der Dinge gedacht wurde. Vorhandenheit oder Wirklichkeit ist für ihn nur die sekundäre Weise, in der uns die Dinge erscheinen. Um die Dinge als bloß vorhanden denken zu können, müssen wir von dem Verständnis, was wir im Umgang mit ihnen schon haben, abstrahieren. Dementgegen nennt HEIDEGGER diese primäre Weise die ↑Zuhandenheit.

Vorsokratiker: Zwischen 650 und 600 v. Chr. kommt es im griechisch orientierten Mittelmeerraum zu einem geistig-kulturellen Aufbruch, in dem auch die abendländische Philosophie entsteht: Erstmals setzt ein zunehmend rationaler werdendes, nicht mehr allein vom Mythos bestimmtes Fragen nach Entstehung und Aufbau der Welt (↑Kosmologie, ↑Kosmogonie) wie nach der Stellung des Menschen im ↑Kosmos ein. Diese Bewegung der vorsokratischen (vor SOKRATES entstandenen) Philosophie geht zunächst vom ionischen Kleinasien (↑ionische Philosophie) aus, findet Aufnahme im italienischen Raum (Elea) und wird schließlich nach Griechenland selbst getragen.

Während frühe (etwa von ARISTOTELES beeinflusste) Darstellungen als ersten Vorsokratiker THALES VON MILET nennen, beginnt die neuere Philosophiegeschichte erst bei ANAXIMANDER und seinem Schüler ANAXIMENES. Deren beider Kosmogonie sucht die Stellung des Menschen im Weltganzen mittels wissenschaftlicher Vernunft zu deuten, um von Weltangst und vom Glauben an magische Kräfte zu befreien.

Ein neues Denkniveau erreicht HERAKLIT mit seinem Versuch, die konkrete Situation des Menschen in der Welt adäquat zu deuten. Mit zum Kreis der Vorsokratiker werden die Pythagoreer gerechnet. In der Lehre des PYTHAGORAS spielt die Mathematik als stark symbolische Zahlenlehre eine tragende Rolle. Vor diesem Hintergrund wird XENOPHANES zum Wegbereiter des griechischen Monotheismus.

Gegen die bloße »Meinung« früherer Philosophen, die nur zu einer scheinhaften Welt vorzudringen vermag, beansprucht PARME-

Voltaire

Das Erdbeben von Lissabon

Zeitlebens agitierte Voltaire mit bissigen Repliken gegen den 1710 von Gottfried Wilhelm Leibniz geäußerten Gedanken, dass wir in der »besten aller möglichen Welten« lebten, weil Gott in seinem unendlichen Verstand unmöglich eine andere als die »beste« aller Welt hätte wählen können. Seine erste große Widerrede war ein Gedicht anlässlich des Erdbebens, das 1755 Lissabon fast vollständig verwüstete:

»Betrogene Philosophen, die ihr »Alles steht zum besten« schreit: / Lauft herbei, schaut euch diese grausigen Ruinen an, / All die Trümmer, Bruchstücke, die unseligen Aschenreste, / All die Frauen, die Kinder, alles aufeinandergehäuft, / Die zerstreuten Glieder unter zerbrochenem Marmor; / Hunderttausend Unglückliche, die die Erde verschlingt, / (...) Wollt ihr auf die kraftlosen Schreie ihrer sterbenden Stimmen, / Angesichts der Schrecken ihrer rauchenden Aschen, / Noch sagen: ›Es ist die Wirkung ewiger Gesetze, / Die ein freier und wohlwollender Gott erwählen muss?‹«.

NIDES dann die Wahrheit zu verkünden. »Wahrheit« bedeutet hierbei in umfassendem Sinn das, was die philosophische Erkenntnisbemühung in der Welt zu entdecken vermag (↑eleatische Philosophie). Die Lehre der eleatischen Schule (neben PARMENIDES v.a. MELISSOS und ZENON VON ELEA) findet ihre Fortsetzung bei den Sophisten, die allerdings schon bald zu eigenständigen Folgerungen gelangen.

EMPEDOKLES erklärt das Werden und Vergehen im Kosmos durch zwei gegensätzliche Weltprinzipien, die er (mangels abstrakter Begriffe anthropomorphisierend) als »Liebe« und »Streit« bezeichnet. Mit ANAXAGORAS erreicht der griechische ↑Rationalismus einen ersten Höhepunkt. Im Zentrum seines Denkens stehen die Naturerkenntnis und die Astronomie. Er führt den Begriff des Geistes (griech. noũs) in die Philosophie ein; damit trennt er die materiellen Elemente vom Geist als dem bewegenden Prinzip. Diesem ontologischen Dualismus entsprechen im Bereich der Erkenntnisweisen die Gegenüberstellung von Wahrnehmung und Denken und in der Darstellung der Welt die Gegenüberstellung von Welt als Erscheinung und Welt als das, was sie ist. Dieser rationalistische Zug findet seine Ausweitung in der Konzeption der Atomisten LEUKIPP und DEMOKRIT (↑Atomismus). Mit der sophistischen Philosophie (↑Sophisten) vollzieht sich dann eine Konzentration des Erkenntnisstrebens auf den Menschen hin, die unmittelbar in das radikale Fragen des SOKRATES einmündet.

Vorstellung: erkenntnistheoretische Sammelbezeichnung für alle Arten von ↑Repräsentation, allgemein auch sich ein Bild von etwas machen. Eine Vorstellung von etwas haben meint wörtlich sich etwas vor-stellen, z.B. vor ein »inneres Auge« stellen. Jeder Vorstellung liegt entweder ein Typus zugrunde oder dieser lässt sich aus den einzelnen Vorstellungen zumindest ableiten. Die Vorstellung ist ein Bewusstseinsabbild, das in der Regel auf einer sinnlichen Erfahrung basiert und einen wahrgenommenen Gegenstand in Ähnlichkeit abzubilden (↑Abbildtheorie) bestrebt ist, d.h. der Versuch des Bewusstseins, sich die Wirklichkeit mit anderen, ihr nicht selbst eigenen Mitteln anzueignen. Ein idealer Grenzwert ist hier allerdings die »adäquate Vorstellung« (EDMUND HUSSERL). Absolutes Zentrum aller Vorstellungsakte ist das Ich, das sich insgesamt (intentional) auf die Welt richtet. Nach DESCARTES gibt es drei grundlegende psychische Tätigkeiten (cogitationes): die Vorstellungen, die Gemüts- bzw. Willenssphäre (Liebe, Hass usw.) und die Urteile. KANT verwendet den Begriff Vorstellung als Oberbegriff für ↑Anschauung und ↑Begriff.

Vorurteil: im wörtlichen Sinn ein Urteil, das bereits »vor jeder Beweisaufnahme« gefällt wurde; im übertragenen Sinn eine vorgefasste Meinung über Gegenstände, Vorstellungen, Personen oder Gruppen, die ohne bewusste Reflexion und Prüfung objektiver Tatbestände für richtig (wahr) gehalten wird.

Vorurteile lassen sich – selbst wenn sie als falsch erkannt werden und man sich von ihnen distanzieren möchte – oft nur sehr schwer wieder abbauen. Der Grund dafür mag – wie FRANCIS BACON vermutete – darin liegen, dass der menschliche Verstand sehr dazu neigt, in der Welt mehr an Ordnung und Regelmäßigkeit anzunehmen, als tatsächlich vorzufinden ist. Oft genügt schon ein einziges, markant wirkendes Beispiel, um eine voreilige Verallgemeinerung abzuleiten, etwa für Absicherung von Handlungsentscheidungen.

»Gemeinsame« Vorurteile verbinden auch; sie schaffen »zwischenmenschliche Nähe« unter den Mitgliedern derselben »Vorurteilsgruppe«. Zum Problem werden derartige Gruppenvorurteile, die sich auch durch Manipulation (Propaganda) vermitteln oder verstärken lassen, dort, wo sie auf Fremdpersonen und -gruppen (z. B. fremde Völker und Rassen, religiöse Minderheiten) projiziert werden. Wo die (begründete oder unbegründete) Angst um den Fortbestand der eigenen Gruppe unerträglich wird, kann die zunächst meist verbale Aggression, die in den Vorurteilen liegt, in brutale, physische Gewalt umschlagen mit dem Ziel, das Beunruhigende, Fremde zu vernichten und auszurotten.

W

wahr: allgemein der Wirklichkeit oder den Tatsachen entsprechend; im engeren Sinn der klassischen Logik neben »falsch« einer der beiden Wahrheitswerte, der als Metaprädikator (metasprachlicher ↑Prädikator) Aussagen zugesprochen wird. Die Elementaraussage $N \varepsilon P$ ist genau dann wahr, wenn dem ↑Nominator N der Prädikator P zukommt. Im weiteren Sinn wird »wahr« als Prädikator auch Gedanken oder Vorstellungen zugesprochen. Was ↑Wahrheit i. A. bedeutet, wird je nach philosophischer und erkenntnistheoretischer Position verschieden beantwortet.
Mehrere Arten von Wahrheit lassen sich unterscheiden: die logische (oder formale) Wahrheit, die analytische und die materiale Wahrheit. Eine Aussage ist logisch wahr, wenn ihre Wahrheit schon durch ihren Aufbau aus den logischen Konstanten (↑Junktoren, ↑Quantoren) garantiert ist. Eine Aussage heißt analytisch wahr, wenn sie nach Umformung (bei der synonyme Ausdrücke ersetzt werden dürfen) in eine logisch wahre Aussage übergeht. Eine materiale Wahrheit dagegen beruht auf Erfahrung und damit auf einem Zustand der Welt.

Wahrheit: siehe Topthema Seite 445.

Wahrheitskriterium: (notwendige) Bedingung, mit deren Hilfe man feststellen kann, ob eine Aussage wahr ist. Meist ergeben sich die Kriterien aus der Definition von ↑Wahrheit in einer Wahrheitstheorie. So muss man nach der Kohärenztheorie prüfen, ob sich ein bestimmter Satz widerspruchsfrei in das System der als wahr akzeptierten Sätze einfügt. Nach der Konsenstheorie muss eine Aussage als wahr gelten, wenn ihr kein Sachkundiger und Gutwilliger mit vernünftigen Gründen widersprechen kann. Das Fehlen eines Wahrheitskriteriums der Korrespondenztheorie gilt als schwer wiegender Mangel. Ihren Anhängern zufolge muss man aber zwischen Definition und Kriterium scharf unterscheiden; deshalb könne auch eine Definition sinnvoll sein, die kein Kriterium anbiete. Allgemein umstritten ist die Frage, ob Wahrheitskriterien nicht nur notwendige, sondern auch hinreichende Bedingungen der Wahrheit sind, ob man sich also sicher sein kann, dass eine Aussage, deren Wahrheitskriterium erfüllt ist, tatsächlich wahr ist.

Wahrheitstafeln: von LUDWIG WITTGENSTEIN und EMIL LEON POST 1921 eingeführte Methode, die Junktoren der Aussagenlogik (↑Aussage) zu definieren. Dabei wird das Bivalenzprinzip der klassischen Logik zugrunde gelegt. Die Wahrheitswerte der mithilfe von Junktoren gebildeten Aussagen werden als Funktionen der Wahrheitswerte der Einzelaussagen definiert, z. B.:

A	B	$A \vee B$
w	w	w
w	f	w
f	w	w
f	f	f

A und B sind schematische Buchstaben, die für Aussagen stehen, w und f bedeuten die ↑Wahrheitswerte »wahr« bzw. »falsch«. $A \vee B$ ist ein Aussageschema. Insgesamt gibt

W

es 16 Wahrheitstafeln (bei zwei Aussagen). Nicht alle Wahrheitstafeln haben eine umgangssprachliche Bedeutung, wie die obige für »oder«.

Wahrheitswerte: In der klassischen Logik wird Aussagen einer der Wahrheitswerte »wahr« (*w* oder X) oder »falsch« (*f* oder X) zugeordnet. Diese stellen semantische Metaprädikatoren dar, weil sie Aussagen zukommen oder nicht (also über Aussagen handeln). Das für die klassische Logik grundlegende Bivalenzprinzip besagt, dass jede Aussage entweder wahr oder falsch sein muss, gleichgültig, ob und wie man dies feststellen kann.

Wahrnehmung: zentraler Begriff der ↑Erkenntnistheorie. Die Philosophie hat ihn z.T. mit »etwas als wahr nehmen« (HEGEL, WILHELM WUNDT) erklärt. Allerdings leitet sich »Wahrnehmung« nicht wie »Wahrheit« von lateinisch »verus« (»wahr«), sondern von althochdeutsch »wara neman« ab und bedeutet ursprünglich »auf etwas aufmerksam sein«, »Acht haben«, »gewahren«.

Im Zentrum des erkenntnistheoretischen Interesses steht der Prozess der Erkenntnisgewinnung selbst, d.h. konkret: derjenige Umschlagspunkt, durch den ein zuvor »bloß« erfahrenes Sein »plötzlich« zu einem Denken über das Sein wird. In diesem universalen Zusammenhang scheint die Wahrnehmung eine Schlüsselposition einzunehmen. Wir haben Bekanntschaft mit der Welt, indem wir sie sehen, hören, tasten, riechen, schmecken. Wahrnehmung ist dann das Sehen, Hören, Tasten usw. selbst, sofern sich durch oder im Anschluss an sie ein Gesehenes, Gehörtes, Ertastetes im Bewusstsein konstituiert (Bewusstseinsakte). Als Urmodus der sinnlichen ↑Anschauung steht sie vermittelnd zwischen der sinnlichen ↑Empfindung einerseits und der ↑Vorstellung (z.B. Erinnerungen an zuvor Wahrgenommenes) andererseits. Erst auf der Basis Empfindung – Wahrnehmung – Vorstellung können wir uns reflexiv (urteilend) den Gegenständen zuwenden. Obwohl wir nicht nur materiale Gegenstände in ihrer jeweiligen Gegebenheitsweise (Ansichten und Rücksichten, Blickwinkel, Ausschnitte, Perspektiven usw.) wahrnehmen, sondern daneben auch dem Bewusstsein Immanentes (Gedächtnisinhalte, Gefühle, Erwartungen usw.), wird der Begriff Wahrnehmung immer dann bevorzugt, wenn es um die erkenntnistheoretische Grunddifferenz zwischen Innen- (Subjektbereich) und Außenwelt (Objektbereich) geht. Eine wichtige Frage war hier immer, ob der Wahrnehmung von Haus aus bereits ein gewisses (konstitutives) »Mehr« des Gegenstandes am Gegenstand zukommt, das über die bloße Sinnesempfindung hinaus vorrational (vorprädikativ) in Richtung Erkenntnis verweist (↑Phänomenologie).

PARMENIDES stellte fest, dass entgegen der These der Identität von Denken und Sein das real Erscheinende trügerisch (Sinnentrug) ist. Seine physikalische Erkenntnislehre entschied, dass wir Gleiches (äußere Wärme/Kälte) nur durch Gleiches (innere Wärme/Kälte) wahrnehmen. DEMOKRITS ↑Atomismus vertrat die Auffassung, dass Atome aus der Materie austreten und quasi als kleinste Wahrnehmungspartikel in unsere Sinnesorgane eindringen. Diese Vorstellung begünstigte den ↑Empirismus bis in die Gegenwart, wonach der rein passive Eindruck des Empfundenen eine intuitive und zweifelsfreie, vom Verstand unabhängige Wahrnehmung ist, durch die uns unmittelbar ein Teil der Außenwelt gegeben ist (↑Abbildtheorie). Erst mit ARISTOTELES wird der Sinneswahrnehmung ein relatives Gewicht eingeräumt. Sie ist der qualitative Übergang von der potenziellen Wahrnehmungsfähigkeit zur aktuellen Wahrnehmung mittels des wahrgenommenen Gegenstands. Wahrnehmen können wir eingeschränkt immer nur Einzeldinge, mithin ist Wahrnehmung

▶ *Fortsetzung auf Seite 449*

Wahrheit

Die philosophische Frage, was Wahrheit im Unterschied zu Täuschung, Irrtum oder Lüge sei, wurde und wird von verschiedenen Philosophen sehr unterschiedlich beantwortet. In der Tradition der Metaphysik wurde Wahrheit zunächst als Eigenschaft der Dinge betrachtet: als ihre Erkennbarkeit oder »Unverborgenheit« (↑Aletheia), die wahre Aussagen allererst ermögliche. Vorausgesetzt wurde dabei die von PARMENIDES formulierte Identität von Denken und Sein, die den Wahrheitsbegriff weit über PLATON und ARISTOTELES hinaus prägte. Entsprechend lautet THOMAS VON AQUINS klassische Wahrheitsdefinition: »Wahrheit ist Übereinstimmung des (urteilenden) Denkens und der Sache« (Adaequatio intellectus et rei).

Zum Wahrheitsbegriff

Mit dem in der neuzeitlichen Philosophie auftretenden ↑Subjekt-Objekt-Problem wurden die Erkenntnismöglichkeit und die Allgemeingültigkeit der Wahrheit grundsätzlich infrage gestellt. Auf unterschiedliche Weise versuchten die entgegengesetzten erkenntnistheoretischen Positionen ↑Realismus und ↑Idealismus, ↑Empirismus und ↑Rationalismus dieses Problem zu lösen. Grob gesagt erklären sie den Erkenntnisinhalt zum Abbild des Objekts bzw. den Erkenntnisgegenstand zum Erzeugnis des Subjekts, den Erkenntnisvorgang aus dem Zusammensetzen der durch Sinneserfahrung erworbenen einfachen Ideen bzw. aus dem Rückgang auf angeborene Ideen.

Dem Gegensatz von Erfahrung und Vernunft gemäß unterschied LEIBNIZ zwischen kontingenten »Tatsachenwahrheiten« und »Vernunftwahrheiten«, die auf reiner Begriffsanalyse beruhen und notwendig wahr sind. Daran anknüpfend unterschied KANT zwischen synthetischen und ↑analytischen Urteilen, er-

In der Tradition der Metaphysik wurde Wahrheit zunächst als eine Eigenschaft der Dinge betrachtet. »Die von der Zeit entschleierte Wahrheit«, Marmorskulptur von Giovanni Lorenzo Bernini (1646/52; Rom, Galleria Borghese)

gänzte sie aber um die ↑synthetischen Urteile a priori, die alle Erfahrung überhaupt erst ermöglichen. Ferner erklärte KANT, dass es kein allgemeines Kriterium für die materiale Wahrheit geben kann, die den Inhalt der Urteile betrifft, sondern nur ein negatives logisches Kriterium für die formale Wahrheit, die Widerspruchsfreiheit.

Moderne Wahrheitstheorien

In der modernen nicht metaphysischen und zumal sprachanalytischen Philosophie versteht man unter Wahrheit weitgehend eine Eigenschaft von ↑Aussagen, sofern sie einen Gegenstandsbezug (↑Referenz) haben. Wahrheitsfähig sind nur Aussagen, die einen Wahrheitsanspruch erheben, d. h. ↑Behauptungen. Da Wahrheiten auf Erkenntnisse bezogen sind, sind Wahrheitstheorien eng mit den jeweiligen Erkenntnistheorien verknüpft. Bei aller Verschiedenheit der einzelnen Positionen lassen sich folgende Gemeinsamkeiten feststellen: Die Frage, ob eine Aussage ↑wahr ist, lässt sich außer bei logisch oder analytisch wahren Aussagen nicht allein durch sprachliche oder gedankliche Betrachtungen beantworten, sondern es bedarf dazu der Betrachtung der Welt. Wo es Wahrheit gibt, kann es auch Falschheit geben. Beide schließen sich aber aus.

Soweit die modernen Wahrheitstheorien unter Wahrheit Eigenschaften von Aussagen verstehen, lassen sie sich systematisch nach den drei Bereichen der ↑Semiotik (↑Semantik, ↑Syntax, ↑Pragmatik) einteilen in: *semantische*, die die Beziehung der Aussagen zu den Gegenständen oder Sachverhalten behandeln, *syntaktische*, die die Verknüpfung der Aussagen untereinander behandeln, und *pragmatische* Wahrheitsdefinitionen, die die Aussagen in ihrem Handlungszusammenhang behandeln.

Semantische Wahrheitstheorien

In semantischen Wahrheitstheorien gelten die Bedeutungen der Aussagen als Träger der Wahrheit und als Wahrheitskriterium ihre Übereinstimmung mit der Wirklichkeit. Insofern sind alle semantischen Wahrheitstheorien Korrespondenztheorien, denen die klassische Wahrheitsdefinition der Übereinstimmung von Denken und Sache zugrunde liegt. Sie unterscheiden sich v. a. dadurch, was sie unter dieser Übereinstimmung verstehen bzw. wie sie diese erkenntnistheoretisch erklären.

Nach ↑Abbildtheorien werden die wirklichen Dinge mit ihren Eigenschaften und Beziehungen im Bewusstsein mit den gleichen Eigenschaften und Beziehungen abgebildet, sodass ihre angemessene sprachliche Wiedergabe Wahrheit konstituiert. Abbildtheorien sind mit einem ↑Realismus verknüpft, der eine denkunabhängige Realität annimmt. Materialistische Abbildtheorien wurden zuerst im antiken ↑Atomismus vertreten, zuletzt im Marxismus-Leninismus.

Eine verfeinerte Form der Abbildtheorien ist die Isomorphietheorie, der zufolge sich die Gleichheit zwischen Vorstellung und Gegenstand auf die Struktur beschränkt. Nach ihrer mentalistischen Version wird nur das Wesen der Dinge im Bewusstsein abgebildet, wie es sich durch Begriffe erfassen lässt; Wahrheit besteht daher in der Strukturgleichheit von sprachlicher Darstellung und begrifflich erfasster Wirklichkeit. Diese Version wurde u. a. von LEIBNIZ und im ↑logischen Empirismus v. a. von RUDOLF CARNAP vertreten. Nach ihrer linguistischen Version wird die Struktur der Wirklichkeit in Aussagen abgebildet und die Wahrheit einer Aussage als Strukturgleichheit mit dem wirklich bestehenden ↑Sachverhaltt, d.h. der ↑Tatsache estimmt. Diese Version wurde im logischen Atomismus v.a. von BERTRAND RUSSELL und LUDWIG WITTGENSTEIN vertreten.

Eine Formalisierung erfuhren die semantischen Wahrheitstheorien durch ALFRED TARSKIS semantische Wahrheitsdefinition für formale Sprachen, in der unter Beachtung der Unterscheidung ↑Metasprache/Objektsprache das Wahrheitskriterium als Korrespondenzbedingung formuliert ist: »›*A*‹ ist wahr genau dann, wenn *A*.« Das bedeutet für die natürliche Sprache z.B., dass der Satz »Schnee ist weiß« genau dann wahr ist, wenn Schnee weiß ist.

Ein außerhalb formaler Sprachen anwendbares Wahrheitskriterium wird damit nicht präsentiert. Hierin manifestiert sich das Grundproblem aller semantischen Wahrheitstheorien.

Syntaktische Wahrheitstheorien

In syntaktischen Wahrheitstheorien sind die Sätze selbst Träger der Wahrheit. Redundanztheorien erklären den Ausdruck »wahr« schlicht für überflüssig: Die Aussage »Es ist wahr, dass Schnee weiß ist« bedeutet nichts anderes als »Schnee ist weiß«. Bereits GOTTLOB FREGE zeigte, dass das Satzprädikat »wahr« mit jeder behauptenden Aussage mit ausgesagt wird.

Nach der Kohärenztheorie besteht Wahrheit in dem widerspruchsfreien und begründeten Zusammenhang einer Aussage mit einem widerspruchsfreien und begründeten umfassenden System von Aussagen und das Wahrheitskriterium in der widerspruchsfreien und begründeten Eingliederung in ein solches System. Sie setzt die Korrespondenz mit dem Gegenstand voraus, schließt sie aber als Kriterium aus, da Aussagen nur mit Aussagen, nicht mit Außersprachlichem verglichen werden. OTTO NEURATH entwickelte sie gegen die Verwendung des Prinzips der ↑Verifikation als Wahrheitskriterium, wie sie im frühen ↑logischen Empirismus gefordert wurde. Denn die Wahrheit von Protokollaussagen könne nur durch die ↑Kohärenz mit dem System aller anerkannten Aussagen in intersubjektiv kontrollierbarer Weise begründet werden.

Pragmatische Wahrheitstheorien

Nach der Konsenstheorie kann Wahrheit nur durch die Kongruenz sachkundiger und vernünftiger Kommunikationsteilnehmer begründet werden. Ansätze zur Konsenstheorie finden sich bereits bei PLATON und ARISTOTELES . Bei CHARLES SANDERS PEIRCE, dem Begründer des ↑Pragmatismus, geht es v.a. um die Übereinstimmung aller Forschenden zur Ermittlung wissenschaftlicher Wahrheit. Der methodisch kontrollierte Forschungsprozess soll auf lange Sicht eine wahre Repräsentation der Welt erzeugen. Die von WILLIAM JAMES eingeführte utilitaristische Wahrheitstheorie setzt Wahrheit mit Nützlichkeit gleich und macht diese zum Kriterium der Übereinstimmung von Vorstellungen und Wirklichkeit.

Ankúpfend an PEIRCES Konsenstheorie entwickelten JÜRGEN HABERMAS und KARL-OTTO APEL die Diskurstheorie (↑Diskurs), die universale Geltungsansprüche der Kommunikation untersucht und Diskursregeln formuliert, mittels derer strittige Geltungsansprüche geprüft oder gerechtfertigt werden können. Als wahr gelten diejenigen Aussagen, deren Geltungsansprüche unter idealen Kommunikationsbedingungen im ↑Konsens aller Diskursteilnehmer gebilligt werden.

Bei der Evidenztheorie beschränkt sich der Handlungskontext auf das einzelne Erkenntnissubjekt. Ihr Wahrheitskriterium der ↑Evidenz als intuitiver Gewissheit steht im Gegensatz zur diskursiven Begründung bzw. zum deduktiven Beweis. Es spielte allerdings in der aristotelischen Tradition eine zentrale Rolle bei der Einführung der ersten Grundsätze einer Theorie, den ↑Axiomen, die selbst unbeweisbar sind, aber als Grundlage für Beweise dienen. Eine allgemeinere erkenntnistheoretische Bedeutung gewann die Evidenz als Wahrheitskriterium bei DESCARTES, der sie mit den Merkmalen ↑klar und deutlich kennzeichnete. In die Wahrheitsdefinition ging sie bei FRANZ BRENTANO ein, der Wahrheit zur Eigenschaft des Vollzugs evidenter Urteile erklärte und damit die Evidenztheorie als Wahrheitstheorie begründete. Schließlich spielte Evidenz eine fundamentale Rolle in EDMUND HUSSERLS ↑Phänomenologie, insofern deren Analysen auf Evidenz als »Selbstgegebenheit« zurückgeführt werden. Das Kardinalproblem der Evidenztheorie besteht in der intersubjektiven Unkontrollierbarkeit ihres Wahrheitskriteriums.

TIPP

Welche Rolle spielt der Konsens für die Wahrheit nach deiner Ansicht? Kann man über sie abstimmen?

WWW

www.gavagai.de/themen/HHP68.htm Einführung in die aktuellen Wahrheitstheorien

www.iep.utm.edu/t/truth.htm Überblick über Wahrheitstheorien in der Encyclopedia of Philosophy (engl.)

LITERATUR

ENDERWITZ, ULRICH: Was ist Ideologie? Münster (Unrast-Verlag) [3]2005.

JANICH, PETER: Was ist Wahrheit? Eine philosophische Einführung. München (Beck) [3]1996.

Wahrheitstheorien, hg. von GUNNAR SKIRBEKK. Frankfurt am Main (Suhrkamp) [7]1996.

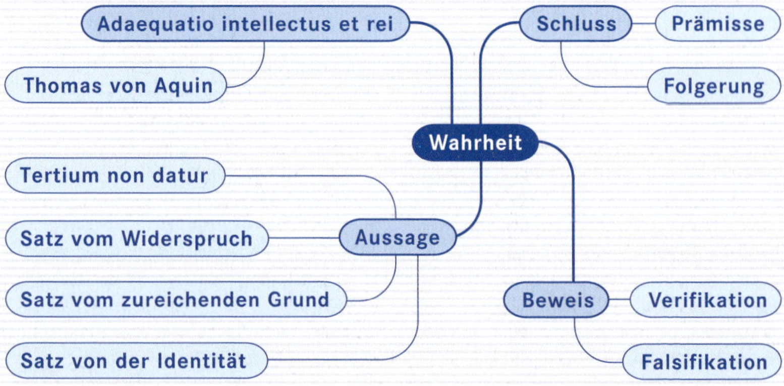

◀ *Fortsetzung von Seite 444* noch kein wahres, substanzielles Wissen (↑Substanz), aber mit ihr beginnt das Wissen.

Mit der Neuzeit gerät der Begriff Wahrnehmung unter den Einfluss des ↑Subjekt-Objekt-Problems. Während für KANT die Erfahrungsurteile (↑Erfahrung) durch apriorische Verstandesbegriffe allgemeingültig sind, haben die **Wahrnehmungsurteile** als synthetische Urteile a posteriori nur subjektive Geltung.

In Auseinandersetzung mit dem ↑Psychologismus des 19. Jh. sucht die ↑Phänomenologie entgegen der Grundthese des Relativismus die Fundierung der Philosophie gerade über die (deskriptive) Analyse der Wahrnehmungsakte, da sie all unseren Erkenntnisleistungen zugrunde liegen. Für EDMUND HUSSERL ist das aktuell in der Wahrnehmung Gegebene nicht, wie es u. a. die Elementenpsychologie WILHELM WUNDTS vorausgesetzt hatte, ein isoliertes, punktuelles Wahrnehmungspartikel neben unzähligen anderen, sondern entspricht einem Kern, der stets umgeben ist von Horizonten (Innen-/Außenhorizont), die in sich und über sich hinaus verweisen und die Welt intentional als den umfassendsten Horizont der Wahrnehmung je schon mitvergegenwärtigen. Der Gegenstand stellt sich dar in sog. Abschattungen, das Bewusstsein hat »unscharfe« aktuelle Ränder im Sinne eines potenziellen »Mehr«. HANS WALDENFELS unterscheidet mit HUSSERL drei konstitutive Bedeutungsmöglichkeiten von Wahrnehmung. Wahrnehmung ist *etwas* wahrnehmen, Wahrnehmung ist etwas *als etwas* meinen und Wahrnehmung ist, »dass etwas, das ich als etwas meine, mir als solches gegeben ist«.

Die Wahrnehmungspsychologie hatte gegen Ende des 19. Jh. zeitweilig die Rolle der Erkenntnistheorie eingenommen. Wesentlichen Einfluss auf die allgemeine Philosophie gewann von hier aus besonders die Gestaltpsychologie. In seinem Aufsatz »Über Gestaltqualitäten« (1890) führte CHRISTIAN VON EHRENFELS den Nachweis, dass wir nicht nur Einzelelemente, sondern bereits Gestalt wahrnehmen.

Wahrscheinlichkeit: Begriff zur v. a. quantitativen Einstufung der Möglichkeit von Ereignissen oder der Gewissheit von Aussagen. In der quantentheoretischen Beschreibung der Materie spielt der Wahrscheinlichkeitsbegriff eine fundamentale Rolle. So koppelt die sog. Unbestimmtheitsrelation nach WERNER HEISENBERG die Ungenauigkeit einer Zeitmarke (bzw. einer Dauer) an einen um einen Mittelwert schwankenden Energiebetrag, der aber faktisch zur Verfügung steht, um z. B. über die Masse-Energie-Äquivalenz ALBERT EINSTEINS in ein massives Teilchen verwandelt zu werden. Der »Zustand« eines an den Kern eines Atoms gebundenen Elektrons wird durch eine (zeitunabhängige) Funktion beschrieben, die jedem Punkt in der Umgebung des Kerns eine Aufenthaltswahrscheinlichkeit des Elektrons zuordnet. Diese gesamte Wahrscheinlichkeitsverteilung »*ist*« dann das Elektron, das sonst (im ungebundenen Zustand) eine Punktstruktur besitzt.

Auch der Begriff der ↑Kausalität erfährt in der Mikrophysik eine Variation: Er impliziert hier nicht mehr die Determinierbarkeit (Vorherbestimmbarkeit) des Verhaltens von ↑Systemen; möglicherweise auch nicht die Determiniertheit überhaupt: Wenn ein System sich in z. B. zwei diskreten und disjunkten Zuständen befinden *kann,* sich unter einer bestimmten Testsituation aber in je einem dieser Zustände befinden *muss,* dann kann über den Zustand, in dem es sich *vor* dem Test befindet, keine Aussage gemacht werden (und möglicherweise ist er auch gar nicht »bestimmt«) und auch keine Gewissheitsaussage über den Zustand, in dem es sich beim Test befinden *wird,* es können aber Wahrscheinlichkeiten bestimmt werden, mit denen es sich beim Test »als« in dem einen oder dem anderen der Zustände

»befindlich« erweist. Ferner erweist sich die »Lebensdauer« eines (i. d. R. äußerst kurzlebigen) Elementarteilchens als proportional zum reziproken Wert seiner Zerfallswahrscheinlichkeit (wobei seine Zerfallsprodukte nicht notwendig auch seine Bestandteile waren). Die Zerfallswahrscheinlichkeit ist mit dem Begriff der Kopplungswahrscheinlichkeit verknüpft. Sie ersetzt den klassischen Begriff der »Wirkung einer Kraft« und ist ein Maß, mit welcher Wahrscheinlichkeit eine bestimmte Art der Wechselwirkung zwischen zwei bestimmten Klassen von Elementarteilchen stattfindet.

Weisheit: im Unterschied zur eher pragmatischen Klugheit eine menschliche Grundhaltung, die auf einer allgemeinen Lebenserfahrung und auf umfassendem Verstehen und Wissen um Ursprung, Sinn und Ziel des Lebens sowie um die letzten Dinge gegründet ist. In der platonischen Philosophie zählt die Weisheit zu den ↑Kardinaltugenden.

Welle-Teilchen-Dualismus: ↑Quantentheorie.

Welt: Begriff für den Zusammenhang und die Gesamtheit aller empirischen Dinge und Möglichkeiten. Die Frage, ob die Welt einen zeitlichen Anfang habe und ob sie räumlich begrenzt oder unendlich sei, ist ein Problem, das sich durch die Philosophiegeschichte von der Antike bis zur modernen physikalischen ↑Kosmologie zieht. PLATON unterscheidet eine Welt der ↑Ideen von einer Welt der ↑Erscheinungen. Die Unterscheidung einer intelligiblen von einer Welt der Realität sowie die Vermittlung zwischen ihnen ist Grundzug philosophischer Fragestellungen. Auch die Erkennbarkeit und überhaupt die Realität der empirischen Welt kann problematisiert oder auch geleugnet werden (↑Agnostizismus). Für KANT ist die Welt als »die absolute Totalität des Inbegriffs existierender Dinge« nicht Begriff der Realität, sondern eine transzendentale Idee, die sich auf die Bedingungen der Möglichkeit bezieht, Realität zu denken.

Weltanschauung: eine einheitliche Gesamtdeutung der Welt und des Menschen, die mit einer Gesamtwertung verbunden ist und zur Handlungsorientierung dient. Kunstwerke wie Denkmäler, Dichtungen und Sagen, Musik und Malerei, Architektur und Technik verkörpern die Weltanschauung z. B. einer Epoche.

Nach WILHELM DILTHEY entwickelt sich eine Weltanschauung aus der Verallgemeinerung von Lebenserfahrungen. Obwohl eine solche Grundeinstellung relativ ist zur jeweiligen historischen Epoche und ihrer Normen und Werte, glaubte DILTHEY im Wesentlichen drei Grundtypen bestimmen zu können, die im strukturellen Muster und in der »Wert-Hierarchie« deutlich übereinstimmen sollen:

1. den ↑Materialismus meist mit sensualistischer oder positivistischer Erkenntnistheorie und hedonistischer Ethik;
2. den (mystischen) Panvitalismus, für den der Wert des Lebens im Mittelpunkt steht, sodass die gesamte Welt, der ganze Kosmos, als lebender Organismus interpretiert wird;
3. den ↑Idealismus, für den schöpferisch-geistige Kräfte den ranghöchsten Wert darstellen, sodass durch sie alles andere gestaltet und geformt wird.

Weltbild: Im Unterschied zur ↑Weltanschauung wird der Begriff des Weltbildes meist für die Zusammenschau naturwissenschaftlichen Wissens verwendet, was aber nicht impliziert, dass zu irgendeiner Zeit ein genereller Konsens bezüglich eines Weltbildes besteht.

Das heutige naturwissenschaftliche Weltbild ist zweifellos dadurch geprägt, dass alle Objekte und Gegebenheiten der empirisch-materiellen Welt in einem universalen kausal-evolutiven Zusammenhang stehen. Dies betrifft auch die nicht organische Struktur der ↑Materie und des Universums (↑Kosmologie).

Einen wesentlichen Bruch mit dem klassischen mechanischen Weltbild, das alle Objekte, auch die lebendigen, durch die newtonsche Physik für erklärbar hielt, bedeuteten zu Anfang des 20. Jh. die Entwicklung der ↑Relativitätstheorie (ALBERT EINSTEIN) und die ↑Quantentheorie, die (mitsamt ihrer physikalisch-kosmologischen Folgeentwicklungen) die makrophysikalische Lebenswelt des Menschen als eine kleine Insel physikalischer Spezialfälle im Meer des generell physikalisch Möglichen entdeckte.

Bezieht man den Begriff Weltbild anthropologisch auf die Lebenswelt des Menschen, so würde man heute – auf der Basis der Entwicklung der Psychoanalyse, der Mikrobiologie (bzw. Genetik) und v. a. der Technologie – im Zentrum des heutigen Selbstverständnisses des Menschen die Tatsache sehen, dass einerseits die Möglichkeit der totalen Selbstmanipulation, andererseits die Möglichkeit der totalen Selbstvernichtung aus dem Bereich der Utopie in die Sphäre sozialer und politischer Realität gerückt ist.

Weltgeist: spezieller Terminus der Geschichtsphilosophie HEGELS. Der Weltgeist als absoluter Geist ist das eigentliche Subjekt der Weltgeschichte, und umgekehrt diese seine Realisation: der Prozess seiner Rückkehr zu sich aus seiner Veräußerung.

Werden: Der Begriff des Werdens ist eine derjenigen Grundvoraussetzungen menschlichen Ausdrucksvermögens, ohne die Sprache von vornherein leer bleiben müsste. Dabei erscheint das Werden in den unterschiedlichsten Bedeutungsschattierungen: in einen bestimmten Zustand kommen, ihn vorwegnehmen, eine Entwicklung durchmachen, als Prozess der Annäherung (z. B. »es wird 10 Uhr«), des Entstehens (z. B. »es werde Licht«), der Darstellung (z. B. »es wird schon werden«) usw. Neben diesen Selbstverständlichkeiten des alltäglichen Umgangs mit dem Werden scheinen die Probleme erst dort zu entstehen, wo wir uns reflexiv der Bedeutung des Begriffs zuwenden.

In der Philosophie ist Werden allgemein dasjenige, was im Rahmen eines Prozesses der ↑Bewegung dem Gewordenen substanziell zukommen muss, damit es überhaupt als ein Gewordenes anzusehen ist. Dabei führt die eindeutige Fixierung von Werden zu einer Reihe von philosophischen Antinomien. Sie stehen im engen Zusammenhang mit den gravierenden Problemen, die die phänomenologische Analyse der Erfahrung von ↑Zeit je schon mit sich geführt hat. Mit Werden sucht die Philosophie letztlich ein »Etwas« zu begreifen, das es streng genommen nicht geben kann, weil es noch nicht (geworden) ist, andererseits aber geben muss, da alles ↑Sein ohne Gewordensein nicht vorstellbar ist. Werden ist definiert als der Übergang von einem wie auch immer gearteten Zustand in einen anderen, wobei das Werden selbst sich auf denjenigen, zeitlich in der Vorstellung als unendlich klein zu fixierenden Punkt eines Prozesses bezieht, an dem ein Umschlag im Sinne einer Zustandsänderung stattfindet. Geht man von dem allgemein verbindlichen Bild jeder zeitlichen Progression als Vergangenheit – Gegenwart – Zukunft aus, dann ergibt sich der eigentümliche Sachverhalt, dass einerseits im Unterschied zur Vergangenheit (dem bereits Gewordenen) und andererseits der Zukunft (dem noch Werdenden) der eigentliche Ort bzw. Zeitpunkt des Werdens die Gegenwart ist, was aber nicht sein darf, da Gegenwart als derjenige Punkt eines Prozesses anzusehen ist, an dem die Zeit gleichsam für einen Augenblick stillsteht, also Bewegung momentan aussetzt.

Das Werden ist ein zentraler Faktor der ↑Dialektik. Für HEGEL steht es an der Nahtstelle zwischen dem Sein und dem Nichts: »Das Nichts ist als dieses unmittelbare, sich selbst Gleiche, ebenso umgekehrt dasselbe, was das Sein ist. Die Wahrheit des Seins sowie des Nichts ist daher die Einheit beider;

diese Einheit ist das Werden.« Für KARL MARX und FRIEDRICH ENGELS ist das Werden kennzeichnend für den Prozess des Umschlagens der Gegensätze ineinander. Für FRIEDRICH NIETZSCHE wie auch schon für HERAKLIT ist es die Grundweise der Wirklichkeit schlechthin.

Wert: die allgemein (bzw. mehrheitlich) akzeptierte und verinnerlichte Vorstellung von etwas, das gewünscht, erstrebt, anerkannt oder ehrfürchtig angeschaut wird. Bestimmte Güterwerte, sittliche, religiöse, ästhetische oder kulturelle Werte bieten insofern eine Verhaltenssicherheit, als sie allgemeine und grundlegende Orientierungsmaßstäbe enthalten für den Fall, dass zwischen Verhaltensalternativen zu wählen ist.
In der Philosophie wird als Wert das angesehen, was als Sinn bzw. Norm für die Bevorzugung eines Gegenstands oder einer Handlung vor anderen zugrunde liegt. Dabei steht v.a. die Frage nach dem Wesen der Werte im Zentrum: Gibt es so etwas wie einen Wert »an sich« oder konstituieren sich Werte erst durch ihre Beziehung auf den Menschen?
Während FRIEDRICH NIETZSCHE die tradierten Werte der abendländischen Kultur einer kritischen Analyse unterzieht und den Aspekt ihrer Relativität hervorkehrt (↑Herrenmoral/Sklavenmoral), sucht der Neukantianismus, (v.a. HEINRICH RICKERT) eine vermittelnde Position: Nach dieser Auffassung fallen Werte weder mit der Wirklichkeit der Objekte noch mit den Wertungen des Subjekts eindeutig zusammen; sie sind also nicht objektiv feststellbar als Güter, aber auch nicht allein als rein subjektive Urteile einzustufen. Diesen Ansatz greifen in der ersten Hälfte des 20. Jh. NICOLAI HARTMANN und MAX SCHELER auf, um eine materiale Wertethik zu konzipieren.
Nach der heutigen Ansicht existiert das Werthafte nur in Beziehung auf den Menschen dadurch, dass er Werte setzt, d.h. etwas anerkennt oder erstrebt. Mit dieser Einsicht verbunden ist der Zweifel an der Objektivität von Werten, d.h. dem Anspruch, dass Werte überregionale, überzeitliche und allgemein verbindliche Geltung haben, angesichts der vielfältigen Bedingtheiten historischer, kultureller, regionaler, gesellschaftlicher und individueller Art.

Wertfreiheit der Wissenschaften: 1. die Forderung, dass wissenschaftliche Forschung nur durch ihre eigenen Prinzipien, nicht aber durch von außen an sie herangetragene Werte gelenkt werden darf; 2. die Abwesenheit von Werturteilen in den Wissenschaften: Wissenschaft kann nur beschreiben, was ist, nicht aber vorschreiben, was sein soll; sie ist deskriptiv, nicht normativ. Diese These wurde von MAX WEBER mit Blick auf die Sozialwissenschaften entwi-

Wert: Die neuere Ethik verneint die Existenz naturgegebener Werte; diese seien immer das Ergebnis menschlicher Übereinkunft. So ist das Waldsterben nicht als solches schlecht, sondern erst vor dem Hintergrund der menschlichen Forderung nach einer intakten Natur.

ckelt und ist seither Gegenstand heftiger Kontroversen. Nach WEBER z. B. gibt es keine wissenschaftlichen Gründe, die etwa eine Gesellschaftsordnung gegenüber anderen auszeichnen würde.

Wertphilosophie: als allgemeine Wertlehre (↑Axiologie) jede philosophische Beschäftigung mit Fragen der ↑Werte, ihres Verhältnisses zum Sein und zum Sollen, der Seinsweise sowie der Erkenntnis und Begründung von Werten. Im engeren Sinne eine im Anschluss an HERMANN LOTZE entstandene philosophische Strömung, die sich im Wesentlichen nach zwei Richtungen hin entfaltet hat: der neukantianischen (WILHELM WINDELBAND, HEINRICH RICKERT) und der phänomenologischen (MAX SCHELER, NICOLAI HARTMANN). Erstere unterscheidet zwischen einer aus Gesetzen erklärten Natur, dem wertfrei Wirklichen, und der geschichtlichen Kultur, die aus leitenden Werten heraus entstanden ist. Beide Sphären treffen sich in einem sog. Weltknoten. Die phänomenologische Wertphilosophie beschäftigt sich v. a. mit dem Wertfühlen und gipfelt in der von SCHELER entworfenen und von HARTMANN weitergeführten materialen Wertethik.

Werturteil: im Unterschied zum Seinsurteil bzw. der Faktenbehauptung eine mit dem Anspruch auf Allgemeingültigkeit verbundene Aussage, durch die ein Gegenstand oder Sachverhalt bewertet wird.

Wesen (Sosein, Wesenheit): allgemein das Besondere oder Ausgezeichnete, Kennzeichnende einer Sache, genau das, wodurch sie sich von anderen unterscheidet. Im engeren Sinn ist das Wesen eines Gegenstands der Inbegriff seiner allgemeinen und notwendigen Eigenschaften. Dementsprechend bezeichnet das **Wesentliche** das, was im Gegensatz zum »bloß« Zufälligen den bleibenden Kern eines Sachverhalts ausmacht.

In der Philosophie ist der Begriff seit MEISTER ECKHART gebräuchlich, entspricht aber als freie Übersetzung inhaltlich weitgehend dem griechischen Begriff ↑Ousia sowie dem lateinischen ↑Essentia. Traditionell lassen sich zwei, allerdings eng aufeinander bezogene, Bestimmungsebenen unterscheiden: Ontologisch bezeichnet das Wesen eines Seienden dasjenige, das ihr »Was-etwas-Ist« (Quiddität) ausmacht, im Gegensatz zum ↑Dasein (↑auch Existenz), das lediglich fragt, »ob etwas ist«. Erkenntnistheoretisch bezeichnet Wesen das innere, beständige Sosein eines existierenden Gegenstands, das im Gegensatz zur »bloßen« ↑Erscheinung den Wechsel der einzelnen Zustände überdauert. »Wir besuchen immer wieder denselben Peter, obzwar uns derselbe Peter bei jedem Besuch anders erscheint.«

Seit ARISTOTELES, der die Trennung von Wesen und Erscheinung bei PLATON zurückweist, wird am Erscheinenden selbst das Einzelwesen (sog. erste Substanz; z. B. dieser Mensch hier, der lebt, arbeitet usw. und sich individuell unterscheidet von anderen) unterschieden von demjenigen Wesensgehalt, durch den Dinge einer bestimmten Art eben Dinge dieser Art sind (sog. zweite Substanz; z. B., dass dieser Mensch trotz individueller Unterschiede gegenüber anderen Menschen dennoch wesentlich [essenziell] den anderen Menschen angehört). Letztere Wesenheit ist dann analog zu dem einen Gegenstand definierenden Begriff und wurde, in diesem Sinne von der ↑Scholastik aufgegriffen, zu einem zentralen Problem im Rahmen des mittelalterlichen ↑Universalienstreites.

Bei KANT kulminiert die Auffassung von Wesen in dem durch die Erscheinung nicht mehr vermittelbaren ↑Ding an sich. Für HEGEL ist das Wesen das Sein selbst, das sich in dem es kennzeichnenden »Begriff« reflektiert und sich so als das Scheinen des Seins durch den Begriff bestimmt. Vollkommenste »Durchdringung« von Wesen und Erscheinung ist die »Wirklichkeit«.

Im 20. Jh. ist der Begriff Wesen v. a. durch die Phänomenologie neu bestimmt worden.

Nach EDMUND HUSSERL, der auf eine phänomenale Vereinigung von Wesen und Erscheinung abzielte, ist das Wesen des Gegenstandes »das im selbsteigenen Sein eines Individuums als sein Was Vorfindliche« am Gegenstand selbst (↑Wesensschau). Vor allem im 20. Jh. hat der Begriff einen weltanschaulich problematischen Aspekt (»vom deutschen Wesen…«) erhalten, der seinen rein philosophischen Gebrauch seitdem z. T. erschwert.

Wesensschau (Wesenserschauung, Ideation): von EDMUND HUSSERL im Rahmen seiner phänomenologischen Methode (↑Phänomenologie) eingeführte Bezeichnung für das intuitive Erfassen der Wesenheit (↑Wesen) eines konkret Seienden in seiner Phänomenalität. Im Gegensatz z. B. zu KANT, für den die Erkenntnis eines Sachverhalts nur durch die (kritische) Reflexion auf die subjektiven Bewusstseinsakte möglich ist, behauptet HUSSERL mit der Wesensschau (als Postulat) die generelle Möglichkeit eines direkten, unmittelbaren Zugangs zum Wesen eines Dings aus der unmittelbar evidenten Erfahrung heraus. Wahrnehmung und Reflexion fallen dabei zusammen. Einen allgemein verbindlichen Nachweis für das Gelingen dieser Methode ist HUSSERL allerdings schuldig geblieben.

Widerlegung: Eine Aussage oder eine Theorie heißt widerlegt, wenn ihre Falschheit nachgewiesen worden ist. Eine Möglichkeit besteht darin, zu zeigen, dass die fragliche Aussage oder Theorie einen Widerspruch impliziert (↑Reductio ad absurdum). Legt man das ↑Tertium non datur zugrunde, so bedeutet die ↑Verifikation der ↑Negation von A eine Widerlegung von A. In den empirischen Wissenschaften begegnen Widerlegungen in Form von ↑Falsifikationen.

Widerspiegelungstheorie: Variante der ↑Abbildtheorie. 1909 von WLADIMIR ILJITSCH LENIN (»Materialismus und Empiriokritizismus«) erstmals formuliert, gilt sie seitdem als das Fundament der marxistisch-materialistischen Erkenntnistheorie, zumal KARL MARX und FRIEDRICH ENGELS, abgesehen von zahlreichen beiläufigen Bemerkungen, keine eigenständige Erkenntnislehre entwickelt haben. Die Widerspiegelungstheorie geht von der Grundthese aus, dass die Erkenntnis ein Abbild der objektiven, außerhalb des erkennenden Subjekts und unabhängig von ihm existierenden Wirklichkeit ist. Die Erkenntnis wird dabei als ein durch die gesellschaftliche ↑Praxis dialektisch vermittelter Aneignungsprozess aufgefasst.
Der Widerspiegelungsgedanke ist v. a. von GYÖRGY LUKÁCS für die Ästhetik fruchtbar gemacht und von hier aus v. a. in den Literaturwissenschaften und in der bildenden Kunst weiterentwickelt worden. Insoweit Widerspiegelung nicht vulgärmarxistisch als »fotografischer« Abbildgedanke aufgefasst wird, wie z. B. im sozialistischen Realismus, ist der Marxismus mit seiner Forderung nach einer Erstbegründung der allgemeinen Erkenntnistheorie durch die Widerspiegelungstheorie bis heute kaum über einen programmatischen Anspruch hinausgekommen.

Widerspruch (Contradictio, Kontradiktion): 1. in der Logik jedes Aussageschema, das logisch falsch ist, z. B. $A \wedge \neg A$. Alle Widersprüche sind logisch äquivalent zueinander. Ein System von Sätzen, das einen Widerspruch enthält, gilt allgemein als untauglich, da man aus diesem alles folgern kann (↑Satz vom (verbotenen) Widerspruch). 2. In der ↑Dialektik grundlegende Kategorie jeglicher Entwicklung (z. B. gesellschaftliche Entwicklung, Naturvorgänge). Deren Grundschema lautet: These – Antithese – Synthese, wobei die Antithese die ↑Negation der These darstellt. Im Gegensatz zur Logik kann in der Dialektik der Widerspruch von These und Antithese auf einer »höheren« Stufe aufgehoben werden in der Synthese.

widerspruchsfrei: ↑konsistent.

Wiedergeburt: ↑Seele.

Wiener Kreis: ↑logischer Empirismus.

Wille: das bewusste, auf das Erreichen eines bestimmten Ziels gerichtete Streben eines Menschen. Die Verwirklichung des Willens wird in einer ↑Handlung vollzogen – im Gegensatz zu einem reaktiven (z. B. instinktartigen, gewohnheitsmäßigen), versehentlichen oder erzwungenen Verhalten. Vom Willen wird daneben in Bezug auf Gruppen, Gesellschaften oder die ganze Menschheit gesprochen. So unterscheidet JEAN-JACQUES ROUSSEAU zwischen dem empirisch feststellbaren Willen aller und dem normativ (im Sinne des verallgemeinerungsfähigen Interesses) verstandenen allgemeinen Willen (↑Volonté de tous/Volonté générale).

Das Vermögen, etwas zu wollen, gründet in der Sprach- und Handlungsfähigkeit des Menschen. Aufgrund der Repräsentations- oder Vergegenwärtigungsfunktion der ↑Sprache vermag der Wille sich auch auf Nichtanwesendes zu beziehen und dessen Verwirklichung handelnd durchzuführen. Umstritten sind in der Philosophiegeschichte v. a. das Problem der **Willensfreiheit** (↑Determinismus/Indeterminismus, ↑Freiheit) und die Bestimmung des Verhältnisses von Vernunft und dem als irrational vergegenständlicht gedachten Willen. Je nachdem, ob der Vernunft oder dem Willen die Vorherrschaft zuerkannt wird, spricht man von Intellektualismus oder ↑Voluntarismus.

Wille zur Macht: zentrale Kategorie in FRIEDRICH NIETZSCHES Spätwerk. Für NIETZSCHE ist der Wille zur Macht ein Antrieb, der alles Leben und alles Seiende konstituiert und charakterisiert: Alles, was existiert, folgt seinem Willen zur Macht, versucht nicht allein, sich selbst zu erhalten, sondern will sich steigern, mehr werden, sich zum Herrn aufschwingen. Im Lebensbereich des Menschen, v. a. in Kultur, Moral und Religion, interpretiert NIETZSCHE jedes Wertsystem als eine Erscheinungsform dieses Willens zur Macht (↑Umwertung aller Werte, ↑Herrenmoral/Sklavenmoral).

Willkür: alltagssprachlich eine Handlung oder Entscheidung, die auf einer bloßen Laune basiert und weder ethische, politische oder soziale Normen noch die Würde oder das Recht der von der Handlung oder Entscheidung betroffenen Personen berücksichtigt. Philosophisch wird Willkür im Sinne von Wahlvermögen oder ↑Freiheit des Willens (KANT) diskutiert.

Wirklichkeit: ↑Realität/Wirklichkeit.

Wirkung: ↑Kausalität.

Wirkursache: ↑Causa.

Wissen: ein Modus des Für-wahr-Haltens (↑glauben/meinen/wissen). Wissen ist der Inbegriff der Erkenntnis. PLATONS berühmte Definition lautet: »Wissen ist wahre, mit Begründung versehene Meinung.« Erfolgt die Begründung methodisch, so spricht man von wissenschaftlichem Wissen. ARISTOTELES hat die Unterscheidung zwischen (praktischem) »Wissen, dass« und (theoretischem) »Wissen, warum« eingeführt. Die philosophische Tradition konzentriert sich in der Folgezeit auf die zweite Art des Wissens. Dieses Wissen wurde zum Gegenstand der ↑Erkenntnistheorie (Epistemologie, zu griech. epistḗmē »Wissen«). Phänomenologie und Konstruktivismus betonen ein vorwissenschaftliches (lebensweltliches) Wissen.

Wissenschaft: Bezeichnung sowohl für das Resultat des systematischen, auf Begründungen ausgehenden menschlichen Forschens – also für Handlungs- und Weltorientierung – als auch Begriff für diese Tätigkeit selbst. Man unterscheidet zwischen der Wissenschaft überhaupt und den wissenschaftlichen Disziplinen oder Einzelwissenschaften. Nach heutigem Verständnis wird eine einzelne Wissenschaft charakterisiert durch ihren Gegenstandsbereich (»Was soll erforscht werden?« – z. B. die unbelebte Natur) und ihre Methode (z. B. empirisch). Allen Wissenschaften gemeinsam sind ihre Ausrichtung auf Begründungen, also auf

Wissenschaft: Joseph Wright of Derbys Gemälde »Das Experiment mit dem Vogel in der Luftpumpe« dokumentiert den Aufschwung der Naturwissenschaften im 18. Jh. (1768; London, Tate Gallery).

↑Wissen im Gegensatz zum bloßen Meinen, und die daraus resultierende ↑Intersubjektivität. Dadurch tritt die Wissenschaft mit dem Anspruch auf, die Dinge so zu zeigen, wie sie sind.

Das Verständnis von Wissenschaft war in der Geschichte beträchtlichen Veränderungen unterworfen, die von der Wissenschaftsgeschichte und der Wissenschaftstheorie untersucht werden. Auf ARISTOTELES geht die Trennung in »theoretische« und »praktische« Wissenschaften zurück. Zu den ersteren gehörten Mathematik, Physik und Theologie (später auch Logik und Ethik). Der Wissenschaft, die sich durch Wissen aus Gründen auszeichnet, wurde die Historie (als bloße Überlieferung von Fakten) gegenübergestellt. Damit zeichnete sich die Vorrangstellung der Theorie ab. Die Scholastik stellte neben die »Artes liberales« (lat. »freie Künste«, gemeint war: Beschäftigung eines freien Mannes) die »Artes mechanicae« (lat. »mechanische Kunstfertigkeiten«). Die Artes liberales umfassten das Quadrivium (der »Vierweg« der mathematischen Wissenschaften Geometrie, Arithmetik, Astronomie und Musik bzw. Harmonielehre) und das Trivium (der »Dreiweg« der Sprachwissenschaften Rhetorik, Grammatik und Dialektik [d. h. Logik]). Im Mittelalter nahm v. a. die Rhetorik eine beherrschende Stellung ein.

Die Neuzeit brach mit der Entstehung der mathematischen Physik (NIKOLAUS KOPERNIKUS, JOHANNES KEPLER, GALILEO GALILEI) an, die in ISAAC NEWTONS »Philosophiae naturalis principia mathematica« (»Mathematische Prinzipien der Naturlehre«) von 1687 einen ersten theoretischen Höhepunkt erreichte. Von der Naturphilosophie wurde die Naturgeschichte unterschieden, die sich in einem einfachen Faktenwissen erschöpfte (z. B. die Botanik).

Das 19. Jh. führte die Unterscheidung der verschiedenen wissenschaftlichen ↑Methoden ein. Von nun an löste sich der einheitliche Wissenschaftsbegriff, charakterisiert durch einen gemeinsamen Begründungszusammenhang, auf in Geistes-, Sozial- und Naturwissenschaften oder auch in Kultur- und Naturwissenschaften. Im 20. Jh. gewannen Wissenschaft und Technik einen umfassenden Einfluss auf das menschliche Leben. Die daraus resultierenden Probleme (»Krise der wissenschaftlichen Welt«) werden in der ↑Wissenschaftsethik und in der Philosophie

▶ *Fortsetzung auf Seite 461*

Wittgenstein

In seinem einzigen selbst veröffentlichten philosophischen Buch »Tractatus logico-philosophicus« (1922) verkündete LUDWIG WITTGENSTEIN : »Die meisten Sätze und Fragen, welche über philosophische Dinge geschrieben worden sind, sind nicht falsch, sondern unsinnig. Wir können daher Fragen dieser Art gar nicht beantworten, sondern nur ihre Unsinnigkeit feststellen.« In seinen postum erschienenen »Philosophischen Untersuchungen« (1953) erklärte er: »Philosophie ist ein Kampf gegen die Verhexung unseres Verstandes durch die Mittel unserer Sprache.«

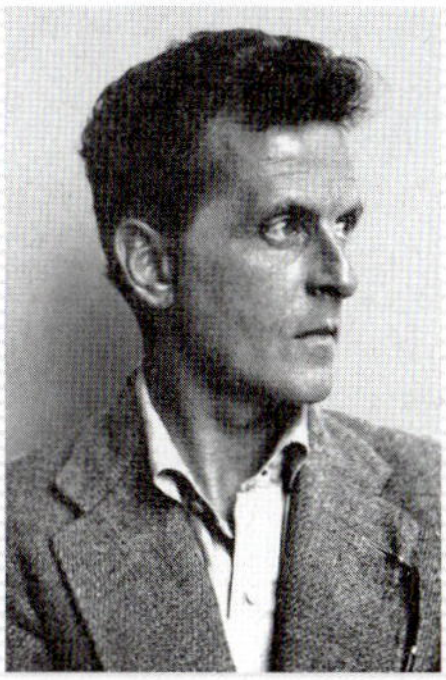

Ludwig Wittgenstein

Mit beiden Werken wurde WITTGENSTEIN zu einem Hauptvertreter der ↑analytischen Philosophie beider Richtungen, der logisch-wissenschaftstheoretisch ausgerichteten Philosophie der idealen Sprache und der pragmatisch-problemtherapeutisch ausgerichteten Philosophie der »gewöhnlichen« Sprache. Man pflegt daher »WITTGENSTEIN I« und »WITTGENSTEIN II« zu unterscheiden, wobei das Verhältnis zwischen Früh- und Spätwerk umstritten ist: Die Einschätzungen reichen vom Bruch bis zur Weiterentwicklung. Jedenfalls ging es WITTGENSTEIN in beiden Werken um das Verhältnis von Sprache und Welt und die Klärung damit zusammenhängender philosophischer Probleme durch ↑Sprachanalyse bzw. ihre Entlarvung als ↑Scheinprobleme. Sein frühes Verständnis von Philosophie gilt also noch für sein Spätwerk: »Der Zweck der Philosophie ist die logische Klärung der Gedanken. (...) Das Resultat der Philosophie sind nicht ›philosophische Sätze‹, sondern das Klarwerden von Sätzen.«

»Ein wundervolles Leben«

LUDWIG WITTGENSTEIN wurde am 26. 4. 1889 in Wien als jüngstes von acht Kindern einer kunstsinnigen Großindustriellenfamilie jüdischer Herkunft geboren. Nachdem er zuerst Privatunterricht erhalten hatte, besuchte er ab 1903 die Oberrealschule in Linz. Ab 1906 studierte er Ingenieurwissenschaft an der TH Berlin, ab 1908 am College of Technology in Manchester. 1912 ging er nach Cambridge, um bei BERTRAND RUSSELL und GEORGE EDWARD MOORE Philosophie und Psychologie zu studieren. 1913 setzte WITTGENSTEIN seine logischen Studien in einer selbst gebauten, abgelegenen Hütte in Norwegen fort. Während des Ersten Weltkriegs, in dem er als Freiwilliger zur Artillerie ging, führte er ein philosophisches Tagebuch, aus dem der »Tractatus logico-philosophicus« (1922) hervorging. Nach neunmonatiger italienischer Kriegsgefangenschaft kehrte WITTGENSTEIN nach Wien zurück und überließ sein Erbe seinen Geschwistern. 1920–26 arbeitete er als Volksschullehrer in verschiedenen Orten

Niederösterreichs, danach als Klostergärtner. Neben Versuchen als bildender Künstler entwarf er 1926–28 ein Haus für eine seiner Schwestern in Wien.

Nach ersten Kontakten mit Mitgliedern des Wiener Kreises kehrte WITTGENSTEIN 1929 nach Cambridge zurück, reichte seinen »Tractatus« als Doktorarbeit ein und wurde 1930 Fellow am Trinity College. 1936 begann er in Norwegen mit seinem zweiten Hauptwerk, den »Philosophischen Untersuchungen«. 1939 wurde er als MOORES Nachfolger Professor für Philosophie in Cambridge und erhielt die britische Staatsbürgerschaft. Er las u. a. über Ästhetik, Ethik, Psychologie und Religion. Während des Zweiten Weltkriegs leistete er 1941–44 freiwilligen Krankenhausdienst u. a. in London. 1947 gab er seinen Lehrstuhl auf und zog sich nach Irland zurück, um in ungestörter Einsamkeit sein zweites Hauptwerk fortzusetzen, unternahm aber mehrere Reisen nach Großbritannien, Österreich und Norwegen. 1949 nach Cambridge zurückgekehrt, verbrachte der an Krebs erkrankte WITTGENSTEIN die letzten eineinhalb Lebensjahre im Hause seines Arztes, wo er am 29. 4. 1951 starb. In seinen letzten Worten bat er der Welt mitzuteilen, »dass ich ein wundervolles Leben gehabt habe«, obwohl er sein ganzes Leben darunter gelitten hatte, das erstrebte vollkommene Leben nicht erreichen zu können.

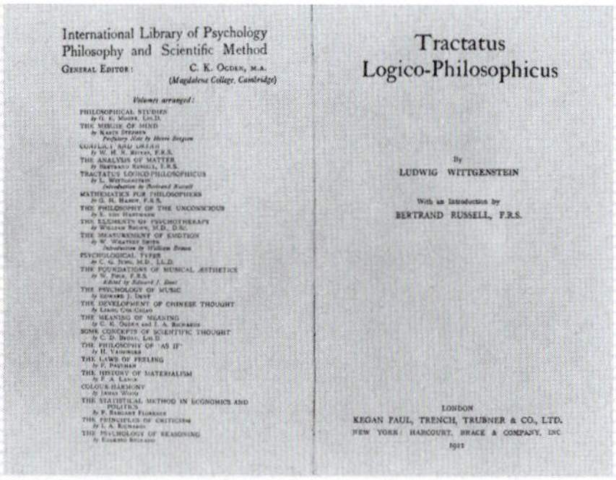
International Library of Psychology Philosophy and Scientific Method
GENERAL EDITOR: C. K. OGDEN, M.A. (Magdalene College, Cambridge)

Volumes arranged:
PHILOSOPHICAL STUDIES
THE MISUSE OF MIND
CONFLICT AND DREAM
THE ANALYSIS OF MATTER
TRACTATUS LOGICO-PHILOSOPHICUS
MATHEMATICS FOR PHILOSOPHERS
THE PHILOSOPHY OF THE UNCONSCIOUS
THE ELEMENTS OF PSYCHOTHERAPY
THE MEASUREMENT OF EMOTION
PSYCHOLOGICAL TYPES
THE FOUNDATIONS OF MUSICAL AESTHETICS
THE PSYCHOLOGY OF MUSIC
THE DEVELOPMENT OF CHINESE THOUGHT
THE MEANING OF MEANING
SOME CONCEPTS OF SCIENTIFIC THOUGHT
THE PHILOSOPHY OF 'AS IF'
THE LAWS OF FEELING
THE HISTORY OF MATERIALISM
COLOUR-HARMONY
THE STATISTICAL METHOD IN ECONOMICS AND POLITICS
THE PRINCIPLES OF CRITICISM
THE PSYCHOLOGY OF REASONING

Tractatus Logico-Philosophicus

By LUDWIG WITTGENSTEIN

With an Introduction by BERTRAND RUSSELL, F.R.S.

LONDON
KEGAN PAUL, TRENCH, TRUBNER & CO., LTD.
NEW YORK: HARCOURT, BRACE & COMPANY, INC
1922

Das Hauptwerk Wittgensteins, »Tractatus logico-philosophicus«, wurde 1922 veröffentlicht (Titelblatt).

Logische Wahrheit

Im »Tractatus logico-philosophicus« betrachtete WITTGENSTEIN die Sprache als Darstellung der Welt und versuchte, durch logische Analyse der Gebrauchssprache eine als Wissenschaftssprache geeignete formale Sprache zu entwerfen. Er setzte voraus, dass sich die Welt aus Elementen der Sprache aufgrund ihrer gleichen logischen Form rekonstruieren lasse, ging also mit RUSSELL vom logischen ↑Atomismus aus: Die Welt bestimmte er als »die Gesamtheit der Tatsachen«, ↑Tatsachen als »das Bestehen von Sachverhalten«, ↑Sachverhalte als »eine Verbindung von Gegenständen«. Die sog. Gegenstände als letzte Elemente der Welt werden in der Sprache durch »Namen« als »einfache Zeichen« vertreten, Sachverhalte durch einfache Sätze bzw. ↑Elementaraussagen dargestellt. Nur einfache Sätze bilden die Wirklichkeit ab, sofern sie bestehende Sachverhalte darstellen. Zusammengesetzte Sätze bzw. komplexe Aussagen werden aus Elementaraussagen durch logische Verknüpfungen (↑Junktoren) gebildet.

Im »Tractatus« vertrat WITTGENSTEIN eine ↑Abbildtheorie der Erkenntnis: Ein wahrer einfacher Satz bildet eine Tatsache ab, indem beide die gleiche »logische Form« (Isomorphie) haben, d. h. ihre Elemente sich eindeutig einander zuordnen lassen. Diese Abbildbeziehung kann ein Satz allerdings nicht darstellen, er kann sie nur »aufweisen«; denn sonst

»müssten wir uns mit dem Satz außerhalb der Logik aufstellen können, d.h. außerhalb der Welt«.

Ob Elementaraussagen wahr sind, also der von ihnen dargestellte Sachverhalt tatsächlich besteht, lässt sich nur durch Beobachtung feststellen. Ob komplexe Aussagen wahr sind, lässt sich dagegen an ↑Wahrheitstafeln ablesen, sofern der Wahrheitswert der einzelnen Elementaraussagen bekannt ist: Der Wahrheitswert der komplexen Aussagen ergibt sich als Funktion aus den Wahrheitswerten der Elementaraussagen. Logisch wahre Sätze oder Tautologien lassen sich zwar allein an ihrer Aussageform erkennen, sagen aber nichts über die Wirklichkeit aus.

Mystische Unsagbarkeit

Während WITTGENSTEIN viele herkömmliche Fragestellungen der Philosophie zu Pseudoproblemen erklärte, die letztlich auf »dem Missverständnis der Logik unserer Sprache« beruhen, hielt er die Unterscheidung, was durch Sätze bzw. die Sprache gesagt werden kann und was nur gezeigt werden kann, für »das Kardinalproblem der Philosophie«. Er wollte dem Ausdruck der Gedanken in der Sprache eine Grenze ziehen, »und was jenseits der Grenze liegt, wird einfach Unsinn sein«.

In seinem Vorwort zum »Tractatus« fasst WITTGENSTEIN »den ganzen Sinn des Buches« so zusammen: »Was sich überhaupt sagen lässt, lässt sich klar sagen; und wovon man nicht reden kann, darüber muss man schweigen.« Am Ende erklärt er, die »einzig streng richtige« Methode der Philosophie »wäre eigentlich die: Nichts zu sagen, als was sich sagen lässt, also Sätze der Naturwissenschaft«. Zuvor hatte er jedoch verschiedene Bemerkungen zu herkömmlichen philosophischen Fragen fallen lassen und etwa festgestellt, dass es das denkende Subjekt nicht gebe, es nur eine logische Notwendigkeit gebe, alles Geschehen zufällig sei, der Sinn der Welt außerhalb ihrer liegen müsse und sich die Ethik nicht aussprechen lasse – und schließlich: »Es gibt allerdings Unaussprechliches. Dies *zeigt* sich, es ist das Mystische.«

Pragmatische Sprachspiele

In den »Philosophischen Untersuchungen« betrachtete WITTGENSTEIN die Sprache nicht mehr in ihrer Darstellungsfunktion unter dem Aspekt einer zu bildenden Wissenschaftssprache, sondern beschrieb die Alltagssprache in ihrem Handlungskontext aus der Perspektive der ↑Pragmatik. Die Bedeutung eines Ausdrucks wird nun bestimmt durch ihren Gebrauch in regelgeleiteten ↑Sprachspielen, die zunächst in konkrete Handlungszusammenhänge und ferner in soziale Lebensformen einer Sprachgemeinschaft eingebettet sind. Im Gegensatz zu den logischen Verknüpfungsregeln sind die pragmatischen Sprachspielregeln nicht ausdrücklich formuliert und müssen deshalb durch die Betrachtung des tatsächlichen Sprachgebrauchs eruiert werden. Die Philosophie hat daher hauptsächlich zu beschreiben, wie Sprachspiele funktionieren.

WITTGENSTEINS neue Bedeutungs- bzw. Sprachspieltheorie führt zur Unmöglichkeit einer sog. Privatsprache, d.h. einer Sprache, deren Wörter sich auf die nur subjektiv zugänglichen psychischen Vorgänge oder Zustände wie z.B. Empfindungen beziehen sollen. Denn bei einer solchen Sprache gäbe es keine Regeln bzw. kontrollierbaren Kriterien für den richtigen Gebrauch der

Wörter. Mit diesem Privatsprachenargument werden u. a. das mit dem Subjekt-Objekt-Problem verknüpfte Problem der Realität der Außenwelt und der methodische ↑Solipsismus als Scheinprobleme entlarvt.

TIPP

In Kirchberg am Wechsel (Österreich) finden jährlich öffentliche Tagungen der Ludwig-Wittgenstein-Gesellschaft statt. Außerdem gibt es dort ein Wittgenstein-Museum.

WWW

www.ilwg.eu Internationale Ludwig Wittgenstein Gesellschaft mit Materialien zur Werk- und Wirkungsgeschichte, Veranstaltungshinweisen und Links

www.wittgen-cam.ac.uk Wittgenstein-Archiv in Cambridge mit zahlreichen Angaben zu Leben und Werk (teilweise noch im Aufbau)

www.lsw.uni-heidelberg.de/users/sbrinkma/lit/wittgenstein.html gekürzte Fassung des »Tractatus logico-philosophicus«

www.phil.uni-passau.de/dlwg/ Deutsche Ludwig Wittgenstein Gesellschaft

LITERATUR

Grayling, Anthony C.: Wittgenstein. Freiburg im Breisgau (Herder) ²2004.

Schulte, Joachim: Ludwig Wittgenstein. Leben. Werk. Wirkung. Frankfurt am Main (Suhrkamp) 2004.

Schulte, Joachim: Wittgenstein. Eine Einführung. Neudruck Stuttgart (Reclam) 1997.

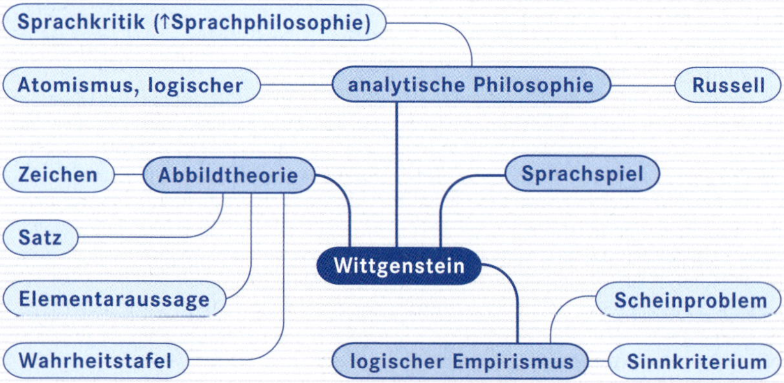

◀ *Fortsetzung von Seite 456* der ↑Technik – beides neu entstandene Zweige der Philosophie – diskutiert.

Wissenschaftsethik: die Anwendung allgemeiner ethischer Prinzipien auf die Wissenschaften, v.a. im Zusammenhang mit deren praktischen Folgen (z.B. in der Technik). Dabei geht es einerseits um die individuellen ethischen Pflichten jedes Wissenschaftlers, andererseits um die Frage nach einer öffentlichen, demokratischen Wissenschaftssteuerung (↑Wertfreiheit der Wissenschaften, ↑Technik). Ein vielfach diskutiertes Problem ist das Verhältnis von Grundlagen- und angewandter Forschung: Inwieweit kann der Grundlagenforscher (z.B. der Atomphysiker) für das verantwortlich gemacht werden, was aus seinen Entwicklungen gemacht wird (z.B. Atombombe, Kernkraftwerk)? Diese Frage stellt sich in letzter Zeit besonders dringlich im Zusammenhang mit der Mikrobiologie (Gentechnologie).

Wissenschaftstheorie: als eigenständige Disziplin erst im 20.Jh. entstandenes Gebiet der Philosophie. Im 18. und 19. Jh. traten Vorläufer unter der Bezeichnung Wissenschaftslehre (JOHANN GOTTLIEB FICHTE, BERNHARD BOLZANO) oder Wissenschaftslogik auf. Die Wissenschaftstheorie untersucht Fragen der wissenschaftlichen ↑Methoden (Methodologie), der Struktur der Wissenschaften, der Voraussetzungen, Ziele und Auswirkungen (↑Wissenschaftsethik) von Wissenschaft. Ferner gehört zu ihrem Aufgabengebiet die Untersuchung der wissenschaftlichen Gegenstandsbereiche bzw. deren Sprachen.

Da die Wissenschaften ursprünglich unter Philosophie subsumiert wurden, gab es zunächst wenig Anlass zur philosophischen Beschäftigung mit ihnen. Dies änderte sich grundlegend mit dem Aufkommen der mathematischen Physik. Durch diese sah sich die Philosophie vor eine Herausforderung gestellt: Die Möglichkeit und Nützlichkeit so betriebener Wissenschaft bedurfte der Erklärung. Dies umso mehr, als DAVID HUME mit seiner Kritik an der ↑Induktion dieser neuen Wissenschaftsauffassung theoretisch einen schweren Schlag versetzt hatte (seine Kritik blieb in der Wissenschaftspraxis allerdings folgenlos). Damit ist das zentrale Anliegen der Erkenntniskritik von KANT formuliert: Wissenschaft in den Grenzen ihrer Möglichkeit zu definieren. Führende Philosophen des ↑Rationalismus (DESCARTES, LEIBNIZ) und des ↑Empirismus (FRANCIS BACON, JOHN LOCKE) versuchten die philosophischen Probleme zu lösen, die sich aus der neuen Wissenschaft ergaben.

Die Entwicklungen des 19.Jh. vergrößerten noch die Diskrepanz zwischen Philosophie und Naturwissenschaften. Bedeutende Wissenschaftler wie HERMANN VON HELMHOLTZ, ERNST MACH und HENRI POINCARÉ bemühten sich nun, eine der Wissenschaft angepasste Philosophie zu entwickeln. Die grundlegenden Entdeckungen des 20.Jh. (↑Relativitätstheorie und ↑Quantentheorie) machten die bereits vorhandene Kluft erst recht deutlich. Auf diesem Hintergrund bildete sich die neue Disziplin Wissenschaftstheorie heraus als Versuch, von den Wissenschaften zu lernen und ihnen nicht philosophische Theorien vorzuschreiben.

Der Wiener Kreis übernahm dabei die Rolle des Vorreiters. Der alte Gegensatz von Empirismus und Rationalismus brach wieder auf, als KARL POPPER 1935 dem ↑logischen Empirismus seinen ↑kritischen Rationalismus entgegenstellte (Falsifikationsprinzip). Infolge der Emigration ihrer Hauptvertreter geriet die Wissenschaftstheorie weitgehend in den Einfluss der ↑analytischen Philosophie des angelsächsischen Sprachraums. Aus dieser Verbindung entwickelte sich auch die dritte grundlegende Strömung der Wissenschaftstheorie, der ↑Konstruktivismus. Dieser sieht die Hauptaufgabe in der

Konstruktion von methodisch aufgebauten Wissenschaftssprachen. Dem stehen die Bestrebungen der analytischen Wissenschaftstheorie gegenüber, die als Nachfolger des logischen Empirismus auf eine Beschreibung der wissenschaftlichen Praxis abzielt (deskriptive Wissenschaftstheorie).
Die Wissenschaftstheorie des 20. Jh. war anfangs noch vorwiegend an den Naturwissenschaften orientiert. Das zeigt sich schon an ihren Kernproblemen: Induktion und ↑Wahrscheinlichkeit, Verhältnis von ↑Beobachtung und ↑Theorie, Gesetzesartigkeit von Aussagen. Jedoch mehrten sich die Versuche, auch andere Wissenschaften, z.B. die Sozialwissenschaften, in die Betrachtungen mit einzubeziehen. In Deutschland ist v.a. die Frankfurter Schule der ↑kritischen Theorie als Beispiel für solche Bemühungen hervorzuheben.

Wittgenstein: siehe Topthema Seite 457.

Würde [zu mittelhochdt. wirde »Wert«, »Ansehen«]: ein relativ komplexes Gefüge zwischen Wert, Wertbewusstsein und den damit zusammenhängenden Verhaltenserwartungen. Träger (hoher) staatlicher Funktionen z.B. werden nicht allein in ihre Ämter, sondern vielmehr in »Amt *und* Würden« eingeführt; d.h., jeder – v.a. auch der Träger selbst –, der dem entsprechenden Amt eine Bedeutung, einen Wert, beimisst, verbindet mit seiner Wertschätzung Verhaltenserwartungen, die sich an den Amtsinhaber richten. Nur wer die erwarteten Verhaltensschemata realisieren kann, bekleidet sein Amt mit der erhofften Würde und kann deshalb mit Respekt rechnen, es sei denn, man wird der »Würde des Amtes« nicht gerecht. Im Falle des öffentlichen Amtes ist also die Wertschätzung primär auf Funktion und Rang des Amtes bezogen. Wo die Wertschätzung sich auf den Menschen selbst als Menschen bezieht, spricht man von ↑Menschenwürde.
Hinsichtlich ihrer Würde als Mensch können alle Menschen als gleich angesehen werden. Dieser Wert des Menschen als Zweck an sich selbst gründet letztlich in seiner Fähigkeit, sittlich, d.h. selbstbestimmt und eigenverantwortlich, zu handeln. Mit anderen Worten: ↑Freiheit ist die Bedingung der Möglichkeit von Würde überhaupt. Wer also dem anderen die Handlungsfreiheit beschneidet oder selbst auf die ihm eigene Autonomie verzichtet, der verletzt den fundamentalsten Wert des Menschseins. KANT formulierte in einer Variante des ↑kategorischen Imperativs diejenige Norm, die zum bedingungslosen Respekt vor dem personalen Wert des Menschen auffordert: immer so zu handeln, dass man sich der personalen Würde der betroffenen Menschen bewusst bleibe und sie auf keinen Fall verletze, indem man sie ausschließlich zum Mittel anderer Zwecke degradiere. Heute ist diese Schutzgarantie jeder Verfassungsänderung entzogen. Aus der Menschenwürde als formaler Wertkategorie werden in der Regel inhaltliche Werte, Rechte, abgeleitet, z.B. das Recht auf Leben, Besitz, Arbeit, freie Meinungsäußerung, Gleichheit vor dem Gesetz usw. – auch ↑Menschenrechte.

Y

Yịn und Yạng [chin.]: In der ↑chinesischen Philosophie ist das Yin-Yang-Konzept Kern einer (dualistischen) Dunkel-Licht-Metaphysik, von der möglicherweise eine Spur bis in die vorderasiatischen Lichtmetaphysiken weist (Mithraskult, ZARATHUSTRA). Als Weiblich-männlich-Schema war es zu Beginn der Chou-Dynastie gegen Ende des 2. Jt. v. Chr. von sozialpolitischer Relevanz, wohingegen es als Feucht-trocken-Schema Grundlage früher chinesischer Naturphilosophie war. Seinen Ursprung hat das Konzept im Divinationsbuch der Chou-Dynastie, dem I Ging (Buch der »Wandlung«). Dieser Text sowie die darauf aufbauenden Weissagungsverfahren enthalten zwei Grundelemente: einen gebrochenen Strich (»– –«) und einen ungebrochenen (»–«). Diese Elemente werden zunächst zu Dreiergruppen und dann zu 64 Sechsergruppen (Hexagramme) aufgebaut, deren jede eine Interpretationsgrundlage einer individuellen, v. a. aber einer politischen Situation liefert, aus der dann Handlungsanweisungen gewonnen werden können. Beide Zeichen repräsentieren Begriffe, deren Ideogramme (bildlich bzw. symbolisch interpretierbare Schriftzeichen) mit den Lautwerten Yin bzw. Yang assoziiert sind. Das Ideogramm für Yin (– –) ist aus einem Symbol für »Hügel« und einem Symbol für »Nebel« zusammengesetzt, das Ideogramm für Yang (–) aus einem Symbol für »Hügel« und einem für »Sonne« bzw. »Sonnenstrahlen«, sodass Yin mit »Nebel- oder Schattenseite des Berges«, Yang mit »Sonnen- oder Lichtseite des Berges« wiedergegeben werden kann. Diese Grundbedeutungen werden in den aus den beiden Zeichen zusammengesetzten Tri- und Hexagrammen des I Ging zu anderen Begriffspaaren variiert, die jedoch immer assoziativ auf die Grundbedeutung rekurrieren: So wird »– –« mit »weiblich«, »beweglich« oder »schwach« wiedergegeben, »–« mit »männlich«, »unbeweglich« oder »stark«.

Z

Zahl: Die Zahl als Inbegriff der mathematischen Erkenntnis hat schon immer die Philosophen fasziniert. Im besonderen Maß gilt das für die Pythagoreer, die die Ansicht vertraten, dass die Welt nach mathematischen Gesetzen aufgebaut sei (»Alles entspricht der Zahl«) und sich ihre Entstehung (↑Kosmogonie) mithilfe eines mathematischen Modells begreifen lasse: Das Ur-Eins • atmet das Unbegrenzte (↑Apeiron) ein und spaltet sich danach in zwei Einheiten, die Eins und ihre Wiederholung • •, die zusammen ein Stück Apeiron einschließen. Eine besondere Stellung kam der Zahl 10 zu: 10 = 1+2+3+4 oder (»Tetraklys«):

Zahl

Tetraklys

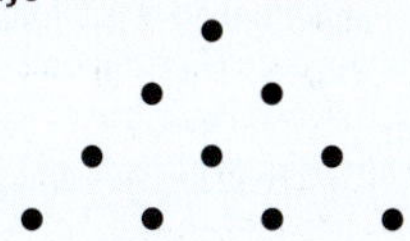

In dieser Figur verbergen sich die Zahlenverhältnisse 2:1, 3:1 und 4:1, die z. B. für Oktave, Quinte und Quarte stehen.
Ähnlich der vollkommenen symmetrischen Ordnung des Tetraklys ist auch der Aufbau der Welt zu denken. Eine ähnlich wichtige Rolle maß LEIBNIZ der Zahl zu, die er als die »Architektonik des Universums« bezeichnete. Unzählig fast sind die Versuche von Philosophen, das Wesen der Zahl zu fassen. Diese Bemühungen fanden einen gewissen Abschluss durch GOTTLOB FREGES Zurückführung des Zahlbegriffs auf den Klassenbegriff (↑Klasse), die richtungweisend für die späteren Diskussionen geworden ist (↑Philosophie der Mathematik).

Zeichen: allgemein jede sinnlich wahrnehmbare Gegebenheit (Gegenstand, Erscheinung, Vorgang, Handlung), die mit einem bestimmten, vereinbarten Bedeutungs- bzw. Informationsgehalt (z. B. die Verkehrszeichen, astronomische Symbole) auftritt oder eine andere Gegebenheit (z. B. physikalische Größe, mathematische Variable) repräsentiert bzw. diese bezeichnet oder darstellt, wie etwa Formeln, mathematische Zeichen oder Schaltzeichen; davon zu unterscheiden sind die sog. Anzeichen als von (bezeichneten) Gegebenheiten kausal verursacht (z. B. Rauch als Anzeichen für Feuer).

Ein Zeichen ist niemals die Realität der bedeutenden Gegebenheit selbst, sondern Zuordnung zu einem bestimmten Objekt, Sachverhalt. Vom Zeichen zu unterscheiden ist das Zeichenvorkommnis. So handelt es sich bei dem gedruckten, dem mit der Hand geschriebenen und dem von verschiedenen Personen zu verschiedenen Zeitpunkten gesprochenen Wort »Baum« um verschiedene Vorkommnisse desselben Zeichens.

Das Verhältnis zwischen dem Zeichen und dem Bezeichneten wird von der Sigmatik untersucht; dabei wird nicht die spezielle, sondern die allgemeine Beziehung zwischen einem Zeichen und seinem Objekt bestimmt. Bei den verschiedenen Zeichen-Objekt-Bezügen unterscheidet man Ikon (Abbild), Index (Anzeiger) und Symbol (Sinnbild). Das Ikon bildet sein Objekt ab und hat mit diesem meist mehrere Merkmale, wenigstens aber eines gemeinsam. Der Index ist eine Orientierungshilfe, die in einem physischen Zusammenhang mit dem bezeichneten Gegenstand steht. Das Symbol beruht auf Vereinbarung und hat zumeist keine direkte Beziehung zu seinem Objekt. Bestes Beispiel ist das sprachliche Zeichen.

Die auf ARISTOTELES zurückgehende traditionelle Zeichentheorie betrachtet die Wörter als Zeichen für Begriffe und Vorstellungen im Bewusstsein und diese wiederum als Abbildungen der Dinge der Wirklichkeit. Die strukturalistische Zeichentheorie FERDINAND DE SAUSSURES fasst das sprachliche Zeichen auf als eine willkürliche, aber im Sprachsystem (langue) festgelegte assoziative Beziehung zwischen einem Lautbild, dem Bezeichnenden (signifiant) und einer Vorstellung, dem Bezeichneten (signifié). Die Verwendung des Zeichens im Sprechen (parole) zur Bezeichnung von Dingen und Sachverhalten ist nicht mehr Gegenstand strukturalistischer Analyse. – auch ↑Semiotik.

Zeit: Fragestellungen zum Zeitbegriff finden sich in der Philosophiegeschichte grundsätzlich an den Begriff der Veränderung gekoppelt; so auch an den der ↑Bewegung (als Veränderung des Ortes oder der Konstellation), der Prozessualität (als Veränderung einer Situation oder eines Zustands) und der Entwicklung (als Veränderung z. B. der Gestalt). Am Anfang der Philosophiegeschichte stehen gleich die zwei extremsten Konzeptionen der Veränderlichkeit: die eine des PARMENIDES, der dem ↑Sein Unveränderlichkeit und Unbeweglichkeit zuschreibt, dagegen Veränderung und Bewegung als »dóxa« (bloße Meinung) bezeichnet; die andere des HERAKLIT, der umgekehrt eine Unveränderlichkeit irgendwelcher Art abstreitet und Veränderlichkeit als Grundbestimmung aller seienden Dinge erkennt.

Eine erste genauere Analyse zeitlicher Bestimmungen macht ARISTOTELES. Er sieht den Zusammenhang zweier Konzeptionen des Jetzt, das den unmittelbaren Übergang zwischen Zukunft (als Noch-nicht-Sein) und Vergangenheit (als Nicht-mehr-Sein) bildet: Einerseits *verschwindet* das Jetzt unmittelbar, indem es konstatiert wird, in die Vergangenheit, und ein »anderes« Jetzt ist jetzt usw., sodass die Gesamtheit von Jetzten ein Kontinuum bildet, dessen jeweilige »Stellen« ein unmittelbares Umschlagen von Entstehen in Vergehen sind. (So ist Zeit neben Raum und Materie ein weiteres Beispiel von Kontinuität bei ARISTOTELES; ↑Werden.) Da die Zeit immer von der Zukunft durch das Jetzt in die Vergangenheit »fließt«, entstand die metaphorische Redeweise vom »Fluss« der Zeit. Diese Analyse greift HEGEL wieder auf: Entstehen als Übergang von Nichtsein in Sein und Vergehen als Übergang von Sein in Nichtsein sind im Jetzt identisch und (im Begriff des Werdens) aufgehobene Momente (↑aufheben). So ist Zeit »Sein, welches ist, indem es nicht ist, und nicht ist, indem es ist«.

Bis heute sind AUGUSTINUS' Fragen angesichts des Zeitproblems virulent geblieben. Er fragt, wenn einerseits Zukünftiges als Noch-Nicht also nicht *ist* und andererseits Vergangenes als Nicht-Mehr auch nicht *ist* und drittens Jetztiges zwischen beiden zum bloßen Punkt *verschwindet* und also erst recht nicht *ist, was* denn dann nun eigentlich *sei?* Er untersucht auch die Vorstellung von einem »absoluten Anfang der Zeit selbst«, wie sie im christlich-philosophischen Begriff der ↑Creatio ex nihilo enthalten ist: Wenn alles Zeitliche dadurch gekennzeichnet ist, dass es zu jedem Späteren ein Früheres geben muss, dann kann der Anfang der Zeit selbst nicht zeitlich sein, denn es gibt zu ihm kein Früheres. Wenn anders das »Vor« dem Anfang *kein* Zeitliches ist (z. B. das Sein des die Zeit schaffenden Gottes), dann ist auch ein Anfang von Zeit nicht möglich, da er ja zu jenem Zeitlosen ein Späteres sein müsste, was dem Zeitlosen widerspräche. Nach KANT kommt der Zeit, wie auch dem Raum, keine Realität zu. Beide sind a priori dem Subjekt vorgegebene Bedingungen der Möglichkeit von Erkenntnis der Realität.

In der physikalischen Beschreibung der Natur spielt ausschließlich der am »Früher als« und »Später als« orientierte metrische Zeitbegriff eine Rolle. Während ISAAC NEWTON an einem Begriff der absoluten Zeit festhielt (»Die absolute, wahre ... Zeit verfließt an sich und vermöge ihrer Natur gleichförmig und ohne Beziehung auf irgendeinen äußeren Gegenstand«), sieht die ↑Relativitätstheorie den Zeitbegriff nicht mehr unabhängig von Problemen des Messens von Zeit. Das Messen von zeitlichen Distanzen (d. h. von Dauern, Zeitspannen) führt hier – aufgrund der Tatsache, dass die Lichtgeschwindigkeit endlich, unüberschreitbar und nicht relativ ist – nicht auf objektive, vom Beobachtersystem unabhängige Gegebenheiten: Das Maß von Zeitspannen hängt von der Relativgeschwindigkeit zwischen dem Objekt und dem Beobachter ab. Dies führt auch zur Problematisierung des Begriffs der Gleichzeitigkeit. Durch die Tatsache der Invarianz der Lichtgeschwindigkeit werden räumliche und zeitliche Größen derart miteinander verkoppelt, dass man die drei Raumdimensionen mit der Zeitdimension zu einem vierdimensionalen Raum-Zeit-Kontinuum (Minkowski-Welt) zusammenfasst. Man spricht dann von der **Raumzeit.** Im Rahmen von Weiterentwicklungen der allgemeinen Relativitätstheorie, die u. a. Zusammenhänge zwischen Raum, Zeit und Materie behandeln, bekommt der Begriff der Zeit, ebenso der des Raums, wieder eine ontische, d. h. materiekonstituierende Relevanz (↑Raum, ↑Materie, ↑Kosmologie).

Zeitlichkeit: Innerhalb seiner ↑Fundamentalontologie weist MARTIN HEIDEGGER auf, dass Sein vom Menschen als ↑Dasein zeitlich verstanden wird. Dasein ist deshalb durch Zeitlichkeit bestimmt, d. h., es vollzieht sein geworfen-entwerfendes Sein beim Seienden aus der eigentlichen Zeit als gewesen-zukünftigem Augenblick. Dieser Zeit entspringt erst unsere gewöhnliche Zeitvorstellung von einer Reihe von Jetztpunkten. Sein geschieht demnach zeithaft, was im späteren Denken HEIDEGGERS in der Entfaltung des Zeit-Spiel-Raumes von Sein als ↑Ereignis gedacht wird, aus dem heraus der Mensch denkt.

Zẹn [jap.]: eine Traditionsrichtung asiatischer Philosophie, die ihren Entwicklungsweg von Indien über China nach Japan genommen hat und in den letzten Jahrzehnten ein reges Interesse in westlichen Kulturen erfuhr. Seinen historischen Ausgangspunkt hat Zen im 5. Jh. n. Chr. mit BODHIDHARMA, einem Patriarchen der buddhistischen Tradition, der in China eine Lehre verbreitete, die vermutlich auf einem achtstufigen Yoga-System aufbaute und eine große Affinität zum ↑Taoismus hatte. Sie erlebte ihren ersten Höhepunkt mit HUI NENG im 7. Jh.: Seine Lehre von der »plötzlichen Erleuchtung« ist in Form einer Redensammlung in dem Klassiker »Liu-tsu t'an-ching« (»Plattform-Sutra«) überliefert. Die »Erleuchtung« (chin.

»wu«, jap. »satori«) kann man als »Ziel« dieser Meditation bezeichnen; es ist jedoch erst erreichbar, wenn die Absicht, es zu erreichen, letztlich aufgegeben wird: »Satori ist erst erreicht, wenn niemand mehr da ist, der es erreicht.« Dieser Meditationsweg ist gekennzeichnet vom »wu-nien«, der Bemühung um »Nicht-unterscheidendes-Denken« oder »Nichtbewusstsein«. Die »Erfahrung« von Satori ist ein unmittelbares (daher »plötzlich«) Umschlagen vom Vergessen-des-erreichen-Wollens in ein Schon-erreicht-Haben. Sie wird bei Hui Neng mit »Einsicht in die Selbstnatur« umschrieben. Etwa seit dem 11. Jh. wird die Lehre durch Übungen im »wu-nien« vermittelt. Diese bestehen aus Darstellungen von Dialogszenen zwischen einem Meister und einem Schüler, die meist im Erleuchtungserlebnis des Schülers gipfeln (jap. »mondo«), oder aus direkten Fragen, über die der Schüler meditiert und auf die der Meister Antworten (oder vielmehr Reaktionen) erwartet, aus denen dieser dann den Fortschritt im »Begreifen« erkennen kann (jap. »koan«). Diese Koans sind einer rationalen Verstandesanalyse westlicher Tradition nicht zugänglich, sie erscheinen zunächst als unsinnig (z. B. »Zeige mir dein Gesicht vor deiner Geburt«). Dennoch gibt es »eindeutige« Antworten, an denen der Lehrer das Satori des Schülers erkennt. Sie ergeben sich aus der unmittelbaren Dialogsituation: Auch traditionelle »Schul«-Antworten oder -Reaktionen (es gibt Sammlungen davon) würde der Lehrer als solche entlarven. In der klassischen Beispielsammlung des 11. Jh., dem »Bi-yan-lu« (jap. »Heki-gan-roku«, »Niederschrift von der smaragdenen Felswand«) heißt es dazu: »Jade wird durch Feuer erprobt… ein Schwert durch ein Haar… In unserer Schule gebrauchen wir ein Wort oder einen Satz, eine Tat oder einen Zustand, ein Hinein- oder Hinausgehen, ein ›Hallo‹ oder ein ›Wie geht es dir?‹, um die Verständnistiefe des Schülers zu beurteilen, um zu sehen, ob er vorwärts- oder rückwärtsgeht.«

Zeug: von Martin Heidegger eingeführte Bezeichnung für die Dinge, wie sie uns im alltäglichen (d. h. praktischen) Umgang mit ihnen begegnen. Sie haben dabei die Seinsweise der ↑Zuhandenheit, weil sie zunächst in einem Funktionszusammenhang (»Bewandtnis«) verstanden werden.

Ziel: ↑Zweck.

Zirkeldefinition (Zirkularität): Definition, in der das Definiens einen Terminus enthält, der im Definiendum vorkommt, wie z. B. »Kreis $\rightleftharpoons$ kreisförmige, ebene Figur«. Solche Definitionen sind in der Praxis oft nur schwer zu erkennen. Ist z. B. »Verlogenheit« als »Mangel an Ehrlichkeit« und »Ehrlichkeit« als »Fehlen von Unaufrichtigkeit« festgelegt, so schließt sich nach Hinzufügen von »›Unaufrichtigkeit‹ ist ›Verlogenheit‹« der Kreis. – auch ↑Circulus vitiosus.

Zirkel, hermeneutischer: ↑Hermeneutik.

Zirkelschluss: Beweisfehler (↑Beweis), bei dem das zu Beweisende im Beweisgang benutzt wird (↑Circulus vitiosus).

Zo̱on lo̱gon e̱chon [griech. »Lebewesen, das Vernunft bzw. Sprache hat«]: in der »Politik« des Aristoteles die Charakterisierung des Menschen als eines Wesens, das sich vom Tier dadurch unterscheidet, dass es ↑Logos hat. Damit ist sowohl die Fähigkeit zu ↑Vernunft als auch zu ↑Sprache gemeint.

Zo̱on politiko̱n [griech. »politisches Lebewesen«]: auf Aristoteles zurückgehende Charakterisierung des Menschen. Nach Aristoteles zeichnet sich der Mensch im Wesentlichen durch zwei Haupteigenschaften aus: die Gesellschaftlichkeit und die Vernunft- und Sprachbegabung (↑Zoon logon echon). Die Gesellschaftlichkeit, d. h. das Zusammenleben in einem Staat bzw. in der Polis (Stadtstaat) ist eine notwendige Voraussetzung für die Entwicklung des Menschen und für die Entfaltung des Logos in

Zufall: Zu beweisen, dass der Zufall einen Bestandteil der Welt ausmacht, scheint ein Ding der Unmöglichkeit zu sein. Dass er zu den Eigentümlichkeiten des menschlichen Denkens und Erlebens gehört, lässt sich dagegen kaum widerlegen.

seiner spezifischen, grundlegenden Eigenschaft.

Zufall: 1. das, was ohne erkennbaren Grund und ohne Absicht geschieht (Gegensatz: ↑Notwendigkeit), das Mögliche, das eintritt, aber nicht eintreten muss; 2. das, was einer Sache nicht wesentlich zukommt (Gegensatz: ↑Wesen). Solche Eigenschaften nennt man auch akzidentell oder kontingent (↑Akzidens bzw. ↑Kontingenz). Durch diese Bedeutung ergeben sich Bezüge zur Logik. Es ist aber wichtig, zu erkennen, dass das Begriffspaar zufällig/notwendig (das Ereignissen oder Dingen zukommt, also »de re« ist) nicht der Logik (wo »notwendig« Aussagen zugesprochen wird, also »de dicto« ist) zuzurechnen ist.

Die Existenz des Zufalls im Sinne von Möglichkeit wird vom Determinismus grundsätzlich geleugnet (↑Determinismus/Indeterminismus). Für die Wissenschaftstheorie bzw. Wahrscheinlichkeitstheorie stellt sich heute ebenfalls das Problem, das Zustandekommen des Zufalls zu erklären: Viele der Gesetze, die das Verhalten der elementaren Bausteine der Materie beschreiben, kennen nämlich keinen Zufall. Hier spielen statistische Betrachtungen über Systeme mit einer großen Anzahl von Bestandteilen eine wichtige Rolle. Der Zufall wird als Überlagerung einer unüberschaubaren Anzahl von Notwendigkeiten erklärt. »Zufall ist der Schnittpunkt zweier Notwendigkeiten« (KARL MARX/FRIEDRICH ENGELS).

Zuhandenheit: Mit Zuhandenheit benennt MARTIN HEIDEGGER in seiner ↑Fundamentalontologie diejenige Weise, wie uns die Dinge primär begegnen bzw. wie wir sie verstehen. Entgegen der traditionellen Auslegung der Dinge als primär vorhanden, beschreibt HEIDEGGER, dass wir die Dinge zuerst in demjenigen verstehen, wozu sie in unserem Umgang mit ihnen da sind. Die Dinge sind uns primär als ↑Zeug in einem »Um-zu« eines Funktionszusammenhangs (»Bewandtniszusammenhang«) verständlich.

Zustand: ↑Wahrscheinlichkeit.

Zweck: das, was durch (bewussten) Einsatz bestimmter Mittel in Handlungen geplant und verfolgt wird, was diese als zweckmäßig bestimmt und durch diese erreicht wird. Im Gegensatz zum **Ziel,** das ein Mensch haben und bestimmen kann, auch ohne über die zu seiner Realisierung notwendigen Mittel reflektiert zu haben, ist die Verfolgung eines Zwecks gebunden an die Absicht des Menschen, bestimmte Mittel einzusetzen, allerdings möglichst (ethisch) nicht in der Weise, dass der »Zweck die Mittel heilige«; auch ein allgemein als wünschenswert angesehener Zweck entbindet nicht von der Verantwortung und der Rechtfertigungspflicht für die eingesetzten Mittel. Zweck und Ziel sind insofern identisch, als jedes Ziel, dessen Verwirklichung konkret geplant und unter Verwendung bestimmter Mittel angestrebt wird, als Zweck anzusehen ist und jeder Zweck ein Ziel ist, das verwirklicht werden soll. Die Unterscheidung von Zweck und Mittel ist nicht objektiv, sondern standortabhängig. Was für den einen Zweck ist, kann für den anderen Mittel sein. Der Schreibtisch, an dem ich arbeite, ist für mich Mittel, für den Schreiner, der ihn hergestellt hat, war er Zweck seiner Arbeit.

Zweckursache: ↑Causa, ↑Finalität.

Zweifel: das Unsicherwerden und Infragestellen einer Meinung, eines Glaubens oder Wissens im Gegensatz zur ↑Gewissheit. Der praktische Zweifel als ein unentschiedenes Schwanken zwischen verschiedenen Handlungsweisen und Gesinnungen kann z. B. moralische und/oder religiöse Dimension haben. Werden sämtliche Lebensorientierungen radikal infrage gestellt, wird der praktische Zweifel zum existenziellen Zweifel am Sinn des Daseins wie z. B. bei SØREN KIERKEGAARD oder ALBERT CAMUS. Beim theoretischen Zweifel richtet sich die Ungewissheit auf Formen und Inhalte des Seins und Erkennens. Bezieht er sich auf die Erkennbarkeit der subjektunabhängigen Dinge, kann er zum ↑Kritizismus oder zum ↑Skeptizismus führen. Der radikale, erkenntnistheoretische Zweifel in Bezug auf die Existenz einer Außenwelt führt zum ↑Solipsismus.

DESCARTES dagegen – ähnlich wie schon AUGUSTINUS – benutzt einen »fiktiven« Zweifel als methodisches Instrument mit der Intention, herauszufinden, woran mit guten Gründen nicht mehr gezweifelt werden kann (↑Cogito, ergo sum). Hier dient der Zweifel zu seiner eigenen Überwindung und beinhaltet ein »einstweiliges Dahingestellt-sein-Lassen« des noch nicht hinreichend Geprüften.

Zyklentheorie [zu griech. kýklos »Kreis«] **(Kreislauftheorie):** eine pessimistische Geschichtstheorie, nach der sich im Unterschied zur vorherrschend vertretenen linearen, meist progressiv verstandenen Geschichtsdeutung (z. B. HEGELS und KARL MARX') die Gesamtgeschichte einer menschlichen Kultur nach einer bestimmten Zeit und nach Durchlaufen verschiedener Stadien wiederholt. Dabei wird in der Regel ein Prozess angenommen, in dessen Verlauf sich eine Entwicklung von einem besseren hin zu einem schlechteren Zustand vollzieht. Nach OSWALD SPENGLER hat jede Kultur – als organische Einheit begriffen – ihre eigenen Gesetze (»Seele«) und durchläuft, einem »Organismus« vergleichbar, einen notwendigen Zyklus von Blüte, Reife und Verfall.

Zynismus [zu griech. kynikós »hündisch«, »schamlos«]: eine Haltung, die Wahrheiten, Normen und Werte radikal infrage stellt und ihre Kritik äußert in Form eines destruktiven, bissigen Spotts. Dabei richtet sich der Spott nicht nur gegen die je andere Meinung, sondern v. a. auch gegen die Person, die die fragliche Meinung vertritt. In bewusst herabsetzender Weise soll das Wertgefühl der betroffenen Person verletzt werden. Der Zyniker ist also ein Mensch, dem nichts ernst, nichts würdig, nichts heilig ist. Die Begriffsbildungen »Zynismus« und »Zyniker« schließen an die antike Philosophenschule der ↑Kyniker an, die ihrer Missachtung der kulturellen, religiösen und moralischen Werte ihrer Gesellschaft Ausdruck verliehen durch eine provokatorisch bedürfnislose, Anstand und Sitte bewusst verletzende Lebensweise. Das grundlegende Werk des modernen Zynismus ist DENIS DIDEROTS »Der Neffe des Rameau« (um 1762–74).

Literatur- und Internethinweise

Nachschlagewerke, Einführungen

Bloch, Ernst: Tübinger Einleitung in die Philosophie. Sonderausgabe Frankfurt am Main (Suhrkamp) 1996.

Brockhaus Philosophie. Mannheim (Bibliographisches Institut & F. A. Brockhaus AG) 2004.

Cohen, Martin: 99 philosophische Rätsel. Frankfurt am Main (Campus) 2001.

Danto, Arthur C.: Wege zur Welt. Grundbegriffe der Philosophie. München (Fink) 1999.

Enzyklopädie Philosophie und Wissenschaftstheorie, herausgegeben von Jürgen Mittelstraß, 4 Bände. Mannheim; Stuttgart (Bibliographisches Institut; Metzler) 1980–96.

Großes Werklexikon der Philosophie, herausgegeben von Franco Volpi, 2 Bände. Stuttgart (Kröner) 1999.

Martens, Ekkehard: Philosophieren mit Kindern. Eine Einführung in die Philosophie. Stuttgart (Reclam) 1999.

Metzler-Philosophen-Lexikon, herausgegeben von Bernd Lutz. Stuttgart (Metzler) ^{2}1995.

Noack, Hermann: Allgemeine Einführung in die Philosophie. Darmstadt (WBG) ^{4}1991.

Sautet, Marc: Ein Café für Sokrates. Taschenbuchausgabe München (Siedler) 1999.

Wuchterl, Kurt: Methoden der Gegenwartsphilosophie. Bern (Haupt) ^{3}1999.

Zwischen Narretei und Weisheit. Biographische Skizzen und Konturen alter Gelehrsamkeit, herausgegeben von Gerald Hartung und Wolf Peter Klein. Hildesheim (Olms) 1997.

Geschichte der Philosophie

Blumenberg, Hans: Die Genesis der kopernikanischen Welt, 3 Bände. Frankfurt am Main (Suhrkamp) ^{3}1996.

Buck, August: Humanismus. Seine europäische Entwicklung in Dokumenten und Darstellungen. Freiburg im Breisgau (Alber) 1987.

Cassirer, Ernst: Die Philosophie der Aufklärung. Neuausgabe Hamburg (Meiner) 1998.

Gerl, Hanna-Barbara: Einführung in die Philosophie der Renaissance. Darmstadt (WBG) ^{2}1995.

Geyer, Carl-Friedrich: Philosophie der Antike. Eine Einführung. Darmstadt (WBG) ^{4}1996.

Griechische Atomisten. Texte und Kommentare zum materialistischen Denken der Antike, herausgegeben von Fritz Jürß u. a. Leipzig (Reclam) ^{4}1991.

Hartmann, Nicolai: Die Philosophie des deutschen Idealismus. Berlin (de Gruyter) ^{3}1974.

Höffe, Otfried: Kleine Geschichte der Philosophie. München (Beck) 2001.

Illustrierte Geschichte der westlichen Philosophie, herausgegeben von Anthony Kenny. Studienausgabe Frankfurt am Main (Campus) 1998.

Ley, Hermann: Geschichte der Aufklärung und des Atheismus, 5 Bände. Berlin (Deutscher Verlag der Wissenschaften). $^{1-2}$1970–89.

Röd, Wolfgang: Der Weg der Philosophie. Von den Anfängen bis ins 20. Jahrhundert, 2 Bände. München (Beck) 2000.

Römische Philosophie, herausgegeben von Gregor Maurach. Darmstadt (WBG) 1976.

Russell, Bertrand: Denker des Abendlandes. Eine Geschichte der Philosophie. München (dtv) ^{5}1997.

Stegmüller, Wolfgang: Hauptströmungen der Gegenwartsphilosophie, 4 Bände. Stuttgart (Kröner) $^{1-8}$1987–89.

Weischedel, Wolfgang: Die philosophische Hintertreppe. Sonderausgabe München (Nymphenburger) ^{21}2000.

Wuchterl, Kurt: Bausteine zu einer Geschichte der Philosophie im 20. Jahrhundert. Von Husserl zu Heidegger. Bern (Haupt) 1995.

Klassische Metaphysik, Naturphilosophie

Brisson, Luc und Jamme, Christoph: Einführung in die Philosophie des Mythos, 2 Bände. Darmstadt (WBG) 1991–96.
Coreth, Emerich: Metaphysik. Eine methodisch-systematische Grundlegung. Innsbruck (Tyrolia) ³1980.
Greene, Brian: Das elegante Universum. Superstrings, verborgene Dimensionen und die Suche nach der Weltformel. Berlin (Siedler) ²2000.
Habermas, Jürgen: Nachmetaphysisches Denken. Taschenbuchausgabe Frankfurt am Main (Suhrkamp) ²1997.
Hawking, Stephen W.: Eine illustrierte kurze Geschichte der Zeit. Sonderausgabe Reinbek (Rowohlt) 2001.
Kanitschneider, Bernulf: Kosmologie. Geschichte und Systematik in philosophischer Perspektive. Stuttgart (Reclam) ²1991.
Kaulbach, Friedrich: Einführung in die Metaphysik. Darmstadt (WBG) ⁵1991.
Marten, Rainer: Denkkunst. Kritik der Ontologie. Paderborn (Schöningh) 1989.
Stork, Heinrich: Einführung in die Philosophie der Technik. Darmstadt (WBG) ³1991.
Teichmann, Jürgen: Wandel des Weltbildes. Astronomie, Physik und Meßtechnik in der Kulturgeschichte. Stuttgart (Teubner) ⁴1999.

Erkenntnistheorie, Ästhetik

Adorno, Theodor W.: Ästhetische Theorie. Frankfurt am Main (Suhrkamp) ¹⁵2000.
Ästhetik und Kunstphilosophie. Von der Antike bis zur Gegenwart in Einzeldarstellungen, herausgegeben von Julian Nida-Rümelin und Monika Betzler. Stuttgart (Kröner) 1998.
Bewußtsein. Beiträge aus der Gegenwartsphilosophie, herausgegeben von Thomas Metzinger. Stuttgart (Schöningh) ⁴2001.
Holz, Harald: Einführung in die Transzendentalphilosophie. Darmstadt (WBG) ³1991.
Jensen, Stefan: Erkenntnis – Konstruktivismus – Systemtheorie. Einführung in die Philosophie der konstruktivistischen Wissenschaft. Opladen (Westdeutscher Verlag) 1999.
Klassiker der modernen Zeitphilosophie, herausgegeben von Walther C. Zimmerli und Mike Sandbothe. Darmstadt (WBG) 1993.
Kutschera, Franz von: Ästhetik. Berlin (de Gruyter) ²1998.
Popper, Karl R.: Die beiden Grundprobleme der Erkenntnistheorie. Tübingen (Mohr) ²1994.
Prauss, Gerold: Einführung in die Erkenntnistheorie. Darmstadt (WBG) ³1993.
Riedl, Rupert und Kaspar, Robert: Biologie der Erkenntnis. Die stammesgeschichtlichen Grundlagen der Vernunft. Taschenbuchausgabe München (dtv) 1988.
Scheer, Brigitte: Einführung in die philosophische Ästhetik. Darmstadt (WBG) 1997.
Scheidt, Friedrich: Grundfragen der Erkenntnisphilosophie. Historische Perspektiven. München (Reinhardt) 1986.

Logik, Sprachphilosophie

Arnauld, Antoine und Nicole, Pierre: Die Logik oder die Kunst des Denkens. Darmstadt (WBG) ²1994.
Bucher, Theodor G.: Einführung in die angewandte Logik. Berlin (de Gruyter) ²1998.
Essler, Wilhelm K.: Analytische Philosophie. Stuttgart (Kröner) 1972.
Grondin, Jean: Einführung in die philosophische Hermeneutik. Darmstadt (WBG) ²2001.

Heintel, Erich: Einführung in die Sprachphilosophie. Darmstadt (WBG) ^{4}1991.

Morris, Charles William: Zeichen, Sprache und Verhalten. Neuausgabe Frankfurt am Main (Ullstein) 1981.

Nichtklassische Logik. Eine Einführung, herausgegeben von Lothar Kreiser u. a. Berlin (Akademie) ^{2}1990.

Oberschelp, Arnold: Logik für Philosophen. Stuttgart (Metzler) ^{2}1997.

Seebohm, Thomas M.: Philosophie der Logik. Freiburg im Breisgau (Alber) 1984.

Simon, Josef: Sprachphilosophie. Freiburg im Breisgau (Alber) 1981.

Urchs, Max: Klassische Logik. Eine Einführung. Berlin (Akademie) 1993.

Politische Philosophie, Ethik

Angewandte Ethik. Eine Einführung, herausgegeben von Annemarie Pieper und Urs Thurnherr. München (Beck) 1998.

Baruzzi, Arno: Einführung in die politische Philosophie der Neuzeit. Darmstadt (WBG) ^{3}1993.

Einführung in die utilitaristische Ethik, herausgegeben von Otfried Höffe. Tübingen (Francke) ^{2}1992.

Forschner, Maximilian: Die stoische Ethik. Über den Zusammenhang von Natur, Sprach- und Moralphilosophie im altstoischen System. Darmstadt (WBG) ^{2}1995.

Habermas, Jürgen: Faktizität und Geltung. Beiträge zur Diskurstheorie des Rechts und des demokratischen Rechtsstaats. Taschenbuchausgabe Frankfurt am Main (Suhrkamp) 1998.

Habermas, Jürgen: Moralbewusstsein und kommunikatives Handeln. Frankfurt am Main (Suhrkamp) ^{7}1999.

Hofmann, Hasso: Einführung in die Rechts- und Staatsphilosophie. Darmstadt (WBG) 2000.

Kerber, Walter: Sozialethik. Stuttgart (Kohlhammer) 1998.

Kersting, Wolfgang: Die politische Philosophie des Gesellschaftsvertrags. Lizenzausgabe Darmstadt (Primus) 1996.

Kutschera, Franz von: Grundlagen der Ethik. Berlin (de Gruyter) ^{2}1999.

Lexikon der Bioethik, herausgegeben von Wilhelm Korff u. a., 3 Bände. Studienausgabe Gütersloh (Gütersloher Verlagshaus) 2000.

Ricken, Friedo: Allgemeine Ethik. Stuttgart (Kohlhammer) ^{3}1998.

Rohls, Jan: Geschichte der Ethik. Tübingen (Mohr) ^{2}1999.

Schulz, Walter: Grundprobleme der Ethik. Pfullingen (Neske) ^{2}1993.

Weischedel, Wilhelm: Das Wesen der Verantwortung. Frankfurt am Main (Klostermann) ^{3}1972.

Existenzphilosophie, Phänomenologie, Postmoderne

Ströker, Elisabeth und Janssen, Paul: Phänomenologische Philosophie. Freiburg im Breisgau (Alber) 1989.

Waldenfels, Bernhard: Phänomenologie in Frankreich. Taschenbuchausgabe Frankfurt am Main (Suhrkamp) ^{2}1998.

Welsch, Wolfgang: Unsere postmoderne Moderne. Berlin (Akademie) ^{5}1997.

Philosophie im Internet

philo.de/Philosophie-Seiten kommentierte Links zu philosophischen Datenquellen

www.phillex.de Onlinelexikon zur Philosophie

buecherei.philo.at große kommentierte Linksammlung, sortiert nach Bereichen

www.philosophie.de Informationsportal der Gesellschaft für Philosophie und Wissenschaft

www.zeno.org/Philosophie Texte und Quellen berühmter Philosophen

Personenregister

Kursiv gesetzte Seitenzahlen beziehen sich auf Abbildungen und Infokästen, **halbfett** gesetzte Seitenzahlen verweisen auf Biografien.

Abkürzungen

Abb.	Abbildung
Abk.	Abkürzung
Ausg.	Ausgabe
Bd., Bde.	Band, Bände
bzw.	beziehungsweise
ca.	circa
d. h.	das heißt
engl.	englisch
e. V.	eingetragener Verein
evtl.	eventuell
f., ff.	folgende(r/s), folgende
frz.	französisch
ggf.	gegebenenfalls
griech.	griechisch
hg., Hg.	herausgegeben, Herausgeber
i. A.	im Allgemeinen
i. d. R.	in der Regel
Jh.	Jahrhundert
Jt.	Jahrtausend
lat.	lateinisch
Mio.	Million
Mrd.	Milliarde
Nachdr.	Nachdruck
n. Chr.	nach Christus
rd.	rund
S.	Seite
sog.	sogenannt
Tab.	Tabelle
u. a.	und andere, unter anderem
u. Ä.	und Ähnliches
usw.	und so weiter
v. a.	vor allem
v. Chr.	vor Christus
vgl.	vergleiche
z. B.	zum Beispiel
z. T.	zum Teil

Bildquellenverzeichnis

aisa, Archivo iconográfico, Barcelona *48, 129, 177, 192, 263, 267, 380.* – akg-images, Berlin *24, 252, 458.* – akg-images, Berlin/Peter Connolly *411.* – Badische Landesbibliothek, Karlsruhe *259.* – Farb- und Schwarzweiß-Fotografie E. Böhm, Mainz *32.* – A. Burkatovski, Rheinböllen *123, 183, 314, 345.* – © CORBIS/Royalty-Free *116, 374, 406.* – © DeA Picture Library *436.* – F. und K. Eschen, Berlin *185.* – H. R. Gelderblom, Robert-Koch-Institut, Berlin *277.* – Klassik Stiftung Weimar *269, 297.* – Det Kongelige Bibliotek, Kopenhagen *228.* – MEV Verlag, Augsburg *156, 467.* – I. Mühlhaus, München *200.* – Niedersächsisches Staatsarchiv, Wolfenbüttel/P. B. Keiser *111.* – Bildarchiv Okapia, Frankfurt am Main *294.* – picture-alliance/akg-images, Frankfurt am Main *40, 43, 67, 91, 120, 134, 148, 167, 211, 217, 221, 237, 254, 284, 289, 323, 338, 340, 358, 369, 384, 388–390, 394, 400, 419, 425, 440, 445, 456f..* – picture-alliance/dpa, Frankfurt am Main *11, 73, 85, 90, 151, 162, 173, 187, 273, 364.* – picture-alliance/IMAGNO/Franz Hubmann, Frankfurt am Main *13.* – picture-alliance/Helga Lade Fotoagentur, Frankfurt am Main *106.* – picture-alliance/Bildarchiv Okapia, Frankfurt am Main *318.* – picture-alliance/Photoshot, Frankfurt am Main *327.* – Rhein-Neckar-Zeitung, Heidelberg *243*

Künstlerrechteverzeichnis

© VG Bild-Kunst, Bonn 2008 *345*